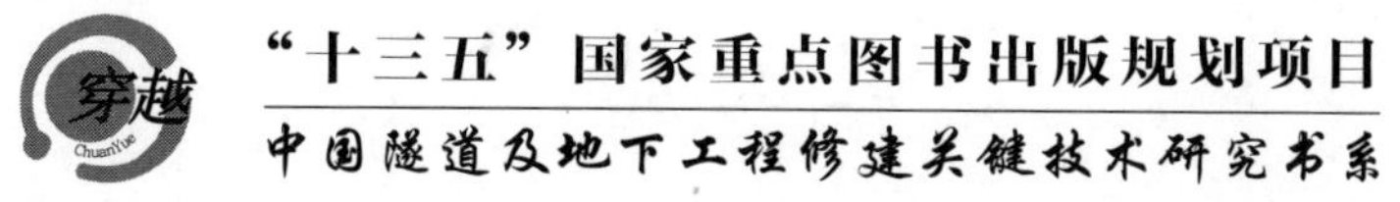

地下工程建设预报预警北京市重点实验室

隧道地质预报手册

Tunnel Geological Prediction Manual

叶英 

人民交通出版社股份有限公司
China Communications Press Co.,Ltd.

内 容 提 要

全书共分 12 章内容，从隧道常见地质灾害的成因、类型及危害出发，阐述了地下空间点、线、面与角度的排列探测原理及方法；介绍了采用钻爆法、掘进机法施工的城市地铁和交通山岭隧道地质预报常见的仪器原理、常规的数据处理及主要的图形图像技术；对地面（洞外）隧道地质预报、掌子面（洞内）地质预报、掘进机地质预报、钻孔摄像与物探测孔技术、掌子面临近地质灾害预报预警、隧道综合参数以及空间地质预报等进行了系统阐述。最后，精选了在不同的施工方法、特点的隧道地质预报典型实例。

本书反映了作者与合作者多年来的研究成果和工程经验，可供从事地质、地球物理、隧道及地下工程等相关专业的从业人员参考，亦可供高等院校相关专业本科生、研究生等作为“隧道及地下工程施工地质预报”的主要参考书。

图书在版编目(CIP)数据

隧道地质预报手册/叶英编著. —北京：人民交通出版社股份有限公司，2016. 7

ISBN 978-7-114-12728-1

Ⅰ. ①隧… Ⅱ. ①叶… Ⅲ. ①隧道工程—工程地质—预报—技术手册 Ⅳ. ①U452. 1-62

中国版本图书馆 CIP 数据核字(2016)第 007384 号

书　　名：隧道地质预报手册
著 作 者：叶　英
责任编辑：王　霞　张江成
出版发行：人民交通出版社股份有限公司
地　　址：(100011)北京市朝阳区安定门外外馆斜街 3 号
网　　址：http://www.ccpress.com.cn
销售电话：(010)59757973
总 经 销：人民交通出版社股份有限公司发行部
经　　销：各地新华书店
印　　刷：北京市密东印刷有限公司
开　　本：787×1092　1/16
印　　张：47.75
字　　数：1130 千
版　　次：2016 年 7 月　第 1 版
印　　次：2016 年 7 月　第 1 次印刷
书　　号：ISBN 978-7-114-12728-1
定　　价：168.00 元

作者介绍

叶英，博士，教授级高工，北京市市政工程研究院硕士生导师，山东大学、中南大学兼职博士生导师，北京市市政工程研究院副院长兼地下工程建设预报预警北京市重点实验室主任，北京市级命名的职工创新工作室负责人。

负责的省重点工程建设项目获国家鲁班奖1项；负责的科研项目获省部级科技进步一等奖3项，二等奖2项，三等奖5项。拥有专利30项，国家级工法1项；著作有《隧道施工超前地质预报》、《隧道施工信息化预警》、《运营隧道管养指南》、《粉细砂地层浅埋暗挖法注浆加固技术指南》；以第一作者发表主要论文50余篇。

主要从事隧道施工检测、监测、超前地质预报、信息化施工与安全保障方面的研究工作；在隧道超前地质预报方面提出"角度偏移、综合参数"预报理论，负责研制的USEP21型地下工程施工综合参数与空间超前地质预报系统具有国际领先水平。在隧道施工信息化预警平台研究方面，提出了隧道施工信息化的广义概念，研制的TMIGS隧道施工信息化预警平台总体达到国际先进水平，其中三维动态数据监测系统达到国际领先水平。在运营隧道管养方面，提出了"移动隧道医院"的理念，研制的TMH隧道健康诊断、评价及快速修复一体化平台达到国际先进水平。

2008年被评为北京市政路桥建设控股(集团)有限公司优秀共产党员、"十大标兵"、北京市交通委奥运保障先进个人、北京市国资委优秀共产党员，2010年被评为北京市劳模、2011年度北京市总工会授予市级"叶英创新工作室"、2011年度科学中国人(2011)年度人物，2012年北京市十一次党代会代表。

前　言

隧道开挖地质预报技术从早期的地下采矿业就有所应用，当时主要以掌子面的地质编录法为主，后期也有在掌子面做一些勘测工作的，方法仍以地面的勘测方法为主。国内真正意义、大规模的交通、铁路隧道超前地质预报工作是在1990年以后进行的。随着交通隧道的快速发展和TSP系统的大量引入，隧道地质预报引起了国内对隧道施工安全的重视，在2004年经交通部批准的《公路隧道设计规范》将超前地质预报列为施工的一个工序，进一步促使和推动隧道地质预报技术的发展。随后我国掀起了大量的隧道施工超前地质预报的研究热潮，但大多仍是将地面的地质勘探手段用到地下，同时结合TSP系统进行预报方法和应用技术的研究工作。这一时期国外的大多研究主要是结合施工方法的仪器和设备研究。国内有代表性的研究如：1990年，中国科学院地质研究所、铁道部隧道工程局编写的《军都山隧道快速施工超前地质预报指南》；2001年，刘志刚、赵勇编著的《隧道隧洞施工地质技术》；2006年，作者的博士论文《岩溶隧道施工超前地质预报方法研究》；2006年，何发亮、李苍松、陈成宗编著的《隧道地质超前预报》；2011年，作者所著《隧道施工超前地质预报》；2012年，王锦山、王力、张延新、刘志刚所著《隧道施工超前地质预报理论基础与方法》；2012年，吴从师、阳军生等编著的《隧道施工监控量测与超前地质预报》等；相关的研究论文有万余篇。但迄今真正复杂地质条件下的隧道地质预报问题仍没有切实有效解决，还是依靠综合方法和预警理论来实现。例如，针对岩溶隧道施工超前地质预报，国内普遍采用了极其复杂的组合方法，即“TSP、GPR、超前钻探、红外探水”，但这一综合方法是否就万无一失呢？答案是否定的，主要原因是组合方法有盲区。作者在书中一些章节也主要讨论了这类问题，组合方法的合理性与科学性是一个较为复杂的问题。

隧道地质是本书探讨的中心词，第一章就从隧道常见地质灾害的成因、类型及危害出发进行了较长篇幅的论述，目的是让读者对常见的隧道地质灾害有所认识：在开挖过程中围岩是施工人员能够直接接触、直观看到结构构造、亲临面对地质现象、感受一些临近征兆、通过经验能预知灾害后果的实体，这在临近预报中是非常重要的。无论有怎样的地球物理方法，地下空间探测也离不开对隧道区域地质环境的认识。这里用“盲人摸象”的道理，来比喻地球物理勘探的作用。如果对所要研究的区域地质情况不了解，就很难对所获得的地球物理资料作出符合实际的解释。地球物理方法就像盲人摸象一样，在摸到大象腿时，只知道它是一根粗粗的柱子，摸到象鼻子时，只能描述它是一条弯弯的管子。只有在区域地质环境的基础上进行的地球物理探测和隧道超前地质预报工作，才能进行符合实际的解释，才能站在大象的整体结构上推测和描述它的局部，也才能提供隧道施工所需的地质信息和资料。

隧道预报是以岩、土与水、空气不同介质耦合的地质围岩为地球物理或化学模型，书中按照城市隧道和山岭隧道的钻爆法、掘进机法来分别论述。在建立隧道地质灾害的概念后，针对不同现场条件的隧道开挖方法，从地下空间点、线、面与角度的排列探测方法讨论常见的装置排列，即位置偏移和角度偏移。位置偏移法在地面勘测中应用较多，作者针对典型的几种灾害类型总结了不同的地面预报方法；角度偏移法在地下探测中更有利，作者认为隧道掌子面地质预报应以角度偏移为主，适当结合位置偏移预报。掘进机地质预报法仍处在尝试和起步阶段，有一些研究，但没有广泛的应用，书中参考了 Kneib 等(2000)SSP(声波探测)、Taylor 等(2001)振动锤弹性波反射法和 Lorenzo Petronio and Flavio Poletto(2002)SWD(噪声波场的分析法)。作者也正在立项开展掘进机地质预报研究工作，基本原理仍是 SWD 技术，这是掘进机地质预报的方向。

书中对钻孔地质预报主要介绍了弹性波、电性波的单孔、跨孔、井孔成像技术以及随钻随测技术，目前应用较少。但在复杂地质情况下，也是好的预报方法。临近地质灾害征兆预报是让隧道施工现场技术人员掌握的基本技能，可以在施工前对掌子面附近的施工人员进行培训，让直接面对危险的施工人员，遇到危险征兆，及时撤离；临近监测预警是对开挖面的变形、塌落条件加以判断的一种预报方法。书中最后介绍了综合地质预报方法，也说明了预报信息与施工的具体关系，以及如何利用地质预报资料进一步指导隧道围岩的细化分级。

书中还介绍了主要地质预报方法的物性前提、常见的仪器原理、常规的数据处理及主要的图形图像技术。国内相关的研究现状，如刘云祯展开了针对 TSP 系统的 TGP12 仪器研究工作；赵永贵研究员展开了针对 TRT 排列的 TST 系统研究工作；李术才教授及课题组展开了针对 BEAM 的激发极化法地质预报研究工作。作者针对地下工程开挖的现场条件开展“角度＋位置偏移的联合体系”和“综合参数＋长短结合”的 USEP21 研究工作。作者在研究综合方法探测时，注重研究探测的方法、仪器、数据处理与成像，就目前而言，要对隧道超前地质预报工作在研究方法和探测的应用技术上有较大改进，在理论上很难有所突破和创新。因为，目前的地球物理仪器基本都是按照固定排列而设定的软件，想做改变几乎很难。况且很多仪器采集的数据文件格式都相互保密，这就更加限制了理论研究的难度。作者正在研究的综合参数与空间地质预报系统，就是要跨越排列装置，力求能有适合各种装置的排列，同时还可以进行单次采集和实时采集，并配有远程传输功能，实现遥测地质预报。该系统可进行电性探测与弹性波探测的有效结合，同时适用于隧道开挖钻爆法和掘进机法地质预报，这更便于对地质预报组合方法的研究。众所周知，软壳甲虫在挖洞的过程中，要感知土体的软硬、干湿、冷热、气味等参数，以此判断掘进面和周围的安全。作者正在带领团队从仿生学的角度，研制一套综合立体预报预警的系统设备，试图解决隧道开挖各种地质灾害预报的系列问题，极大降低隧道开挖过程的风险。综合立体预报预警系统是利用波速差异获知前方围岩的软硬(包括：围岩地质、密实度、岩体强度、既有地下构筑物、管线、电缆、基础等)，利用电阻率差异获知前方围岩的干湿(包括：含水率、承压水等)，利用温度差异变化获知前方围岩的冷热(地下热传导体等)，利用瓦斯、CO、其他气体等气味浓度的变化感知周围灾害体的临近，这套系统目前已在大连大东山前石隧道试验成功，有望实现更加广泛的应用。

书中始终贯穿地震反射法对构造敏感，电性探测对水敏感的理念，推崇“波速＋电阻率”相结合的综合预报模式。这对作者总结综合参数法有很大启示，“波速＋电阻率”的地下空间探测模式已得到较为广泛的应用。就现有技术结合现场条件而言，“岩、土、气、水”的多相性与耦合派生了隧道施工的各种地质灾害，波速和电阻率的组合在判别岩土体介质的灾害体时有较好的物性前提，这种“震电效应”也是作者长期研究和总结地下探测的基础和起点。书中详细探讨以地震反射法为主的隧道长距离地质预报和以电性探测为主的隧道短距离地质预报的有效配合，说明在地下空间应充分利用弹性波和电性波两种独立波系进行综合探测的优势。

预报的空间探测核心是接收器的排布和波的偏移归位工作，通过对地震反射法位置偏移技术的大量研究，作者在研究“城市暗挖隧道施工超前地质预报”项目时，利用角度偏移法构建隧道掌子面前方空间地震波数据，并通过系统软件实现了三维地下空间数据的采集、处理与图形图像的显示。在寻找理论依据时，受到苏联科学家甘布尔采夫所著的《对比折射法》和加尔彼林所著的《地震观测方位法》、《地震勘探偏振法》、《垂直地震剖面》的启发和影响。研究波的偏移归位时分别研究了结合几何地震学偏移方法的二维数据像图、线图、矢量图、投影图(乌尔夫网)、立体图，三维数据的像图、多等值面图、矢量图，并从眼睛功能的仿生学原理出发，提出了“角度＋位置偏移的联合体系”，这是地下工程前方探测的主要方法和发展趋势。

预报的时间序列是不同阶段预报方法的优选与配合，作者提出了“综合参数、长短结合、内外兼顾、长期跟踪、灾害预案”的地下空间前方地质预报安全原则。书中介绍了隧道综合参数超前地质预报的围岩细化动态分级方法，使隧道地质预报工作切实成为隧道施工密不可分的环节。

作者有幸从2001年开始负责交通部联合攻关项目“雁门关隧道施工超前地质预报应用技术研究”；2007年，主持北京市科委重大科技需求专项“城市暗挖隧道施工超前地质预报系统研究”和国家863项目“复杂地质条件下隧道施工地质灾害预警装备与系统研究”；2008年，负责交通部西部项目“隧道施工多元信息预警与安全管理决策系统研究”、“不同地质灾害发生后的应急救援方案研究”；2009年，负责交通部联合攻关项目“浅埋、大跨度、穿越煤系地层市政隧道信息化施工”；2010年，主持北京市政路桥集团“基于钻孔与地面相结合的地震波空间探测方法研究”；2011年，主持北京市科委重大项目“地下管线及地下空洞综合探测技术研究”；2012年，参与项目“瞬变电磁隧道超前地质预报关键技术与应用”；2014年，主持北京市政路桥集团“掘进机施工地质预报系统研究”；2015年，主持北京市政路桥集团“城市浅层瞬变电磁雷达的研制与应用”等。期间参与了城市隧道(大连石门山、大连大东山前石、北京卧龙岗、108国道南村等)，公路隧道(山西大运线雁门关、薛公岭、陕西小康线包家山、大棕坡、王家台等)，铁路隧道(石太线太行山)，海底隧道(青岛胶州湾)以及地铁隧道(北京4号线、大兴线)的超前地质预报工作。在本书的编写中，作者曾多次得到恩师王梦恕院士的创新性启迪，得到恩师瞬变电磁专家牛之链老师的指导。期间也得到交通、铁路及市政系统多位同行的协助与支持，在此表示感谢。

在漫长的研究期间，与中南大学柳建新教授、北京大学李正斌教授、山东大学李术才教授、长安大学李貅教授、中科院地球物理所薛国强研究员、北京市勘察设计研究院周宏磊总工、北京交通大学各位老师和师兄弟进行交流、合作。得到北京市政路桥集团、北京市市政工程研究院领导对研究工作的大力支持。

本书的编写得到了地下工程建设预报预警北京市重点实验室团队、项目组的协助与合作；中铁二院专家审稿并提出了宝贵意见，在这里一并表示感谢。

作者于北京

2016 年 1 月 21 日

目　录

第1章　隧道常见地质灾害的类型及危害

地质灾害的分类，有不同的角度与标准，十分复杂。就其成因而论，主要由自然变异导致的地质灾害称自然地质灾害；主要由人为作用诱发的地质灾害，称人为地质灾害。就地质环境或地质体变化的速度而言，可分突发性地质灾害与缓变性地质灾害两大类。根据地质灾害发生区的地理或地貌特征，可分为山地地质灾害，如崩塌、滑坡、泥石流等；平原地质灾害，如地质沉降等。隧道及地下工程常见的地质灾害属人为地质灾害，通常是由于人为施工所引发的系列危害及影响。

随着隧道施工开挖，有些断层、溶洞等不稳定地质体发生坍塌。这些不稳定的地质体在构造应力和上覆岩层重力作用下，会严重影响隧道施工，甚至造成重大的地质灾害。

描述隧道施工常见的地质灾害之前，先简要阐述不同岩性的工程性质。

1)岩浆岩的工程性质

岩浆岩的工程地质性质主要与岩浆凝固时的环境条件有关，不同成因条件，其矿物成分、结构、构造和产状差别很大，岩石颗粒间的连接力也有很大差异。

(1)侵入岩：是岩浆在地下缓慢冷凝结晶生成的，矿物结晶良好，颗粒之间连接牢固，多呈块状构造。因此，侵入岩孔隙率低、抗水性强、力学强度及弹性模量高，具有较好的工程性质。常见的侵入岩有花岗岩、闪长岩及辉长岩等。从矿物上看，石英、长石、角闪石及辉石的含量越多，岩石强度越高，云母含量增加使岩石强度降低。从结构上看，晶粒均匀细小的岩石强度高，粗粒结构及斑状结构岩石强度相对较低。

(2)喷出岩：是岩浆喷出地表后迅速冷凝生成的，由于地表条件复杂，使喷出岩具有很独特的地质特征。具有隐晶质结构、致密块状构造的粗面岩、安山岩、玄武岩等，工程性质良好，其强度甚至可大于花岗岩。但当这类岩石具有明显的流纹、气孔构造或含有原生节理时，工程性质变差，孔隙度增加，抗水性降低，力学强度及弹性模量减小。

在具体评述岩浆岩的工程性质时，还必须充分考虑它的节理发育程度及风化程度。

2)沉积岩的工程性质

沉积岩具有层理构造，层状及层理对沉积岩工程性质的影响主要表现为各向异性，因此，沉积岩的产状及其与工程建筑物位置的相互关系对建筑物的稳定性影响很大。同时由于组成岩石的物质成分不同，也具有不同的工程地质特征。

(1)碎屑岩:是碎屑颗粒被胶结构胶结在一起而形成的岩石。它的工程性质主要取决于胶结物成分与胶结方式。从胶结物成分看,按硅质、钙质、铁质、黏土质的顺序,强度依次降低。从胶结方式看,基底式胶结的岩石胶结紧密,强度较高,受胶结物成分控制;孔隙式胶结岩石的工程性质与碎屑颗粒成分、形状及胶结物成分有关,变化很大;接触式胶结岩石的孔隙度大,透水性强,强度低。

(2)黏土岩:是工程性质最差的岩石之一。黏土岩强度低、抗水性差、亲水性强。当黏土岩有较多节理、裂隙时,一旦遇水浸泡,工程性质迅速恶化,常产生膨胀、软化或崩解。在常见的三类黏土矿物中,富含蒙脱石的黏土岩工程性质最差,含高岭石的相对较好,含伊利石的介于前两者中间。此外,若黏土岩节理、裂隙很少时,它是很好的隔水层。

(3)化学岩和生物化学岩。化学岩中最常见的是石灰岩和白云岩类岩石,这类岩石一般情况下工程性质良好。它们具有足够高的强度和弹性模量,有一定的韧性,是较好的建筑材料,但要特别注意它们是否被溶蚀,是否形成了对工程建筑不利的溶隙和空洞。此外,化学岩中的石膏岩或碳酸盐类岩石中的石膏夹层、石膏成分,工程性质都是很差的,它们强度较低,吸水膨胀,可溶性较大,溶于水后生成有害的硫酸,必须给予足够重视。生物化学岩中常见的煤层及常与之共生的煤系地层,工程性质较差,要注意地下工程中常常遇到的瓦斯问题。

3)变质岩的工程性质

变质岩结构和构造,对岩石的工程性能有很大的影响。大部分变质岩都是在一定应力条件下形成的,这就形成了变质岩所特有的板状、片状、片麻状构造和碎裂构造等。这种结构、构造使岩石的强度减弱,并使岩石的力学性质有明显的各向异性及不均一性,造成不良的工程地质条件。如断裂带或片理发育的千枚岩、片岩地区,很容易发生严重的塌方、滑落现象。

(1)具有片理构造的变质岩:片岩、千枚岩及板岩的片理构造发育,工程性质具有各向异性。千枚岩、滑石片岩、绿泥石片岩、石墨片岩等岩石强度低,抗水性很差,特别是沿这些岩石的片理或节理面,抗剪、抗拉强度很低,遇水容易滑动,沿片理、节理容易剥落。

片麻岩片理构造不太发育,当石英、正长石含量较多时,工程性质比较好。但是,由于片麻岩多为年代久远的岩石,要注意其受构造运动影响而破碎和风化的程度。

(2)块状构造变质岩:常见的是石英岩和大理岩,除大理岩微溶于水外,它们都是结晶连接、矿物成分稳定或比较稳定的单矿物岩石,且强度高,抗风化能力强,有良好的工程性质。

(3)由动力变质作用形成的岩石:由动力地质作用形成的岩石一般较破碎,强度差,裂隙发育,常形成渗水通道和滑动面。

描述三大岩性之后,下面分别对断层破碎带、岩溶、软岩、岩爆、瓦斯、不整合接触带和地下水作简要介绍。

1.1 断层

地壳岩层因受力达到一定强度而发生破裂,并沿破裂面有明显相对移动的构造称为断层,如图 1-1 所示。

断层长度变化很大,从几厘米至几百公里不等,两盘之间的位移量也可有这样大的变化。

图 1-1　断层

断层是构造运动中广泛发育的构造形态。它大小不一、规模不等，小的不足一米，大到数百、上千千米，但都破坏了岩层的连续性和完整性，在断层带上往往岩石破碎，易被风化侵蚀。沿断层线常常发育为沟谷，有时出现泉或湖泊。

是什么力量导致岩层断裂错位呢？其实是地壳运动中产生强大的压力和张力，超过岩层本身的强度对岩石产生破坏作用而形成的。岩层断裂错开的面称为断层面。两条断层中间的岩块相对上升，两边岩块相对下降时，相对上升的岩块叫地垒。常常形成块状山地，如我国的庐山、泰山等。而两条断层中间的岩块相对下降、两侧岩块相对上升时，形成地堑，即狭长的凹陷地带。著名的东非大裂谷和我国的汾河平原、渭河谷地都是地堑。

节理是未发生位移或无明显位移的断裂(图 1-2)。褶皱构造是岩层因在构造运动的作用下，岩石塑性变形的表现形式(图 1-3)。断层是发生位移的断裂。广义的节理是由地壳运动应力产生，分布受应力场控制和岩浆冷凝中形成的节理，节理分为张节理和剪节理。

图 1-2　节理

图 1-3　褶皱

岩层受地应力作用后发生破裂，在力的继续作用下沿破裂面两侧岩块发生显著相对位移的断裂构造，称为断层。断层的规模大小不一，其形态和类型繁多，分布广泛，是地壳中最重要的构造之一。大型断层常构成一个地区的构造格架，不仅控制区域地质的结构和演化，而且影响区域成矿作用和煤田的分布；一些中小型断层直接决定矿床和矿体的形态和产状，对石油、天然气、地下水的分布、运移、储聚也有重要影响。现代活动性断层则直接影响水文工程建筑，甚至引发地震。因此，研究断层具有重要的理论意义和实践意义。

1.1.1　断层要素

1.1.1.1　断层的几何要素

为了描述断层的空间形态和性质，将断层的各个基本组成部分冠以一定的名称。这些断层的基本组成部分，称为断层要素(图 1-4)。

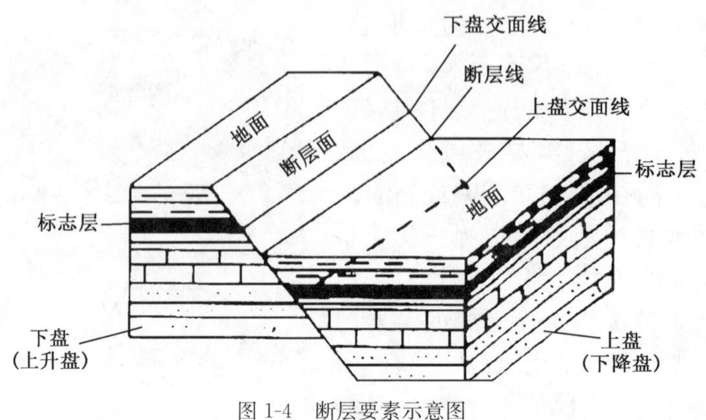

图 1-4　断层要素示意图

1)断层面

断层的破裂面称为断层面。断层面的形态有平直的,也有舒缓波状的;断层面的产状有直立的,也有倾斜的。断层面可以用走向、倾向和倾角三要素来表示。有的断层找不到一个完整的断层面,而是一个断层破碎带。破碎带的宽度一般为数十厘米至数十米。

2)断盘

断层面两侧相对位移的岩块称为断盘。相对上升的岩块称为上升盘;相对下降的岩块称为下降盘。当断层面倾斜时,位于断层面上方的岩块称为上盘;位于断层面下方的岩块称为下盘。当断层面直立时,则无上、下盘之分,可根据断盘所处的方位来命名,如断层走向南北,位于断层西侧的称为西盘,东侧的称为东盘。

3)断层线

断层面与地面的交线称为断层线。若地面平坦,断层线的方向代表断层的走向;若地面起伏不平,断层在地表的出露线就不能反映断层的延伸方向。断层线有时呈直线,有时呈曲线,主要取决于断层面的形状及地形起伏情况。

1.1.1.2　断距

断层两盘同一岩层面相对位移的距离称为断距。断距可反映断层规模大小。通常,断距是根据不同方向剖面上岩层被错开的相对位置来确定的。目前,断距的名称较多,这里只介绍常用的几个断距术语。在垂直于岩层走向的剖面上可测得的断距有:

(1)地层断距:指断层两盘上同一岩层面被错开的垂直距离(图 1-5 中的 ho)。

(2)水平地层断距:指断层两盘上同一岩层面被错开的水平距离(图 1-5 中的 hf)。

(3)铅直地层断距:指断层两盘上同一岩层面被错开的铅直距离(图 1-5 中的 hg)。在矿山开采中,为设计竖井和平巷的长度,还常常采用落差和平错这类断距术语。

(4)落差:指垂直于断层走向的剖面上断层两盘同一岩层面对应点的高程差(图 1-6 中的 ab)。

(5)平错:指垂直于断层走向的剖面上断层两盘同一岩层面对应点的水平距离(图 1-6 中的 bc)。

断层的断距和滑距空间关系如图 1-7 所示。需要指出,同一条断层的断距沿断层的走向和倾斜方向均可能发生变化,要尽可能地在断层的不同部位多测一些数据,以便弄清断距的变化情况。

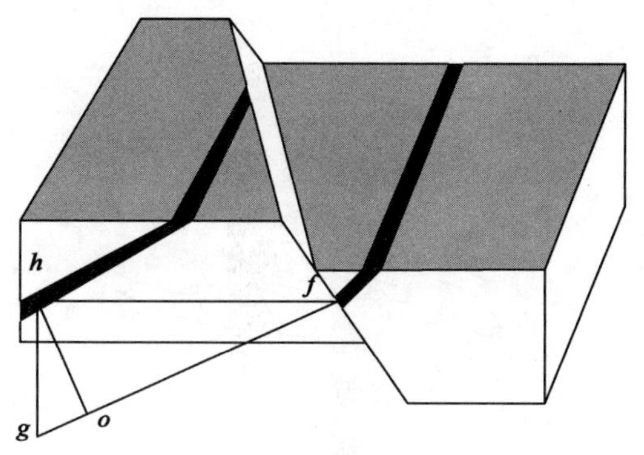

图 1-5　断距示意图

ho-地层断距；*hf*-水平地层断距；*hg*-铅直地层断距

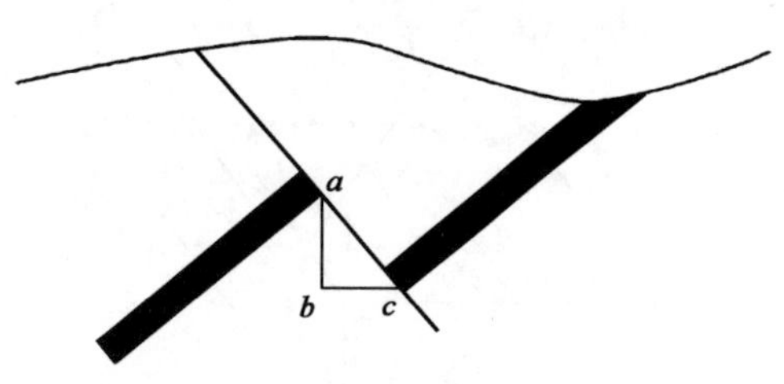

图 1-6　断层落差平错示意图

ab-落差；*bc*-平错

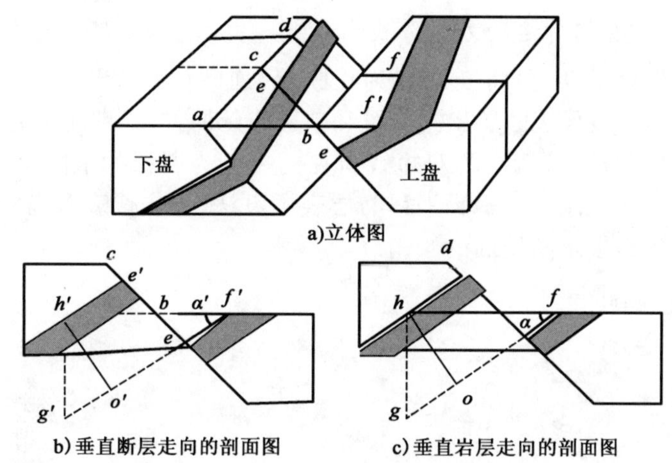

图 1-7　断层的断距和滑距空间关系

ab-总滑距；*ac*-走向滑距；*bc*-倾斜滑距；*ho*-地层断距；*h′o′*-视地层断距；*h′g′*＝*hg*-铅直地层断距；*hf*-水平地层断距；α-岩层倾角；α′-岩层视倾角

1.1.2　断层的基本类型

断层分类涉及较多因素，如地质背景、运动方式、力学机制和各种几何关系等方面，因此，有各种不同的断层分类，现仅对目前常用的分类加以介绍。

1.1.2.1　按断层与有关构造的几何关系分类

1)根据断层走向与岩层走向的关系划分(图 1-8)

(1)走向断层。断层走向与岩层走向基本一致。

(2)倾向断层。断层走向与岩层走向基本垂直。

(3)斜向断层。断层走向与岩层走向斜交。

2)根据断层走向与褶皱轴向之间的几何关系划分(图 1-9)

(1)纵断层。断层走向与褶皱轴向基本一致。

(2)横断层。断层走向与褶皱轴向基本垂直。

(3)斜断层。断层走向与褶皱轴向斜交。

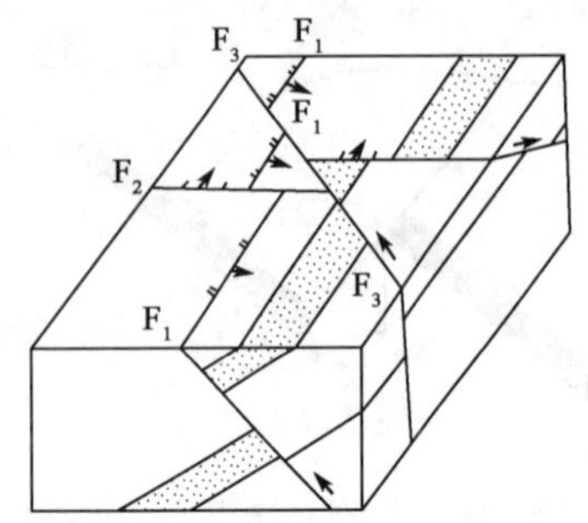

图 1-8 断层与岩层产状的关系示意图

F_1-走向断层；F_2-倾向断层；F_3-斜向断层

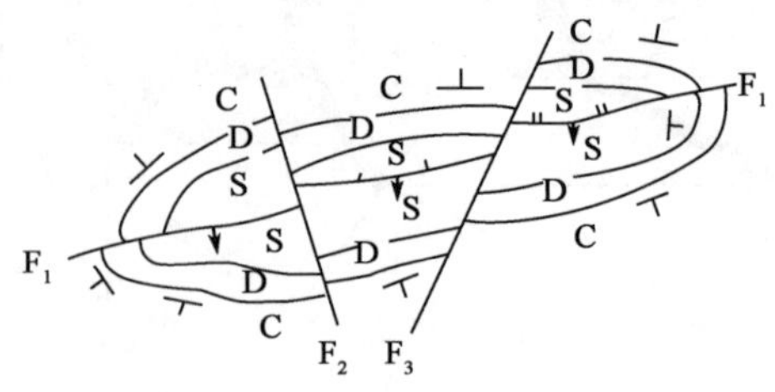

图 1-9 断层与褶皱轴向的关系

F_1-纵断层；F_2-横断层；F_3-斜断层

1.1.2.2 按断层两盘相对运动方式分类

根据断层两盘的相对运动，可将断层分为正断层、逆断层和平移断层(图 1-10)。图 1-10a)为正断层表示方法，长线代表断层出露位置和断层线延伸方向，带箭头的短线代表断层面的倾向，数字为断层面倾角，不带箭头的双短线所在的一侧为断层的下降盘。图 1-10b)为逆断层表示方法，符号与上同。图 1-10c)为平移断层表示方法，箭头代表本盘相对滑动的方向，短线代表断层面倾向，度数表示断层面的倾角。

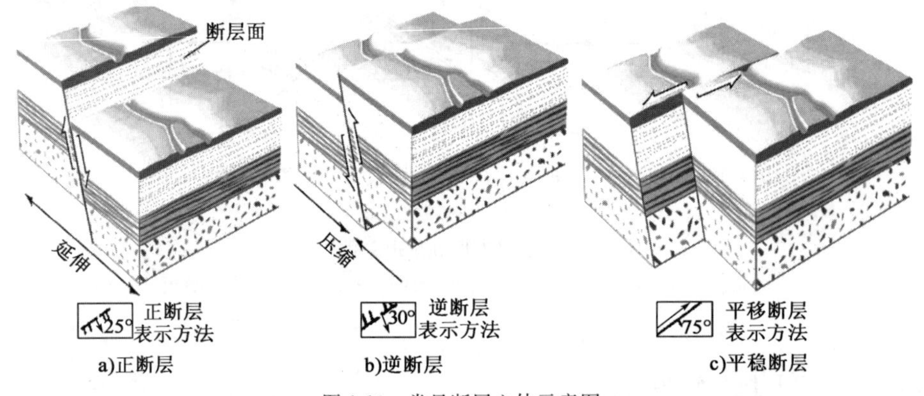

a)正断层　b)逆断层　c)平稳断层

图 1-10 常见断层立体示意图

图 1-11 小型低角度正断层

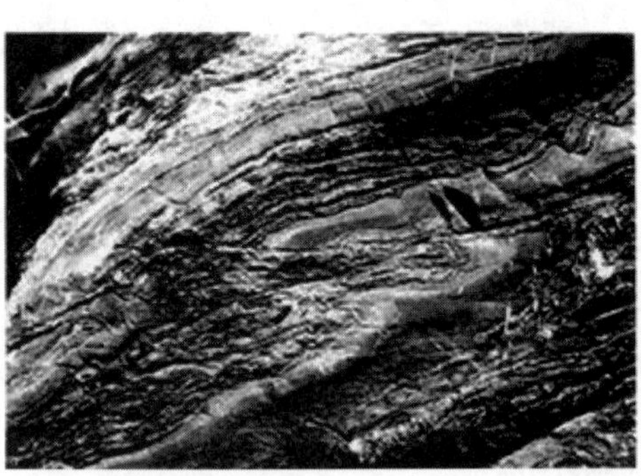

(1)正断层

正断层的上盘沿断层面相对向下滑动，下盘相对向上滑动[图 1-10a)]，正断层倾角一般较陡，大多在 45°以上，常大于 60°。近年研究发现，也有一些正断层的倾角很低缓(图 1-11)。有些大型正断层陡直的断层面，向地下深处常常变缓。在伸展地区浅部的高角度正断层，向深处变缓呈铲形，若干个高角度正断层联合成一个较大规模的低角度正断层，这类断层称为剥离断层。剥离断层常造成浅层次年轻地

层直接覆盖在深层次的老地层之上(图 1-12)。

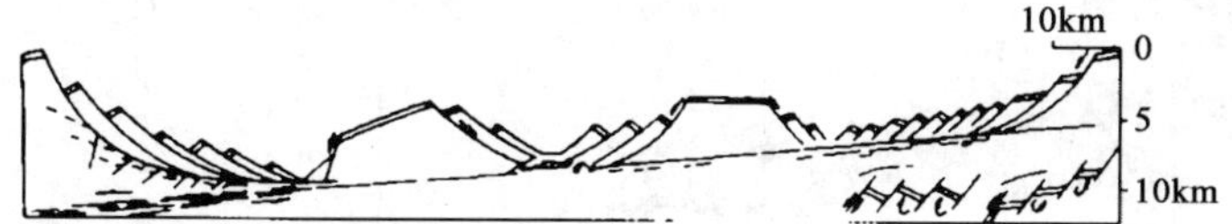

图 1-12　伸展构造及相伴产生的正断层(据马杏垣,1984)

通常中小型正断层带内岩石破碎相对不太强烈,角砾岩中之角砾多带棱角,超碎裂岩较不发育,一般没有强烈挤压形成的复杂小褶皱。

(2)逆断层

逆断层的上盘沿断层面相对向上滑动,下盘相对向下滑动[图 1-10b)]。根据断层面倾角大小,可分为高角度逆断层和低角度逆断层。高角度逆断层面倾斜陡峻,倾角大于 45°;倾角小于 45°(一般多在 30°左右或更小)的逆断层,称为低角度逆断层(图 1-13)。逆冲断层是位移量很大的低角度逆断层,倾角一般在 30°左右或更小,位移量一般在数公里以上。

图 1-13　小型低角度逆断层

逆冲断层常常显示出强烈的挤压破碎现象,如断层带常形成角砾岩、碎粒岩和超碎裂岩等断层岩,以及反映强烈挤压的揉皱和劈理化等现象。

大型逆冲断层的上盘因是从远处推移而来的,故称其为外来岩块,下盘则因相对未动而称为原地岩块。推覆体是指外来岩块,总体呈平板状。逆冲断层与推覆体共同构成逆冲推覆构造(或称推覆构造)。

逆冲推覆构造形成后,该地区遭受强烈侵蚀切割,将部分外来岩块剥掉而露出下伏原地岩块,即在一片外来岩块中露出一小片由断层圈闭的原地岩块。这常常是较年轻的地层中出现一小片由断层圈闭的较老的地层,这种被断层圈闭的地质体为飞来峰(图 1-14)。如图 1-15 所示,石炭、二叠系组成的飞来峰叠于较新的中生代地层之上。

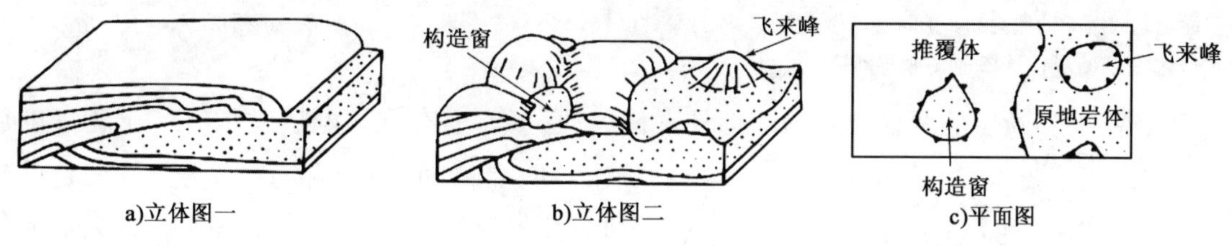

图 1-14　飞来峰和构造窗形成过程(据 M. Mattaueh,1980)

(3)平移断层

平移断层是断层两盘顺断层面走向相对移动的断层[图 1-10c)]。规模巨大的平移断层常称为走向滑动断层(简称走滑断层)。根据两盘相对滑动的方向,又可进一步命名为右行平移断层和左行平移断层。左行或右行是指垂直断层走向观察断层时,对盘向右滑动为右行,向左滑动为左行。平移断层面一般较陡,甚至直立。

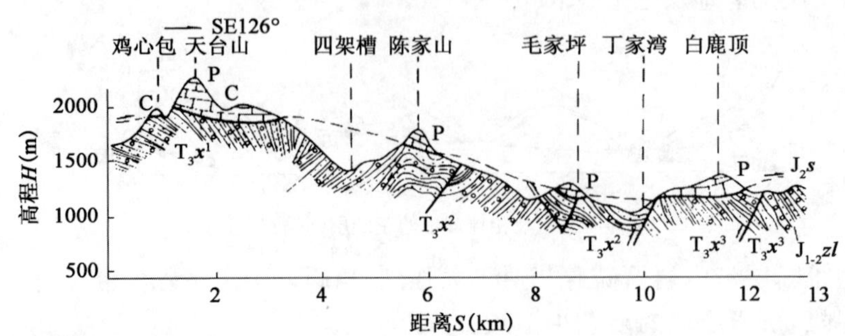

图 1-15　四川彭州逆冲推覆构造(据四川区测二队,1979)

断层两盘往往不是完全顺断层面的倾向或走向相对滑动,而是沿斜向滑动,于是断层常具有正、逆与平移的过渡性质。这类断层一般采用组合命名,称之为平移—正断层;正—平移断层;平移—逆断层;逆—平移断层。组合命名的后者表示主要运动分量(图 1-16)。

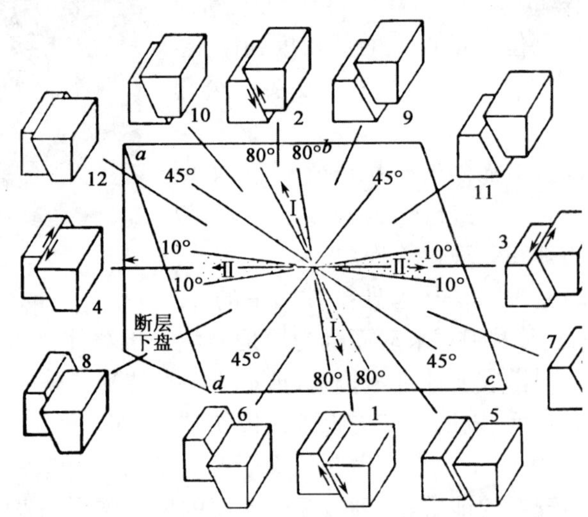

图 1-16　按断层两盘相对位移的方向对断层进行分类示意图

abcd-断层面;Ⅰ-断层面倾斜线;Ⅱ-断层面走向线;10°、45°、80°-断层两盘相对位移方向的侧伏角(断层两盘相对位移方向与断层面走向线所夹的锐角);1-正断层;2-逆断层;3-左行平移断层;4-右行平移断层;5、6-平移—正断层;7、8-正—平移断层;9、10-平移—逆断层;11、12-逆—平移断层

正、逆、平移断层的两盘相对运动都是直移运动,事实上有许多断层常常有一定程度的旋转运动。断盘的旋转有两种情况:一种是旋转轴位于断层的一端,表现为在横切断层走向的各个剖面上的位移量不等[图 1-17a)];另一种是旋转轴不位于断层的端点,表现为旋转轴两侧的相对位移方向不同,如一侧为上盘上升,另一侧则为上盘下降[图 1-17b)]。两种旋转均使两盘中岩层产状不一致。旋转量比较大的断层,可称为枢纽断层。

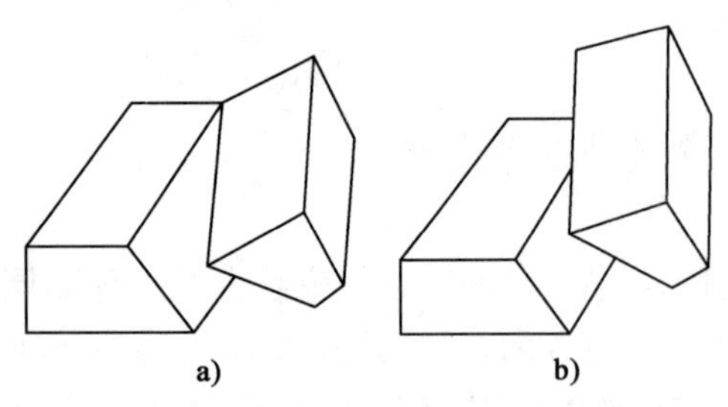

图 1-17　两种旋转的枢纽断层

1.1.2.3 按断层的力学性质分类

根据平面应力场断层所反映的应力作用方式可将断层分为压性断层、张性断层和扭性断层。

(1)压性断层

由压应力作用形成的断层称为压性断层。压性断层的走向与压应力作用的方向垂直。在平面或剖面上,断裂面一般呈舒缓波状;断面上常出现大片擦痕和阶步,擦痕与断裂面的走向垂直;断裂面附近常形成挤压破碎带,其中劈理、片理和构造透镜体的排列方向与断层走向近于平行。逆断层一般都属于压性断层。有的断层面倾向发生变化,不便用两盘运动方式来命名,而用断层反映的力学性质来命名比较恰当,如图1-18所示的F_1断层。

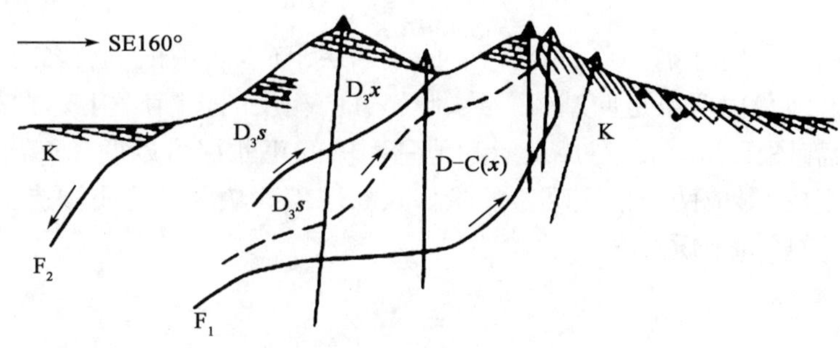

图1-18 湖南衡阳谭子山压性断层

(2)张性断层

由张应力作用形成的断层称为张性断层。张性断层的走向与张应力作用的方向垂直。张裂面的形态一般不规则,粗糙不平、连续性差;剖面上呈楔状,上宽下窄;倾角较陡;张裂带内常含有角砾岩,角砾的棱角显著,大小悬殊,胶结疏松,无定向排列。正断层一般都属于张性断层。

(3)扭性断层

扭性断层又称剪性断层,是由剪应力作用形成的。扭性断层的走向与剪应力作用的方向平行。扭性断裂面一般较平直,产状稳定;断裂面上常见磨光镜面和大量水平擦痕;扭裂带内的角砾岩,棱角常被搓碎磨圆、大小较均一,平面上呈斜列展节。平移断层大多属于扭性断层。

1.1.3 断层的组合形式

断层可以单条发育,但在一定范围内和一定地质背景条件下往往成群出现并呈有规律的组合形式,现将各类断层的组合形式概述如下。

1.1.3.1 正断层的组合形式

(1)阶梯状断层

阶梯状断层是由若干条产状基本一致的正断层组成,各条断层上盘依次向同一方向下降,构成阶梯状(图1-19)。

(2)地堑和地垒

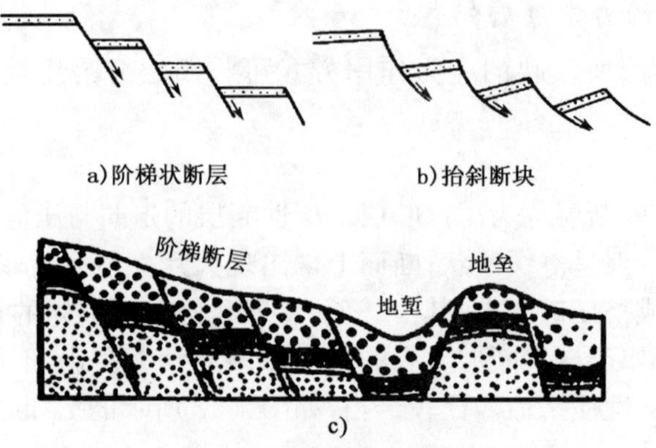

图 1-19　阶梯状断层示意图

地堑主要由两条走向基本一致、相向倾斜的正断层组成，两条正断层之间有一个共同的下降盘[图 1-20a)]。地垒由两条走向基本一致、倾斜方向相反的正断层构成，两条正断层之间有一个共同的上升盘[图 1-20b)]。组成地堑和地垒两侧的正断层可以两条产出，也可由数条产状相近的正断层组成，形成两个依次降落的阶梯状断层带。从区域地质构造看，地堑比地垒发育更广泛，具有更重要的地质意义。

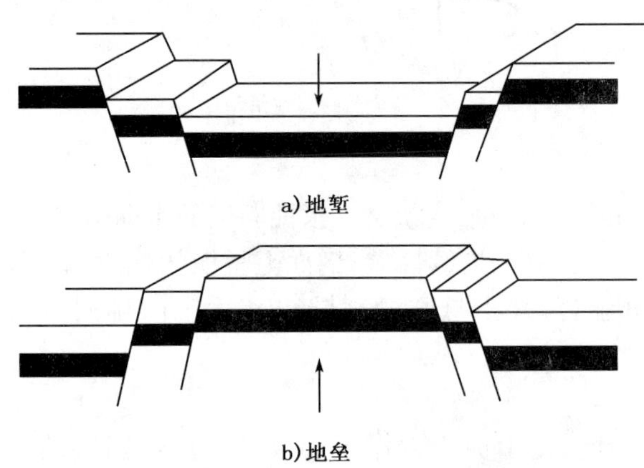

图 1-20　地堑和地垒示意图

(3)环状断层和放射状断层

若干条弧形或半环状断层围绕着一个中心呈同心圆状排列，称环状断层。若干条断层自一个中心呈辐射状排列，即构成放射状断层。两者可以在同一构造上产出，也可以单独发育(图 1-21)。

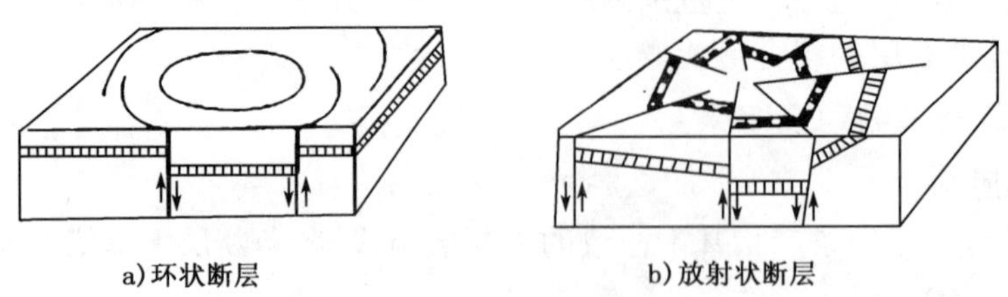

图 1-21　环状和放射状断层示意图

1.1.3.2 逆断层的组合形式

(1)叠瓦式和楔冲式逆冲断层

叠瓦式是逆冲断层最主要、最常见的组合形式。其由一系列产状相近的逆冲断层上盘依次向上逆冲组成,在剖面上构成叠瓦状(图 1-22)。叠瓦状构造常表现为前(上)陡后(下)缓,呈凹向上方的弧形。叠瓦式逆冲断层的各条断层向下常汇拢成一条主干断层,其总体呈帚状。

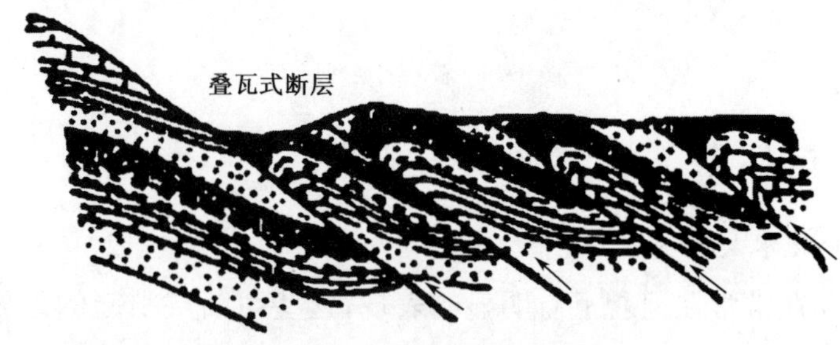

图 1-22 叠瓦状构造示意图

楔冲式逆冲断层是指老岩层一侧逆冲于新地层之上,另一侧则与新地层呈正断层接触,形成上宽下窄的楔形断片(图 1-23)。

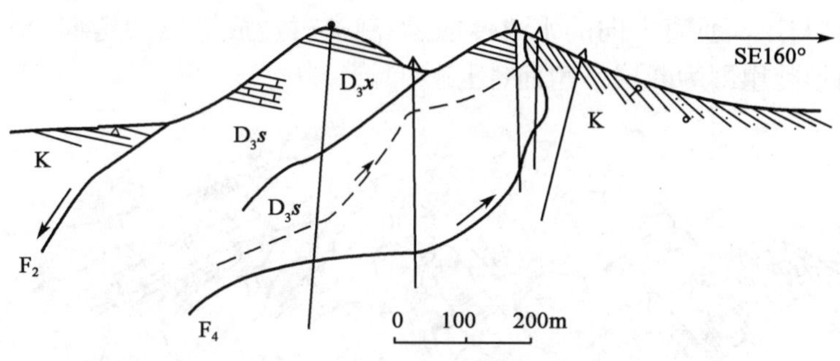

图 1-23 楔冲式构造示意图

(2)对冲式断层和背冲式断层

对冲式断层是由两条倾斜相反、相对逆冲的逆断层组成。小型对冲式断层常与背斜构造伴生(图 1-24),大型对冲式断层则产出于坳陷带边缘,自两侧隆起分别向坳陷带内逆冲。背冲式逆断层是由两条或两组相向倾斜的逆断层组成,自一个中心分别向两个相反方向逆冲,一般自背斜核部向外散开逆冲(图 1-25)。

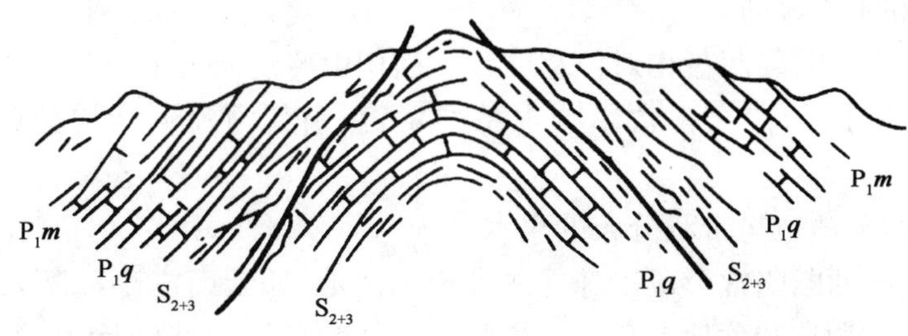

图 1-24 四川广元月明峡背斜对冲式断层(四川第二区测队,1979)

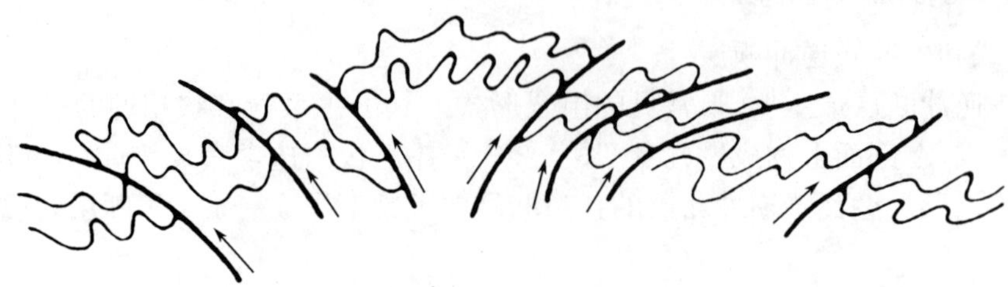

图 1-25　背冲式逆断层

1.1.4　断层的标志

1.1.4.1　地貌及水文标志

断层活动及其存在常常在地貌上有明显的表现，这些由断层引起的地貌现象是识别断层的直接标志。

(1)断层崖和断层三角面

由于正断层两盘的相对滑动，特别是在差异性升降变动中，上升盘的断层面在地貌上常形成陡立的峭壁，称之为断层崖。

断层崖受到与崖面垂直方向的水流侵蚀、切割被改造成沿断层走向分布的一系列三角形陡崖，这种三角形陡崖即为断层三角面(图 1-26)。

图 1-26　河南偃师五佛山断层形成的断层三角面(据马杏垣等，1980)

(2)山脊错断和水系改向

错断的山脊往往是断层两盘相对位移所致。横切山岭走向的平原与山岭的接触带往往是一条较大的断层。断层的存在常常影响水系的发育，引起河流遇断层急剧转向，甚至河谷错断。

(3)串珠状湖泊和洼地与带状分布的泉水

由断层活动引起的断陷常形成串珠状的湖泊和洼地，如云南沿小江断裂带形成一系列呈南北向串珠状展布的湖泊和盆地。泉水呈带状分布亦为断层存在的标志，沿现代活动断层还会分布一系列温泉。

1.1.4.2　构造标志

断层活动总是形成和留下许多构造现象，这些现象是判别断层可能存在的重要标志。

(1)构造线的不连续

断层可以造成构造线的不连续，主要表现为早期形成的断层被后期断层所切割。这种现象既可表现在平面上或剖面上，也可以在平面和剖面上同时表现出来。

(2)构造强化现象

断层活动引起的构造强化现象，是断层存在的重要依据，其中包括岩层产状的急变、节理化和劈理化带的突然出现、小褶皱急剧增加以及岩石挤压破碎、各种擦痕等，构造透镜体也是断层作用引起的构造强化的一种表现。

张裂角砾岩：砾石呈尖棱角状，大小悬殊，杂乱散布。胶结物多为外源物质，角砾之间孔隙较多。张裂角砾岩主要是张应力作用下的破碎产物，多出现于张性断层中。

压碎角砾岩：砾石呈次棱角状、次圆状，长轴有时略呈定向排列。压碎角砾岩主要见于压性断层和扭性断层中，其胶结物多被断层碾磨的更细的碎粉状物体，即断层泥，或者是一些显微破碎物质。

碎裂岩：是一种被断层挤压和碾搓得更为细碎的颗粒(<2mm)组成的构造岩。其原岩中有矿物颗粒的破碎。若岩石主要由小于0.02mm的颗粒组成，则称碎粉岩或断层泥。碎裂岩主要是压性断层的产物，也可以形成在扭性断层中。

糜棱岩：在断层带中，相邻岩石及矿物颗粒被压碎、碾磨成微粒和残留碎斑，这些微粒和残留碎斑因其定向排列形成糜棱结构，具有糜棱结构的岩石称为糜棱岩。

玻化岩：岩石强烈研磨和错动过程中局部发生熔融，而后又迅速冷却，形成外貌似黑色玻璃质的岩石，称为玻化岩。具有内部组分明显平行定向排列，可以由压性或扭性断层内部而产生，多见于各种刚性岩石的断裂中。

片理化岩：因构造断裂作用而使断裂带中的岩石碎块发生强烈的压碎及显著的重结晶作用，而形成的具片状构造的构造岩。按重结晶部分的含量可分为千糜岩和构造片岩。主要发育于强烈挤压的压性和扭性断层之中。

构造角砾岩—碎裂岩—糜棱岩—片理化岩，基本上反映了破裂程度与动力变质程度由弱至强、由浅至深的连续变化序列。

构造透镜体在断裂带中成雁列式排列，其长轴与断层的锐夹角指示同侧盘运动方向。

擦痕：是保留在断面上的摩擦痕迹，表现为一系列彼此平行且较均匀的细而密的条带，其一端粗而深，另一端细而浅，手感光滑的方向指示对盘的相对运动方向，见图1-27。

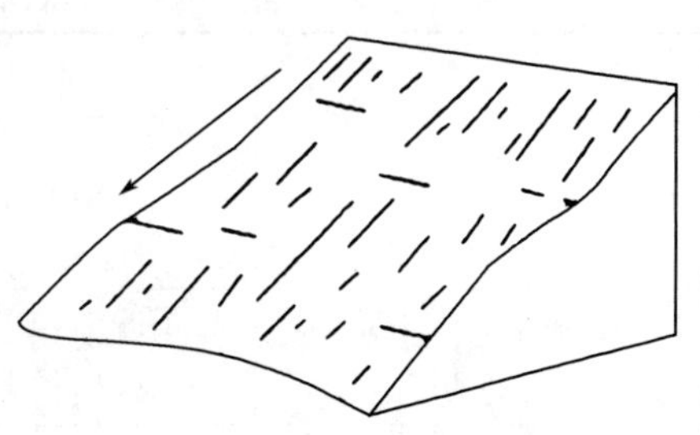
图1-27　擦痕与阶步

阶步：是顺擦痕方向的局部阻力的差异或因断层间歇性活动的挫顿而形成的垂直于擦痕的小台阶。陡坡的倾向指示对盘相对运动方向。见图1-27。

反阶步以及派生的张节理楔状张开，所指示的断层两盘相对运动方向与阶步相反。

纤维晶体：当断层两盘发生相对位移时，垂直位移方向的一些断口上会出现小空隙，淋滤到小空隙中的溶液所含的 SiO_2 或 $CaCO_3$ 析出结晶成石英或方解石晶体。随着位移不断进行，空隙不断增大，晶体沿着空隙增大的方向不断增长，最终形成纤维状晶体。

(3)断层两侧的复杂小褶皱

由于构造作用力的强烈作用，致使在断层附近发育有许多小褶皱。这些小褶皱通常是紧闭的，在成因上与断层作用密切相关，并在几何上与断层有一定关系。

(4)牵引构造和逆牵引构造

牵引构造：断层运动时，断层面附近的岩层受断层面上摩擦阻力的影响，在断层面附近形成弯曲现象，称为断层牵引现象，其弯曲方向一般为本盘运动方向，见图 1-28。弧形凸出的方向指示本盘的相对运动方向。

逆牵引构造：发育在水平岩层或缓倾斜岩层中正断层的下降盘，多以背斜形式出现，岩层弧形弯曲突出方向指示对盘的运动方向。

1.1.4.3　地层标志

一套顺序排列的岩层，由于走向断层的影响，常造成部分地层的重复或缺失现象，即断层岩层发生错动，经剥蚀夷平作用使两盘地层处于同一水平面时，会使原来顺序排列的地层出现部分重复或缺失。通常有 6 种情况造成的地层重复或缺失，见表 1-1 和图 1-29、图 1-30。

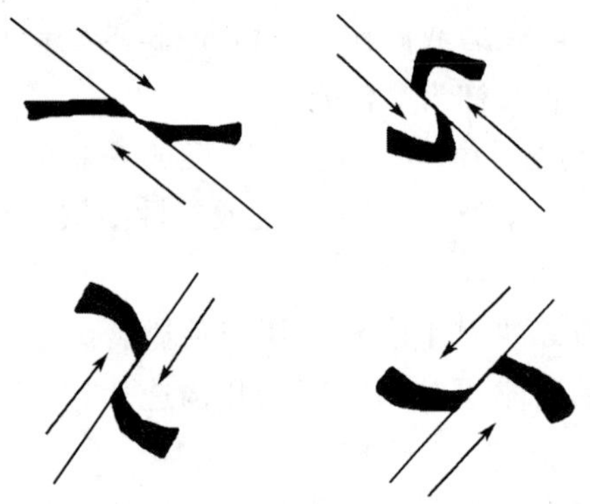

图 1-28　牵引现象

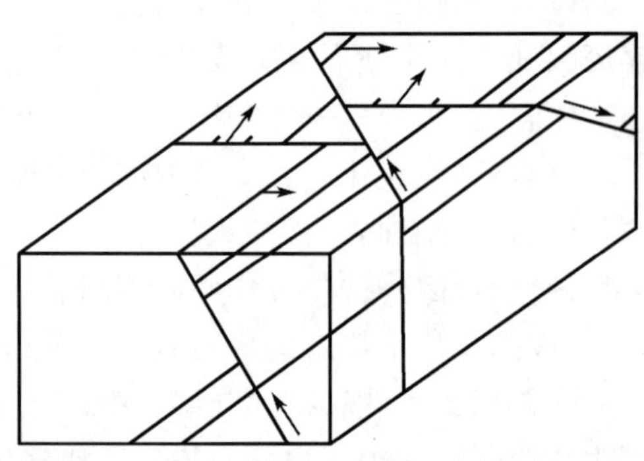

图 1-29　断层引起的构造不连续现象

走向断层造成的地层重复和缺失　表 1-1

<table>
<tr><td rowspan="3">断层性质</td><td colspan="3">断层倾斜与地层倾斜的关系</td></tr>
<tr><td rowspan="2">二者倾向相反</td><td colspan="2">二者倾向相同</td></tr>
<tr><td>断层倾角大于岩体倾角</td><td>断层倾角小于岩体倾角</td></tr>
<tr><td>正断层
逆断层</td><td>重复[图 1-32a)]
缺失[图 1-32d)]</td><td>重复[图 1-32b)]
缺失[图 1-32e)]</td><td>重复[图 1-32c)]
缺失[图 1-32f)]</td></tr>
<tr><td>断层两盘相对动向</td><td>下降盘出现新地层</td><td>下降盘出现新地层</td><td>上升盘出现新地层</td></tr>
</table>

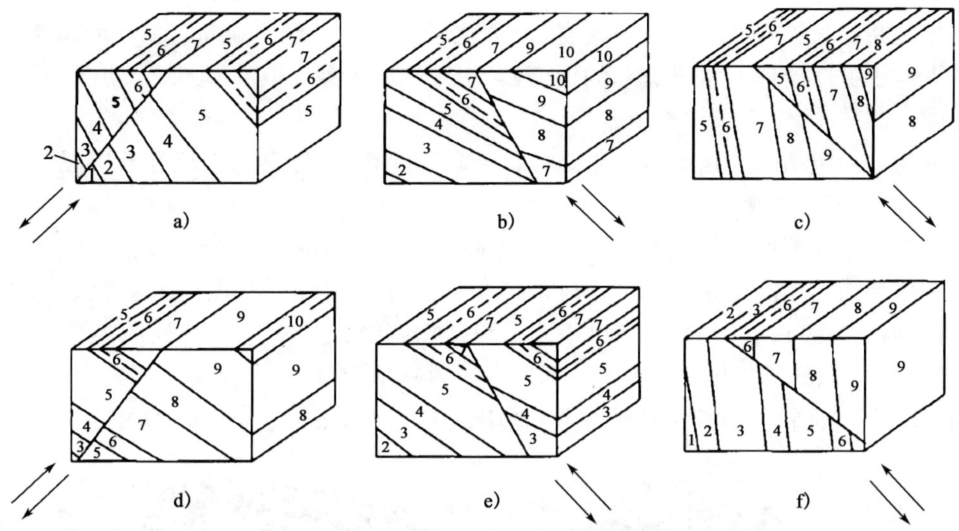

图1-30　走向断层造成的地层重复和缺失

1.1.4.4　岩相变化和矿化标志

当某一地区沉积岩相和厚度沿一条线发生急剧的变化时，即可能是断层活动的结果。或是由于断层远距离的推移，使岩相和厚度相差甚远的同时代地层相接触，或是由于同沉积断层的活动使断层两盘因断层活动控制了沉积作用，使同时代地层的岩相和厚度在断层两盘发生显著差异。

大断层常常是岩浆和热液运移的通道和储集场所，常造成沿一条线断续分布的矿化带、硅化带或热液蚀变带等。这类现象常指示大断层或断裂带的存在。放射状、环状岩墙群也指示断裂的存在。

1.1.4.5　断层岩标志

断层岩是断层带中或断层两盘岩石在断层作用中被改造形成的，是具有特征性结构、构造和矿物成分的岩石，断层岩是断层存在的良好标志。

断层从产出的构造层次上分为脆性断层和韧性断层，断层岩也相应地分为与浅层次脆性断层伴生的碎裂岩系列及与深层次或者中深层次韧性断层伴生的糜棱岩系列。对于长英质岩石，糜棱岩形成深度为10～15km，相当于低级绿片岩相的温、压条件。

断层岩的研究可以提供有关断层的大量信息。近年来，随着断层研究的深入，对断层岩的研究，尤其是糜棱岩的研究，已成为当前构造地质学领域中一个引人注目的课题。

断层岩的属性（是碎裂岩系还是糜棱岩系）可以指示断层的属性（是脆性断层还是韧性断层）；利用断层岩可以测定断层形成时的温度和压力条件，为分析断层形成深度和形成环境的温、压状态提供基本依据；断层岩发育程度和展布状况以及各类断层岩的交织叠加和改造情况可以提供有关断层规模、活动史、活动深度的变化等有关信息；断层岩的结构可以为分析研究断层两盘的相对运动方向提供依据。

近年来，断层岩研究的重要进展是将断层岩划分为两大系列。过去把断层岩均作为岩石在脆性状态下断层两盘挫动研磨的结果，其随着研磨作用的增强而出现细粒化，进而根据碎块颗粒的大小分为断层角砾岩、碎裂岩、糜棱岩、片理化岩等。现在已经确证，对于碎裂岩系列，细粒化程度决定于脆性变形下岩石破碎的程度，对于糜棱岩系列，细粒化取决于塑性变形状态和重结晶程度。

碎裂岩系列一般包括断层角砾岩、碎粒岩或碎斑岩、碎粉岩、假玄武玻璃和断层泥等。

(1)断层角砾岩

断层角砾岩是由保持原岩特点的岩石碎块组成。角砾胶结物为磨碎的岩屑、岩粉以及岩石压溶物质和外源物质。断层角砾岩中角砾的棱角常被磨蚀，因此，角砾多呈透镜状、椭圆状。角砾常定向排列，有时排成雁列式[图 1-33b)]。胶结物有时也显示定向排列的特点，围绕角砾排列，甚至发育成劈理。也有一些断层角砾岩中的角砾是带棱角的，这类角砾岩中的角砾形状多不规则，大小不一，杂乱无章。角砾岩中的角砾一般在 2mm 以上[图 1-31a)]。

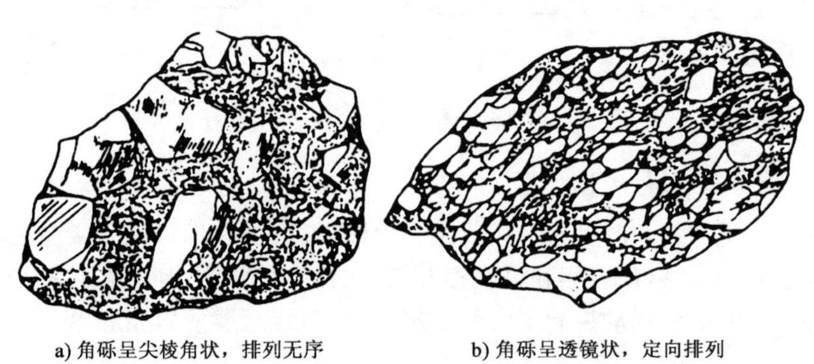

a) 角砾呈尖棱角状，排列无序　　b) 角砾呈透镜状，定向排列

图 1-31　苏州逆冲断层中的断层角砾岩(据孙岩、韩克从，1982)

角砾岩的种类很多，如不整合面上的底砾岩、火山角砾岩、同生角砾岩、膏盐角砾岩、岩溶角砾岩等，在野外工作中应注意区分。

断层角砾岩与其他角砾岩区分的主要标志是看角砾与围岩是否有同源关系，是否顺层发育，是否有摩擦搓碎现象等。

(2)碎粒岩或碎斑岩

碎粒岩是被断层两盘研磨得更细的断层岩，碎粒岩是由原岩的岩粉或细粒或原岩的矿物碎粒组成的。在偏光显微镜下，岩石具有压碎结构。碎粒岩中如残留一些较大矿物颗粒，则构成碎斑结构，这种岩石可称为碎斑岩。碎粒岩的颗粒一般为 0.1～2mm。

(3)碎粉岩碎粉岩的岩石颗粒被研磨得极细，粒度比较均匀，一般在 0.1mm 以下，这种岩石也可称为超碎裂岩。

(4)玻化岩

玻化岩往往呈细脉分布于其他断层岩中。

(5)断层泥

如果岩石在强烈研磨中成为泥状，单个颗粒一般不易分辨，仅含少量较大碎粒，这种未固结的断层岩称为断层泥。对比原岩成分与断层泥成分，发现两者不尽相同，这说明断层泥的细粒化不仅有研磨作用，而且有压溶作用等。

1.1.4.6　断层的地球物理识别标志

1)地震剖面

在地震剖面上,常出现断面波、反射波不连续、空白区等。可归纳为如下几种标志:

(1)反射波同相轴错断。

(2)反射同相轴数目突然增减或消失。

(3)反射波同相轴形状发生突变,反射凌乱或出现空白带。

2)重磁资料

沿断层常形成磁力异常带和重力梯度带。

3)钻井地层的重复和缺失

在钻井过程中,一般而言,如果发现地层缺失,预示井下钻遇了正断层;如发现有地层重复,可能钻遇了逆断层。

但是,单口井并不能说明问题。在通常情况下,同一条断层总是被多口井钻遇,而各井钻遇的深度、重复或缺失的层位各不相同,并且是按一定的方向有规律变化的。

(1)逆断层造成的地层重复:当钻遇同一逆断层时,与之相关的各邻井地层重复。

(2)倒转背斜引起地层重复:钻遇倒转背斜时,也会引起井下地层重复,但是这种重复规律与逆断层有所不同,它表现为一种对称性重复。

(3)正断层造成的地层缺失:与逆断层相反,当钻遇地层缺失,缺失层位逐渐变新,钻遇缺失地层的井深逐渐变浅,这样的地层缺失递变规律表明是正断层造成的结果。

(4)不整合引起的地层缺失。

4)根据标准层高程的变化确定断层

若相邻的井中地层层序正常,但相邻两井中标准层的高程相差极为悬殊,可能预示在两口井之间存在着未钻遇的断层。

在钻井资料具有多解性、井资料丰富的情况下,会更加可靠。

5)近距离内同层地层厚度突变

相邻距离比较近的两口井,钻遇同一地层时,对于岩性单一的层段,如发现其厚度突变(增厚或减薄),是断层存在的可能标志之一。

特别注意:由于地壳升降不均或沉积盆地基底起伏也会造成同层地层突变。

6)钻井过程中的井漏、井塌等现象

断层的性质不同,对流体所起的渗流作用不同,受张力作用的正断层是流体运移的良好通道;受挤压力作用形成的逆断层对流体起封闭作用。

1.1.4.7　断层识别的其他标志

1)岩浆活动和矿化作用的标志

大断层尤其是切割很深的大断裂常常是岩浆和热液运移的通道和储聚场所。

如果岩体、矿化带等热液蚀变带沿一条线断续分布,常常指示有大断层或断裂带的存在。

2)岩相和厚度标志

如果一个地区的沉积岩相和厚度沿一条线发生急剧变化,可能是断层活动的结果。

断层引起岩相和厚度的变化有两种情况:一是控制沉积盆地和沉积作用的同沉积断层的

活动;另一种是断层的远距离推移,使相差很大的岩相带直接接触。

1.1.5 断层的成因分析

岩石受力超过其强度时,便开始发生破裂。破裂之初先出现微裂隙,微裂隙逐渐发展,相互联合,形成一条明显的破裂面。安德森(E. M. Anderson,1951)等学者分析了断层的应力状态,提出了分析地表或近地表的脆性断层的形成模式。

安德森模式认为,形成断层的三轴应力状态中的一个主应力轴趋于垂直水平面,断层面是一对剪裂面,σ_1 与两剪裂面的锐角分角线一致,σ_3 与两剪裂面的钝角分角线一致,断层两盘垂直于 σ_2 方向滑动。断层形成的应力状态为:若 σ_1 直立,σ_2、σ_3 水平,则产生正断层;若 σ_3 直立,σ_1、σ_2 水平,则产生逆断层:若 σ_2 直立,σ_1、σ_3 水平,则产生平移断层(图 1-32)。

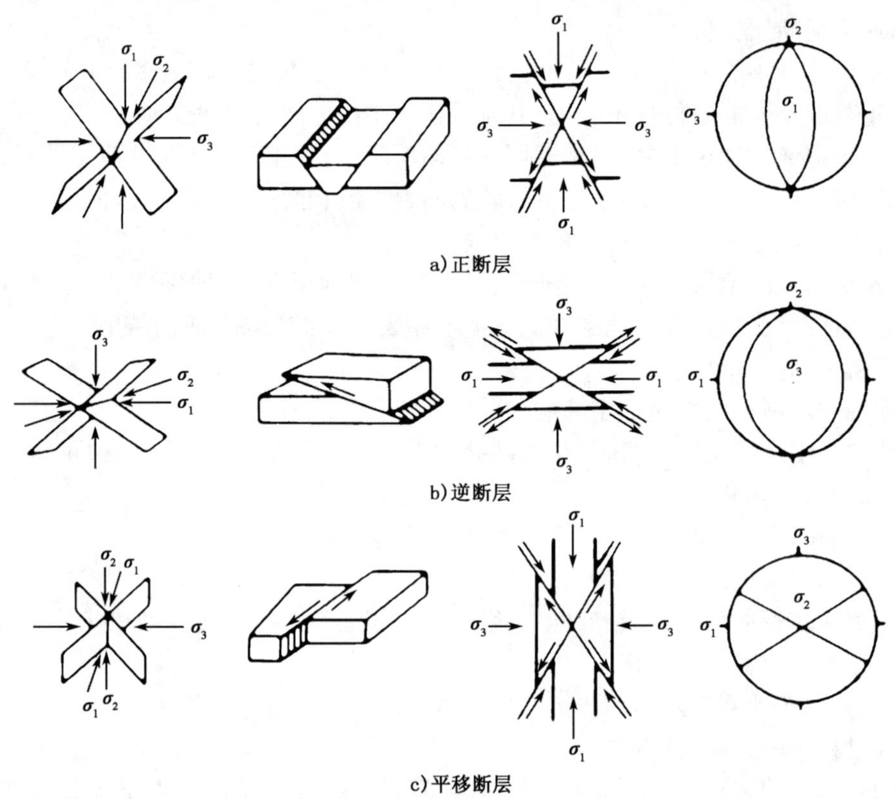

图 1-32 形成断层的三种应力状态(据 E. M. Anderson,1951)

1.1.5.1 正断层的成因分析

1)正断层形成的应力条件

正断层是在一定范围内地壳伸长的结果,是在地壳处于与断层走向垂直的方向上水平拉伸状态下产生的,即 σ_1 直立。它可以是岩体的重力,也可以是岩浆岩体、盐丘或基底断块等向上隆起或上冲引起的。σ_3 水平,与断层走向垂直,它可以是较小的压应力,也可以是张应力。引起正断层的有利条件是最大主应力(σ_1)在铅直方向上增大或是最小主应力(σ_3)水平向逐渐增大[图 1-32a)]。

2)正断层形成的构造背景

(1)背斜形成时,因岩层上拱,导致外弯层产生与背斜枢纽垂直的张应力,加之岩体自重产生的铅直的应力,造成背斜顶部出现纵向地堑(图 1-33)。短轴背斜沿枢纽方向的局部拉伸,也可以形成走向与背斜枢纽垂直的两组倾向相反的横向正断层(图 1-34)。

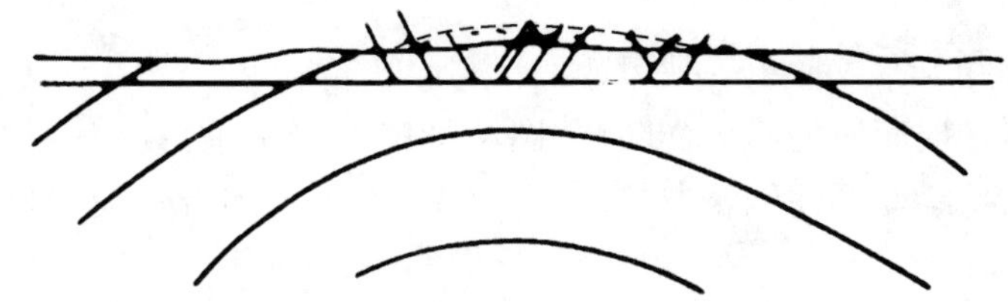

图 1-33　美国海员山背斜顶部正断层和小型地堑(据 Dc. Sitter,1956)

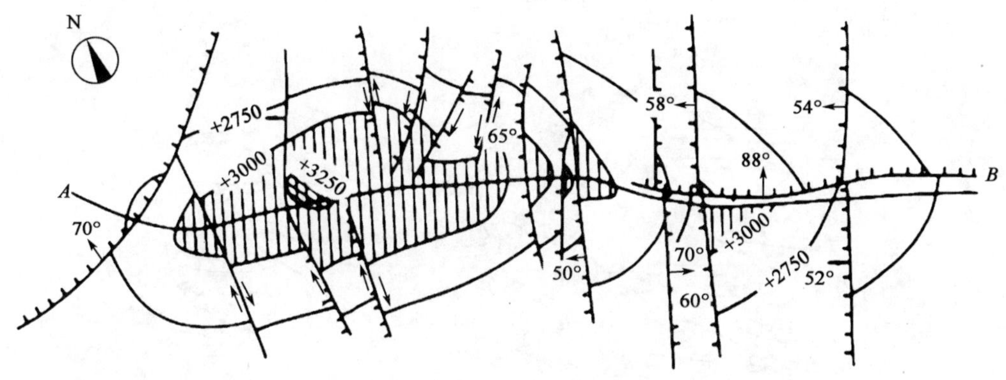

图 1-34　短轴背斜中的横断层

(2)区域性的水平拉伸造成沉降盆地,在其边缘常形成同沉积断层 这类正断层的下降盘边下降边沉积,随着沉积物的厚度增大,使其下部位移量大于上部(图 1-34)。

(3)穹隆垂直上隆形成穹隆中心直立(或陡倾)的挤压(σ_1)以及向穹隆外围缓倾的拉伸(σ_3),从而形成环形正断层。此外,差异升降运动也可以产生正断层。

1.1.5.2　逆断层的成因分析

1)逆断层形成的应力条件

逆断层主要是在压缩条件下形成的。区域性的水平挤压作用产生水平基准面侧向缩短的断层,又称收缩断层。这种条件符合安德森逆冲断层应力模式,即 σ_1 水平,σ_3 直立,所以,适于逆冲断层形成作用的可能情况是 σ_1 在水平方向逐渐增大或者是最小主应力 σ_3 逐渐减小,因而,水平挤压有利于逆冲断层的发育[图 1-32b)]。

2)逆断层形成的构造背景

(1)早于褶皱形成的逆断层在断层形成前地层未褶皱,水平挤压作用使水平地层产生逆断层。这类断层的特征是:其中一段顺层面滑动称断坪;另一段切层滑动,称为断坡。断坪的断层标志不太明显(图 1-35),断坪与断坡交替,使整个断层构成阶梯状。图 1-36a)为早于褶皱产生的沿剪裂面形成的逆断层。

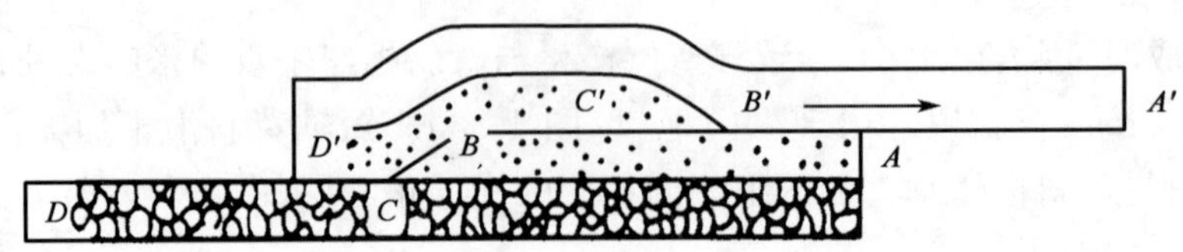

图 1-35 褶皱前形成的逆断层及其断坪与断坡(据 Preei,1981)

(2)由褶皱进一步发展而成的延伸逆断层[图 1-36b)]:当水平挤压有一侧减弱时,褶皱倒向水平应力小的一侧,持续变形使倒转翼拉薄,进而断开形成逆断层。这种断层常发育在造山带边缘强烈不对称褶皱的地带。

(3)与褶皱同时发育的破裂逆断层[图 1-36c)]:脆性岩层在水平挤压作用下形成开阔褶皱,同时也很快出现破裂,形成一系列在剖面 X 剪裂面基础上发育起来的破裂逆断层。随着破裂逆断层的发展,褶皱进一步加强。

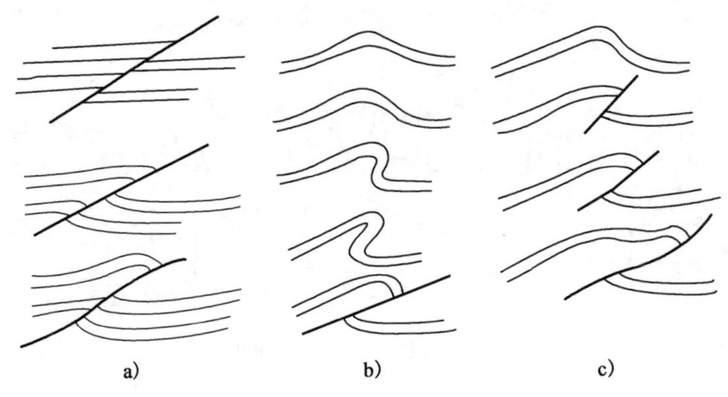

图 1-36 逆断层与褶皱的关系(据 De. Sitte,1964)

3)逆冲推覆构造的形成

(1)孔隙液压对逆冲推覆构造形成的作用。巨大的推覆体之所以能够作长距离的运移,异常孔隙压力起了重要的作用。当异常孔隙压力接近或等于推覆体总负荷压力时,推覆体即处于漂浮状态,此时很小的推力即可使推覆体产生运移而不破碎。大陆边缘快速堆积的年轻沉积物可产生异常孔隙压力;巨大推覆体也可使下伏岩层的适当部位产生异常孔隙压力,此外石膏的脱水作用也可以引起异常孔隙压力。

(2)逆冲推覆构造的驱动力。对这个问题,地质学家有各种不同的假说和观点,早期认为水平挤压作用是逆冲推覆构造的基本驱动力,即水平挤压力推动推覆体的后部使其向前运动。随着研究的不断深入,又提出作为体力的重力是引起推覆构造的基本驱动力,即在地壳伸张地带见有因重力滑动的推覆作用造成的重力滑覆构造。重力滑覆构造的特点是,滑覆体的后部被正断层所切或被底部滑脱面所切[图 1-37a)],由于重力滑动作用无法解释某些断层面不是向逆冲方向倾斜的情况,所以又有学者提出了重力扩张的观点,并以模拟实验证明。重力导生出的侧向水平推动力的扩展作用产生逆冲断层,使推覆体的后部被更后面的逆冲断层所切[图 1-37b)]。此外,还有因板块俯冲和碰撞挤压等造成逆冲推覆构造的观点。

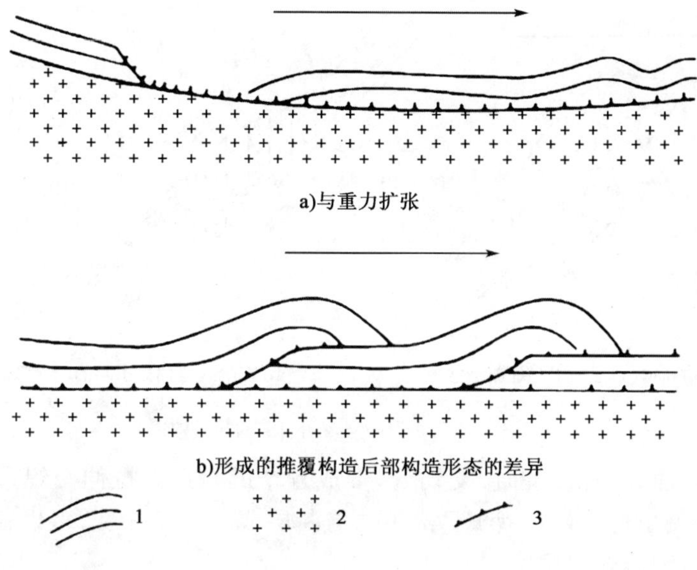

图 1-37　重力滑动(据 Coopeh,1981)
1-盖层;2-基底;3-逆冲断层

1.1.5.3　平移断层的成因分析

1)平移断层的形成方式

(1)由于侧向水平挤压,当 σ_2 直立时,顺平面 X 剪裂面发育而成平移断层,规模可大可小,常为二组共轭发育,一组右行,一组左行,一般与褶皱延伸方向斜交。

(2)不均匀的侧向挤压使不同部分的岩块在垂直于纵向逆断层和褶皱枢纽方向作不同程度的向前推移,因而在各部分岩块之间形成走向垂直于逆断层或褶皱枢纽的平移断层,这种断层一般规模不大。

2)走滑断层的相关构造

大型平移断层即走滑断层,其两盘顺直立断层面相对水平滑动。走滑断层和兼具倾向滑动的走滑断层是相当普遍的,与走滑断层相关的构造也是很重要的构造。

(1)由于走滑断层面的弯曲,在弯曲部位会产生挤压区和拉伸区。如图 1-38、图 1-39 所示,在右行走滑断层 A 处弯曲部位发生张拉,形成断陷盆地和正断层等张性构造;在右行走滑断层的 B 处弯曲部位发生挤压,形成隆起断块和逆断层等压性构造。

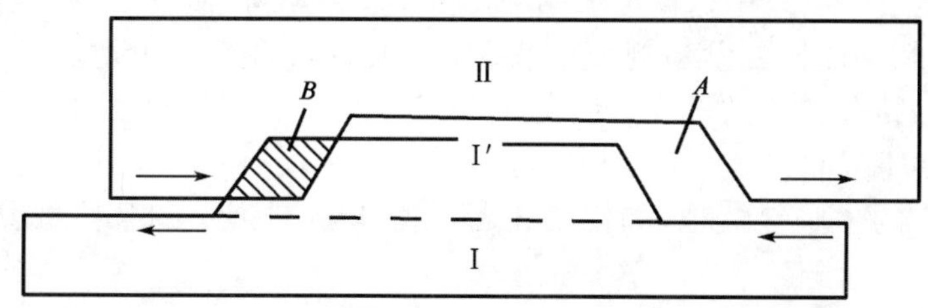

图 1-38　走滑断层引起的张拉区和挤压区(据 W. Spenceh,1977)

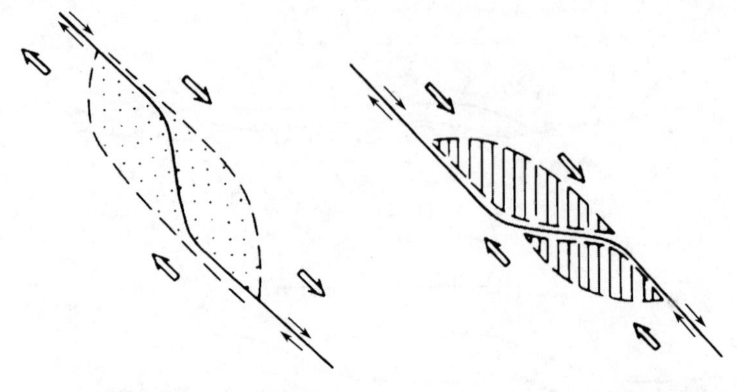

图 1-39　右行走滑断层弯曲引起的相关构造

(2)走滑断层弯曲并与次级断层交切处,形成复杂的挤压—拉伸交织带(图 1-40)。走滑断层还常造成其一侧出现雁列式褶皱。褶皱轴与断层成小角度相交,多以背斜形式产出。随着远离断层,褶皱逐渐减弱或倾伏(图 1-41)。

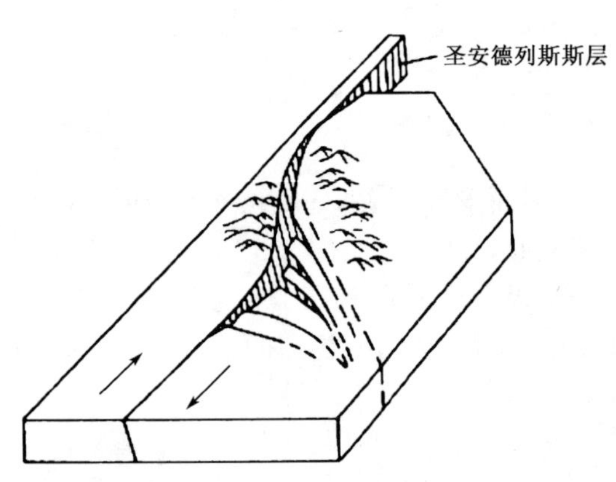

图 1-40　断层的挤压—拉伸现象(据 J. CCrowell,1974)

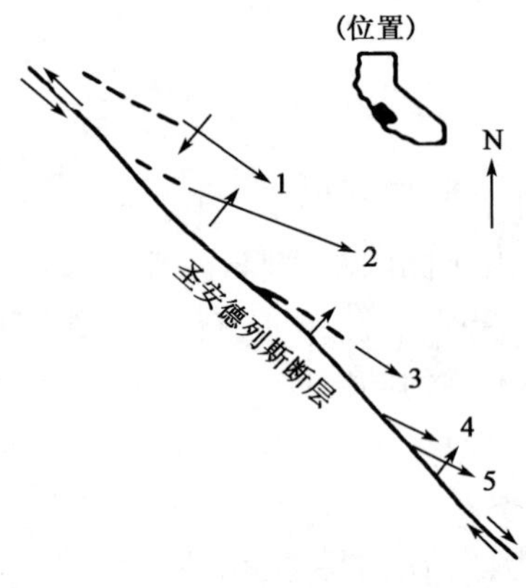

图 1-41　断层一侧的雁列式褶皱(据 Moody 等,1956)
1-谢尔沃背斜;2-科林加背斜;3-奥尔查德背斜;4-麦克唐纳背斜;5-赛里克背斜

(3)拉分盆地

拉分盆地是走滑断层系中拉伸形成的断陷盆地。其形状似菱形,盆地两侧长边为走滑断层,两短边为正断层。拉分盆地规模变化很大,大者长百余公里,宽数十公里,小者长数百米,宽仅数十米,拉分盆地的形成可以是在两条走滑断层控制下发育的,也可以是在一组雁列走滑断层控制下发育形成的(图 1-42)。其宽度相对较稳定,取决于两条边界走滑断层的间隔。我国南方的一些红盆地,如江西于都—南丰断裂带上的某些红盆地,就具有明显的拉分性质。

(4)韧性剪切带

韧性剪切带又称韧性断层,它是岩石在塑性状态下由剪切作用形成的强烈变形带,为一条

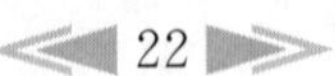

向下深切的大断裂，在浅层次为脆性断层，向深层次则过渡为韧性断层（图 1-43）。韧性断层的特点是，岩石沿无数微细滑动面做微小位移而引起塑性流动，从而导致韧性剪切带两侧岩块的相对位移。韧性剪切带与围岩无明显的界线，在露头尺度上常见不到明显的不连续面，表现为断而未破，错而似连，围岩几乎未经变形。当围岩中的标志层通过剪切带时，常会发生方向的变化和厚度的改变，剪切带中的矿物组分和粒度也发生一定程度的变化。

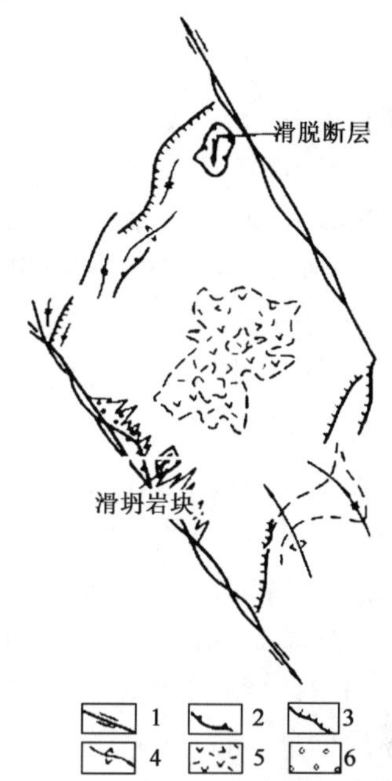

图 1-42　拉分盆地理想化模式图（据 LeCrowell，1974，简化并修改）

1-走滑断层；2-逆冲断层；3-正断层；4-褶皱轴；5-火山岩系；6-碎屑岩系

韧性剪切带主要产于变质岩系中，如古老地台的基底和褶皱造山带核部。我国冀东太古界片麻岩发现有相当大规模的韧性剪切带；江西元古界组成的九岭隆起南缘也是一条规模巨大的韧性剪切带。

韧性剪切带的研究，改变并丰富了某些地质概念。例如断层的牵引现象，可能很多“牵引”产生于断裂之前，是韧性剪切现象，即“牵引”导致破裂，而不是断层导致“牵引”。又如糜棱岩，过去认为是脆性破裂的继续，是碎裂物质被研磨变细的产物，属碎裂岩系列的细粒部分，但二十余年来，经深入的显微和超显微研究发现，糜棱岩的细粒化是矿物在较高温度和较高围压下发生晶体塑性变形的产物。韧性剪切带内的变形岩石一般形成糜棱岩系列。有些推覆体的底部滑动面，常常是倾角很小的韧性剪切带。

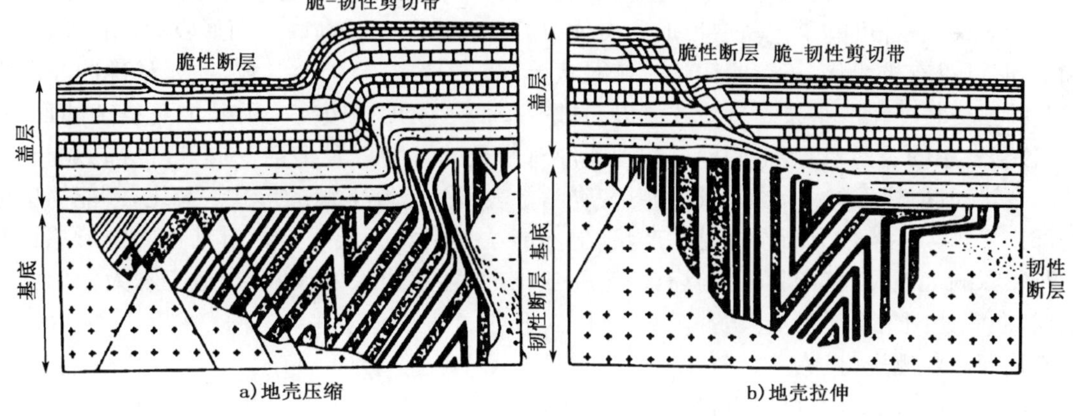

图 1-43　脆性断层与韧性断层的关系

1.1.6　断层的观察与研究

1.1.6.1　断层的描述

一条断层的描述内容一般包括：

（1）断层名称：地名＋断层类型或断层编号。

(2)位置:断层位于图区某方位、褶皱构造的某翼部或某山脊等地形处。

(3)断层在平面上的展布情况:延伸方向(断层面走向两端的延伸方向);通过的主要地点;延伸长度等。

(4)断层产状及与两盘地层产状的关系:断层面产状、断层两盘出露的地层及其产状,以及地层重复和缺失以及两盘相对位移方向。

(5)地质界线错开特征和断距的大小。

(6)断层与其他构造的关系。

(7)断层的形成时代及力学成因等。

1.1.6.2 断层面产状的测定

在观测和研究断层时,应尽可能测定断面产状。断层面有时出露于地表,可以直接测定;有时没有出露,只能间接测定。如果断层面比较平直、地形切割强烈且断层线出露良好,可以根据断层线的"V"字形来判定断层面的产状。隐伏断层的产状主要是根据钻孔资料,用三点法予以测定。利用物探资料也可判定断层产状。

断层伴生和派生的小构造也有助于判定断层产状,如断层伴生的剪节理带和劈理带,一般与断层面近一致,而断层派生的同斜紧闭揉褶带、片理化断层岩的面理以及定向排列的构造透镜体带等,常与断层面成小角度相交。这些小构造变形愈强烈、愈压紧,说明其与断层面愈接近。需要指出的是,这些小构造的产状常常是易变的,应大量测量并进行统计分析方能确定其代表性的产状,然后加以利用。

在确定断层面产状时,要充分考虑到断层产状沿走向和倾向可能发生的变化。许多断层,尤其是逆冲断层的断层面,常呈波状起伏或台阶式。对于这种波状性的原因和解释是多样的:一种可能是岩石沿两组交叉剪切面发生破裂,在断层发育过程中经进一步的挤压和摩擦而形成波状弯曲;另一种可能是大断层形成前由分散的初始小断裂逐渐联合而形成的,由于联合的方式不同,可以有折线状、正弦曲线状或花冠状等(图 1-44)。至于台阶式,主要是逆冲断层中断坪与断坡交替变化的结果。台阶式可以在进一步变形发展中改变为波状或更复杂的形态。此外,各套岩系的岩性差异,不同深度物理条件对断裂的影响以及多期变形等,也都影响断层产状的变化。区域性逆冲断层以及一些正断层,常表现为上陡下缓的形式。总之,不能简单地把局部产状作为一条较大断裂的总的产状,也不能认为某类断层一定具有某种固定形态。至于切割很深的大断裂,其产状总是具有一定的变化,如隆起边缘的大断层,地表常为低角度逆冲断层,向深处倾角可逐渐变大,甚至直立(图 1-45)。

断层面产状测定方法:

(1)出露地表的断层,可以直接用罗盘测定。

(2)没有出露地表的断层,用间接方法确定其产状。

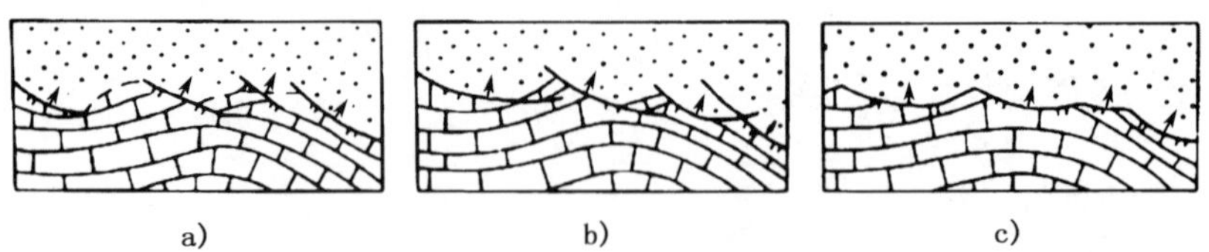

图 1-44 花冠状走向大断裂形成示意图

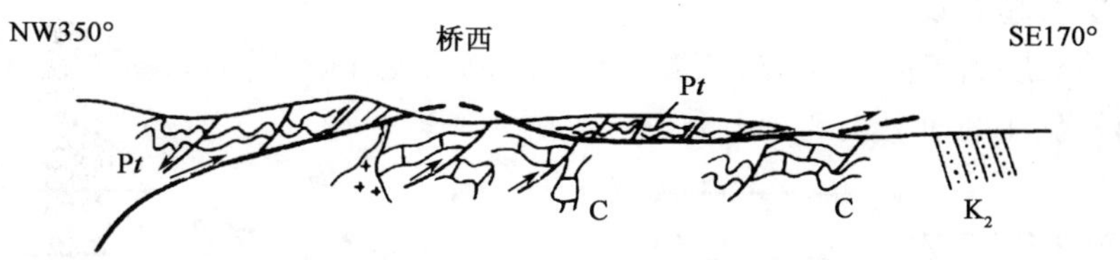

图 1-45　江西宜丰九岭隆起南缘逆冲断层向地下变为高角度断层

①根据 V 字形法则定性判断断层产状。

②根据地质图上三点法求取断层产状(同倾斜岩层):根据纵横多条地震剖面综合解释,判断断层产状;根据钻孔资料,利用三点法求取断层产状。

③根据断层伴生或派生的小构造定性判定断层产状。

1.1.6.3　断层效应

广义的断层效应是泛指断层引起的所有现象,这里讨论的断层效应主要是指斜向断层和横向断层引起标志层的视错动,由于岩层与断层复杂的交切关系以及两盘滑动引起的标志层在平面和剖面上的视错动,尤其是斜向断层和横向断层容易引起标志层的视错动,常常难于从标志层的相对视错动上正确判定两盘的相对滑动或断层的性质。例如倾向正断层,在平面上可能造成平移滑动的错觉。产生错觉的主要原因在于未能从主体和实际位移诸因素来全面分析两盘的错动。如图 1-46 所示为一个被一条横向平移为主的断层切断的背斜,但在两翼的纵剖面上却分别显示正断层和逆断层的错觉。这种由于斜向断层和横向断层引起的标志层的视错动,称为断层效应。下面分别介绍各类断层引起的效应。

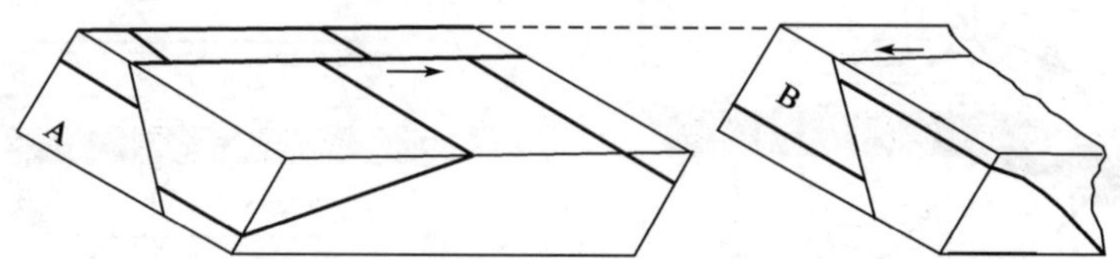

图 1-46　横向平移断层在背斜两翼的正断层和逆断层效应

1)正(逆)断层引起的效应

当倾向断层的两盘沿断层倾斜方向滑动时,侵蚀夷干后在水平面上两盘岩层表现为水平错移,给人以平移断层的假象(图 1-47)。从图 1-47b)可以看到,在水平面上显示上升盘的岩层界线向岩层倾斜方向错动。

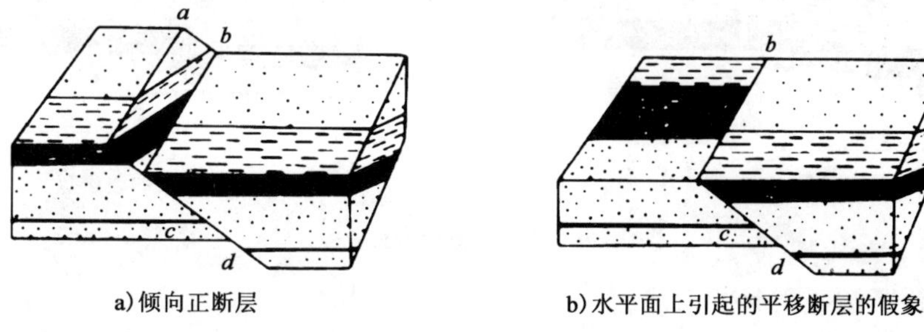

a)倾向正断层　　b)水平面上引起的平移断层的假象

图 1-47　倾向正断层引起的效应

2)平移断层引起的效应

倾向断层顺断层面走向滑动时，剖面上会表现为正(逆)断层。如图 1-48 所示，向岩层倾向平移错动的一盘在剖面上表现为上升盘。

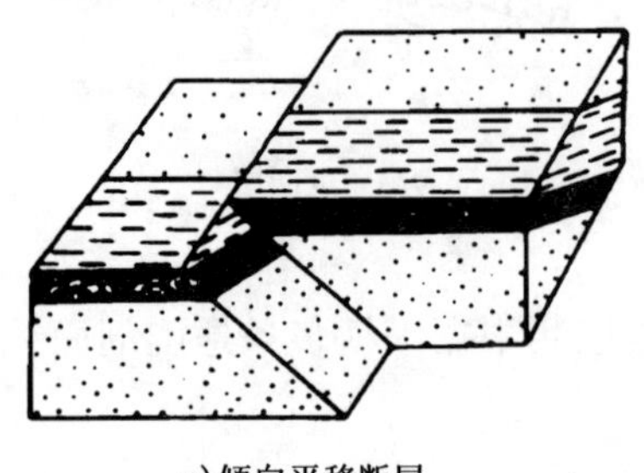

a)倾向平移断层

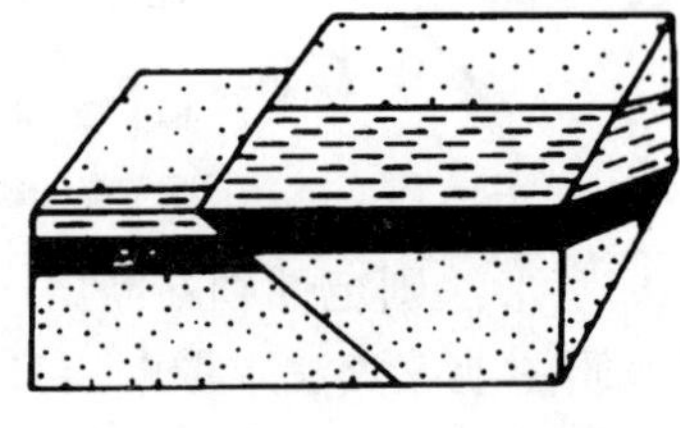

b)在剖面上引起的逆断层的假象

图 1-48　平移断层引起的效应

上述情况说明倾向正(逆)断层和倾向平移断层引起的平面和剖面效应是相似的。因此，在野外观察断层时，不能仅从水平面或剖面上的岩层错移判断断层类型。

3)平移-正(逆)断层或正(逆)-平移断层引起的效应

当倾向断层的上盘沿断层面斜向下滑时，会出现三种效应：当滑移线与岩层在断层面上的交迹线平行时，在平面或剖面上岩层好像没有错移(图 1-49)；当滑移线位于岩层在断层面上交迹线的下侧时，在剖面上表现为正断层，而在平面上则表现为平移断层；如果滑移线位于岩层在断层面上交迹线的上侧，则在剖面上表现为逆断层，在平面上表现为平移断层(图 1-50)。

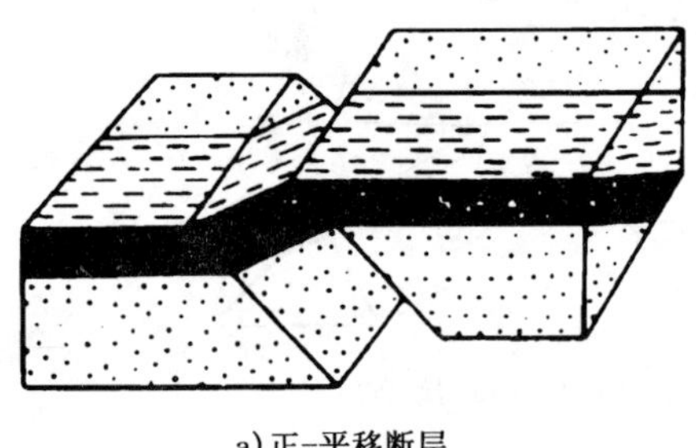

a)正-平移断层

b)夷平后的假象

图 1-49　正-平移断层引起的效应

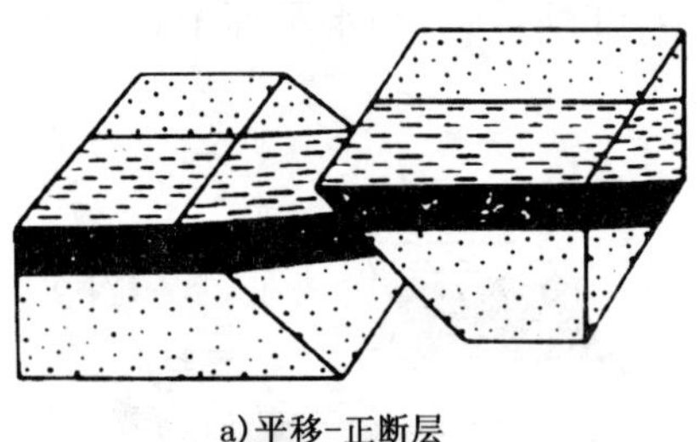

a)平移-正断层

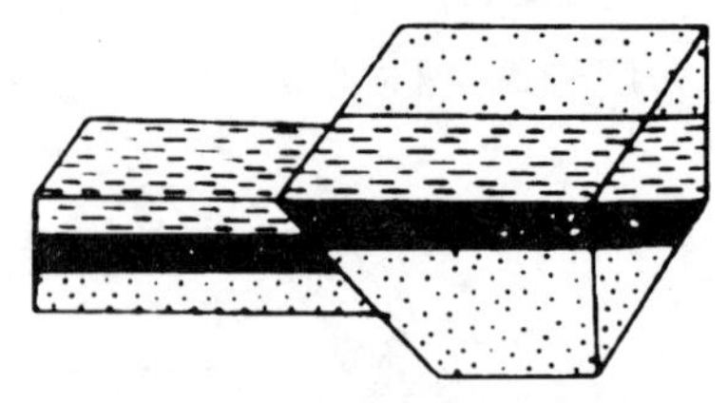

b)夷平后的假象

图 1-50　平移-正断层引起的效应

4)横断层错断褶皱引起的效应

褶皱被横断层切断后，在平面上有两种表现：一是断层两盘中褶皱核部宽度的变化，另一

是褶皱轴迹的错移。断层是否具有平移性质，主要依据褶皱轴迹在平面上的错移情况来判断。被横断层切断的直立褶皱，若两盘褶皱轴迹在一直线上，则无平移滑动(图 1-51)；反之，表明有平移分量。如果褶皱是斜歪的或倒转的，倾斜的轴面被横断层切断，若沿断层面倾斜滑动，被夷平后两盘在平面上表现出轴迹错移(图 1-52)。轴迹在两盘被错开的距离决定于轴面的倾角和位移大小。倾角越大，错位距离越小。如果轴面倾斜的褶皱被横断层切割，完全沿断层走向滑动，则核部在两盘的宽度相等，但核部错开。如果两盘沿断层倾斜方向滑动，则两盘中褶皱核部宽度不等。若为背斜，上升盘核部变宽[图 1-52a)]；若为向斜，则上升盘核部变窄[图 1-52b)]。如果沿断层面斜向滑动，不仅褶皱核部宽度发生变化，而且被错开。

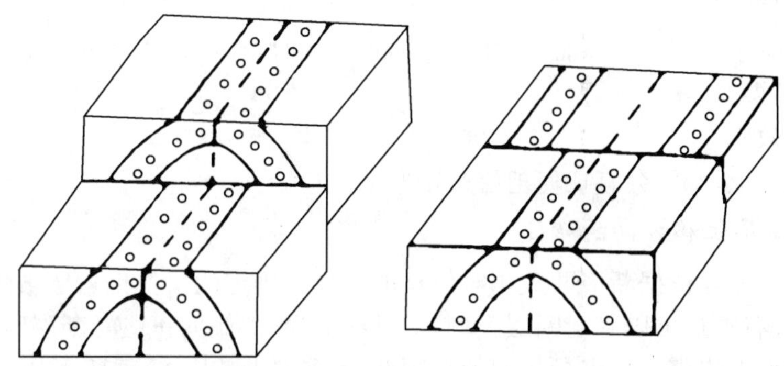

图 1-51　被横向正断层切断的直立褶皱

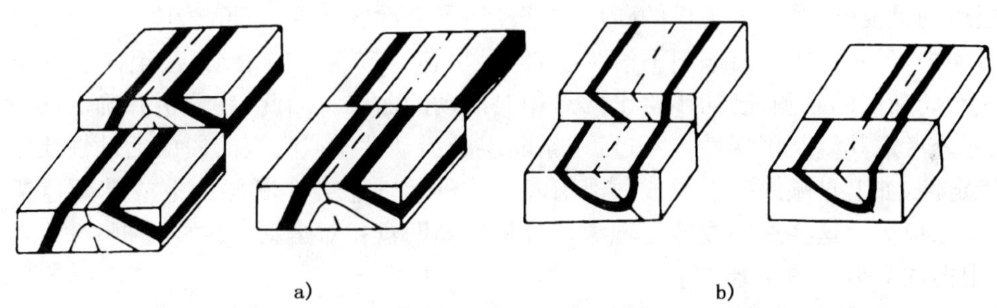

a)　　b)

图 1-52　褶皱被横断层切断

总之，断层两盘位移分量的大小和方向、两盘倾斜滑动分量的大小、褶皱轴面倾角这三个变量及其相互关系，决定褶皱轴迹是否错移及错移方向和距离。因此，在分析断层时，应从断层、褶皱及其相互关系的整体并结合有关构造进行分析。

5)走向断层效应

(1)沿断层面走向滑动的走向断层，在平面和剖面上均无视位移。

(2)沿断层面倾斜线滑动的走向断层，在垂直于断面走向的剖面上，视位移与真位移一致，在剥蚀后的平面上视位移大于真位移。

6)倾向断层效应

(1)沿断层面走向滑动(平移断层)的倾向断层，在垂直于断层走向的剖面上，有正(或逆)断层的错觉。

(2)沿断层面倾斜线滑动(正或逆断层)的倾向断层，在平面上造成平移断层的错觉。

(3)沿断层面倾斜线滑动的倾向断层横切背斜时(横向正断层或逆断层),两盘相当层之间水平距离在下降盘变小,在上升盘变大。

沿断层面倾斜线滑动的倾向断层横切向斜时,与上述情况正好相反。沿断层面走向滑动的倾向断层横切褶皱时(横向平移断层),水平面上断层两盘对应宽度没有发生变化。

(4)沿断层面斜向下滑时,会出现三种效应:

①当滑移线与岩层在断层面上的交迹线平行时,不论总滑距大小,在平面上或剖面上岩层好像没有错移。

②当滑移线位于岩层在断层面上的交迹线的下侧时,在剖面上表现为正断层,而在平面上,则表现为平移断层。

③当滑移线位于岩层在断层面上的交迹线的上侧时,在剖面上表现为逆断层,而在平面上,表现为平移断层。

7)顺层断层效应

在平面和剖面上,都不会有任何地层被错开的效应。

1.1.6.4 断层位移方向的确定

断层类型的划分是依据断层两盘相对位移的方向来确定的。根据岩层被断层错动后在平面和剖面上的出露位置,可以判定断层类型,但某些断层,如倾向正(逆)断层和倾向平移断层,它们在平面和剖面上出露的特点是相似的。因此,必须依据断层活动留下的遗迹或伴生现象等,才能准确地判定断层两盘相对位移的方向。

断层运动是复杂的,一定规模的断层常常经历了多次脉冲式滑动。例如一条正断层,在各次微量滑动中,虽然上盘以沿倾斜下滑为主,但是也包含多次斜向滑动、甚至向上的滑动。对一些现代活动断层的观测,已初步绘出两盘相对滑动的曲线。因此,在分析并确定两盘相对运动时,应充分考虑其复杂多变性。不过,一条断层的活动性质或一定阶段的活动性质常常又具有相对稳定性,如上盘顺倾斜下滑或斜滑下降。这种运动总会在断层面上或其两盘留下一定的痕迹,如擦痕等。这些遗迹或伴生现象是分析判断两盘相对运动的主要依据。

(1)根据两盘地层的新老关系

两盘地层的新老关系是判断断层相对错移的重要依据。

对于走向断层或纵断层,老地层出露盘常为上升盘;但如果地层倒转或断层面倾角小于岩层倾角时,则老地层出露盘为下降盘。

(2)根据褶皱核部的宽窄变化

如果横断层切割褶皱,对背斜来说,上升盘核部变宽,下降盘核部变窄;对于向斜,情况刚好相反。

(3)根据地层的重复和缺失

在已知断层面产状和地层产状的情况下,根据地层的重复和缺失情况可以确定断层两盘相对运动方向。

(4)根据牵引构造

牵引构造是断层两盘沿断层面作相对滑动时,断层附近的岩层因受断层面摩擦力拖曳而产生的弧形弯曲现象,或是岩层先产生弯曲而后断裂,使岩层的弯曲形态进一步变形而成。这种弯曲称为牵引褶皱,褶皱的弧形弯曲突出方向指示本盘的运动方向(图1-53)。一般说来,

变形越强烈，牵引褶皱越紧闭。

在水平岩层或缓倾斜岩层中的正断层下降盘，还可发育一种逆（或反）牵引构造，多以背斜形式出现，岩层弧形弯曲突出方向指示对盘的运动方向（图 1-54）。

图 1-53　断层带中的牵引褶皱及其指示的两盘滑动方向

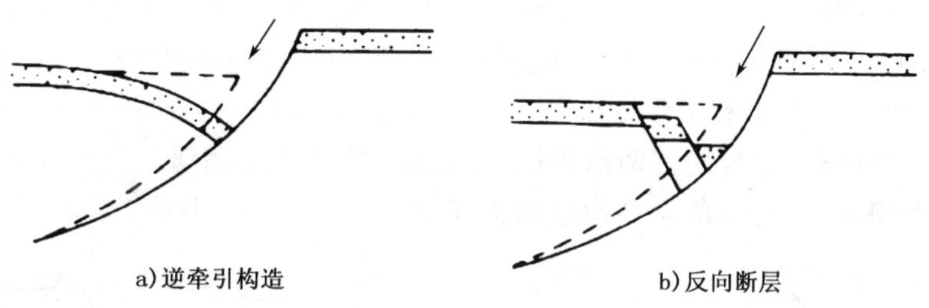

图 1-54　断层的逆牵引构造和反向断层示意图

逆牵引褶皱是由于正断层面是一个凹的曲面，断层上盘沿断层面下滑时，因向下断面倾角变小而在上部出现裂口，为弥合这个空间，上盘下降的拖力使岩层弯曲，从而形成逆（或反）牵引构造。如果岩层呈脆性，则会使岩层破裂而形成反向断层[图 1-54b）]。

（5）根据擦痕和阶步

擦痕和阶步都是断层两盘岩块相对错动时在断层面上因摩擦和碎屑刻划留下的痕迹，据此可判断断层的存在和断盘的相对运动方向。擦痕表现为一组彼此平行且比较均匀、细密的相间排列的脊和槽。有时还可见到擦痕的一端粗而深，另一端细而浅。由粗而深的一端向细而浅的一端的指向为对盘运动方向。在硬而脆的岩石中，有的擦面被摩擦得光滑如镜，称为摩擦镜面。在两盘相对错动过程中，相邻两盘逐渐分开时生长的纤维状矿物晶体，如纤维状石英、方解石、绿泥石、叶蜡石等，称为擦抹晶体。实质上，很多擦痕就是十分细微的擦抹晶体。

阶步是在断层面上与擦痕直交的细微陡坎。阶步的陡坎一般面向对盘的运动方向。在断层面暴露时，擦抹晶体常被横张裂隙断开而形成一系列微小阶梯状断口，陡坎指示对盘运动的方向（图 1-55）。在野外观察到的阶步大都是正阶步。在断层面形成初期，由于微剪切羽列横断，也会形成一系列小陡坎，这些小陡坎的倾斜方向指示断层本盘运动的方向，称为反阶步。但随着断层两盘的相对运动，反阶步大都被磨掉，因而保留在断层面上的陡坎主要是断层发育晚期形成的正阶步。

图 1-55　擦痕和阶步

断层常常是长期、多次活动的，所以断层面上保留的往往是最后一次运动所造成的擦痕。即使在一次活动中，断层两盘也不一定保持稳定不变的方向和方位，因此，不能仅以擦痕和阶步来确定断层运动的总方向，还要结合其他标志进行综合分析。

(6)根据构造透镜体

单个构造透镜体最大切面与断层面的夹角关系和多个构造透镜体的雁列式排列可用于判断断层两盘的相对运动方向。

构造透镜体的切面与断层面锐夹角指示同侧盘运动方向。

(7)根据派生构造：羽状节理

在断层两盘相对运动过程中，断层的一盘或两盘的岩石常常产生羽状排列的张节理和剪节理，这些派生的节理与主断面斜交。羽状张节理面与主断面所夹的锐角尖端指示其所在盘的运动方向(图 1-56 中的 T、图 1-57 的断层下盘)。羽状剪节理有两组(图 1-56 中的 S_1、S_2)，其中，S_1 组剪节理面与主断面夹角较小，一般在 15°左右，其锐角尖端指示本盘运动方向。

断层两盘相对错动，有时使其两盘岩层形成复杂的紧闭小褶皱。这些小褶皱的轴面与主断面常成小角度相交，所交锐角尖端指示对盘运动方向(图 1-56 中的 D)。

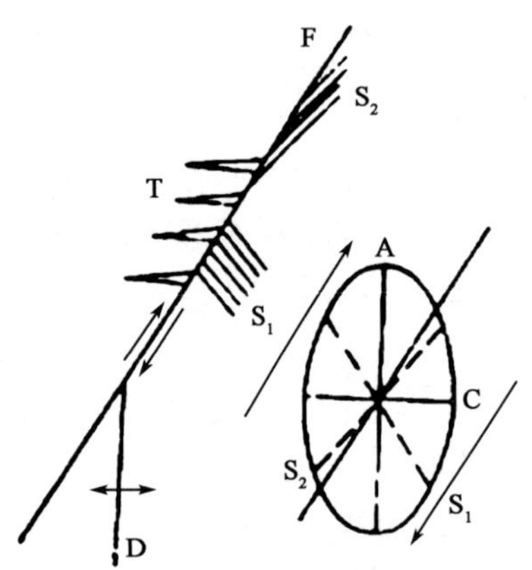

图 1-56　断层及其派生节理和小褶皱的关系
F-主断层；S_1、S_2-剪节理；T-张节理；D-褶皱轴面

图 1-57　根据断层带中标志层角砾的分布推断两盘相对运动方向

在断层两盘相对运动过程中，在断层一盘或两盘的岩石中常常产生羽状排列的张节理和剪节理。这些派生的节理与主断层斜交。

羽状张节理与主断层常成 45°相交，其锐角指示节理所在盘的运动方向。

羽状剪节理有两种，一种与主断层大角度斜交，另一种成小角度相交。后者锐角指示本盘运动方向。

(8)断层两侧小褶皱

由于断层两盘的相对错动，断层两侧岩层有时形成复杂的紧闭小褶皱。这些小褶皱轴面与主断层常成小角度相交，其所夹的锐角指示对盘运动方向。

(9)断层角砾岩

断层切断并挫碎某一标志性岩层或矿层时，根据其角砾在断层破碎带中或断层岩中的分布，可以推断两盘相对位移方向(图 1-57)。有时断层角砾呈规律性排列，这些角砾的压扁面

与断层面所夹锐角尖端指示对盘运动方向。

断层运动是复杂、多变的，常常是多期、多次的，先期活动留下的各种现象，常被后期活动所磨失、破坏、叠加和改造，最后留下的只是改造变动过的最后一期活动的遗迹。因此，对上述标志要进行统计分析并互相印证。

(10)根据生长断层两盘的厚度

生长断层地层厚度大的一盘为下降盘，地层厚度小的一盘为上升盘。

(11)根据平移断层收敛、分散作用和升降活动

根据平移断层的形态和收敛、分散作用发生的部位，可以判断断层两盘的相对运动方向。

1.1.6.5　断层活动的时间性

断层是在一定的构造作用力的作用下形成的，由于自然界构造力作用的复杂性、多期性以及长期作用的特点，从而使得断层的形成也是非常复杂的，其形成时间常常很难准确地确定。

(1)断层一般是在一定构造运动中形成的，可以利用断层与同期变形的地层和褶皱等的相互关系来确定其形成时期。断层切割某一地层，则形成于该地层沉积之后，被另一地层角度不整合覆盖，则形成于该地层沉积之前。

(2)如果断层被岩墙或岩脉充填，而且岩墙或岩脉有错断现象，则岩体侵入发生在断层产生或活动时期。也可以利用放射性同位素测定岩体的绝对年龄，从而判断断层的形成和活动时代。

(3)如果断层被岩体切断，断层则形成于岩体之前；若断层切断岩体，则断层活动晚于岩体。

(4)如果断层与被其切断的褶皱成有规律的几何关系，很可能两者是在同一次构造运动中形成的，查明本次构造运动时期，也就确定了断层形成的时期。

对于在一次构造运动中形成的断层，可利用与其同期变形的地层、褶皱等的相互关系确定其形成时期。如一条断层切断一套较老的地层，而被另一套较新的地层以角度不整合接触所覆盖，则据此可确定断层形成的时间是在不整合面下伏的最新地层形成以后和上覆最老的地层形成之前(图 1-58)。如断层被岩脉、岩墙充填且岩脉、岩墙有错断迹象，则岩体侵入于断层形成或活动时期。利用放射性同位素法可以测定岩体时代，从而可确定出断层的形成时代。

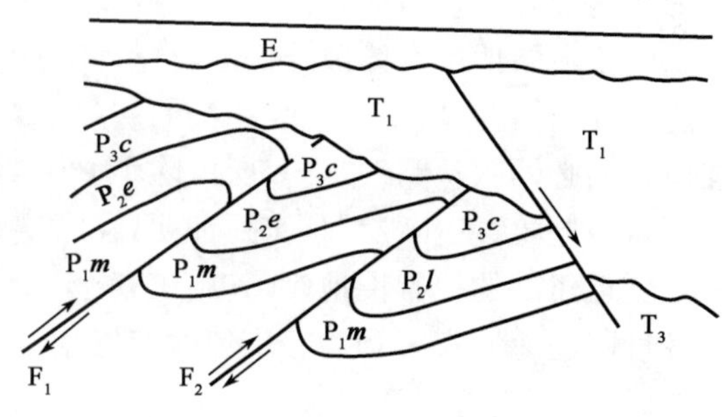

图 1-58　构造剖面示意图

一些区域性的大断裂是长期活动的，常常经历一个以上的构造旋回。即使在一个构造旋回中，不仅在激化时期活动，而且在相对宁静期也有活动；也可以活动一个时期后静止，以后再活动。大断裂的长期、多次活动主要根据断裂控制下发育的地层及其厚度和岩相变化来确定，断层两盘几个时期的地层、厚度、岩相可能发生显著变化。

岩浆活动也是分析断层是否有长期活动的依据。长期、多次活动的大断裂往往成为多期岩浆活动带，其岩性也在一定程度上反映断层切割深度的变化。

生长断层又称同沉积断层。主要发育于沉积盆地的边缘。在沉积盆地形成发育的过程中，盆地边缘断层不断活动，盆地不断沉降，沉积不断进行，盆地外侧不断隆起。同沉积断层主要发育于大中型沉积盆地的边缘，在大盆地内部也常有次级同沉积断层。

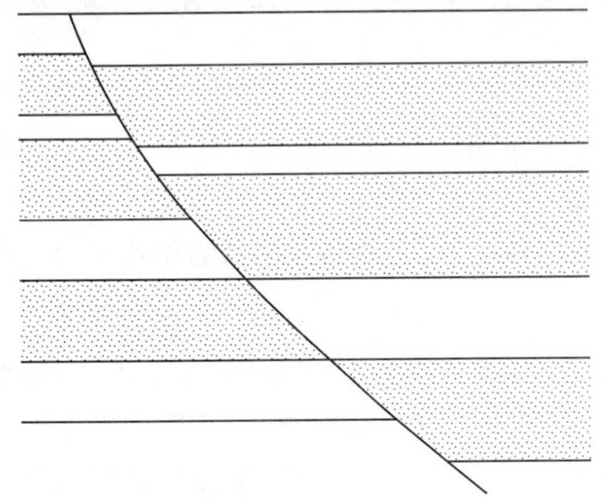

图 1-59　简单生长断层的示意剖面图(据 R. E. 查普曼，1983)

同沉积断层规模不一，以大中型为主，主要发生在中、新生代，很可能与中、新生代断陷盆地的广泛发育有关。其主要特点是：

①一般为走向正断层，断层面上陡下缓，常呈凹面向上的铲状。

②下降盘地层明显增厚。

③断距随深度增大，地层时代愈老，断距愈大(图 1-59)。

这说明在这段煤、岩层沉积期间，该断层正处于活动时期。

1.1.7　断层对隧道施工的影响分析

断层是隧道开挖期间引起灾害发生的最主要因素之一。众所周知，断层是地壳中广泛出现的一种构造形迹，其规模可大可小，差别极大。由于断层的存在破坏了岩体的均一性，而使岩土工程体的建设及其稳定性受到很大影响，隧道工程也不例外。无论断层规模如何，都是由两个基本部分组成：一个是断层面，也可以是一个相当宽的断裂带，规模较大的断层往往有破裂的、压碎的和研磨极细的各种破裂岩石存在，而成为具有一定宽度的断裂带；另一个是断层的两盘，即断层面所分开的两个岩块，断层的力学性质由其位移方向，就是通过断层面或断裂带本身的形态、组成及其相互关系，以及两盘的位移踪迹来加以判断的。

由于断层地段岩体破碎松散、自稳能力差，所以隧道工程选线应尽量使隧道避开断层。当不能避开断层时，应尽量使线路与断层隔开足够的安全距离或与其以大角度相交。但因一般隧道走向必须服从路线走向，所以除了必须避开活动性断层外，很多隧道，特别是长隧道往往不可避免地要穿越断层，且实践证明，在断层地段修建隧道并非不可能。然而，断层破碎带毕竟是隧道建设的控制性地段，其施工安全度较低，由于设计、施工及监控等种种原因，断层地段的各种隧道地质灾害和病害难免时有发生；而且，断层地段的隧道施工还受断层与隧道相对位置的影响，其施工力学响应也与一般地段的大跨度隧道区别甚大，因而人们非常重视对隧道断层及其破碎带的研究。这里针对这一现状，就断层地段大跨度隧道的施工力学响应特性进行了数值模拟与分析，并探讨了断层与隧道不同相对位置情况下，隧道施工的力学响应，对今后断层地段类似工程项目的设计与施工具有参考借鉴作用。

大多数岩体都可视为弹塑性介质，在一定应力水平下表现为线弹性，超过此限即表现为塑性，故采用最常用的弹性—理想塑性模型。

通过有限元模拟计算，可得出隧道围岩在无断层及断层在不同位置情况下的垂直应力场及水平应力场。图 1-60 为各种工况下洞室垂直应力分布云图[图 1-60c)、d)、e)、f)]中断层的倾角均为 45°，下图同。如图 1-61 所示为各种工况下洞室水平应力分布云图。

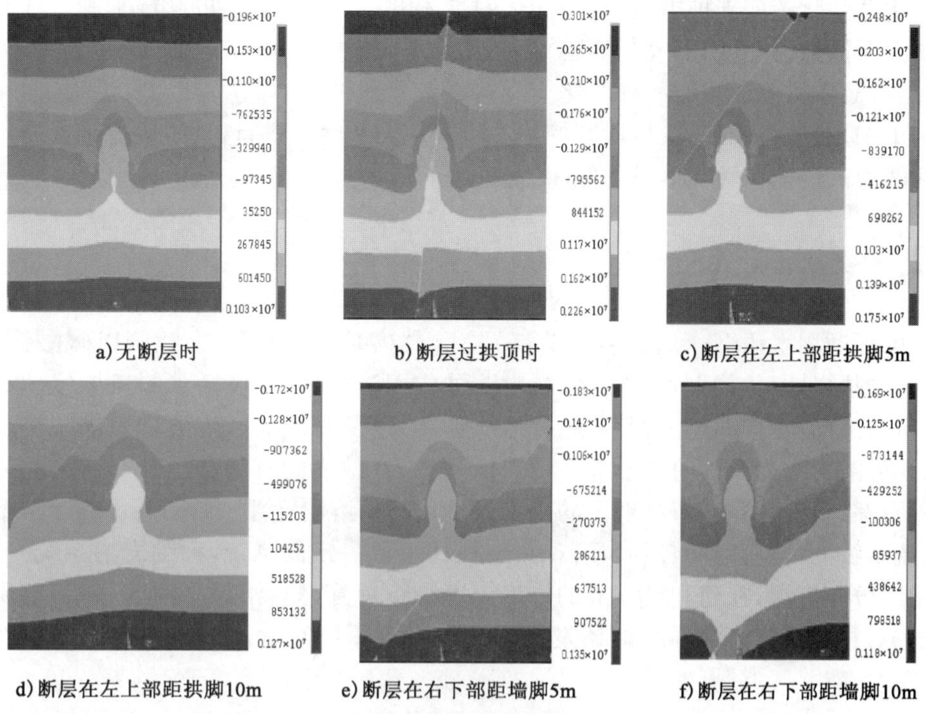

图1-60 各种工况下洞室垂直应力分布云图(单位:Pa)

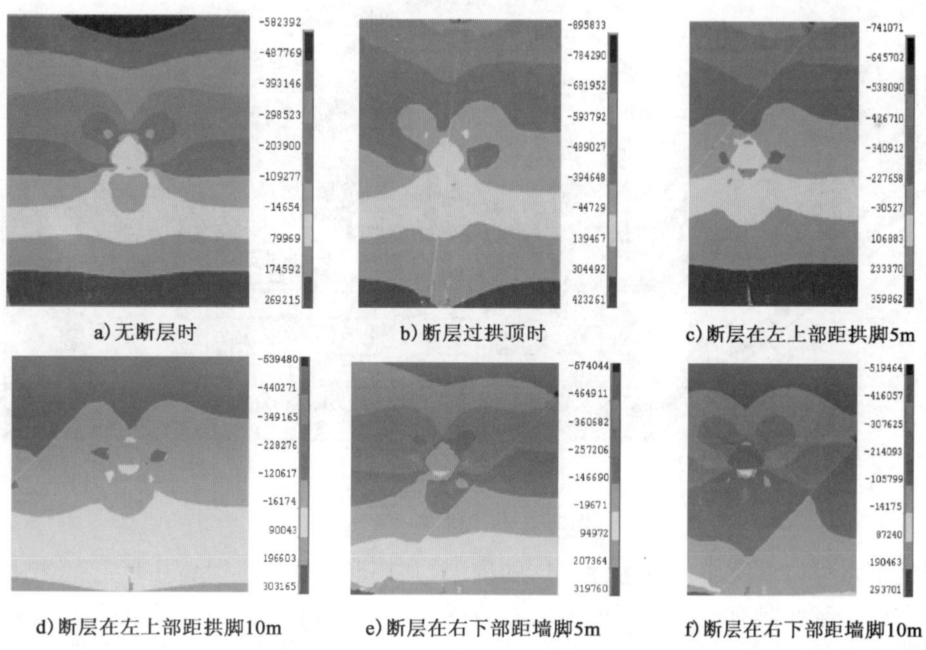

图1-61 各种工况下洞室水平应力分布云图(单位:Pa)

由于断层的存在使得隧洞原始应力分布不再对称,而且出现不同程度的应力集中,故设计时建议综合如下做法:

(1)优化并强化超前支护措施,其中优化的具体方法是非对称性的超前加固。

(2)加大两侧衬砌厚度,以控制隧道衬砌应力,进而使得隧道二次衬砌的应力分布均匀化,其本质也是对隧道衬砌形式的一种优化。

(3)施工中拟进一步对断层地段开挖后的围岩应力和变形进行监测,以验证或修正理论分析模式,为隧道的反馈设计和信息化施工服务。

1.2 岩溶

岩溶(国际通用术语 Karst,译名喀斯特)是指水对可溶性岩石(在我国以碳酸盐岩为主,局部尚有硫酸盐岩、卤化物岩等)进行以化学溶蚀作用为特征(并包括水的机械侵蚀和崩塌使用以及物质的携出、转移和再沉积)的综合地质作用,以及由此而产生的现象的统称。岩溶作用的结果在可溶岩表面及其内部形成各种岩溶现象,在地表的有如洼地、槽谷、漏斗、落水洞、溶沟溶槽、石芽、石柱、溶峰等;在地下的则为各种形态的溶洞、溶隙、管道等。由于岩溶作用受着地下水流系统的控制,因而各种岩溶现象也往往组成一定的系统,称为岩溶系统。岩溶(喀斯特)在中国分布广泛,在建和已建成的许多深埋隧道就穿越岩溶区。因此,岩溶地质灾害是指隧道施工对相对稳定岩溶系统的诱发而引起不良后果的总称。岩溶地质示意图如图 1-62 所示。

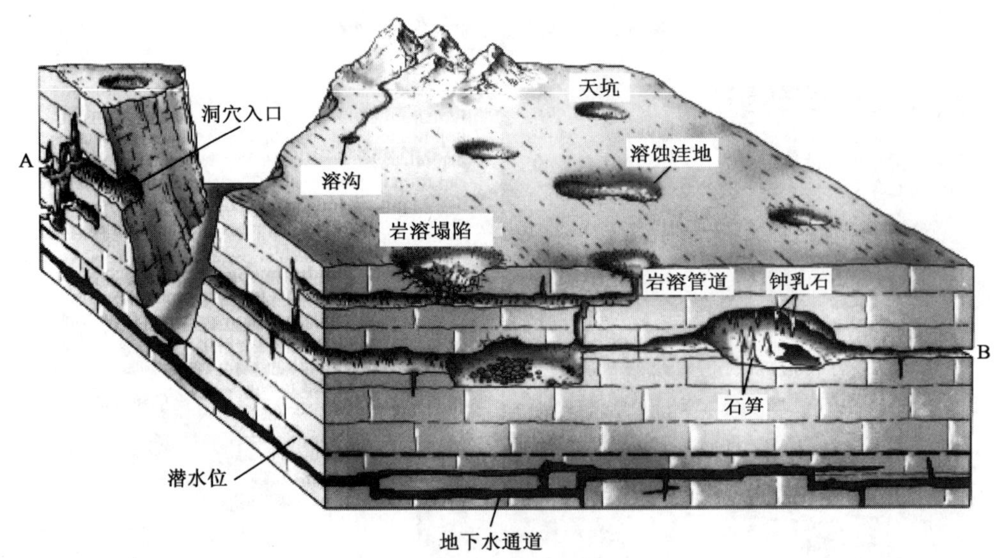

图 1-62　岩溶地质示意图

由于地下水可以广泛渗入可溶性岩体的内部,其在形成岩溶的过程中所起的作用,较之地表水更为重要。某些具有一定溶解度的岩石或松散沉积也可以形成类似岩溶的现象,统称为类岩溶或假喀斯特。

水对含有大量可溶性胶结物的碎屑岩或松散沉积进行溶蚀,可产生类似于可溶性岩石中的岩溶现象,称为碎屑岩类岩溶。

水对富含碳酸钙的黄土进行溶蚀或潜蚀作用所生成的类似岩溶现象,称为黄土类岩溶,在

冻土和冰川的表层，由于不均匀融解所产生的类似岩溶的现象，称为热力类岩溶。

岩溶不仅发生于现代，也发生于过去，只要可溶性岩石被抬升至陆地环境内，经过较长时期的溶蚀发展，都能形成岩溶。我国主要的岩溶时期有震旦纪末、寒武纪—中奥陶世、奥陶纪末、晚泥盆世、中石炭世、晚二叠世、中晚三叠世、白垩纪至老第三纪初、新第三纪末至第四纪初、第四纪以来。

第三纪以前发育的岩溶称为古岩溶。古岩溶形态多已被剥蚀破坏或为后期沉积覆盖与充填。有的古岩溶尚能透水，并且是地下深处有岩溶分布的原因之一。

我国的岩溶分布广泛，尤以广西、贵州和云南最广泛。在岩溶地区，可溶性岩体内往往隐藏着许多溶蚀空洞与孔隙，并可有暗河分布。当修建隧道时，如遇溶洞可能发生渗漏、塌陷和涌水等现象，可给工程造成危害，所以，必须在施工前进行勘查，避开岩溶化严重、可能造成危害的不利地段。

1.2.1　岩溶分类

对岩溶进行合理的分类，根据不同类型岩溶特征，制定针对性的施工方案。

1.2.1.1　按形态大小分类

按照岩溶的形态大小不同，可以将岩溶分为洞穴型、裂隙型、管道型和大型溶洞四个类别。

(1)洞穴型

洞穴型是指发育规模小于 $50m^3$ 的干溶洞或充填型溶洞。

(2)裂隙型

裂隙型是指由各种构造裂隙经溶蚀形成的岩溶裂隙。岩溶裂隙宽度一般在 1cm～1m，平面延续性好，地下水运动已不符合达西定律。

(3)管道型

管道型是指岩溶裂隙经进一步溶蚀扩大呈汇流的管道特征。

(4)大型溶洞

大型溶洞指发育规模大于 $50m^3$ 的干溶洞或充填型溶洞。

1.2.1.2　按充填特征分类

根据岩溶的充填特征，可将岩溶分为充填型岩溶、半充填型岩溶和无充填型三个类别。

(1)充填型岩溶

由充填物充填的岩溶称为充填型岩溶。

(2)半充填型岩溶

岩溶溶腔内既有部分充填物，又有一部分空腔的岩溶称为半充填型岩溶。

(3)无充填型岩溶

岩溶溶腔内无充填物，为干溶腔的岩溶称为无充填型岩溶。

1.2.1.3　按充填物性质分类

根据岩溶内充填物的不同，可将岩溶分为充填黏土型、充填淤泥型、充填粉细砂型、充填块石土型和充水型五个类别。

(1)充填黏土型

充填黏土型是指岩溶内充填物为黏性土的充填型溶洞。

(2)充填淤泥型

充填淤泥型是指岩溶内充填物为淤泥的充填型溶洞。

(3)充填粉细砂型

充填粉细砂型是指岩溶内充填物为粉细砂型的充填型溶洞。

(4)充填块石土型

充填块石土型是指岩溶内充填物为块石土的充填型溶洞。

(5)充水型

充水型是指岩溶内充填物为水的充填型溶洞。

1.2.1.4 按岩溶水量分类

按岩溶涌水量大小可将岩溶分为特大涌水型、大量涌水型、中等涌水型、少量涌水型和微量涌水型。如表 1-2 所示。

岩溶涌水类型表 表 1-2

序号	涌水分类	涌水量(m^3/h)	涌水类型	危害程度
1	特大涌水	＞10000	暗河或岩溶管道涌水	影响施工顺利进行,可造成重大设备及人身事故,排水困难
2	大量涌水	1000～10000	岩溶管道涌水	影响施工进行,可造成设备、人身事故,排水较困难
3	中等涌水	100～1000	脉状岩溶管道涌水	对施工有一定影响,较易排水
4	少量涌水	10～100	脉状岩溶管道涌水	对施工影响不大
5	微量涌水	＜10	岩溶裂隙涌水	对施工影响小

1.2.1.5 按涌水动态变化特点划分

根据涌水量动态变化特点,可将岩溶分为水文型、稳定型和突发型三个类别。

(1)水文型

涌水量大小与降雨及地表水补给关系十分密切,涌水量变化明显。多出现在浅部岩溶含水层中。

(2)稳定型

当岩溶含水层水量稳定时,涌水量也比较稳定。多出现在深部岩溶含水层中。

(3)突发型

枯水季节无涌水,而一旦遇到暴雨,岩溶管道被冲开,发生突然涌水,而且水量也大。多发生在洪枯水位变动带内。

1.2.1.6 按地质构造特征划分

根据地质构造特征,可将岩溶分为向斜轴部岩溶承压水型、背斜岩溶水型、多层岩溶含水层同时涌水型、单一岩溶含水层暗河涌水型和火山岩中灰岩包裹体封存水涌水型五个类别。

(1)向斜轴部岩溶承压水型

处于向斜轴部的岩溶含水层,往往存在较高的压力。地下洞室遇到这类含水层时,将造成较长时期的高压涌水。

(2)背斜岩溶水型

在背斜地层中,在两种岩层接触带会存在大量的岩溶水。

(3)多层岩溶含水层同时涌水型

当隧洞穿过多层岩溶含水层时,多层同时涌水,总涌水量较大。

(4)单一岩溶含水层暗河涌水型

隧洞开挖中遇岩溶暗河,易造成突水或较为稳定的涌水。

(5)火山岩中灰岩包裹体封存水涌水型

对于包裹在玄武岩中的灰岩块体,其中封存大量地下水,隧洞开挖到灰岩时地下水立即喷涌而出。此种封存水,在单一岩溶含水层中也常出现,但由于延续时间短,影响不大。

1.2.2　岩溶地貌

根据所在的位置,分为地表和地下两大类。

1.2.2.1　地表岩溶地貌

1)溶沟和石芽

溶沟和石芽是地表岩溶的最初形态。当可溶性岩石在地表出露后,在水流的作用下,发生不均衡的溶蚀,沿着层面及其他裂隙较强烈处,逐渐形成许多凹槽,称为溶沟,其间的突起部分称为石芽。其规模从数厘米至数米不等,最大可达十余米。如图1-63、图1-64所示。

图1-63　溶沟

图1-64　石芽

溶沟和石芽的延伸方向由裂隙走向所决定,间距疏密不定,有规律地排列。因此,编制出溶沟和石芽的走向玫瑰图,可以作为预查地质构造的一个方法。地形对其形成也有一定的作用。

在较陡的斜坡上,水流沿着坡面流动,也可以形成互相平行的溶沟和石芽。

在平缓的斜坡上,水流形成树枝状的交织系统,如果是厚层的可溶性岩石,溶沟和石芽也作类似的排列分布。

质纯、层厚而致密的石灰岩坡面上,溶沟石芽非常密集;薄层或含有白云质、硅质、泥质等则发育较差。

石芽有裸露的,也有埋藏的。埋藏石芽常是裸露石芽被后期的松散堆积物所覆盖而形成,多分布在斜坡的下部。在高温多雨的热带和亚热带,植被发育,土壤中的腐殖质分解形成大量

CO_2，地下水的溶蚀能力特别强，也可以形成埋藏石芽。

2)溶蚀漏斗和塌陷漏斗

溶蚀漏斗是碟形或圆锥形的洼地，平面轮廓呈圆形或椭圆形，其宽度较深度为大，一般宽约数米至数十米，深约数米至十余米。当其向下剧烈发展，深度也可以达到数十米，与宽度相当。其底部常有垂直裂隙或管道与地下暗河相通。如图1-65所示。

如管道不发育或被溶蚀残余黏土碎石所堵塞，可暂时积水成湖。溶蚀漏斗是地下水沿裂隙向下溶蚀发展的结果，在两组裂隙的交汇处或原始地形较低洼处最易发生。如果暗河埋藏较深，地下水的垂直循环作用较强烈，漏斗也较发育。所以宽浅的碟形漏斗多分布在暗河埋藏较浅的分水岭地段，深陷的圆锥形漏斗多分布在暗河埋藏较深的谷坡地段。溶蚀漏斗常在地面成串排列，这种现象是判定暗河位置和延伸方向的可靠标志。

如地下洞穴的洞顶崩坍，也能形成漏斗状的洼地，称为塌陷漏斗。其特点是漏斗壁较陡，底部有较多的崩积岩块。如图1-66所示。

图1-65　溶蚀漏斗

图1-66　塌陷漏斗

由孤立的囊状洞穴崩坍所造成的塌陷漏斗，不能作为判定暗河位置的标志，如果沿着暗河的洞顶发生一连串的崩坍，也能确定暗河的延伸方向和位置。

3)落水洞和竖井

落水洞是连接地表水流和地下暗河的垂直管道。一般沿着裂隙发育，受裂隙的形态所控制，可以是垂直、倾斜或曲折的。其宽度比深度小得多，很少超过10m；深度视暗河的埋深而定，一般深为数米至数十米，最大可以达到100m以上。落水洞也是地下水溶蚀和机械侵蚀交互作用下的产物。在其发育初期，溶蚀作用比较显著，被溶蚀所扩大了的裂隙表现为缝隙状。随着裂隙逐渐扩大，机械冲刷和局部崩坍作用开始发生，落水洞也逐渐转变为井状。落水洞可以直接出露于地面，也常分布在溶蚀漏斗、溶蚀洼地、平谷和盲谷的底部。如图1-67、图1-68所示。

地下多层溶洞之间的垂直通道也是落水洞的一种。落水洞也可以被溶蚀的残余黏土或碎石所堵塞。按其吸水性质，可分为长期有效的、周期有效的和干落水洞。

竖井是暗河顶部崩坍而形成的。缝隙状落水洞在发育过程中，如果崩坍作用显著，也可以生成竖井。竖井与一般的井状落水洞的区别在于其井壁特别陡直，往往可以从竖井中直接看到暗河的水面。

成列分布的落水洞和竖井都有助于判定暗河的位置。

图 1-67　落水洞外部

图 1-68　落水洞内部

4)溶蚀洼地

溶蚀洼地是指溶蚀作用所形成的小型封闭洼地，面积一般为数平方公里至数十平方公里，平面形态多呈圆或椭圆形，其长轴常沿构造线而发育。溶蚀洼地的底部一般呈浅凹形或略有轻微起伏，有较厚的溶蚀残余黏土覆盖，并有若干落水洞和小型溶蚀漏斗分布。随着这些落水洞和漏斗的发展，洼地底部更加起伏不平。

一般认为溶蚀洼地是岩溶地貌发育的早期产物，由溶蚀漏斗逐渐溶蚀扩大或相邻的漏斗合并而成。如图 1-69、图 1-70 所示。

图 1-69　溶蚀洼地(有水)

图 1-70　溶蚀洼地(无水)

在地壳运动间歇性上升的影响下，溶蚀洼地可以成层分布。有时在同一洼地的底部也有不同时期生成的溶蚀残余平台。残余平台镶嵌式套生在一起，反映了它们在形成过程中的阶段性。如在广西都安地区，成层分布的溶蚀洼地可以与成层的溶洞和河流阶地互相对比，二者均可以作为研究新构造运动间歇性上升的标志。溶蚀洼地也可以积水成湖。

5)坡立谷

坡立谷(又称岩溶盆地或岩溶平原)是大型的有地表河流穿过的岩溶洼地。其面积较大，可达十余至上百平方公里。坡立谷常生成在地壳运动相对长期稳定的地区。在这里，经过长期的作用，垂直循环带内的形态被破坏无遗，水平循环带内的暗河在谷线出露，成为地表河流。

其谷底平坦，接近于附近的排水基面的高程，有冲积层覆盖，有时还有蚀余的孤峰和峰林分布，所以坡立谷实质上是四周有山地围绕的溶蚀准平原。

坡立谷的生成常与地质构造有关，其长轴多与构造线相一致。沿断层，较大的构造裂隙，不同岩层的接触面，向斜及其他构造洼地，都能生成坡立谷。如图1-71所示。

在山区，某些孤立的或悬挂式的水平循环带出露于地表，也能形成规模较小的坡立谷。由于其谷底远远高出于附近的排水基面，还能不断向下发展，并且谷底落水洞和溶蚀漏斗分布。因为水流的水平循环式运动较不稳定或流量补给不足，地表河流有时干枯，只有雨季才有水，所以与典型的溶蚀准平原式的坡立谷不同，属于与溶蚀洼地的过渡类型。坡立谷是溶蚀洼地向下发展至局部的悬挂式水平循环带的产物，有时由于地下溶洞逐渐扩大，引起洞顶崩坍也能生成。

6）干谷和盲谷

干谷是岩溶地区的古河谷。它是由于后期地壳上升，水平循环带下降，水流沿落水洞或溶蚀漏斗转入地下而遗留在地表的干涸河谷。有些地区，由于河流借地下通道贯穿而裁弯取直，也能在地面留下弯曲的干谷。但大多数的干谷都受地质构造控制，表现为平直延伸的槽状谷地，所以又称为溶蚀槽谷。

干谷内除保留有原来的河流地貌外，还分布着大量生成后期的岩溶形态。随着地壳间歇性上升，谷底常套生着多级溶蚀台地，如在川东的许多溶蚀槽谷内，便有可与附近的河流阶地相应的溶蚀台地成层分布。如图1-72所示。

图1-71　坡立谷

图1-72　干谷

盲谷是死胡同式的干涸古河谷，其末端为石灰岩陡壁所限，地表水流经落水洞转入到岩溶山区，地表河流与暗河常交替出现，水流大多转入地下。由于地表河流水量小，河流地形和冲积物都不太发育。

7）峰丛、峰林和孤峰

（1）峰丛

峰丛指成簇突起于石灰岩山地或高原面上的溶蚀残丘，其顶部多呈尖锐形或圆锥形，与溶蚀洼地、溶蚀漏斗、溶蚀槽谷或干谷互相套生在一起。常分布在石灰岩山区的中心部分，形成大面积分布的峰丛山地。如图1-73所示为峰丛、峰林和孤峰示意图。

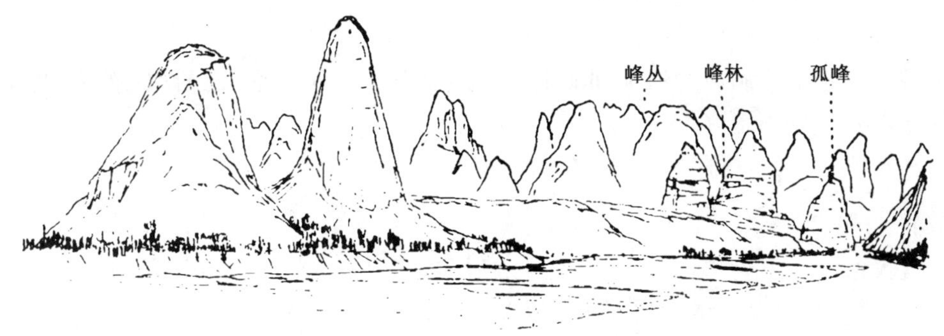

图 1-73　峰丛、峰林和孤峰示意图

(2)峰林

峰林是基部微微相连的成群簇生的石灰岩山峰，是峰丛进一步溶蚀发展的结果。其特殊的笔架式地形常是岩性不同、经差异溶蚀的产物。基部往往是难溶的岩层，顶峰是易溶的岩层。峰林常分布在石灰岩山区的边沿部分，在褶皱舒展、岩层平缓的地区，峰林呈星点状分布；在褶皱紧密、岩层倾斜的地区，峰林呈条带状分布。在簇生的峰林顶峰之间，常有溶蚀洼地存在。如图 1-74 所示为广西英西峰林，如图 1-75 所示为湖南张家界天子山。

图 1-74　广西英西峰林连绵 20km

图 1-75　湖南张家界天子山

(3)孤峰

孤峰是孤立的石灰岩山峰，是峰林进一步发展的结果，常分布在坡立谷底和其他溶蚀平原上。根据产状和岩性的差异，其形态可有不同的表现。质纯、层厚、产状水平的石灰岩，孤峰峭拔挺立，形若石笋。如果垂直裂隙发育，其边坡更陡。在广西的厚层及块状，质纯的上石炭统马平灰岩，中泥盆统东岗岭灰岩和中石炭统黄龙灰岩的上部发育最佳；产状水平的不纯石灰岩，基部大，顶部小，如圆锥状。在广西以二叠系栖霞和茅口灰岩发育最好；在倾斜的地层中，则形成不对称的单面丘式的孤峰。

在山间的溶蚀洼地，平谷和小型的坡立谷底，有时由于难溶岩层的存在，也能沿着岩层走向生成成串排列的孤立的溶蚀残丘，但是其形态多呈圆锥、穹状或长垣形，很少能发育成平地峭立的石笋状孤峰形态。

峰丛、峰林和孤峰的生成和构造裂隙发育程度有关，裂隙密度越大，它们越发育；也和高温多雨的湿热气候及长期溶蚀发展密切相关。

8)天生桥

天生桥多系水平溶洞或暗河顶部崩坍后的残余部分。某些裂隙经溶蚀扩大，也能形成规模较小的天生桥。如图1-76所示。

1.2.2.2 地下岩溶地貌

1)溶洞

溶洞是大型的地下管道，多沿层面裂隙、断层或其他构造裂隙发育，它常是水平循环带的产物，是地下暗河的水平通道。需要指出的是，即使沿水平循环带发育，常沿着与其相近的各种裂隙延伸。所以溶洞的平面和纵剖面形态都十分曲折，在裂隙交会的地常形成巨大的"大厅"，而在沿单一裂隙的地段比较顺直狭窄，水平的溶洞常与上、下穿插的各种垂直或倾斜的管道相通，加以伸展四处的大小支洞，组成十分复杂的地下洞穴体系。如某洞，其主洞长达64km，全部洞穴体系共长在250km以上。在岩洞内有许多规模十分巨大的"大厅"与狭窄的通道并存，形成显著的对比。如图1-77所示。

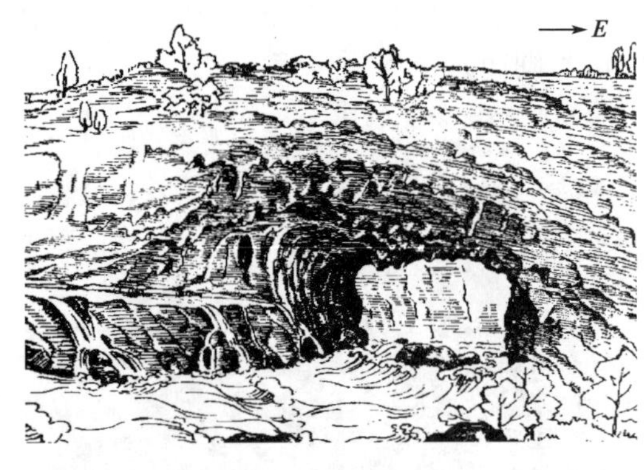

图1-76 天生桥

图1-77 溶洞

溶洞地下水属管道水流，与周围岩体内的裂隙水流不同的是其水流较大而集中，流通循环比较迅速，常有较多的侵蚀性CO_2不断补充，因此其溶蚀作用和冲刷作用都较显著，逐渐扩大地下管道。随着管道的加大，沿着各种裂隙面，尤其是破碎带集中的地段，很容易发生机械崩解，使整个溶洞越来越迅速地发展。

根据成因，可将溶洞划为三种类型：

(1)阶地型溶洞

新构造运动相对稳定的条件下，沿地下水水平循环带生成，其形态基本上水平顺直。随着新构造运动间歇上升，可以形成成层溶洞，上、下层之间互以垂直管道相通，一般可以和附近的河流阶地相对比，作为研究新构造运动的一种标志。如图1-78、图1-79所示。

在作溶洞和阶地的对比时，应充分认识当时的暗河与河床水面之间的原始水位差，以及由于新构造运动强烈上升，河床迅速下切，溶蚀作用落后于河床下切作用的特点。同一期的溶洞应较阶地为高，不能单纯使用高程资料作硬性对比。

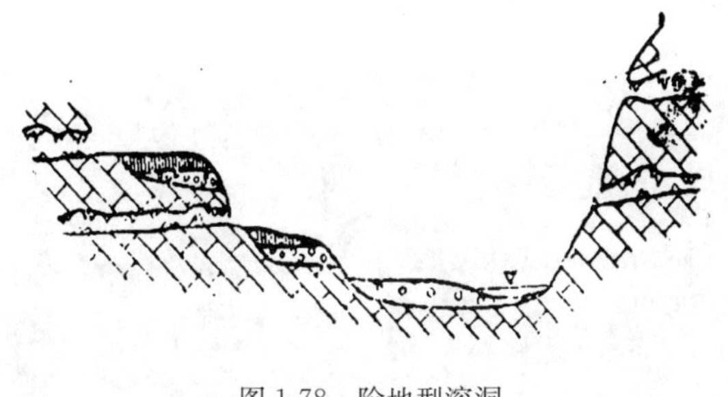

图 1-78　阶地型溶洞

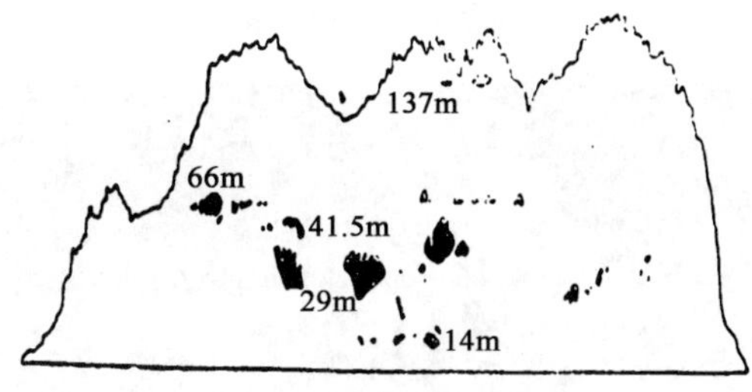

图 1-79　阶地型多层溶洞

与现代水平循环带相应的阶地型溶洞是暗河的主要通道，有时在较低洼的溶蚀洼坑或盲洞内，或因大量崩坍堵塞暗河，还能积水形成地下湖。地下湖水不流动，或通过溶隙及其上、下游的暗河而缓慢地流动。

(2)层面型溶洞

层面型溶洞沿可溶性岩石的层面裂隙生成。常发生在隔水层之上或某一性质较纯的可溶性岩层内。层面型溶洞的状态由产状所决定，可以是倾斜、水平或微弯的。当其产状水平时，必须慎重地与阶地型溶洞相区别。层面型溶洞如图 1-80 所示。

(3)裂隙型溶洞

裂隙型溶洞沿断层或其他构造裂隙生成，其形态、产状和规模变化都很大。其中沿断层发生的较大，沿其他裂隙发生的较小。如图 1-81 所示。

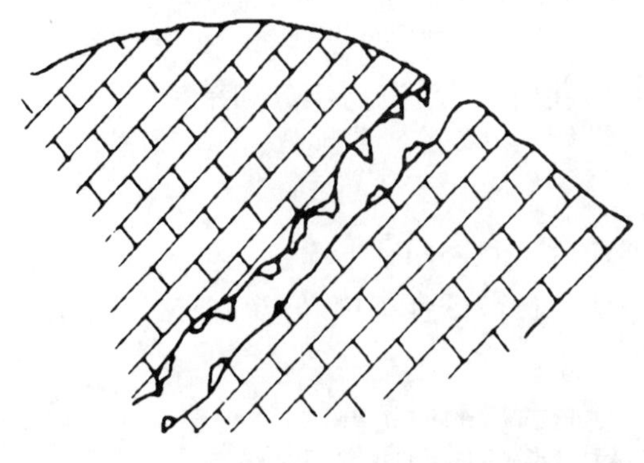

图 1-80　层面型溶洞

图 1-81　裂隙型溶洞

层面型和裂隙型溶洞有时会成为暗河通道(图 1-82、图 1-83)，但由于其产状常是倾斜的，较低的一端常在地下水水位之下，可有积水或有水流通过，较高的一端则是干洞，可和阶地型溶洞相区别。

2)溶孔和溶隙

溶孔和溶隙多见于虹吸管式和深部循环带内，是地下水沿构造裂隙缓慢流动的溶蚀产物。其直径一般从几毫米到十余厘米，延伸方向和形态由构造裂隙和地下水流动方式所决定。在虹吸管式循环带，多呈弯曲的管道，从河谷两侧汇集到河底低压区，使河底的可溶性岩石成为蜂窝状，在深部循环带，溶孔的形态受构造裂隙的控制更明显，越往深部，溶孔越少也越小。

沿裂隙生成的溶蚀裂缝称为洞隙。

图 1-82　地下暗河(1)

图 1-83　地下暗河(2)

1.2.3　岩溶的发育条件

岩溶发育的基本条件有：具可溶性岩石，具溶蚀能力的水，具良好的水的循环交替条件，即具有良好的地下水补给、径流和排泄条件。

下面讨论影响岩溶发育的基本条件及控制岩溶发育速度、规模、形态组合及空间分布规律的主要因素。

1.2.3.1　碳酸盐岩性的影响

可溶性岩石是岩溶发育的物质基础。碳酸盐岩的化学成分、矿物成分和结构对岩溶的发育程度有较大的影响。

1)碳酸盐岩成分与岩溶发育的关系

碳酸盐岩主要由方解石、白云石和酸不溶物(泥质、硅质等)组成。

不同类型的碳酸盐岩，溶解度相差很大，直接影响岩体的溶蚀强度和溶蚀速度。可用比溶蚀度和比溶解度两指标来表征：

$$\text{比溶蚀度 } K_v = \frac{\text{试样溶蚀量(试验前后的质量差)}}{\text{标准试样溶蚀量(试验前后的质量差)}}$$

$$\text{比溶解度 } K_{cv} = \frac{\text{试样溶解速度(单位时间内被溶蚀的量)}}{\text{标准试样溶解速度(单位时间内被溶蚀的量)}}$$

以上指标的应用条件是：

(1)标准试样为方解石或轻微大理石化的亮晶灰岩。

(2)所有试样块件的尺寸相同，或粉碎到相同的粒度。

(3)循环水为高浓度 CO_2 的蒸馏水。

(4)在求 K_v 时，作用的时间一样。

显然，比溶蚀度、比溶解度越大，岩石溶蚀强度、溶蚀速度越大。

2)岩石结构与岩溶发育的关系

目前，对岩石结构与岩溶发育的关系的研究尚不深入。从室内试验看，K_v 具有以下特点：

(1)成分是 K_v 的主要控制因素。灰岩比白云岩 K_v 高；当酸不溶物含量较低时，对 K_v 的影响极不明显。

(2)泥晶碳酸盐岩的 K_v 值一般较高，而成岩交代或重结晶的亮晶碳酸盐岩的 K_v 值普遍较低。灰岩类依次为：泥晶>粒屑>亮晶；白云岩类依次为：泥晶>细晶>中晶>粗巨晶。

(3)变质碳酸盐岩 K_v 值最低，其中变质灰岩类最明显，比非变质灰岩低一倍。

3)碳酸盐岩的溶蚀机理

(1)碳酸盐的溶蚀过程

以石灰岩为例来说明这一过程。南斯拉夫学者伯格里(Bogli，1960)把石灰岩的溶蚀过程分为四个化学阶段。

第一阶段是与水接触的石灰岩，在偶极水分子作用下发生溶解：

$$CaCO_3 \Leftrightarrow Ca^{2+} + CO_3^{2-} \tag{1-1}$$

这时溶解很快，并立即达到平衡，如果水中存在由碳酸、有机酸、无机酸等酸类所解离的 H^+ 离子时，与 CO_3^{2-} 离子结合成 HCO_3^-，进而促进碳酸钙的再度溶解。

第二阶段是原溶解于水中的 CO_2 的反应：

$$H_2O + CO_2 \Leftrightarrow H_2CO_3 \Leftrightarrow 2H^+ + CO_3^{2-} \tag{1-2}$$

碳酸电离的与式(1-1)的 CO_2^{2-} 化合成重碳酸根：

$$H^+ + CO_3^{2-} \Leftrightarrow HCO_3^- \tag{1-3}$$

这两个阶段的最终反应是：

$$CaCO_3 + H_2O + CO_2 \Leftrightarrow Ca^{2+} + 2HCO_3^- \tag{1-4}$$

第三阶段是水中物理溶解的 CO_2 的一部分转入化学溶解，即水中部分游离 CO_2 与水化合成为新的碳酸，这样构成一个链反应，其反应式与式(1-4)相同。其结果是不断补充 H^+ 的消耗及促进 $CaCO_3$ 的溶解。

第四阶段是由于水中 CO_2 和外界(土壤和大气)CO_2 含量也有一个平衡关系，水中 CO_2 减少，平衡就受到破坏，必须吸收外界 CO_2 以便使水中的 CO_2 含量重新达到新的平衡，这样又构成一个链反应。

如果在封闭系统中，石灰岩的溶解总量取决于水中最原始的 CO_2 含量，当达到平衡后溶解作用就告停止，甚至使 $CaCO_3$ 从水中析出。但自然界多为开放系统，即水中 CO_2 因溶解石灰岩减少后，可由外界不断得到补充。因此，总的来说，碳酸盐岩溶解作用是不可逆的过程。这就是碳酸盐岩在水的作用下，形成各种地表和地下地貌形态的根本原因。

(2)混合溶蚀效应

不同成分或不同温度的水混合后，其溶蚀性增强，这种增强的溶蚀效应称为混合溶蚀效应。它是地下洞穴发育不均匀的重要原因。

①饱和溶液的混合溶蚀效应。

饱和溶液的混合溶蚀效应是指两种或两种以上已经失去溶蚀能力的饱和水溶液，在碳酸盐岩体内相遇，并发生混合作用，混合后的溶液由原先的饱和状态变成不饱和状态，从而产生新的溶蚀作用，继续溶解碳酸盐岩石。

据试验研究，当溶蚀达饱和状态时，被溶解的 $CaCO_3$ 与 CO_2 的平衡关系为一非线性函数曲线(图1-84)。

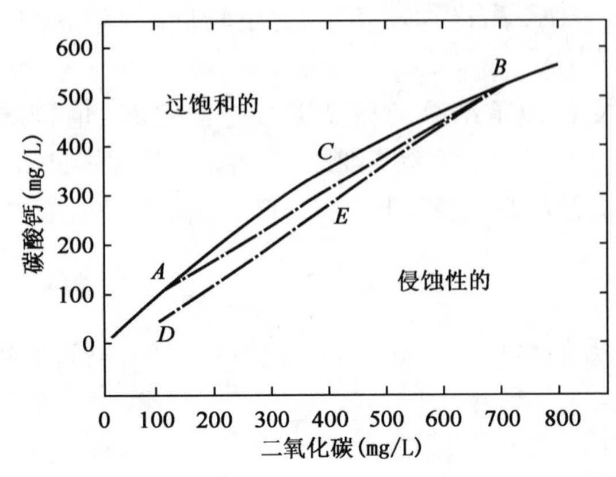

图 1-84 混合溶蚀效应图解

曲线上任意一点表示溶解的 $CaCO_3$ 与水中的 CO_2 恰处于平衡状态；曲线右下方——水中 CO_2 含量多于平衡所需的含量，对 $CaCO_3$ 有侵蚀性；曲线左上方——水中溶解的 $CaCO_3$ 已达到饱和，必须沉淀一部分才能重新达到平衡。A、B 两点都位于曲线上——两种溶液处于平衡状态，但两者成分各不相同，分别为：

溶液中 CO_2 总量：溶液 A 为 100g/mL；溶液 B 为 700g/mL。

溶液中溶解的 $CaCO_3$ 总量：溶液 A 为 110g/mL；溶液 B 为 510g/mL。

如果两者以相等体积混合，则每升含 CO_2 为 400mg，含 $CaCO_3$ 为 310mg，即相当于图上 A 点、B 点连线的中点 C。由于平衡曲线为上凸曲线，所以 A、B 连线上任一点均位于平衡曲线之下，因此混合后的溶液对碳酸盐又重新有了侵蚀性。如图 1-84 所示，C 点的情况可以再多溶解 20% 的碳酸钙。当饱和溶液与非饱和溶液相混合后，侵蚀性 CO_2 也有所增加，如图 1-84 所示的 B 点与 D 点以等体积相混合而形成的 E 点溶液。

凡有利于水混合的地带，岩溶发育总是比其他地方强烈。这些地带包括：垂直渗入水与地下水相混合的地下水面附近；地下水面以下能使不同成分的水向它汇集的强径流带，如大的溶蚀裂隙或溶蚀管道；不同方向的溶蚀裂隙交汇带；灰岩区地下水的排泄区，如河谷边岸地下水与地表水的混合带等处。

②不同温度溶液的混合溶蚀效应。

如果有两股温度不同而饱和度相同的水相混合或一股水的温度由高温变为低温时，都可产生新的侵蚀性 CO_2，继续加强溶蚀作用，这种温度和碳酸钙之间的反比关系，称为温度混合溶蚀效应。前者由试验可知：当温度降低 (T_1-T_2)℃时，补充溶解 $CaCO_3$ 的量如表 1-3 所示。

温度降低 (T_1-T_2)℃时补充溶解 $CaCO_3$ 的量 表 1-3

$CaCO_3$ (mg/L)	在下列温度冷却时补充溶解 $CaCO_3$ 的量						
	6～0℃	10～6℃	15～10℃	20～15℃	24～20℃	24～15℃	15～6℃
120	1.0	0.9	1.2	1.5	1.4	2.8	2.1
160	2.3	1.9	2.7	3.2	3.0	6.3	6.4
200	4.2	3.5	5.0	5.9	5.5	11.4	8.5
240	6.9	5.7	8.1	9.6	8.8	19.2	12.8
280	10.3	8.5	12.0	14.3	12.9	27.1	20.7

在一般情况下，温度混合溶蚀主要表现在恒温层以上的包气带内。该带内温度的昼夜变化及季节性变化都较大，在一定地质条件下，降水渗入包气带后，在潜水面附近冷却，可促进潜水面附近的洞穴发育。

在温泉地区，从地下深处上升的饱和高温地下水，因温度降低产生大量的游离 CO_2，其中

一部分 CO_2 则产生补充溶蚀作用。由表1-4可知：温泉上升过程中温度不断降低，则溶蚀作用不断加强。温泉的温度愈高，补充溶蚀量也愈大。

热水冷却时补充溶解 $CaCO_3$ 的量　　表1-4

$CaCO_3$ (mg/L)	在下列温度冷却时补充溶解 $CaCO_3$ 的量			
	30～20℃	40～20℃	50～20℃	50～10℃
120	1.60	4.04	7.49	8.71
160	3.36	9.17	16.91	19.65
200	7.35	17.78	32.32	37.05
240	11.40	27.90	53.20	61.80
280	17.60	44.50	82.10	95.50

(3)其他的离子作用

①酸效应(Acid Effect)。

任何酸解离出的 H^+ 都能与碳酸钙溶解后形成的 CO_3^{2-} 结合成 HCO_3^-，从而增加碳酸钙的溶解度。除 CO_2 外，硫酸也有同样作用。

②同离子效应(Commonion Effect)。

水中如果溶解有与碳酸盐相同的某种离子的物质，如 $CaCl_2$，则由于 Ca^{2+} 浓度增加，会使碳酸钙的溶解度按质量作用定律而有所减小，从而抑制碳酸钙的溶蚀。

③离子强度效应(Ionnic Strength Effect)。

溶液中有与碳酸钙不相关的强电解质离子时，这些离子就会以较强的吸引力吸引 Ca^{2+} 和 CO_3^{2-}。实质上，也就是使 Ca^{2+} 和 CO_3^{2-} 之间的吸引力有所降低。这时，Ca^{2+} 和 CO_3^{2-} 的实际浓度超过其在纯水中的溶度积时仍不沉淀出来，亦即其溶解度有所增大，故可溶解更多的碳酸钙。

1.2.3.2　气候对岩溶发育的影响

气候对岩溶发育的影响，表现在降水量和气温的变化上。降水量和气温越高，越有利于溶蚀作用，岩溶也越发育。在温湿气候区，植被茂盛，生成大量有机酸，也能增加水的溶蚀能力，更加强岩溶的发育。如在位于亚热带南部的广西，由于高温多雨、植被覆盖度较大，大大促进溶蚀作用，因而普遍生成以大型的溶蚀洼地、坡立谷、孤峰、峰林和洞穴系统为特点的岩溶地貌类型。在内陆和高山、高纬度地区，由于气候干燥或寒冷，不利于岩溶发育。

热带岩溶：溶蚀、侵蚀—溶蚀起主导作用，岩溶作用充分而强烈，地表为峰林、丘峰与溶洼、溶原，地下溶洞系统与暗河发育，岩溶泉数量多、水量大，如广西。

亚热带岩溶：以溶丘、溶洼、溶斗为特征，如四川、湖南、湖北、浙江、安徽等。

温带岩溶：为常态侵蚀地形，几乎无岩溶封闭负地形，以地下隐伏岩溶为主，岩溶泉数量少，但流量较大而稳定，如河北、山东、山西。

1.2.3.3　地形地貌的影响

区域地貌表征着地表水文网的发育特点，反映了局部和区域性侵蚀基准面和地下水排泄基准面的性质和分布，控制了地下水运动趋势和方向，从而也控制了岩溶发育的总趋势。

地面坡度直接影响降水渗入量；不同地貌部位岩溶形态不同；当地层岩性、地质构造条件相同时，岩溶水补给区和排泄区高差大，则地下水循环交替条件好，岩溶愈发育，深度也愈大。

1.2.3.4 地质构造的影响

主要是裂隙发育程度、延伸方向、组合形式以及地层构成情况和产状等对地质构造产生影响。一般裂隙制约了岩溶发育的方向、构式和程度。在裂隙发育的岩体内，岩溶也比较发育。可溶性岩层的厚度及非可溶性夹层，制约了岩溶发展的深度。不同的地质构造类型地区的岩溶发育特征也不一样。

在水平与缓倾斜构造区，同一可溶性岩层在地表大面积分布，促使岩溶均匀发育，形成单一的地貌景观。各种地表岩溶形态常沿构造裂隙发育，地下岩溶发育情况多由层面裂隙所控制。在水平或缓倾斜可溶性岩层地区，地下水的垂直分带规律表现最明显，所以岩溶地貌的垂直分带也最清晰。

在单斜构造区，岩层倾角增大，倾向对地下水流动和岩溶发育的控制作用表现更明显。岩层的倾角不同，地下水循环和岩溶地貌的特点也不同。一般倾角越大，地下水循环越强烈，可溶性岩体的岩溶化程度也越高。尤以临近排泄基面附近的倾斜岩层的下端为更甚。

当有非溶性夹层时，单斜构造区常形成多条互相平行而不相通，或通过横向裂隙而略有联系的地下暗河。

在紧密褶皱的背斜轴部，张裂隙特别发育，有利于地下水向下渗透，岩溶发育程度常较其他部位更高，形成一系列沿轴向分布的岩溶地貌形态。在箱状背斜的轴部，岩层平缓完整，岩溶化不如其两侧的转折端。如广西西部的三合—贡川箱状背斜地区，宽阔的轴部岩溶作用微弱，以峰林和溶蚀洼地等地表岩溶形态为主。而在两侧岩层急剧转折的地段，岩溶作用较深，形成狭长坡立谷和开阔溶蚀洼地，有溶洞分布。

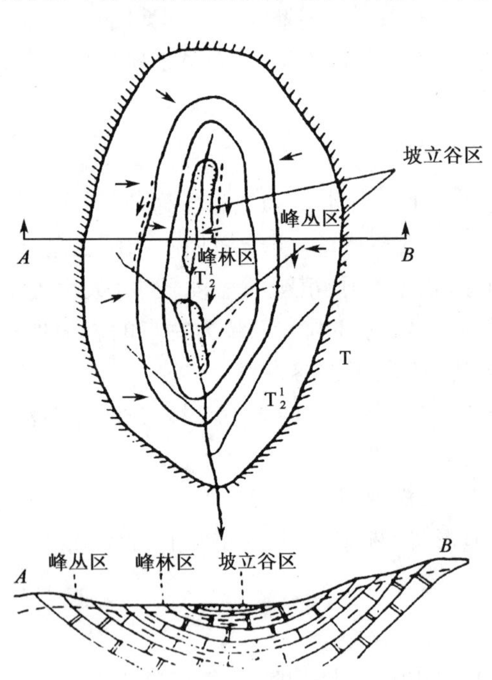

图 1-85 向斜构造的岩溶分布

穹窿构造核部岩层宽展平缓，常具放射状和环状两组裂隙为特征，岩溶发育受岩层倾向和裂隙走向所控制。如贵州乌江下游的穹窿构造区，许多溶洞即沿层面裂隙发育，一些地表岩溶形态则沿放射状和环状裂隙分布。

在向斜构造区，地下水富集于轴部，沿轴向排水，可形成暗河，因而岩溶化强烈，逐渐向两翼减弱（图 1-85）。如在贵州六枝地区，向斜轴部形成较大的坡立谷，向两翼渐过渡为峰林和峰丛山地。如果向斜轴部有非溶性盖层，则地下水具承压性质，向地表河流的谷底汇聚，缺少垂直循环带及相应的各种垂直岩溶地貌，往往以岩体孔穴化为其特征。

如果地层走向与河流垂直或斜交时，河谷两侧的广阔地带，直迄分水岭都容易与作为当地排泄基面的河流相通，岩溶化强烈；如果地层走向与河流平行，由于受隔水层的阻碍，仅限于河谷两侧的狭窄地带有较强的岩溶发育，广大分水岭地区的岩溶化微弱。

断层是地下水的良好通道，所以沿断裂带的岩溶特别发育，常是控制岩溶形成和格局的主要因素。断层的规模、性质、走向，断裂带的破碎及填实状态，都和岩溶发育密切相关。

一般区域性的大断裂带，宽度和深度都大，延伸很远，特别利于岩溶发育。在中、小型的断层构造中，正断层属于张性断层，岩体较破碎，断层裂隙较宽大，破碎带内多断层角砾岩，没有或很少有糜棱岩，透水性较强，有利于岩溶发育。其上盘的岩溶发育程度常较下盘为高。逆断层属压性断层。在强烈的挤压过程中，破碎带内生成大型碎裂岩和糜棱岩，胶结好，孔隙率低，常呈致密状态，较不利于岩溶发育。

如在大巴山东段某地区，由一系列的逆断层组成叠瓦式断裂带。尽管断层十分密集，其破碎带的宽度达 1.16km，但是除在地表有一些溶沟和小型溶蚀漏斗分布外，断层带内几乎没有什么岩溶现象。通过隧道施工查明，仅有少量岩溶裂隙水点滴下流，有的地段甚至较干燥，并无岩溶强烈发育的现象。但是，在压性断层的两端和平面、剖面呈舒缓波状的部位，也可能局部富水而促进岩溶的发育。平移断层带既有岩石的糜棱化，也存在次一级的构造裂隙，对岩溶发育的影响，介于二者之间。

脆性的可溶性岩石，如厚层纯石灰岩，经过断裂作用，易于破碎，有利于岩溶的发展；泥灰岩等较软弱的岩石，易于受挤压而产生糜棱化，不利于岩溶发育。时代较新的断层，其破碎带内没有或很少有胶结作用，有利于岩溶发展；较老的断层的破碎带，往往局部和全部被次生胶结，不利于岩溶发展。其中，硅质胶结比钙质、铁质或泥质胶结的密实程度更高，不利于岩溶作用的进行。如果经过断层作用，上、下盘的隔水层被错开，有利于岩溶作用；反之，也可以阻碍岩溶的进行。除断层破碎带是岩溶发育的主要部位外，其两侧上、下盘内的张裂隙也常是岩溶发育的地带。断裂、褶皱及岩层组合特征对岩溶发育的影响如下。

1)断裂

成岩、构造、风化、卸荷等作用可形成各种破裂面，是地下水的主要通道，使得岩石中原生孔隙连通，使具有侵蚀能力的水深入可溶岩内部，为岩溶发育提供了条件。断裂意义最大。

断裂系统的位置、产状、性质、密度、规模及组合特点，决定着岩溶的形态、规模、发育速度及空间分布。如一条断裂可发育成溶沟、溶槽；两组以上则可发育成石芽、落水洞。

2)褶皱

不同构造部位断裂的发育程度是不同的，一般来说，核部比翼部发育。因此，核部比翼部岩溶发育。

褶皱的形态、性质及展布方向控制着可溶岩的空间分布。因此，也控制了岩溶发育的形态、规模、速度及空间分布。

溶蚀洼地的长洲、溶洞和暗河的延伸方向与褶皱轴向或翼部岩层的走向一致。

3)岩层组合特征

碳酸盐岩与非可溶盐岩组合特点不同，会形成各具特色的水文地质结构，从而控制岩溶的发育和空间分布。组合关系大致可分为四种。

(1)厚而纯的碳酸盐岩

碳酸盐岩厚达百至数百米，对岩溶发育最为有利。岩溶水动力分带与隧道涌水预测有密切关系，通常分带模式如图 1-86 所示。

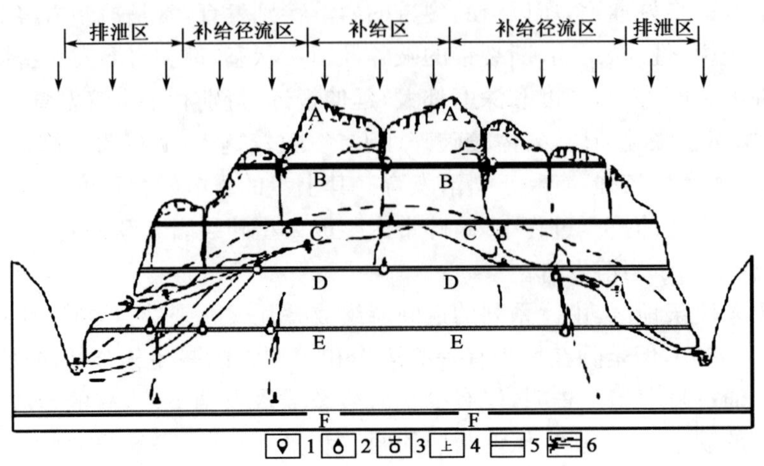

图 1-86　岩溶水动力分带模式

A-表层岩溶带；B-包气带；C-季节交替带；D-浅饱水带；E-压力饱水带；F-深部缓流带；1-季节性下渗管流水；2-季节性有压管流涌水；3-有压管流涌水；4-有压裂隙水；5-隧道；6-地下河

①垂向分带。

a. 表层岩溶带。

表层岩溶带水是岩溶山区储存于可溶岩地表强岩溶化的溶隙及溶孔中的岩溶水，其下界面是溶蚀相对微弱的完整可溶岩面，一般厚度为 5～30m，表层岩溶带水可形成表层岩溶泉，一般流量较小，但分布广泛，出露高程随地形而变。在森林植被好的地区，表层岩溶泉流量稳定，成为山区人畜用水和分散农田灌溉的重要水源。表层岩溶泉与饱水带之间没有直接水力联系，但与包气带有一定关系。当隧道埋深浅时可能影响表层带，对人畜用水及生态造成影响。

b. 包气带。

包气带即垂直下渗带，位于表层岩溶带以下、丰水期区域地下水位以上的地带。本带通过溶隙、溶蚀管道、竖井与地表的洼地、漏斗、槽谷相通，可以将大气降水及地表水导入地下。在暴雨期间，大量洪水携带泥沙通过包气带进入地下。与碎屑岩区不同，岩溶区的包气带可以很厚，从十余米到几百米，此带水流在时空方面是不连续的，一般不具静水压力，但在管道中短时间的灌入压力有时很大。本带中多有垂直状态的溶隙及溶洞，但也存在一些水平干溶洞，有时被黏土、碎石充填。当隧道通过此带时，由于受到季节性地表水灌入的威胁，洞穴充填物塌陷经常构成危害。

c. 季节交替带。

季节交替带又称过渡带，由于季节变化而引起的地下水位升降波动的地带，位于包气带与饱水带之间。当雨季潜水面升高时，构成饱水带的一部分；旱季潜水面下降，则成为包气带的一部分。岩溶山区，季节变化带的厚度可达几十米。在雨季时节，此带隧洞将可能产生自下而上的有压涌水、突泥。如贵昆铁路岩脚隧道的出口段平行导坑遇到溶洞，平时无水，施工时用渣填埋，一场暴雨后，溶洞冒大水，将石渣、机具冲溃。以后每场大雨后均发生溶洞冒水，雨后

逐渐减少。贵昆铁路梅花山隧道平导遇地下河，枯水期河水面低于隧道，但洪水期水位上涨淹没隧道。

d. 浅饱水带。

浅饱水带又称水平管道循环带，指枯水期地下水位以下，地下河排水口影响带以上的饱水含水带。本带处于岩溶含水层的上部，岩溶强烈发育，一些水平的洞穴，地下河主通道常发育在此带。此外一些大的充水溶洞、宽大的溶缝、深潭、地下湖均发育在此带，对隧道涌水的威胁很大，一般为有压突水、突泥。此带厚度各地不同，取决于补给区至排泄区的相对高差、水力坡降及构造条件，其厚度可达500m以上。

e. 压力饱水带。

压力饱水带在浅饱水带之下，即暗河口排水面以下，当地主要河流排水基准面影响带以上的含水层。在我国南方岩溶区，当地的岩溶地下水多以泉水或暗河在当地的槽谷、坡立谷或河谷陡壁上的出口排泄，高出附近主要河流的河水面几十米或几百米。

f. 深部缓流带。

深部缓流带指饱水带之下，受当地排水基准面影响比较弱的含水带。一般情况下岩溶发育较弱，但在大的构造断裂带处亦可形成溶洞或溶蚀断裂带；有时膏溶作用、混合溶蚀作用、古岩溶都能在深部形成溶洞。

应特别注意对于上述各带，要采取不同方法评价其涌水量。

②水平分带。

岩溶水系统的水动力水平分带对隧道涌水也有重要影响。从河间地块的分水岭至河谷可以分为补给区、补给径流区、排泄区。

补给区地下水位高，季节变化带厚度大，但饱水带岩溶发育相对弱，发育深度也较浅。

补给径流区，地下水埋深增大，浅饱水带管道发育强烈，岩溶发育深度较浅。排泄区，包气带厚度大，饱水带水平管道发育。特别是岩溶发育深度加大，可以在暗河口以下或河水面以下形成倒虹吸循环带。在暗河口或河床岸边，随钻孔深度加深，钻孔水头不断升高，说明地下水有向上运动的趋势。此带岩溶发育深度，可达暗河口以下一百至数百米。隧道在暗河排泄区下面通过，往往会遇到高压涌水。

(2)非可溶岩夹碳酸盐岩

砂页岩中夹少量碳酸盐岩。北方石炭系本溪组(C_2b)砂页岩中夹1～3层灰岩，每层厚仅数米。因砂页岩隔水，灰岩中地下水循环交替条件很差，岩溶发育极弱。

(3)碳酸盐岩夹非可溶岩

以碳酸盐岩为主，夹非可溶岩层数少，厚度薄，通常数十厘米到数米。由于非可溶岩影响了地下水运动，难以形成(1)的四个水动力分带现象，但当碳酸盐岩厚度较大，所夹非可溶岩埋藏较深，则对岩溶抑制作用不大。发育程度不如(1)，但大于其他类型。

(4)碳酸盐岩夹非可溶岩互层

可形成多层水动力剖面。岩层平缓地区形成多层岩溶，线状褶皱地区，沿岩层发育，岩溶成带状分布。发育程度介于(2)、(3)类之间。

影响岩溶水循环交替条件的自然因素很多，诸如气候、地形地貌、地质构造、岩层组合、上

部第四系覆盖及地表植被土壤发育情况等。其中以地形地貌、地质构造影响最大，二者构成地下水循环交替条件的基本骨架。

自然界地下水循环交替条件十分复杂，图 1-87 仅列举几种典型情况。

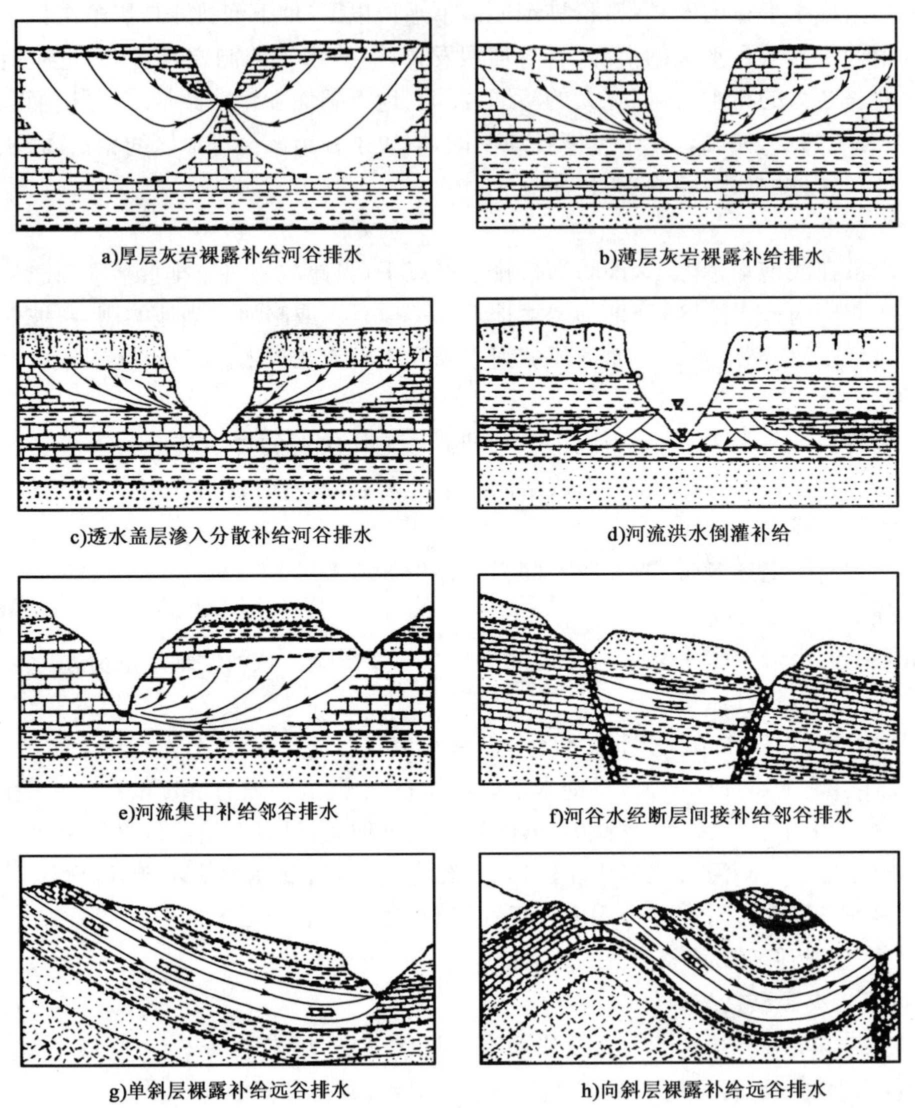

图 1-87　几种典型的水循环交替条件(图中虚线为地下水位；实线及箭头表示流线)

1.2.3.5　新构造运动的影响

新构造运动性质十分复杂，地壳运动与岩溶发育关系密切。其运动的基本形式有：上升、下降、相对稳定。

地壳运动的性质、幅度规模、速度和波及范围，控制着地下水循环交替条件的好坏和变化趋势，从而控制了岩溶发育的类型、规模、速度、空间分布及岩溶作用的变化趋势。

地壳相对稳定时，排泄基准面与地下水面位置都比较固定，水作用时间长，岩溶规模较大

(在地表形成溶盆、溶原、溶洼及峰林地形;在地下可形成连通性较好、规模巨大的水平溶洞和暗河)。

地壳上升时,岩溶作用不如前者发育。

处于上升运动的岩溶山区,有时河谷中的地下水位低于河水位,甚至有的地方地下水位在河床以下数十至数百米,这种河流称悬托河。其形成的基本条件有:具深厚的碳酸盐岩;地下水向排泄区运动过程中径流畅通;地下水基准面不断下降。地壳下降时,岩溶作用微弱甚至停滞。

当新构造运动处于间歇性上升,即上升—稳定—再上升—再稳定的地区,就会形成水平溶洞成层分布(图1-88)。

a)地壳上升时深成岩溶阶段

b)地壳稳定时的侧向岩溶阶段

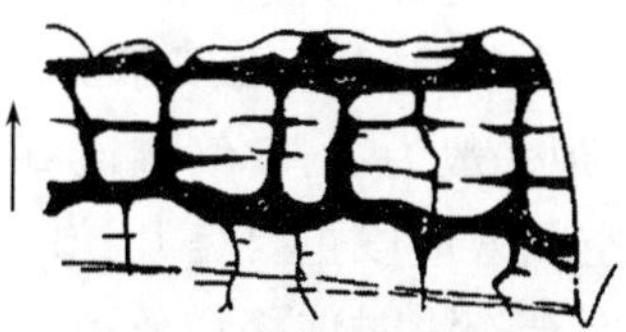

c)地壳再上升时的侧向岩溶转成深成岩溶阶段

图1-88　岩溶发育阶段示意图

1.2.4　岩溶隧道常见地质灾害

岩溶隧道地质灾害的种类有:岩溶涌突水、溶洞涌突泥和岩溶塌方。

(1)岩溶涌突水

岩溶涌突水是浅埋岩溶隧道建设过程中最为常见的地质灾害,岩溶隧道开挖后改变了隧道所在地区地下水原有的运移、排泄条件,开挖的隧道成为新的排水廊道。

隧道施工期间溶涌水主要是揭穿型和突破型。岩溶涌水补给来源为大气降雨,从时间特性上来看具有突发性、阵发性、滞后性三种。涌水和突水多发于节理裂隙密集带、构造形成的风化破碎带;突水灾害多发于岩溶洞穴、溶隙发育地段、含水层与隔水层交界面。浅埋岩溶隧道地下水与地表水系统联系更为密切,往往表现为隧道内发生大的涌突水后在地表出现大大小小的陷坑、陷穴,地表水位下降,地表植物枯死,地表河流断流等现象。

(2)溶洞涌突泥

溶洞涌突泥往往发生在隧道开挖过程中,隧道开挖揭穿了溶洞或岩溶管道,使溶腔内赋存的填充物突然涌出。溶洞涌突泥的发生具有突发性,所以危害较大。溶洞涌突泥既可能造成洞内人员伤亡,机械设备掩埋、破坏,隧道营运的中断,又可能导致地表塌陷的发生。

(3)岩溶塌方

塌方是指围岩失稳而造成的突发性坍塌、堆塌、崩塌等破坏性地质灾害,常发生于断层破碎带、膨胀岩(土)第四系松散岩层、不整合接触面、侵入岩接触带及岩体结构面不利组合地段,是隧道施工中最常见的灾害现象之一。

1.2.5　岩溶对隧道施工的影响分析

根据岩溶灾害的形成、循环机理、分带特点、发生规律及各种储水构造模型的研究,岩溶灾害的分布具体地质上的分带性和规律性，它对隧道如何影响及程度如何？多大的岩溶、性质如何、与隧道的空间位置怎样才能对隧道开挖造成影响？这些是岩溶地区隧道地质预报的范围和内容。

1.2.5.1　溶洞大小、空间位置对隧道围岩变形特性的影响

围岩变形特性的主要表述内容是变形速率、变形量和变形的时空效应。下面根据试验研究和数值分析成果就溶洞对隧道围岩变形特性的影响进行分析。

1)溶洞在隧道两侧

试验及计算结果表明(赵明阶、徐容、许锡宾，2004)，在开挖进程到达测试断面之前，溶洞的存在使围岩的变形增大，有溶洞的负空间效应位移释放率为 15%～35%，无溶洞的为 10%～25%。对于如图 1-89 所示的正空间效应段，实际上是由开挖瞬时释放位移和后续相邻几个断面(间距一般为 2～3 倍隧道直径)的释放位移组成，试验和数值分析结果显示，在有溶洞的断面正空间效应段主要是开挖瞬时释放位移，其开挖瞬时位移释放率为 40%～50%，而无溶洞的断面开挖瞬时位移释放率一般在 30%～40%，根据上述规律，给出如图 1-89所示的含溶洞断面的围岩变形特性。

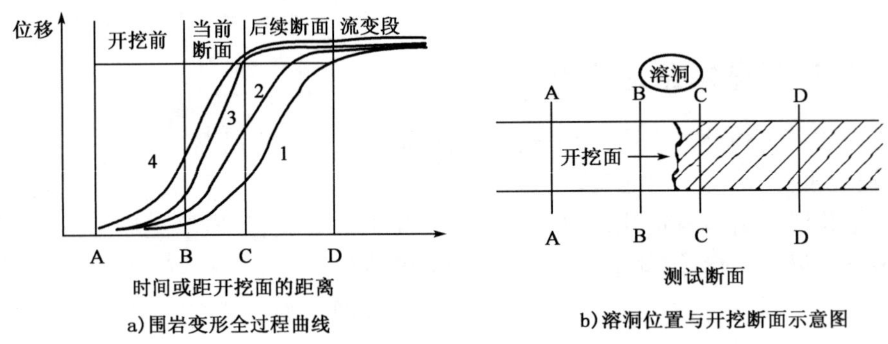

图 1-89　岩溶区全断面开挖隧道的围岩变形特征

图 1-89a)中曲线 1 表示无溶洞的时空曲线。如果围岩中存在溶洞，则围岩变形速率将增大，变形历时曲线将变陡；如果溶洞尺寸再增大或溶洞与隧道周边的距离减小，则围岩变形速率继续增大，变形历时曲线也将继续变陡；但当溶洞尺寸增大到一定值时，围岩变形速率反而减小，此时变形历时曲线将有所减缓。这三种情况反映了溶洞尺寸和溶洞与隧道周边的距离对围岩的变形历时曲线形态的影响，分别用曲线 2、3、4 表示，其影响规律为：

(1)溶洞尺寸不变，溶洞与隧道周边的距离增大时，溶洞断面的位移曲线将从曲线 3 逐渐向曲线 1 过渡，变形速率由大变小。

(2)当溶洞与隧道周边的距离不变，溶洞尺寸不断增大时，溶洞断面的位移曲线将从曲线 1 逐渐向曲线 3 过渡，变形速率由大变小；但当溶洞尺寸增加到一定值时，位移曲线又开始变缓(如曲线 4)，变形速率由大变小，此时的曲线和无溶洞的曲线的主要差别是在开挖前释放的位移很大。

隧道围岩的变形速率是进行围岩稳定性推断的主要参数之一，前述已知含溶洞的变形速率明显比无溶洞的变形速率要大。为了进一步定量分析，由数值分析和模型试验结果分别对

隧道周边不同距离、不同大小溶洞断面的平均变形速率进行计算，如表 1-5 所示。

含溶洞断面在开挖瞬间和开挖后的最大变形速率　　表 1-5

溶洞与隧道距离(m)	1.13	3.36	4.48
开挖瞬间最大变形速率(mm/d)	0.48、0.40	0.42、0.38	0.39、0.36
开挖后续断面最大变形速率(mm/d)	0.11、0.13	0.15、0.16	0.19、0.22
溶洞直径(m)	3.5	4.3	6.6
开挖瞬间最大变形速率(mm/d)	0.47、0.43	0.48、0.40	0.56、0.38
开挖后续断面最大变形速率(mm/d)	0.19、0.17	0.13、0.16	0.12、0.15

表 1-5 中的数据表明，含溶洞断面的围岩变形速率在开挖瞬间为最大，并随溶洞直径的增大而增大，而随溶洞与隧道间距离的增大而减小；开挖后的变形速率较小，与开挖瞬间的变形速率相比，最大比值可达到 5 倍。

对于无溶洞的变形速率在整个正空间效应段为最大，试验与数值分析的平均最大位移速率为 0.29～0.34mm/d。

在实际工程中由于空间效应段的变形曲线是无法测到的，对于含溶洞的断面只能测到断面开挖后的变形曲线，因此对开挖后的变形速率研究更具有实际意义。为此，利用模型试验和三维数值分析结果，给出断面开挖后的有溶洞和无溶洞的最大变形速率的比值与溶洞直径和溶洞与隧道距离的关系曲线，如图 1-90 所示。

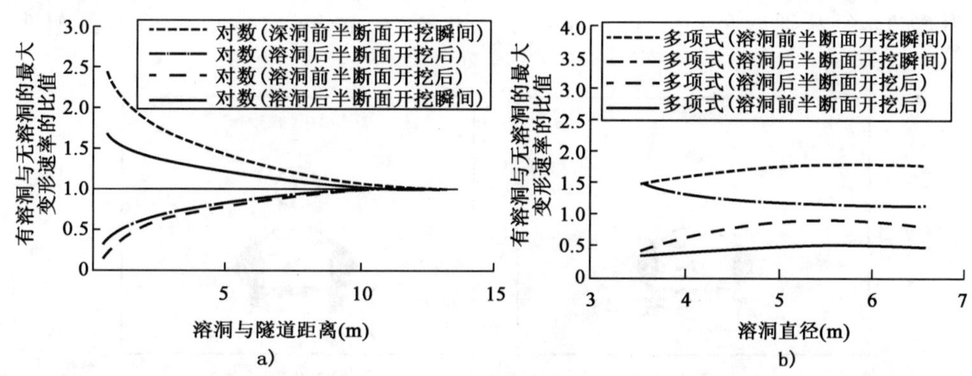

图 1-90　有岩溶和无岩溶最大变形速率比值与溶洞与隧道的距离和溶洞直径的关系曲线

图 1-90a)中的曲线是根据试验与数值分析结果按照对数关系拟合的曲线，可以看出，开挖瞬间的有溶洞和无溶洞的最大变形速率的比值与溶洞与隧道的距离成反比关系，而开挖后与溶洞的直径成正比关系；在溶洞与隧道的距离达到 12m 时，比值趋近于 1，这表明隧道与溶洞之间的岩体厚度达到 1 倍的隧道直径时，溶洞对围岩的变形速率几乎没有影响。图 1-90b)中的曲线是根据试验与数值分析结果(赵明阶、徐容、许锡宾，2004)，按照二次函数关系拟合的曲线，可以看出，开挖瞬间和开挖后的有溶洞和无溶洞的最大变形速率的比值与溶洞的直径成二次函数关系；在溶洞的直径达到 5.5～6.0m 时，比值趋近于极值。这说明当溶洞的直径为隧道直径的一半时，开挖后的位移速率受溶洞的影响最小。

2)溶洞在隧道上方(吴梦军、许锡宾,2003)

(1)计算模型与计算参数

根据相关工程计算经验,模型计算范围水平方向两边各取3倍洞跨宽;垂直方向,上边界取隧道净高的3倍,下边界为隧道净高的2倍。模型边界条件采用位移边界,其下边界固定垂直位移,左右边界固定水平位移,岩体单元采用程序中的PLANE42四边形等参单元。划分网格后的模型如图1-91所示。

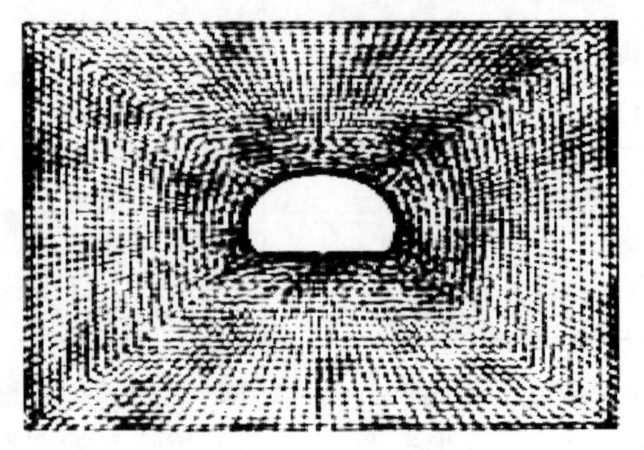

图1-91 有限元计算模型及网格图

岩体本构模型采用Drucker-Prager(D-P)模型,计算时采用弹塑性非线性有限元法。由于岩体自然状态的离散性及便于计算结果与模型试验结果的比较,计算中,岩体的物理力学参数采用模型试验材料的力学参数,见表1-6。

模型物理力学参数 表1-6

重度 γ(kN/m^3)	泊松比 μ	弹性模量 E_e(GPa)	黏聚力 c(MPa)	内摩擦角 φ_0(°)
15.5	0.16	0.327	0.043	40

(2)计算结果与分析

通过模拟计算,可得出隧道围岩在不同溶洞大小情况下的应力、应变等值线图及矢量图。图1-92为溶洞半径分别为R=0.04cm、R=0.1cm、R=0.14cm、R=0.22cm时的塑性应变矢量图。

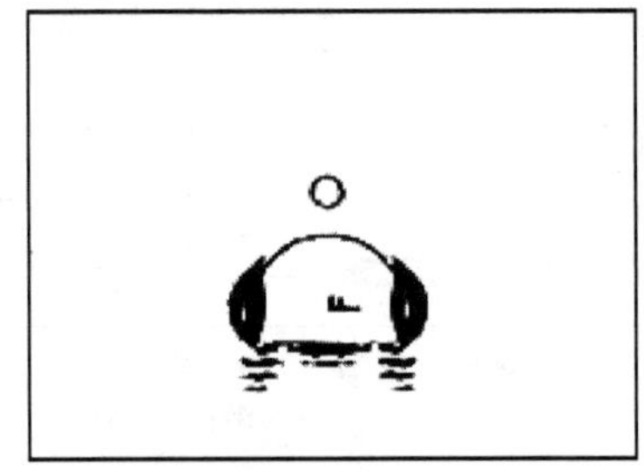

a)R=0.04cm

b)R=0.1cm

c)R=0.14cm

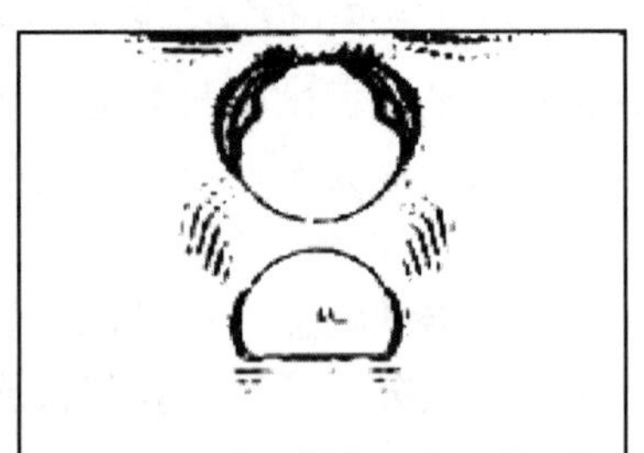

d)R=0.22cm

图1-92 塑性应变矢量图

另外,根据模拟计算得出的拱顶与拱腰径向位移绘制成径向位移曲线,如图1-93所示。从计算结果可以得出:

①随着溶洞大小的变化,塑性区的分布位置与范围均发生了显著变化。溶洞较小时,塑性区主要分布在拱腰及拱脚处;而溶洞较大时,则主要分布在溶洞自身周围,拱腰与拱脚处分布范围相对变小。

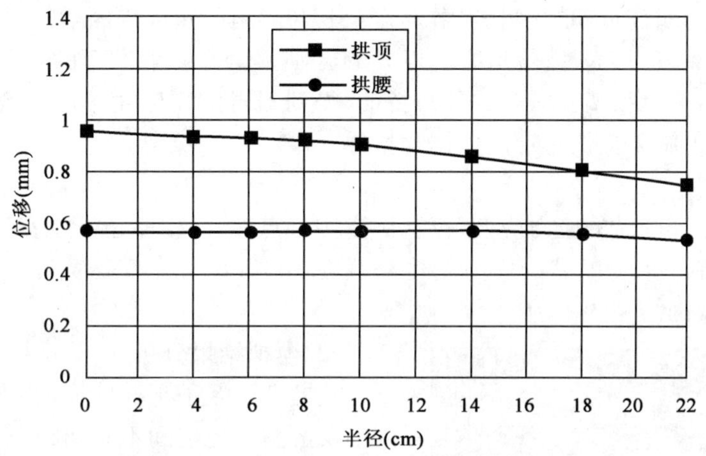

图1-93　模拟计算径向位移曲线

②受塑性区分布位置及范围的影响,隧道拱顶位移随着溶洞大小的增大,呈非线性减小,溶洞越小,位移减少量越小。而拱腰位移随溶洞大小的变化较小,仅当溶洞$R>0.14$cm时,拱腰位移才稍有减少。

③当溶洞$R\leqslant0.1$cm时,溶洞自身周围未出现塑性区或很小;当$R\geqslant0.14$cm时,溶洞周围出现较大的塑性区(主要分布在顶部与腰部)。

④模拟计算中,因未考虑黏性变形的影响,位移计算结果均比模型试验结果小。如考虑黏性变形量,数值模拟结果与模型试验结果基本吻合。

(3)结论与建议

通过对本次相似模型试验结果和有限元数值模拟结果进行的一系列分析与研究,可以得出以下一些结论和建议。

①岩溶区隧道围岩位移历时曲线总体趋势与一般隧道一样,仍呈S形。其开挖空间效应影响范围为工作面前$1D$到工作面后$2D$～$3D$处。

②开挖面和$1D$处,拱顶和拱腰位移释放系数均比一般隧道大,开挖面拱顶处λ(位移释放系数)可达37%～52%,而$1D$拱顶处λ均达90%以上。因此,在岩溶区隧道的施工中,应加强超前与初期支护,防止围岩失稳。

③根据模型试验后试件表面及洞壁的破坏情况,发现在模型试验条件下,隧道围岩基本能自稳。

④塑性区的分布位置与范围均随着溶洞大小的变化而发生显著变化。溶洞较小时,塑性区主要分布在拱腰及拱脚处,溶洞自身周围未出现塑性区或很小;而溶洞较大时,则主要分布在溶洞自身周围(顶部与腰部),拱腰与拱脚处分布范围相对变小。因此,当隧道拱顶上溶洞较大时,设计与施工应加强溶洞本身稳定性的处理。

⑤隧道拱顶位移随着溶洞大小的增大，呈非线性减小，溶洞越小，位移减少量越小。而拱腰位移随溶洞大小的变化较小，仅当溶洞 $R>0.14\text{cm}$ 时，拱腰位移才稍有减小。这说明当溶洞位于隧道拱顶时，对拱腰处围岩稳定性影响较小。

⑥如考虑黏性变形的影响，数值模拟结果与模型试验结果基本吻合。

3)溶洞在隧道下方(吴梦军,2004)

当隧道底部存在有溶洞时，因受岩溶发育及其与隧道间距离等因素的影响，隧道开挖引起的应力、应变重分布将与无岩溶隧道有着极大的区别。研究岩溶发育的空间关系与隧道不同距离下的围岩应力、应变、塑性区等的分布特征，得到围岩位移与溶洞大小、溶洞与隧道间距离等关系，从而为隧道施工提供一定的依据与指导。

(1)模型与参数

对于地下工程开挖后的应力应变，仅在洞室中心点 3～5 倍隧道开挖宽度(或高度)范围内存在实际影响。在 3 倍宽度处的应力变化一般在 10%以下，在 5 倍宽度处一般在 3%以下。有限元计算模型及网络见图 1-94。

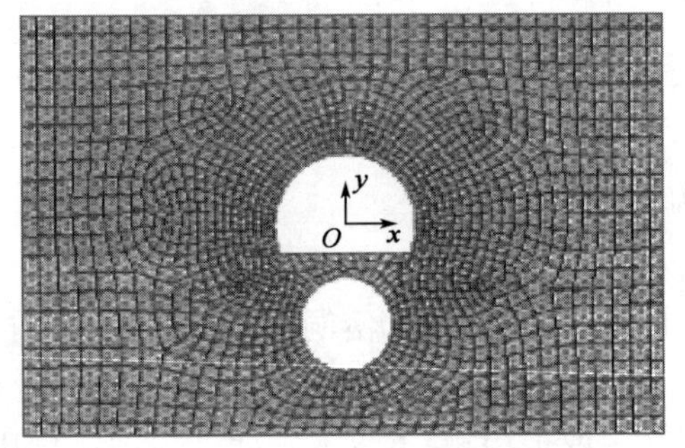

图 1-94　有限元计算模型及网络图

(2)模拟结果分析

共模拟了 8 种工况计算，分别模拟了不同溶洞大小及溶洞与隧道间不同间距条件下围岩的应力、应变情况。通过模拟计算，可得到围岩的位移、应力场、应变场及塑性区分布等的等值线及矢量图(图 1-95、图 1-96)。另外，对隧道拱顶、拱腰及拱脚处位移进行分析后得到竖向位移曲线。通过对各工况下围岩应力、应变、塑性区等的分析比较，可得到隧道底部岩溶对隧道围岩稳定的一些影响规律。

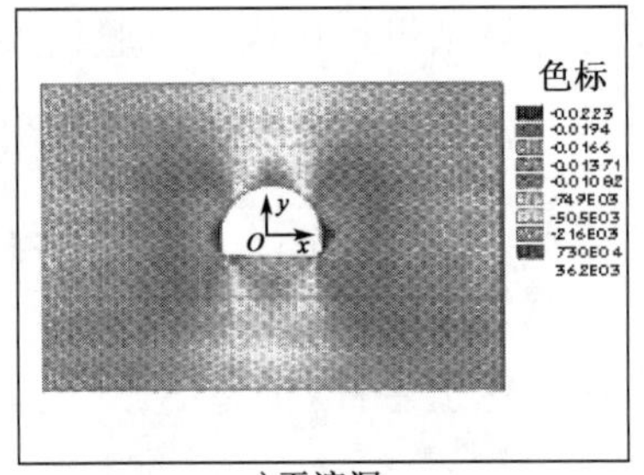

a)无溶洞

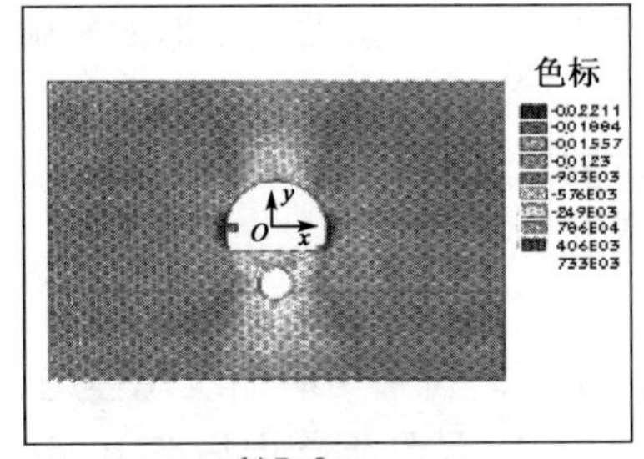

b)R=2m

c)R=4m

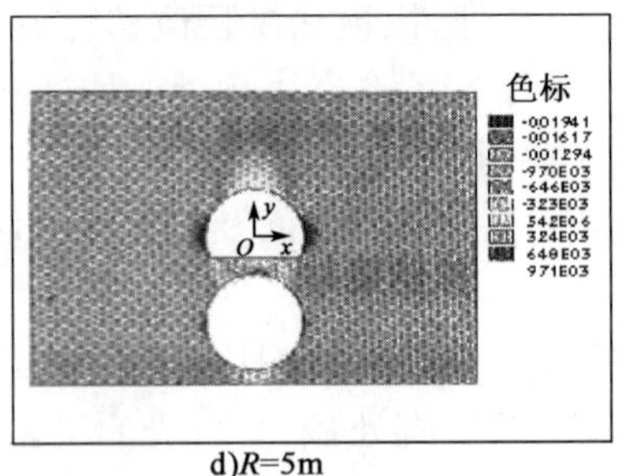

d)R=5m

图 1-95　不同 R 下竖向应变等值线图($L=2\text{m}$)

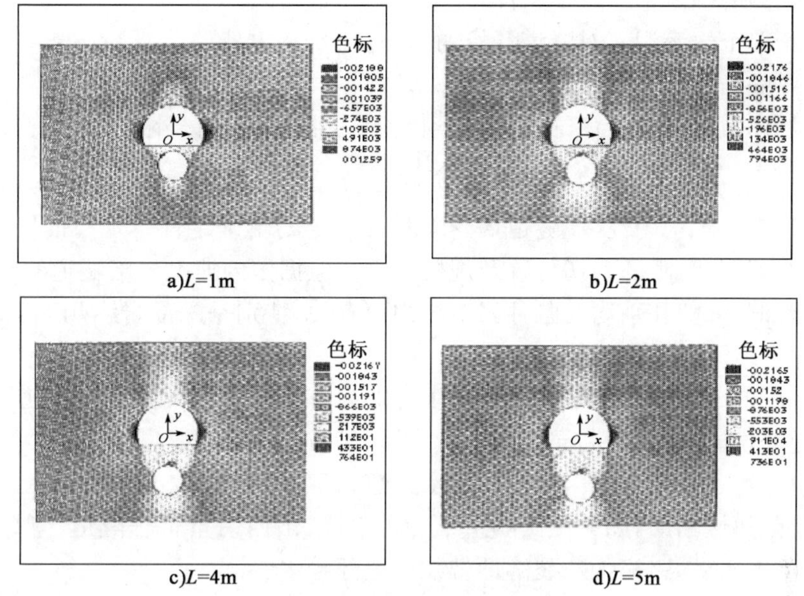

图 1-96　不同 L 下竖向应变等值线图（$R=3$m）

①从图 1-97 中可以看出，所有工况最大压应变均发生在拱腰至拱脚部位，其值随溶洞半径的增大而减少，而最大拉应变发生在隧道底板与溶洞之间，其值随溶洞半径的增大而增大。最大压应变随溶洞与隧道间距离的变化不大，但最大拉应变明显大于无溶洞时的值，且随距离的增大而减小，但当距离达 5m 以上时，其变化已很小，溶洞对隧道围岩稳定的影响基本可以不予考虑。

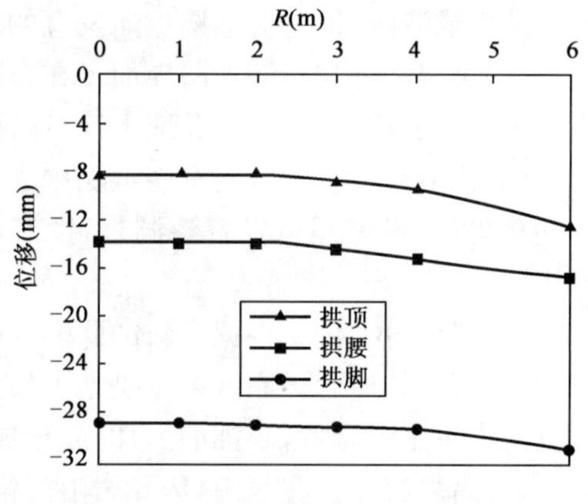

图 1-97　模拟计算竖向位移曲线

②拱顶、拱腰及拱脚竖向位移均随溶洞的增大呈非线性增加，当半径达于 4m 时，增加趋势明显加快。

③随着溶洞的增大和溶洞与隧道间距离的减小，溶洞自身周围的应变成增大趋势。意味着当溶洞大到一定程度或其隧道间距离小到一定的程度时，以加强溶洞自身的处理保证隧道结构的稳定性。

④隧道距岩溶的安全距离确定，模型试验和数值分析研究表明（赵明阶、徐容、许锡宾，2004），当隧道顶部或正侧面有溶洞存在时，隧道径向位移随溶洞与隧道周边距离的增大而减小，当隧道与溶洞之间的岩体厚度达到 2～3 倍的溶洞直径时，溶洞对围岩变形的影响甚微，可以忽略不计。而对于隧道侧 45°方向的溶洞，当溶洞离隧道的距离达到 4 倍的溶洞直径时，其对围岩的影响可以忽略不计。当溶洞在隧道两侧时，隧道与溶洞之间的岩体厚度达到 1 倍的隧道直径时，溶洞对围岩的变形速率几乎没有影响。

有溶洞和无溶洞的最大变形速率的比值与溶洞与隧道距离的关系曲线表明，隧道与溶洞之间的岩体厚度达到 1 倍的隧道直径时，溶洞对围岩的变形几乎没有影响。

以上安全距离的确定基于以下条件：

①仅适合于单个岩溶洞穴对隧道开挖的影响。

②岩溶洞穴的结构面完整，裂隙不发育。

③对岩溶的模拟属二维计算结果，应用到实际三维空间仍有局限性。

1.2.5.2　洞身岩溶其结构面的影响分析

由于岩溶发育的不均匀性，使隧道揭露溶洞有一定的不确定性。现行的勘探技术不能完全把握确定每个溶洞、溶隙的确切位置及规模大小。但据国内典型岩溶隧道的施工实践，认为绝大部分涌水溶洞、溶隙几乎均与各种岩溶结构面有关，特别是深部岩溶几乎全部与岩溶结构有关，主要规律是(韩行瑞、白山云，2004)：

(1)逆冲断层的上升盘，如大巴山、大瑶山、华蓥山等隧道。我国很多隧道穿越背斜分水岭，往往产生逆冲挤压断层带，断层带的下盘受压，虽破碎但挤压紧密，不易透水，而上盘(即主动盘)由于牵引作用，张裂隙发育，多成为导水通道，岩溶极为发育。

(2)张性及张扭性断层，如大巴山隧道第二含水段、山西引黄工程隧道、紫金山隧道、岩脚隧道以及北方的大水矿井，横张断裂溶蚀带几乎全部导水。

(3)碳酸盐岩层间滑动面。我国西南岩溶区，在地质构造应力作用下坚硬的厚层石灰层、白云岩层面之间多产生层间滑动裂面，由于地层错断位移不明显，地表很难发现，极易发生强烈溶蚀生成溶洞，很多沿地层走向发育的地下河都沿层间滑动面。

(4)可溶岩层与非溶岩层界面。在石灰岩、白云岩与碎屑岩或煤系地层的接触面上最易汇集地下水形成溶洞、溶蚀带及地下河，这种情况屡见不鲜。

(5)膏溶面。我国西南有些地层中含石膏层，如三叠系石灰岩中夹多层石膏，溶蚀后形成溶塌角砾层，沿该层可发育溶洞、溶蚀带，在深部会有较多的硫酸根离子，对隧道衬砌有腐蚀作用。

(6)混合溶蚀带。根据最新的研究，我国西南地区深部岩溶相当发育，已突破所谓“侵蚀—溶蚀基准面”的概念。原因之一是地下发生混合溶蚀作用，即不同温度、不同矿化度、不同水化成分的地下水混合后，溶蚀能力加强，形成强溶蚀带，有时可形成深1000m的深岩溶。

(7)古岩溶面。在西南、华北岩溶区都存在多期古岩，在西南岩溶区存4～5期古岩溶面，往往在深部有古溶洞，一般多被充填，但在隧道揭露时，充填物塌方漏水，造成危害。

因此，在确定岩溶对隧道开挖影响时应考虑围岩及岩溶结构面的发育情况，通常岩溶发育区段都是围岩的薄弱处，所以，在确定岩溶预报范围、内容时应适当扩大范围，考虑一定的安全系数($2D$～$3D$)。

1.3　软岩

1.3.1　软岩的概念

关于软岩的概念，国内外有十几种之多，大体上可分为描述性定义、指标化定义和工程定义，且各有其优缺点。

1.3.1.1　地质软岩的概念

为了便于理论研究和工程应用，将软岩分为地质软岩和工程软岩，分别予以定义。

目前，人们普遍采用的软岩定义基本上可归于地质软岩的范畴，按地质学的岩性划分，地质软岩是指强度低、孔隙度大、胶结程度差、受构造面切割及风化影响显著或含有大量膨胀性黏土矿物的松、散、软、弱岩层（煤矿矿山压力名词讨论会，昆明，1984.12）。该类岩石多为泥岩、页岩、粉砂岩和泥质矿岩，是天然形成的复杂的地质介质。国际岩石力学学会将软岩定义为单轴抗压强度（σ_c）在0.5～25MPa的一类岩石，其分类依据基本上是岩石的强度指标。

国际岩石力学学会的软岩定义用于工程实践中会出现一些矛盾。如巷道所处深度足够的浅，地应力水平足够低，则单轴抗压强度小于25MPa的岩石也不会产生软岩的特征，工程实践中，采用比较经济的一般支护技术即可奏效；相反，大于25MPa的岩石，其工程部位所处的深度足够深，地应力水平足够高，也可以产生软岩的大变形、大地压和难支护的现象。因此，地质软岩的定义不能用于工程实践，故而提出了工程软岩的概念。

1.3.1.2　工程软岩的概念

工程软岩是指在工程力作用下能产生显著塑性变形的工程岩体。

如果说目前流行的软岩定义强调了软岩的软、弱、松、散等低强度的特点，这里重视软岩的强度特性，而且强调软岩所承受的工程力荷载的大小，强调从软岩的强度和工程力荷载的对立统一关系中分析、把握软岩的相对性实质，即工程软岩要满足的条件是：

$$\begin{aligned} \sigma &\geqslant [\sigma] \\ U &\geqslant [U] \end{aligned} \tag{1-5}$$

式中：σ——工程荷载，MPa；

$[\sigma]$——工程岩体强度，MPa；

U——巷道变形，mm；

$[U]$——巷道允许变形，mm。

该定义的主题词是工程力、显著塑性变形和工程岩体。工程岩体是软岩工程研究的主要对象，是巷道开挖扰动影响范围之内的岩体，包含岩块、结构面及其空间组合特征。

工程力是指作用在工程岩体上的力的总和，它可以是重力、构造残余应力、水的作用力和工程扰动力以及膨胀应力等。

显著塑性变形是指以塑性变形为主体的变形量超过了工程设计的允许变形值，并影响了工程的正常使用。显著塑性变形包含显著的弹塑性变形、黏弹塑性变形、连续性变形和非连续性变形等。

此定义揭示了软岩的相对性实质，即取决于工程力与岩体强度的相互关系。当工程力一定时，不同岩体，强度高于工程力水平的大多表现为硬岩的力学特性，强度低于工程力水平的则可能表现为软岩的力学特性；而对同种岩石，在较低工程力的作用下，则表现为硬岩的小变形特性，在较高工程力的作用下则可能表现为软岩的大变形特性。

1.3.1.3　工程软岩和地质软岩的关系

当工程荷载相对于地质软岩（如泥页岩等）的强度足够小时，地质软岩不产生软岩显著塑性变形力学特征，即不作为工程软岩，只有在工程力作用下发生了显著变形的地质软岩，才作为工程软岩；在大深度、高应力作用下，部分地质硬岩（如泥质胶结砂岩等）也呈现了显著变形特征，则应视其为工程软岩。

1.3.2 软岩分类与分级

进入软岩状态的隧道，其软岩种类是不同的，其强度特性、泥质含量、结构面特点及其塑性变形力学特点差异很大。根据上述特性的差异及产生显著塑性变形的机理，软岩可分为四大类，即膨胀性软岩（也称低强度软岩）、高应力软岩、节理化软岩和复合型软岩，见表1-7。

软岩分类 表1-7

软岩名称	泥质成分含量	塑性变形特点
膨胀性软岩（低强度软岩）	＞25％	在工程力作用下，沿片架状硅酸盐黏土矿物产生滑移，遇水显著膨胀等
高应力软岩 σ_c＜25MPa	含量少	遇水发生少许膨胀，在高应力状态下，沿片架状黏土矿物发生滑移
节理化软岩 σ_c≥25MPa	含量很少（或几乎不含）	沿节理等结构面产生滑移、扩容等塑性变形
复合型软岩	≤25％	具有上述某种组合的复合型机理

1.3.2.1 膨胀性软岩的分级

膨胀性软岩（Swelling Soft Rock，简称S型），系指含有黏土高膨胀性矿物在较低应力水平（＜25MPa）条件下即发生显著变形的低强度工程岩体。例如，通常软岩定义中所列举的软弱、松散的岩体，膨胀、流变、强风化的岩体以及指标化定义中所述的抗压强度小于25MPa的岩体，均属低应力软岩的范畴。产生塑性变形的机理是片架状黏土矿物发生滑移和膨胀。在实际工程中，一般的地质特点是泥质岩类为主体的低强度工程岩体。由于低应力软岩的显著特征是含有大量黏土矿物而具有膨胀性，因此，根据低应力软岩的膨胀性大小可以分为：强膨胀性软岩（自由膨胀变形＞15％）、中膨胀性软岩（自由膨胀变形10％～15％）和弱膨胀性软岩（自由膨胀变形＜10％）。根据矿物组合特征和饱和吸水率两个指标可细分为三级，详见表1-8。

膨胀性软岩分级 表1-8

膨胀性软岩	蒙脱石含量（％）	干燥饱和吸水率 w_0（％）	自由膨胀变形量（％）
弱膨胀性软岩	＜10	＜20	＞15
中膨胀性软岩	10～30	20～50	10～15
强膨胀性软岩	30	＞50	＜10

1.3.2.2 高应力软岩的分级

高应力软岩（High Stressed Soft Rock，简称H型），是指在较高应力水平（＞25MPa）条件下才发生显著变形的中高强度的工程岩体。这种软岩的强度一般高于25MPa，其地质特征是泥质成分较少，但有一定含量，砂质成分较多，如泥质粉砂岩、泥质砂岩等。它们的工程特点是，在深度不大时，表现为硬岩的变形特征；当深度加大至一定深度以下，就表现为软岩的变形

特性。其塑性变形机理是处于高应力水平时，岩石骨架中的基质(黏土矿物)发生滑移和扩容，此后再接着发生缺陷或裂纹的扩容和滑移塑性变形。

根据高应力类型不同，高应力软岩可细分为自重高应力软岩和构造高应力软岩。前者的特点是与深度有关，与方向无关；而后者的特点是与深度无关，而与方向有关。根据应力水平分为三级，即高应力软岩、超高应力软岩和极高应力软岩，详见表1-9。

高应力软岩分级　　　表1-9

高应力软岩	应力水平(MPa)
高应力软岩	25～50
超高应力软岩	50～75
极高应力软岩	＞75

高应力的界限值是根据国际岩石力学学会定义的软岩概念(c＝0.5～25MPa)而确定的，即能够使c＞25MPa的岩石进入塑性状态的应力水平称为高应力水平。

1.3.2.3　节理化软岩的分级

节理化软岩(Jointed Soft Rock，简称J型)，系指含泥质成分很少(或几乎不含)的岩体，发育了多组节理，其中岩块的强度颇高，呈硬岩力学特性，但整个工程岩体在巷道工程力的作用下则发生显著的变形，呈现出软岩的特性，其塑性变形机理是在工程力作用下，结构面发生滑移和扩容变形。此类软岩可根据节理化程度不同，细分为镶嵌节理化软岩、碎裂节理化软岩和散体节理化软岩。根据结构面组数和结构面间距两个指标将其细分为三级，即较破碎软岩、破碎软岩和极破碎软岩，详见表1-10。

节理化软岩的分级　　　表1-10

节理化软岩	单位面积节理组数(条/m^2)	完整系数k_v
较破碎软岩	1～3	0.55～0.35
破碎软岩	≥3	0.35～0.15
极破碎软岩	无序	＜0.15

注：表中$k_v=(v_{pm}/v_{pr})^2$，其中v_{pm}为节理岩体弹性波纵波速度(km/s)，v_{pr}为完整岩块弹性波纵波速度(km/s)。

1.3.2.4　复合型软岩

复合型软岩是指上述三种软岩类型的组合，即高应力－强膨胀复合型软岩，简称HS型软岩；高应力－节理化复合型软岩，简称HJ型软岩；高应力－节理化－强膨胀复合型软岩，简称HJS型软岩。

1.3.2.5　软岩工程分类及分级总表

综上所述，软岩的工程分类和分级见表1-11。

软岩工程分类与分级总表　　　表1-11

软岩分类	分类指标			软岩分级	分级指标		
	抗压强度(MPa)	泥质含量	结构面		ω_0(%)	σ_c(MPa)	膨胀矿物组合
膨胀性软岩	＜25	＞25%	少	弱膨胀软岩	＜10	15～30	S. I.
				中膨胀软岩	10～50	5～15	I. K.
				强膨胀软岩	＞50	＜5	M. M/I.

续上表

软岩分类	分类指标			软岩分级	分级指标		
	抗压强度(MPa)	泥质含量	结构面		ω_0(%)	σ_c(MPa)	膨胀矿物组合
高应力软岩	>25	<25%	少	—	深度比 A	—	—
				准高应力软岩	0.8～1.2	—	—
				高应力软岩	1.2～2.0	—	—
				超高应力软岩	>2.0	—	—
节理化软岩	低～中等	不含	多组	—	节理组数条(m^2)	节理间距(m)	完整指数(k_v)
				较破碎软岩	1～3	0.2～0.4	0.55～0.35
				破碎软岩	≥3	0.1～0.2	0.35～0.15
				极破碎软岩	无序≥3	<0.1	<0.15
复合型软岩	低～高	含	少～多组	根据具体条件进行分类和分级			

注:ω_0-干燥饱和吸水率;σ_c-单轴抗压强度(MPa);S-绿泥石;I-伊利石;K-高岭石;M-蒙脱石;M/I-伊/蒙混层物。

1.3.3 软岩的物理力学特性

1.3.3.1 软岩的成分

软岩一般是由固体相、液体相、气体相共三相组成的多相体系,有时由两相组成。固体相是由许许多多大小不等、形状不同的矿物颗粒按照各种不同的排列方式组合在一起,构成软岩的主要部分,称为“骨架”。在颗粒间的孔隙中,通常有液相的水溶液和气体形成三相体,有时只被水或气体充填形成二相体。由于颗粒、水溶液和气体这三个基本组成部分不是彼此孤立地、机械地混在一起,而是相互联系、相互作用,共同形成软岩的工程地质性质,并决定软岩的力学特性。固相颗粒是软岩的最主要的物质组成,构成软岩的主体,是最稳定、变化最小的成分,在三相之间相互作用的过程中,一般居主导地位,对于固相颗粒部分,在进行软岩的工程地质研究时,从颗粒大小的组合、矿物成分和化学成分三个方面来考虑。组成软岩的液体相部分实际上是化学溶液而不是纯水。若将溶液作为纯水研究时,研究颗粒的亲水性而形成的强结合水,弱结合水、毛细水、重力水对软岩工程地质也有很大的影响。

软岩的固体相部分,实质上都是矿物颗粒,并且是一种多矿物体系。不同的矿物其性质各不相同,它们在软岩中的相对含量和粒度成分一样,也是影响软岩的力学性质的重要因素。

(1)原生矿物

组成软岩固体相部分的物质,主要来自岩石风化产物。岩石经过物理风化、迁移作用、沉积作用、成岩作用而形成软岩。原生矿物仍保留着风化作用前存在于母岩中的矿物成分。软岩中原生矿物主要有:硅酸盐类矿物、氧化物类矿物,此外尚有硫化物类矿物及磷酸盐类矿物。

硅酸盐类矿物中常见的有长石类、云母类、辉石类及角闪石类等矿物。常见的长石类矿物有钾长石 $K(AlSi_3O_8)$和钙长石($CaAl_2O_8$),它们不太稳定,受风化作用易形成次生矿物。常见的云母类矿物有白云母[$KAl_2AlSi_3O_{10}(OH,F)_2$]和黑云母[$K(Mg、Fe、Mn)_3AlSi_3O_{10}$

$(OH)_2$]，两者都不易风化，云母类矿物含较多的Fe、Mg、K等元素。常见的辉石类和角闪石类矿物有普通辉石(Ca，Na)(Mg、Fe、Al，Ti)[$(Si，Al)_2O_6$]和普通角闪石[$Ca_2Na(Mg、Fe)_4$$(A1，Fe^{+3})((Si，Al)_4O_{11})(OH)_2$]。

氧化物类矿物中常见的有石英、赤铁矿、磁铁矿，它们相当稳定，不易风化，其中石英是软岩中分布较广的一种矿物。软岩中硫化物类矿物通常只有铁的硫化物，它们极易风化。磷酸盐类矿物主要是磷灰石。

(2)次生矿物

原生矿物在一定的气候条件下，经化学风化作用，使原生矿物进一步分解，形成一种新的矿物，颗粒变得更细，甚至变成胶体颗粒，这种矿物称为次生矿物。次生矿物有两种类型：一种是原生矿物中的一部分可溶的物质被溶滤到别的地方沉淀下来，形成"可溶的次生矿物"；另一种是原生矿物中可溶的部分被溶滤走后，残存的部分性质已改变，形成了新的"不可溶的次生矿物"。

可溶性的次生矿物主要指各种矿物中化学性质活泼的K、Na、Ca、Mg及Cl、S等元素。这些元素呈现为阳离子及酸根离子，溶于水后，在迁移过程中，因蒸发浓缩作用形成可溶的卤化物、硫酸盐及碳酸盐。这些盐类一般都结晶沉淀并充填于软岩的孔隙内，形成不稳定的胶结物；未沉淀析出的部分，则以离子状态存在于软岩的孔隙溶液中，这种溶液与黏粒相互作用，影响着软岩的工程地质性质。不可溶性的次生矿物有次生二氧化硅、氧化物、黏土矿物。

次生二氧化硅是由原生矿物硅酸盐经化学风化后，原有的矿物结构被破坏，游离出结晶格架的细小碎片，由SiO_2组成，氧化物多由Fe^{3+}、Al^{3+}和O、OH、H_2O等组成的矿物，如磁铁矿等。

黏土矿物是原生矿物长石及云母等硅酸盐类矿物经化学风化而成，主要有高岭石、水云母(伊利石)、蒙脱石等，是软岩的重要组成部分。

(3)有机质

有机质由软岩中动植物残骸在微生物的作用下分解而成：一种是分解不完全的植物残骸，形成泥炭，疏松多孔；另一种则是完全分解的腐殖质。有机质的亲水性很强，对软岩性质的影响很大。

1.3.3.2 软岩的力学特性

1)完整岩样的单轴抗压特性

根据某矿石工程水平各种软岩单轴抗压结果，如表1-12所示。

软岩单轴抗压结果　表1-12

岩　性	岩样编号	弹性模量 E(Pa)	天然状态岩样的单轴抗压强度 σ_c(MPa)	饱和状态岩样的单轴抗压强度 σ_{sc}(MPa)	模量比 E/σ_c	软化系数 η
砂质页岩	Ⅰ	4180	25.4	10.1	164.4	0.39
粉砂岩	Ⅱ	7540	46.1	40.4	163.6	0.87
含砂质泥岩	Ⅲ	3790	20.5	9.0	184.9	0.48
砂质泥岩	Ⅳ	4054	27.6	11.3	146.9	0.41
泥质粉砂岩	Ⅴ	4560	26.5	14.4	172.1	0.54
细砂岩	Ⅵ	9012	54.3	49.1	166.0	0.90

由表1-12可以看出，泥页岩强度的软化效应极强烈，软化系数变化于0.39～0.48。砂岩的软化情况差异较大，泥质粉砂岩的软化系数为0.54，而粉砂岩和细砂岩的软化系数都高达0.87～0.90。显然，软岩中含泥量的高低直接决定着其力学性质遇水恶化的程度。

2)裂隙岩样的单轴抗拉特性

(1)含裂隙页岩的抗拉强度

如表1-13所示是砂质页岩抗拉强度试验结果。结果表明，随着结构面方向与作用力方向间夹角的增大，岩样的抗拉强度呈上升趋势，在$\theta=60°$和$\theta=80°$时的抗拉强度分别比$\theta=0°$时的抗拉强度提高了2.77和4.31倍；$\theta=0°$、$\theta=60°$和$\theta=80°$时的抗拉强度分别比无裂隙岩样的抗拉强度低77.4%、37.3%和2.4%。显然，当θ值提高时，结构面对岩样抗拉强度的影响逐渐减弱。

含裂隙页岩的抗拉强度 表1-13

岩性	裂隙方向与试样轴向间夹角 θ(°)	裂隙岩样抗拉强度 σ_t(MPa)	裂隙岩样与完整岩样的抗拉强度比(%)
砂质页岩	0	0.48	22.6
	60	1.33	62.7
	80	2.07	97.6

(2)含微层理粉砂岩的抗拉强度

如表1-14所示为含微层理粉砂岩在不同方向作用力下的强度特征和破坏特征。由表中可见，含层理岩样的抗拉强度随θ角的变化规律与含裂隙的情况基本相同，即抗拉强度随θ角的增加而增加，当$\theta=90°$时的抗拉强度比$\theta=0°$时的抗拉强度提高了3.72倍。当θ角较小时，破坏面主要产生于层理之间；当θ角增大时，逐步过渡到岩石中。因此，层理岩样与完整岩样的抗拉强度比值也由$\theta=0°$时的25.3%增大到$\theta=90°$时的94.1%。

含微层理粉砂岩的抗拉强度 表1-14

岩性	作用力与层理间间夹角 θ(°)	层理岩样抗拉强度 σ_{tb}(MPa)	层理岩样与完整岩样抗拉强度比(%)	备注
粉砂岩	0	1.07	25.3	沿层理破坏
	35	1.18	27.9	沿层理破坏
	60	3.06	72.3	部分沿层理破坏
	90	3.98	94.1	沿岩石破坏

1.3.3.3 软岩的工程力学特性

软岩之所以能产生显著塑性变形的原因，是因为软岩中的泥质成分(黏土矿物)和结构面控制了软岩的工程力学特性。一般说来，软岩具有可塑性、膨胀性、崩解性，分散性、流变性、触变性和离子交换性。

1)可塑性

可塑性是指软岩在工程力的作用下产生变形，去掉工程力之后这种变形不能恢复的性质。低应力软岩、高应力软岩和节理化软岩的可塑性机理不同，低应力软岩的可塑性是由软岩中泥

质成分的亲水性所引起的，而节理化软岩是由所含的结构面扩展、扩容引起的，高应力软岩是泥质成分的亲水性和结构面扩容共同引起的。

低应力软岩可塑性可用液限(W_L)、塑限(W_P)和塑性指数(I_P)来描述。低应力软岩一般是泥岩、泥页岩类，遇水容易软化。当和水充分作用时，可变成液体而流动。人们把达到流动状态的界限含水率(颗粒含水重量与风干颗粒的重量百分比)称为液限。另一方面，水量逐渐减少，软岩变硬但刚开始开裂，达到该状态前所失去的水量和干样品的质量百分比，称为塑限。评价低应力软岩的可塑性程度，一般用塑性指数这个术语。塑性指数是液限和塑限的含水率之差($I_P=W_L-W_P$)，表示了塑性的含水率范围。节理化软岩的可塑性变形是由于软岩中的缺陷和结构面扩容引起的，与黏土矿物成分吸水软化的机制没有关系。描述结构面扩容，一般用塑性扩容内变量(θ_P)，这方面的研究尚待进一步深入。

高应力软岩的可塑性变形机制比较复杂，前述两种机制(结构面扩容机制和黏土矿物吸水软化机制)可同时存在。高应力软岩塑性变形机制的研究基本上是空白。

2)膨胀性

软岩在力的作用下或在水的作用下体积增大的现象，称为软岩的膨胀性。根据产生膨胀的机理，膨胀性可分为内部膨胀性、外部膨胀性和应力扩容膨胀性三种。

内部膨胀是指水分子进入晶胞层间而发生的膨胀。例如，蒙脱石的单位构造层厚度为15.4Å，遇水成为胶体状时则增大到20Å左右。Norrish用Na型蒙脱石浸在不同的盐类溶液中，逐渐降低溶液浓度，并观察其底面的间距变化，到20Å为止呈阶梯状增大，到100～120Å则与盐类浓度的平方根之倒数成比例增大。比20Å更大的值，可能不仅是底面间距的增加，而可能是由各种不同值的混合层引起的。在常温下观察蒙脱石的层间水状态，则可见到其层间水呈平行于水分子并有规则的层面排列，和水继续作用，则水分子层相继在层间平等堆积，扩大层间距离。这种水分子层的发育受交换性离子(电荷、原子价、大小及加水能性质)的影响，在水分子层的发育方面可达到数层的厚度。大体上可以认为，它是对峙于层间域的氧元素面的阴电荷和交换性离子的加水力，向层间吸入水分子；由于水分子的偶极子性质，水分子与氧形成氢键而排列，一层水分子上发育另一层水分子。因这两层间有交换性离子，水分子配位在各离子的周围，所以有离子存在的地方，水分子的排列似乎有点紊乱。Na型蒙脱石膨胀速度小，但能形成厚的水分子层，其原因之一可能是层间牵引力小所致。Li型蒙脱石也一样，但由于离子半径小，水分子层很少发生紊乱。Mg、Ca型蒙脱石中，水分子层的发育，在单位构造高度的增加是有限度的(20Å)，与一价离子相比，这可能是由于层间的牵引力较强所致。

外部膨胀性，是极化的水分子进入颗粒与颗粒之间而产生的膨胀性。因为黏土矿物都是层状硅酸盐，所以其表面积主要是底表面积。也就是说，水主要存在于小薄片与小薄片之间，并使其膨胀，这种膨胀性称为外部膨胀性。黏土矿物和黏土结晶学的研究表明，所谓膨胀，就是水和其他液体在进入层间的瞬间即形成黏土矿物晶体的一部分。Fujioka和Nagahori(1960)发现，用常规膨胀量测定装置测定的数值很大，大到仅用内部膨胀难以解释的程度，因此，黏土矿物的膨胀可能不仅有内部膨胀的机制，而且存在着外部膨胀的机制。内部膨胀也称为层间膨胀，外部膨胀是粒间膨胀，是相对于层间膨胀而言，黏土颗粒的集合体浸透水和溶液时，进入粒间空隙比进入各颗粒的层间可能容易些。各颗粒只要是呈板状形态的层状硅酸盐，那么沿底面容易破裂，各颗粒的形状也大半是平行于底面的板状体。因此，把颗粒之间的膨胀看作黏土颗粒的表面与水或者溶液的相互作用，而且表面主要是由底面组成。

扩容膨胀性，是软岩受力后其中的微裂隙扩展、贯通而产生的体积膨胀现象，故也称应力扩容膨胀性。如果说内部膨胀是指层间膨胀、外部膨胀是指粒间膨胀的话，扩容膨胀则是集合体间隙或更大的微裂隙的受力扩容。前两者的间隙是原生的，后者主要是次生的；前两者的膨胀机理是一种与水作用的物理化学机制，而后者则属于力学机制，即应力扩容机制。

实际工程中，软岩的膨胀是综合机制。但对低应力软岩来讲，以内部膨胀和外部膨胀机制为主；对节理化软岩来讲，则以扩容机制为主；对高应力软岩来讲，可能诸种机制同时存在且均起重要作用。

3）崩解性

低应力软岩和高应力软岩、节理化软岩的崩解机理是不同的。低应力软岩的崩解性是软岩中的黏土矿物集合体在与水作用时膨胀应力不均匀分布造成崩裂现象；高应力软岩和节理化软岩的崩解性则主要表现为在巷道工程力的作用下，由于裂隙发育的不均匀造成局部张应力集中引起的向空间崩裂、片帮现象。当然，高应力软岩也存在着遇水崩解的现象，但不是控制性因素。软岩浸水后所表现出来的不同崩解特征与软岩的成因、成分以及胶结状态密切相关。崩解物为泥状的Ⅰ类软岩，主要是以蒙脱石为主要矿物成分的弱胶结软岩。由于蒙脱石亲水性很强，加之颗粒间胶结较弱，所以遇水后很快崩解；该类软岩的干燥—饱和吸水量在50%以上，更大者可达122.21%和137.7%，如此高的吸水量说明该类软岩具有很大的膨胀性。第Ⅱ类软岩，情况较为复杂。这类软岩的矿物成分，有以蒙脱石为主的，也有的是蒙脱石和伊利石或蒙脱石与高岭石以及三者兼有的混合物，而且它们具有不同数量的胶结物。因此，当这类软岩浸于水时，虽然也常常呈絮状或粉末状崩落，但最终崩解物为鳞片状碎屑或大小不等的碎块，用手指揉搓，其仍为泥状物。这类软岩的干燥—饱和吸水量较崩解物为泥状的Ⅰ类软岩要低，其数值与样品的流限值基本一致。这种近似的规律恰恰说明，其所以呈大小不等的碎屑泥或碎块泥崩解，主要是由于有一定量的胶结物存在，而黏土矿物成分的影响在此居于次要地位。第Ⅲ类软岩浸水后呈块状崩裂塌落或片状开裂，其崩解速度较慢，一般为一小时至数小时，崩解物为碎岩片或碎岩块，手指搓碾时仍为硬块。该类软岩胶结良好，之所以崩裂为碎片或碎块，主要是由岩石自身的微结构引起的。其干燥—饱和吸水量较低，一般在塑限以下或流塑限之间。第Ⅳ类属水稳定性很好的软岩，它们浸水后不发生任何形式的破坏，其干燥—饱和吸水量一般低于10%。高应力软岩和节理化软岩的崩解性，是由在高应力的作用下岩体中分布极不均匀的裂隙尖端发生应力集中而扩展、崩裂。在隧道开挖时向空间发生片帮现象，常常形成高应力破坏对称台阶。

4）流变性

软岩是一种流变材料，具有流变特性的材料的力学性状和行为是流变学（Rheology）的研究范畴。流变性又称黏性（Viscosity），是指物体受力变形过程与时间有关的变形性质。软岩的流变性包括弹性后效、流动、结构面的闭合和滑移变形。流动又可分为黏性流动和塑性流动。弹性后效是一种延迟发生的弹性变形和弹性恢复，外力卸除后最终不留下永久变形。流动是一种随时间延续而发生的塑性变形（永久变形），其中黏性流动是指在微小外力作用下发生的塑性变形（永久变形），塑性流动是指外力达到极限值后才开始发生的塑性变形。闭合和滑移是岩体中结构面的压缩变形和结构面间的错动，也属塑性变形。

从微观和细观分析，弹性后效是晶体群和晶格的滞后变形，黏性流动是颗粒间的非定向转动，而塑性流动是沿微观滑移面的滑动，闭合和滑移则是细观和宏观结构面的变形方式。尽管其机理各不相同，但表现形式一致且往往同时发生在同一物体上，因此在研究时很少加以区分。

单纯的黏性材料是很少的，常见的工程材料在外力作用下，瞬时出现弹性或弹塑性，以后才逐渐呈现黏性，即多为弹性材料或弹黏塑性材料。因此，在研究实际工程问题时，必须同时进行弹性分析或弹塑黏性分析，故流变学又常称为弹黏性力学、黏塑性力学或弹黏塑性力学等。

5）软岩的易扰动性

软岩的易扰动性系指由于软岩软弱、裂隙发育、吸水膨胀等特性，导致软岩抗外界环境扰动的能力极差。对卸荷松动、施工震动、邻近隧道施工扰动极为敏感，而且具有吸湿膨胀软化、暴露风化的特点。

不同地质时期的软岩，由于其成生环境不同，矿物含量也不同，表现在工程上，其水理性质、化学性质和力学性质都存在较大的差别。

1.3.4　软岩对隧道施工的影响分析

软弱围岩隧道施工所面对的最主要问题就是在地应力下的大变形甚至导致结构破坏的现象，特别是在穿越高地应力、较大残余构造应力、浅埋偏压区域及软弱破碎围岩体时，问题会更加明显。隧道工程围岩大变形不仅常见，而且还是危害程度大且处治费用高的施工问题。

软岩隧道的大变形破坏特征不仅受围岩的力学性质影响，而且受隧道所处的地应力环境和工程因素控制。我国许多隧道在埋深不大的情况下，隧道的变形破坏并不强烈，常规支护即可维护隧道稳定。加大埋深后，这些隧道稳定性降低，变形破坏趋于强烈，常规支护难以维护隧道稳定，因此，软岩隧道的变形破坏特征受多种因素控制。一般来说，软岩隧道的破坏具有以下特征：

(1)变形破坏方式多

除一般隧道中常见的变形破坏方式拱顶下沉、坍塌外，还有片帮和底鼓、底围隆破，隧道表现出强烈的整体收敛和破坏。变形破坏表现的形式既有结构面控制，又有应力控制型，尤以应力控制型为主。

(2)变形量大

拱顶下沉大于10cm，有的高达50cm，两帮挤入为20～80cm，底鼓非常强烈，在常规无仰拱支护的情况下，强烈的底鼓往往将整个隧道封闭。

(3)变形速度高

软岩隧道初期收敛速度可以达到3cm/d，即使施作了常规锚喷支护以后，软岩隧道的收敛速度依然很高，可达2cm/d，而且其变形收敛速度降低缓慢，因此，在不长的时间内其变形收敛就很大，多则一年，少则几个月就将隧道封闭。

(4) 持续时间长

由于软岩具有强烈的流变性和低强度，因此，软岩隧道开挖以后，围岩的应力重分布持续时间很长，软岩隧道变形破坏持续很长时间，往往长达1～2a。

(5) 因位置而异

在隧道周边不同部位,变形破坏程度不同,这反映了软岩隧道所处的地应力强度因方向而异和软岩具有强烈的各向异性。变形破坏在方向上的差异往往导致支护结构受力不均,支护结构中产生巨大的弯矩,这对支护结构的稳定是非常不利的。

(6) 围岩破坏范围大

由于软岩隧道中围岩的强度与地应力的比值很小,因此,软岩隧道围岩的破坏范围大,特别是当支护不及时或不当时,围岩破坏区的范围可达5倍的洞室半径,甚至更大。一般的锚杆由于长度不够,往往不能伸入围岩弹性区进行锚固,这是许多软岩隧道锚喷支护失败的根本原因。

(7)来压快

围岩压力随时间而增大,由于软岩隧道变形收敛速度高,在很短时间内,围岩即与支护结构接触,产生挤压,因此,软岩隧道的来压快。围岩与支护结构相互作用后,围岩的变形破坏并不立即停止,而是继续下去,这是因为软岩具有流变性,在围岩流变过程中,围岩的强度降低。

1.4 岩爆

岩爆是指当岩石积聚的应变能大于岩石破坏所需消耗的能量时,多余的能量导致岩石碎片从岩体中爆裂松脱、剥落、弹射甚至抛掷性破坏现象。岩爆具有滞后性、延续性、衰减性、突发性、猛烈性、危害性等特点。

岩爆是隧道开挖过程中围岩的一种非正常破坏现象,主要表现为大范围的岩体突然破坏,破裂围岩的动力抛掷,并伴有不同程度的爆炸、撕裂声,围岩释放大量能量,使几米至几百米的硐室瞬间破坏,严重的岩爆可将巨石猛烈抛出,甚至一次岩爆就能抛出数以吨计的岩块和岩片,常常造成人员伤亡和设备损失。岩爆不仅使人产生恐惧感,而且直接威胁施工人员和设备的安全,严重的会诱发地震,造成地表建筑物的破坏。所以对岩爆发生的可能性及其危险程度的预测是隧道设计、施工企业在高地应力区岩质隧道建设过程中所必须解决的问题。

广义岩爆作为一种多出现在完整硬岩中的隧道施工地质灾害,包括围岩的动力破坏(Dynamic Failure)和静力破坏(Static Failure),片剥(Spallor Slab)是静力破坏的基本形式,狭义的岩爆(Rock Burst)只包括围岩的动力破坏,岩爆通常的破坏模式有岩石弹射、岩石冒落和岩石突出。通常,随着开采深度的增加,尤其是超过600~1000m时,岩爆灾害发生的频率和严重程度会显著增加,尤其是花岗岩、石英岩、一些片麻岩和非常致密、呈玻璃状的火成岩等。岩爆发生有两个基本条件:一是岩体处在能使其变形和破裂的高地应力场的作用之下;二是岩体本身要坚硬、完整且强度高,能储存高的弹性能。岩体在变形破坏过程中由于变形和破裂所消耗掉部分弹性能后,剩余能量转化为动能,并以岩体弹射或突然飞崩的形式释放,形成岩爆。

1.4.1 岩爆发生的基本条件

根据工程实践(张志强,1998),可以归纳岩爆发生的基本条件如下:

(1)岩石单轴抗压强度:σ_c>80MPa(至少>60MPa)

表1-15实例中的岩石单轴抗压强度至少在60~80MPa以上,多数超过100MPa,这说明在岩石单轴抗压强度小于60~80MPa的岩石中发生岩爆的可能性是不大的。也就是说,岩爆

基本上是在坚硬的硬岩岩体中发生。

(2)岩质和岩性:坚硬,脆性

在列举的工程实例中,岩爆多数发生在石英岩、花岗岩、正长岩、闪长岩、花岗闪长岩、大理岩、花斑状大理岩、片麻岩等岩体中。这些岩体的共同力学特性是脆性的,即达到峰值强度后,岩石急剧断裂,这可用岩石的脆性指数表示。岩石的脆性指数是岩石峰值强度前的总变形与永久变形之比,并且比值越大,脆性越高。表1-15是按岩石脆性指数划分的岩爆发生强度的基准。

岩石脆性指数与岩爆强度的关系　　表1-15

岩石脆性指数	0～4.0	3.5～5.5	5.0～7.8	＞7
岩爆发生强度	无	弱	中等	严重

(3)岩体结构:完整或基本完整

在列举的工程实例中,岩体结构大都是完整的和比较完整的。因为,完整和比较完整的岩体,积聚很大的弹性应变能量。这是发生岩爆的必要条件之一。

(4)地应力场的应力值:σ_{max}和σ_{min}

地应力值是表示岩体内积聚的弹性应变能的具体指标。一般来说,地应力在岩体中是以三维形式存在的。但为简单计,在一般情况下可用地应力中的最大值表示。即最大地应力值越大,积聚的弹性应变能越大,当岩石峰值强度前的弹性应变能的积聚量达到岩石岩爆临界弹性能时,发生岩爆。因此,可用下述指标判定岩爆发生的强度:

①$\sigma_{max}>0.25\sigma_c$,严重岩爆。

②$\sigma_{max}=0.15\sim0.25\sigma_c$,中等岩爆。

③$\sigma_{max}<0.15\sigma_c$,轻微或不发生。

某工程实例中的σ_{max}/σ_c比值表明,大多数在0.15～0.4,发生岩爆频率达到21次,占整体发生率的80.8%。在0.15以下发生岩爆频率只有1次,仅仅占整体发生率的3.8%;在0.2～0.3出现的频率最高,达到12次,占整体发生率的46.2%。由此可见,确定出发生岩爆的最小临界值$\sigma_{max}/\sigma_c=0.15$是比较恰当的。工程实例的统计结果见图1-98。

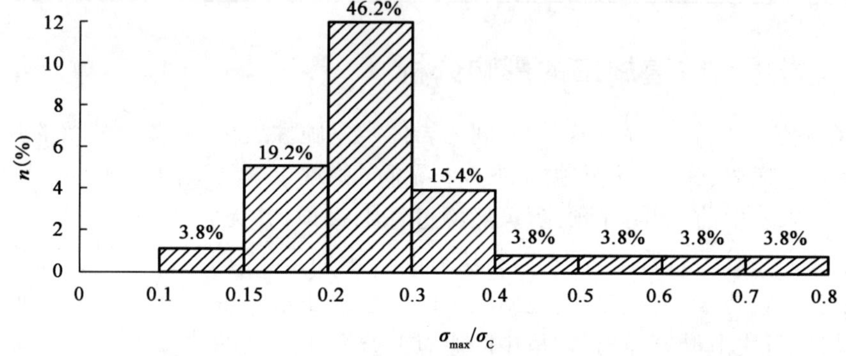

图1-98　发生岩爆工程实例中σ_{max}/σ_c比值出现的频率分布

岩爆的发生与$\sigma_{max}/\sigma_{min}$的比值有关,从工程实例看,多数是发生在比值大于1.35的情况下,发生频率达到19次,占整体发生频率近70%。因此也可以将$\sigma_{max}/\sigma_{min}>1.35$作为岩爆发生的一个判据。

(5)岩爆的发生与隧道轮廓的平整度有关

例如在上述地质条件下,采用掘进机施工的隧道,就可能不发生岩爆,而采用钻爆法施工的隧道就会发生岩爆。这是因为钻爆法在隧道轮廓上造成的超欠挖所致,而超欠挖会造成围岩局部高度应力集中,并导致岩爆的发生。

隧道内表面的凹凸不平,对岩爆的发生也具有一定的影响。因此,控制超欠挖也是控制岩爆发生的重要措施。

1.4.2 岩爆烈度分级

根据《水力水电工程地质勘察规范》(GB 50287—2008),从小的岩块剥落到严重的破碎岩体剥离,围岩破坏在剧烈程度或严重程度上有所不同。

岩爆破坏的动力特性意味着在破坏过程中存在着潜在的有可能导致已支护和未支护洞室严重破坏或完全垮塌的能量释放。岩爆烈度分级见表 1-16。

岩爆烈度分级　　表 1-16

岩爆分级	主要现象	岩爆判别	
		临界埋深(m)	围岩强度应力比 R_b/σ_m
轻微岩爆(Ⅰ级)	围岩表层有爆裂、剥离现象,内部有噼啪、撕裂声;岩爆零星间断发生,影响深度小于 0.5m;对施工影响较小	$H \geqslant H_{cr}$	4~7
中等岩爆(Ⅱ级)	围岩爆裂脱落、剥离现象较严重,有少量弹射,有似雷管爆破的清脆爆裂声;有一定持续时间,影响深度 0.5~1m;对施工有一定影响		2~4
强烈岩爆(Ⅲ级)	围岩大片爆裂脱落,出现强烈弹射;有似爆破的爆裂声;持续时间长,并向围岩深度发展,影响深度 1~3m;对施工影响大		1~2
极强岩爆(Ⅳ级)	围岩大片严重爆裂,大块岩片出现剧烈弹射,震动强烈,有似炮弹、闷雷声;迅速向围岩深部发展,影响深度大于 3m;严重影响甚至摧毁工程		<1

1.4.3 岩爆对隧道施工的影响分析

岩爆是在隧道开挖后,将在较短的时间内岩体产生脆性破坏,岩体内残留的弹性应变能突然释放,发生高速崩溃、弹射,甚至抛掷的一种局部失稳现象。隧道内岩爆有以下特点:

(1)岩爆在未发生前,无明显预兆,虽然经过仔细找顶,并无空响声,一般认为不会掉块落石的地方,也会突然发生岩石爆裂声响,石块有时应声而下,有时暂不坠下。在没有支撑的情况下,对施工安全威胁很大。它与隧道施工中的一般掉块落石现象有明显的不同。

(2)岩爆时,石块由母岩弹出,常呈中间厚、周边薄、不规则的片状。

(3)岩爆发生的地点,多在新开挖工作面及其附近,个别的也有距新开挖工作面较远;岩爆发生的时间多在爆破后 2~3h,但也有的较迟缓;岩爆易发生在顶部或拱腰部位为多,如图 1-99所示。

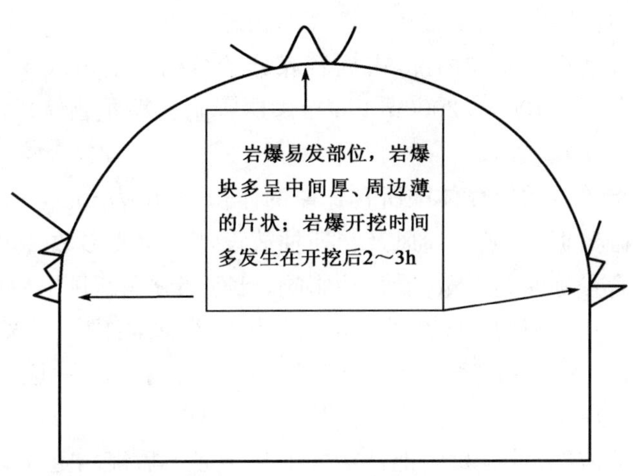

图1-99　岩爆易发生部位示意图

(4)岩爆是由人工开挖诱导产生的，它与开挖方式及支护措施有直接相关。

(5)岩爆主要发生在埋深较大，所处岩层性状较单一，弹性模量等物理力学性能较高，能储存一定的应变能量。

隧道岩爆洞段施工的主要问题是怎样有效地对岩爆进行预防，从而将岩爆可能造成的危害降到最低。

1.5　瓦斯

1.5.1　瓦斯概述

瓦斯是一种易燃、易爆、易扩散的有害气体，它是在开挖坑道时，由煤层或岩层内涌出的以CH_4(甲烷，也称沼气)为主要成分的各种有害气体的总称，它由英语“gas”译音转化而来。瓦斯具有以下主要特点：无色、无味、无毒的气体，较空气轻，易聚集在隧道的顶部；渗透性高，扩散速度快，容易透过裂隙发育、结构松散的岩石；瓦斯浓度过高时，相对降低空气中的氧气含量，使人窒息；瓦斯极易燃烧，但不能自燃，在一定条件下遇火源即燃烧或爆炸。

隧道内遇有瓦斯对安全施工威胁很大，并有可能引起重大灾害。鉴于瓦斯爆炸的突然性、复杂性和严重性，根据瓦斯隧道规定，在任何时间、任何部位、任何自然条件下，只要在隧道内有一次测得瓦斯(未规定定量指标)，就应作为瓦斯隧道处理。

瓦斯浓度：瓦斯在空气中按体积计算占有的比率，以百分数表示。

瓦斯突出：瓦斯从煤、岩层涌出的一种异常的动力现象，表现为大量瓦斯向开挖空间突然喷出。当有破碎的煤、岩随瓦斯一起喷出，即称煤岩与瓦斯突出。喷出的瓦斯成分主要是CH_4，个别坑道是CO_2。

瓦斯爆炸：瓦斯与空气混合，在高温下急剧氧化，并产生冲击波的现象。

1.5.1.1　瓦斯性质

瓦斯在煤层中的赋存形式主要有两种状态：在渗透空间内的瓦斯主要呈自由气态，称为游离瓦斯或自由瓦斯，这种状态的瓦斯服从理想气体状态方程；另一种称为吸附瓦斯，它主要吸附在煤的微孔表面上和在煤的微粒内部，占据着煤分子结构的空位或煤分子之间的空间。实测表明，在目前开采深度下(1000～2000m 以内)煤层吸附瓦斯量占 70%～95%，而游离瓦斯量占 5%～30%。

煤层瓦斯含量是指单位质量煤体中所含瓦斯的体积，单位为 m^3/t。煤层瓦斯含量是确定矿井瓦斯涌出量的基础数据，是矿井通风及瓦斯抽放设计的重要参数。煤层在天然条件下，未受采动影响时的瓦斯含量称原始含量；受采动影响，已有部分瓦斯排出后而剩余在煤层中的瓦斯量，称残存瓦斯含量。影响煤层原始瓦斯含量的因素很多，主要有：煤化程度、煤层赋存条件、围岩性质、地质构造、水文地质条件等。瓦斯和空气混合后，在一定条件下，遇高温热源发生的热-链式氧化反应，并伴有高温及压力(压强)上升的现象。

瓦斯爆炸有一定的浓度范围，我们把在空气中瓦斯遇火后能引起爆炸的浓度范围称为瓦斯爆炸界限。瓦斯爆炸界限为 5%～16%。当瓦斯浓度低于 5%时，遇火不爆炸，但能在火焰外围形成燃烧层，当瓦斯浓度为 9.5%时，其爆炸威力最大(氧和瓦斯完全反应)；瓦斯浓度在 16%以上时，失去其爆炸性，但在空气中遇火仍会燃烧。

一般认为，瓦斯的引火温度为 650～750℃。但因受瓦斯的浓度、火源的性质及混合气体的压力等因素影响而变化。当瓦斯含量在 7%～8%时，最易引燃；当混合气体的压力增高时，引燃温度即降低；在引火温度相同时，火源面积越大、点火时间越长，越易引燃瓦斯。

实践证明，空气中的氧气浓度降低时，瓦斯爆炸界限随之缩小，当氧气浓度减少到 12%以下时，瓦斯混合气体即失去爆炸性。

1.5.1.2 瓦斯等级

开采煤层时，煤体受到破坏或采动影响，储存在煤体内的部分瓦斯就会离开煤体而涌入采掘空间，这种现象称为瓦斯涌出。矿井瓦斯涌出形式可分普通涌出和特殊涌出两种。

矿井瓦斯涌出量是指开采过程中正常涌入采掘空间的瓦斯数量，瓦斯涌出量的表示方法有两种：绝对瓦斯涌出量——单位时间涌入采掘空间的瓦斯量，单位为 m^3/min；相对瓦斯涌出量——单位质量的煤所放出的瓦斯数量，单位为 m^3/t。影响矿井瓦斯涌出量的因素主要有煤层瓦斯含量、开采规模、开采程序、采煤方法与顶板管理方法、生产工序、地面大气压力的变化、通风方式和采空区管理方法等。

《煤矿安全规程》规定：一个矿井中只要有一个煤(岩)层发现瓦斯，该矿井即为瓦斯矿井。瓦斯矿井必须依照矿井瓦斯等级进行管理。

矿井瓦斯等级，根据矿井相对瓦斯涌出量、矿井绝对瓦斯涌出量和瓦斯涌出形式划分为：

(1)低瓦斯矿井：矿井相对瓦斯涌出量小于或等于 $10m^3/t$ 且矿井绝对瓦斯涌出量小于或等于 $40m^3/min$。

(2)高瓦斯矿井：矿井相对瓦斯涌出量大于 $10m^3/t$ 或矿井绝对瓦斯涌出量大于 $40m^3/min$。

(3)煤(岩)与瓦斯(二氧化碳)突出矿井。

《煤矿安全规程》规定：每年必须对矿井进行瓦斯等级和二氧化碳涌出量鉴定。

1.5.2　瓦斯的富集

1.5.2.1　瓦斯的产生

煤层瓦斯的主要成分是甲烷，它是植物残骸在成煤过程中伴生的产物，瓦斯的形成与成煤过程和成煤物质有着密切的联系，而成煤作用本身就是各种地质作用的综合结果。因此，瓦斯是地质作用的产物，瓦斯的附存和运移受各种地质因素的影响。成煤过程可以分两个阶段：

第一阶段：硬结成岩阶段。植物的有机物质经积聚、分解形成泥煤及褐煤，同时生成甲烷，大都放散在大气中。

第二阶段：变质或炭化阶段。在地层温度、压力的作用下，由泥煤、褐煤不断转化为烟煤、无烟煤，此时煤中挥发分减少，固定炭增加。挥发分在变质过程中转化为甲烷，部分向大气涌出，部分保存在岩石和煤层中，还有部分吸附在水中。

1.5.2.2　瓦斯的储存

1)瓦斯存在的状态

瓦斯在煤层中主要有游离、吸附和吸收三种赋存状态。

游离状态是指瓦斯以自由的气体状态赋存于煤和岩石的孔隙中，可以自由运动，并遵循一般的气体运动规律，从压力大的地方向压力小的地方运移。煤和岩石中的游离瓦斯含量取决于孔隙度、裂隙度和它所承受的压力。

吸附状态是指由于瓦斯分子和固体分子之间的分子引力，瓦斯分子被吸附在煤体和岩体的微孔隙表面，形成一种瓦斯薄膜。吸附瓦斯就是滞留在煤或岩石微孔隙表面的气体；保存在煤中的瓦斯有80%～90%呈吸附状态；吸附瓦斯不能自由运动，不服从气体定律，吸附量的大小取决于煤对瓦斯的吸附能力，而吸附能力又取决于煤的孔隙率、变质程度和外界温度以及压力。

吸收状态是指瓦斯分子进入煤的分子团中，与煤分子紧密地结合在一起，形成固溶体，这和气体被液体溶解的现象相似。

包含在煤层中的瓦斯主要处在游离状态和吸附状态。瓦斯在煤层中的赋存状态并不是一成不变的，在一定的瓦斯压力和温度下处于动态平衡，当瓦斯压力小于10MPa时，吸附瓦斯占80%～90%，游离瓦斯占10%～20%。

2)瓦斯储存的条件

地层岩性及地质构造是瓦斯储存的两个最主要条件。

(1)地层岩性条件

瓦斯常伴生于有机黏土、油页岩、煤层、含碳及沥青质页岩、泥灰岩等岩类中，且集中分布于石油、天然气、煤炭、褐煤分布地区及富含有机物的泥炭层、腐殖土等地区。通常将煤层中的瓦斯称为煤系地层瓦斯，而储存于一般岩石中(不含煤层)的瓦斯称为非煤系地层瓦斯。在隧道施工过程中，两种类型地层的瓦斯都经常会遇到。

(2)地质构造条件

煤化过程中产生的各种气体中，甲烷仅有部分能保持在煤层内，大多数气体则流失到大气中或溶解于循环的地下水中而被转移。在有利的地质条件下被保存下来的甲烷将转移到煤层周围高孔隙率的沉积岩层内适当部位富集。因此，决定有害气体储存的主要因素是地质构造及覆盖层厚度岩性等因素。最适合有害气体储集的是背斜构造(或穹窿构造)，有害气体常分布于成层的盖、底板之间(图 1-100)。

除背斜构造外，岩体中断裂带尤其是深部岩体断裂带、节理裂隙密集带、活动火山活动源处或剧烈的地表活动区，也常成为有害气体运移和富集场所，但有害气体能否富集主要取决于在断裂带上发育的覆盖层厚度与岩性条件。研究表明，渗透率低于 3～10m/s、厚度大于 3m 的泥质岩即可成为中低压气体有效盖层下限，而能够作为有害气体的盖层的岩性较广，如岩盐、泥页岩、泥灰岩、灰岩、火成岩等。因此，对深埋长大隧道，因埋深大、延伸长，往往具有良好的储存封闭条件，有利于地下有害气体的储存富集。

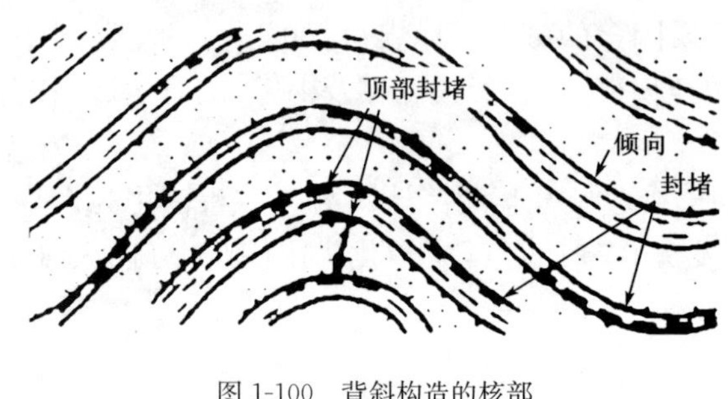

图 1-100　背斜构造的核部

1.5.3　瓦斯的喷出

多数隧道瓦斯是在煤层成煤过程中形成的，经断层、裂隙运移至断裂带，以游离状态存在于裂隙和溶洞内。各地层段瓦斯涌出是不均匀的，隧道穿过充满瓦斯的裂隙和溶洞时，会出现短时间的异常瓦斯涌出(瓦斯涌出很大，甚至发生瓦斯喷出)，在其他地层区段，瓦斯涌出不大。

矿井瓦斯喷出是指从煤体或岩体裂隙、孔洞或炮眼中大量瓦斯异常涌出的现象。在 20m 巷道范围内，涌出瓦斯量大于或等于 1.0m^3/min，且持续时间在 8h 以上时，该采掘区域即定为瓦斯喷出危险区域。

瓦斯喷出的预兆：矿压活动显现激烈，煤壁片帮严重、底板突然鼓起、支架承载力加大甚至破坏，煤层变软、潮湿等。

另外，还存在煤(岩)与瓦斯(CO_2)突出，即在地应力和瓦斯的共同作用下，破碎的煤(岩)和瓦斯(CO_2)由煤体或岩体内突然向采掘空间抛出的异常动力现象。煤(岩)与瓦斯(CO_2)突出具有突发性、极大破坏性和瞬间携带大量瓦斯(CO_2)和煤(岩)冲出等特点，能摧毁井巷设施，破坏通风系统，造成人员窒息，甚至引起瓦斯爆炸和火灾事故，是煤矿最严重的灾害之一。突出发生前通常有地层微破坏、瓦斯涌出变化、煤层层理紊乱、钻孔卡钻夹钻、煤壁温度降低、散发煤油气味、煤层产状发生变化等预兆。

1.5.4　隧道施工瓦斯的爆炸及危害

隧道瓦斯不助燃，但它与空气混合成一定浓度后，遇火能燃烧、爆炸。瓦斯爆炸时会产生三个致命的因素：爆炸火焰、爆炸冲击波和有毒有害气体。瓦斯爆炸不仅造成大量的人员伤亡，而且还会严重摧毁隧道设施、中断施工。隧道瓦斯爆炸往往引起煤尘爆炸、隧道火灾、坍塌和顶板冒落等二次灾害。瓦斯爆炸必须具备三个条件：

(1)瓦斯浓度。在新鲜空气中，瓦斯爆炸的界限一般为 5%～16%。

(2)引火温度。一般认为瓦斯的引火温度是 650～750℃。

(3)充足的氧气含量。氧气浓度不低于 12%。

瓦斯爆炸的危害性表现在以下几个方面：瓦斯爆炸后产生剧毒气体——一氧化碳。隧道发生瓦斯爆炸以后，将会产生大量的一氧化碳。空气中的一氧化碳浓度，按体积量达到0.4%时，人在短时间内就会中毒死亡。一氧化碳中毒是瓦斯爆炸造成人员伤亡的主要原因。

瓦斯爆炸后产生高温。瓦斯浓度为9.5%时，瓦斯爆炸的瞬间温度可达1850～2650℃。这样高的温度对施工人员和设备有很大的危害，还可能伴生火灾。

瓦斯爆炸以后产生高压气体。瓦斯爆炸以后，隧道中的空气压力约为爆炸前的7倍。高压空气以每秒几百米的冲击波浪向四周扩张，不仅摧毁隧道支架和设备，同时也是造成人员伤亡的重要原因之一；还可扬起煤尘，引发煤尘爆炸。

瓦斯爆炸后，在爆炸地点，由于空气稀薄，温度急剧下降，水蒸气凝结成水，在爆源附近会迅速形成低压区，因而爆炸波又会反向冲击，这对隧道的破坏性更大。当低压区迅速积聚瓦斯，或反向冲击的空气中带来的瓦斯足够多，又有充足的氧气和引爆火源时，就可形成二次爆炸。

煤矿瓦斯的主要危害形式有瓦斯窒息、瓦斯燃烧、瓦斯爆炸、瓦斯爆炸引起的煤尘爆炸或火灾等。

(1)瓦斯窒息

隧道瓦斯涌出量较大，如果通风系统管理不善；通风斜井风流反向、采空区或煤层中高浓度瓦斯涌出；工作人员误入未及时封闭停风的巷道；或由于停风导致瓦斯积聚而未采取相应措施等，都可能导致人员误入，缺氧窒息而亡。

(2)瓦斯燃烧

煤层瓦斯含量较高，生产过程中瓦斯涌出量较大，通风不能将瓦斯及时稀释并排出，将在局部地点形成瓦斯积聚，一旦接近火源就可能发生瓦斯燃烧，酿成火灾，引起瓦斯爆炸等一系列灾难性事故。

(3)瓦斯爆炸

瓦斯爆炸发生的条件是瓦斯积聚达到爆炸极限浓度、引爆火源和足够的氧气。隧道内的照明、爆破火焰、电气火花、摩擦火花等都可能成为引爆火源，在隧道施工过程中要完全杜绝这些火花的产生是很困难的。在隧道内瓦斯超限和局部瓦斯积聚达到爆炸极限浓度时，接近火源都有可能发生瓦斯爆炸，甚至引起煤尘、瓦斯连锁爆炸，造成人员伤亡、财产巨大损失。

1.6　不整合接触带

岩层在沉积时间上间断，没有按照沉积次序连续的堆积成平行层次，各层的走向和倾斜不一致。根据形成的条件和原因，不整合可分为平行不整合(假整合)和角度不整合。如图1-101所示。

图1-101　不整合接触带

1.6.1　平行不整合

平行不整合表现为上下两套地层产状彼此平行，但在两套地层之间缺失了某些时代的地层，表明在这段时期内发生过沉积间断，这两套地层的接触面——不整合面就代表这个没有沉积的侵蚀时期。不整合面也就是古剥蚀面，在这个面上常有底砾岩，其砾石为下伏地层的岩石碎块，有时还保留着古风化壳和古土壤层。不整合面有平整的，也有高低起伏的，它反映了上覆新地层沉积前的古地貌形态。如图 1-102、图 1-103 所示。

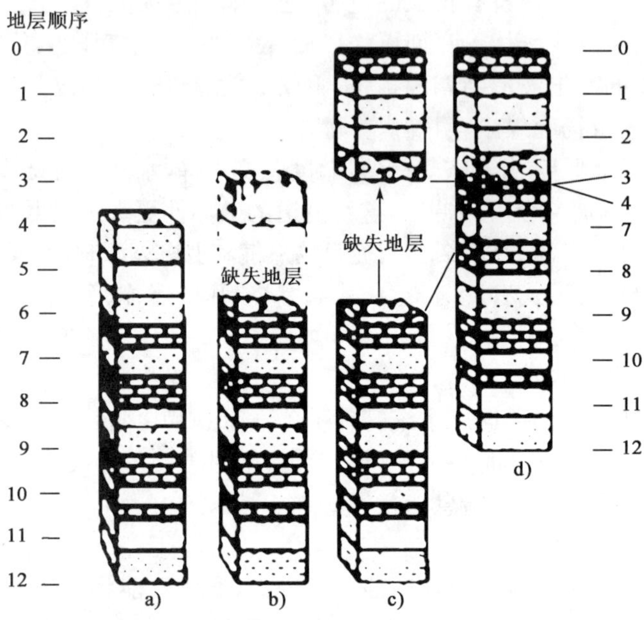

图 1-102　平行不整合示意图

平行不整合的形成是由于地壳在一段时期内处于上升，而在上升的过程中地层发生明显褶皱和倾斜，露出水面发生沉积间断和遭受剥蚀。经过一段时期后，又再次接受新的沉积，从而使上下地层之间缺失了一部分地层，但彼此产状是一致的。这一过程可以表示为：沉积下降—上升、沉积间断和遭受剥蚀—再下降、再沉积。平行不整合在平面上和剖面上都表现为：不整合面上、下两套地层的界线在较大区域内呈平展分布，产状基本一致，但其间却缺失部分地层。平行不整合主要是造陆运动的结果，与地壳垂直升降有关。

图 1-103　平行不整合野外观察图

1.6.2　角度不整合

当下伏地层形成以后，由于受到地壳运动而产生褶皱、断裂、弯曲作用、岩浆侵入等造成地壳上升，遭受风化剥蚀。当地壳再次下沉接受沉积后，形成上覆的新时代地层。上覆新地层和下伏老地层产状完全不同，其间有明显的地层缺失和风化剥蚀现象。这种接触关系称为不整合接触或角度不整合。

这种接触关系的特征是：上、下两套地层的产状不一致，以一定的角度相交，两套地层的时代不连续，两者之间有代表长期风化剥蚀、不沉积间断的剥蚀面存在。形成过程如下：

(1)在地壳稳定下降或升降运动不显著的情况下，在沉积盆地中形成一定厚度的原始水平沉积岩层。

(2)地壳发生水平挤压运动，使岩层产生褶皱、断裂等变形，岩层伴随着在水平方向上缩短的同时，在垂直方向上则不断上升，并到达陆上的一定高度或成为山地，在此过程中还可能伴有岩浆作用与变质作用发生。

(3)在陆上环境下，变形的地层遭受长期的风化剥蚀，形成凹凸不平的剥蚀面，同时在剥蚀面上形成古风化壳、残积矿产等。

(4)地壳重新下降到水下沉积环境，在剥蚀面上又形成了新的原始水平沉积岩层，其底部常有底砾岩。

新形成的地层与不整合面大致平行，但与不整合面以下的地层以一定的角度相交，所以，角度不整合反映了一次显著的水平挤压运动及伴随的升降运动。形成过程可概括为：下降、接受沉积—褶皱上升，常伴有断裂变动、岩浆活动、区域变质等沉积间断、遭受剥蚀—再次下降、再沉积。因此角度不整合的存在反映了该地区在上覆地层沉积之前曾发生过褶皱等重要地质构造事件。

如图1-104所示为平行不整合和角度不整合立体示意图。

图中 D_1 与 O_3 之间为平行不整合，P_1 与 D_3、D_1、D_2 之间为角度不整合。角度不整合在平面和剖面上均表现，不整合面上下两套地层产状有较明显的差异□其间又缺失一部分地层。上覆较新地层的底面的界线，即不整合线，与下伏较老不同层位的地层相截交，如图1-104所示的下二叠统 P_1 的底面界线在平面上不与泥盆统 D_2 和上泥盆统 D_3 相截交，在剖面上则覆盖切截了上奥陶统 O_3、下泥盆统 D_1、中泥盆统 D_2 等地层。以上所述的是两类不整合主要的地质特征。但地层接触关系并不只是简单的几种，而是表现多态、变化多端，例如，非整合、异岩不整合、上超不整合等。所谓非整合也称异岩不整合，是沉积岩与基底岩之间的不整合接触关系。

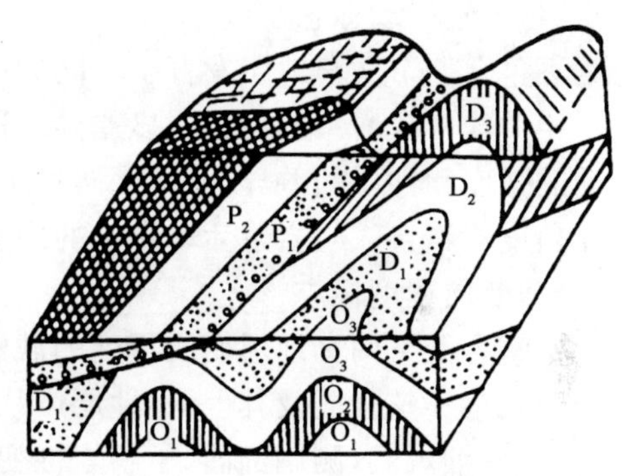

图1-104　平行不整合和角度不整合立体示意图

1.6.3　不整合的观察与研究

地层不整合接触是研究地质发展历史及鉴定地壳运动特征和时期的一个重要依据。在岩石学上也是划分地层单位的依据之一。研究不整合的整合在空间上的分布和类型的变化情况，有助于了解古地理环境及其变化。不整合面及其上、下相邻岩层中，常形成铁、锰、磷及铝土矿等沉积矿床。不整合也是构造上的一个软弱带，常成为岩浆及其他含矿流体的活动地带，有利于形成交代型和填充型的内生矿床以及次生富集矿床。同时不整合对油、气和地下水的储存也具有重要意义。

1)确定不整合的存在

地壳运动往往引起地表自然地理环境的变化,从而影响到沉积、成岩作用的变化和生物界的演化,同时,地壳运动与岩石变形、岩浆活动及区域变质作用有着密切的关系。因此,这些与地壳运动有关的地质作用所产生的现象,都可作为不整合的直接和间接标志。

(1)地层古生物方面的标志

上下两套地层中的化石所代表的地质时代相差较远;或者二者生物迥然不同。这些都反映了该地区在下伏地层沉积之后,由于地壳运动引起了自然地理环境的根本变化。根据化石和区域地层对比,确定两套地层之间存在某些层位的缺失,而又证明缺失是断层造成的,则说明有不整合存在。

(2)沉积侵蚀标志

两套地层之间如果存在古侵蚀面、古土壤以及与其有关的残积矿床,铁矿、铝土矿、磷矿、金矿等、底砾岩等,说明上覆地层形成前,曾一度发生隆起、侵蚀和风化等作用,表明存在不整合。

(3)构造标志

如果上、下两套地层的变形差异明显,如产状不同,构造线不同,褶皱形式和变形强度各异,断层类型、产状和强度明显不同,而且下伏地层中的断层被上覆地层截切,说明存在角度不整合。□

(4)岩浆活动标志

不整合上下两套地层发育于不同的构造阶段,并经历了不同的构造作用,因此,与这两套地层相关的岩浆岩系列也有明显差异。这两套地层中岩浆岩系列的成分、产状、规模以及岩浆活动的强度和性质的差异,反映了两种不同的构造状况和构造环境。所以,两套地层之间可能存在角度不整合。与岩浆活动相关的内生矿产方面的差异,也有助于分析确立不整合的存在。

(5)变质程度标志

不整合上下两套地层变质程度的截然差异,可作为确定不整合存在的标志。

2)观察不整合面及其上、下地层产状、岩性和时代

(1)仔细观察,测制剖面,了解岩性变化和风化特征,才能确定整合面的位置。

(2)系统地测量不整合面和上、下地层的产状,通过分析,了解不整合面的几何特征。

(3)对不整合面上下的地层要进行系统的剖面观察研究,详细观察描述其岩性、岩相和化石,尽可能精确地确定其时代。

3)研究不整合的空间分布和类型变化

地层接触关系的观察研究,不应该局限于一两个地段,而要尽可能在较大的区域追索其分布和类型变化情况。

4)确定不整合时代

不整合形成的时代通常相当于不整合接触的上下两套地层之间所缺失的那部分地层的时代,即下伏地层中最新地层以后与上覆地层中最老地层以前的时期。角度不整合的时代是构造强烈活动的时期,即构造幕。当缺失地层较少时,确定不整合形成的时代较为准确,若上下两套地层时代间隔很大,不整合形成的时代就不易准确判定。这期间也可能发生过多次运动。要正确鉴定不整合所代表的地壳运动的时期,必须从较大区域进行地层对比和区域地质构造发展的综合研究,以便确定地层是“缺”(即当时就没有沉积),还是“失”(即原有的地层被剥蚀掉了)。

研究不整合的空间展布和类型变化不应仅局限于个别地段。由于不同地区构造运动的强度和性质常常是变化的，所以不整合会由某一地区的角度不整合过渡到另一地区的平行不整合甚至转变为整合。如图 1-105 所示，即使均为角度整合，但在不同地区上下两套地层变形的强度也会有差异，反映引起不整合的各个地区的构造运动程度的差异。此外，同一角度不整合，在不同地区上下两套地层的时代差，即缺失地层的时代可以不同，说明引起不整合所经历的时间在各个地区是不同的。

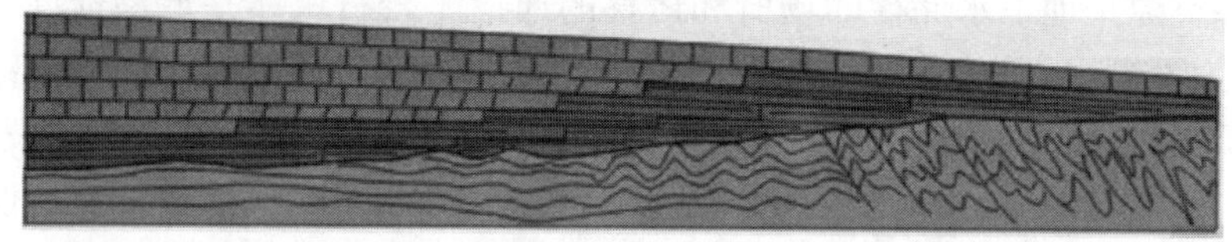

图 1-105　不整合时代

1.6.4　不整合接触带对隧道施工的影响分析

(1)地层不整合接触是研究地质发展史、鉴定地壳运动特征和时期的重要依据。

(2)不整合面是划分地层、构造单元依据之一。

(3)不整合在空间上的分布和类型变化情况的研究有助于了解古地理特征和古构造状态。

(4)不整合带有利于沉积矿床及交代型矿床，因此可以指导寻找沉积、热液型矿床和石油天然气田。

(5)不整合接触带对隧道施工的主要影响，不整合由于较老地层经过构造运动发生褶皱与错动，再经长期侵蚀作用后，新的沉积物覆盖其上。越过不整合接触带，通常岩性的力学性质都要发生较大的变化，隧道的围岩级别也要发生变化。因此，准确预报不整合接触带与前方的岩体的地质情况，对隧道施工具有重要意义。

在隧道施工过程中经常会遇到围岩岩性变化，不同岩性的交界面导致断裂韧性、弹性性质、地应力的变化，交界岩石断裂处往往也是富含地下水的地方。在围岩岩性交界面隧道施工穿越时可能发生重大工程灾害，一方面岩层间会出现贯穿节理、角度接触；另一方面，不同岩性围岩的物理性质、力学性质差异很大。

在岩性变化段施工，两侧岩石物理性质不同，整体性很差，岩体自身承载能力弱，也是隧道衬砌变形或不均匀变形较大段。若岩性交界段在隧道洞口，隧道洞口围岩应力重分布后没有稳定，同时隧道洞口边坡的变形也会受到很大的影响，这样会给隧道稳定性与安全性带来更大的危害。

1.7　地下水

地下水：存在于地壳表面以下岩土空隙（如岩石裂隙、溶穴、土孔隙等）中的水称为地下水。

地下水的来源：大气降水和地表水。降落的水分，一部分渗入地下，另一部分沿地面汇集于低处，成为河流、湖泊、海洋的地表水，而地表水也可以通过岸边或谷底渗入地下。存在形式：气态、液态和固态三种形式。

通过地面探测隧道前方的水文地质情况，进一步确定地下水的分布、潜水位的深度、水的流向，从而确定地下水与隧道结构的关系，它对隧道施工指导意义重大。

1.7.1 地下水的类型及特征

隧道作为地下线性建筑物赋存于地质体中，修建过程中将不可避免地穿越不同水文地质，从而形成集水廊道。岩石材料作为亿万年地质演变的产物，具有大量自然形成的不同阶次的孔隙、空洞和裂纹，这些微孔隙是无序分布的，其面积和体积均是不规则的，因为孔隙的几何形状是千奇百怪的。这些空隙是地下水储存的场所和运移的通道。岩石块体是低渗透性的材料，与结构面相比，可以认为不透水，但其破裂失稳过程中随着裂纹的萌生、扩展，将和原生结构面相贯通，其渗透率发生重大变化。裂隙具有较强的导水能力，是渗流的主导通道。而被裂隙分割而成的岩块孔隙，序次低，规模较小，渗透能力弱，但其数目多，分布密度大，具有较大的储水空间，其中的含水经渗流而汇入裂隙并被导向排泄点。因此通过对地下水的主要类型(孔隙水、裂隙水以及溶隙水)的认识，对隧道施工过程中及时制定地下水的防治措施有着举足轻重的作用。

地下水与地表上其他水体相比较，无论从形成、平面分布与垂向结构上讲，还是从水的理化性状、力学性质上看，均显得复杂多样。地下水的这种多样性和变化复杂性，是地下水类型划分的基础；而地下水的分类，又是揭示地下水内在的差异性，充分认识和把握地下水的特性及其动态变化规律的有效方法和手段，因而具有十分重要的理论意义和实际价值。

地下水的分类方法有多种，并可根据不同的分类目的、不同的分类原则与分类标准，可以区分为多种类型体系。

1.7.1.1 按起源不同分类

按起源不同，可将地下水分为渗入水、凝结水、初生水和埋藏水。

(1)渗入水：包括自然降水和岩溶水渗入。

(2)凝结水：水汽凝结形成的地下水称为凝结水。当地面的温度低于空气的温度时，空气中的水汽便要进入土壤和岩石的空隙中，在颗粒和岩石表面凝结形成地下水。

(3)初生水：既不是降水渗入，也不是水汽凝结形成的，而是由岩浆中分离出来的气体冷凝形成的，这种水是岩浆作用的结果，称为初生水。

(4)埋藏水：与沉积物同时生成或海水渗入到原生沉积物的孔隙中而形成的地下水，称为埋藏水。

1.7.1.2 按力学性质分类

按力学性质可将地下水分为气态水、结合水、毛细水、重力水、固态水以及结晶水和结构水。其中毛细水和重力水对地下水的工程特性有很大的作用。

(1)毛细水：受毛细作用控制的地下水称为毛细水。对于土体来说，毛细水上升的快慢及高度决定于土颗粒的大小。土颗粒愈细，毛细水上升高度愈大，上升速度愈慢；土颗粒愈粗，毛细水上升高度愈小，上升速度愈快。

粗砂中的毛细水上升速度较快，几昼夜可达到最大高度，而黏性土要几年。毛细水主要存在于直径为 0.002～0.5mm 大小的孔隙中。

毛细水对建筑工程的影响表现为以下方面：

①产生毛细压力，对于砂性土特别是细砂、粉砂，由于毛细压力作用使砂性土具有一定的

黏聚力(称为假黏聚力)。

②毛细水对土中气体的分布与流通有一定影响,常常是导致产生封闭气体的原因。

③当地下水位埋深变浅时,由于毛细水上升,可助长地基土的冰冻现象;使地下室潮湿;危害房屋基础及公路路面;促使土的沼泽化、盐渍化。

(2)重力水,也称自由水,是受重力控制的地下水。当岩石、土层的空隙完全被水饱和时,黏土颗粒之间除结合水以外的水都是重力水,它不受静电引力的影响,而在重力作用下运动,可传递静水压力。

1.7.1.3　按矿化程度不同分类

按矿化程度不同(总矿化度,g/L),可将地下水分为淡水(<1)、微咸水(1～3)、咸水(3～10)、盐水(10～50)、卤水(>50)。

1.7.1.4　按含水层性质分类

按含水层性质不同,可将地下水分为孔隙水、裂隙水和岩溶水。

(1)孔隙水:疏松岩石孔隙中的水。孔隙水是储存于第四系松散沉积物及第三系少数胶结不良的沉积物的孔隙中的地下水。沉积物形成时期的沉积环境对于沉积物的特征影响很大,使其空间几何形态、物质成分、粒度以及分选程度等均具有不同的特点。

(2)裂隙水:赋存于坚硬、半坚硬基岩裂隙中的重力水。裂隙水的埋藏和分布具有不均一性和一定的方向性;含水层的形态多种多样;明显受地质构造因素的控制;水动力条件比较复杂。主要特征有:水运动复杂;水量变化较大;与裂隙发育程度、性质及成因有密切关系。

裂隙水按基岩裂隙成因分类,有风化裂隙水、成岩裂隙水和构造裂隙水。

①风化裂隙水,多为层状裂隙水;在一定范围内是相互连通的水体;水平方向透水性均匀,垂直方向随深度而减弱;多属潜水,有时也存在上层滞水;受大气降水的补给,有明显季节性循环交替性,常以泉的形式排泄于河流中。如图1-106所示。

②成岩裂隙水:岩浆岩中成岩裂隙水较为发育;成岩裂隙水多为潜水含水层,呈层状,在一定范围内相互连通;在具有成岩裂隙的岩体为后期地层覆盖时可构成承压含水层。如图1-107所示。

③构造裂隙水:其发育程度既取决于岩石本身的性质,也取决于边界条件及构造应力分布等因素;分为层状构造裂隙水和脉状构造裂隙水;可以是潜水,也可以是承压水;裂隙各有自己独立的系统、补给源及排泄条件;水位不一致,渗透性常常显示各向异性。

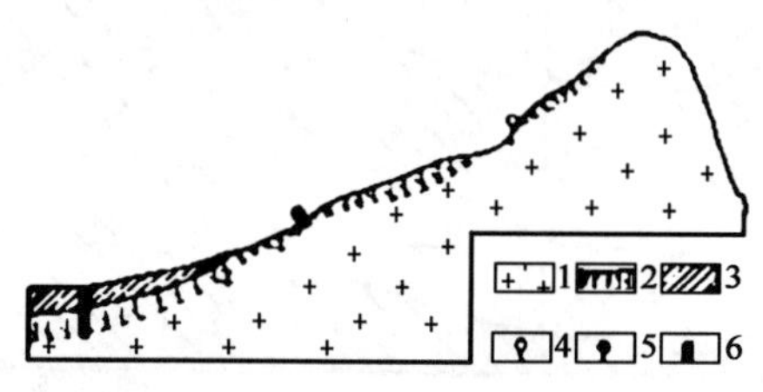

图1-106　风化裂隙水示意图

1-新鲜基岩;2-风化带;3-黏土;4-暂时性泉;5-常年性泉;6-水井

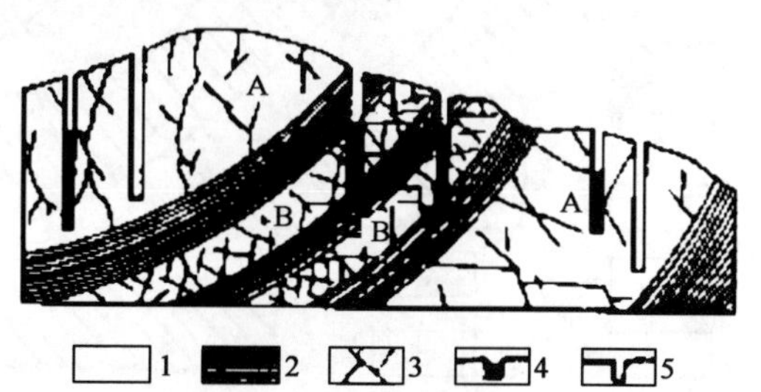

图1-107　夹于柔性岩层中的薄层脆性岩层裂隙较为发育

1-脆性岩层;2-柔性岩层;3-张开裂隙;4-有水的井;5-干井;A-脉状裂隙水;B-层状裂隙水

(3)岩溶水:赋存和运移于可溶岩的溶隙溶洞(洞穴、管道、暗河)中的地下水。水量丰富而分布不均一,在不均一之中又有相对均一的地段;含水系统中多重含水介质并存,既具有统一水位面的含水网络,又具有相对孤立的管道流;既有向排泄区的运动,又有导水通道与蓄水网络之间的互相补排运动;水质水量动态受岩溶发育程度的控制,在强烈发育区,动态变化大,对大气降水或地表水的补给响应快;岩溶水既是赋存于溶孔、溶隙、溶洞中的水,又是改造其赋存环境的动力,不断促进含水空间的演化。如图 1-108 所示。

图 1-108 岩溶水

1.7.1.5 按埋藏条件不同分类

按埋藏条件,可将地下水分为:上层滞水、潜水和承压水。如图 1-109 所示。

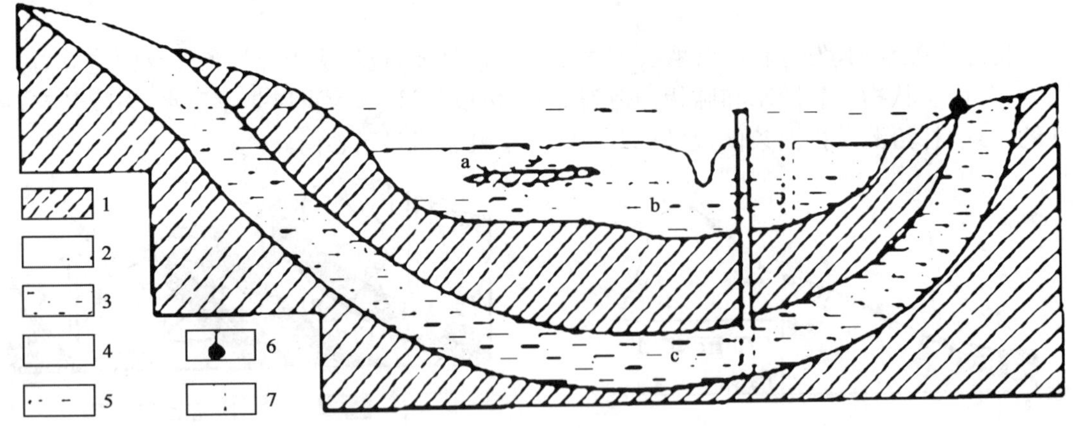

图 1-109 上层滞水、潜水、承压水

1-隔水层;2-透水层;3-饮水部分;4-潜水位;5-承压水测压水位;6-泉(上升泉);7-水井,实线部分表示井壁不进水;a-上层滞水;b-潜水;c-承压水(自流水)

(1)上层滞水:是指埋藏在离地表不深、包气带中局部隔水层之上的重力水。包气带及饱水带见图1-110。一般分布不广,呈季节性变化,雨季出现,干旱季节消失,其动态变化与气候、水文因素的变化密切相关。工程意义:冻胀、翻浆。

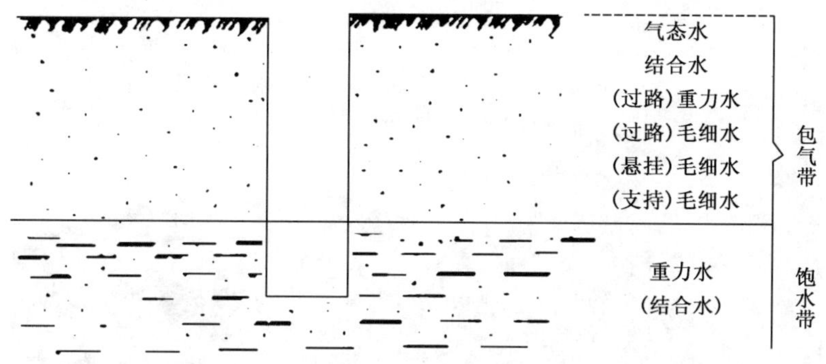

图1-110　包气带及饱水带

(2)潜水:是指埋藏在地表以下、第一个稳定隔水层以上,且具有自由水面的重力水。潜水在自然界中分布很广,一般埋藏在第四纪松散沉积物的孔隙及坚硬基岩风化壳的裂隙、溶洞内。

主要特征有:

①潜水有自由表面。

②水量受气候条件影响,季节性变化明显。

③水温随季节而有规律的变化。

④水质易受污染。

潜水线、潜水受季节性影响分别如图1-111、图1-112所示。

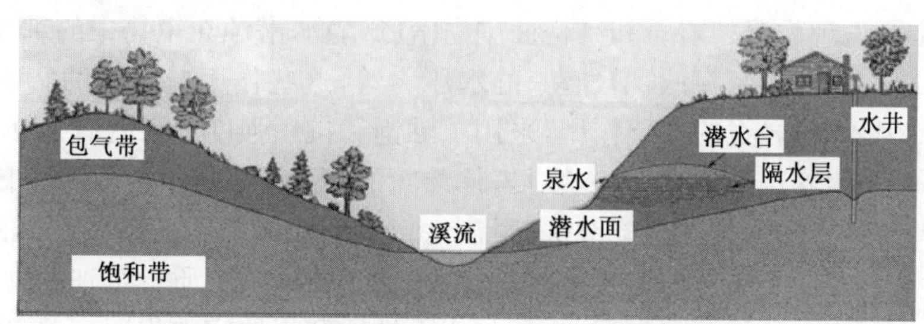

图1-111　潜水线

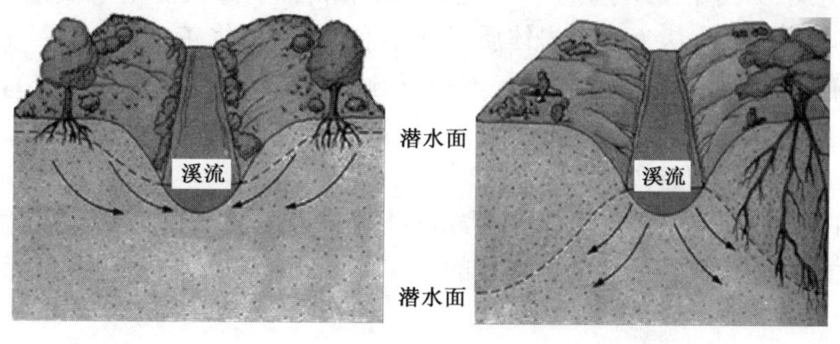

图1-112　潜水受季节性影响

(3)承压水:埋藏并充满两个稳定隔水层之间的含水层中的重力水。承压水受静水压;补给区与分布区不一致;动态变化不显著;承压水不具有潜水那样的自由水面,所以它的运动方式不是在重力作用下的自由流动,而是在静水压力的作用下,以水交替的形式进行运动。如图 1-113所示。

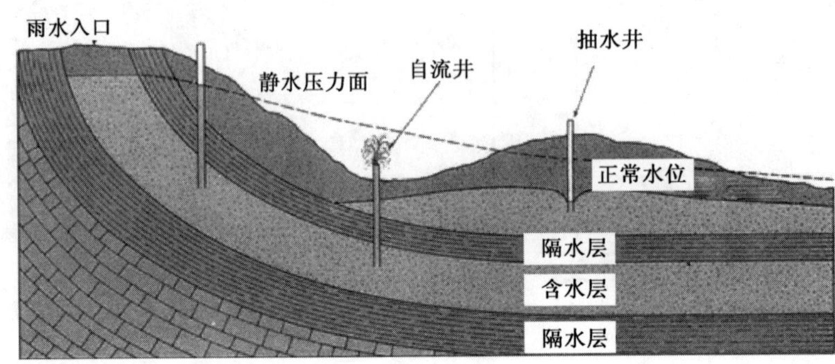

图 1-113　承压水

承压水主要特征有:

①承压水具有一定压力。

②承压水不受气候的影响,动态较稳定。

③不易受污染。

④承压水的形成与分布的地质构造及沉积条件有密切关系。

适宜形成承压水的地质构造有:向斜构造盆地(自流盆地)、单斜构造(自流斜地)。

1.7.2　地下水对隧道施工的影响分析

水的作用主要表现为溶蚀岩石和结构面中易溶胶结物,潜蚀充填物中的细小颗粒,使岩石软化、疏松,充填物泥化,强度降低,增加动、静水压力等,这些作用对岩体的影响,有的可在基本质量中反映出来,如对岩石的软化作用,采用单轴饱和抗压强度。水的其他作用在基本质量中得不到反映,需采用修正措施来反映其对岩体质量的影响。目前国内外在围岩分级中考虑水的影响主要有四种方法:修正法、降级法、限制法、不考虑。现行规范采用修正法,并给出定量的修正系数,这一方法不仅考虑了出水状态,还考虑了岩体基本质量级别。这是由于水对岩体质量的影响,不仅与水的赋存状态有关,还与岩石性质和岩体完整程度有关,岩石愈致密,强度愈高,完整性愈好,则水的影响愈小。反之,水的不利影响愈大。基本质量为Ⅰ、Ⅱ级的岩体,且含水不多、无水压时,认为水对岩体质量无不利影响,取修正系数 $K_1=0$;基本质量为Ⅴ级的岩体。呈涌水状出水,水压力较大时,不利影响最大,取 $K_1=1$(即降一级),对其他中间情况,考虑了在同一出水状态下,基本质量愈差的岩体,对其影响程度愈大,修正系数也随之加大,详见《工程岩体分级标准》(GB 50218—2014)。

水在岩石中渗流时,不仅作为流体介质冲刷孔隙或裂隙的充填物,造成孔隙率的增加,而且作为一种力直接作用在岩石上,影响岩石的稳定性。具体表现在以下五个方面。

1)连接作用

束缚在矿物表面上的水分子通过其吸引力作用将矿物颗粒拉近、拉紧、起连接作用,这种

作用在松散土中是明显的，但对于岩石，由于矿物颗粒间的连接强度远远高于这种连接作用，因此，它们对岩石力学性质的影响是微弱的，但对于被土充填的结构面的力学性质的影响则很明显。

2)润滑作用

由可溶盐、胶体矿物连接的岩石，当有水浸入时可使溶盐溶解，胶体水解，使原有的连接变成水胶连接，导致矿物颗粒间力减弱，摩擦力降低，水起到润滑剂的作用。

3)水楔作用

当两个矿物颗粒靠得很近，有水分子补充到矿物表面时，矿物颗粒利用其表面吸着力将水分子拉到自己周围，在两个颗粒接触处由于吸着力作用使水分子向两个矿物颗粒之间的缝隙内挤入，这种现象称为水楔作用。

当岩石受压时，如压应力大于吸着力，水分子被压力从接触点中挤出；反之，如压应力减小至低于吸着力，水分子就又挤入两颗粒之间，使颗粒间距增大，这样便产生两种结果：一是岩石体积膨胀，如岩石处于不可变形的条件，便产生膨胀压力；二是水胶连接代替胶体及可溶盐连接，产生润滑作用，岩石强度降低。

以上三种作用都是与岩石中的结合水有关，而岩石含结合水的多少主要和矿物的亲水性有关。岩石中亲水性最大的是黏土矿物，故含黏土矿物多的岩石受水的影响最大。如黏土岩在浸湿后其强度降低可达90%，而含亲水矿物少(或不含)的岩石如花岗岩、石英岩等浸水后强度变化则小得多。

4)孔隙压力作用

对于孔隙和微裂隙中含有重力水的岩石，当其突然受载水来不及排出时，岩石孔隙或裂隙中将产生很高的孔隙压力。这种孔隙压力，减小了颗粒之间的压应力，从而降低了岩石中的岩石的抗剪强度，甚至使岩石的微裂隙端处由于受拉状态从而破坏岩石的连接。隧道修建前，山体中地下水因流动而形成初始渗流场。

裂隙水压力不仅降低了摩擦力，而且会将软弱结构面中的充填物带走或饱水，这就使结构面上的内聚力几乎消失，促使有滑塌趋势的块体发生沿软弱结构面滑塌坍方。因此，在正常干燥情况下不会发生破坏的岩石，在孔隙或裂隙水压力作用下可能要发生破坏，环山坪隧道在F1断层富水段多次发生塌方是一个很好的例证。

5)水化学作用

(1)水对岩石的作用不仅是从有效应力原理方面简单考虑的水对受力岩石的力学效应，还是一种复杂的应力腐蚀过程。地下水化学(水文地球化学)异常，是指地下水因溶解矿体或其他原因而使其所含的某些组分，显著不同于周围水体背景特征的现象，地下水化学异常对隧道围岩、混凝土衬砌的影响及防治具有十分重要的意义。对于岩石力学，水岩化学作用指水溶液与岩石(体)在岩石固相线下的温度、压力范围内进行的所有化学反应和物理化学作用。

(2)地下水对隧道围岩以及支护结构的腐蚀。地下水沿着岩石的孔隙、裂隙或溶隙渗流过程中，能溶解岩石中的可溶物质，而具有复杂的化学成分，从而地下水对隧道围岩以及支护结构的混凝土产生腐蚀作用。

同时还应当指出，除了上述五种作用外，孔隙、微裂隙中的水的软化作用和在冻融时的胀缩作用对岩石力学强度破坏很大。

6)对建筑工程的影响

地下水对建筑工程的不良影响主要有：

(1)降低地下水会使软土地基产生固结沉降。

(2)不合理的地下水流动会诱发某些土层出现流砂现象和机械潜蚀。

(3)地下水对位于水位以下的岩石、土层和建筑物基础产生浮托作用。

本章参考文献

[1] 金美海.高速铁路隧道穿越富水大断层施工灾害控制研究[D].重庆:重庆交通大学,2007.

[2] 李苍松,何发亮.关于瓦斯隧道施工地质超前预报的探讨[J].第二届全国岩土与工程学术大会论文集.30-36.

[3] 杜炜平.隧道开挖地质灾害规律与防治对策研究[D].长沙:中南大学,2001.

[4] 叶英.岩溶隧道施工超前地质预报方法研究[D].北京:北京交通大学,2006.

[5] 张朋.云雾山隧道浅埋岩溶段地质灾害研究[D].重庆:重庆大学,2007.

[6] 中华人民共和国国家标准.GB 50218—2014 工程岩体分级标准[S].北京:中国计划出版社,2014.

[7] Wong RHC,Leung WL,Wang SW. Shears Trength Studieson Rock-link Models Containing Array Edopenjoins[M]. RockMechanicsinNationalinterest. Elsworth. Tinucci. Heasley(eds). Swets&Zeitlingerlisse,2001:843-849.

[8] 张有天.岩石隧道衬砌外水压力问题的讨论[J].现代隧道技术,2003,40(3).

[9] Bellier J,Londe P,Malpassetdam. Engineering Foundation Conf. Proc[J]. Theevczlucztioofdamsafety,1976.

[10] 陈先国.隧道结构失稳及判据研究[D].成都:西南交通大学,2002.

[11] 孙家奇,罗国煜.工程地质[M].武汉:武汉理工大学出版社,2003.

[12] 韩行瑞.岩溶隧道涌水及其专家评判系统[J].中国岩溶,2004,23(3).

[13] 张清,田盛丰,等.隧道及地下工程岩溶危害预报的专家系统[J].岩石力学与工程学报.1992,11(3).

[14] 韩行瑞,白山云,等.我国典型岩溶隧道突水分析及专家评判系统的探讨[C]//2004年岩溶地区隧道修筑技术专题研讨会.北京:人民交通出版社,2004.

[15] 赵明阶,徐容,许锡宾.岩溶区全断面开挖隧道围岩变形规律及其监测[J].同济大学学报(自然科学版).2004,32(7).

[16] 赵明阶,徐容,许锡宾.岩溶区全断面开挖隧道围岩变形特性模拟[J].同济大学学报(自然科学版).2004,32(6):710-715.

[17] 吴梦军,许锡宾,刘绪华,等.岩溶对公路隧道围岩稳定性的影响研究[J].地下空间,2003,23(1).

[18] 吴梦军.隧底岩溶对围岩稳定性影响的数值模拟研究[C]//2004年岩溶地区隧道修筑技术专题研讨会.北京:人民交通出版社,2004.

[19] 何发亮，李苍松，陈成宗. 岩溶地区长大隧道涌水灾害预测预报技术[J]. 水文地质工程地质，2001(5).

[20] 黄书汉，钱孝星. 岩溶地下水研究的回顾与展望[J]. 水利水电科技进展. 1997，17(4).

[21] 王建秀，杨立中，何静. 大型地下工程岩溶涌（突）水模式的水文地质分析及其工程应用[J]. 水文地质工程地质，2001(4).

[22] 曹玉清，胡宽容. 岩溶化学环境水文地质[M]. 长春：吉林大学出版社，1994.

[23] 徐林生，唐伯明，慕长春，等. 高地应力与岩爆有关问题的研究现状[J]. 公路交通技术，2002(4)：48-51.

[24] 何满潮. 软岩工程力学[M]. 北京：科学出版社，2003.

[25] 张志强，关宝树，翁汉民. 岩爆发生条件的基本分析[J]. 铁道学报，1998，20(4).

[26] 李忠权. 构造地质学(第三版)[M]. 北京：地质出版社，2009.

[27] 黄生文，司铁汉，陈文胜，等. 断层对大跨度隧道围岩应力影响的有限元分析[J]. 岩石力学与工程学报，2006，10.

第2章　地质预报概念、方法与分类

隧道掘进的主要难题是了解掌子面前方地质情况和岩土力学参数。在复杂岩土条件下进行的地下工程越来越多，隧道轴线的地质界面可能会在施工掘进中发生严重的问题，如大断裂、塌方、突涌水等灾害会对隧道施工带来严重的问题和风险，尤其是当这些风险交叉突发时，问题会更加严重。隧道掌子面前方地质条件多变、高的覆盖层和既有稠密的基础设施等也会导致地面勘查钻孔或地面地球物理探测预报结果不准确。

目前国内外采用的主要预报方法可分为设计阶段勘测（较粗）资料（包括：地面电测深法、地面浅层地震法、大地电磁法、地面地质调查、验证钻孔等）、施工阶段的 TSP、VSP、HSP、TRT、USP 地震预报法、GPR 地质雷达法、TEMT 瞬变电磁法、BEAM 激发极化法、掌子面超前取芯钻孔测孔预报及掌子面地质编录法预测等。各种预报方法比较见表 2-1。

常见隧道超前地质预报常用方法比较　　表 2-1

内容＼方法	设计阶段勘测（地面）			隧道施工阶段（掌子面）			
	电测深法	浅层地震	钻探	TSP 法	地质雷达	超前钻孔	地质编录
勘探范围	200m	1000m	1000m	200m	＜30m	200m	10m（粗略）
勘探布置	地面	地面	地面	掌子面 50m	掌子面	掌子面	掌子面
勘探时间	1 点/3h	1 点/0.5h	1 个月	1.5h	1.5h	240h	0.5h
解释人员	物探专业	物探专业	地质人员	现场人员	专业人员	地质专业	地质专业
解释精度	精度不高	精度高	精度高	精度高	精度高	精度高	精度较差
局限性	地形条件、多解性	地形条件、多解性	地形条件	多解性	多解性	效率低 难度大	地质专业技术要求高
费用预算	1 点/500 元	1 点/300 元	700 元/m	200 元/m	300 元/m	1000 元/m	50 元/m
岩土力学信息	非直接、类比	好	好	好（纵横波）	非直接类比	好	好

对隧道掌子面前方的地质情况进行预报应结合掌子面前方的具体情况，如地形情况、地上有无建筑物、林地及高压线等地上附着物、隧道围岩地质环境，不良地质体与围岩的主要物性差异

（一种或几种），并应详细了解各种物理探测方法、地质方法、化探方法等外业布置要求，尽可能满足外业布置的各种条件，保证获取第一手资料的可靠性。因此，隧道超前地质预报的方法选择应从广义的角度去理解，不论是物探方法还是地质或化探方法，只要能对隧道掌子面前方（预报要求范围内）的地质情况作出预测并能指导动态设计与施工，都可作为超前地质预报方法。

1）超前地质预报的基本概念

隧道超前地质预报是指对隧道开挖掌子面前方的地质情况及不良地质体的工程性质、位置、形状进行探测、分析解释及预报。

广义地讲，隧道地质超前预报指采用隧道洞内外地质调查、掌子面素描，根据隧道开挖揭示的洞身围岩条件的变化趋势、洞内外构造相关分析结果，或采用地球物理探测手段对隧道施工掌子面进行探测，运用地质学、数学、物理学、逻辑学、概率学、计算机科学等各学科知识结合预报人员经验，对隧道工程可能遇到的各种不良地质体及因此可能发生的各种地质灾害的性质、分布位置、规模的判断和预报，根据判断和预报结果提出应采取的地质灾害预防和处理措施建议。

2）超前地质预报的主要内容

隧道地质超前预报包括隧道工程可行性研究阶段、勘察设计阶段和施工阶段的预报。通常，人们所提的地质预报是施工期地质预报。

地质预报对象：施工掌子面前方一定范围内的地质体。

主要内容有：

（1）断层及其影响带和节理密集带的位置、规模及其性质。

（2）软弱夹层（含煤层）的位置、规模及其性质。

（3）岩溶发育位置、规模及其性质。

（4）不同岩类间接触界面位置，不同风化程度的分界位置。

（5）不良地质体的成灾可能性，工程地质灾害可能发生的位置和规模。

（6）隧道围岩级别变化及其分界位置。

（7）隧道涌水位置、水压及水量。

（8）在采、废弃矿巷分布及其与隧道的关系。

岩溶地质超前预报的主要内容：隧道穿越区域的岩溶水系统特征，隧道开挖掌子面前方不良地质体的空间展布规律，岩溶涌水量及水压预测预报等。

3）工作分级影响因素

据中隧股份“超前地质预报管理办法”（2008）将地质预报工作的方法、手段和内容根据地质灾害对隧道施工安全的危害程度分为四级，见表2-2。

4）超前地质预报的目的

（1）保证隧道施工安全，以减少或避免因突泥、涌水、涌砂而造成人员及设备的损伤、工期的延长、投资增加等。

（2）做好超前地质预报可以节约大量资金，有了准确的预报就可以减少很多不必要的安全防护措施。

综合超前地质预报工作分级影响因素表　　表 2-2

施工地质分级		A	B	C	D
		严　重	较严重	一　般	轻　微
地质复杂程度(含物探异常)	岩溶发育程度	极强，厚层块状灰岩，大型溶洞、暗河，岩溶密度＞15 个/km²，最大泉流量＞50L/s，钻孔岩溶率＞10%	强烈，中厚层灰岩夹白云岩，地表溶洞落水洞密集、地下以管道水为主，岩溶密度 5～15 个/km²，最大泉流量 10～50L/s，钻孔岩溶率 5%～10%	中等，中薄层灰岩，地表出现溶洞，岩溶密度 1～5 个/km²，最大泉流量 5～10L/s，钻孔岩溶率 2%～5%	微弱，不纯灰岩与碎屑岩互层，地表地下以溶隙为主，最大泉流量＜5L/s，钻孔岩溶率＜2%
	涌水涌泥程度	特大（日出水 100000t 以上）、大型突水（日出水 10000～100000t），突泥、高水压	中小型突水（日出水 1000～10000t），突泥	小型涌水（日出水 100～1000t），涌泥	日出水小于 100t，涌突水可能性极小
	断层稳定程度	大型断层破碎带、自稳能力差、富水，可能引起大型失稳坍塌	中型断层带，软弱，中～弱富水，可能引起中型坍塌	中小型断层，弱富水，可能引起小型坍塌	中小型断层，无水，掉块
地应力影响程度	高应力，严重岩爆（拉森斯判据＜0.083，即岩石点荷载强度与围岩最大切向应力的比值），大变形	高应力，中等岩爆（拉森斯判据 0.083～0.15），中～弱变形	弱岩爆（拉森斯判据 0.15～0.20），轻微变形	无岩爆（拉森斯判据＞0.20），无变形	
瓦斯影响程度	瓦斯突出：煤的破坏类型为Ⅲ（强烈破坏煤）、Ⅳ（粉碎煤）、Ⅴ（全粉煤）类，瓦斯放散初速度≥10，煤的坚固系数≤0.5，瓦斯压力≥0.74MPa	高瓦斯：全工区的瓦斯涌出量≥0.5m³/min	低瓦斯：全工区的瓦斯涌出量＜0.5m³/min	无	
（地质因素）对隧道施工影响程度		危及施工安全，可能造成重大安全事故	存在安全隐患	可能存在安全问题	局部可能存在安全问题
诱发环境问题的程度		可能造成重大环境灾害	施工、防治不当，可能诱发一般环境问题	特殊情况下可能出现一般环境问题	无

(3)是隧道施工根据实际地质、水文条件变化及时调整施工方法和采取相应技术措施的需要。

(4)是完善设计地质资料、优化施工方案、指导施工决策和保证施工人员和设备的安全的需要。

(5)是隧道施工过程中根据实际地质条件进行隧道围岩级别确定和设计变更的依据。

(6)是隧道运营阶段地质灾害治理的依据。

5)开展超前地质预报的必要性

在复杂地质条件下修建的隧道越来越多、越来越长,遇到的隧道工程地质问题越来越复杂。对于:

(1)深埋长大隧道。

(2)地质复杂的隧道。

(3)水下隧道。

(4)可能存在大断层、岩溶、大量涌水涌泥、岩爆、废弃矿巷、瓦斯突出等严重工程地质灾害的隧道。

(5)可能因开挖造成环境生态破坏的隧道。

(6)覆盖层太厚、植被良好不易进行地质调查和勘探的隧道等。

勘测设计阶段的地质工作量投入所限,地质预估预评价是对隧道所处地质背景的宏观把握,不可能对复杂的地质情况做出微观的把握;复杂长隧道的地质变化对施工方法及工期有决定性影响;人为作用(施工开挖)引起地质的变化只有在施工期才能显现出来;施工期需要对地质的掌握不能只是停留在定性评价上,要有定量的评价。因此,需要进行超前地质预报。

2.1　基本概念(物理场)

眼睛是生命进化十大奇迹之一。在生命进化史上,眼睛的出现改变了生命的“游戏规则”,正如一位科学家所说,“眼睛引发了一场足以改变整个地球的进化军备竞赛”。眼睛出现前,生命更加温顺、驯服。眼睛的出现宣告一个更为无情、竞争更加激烈的时代到来。距今5.43亿年前左右,一种名为莱氏虫的三叶虫身上长出了地球生物的第一只眼睛。此前的一些生物体有感光细胞,但眼睛不仅要感知光线,还需要有一个能聚焦光线形成图像的晶状体。一旦有了晶状体,生物的视觉效果就从1%骤然上升到100%。

地球物理勘探的发展历史如同眼睛进化一样,但远远没有进化过程的择优规则那样科学合理,往往所要走的弯路会更多一些。而目前的地球物理勘探技术还非常落后,致使对地下介质的认识还很粗糙,对地下空间的开发利用仍很茫然、温顺、驯服。而传感器如同能感知光线,还需要一个能聚光成像的晶状体。因此,地球物理技术的发展,其一是传感器(感光)技术;其二是成像(晶状体)技术。一旦勘探技术发生了革命性的进展,人类对地下空间的开发利用将会突飞猛进,人对地下的想象力将更为丰富,而且这种进步带来的变化会呈幂指数似的改变我们的生活。

动物嗅觉是很特殊的一种感官,经常与呼吸同在。每一次呼吸,这个世界的一些气味分子就飘荡进入鼻孔……在漫长的适应自然的过程中,很多动物的嗅觉器官发育得相当完善,其中有些种类的敏锐和精巧程度令人惊叹不已。

动物之间通信的信号必须通过感觉器官才能被接收,其中应用得最广泛的通信渠道是化学感觉器官,主要有嗅觉和味觉两种。由于嗅觉具有远距离和持久性等优点,因此在通信中更为重要。它可以帮助动物进行通信联络,寻找食物、配偶,辨认自己的幼仔,进行种间识别、标志领地、选择产卵场所以及躲避敌害等活动。

嗅觉器官一般位于动物的头部，昆虫的嗅觉器官大多长在可以运动的触觉上，使它能在立体空间内探测出气味。在触觉的表面上，有许多微小的孔洞，有些孔洞里藏着能够感受气味的细胞，单靠着这种特殊的构造就能使它们辨别气味。

探测的装置是地球物理探测的最基本排列，这种排列可以按照某种规则作简单的变化，装置一定是结合具体探测任务、目标体的具体特点和现场条件进行设定的，因此装置是可以变化的。目前我们大多采用的装置都是固有装置，固有装置各有其优点，且有大量的模拟试验来说明简单规则体形状的异常形态，这就极大地方便人们认识所获得的异常。但如要自行设计排列装置就需要作一些理论推演工作或模拟试验等来掌握该装置探测的基本规律。就目前现有的直流电法装置已基本涵盖各种电极组合排列，地震勘探中的大多排列，可推演与发展并不多。但总的而言，不同的排列装置将具有不同的特点，在具体探测中，对相同目标体的异常形态将有所不同。不要迷信某种装置，所有装置有优点就有缺陷，这一点是相辅相成的。当然也有应用范围大的装置，没有明显特点。

比如，地面勘探中经常采用的联合剖面装置，联合剖面装置已有许多理论推演，也有各种规则体的模拟试验。其主要特点是对直立低阻板状体效果明显，同样对水平低阻板状体反映不明显。这样的例子还有很多，这里不一一列举。

2.1.1 地球物理场的概念

在地球物理探测中总要与各种各样的物理场打交道，如图 2-1 所示，如引力场、稳定电场、稳定磁场、时变电磁场、地震波场等。这些场的分布变化规律是与场源实物的物理、几何特征密切联系的。通过测定、分析场来推断场源，这是许多物探方法的一个共同特点。为了提高推断的可靠性与精度，除需研究地质情况外，还必须掌握场的物理学，即对场这种物质的时空变化规律进行深入研究，包括场与场源的内在联系，掌握分析场的数学方法。

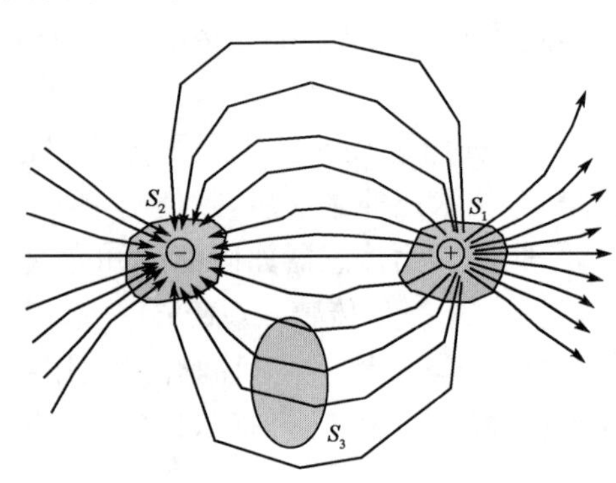

图 2-1 矢量场

通常我们不能观测到地下空间所有位置的实测场值，仅能获得出露工作面上的有限数据。要利用有限的数据来分析研究地球物理场与场源的内在关系，不仅要掌握各种场的分布变化规律，而且要利用一定的数学方法，最重要的是仍要研究地球物理场的观测技术，物探的实测数据是我们分析研究的基础，而对场的观测方法与排布是确保研究成功的最关键一步。

在地下空间电磁场分布的情况下，想象我们在不同的位置进行观测所得的实测异常数据是不同的。在隧道内，在地下工程的不同开挖面进行观测所获得的数据也不例外。但是有一点是肯定的，激发源空间位置和激发方式不变，那么激发源与地下空间内介质所构成的地球物理场的规律是不变的。有些场是很复杂的，如果仅依靠少量的数据是很难把握和描述场和场源的关系的。因此，研究地球物理场的观测方法非常重要，尤其是测点的布置和装置排列，它直接决定探测技术的成功与失败。

1)电磁波与电磁场

麦克斯韦电磁场理论的基本内容就是电场和磁场的相互激发。一方面，在电场中不仅静电荷可以激发静电场，而且变化的磁场也可以激发出涡旋电场，即空间中变化的磁场与电场同在。另一方面，在磁场中不仅传导电流可以激发磁场，而且位移电流(即变化的电场)也可以激发磁场，即空间中变化的电场与磁场同在。可见变化的电场和变化的磁场不是彼此孤立的，而是交织在一起互相激发的一个统一的电磁场整体。

(1)电磁场

麦克斯韦电磁场理论集中体现在麦克斯韦方程组上，$\vec{D}$、$\vec{E}$、$\vec{B}$、$\vec{H}$ 满足：

$$\nabla \cdot \vec{D} = 4\pi\rho_{\mathrm{f}} \tag{2-1}$$

$$\nabla \cdot \vec{E} = -\frac{1}{c}\frac{\partial \vec{B}}{\partial t} \tag{2-2}$$

$$\nabla \cdot \vec{B} = 0 \tag{2-3}$$

$$\nabla \cdot \vec{H} = \frac{4\pi}{c}\left(\vec{j}_{\mathrm{f}} + \frac{1}{4\pi}\frac{\partial \vec{D}}{\partial t}\right) \tag{2-4}$$

式中：ρ_{f}——自由电荷密度；

c——光速；

$\vec{j}_{\mathrm{f}}$——自由电流密度。

电磁场的衔接条件：

$$\vec{n}_{12} \cdot (\vec{D}_2 - \vec{D}_1) = 4\pi\omega_{\mathrm{f}} \tag{2-5}$$

$$\vec{n}_{12} \cdot (\vec{E}_2 - \vec{E}_1) = 0 \tag{2-6}$$

$$\vec{n}_{12} \cdot (\vec{B}_2 - \vec{B}_1) = 0 \tag{2-7}$$

$$\vec{n}_{12} \cdot (\vec{H}_2 - \vec{H}_1) = \frac{4\pi}{c}\vec{j}_{\mathrm{f}} \tag{2-8}$$

以上称为麦克斯韦方程组，利用该方程组就对各向同性介质构成了完整的电磁场方程，结合初始和边界条件，原则上就可以解决经典电磁学的所有问题，因而麦克斯韦方程组被称为“自牛顿以来物理学上经历的最深刻和最有成果的一次变革”。

(2)电磁波的发射和传播

由电磁场理论可知，只要有变化的电磁场就可能发射电磁波，但这还不够，像前面所讲的由 LC 组成的振荡电路就不行，它只能在电路内往复振荡而不能向外发射。电磁理论告知我们，要增大振荡电路的发射必须做到两点，一是振荡频率要高，二是电磁场要开放。电磁波发射后将以球面波形式向周围传播，在远离波源时，可视为平面波。如图 2-2 所示。

电磁波的主要性质有：

①电磁波是横波，$\vec{E}$ 和 $\vec{H}$ 相互垂直，且构成右螺旋系统。

②$\vec{E}$ 和 $\vec{H}$ 皆为周期变化，且位相相同。

③$\vec{E}$ 和 $\vec{H}$ 振幅成比例，$\vec{E}/\vec{H}=c$。

④真空中 $c=3.0\times10^{8}\mathrm{m\cdot s^{-1}}$。

⑤波的频率与波源振荡频率相等，$\vec{E}$ 和 $\vec{H}$ 振幅都正比于频率的平方，因此短波易于发射。

电磁波波动方程为：

$$\nabla^2 \vec{E} - \frac{1}{c^2}\frac{\partial^2 \vec{E}}{\partial t^2} = 0 \tag{2-9}$$

$$\nabla^2\vec{B}-\frac{1}{c^2}\frac{\partial^2\vec{B}}{\partial t^2}=0 \tag{2-10}$$

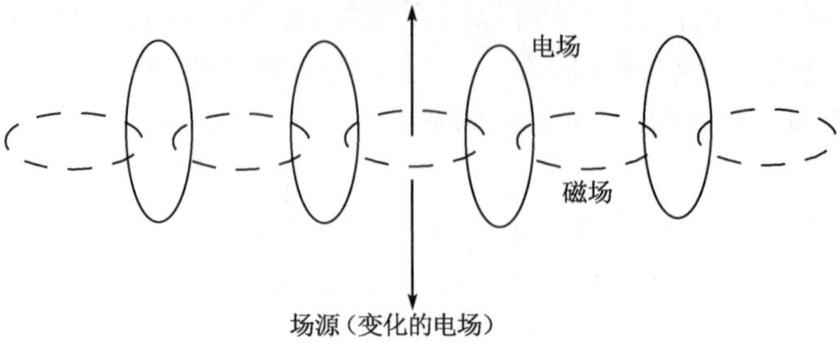

图 2-2　电磁波的传播

2）弹性波与波场

波动是振动的传播过程。机械振动在介质中传播可以形成诸如水波、声波等。由连续不断的、无穷个质点构成的系统，若其各部分间有相互作用力且可以有相对运动，则该系统称为连续介质。如果介质各质点间的相互作用力是弹性的，则称该介质为弹性介质。弹性介质可以是气体，也可以是液体或固体。

在弹性介质中，可以设想各质点均有一个平衡位置。如果其中某一质点在外力作用下偏离平衡位置，它将受到邻近质点给予的弹性力的作用，这些力的合力指向平衡位置。由于质点具有惯性，它就在平衡位置附近振动起来，另一方面，这个质点在受到邻近各质点的作用力的同时，对邻近各质点会产生反作用力，使它们也离开平衡位置振动起来。这样，振动便由此向四周传播出去。这种机械振动在弹性介质中的传播过程为弹性波。

为了讨论的方便，引入以下一些假设：

(1)波在弹性介质中传播时，相邻两质点间的位移是无限小的。

(2)介质是完全弹性的，即应力是应变的齐次线性函数，因而一般使用普遍形式的胡克定律。完全弹性的假设还意味着忽略介质对波的吸收作用。

(3)介质是完全同性的，弹性参数与空间坐标无关。

(4)外力如重力、摩擦力等可忽略不计。

波在介质中传播时，按其质点振动方向与波传播方向的关系，可分为纵波和横波。纵波传播时，质点的振动方向与波的传播方向相同，因而形成了疏密相间的波动图像。横波传播时，质点的振动方向与波的传播方向垂直。纵波和横波的波动图像如图 2-3 所示。

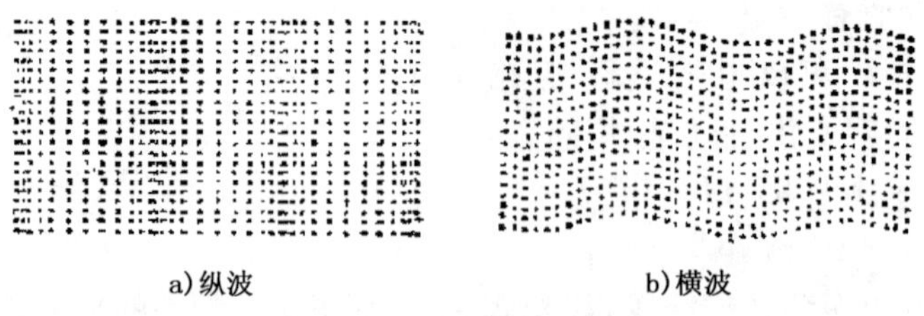

a)纵波　　b)横波

图 2-3　纵波和横波的波动图像

介质中，能否传播横波是由介质的弹性性质决定的。如果在某一种介质中，当一层对另一层发生切变时，能产生力图使切变层回到平衡位置的弹性力，则在这种介质内能传播横波（一

般说来固体就是这种介质）。如果各平行层间相万发生切变时，没有弹性力产生，则不能形成横波。例如，液体和气体就是不能传播横波的介质。

由弹性理论可知，在均匀完全弹性的各向同性介质中，波动方程的向量形式为：

$$\rho \frac{\partial^2 \vec{u}}{\partial t^2} = (\lambda + \mu)\mathrm{grad}\theta + \mu \nabla^2 \vec{u} + \rho\vec{F} \tag{2-11}$$

$$\nabla^2 = \frac{\partial^2}{\partial X^2} + \frac{\partial^2}{\partial Y^2} + \frac{\partial^2}{\partial Z^2} \tag{2-12}$$

$\vec{u}$ 为空间位移向量，它可表示为：$\vec{u} = u\vec{i} + v\vec{j} + w\vec{k} = \{u, v, w\}$。

θ 为体变系数：

$$\theta = \frac{\partial u}{\partial X} + \frac{\partial v}{\partial Y} + \frac{\partial w}{\partial Z} = \mathrm{div}\vec{u}$$

上述式中：$\vec{F}$——作用在单位体积上的体力；

λ、μ——拉梅常数。

如果令 φ 和 $\vec{\varphi}$ 分别表示位移场的标量位和向量位（我们统称为位移位）；令 φ 和 $\vec{\psi}$ 分别表示力场 $\vec{F}$ 的标量位和向量位。经推导后得：

$$\frac{\partial^2 \varphi}{\partial t^2} - v_{\mathrm{p}}^2 \nabla^2 \varphi = \varphi \tag{2-13}$$

$$\frac{\partial^2 \vec{\varphi}}{\partial t^2} - v_{\mathrm{s}}^2 \nabla^2 \vec{\varphi} = \vec{\psi} \tag{2-14}$$

上式就是用位移位和力位函数表示的纵波和横波波动方程。v_{p} 和 v_{s} 分别表示纵波和横波的传播速度。

一般说来，由于震源作用的时间很短，因此，如果在离震源足够远处研究波动传播特点，在波传播到该处时，震源的作用已停止，于是可以认为 $\varphi = 0, \vec{\psi} = 0$。这样，上式表示的非齐次方程可以简化为齐次方程式：

$$\frac{\partial^2 \varphi}{\partial t^2} - v_{\mathrm{p}}^2 \nabla^2 \varphi = 0 \tag{2-15}$$

$$\frac{\partial^2 \vec{\varphi}}{\partial t^2} - v_{\mathrm{s}}^2 \nabla^2 \vec{\varphi} = 0 \tag{2-16}$$

3）电磁波与弹性波

（1）电磁振荡

与机械振动类似，电路中的电场和磁场作周期性变化就称为电磁振荡。一个电容器和一个电感器（线圈）组成简单振荡电路。当 $t=0$ 时，电容器上电荷最多，在静电力作用下，电容器放电到 $T/4$ 时，放电结束，电流达最大值 I_0，电能全部变为磁能储存在线圈中。但由于自感作用，电路中电流不会立即消失，继续按原方向流动而使电容器反向充电，达最大时，线圈中磁能消失，全部变成电能。继而电容器反向放电，电感线圈储能，又因电磁惯性而对电容器正向充电，如此周期性地充放电，电能和磁能交替变化，就像弹簧振子往复振动一样振荡起来。

可见在无阻尼自由振荡电路中，尽管电能和磁能周期性变化，但总能量保持不变，这和机械振动中机械能守恒完全一样，电能对应于势能，磁能对应于动能。当振荡电路为非理想状态而有电阻时，电阻发热，成为阻尼振荡；当振荡电路中有外加的周期性电动势作用时，将成为受迫振荡；当外加电动势的频率与电路自由振荡的固有频率 ω 相同时，振幅达最大值，称为电磁共振。无线电"调谐"就是利用电磁共振的原理。

(2)电磁波

正如机械振动向周围传播形成机械波一样,电磁振荡也会向周围传播而形成电磁波。麦克斯韦曾预言:当空间某一区域有周期性变化的电场时,在其邻近的区域就要产生周期性变化的磁场;反之,这些周期性变化的磁场,在其邻近的区域又要产生周期性变化的电场;如此变化的电场与变化的磁场交替产生,由近及远地向周围传播,这种变化的电磁场在空间中的传播过程称作电磁波,这一预言在二十多年后即1888年被赫兹所证实。电磁波就其描述方式和机械波完全相同,但却有本质的区别,电磁波是变化的电场和磁场交替产生并由近及远而无需借助于媒质就能在真空或介质中传播的一种波。

2.1.2 多波多分量地震

这里所说的地震波,是一个含有纵波、横波和转换波等多种不同类型的复杂的地震波场集合体。对于这样一个复杂地震波场集合体的理解与应用,人们经历了一个渐进过程。

起初,人们利用纵波频率高、速度快以及穿透能力强的特点,在地震勘探中,激发纵波向地下传播,并在地表安放接收垂直振动的检波器,用以记录纵波反射资料,形成了目前最为广泛的纵波反射法地震勘探技术。

此后,为了提高勘探精度以及适应岩性勘探的需要,人们开始将目光投向横波。因为横波传播速度低,它可能会取得比纵波更高的分辨率,而且利用横波与纵波之间的速度差异,可能有助于对地下岩性的识别。

但在对横波的实际研究中,人们发现,横波勘探需要专门的震源装备,要求施工作业环境开阔,更重要的是横波衰减比纵波快,很难得到深层高品质的横波资料,而对深层的分辨率也没有当初想象得那样高。

不过虽未达到最初的理想结果,但在进行纵波与横波资料的对比中,却取得了一些重要成果。其中最为成功的是对纵波资料中真假"亮点"的识别方面。所谓"亮点",就是纵波资料上的"振幅异常"现象。当这些"亮点"出现时,往往意味着该处有油气存在的可能。

实际上,由于纵波资料本身的局限,这类亮点往往有真有假(这是单一波场始终存在的一个多解性问题)。但是,当人们使用横波勘探的资料时,发现它有助于准确识别真假"亮点",这与横波速度在地层中传播性质有关。

采用横波的"另眼"观察,竟会收到如此效果,这大大增强了人们对横波的兴趣,也提高了人们的期望值。但由于横波的勘探深度不够深,且采集成本较高,因此没有得到广泛的应用。

那么能不能利用另一种地震波场,既能到达一定的勘探深度,又能够像横波一样有效地"观察"地层呢?

转换波可以同时满足这两个要求。所谓转换波,就是当地震波中的纵波倾斜入射到地层界面时,除了出现正常的纵波反射外,同时还会反射出一个横波。由于这个横波是由入射的纵波自动"转换"出的,所以称之为"转换波"。

这样,波的前半程是纵波性质,可以达到较横波更大的勘探深度;波的后半程是横波性质,可以充分满足研究者的愿望。

与常规纵波勘探相比,利用转换波勘探所需要的特殊装备,仅仅是沿水平方向振动的横波

检波器，这使得勘探成本大大降低。不过，转换波反射点的非对称性使得这种资料的处理相对复杂。目前，随着处理方法的不断完善，转换波法得到较广泛的应用，已经成为勘探和开发地震中的研究热点。

由于纵波、横波和转换波等勘探方法各具特色，人们产生出利用多种波场联合勘探的想法，并在野外数据采集中，采用纵波震源或横波震源激发以及相互正交的三分量检波器接收，从而获得多分量的地震资料，用以解决构造、岩性和不良地质等勘探技术难题。

因此，所谓多波多分量地震勘探技术，就是采用多分量激发和接收，综合利用纵波、横波和转换波等多种地震波信息，实现改善构造成像、进行岩性分析、储层裂缝检测以及直接探测异常体等目的的地震技术。

20 世纪 80 年代初，当国际上兴起纵波与横波联合勘探的热潮时，中国石化石油勘探开发研究院南京石油物探研究所，率先在国内开展了纵波和转换波联合勘探技术的研究和二维数据采集试验，最早在国内完成了转换波地震资料的横波速度分析、转换波动校正、转换波共转换点叠加和叠后偏移技术，并在国内各大油田推广普及这项技术，为该技术的发展奠定了基础。

随后，国内多家研究机构、高等院校、生产单位纷纷开展了采集技术、采集方法、资料处理和资料采集的研究和试验。如胜利油田和大庆油田开展了颇具实用性的纵波和转换波联合勘探。国家“863”计划将海上多波勘探技术列为一级子课题，进行海底电缆和海底三分量检波器研制，以及资料采集和资料处理系统的研发等。进入 21 世纪，国家“十五”科技攻关项目又将矢量地震技术纳入研究课题。

目前，国内多波多分量勘探已经进入大范围的试用阶段，各大油气田针对勘探开发需求，利用该技术进行了大量的资料采集、资料处理和解释工作。基于微电子技术的 MEMS(Micro Electro Mechanical Systems)数字检波器的研制和应用也取得很大进展。

近年来，由于勘探设备的迅速发展和性能的不断提高，特别是 MEMS 的数字检波器的应用，大大推动了多波多分量地震技术在数据采集、数据处理和解释等方面的发展。目前，以转换波勘探技术为主的海上多波多分量地震技术已进入生产实用阶段，成功解决了纵波资料不佳地区的成像问题，提高了储层识别和油气预测的精度。

随着多波多分量地震技术的日益发展，人们逐渐认识到，多波是一个矢量地震波场，比单一波场含有更多的运动学和动力学信息，能更好地揭示地层岩性和储层内流体性质，不同分量的横波资料不仅携带了反映油气藏构造形态的信息，还携带了直接反映储层性质、类型、规模、油气水分布等直接用于油气藏评价和开发的重要信息。

基于这样的认识，为了全方位地揭示地震波与岩石结构之间的复杂关系，人们开始采用三分量激发和三分量检波器接收，最多可以得到九个分量的包括了全部波场的地震波资料，所以又有人将多波多分量地震称为全波地震。

如何对这种数据爆炸般的全波地震资料进行处理和解释，是我们面临的新的技术挑战。与常规的纵波勘探的发展现状相比，目前多波多分量地震勘探技术远未达到实用化的水平，需要研究人员一步一个脚印，逐个攻破技术难关。

可以预见，在完善多波资料处理方法和解释技术的基础上，多波多分量地震技术必将在构造成像、岩性划分、裂缝检测、四维地震、流体识别和含水体预测等方面发挥更大作用。

地震震源激发以后，在地质介质中产生的振动之和就是波场 $u(x,y,z)$。震源的性质以及地质介质中的弹性参数分布情况决定了波场的特点。在陆地地震勘探时广泛使用浅井、炸药震源，这时主要激发出纵波，但是由于震源附近地表介质的不均匀性，炸药包和它在井中安置的不对称性，也会产生一定强度的横波和面波。当采用非炸药震源时，激发的波场更加复杂，有的主要激发纵波，有的主要激发横波，但这些震源也不会是纯的，它们总是激发出两种体波以及面波。

各种震源之中，有些是脉冲型的，激发出很短的(约 50ms)不超过 3～4 个周期的振动。有的产生变频正弦振动，其延续时间达若干秒。震源激发的振动形状对波场的总形态有重大影响，它会改变不同类型和不同形式的波所引起的振动之间的关系。当波从震源传播到具有大量界面的地质介质中时，产生许多次生波(各种类型的一次波和多次波)。波场是由数目不多的强一次波和部分二次波加上许多弱的一次波和多次波构成的；当存在折射界面时，除了反射波外还有折射波。除了地震震源引起的振动外，波场中还包括外部震源激发的振动—微震。

由于吸收的影响，传播过程中，波的振幅逐渐减小、主频逐渐降低。在勘探深度达 4～5km 的反射波法工作中，纵波的主频一般为 30～70Hz，最高频率达 150～200Hz(在坚硬的岩石出露地表以及在坑道、井中、工程地质勘查时)；反之，当进行偏移距达数百公里的区域工作时，纵波的主频一般不超过 3～5Hz。横波的主频一般小于相同路径的纵波的频率 1.8～2.2 倍，瑞雷面波和勒夫波的频率比纵波的小 3～5 倍。

为了定量估计波场振幅随时间的变化程度，采用自然动态范围的概念，所谓自然动态范围指的是为解决所提出的地质任务必须记录的最强振动 $g_1(t)$ 与最弱振动 $g_2(t)$ 的振幅比，用分贝(dB)表示。自然动态范围由记录的时间及地质剖面决定，当记录时间达到 3s 时，所有波的现有动态范围可达 100～120dB；当记录折射波时，自然动态范围大大减小，一般不超过 20～40dB。

实际观测的振动脉冲形状由震源特点、介质的吸收作用、界面的影响、接收和记录仪器的特性等决定。为了用解析式表达所观测的振动形状，已有不同学者提出了不同的公式，别尔拉格地震脉冲由表达式描述：

$$f(t) = at^n e^{-at} \sin\omega_0 t \quad (t \geqslant 0) \tag{2-17}$$

式中：a、n ——决定包络函数具体形式的参数。

该脉冲波前有 n 阶连续性间断。

此外，较常用的还有以钟形包络函数来描述的地震波：

$$f(t) = ae^{-\beta^2 t^2} \sin(\omega_0 t + \varphi) \quad (t \geqslant 0) \tag{2-18}$$

参数 β^2 和 φ 选择的不同，能得到不同包络变化的振动，借助于这两个公式或其他类似的表达式即可足够精确地逼近实际反射波的形状。

在地震勘探野外测量中，地震仪器可接收到观测点处的所有扰动，在这些扰动中，只有可用于解决所提出的地质任务的波才称为有效波，所有妨碍有效波识别和追踪的其他波称为干扰波。由于地震勘探方法及其解决地质任务的不同，所需要记录的波的种类和形式亦不同，有些波在其他场合成为有效波，而在另外的场合被划为干扰波，例如，在反射波法勘探中，一般只有反射纵波是有效波，其他波都属于干扰范畴；而在折射波法勘探中，反射波一般被划为干扰。

2.1.3 观测方法(传感器)

在基本掌握地球物理场和场源的关系后，最重要的就是观测技术，如何通过观测空间场来

推测场源，地球物理勘探的大多技术都在研究此问题。不同的地质任务、不同的技术要求，观测的方法不同。只有方法合理，才有可能得到有效的异常解释。另外，不同的工程现场条件，能提供的观测面、空间位置也不同，探测永远都是场到场源的推测。很少是能在场源的范围内进行探测。下面简单说明两种常见的观测方法，一是地面勘探；二是地下工程探测。

1）测点

在地球物理勘探中，激励场一种是天然场，另一种是人工场；对天然场观测，所有的排列移动都是观测点；另一种是人工场，而人工场又分为变化场和不变场，变化场指激励场随着测量点一起移动构成装置或排列，不变场主要指激励场的空间位置和参数不变，测量点移动。

观测点是地球物理探测的最小单元，它具有某些属性，如测点的物理参数、位置、方向、幅值大小等。

通常，测点是为了完成某个任务的最小测试单元，分为等间隔测点和不等间隔测点。如果对目标探测体不详或基本不知，尽可能选择等间隔测点；如对目标体已知情况较多，可考虑选择不等间隔测点进行有针对性的探测。合理的布置测点是完成勘测任务的重要保证。

2）特征点

特征点选择本身就是节省测点的基本方法，也就是考虑在不丢失物理场特征的情况下安排的最少测点。特征点法在监测技术中常用，而在地下工程实际探测中很难做到也很少使用，主要原因是大多数情况，我们对目标体一无所知或知之甚少，这将无法选择特征点，但在地球物理探测详查时可以使用。

3）观测属性

观测属性主要指观测电位、电位差、感应电压、极化电位差、一次场、二次场等。

（1）电位与电位差观测

电位观测装置如图 2-4a）所示，电位差观测方式如图 2-4b）所示。两种观测方式在地面和地下空间的布置类同。

（2）感应电压观测

感应电压观测是根据电磁感应原理，由电磁场变化切割磁力线进而在线圈中产生感应电流，常见的接收装置如图 2-5 所示。

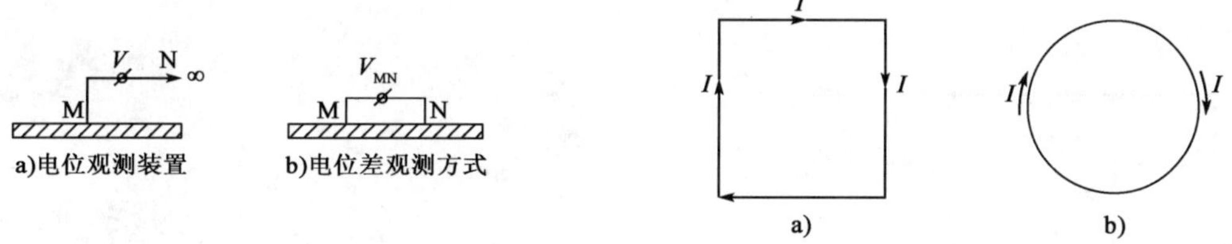

图 2-4　电位与电位差观测装置

图 2-5　感应电压观测装置

（3）激发极化观测

基本原理：在电法勘探中，当通过供电电极 AB 向地下供以恒定直流电时，测量电极 MN 之间就会产生一次电位差 ΔV_1，随着时间的变化，该电位不断上升，（几分钟）之后趋于某饱和 ΔV，断电后，测量电极间仍存在一随时间而衰减的微小电位差 ΔV_2，并在相当长的时间后（几

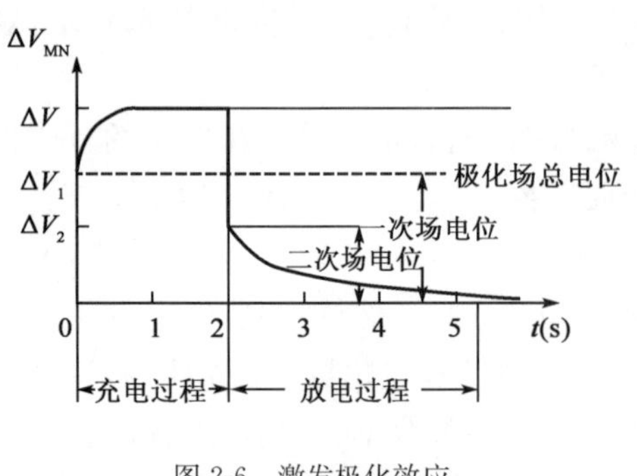

图 2-6　激发极化效应

分钟)逐渐衰减到零。这种在充电和放电过程中产生随时间而变化的附加电场的现象,称为“激发极化效应”。这种变化的附加电场,称为“激发极化场”,简称“二次场”。如图 2-6 所示。

激发极化极罐(Induced Polarization Method):是根据岩石、矿石的激发极化效应来寻找金属和解决水文地质、工程地质等问题的一组电法勘探方法。它又分为直流激发极化法(时间域法)和交流激发极化法(频率域法)。常用的电极排列有中间梯度排列、联合剖面排列、固定点电源排列、对称四极测深排列等。如图 2-7 所示。

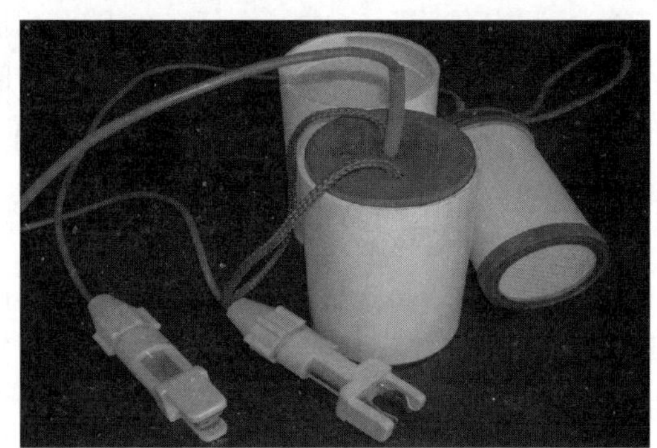

图 2-7　激发极化极罐

4)地震检波器

检波器是安置在地面、水中或水下以拾取大地震动的地震探测器或接收器,它实质是将机械振动转换为电信号的一种传感器。现代地震检波器几乎完全是动圈电磁式(用于陆地工作)和压电式(用于海洋和沼泽工作)的。这里只介绍接收纵波的垂直检波器。

(1)动圈式检波器

动圈式检波器结构如图 2-8 所示,其机电转换通过线圈相对磁铁往复运动而实现。线圈及线枢由一个弹簧系统支撑在永久磁铁的磁极间隙内,组成一个振动系统。当线圈在磁极间

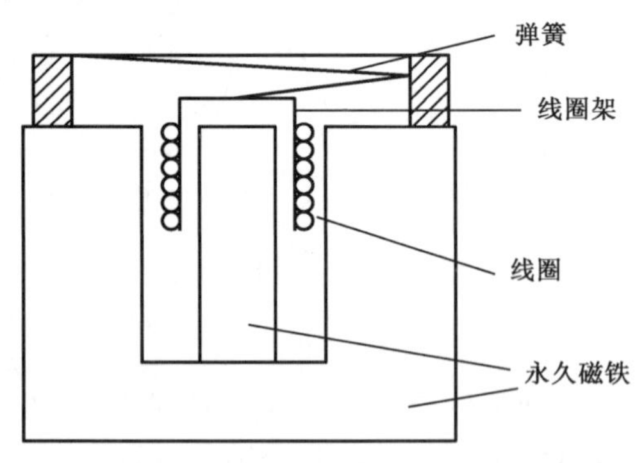

图 2-8　动圈式检波器结构

隙中运动是线圈切割磁力线，同时在线圈两端产生感应电势，感应电势的大小与线圈切割磁通量的速度成正比，也就是说，与其相对于磁铁的运动速度成正比，因此，动圈式地震检波器也称为速度检波器。大地作垂向运动时，磁铁随之运动，但线圈由于其惯性而趋于保持固定，使线圈和磁场之间有相对运动。对于水平的运动，线圈相对于磁铁是不动的，所以这种检波器的输出为零。

(2)动磁式检波器

动磁式检波器主要用于地震测井，因此生产的数量很少。其结构如图 2-9 所示。它是由磁铁及固定在磁铁上的线圈、弹簧垫片、软铁隔板组成。地震波到达时使水压发生变化，水压变化引起软铁隔板相对磁铁发生位移，进而导致磁路的长度变化，引起磁路中磁阻差改变，磁阻变化使磁通改变，结果在线圈中产生感应电势。

(3)压电式检波器

压电式检波器一般用于水下一定深度接收地震波，它使用压电晶体或类似的陶瓷活化元件作为压力传感元件，当这类物质受到物理形变时(如水压力变化)，它们产生一个与瞬时压力(和地震信号有关)成正比的电压，因此，这种检波器称作压力检波器或水下检波器。

还有一种压力检波器通常安置在注满油的塑料软管内，油的作用是将水的压力变化传给检波器内的敏感元件。这类检波器包在海洋电缆(称拖缆)内。

(4)涡流地震检波器

涡流地震检波器是日本 OYO 公司 1984 年研制成的一种新型检波器，其结构见图 2-10。它是利用惯性部件和固定在机壳里的永久磁铁作相对运动产生涡流，涡流又使固定在机壳里的线圈感应出电流的原理而制成。一个固定的圆柱形磁铁沿中央轴安装在机壳内，线圈固定地绕在永久磁铁的外面，非磁性可运动的铜制套筒由弹簧悬挂在磁铁和线圈之间构成惯性部件。当机壳被地震振动驱动时，固定在机壳里的永久磁铁和机壳一起运动，但由弹簧悬挂着的铜制套筒因其惯性而滞后运动，于是，永久磁铁和铜制套筒之间的相对运动在套筒中形成涡流，涡流的变化率引起变化的次生磁场，变化的磁场在固定的线圈中产生电动势而输出电压。如图 2-10 所示。

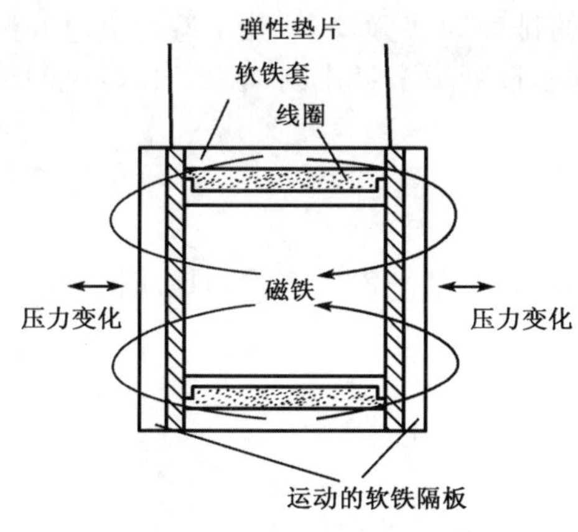

图 2-9　动磁式检波器结构

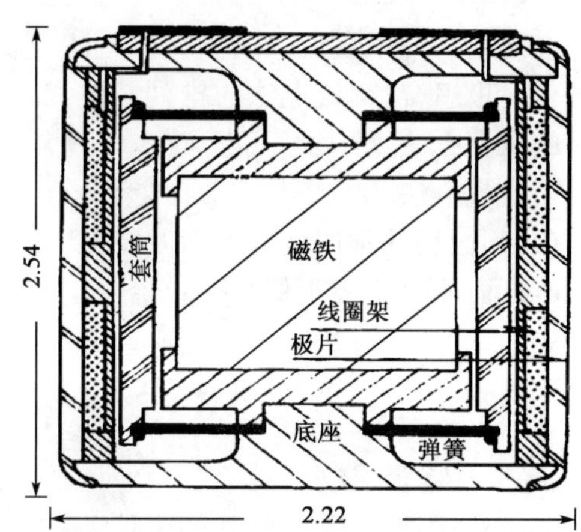

图 2-10　涡流地震检波器的结构图(尺寸单位:cm)

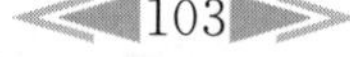

5)超声波换能器

超声波换能器即谐振于超声频率的压电陶瓷,由材料的压电效应将电信号转换为机械振动。它的功能是将输入的电功率转换成机械功率(即超声波)再传递出去,而它自身消耗很少的一部分功率。超声波换能器可分为压电换能器、夹心换能器、柱形换能器、倒喇叭形换能器等几类。如图 2-11 所示。

图 2-11 超声波换能器

2.2 装置与排列

空间(点、线、面与角度)预报方法,在地球物理勘探中,装置是探测目标体的最基本排列。装置的种类很多,但大多都是为了某一类型目标体的探测而设计的。

2.2.1 地面常见排列装置

在地球物理探测时,装置和排列的概念基本不分,通常来说,排列用得更广泛些;而装置指固定的排列,即发射和接收的空间位置不变,且一起移动的排列。下面分别叙述常见的排列装置及探测特点。

2.2.1.1 电法

电法主要分为直流电法和交流电法。直流电法的排列和装置较多,几乎遍及供电和测量的各种电极组合;交流电法的排列装置相对固定。这里仅列举常见排列(表 2-3),以说明地下空间的探测方法。

1)直流电法

(1)剖面法的常用装置类型及特点

电剖面法是将极距保持固定沿一定测线观测,以了解在某一深度范围内地质情况沿水平方向的变化。

$$\rho_s = K\frac{V_{MN}}{I} \tag{2-19}$$

式中:K——装置系数;

V_{MN}——观测电极 MN 间的电位差;

I——AB 电极供电电流。

影响视电阻率的因素有：

①电极装置的类型和电极距。

②测点的位置。

③电场有效作用范围内各种地质体的分布情况，包括形状、大小、厚度、埋深、相互位置和各自的电阻率。

④地形地物。

常见电阻率剖面装置及特征一览表　　表 2-3

装置名称	装置示意	装置符号	装置系数	装置特点
二极装置	A M B N ∞ ∞	AM	$K=2\pi AM$	一种测量电位装置，可转换
三极装置	$\overrightarrow{AMN}$ A M N B ∞	AMN	$K=2\pi\dfrac{AM\cdot AN}{MN}$	横向分辨率高，地形影响大
四极装置	$\overrightarrow{AMNB}$ A M N B	AMNB	$K=\pi\dfrac{AM\cdot AN}{MN}$ 一般 $MN=(1/5\sim1/3)AB$	异常简单，勘探深度大； 对直立良导和水平高阻薄体分辨能力低，对高阻体、水平良导或基岩起伏反映较好
偶极装置	$\overrightarrow{ABMN}$ A B M N	ABMN	$K=\pi na(n+1)(n+2)$ $a=AB=MN$； $n=BM=1,2\cdots$	横向分辨率高，异常形态复杂
联合剖面	$\overrightarrow{AMN\infty}$ $\overrightarrow{MNB}$ C ∞ A M N B $AO_{最佳}=0.5(L+d)$ $MN=(1/5\sim1/3)AO$	AMN∞MNB	$K=2\pi\dfrac{AM\cdot AN}{MN}$ A M N B ρ_a ρ_a^A ρ_a^B ρ_a^R ρ_1 ρ_1 ρ_2 $\rho_2\to0$	横向分辨率高，地形影响大； 对于寻找低阻、陡倾的含水断裂破碎带有较好的效果
中间梯度装置	$\overrightarrow{MN}$ A M N B	A-MN-B	$K=\dfrac{2\pi}{\dfrac{1}{AM}-\dfrac{1}{AN}-\dfrac{1}{BM}+\dfrac{1}{BN}}$ (1/3～1/2)AB　(1/6～1/5)AB A B AB	在相同的AB极距下，勘探深度大，异常简单，工作效率高； 对寻找陡倾的高阻体效果较好，而对于陡倾的低阻地质体则效果差

剖面法基本属于位置偏移法，因此，应符合目标体的异常变化是空间位置的函数。如有其他因素影响极易引起虚假异常，有时需要进行很多步骤的校正工作。通常不适合下列情况：

①地形切割剧烈、悬崖峭壁、河网发育以及通行困难的地区。

②覆盖层厚度大或地表盐渍化，电阻率低，形成低电阻率的屏蔽效应而无法观测信号的地区。

③无法避免或无法消除工业游散电流干扰的地区。

④接地电阻过大，又无法改善接地条件的地区，如大面积卵砾分布区、风化石堆积区、地表冻土达 1～2m 的地带。

(2)断面法

断面法是以不同的极距观测同一测点在不同深度处介质的视电阻率，是在同一测点上逐次扩大电极距，使探测深度逐渐加大，这样便可得到观测点沿垂直方向由浅到深的视电阻率变化情况。常见排列如表 2-4 所示。

常见电阻率测深装置及特征一览表 表 2-4

装置名称	装置示意	装置符号	装置系数	装置特点
三极装置	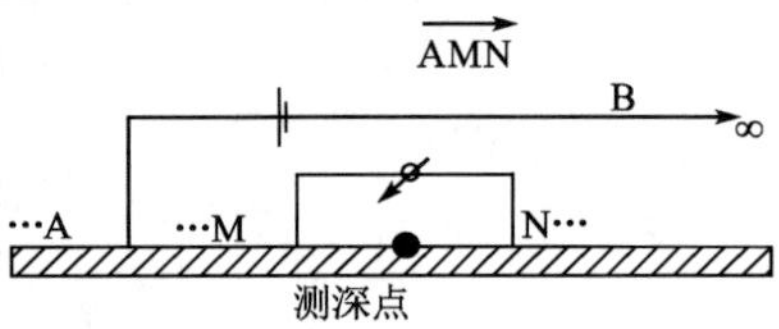 $\overrightarrow{AMN}$ B ∞ …A …M N… 测深点	AMN	$K=2\pi\dfrac{AM\cdot AN}{MN}$	可用于地形有障碍地区
四极装置	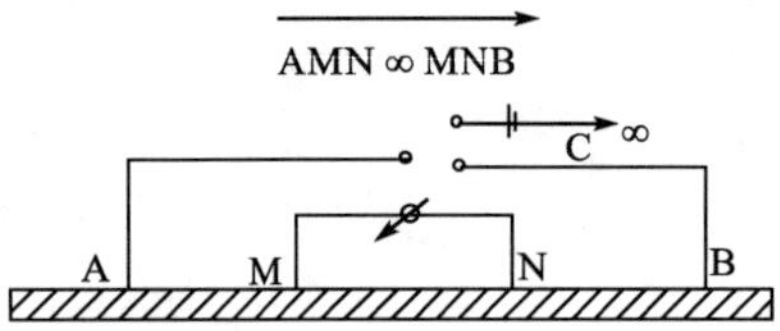 $\overrightarrow{AMN\infty MNB}$ C ∞ A M N B	AMN. MNB	$K=\pi\dfrac{AM\cdot AN}{MN}$	工作简便，为常见形式
偶极装置	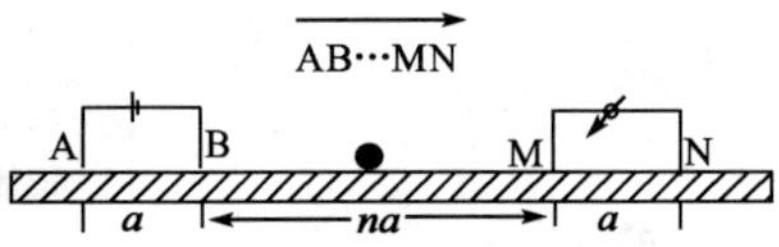 $\overrightarrow{AB\cdots MN}$ A B M N a na a	AB…MN	$K=\pi na(n+1)(n+2)$ $a=AB=MN$; $na=BM=(1,2\cdots)a$	可用于地形障碍区，受极距影响，勘探深度较小

主要特点：不能用于接地困难、覆盖层厚、电流干扰大、地形改正困难等地区。

(3)高密度二极法(无特点法)

高密度二极视电阻率测量的方法技术兼有剖面和测深的效果。由于采用了多道连续测量技术，将增强克服干扰的能力，提高实际观测精度和野外工作效率。如图 2-12 所示。

充电法、自然电场法、激发激化法的排列均可利用以上装置。

以上装置还有许多的变种，如单极梯度、五极法、环形测量、定深度勘探等。具体使用时，还应考虑许多参数的合理选择，如供电时间或频率制式、供电电源、装置展布等。

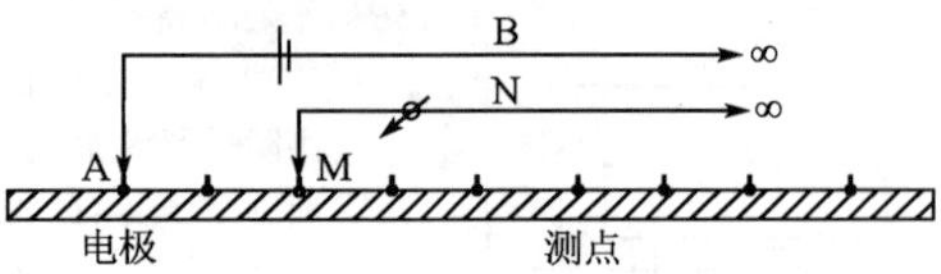

图 2-12 高密度二极法排列

2)电磁感应法

其各种装置特点见表 2-5。

常见电磁感应法装置及特征一览表 表 2-5

观测方法		装置示意	装置符号	装置特点
音频大地电场法		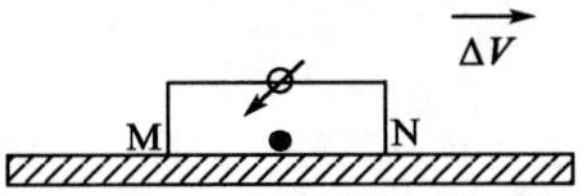 $\overrightarrow{\Delta V}$；M；N	MN	$E_x=\dfrac{\Delta V}{MN}$ 对陡立条带状地质体有利
大定源回线法（不接地回线法）		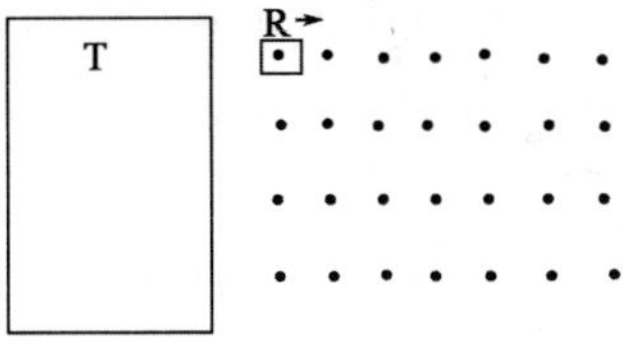 T；R	T-R	测量磁场振幅及虚分量； 电磁剖面—虚实量振幅，还有水平线圈法、倾角法、对消倾角法
甚低频电磁法		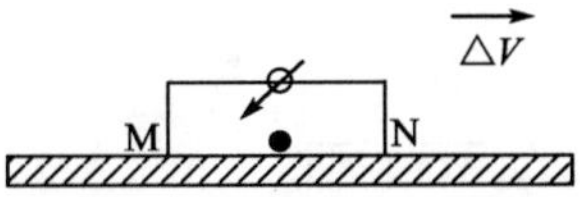 $\overrightarrow{\Delta V}$；M；N	VLF	$\rho_s=\dfrac{1}{5f}\left\|\dfrac{E_x}{H_y}\right\|^2$ 电场水平分量 E_x；磁场垂直分量 H_y； 对陡立条带状地质体有利，工作效率高、成本低
频率域电磁测深法	音频 AMT	电场水平分量 E_x； 磁场垂直分量 H_y	AMT	视电阻率： $\rho_s=\dfrac{1}{5f}\left\|\dfrac{E_x}{H_y}\right\|^2$ 趋肤深度： $\delta\approx 503\sqrt{\dfrac{\rho_s}{f}}$
	可控源 CSAMT		CSAMT	
瞬变电磁法	动源组合	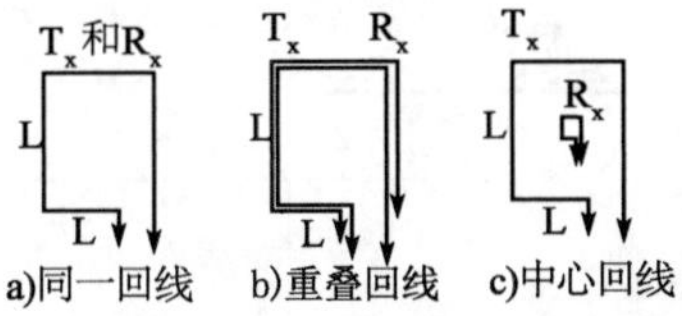 T_x和R_x；L；T_x；R_x；L a)同一回线 b)重叠回线 c)中心回线 T_x-发射线圈；R_x-接收线圈；L-回线边长	T-R	线框边长视探测深度而定
	定源组合	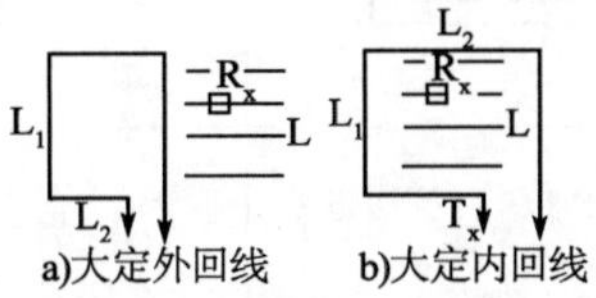 L_1；L_2；R；L；T_x a)大定外回线 b)大定内回线 T_x-发射线圈；R_x-接收线圈；L_1、L_2-回线边长	T-R	大场源激发，适合探测深部地质构造
探地雷达	剖面法	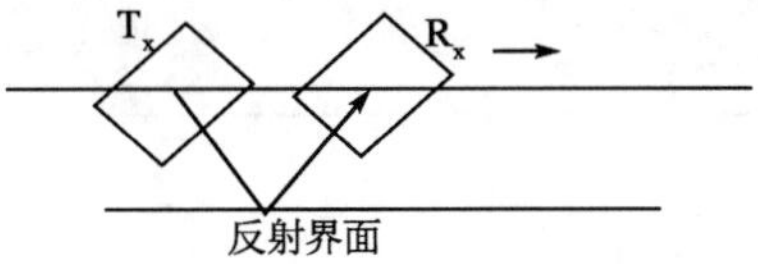 T_x；R_x 反射界面	GPR	是一种广谱的电磁勘探方法，方便快速，探测深度较小
	宽角法	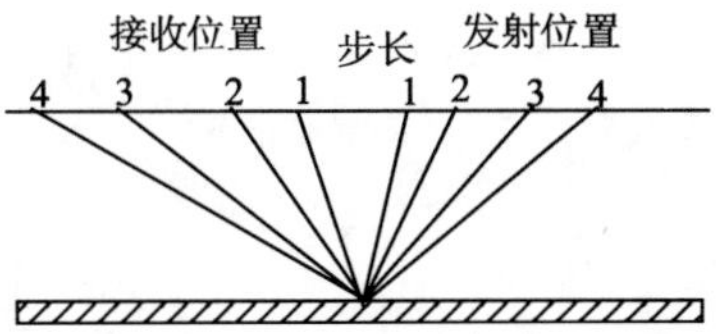 接收位置 步长 发射位置 4 3 2 1 1 2 3 4	GPR	$t^2=\dfrac{x^2}{v^2}+\dfrac{4h^2}{v^2}$ 式中：x——发射与接收天线的距离； h——反射界面的深度； v——电磁波的传播速度 共中心点法

无激励场源法装置没有特点。

2.2.1.2 弹性波法

弹性波法常见装置及特征见表 2-6。

常见弹性波法装置及特征一览表 表 2-6

装置名称		装置示意	装置方法	装置特点
浅层地震		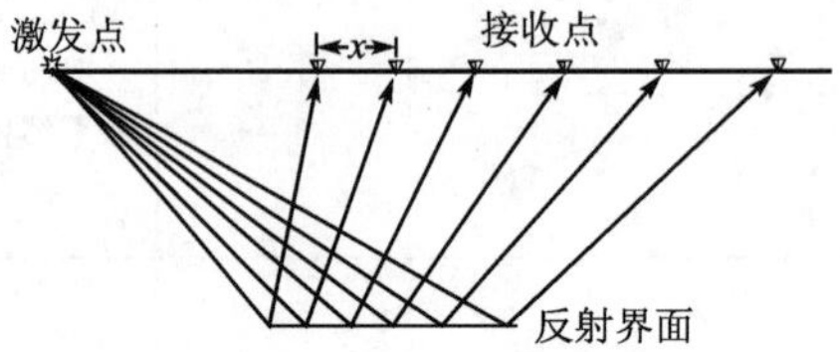 激发点 接收点 x 反射界面	反射波法、折射波	三维勘探是基本排列的面积型组合，单边放炮，直观形象
瑞雷波法	稳态法	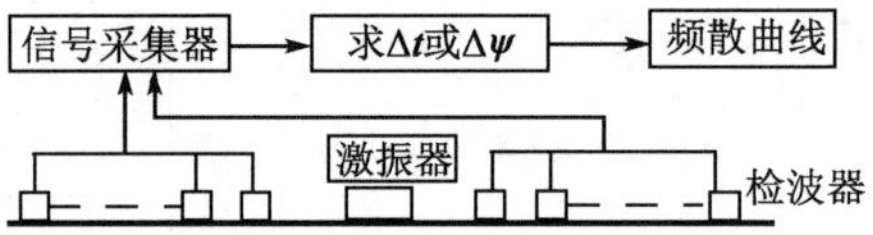 信号采集器 求Δt或$\Delta\psi$ 频散曲线 激振器 检波器	反射波法	工作简便，为常见形式
	瞬态法	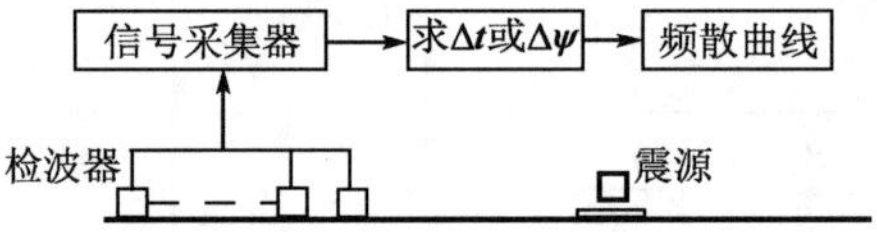 信号采集器 求Δt或$\Delta\psi$ 频散曲线 检波器 震源		
声波法		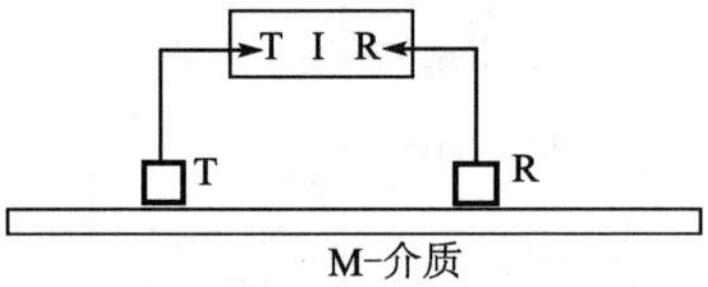 T I R T R M-介质	表面测试反射波法	可测裂缝深度，混凝土和岩石强度测试
地震波勘探组合与多次覆盖法		以基本排列分别变化激励源和接收点，通过互换原理实现多次叠加，提高信噪比	反射波法、折射波	提高信噪比，抑制地质噪声
多波多分量		激发纵波和横波；接收采用三分量；排布上没有变化		更精细探测岩土体介质的特性

2.2.1.3 重、磁、放射性及其他方法

重、磁、放射性及其他方法都属于天然场测点式测量，基本上没有排布，主要是测点式分布，通常都是剖面或面积性测量。大多属于位置偏移，个别也有测量方位角变化。位置偏移测量法都需要进行地形改正处理。

2.2.2 测井常见排列装置

常见测井法装置及特征排列见表 2-7。

常见测井法装置及特征一览表

表 2-7

装置名称		装置示意	装置符号	适合的方法	装置特点
单孔法	地面—孔中	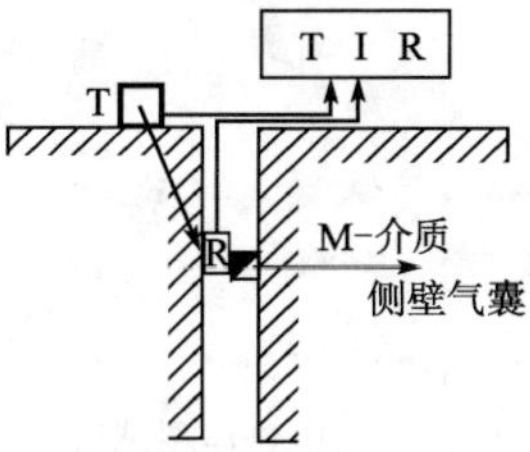	T 震源可增加，构成方位激发，接收器 R 可增加，两者相互组合变化	声波、电磁波法、电位法、放射性法、核磁法、地震波（VSP）	适合方位探测
	单孔一发双收	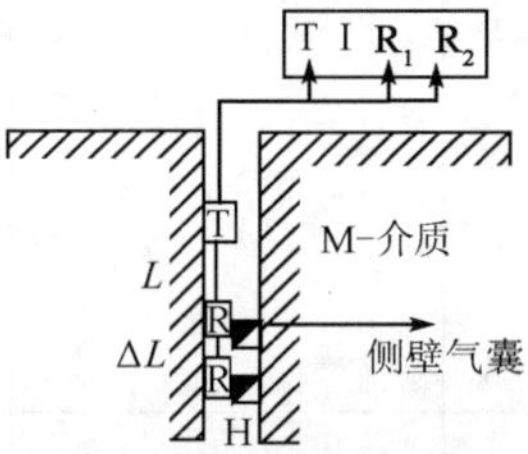 I-声波仪；T-发射换能器；R_1、R_2-接收换能器；M-岩体；H-钻孔	一发双收	声波、地震波法、电磁波法、电位差法	没有方向性，针对已有异常很难确定其方向
双孔法		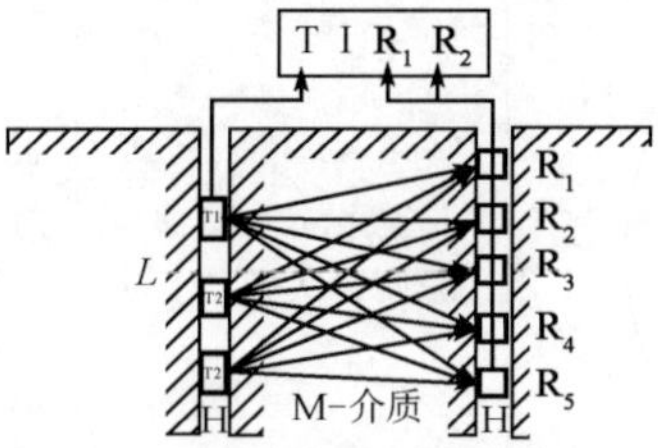 I-声波仪；T-发射换能器；R_1、R_2-接收换能器；M-岩体；H-钻孔	跨孔法	声波法、地震波法、电磁波法、电法	主要测试两孔之间的介质情况

2.2.3 地下工程常用装置

地下工程常用装置指在地下工程开挖的工作面现场开展系列探测技术的方法排布。主要分为电性方法、弹性波法及其他方法。

2.2.3.1 电性方法

地下工程电性方法装置及特征见表 2-8。

常见地下工程电法装置及特征一览表

表 2-8

装置名称	装置示意	工作原理	装置特点
探地雷达 GPR	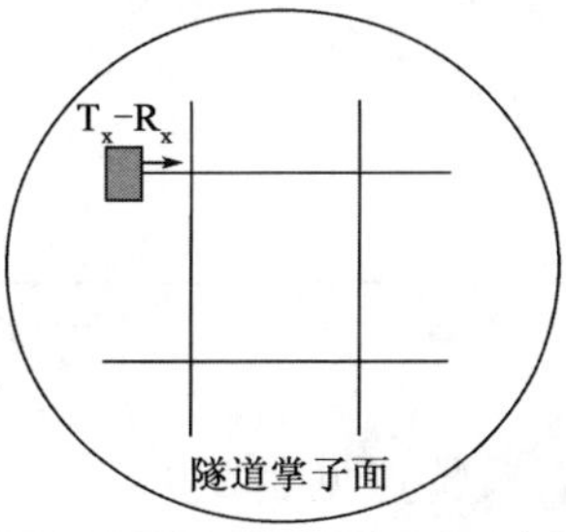 T_x-R_x；隧道掌子面	通过位置偏移探测，反射波法	一发一收无明显特点，有广泛的适用性；在隧道掌子面可探测前方三维空间地质情况

续上表

装置名称	装置示意	工作原理	装置特点
充电法、自然电位法	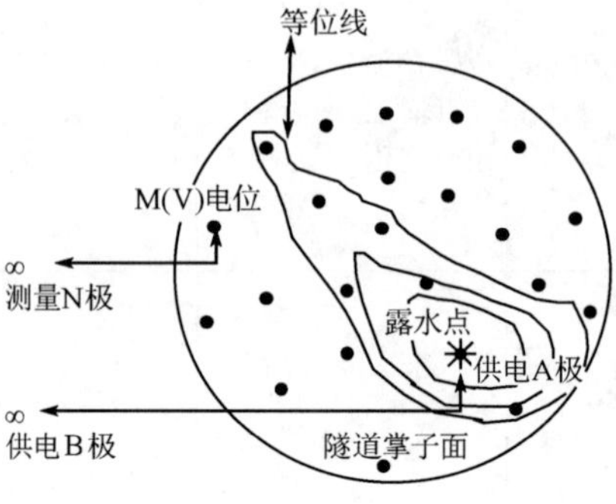 等位线 M(V)电位 ∞ 测量N极 露水点 供电A极 ∞ 供电B极 隧道掌子面	等电位体测试法	适合于低阻有出露处的探测
瞬变电磁法	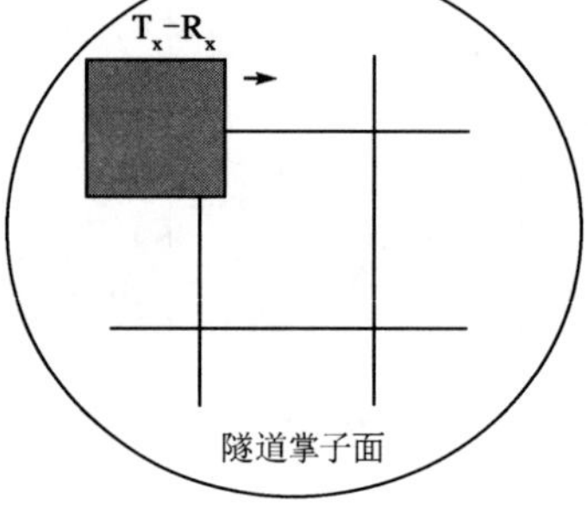 T_x-R_x 隧道掌子面	通过位置偏移探测，测二次场	一发一收无明显特点，有广泛的适用性；在隧道掌子面可探测前方三维空间地质情况；与雷达类似，只是频率更低，测试的是二次场
BEAM法	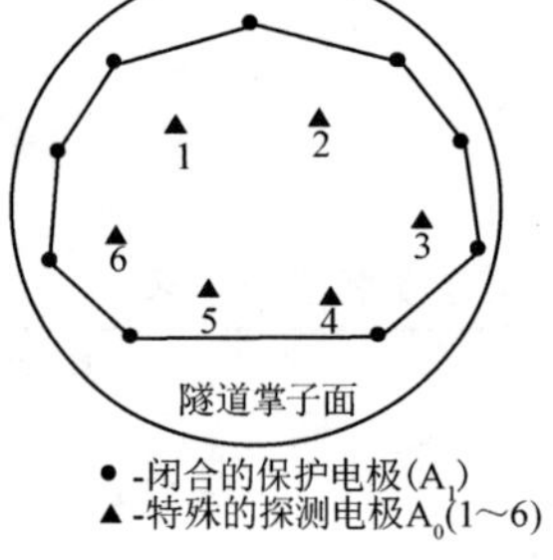 1 2 3 4 5 6 隧道掌子面 ●-闭合的保护电极(A_1) ▲-特殊的探测电极A_0(1～6)	激发极化法原理	地下工程激发极化法，由于掌子面空间所限，其探测距离较浅

2.2.3.2　弹性波法

目前隧道常用的地质预报弹性波法的装置及特点见表2-9。

常见地下工程弹性波法装置及特征一览表 表 2-9

装置名称		装置示意	基本原理	装置特点	适用条件
2D装置（2D观测系统通常主要预报较为简单的二维地质构造，如断层破碎带、岩性界面等）	TSP	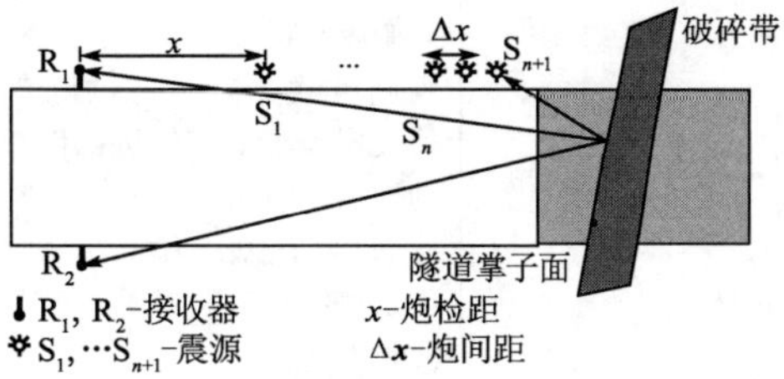 破碎带 R_1 x S_1 … Δx S_{n+1} S_n R_2 隧道掌子面 R_1, R_2-接收器 x-炮检距 S_1,…S_{n+1}-震源 Δx-炮间距	在隧道掌子面的前方一定距离，沿侧墙布置一系列震源，同时在侧墙一定距离布置接收点，通过地震反射法确定掌子面前方的地质情况	炮点与接收器均在隧道侧墙；属于二维探测	隧道已开挖一定距离（能满足任务要求的距离偏移，通常大于 50m）、不良地质体走向与隧道轴线垂直最佳，缓倾角不利，岩溶等复杂性状体难以探测
	VSP	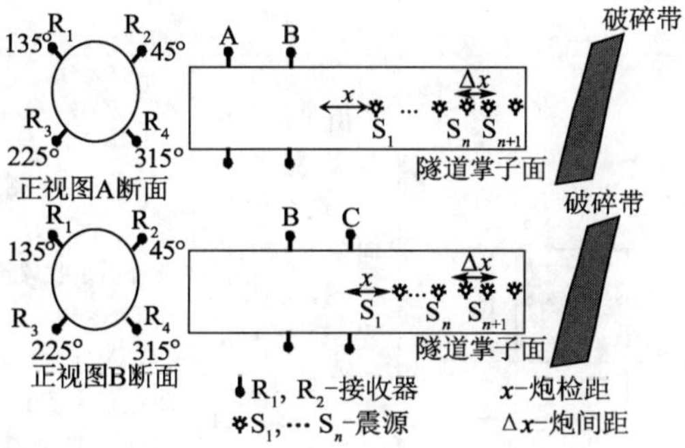 135° R_1 R_2 45° R_3 R_4 225° 315° 正视图A断面 A B x S_1 … Δx S_n S_{n+1} 破碎带 隧道掌子面 135° R_1 R_2 45° R_3 R_4 225° 315° 正视图B断面 B C x S_1 … Δx S_n S_{n+1} 破碎带 隧道掌子面 R_1, R_2-接收器 x-炮检距 S_1,… S_n-震源 Δx-炮间距	沿隧道掌子面布置震源沿侧墙布置一系列接收点，激发点在掌子面，利用地震反射法确定掌子面前方的地质情况	将常规地震勘探中的钻孔垂直地震剖面法应用于水平状态的隧道中，属于二维探测	隧道已开挖一定距离（能满足任务要求的距离偏移）
	HSP	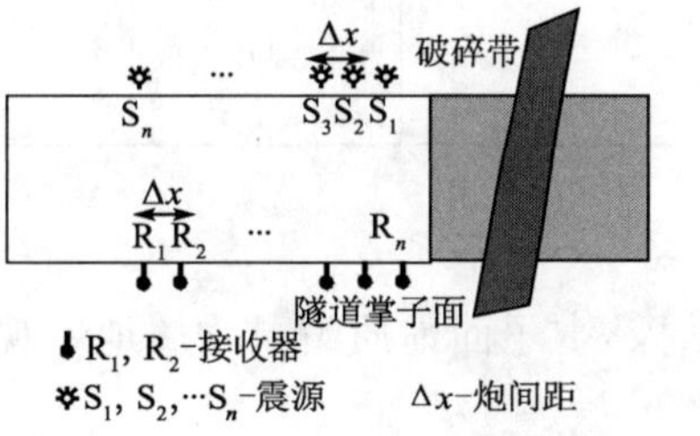 S_n … Δx $S_3S_2S_1$ 破碎带 Δx R_1R_2 … R_n 隧道掌子面 R_1, R_2-接收器 S_1, S_2,…S_n-震源 Δx-炮间距	测试时，在隧道施工掌子面或边墙一点发射低频声波信号，在另一点接收反射波信号；构成"水平声波剖面"	其特点是各检测点所接收的反射波路径相等，反射波组合形态与反射界面形态相同，图像直观	隧道已开挖一定距离（能满足任务要求的距离偏移）
	陆地声纳法	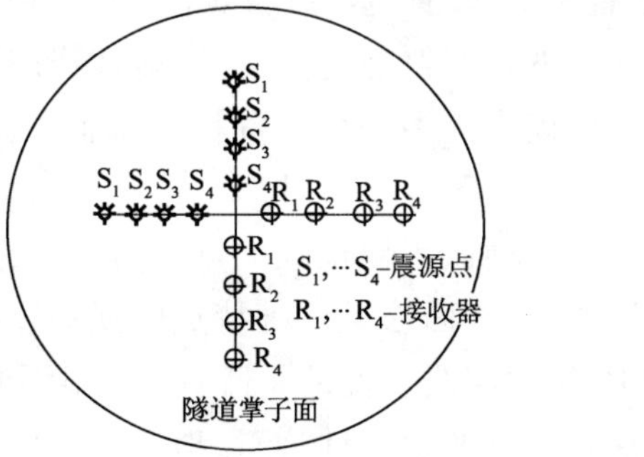 S_1 S_2 S_3 S_4 S_1 S_2 S_3 S_4 R_1 R_2 R_3 R_4 R_1 R_2 R_3 R_4 S_1,…S_4-震源点 R_1,…R_4-接收器 隧道掌子面	陆上极小偏移距超宽带弹性波超短余震接收系统单点连续剖面法	地面测线法	地面勘探方法在隧道掌子面的简单使用，受掌子面空间所限，探测距离较小

续上表

装置名称		装置示意	基本原理	装置特点	适用条件
3D装置（只有三维观测系统才能进行诸如形状体的地质灾害探测）	TRT	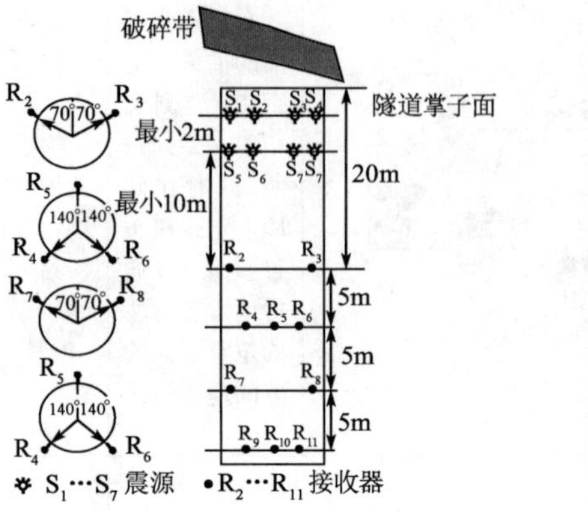 破碎带 隧道掌子面 最小2m 20m 最小10m 70° 70° 140° 140° 5m 5m 5m $S_1 \cdots S_7$ 震源　$R_2 \cdots R_{11}$ 接收器	采用空间多点激发和接收观测方式，其检波器和激发的炮点呈空间分布，以便获得足够的空间波场信息，从而使前方地质缺陷的定位精度大大提高	它的传感器布点采用立体方式，可获得真实的三维立体图，直观再现异常体的位置、形态、大小	隧道已开挖一定距离（能满足任务要求的距离偏移）
	USP	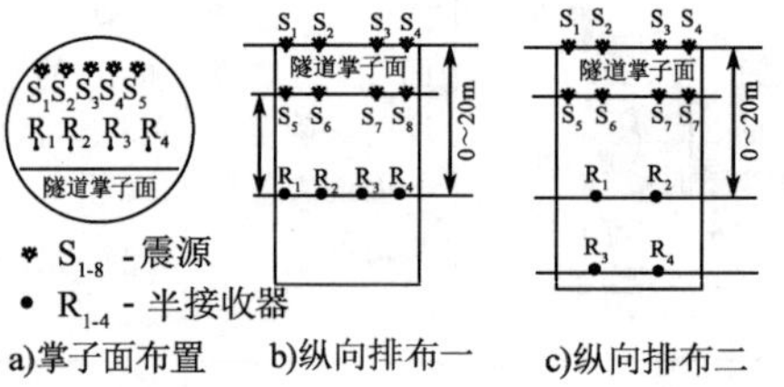 隧道掌子面 S_{1-8} -震源 R_{1-4} -半接收器 0～20m a)掌子面布置　b)纵向排布一　c)纵向排布二	由于每个接收器配置了64个不同方向多分量的检波器，使得构建3D观测系统有足够多的有效数据，可对隧道掌子面前方不良地质体进行三维数据处理及显示	USP观测系统通常采用2个接收器R_1、R_2的排布，只有当地质条件复杂时或任务要求精度较高时，采用4个接收器	是一种广谱的地下空间探测方法

2.2.3.3　其他方法

红外法探水属无源测点法，水平超前钻探、掌子面地质编录均属地质观察法。

2.2.4　装置与排列的适用性

通常，装置特点越明确的，其适用性就越窄；装置越没有特点，其适应性就越广泛。电法与弹性波法的各种排布原理相同。因此，在地下工程普查时，要尽可能选择广谱性的方法，以最大可能发现较多的异常，它可为后期的详勘提供更多的全区资料。除非已知目标体的大体情况或目标任务体已经明确，可采用一些装置特点明显的排列。

在电法中，直流电法的二极法探测就是一种适用性很强的排布，目前应用得很少，不过高密度电阻率法其实是二极法的发展而已。联合剖面法是一种特点极强的装置，中梯装置原则上属于定源排列，特点一般。在电磁法中，重叠回线装置是一种适用性很强的排布。

在弹性波法中，地面的三维地震勘探有广泛的适用性；而在地下工程勘探中，角度偏移法有广泛的适用性，适合于各种情况的探测。

2.3　测点偏移

2.3.1　位置偏移

位置偏移法在地球物理勘探中最常见的形式有:测点、测线及测面。

2.3.1.1　测点

测点是勘探、勘测最基本的单元,测点通常包含了很多属性;测点的属性规定了我们要勘探、勘测、预报的内容。通常设计的探测点都具有代表性,不同的空间测点位置的布置将代表不同的测试结果;同时,测点具有空间上的方向性。

(1)测点的空间位置属性:主要指针对要勘测的对象(目标体)测点所布置的空间位置,从不同位置探测目标体,所得的结果差异很大。测点的位置属性是位置偏移法探测的前提和基础。

(2)测点的方向属性:主要指测点在某个空间位置上的传感器方向,测点的方向属性和位置属性同样重要,不同方向测试的结果同样差异很大,方向属性是角度偏移探测的前提和基础。

(3)测点的代表性:测点的位置、方向针对不同性质的岩土介质结构所能代表的范围是不同的;同时,它与实际的勘测、预报任务的详细程度分不开,比如,测点与测点之间间距过大,那么测点间的数据就有断续;若测点间距过小,就会浪费,没有必要。

(4)测点的地质、物理、化学属性:各测点的性质属性主要指预报的目标体物性差异,需要明确是测点的电性、振动、放射性、重力、磁性等。

2.3.1.2　测线

测线是根据具体的预报任务,由系列标准的测点构成,分为等间隔测线和不等间隔测线。对于位置偏移的测线而言,最基本的探测原则是所有测点具有完全相同的性质与条件,测试结果的变化只与所测试的介质结构变化有关。但通常情况下很难做到测线所有点都具有同等的条件和属性。如在有地形起伏的山地进行探测,各个测点的实测值不仅与地下介质结构变化有关,还与测点的空间位置(地形)有关。因此,在做进一步处理时,需进行必要的地形改正或其他预处理,消除除介质变化的其他所有影响。

(1)等间隔测线

以固定排列的装置沿着等间隔的测点移动测量而获得的有效数据。等间隔测线比较简单,实用性强,但工作量大,应用广泛,只需要确定测点间距和测线长度即可。

(2)不等间隔测线

以固定排列的装置沿着设计好的预定测点移动测量而获得的有效数据。不等间隔测线设计较复杂,大多受现场条件限制时,或对所探测目标了解较多时,或对测区详查时采用。测试排列如图 2-13 所示。

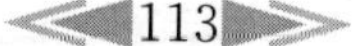

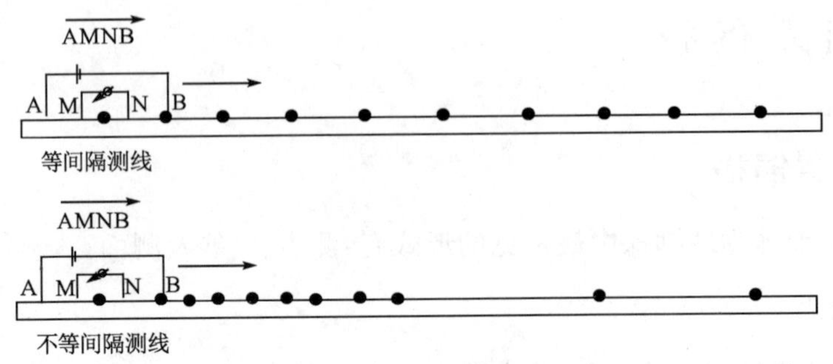

图 2-13　测线排列

2.3.1.3　测面

在地面勘探中测线构成的面，对剖面法而言，通常也称为勘查的扫面工作；对测深剖面构成的面称为三维勘探。三维勘探比二维勘探成本要高得多。测面观测系统是位置偏移最明显的体现。如图 2-14、图 2-15 所示。

构成测面观测及所有的测点分布在一个平面上，同时其在面上的位置及间隔分布满足地质勘探任务的要求。这样可组成的测面有多种组合，常见的主要还是方格型等间隔测点分布，该测试排布没有特点，没有特点即适用性较强的排布。另一种是不规则的测面，主要考虑节省工作量或现场条件所限制布置的不规则网格面。

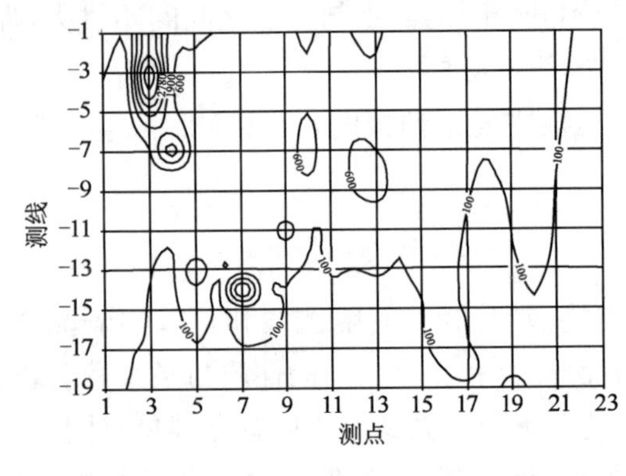

图 2-14　剖面排列

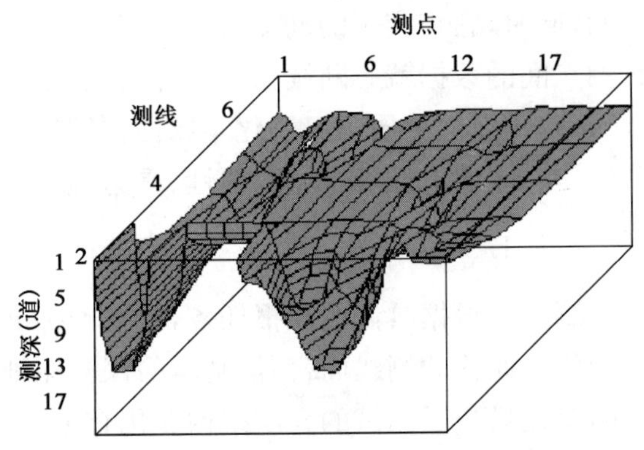

图 2-15　三维测面排列

2.3.2　角度偏移

由于我国现有的以单分量纵波为主的勘探地球物理技术在构造成像、裂缝检测以及地下工程超前地质预报等领域还难以满足工程技术的具体要求。因此，加快发展多波多分量地震勘探技术，并使我国在未来勘探技术的竞争中占有一席之地，成为地下工程开发技术发展的当务之急。

单个分量观测靠的是位置偏移探测方法；多个分量就必须依靠角度偏移探测。纯的角度偏移也可以进行探测。如图 2-16 所示是角度偏移探测三维空间成像(等值面与矢量叠加)。

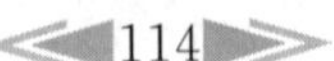

下面分别介绍以角度偏移为主的测量工作。

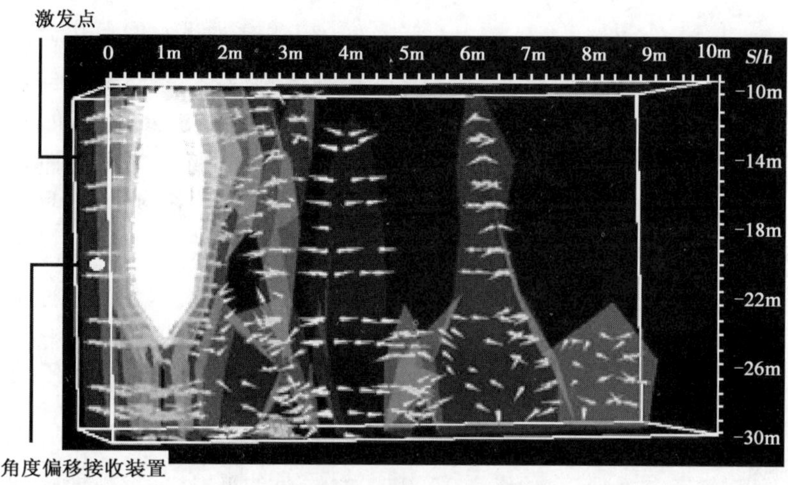

图 2-16 角度偏移探测成像实例

2.3.2.1 三分量测量

最常见的地面测量系统,多属于单分量测量,即垂直分量。地面测井系统通常为三分量测量。目前应用最普遍的还是单分量测量与分析,测井和地下工程探测中的三分量大多仍是以单分量分析为主,另外两个分量为辅助分量加以应用。

如地震波有纵波和横波及其他波;电磁波同样有电场和磁场以及电场与磁场的相互作用产生其他波,大多勘探技术都是以观测地球物理场为主来推演场源的,场源的交互场仅靠单一分量测量是很难推测其场的分布规律的。因此,地球物理界对多分量的测量一直是非常重视的。在多分量测量中,最大的问题莫过于传感技术的发展,由于传感技术的限制,使得许多方法在进行多分量观测时带来了很多困难。

三分量测试也分为定源观测和不定源观测。对定源观测可采用单个分量分别测试,构成多分量资料;也可制作三分量传感器,在一个激励场下同时观测三个分量。如有条件尽可能采用三分量传感器的方式,能保证在场源不变的情况下,同时可观测三分量较为可靠。地震勘探测量三分量多用三分量传感器;而电磁类接收器三分量观测多为三个分量分别观测。而对不定源观测则必须同时观测三分量,由于每个测点所产生的激励源不同,若不同时,观测场源已经改变。

在地震发展的初期,主要进行三分量的观测,最近几十年以来三分量的观测方法和技术实质上没有发展。同时三分量观测的特殊困难和不完善极大地限制了基于利用地震波的研究工作。TSP、TGP、VSP、TRT 等目前主要采用三分量接收器。

常用的三分量装置是由一个垂直的(Z)和两个在水平方向互相正交的(X、Y)地震检波组成。对称的三分量装置也是由三个相互正交的与水平面成相同倾角的检波器组成。通常垂直检波器记录纵波,水平检波器记录横波,其记录的特点很明显。

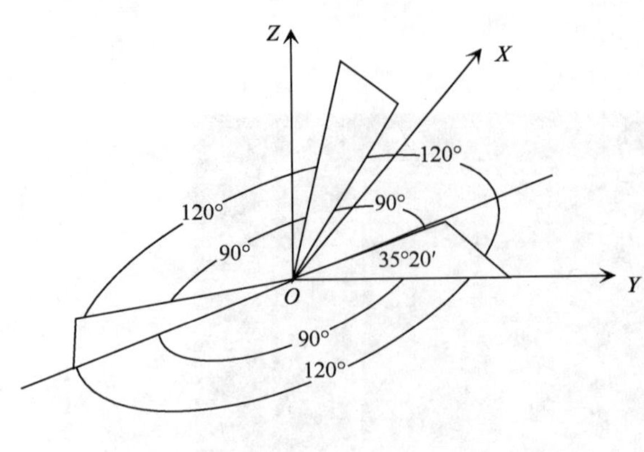

图 2-17 三分量探测的空间分布

对称的三分量装置 XYZ 由三个检波器组成，它的最大灵敏度与水平面成 35°20″夹角，相邻检波器方位角相差 120°。这种排列中所有检波器的轴相互垂直，检波器安装在不同结构的专用外壳中，如图 2-17 所示。而目前的 TSP 等三分量接收器与隧道掌子面所成的夹角和相邻检波器方位角都不满足最大灵敏度原则，TSP、VSP 等是三分量相互垂直的装置。其仪器的这种安排主要考虑到现场容易布设和资料容易解释，方便观测，但灵敏度不是最高。

2.3.2.2 方位测量

方位测量是指在某个锥形下的沿着 0～360°方位角的变化来探测地震波场在不同时刻的传播规律，方位变化是波的相位敏感变化。如图 2-18 所示是沿着锥形方位空间布置示意图。

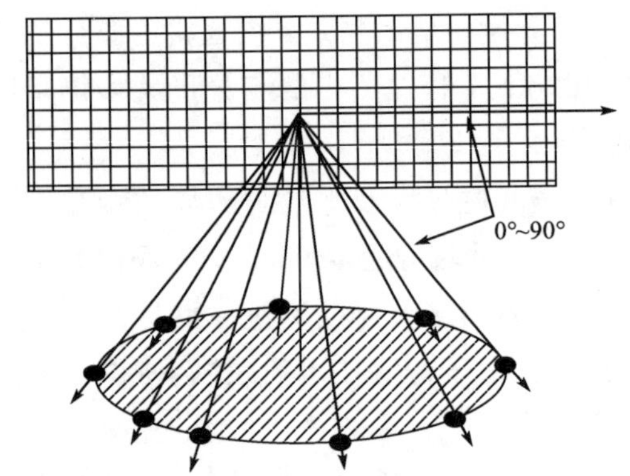

图 2-18 方位探测的空间分布示意

波的方位特性指波的相位特性和振幅特性；波的方位观测记录的同相轴形状变化与波传播的速度无关，而与波的极化性质有关。如图 2-19 所示是不同锥形方位传感器实测波形曲线。

2.3.2.3 倾角测量

倾角测量与方位测量相同，如果方位测量是沿纬度线上各测点的变化，那么倾角测量就是观测波场的经度线上波的相位特性和振幅特性。如图 2-20 所示是在同一经度线(0～180°)的波形。

2.3.2.4 角度测量

方位测量和倾角测量构成了空间角度测量；角度测量是利用空间角度的偏移来探测空间波场的相位特性和振幅特性，角度偏移通常要将测试结果投影在空间球面上，角度偏移测量对

地下空间岩土介质的三维形状体的探测非常有利。它描述的是地下空间某点周围介质不同方向的波场随时间的变化规律。地震波角度测量的装置如图 2-21 所示。

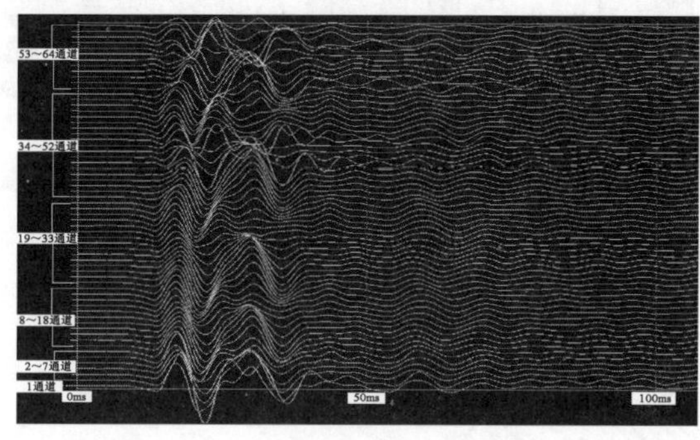

图 2-19　1～64 通道的波形曲线

图 2-20　同一经度线上的波形

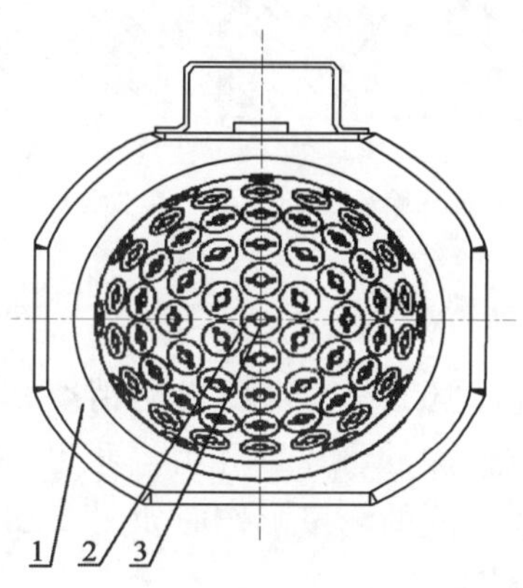

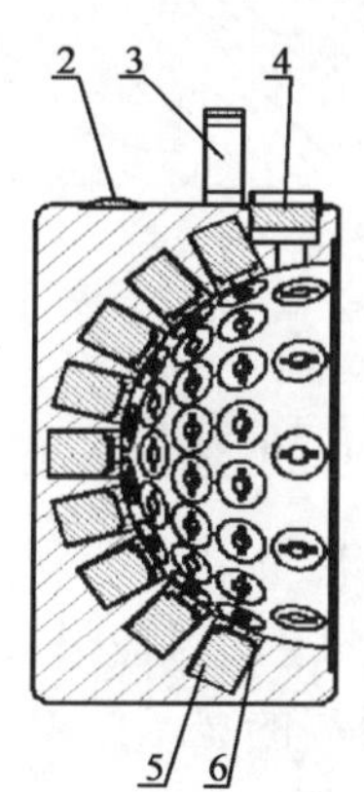

图 2-21　多分量空间接收器结构图

1-壳体；2-地震波传感器；3-丝堵；4-盖板；5-接头；6-气泡

2.4　空间排列

空间排列是指充分利用要探测岩土介质空间各个已展现的工作面，发挥各种地球物理方法的排列装置的探测优点进行空间探测。在目前的勘探中，一种是地面勘探排列，另一种是地下探测排列。

2.4.1　地面排列

地面勘探的空间排列，通常指利用地面作为主要的勘探布置空间来进行三维面积性测深工作。如常见电法的一系列测深剖面构成的面积性测量，构成的三维空间排列；时间域电磁测深法构成的面积性测量；弹性波的面积性测量方法等。同时，也可进一步由钻孔测井法形成的三维空间数据，最终构成了对地下空间的三维空间探测。它的特点是所有的观测点都在地面上，最多也就是增加钻孔，进行钻孔勘探。如图 2-22 所示。实际上，以上排列仍是通过有限个点的实测场值来进行场源的推测，对测量结果的判译需要非常丰富的经验和地球物理知识。但地面排列法所能够实施的测量只能是在地面上，最多能做的就是测量点网度的疏与密。

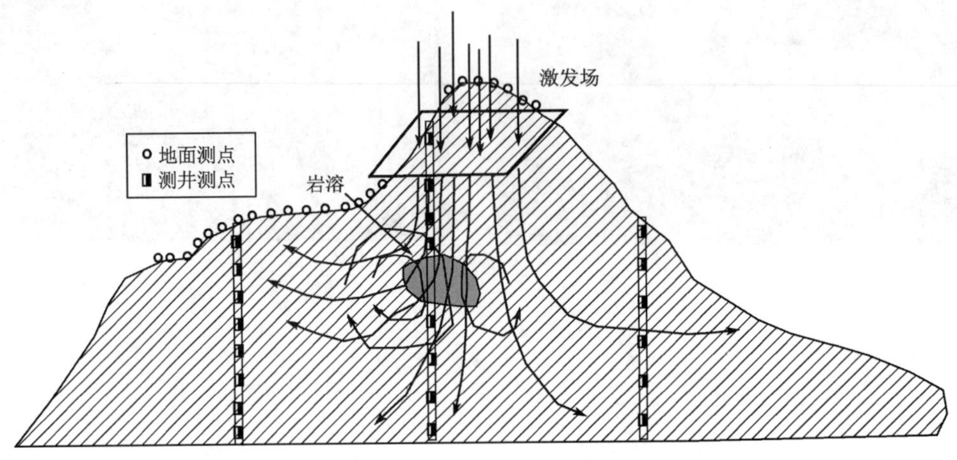

图 2-22　地面勘探观测点

2.4.2　地下排列

地下排列通常能够利用的观测环境更多，但工程本身要求的精度和技术参数也更高，同时，地下工程施工本身的风险很大，要求前方探测的可靠性和解译程度都很高，这实质上给地球物理界提出了更高的技术要求。地下工程探测的测量工作面如图 2-23 所示。

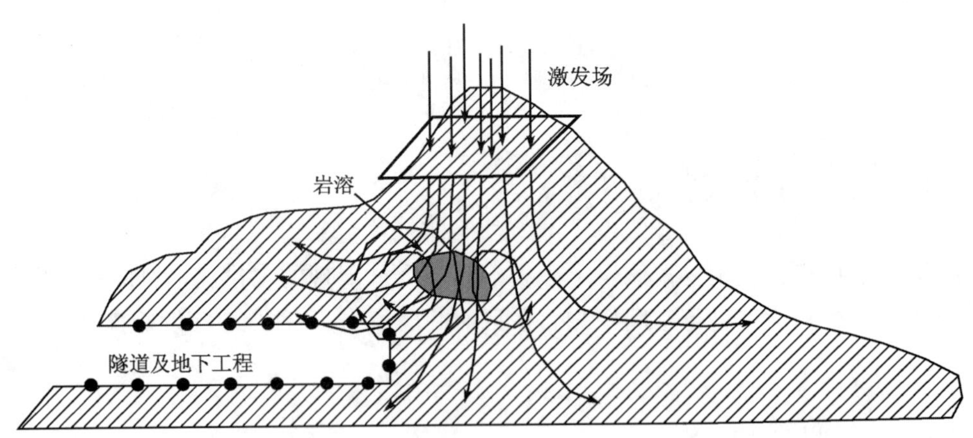

图 2-23　地下工程勘探观测点

地下工程探测除了可借用地面勘探资料、测孔资料外，还可以借助地下空间的有限空间获取实测值，进一步补充勘测资料。地铁工程由于埋深较浅，目前的前方探测工作以地表为主。而大多数山岭隧道埋深大，浅则几十米，深则上千米，光靠地表资料很难也不可能

解决工程所需的勘测资料。因此，隧道开挖前方的预报技术将以隧道掌子面的探测为主，地球物理界一直研究的地下半空间探测技术，在地下工程的探测中受到了质疑，原有的技术方法能否搬来就用，需要进行怎样的改进与转换。通过上述分析，基本可以确定，如果场源不变，那么地下空间介质的地球物理场分布就不变，只是观测的位置发生变化，场和场源的关系没有发生变化。但是由于实测的位置发生变化，也会造成异常形态发生改变，测出的数据不同了，但是其实质没有变化。另一种场源和测量点同时移动的观测方法，在地下和地上进行观测，数据和异常解释关系变化不大，主要原因是它的探测实质是追踪对比，不存在地上和地下的问题。

2.4.3　内外结合排列

在地下工程探测中，要尽可能利用所有的已知资料来减少地球物理推测的多解性问题。因此，地下工程探测中，要尽可能利用前期的勘察资料和钻孔资料，为地下工程中的探测提供基础性资料和推演依据，特别要重视钻孔资料。前方地质预报是一个极为复杂的推演过程，要考虑到整体地球物理环境以及方法本身的缺陷、特点，尽可能地在各方面证据都满足的情况下进行解释才能基本满足工程的需要。大多数的超前地质预报工作都是在施工中进行，预报完成后很快就得到验证，这也会促进预报技术的发展。内外结合的现场解释示意如图 2-24 所示。

目前，地下工程探测技术大多仍依靠位置偏移进行探测，由于地下空间场地所限，位置偏移技术将会受到地质多方面条件的限制，角度偏移技术将是超前探测的发展方向。

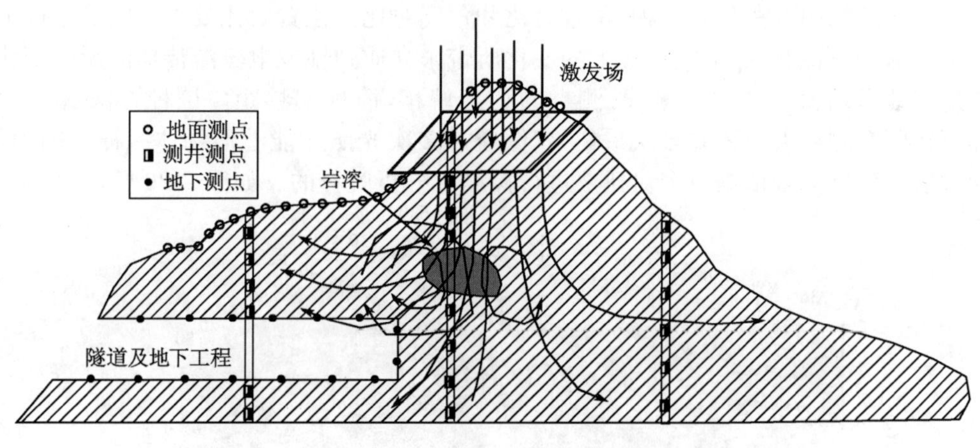

图 2-24　地下工程于地面勘探联合观测点

2.4.4　角度和位置联合排列

在地下工程开挖面进行超前地质预报，首先是要构建前方的三维波场数据，如采用位置偏移，由于地下空间范围、场地所限，能够获取的有效数据(要求预报范围内)较少，受三维空间有效数据量的限制，对三维空间的详细预报很难做到。而角度偏移技术，基本不需要多大空间，它是站在一点上进行空间角度的数据采集，非常适合地下工程的前方探测工作。角度和位置偏移的联合体系如图 2-25 所示。

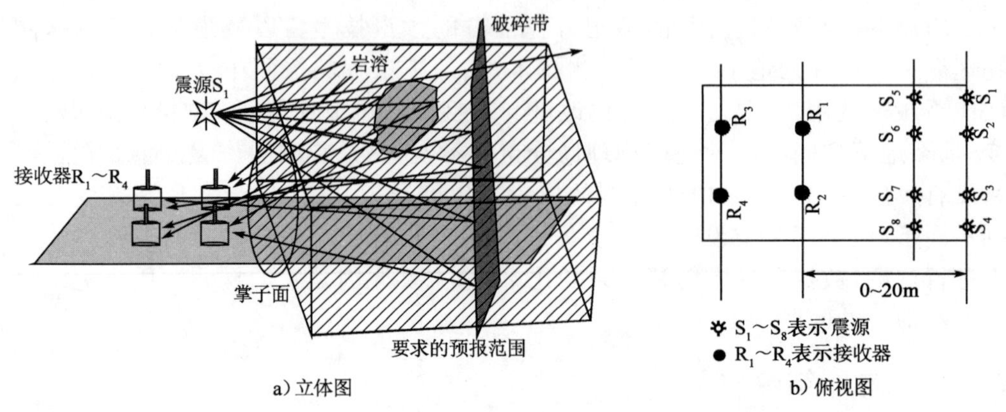

图 2-25　角度和位置偏移的联合体系

2.5 "照亮"地下

在地下工程开挖中进行前方探测时，常用地面的一些排布在地下空间进行有限范围的展布，以获得有限的资料进行解释判读。同时，由于工程开挖要求探测的精度较高，鉴于单一方法的多解性，使得组合方法、综合参数法得以广泛使用。即使如此，目前的前方探测方法与技术仍远远不能满足地下工程开挖与支护的技术要求。

不论对地震或电磁勘探而言，要探测三维地质体，在地面上，通常采用三维震电探测技术，按照一种排布在地面上由一系列平面的测点网络三维地质体，以达到对三维地质体的探测。

地下空间的探测方法分为两种：位置对比和角度对比。位置对比要求在同等条件下（为了方便对比追踪）所有测点在空间位置上的变化所带来介质弹性或电磁波传播波形的变化，位置对比在地面地震勘探中主要是测线、测点的距离偏移，简称偏移距。该种方法属于"走到看到"，即要在所有测点上布置并多次采集，就像通过多次光照才能看清物体一样。国内外大多数勘探方法与仪器都是依据位置对比法进行探测和分析解释的。如图 2-26 所示，位置对比通

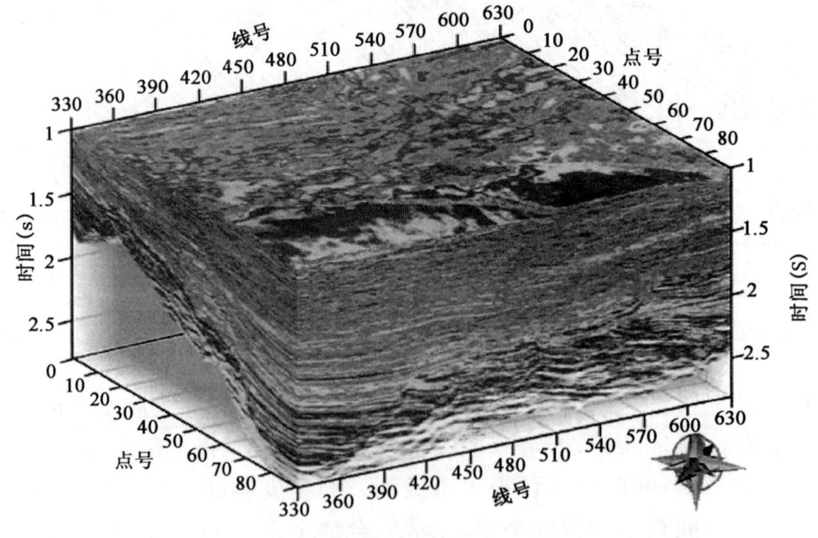

图 2-26　位置偏移照亮地下

过在地面上布置一系列测点测线进行测深工作才能实现。另外，由于地面空间所限，很多时候局部测点不能布置，测点周围的干扰等都限制了地震波形变化仅是位置的函数。角度对比则要求在同等条件下所有测点在空间角度上的变化所带来介质弹性或电磁波传播波形的变化，角度对比在地下地震勘探中主要是多方位、多倾角的空间角度偏移，也简称偏移角。该种方法属于“站着看到”，即通过一次激发全部采集，就像通过瞬间光照即可看清物体一样。角度对比的效果如图 2-27 所示，图中展示在空间沿不同角度方向检波器随时间的波形变化。

图 2-27　角度偏移照亮地下

2.5.1　“眼睛”的功能

视力是人们最熟悉的眼睛功能，即形觉功能。光觉是视觉器官对外界光线的感受能力，担负着夜视觉作用，是视觉的基本功能。色觉是指人眼分辨颜色的能力。立体视觉是具有三维空间的双眼视觉，是视觉的高级功能。具有这种立体视功能，眼睛才能辨别三维物体，才能认识微观及宏观的空间世界。立体视觉是建立在两只眼睛视力正常情况下，在具有同时知觉和融合基础上的一种较为独立的双眼视功能。地下空间中介质的探测和眼睛的功能类似，只是两者所处的介质不同，用于照亮波的频率不同而已。眼睛是在相对均匀的空气介质中，而地下空间为极不均匀的岩土介质。而照亮的波一个是高频率的光波，另一个是低频率的振动波，均为反射法进行探测。以下通过详细的功能对比说明照亮地下的可行性与具体方法。

2.5.1.1　形觉功能(角度偏移)

人眼的形觉功能主要是角度偏移的对比追踪，是通过光波反射的角度偏移来实现对形状体的识别的。

“照亮”地下的初级阶段是眼睛的形觉功能，即对三维地质体形状的探测。就目前对三维地质体的探测主要是采用地面的三维勘探(地震、电磁等)来实现，都是采用位置偏移的方法进行的，即“走到看到”。当然，对地下工程而言，大部分的地方是走不到的，位置偏移法当然就看不到了。但角度偏移法是站着看到，不需要走到即可观测前方和周围的地质情况。因此照亮地下主要是利用角度偏移理论，通过单次激发或少量的激发，而采用角度偏移接收器的数据采集实现可视地下的眼睛形觉功能。目前，对形觉功能的实现，也即对形状的探测，在地下工程中仍没有得到很好的解决，仅有的方法主要有采用地质雷达三维扫描(位置偏移)，但由于空间所限仅能解决少量问题，大量的形状探测(空洞、塌落体等)仍是世界级难题。而角度偏移研究的很少，应用的更少，当然也受各种因素所限制，理论相对较复杂，解译更困难。但角度偏移仍是形觉功能实现的主要方向和趋势。如图 2-28 所示，是利用位置偏移法和角度偏移法在探测地下三维地质体的互换作用。

2.5.1.2 光觉功能(分辨率)

人眼的光觉功能是指对光的分辨能力，与眼睛的感光细胞数量有关。当然，感光细胞越多，眼睛的分辨能力就越高，就能看清更细小的物体。

空间位置偏移的横向分辨率，取决于测点、测线的间距，间距越小，分辨率越高。同样，角度偏移观测的分辨率取决于角度偏移接收装置上检波器的数量，如图 2-29 所示，检波器数量越多，沿着空间分布的相位变化一周的检波器数量越多，角度偏移的分辨率越高。角度偏移装置的分辨率分为方位角的分辨率和倾角的分辨率。

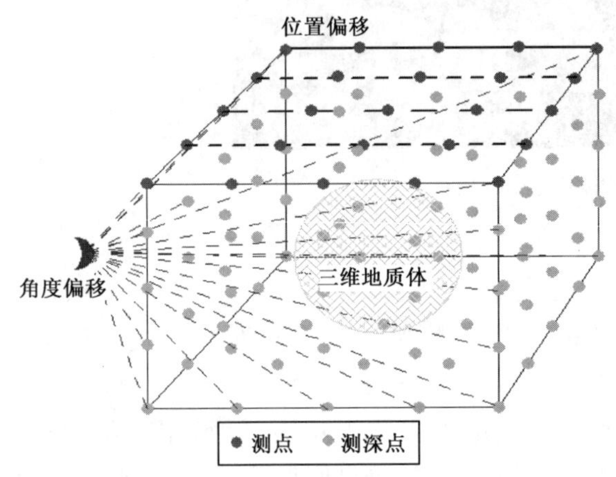

图 2-28 位置偏移与角度偏移的互换

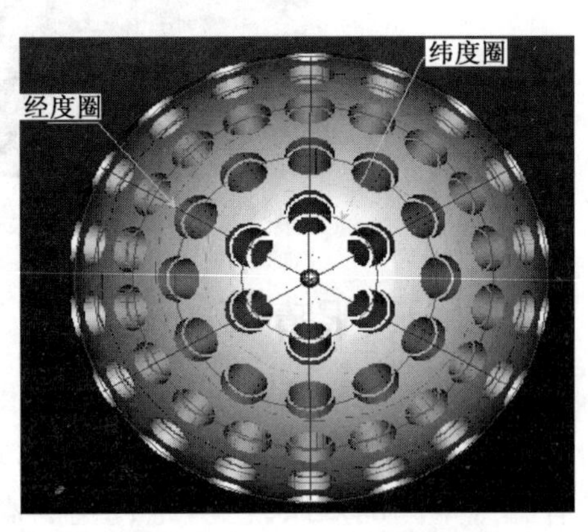

图 2-29 64 分量接收器内部结构示意图

(1)角度装置方位角的分辨率

空间装置中地震检波器的数量主要决定于方位(空间)观测所提出的问题如何，方位相位对比主要是以应用相位标志为根据的。因此，空间装置中检波器的数量决定测定方向的精确度。在必须特别细致地分析波时，尤其是测定非线性极化波的参数时，应用检波器更多些。同样，减小装置中相邻检波器方位间的距离也可以增加研究波的详细程度。

(2)角度装置倾角的分辨率

线性极化波空间接收器地震波的记录形式随装置中检波器倾角的变化而变化。不论线性极化波还是非线性极化波方位地震记录的形式，皆与空间地震装置中检波器倾角有极密切的关系。地震接收装置中检波器倾角的选择主要取决于工作任务所必须解决的问题。

以上可说明空间地震装置(多检波器)具有广谱的探测效应。但要注意：要保证多通道控制的灵敏度；确保接收器中每个检波器有相同的灵敏度、其他参数、技术指标。

2.5.1.3 色觉功能(综合参数)

眼睛的色觉功能是指对物体颜色的判断与识别,正是颜色让世界如此丰富多彩,不同的颜色、光线、环境条件构成了眼睛不同的色觉,进而有不同的认识效果。

地下空间探测的色觉功能是多参数组合探测的体现,是利用综合参数法(多参数优化)的空间探测及参数耦合效应的结果,是对三维地质体形状性质的探测。由于地质条件的复杂性,地球物理方法的多解性,只有采用"综合参数"法,才可提高预报可靠度。比如:根据目前的地球物理方法的技术现状,对隧道超前地质预报而言,考虑到方法的可靠性、探测精度及资料的可认识性,对地质灾害探测确定最佳的综合参数为"波速+电阻率"。针对隧道掌子面长距离预报,利用地震反射法(参数1:波速)与瞬变脉冲电磁法(参数2:视电阻率)组合进行超前地质预报。两个参数说明一个地质目标体的两个性质,通常断层破碎带低波速低阻(含水)。这样可提高预报的精度,减少多解性。

2.5.1.4 立体视觉功能(角度+位置偏移)

立体视觉是利用人的双眼功能,即根据两眼的位置偏移构成的视觉差来判断物体的立体形状及位置。立体视觉是采用"角度+位置偏移"联合体系的空间定位功能。

在空间上利用角度与位置偏移对比法的配合实现地下空间的立体视觉功能。

角度空间装置与位置对比法配合具有巨大意义。尤其是在解决复杂的地质问题时,作者研究的USP系统具有多个接收器、多震源的布置是基于此种功能,它可以完整地分析波的图形。观测的大量经验证明:这种配合是非常有效且有前途的。其原理是结合角度偏移和个别点的位置偏移来实现的。

两种对比方法的配合运用可以比较可靠地、有根据地分析地震记录上的波,甚至在较好的情况下可以解决距离偏移无法解决的复杂问题。

在解决专门的个别情况下,特别是在复杂的地质构造条件下,在距离偏移完全没有对比性时,可以采用空间角度偏移装置进行资料弥补。波的分析可以应用位置对比法(距离偏移法)进行,如要分析波的干涉带时仍需利用角度对比法进行补充。

2.5.2 多眼定位

准确地说,双眼可以定位,利用的是交会法,但定位的准确度随着距离的增大逐渐降低,主要原因是双眼的位置偏移小,且不能变化。如果多个眼睛就会大大提高定位的准确度,利用的是多点交会平差提高准确度。地震勘探"角度+位置"偏移的联合体系,利用的是多眼定位法。

如地震偏振记录能确定质点运动矢量在空间的方向。在均匀各向同性介质中纵波质点运动方向与波的传播方向一致。可利用空间装置确定线性偏振波的质点运动的方向。定位的精确度取决于独立测量的地震检波器数目,在空间装置上决定于多分量数目。

对角度偏移装置,初至波的运动方向接近于有最大振幅的偏振地震记录分量的方向(初至波最大振幅方向)。从零振幅或最小振幅分量也能定性确定运动方向为零位移平面的法线方向(注意在许多情况下地震记录上观测不到零振幅)。

2.5.3 “照亮”地下的应用

作者在某隧道现场进行的四眼(四个角度偏移接收器)排布,实现隧道前方超前地质预报,也即照亮开挖面前方地质情况,现场排布及三维数据结构见图 2-30。

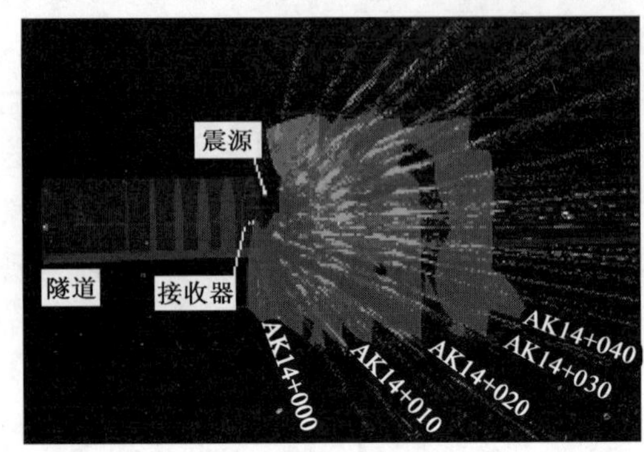

图 2-30 照亮隧道前方地质情况

通过对采集到的四个角度偏移接收器数据进行一系列处理后,将结果展布到空间的综合资料效果见图 2-30。项目研究组随后根据分析预报的资料对隧道开挖进行了跟踪。该隧道在开挖后,根据预报的结果对隧道工程开挖进行每天的照片地质编录,并特别关注在围岩有明显的变化处 AK12+810、AK12+830。跟踪的结果,围岩在 AK12+810 处明显变好(图 2-31),而开挖到 AK12+830 附近岩体整体变差,由于围岩变差,工法没及时调整,致使施工至该处附近发生了小型塌方。以上与实际预报结果吻合较好。

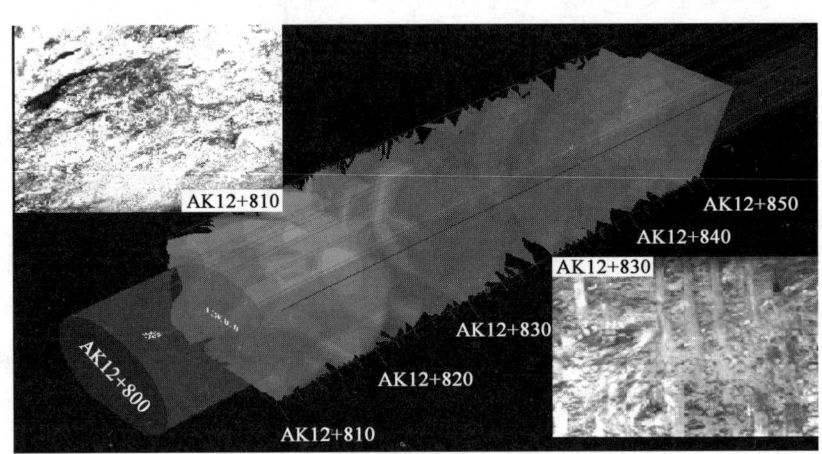

图 2-31 地震反射波绕射叠加空间展布与实际开挖跟踪掌子面图片

虽然角度偏移的观测、处理、成像与判译技术有待于进一步发展,但角度偏移在地下空间的探测是必然趋势,如何利用地震波的角度偏移和位置偏移的联合体系“照亮”地下空间,目前仍是世界级的难题。大量的岩溶超前探测与预报问题亟待解决,目前还没有更好的解决方法,作者提出的照亮地下的理论构想正在通过一些科研项目逐一克服。通过对“照亮”地下系列技术的研究,仍需在以下技术层面上做大量的工作。

(1)通过多通道、快速采集、高精度同步等措施,再加上相应的空间处理及显示技术探求地震波在地下空间的反射波场的变化和介质力学性质变化的规律。

(2)地震波检波器的小型化、微型化研究,使得在角度偏移接收器的感应细胞更多地排布,以提高分辨率。

(3)大量物理模拟与理论正反演对比的波谱规律研究。

本章参考文献

[1] 郭建强.地质灾害勘查地球物理技术手册[M].北京:地质出版社,2003.

[2] 叶英."照亮"地下[J].地球物理学进展,2009,24(5).

[3] 叶英.地下工程施工超前地质预报系统研究[J].工程地球物理学报,2009,6(1).

[4] 叶英,等.多分量地震波空间接收装置:中国,200820301979.6[P].2008.

[5] 叶英,王晓亮.平板式地震波电磁波接收装置:中国,201220468560.6[P].2012.

第3章　地质预报仪器

地学仪器是认识地球、资源探测、工程检测与环境监测、地质灾害的重要手段，是基础，也是前沿技术。我国的高精尖地学仪器主要依赖于从国外引进，如航空物理探测系统、高性能的测井仪器、地面和海底油气勘探的仪器装备等。要改变这种局面，必须自主发展我国的地学仪器。

预报仪器是地质工作中使用的收集、存储、识别、处理地质信息、解释和推断地质现象的器具。地质信息涉及的范围极为广泛。宏观方面包括大地构造、地形、地貌、地层、地球物理场、岩石和矿物的各种物性参数，土壤和水域中化学元素的含量与分布状况等；微观方面包括岩石、矿物的光片和薄片在显微镜下呈现的物质组成、结构和演变特征，元素的裂变径迹等。地质信号的波谱窗口，从 γ 射线开始，经 X 射线、可见光、红外辐射、雷达波到甚低频波，遍及各波段。地质信号往往十分微弱，被淹没在强大的噪声与干扰背景之中。电信号有时只有百分之几微伏，元素含量有时只有十亿分之几。因此要求提取和处理这些地质信息的仪器要有极高的灵敏度、分辨能力和抗干扰能力。

地质仪器种类繁多，其工作原理几乎涉及物理和化学的各学科，同时又是地球科学知识与电子技术、微弱信号检测技术、通信技术、自动化技术、计算机技术、光技术、航空与航天技术等多种高科技相结合的产物。

最早的地质仪器大多是光学仪器或机械仪器。中国古代四大发明之一的指南针（罗盘）的应用，导致了地磁偏角的发现。它同长期以来使用的铁锤和放大镜，一直是野外地质工作的基本工具。东汉张衡发明的地动仪就是一种机械式地震仪、机械式磁力仪差不多使用了 400 年之久。常规化学分析方法（如重量法、滴定法等）的仪器，使用历史也很久，有的沿用至今。

1906 年制造成功的三极管使人类步入电子时代，地质仪器也由此迅速发展。仪器的测读系统经历了电子管和晶体管两代。早期采用反馈技术来提高稳定性和输入阻抗等技术指标，利用电磁屏蔽和各种模拟滤波器来抗干扰和作原始的数据处理。第二次世界大战以后，离散时间信号处理理论和统计通信处理理论逐渐成熟；20 世纪 60 年代集成电路出现，使这些理论的应用成为可能，地质仪器向数字技术方向发展，并开始使用相关接收、锁相接收、匹配滤波、多次平均等技术解决强干扰背景中微弱信号的检测和估值问题。

20 世纪 60 年代后期，计算机技术开始引入地质研究，被用于地质数据采集、处理、运算、地质图件绘制，地质资料的推断解释等多方面。野外或室内采集的原始数据，先记录在

数字磁带或磁盘等媒介中，经过校正、偏移、滤波、延拓、微分等处理，提取有用信息，用以建立数据库，或作进一步的分析和运算。计算或处理的结果，可用于绘制各种地质图件。在推断解释方面，利用人机联作方式，采用图像综合技术，与多元统计或模糊数学结合，据以划分矿带、古生物带、岩性岩相带、判别矿与非矿等。人工智能在发展地质专家系统方面也取得了显著进展。

20 世纪 70 年代后期，使用了微型计算机，野外或室内仪器由简单的数据采集系统，发展到具有操作管理、故障自检、现场或实时处理、成图等功能，并能进行一定的解释推断。地质仪器的灵敏度随着物理学的进展而不断提高。如 1945 年发现核子旋进信号前，机械式磁秤的灵敏度只有几百纳特，而 20 世纪 50 年代初，高分辨率的核子旋进磁力仪，灵敏度约为 0. 1nT。1957 年，利用塞曼效应研制的光泵磁力仪，首次用于地球物理测量一般灵敏度在 10～10Hz 范围内可达 10nT。20 世纪 70 年代后期，利用约瑟夫森效应制成的超导磁力仪灵敏度比光泵磁力仪高 1～2 个数量级以上。

地质仪器的另一个方面的重要发展与遥感技术的应用有关。地质遥感技术是找矿、找水、找油(气)和地热勘查等地质工作的先进手段。有些矿体(如铜、铅、锌、煤等)，有特殊的热异常，可以通过红外遥感发现；利用雾状异常和构造圈闭可寻找石油；利用色调异常可以找水；利用人造卫星上不同波段的遥感装置测得地壳、地幔和地核的重力、磁力异常，可以研究地球内部构造。遥感技术包括三个系统。第一个系统是遥感信息收集系统，其仪器装备包括传感器和运载工具。传感器有：①能以摄影方式同步取得同一目标物反射多波段信息的多光谱照相机；②采取扫描方式获取目标物本身发射中远红外信息的红外扫描仪；③用扫描方式同步取得同一目标物反射或发射多波段信息的多光谱扫描仪；④通过扫描取得目标物本身发射微波信息的微波扫描仪；⑤通过扫描取得目标物散射雷达脉冲回波信息的微波雷达等。运载工具有：遥感汽车和遥感高塔等，属地面遥感运载工具；飞机和气球，属航空运载工具；资源火箭、卫星、宇宙飞船和航天飞机，属航天运载工具，主要是使用飞机和卫星作为运载工具。第二个系统是遥感信息接收和预处理系统，即地面系统，包括遥感信息的接收、记录、预处理和储存用的仪器装备。第三个系统是遥感资料的分析解释系统。

遥感技术发展很快。卫星类型将向高质量、长寿命、能往返和专业化发展；世界各国将各自建立多功能、综合性的地面接收系统，遥感信息的获取、传送和接收技术将更加实时和快速；专业化的卫星(如陆地卫星-D)的发射将能提供更丰富的地质信息。

可以说，离开地质仪器就没有地质科学的深入发展。例如，显微镜在地质学中的应用结束了历史上关于岩石成因的水成说与火成说之争。又如根据下地壳地震波速特征，地质学家们曾长期认为地壳岩石相当于辉长石，然而高温高压试验表明，稳定的岩石应更接近于榴辉岩和石榴子石变粒岩。地质科学与地质仪器的发展常常是相辅相成的。例如，20 世纪 30 年代晶体化学在地学中的应用，使分析测试仪器进入地学仪器的行列。电子显微镜、电子探针等高精度仪器的出现，使微矿物学、微观结构及微区分析技术迅速发展，成为地质学新的分支学科。地质仪器正朝着多功能、多参数、多信息、具有综合处理功能的智能化系统的方向发展。

在新中国成立初期，我国的地学仪器事业受到党和国家的专门重视，于 20 世纪 50 年代末在长春地质学院建立了地质矿产部 302 研究室；1959 年建立了北京地质仪器厂；1960 年在长春地质学院从当时的物探系一二年级学生中拨出专门的班级，组建了长春地质学院地质仪器系。

1980 年以来，自主研制地学仪器的力量被明显削弱，“造”仪器不如“买”仪器之风在国内盛行，国家每年都要花大量的外汇购买国外的地球物理仪器。有人说是中国对地球物理仪器的需求养活了国外一些濒临倒闭的公司，如加拿大凤凰地球物理仪器公司等。

“造”不如“买”导致国产的地质仪器没有市场，我国的北京地质仪器厂、上海地质仪器厂和重庆地质仪器厂不得不转产，甚至将重力仪生产车间都炸掉了！

2000 年以来，资源与环境问题突出，我国加大了对地学的投入，中国地质调查局和国家地震局分别实施了 15 亿和 27 亿的装备计划，几乎都是从国外进口仪器装备。引进的仪器很快就过时，新的仪器将取代过时的仪器，没过几年，还要再引进新的仪器装备，我们不自主研制与开发，就要永远地买下去，老百姓的血汗钱来之何易？何况涉及国防的高技术，国外对我们是实施限制的，中国航空与遥感中心要引进航空重力梯度系统用于资源探查，但由于国外的限制，一直不能买进来。

由于“造”不如“买”，导致我国唯一的地学仪器高层次人才培养基地(原长春地质学院仪器系)也不得不转变专业方向，培养电子测量仪器与测控仪器领域人才。

新中国成立初期开创的地学仪器研制开发与产业化以及高层次人才培养体系在 20 世纪末期处于最低潮，而国外地学仪器的代理商在北京发展迅速。

中国科学院院士、中国地球物理学会名誉理事长刘光鼎多次大声呼吁要大力发展我国的地学仪器，最近指出“仪器问题不解决，就无法实现地学现代化”(科学时报，2006 年 10 月 9 日)。滕吉文院士也专门撰文提出中国地球物理仪器和实验设备研究与研制的发展与导向，并进行了产业化评述。

在现代化的国民经济活动中，仪器仪表涉及人类活动的各个方面。钱伟长曾经说过：“飞机要上天，离开了航空仪表就飞不起来。我们的国家正处在起飞的时候，不抓紧发展仪器仪表也飞不起来。”在世界进入信息时代的今天，仪器仪表在国民经济和社会发展中的重要作用，怎样评估都不为过。先进的仪器仪表设备既是知识创新和技术创新的前提，也是创新研究的主题内容之一和创新成就的重要体现形式，能不能创造出高水平的新型仪器仪表与设备，体现了一个民族、一个国家的创新能力的高低。正是由于人们已经认识到仪器仪表的重要作用和地位，美、日、欧共体的发达国家均把仪器仪表列为国家重点支持的关键技术。我国的仪器仪表产业与发达国家相比，技术差距越来越大，主要产品市场都被外商占领，形势极为严重，发展具有自主知识产权的仪器仪表已经成为当务之急。为扭转这种落后的被动局面，在多位院士先后两次向国家提出的建议下，国家已下决心大力发展我国的仪器仪表工业。

在国家实施创新型国家建设和贯彻国家科学技术中长期发展纲要过程中，地学仪器的自主研发在国家实施“十一五”计划的初期已经引起有关部门的高度关注和重视，仅就作者了解到：“航空地球物理勘查技术系统”列为国家 863 计划的重大项目，核磁共振找水仪器列入国家科技支撑计划“科学仪器装备的研制与开发”重大项目。地球物理快速勘探技术及仪器、地质灾害监测技术及仪器、海底探测技术及仪器等领域中一大批有关高性能的地学仪器研制与开发课题列入国家 863 计划和国家科技支撑计划。此外，中国科学院、国家自然科学基金委、国土资源部、中国地震局等加大了对地学仪器研制与开发的力度，举国上下，自主研发地学仪器已经呈现出前所未有的良好态势！

我们地学仪器工作者，要特别珍惜来之不易的机会，继续发扬中华人民共和国成立初期的

艰苦奋斗作风，抓住机遇，努力发展我国的地学仪器事业，在地学仪器研发及其产业化方面尽快赶超国际先进水平。

3.1　常见仪器介绍

地球物理勘探仪器包括地震勘探仪器、磁法勘探仪器、重力勘探仪器、电法勘探仪器、核法勘探仪器、测井仪及物性研究等方面的仪器。

地震勘探仪器是记录地面振动的仪器。根据地震勘探仪器记录到的弹性波在地下的传播特性，可探明地质构造，区分地层，推断地球内部物理性质以及监测地震活动。地震勘探仪器分天然地震仪和人工地震仪两类。天然地震仪主要用于地震监测和地球物理研究。人工地震仪用于记录人工爆炸或其他可控震源激发的震波，在地震勘探和水文地质、工程地质等领域使用，以获得包括岩石类型等在内的区域和局部构造的详细资料。按照不同用途分为石油勘探地震仪、工程浅层地震仪以及用在地震工程中的强震仪等。

磁法勘探仪器是测量磁场强度和磁性参数的仪器。根据磁测数据，可以划分岩性，发现和追踪断裂构造，研究基底构造，居里点深度界面以上磁性变化及其结构形态等。

重力勘探仪器是测定重力加速度的仪器。它以地下岩（矿）石密度差为依据，提供大地测量、地球物理及地质勘探和空间技术所需的重力资料。

电法勘探仪器是利用自然电场、大地电磁场或人工电流场，测量地壳中岩石、矿石的电磁学性质的时间域或者频率域响应的仪器。测取频域特性的有各种电阻率仪、频率测深仪等。时间域仪器测取大地的自由响应特性，各种瞬变电磁仪以此为依据。地质雷达及无线电波透视仪也可用来研究地质情况；地电化学探测仪是将电法与化探相结合的仪器。

核法勘探仪器是测量地壳内放射性元素辐射的或通过人工激发由非放射性元素辐射的射线的仪器。可以用来查找放射性矿床及其共生的金属矿床，寻找油气圈闭构造、基岩裂隙水以及地质填图，在工程中探查隐伏断裂等。常用仪器有 α 和 γ 辐射仪、能谱仪、射气仪、X 射线荧光分析仪、热释光剂量仪、径迹扫描仪以及室内样品分析用的各种放射性测量仪器。

钻探机是在掩盖地区（包括水下）为取得实物，必须使用钻机，钻机按深度、钻孔口径、钻进方法、冲洗液种类等划分为多种类型。

勘探地球物理测井仪器是运用物理学原理和方法，沿钻孔（钻井）剖面测量岩石的物性参数的仪器。按所利用的岩石物理性质不同，分为电法测井仪器、磁法测井仪器、声波测井仪器、放射性测井仪器、热测井仪器和重力测井仪器等。根据所测各种地质参数，可划分钻井剖面的岩性，评价（油）气、水层，发现矿藏，确定矿层含量、品位，研究地质构造、沉积环境以及检查井下技术状况等。

在地下工程超前探测中，常用到的主要有电法类和弹性波法类预报仪器。

3.1.1　电法类仪器

电法勘探中测量岩石，矿石的电学性质差异值的仪器的总称，简称电法仪器。用于寻找金属矿床与非金属矿床、勘查地下水、能源资源以及研究地质构造等。

电法仪器需要有较高的技术性能和使用性能。主要包括：温度稳定性（正常工作的温度范围为−20～60℃)、湿度稳定性(工作环境的相对湿度可达95%～98%)、防尘性能和抗震性；高分辨力、高灵敏度；极强的抗干扰能力；测试的动态范围大；能源消耗少；装置的重量轻等。

电法仪器一般由场源和接收测量两大部分构成。场源多数是由人工建立的，由仪器的供电部分或发送部分产生，少数是用天然场。由于电法勘探的探测方法及分支方法多达数十种，因此电法仪器的名称及种类也很多。分类上一直没有统一的准则，根据仪器所采用的测量技术及工作程式，可将电法仪器归为直流电法仪、频率域电法仪及时间域电法仪三大类。

3.1.1.1　直流电法

直流电法仪主要包括用于直流电阻率法、直流充电法和自然电场法的仪器。为了在地下建立起足够强的电流场，直流电法仪的供电部分常采用干电池组或带整流、滤波部件的交流发电机电源装置，通过电缆送至相应的接地供电电极，将电流供入大地。利用天然场源的自然电场法仪需测两测量电极间的电位差(ΔU_{MN})，而其他方法都要求所使用的仪器既能测ΔU_{MN}，又能测供电电流I的大小。为减少测量误差，一般是用测ΔU_{MN}的同一电位差仪测量串接在供电回路中的取样电阻上的电压降的方法求出电流I的数值。因此，直流电法仪的测量部分，本质上就是一种直流电位差测量仪。不过，在仪器部件的构成方面，比一般的电位差仪多了一个极化补偿器。这部分的作用是产生连续可变的某一直流电压，并将它串联在测量回路中，以补偿未向大地供电前测量电极间存在的电位差(极差)。直流电法仪现时采用的多为灵敏度较高(μV级)，输入电阻较高(10Ω～10MΩ)，能自动跟踪极差变化的高性能直流数字式电压表。作为直流电法仪的测量传感器，主要有金属(铜、不锈钢)电极和不极化电极两种。

我国工程物探的使用水平居世界前列，但国产工程物探仪器则还需上一个台阶才能适应国民经济的需要。20世纪50年代～70年代，我国工程物探单一地使用直流电法，从购进苏联的电法仪器到自己仿制、研制并生产，基本上满足了我国工程物探的需要。

20世纪70年代以来，我国科技人员创造了用直流激发极化法(时间域)勘探地下水，并大批生产了相应仪器，至今此类仪器仍为地下水勘查的主力仪器，并全部占领了市场。

20世纪80年代，进口了大量物探仪器，有些类仪器基本上占领了我国的市场。20世纪80年代起，我国仿制进口仪器的国产同类仪器，在和进口仪器的竞争中，艰苦地发展、改进，但仅以售价低作为短视的优势，并因此形成了国产仪器必须低价的不正常观念。

直流电法类仪器一览表　　表3-1

序　号	名　　称	主要性能指标	生　产　商
1	DWD-Ⅱ型微机电测仪	输入阻抗50mΩ； 电位分辨率0.01mV； 最大电压400V 最大电流5A	北京地质仪器厂
2	DDJ-Ⅰ型多功能激电仪	输入阻抗100mΩ； 电位分辨率1μV； 电流分辨率0.01mA	北京地质仪器厂
3	LZSD-C型自动直流数字电测仪	输入阻抗1000mΩ； 电位分辨率0.01mV； 电流分辨率0.01μA； 最大功率2.5kW(5A，500V)	中国地质大学(武汉)

续上表

序　号	名　　称	主要性能指标	生　产　商
4	WDJD-Ⅰ型多功能数字直流激电仪	输入阻抗>8mΩ； 电压通道±6V±1%±1字； 电流通道>3A±1%±1字； 电压700V，电流3A	重庆奔腾数控技术研究所
5	DDC-5型电子自动补偿仪	输入阻抗>8mΩ； 电压10～700V； 电流3000mA； 电压精度±1.5%±0.1mV； 电流精度±1.5%±0.1mV	重庆地质仪器厂
6	WDDS-1型数字电阻率仪	输入阻抗>30mΩ； 电压－6～＋6V，±1%±1字； 电流3.5A，±1%±1字； 电压700V，电流3.5A	重庆奔腾数控技术研究所
7	D2D-4型多功能直流电法仪	输入阻抗>8mΩ； 电位分辨率0.01mV； 电流分辨率0.01mA； 最大电压900V； 最大电流5A	重庆地质仪器厂
8	WGMD-1型高密度电阻率测量系统	转换电极60路； 绝缘性能≥500M； 工作电压400V(直流)； 工作电流2A(直流)	重庆奔腾数控技术研究所
9	Swift(AGI高密度电阻率仪)	6芯电缆，最大254道； 功耗电平工作80h	美国AGI地学新技术公司
10	E60型高密度电阻率仪	通道数<1024； 输入阻抗6mΩ； 最小输入信号4μV	长春科技大学工程技术研究所
11	DUK-1型高密度电法测量系统	转换电路总数60路； 绝缘性能500mΩ； 最大电压450 V(直流)； 最大电流2.5A	重庆地质仪器厂
12	MD-2E型分布式智能化高密度电法测量系统	最大通道240道； 输入阻抗≥50mΩ； 电位范围±10V； 电流范围±3A	中国地质大学(武汉)物探系

3.1.1.2　频率域电法

频率域电法仪包括用于频率域电磁法(包括地质雷达)和频率域(频谱)激电法的各种仪器。这类仪器之所以冠以“频率域”之称，主要是由于这类仪器的发送器能提供不同频率的谐变电磁场源，同时，测量部分所测量的是大地在这类谐变电磁场作用下所产生的各种电磁响应或电化学响应的频谱物性。频率域电法仪使用的工作频率范围很宽，为 $10^{-3}\sim10^{8}$ Hz。由于探测任务及选用的方法不同，具体使用的工作频率范围也有不同。常用的有四个范围：超低频段一数赫兹以下，最低可达 10^{-4} Hz，主要用于大地电磁法 MT；低频（或音频）段 $10\sim10^{4}$ Hz，用于多种常规电磁法；甚低频（VLF）段 $10^{4}\sim3\times10^{4}$ Hz；射频段 $10^{6}\sim10^{8}$ Hz，主要用于电波法和地质雷达。

这类仪器的发送器主要由多频正弦波发生器、功率放大器及输出装置组成。当需要建立传导电流场时，发送器的输出装置同接地供电电极连接。若要以感应方式建立交变电磁场，发送器的输出就应同发送线圈（或回线）连接。为了尽可能多地得到大地电磁（电化学）响应的各种信息，频率域电磁法和激电法要求相应的仪器能观测多种电磁或电化学响应的要素，例如：空间不同方向的电磁分量的振幅谱（E_X、E_Y、H_X、H_Y、H_Z 与频率的关系）和相位谱（φE_X、φE_Y、φH_X、φH_Y、φH_Z）的关系；或它们的实分量谱和虚分量谱；电磁场椭圆极化的各要素；电磁场各空间分量和时间分量间的相互关系等。尽管要测的参数既有标量，又有矢量和张量，有的要进行多道测量，但仪器的接收测量部分都具有大致相同的基本工作模式或结构组成，即测量传感器（测量电极，感应线圈或其他交变磁场传感器）把待测的物理量转变成电压，然后将它送至测量放大部分进行频谱分析，以获得所需的各种参数的频谱。最后，将这些数据以不同的方式显示或记录下来，或者存入存储器，待计算机对这些数据进行各种解释和处理。为了对被测信号进行频谱分析，在采用人工场源进行工作时，都以发送电流为参考基准。发送和接收间的同步方式有有线同步、无线同步和石英钟同步三种。而当采用天然场源进行工作时，常用一个或数个远参考站同步方式（例如大地电磁法 MT 所用）或以电磁场某一分量作为参考基准（甚低频 VLF 法所用）。频率域电法仪的数据显示，记录或存储方式分别有模拟量显示、数字量显示、监视器监测、磁带记录、磁盘存储、半导体固态存储、打印机输出等。频率域电磁法类仪器见表 3-2。

频率域电磁法类仪器一览表 表 3-2

原理与方法	名　称	主要性能指标	生　产　商	备　注
音频大地电场法	YDD-B 型	频率：20Hz～20kHz； 选频：≤500Hz，≥500kHz； 17.4kHz，22.3kHz； 电压分辨率：0.1mV； 量程：2000mV	中国地质调查局水文地质工程地质技术方法研究所	
	SB-1 型	可测最大电位差 1000mV； 灵敏挡满量程为 1.95mV	山西平遥、宜水利电探仪器厂	
电磁剖面法	EM34-3 大地导电率测定计	参数：视电导率 ms/m； 频率：偶极距 10m 为 6.4kHz； 偶极距 20m 为 1.6kHz； 偶极距 40m 为 0.4kHz； 精度：±5%（20ms/m 时）	加拿大 Geonics 公司	
	EM31-MK2 大地导电率测定计	参数：视电导率 ms/m； 二次场为一次场同相比 ppt； 频率：固定偶极距3.66m，9.8kHz； 精度：±5%（20ms/m 时）； 深度：偶极距 1m，深度 1.5m	加拿大 Geonics 公司	

续上表

原理与方法	名 称	主要性能指标	生 产 商	备 注
电磁剖面法	EM38 大地导电率测定计	参数:视电导率 ms/m; 二次均为一次场同相比 ppt; 频率:固定偶极距 1m,14.6kHz; 精度:±5%(30ms/m 时); 深度:偶极距 1m,深度 1.5m	加拿大 Geonics 公司	
	IGS-2/EM-4 电磁综合仪	观测方式:Genir 和水平线圈; 频率:112.5~3037Hz、5Hz(Genie 和水平线圈便携式发射机 TM-2); 37.5~3037.5Hz(Genie 固定源发射机 TF-2)	加拿大 Scintrex 公司	
甚低频	IGS-2/VLF-4 电磁综合仪	同时进行 3 台测量、自动搜索; 参数:电阻率、相位、磁正交、垂直分量; 频率范围:15~30kHz	加拿大 Scintrex 公司	
	WADI 甚低频电磁仪	频率范围:15~30kHz; 倾角范围:−100°~+100°; 精度:0.2%	瑞典 ABEM. AB 公司	
	EM16 甚低频电磁测量仪	频率范围:15~30kHz; 参数:二次磁场的同相、正交分量; 量程:同相分量±150%,正交分量	加拿大 Geonics 公司	
	EM16R 甚低频电磁测量仪	频率范围:15~30kHz; 参数:视电阻率 300、3000、30000 Ω·m;相位差 0°~90°	加拿大 Geonics 公司	
	T-VLF 无线电接收仪	频率范围:15~30kHz; 测量方式:倾角模式、电阻率模式; 配置:3 个磁探头、2 个倾斜计	法国 IRIS 公司	
电磁测深	SAMTEC-2	1Hz ~ 7.5 kHz, 0.01 ~ 500Hz, 0.0001~400Hz	法国 IRIS 公司	
	V5-2000	0.005~500Hz(为综合电磁系统,可配置 10 余种方法)	加拿大 Phoenix	
	GDP32	0.1Hz ~ 20kHz, 0.0005Hz ~ 1.5kHz(为综合电磁系统)	美国 ZONG 公司	
	MT-1	0.01~3000Hz,100~20000Hz(可进行阵列式测量)	美国 EMI 及 Geometric 公司	
	EH-4	0.1~1000Hz,10Hz~100kHz	美国 EMI 及 Geometric 公司	

3.1.1.3 时间域电法

时间域电法仪包括用于时间域激电法和时间域电磁法(或称瞬变电磁法)的各种仪器。这类仪器的工作程序如下:发送器将其产生的各种时变函数信号,即各种时变波形的电流,通过供电电极或者线圈去激发大地或准备研究的目的物。仪器的接收测量部分在一次场不存在时,即发送电流停止工作的时段内,将测量电极或感应线圈,及其他类似的磁场传感器所接收到的大地或目的物的瞬变响应(常以衰变电压的形式出现)传送至宽频带测量放大器进行放大和处理,最后显示、记录或者存入存储器。时间域电法仪是采用分时、顺序方式进行工作的,即激发时不进行测量,停止激发时测量工作开始,直至下一次激发到来之前为止,并如此循环工作。瞬变电磁仪所使用的时变电流的重复频率通常为数赫兹至数十赫兹。测量所占用的时间间隔为数毫秒至数百毫秒。时间域激电仪所使用的时变电流的重复周期常为数秒至数十秒。时间域电法仪对瞬变(衰变)响应的测试和记录并不是连续的,而是按照一定的时间间隔进行离散采样。一般,激电仪的采样间隔较宽,采样的数目较少,并且起始采样的时间也较晚。而瞬变电磁仪则不同,它的起始采样时间很早(约 $n\times10^{-6}$ s,采集的样品数目较多(可达数十个),采样的时间间隔也较窄。仪器工作时所用的同步方式多为石英钟同步。当对测量精度要求不很高时,也可用发送电流停止工作时的脉冲信号进行同步。

与频率域电法仪相比,时间域电法仪对测量技术的要求更高、更复杂。这主要反映在:要求整个测试系统具有高精度、高稳定度的时间基准;要求在数毫秒的时间范围内,不失真地放大幅度变化范围为 $10^5\sim10^6$ 倍的电信号;在宽带放大的前提下提取强噪声背景下的微弱信号;发送器瞬时最大发送电流需达数十安培至 100~200A。

电法仪器今后可能会沿着两个截然相反的方向发展:一个是全能的、集数据采集、处理和自动解释为一身的大系统;另一个是小、巧、优的智能化专用仪器。

瞬变电磁法在矿产资源等勘查领域已广泛应用,成为寻找铜多金属硫化物矿床的重要方法。这里综述了国内外瞬变电磁仪器的性能和主要技术指标,简要分析了部分仪器存在的缺陷,总体上国外 TEM 仪器的性能优于国内产品。国外解释软件的可视化和集成度相对较高,在实际资料反演和成像的解释方面,国内外基本处于同一水平。近期一维反演和二维电阻率成像仍是 TEM 资料解释的主要手段,复杂地电条件的三维反演技术在短期内达到实用化较难。

仪器研制方面,专门用于时间域电磁法仪器:1953 年出现第一专利,为 Newmont 勘探公司申请,1962 年 Mclanghlin 和 Dolan 研制出 Newmont EMP-1 型仪器,1964 年 EMP-1 野外实验成功,1972 年 Lamontagne 研制出 UTEM-1,1974 年 Crone 公司推出偶极系统的商品仪器,1974 年 Newmont EMP 正式用于野外,1977 年 CSIRO 研制出 SIROTEM-I,1980 年 Geonics 研制出 EM-37,1996 年 EM-67 等。20 世纪 80 年代末以后,多功能电法仪器相继问世,如美国 Zonge 公司的 GDP12、GDP16、GDP32,加拿大的 V-5、V-6、V5-2000 等。我国从 20 世纪 70 年代开始研制的脉冲式航电仪用于野外实验研究,如 80 年代地矿部物化探研究所的 WDC 系列瞬变电磁仪,西安物化探研究所的 LC 瞬变电磁仪,90 年代中南工业大学的 SD-2 仪器,中国有色金属工业总公司的 TEM-3S 型仪器,2001 年吉林大学研制的 ATEM-Ⅱ型瞬变电磁仪器系统。

经过 50 多年的研究、开发与应用,我国的瞬变电磁法总体水平有了一个飞跃的发展。应用水平和应用范围与国外大体相当,理论研究、仪器开发也开始有了令人瞩目的成就,一大批年轻的科研工作者在瞬变电磁领域也取得了不小的成绩。

探地雷达在水文、工程、环境等领域已得到广泛的应用,且其应用范围还在不断扩大。地

质雷达仪器国内外技术悬殊较大，目前国内主要应用国外仪器产品。以美国劳雷公司仪器为主，另外有瑞典、意大利等仪器产品。国内中国地质大学、中科院地球物理所与北京市市政工程研究院等科研机构都分别开展这方面的研究工作，虽然也有产品，但在市场的应用和占有率非常有限。

时间域电磁法类仪器见表3-3。

时间域电磁法类仪器一览表

表3-3

原理与方法	名　称	主要性能指标	生　产　商	备　注
瞬变电磁仪	TEM67PROTEM	测量范围：20μs～240s； 输出电流：25A； 输出电压18～150V	加拿大Geonics	
	SirTEM	测量范围：20μs～2s； 输出电流：10A； 输出电压24V	澳大利亚Geoinstrument	
	Digital PEM	测量范围：76.5μs～31.75ms； 输出电流：20A	加拿大Phoenix公司CRONE公司	
探地雷达	SIR-2，－8，－10，－12，－3000	显示器实时监测； 磁带记录或软盘或硬盘； 天线主频：80、100、120、300、400、500、1000MHz	美国Geophysical Survey Systems Inc.	具有多种频率、多种天线
	EKKO-100，EKKO-1000	系统最大特征参数：172dB(162dB)； 可编程序采样间隔10～20000Ps； 可编程序叠加：1～2048次； 可编辑时窗：1～3267ns； 发射机输出：400或1000台(200V)； 天线主频：12.5、25、100、200MHz(110、225、450、900、1200MHz)	加拿大Sensor & Software Inc.	
	RAMAC/GPR	系统增益：150dB； 扫描速度：200次/s； 采样数：128～2048样点数/道； A/D转换：16位； 叠加次数：1～32768； 时窗：最大6μs； 发射机最大输出：1000～1200V； 天线主频：10、25、50、100、200、250、500、800、1000MHz	瑞典MALA GEOSCIENCE	

3.1.2　地震波类仪器

地震勘探仪器至今已经发展了几十年，随着电子技术、计算机技术、数据传输及存储技术以及地震勘探技术的不断发展，地震勘探仪器也在不断发展。从地震勘探仪器的元器件组成、设计结构、技术性能、技术指标以及它在地震勘探发展的历史过程中所起到的作用等方面分析，地震勘探仪器可大致分为以下6个发展时代。

(1)第一代地震仪是从20世纪30年代初期到50年代末期,大约经历了30多年,是地震勘探的初期,也是地震勘探仪器发展经历时间最长的一代。主要标志是采用电子管器件和模拟波形感光照相纸记录。

(2)第二代地震仪是从20世纪50年代末期到60年代末期,在地震仪器发展历史上是时间比较短的一代。主要标志是采用分立半导体器件和模拟磁带记录。

(3)第三代地震仪是从20世纪70年代初期至80年代初期,主要标志是采用中小规模集成电路、逻辑控制、模拟/数字转换和数字磁带记录。

(4)第四代地震仪是从20世纪80年代初期至90年代初期,主要标志是采用大规模集成电路、计算机控制,将采集电路部分(模拟电路和模/数转换电路)做成采集站与控制和记录系统(主机系统)分离,并把采集站分散布置到外线排列中,所以这类仪器也被称为分布式数据采集系统。

(5)第五代地震仪是从20世纪90年代初到现在,已经经历了十几年。主要标志是采用超大规模集成电路、多计算机控制和24位AD(模数转换)技术。

(6)第六代地震仪是从21世纪初(2002年)开始。主要标志是采用微机械电子技术成功制造数字地震传感器,从而从技术上解决了多年来传统模拟地震检波器制约地震勘探发展的瓶颈问题。

国内外主要的24位遥测地震仪可分为三类:有线遥测地震仪、无线遥测地震仪、存储式数据回收遥控地震仪,见表3-4。在这三类遥测地震仪中,有线遥测地震仪仍占主导地位,占据世界市场的绝大部分份额。无线遥测地震仪一般用于特殊地表条件下施工,也占有一定市场。存储式数据回收遥控地震仪是一种特殊类型的地震仪:没有大线,没有地震数据传输;仪器主机只对所用采集站发送发炮等命令,不接收数据,不监视采集站的工作状态;每个采集站接收放炮数据后自动存储,再用专门数据回收系统(DCU)把所有放炮数据从采集站中取出来。目前只有美国I/O公司生产的I/O SYSTEMRSR型仪器。

24位遥测地震仪分类 表3-4

类型	仪器型号	生产厂家
有线遥测地震仪	SN 388 408 UL/XL/CMXL/ULS I/O SYSTEM TWO/ 2000/IMAGE ARAM 24/ARIES G3 DAPS24 GYZ-4000 WF-1006 Mark6浅层地震仪 DZQ24浅层地震仪	法国Sercel公司 法国Sercel公司 美国I/O公司 加拿大Geo-X公司 日本JGI公司 中国西安石油仪器厂 中国BGP仪器厂 瑞典ABEM公司 重庆地质仪器厂
无线遥测地震仪	EAGLE88 TELSEIS STAR BOX	法国Sercel公司 美国FairField公司 美国FairField公司
存储式数据回收遥控地震仪	I/O SYSTEM RSR	美国I/O公司

3.1.3　存在问题

为了提高生产效率和勘探效果，要求在施工测线上大量的物理点同时观测地震波。也就是说，地震仪器应该具有多道接收能力。目前用于隧道地质预报的采集器普遍通道数较少，不能很好地满足三维精细地质预报的需要。

现有地震勘探仪器和隧道超前预报系统均以国外产品为主，国内自主研发的产品很少，国外产品价格昂贵。

（1）地学仪器研发与产业化之间的关系：地学仪器不同于分析仪器和医疗电子仪器，是一种专用的仪器，批量小，有的全国只需几套（如航空探测系统），一起的使用环境又十分恶劣，对仪器的性能指标要求很高，研发的成本高，一般不具有产业化的前景，但是地学仪器的社会作用极大，因此需要国家支持，如航空重力梯度仪的研发，美国就投入了20亿美元，但目前也没有进行产业化（对我国实施了限制）。有些仪器地学仪器可以进行产业化，这时需要小规模的企业对其进行市场转化，我国早期建立的几家地质仪器厂，经过改制后，目前都很有活力并具备地学仪器产业化的能力。

（2）地学仪器自主创新与引进吸收的关系：在强调自主创新的同时，还应该注意先进技术的引进，消化吸收是再创新的前提。在当前的形势下，要根据我国的国情（尤其是国民经济发展中急需的重大社会需求），在某些条件不具备的前提下，引进先进技术作参考可以加快研发进程，不能只是片面地强调自主创新。但是也要注意一种倾向：盲目的引进之后并没有什么改进就自称作是创新了。

（3）地学仪器自主创新与集成创新的关系：集成创新不是简单的引进与组装，在强调仪器创新的同时，应该注意到有些单位或个人没有仪器研发能力，也能申请仪器研制与开发项目，主要靠的就是引进与组装，对仪器的关键技术并没有掌握，如果仪器需要升级，还要再引进，这不能称为集成创新。集成创新要有自己的思想和创意。

（4）地学仪器自主研发与基础研究的关系：多年来，人们一直把科学仪器看作是工具，在高校的学科设置中也有很长一段时间将仪器仪表列为机械工程中的二级学科。著名科学家王大珩院士等多次强调仪器仪表的重要性，认为仪器仪表是信息获取的源头，仪器仪表工业属信息工业，是前沿技术，又是基础研究的基础，这是因为没有高性能的仪器仪表，许多基础研究是无法进行的。因此，在强调基础研究的同时，决不能忽视仪器仪表研制与开发所涉及的基础问题。

（5）地学仪器自主研发与应用的关系：在国家“九五863”和“十五863”计划中，曾经支持了部分地学仪器的研发项目，但项目定位的目标是给出科研样机，并没有注意实用化，而国外的地学仪器研究机构所开展的地学仪器研究项目，主要是以实用化为目标，无论是海底电磁法仪器，还是陆地上的宽频带地震仪器，都在很短的时间内达到实用化，而我国的研究只给出1～2台样机，不能给出野外解决实际问题的例子，这正是我们研究与国外研究的主要差距之一，必须想办法改变。

3.1.4　发展趋势

纵观地震勘探仪器的发展历史可见，地震勘探技术、电子技术、计算机技术、通信技术、数字信号处理技术、数据传输技术的迅猛发展以及新工艺、新材料等的不断涌现是地震勘探仪器发展与更新换代的基础。地震勘探仪器的发展目标总是以不断满足用户需求、不断适应市场变化、不断跟踪世界最新技术成果为内容,以制造出轻便、廉价、稳定、高精度、大容量、功能齐全、软件完备、指标优越的仪器为特征,以追求通用、灵活、高度智能化、检波与采集一体化为方向,以获取高质量的地震数据资料为出发点。

我国的地学仪器与国际先进水平相差甚远,为了加快地学仪器自主研发的进程,缩小与国外的差距,建议国家尽快实施地学仪器研制与开发专项工程,近期在如下方面开展研究并取得突破:

(1)加强航空物探仪器新技术研发:包括航空重力梯度仪和航空超导时间域电磁探测系统等的研制与开发。

(2)加强海底资源探测仪器的研发:包括海底可控源电磁探测系统(CSEM)、海底可控阵元、海底重力仪等的研制与开发。

(3)加强高分辨大探测深度的矿产资源勘查仪器研发:包括井—地探测系统、大功率可控源(地震、电法和电磁法)、金属矿地震勘查系统等。

(4)加强复杂条件难勘探地区探测仪器研发:包括如何利用航空和半航空等先进技术实现人难到达地区的高效探测仪器研发。

(5)加强高新技术在地学仪器设计中的前沿探索研究:包括原子磁力仪(激光技术应用)、原子干涉测重力和磁场、光纤传感在地质灾害监测预警中的应用技术以及军事地下目标探测等仪器的研发。

3.2 综合类数据采集器研制

3.2.1 总体设计

3.2.1.1 概述

综合类数据采集系统包括了地震数据采集和电磁数据采集,整个采集系统合二为一。其中选择了 1 个通道的快速采集,采样频率达 100kHz。两者的数据采集原理、方法、设计思路基本相同。

综合类数据采集系统简称为 MHHC(多通道高精度高速同步信号采集器),MHHC 具有一次或多次触发多通道接收的特点。采用独立的 256 通道 24 位高精度、低功耗的 A/D 转换器,输入信号幅度可以经程控增益放大器调到合适的范围,保证最佳转换精度。MHHC 采集器采样率高达 30kHz,并实现所有通道同步数据采集。高速的 TCP/IP 接口可以让测量数据快速传输到计算机,ZigBee 无线接口和 WiFi 无线接口可以实现计算机对采集器的遥控。

3.2.1.2 设计方案

考虑到系统的通道数以及扩展灵活性,本系统采用了“数据采集卡+底板”的总体结构,整个系统由 1 个系统底板和 16 个数据采集卡组成,每个数据采集卡上有 16 个通道,系统组成如图 3-1 所示。这种结构将多通道化整为零,便于设计和调试,并且根据应用需求增加、减少通

道数都非常方便。数据采集卡主要由AD转换器、FPGA和SDRAM组成，负责将模拟信号转换为高精度数据，并存储在SDRAM中。底板主要由ARM、FPGA、ZigBee模块、Wiport等组成，作为计算机和数据采集卡之间的通信接口，它既起到总控系统的作用，又负责将数据采集卡的数据传输到计算机。整个系统采用统一的时钟源和触发信号，时钟源和触发信号在底板上引入，经驱动后同步分发到系统的各个通道，从而实现各通道同步。

本系统的控制核心是FPGA和ARM。一旦配置完成后，各数据采集卡上的FPGA便可以独立并行地控制各通道进行数据采集。在数据采集卡上之所以选用FPGA，是充分考虑了FPGA的并行性和实时性。在FPGA中可用硬件描述语言构建多个完全并行的ADC控制器，从而并行同步控制各通道ADC进行数据采集，这是ARM所不能实现的。在本系统中，ARM是沟通计算机和FPGA的桥梁，进行上下层通信协议的转换。在底板上之所以选用ARM，是为了充分利用ARM丰富的通信接口。虽然这些通信接口也可以用FPGA实现，但是用FPGA实现的难度和成本却要高得多。

在本系统中，底板中FPGA的主要作用是地址译码和信号驱动。通过FPGA中的4—16译码器，ARM通过4根地址线就可以片选16个数据采集卡。FPGA中的信号驱动器使ARM的信号能驱动更多的电路单元，从而使更多通道的数据采集得以实现。FPGA与分立元件的译码器和驱动器相比，具有集成度高、电路简单、故障率低、体积小、编程灵活等优点。

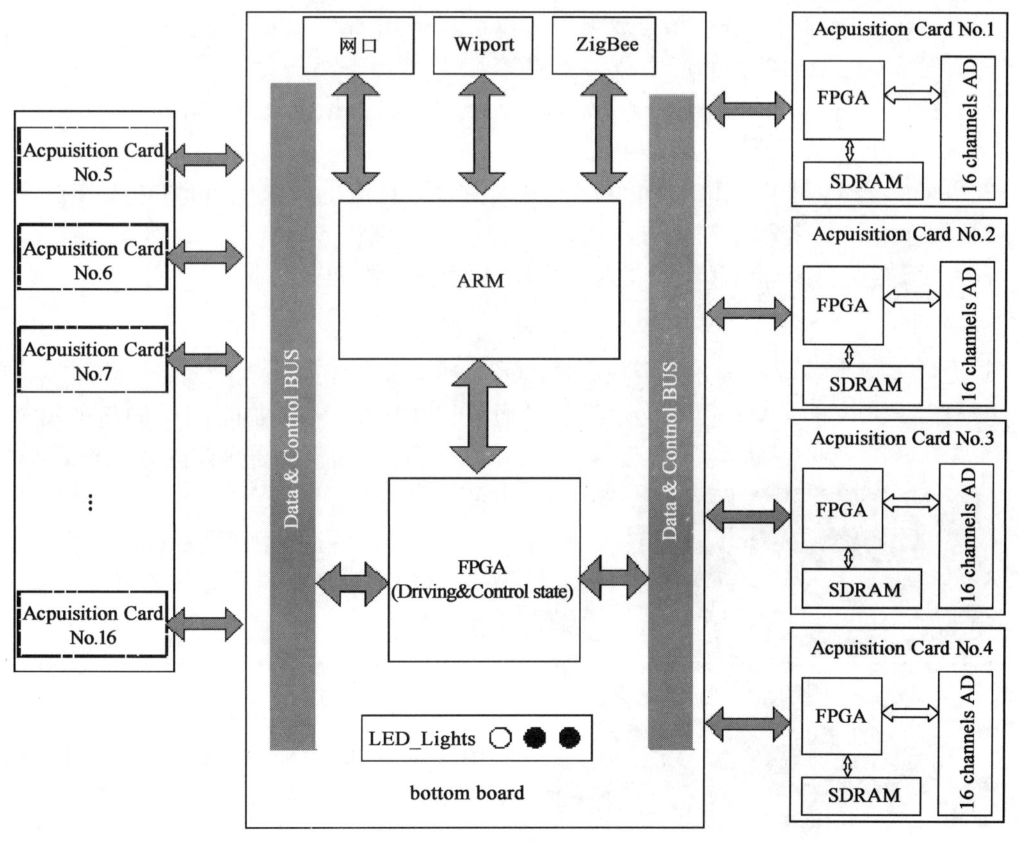

图3-1 MHHC系统组成原理框图

AD转换器是本系统中最重要的器件，在本系统中必须选用精度高、功耗低、体积小、外围电路简单的AD转换器才能满足系统的需求。如果AD转换器中能集成程控增益放大器和数字滤波器则更好，因为这样能尽量减少模拟电路，从而减少模拟信号中可能引入噪声的环节，有利于提高数据精度，也有利于减小系统体积和降低成本。为了实现各通道同步数据采集，本系统中的每个通道都采用单独的AD转换器，通过并行控制可进行同步数据采集。

在本系统中选用了SDRAM作为存储器，每个数据采集卡上都有一片16MB的SDRAM，满足1MB/通道的设计要求。SDRAM存储器与SRAM存储器相比，有存储容量大、体积小、功耗低、成本低等优点。但是由于SDRAM在使用过程中需要初始化和刷新，控制过程比SRAM要复杂许多。本系统将ALTERA公司提供的标准SDRAM控制器集成到FPGA中，从而减少了设计工作量。

3.2.1.3 性能指标

(1)整个系统一共256个通道，并具有灵活扩展功能。

(2)采用24位AD转换器，数据精度达到微伏级，动态范围130dB。

(3)各通道同步采集，同步精度达到微秒级。

(4)数据采样率达到30kHz。

(5)各通道具有独立的程控增益放大器，可放大1～64倍。

(6)具有1MB/通道的存储能力。

(7)系统能通过100M网口、WiFi、ZigBee无线接口将数据传输到计算机。

(8)系统具有方便灵活的软件操控能力。

(9)可采用7.4V锂电池供电，也可以采用外接9V直流电源供电，可以边工作边充电，采用低功耗设计。

(10)系统能在−20℃～70℃的工业级应用环境中正常工作。

3.2.1.4 系统特色

(1)通道多。本系统共有256个独立地震采集通道和1个瞬变电磁信号采集通道，既能采集地震勘探信号，又能采集瞬变电磁信号。各通道相互独立，又能协同工作，同步采集。

(2)采用插卡式结构，扩展灵活，调试检修方便。

(3)精度高。采用最新的高精度低功耗24位AD转换器，并综合应用了多种抑制噪声和抗干扰的措施。

(4)系统具有串口、100M网口、ZigBee无线接口和WiFi无线接口能多种传输方式，为现场应用提供方便。既可高速传输，又可远距离无线传输，确保爆炸勘探现场人员安全。

3.2.1.5 MHHC系统展示

如图3-2～图3-4所示。

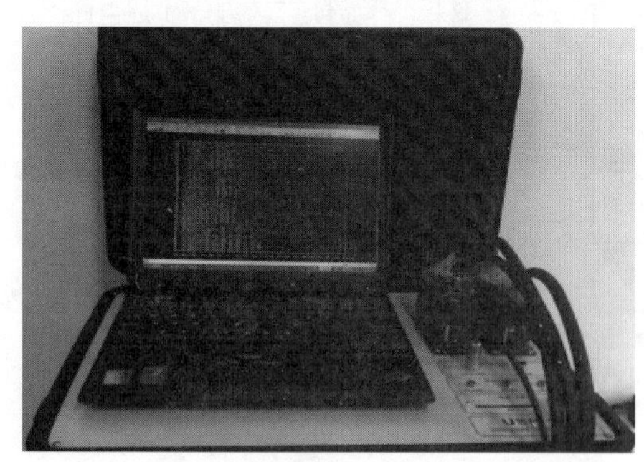

图3-2 MHHC采集器外观

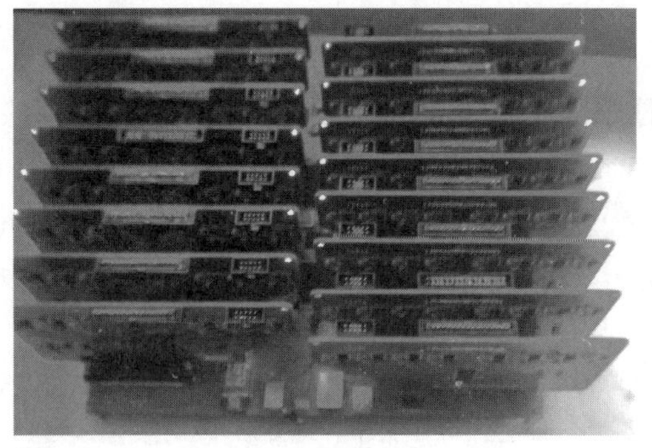

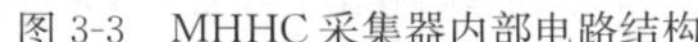

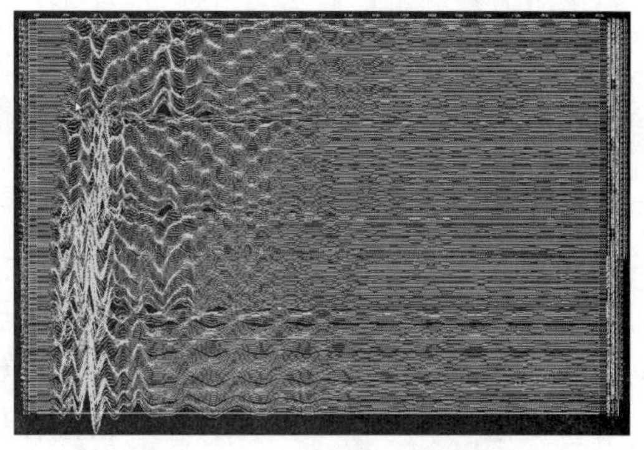

图 3-3　MHHC 采集器内部电路结构　　图 3-4　MHHC 采集器采集的地震勘探信号波形

3.2.2　硬件设计

3.2.2.1　多通道设计要点

1)多通道设计方案及其主要技术

本系统一共有 256 个地震采集通道，是典型的多通道数据采集系统。本系统采用数据采集卡结构进行通道扩展，每个数据采集卡上有 16 个通道，数据采集卡插在底板插座上，底板可插 16 个数据采集卡。这样不仅简化了系统设计、调试工作，而且使通道扩展具有很强的灵活性。在多通道数据采集系统的设计中，用到的主要技术有：并行控制技术；信号增强技术；电源管理技术；系统自检技术；系统同步技术。

由于本系统要求各通道同步采集，所以采用了并行控制技术。本系统充分利用了 FPGA 的并行、实时、高速等特性，实现了并行控制。在每个数据采集卡上，都有一个高性能的 FPGA。各数据采集卡上的 FPGA 可以独立运行，并行控制数据采集。在每个 FPGA 中，又用硬件描述语言设计了 16 个独立的 ADC 控制器，从而实现了各通道 ADC 的并行控制。当配置信息被写入 FPGA 后，系统进入采集就绪状态，一旦收到采集命令或外部触发信号，各 FPGA 即可开始控制各 AD 转换器并行同步采集。

在多通道数据采集系统中，往往需要一个信号驱动多个电路单元。然而信号的驱动能力是有限的，不能驱动太多的电路，所以本系统采用了信号增强技术。在本系统中，地址总线、数据总线、控制信号线、时钟信号线和同步信号线等都采用了信号增强技术。本系统是利用 FPGA和硬件描述语言来实现信号增强的。需要被增强的信号输入 FPGA，通过硬件描述语言输出多个与输入信号完全相同的并行信号，再利用这些并行信号去驱动多个电路单元，使每个输出信号最多驱动 8 个电路单元。

在多通道数据采集系统中，由于系统庞大，耗电量大，需要注意电源的管理。首先应注意的是尽量选用低功耗的器件，尤其是系统中用量大的器件。本系统用量最多的是 AD 转换器，经过广泛比较，精心挑选，选用的 AD 转换器功耗仅 38mW，有效控制了系统总功耗和散热量。另一方面，在本系统中每个数据采集卡和底板都采用了独立的电源芯片，这样不仅有利于避免各数据采集卡之间电源的相互干扰，而且将系统的负载平衡分散到了各个电源芯片上。

2)多通道数据采集系统的自检

系统自检是指对系统连接状态和系统故障进行自动检测,以判断系统是否处于正常工作状态。在本系统中,由于通道数很多,系统自检便非常必要。本系统具有完善的系统自检功能,包括插卡检测、ADC 检测和传感器检测。

本系统的插卡检测功能可以自动检测底板上哪些插座插有数据采集卡,检测结果存储在底板的 FPGA 中,计算机可随时读取插卡状态。本系统是利用每个数据采集卡的 Ready 信号线和 FPGA 来进行插卡检测的。在未插卡的插座上,Ready 信号线通过 10kΩ 的下拉电阻被下拉到低电平,在插上数据采集卡后,子板上的 FPGA 往 Ready 信号线上输出高电平,底板上的 FPGA 通过 Ready 信号线的状态可以很容易地判断哪些插座上插有数据采集卡。

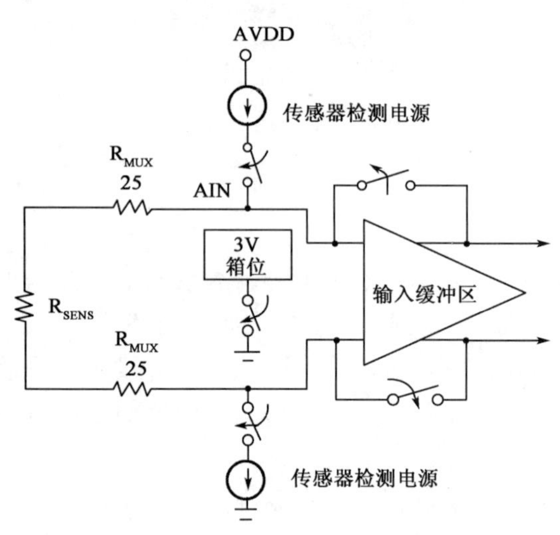

图 3-5 传感器检测电路原理图

本系统的 ADC 检测功能可以自动检测数据采集卡上各 ADC 的好坏,检测结果存储在 FPGA 中,计算机可随时读取 ADC 状态。本系统是利用读取 ADC 寄存器值的方法来进行 ADC 检测的,如果寄存器值读取正确则该 ADC 是正常的,否则说明该 ADC 已损坏。

本系统的传感器检测功能可以自动检测哪些通道接有传感器,检测结果存储在 FPGA 中,计算机可随时读取传感器状态。ADS1255 具有传感器检测电路,如图 3-5 所示,ADS1255 主要是利用传感器检测电流源(SDCS)来进行传感器检测的,通过设置寄存器开启传感器检测功能时,ADS1255 自动开启输入缓冲器,SDCS 通过 MUX 提供传感器一个约 0.5μA、2μA、10μA 的电流(ISDC)。

$$\text{AINP}-\text{AINN}=\text{ISDC}(2\text{RMUX}+\text{RSENS}) \tag{3-1}$$

由式(3-1)可知,当接有传感器(等效于 RSENS)时,ADS1255 有一很微小的转换结果输出;当传感器断路时,ADS1255 的转换结果异常大。

3.2.2.2 高精度设计要点

1)影响数据采集精度的因素

在数据采集系统中,由于 AD 转换器的量化误差以及系统中存在的各种干扰的影响,系统输出的数据与模拟输入信号总是存在一定的偏差,偏差的大小决定了系统的精度。总的来说,影响数据采集系统精度的主要是 AD 转换器的分辨率和系统噪声两个因素。

AD 转换器的分辨率是影响数据采集系统精度的首要因素。一个 8 位的 AD 转换器能分辨的最小信号为满量程的 1/256,而一个 24 位的 AD 转换器能分辨的最小信号为满量程的 1/16777216,两者相差悬殊。所以在设计高精度数据采集系统时,首先应考虑选用高分辨率的 AD 转换器。

在使用低分辨率的 AD 转换器的系统中,由于 AD 转换器本身的量化误差很大,系统噪声的影响往往可以忽略不计。然而,在使用高分辨率 AD 转换器的系统中,虽然 AD 转换器能分

辨的最小信号很小，但是小于系统噪声的信号会被噪声所淹没，AD 转换器的高分辨率得不到充分的利用。以满量程为±5V 的 24 位 AD 转换器为例，能分辨的最小信号为 0.596μV，而普通的电路系统噪声都在毫伏级，如果不降低系统噪声，24 位 AD 转换器的有效分辨率最多不超过 14 位。所以，抑制系统噪声是设计高精度数据采集系统的关键点，也是其难点所在。系统噪声的来源是多方面的，通过合理设计地线电路、电源电路、参考源电路，优化设计 PCB，以及选用优质器件等多种方法相互结合，可以有效抑制系统噪声。

2)AD 转换器选型及其电路设计

AD 转换器有并行比较型、串行比较型、逐次比较型、双积分型、Δ-Σ型等多种类型。根据系统精度要求，本系统采用 24 位的 Δ-Σ型 AD 转换器。Δ-Σ型 ADC 由两部分组成，第一部分为模拟 Δ-Σ调制器，第二部分为数字抽取滤波器。Δ-Σ调制器以极高的抽样频率对输入模拟信号进行抽样，并对两个抽样之间的差值进行低位量化，从而得到用低位数码表示的数字信号即 Δ-Σ码；然后将 Δ-Σ码送给数字抽取滤波器进行抽取滤波，从而得到高分辨率的线性脉冲编码调制的数字信号。这种增量调制型 ADC 实际上是以高速抽样率来换取高位量化，即以速度来换精度。

在本系统 AD 转换器选型过程中，综合考虑了精度、速率、量程、功耗、封装、体积、外围电路复杂度、价格等多种因素，最终选用了 TI 公司的 ADS1255 芯片。该芯片由模拟多路开关(MUX)、输入缓冲器(BUF)、可编程增益放大器(PGA)、四阶 Δ-Σ 调制器和一个可编程数字滤波器组成，如图 3-6 所示。ADS1255 具有高达 23 比特的无噪声精度，最大 30kHZ 的数据采样率，最大 64 倍的可编程增益放大器，其功耗仅为 38mW，非常适用于包括科学仪器、工艺控制、医疗设备与称重设备等要求苛刻的工业应用领域。

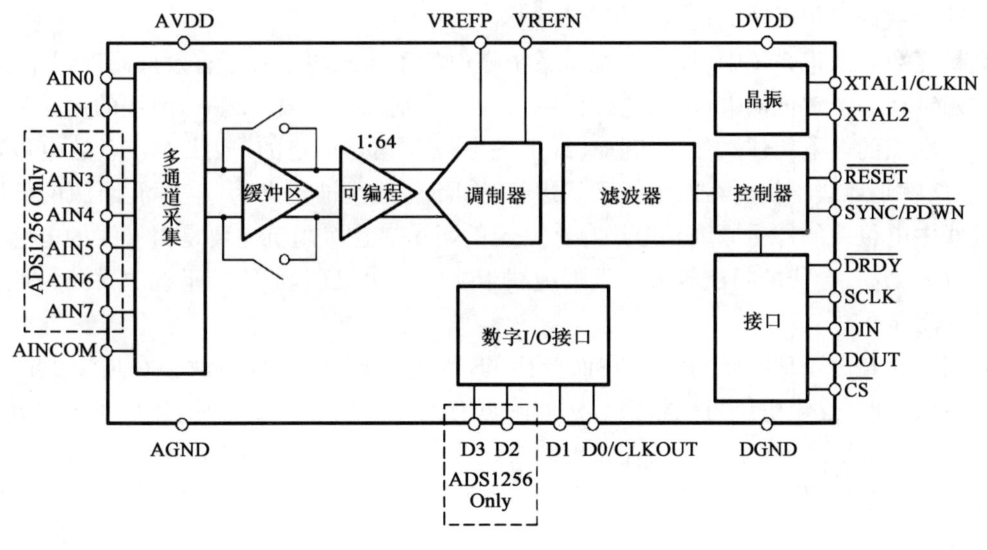

图 3-6　ADS1255 原理结构框图

ADS1255 是精度极高的 AD 转换器，在应用期间要特别注意其外围电路和印刷电路板设计，尤其是电压参考源电路和模拟输入电路的设计。在模拟电源和数字电源的输入端一般要并联一个小的陶瓷电容和一个大的钽电容。特别注意要为 VREFN 和 VREFP 提供干净的电源，一定要保证该电源具有极低的噪声和温漂，否则将会直接影响 ADS1255 的性能。在模拟信号输入端要采用 RC 低通滤波器来限制高频噪声，特别要注意输入线越短越好。在接地方面推荐将 ADS1255 的模拟电源和数字电源共地，然而一定要避免微处理器等数字噪声元件也共用此地。如果不用 D0、D1，可以把其当作输入接地，如果不用 RESET 和 SYNC/PDWN 引脚，可以使其直接接数字电压输入端。ADS1255 的典型外围电路如图 3-7 所示。

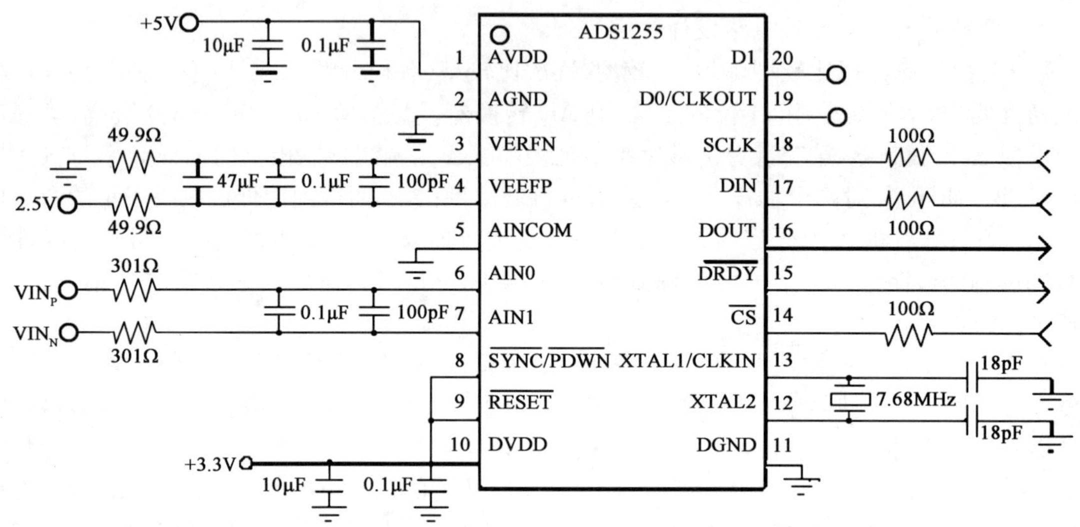

图 3-7　ADS1255 典型外围电路图

3）高精度数据采集系统的地线干扰与抑制

在高精度数据采集系统中，地线干扰是系统噪声的重要来源之一。有效抑制地线干扰，使系统地线稳定在一个较低的电位上，是降低系统噪声的基础。一般情况下，地线的定义是作为电路电位基准点的等电位体。然而实际地线上的电位并不是恒定的，地线上各点的电位可能相差很大，这就是地线干扰。在对地线干扰进行分析时，地线被定义为：信号流回源的低阻抗路径。地线中电位差的产生原因是地线存在一定的阻抗。这个阻抗主要是由导线的电感引起的。信号频率越高，导线的阻抗越大。根据地线干扰的产生机理，地线的干扰主要分为地环路干扰和公共阻抗干扰。

地环路干扰是由于地线阻抗的存在而产生的，当电流流过地线时，就会在地线上产生电压。当电流较大时，这个电压可以很大。例如附近有大功率用电器启动时，会在地线中流过很强的电流，这个电流会在两个设备的连接电缆上产生电流。由于电路的不平衡性，每根导线上的电流不同，因此会产生差模电压，对电路造成影响。由于这种干扰是由电缆与地线构成的环路电流产生的，因此称为地环路干扰。地环路中的电流还可以由外界电磁场感应出来。

公共阻抗干扰，是当两个电路共用一段地线时，由于地线的阻抗，一个电路的地电位会受另一个电路工作电流的调制。这样一个电路中的信号和波动会耦合进另一个电路，这种耦合称为公共阻抗耦合。在数字电路中，由于信号的频率较高，地线往往呈现较大的阻抗。这时，如果存在不同的电路共用一段地线，就可能出现公共阻抗耦合的问题。

所以，根据地线干扰的产生机理，在电路设计中避免产生地环路，减小各电路间的公共地线阻抗，是抑制地线干扰的有效措施。具体来讲，抑制地线干扰的措施主要是PCB的合理布局和布线，如使大功率器件尽量靠近电源，减小大功率器件的走线长度，增大大电流线路的宽度，使用整层铜来作为地线等，并采用合理的接地方式。

接地有单点接地、多点接地、混合接地三种方式，单点接地指所有电路的地线接到公共地线的同一点，进一步可分为串联单点接地和并联单点接地。最大优点是没有地环路，相对简单，但地线往往过长，导致地线阻抗过大。多点接地指所有电路的地线就近接地，地线很短，适合高频接地。问题是存在地环路。混合接地指在地线系统内使用电感、电容连接，利用电感、电容器件在不同频率下有不同阻抗的特性，使地线系统在不同的频率具有不同的接地结构。串联单点接地容易产生公共阻抗耦合的问题，解决的方法是采用并联单点接地，但是并联单点接地往往由于地线过多，而没有可实现性。因此，灵活的方案是将电路按照信号特性分组，相互不会产生干扰的电路放在一组，一组内的电路采用串联单点接地，不同组的电路采用并联单点接地。这样，既解决了公共阻抗耦合的问题，又避免了地线过多的问题。

4)高精度数据采集系统的电源电路设计

在高精度数据采集系统中，电源纹波是系统噪声的来源之一。使用高稳定度、低噪声的线性电源可以减小系统噪声。本系统采用LT公司的低压差低噪声线性电源LT1763。LT1763是一种500mA LDO，仅采用一个纤巧的0.01μF旁路电容器，就可在10～100000Hz的带宽范围内具有低于20μVRMS的输出噪声。电源电流仅为30μA，而且在停机模式时降至低于0.5μA，几乎消除了电池泄漏。该器件在1.8～20V的输入电源下工作，从而实现了与多种输入电源的兼容性。LT1763还可用低至3.3μF的电容器工作，而且采用任何类型的电容器(包括陶瓷、钽和铝电解质电容器)都可稳定。因此该器件可为空间受限应用组成小型和低噪声的解决方案。这款线性稳压器具有内部电池反向保护电路，当电源反向时，无需外部保护二极管就可防止反向电流。此外，输出还可拉低至地而不损坏器件。其他保护电路包括限流和热限制电路。LT1763很好地满足了本系统的低噪声需求，其典型应用电路如图3-8所示。

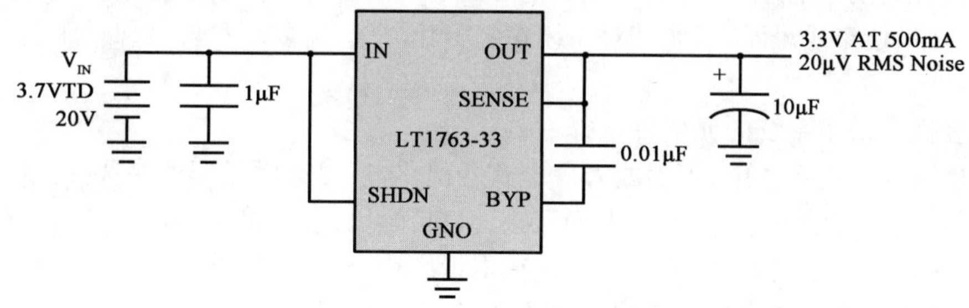

图3-8 LT1763典型应用电路图

5)高精度数据采集系统的电压参考源设计

在高精度数据采集系统中，电压参考源的设计是至关重要的，它是模数转换的基准。必须保证电压参考源具有很高的稳定度和很小的温漂，才有可能达到较好的数据精度。ADI公司的电压参考源AD780BR，具有±1mV的精确度、$100nV/\sqrt{Hz}$的噪声和3×10^{-6}/℃的温漂，加上优质的滤波电容，可以较好地满足系统需求。其典型应用电路如图3-9所示。

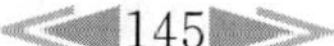

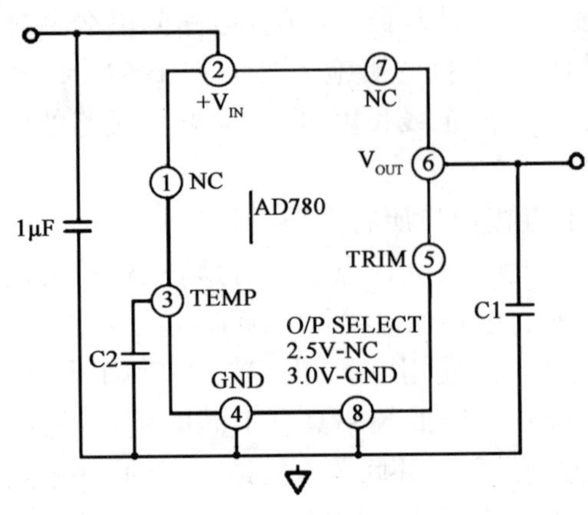

图 3-9　AD780 典型应用电路图

6)高精度数据采集系统的 PCB 设计

在高精度数据采集系统中,合理设计 PCB 是有效抑制系统噪声的重要手段。在设计 PCB 时,采用多层板,优化布局、布线,可以明显降低系统噪声。

普通电路的 PCB 多采用单层板或双层板,有一层或两层可用于布线,而多层 PCB 板不仅表面有两层可用于布线之外,在 PCB 板内部还有几层可用于布线或作为专用的电源层或地层。这不仅给布线带来了很大的方便,更重要的是专用的电源层和地层可以有效降低电源线和地线的阻抗,使电源网络和地线网络的各节点的电位一致并保持稳定。另一方面,紧密靠近的电源层和地层构成了一个平行板电容器,可以滤除电源线上的纹波。一般来说,四层 PCB 比双层 PCB 的噪声小 20dB,而六层 PCB 比四层 PCB 的噪声小 10dB。本系统采用四层板,表面两层作为信号线布线层,中间两层分别作为地线层和电源层,达到了很好的效果。

在高精度数据采集系统中,PCB 布局应注意的问题主要有以下几点:将数字电路和模拟电路分开,从而避免数字电路对模拟电路的影响;将高速电路和低速电路分开,从而避免高速电路对低速电路的影响;将发热元件和温度敏感元件分开,从而避免发热元件对温度敏感元件的影响;滤波、退耦电容应尽量靠近芯片的引脚,如果有多个电容,越小的电容应越靠近芯片引脚,从而达到更好的效果;根据布线需求调整布局,使电路之间的连线尽量短而直。

在高精度数据采集系统中,PCB 布线应注意的问题主要有以下几点:将数字电路的电源线和地线与模拟电路的电源线和地线分开,最终在电源入口处可通过磁珠连接在一起,这样可以消除数字电源线和模拟电源线以及数字地线和模拟地线之间的公共阻抗,从而避免数字电路中的干扰耦合到模拟电路中去;适当加宽电源线、地线和模拟信号线,从而减小这些线路上的等效阻抗;尽量使布线短而直,尤其对于模拟差分信号线,还要尽量使其保持平行靠近、阻抗一致。

7)高精度数据采集系统的元器件选择

在高精度数据采集系统中,不仅要考虑电路的优化,还要考虑元器件的选择。以电路中常用的电容为例,同样容值的电容,由于生产厂家、材料、耐压、容量偏差、温漂、等效电阻、频率特性等的不同,用途各不相同,性能差异很大。在本系统中,电源滤波电容和电压参考源滤波电容都选用了 ESR 仅 100mΩ 的低等效电阻的钽电容,有利于滤除电源和电压参考源上的纹波。另外,对 AD 转换器、电阻、晶振等关键器件都进行了精心的挑选。

8)高精度数据采集系统的校准

尽管 24 位 ADC 具有很高的精度,但是仍有一定的偏置和增益误差,通过校准可以使偏置和增益误差达到最小化,从而保证系统精度。ADS1255 内部有校准电路,通过校准命令可以进行校准。ADS1255 有自校准和系统校准两种校准方式。自校准能校正 ADS1255 内部的偏置和增益误差,自校准时校准信号由 ADS1255 内部产生。系统校准既能校正 ADS1255 内部

的偏置和增益误差，也能校正外部的偏置和增益误差，系统校准时校准信号必须由外部提供到ADS1255的信号输入端。

3.2.2.3　同步设计要点

本系统要求各通道同步进行数据采集。为了实现同步，本系统在并行控制的基础上采用了统一的晶振时钟源和触发信号。晶振时钟源和触发信号都在底板上引入，不经过MCU处理，而是直接通过速度快、实时性好的FPGA驱动后分发到系统的各个通道。而且本系统选用精确度和温度稳定度均为1ppm的有源温补晶振，保证了系统的时钟精度。在晶振选型的过程中，了解到恒温晶振具有比温补晶振更高的精确度和温度稳定度，然而恒温晶振具有体积大、价格高、需要较长的启动时间等缺点，考虑到本系统的实际应用需求，最终选择了温补晶振。

3.2.2.4　ZigBee无线传输模块

本系统采用赫立讯公司的IP-Link 1221-2264无线组网模块来进行ZigBee无线传输。IP-LinkTM嵌入式模块是一个集合了符合IEEE802.15.4标准的射频收发器，高性能的C8051微处理器，可编程的I/O，多种天线连接方式和多种通讯距离选择的整合方案，它同时支持ZigBeeTM协议和ZigBee-Ready IP-Net网络软件。IP-LinkTM系列模块工作在全球通用的2.4GHz频段，通信速率可达250kbps。IP-LinkTM模块可满足对于超低功耗以及高性能微控制器需求。模块外观如图3-10所示。

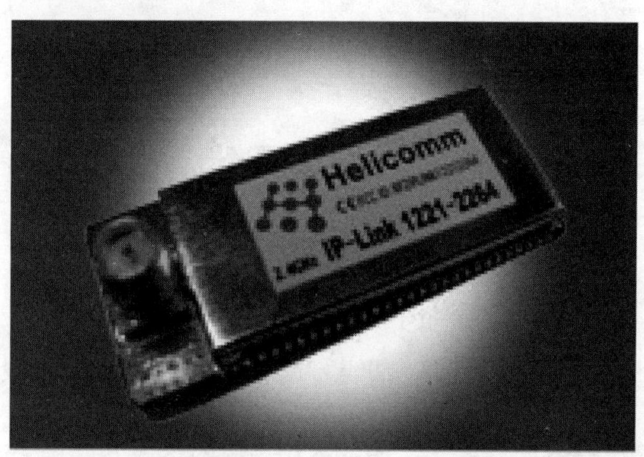

图3-10　IP-Link 1221-2264

应用IP-Link 1221-2264无线模块开发简单，只需要连接好电源线、地线以及串口线即可，硬件电路如图3-11所示。

3.2.2.5　WiFi无线传输模块

本系统采用LANTRONIX公司的Wiport作为WiFi无线传输模块。WiPort是最复杂的综合解决方案提供802.11b/g WiFi无线网络予所有串口设备或有线网口设备。利用高度集成的硬件及软件平台，可显著减少产品的开发时间、风险及开发成本。WiPort提供最高程度的集成在设备服务器。复杂的包装是DSTni x86的芯片、内存、802.11b/g收发器、10/100以太网收发器及双口高速串行埠(RS-232,422/485)，可给一个全面的网络解决方案。WiPort是在嵌入式无

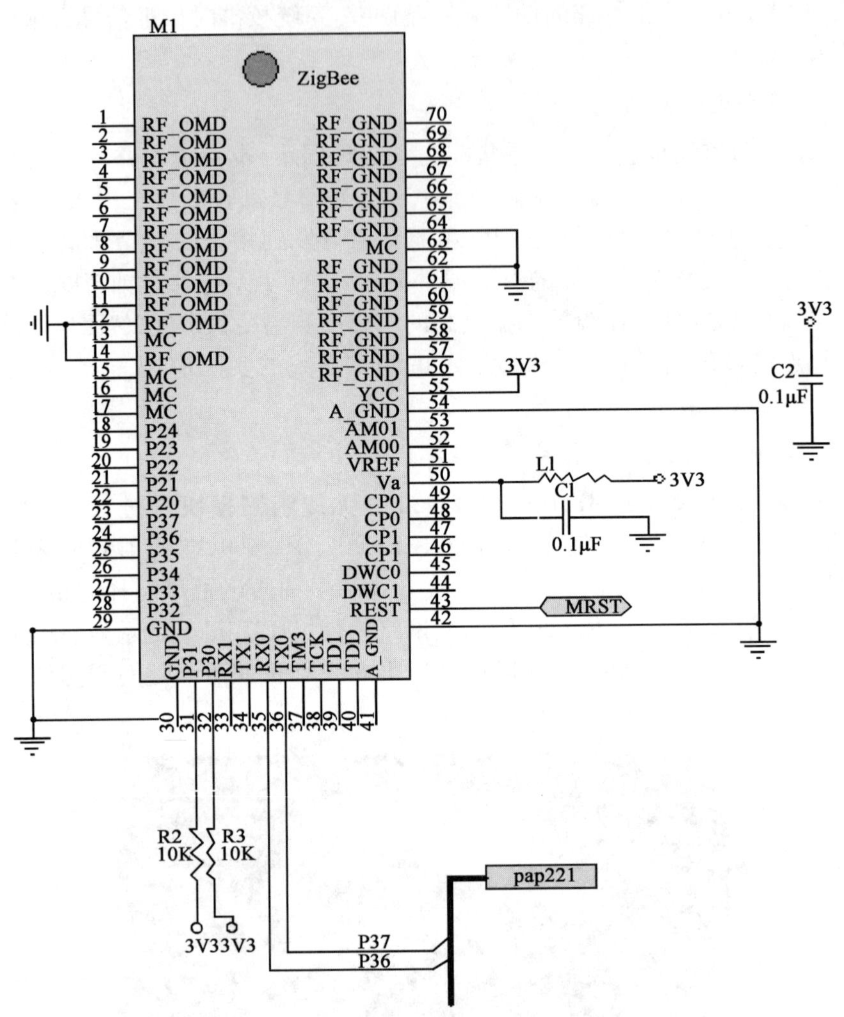

图 3-11　IP-Link 1221-2264 外围硬件电路

图 3-12　Wiport 无线传输模块

线设备服务器的第一件产品，设计具弹性，可支持附加的 802.11x 无线标准，无需再重新设计。为确保能够连接局域网络或互联网，WiPort 综合一个完整发展的 TCP/IP 网络栈及操作系统。WiPort 亦包括可用作远程配置、监察或查找附带设备故障的嵌入式互联网服务器。Windows 系统的配置软件（DEVICE INSTALLER），简化了安装及设置程序。WiPort 亦可经串行埠或远程经过 Telnet（密码保护）或通过网络浏览器配置使用。快闪内存提供高性能、稳定的网页库存及容许未来的系统软件升级。Wiport 无线传输模块外观如图 3-12 所示。

Wiport 模块开发使用简单，需要连接电源线、地线和用于配置的串口线，此外就是用于传输数据的网口收发差分数据线。其外围硬件电路如图 3-13 所示。

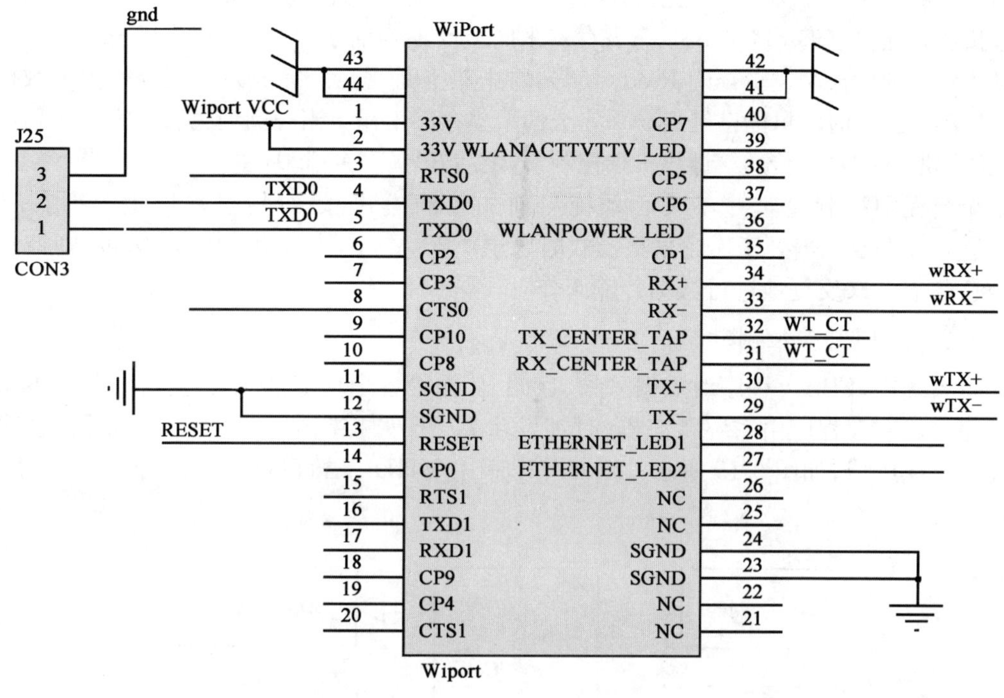

图 3-13 Wiport 模块外围硬件电路

3.2.3 软件设计

3.2.3.1 概述

本系统中的软件包括子板 FPGA、底板 FPGA、ARM 中的程序三个部分。子板 FPGA 程序采用 VHDL 硬件描述语言，由系统状态机、ADC 控制器、SDRAM 控制器、时钟发生器和总线接口几个部分组成。底板 FPGA 程序采用 VHDL 硬件描述语言，由地址译码器、信号驱动器、插卡检测和总线接口几个部分组成。ARM 程序采用 Linux 操作系统，用 C 语言编写，主要起到命令解析、数据传输、过程控制、状态指示等作用。由于通道数太多，本系统不进行实时传输数据。系统初始化之后，首先进行数据采集参数配置使系统处于采集准备就绪状态。然后一旦有信号触发，系统立即进入数据采集状态进行数据采集并将数据存储在 SDRAM 中。采集完成后，进入数据传输状态，将数据传输到计算机，从而完成一次数据采集过程。

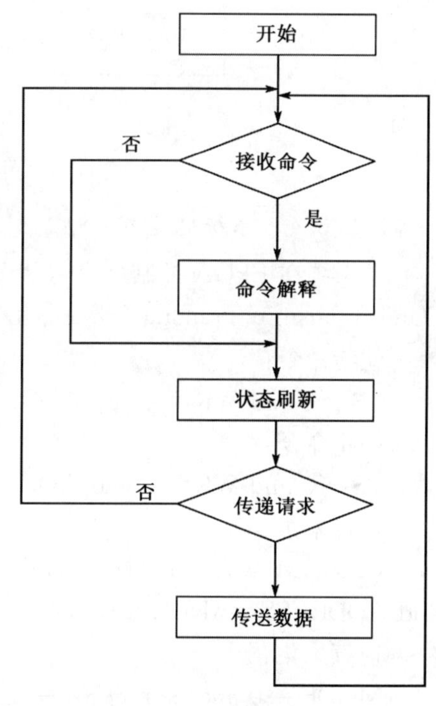

图 3-14 ARM 程序流程图

3.2.3.2 数据采集流程图

如图 3-14 所示，控制逻辑在系统开机后就一直在做一个大循环。首先检查是否收到计算机端的命令，如果收到命令就进行解析。解析命令包括各种参数设置、状态查询、系统开关开合等。当控制逻辑完成包解析后就通过查询 FPGA 的状态寄存器来向上反馈当前系统状态，系统状态可以通过状态指示灯得到。随后控制逻辑查询 Ready 信号，看采集卡是否已经完成采集正等待上传数据。因为之前在命令解析时就可能已经启动采集卡的采集存储工作。当查询到底层已完成采集后便开始从底层读取数据打包传递给计算机端控制台，之后开始下一次循环。

整个流程中控制逻辑并不关心系统当前的传输模式，是否传输数据是根据底层给的 Ready 信号来决定。当处于连续采集模式时底层 FPGA 会反复给出 Ready 信号，则控制逻辑会根据这些信号来反复地进行数据传输工作。

3.2.3.3　FPGA 控制逻辑

在本系统中，FPGA 程序对数据采集、存储、传输等各个环节都需要进行控制，是本系统的核心程序。FPGA 程序由系统状态机、时钟发生器、ADC 控制器、SDRAM 控制器、总线控制器等几个模块组成，如图 3-15 所示。FPGA 程序用 VHDL 语言进行开发，开发环境为 Quartus II6.0。

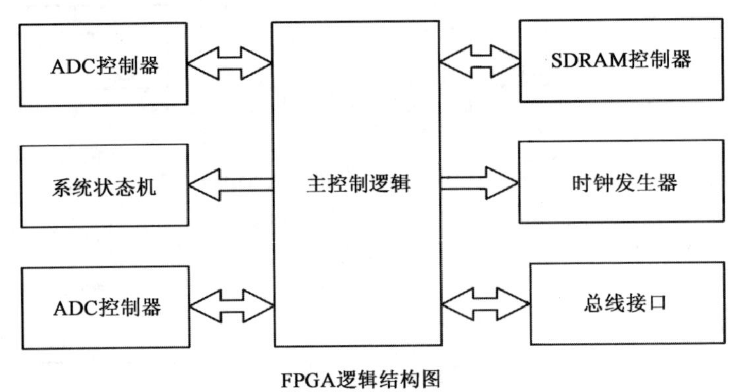

图 3-15　FPGA 控制逻辑框图

3.2.3.4　系统状态机

本系统在 FPGA 控制下进行状态转换，系统包括 Idle、Ready、PreCollect、Collect、CollectDone、Transmit、TransmitDone 等几个状态，Idle 为起始状态，如图 3-16 所示。

就绪命令：

CS='0'and WR='0'and ADDRESS=ADDR_READY and MCUDATABUS(0)='1'

停止命令：

CS='0'and WR='0'and ADDRESS=ADDR_READY and MCUDATABUS(0)='0'

触发采集：

(TRIGMODE='1'AND SynIn='0') OR(TRIGMODE='0'AND CS='0'and WR='0' and ADDRESS=ADDR_TRIG)

连续采集：

MODE='0'and SampleSW='1'

采集完成：

SampleCounter＝SAMPLE

传输数据命令：

CS＝′0′ and WR＝′0′ and ADDRESS＝ADDR_DATA

传输完成：

RDCounter2＝TotalDataNum

传输完成命令：

CS＝′0′and WR＝′0′and ADDRESS＝ADDR_RDDONE

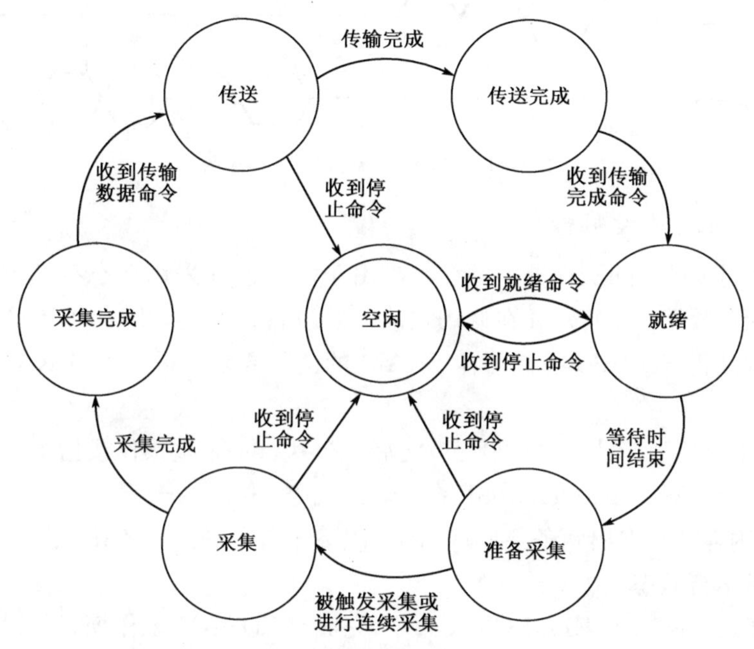

图 3-16 系统状态机

为了指示系统状态，在子板和底板上都有相应的状态指示灯。在 Ready 和 PreCollect 状态下子板状态灯常亮，在 Collect 状态下子板状态灯以 8Hz 频率闪烁，在 Transmit 状态下子板状态灯以 1Hz 频率闪烁，其他状态下子板状态灯熄灭。在 Idle 状态下，State 寄存器的值为"00"，底板 Idle 灯亮；在 Ready 和 PreCollect 状态下，State 寄存器的值为"01"，底板 Ready 灯亮；在 Collect、CollectDone、Transmit、TransmitDone 状态下，State 寄存器的值为"10"，底板 Busy 灯亮。

3.2.3.5 ADC 控制器

ADS1255 与大多数的 24 位 Δ-Σ型 AD 转换器一样，是通过 SPI 总线进行控制的。在本系统中，ADC 控制器就是一个 SPI 总线接口，通过它将命令写入 ADS1255 并对 ADS1255 的寄存器进行读写。SPI 总线是一种串行通信协议。ADS1255 的 SPI 总线接口由 CS、SCLK、DIN、DOUT 组成，如图 3-17 所示。DIN 线上的数据在 SCLK 的下降沿被移位输入 ADS1255，ADS1255 的数据在 SCLK 的上升沿移位输出到 DOUT 线上。需要注意的是，SCLK 的时钟频率不能大于 ADS1255 系统时钟频率的 1/4，数据输入和输出之间必须有足够长的等待时间 t_6，前一个命令和后一个命令之间必须有足够长的等待时间 t_{11}。

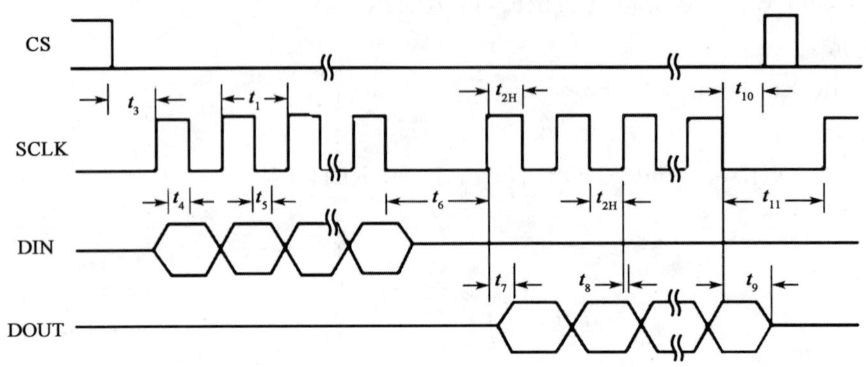

图 3-17　ADS1255 的 SPI 总线时序图

3.2.3.6　SDRAM 控制器

SDRAM 是同步动态随机存储器的缩写。由于 SDRAM 采用动态存储器结构，必须进行定时刷新才能保存数据。SDRAM 在使用之前需要进行初始化，并且 SDRAM 的行列地址是复用的。这些都使得 SDRAM 控制器比 SRAM 的读写要复杂得多。SDRAM 的初始化操作如下：

(1)系统在上电后要等待 100～200μs，之后至少执行一条空操作或指令禁止操作。

(2)对所有芯片执行 PRECHARGE 命令，完成预充电。

(3)向每组内存芯片发出两条 AUTO REFRESH 命令，使 SDRAM 芯片内部的刷新计数器可以进入正常运行状态。

(4)执行 LOAD MODE REGISTER 命令，完成对 SDRAM 工作模式的设定。

本系统将 ALTERA 公司提供的标准 SDRAM 控制器集成到 FPGA 中，通过命令可以完成刷新和数据读写等操作。SDRAM 控制器的读写时序分别如图 3-18、图 3-19 所示。关于 SDRAM 控制器的更多详细内容请参见 Altera 公司的 SDR SDRAM Cotroller White Paper。

3.2.3.7　时钟发生器

时钟发生器负责产生系统所需的所有时钟。本系统所需的时钟有：7.68MHz和5.12MHz 的 ADC 系统时钟，61.44MHz 的 SDRAM 时钟以及 FPGA 内部时钟，还有 1Hz 和 8Hz 的 LED 闪烁时钟。本系统采用统一的 15.36MHz 的晶振时钟源，通过 FPGA 中的 PLL 进行倍频，再通过 DDS 技术可以得到所有所需的时钟频率。

3.2.3.8　FPGA、ARM 之间的总线接口

FPGA、ARM 之间的总线接口是一个 16 位的并行总线接口，包括地址线、数据线和读写信号线。其中地址线的高 4 位通过底板 FPGA 中的 4-16 译码器产生 16 个数据采集卡的片选信号。地址线的低 6 位对 FPGA 内的 64 个寄存器进行寻址。并行总线由 ARM 主控，并由 ARM 产生地址信号和读写信号。在读信号的下降沿 ARM 从 FPGA 中读取数据，在写信号的上升沿 ARM 将数据写入 FPGA。在用 VHDL 语言编写 FPGA 的总线接口时，要特别注意

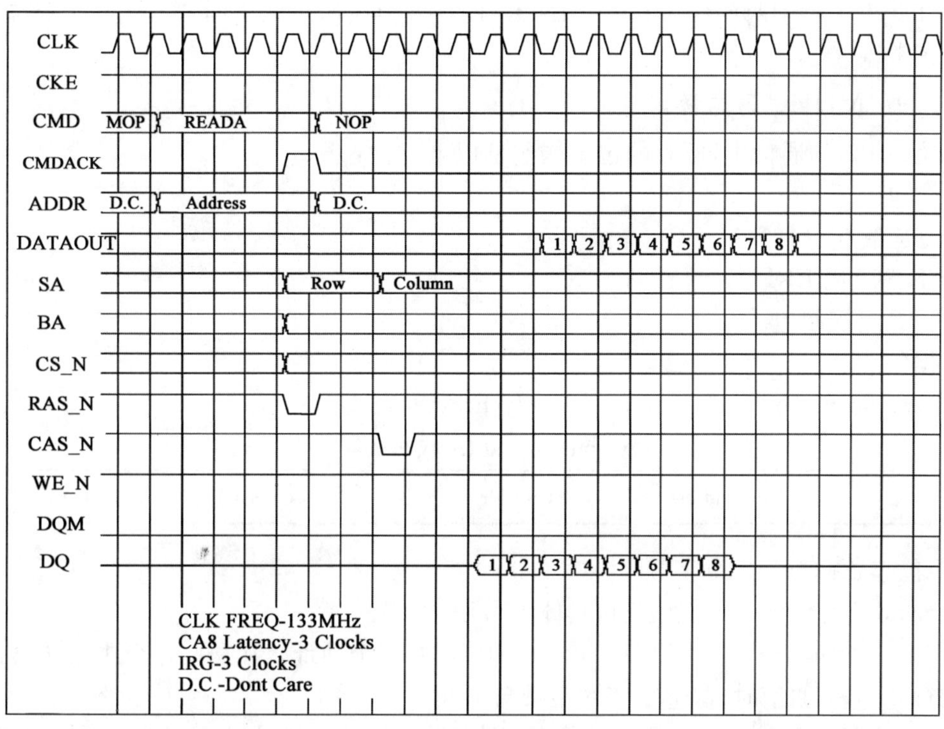

图 3-18　SDRAM 读数据时序

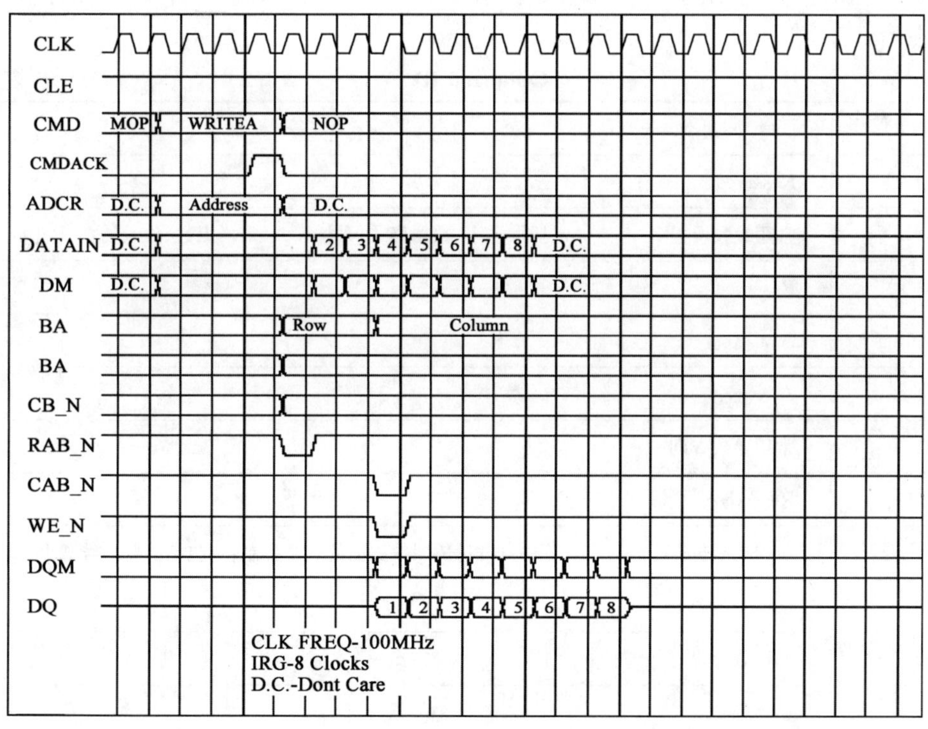

图 3-19　SDRAM 写数据时序

VHDL 中 INOUT 型引脚的使用方法。INOUT 型引脚在信号输入时必须处于高阻态，否则信号不能正常输入。

3.2.3.9 MHHC 通信协议

在系统与 PC 的通信中，所有的包结构包括以下五种：

①命令包。

②命令应答包。

③ACK、NAK、ERROR 包。

④数据返回控制包。

⑤数据包。

1)Command Frame and Command Reply Frame(表 3-5)

Command and Reply Frame 表 3-5

STX	Command_ID	(CSAddr)	Command_PD(DAT0—DATn)

STX：包起始标志　一个字节　0x02

Command_ID：命令号，一个字节，具体编号说明见表 3-6。

CSAddr：子板地址号，一个字节 0x00～0x0F，共 16 个地址。在一些命令中不包含此段信息。在进行 ZigBee 通信时，这个字节的定义会不同。

Command_ID：参数数据，如果是命令包，则是设置的参数，如果是命令应答包则是返回的数据。根据不同命令各有不同，一个 DAT 表示一个字节。在设置命令中如果没有参数，则这部分不存在。

Command ID 表 3-6

命令 ID	命令含义	备注
0x00	Reserved	
0x01	常用参数设置	包括采样率、数据格式、采样模式、采样点数、放大增益、Buffer 开关
0x02	Reserved	
0x03	ADC 自检	
0x04	ADC 校准	
0x05	常用参数查询	
0x06	Reserved	
0x07	数据控制包	单片机批量传回数据前的一个控制包，包括一些后续数据的信息
0x08	禁用子板命令	
0x09	通道数设置	
0x0A	手动触发	
0x0B	就绪开关	

续上表

命令 ID	命令含义	备注
0x0C	子板连接状态查询	
0x0D	ADC 状态查询	ADC 自检结果、传感器状态
0x0E	同步时间查询	
0x0F	底板参数设置	包括底板模式和底板采样点数
0x11	发送设计参数配置	
0x12	启动电磁发射	
0x13	停止电磁发射	
0x14	获取发射电流	
0x15	获取发射电流和过度电流	

下面是对各个命令及其返回包的具体说明。

(1)常用参数设置(Command_ID=0x01)

STX 0x02	Command_ID 0x01	CSAddr	Command_Parameter(DAT0~DAT5)

CSAddr:为 0xFF 时表示各个子板都进行相同的设置。为 0x00~0x0F 时表示选择某个子板。后面的命令中也是如此定义。

DAT0:采样率(详见表 3-7);

DAT1:数据格式,0~8 位数据;1~16 位数据,2~24 位数据;

DAT2:采集、触发模式;

Bit0 是采集模式,1 为单次采集,0 为连续采集;

Bit2~Bit1 是触发方式,0 为手动触发,1 为外部触发,2 为电磁发射机触发;

其他 Bit 无定义。

DAT4~DAT3:构成 16 位无符号整数,采集点数。DAT4 为高 8bits,DAT3 为低 8bits

DAT5:bit3-Buffer 开关,0-OFF,1-ON;bit2~bit0 为 PGA(表 3-8)。

说明:要求同一次设置时各个板子的数据格式和采样模式必须一样。

采样率对照 表 3-7

DAT0	采样率(SPS)	采集延时(ms)	3dB 带宽(Hz)
0x00	30000	0.21	6106
0x01	20000	0.315	
0x02	15000	0.24	4807

续上表

DAT0	采样率(SPS)	采集延时(ms)	3dB带宽(Hz)
0x03	10000	0.36	
0x04	7500	0.31	3003
0x05	5000	0.465	
0x06	3750	0.44	1615
0x07	2500	0.66	
0x08	2000	0.68	878
…	…	…	…

PGA 对 照 表 表 3-8

DAT1	0x00	0x01	0x02	0x03	0x04	0x05	0x06
增益(倍)	1	2	4	8	16	32	64

正确接收到此命令且数据合法向上位机返回 ACK 包,参数错误返回 ERROR 包。

(2)ADC 自检(Command_ID=0x03)

STX 0x02	Command_ID 0x03	CSAddr

本命令无参数。

如正确接收到此命令则返回 ACK 包。

(3)ADC 校准(Command_ID=0x04)

STX 0x02	Command_ID 0x04	CSAddr

本命令无参数。

如正确接收到此命令返回 ACK 包。

(4)常用参数查询(Command_ID=0x05)

STX 0x02	Command_ID 0x05	CSAddr

本命令中 CSAddr 只能使 0x00~0x0F 的 16 个单独地址。不能是广播地址 0xFF。命令无参数。

命令应答包:

STX 0x02	Command_ID 0x05	CSAddr	Command_Parameter(DAT0—DAT5)

DAT0:采样速率;

DAT1:数据格式;

DAT2:采集模式;

DAT4～3:采集点数;

DAT5 Buffer 开关和 PGA。

正确收到此命令向上位机应答上述报文。

(5)ADC 通道数设置(Command_ID=0x09)

STX 0x02	Command_ID 0x09	CSAddr Reserved	Command_Parameter(DAT0)

DAT0 :ADC 通道数为 0。

命令中 CSAddr 段没有定义,可以是任意值。

正确收到此命令向上位机应答 ACK 包。

(6)手动触发(Command_ID=0x0A)

STX 0x02	Command_ID 0x0A

此命令中无数据段和 CSAddr 段。

正确收到此命令,并且当前模式为手动触发,当前状态为就绪时,向上位机应答 ACK 包。

如果当前模式或者状态不满足,返回 NAK 包。

(7)采集开关命令(Command_ID=0x0B)

STX 0x02	Command_ID 0x0B	CSAddr Reserved	Command_Parameter(DAT0)

命令中 DAT0 为 1 指示系统开关打开,进入就绪状态。DATO 为 0 指示系统开关关闭,完成本轮采集后进入等待状态。

命令中 CSAddr 无定义,可以为任意值。

(8)子板连接状态查询(Command_ID=0x0C)

STX 0x02	Command_ID 0x0C

命令中无 CSAddr 和 DAT 段。

命令应答包。

STX 0x02	Command_ID 0x0C	CSAddr Reserved	Command_Parameter(DAT0～DAT1)

DAT1～DAT0 组成的 16bits 数据分别表示 16 个子板的连接状态。0 表示未连接,1 表示正常连接。

命令中 CSAddr 段未定义,可以为任意值。

如果正确收到此命令，返回上述应答报。

(9)ADC 状态查询(Command_ID=0x0D)

STX 0x02	Command_ID 0x05	CSAddr

此命令是对某一块子板上的 16 个 ADC 的自检情况和传感器的状态进行查询的命令。

命令应答包：

STX 0x02	Command_ID 0x0D	CSAddr	Command_Parameter(DAT0～DAT3)

说明：正确收到此命令且数据合法向上位机返回上述应答报文，否则返回 ERROR。

DAT1～DAT0 位与 16 个 ADC 对应，DAT1 是高 8 位，DAT0 是低 8 位。0 表示自检失败，1 表示自检成功。

DAT3～DAT2 的 16 位表示传感器的状态，0 表示没有接传感器，1 表示接了传感器。

(10)同步时间查询(Command_ID=0x0e)

查询某块采集卡上 16 个通道的同步时间。

(11)底板参数设置(Command_ID=0x0f)

STX 0x02	Command_ID 0x0f	Command_Parameter(DAT0～DAT2)

DAT0：采集模式、触发模式、AD 模式、数据格式、采集使能。

Bit0 是采集模式：1 为单次采集，0 为连续采集。

Bit2～Bit1 是触发方式：0 为手动触发，1 为外部触发，2 为电磁发射机触发。

Bit3 是 AD 模式：0 为高速模式，1 为高精度模式。

Bit5～Bit4 是数据格式，0～8 位数据；1～16 位数据，2～24 位数据。

Bit6 是采集使能：1 为使能，0 为禁止。

其他 Bit 无定义。

DAT2～DAT1：构成 16 位无符号整数，采集点数。DAT2 为高 8bits，DAT1 为低 8bits。

正确收到此命令且数据合法向上位机返回 ACK 包，参数错误返回 ERROR 包。

(12)发射机参数设置(Command_ID=0x11)

Command_ID =0x11 是接收机通过 ZigBee 控制发射机的几条命令集，在这几条命令中，第 3、4 字节为无线 ZigBee 设备字节。第 5 字节为负载长度，第 6 字节为收发机之间定义的命令控制字，后续字节为参数，负载长度包括 Transmitter_ID 和 Parameter。

STX	Command_ID	Transmitter_ID	Payload_length	Transmitter Command_ID	Parameter
0x02	0x11	(2 Bytes) 默认为 0x5555	0x05	0x01	(4 bytes)

其中：

Parameter			
发射频率	发射次数低字节	发射次数高字节	激发时间(毫秒)
1Byte	1Byte	1Byte	1Byte

命令应答包：

①命令格式出错时返回 ERROR 包。

②设置正确时返回帧。

STX	Command_ID	Transmitter_ID	Payload_length	Transmitter Command_ID	Parameter
0x02	0x12	(2 Bytes) 默认为 0x5555	0x05	0x01	(4 bytes)

其中：

Parameter			
发射频率	发射次数低字节	发射次数高字节	激发时间(ms)
1Byte	1Byte	1Byte	1Byte

③命令格式正确，但无线设置失败时返回：

STX	Command_ID	Transmitter_ID	Payload_length	Transmitter Command_ID	Parameter
0x02	0x12	(2 Bytes) 默认为 0x5555	(1Byte)	0x0FF	

Transmitter Command_ID 为 0xFF 时表示发射机到接收机的 ZigBee 数据通信失败，PC 机需要重新再设置。

(13) 启动电磁发射命令

STX	Command_ID	Transmitter_ID	Payload_length	Transmitter Command_ID
0x02	0x11	(2 Bytes) 默认为 0x5555	0x01	0x02

命令应答包：

①命令格式出错时返回 ERROR 包。

②命令设置正确(发射机正确收到该命令)返回：

STX	Command_ID	Transmitter_ID	Payload_length	Transmitter Command_ID
0x02	0x12	(2 Bytes) 默认为 0x5555	0x01	0x02

③ZigBee 命令发送失败返回。

STX	Command_ID	Transmitter_ID	Payload_length	Transmitter Command_ID	Parameter
0x02	0x12	(2 Bytes) 默认为 0x5555	(1Byte)	0x0FF	

(14)停止电磁发射命令

STX	Command_ID	Transmitter_ID	Payload_length	Transmitter Command_ID
0x02	0x11	(2 Bytes) 默认为 0x5555	0x01	0x03

命令应答包:

①命令格式出错时返回 ERROR 包。

②命令设置正确(发射机正确收到该命令)返回:

STX	Command_ID	Transmitter_ID	Payload_length	Transmitter Command_ID
0x02	0x12	(2 Bytes) 默认为 0x5555	0x01	0x03

③ZigBee 命令发送失败返回。

STX	Command_ID	Transmitter_ID	Payload_length	Transmitter Command_ID	Parameter
0x02	0x12	(2 Bytes) 默认为 0x5555	(1Byte)	0x0FF	

(15)获取发射电流

STX	Command_ID	Transmitter_ID	Payload_length	Transmitter Command_ID
0x02	0x11	(2 Bytes) 默认为 0x5555	0x01	0x04

命令应答:

①命令格式出错时返回 ERROR 包。

②成功时返回。

STX	Command_ID	Transmitter_ID	Payload_length	Transmitter Command_ID	Parameter
0x02	0x11	(2 Bytes) 默认为 0x0000	0x05	0x04	(4 bytes)

Parameter			
发射电流低字节	发射电流高字节	关断电流低字节	关断电流高字节
1字节	1字节	1字节	1字节

③ZigBee命令发送失败返回。

STX	Command_ID	Transmitter_ID	Payload_length	Transmitter Command_ID	Parameter
0x02	0x12	(2 Bytes) 默认为0x5555	(1Byte)	0x0FF	

(16)获取发射电流和过度电流

STX	Command_ID	Transmitter_ID	Payload_length	Transmitter Command_ID
0x02	0x11	(2 Bytes) 默认为0x5555	0x01	0x05

命令应答：

①命令格式出错时返回ERROR包。

②成功时返回：

STX	Command_ID	Transmitter_ID	Payload_length	Transmitter Command_ID	Parameter
0x02	0x11	(2 Bytes) 默认为0x0000	0x2D	0x05	(44 bytes)

其中：

Parameter		
发射电流	关断电流	过渡电流
2字节	2字节	40字节

③ZigBee命令发送失败返回。

STX	Command_ID	Transmitter_ID	Payload_length	Transmitter Command_ID	Parameter
0x02	0x12	(2 Bytes) 默认为0x5555	(1Byte)	0x0FF	

电流计算：

发射电流=(发射电流数据－关断电流数据)×3300×2/(4095×49.9)(单位:A)

过渡电流=(过渡电流数据－关断电流数据)×3300×2/(4095×49.9)(单位:A)

(17)预设发射机ID

PC向接收机设置合法的发射机ID,只有为该ID的发射机返回的应答命令才能被接收机正常接收,并转发给PC,接收机不处理非合法ID的ZigBee设备发来的数据。

STX	Command_ID	Valid Transmitter_ID
0x02	0x16	(2 Bytes)默认为0x5555

命令应答:成功时返回ACK包,错误时返回ERROR包。

2)ACK、ERROR、NAK　Frame

ACK包格式

ACK 0x06	Command_ID

在正确收到一些不需要返回数据的命令包时,通过返回ACK包来表示命令包被正确接收并进行了相应的操作。返回的Command_ID为命令包中给出的Command_ID 。

NAK包格式

NAK 0x15	Command_ID

在正确接收到命令包,而低层由于状态不满足、忙或则其他原因而不能进行相应操作时返回NAK包。返回的Command_ID为命令包中给出的Command_ID 。

ERROR包格式

ERROR 0x03	Command_ID

当接收到的命令包格式不正确、参数不合理或则命令ID不正确而无法解析的情况下返回ERROR包。说明命令错误。返回的Command_ID为命令包中的第二个字节(正确时为Command_ID)。

3)Data Frame and Data Control Frame

在单片机通过USB向上层传输数据时,首先会发送一个数据控制包(其中包括了后续数据包中要传输的字节长度,数据包的个数),然后是N个数据包:

数据控制包	数据包1	数据包2	…	数据包N

数据控制包格式:

STX 0x02	Command_ID 0x07	Channel	Data Width	Packet 3个字节	Total_Bytes 4个字节

Channel:通道数。

Data_Width:数据宽度　0～8BIT,1～16BIT,2～24BIT。

Packet:总的数据包包数。占3个字节,低位字节在前。

Total_Bytes:总字节数。占4个字节,低位字节在前。

数据包格式:如果传输的总字节数是Length的整数倍N,则N个包中的每个字节都是有效的采样数据。如果数据总字节数不是Length的整倍数,总数M=Length×(N-1)+P,其

中 $0<P<$Length。则前 N-1 包数据中的数据都是有效数据，第 N 包的长度为 p。

其他通信接口均采用相同协议。

3.2.4 测试结果

3.2.4.1 系统噪声测试

在使用24位AD转换器的数据采集系统中，AD转换器的精度非常高，系统的数据精度关键取决于系统噪声的大小。在系统噪声测试中，将三个通道的信号输入端短接，信号放大倍数为1，系统以1kHz采样，测试结果如图3-20所示。对大量噪声数据进行分析知，系统噪声的峰峰值 $V_{pp} \leqslant 20\mu V$。由于系统噪声的频率比有用信号的频率高，还可以进一步在计算机中用数字滤波器将系统噪声滤除。

$$\text{无噪声精度} = \ln\left(\frac{\text{满量程}}{\text{噪声峰峰值}}\right)\Big/\ln 2 \tag{3-2}$$

$$\text{有效位数} = \ln\left(\frac{\text{满量程}}{\text{RMS 噪声}}\right)\Big/\ln 2 \tag{3-3}$$

$$\text{无噪声动态范围} = 20\lg\frac{\text{满量程}}{\text{噪声峰峰值}} \tag{3-4}$$

$$\text{有效动态范围} = 20\lg\frac{\text{满量程}}{\text{RMS 噪声}} \tag{3-5}$$

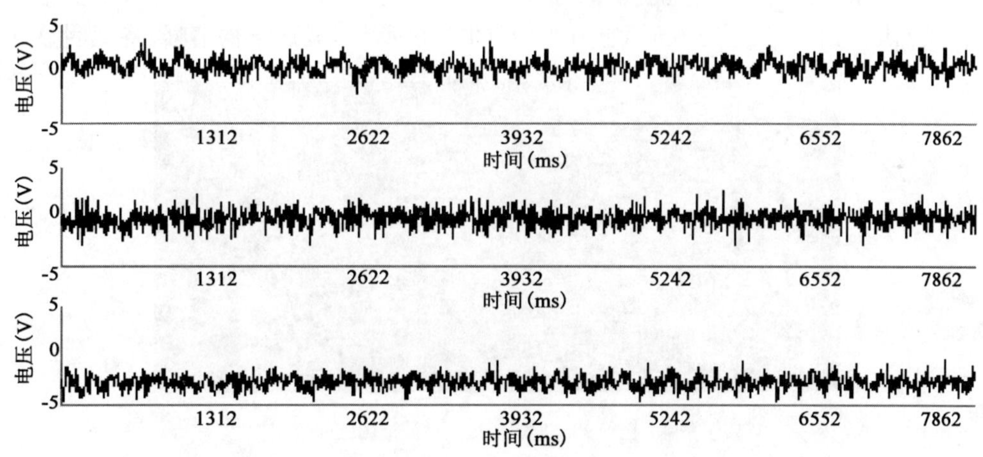

图3-20 噪声测试波形图

根据式(3-2)～式(3-5)计算，本系统在放大倍数为1，1kHz采样时的无噪声精度为18.9位，有效位数为21.7位，无噪声动态范围为114dB，有效动态范围为130dB。

3.2.4.2 振动数据采集测试

在数据采集测试中，将三个通道的信号输入端接同一个动圈式地震检波器，检波器放在室内地板上，信号放大倍数为1，系统以1kHZ采样，触发采集后在地板上激发振动。测试结果如图3-21所示。由图可知，本系统清晰地再现了地板振动的建立和衰减过程。波形光滑细致，各通道的一致性和同步性较好。

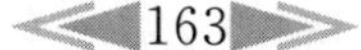

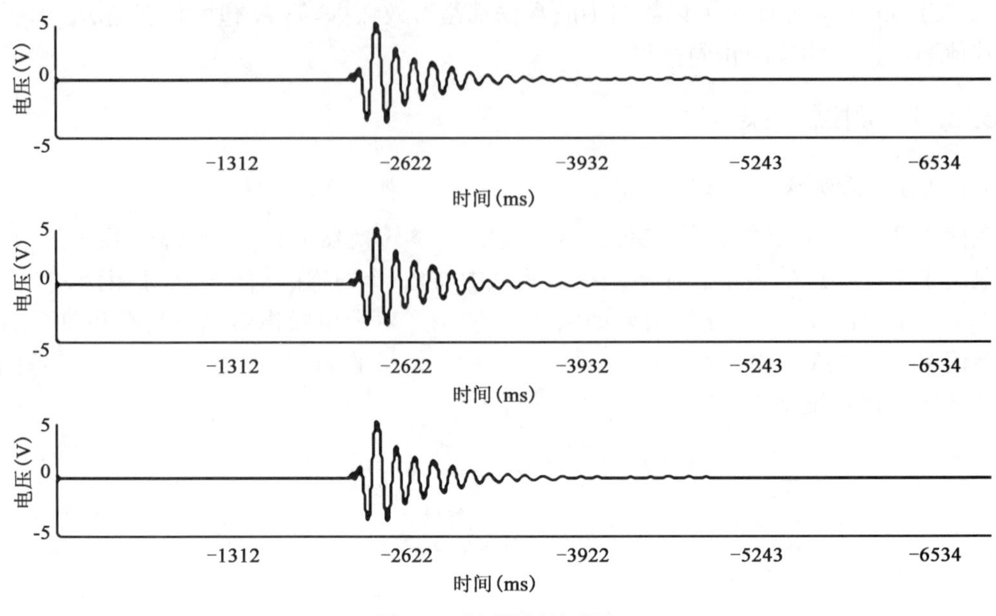

图 3-21 振动测试波形图

3.2.4.3 地震勘探数据采集测试

在地震勘探测试中,256 个地震检波器按一定空间分布埋于土中,采用爆炸激振方式,爆炸后本采集器顺利采集到地震波形,如图 3-22、图 3-23 所示,波形结构清晰,特征明显。

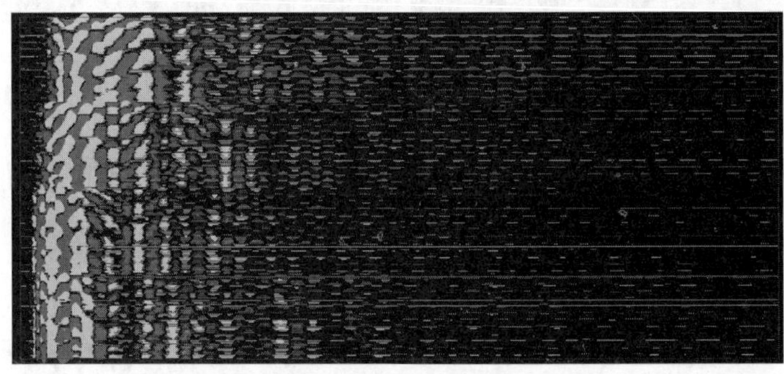

图 3-22 地震勘探测试波形图

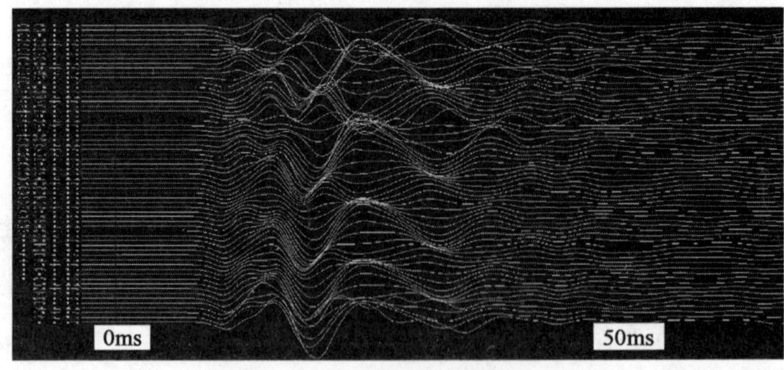

图 3-23 地震勘探测试波形曲线图

3.2.4.4　功耗测试

本系统可采用 7.4V 锂电池进行供电，也可采用 9V/10A 外接直流电源进行供电，并可以边使用边充电。经测试，在增益为 1 倍的工作状态下，本系统底板的电流为 250mA，每个子板的电流为 180mA。照此计算，装配上 16 个数据采集卡的 256 通道整机总电流为 3.13A，平均每个通道的电流仅为 12.2mA，符合低功耗的设计要求。

3.2.5　总结

项目组独立自主研发了一台多通道高精度高速同步数据采集器，通道数达到 256 道，各通道可以独立并同步并行采集。所有通道均采用高精度、低功耗的 24 位 AD 转换器，有效动态范围达到 130dB。采样速率高达 30kHz，各通道存储空间高达 1MB，既可高速有线传输，又可通过 ZigBee 和 WiFi 进行无线传输，远程遥控。经测试仪器性能良好，并成功应用于 USEP21 隧道地质预报系统中，取得了良好的效果。

3.3　各种类型激发外设

对于除天然场或大定源场来说，探测的激发场源是固定的，因而采集系统只需知道场源的基本性质，就可按照特定方法的要求进行数据采集。即使是对交变的电磁场而言，只需知道场的基本性质(脉冲宽度、强度、相位、频率等)就可对激发的一次场、二次场进行数据采集。

而对于变化场源来讲，大多都是由激励场和数据采集器一起构成排列装置。

因此，不论对大定源场而言，还是变化的小场源都存在不同形式和要求的激励源，不同的方法、仪器等要求的激励外设是不同的。但通常主要是同步方式，常用的同步方式有：电缆同步；无线电同步；GPS 同步；晶振同步。通常，激励装置只需给采集器提供开始采集的时间，这个时间的起点是以激励场源开始的时间为起点，这样才能实现外设激励与数据采集的同步。至于如何采集以及采集的各种参数设置都是综合采集器的任务。各种激发装置都是和各种探测方法的原理和要求相一致。下面分别介绍常用各种电性和弹性波激发器的原理和具体要求。

3.3.1　电法类

电法类激发的一次场最常见的有点源场、线源场和面积类场源。点源场指一个电极供电如图 3-24 所示，线源场指 A、B 两个点供电组成沿 AB 方向的电流场，如图 3-25 所示。

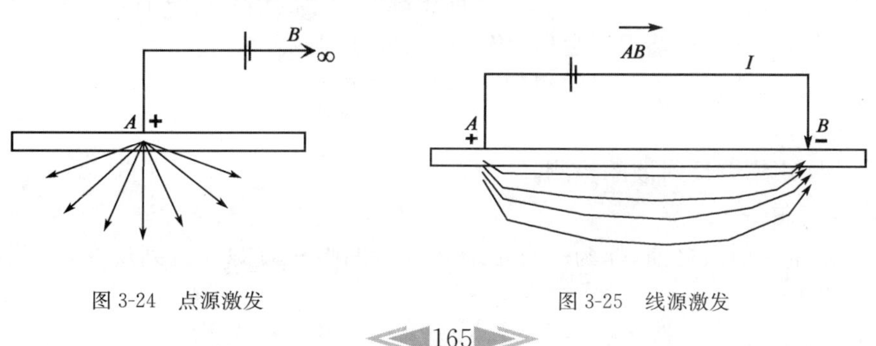

图 3-24　点源激发　　　　图 3-25　线源激发

这类型的电法装置有：对称四极、中梯法、联合剖面、偶极法及激发极化法等。

这类装置也可发送一次稳定场和长脉冲变化场，测试一次场和二次场。

另一类的激发一次场为面积类激发场源，圆形线圈见图 3-26，方形线圈见图 3-27。

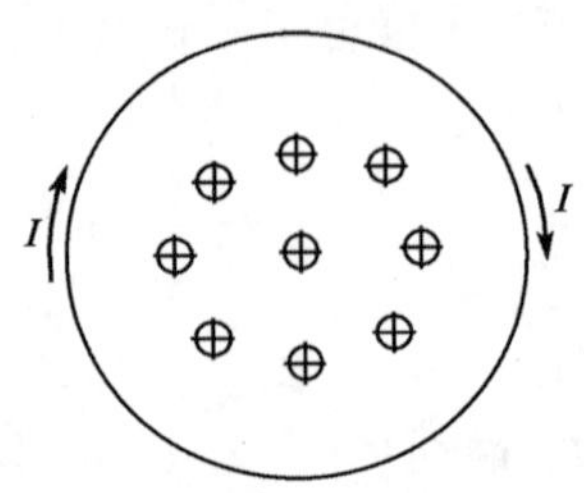

图 3-26　圆形线圈激发

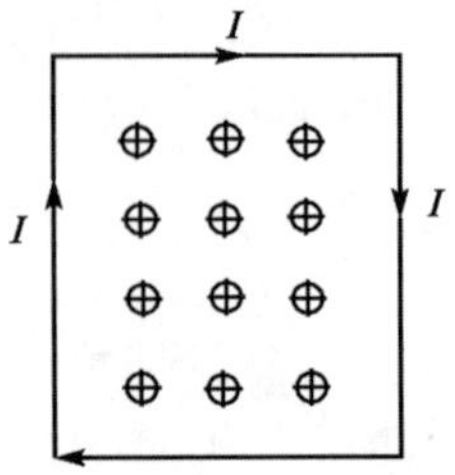

图 3-27　方形线圈激发

这类型的装置有：瞬变脉冲电磁法的大定源回线、重叠回线、中心回线、偶极等、地质雷达等；这类装置也可发送一次稳定场和交变电磁场，可测试一次场和二次场。

3.3.2　弹性波类

弹性波类激发场包括：声波超声波激发、地震波激发。

3.3.2.1　声波激发

如图 3-28 所示。

谐振频率高于 20kHz 的声波被称为超声波。超声波为直线传播方式，频率越高，绕射能力越弱，但反射能力越强。利用超声波的这种性能就可制成超声传感器，或称为超声换能器，它是一种既可以把电能转化为声能，又可以把声能转化为电能的器件或装置。换能器在电脉冲激励下可将电能转换为机械能，向外发送超声波；反之，当换能器处在接收状态时，它可将声能（机械能）转换为电能。

图 3-28　声波超声激发

3.3.2.2　地震波的激发

地震勘探中的地震波是人工激发产生的。我们称这种激发源为人工震源。人工震源有两大类型，一类是炸药震源，一类是非炸药震源。理想震源产生的信号应该有：

①足够的能量，这样在传播很远之后，仍然可以检测到。

②持续时间很短，这样可以分辨离得很近的两个界面。

③是可重复的。

④不会产生噪声影响反射波的检测。

1）炸药爆炸震源

在 1954 年落重法引入之前，炸药一直是地震勘探的唯一震源。直到现在，炸药仍然是陆地勘探的主要震源。

在地震勘探种主要是用两种类型的炸药:胶质硝酸甘油炸药和硝酸铵。偶尔也使用其他类型的炸药。由于它所激发的地震波具有良好的脉冲特性及高的能量等优点,被认为是一种理想的地震能源。因此,炸药震源自地震勘探问世,就始终作为激发地震波的主要震源。

炸药是通过雷管引爆的,从输入电流到炸药爆炸,时间非常短暂,最多仅 2ms,以雷管线断开作为爆炸计时信号,表明地震波已被激发开始传播。

在陆地地震勘探时,多数情况是在注满水的浅井中爆炸激发地震波。在无法钻井或钻井困难地区多采取坑中爆炸。在江河湖海上勘探时采取水中爆炸。

野外施工时,通常将炸药装在圆柱状塑料带内密封后置于几米至数十米深的井内引爆。为了使爆炸能量集中下传增大激发地震波的能量,同时又方便施工,人们研制了聚能弹、土火箭、爆炸索等各种成型炸药。这大大提高了激发地震波的效果。

炸药量的多少、爆炸介质的岩性、药包形状及其与爆炸介质的耦合等因素,对地震波的形状、波的振幅、频率等特点有重要影响。

爆炸所用炸药一般数量级是:反射波测量几百克至几百公斤;折射波测量为数百克至数十公斤;深部地震探测几百至几千公斤。地震波的振幅与炸药量 Q 的关系服从下式:

$$A \propto Q^{m_1} \tag{3-6}$$

式中,当炸药量较小时,m_1 为 1～1.5;当炸药量较大时,m_1 为 0.5～0.2;在海水中爆炸时,m_1 平均为 0.65。

地震脉冲波的视周期或主频与炸药量的关系是:

$$T^* = \frac{1}{f^*} \propto Q^{m_2} \tag{3-7}$$

药量越大,波的视周期越大,主频越低。

炸药包的形状为球形效果最佳,长柱状药包的效果差一些。如果把炸药包制成如图 3-29 所示形式,可使爆炸下传的能量大为加强。

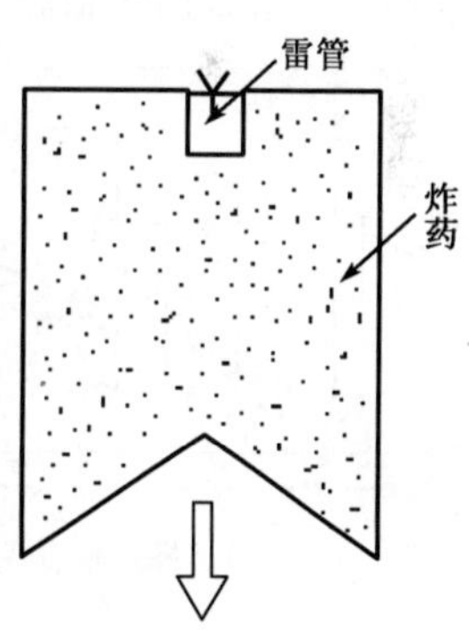

图 3-29　聚能弹

爆炸介质的性质对所激发的地震脉冲波也有影响。试验表明,在低速带疏松岩石中激发时产生的振动频率低;在坚硬岩石中激发得到的振动频率较高;在胶泥、泥岩中或浅水面下激发得到的频率适中。

实验还表明,爆炸能量与介质之间的耦合关系影响波的能量,爆炸能量与介质之间存在着几何耦合和阻抗耦合的关系。当炸药包直径与爆炸井直径相等时,几何耦合为 100%炸药的特性阻抗(炸药密度×炸药起爆速度)与介质的特性阻抗(岩石密度×岩石中波的波速)之比为阻抗耦合。当该比值等于 1 时,激发的波的能量最大。

2)非炸药震源

虽然炸药震源是一种理想震源,但施工危险性比较大,成本费用较高。更主要的问题是在无法钻井,严重缺水地区(如沙漠)困难严重,有的地区甚至不允许炸药波爆炸。另外,有时不同爆炸点所产生的脉冲波不一致,影响记录面貌。地震勘探逐渐发展了非炸药震源,特别是近十多年来,国内外这方面发展很迅速并得到广泛应用。

(1)可控震源

①简介。

大多数震源都是在极短的时间内将能量释放到地下，而可控震源将能量释放到地下却需要几秒钟，可控震源用一个称为震动器（液压驱动）的装置将不同的压力作用在一块钢板上，钢板使用车的重量固定在地面的［图 3-29(b)］，压力 P 的变化过程满足下面的关系式：

$$P(t) = A(t)\sin 2\pi t\left[v_0 + \left(\frac{\mathrm{d}v}{\mathrm{d}t}\right)t\right] \tag{3-8}$$

式中，$\mathrm{d}v/\mathrm{d}t$ 可正［升频扫描(Up Sweep)］可负［降频扫描(Down Sweep)］，如果是线性扫描则为常数。

对于振幅 $A(t)$ 来说，除了开始的 0.2s，振幅从零增大的某个值，结束时的 0.2s，振幅降到零之外，其他时间都为常数。扫描长度一般为 7～35s，频率的变化范围为 12～60Hz 或相反。

因为反射波的间隔比扫描长度小得多，所以地震记录是有很多波列叠加在一起的，即使对于最有经验的解释人员，也不可能直接解释野外记录。为了得到地震资料需要后续的数据处理，实际上处理（与扫描信号的互相关）可以将每一个接收到波列压缩成很短的子波，并消除大多数波列的重叠现象。互相关要求扫描频率不能重复，如果有重复的扫描频率，互相关就会发现有多个重复的连续频率与扫描信号匹配，产生虚同相轴。

②震动器。

如图 3-30a)所示是可控震源基本原理(Vibrators)示意图。底盘通过活塞和一个质量很大的可运动的空腔中心连在一起。空腔分成两部分，受高压作用的可以将油抽进去或放出来，使之上下运动产生振动。使钢块产生的力等于底盘作用与地面的力，且方向相反。利用车的重量将振动器紧紧压在地面上，在振动系统和车之间有气袋和弹簧，以减少过度振动。固定整个设备的重量必须大于最大上升瞬时冲力，以防止底盘离开地面。峰值冲力会超过 160kN。

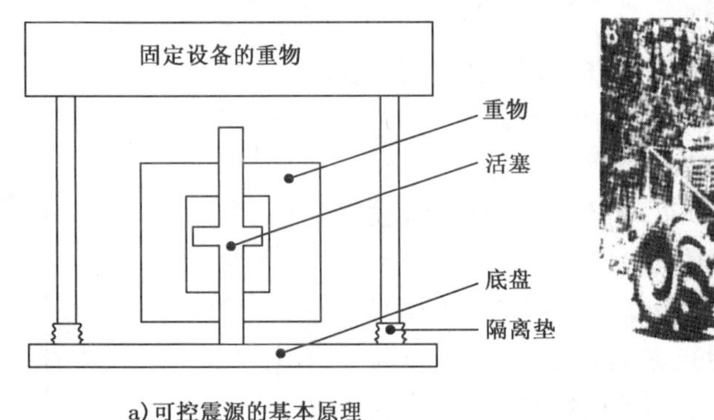

a)可控震源的基本原理

b)可控震源的照片

图 3-30　可控震源图

③野外技术。

Miller 和 Pursey(1956)计算证明，如果纵波的可控震源在半无限的地面施工，则产生的能量有 7%是纵波（能量集中在下行方向），26%是横波（集中在与垂直方向夹角为 30°的方向），67%是面波。近地表层会使大部分横波转换成面波。因为面波能量很强，所以常使用震源组合和检波器组合来压制面波。一般不使用可控震源附近的检波器记录地震信号，所以炮点和第一个检波点之间有较大的距离（通常超过 300m）。因为存在炮检距，所以记录到的振幅的动态范围变小，这可以使深层信号的检测变得简单多了，否则深层与浅层的波列会叠加在一起，使深层信号缺失。但是，如果炮检距和炮检组合都比较大，会影响对浅层信号的接收。用多个可控震源（通常 3

台或 4 台)和垂直叠加技术,可以增强地震能量。在每次扫描之后,稍微移动一下可控震源,可以在叠加时衰减地滚波。理想条件下,作用于地面的力与作用钢板的力完全相同,但是由于存在加热、损坏、地表物质的压实等作用(压强可达 $200km/cm^2$),使传播到地下的信号随着振动器产生的信号产生非线性变化,这会产生在原始型号中没有的谐波,第二谐波与扫描信号相关,在地震记录上产生假的相关虚反射(Correlation Ghost),这是可控震源中的一种干扰。利用升频扫描,则相关虚反射在零时刻前到达,就可以消除这种干扰,也可以利用非常长的降频扫描,这样虚反射在有效记录时间之后到达。在降频扫描开始的时候,很容易锁住向位,但是利用升频扫描的设备更容易实现这个过程,所以升频扫描与降频扫描之间并没有明显的区别。通常在施工的时候,完成一次扫描之后,都要将可控震源移动几米再进行下次扫描。

可控震源的能流密度很小,因此可以在城市或炸药震源可能会造成很大破坏的地方使用(Mossman,Heim 和 Dalton,1973)。可控震源现在几乎占陆地震源的 1/2。

可控震源车非常重,这限制了它在某些地区的使用。如果要过草坪或其他对地表压力有一定限制的地区,可以使用气垫船(Hovercraft),如果将气垫船变成可控震源,应该随着扫描的进行不断调整气垫船的气流。

④相位控制。

与垂直叠加相比,同时使用几台可控震源提高信噪比的效果更好。如果使用四台可控震源,非震源产生的噪声的信噪比可以提高到原来的 4 倍,而如果使用四次连续扫描的垂直叠加,因为在四次扫描中的噪声的特征各不相同,信噪比只可以提高 $\sqrt{4}=2$ 倍(信噪比还与 $\sqrt{T}$ 有关,T 是扫描长度),但是这四台可控震源的相位必须锁定在一起。

随着底盘的振动,土壤就像一个弹簧也随之振动,它们组成的共振动系统的性质与底盘的大小和地表的特征有关。相位补偿系统使传到地下的信号和参考信号相互锁定。每个可控震源都有一个由记录车控制的数控扫描发生器,这可以防止嘈杂的无线电信号对扫描频率的干扰。对加速度检波器的输出求积分,得到底盘的运动速度,然后输入到相位补偿其中,与参考信号作比较,用得到的输出控制移相器使参考信号与底盘的运动速度之间的相位差为常数。

⑤非线性扫描与伪随机扫描。

非线性扫描(Nonlinear Sweep)等价于对数据进行滤波(Goupilnd,1976)。地层是一个滤波器,自然衰减地震子波的高频成分,是影响分辨率的主要因素。因为可控震源使人们有了控制子波频率成分的方法,所以可以使用非线性扫描增强高频成分的能量,补偿地层吸收的损失。通常由于需要保持带宽,所以不能明显缩短低频的扫描时间。和线性扫描相比,对于非线性扫描,扫描高频倍频程需要的时间是扫描下一个较低频率倍频程所需时间的 2 倍(因为频宽增加了 1 倍),因此非线性扫描增加了线性扫描的记录时间。非线性扫描的作用就是增加扫描信号中的高频成分,从而提高分辨率。

Goupilaud(1976)还证明:如果将线性扫描分成段,并重新排列各段的顺序,假设在各段之间没有间断,则不改变经过相关处理后地震记录中的信息。他提出一种随机排列各段的方法加称作伪随机扫描(Pseudo－random Sweep)。伪随机扫描与各段扫描的顺序无关,因此,用伪随机扫描可以同时记录不同震源在不同位置产生的信号,并能在随后的数据处理中将它们分开。有多种伪随机数的编码表,将可控震源放在测线的两端同时激发,则在同一段时间内采集的数据量可以增加一倍。使用伪随机扫描还可以压制地滚波的振幅,这是因为地滚波主要是低频成分，而在整个扫描区间都有低频信号。

(2)Sosie(索西地震法)

如果勘探目标较浅(记录时间小于 1s)，使用打夯机，采用索西地震法(Sosie™)(Barbier 和 Viallix，1973)进行勘探，打夯机又称为敲击震源(Whacker)。每秒钟敲击地面 5～10 次，记录长度大约为 3min(因此需要敲击 900～1800 次)。对于地震频带来说，敲击次数可以认为是随机的。在底盘上有一个传感器记录敲击的次数，用于相关处理。在海洋勘探中也使用其他形式的可随机重复的小型震源作为索西地震法的震源，例如 Vaporchoc™震源(一种蒸汽枪震源)。

使用索西地震法时，每向地下发射一个新脉冲，就将一个检波器组的输出加到其累加寄存器中，因为每个初至来说，震源的产生能量会同相位叠加，但是对续至波来说就是随机的。

(3)陆地震源的选择

主要是从经济的角度选择陆地震源。震源(或钻井)通常是地震需要的最大、最终的设备，因此如果震源能够到达指定位置，其他采集设备的运输就不存在问题。除非钻井非常困难或成本非常高的地区，地球物理工作者都倾向于使用炸药震源。在法律上有限制的地区，或接近居民区或建筑物的地方，限制炸药量的使用。有些大型地面震源非常重，需要大型的运输工具，以致使震源的搬运成为影响勘探施工中的主要因素。大多数设备都可以安装在不同的运输平台上(例如轮船或舢板、拖车、沼泽车或由空气螺旋桨推进的气垫船)，以满足不同地区的需要，例如施工工区可能是沼泽草地或浅水区。如果是较小的施工项目，是否能在当地找到运输工具会成为影响施工的一个决定因素。

地震波类激发源根据探测的任务和需求不同，分别有锤击震源、爆炸震源、车载震源、空气枪震源、夯击震源等。

①锤击震源。

锤击震源通常用于勘探深度要求不深的任务中，通常在土体中的勘探深度在 50m 以内。该震源较简单、易操作，在浅层地震勘探中广泛使用。如图 3-31 所示。

图 3-31 锤击震源激发

②爆炸震源。

爆炸震源在岩体勘探、深层地震勘探中广泛使用。起爆设备如图 3-32～图 3-34 所示。

图 3-32 自成孔装备

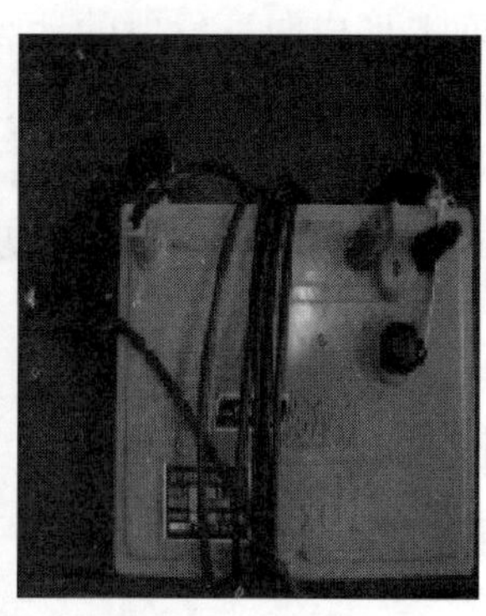

图 3-33 起爆器

③夯机编码震源

夯机编码震源和锤击震源类似，由于产生的震源稳定，便于多次叠加。如图 3-35 所示。

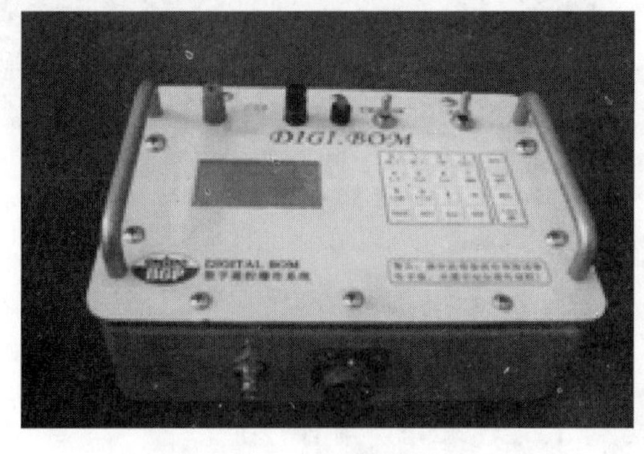

图 3-34 DIGI BOM 数字爆炸机

图 3-35 夯机编码震源

④空气枪震源。

空气枪是利用压缩空气迅速释放作为动力的一种非炸药震源，也称“气枪法”，在海洋地震勘探中得到广泛应用。它利用气枪将高压空气在极短的瞬间送入水中，形成气泡，气泡在水中发生膨胀与收缩相交替的振荡，即造成地震振动。此种振动的频率与气泡中空气的数最、压力、水的深度有关，适当地选择这些参数可获得一定的地震效果。如果把高压空气改为蒸汽，则称为蒸汽枪。蒸汽遇水冷却立刻变成水，只产生一次脉冲，完全没有“气泡效应”，效果优于空气枪。此种空气枪也可用于陆上的河湖沼泽区；或改装用于陆上，是将高压气体迅速地释放于重数吨的充满水的钢钟内，钢钟撞击地而产生地震波。如图 3-36 所示。

随着勘探规模的不断扩大和技术的发展，人们逐渐发现用炸药作震源存在许多缺点。如钻炮眼和使用炸药费用较高；在工业区、人口稠密区和海上渔业区，使用炸药爆炸很不安全，而且对环境造成污染；在地下条件复杂的情况下，更无法控制产生出的弹性波频率；炸药和雷管的保管和使用都存在一定危险性等。

人们研究出一种能控制能量和频率的非炸药震源,专业上称为可控震源。可控震源怎样进行工作呢?可控震源是利用先进的液压系统控制的机械装置,它控制重物连续地夯砸,并在地面上形成向下发射的地震波。

它有两个特点:一是振动时间可长可短(一般从几秒到数十秒之间),而不像炸药爆炸那样只产生瞬时的一个脉冲波;另一个最大的特点是它在工作时其频率范围和振动的延续时间及方式都可事先制定并实时改变,可以把定性控制能量变为定量控制。

⑤车载震源。

车载震源的主要特点是震源力度大、搬运快、是标准震源,在石油地震勘探中广泛使用。如图3-37所示。

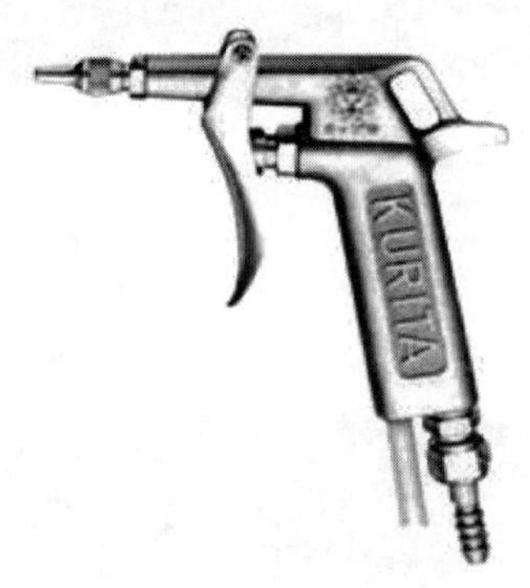

图3-36 空气枪震源

图3-37 车载震源

本章参考文献

[1] 叶英,等.城市暗挖隧道施工超前地质预报系统[R].技术开发项目,2009.

第4章　数据处理与可视化技术

多源地学信息数字图像综合处理技术在我国已有近二十年的发展历史，它以数字图像处理学为基础，综合了计算机、数字信号处理、信息论、多元统计分析、视觉生理学和心理学、遥感地质学、数学地质学、地球物理学、地球化学等学科知识的新地学信息处理。如今该技术已发展成为一个比遥感数字图像处理内容更为丰富的新技术方法体系。它主要用交互方式显示、分析综合多来源的地学数据资料，尤其是在研究地下探测中如何通过图像将“外部信息”与“人脑的认识思维活动”建立起联系，并通过这种联系从各种数据资料中获得更多的地下空间物理力学信息。由此可见，若各种地学信息数据资料中所蕴含的探测信息不能充分和有效地向解译者的视觉系统显示和传递，进而被接收，那么，人们花了很大气力在数据采集上所做的种种现代化改进（如信息的巨量、多源和高精度等），都将在很大程度上失去其意义。

今天，人类在地下空间探测中面临的重要课题之一是在采用多种先进技术手段获得了巨量、多种类、多来源及高精度的二维形式的地学数据后，如何快速有效地分析和评价这些资料，也就是快速地提取那些有意义的探测信息。同时采用最佳的图示、图像表现出来，使繁杂的综合数据分析方式变为简单、直观的图像、图形，从而使已经无法再用常规方法提取地下空间信息的单一的地学数据得以再被利用，对于目前我国复杂地质条件下的隧道超前地质预报工作来说，这无疑具有重要的实用价值和现实意义。

4.1　数据处理

鉴于物探方法各有特色、野外的地质情况不同以及工程勘察提出的任务不同，为了使处理方法更通用，在物探方法获取数据的过程中，或对已获得的资料，须考虑数据的应用前提和录入格式。为此在以后的各项工作之前，首先要考虑物探数据的预处理方法，这是物探数据处理前的第一步。在预处理完成后，针对不同的预处理数据进行标准的网格化工作。因为实际数据常常是不规则分布的，把不规则分布的数据网格化，就完成物探数据的准备工作。

4.1.1 预处理

预处理是原始记录数据处理之前所必须完成的工作。目的是把原始数据进行初步加工，使之满足处理方法的技术要求。

对不同的探测方法而言，预报数据预处理工作就是把野外实际获取的数据(它可能是综合影响的电位值、电流值、重力位场、磁化强度或是一种视参数)，转换成实际物性参数值，去掉干扰因素，过滤随机噪声，使结果数据最大程度地接近物性体的实际影响。

通常讨论物探方法的理论时，都是在地表水平、目标体形状规则、围岩导电分布均匀且各向同性的条件下进行的。这是我们认识典型地质断面条件下电场分布规律并对资料进行推断解释的基础。但仅仅认识简单条件下的规律是不够的，因为实际的自然条件往往是地表面起伏不平、围岩电性也多分布不均匀，在沉积、变质岩区还常常出现岩石导电性非各向同性的情况，这些复杂情况的存在改变了电场分布的状态，往往形成假异常，使观测结果的解释推断复杂化，严重时甚至会淹没掉有用异常。为了正确地对复杂条件下的观测资料进行解释，有必要认识各种干扰因素的影响特征及变化规律，以便从实测曲线中设法消除掉干扰影响后再进行推断解释，以进一步提高图像处理工作的地质效果。

物探数据预处理、预分析必须结合实际的地质资料，针对不同情况，做相应的处理，旨在取掉假异常、畸变异常，增加信噪比，提高地质预报效果。

目前的物探数据主要分为位置偏移探测和角度偏移探测两种方法，这两种方法的预处理工作侧重不同。位置偏移探测法主要是进行地形(位置)改正，而角度偏移则不需要。

4.1.1.1 位置偏移法的地形影响

所有的位置偏移法在探测表面起伏情况下都应考虑表面起伏影响。由于表面的起伏使地下介质的电场或弹性波场的耦合发生改变，导致采集的数据异常，增加了位置属性。因此，随着位置偏移的地球物理方法的探测异常与多个因素有关，进而增加了探测数据异常推测的复杂性，故剖面法的表面起伏影响必须在数据处理前进行改正并处理掉。下面分别以电磁法和弹性波法来说明地形(表面)的改正过程。这种校正通常都与采集数据的排列装置有关。

在实际野外地球物理勘探中，经常遇到在起伏地形上进行记录地球物理数据的情形。当地形起伏程度不大且地形起伏横向波长比探测深度还大得多时，地形校正问题并不是很突出，即不作地形校正也不会使地下构造图像明显畸变。但当地形起伏在纵横向都比较明显，尤其在以浅部为探测目标时，就应作地形校正。

1)瞬变电磁法的地形改正

瞬变电磁法是观测纯异常的方法，在均匀介质情况下，不存在一次场的背景。因此，在高阻围岩条件下，无地下导电体时，纯地形起伏不会产生虚假异常。如果地下有导电体时，由于地形起伏改变了回线与导体之间的耦合关系，使异常形态发生畸变。对于地形起伏而言，回线尺寸较小的重叠回线装置，受坡度影响的误差粗略地可由下式估算：

$$\frac{\Delta v}{v}=1-\cos^2\beta-\frac{1}{2}\sin\beta \tag{4-1}$$

式中：β——地形坡脚；当$\beta<30°$时，误差小于13%；当$\beta<15°$时，误差小于5%。

野外实际条件下，岩土体具有一定的导电性，在地表通常都有地形影响存在，尤其是山岭

隧道，地表勘察地形起伏较大，地形影响不可忽略。在起伏地形的条件下，这种影响突出地将从剖面曲线上反映出来。这种地形影响通常在早期道的响应幅值较高，在地形转折点出现局部起伏；到了中晚期异常将逐步突出深部良导异常体的响应。

在地下工程检测中这种表面起伏通常影响较小，可不考虑其影响。

2)地质雷达法改正

地质雷达资料的地形校正通常采用地震勘探中提出的野外一次静校正方法，一般的商用地质雷达处理软件中多有这种校正方法。该方法以射线理论为基础，根据起伏地形与参考基准面之间的高差计算出校正时差，并将记录道作时间方向的向前或向后移动该校正，起伏地形使地质雷达图像变得复杂，地层界面的反射同相轴畸变，绕射同相轴严重偏离双曲线形状。用麦克斯韦方程逆时偏移的方法同时实现地形校正和偏移成像以消除地形的影响，它将等偏移距逆时记录作为在接收点位置处的电流源，用时间域有限差分法求介质中的波场，输入波场退为零时刻的空间电场分布即为地形校正和偏移成像结果。由于地形校正也是基于波动方程实现的，因此它比基于射线理论的常规静校正方法精确。通过比较该方法与常规静校正加逆时偏移之效果可知，该方法能更准确地对起伏地形下方的金属管线等绕射体成像。

3)弹性波的静校正

静校正是地震资料处理中的一项基本内容，尤其是对于复杂地表条件，静校正处理是决定地震数据处理最终成果质量的关键因素之一。静校正技术的发展趋势是，由简单的局部静校正量计算、折射静校正，向基于层析成像技术进行全局静校正量计算以及应用波动方程的波场延拓基准面校正方向发展。

静校正的基本思想是人为选定一个静校正基准面，一般在地表与低速带底界面的中部。将所有炮点和检波点都校正到该基准面上，用低速带层以下的速度代替低速带的速度，从而去掉表层因素的影响，以满足地表水平、表层介质均匀的假设条件，如图4-1所示。

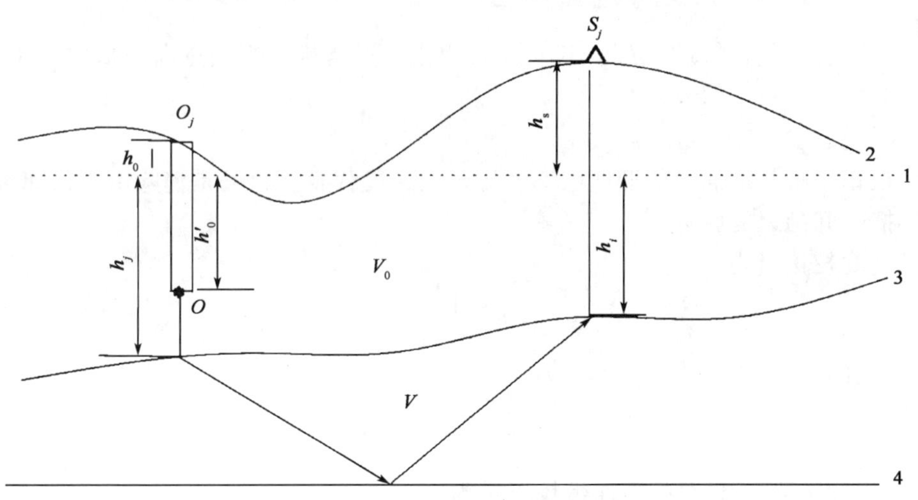

图4-1　野外静校正量计算示意图

1-基准面；2-地形线；3-基岩顶面；4-反射界面；O-炮点；S_j-接收点；h_0-地形到基准面；h_j-第j点基准面到基岩面；h_i-第i点基准面到基岩层；V_0-上覆地层的平均速度；V-下覆地层的平均速度

从几何地震学理论前提来看，以地面为水平面，近地表介质均匀。但实际情况是地形起伏

不平，地表介质不均，速度变化大，震源深度不一。而地震资料处理技术要求地形水平，炮点、接收点在同一水平面上，低速带均匀。

野外(一次)静校正是利用野外实测的表层资料直接进行的静校正，又称基准面校正，这在所有以位置偏移为主探测的二维或三维剖面法或测深法中均适用。

地震勘探静校正包括：井深校正、地形校正、低速带校正等。

(1)井深校正

井深校正是将井中炮点的位置校正到地面 O_j 点(图 4-1)。校正量为：

$$\Delta\tau_j = -\frac{1}{v_0}(h_0 + h'_0) \tag{4-2}$$

式中：v_0——低速带速度；

$h_0 + h'_0$——炮井中低速带厚度。

因为井深校正总是向时间增大的方向校正，故式(4-2)前面取负号。

(2)地形校正

地形校正是将测线上的炮点和检波点校正到基准面上。

炮点校正量为：

$$\Delta\tau_0 = \frac{1}{v_0}h_0$$

检波点校正量为：

$$\Delta\tau_s = \frac{1}{v_0}h_s$$

式中：h_s——接收点到基准面的垂直距离。

故此道(第 j 炮第 i 道)总的地形校正量为：

$$\Delta\tau_{ji} = \Delta\tau_0 + \Delta\tau_s = \frac{1}{v_0}(h_0 + h_s) \tag{4-3}$$

地形校正有正有负，通过 h_0、h_s 的正负体现出来。通常规定当测点高于基准面时为正，低于基准面时为负。

(3)低速带校正

低速带校正是将基准面下的低速层速度用基岩速度代替。目的是消除由于低速带的存在使地震波传播时间延迟的影响。

在炮点处的校正量为：

$$\Delta\tau'_j = h_j(\frac{1}{v_0} - \frac{1}{v})$$

在检波点处的校正量为：

$$\Delta\tau'_i = h_i\left(\frac{1}{V_0} - \frac{1}{V}\right)$$

故此道(第 j 炮第 i 道)总的低速带校正量为：

$$\Delta\tau'_{ji} = (h_j + h_i)\left(\frac{1}{v_0} + \frac{1}{v}\right) \tag{4-4}$$

因为基岩速度总大于低速带速度，故低速带校正量总为正。那么，接收点 S 总的静校正量为：

$$\begin{aligned}\Delta\tau_{静} &= \Delta\tau_j + \Delta\tau_{ji} + \Delta\tau'_{ji} \\ &= -\frac{1}{v_0}(h_0 + h'_0) + \frac{1}{v_0}(h_0 + h_s) + \left(\frac{1}{v_0} - \frac{1}{v}\right)(h_j + h_i) \\ &= \frac{1}{v_0}(h_j + h_s - h'_0 + h_i) - \frac{1}{v}(h_j + h_i)\end{aligned} \tag{4-5}$$

如果在地面激发，则：

$$\Delta\tau_{静} = \Delta\tau_{ji} + \Delta\tau'_{ji} = \frac{1}{v_0}(h_0 + h_s) + \left(\frac{1}{v_0} - \frac{1}{v}\right)(h_j + h_i) \tag{4-6}$$

用计算机进行处理时，只需将各炮点和检波点的高程、低速带厚度、速度等资料送入处理程序，程序按公式自动算出相应的静校正量。

4）地震波预处理

地震波的预处理还包括：剪辑处理、切除、抽道选排。如图 4-2 所示。

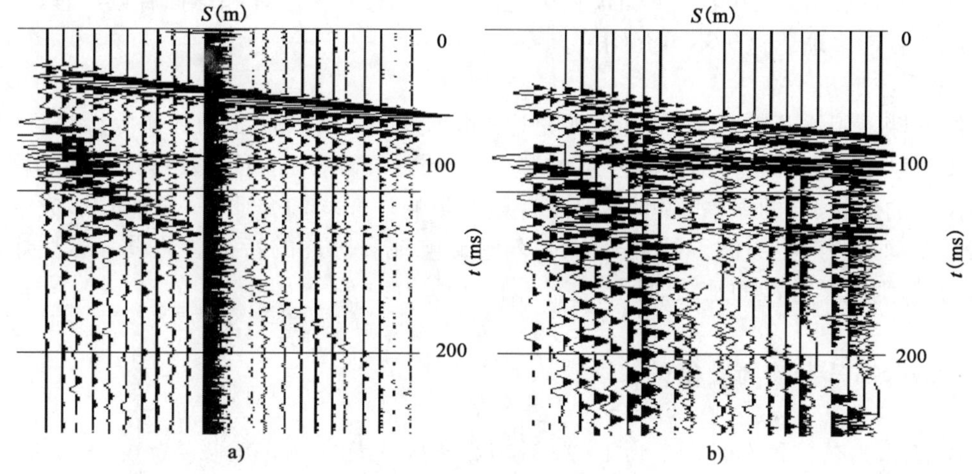

图 4-2　地震波道的剪辑处理、切除、抽道选排

（1）剪辑处理

①剪辑：挑选信噪比低的不正常记录道或炮，将其充零。

②不正常道：工作不正常道、死道、极性反转道。

③不正常记录：外界干扰背景严重而引起的噪声记录，应将整张记录充零。

（2）切除

①切除强振幅的初至波，这些初至波一般是直达波和浅层折射波等干扰波。

②切除发生相位畸变的浅层宽角反射波。

③切除震源干扰波、相干干扰波。

（3）抽道选排

抽道选排（抽道集）是将属于同一共反射点的记录道选出，按共反射点号次序排在一起，这实际上是一种数据的重排。目的是进行水平叠加和计算速度谱。

单边放炮多次覆盖共反射点选道公式为：

$$P = \left(N - \frac{N}{n} + j\right) - (i - m)\frac{N}{n} \tag{4-7}$$

式中：P——满覆盖次数的选道号；

N——仪器道数；

n——覆盖次数；

i——炮点序号；

m——小叠加段序号；

j——小叠加段内的共反射点序号(从1开始，最大为N/n，N/n个叠加道组成一个小叠加段)。

这里不讨论更细化的剩余静校正和动校正。

4.1.1.2 各种补偿

电磁波和弹性波在岩土介质传播过程中都存在随距离的衰减，也存在由于工作区地电条件的不同发射能量不等的情况，预处理就是要改正掉所有除岩土体介质的影响以外的任何影响，使得探测数据解释简单化。下面仅列举地震波的能量平衡原理和球面补偿原理，关于电磁波的衰减也有许多理论这里不再介绍。

(1)地震波能量平衡

地震勘探采用炸药震源时，炸药震源是通过雷管引爆，以雷管线断开作为爆炸计时信号，表明地震波已被激发开始传播。炸药量的多少、介质的岩性、药包形状及爆炸介质的耦合等因素对地震波的形状、波的振幅、频率等特点有重要影响。在均匀介质中，爆炸时形成中心对称的膨胀性振动主要产生纵波。试验表明：炸药量影响地震脉冲的特征。假设一球型炸药包的炸药量为Q，则地震脉冲的延续时间t与药量的关系为：

$$t \propto Q^{1/3} \tag{4-8}$$

脉冲的振幅A与炸药量Q的关系服从下式：

$$A \propto Q^{K_1} \tag{4-9}$$

式中，K_1，当药量较小时，K_1为1～1.5；当炸药量较大时，K_1可减小为0.2～0.5。

(2)球面扩散补偿

地震波在介质中传播，波前越来越大，前进着的地震波的振幅越来越小，这种现象是由波前扩散所引起。地震波的波前是以震源为球心，按球面波的形式传播，这种随传播距离增加而引起振幅减小的现象，成为球面发散效应。设某一时刻球面波的波前面为S，总能量为E，单位面积上的能量为ε，球面半径为r，则有：

$$\varepsilon = \frac{E}{S} = \frac{E}{4\pi r^2} \tag{4-10}$$

因为能量E与振幅A的平方成正比，则有：

$$A^2 \propto \frac{E}{4\pi r^2} \tag{4-11}$$

因而得：

$$A = c\,\frac{1}{r} \tag{4-12}$$

其中$c = E/4\pi$，在均匀介质中，反射波的振幅与传播距离成反比，按照$1/r$的规律衰减。

如图4-3、图4-4所示是系统软件作的球面扩散补偿，球面扩散补偿后使得后期的信号得到有效增强，图中效果非常明显。

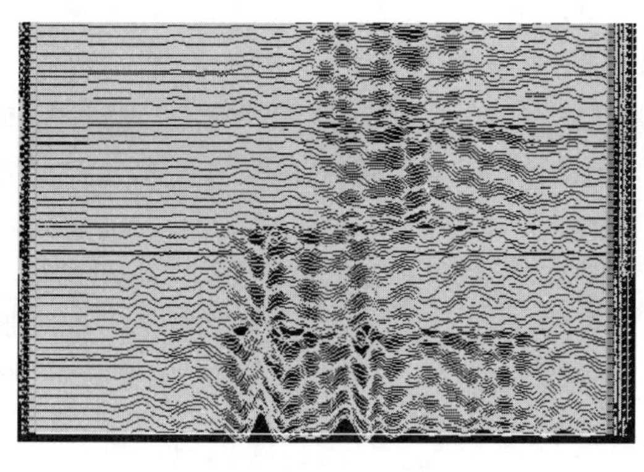
图 4-3 原图

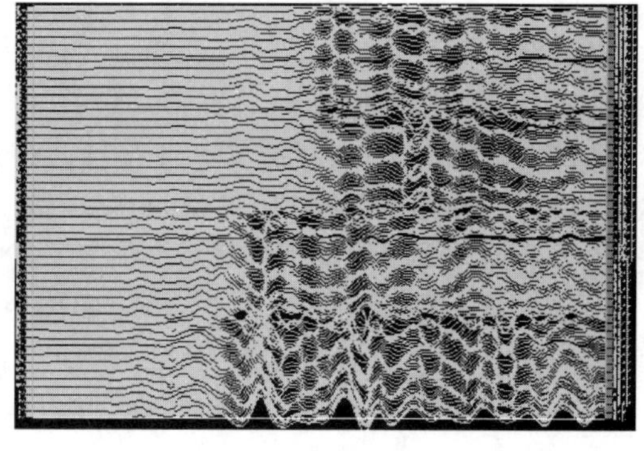
图 4-4 球面扩散补偿

4.1.1.3 地下工程探测的各种干扰的剔出

地下工程探测中的干扰与噪声是难以避免的，一种是工程本身带来的，另一种是大地天然噪声。工程本身带来的干扰难以消除或剔除，因其没有特定规律。而大地天然噪声通常都有其变化规律，相对容易消除。下面分别列出便于掌握各种噪声的异常特点。

1)地震干扰波的类型及其特征

根据干扰波的特点可将它们分为两大类：规则干扰波和不规则干扰波。前者在时间上的出现具有规律性，后者在时间上的出现具有随机性。在接收有效波的同时总是有这两类干扰波存在，因此，地震勘探自始至终都有压制干扰波提高信噪比的问题，为此，有必要了解干扰波的特点及其形成机制。

(1)规则干扰波

①声波。

在坑中、浅井(或浅水中)、空中用炸药或用重锤撞击地面时，都能产生声波。其特点是速度稳定(340m/s 左右)，频率高，延续时间长，在地震记录上呈现强而尖锐的波至，如图 4-5 所示。

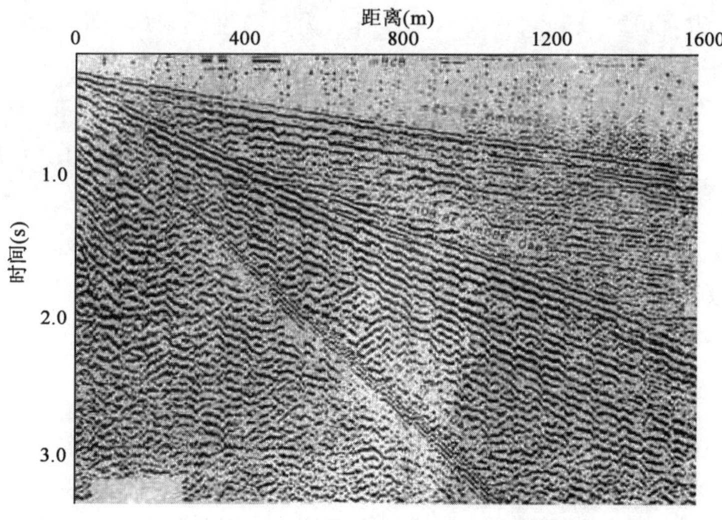

图 4-5 声波干扰记录

②面波。

当震源较浅时，在大地和空气的分界面附近，由震源激发可直接产生面波。它们的传播速度略小于横波，频率低(有时只有十几赫兹)，能量沿垂直方向衰减快，沿水平方向衰减慢，延续时间长，在地震记录上呈扫帚状，且有频散现象，如图 4-6 所示。面波虽然在某种情况下包含着对解释而言有用的信息，但通常被认为是干扰。

③工业电干扰。

当地震测线通过高压输电线路时，地震检波器电缆会感应 50Hz 的电压，形成在整张地震记录上或部分记录道上出现 50Hz 的正弦干扰波。其振幅大小受输电电压、输电线粗细、检波器电缆与输电线的距离、检波器电缆的漏电情况等的制约，如图 4-7 所示。

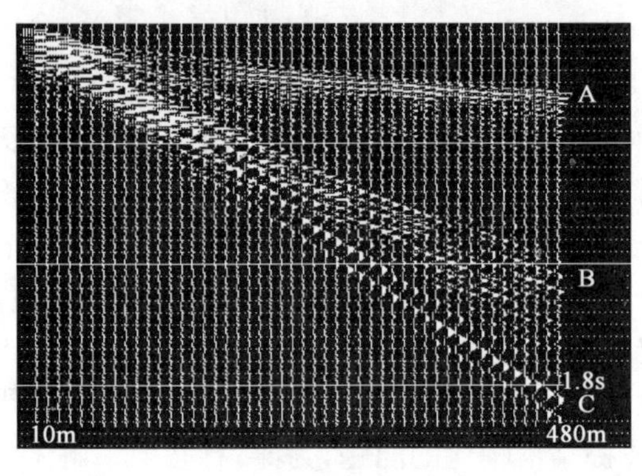

图 4-6 面波记录

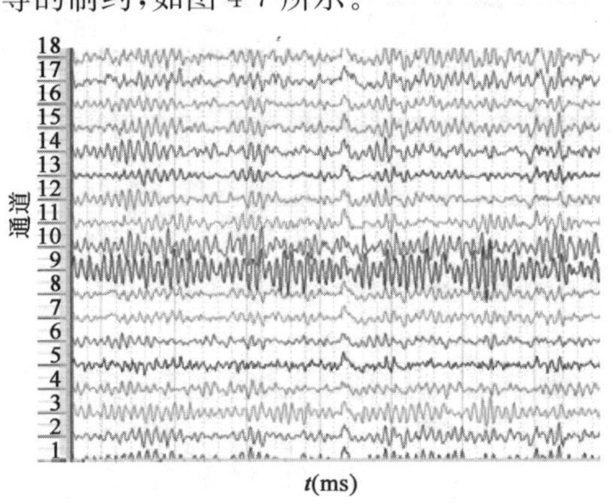

图 4-7 工业电干扰

④虚反射。

虚反射是指从震源首先向上到达地面发生反射，然后向下传播再从地下界面反射的波，它伴随在由震源直接向下传播经界面反射的正常一次波之后。由于它的干涉使正常反射波波形复杂化，相位数目增多，虚反射的波形、视速度甚至有时振幅都与正常反射相似，难以分辨，利用垂直叠加或反褶积有可能压制它。如图 4-8 所示为具有虚反射(伴随波)的纪录。

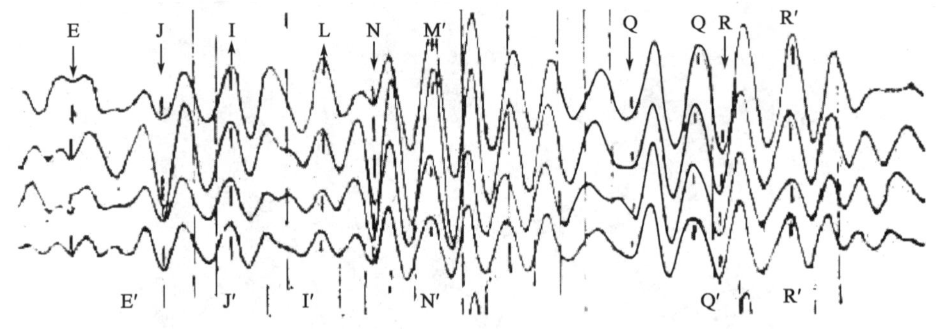

图 4-8 伴随波记录

⑤多次反射。

当地下深部存在强波阻抗界面时能产生多次反射波。其特点与正常反射波相似，只是传播速度低于相同 t_0 时间的正常反射波，时距曲线斜率大，对于简单的多次波，其履行时间与对应的一次波近似为倍数关系。

⑥重复冲击。

在井中和水中爆炸时，爆炸产生的气泡的脉动作用形成重复冲击，其特点是波的视速度与一次波相同，使后来的正常反射受到干扰，见图 4-9。

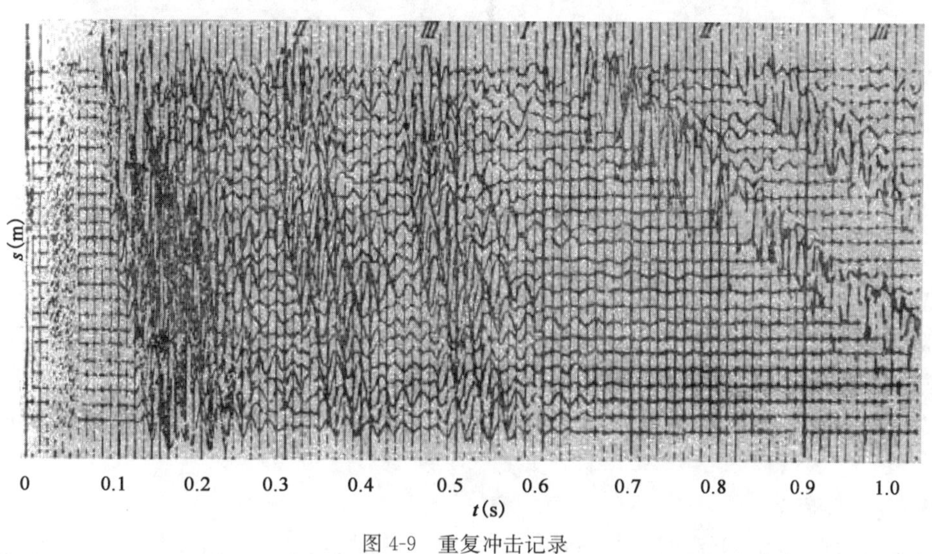

图 4-9 重复冲击记录

⑦侧面波。

在海洋地震勘探中，如果测线两旁海底有巨大突起物（软礁、沉船等），那就有可能产生侧面波，水中侧反射的特点是视速度为海水的波速（1500m/s），如图 4-10 所示。陆地勘探时，在地形变化剧烈的黄土高原或陡地层情况下也会产生侧反射。

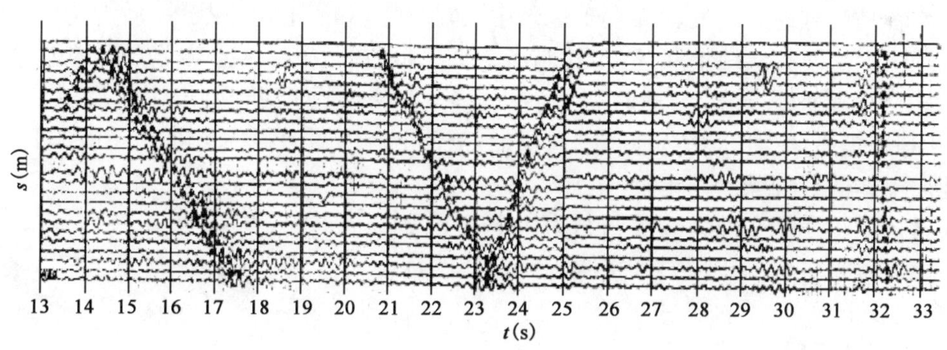

图 4-10 海上的侧反射波

⑧底波。

在浅海地震勘探时，如果靠近海底激发，就会在淤泥地面产生类似于面波形状的底波，其特点是频率低，视速度小（10～20Hz，1000m/s），横向衰减慢，延续时间长，如图 4-11 所示。

⑨交混回响和鸣震。

交混回响和鸣震是海洋地震勘探时海水层中多次反射的总效应，也称为鸣震。有时也专指浅水层相继到来的多次波互相混合在一起所形成的稳定的正弦振荡的情况，而不包括分开的相邻多次波。有时陆地上也记录到交混回响。目前在数字处理时主要用反褶积来消除其影响。

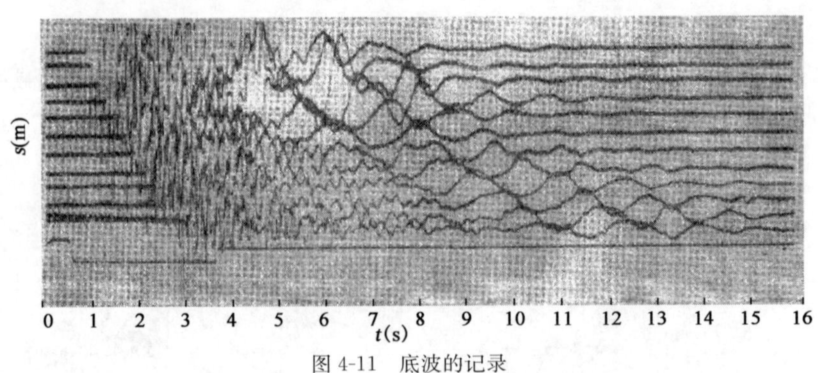

图 4-11 底波的记录

(2)不规则干扰

①微震。

与激发震源无关的地面扰动统称为微震。它主要是由风吹、草动、海浪、水流动、人畜走动、机器开动、交通运输等外力随机产生,此外,也可由地表土壤质点的旋转运动造成。微震干扰是频带宽(1～150Hz),统计相关半径为 6～9m,强度不一,取决于激发接收瞬间的周围条件。

②低频、高频背景。

在沼泽、流沙、泥炭沼泽等疏松介质中激发地震波时,这些介质的固有振动构成低频背景(10～30Hz)。爆炸时(尤其是在坚硬的岩石中激发时),波传播到浅部不均匀体(例如砾石、多孔石灰岩等)上产生的散射构成高频的干扰背景(80～200Hz)。低、高频背景的特点是在整张记录上出现,而且显得杂乱无章。

除了上述按相关性的分类外,还有另一类分类方法,即把干扰分为环境噪声和与震源有关的噪声。前者是没有地震激发就存在于记录中,包括微震和工业电干扰等;后者均由地震激发产生,如面波、多次波等。综上所述,干扰与有效波之间在动力学和运动学方面的差异主要表现在:频谱差异;视速度差异;到达时间差异;传播规律差异。因此,决定了可用滤波、方向特性、相干性等来提高信噪比,并对地震勘探仪器、观测方式及处理技术等提出相应的要求。

2)地质雷达的各种噪声与干扰

探地雷达的噪声和杂波大致可归结为以下几类 :

(1)系统噪声:主要源于发射和接收天线之间的耦合。

(2)多次波干扰。

(3)空中直接反射:非屏蔽干扰。

(4)来自电台、电视台、雷电放电、太阳活动等外部电磁干扰。

对系统噪声干扰可采用滤波和多次叠加压制;多次波干扰的问题一直是研究的热点和难点,提出的方法不少,但在实际应用的效果都不是很理想。空中直接反射的干扰常常很强烈,易识别,但难以消除,一般使用屏蔽天线以尽量地消除这种干扰。来自电台、电视台、雷电放电、太阳活动等的外部电磁干扰可通过滤波技术进行有效压制。

由于雷达波在地下的传播过程十分复杂,各种噪声和杂波的干扰非常严重,正确识别各种杂波与噪声、提取其有用信息是探地雷达记录解释的重要的环节,其关键技术是对探地雷达记录进行各种数据处理。

3)瞬变电磁法的各种噪声

瞬变电磁的干扰噪声主要来自外部的电磁噪声,其中主要是天然电磁场噪声级人类文化设施的噪声(人文噪声)。这些外来电磁场具有很宽的频谱范围,它包括了从0Hz的地磁场到GHz的高频磁场。但一般的电磁系统的工作频率范围为nHz～$n\times10$kHz,因此,这里说的干扰噪声主要指这个频段范围内的外来电磁场。

4.1.2 GRID建立网格化的数据文件

标准网格化数据是用不规则分布的数据来建立标准网格化数据文件,内插方法为距离倒数法或克里格法等。规则的网格是由行和列组成的长方形网格。最终的图像或图形的光滑程度与输入数据的网格密度及所选择的光滑方法有关,网格的密度取决于用户所输入的网格大小。

4.1.2.1 网格化的目的

建立各种图形、图像都需要规则分布的数据,而实际数据的采集是针对隧道不同的地质情况及预报任务而布设,常常是不规则分布的。预报实测数据经预处理后,消除了干扰因素,作为整个系统的入口数据。为了软件包能适用于不同的数据,有必要使用统一的格式。网格化是图像、数据处理的前提。网格化的过程就像用一个网格覆盖在高程分布图之上,然后利用已知数据计算出每个网格点的Z值。网格化是纯数学处理方法,与探测的各种方法无关。

4.1.2.2 数据的入口格式

网格化的处理是针对二维数据而言,通常可对平面或断面数据处理。根据不同的数据,可按如下格式建立数据文件或直接使用网格化软件编辑功能键盘输入。

(1)断面格式

探测方法:电测深、电磁法等。

断面图建立数据文件的格式:点号,深度(或与深度对应的参数),观测值。断面格式数据如图4-12所示。

(2)平面数据格式

探测方法:磁法、重力、直流电法扫面数据、化探、地质等数据。

平面图建立数据文件的格式:线号,点号,观测值。平面格式数据如图4-13所示。

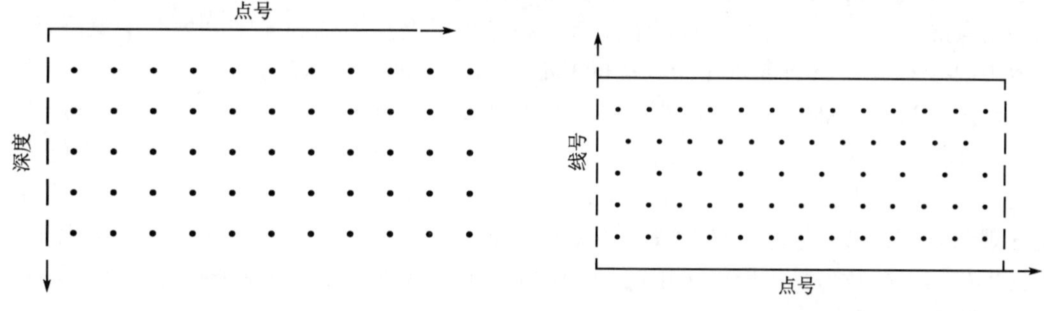

图4-12 断面格式数据

图4-13 平面格式数据

4.1.2.3 网格化过程

1)重复点的处理

即有相同的 X、Y 值,而 Z 值可能不同的点。它可用于检查是否有输入错误,或是否在同一地点采集了两个或更多的数据。重复点的处理方式包括:忽视、删除或平均忽视是将导致所有 X、Y、Z 点的值均参加计算;删除是删除有相同(XY)坐标的全部,即所有这类点均不参加网格化计算;平均是将用同一点上的全部 Z 值的平均值作为该点的 Z 值。

2)网格大小处理

网格大小是定义网格的行数和列数,即网格的密度。密度越大,最终的图件越精确、越光滑,但计算时间及所需内存均显著增加,最大的网格数取决于计算机可用的内存大小。计算网格大小的步骤是:

(1)用最大 X 值减最小 X 值。

(2)用最大 Y 值减最小 Y 值。

(3)用上述两步得出的较大差值除以网格线距,必要时截取一部分小数,然后加 1,以作为沿较长边的网格线数。用(1)、(2)两步得出的较小差值除以网格线距,然后加 1,作为沿较短边的网格线数。

若给定长边的网格线数,软件可自动计算短边的网格线数。如果按长边的网格线距计算出短边网格线数不是整数,可将调节短边网格线距以使较短边的网格线数为整数,因此网格不一定是严格的方形。

3)网格化方法

网格化方法是定义网格化时的内插方法,它包括距离倒数法和克里格法。距离导数法是指网格点的 Z 值为相邻 Z 值的加权平均值,权系数为距离指数得倒数。这将降低离网格点较远相邻点的影响。指数越高,相邻点的影响随距离的增大而降低得越快,当指数趋近无穷时,网格点仅受最靠近一个点的影响,距离加权指数必须大于零、小于或等于 10。克里格法是一种区域化变量方法,它假设变异图为线性的。这两种方法各有优缺点,距离倒数法较克里格法快 3~10 倍,但克里格法做出的图件较精确。

4)搜索方法

搜索方法是确定搜索相邻点的方法。对于每个网格点,首先定义一个邻区(搜索区),再在邻区内选择一定数量的点,用选定的内插方法由这些点计算出网格点的值,被选相邻点的数目取决于搜索半径及最近相邻点的数目。它包括常规、四方位、八方位方法。常规搜索方法是指搜索 N 个离网格点最近的点用于内插。四方位搜索方法是将网格点周围的地区分为四个象限,然后从每个象限中搜索 N 个最近的点作为内插的基础。八方位搜索法与四方位的不同处在于将网格点周围地区分为八个象限。四方位搜索法的光滑度要比常规搜索法的光滑度高,但比八方位搜索法光滑度低。常规搜索法有可能只用一个方向上的相邻点来内插网格点,这样有可能产生不真实的斜面。而四方位或八方位搜索法迫使网格点内插采用不同方向上的相邻点,这两种方法可用于观测点距较密但线距较稀的情况。关于搜索半径是指在此半径以外的点将不用于内插。关于最近相邻点的数目是指搜索时在每一象限内采用的点数不会超过这个数目。

5)光滑处理

光滑处理包括三次样条函数光滑和自定义的光滑矩阵。样条光滑是用三次样条函数进行

内插，从而增加最终图像的光滑程度。三次样条技术用于光滑地连接一系列样点，充实较稀的网格，它有可能增大 Z 的极大值或减小 Z 的极小值。矩阵光滑是通过平均法或距离倒数加权法来计算新的网格点，光滑矩阵是通过选定网格大小从而决定光滑矩阵的大小。例如，若取中心上下的行数，中心两侧的列数 2，则光滑矩阵将由 3 行 5 列组成：

$$\begin{vmatrix} * & * & * & * & * \\ * & * & 0 & * & * \\ * & * & * & * & * \end{vmatrix}$$

其中 0 代表光滑矩阵中心，光滑矩阵就相当于滑动平均的窗口，其大小确定之后，滑动平均的办法从左到右，从上到下进行滑动，计算出中心的平均值。最终图形的形态受光滑的影响很大，光滑矩阵越大，图形的光滑程度越高，光滑的目的是消除数据中的"噪声"或小尺度的波动。

经过网格化的数据文件便为进一步数据图像处理做好了准备。按照用户所需要的网格密度、平滑方法所得到标准格式数据文件，可直接被数据、图像处理软件调用。下面举一例说明网格化的方法。如图 4-14、图 4-15 所示。

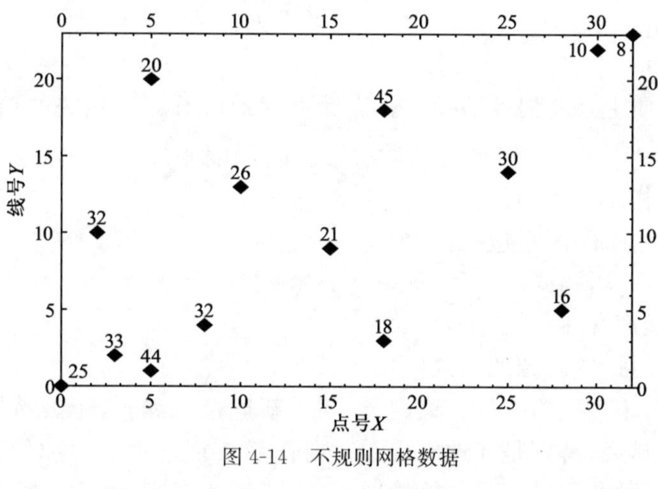

图 4-14　不规则网格数据

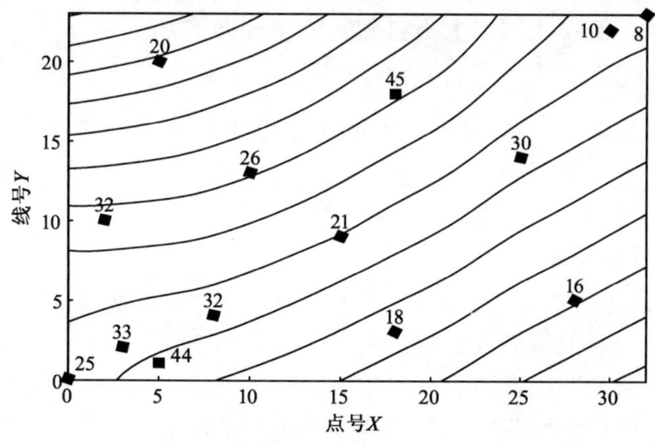

图 4-15　标准网格化数据

在本章物探数据准备中,从物探数据预处理到建立网格化的数据。其中预处理是紧密结合物探具体方法,不同的方法、不同的地质情况,需进行相应的预处理,预处理的程度直接影响到整个数据可视化处理过程,预处理工作是纯数学方法无法代替的,它是由物探方法本身所决定的。预处理工作程度完全由野外物探工作者掌握。而建立网格化数据,可以说是与具体物探方法无关,只与数据录入格式有关的一种处理方法,它是数据图像处理的标准化入口。不论物探、化探、地质数据,经正规网格化后,都可进行图像处理。

4.1.3 地震波常见数据处理方法

地震数据处理涵盖了许多方面,包括:反褶积、噪声压制、静校正、速度模型建立、转换波处理、共反射面叠加、地震数据插值、压缩、新变换、波场重建、属性分析等。数据处理文献很多,这里就隧道超前地质预报的常用处理方法作简单介绍。以下以 VSP 为例,TSP 可参考。

4.1.3.1 同深度叠加

同深度叠加类似于常规地震勘探中的垂直叠加,即对每一井下观测深度重复激发 5～30 次,每次独立地记录,而后将这些多次记录的起始时间对齐并相加。同深度叠加的目的有:

(1)增强信号能量。

(2)压制随机噪声。

增强信号能量实质上是要提高信噪比。当噪声背景可看成不相关的白噪声时,同深度叠加使信噪比大约提高 $\sqrt{j}$ 倍,j 为参加叠加的次数。同深度叠加可以消除随机干扰,但不能压制相干干扰反而会使相干干扰增强。

影响同深度叠加效果的因素包括:

(1)每道子波特性是否相同。

(2)是否有相干噪声存在。

(3)起始时间是否排齐(震源的一致性)。

在实际操作时,对于多次激发的各道记录,要重新选择或编辑,子波特性变化大的道不参加叠加。为了将时间排齐(特别是非地面震源),要作静校正。参加叠加的次数由试验结果确定,这取决于所用的震源和记录深度。能量增强(或信噪比提高)和次数增加之间不是线形关系,次数达到某一个值后,信噪比基本上不再随 j 的增加而增加。

4.1.3.2 初至拾取

所谓初至拾取指的是确定 VSP 每一深度的记录道上初至下行波的起始时间。精确初至拾取的时间主要用于:

(1)建立可靠的时—深关系。

(2)以较高的精度计算层速度。

(3)对声波测井曲线进行标定。

(4)为排齐、提取子波波形等后面的处理提供可靠的参数。

影响初至拾取的误差主要因素有:

(1)确定时间起点(即通常“爆炸”信号所指示的时刻)不准。

(2)可能是由于相邻界面的反射,而不是由于拾取方法本身。

如能提出单纯的下行初至波，则拾取的精度可能明显很高，但是分离往往先要利用初至时间，将上行波或下行波排齐。

为了提高初至拾取的精度，我们常采用下列方法：

(1)选取一道较好的记录，与各道进行互相关，然后进行拾取。

(2)拾取之前，先进行带通滤波。

除此之外，为了可靠地确定时—深关系，计算层速度，与声波测井记录相联系，在离开明显界面的某些距离上选择一些点，对声波测井曲线进行标定。

4.1.3.3　静态时移和排齐

所谓排齐，就是通过时移将记录上的同相轴按时间排齐。对于 VSP 记录有两类排齐，一类是下行波排齐，另一类是上行波排齐，两者是分别进行的。对于水平界面情况下零偏移距 VSP 观测，排齐主要通过静态时移实现。

$$A=B-C \tag{4-13}$$

式中：A——上行波到达检波器的时间；

B——上行波从震源经过单次或多次反射到地表时间的双程时间；

C——从地表到检波器的单程时间。

$$X=F+C \tag{4-14}$$

式中：X——下行波到达检波器的时间；

F——下行波从向上反射的界面到向下反射的界面的双程时间；

C——从地表到检波器的单程时间。

根据这两组公式：

(1)如果静态时移，每道加下行波初至时间，则上行波将按其从地表到界面的双程时间排齐。

(2)如果静态时移，每道减下行波初至时间，则下行多次波将按其向上和向下反射的两界面之间的双程时间排齐，下行直达波将按零时间排齐。

排齐处理的质量影响后面几项重要的处理，例如，垂直叠加(混波)、走廊叠加，上行波和下行波分离、提取子波波形等。

影响排齐效果的因素包括：

(1)初至拾取的精度。

(2)实际地层与假设是水平界面零偏移距观测的模型的符合程度(对于非水平界面或者对于非零偏移距观测，需要通过动校正，而不是静态时移，才能将同相轴排齐)。

(3)“非地表地震”(例如浅坑或浅井中激发)深度变化引起的误差是否已作了可靠的炮点静校正。

(4)“爆炸”信号因“爆炸”延迟和其他随机因素引起的误差是否已作了额外的补偿(影响初至拾取精度)。

如果以炮点 i 为参考点对其他炮点作静校正，则炮点 i 到检波器的直达波旅行时为：

$$T_i=\frac{\sqrt{l^2+(h-d_i)^2}}{v} \tag{4-15}$$

式中：T_i——炮点 i 到检波器的直达波旅行时；

l——井源距；

h——井中检波器深度；

d_i——炮点深度；

v——炮点和井下检波器之间介质的平均速度。

则校正公式为：

当 $h>l$ 和 $H>d_i$ 时，有：

$$\Delta T \cong \frac{-\Delta d}{v} \tag{4-16}$$

当 $l=0$ 时，有：

$$\Delta T = \frac{-\Delta d}{v} \tag{4-17}$$

式(4-16)在检波器位于浅处时使用，式(4-17)在检波器位于深处时使用。

4.1.3.4　震源子波整形

VSP 大多数的处理和解释都以每个深度道有相同震源子波波形为假设基础。例如，多道速度滤波处理模型中，假设前提是相邻记录道的有效波形相同，只是到达时间不同。如果震源波形变化，条件不成立，则速度滤波后的资料质量将会变坏。

解决这一问题的办法是在震源附近布置一震源监控检波器，并利用监控检波器记录的波形，对每一道记录作震源子波整形滤波(也称震源子波整形反褶积)。处理过程主要分两步：

(1)选择某一监控检波器记录的震源子波为标准子波，其他各深度道监控检波器记录的各个震源子波作为输入(原始子波，每次只输入一道)，用最小平方法求出每一道的子波整形的滤波算子(反褶积算子)。

(2)用求出的反褶积算子，对相应深度井下检波器的原始记录作反褶积，求出该深度道经过子波整形的记录。

应该说明，如果某道求不出合适的子波整形滤波算子，则应考虑此道是否要切除。

影响子波整形效果的主要有两个参数：一个是滤波因子长度，另一个是滤波延迟。这些道一般要利用所有道的样值通过反复试验来确定。

4.1.3.5　振幅处理

1)重要性

振幅是用得最多的一种地震波动力学参数。在有利的条件下，根据精确恢复的地震波振幅变化有可能估计地层岩性以及岩石孔隙中的流体成分。如最近几年，“亮点”技术的发展等。

2)振幅衰减

引起地震子波振幅变化的因素有很多，主要包括：波前扩散、投射损失、散射、吸收和震源—接收器的方向性等。在所有这些因素中，与地下岩性关系较少的波前集合扩散对地震波振幅的影响远超过其他因素影响的总和。因此，利用振幅参数，首先要补偿集合扩散造成的振幅损失。

在固结程度较好的岩层中，压缩波和切变波的均方根速度和旅行时有下面的近似关系式：

$$T_c(Z_g)=0.5T_s(Z_g) \tag{4-18}$$

式中：Z_g——检波点的深度；

T_c——压缩波的旅行时；

T_s——切变波的旅行时。

压缩波和切变波振幅衰减之间的关系为：

$$D_c(Z_G)=\frac{v_{OC}}{2v_{OS}}-D_S(Z_G) \tag{4-19}$$

式中：v_{OC}、v_{OS}——波前传播时地层序列顶层的速度。

均方根速度和传播时间确定方法有两种：

(1)利用声测井资料确定井中任意深度的均方根速度和单程传播时间，该声速测井资料已用地震测井资料校准。

(2)利用 VSP 资料，通过初至拾取确定单程传播时间和计算均方根速度。

应该说明，计算曲线和实测曲线两者总趋势的差别是因为实测定中还包含有投射损失、吸收、散射和其他非波前扩散引起的能量的损失。局部的异常可能是由于套管和地层耦合不良造成的。

根据 VSP 下行波实际估算振幅的方法有：第一个压缩波的波谷；第一个压缩波的波峰—峰值；均方根振幅等。

3)振幅补偿

确定振幅衰减函数之后，可用其逆：

$$G(T)=\frac{1}{D(T)} \tag{4-20}$$

作为增益函数来对球面扩散引起的振幅衰减作补偿或校正，恢复 VSP 的"真"振幅。

实际作振幅恢复处理时，VSP 于常规地震剖面相比有些不同，其主要差别在于：VSP 初至下行波的记录时间是单程的，上行反射波的记录时间是单程时间和双程时间之间的某个时间；地面地震剖面记录的总是双程时间。

$$F(t)=G(T)\quad(0\leqslant T\leqslant T_0) \tag{4-21}$$

$$F(t)=\frac{2G\left(\frac{T+T_0}{2}\right)}{G(T_0)}\quad(T_0\leqslant T\leqslant T_{max}) \tag{4-22}$$

式(4-21)表示下行直达波的增益恢复，式(4-22)表示上行反射波的增益恢复。

4)最小二乘法经验函数 $g(T)=AT^n$ 作增益恢复

用最小二乘法确定 A、n 的过程与常规地震剖面相同，即根据一系列振幅—时间数据对，作最小平方曲线拟合，数据来源是 VSP 下行直达波的资料。

5)干扰

VSP 资料中最主要的是近地表交混回响和井筒波。交混回响振幅随时间衰减的速率与直达波和反射波的速率不同，井筒波振幅基本上不随时间衰减。

6)振幅处理和子波整形的关系

振幅处理时，利用经过子波整形的 VSP 资料一般比未经过子波整形的 VSP 资料效果好，因此反过来，振幅分析也可以检验子波整形的效果。

4.1.3.6 分离上行波和下行波

分离 VSP 记录的上行波和下行波主要依据两者的视速度不同。在 VSP 中，下行波随着记录深度的增加,旅行时增加,视速度为正号;上行波随着记录深度增加,旅行时间减少,视速度为负号。

VSP 波场分离的特点主要包括:

①下行波能量很强,上行波能量很弱。为了从方向已充分确定的下行波中将被掩盖的微弱的上行波恢复出来,要求速度滤波器在非常窄的速度带宽内具有极为有效的抑制能力。

②空间采样点受井内条件的限制,点距往往不规则,这给要求规则采样的一些波场分离方法的使用带来困难。

③实际操作中,希望参加速度滤波的道数尽可能少,一方面因为道数多时传播信号的特性容易发生变化,另一方面因为受成本和施工条件的限制。

总的说来,已出现的用于分离 VSP 上行波和下行波场的方法主要有:垂直叠加、多道速度滤波、F-K 滤波、τ-p 域滤波、中值滤波、最佳组合滤波、最小二乘滤波等。

1)多道速度滤波

多道速度滤波可能遇到的一个问题是波形随时间变化,以及上行波和下行波信噪比不同对滤波效果的影响。可能碰到的另一个问题是为了避免假频,要求很密的空间采样间隔。

2)频率—波数域滤波

分离 VSP 的上行波和下行波也可以转换到频率—波数域中进行,并且可能有两个明显的优点:

(1)当采样合适时,频率—波数域中的上行波和下行波将自动分离,互不重叠,下行波位于正波数平面,上行波位于负波数平面,因此有可能更容易地衰减下行波而不压制上行波。

(2)利用快速傅氏变换后,计算时间可能减少。

将原始剖面作二维傅氏变换将时—空域的数据变换到频率—波数域中,这时下行波在正半平面内,上行波在负半平面内;对变换后的图形作滤波处理,正半平面内的数据乘以小数(例如 0.001)使下行波衰减,负半平面的上行波不受影响;将变换后的数据在作二维傅氏变换回到时—空域的结果,下行波已经衰减,上行波增强。

除分离上行波和下行波外,还要求进一步区分同是上行波的反射 P 波和反射 S 波。分离上行波的反射 P 波和反射 S 波的依据是视速度的大小不同。

分离过程是:时—空域中原来的 VSP 资料,P 和 S 分别是能量强的下行压缩波和切变波,P_1 和 S_1 分别是能量弱的上行压缩波和切变波,将原始资料作二维傅氏变换,将时—空域转换成频率—波数域,下行 P 和 S 波落在正波数空间,上行 P_1 和 S_1 波落在负波数空间;除上行压缩波 P_1 外,其余的部分都乘以一个小数因子,目的是压制除上行波 P_1 以外的其他的能量;将处理过的资料在变换到时—空域,除 P_1 外,其余波都已经被压制,包括同是上行波的切变波 S_1。

频率—波数域中分离上行波和下行波同样要求空间采样间隔足够密。

频率—波数域中分离上行波和下行波碰到的另外一个问题是混合问题。这是由傅氏变换对的一个特性引起的,即一个傅氏域中的窄函数将转换为另一个域中的宽函数。例如时域的尖脉冲变换为频率域中的一条直线;空间 Z 域的窄脉冲变换为波数域中扩展的波数谱;波数域中跨度窄的函数变换为空间 Z 域中宽的函数。当这一特性用于 F-K 速度滤波时,由于 F-K 域因滤波而跨度变窄,再变回(Z,T)域后,速度通带内传播的每一个波将沿速度方向空间混合平均,这种地震资料的空间混合就是 Rieber 混合。

空间混合对F-K域的VSP速度滤波有两个方面的作用。一方面速度通带内传播波的波形被平滑，道与道之间更加一致，因而通过相位对比追踪弱的上行波变得更容易；另一方面，空间混合意味着确定VSP同相轴在地层剖面上的起始和终止位置更加困难。

减弱空间混合的一种有效办法是用"窄阻"滤波代替"窄通"滤波。在实际操作中，常先在(Z,T)域对VSP记录作排齐处理，而后再变换到(F,K)域。这时下行直达波的谱表现为零波数附近的狭窄条带，因此很容易设计窄阻滤波将其衰减。这种方法，一方面滤波相应容易设计，另一方面转到(Z,T)域时可以减少空间混合。

3）τ-P域滤波

τ和P分别是(Z,T)平面中直线$T=\tau+PZ$的截距和斜率。(τ,P)域分离上行波和下行波依据的原理是：因为上行波和下行波视速度相反，在τ-P域它们分别成像于上半平面和下半平面，并且对于Z-T域内的直线同相轴，能量可聚焦到一点。如果选择τ-P平面中的一部分（称为窗），譬如平面上部或下部，作逆Radon变换，就可以使上行波和下行波分别重建，达到波场分离的目的。

利用Radon变换在τ-P域内分离VSP上行波和下行波的优点是：

（1）允许不均匀的检波器点距（即不等的空间采样间隔），因此可以适应井内各种复杂的条件（例如，选择明显的波阻抗界面，避开检波器与井壁耦合不良的井段等），一般的速度滤波器要求规则的点距。

（2）可以消除常规速度滤波引起的波阻抗差位移。

（3）可以避免频率—波数域中可能的假频效应和速度滤波转换函数的明显截断影响。

4）中值滤波

中值滤波的过程是：

（1）取以第j点为中心的n个样值作为输入。

（2）对这n个值按数值的大小顺序重排。

（3）取重排后n个数据中心位置的样值作为该点的滤波输出。

中值滤波是一种非线性滤波，其滤波输出不能表示为滤波系数与输入数据序列褶积的一个线性组合，也不能表示为滤波频谱与输入数据谱的相乘。当处理过程中包含有非线性滤波时，不能忽视其次序。这种非线性滤波特别适用于噪声特性不很清楚或者噪声与信号频谱范围重叠的情况。

中值滤波的特点可以用中值滤波对几个简单函数的滤波作用来说明：

①尖峰函数：中值滤波可以绝对地消除尖峰干扰，数值按增加的顺序重新排列后，中间位置的数值绝对不可能是峰值，峰值已被移到重排时窗的末端，因此滤波结果将绝对地消除尖峰。

②阶梯函数：中值滤波可以使阶梯函数通过，但不移动阶梯函数的位置。

③三角形函数：中值滤波对三角函数的平滑能力与滤波的跨度有关。当跨度是3点时，中值滤波只平滑三角形的顶点上的数。

④方波函数：中值滤波对方波函数的平滑能力也与滤波的跨度有关。当方波的宽度为n时，为了完全平滑此方波脉冲，中值滤波的跨度至少需要$2n+1$个点。

中值滤波在地震资料处理中有多种应用（例如反褶积、脉冲估计、声阻抗资料的统计编辑、多道速度滤波等)，用于 VSP 分离上行和下行波处理的过程为：

第一步，将初始数据按照使初至时间校正到相等的原则进行时移，使下行波沿垂直方向排齐；

第二步，沿固定时间线，亦即沿垂直方向作中值滤波，这时垂直排齐的下行波得到增强，倾斜穿过的上行波大大减弱，只要中值滤波跨度选得合适，其能量可以大大减弱；

第三步，将中值滤波的结果按原来的时移时间反向时移；

第四步，从初始数据中减去下行波。

跨度是中值滤波一个很重要的参数。当需要滤去的倾斜同相轴偏离垂直方向的斜度较小时，应该选择较大的跨度；反之，可选择较小的跨度。因为前者相应于三角脉冲或方波脉冲宽度较大的情况，后者相应于宽度较小的跨度。

初至时间必须仔细地测定，如有可能应精确到 0.5ms 以内。如果初至时间不准，时移就不准，下行波就会排不齐，对这种没有很好排齐的资料作中值滤波，可能会产生很严重的噪声。另外，在从初始数据中减去下行波时，也要求它们的时间必须互相完全对准，否则所得到的上行波将主要由噪声控制，不能清楚地显示出上行波。

对于弯曲界面和不均匀介质，为了使下行波垂直排齐，还应考虑一些其他因素：

各深度道的波形应该一致。如果波形不一致，即使初至时间对准，其相位也不会相同，中值滤波同样达不到预期的效果。为使各道波形一致，应先作整形处理，并应注意，所选的整形方法应使同相轴的位置保持不变。

深度方向检波点点距的选择，应使各道之间的波形变化不要太大。深度间隔仍应遵循采样定理。

中值滤波之后仍要作带通滤波。中值滤波的平滑作用与通常的平滑函数不同，数据经过中值滤波之后，其输出在随机的位置上仍会出现小振幅的须状峰值，使中值滤波具有某些锯齿状的外貌。这些小振幅通常称为丁须状噪声。为了消除这些噪声，在中值滤波之后仍要作带通滤波。

当前所有 VSP 波场分离方法都有两个主要缺点：

①为了分离上行波和下行波，要求利用道间距很密的很多道。例如，F-K 滤波需要全部的道。

②分离波场的同时，作了相干加强，但是相干加强应该独立地分开进行。

5)最佳组合滤波

设最佳组合滤波的组合道数为 N，即每次 N 道组合，而后逐次向下滑动，直至所有道处理完，每次 N 道最佳组合滤波的过程为：

(1)在时间域内，以 N 道中某一道作为参考道，其余各道相对于参考道分别时移 T_1，T_2，T_3，…T_n，使所有道上的希望信号排齐。

(2)在频率域内作最佳滤波(时域内经过时移的信号先要变换道频率域)，滤波系数 F 是根据使误差判断函数最小而确定。

(3)各道滤波结果求和，作为输出。转换到时间域，这时不需要信号应该被最佳压制。

4.1.3.7　反褶积(作用是消除多次波)

反褶积的主要内容包括：

①利用下行波，计算反褶积算子，对下行波列作反褶积。

②利用下行波提取的算子，对上行波列作反褶积。

③利用 VSP 提取的反褶积算子，对地表记录作反褶积。

1)下行波列反褶积

VSP 方法的一个重要优点是利用 VSP 下行波可以观测到比较理想的子波，因为：

(1)检波器安放在相对“安静”的井内，受噪声影响比较小。

(2)记录到下行波场信号能量强，通常比地面记录到的弱的上行波能量强 10～100 倍，因此对地震子波估计也可能更精确。

(3)VSP 记录下行波的位置就是产生上行波场的界面附近，因此有可能最好地描述井旁地层剖面的多种关系。

利用 VSP 下行波提取子波的主要困难是表层地震能量交混回响的影响。因此，下行波既不是一个脉冲，也不是一个简单的子波，而是一个复杂的波列。为了衰减跟在下行直达波后面的尾巴，得到经过压缩的短子波脉冲，从而可较好地估计子波，首先计算自相关，而后作预测反褶积。在操作过程中，算子长度和延迟时间是两个重要的参数，适当选择这两个参数，可以在相当的程度上改善压缩的效果。

下行波列传到地层中之后，因为每个相继的地层对能量的混响，波列尾巴更长，波形更复杂。利用上述预测反褶积方法可以改善整个下行波记录外貌，特别是消除长周期的多次波(地表资料反褶积一般只能压制较短周期的多次波)，所以这种预测反褶积又常称为下行波列反褶积。而利用下行波估计子波往往和利用下行波计算反褶积相关联。

2)下行波提取的算子对上行波反褶积

如果下行波列预测反褶积能消除下行波后面的多次波，那么同样的算子也能消除上行波后面的多次波。

记录上的多次波来自不同的层，重复时间各不相同，延迟时间适于衰减某种类型多次波的算子对于具有更长延迟时间的多次波可能不起作用。因此整个地层剖面上的多次波可以分别进行研究。

3)VSP 提取的算子对地面地震记录的反褶积

下行波列穿过产生混响的表层后变化很大，这个波列实际上可以看成是震源信号和表层混响算子(表层看成是一个滤波器)的褶积。另外，表层对于穿过表层到达地表的反射波的影响，也可用同样的混响算子表示。因此，如果我们可以从下行初至波中消除震源信号的影响，则剩下的就可以近似地作为表层混响算子。这样我们就可以利用对混响的了解设计一个良好的去混响算子。步骤如下：

(1)计算 VSP 下行波的自相关。

(2)通过预测反褶积，尽可能地消除海水层混响的影响。

(3)对剩余的资料再作自相关。

(4)计算一个可消除其他多次波的反褶积算子。

(5)利用此算子对地面地震记录作反褶积，消除海水混响以外的多次波。

(6)再作预测反褶积，消除海水层混响。

利用 VSP 提取的反褶积算子对地表记录作反褶积，除用于消除地表记录上的混响外，也能提高分辨率，使波形整形，提高整个地面地震记录的质量。

4)提取反褶积算子时，VSP 记录道的选择有几种不同的情况

(1)当求出的算子用于 VSP 下行波列反褶积和上行波列反褶积时，考虑到下行多次波和上行多次波随深度的变化，希望每道都用本道求出的反褶积算子作反褶积，因此每一道都被选择求算子。

(2)当求出的算子用于地面地震资料的反褶积时，考虑到下行波随深度的变化，希望只用统一的一个反褶积算子，因此，常将经过排齐处理后的下行波全部相加或选取较好的一段相加，利用求和道计算反褶积算子。

(3)当研究子波随深度的演化时，在浅部计算反褶积算子，并将此算子用于所有深度的记录。

4.1.3.8 谱相关分析技术

地震波是一个随时间变化的函数，可以用傅里叶变换表示为频率的函数。地震波谱是反映地层性质的一种参数，波谱分析是提取频率参数的一种方法。在地震数据处理中，为了加速计算与相对保持波谱成分，常常在频率域中进行数据处理。

1)频谱分析公式

地震信号在频率域和时间域中表示为：

$$\left.\begin{aligned} X(f) &= \int_{-\infty}^{+\infty} X(t) e^{-i2\pi ft} \mathrm{d}t \\ X(t) &= \int_{-\infty}^{+\infty} X(f) e^{i2\pi ft} \mathrm{d}f \end{aligned}\right\} \tag{4-23}$$

处理时，必须对数据进行离散。

对 $X(t)$按 Δt 时间间隔采样，共有 N 个离散值；

对 $X(f)$按 Δf 频率间隔采样，共有 M 个离散值。

则：

$$\left.\begin{aligned} x(m\Delta f) &= \Delta t \sum_{n=0}^{N-1} X(n\Delta t) e^{-i2\pi m\Delta f \cdot n\Delta t} \\ x(m\Delta f) &= \Delta f \sum_{m=0}^{M-1} X(n\Delta t) e^{-i2\pi m\Delta f \cdot n\Delta t} \end{aligned}\right\} \tag{4-24}$$

式中：m、n 均为整数。$m=0,1,\cdots M-1$；$n=0,1,\cdots N-1$。$n\Delta t=T$ 为频谱分析的时窗长度。

$X(m\Delta f)$的实部和虚部分别为：

$$Re[X(m\Delta f)] = \sum_{n=0}^{N-1} X(n\Delta t) \cos 2\pi m\Delta f \cdot n\Delta t \tag{4-25}$$

$$I_m[X(m\Delta f)] = \sum_{n=0}^{N-1} X(n\Delta t) \sin 2\pi m\Delta f \cdot n\Delta t \tag{4-26}$$

则振幅谱和相位谱分别为：

$$|X(m\Delta f)| = \sqrt{\{Re[X(m\Delta f)]\}^2 + \{l_m[X(m\Delta f)]\}^2} \tag{4-27}$$

$$\phi(m\Delta f) = \arctan \frac{l_m[X(m\Delta f)]}{Re[X(m\Delta f)]} \tag{4-28}$$

2)频谱分析参数的选择

频谱分析:先选好地震记录,后确定分析参数。

分析反射波频谱:最好是无干扰波的纯反射信号时窗。

分析干扰波频谱:选择无反射波的纯干扰信号时窗。

采样点数的确定:先确定频谱分析的时窗长度 T,采样间隔 Δt,则采样点数 N 为 $N=\frac{T}{\Delta t}$,实际资料处理时,由于种种原因,一个频谱提供的数据不十分有把握,需要多做几个频谱分析,最后得到一个统计平均值。

3)地震波的频谱特征

(1)面波频谱峰值偏低,与反射波有显著差别;声波频谱峰值偏高,与反射波频谱重叠较宽。

(2)由于大地滤波作用,浅层反射波频率较高,深层反射波频率较低。

(3)外界相干干扰波、多次波与有效反射波频谱差别不大。

(4)微震噪声频带较宽。

由此可知,有效反射波与面波、微震等干扰波在频谱上存在明显差异,则可用频率滤波压制这些干扰;而有些干扰波(如声波,多次波等)与有效波频谱重叠较宽。因此,频率滤波压制干扰波的能力是有限的。

4)计算机实现

频谱分析是电子工程上一个非常重要的手段,许多计算机辅助电路分析(CAA)类软件都具备这种分析能力,以便电子工程师能清楚地看到某波形的频谱分布情况。而要对一个输入信号源作频谱分析,将其由时域信号转变为频域信号,就必然要用到傅立叶分析,而无论是在时域还是在频域,都要对连续函数进行积分运算。很显然,要通过计算机实现此变换,必须预先通过抽样将原始的连续数据转变为离散数据,并将计算范围收缩到一个有限区间。因此在允许一定程度近似的条件下,可以使用“离散傅立叶变换(DFT)”对波形数据进行频谱分析。快速傅立叶变换(FFT)算法构成原理如下:

要计算一个 N 点的离散傅立叶变换,需要同一个 $N\times N$ 点的 W 矩阵(关于 W 矩阵请参阅信号与系统方面的书籍)相运算,随着 N 值的增大,运算次数显著上升,当点数达到 1024 时,需要进行复数乘法运算 1048576 次,显然这种算法在实际运用中无法保证点数较大时的运算速度,无法满足对信号的实时处理。

根据 W 矩阵中 W 元素的周期性和对称性,我们可以将一个 N 点的 DFT 运算分解为两组 $N/2$ 点的 DFT 运算,然后取和即可。为进一步提高效率,将上述两个矩阵按奇偶顺序逐级分解下去。当采样点数为 2 的指数次方 M 时,可分解为 M 级子矩阵运算,全部工作量仅为:

复数乘法:$M\times N/2$ 次。

复数加法:$N\times M$ 次。

而直接 DFT 需要的运算量为:

复数乘法:$N\times N$ 次。

复数加法:$N\times(N\text{-}1)$次。

当点数 N 为几十个点时 FFT 的优势还不明显,而一旦达到几千、几百个点时,优势就十分明显的:

N=1024 时：DFT 需 1048576 次运算，FFT 仅需 5120 次运算，改善比为 204.8。

N=2048 时：DFT 需 4194304 次运算，FFT 仅需 11264 次运算，改善比达到 372.4。如图 4-16所示为某现场采集数据的频谱分析结果。

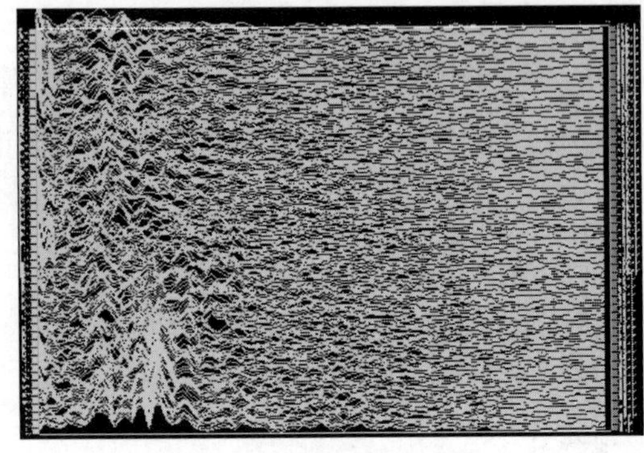

图 4-16　某现场采集数据的频谱分析图

4.1.3.9　带通滤波

1)滤波器的概念

滤波就是一个原始信号通过某一装置后变为一个新信号的过程。比如，大地就相当于一个滤波器，它吸收了信号中的高频成分，只让低频成分通过，对波形进行了改造，这个过程就是滤波。就大地滤波过程来说：激发地震波—输入信号，用 $X(t)$表示；大地滤波器，用 $H(t)$表示；地表的波动—输出信号，用 $\hat{X}(f)$ 表示。

数字滤波，指用数字设备，通过一定的算法，对信号进行处理，将某个频段的信号进行滤除，得到新的信号的过程。

原始资料——输入信号 $X(f)$；

处理技术 $H(f)$ ——滤波器；

处理结果——输出 $\hat{X}(f)$ 。

2)滤波器的响应特性

定义：从输入、输出间关系定义出的滤波器特性。

(1)频率响应：滤波器对信号频率的影响。用 $H(f)$ 表示，$H(f)$ 也称为频率函数或传递函数。

(2)脉冲响应：滤波器对信号波形的影响。用 $h(t)$ 表示，$h(t)$ 也称为时间函数或滤波因子。

求两个响应的方法：

输入为单位脉冲 $\delta(t)$ →滤波器→ $h(t)$ ；

输入为 $X(f) = 1$ →滤波器→ $H(f)$ 。

3)滤波机制

滤波器可通过两种方式实现：

(1)时间域：可用输入信号 $X(t)$ 与滤波器的脉冲响应 $h(t)$ 的褶积。

(2)频率域：可用输入信号的频谱 $X(f)$ 与滤波器的频率响应函数 $H(f)$ 的乘积。

$$\hat{X}(t) = X(t) \cdot h(t) \tag{4-29}$$

$$\hat{X}(f) = X(f) \cdot H(f) \tag{4-30}$$

在两个域中表示的滤波机理可归结为：

时间域：

$$X(t) \rightarrow h(t) \rightarrow \hat{X}(t) = X(t) \cdot h(t) \tag{4-31}$$

频率域：

$$X(f) \to H(f) \to \hat{X}(f) = X(f) \cdot H(f) \tag{4-32}$$

用计算机处理地震资料时，对连续信号要离散取样，对连续信号滤波处理也可以通过对离散信号的滤波来实现。

设地震信号、滤波因子、输出信号的离散时间序列分别为 $X(n\Delta t)$ 、$h(n\Delta t)$ 、$\hat{X}(n\Delta t)$ ，相应频谱为 $X\Delta(f)$ 、$H\Delta(f)$ 、$\hat{X}\Delta(f)$ 。

则离散时的滤波方程式为：

$$\left.\begin{aligned}\hat{X}(n\Delta t) &= X(n\Delta t) \cdot h(n\Delta t)\\ \hat{X}\Delta(f) &= X\Delta(f) \cdot H\Delta(f)\end{aligned}\right\} \tag{4-33}$$

4)频率滤波

频率滤波是利用有效波和干扰波在频率上的差异来压制干扰波、突出有效波的方法。由于其信号以及滤波因子都是单变量的函数，因此频率滤波又称一维滤波。

(1)滤波器的设计及常用方法

①理想低通滤波器记录频谱中：低频有效波，高频干扰波。频率响应如图 4-17a)所示。

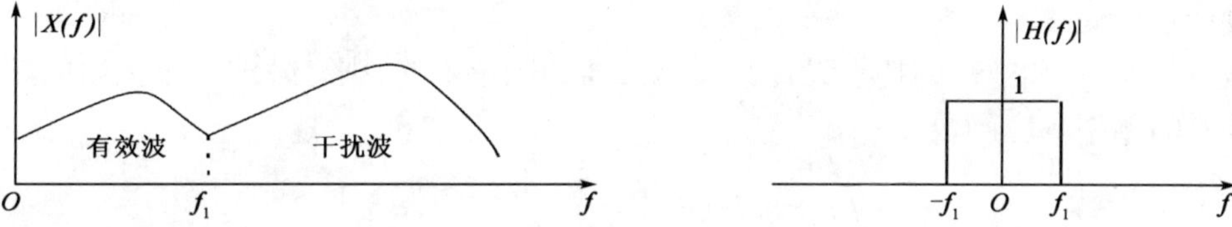

a)低通滤波器的频率响应

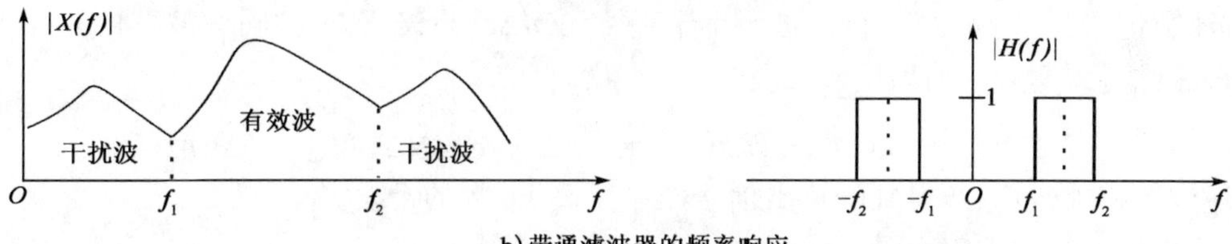

b)带通滤波器的频率响应

图 4-17 频率响应

理想低通滤波器的频率响应为：

$$H_1(f) = \begin{cases}1 & f \leqslant |f_1| \\ 0 & \text{其他}\end{cases} \tag{4-34}$$

用傅氏反变换可求得相应的滤波因子为：

$$h_1(t) = \int_{-\infty}^{+\infty} H_1(f) e^{i2\pi ft} \mathrm{d}f = \int_{-f_1}^{f_1} e^{i2\pi ft} \mathrm{d}f = \frac{\sin 2\pi f_1 t}{\pi t} \tag{4-35}$$

②理想带通滤波器。

地震记录中，干扰波出现在频谱两端，有效波位于频谱中间。频率响应如图 4-17b)所示。

$$H_2(f) = \begin{cases}1 & |f_1| < f < |f_2| \\ 0 & \text{其他}\end{cases} \tag{4-36}$$

通过两个截止频率不同的低通滤波器的频率响应之差可求得带通滤波器的脉冲响应 $h_3(t)$为：

$$h_1(t) = \frac{\sin 2\pi f_1 t}{\pi t}$$

$$h_2(t) = \frac{\sin 2\pi f_2 t}{\pi t}$$

$$h_3(t) = h_2(t) - h_1(t) = \frac{\sin 2\pi f_2 t}{\pi t} - \frac{\sin 2\pi f_1 t}{\pi t} = \frac{2}{\pi t}\cos 2\pi f_0 t \cdot \sin 2\pi \Delta f \tag{4-37}$$

式中：$\Delta f = \frac{1}{2}(f_2 - f_1)$——通频带的中心频率，为半带宽。

(2)频率滤波的实现

在对实际的浅震资料进行频率滤波时，一般应按以下几个步骤进行：

①确定有效波和干扰波的频谱范围对地震记录 $X(n\Delta t)$进行傅氏变换，求出地震记录的频谱 $X\Delta(f)$，确定有效波和干扰波的频谱 $S\Delta(f)$和 $N\Delta(f)$范围：

$$X(t) \xrightarrow{FFT} X(f)$$

$$X\Delta(f) = S\Delta(f) + N\Delta(f) \tag{4-38}$$

②设计频率滤波器。

根据 $S\Delta(f)$和 $N\Delta(f)$的特点设计频率滤波器的频率响应，据有效波与干扰波的频谱差异设计滤波器的频率响应函数。

$$H(f) = |H(f)| = \begin{cases} 1 & f \leqslant |f_c| \\ 0 & f > |f_c| \end{cases} \tag{4-39}$$

③进行滤波计算。

对地震记录道 $X(n\Delta t)$进行滤波，相当于令 $X(n\Delta t)$的谱 $X\Delta(f)$同滤波器的频率函数相乘，相乘后可得到期望的输出信号 $\Delta(f)$。

$$\hat{X}\Delta(f) = X\Delta(f) \cdot H\Delta(f) = [S\Delta(f) + N\Delta(f)] \cdot H\Delta(f) \tag{4-40}$$

显然，经相乘运算后，得到的输出信号压制了高、低频的干扰。

④输出滤波后的地震记录。

对输出信号的频谱 $\hat{X}\Delta(f)$ 进行傅氏反变换，便得到滤波后的地震记录 $\hat{X}\Delta(t)$ 。

$$\hat{X}(f) \xrightarrow{FFT^{-1}} X(t)$$

频率滤波的整个过程可以归结为下面的数学运算：

$$X(t) \xrightarrow{\text{傅氏变换}} \hat{X}(f) \longrightarrow \xrightarrow[X(f)\cdot H(f)]{\text{滤波器}\quad H(f)}$$

$$\longrightarrow \hat{X}(f) \xrightarrow{\text{傅氏反变换}} \hat{X}(t)$$

(3)频率滤波的应用

频率滤波是一种线性运算，可用于所有处理过程中。如在共炮点记录或共反射点道集记录、叠加前后或偏移前后的 CDP(共深点)剖面等。

如图 4-18 所示为通频范围为 80～200Hz 的带通滤波器的滤波结果。从图中可见，记录上高频和低频干扰波明显被压制，信噪比有所提高，但记录上声波和面波仍存在，因此，必须采用

二维视速度滤波。

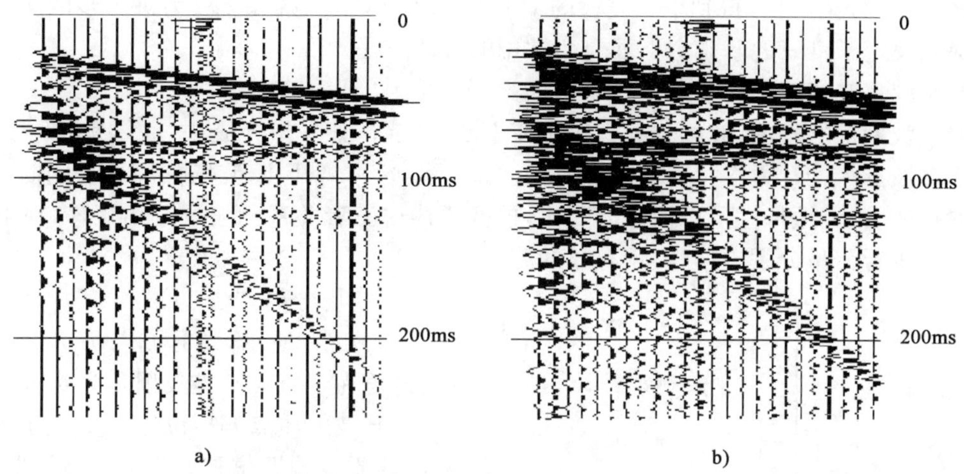

图 4-18　滤波前后的共炮点记录

4.1.3.10　P、S 波场分离技术

多波地震勘探技术是目前正在试验应用的新方法之一，长期以来，利用单一的纵波进行地震勘探，即采用纵波震源激发，单分量垂直检波器接收，在检波器上记录的只是地震波场在垂向上的投影，因而记录到的波场信息是不全面的，导致在利用单分量资料进行岩性解释、油气藏识别时，多解性较为严重。20 世纪 90 年代后，随着采集技术和处理技术的发展，综合运用多波多分量信息已逐渐成为可能。多波勘探是指不仅利用纵波，还利用横波和转换波进行勘探，以解决单一纵波勘探所不能解决的问题。

由于水平极化的 SH 波难激发，并且不如由 P 波转化的 SV 波对地下介质敏感，因此目前大多数采用的是 P 波震源激发，地面三分量检波器接收的多分量记录，通过分离 P 波源激发的纵横波场，联合分析两种波特性的勘探方法。这种方法大大节省了野外施工的成本且减少了施工难度，是切实可行和经济实惠的。

在地层传播过程中由于 PS 波和 PP 波性质的差异，使得 PS 波能提供区别于 P 波的有用地层信息。通过横波在穿过定向排列的裂隙时产生分裂进行天然裂隙检测；分析转换波 AVO (Amplitude Variation with Offset)特性区分流体分界面等。目前有关矢量地震勘探方面的研究，无论是基础理论，还是应用技术，都取得了一定进展，一些地区还有较成功的开发实例。

用多分量检波器接收波场信息时，水平和垂向检波器记录到的波场分别是纵波波场和转换波波场在水平和垂向上的投影组合。为研究地层中纵波和转换波信息，有必要对检波器记录到的波场进行分解。

在多波地震勘探中，转换波勘探方法是一种经济实用的多波勘探方法，用 P 波震源激发，x、y、z 三分量检波器接收，可获得多波多分量地震记录。由于接收偏移距的存在，无论是 P-P 波还是 P-SV 波，到达地表的出射射线并非都垂直于地面，而是以不同的出射角到达地面，各种波均要按力学关系进行能量分解，使实际接收到的多分量记录都不同程度地含有不同类型的波分量，特别是在垂直分量(z 分量)和径向水平分量(x 分量)记录上会同时记录有 P-P 波和 P-SV 波分量。因此在处理多波多分量数据之前，首先应对不同的波型进行波场分离，使 P-P 波和 P-SV 波分离归位，得到单一完整的 P-P 波和 P-SV 波地震记录，为进一步的多波处理及参数提取奠定了良好的基础。下面介绍常用的分离方法。

1)F-K 域多波变速波场分离

随着多波勘探的发展，波场分离方法正在不断地完善，如矢量合成法(也称为极化滤波)主要是利用多波资料的动力学特征(即偏振特性)进行波场分离，F-K 波场分离方法同时考虑了地震波的视速度、偏振特性及传播速度变化，根据描述这三者关系的波场分离矩阵，在 F-K 域变换过程中进行分量分解，可以实现有效的波场分离。

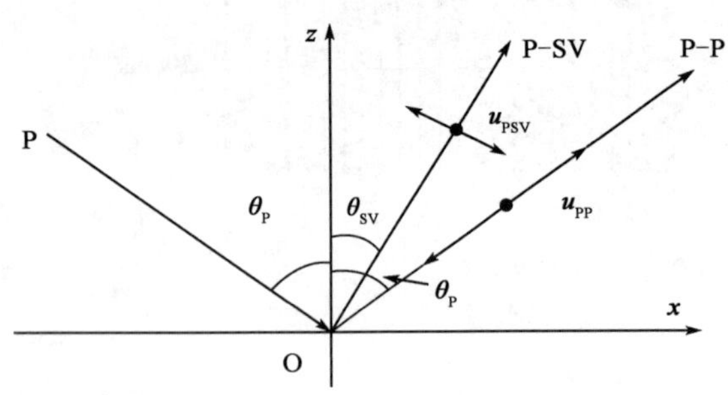

图 4-19 波的传播方向和质点偏振方向示意图

(1)波场分离方法

如图 4-19 所示，设 P 波以 θ_P 角入射，P-P 波反射角为 θ_P，P-SV 波反射角为 θ_{SV}，u_{PP}表示反射 P-P 波的质点偏振位移，u_{PSV}表示反射 P-SV 波的质点偏振位移。用 u_P 表示到达地表波场中的反射 P-P 波分量，u_S 表示波场中的反射 P-SV 波分量。根据 u_P、u_S 在 x、z 轴上的分量投影，在地表沿 x 方向接收的径向水平偏振分量 u_x 与沿 z 方向接收的垂直偏振分量 u_z 为：

$$\begin{cases} u_z = u_p\cos\theta_p + u_{SV}\sin\theta_{SV} \\ u_x = u_p\sin\theta_p + u_{SV}\cos\theta_{SV} \end{cases} \tag{4-41}$$

u_x、u_z 即为地面接收的 x、z 分量记录，二者都既含有 P-P 波，也含有 P-SV 波。由式(4-42)可导出从 x、z 分量(u_x、u_z)中分离 P-P 波和 P-SV 波的公式为：

$$\begin{cases} u_P = \dfrac{u_z\cos\theta_{SV} + u_x\sin\theta_{SV}}{\cos\theta_P\cos\theta_{SV} + \sin\theta_P\sin\theta_{SV}} \\ u_S = \dfrac{-u_z\sin\theta_P + u_x\cos\theta_P}{\cos\theta_P\cos\theta_{SV} + \sin\theta_P\sin\theta_{SV}} \end{cases} \tag{4-42}$$

将上式写成矩阵形式为：

$$\begin{bmatrix} u_P \\ u_S \end{bmatrix} = \frac{1}{G}\begin{bmatrix} \cos\theta_{SV} & \sin\theta_{SV} \\ -\sin\theta_P & \cos\theta_P \end{bmatrix}\begin{bmatrix} u_z \\ u_x \end{bmatrix} \tag{4-43}$$

式中：

$$G = \cos\theta_P\cos\theta_{SV} + \sin\theta_P\sin\theta_{SV}$$

令：

$$R = \frac{1}{G}\begin{bmatrix} \cos\theta_{SV} & \sin\theta_{SV} \\ -\sin\theta_P & \cos\theta_P \end{bmatrix} \tag{4-44}$$

R 即为波场分离矩阵。

根据 Snell 定理有：

$$\begin{cases} \sin\theta_P = pv_P \\ \sin\theta_{SV} = pv_S \end{cases} \tag{4-45}$$

式中：p——视慢度；

v_P、v_S——P-P 波、P-SV 波速度。

在 F-K 域，$P=k/f$，因此波场分离可以在 F-K 域进行，经波场分离后的 P-P 波、P-SV 波可表示为：

$$\begin{cases} U_P(f,k)=\int_{-\infty}^{+\infty}\frac{1}{W}\left\{\sqrt{1-\left[\frac{k}{f}v_S(t)\right]^2}U_z(t,k)+\frac{k}{f}v_S(t)U_x(t,k)\right\}e^{-i2\pi ft}\mathrm{d}t \\ U_S(f,k)=\int_{-\infty}^{+\infty}\frac{1}{W}\left\{-\frac{k}{f}v_P(t)U_z(t,k)+\sqrt{1-\left[\frac{k}{f}v_P(t)\right]^2}U_x(t,k)\right\}e^{-i2\pi ft}\mathrm{d}t \end{cases} \tag{4-46}$$

式中：　　　　W——波场分离矩阵 R 在 F-K 域的表示式。

$$W=\sqrt{\left\{1-\left[\frac{k}{f}v_P(t)\right]^2\right\}\left\{1-\left[\frac{k}{f}v_S(t)\right]^2\right\}+\left(\frac{k}{f}\right)^2v_P(t)v_S(t)}$$

$U_x(t,k)$、$U_z(t,k)$——$u_x(t,x)$、$u_z(t,x)$从时间空间域到时间波数域的一维傅氏变换；

$U_P(f,k)$、$U_S(f,k)$——P-P 波、P-SV 波 $u_P(t,x)$、$u_S(t,x)$的二维傅氏变换。

由于 $v_P(t)$、$v_S(t)$是时间的函数，为了能在波场分离中实现变速，需要先将地震信号经快速傅氏变换(FFT)从(t,x)域变换到(t,k)域，然后再从(t,k)域变换到(f,k)域的过程中，进行离散傅氏变换(DFT)的同时应用分离矩阵，这样才能进行纵向(时间方向)的变速处理。对于横向变速，可以通过给出 x 方向的速度控制点，实现不同的炮集记录变速。

由式(4-46)，只要将 $U_P(f,k)$、$U_S(f,k)$进行二维傅氏变换，就可得到时空域的 P-P 波、P-SV 波 $u_P(t,x)$、$u_S(t,x)$。

(2)分层 F-K 域波场分离法

在上述方法中，为了实现变速，四次傅氏变换中有一次只能进行离散傅氏变换而不能利用 FFT，这样会极大地增加计算时间。为了既能实现变速又提高计算效率，可采用分层法。

设第 i 层纵、横波的速度为 v_{Pi}、v_{Si}，对于同一层，波的传播速度为常速，因此可对同一层 x、z 分量先做二维快速傅氏变换，得到 $U_{xi}(f,k)$、$U_{Zi}(f,k)$，然后在 F-K 域进行分量分解计算：

$$\begin{cases} U_{Pi}(f,k)=\frac{1}{W}\left[\sqrt{1-\left(\frac{k}{f}v_{Si}\right)^2}U_{Zi}(f,k)+\frac{k}{f}v_{Si}U_{xi}(f,k)\right] \\ U_{Si}(f,k)=\frac{1}{W}\left[-\frac{k}{f}v_{Pi}(t)U_{Zi}(f,k)+\sqrt{1-\left(\frac{k}{f}v_{Pi}\right)^2}U_{xi}(f,k)\right] \end{cases} \tag{4-47}$$

对 $U_{Pi}(f,k)$、$U_{Si}(f,k)$做二维快速反傅氏变换，就得到第 i 层时空域的 P-P 波、P-SV 波。经逐层处理，即可实现 F-K 域波场分离，这种方法在全部利用快速傅氏变换的条件下实现变速，可大大减少计算时间。

(3)理论记录与物理模型算例

①理论模型

模型一为 1 层反射界面，图 4-20 是对模型一用射线追踪法形成的 x、z 二分量理论炮集记录，图中前 48 道为 x 分量，后 48 道为 z 分量。图 4-21 为进行波场分离后的结果，图中前 48 道为分离后的 P-SV 波，后 48 道为 P-P 波。

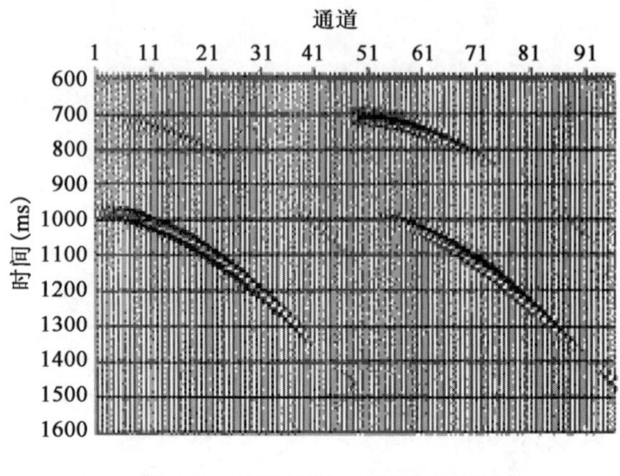

图 4-20　理论模型一正演炮集记录

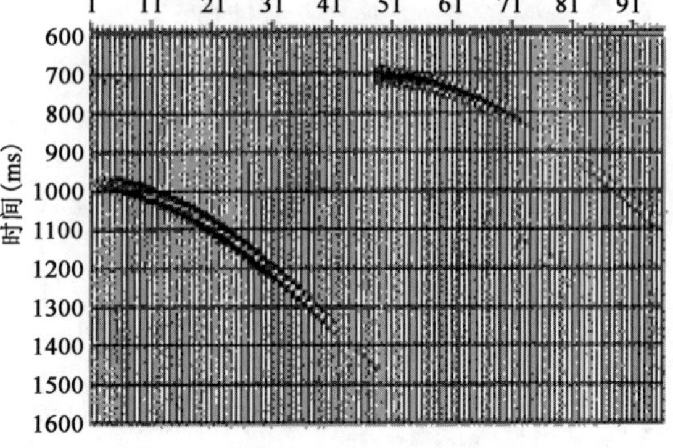

图 4-21　波场分离后的炮集记录

图 4-22a)、图 4-22b)分别是对该模型理论记录波场分离前、后的 F-K 域二维振幅谱。由图 4-22、图 4-23 可见，经波场分离后 P-P 波、P-SV 波及振幅谱能量清楚地分离并归位。图 4-23 是由理论模型二(3 层反射界面)产生的二分量理论炮集记录，图中前 48 道为 x 分量，后 48 道为 z 分量。图 4-24 是对模型二理论记录进行波场分离后的结果，图中前 48 道为分离后的 P-SV 波，后 48 道为 P-P 波。图 4-25 是对图 4-23 加入了 50%干扰噪声的理论记录，图 4-26 是对图 4-25 进行波场分离后的结果。波场分离结果表明，无论是否含有噪声，都能得到令人满意的波场分离效果。

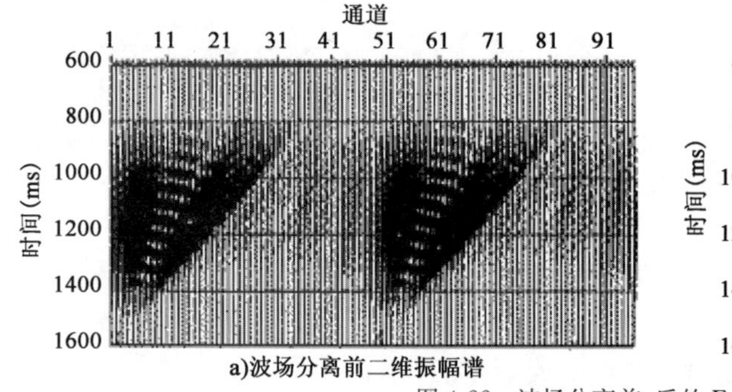

a)波场分离前二维振幅谱

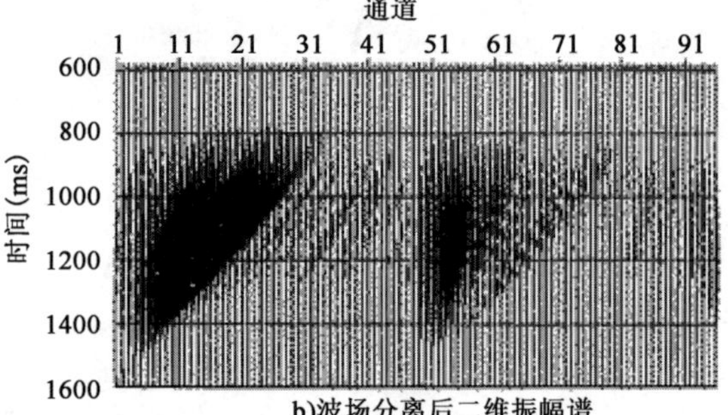

b)波场分离后二维振幅谱

图 4-22　波场分离前、后的 F-K 域二维振幅谱

注：图中横坐标为波数 k，纵坐标为频率 f，前半部分为 u_x 的谱，后半部分为 u_z 的谱。
图中横坐标为波数 k，纵坐标为频率 f，前半部分为 u_s 的谱，后半部分为 u_P 的谱。

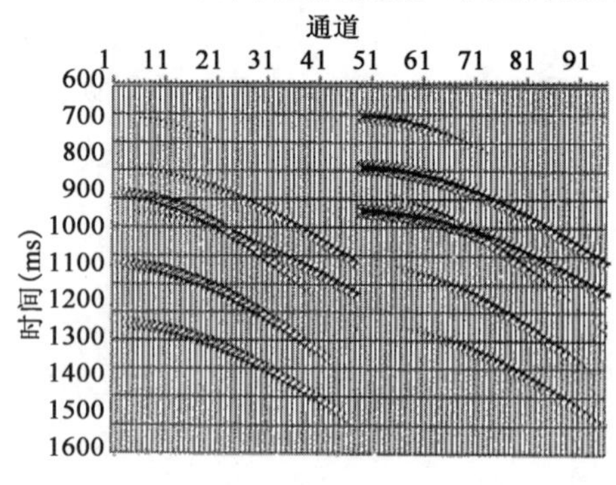

图 4-23　理论模型二正演炮集记录

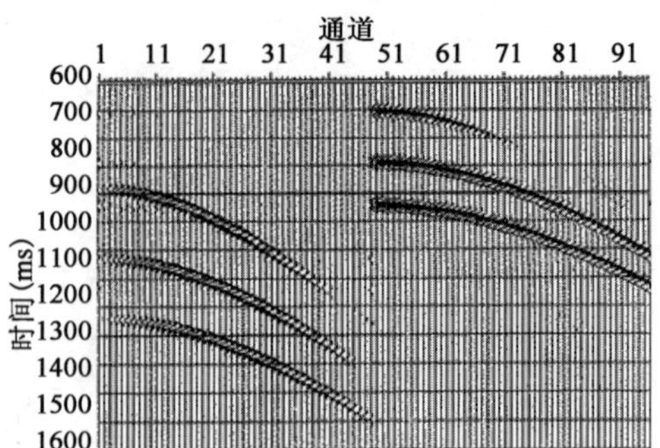

图 4-24　波场分离后的炮集记录

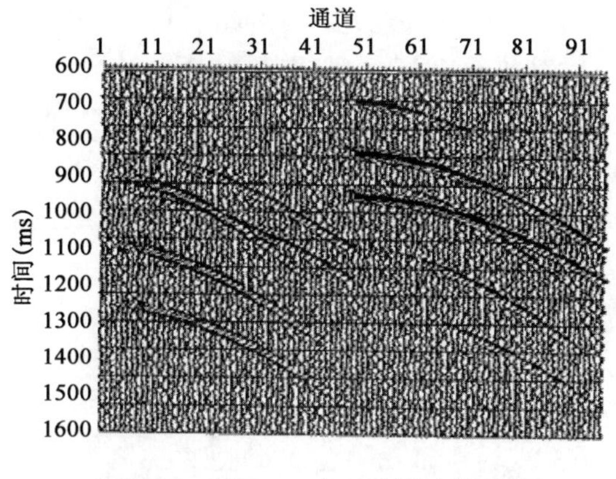

图 4-25　对图 4-23 加 50%噪声的记录

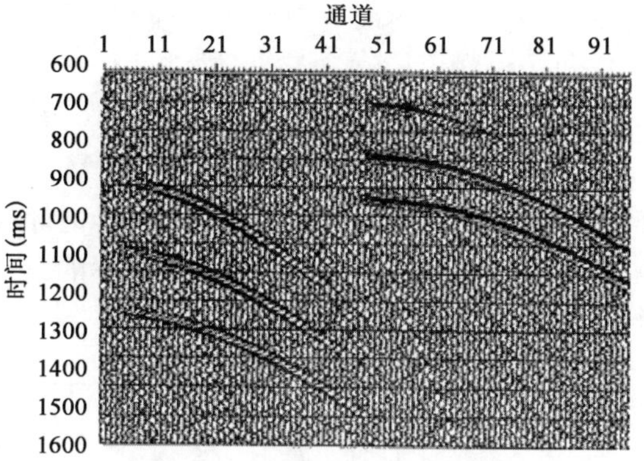

图 4-26　波场分离后的炮集记录

②物理模型

图 4-27 是对 EDA(Extensive Dilatancy Anisotropy)介质物理模型用超声波 P 波震源激发，x、z 二分量接收器接收的记录，图中前 80 道为 z 分量，后 80 道为 x 分量，其中 z 分量、x 分量都含有直达 P 波、直达 S 波、反射 P 波、转换 P-SV 波。图 4-28 是对该物理模型记录进行波场分离后的结果，图中前 80 道为波场分离后的 P-P 波，后 80 道为 P-SV 波。由图可见，主要的直达波和反射波基本上都得到分离。

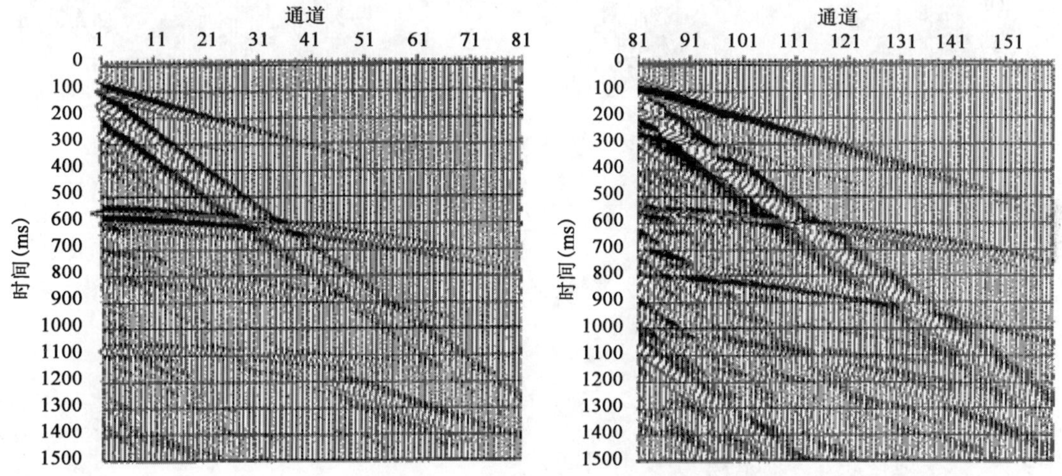

图 4-27　由物理模型观测的炮集记录

以上算例都表明，用上述方法进行波场分离的效果是明显的，并且还具有较强的抗干扰能力。

对于多波多分量资料处理，参数提取以及纵、横波联合解释，波场分离是必不可少的重要环节，各种波场分离方法正在不断地研究和发展。本文所述的波场分离方法可以有效地实现波场分离，振幅归位，采用分层的方法还可以显著提高计算效率。

2)采用 τ-q 变换法进行纵、横波波场分离

当考虑地质构造的三维特征及介质存在各向异性时，地面上记录的多波多分量地震资料在垂直分量(z 方向)的记录上既有纵波(P-P)能量，也记录到了转换波(P-SV)的能量。同样，

在径向(x 方向)的记录中也同时存在纵波的反射波分量和转换波分量。由此可见,三分量记录的每个分量上同时含有纵、横波两种成分,如果不对其进行波场分离,既不利于偏移成像,也无法用于地质解释。因此,纵、横波波场分离是多波多分量地震资料处理的重要环节。目前在理论上可用于波场分离的主要方法有 Motion Product 法、τ-q 域分离法、分离滤波法、极化方向分离法以及波动方程法。在理论模型计算时,波动方程法的效果较好,但由于低速层的影响,实际资料计算时不能满足波动方程的条件,分离效果并不是很理想;而采用 τ-q 变换法进行波场分离,效果较好。

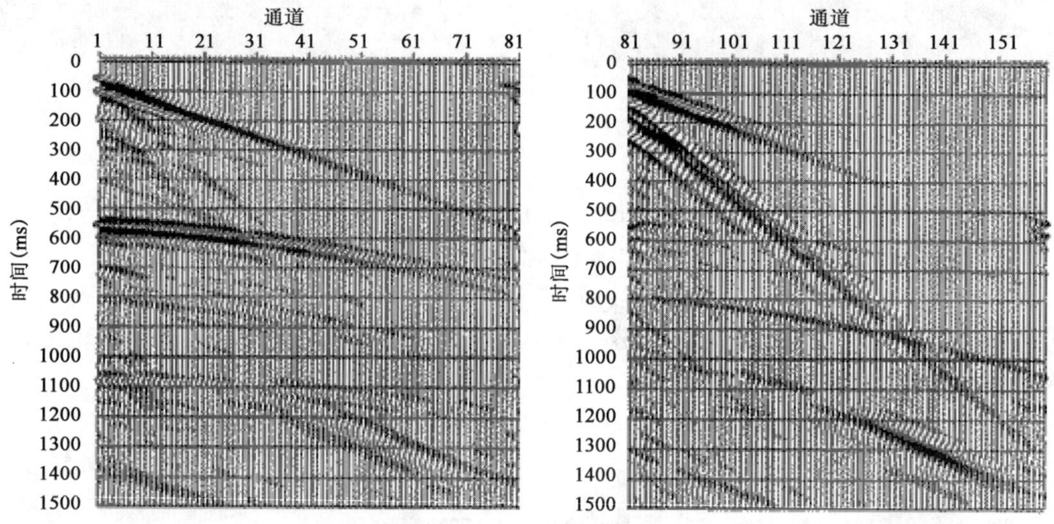

图 4-28 波场分离后的炮集记录

(1)τ-q 方法原理

在水平界面,多波多分量地震记录中的反射纵波时距曲线方程为:

$$t^2 = t_0^2 + \frac{x^2}{v_P^2} \tag{4-48}$$

转换波时距曲线方程为:

$$t^2 = t_0^2 + \frac{t_0 x^2}{t_P v_P^2 + t_S v_S^2} \tag{4-49}$$

式中:t_0——零炮检距反射波的最小反射时间;

v_P、v_S——反射纵波和转换波速度;

t_P、t_S——反射纵波和转换波的单程时间。

式(4-48)、式(4-49)为双曲线,经 τ-q 变换后成为椭圆。如果令 $t' = t^2$、$t'_0 = t_0^2$、$x' = x^2$、$q = 1/v_P^2$、$q_S = (t_P v_P^2 + t_S v_S^2)/t_0$,则经坐标变换后,在新坐标系中,式(4-48)和式(4-49)分别转换为斜率为 q 和 q_S 的直线方程:

$$t' = t'_0 + qx' \tag{4-50}$$

$$t' = t'_0 + q_S x' \tag{4-51}$$

在新坐标系中进行 τ-q 变换的纵、横波记录分别为:

$$\varphi(\tau, q) = \int \varphi(\tau + qx', x')\,\mathrm{d}x \tag{4-52}$$

$$\varphi_S(\tau, q_S) = \int \varphi(\tau + q_S x', x') \mathrm{d}x \tag{4-53}$$

由于直线方程经上述变换后聚焦到一个点，而双曲线经 τ-q 变换后为椭圆，因此 τ-q 变换比 τ-q 变换纵、横波的分离程度更加明显。由于纵、横波速度的差异，纵波集中在 τ-q 坐标系的左半部，横波集中在 τ-q 坐标系的右半部。在 τ-q 域中分开的两部分，再通过反变换即可得到分离后的反射纵波波场和转换波波场，即有：

$$\varphi(t', x') = \int \varphi(\tau - q x', q) \mathrm{d}q \tag{4-54}$$

由于经式(4-54)反变换后的纵、横波波场是在(t', x')坐标系中，因此需变换到(x, t)坐标系中。

应用 τ-q 法对 x 方向记录分离可得 $\varphi_x^{SV}(x,t)$和 $\varphi_x^{P}(x,t)$。同样，对 z 方向记录分离可得 $\varphi_z^{P}(x,t)$和 $\varphi_z^{SV}(x,t)$。分离出来的不同类型的波场通过矢量合成可得到单一偏振方向的纵波和横波波场记录为：

$$\varphi^{SV}(x,t) = \varphi_x^{SV}(x,t) \oplus \varphi_z^{SV}(x,t) \tag{4-55}$$

$$\varphi^{P}(x,t) = \varphi_z^{P}(x,t) \oplus \varphi_x^{P}(x,t) \tag{4-56}$$

式中：$\oplus$——矢量合成。

(2)人工合成地震记录分离效果

为了检验该方法的分离效果，首先对人工合成地震记录进行试算。选用的地质模型由 4 个各向同性的均匀水平地层组成。模拟地震 ICI 观测系统方式，最小炮检距为 0m，最大炮检距为 3000m，道间距为 25m，用射线追踪法合成单炮记录。图 4-29 是 z 分量合成地震记录，该分量不但记录到了反射纵波，也记录到了转换横波，且在大炮检距部分转换波能量还相当强，如果不进行波场分离，无法进行精确速度分析成像和进一步的地质解释。图 4-29 是 z 分量合成地震记录经 τ-q 变换法分离后的结果，从中可见两种类型的波场明显分离。图 4-30 是经 τ-q 反变换后的结果，分量地震记录中不再含有转换波信息。

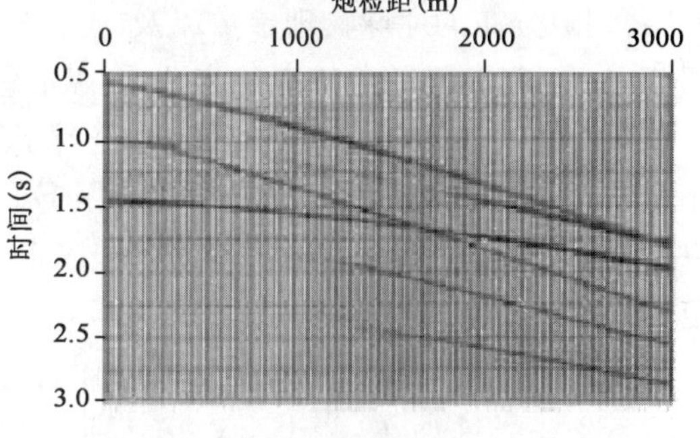

图 4-29　z 分量合成地震记录

如图 4-31 所示是分离后 z 分量地震记录。

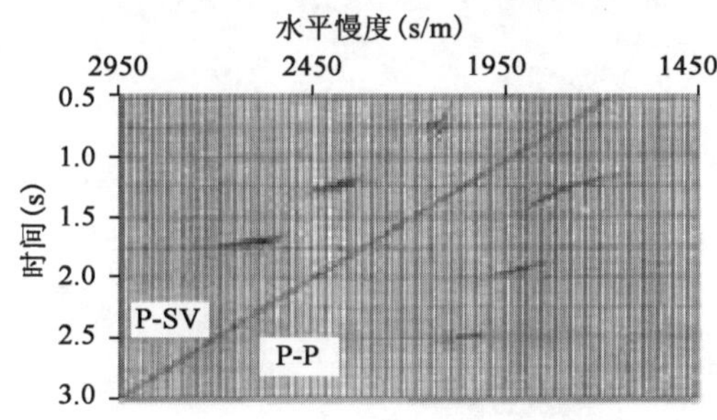

图 4-30　z 分量合成地震记录 τ-q 变换结果

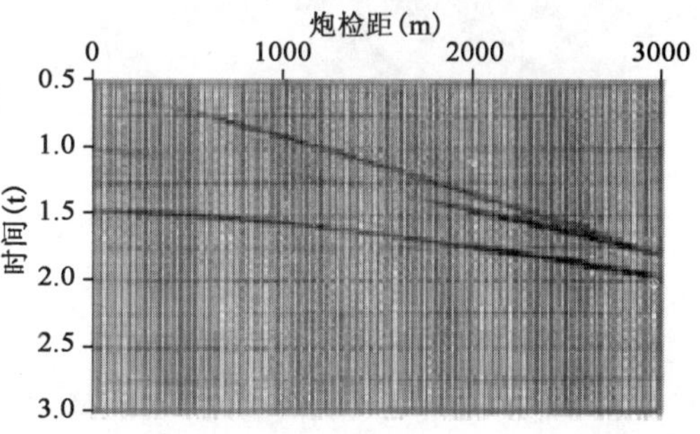

图 4-31　分离后 z 分量地震记录

(3)实际地震资料的分离效果

为进一步探索某地区深层构造及储层特征,利用炸药震源激发在区内采集了20km的三分量地震记录。针对其原始记录中有效波成分能量弱、背景干扰严重、信噪比低以及垂直分量的记录上包含有大量的转换横波反射等特点,采用了τ-q变换法进行波场分离处理。在经波场分离后的偏移剖面(图4-32)中,由于消除了转换横波成分,提高了速度分析精度,剖面上的绕射波收敛效果好,断点准确,层间信息丰富,构造形态比较合理,剖面信噪比较高。

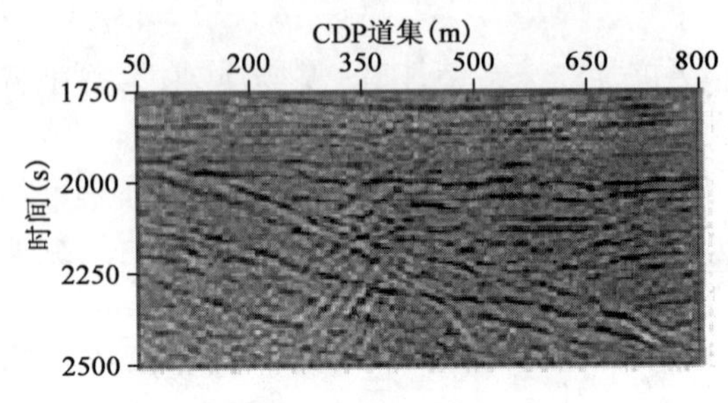

图4-32 转换波波场分离后的偏移剖面

τ-q变换法是波场分离常用的一种方法,通过分析转换波的运动学特征,在τ-q变换法基础上改进而成的τ-q变换法使纵、横波波场分离明显,经理论合成地震记录计算,τ-q反变换后波场分离效果好。这种波场分离法还能够压制某些干扰噪声,对于含噪的实际资料具有良好的稳定性。实际地震资料处理结果证明,该方法具有良好的实用性。

3)相位法分离P、S波

多波多分量地震勘探与传统的单一纵波地震勘探相比具有许多优势,同时采集纵、横波资料可以分别形成叠加剖面,有利于构造成像。更可贵的是,它可以用来提取更多的约束岩性、储层、裂隙分布的地球物理参数以及应力场信息,波场分离是多波多分量地震资料处理的重要环节之一。P、S波的分离以往主要采用时差法来划分,即根据二者的速度之间的差别来估计P、S波的到时,从而分离出P、S波。这对于纯的P、S波较好,但对转换而来的P、S波分离就相对困难。石油地震勘探资料中还应用F-K法和τ-p法进行P、S波分离。尽管有一定的效果,但由于计算量大及方法应用的一些限制,应用于广角地震勘探资料的P、S波分离中有一定的困难。

相位法是利用P、S波间振动方向的不同及选择合适的坐标系来分离P、SH、SV波。如图4-33、图4-34所示,当P、SV波分别入射时,在x、z轴上接收到的P、SV波的振动相位特性是不同的,即P波的振动图在x、z轴上是相同的,而SV波的振动图在x、z轴上是反向的,所以可用不同波组在x、z轴上的相位变化特点来分离P、SV波的存在。如图4-35～图4-38所示。

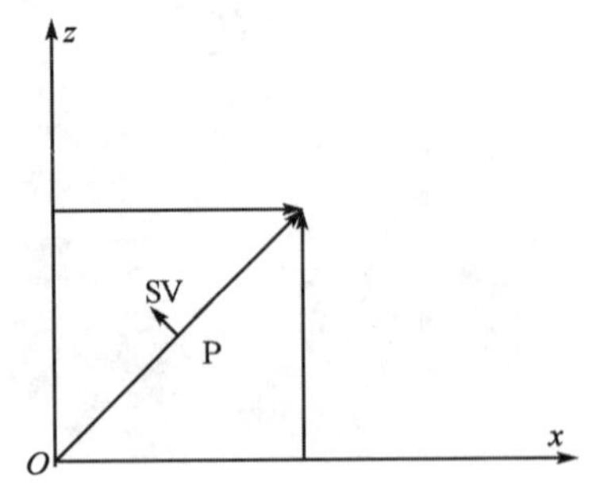

图4-33 P、SV波的传播与振动方向关系图

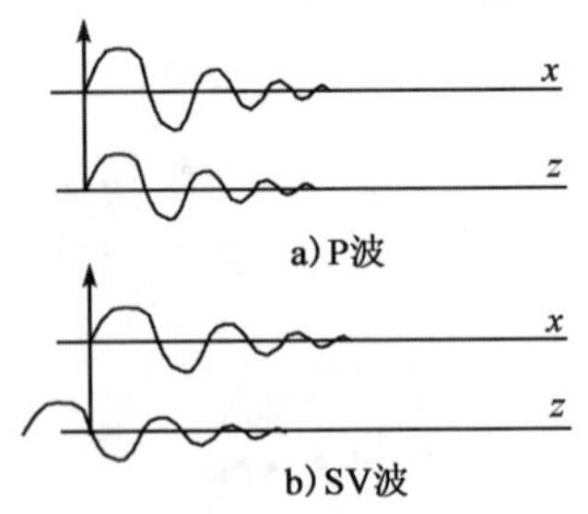

图4-34 P、SV波的相位关系图

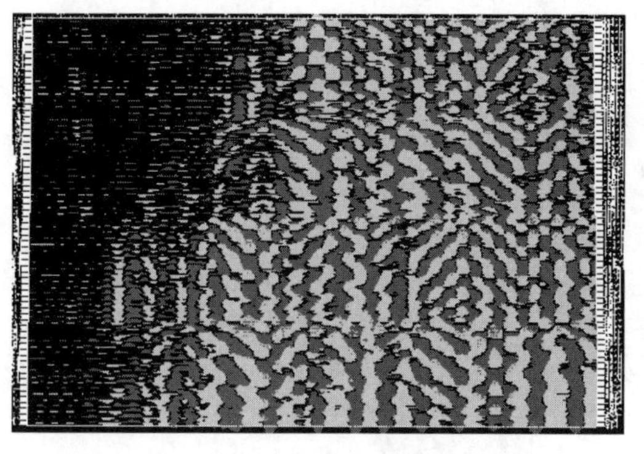

图 4-35 多分量地震波全波场波形图

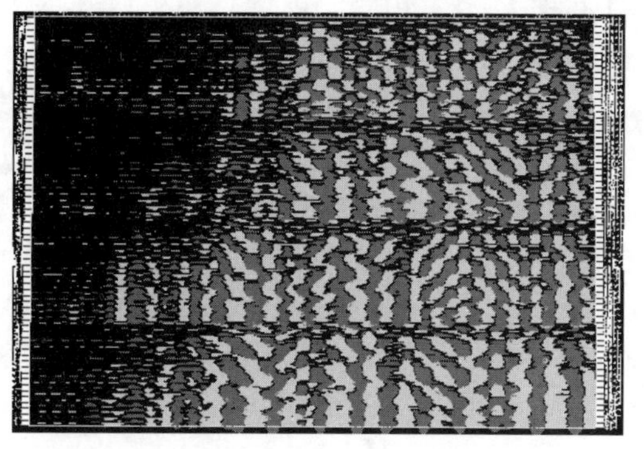

图 4-36 多分量地震波 P 波波形图

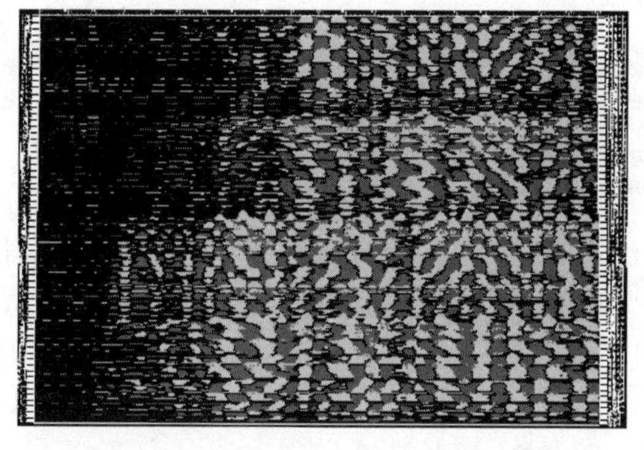

图 4-37 多分量地震波 SH 波波形图

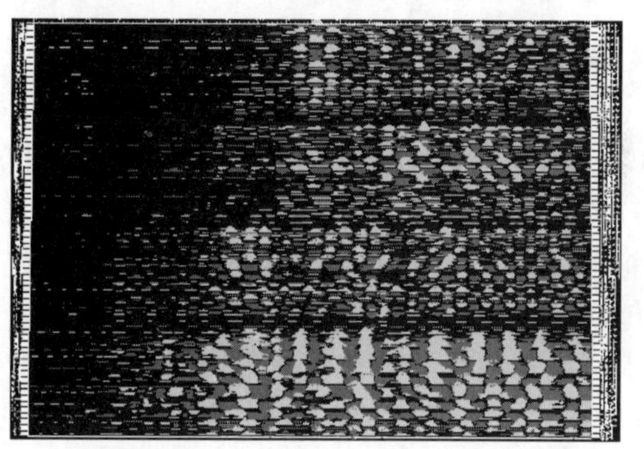

图 4-38 多分量地震波 SV 波波形图

4)极化滤波分离法

在相同的激发条件下,进行多波多分量接收时由于 P、S 波入射方向的差别,使得 P、S 波在各个方向上的分量具有能量(或振幅比例)不同的特点。极化滤波法就是利用两者入射方向的不同来分离 P、S 波的。

在直角坐标系中,振动的全矢量 A 在 x、y、z 轴上的投影。如图 4-39 所示的方向入射,强度为 $A(t)$ 的波,其在各个方向上的分量为 x、y、z,由于 φ 和 ω 值的不同,因而相同的 $A(t)$ 在 x、

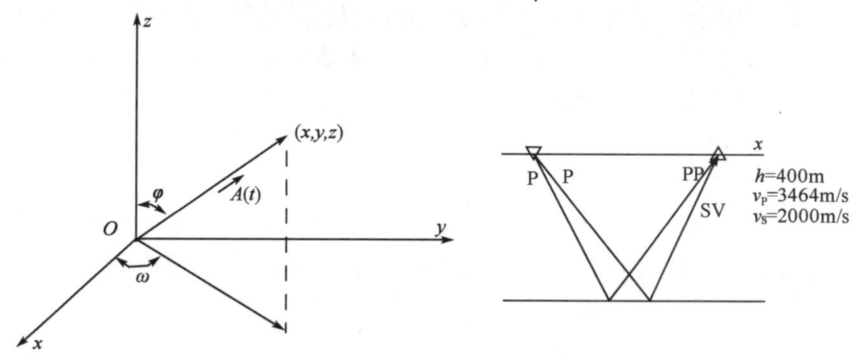

图 4-39 直角坐标与球坐标关系图

y、z 上的分量也不相同。根据直角坐标和球坐标之间的关系有：

$$\begin{cases} Ax(t)=|A(t)|\sin\varphi(t)\cos\omega(t) \\ Ay(t)=|A(t)|\sin\varphi(t)\sin\omega(t) \\ Az(t)=|A(t)|\cos\varphi(t) \end{cases} \tag{4-57}$$

解出 φ、ω、$A(t)$ 为：

$$\begin{cases} A(t)=(x^2+y^2+z^2)^{1/2} \\ \varphi=\cos^{-1}\left[\dfrac{z}{A(t)}\right] \\ \omega=\tan^{-1}\left(\dfrac{y}{x}\right) \end{cases} \tag{4-58}$$

可以利用这种坐标旋转公式，利用直角坐标上的波在各直角坐标上的振幅分量的关系，求出各种波的真正入射方向（φ,ω），然后从地震记录中把各种有用信息提取出来。

4.1.3.11 *速度分析方法*

地震速度分析是地震资料处理的基础，更是地震成像所需速度模型建立的基础。常规的速度分析基于地震反射波旅行时—偏移距的双曲线关系，分析得到叠加速度或均方根速度。

但是由于双曲线假设的近似性，对于大偏移距以及复杂速度分布介质速度分析的精度低，不能满足精细速度分析、地震各向异性研究和速度模型建立的要求，也浪费了大偏移距资料中所包含的信息。为了克服技术的不足，近年来一些研究者开始了精细速度分析方法的研究，并逐步应用于地震资料常规处理和地震深度成像处理中。

地震波在岩石中的传播速度，是反映岩石性质的一种参数，也是进行时差校正不可缺少的处理参数，速度的应用几乎贯穿着地震勘探数据处理的全过程。

在地震勘探数据处理中常用的速度概念有：真速度（用于岩性解释）、层速度（岩性识别）、平均速度（小炮间距、用作时深转换、精度 5%）、均方根速度（用于偏移处理，要求精度 5%）和叠加速度（水平叠加处理，误差 10%）。这些速度概念既适用于地震纵波，也适用于横波，但二者量值是不同的。

1）速度的概念及其影响因素

（1）速度的概念

严格地讲，速度是矢量，具有大小和方向，它是空间计算的参数，即 $v=v(x,y,z)$，这就是说，即使在同一岩层的不同部位和不同方向，地震波的传播速度也各不相同。事实上，地下介质是不均匀的，所以地震波在岩层中传播的速度值是很难精确测定的。然而，为了满足生产的需要，根据用途不同和地震勘探技术所能达到的水平可以对复杂的介质作种种面化，建立近似的模型，因而引入了各种不同用途的速度，下面分别简述。

①平均速度。

为了将地震记录从时间剖面转换成深度剖面，引入平均速度对于 n 层水平层状介质其平均速度公式。地震波垂直入到某个界面所在的总路程与时间比称为平均速度（图 4-40）。

$$v_a=\frac{\sum_{i=1}^{n}h_i}{\sum_{i=1}^{n}\frac{h_i}{v_i}} \text{或} v_a=\frac{\sum_{i=1}^{n}v_i\cdot\Delta t_i}{\sum_{i=1}^{n}\Delta t_i} \tag{4-59}$$

式中：h_i、v_i——各层厚度与速度；

Δt_i——波在第 i 层里的单程垂直旅行时间。

②均方根速度 v_R。

地震波的传播在水平层状介质时考虑了射线的偏折传播，如图 4-41 所示，均方根速度如式(4-60)所示：

$$v_R^2=\frac{\sum_{i=1}^{n}\Delta t_i v_i^2}{\sum_{i=1}^{n}\Delta t_i} \tag{4-60}$$

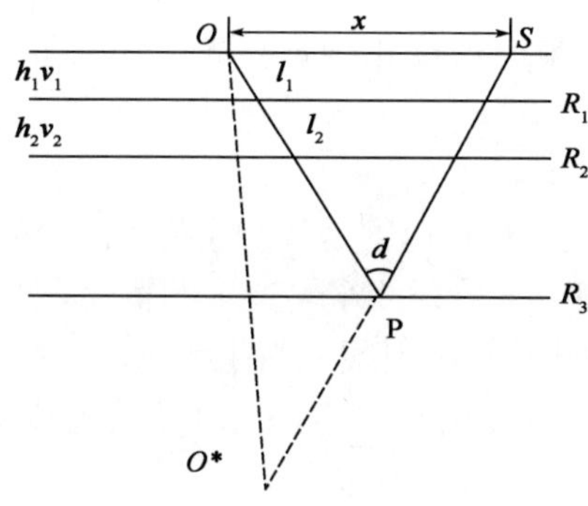

图 4-40　平均速度的物理意义

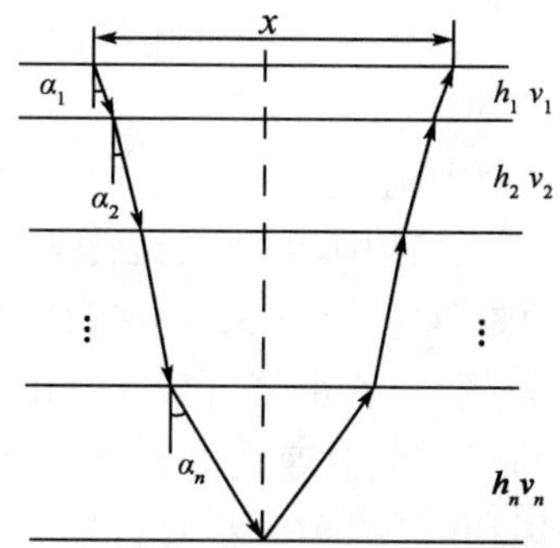

图 4-41　水平层状介质中反射波射线路经

把水平层状介质情况下的反射波及时距曲线近似地当作双曲线，求出的波速就是这一水平层状介质的均方根速度。v_R的意义还可以这样说明：把各层的速度值的“平方”按时间取其加权平均值后再取平方根值，v_R 并不是真正准确的速度，只不过在层状介质中平均速度近似而已，因它考虑了不均介质的“折射”效应，适用范围较大些。

③等效速度 v_φ（有效速度）。

均匀介质倾斜反射界面的共中心点反射波时距曲线方程也可以写成同均匀介质水平界面共中心点反射波时距曲线方程一样的形式：

$$T^2=t_0^2+\frac{x^2}{v_\varphi^2} \tag{4-61}$$

式中：v_φ——倾斜界面均匀介质情况下的等效速度，$v_\varphi=v/\cos\varphi$ 。

④叠加速度 v_d。

在一般情况下，水平界面均匀介质，倾斜界面均匀介质，覆盖层为层状介质或连续介质等都可将共中心点反射度时距曲线看作双曲线，用一个共同的式子表示：

$$T^2=t_0^2+\frac{x^2}{v_d^2} \tag{4-62}$$

在实际的地震资料处理工作中，我们是通过计算速度谱来求取迭加速度的，对于某一深度的共反射点，时距曲线的正常时差随速度而变。

⑤层速度。

层速度是速度分层的速度。某一厚度的地层 Δh_i 与通过该地层的地震波的旅行时间 Δt_i。

$v_i = \Delta h_i / \Delta t_i$，该速度很有用，因为不同的岩性反映某波速的不同。所以可以通过速度分析来判别岩性，它的速度可以由地震测井特别是声波测井求得，但是测井资料是很珍贵的，不能处处打井，因此在缺少井资料的情况下，可以由均方根速度换算得到。

⑥瞬时速度 v 与射线平均速度 v_s。

瞬时速度 v 与平均速度 v_s，只是作为概念引入，在实际的工作中是难以测定的。但它可作为一个特定的标准，便于其他各种速度进行比较，看看其他能测定的速度的准确性。

a. 瞬时速度（真速度）。

我们将波沿射线路径在某一深度点上的传播速度称为瞬时速度，并定义为深度 Z 对时间 t 的微商，即 $v = \mathrm{d}z/\mathrm{d}t$ 连续介质中，波沿射线路径传播时，在不同深度点上的速度是不同的，在同一深度上波沿不同的射线传播时速度也是不一样的，瞬时速度正确地反映了波在介质中传播的真实速度。

b. 射线平均速度。

在非均匀介质中，波沿射线传播的速度称为射线速度。这种速度是随射线路径而变的，在实际工作中很难测定，但作为一种近似又可实际计算，我们引入放射线平均速度的概念，即将波沿某一条射线传播的总路径除以传播的总时间称为波沿射线传播的射线平均速度，即 $v_s = s/t$。

地震勘探中获取速度的方法有多种，常用的有：专门的井中速度测量，对地面地震资料作专门的处理和解释，实验室岩石样品的测试。

（2）速度的影响因素

理论研究和大量实际资料证明：地震波在岩层中的传播速度和岩石的性质有关，岩石的性质包括：弹性模量、岩性、密度、孔隙度、地质年代、埋深、温度等因素，下面分别说明它们之间的关系（表 4-1）。

岩土体介质波速影响因素一览表 表 4-1

影响因素	结　　果
弹性模量	在均匀同性完全弹性介质中，波速取决于介质的弹性模量 $v_p = \sqrt{\dfrac{\lambda + 2\mu}{\rho}}$　$v_s = \sqrt{\dfrac{\mu}{\rho}}$　$v_p = \sqrt{\dfrac{K + \frac{4}{3}\mu}{\rho}}$ ρ—介质体积密度；λ—拉梅常数；μ—剪切模量；$K = \lambda + \dfrac{2}{3}\mu$—体积模量
岩性	（1）对于同一岩性来说，速度值变化范围很大； （2）不同岩性的速度有一定范围的重叠； （3）介质组成成分或单纯速度变化范围越小，如油、气、水； （4）通过以上几点结论可以看出，单纯利用速度参数来鉴别岩性精度是很低的，但在特定条件下利用新技术、新方法来鉴定岩性是可能的
密度	几乎各种岩石的波速都随密度增大而增大
地质年代	（1）同样浓度成分相似的岩石，年老的岩石（沉积时间长）比年轻的岩石速度高； （2）构造运动常使地层发生许多微裂缝，它们使岩石的速度大大降低
孔隙度	孔隙度大的岩石速度低，两者成反比

续上表

影响因素	结　果
流体性质	(1)在油、气、水等流体中地震波的传播速度比岩矿的速度低，所以当岩石孔隙中充满着油、气、水时，岩石中波的传播速度就会降低； (2)在砂泥岩剖面中，由于孔隙中充填的介质不同，而形成明显的速度界面，在砂土中、油、气、水之间以及油、气、水以及底围岩之间均能形成良好的物性界面；且这些界面的反射参数比一般岩性界面的反射参数大得多，因而含油砂岩、特别是含气砂岩在地震剖面上将以亮点形式出现
埋藏深度	地层的埋藏越深或岩团结作用越强，孔隙度越小，其速度也就越高
固压和差异压力	(1)固压是上覆岩层的重量荷载产生的压力，它正比于地层的埋深和密度，差异压力则为固压与孔隙内流体压力之差值； (2)固压的作用主要是使地层的固结增加，孔隙度减少从而速度增加，地层的差异压力大小与速度成正比关系(这说明欠压实的地段时常具有低速异常的原因)
温度	研究表明：过火烧后地层的波速减小15%～35%，平均减小25%左右

(3)速度分布规律

在沉积剖面中，速度的分布具有：

①成层性。

②递增性，随着深度变大，速度变大。

③方向性：速度在垂直方向上随着深度而变，在水平方向上，受地质构造沉积岩性的控制。

④分区性：在不同的地区，由于沉积环境不同和岩性变化，速度在平面内具有分区分节的特点。在基岩发育的地区 v 高，在砂泥岩发育地区 v 低，岩石中波的传播速度是反映岩石性质构造分布的主要参数，因而研究影响速度的地质因素，掌握沉积剖面中的速度分布规律是很必要的。

2)由速度谱计算速度的方法

(1)速度谱分析概况

偏移速度分析最早是由Yilmaz在1984年提出来的。从那以后相继出现了几种利用偏移特征的速度分析方法：偏移剖面迭代法(Al Yahya，1989)，直接利用同相轴的曲率特征；叠加能量最大法(Shurtleff，1984；Tieman，1984)，间接利用同相轴的曲率特征；深度聚焦分析法(Yilmaz和Chambers，1984)，利用偏移的其他特性。最常用的Deregowski循环对叠前时间偏移很稳定而且能产生理想的速度估计，对深度偏移当速度的横向变化不剧烈时也很适合。然而，运用剩余时差的垂向反投影，要有两个基本假设：在数据空间的一个地震观测排列范围内速度横向变化不剧烈；反射层倾角不太陡。若不满足其中任何一个条件，Deregowski循环就发散。这些方法的共同缺陷是速度修正关系中对地下地质条件的假设，如地下速度为常数、仅沿深度方向变化以及小偏移距假设。

在这些假设条件下，平均速度可以近似为均方根速度，进而可以由Dix公式或其他公式将平均速度转换为层速度。然而，当速度横向变化时，平均速度与均方根速度之间存在很大的差别(Lynn和Clearbout，1982；Liu和Bleistein，1992)，这会引起速度迭代过程的发散。因此，在许多复杂构造及速度横向变化存在时影响到方法的精度和稳定性，其基本假设使其应用只限于地层为水平层或地下构造较为简单的情况，这在一定程度上限制了方法的应用。这些方法的共同的不足之处是不适用速度的横向剧变和倾斜地层结构。

为了消除构造因素对聚焦分析的影响，Audebert 和 Diet(1993)引入了一种新的聚焦分析方法。关于速度的横向变化讨论较少，只有 Mackay 和 Abma(1992)讨论了横向速度线性的情况下的聚焦分析方法。为了克服速度分析中模型假设的限制，剥层法加常速半空间扫描由浅到深进行递推求解(Hadley 等，1988)，将速度分析问题局限于反射层附近来消除上覆复杂构造的影响，其缺点是容易造成累积误差，精度较低。而且沿层速度分析利用时间域地质模型，经速度扫描得到叠加速度，需要假设上覆地层为均匀介质。Jervis 等(1993)在偏移中运用模拟退火和遗传算法求得速度模型，并比较了偏移效果，其中采用大量的迭代，以避免求解敏感矩阵或梯度。杨长春等(1996)针对复杂地质体偏移成像，采用相干反演技术进行了速度建模研究。马在田(1999)把地下介质分为连续和层状两种：当为层状介质时，采用适于层内速度不变或渐变、层间速度反差大、较大，并考虑界面的速度分析方法；而连续介质时，是利用适于层内速度渐变、层间速度反差较小的模糊界面(恒定速度梯度)的射线偏移速度分析法，这些方法具有其适用性。

反射层析法是利用地震波走时反演地下介质的速度。在应用反射层析技术的偏移速度分析方法中，模型被描述为一组光滑层速度和光滑层界面组成的层状介质，输入数据为所选反射界面的拾取走时。这类方法是在最小平方意义下，通过迭代反演修正层速度，其中非线性局部优化迭代速度场分析，即使在三维情况下也具有很高的效率(Guizion，Mallet 和 Madariaga，1996)。但是在反射层析中，问题的不确定性表现在速度随深度的误差累积(Tieman，1994)。而在实践中需要人工在叠前资料上拾取走时，走时的拾取是一项十分困难的工作，不仅工作量大，而且低信噪比时几乎无法拾取，因为所拾取的同相轴在所有道中必须一致，即使在信噪比很低时也要对反射层进行解释。另外，开发一套高效而稳健的射线追踪走时计算方法也十分困难，尤其是对三维情况(Virieux 和 Farra，1991)，对复杂模型会引起算法的不稳定，如交叉、绕射(Chapman，1985；Amand 和 Virieux，1995；Charles，1996)。基于初至走时的层析成像反演，如果所拾取走时的时差很小的话，层析成像反演的精度也会受到很大的影响。所以此方法对于深层反射的效果不是很明显，较为可信的仅是近地表的速度结构。如何将它应用在较深的反射地震中是将要面临的一个重要问题。Jeannot 和 Berranger 采用反射层析和走时反演与偏移相结合进行速度分析，主要用来解决较复杂地区的速度分析，但这存在计算效率问题。

(2)评判偏移速度分析的原则

①零时间成像深度与零偏移距成像深度一致准则(Jeannot 等，1986)。

对于地下一成像点，如果用于偏移的速度模型正确，则在偏移成像过程中由零时间成像条件得到的偏移成像深度应该与零偏移距成像条件得到的偏移成像深度一致。如果速度模型不正确，当偏移速度高时，零时间成像条件得到的成像深度大于零偏移距成像条件得到的成像深度；而偏移速度低时，恰好相反。

②共成像点道集拉平准则(Al Yalya，1989)。

对于地下一成像点，如果偏移速度模型正确，则由不同的叠前道集得到的成像结果应该一致，这些不同叠前道集偏移成像结果所形成的道集，及共成像点道集上的同相轴就是水平的。如果偏移速度模型不正确，共成像点道集上的同相轴就会出现剩余时差，具体表现为偏移速度

高时，则在共成像点道集上的速度出现下弯；偏移速度低时，则共成像点道集上的同相轴出现上弯。

③等旅行时准则(Berkhout，1997)。

在等旅行时准则中，成像点被视为聚焦点。如果偏移速度模型正确，则由该聚焦点得到的共聚焦点道集与该聚焦点对应的地震响应就与该聚焦点的炮点聚焦算子有相等的旅行时。如果偏移速度模型不正确，当偏移速度高时，聚焦点对应的地震响应的旅行时大于聚焦点的炮点聚焦算子的旅行时；当偏移速度低时，聚焦点对应的地震响应的旅行时小于聚焦点的炮点聚焦算子的旅行时。

这些准则都是源于Claerbout的时间一致成像原理，是波动方程叠前深度偏移成像方法正确成像的充要条件，但不是获得正确地下速度模型结果的充要条件，仅是必要条件，也就是说利用它们得到的地下速度模型不是唯一的。以上三个准则中，共成像点道集拉平准则应用得比较多，因为共成像点道集也是一种叠前道集，所以人们在叠前道集(如共中心点道集、共炮点道集等)已经发展起来的一些常规速度分析方法和速度反演方法就可以被借用过来进行速度分析。

(3)叠加速度谱的制作方法

速度分析目的是为了叠加、偏移等处理提供处理参数，所用的方法以在共反射点道集上进行多道信号最佳估计为基础。地震记录是多道记录，多道信号的正常时差中隐含着地震波传播速度这一参数的信息。速度谱的概念是仿照频谱概念而来，频谱表示波的能量相对频率的变化规律，仿此将地震波的能量相对速度的变化规律呈速度谱。速度谱是地震勘探中应用最多、使用最普遍的速度资料。

速度谱资料应用的效果在于速度谱拾取的精度。我们借鉴了叠前深度偏移处理中速度建模的思想，沿着解释的层位精细拾取速度谱，由此拾取的速度谱速度因有层位的约束从而保障了垂向精度。在速度谱拾取的同时，将速度分析结果叠放在地震剖面上以识别某些特定同相轴的叠加速度，利用连续的速度分析就可以追踪同相轴。将每条线拾取的速度结果建立三维速度模型，并根据该区的地质特点进行修改、补充和完善，由此求取的速度能够满足建立速度场的精度要求。

在反射法数据处理时速度参数至关重要，其影响地震时间剖面的质量，影响层速度及平均速度的计算精度，最终影响地质解释的精度。

原理：先给定某回声时间 t_0，按一定的速度步长对时距曲线进行动校正，在其中总可以找到一速度值，使时距曲线校正为水平直线，则此速度即为最佳动校正速度。

怎样判断曲线是否拉平呢？用动校正后道集内信号叠加后的能量平衡判断。

最佳速度：校正后时距曲线刚好拉平，叠加后能量最强。

$v=v_1$：同相叠加，能量最强，t_0 时刻最佳动校正速度；

$v=v_2$，$v=v_3$：非同相叠加，能量较弱。

给出所有 t_0 值，重复上述运算，就可把整张记录上所有实际存在的同相轴(即速度谱线上极大值)所对应的速度全部找出来［图 4-42d)］。

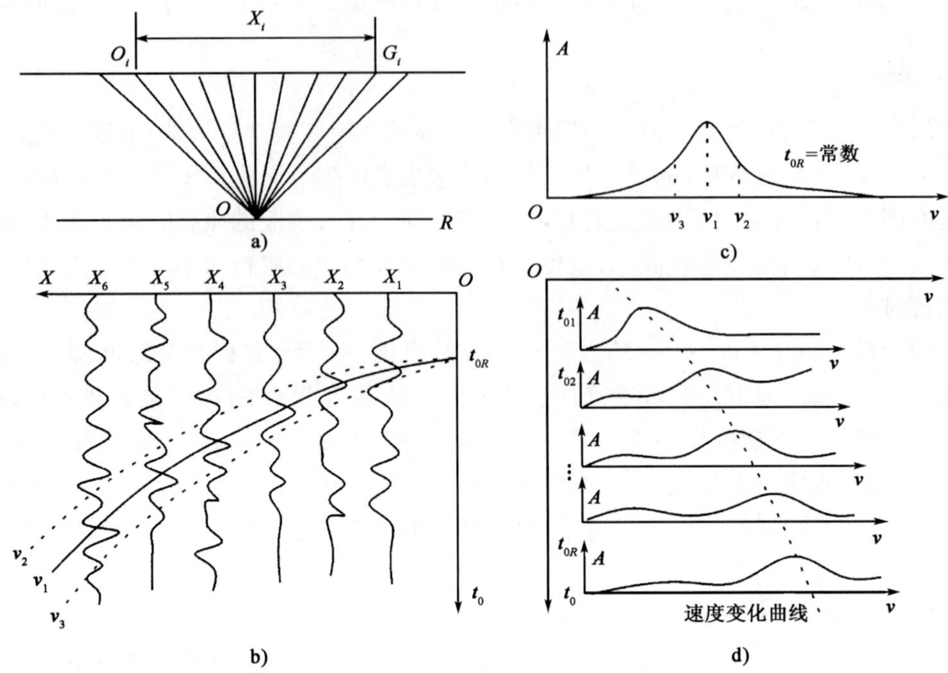

图 4-42　用多次覆盖资料计算速度谱原理图

沿测线一定间隔做一个速度谱，就可以研究速度的横向变化。速度谱的制作要经过二次扫描：t_0 时间扫描，速度 v 扫描。

实际上相当于计算所有网格点(图 4-43)上的能量值。

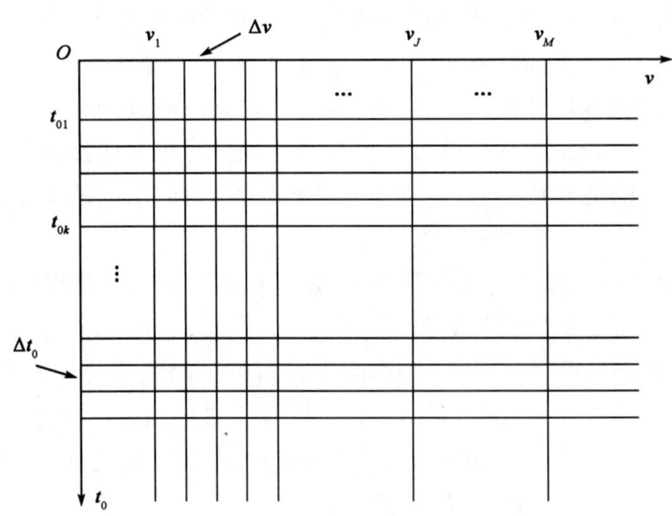

图 4-43　计算叠加速度谱的网格

(4)速度扫描

利用程序识别多通道的初至波的到达时间，再通过人工校正的方法将同相轴校正，选择一系列的试验速度然后进行各道取值叠加，一系列的速度就对应一系列的振幅值构成速度谱线。

其叠加公式为：

$$A=\sum_{k=0}^{k}\frac{1}{N}\left|\sum_{i=1}^{N}g_i(t_{ij}+k\Delta)\right| \tag{4-63}$$

式中：$g_i(t_{ij}+k\Delta)$——第 i 道 $t_{ij}+k\Delta$ 时刻的样值；

$k\Delta$——随 t_0 时刻，炮检距和地震波速度变化的反射波样值的序号；

k——采样时窗样点数；

N——共点道集的道数；

A——平均振幅。

用一组试验速度对 CDP 道集记录（或共炮点记录）进行速度扫描，如图 4-44 所示。

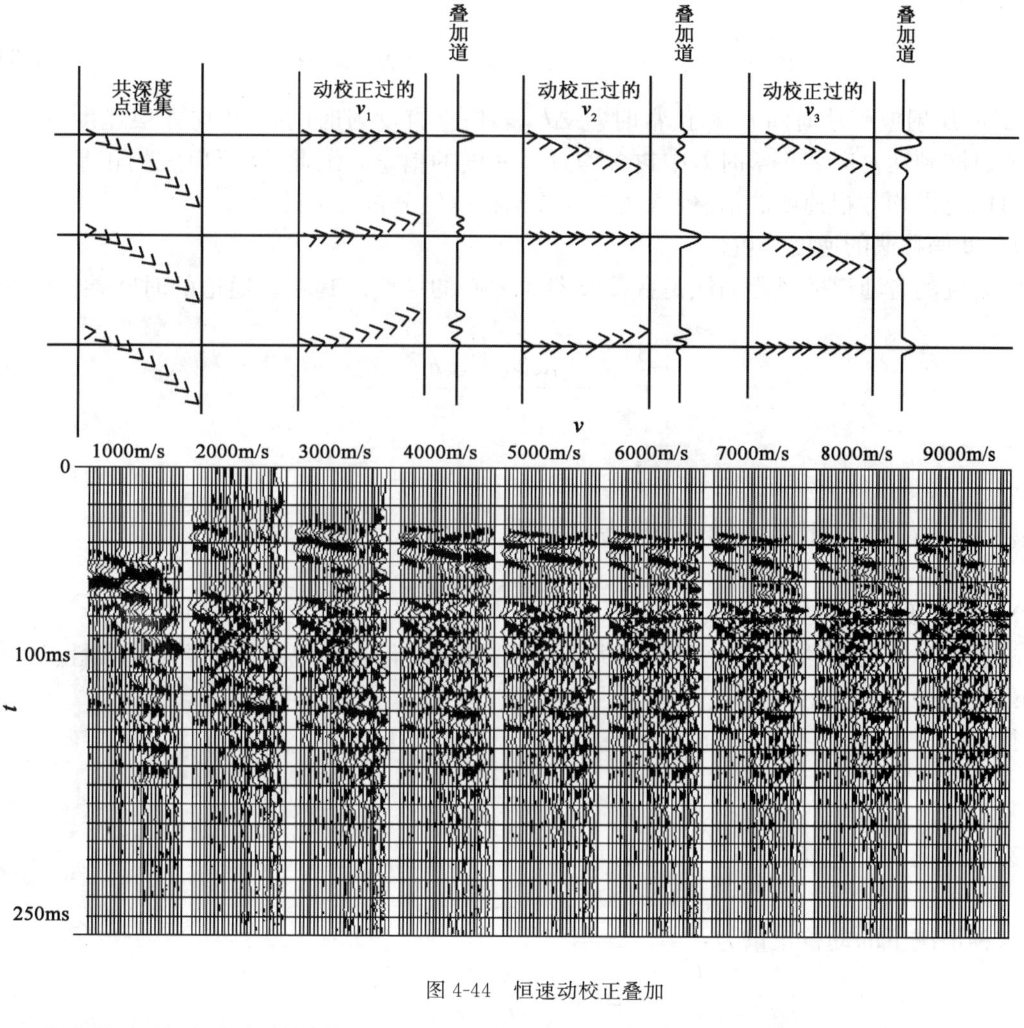

图 4-44　恒速动校正叠加

①当给定的试验速度对某一波组合适时，反射波同相轴变成平直。

②当给定的试验速度过低时，经校正后的反射波同相轴向上弯曲，即校正过量。

③当试验速度过高时，校正后的反射波同相轴向下弯曲，即校正不足。

如图 4-44 所示，40ms 处，4000m/s 为最佳扫描速度。

速度扫描法适用于地震地质条件较复杂，得不到好速度谱的地区，在工程地震勘探中常被采用。

(5)位置偏移法的速度分析

速度谱分析主要需确定 Δt 与平均速度 v 的关系，如果能从地震记录中准确地拾取反射信号，得到正常时差，则可以利用它来求取速度参数，这是速度分析的基础。

当地下为水平层状介质时，对于炮检距为 X 的检波点，垂直反射时间为 t_0，均方根速度为 v 的反射波旅行时为：

$$t_x = \sqrt{t_0^2 + \frac{x^2}{v^2}}$$

其正常时差为：

$$\Delta t = t_x - t_0 = \sqrt{t_0^2 + \frac{x^2}{v^2}} - t_0 = \Delta t(t_0, v) \tag{4-64}$$

x 已知，反射波到达时间 t_x 和正常时差 Δt，都是垂直反射时间 t_0 和均方根速度 v 的函数。即反射波到达时间和正常时差中包含均方根速度的信息。因此，从反射波的正常时差的分析中可以提供均方根速度的信息，这就是位置偏移速度分析的基础。

(6)角度偏移法的速度分析

空间装置的各通道的时距曲线是在接收器为球心的球面。其相邻通道的时间差 Δt 公式如下：

$$\Delta t = \frac{r \times \cos(\theta_{i+1} - \theta_i)}{v} \tag{4-65}$$

式中：r——$r = v_0 t_0$；

Δt——只与角度有关而与位置(距离)无关的函数；

θ_i——第 i 个通道检波器轴向与震源点和接收器中心方向的夹角；

v——叠加速度。

(7)影响速度分析精度的因素

影响速度分析精度的因素主要有：最大炮检距、较低的信噪比记录及表层不均匀性。

①最大炮检距。

进行动校正时，动校正量(即正常时差)为：

$$\Delta t_n = \frac{X^2}{2 t_0 v_R^2}$$

若采用的动校正速度不合适，存在误差 Δv：

$$v_a = v_R + \Delta v$$

则这种情况下的动校正量为：

$$\Delta t_{ns} = \frac{X^2}{2 t_0 v_a^2}$$

经动校正后，剩余动校正量 Δ 为：

$$\Delta = \Delta t_n - \Delta t_{ns} \approx \frac{X^2 \Delta v}{t_0 v_R^3}$$

则：

$$\frac{\Delta v}{v_R}=\frac{t_0}{X^2}\cdot\Delta\cdot v_R^2$$

上式说明：速度误差$\frac{\Delta v}{v_R}$与最大炮检距 x 的平方成反比。

由于浅震中最大炮检距较小，因此，求取的速度误差较大，这是不易准确求取叠加速度的重要原因。

②较低的信噪比记录。

浅震大多是在外界干扰背景较严重的地区开展工作，在获得的原始记录中，背景干扰比较严重。较低信噪比的记录给准确求取地震波的速度带来了困难。

③表层不均匀性。

在地震数据采集中，表层不均匀体横向上的变化会引起反射波到达时间超前或滞后，这将影响反射波的同相叠加，从而影响求取地震波速度精度。

(8)提高速度分析精度的措施

①速度分析前，采用频率滤波、二维视速度滤波压制干扰，提高记录信噪比。

②采用静校正处理消除表层不均匀体的影响。

③采用较小的速度和时间扫描增量。

浅层反射记录时间短，反映地下界面埋深较浅，速度由浅至深，变化梯度不明显，因此，必须采用较小的速度扫描增量。

(9)速度谱的应用

①提供动校正计算所用的速度。

对速度谱解释得到的随 t_0 变化的叠加速度曲线，可作为该点附近动校正的依据。

②识别多次波。

在速度谱上 $v_a(t_0)$曲线左侧，有时会发现一些低速的能量团，而 t_0 时间又与速度相近的浅层反射波 t_0 时间成倍数关系时，往往是多次波的反映。

③计算层速度和平均速度。

利用 DIX 公式(叠加速度转成层速度)计算出层速度：

$$v_i=\left[\frac{v_{R,i}^2-v_{R,i-1}^2}{t_{0,i}-t_{0,i-1}}\right]^{1/2} \tag{4-66}$$

式中：　v_i——第 i 层的层速度；

$v_{R,i-1}$、$v_{R,i}$——该层顶、底界面上的均方根速度；

$t_{0,i-1}$、$t_{0,i}$——该层顶、底界面上的双程旅行时间。

那么，平均速度为：

$$\bar{v}=\sum_{i=1}^{n}\frac{v_i(t_{0,i}-t_{0,i-1})}{t_{0,n}} \tag{4-67}$$

3)由 VSP 测井资料获取速度的方法

VSP 垂直地震剖面(Vertical Seismic Profiling)法是一种井中地震方法，在速度测量中主要利用零偏 VSP 观测到的初至波时间。用 VSP 法获取平均速度数据是地震勘探中获取平均速度最准确的方法。

(1)地震测井的野外工作

进行野外测井是将地震测井检波用电缆放入深井中，检波器按一定距离向上依次提升，在井口附近爆炸，激发的一次地震波，测井检波器记录下从井口到检波器深度处直达波的传播时间 t，检波器的深度 H 可由电缆长度测得。这样就可以求得该深度 H 以上各地层的平均速度。测井时，首先是将检波器沉放到井底，从井底测起，测点间隔 10～30m，在地层的分界面附近适当加密测点，检波器在井中不能停留过长时间，以免泥浆卡住检波器，有一点应注意，当地层倾角较大时，炮点应布置在地层下倾方向，以防折射波干扰。测井资料的初步整理和分析必须在井场进行，发现问题及时检查和补充。例如在现场作 H-t_0 关系曲线（垂直时距曲线）发现异常点时，及时补炮检查地震测井的情况及有关参数，如图 4-45 所示。激发点在地面的位置是 O，但真位置是井底 O' 爆炸井深度 H，爆炸井同深井的水平距离是 d，通过测井得到的原始数据是每次检波器沉放深度 H 以及相应的记录下来的透过波传播时间 t_c。

$$v_{av} = \frac{o's}{t_c} = \frac{\sqrt{(H-h)^2+d^2}}{t_c} = \frac{H}{t} \tag{4-68}$$

$$t_0 = 2t$$

$$t = \frac{H}{\sqrt{(H-h)^2+d^2}} \cdot t_c$$

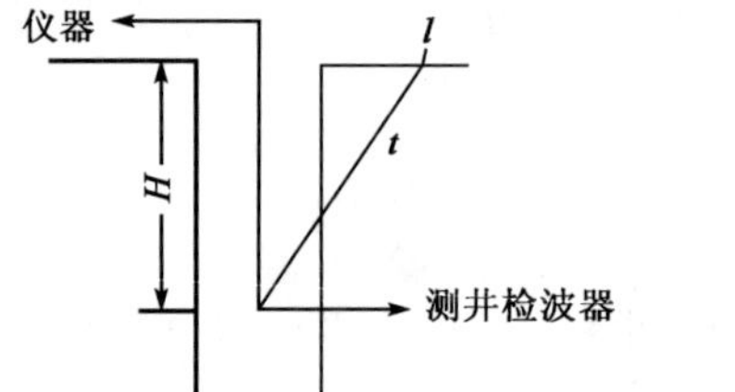

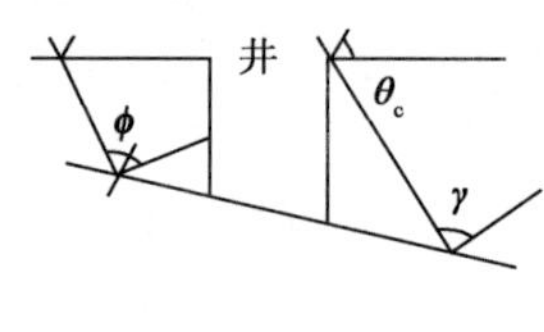

图 4-45　地震测井原理图

(2)地震测井资料的整理

通过对地震测井资料的整理，可得出几种成果：

①利用上面式计算出 t 和 v_{av}，先把 t 换算 $t_0(t_0=2t)$ 把数据画在 $v_{av}-t_0$ 坐标中，就得到平均速度（随 t_0 变化）曲线。如图 4-46 所示。

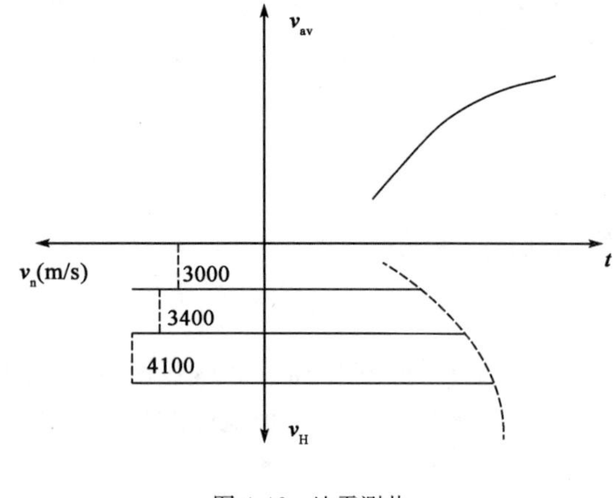

图 4-46　地震测井

②把 $H \sim t_0/2$ 的对应数据点在 $H \sim t_0/2$ 坐标中得到地震波沿垂直向下方向传播的距离与传播时间之间的关系叫作垂直时距曲线。

③当地层剖面的速度分层明显时，在垂直时距曲线上将表现为由许多斜眩不同的折线所组成，每一段折线反映了一种层速度的地层。折线段的斜率倒数就是这一地层的层速度。利用 $v_n = \Delta H/\Delta t$ 可求出各层的层速度，进一步可作出 v_n-H 曲线反映层速度随深变化的情况。

用地震测井求取的平均速度和层速度是比较可靠的速度资料，有条件时要多进行地震测井。

如图 4-47 所示，某地区 5 号钻孔的真速度求取。垂直时距曲线是平缓的曲线，在 $v_P(H)$ 曲线上能够看到视速度值变化的部分。质点位移方向曲线 $\varphi(H)$［图 4-47c)］的特点是有更大的差异性和参差不平。质点位移方向的急剧变化与一般剖面岩相变化相对应，它们决定介质的弹性性质。相反，质点位移方向曲线 $\varphi(H)$ 上没有急剧跳跃则证明剖面弹性参数的稳定性。通过资料的综合分析使我们能够计算真速度曲线，如图所示，在所研究沉积层剖面的真速度曲线上，出现了几个速度跃变界面。

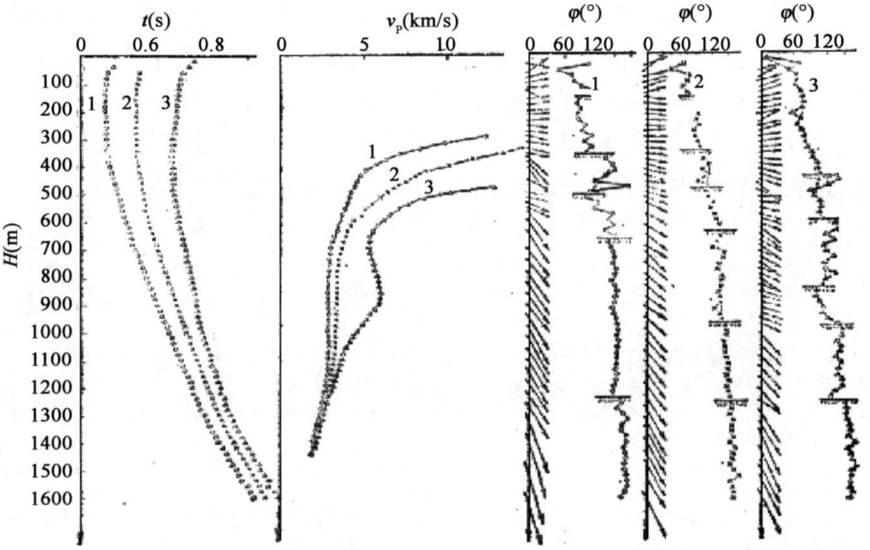

a)垂直时距曲线　　b)视速度曲线　　c)位移方向和位移曲线

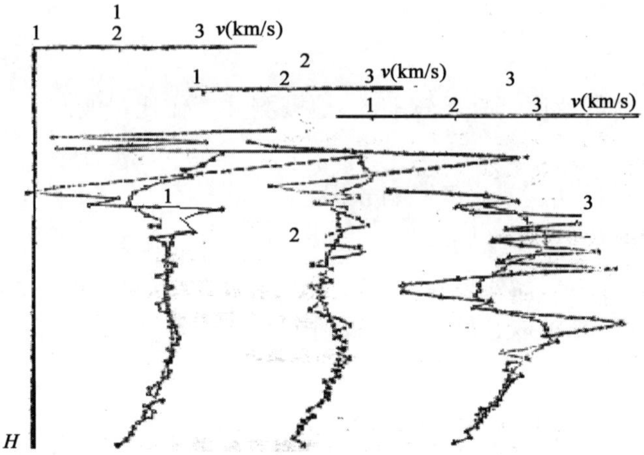

d)真速度曲线

图 4-47　真速度的求取

注：引自俄罗斯乌巴地区 5 号钻孔、米尔佐扬资料。

4)由声波测井获取速度资料

声波测井一种地球物理测井方法。现已广泛用于地震勘探，成为求取速度参数的一个重要手段。它是利用沿井壁滑行的初至折射时差来求取速度参数的，具有简单方便又能连续观测的特点。目前用的声速测井仪的原理如图 4-48 所示。主要有由子线路和声系两部分组成，声系包括一个超声波发生器和两个声波接收器，它们之间的距离分别是 $L=1\text{m}$,$L=0.5\text{m}$。测量时，井下仪器由井底连续向上提，超声波发射器 O 发射的 20 千脉冲波，经过泥浆以反射角 $\theta_c=\arcsin v_n/v_k$(v_n 是泥浆速度，v_k 是地层速度）入射到井壁上，产生一个沿井壁方向前进的滑行波，该波的一部分能量又经过泥浆以反射角折射到接收器 M 和 N 上，形成时差 Δt_k，时差的大小取决于 M 和 N 之间的地层速度 v_k，因为 M 和 N 之间的距离是固定的，时差大表示声波在地层中的传播速度小，时差小表示传播速度大。通过井上仪器的记录可得到一条声速时差曲线，单位是 μs/m，一般直接记录的时差是声波传播 0.5m 距离所用的时间。但为了使用方便，地面记录仪器调节时，换算成传播 1m 距离所用的时间 τ_k，其倒数就是相应地层的层速度 $v_k=1/\tau_k$，这就是利用声速测井求取层速度的基本原理和过程。

求层速度时一般要对应岩性柱状图来求每层的层速度。如图 4-49 所示。

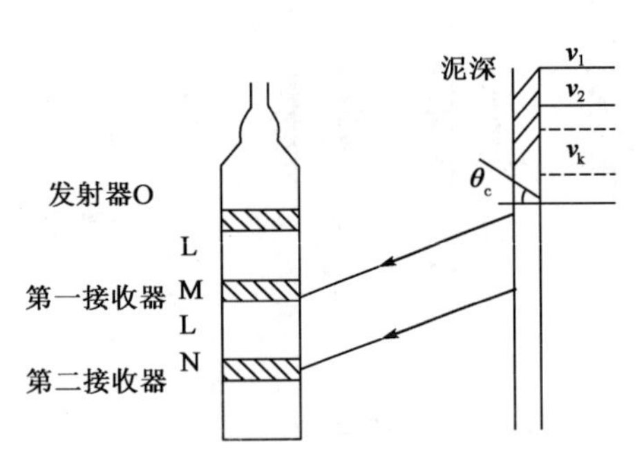

图 4-48　声波测井方法原理

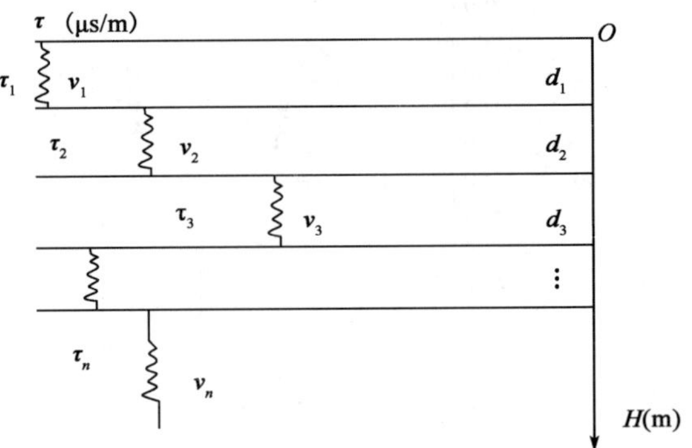

图 4-49　声波测井方法

两种方法测得的速度都是比较准的，地震测井工作比声波测井工作复杂，而现在大多用的是声波测井资料。

5)隧道超前预报地震波速度影响分析

在石油地震勘探，真速度一般是根据纵垂直剖面观测时所得的垂直时距曲线来求取，当然这是一种直接的方法，但需要钻孔的配合。另一种方法就是充分利用超前地质预报的现场排布，通过排布偏移量来求取。最后就是通过速度谱分析来求取空间各点的速度，速度谱分析见式(4-63)。

常规的速度求取是通过速度谱分析和排布偏移相结合的方法获取的。利用程序识别多通道的初至波的到达时间，再通过人工校正的方法将同相轴校正，选择一系列的试验速度然后进行各道取值叠加，一系列的速度就对应一系列的振幅值构成速度谱线。

实际求取各点的真实速度是困难的。目前求取的速度方法给预报技术带来的主要问题有:随着距离的增大，误差越大；利用平均速度计算时引起沿隧道轴线地震波形形状的变化。

4.1.3.12 绕射扫描偏移叠加

绕射扫描偏移叠加是从绕射波归位到其顶点的几何地震学偏移方法。首先,将地下空间划分为网络,认为每个网络点都是绕射点。根据网络点的坐标计算出它所发出绕射波的时距曲线,然后按照此绕射双曲线给定的时距曲线在实际记录道上去对应振幅值,将它们相加后放置在绕射点处,作为偏移后该点的输出振幅。依次对每个网络点都作如上处理就完成了绕射扫描叠加偏移工作。对距离偏移法的绕射时距曲线:

$$t_i=\sqrt{\left(\frac{2z}{v}\right)+\left[\frac{2(x-x_i)}{v}\right]}=\sqrt{t_0^2+\frac{4(x-x_i)}{v^2}} \tag{4-69}$$

对角度偏移的绕射叠加,由于接收器到绕射点的距离几乎相等,因此距离偏移的作用不明显。而要在计算的绕射点与接收器的方向上各个不同交角检波器在绕射点上的分量的叠加来计算其绕射叠加。这样,角度偏移的绕射叠加只与各个检波器法线方向及接收器到绕射点的法线方向有关。

设接收器到绕射点的距离 S_1,绕射点到震源点距离 S_2,那么,所有空间检波器在绕射点处的反射波幅的贡献等于$(S_1+S_2)/v$时刻的值乘以与绕射点与接收器连线的夹角余弦之和,详见图 4-50。

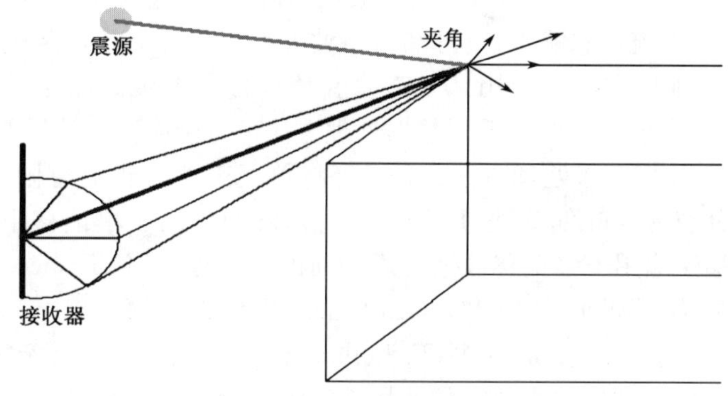

图 4-50 角度偏移绕射叠加原理示意

4.1.3.13 时深转换

经水平叠加后,剖面已变成与地质构造特征相对应 t_0 时间剖面。下一步工作就是将其转化为深度剖面。如图 4-51 所示。

时深转换处理的一个重要因素是转换速度。速度的变化对于深度的转换是很敏感的,处理时使用的转换速度应尽可能接近地层的真实速度。

地震测井是准确求取时深转换速度的最好办法,从地震测井中可得到地层的平均速度和层速度数据。

若没有地震测井时,可用均方根速度(叠加速度或等效速度)求取层速度和平均速度。则到第 n 层地层界面的深度 H 为:

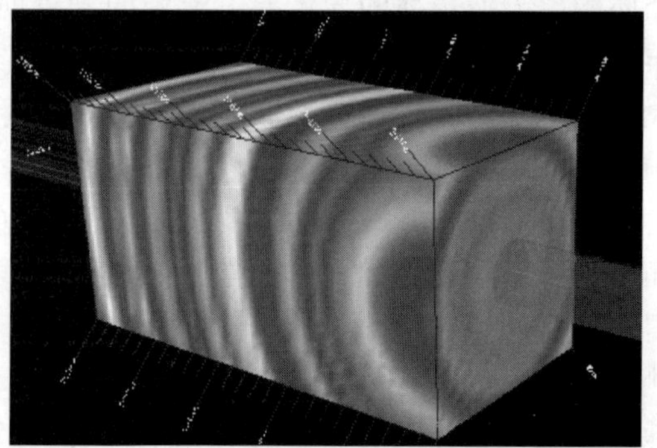

图 4-51 角度偏移绕射叠加实例

$$H=\sum_{i=1}^{n}t_i v_i \text{ 或 } H=\frac{1}{2}t_0\bar{v} \tag{4-70}$$

式中：v_i——地层的层速度；

t_i——该地层的单程旅行时间；

t_0——所求深度处的回声时间；

$\bar{v}$——平均速度。

超前地质预报技术所采用的时深转换是利用掌子面附近的直达波求取平均速度来进行转换的。

4.1.4 电磁波常见数据处理方法

电磁波的浅层探测常见的有地质雷达和瞬变电磁法，下面分别介绍。

4.1.4.1 地质雷达

地质雷达作为一种重要的环境地球物理探测方法，研究高频电磁波在地下介质中的传播、反射和绕射等波动现象和规律，能提供近地表介质特性和结构的高分辨率信息。十多年来，地质雷达在地质、环境、水文、灾害、工程和考古等领域得到了广泛应用（J. L. Davis，S. A. Arcone，Jr. M. Beres 等，1989，1998，1991）。研究表明，在高频和低电导率的条件下，介质中位移电流占主导地位，传导电流可忽略不计。此时，声波方程可以近似地代替电磁波方程（B. Ursin，1983）。十多年来，地质雷达的应用几乎都是在假设传导电流忽略不计的条件下进行的。因此，石油地震勘探中发展起来的一系列数据处理方法都直接应用于地质雷达资料的处理，特别是由声波方程推导出的偏移处理方法。Lee 等将单程声波方程的有限差分法（S. Lee 等，1987），Fisher 等将分裂傅立叶偏移法（E. Fisher 等，1992）应用于单偏移距数据的偏移处理。Fisher 等将逆时偏移法应用于多偏移数据叠后剖面的偏移处理（E. Fisher 等，1992）。邓世坤等用克希霍夫偏移方法（邓世坤等，1993），Grasmuck 用相移法（M. Grasmuck，1996）对共偏移距地质雷达数据作了偏移。Lehmann 等（F. Lehmann 等，2000）则将克希霍夫积分偏移方法应用于起伏地表接收到的共偏移距数据的波场外推中。所有这些偏移方法都是由声波方程推导出来的，而并非电磁波方程。然而，在地质雷达的许多实际应用中人们发现，电磁波在地下介质中衰减得十分迅速，并有明显的频散现象（S. A. Arcone 等，1998）。这表明，电磁波在地下介质中传播时服从的是有传导电流的麦克斯韦方程，而不是声波方程。因此，用更符合实际介质中电磁波传播的含传导电流项的麦克斯韦方程来处理地质雷达数据是必然趋势。最近几年来，直接用麦克斯韦方程正演模拟和处理地质雷达数据的研究有所增加（R. J. Greaves，D. A. Casper，A. Bitri 等）。Bitri 等改进了地震数据的频率波数域偏移法，使之适用于中等不均匀频散介质的共偏移距地质雷达数据的偏移成像（A. Bitri 等，1998）。底青云等则研究了自激自收（零偏移距）衰减雷达波的有限元素法逆时偏移方法（底青云等，2000）。就数据采集方式而言，在地质雷达探测时，通常固定发射天线和接收天线间距，两个天线沿测线同时移动，采集得到的是共（单）偏移距数据。虽然这种采集方式能快速地获取雷达资料，但在较多的雷达探测中却无能为力，因为在地质雷达数据中存在着各种各样的噪声，既有外界的随机噪声，又有地面和地上物体反射引起的规则干扰，还有仪器本身的噪声。仪器的噪声在单偏移距剖面上表现为与直达波同相轴平行的周期性出现的同相轴，掩盖了有效的弱信号，给资料处理和解释

带来极大的困难(Y. Nakashima 等，1999)。多次覆盖技术能压制随机噪声 n 倍(n 为覆盖次数)，对规则干扰也有显著的压制作用，仪器的噪声在多偏移距剖面上也并不明显(Y. Nakashima，1999)。多次覆盖技术还有一个重要的优点，它能可靠地探测复杂的地质构造。鉴于多次覆盖技术的诸多优点，多次覆盖观测方式被应用于地质雷达资料的采集，获得多偏移距数据，经处理后得到叠加剖面。叠加剖面比常规的共偏移距剖面图像清晰、信噪比高、明显改善较深部图像的质量，在一定程度上提高了探测深度和精度。同时，多偏移距资料能为叠后偏移和进一步的分析解释提供二维速度结构。在目前的实际地质雷达数据的处理中，绝大多采用现成的石油地震勘探上的处理方法和软件的状况应加以改变。实际上，石油地震勘探中发展起来的数据处理方法有其独特的应用前提，在处理地质雷达数据时，有时不满足其使用的条件，例如速度分析和动校正。因为速度分析和动校正都是在小偏移距(偏移距与反射体的深度之比<0.5)的假设条件下进行的。对石油地震勘探来说，这种假设是成立的，因为其勘探目标体为深部的油气藏。在地质雷达的探测中则不同，探测目标比较浅，小偏移距的假设通常不再成立，速度分析和动校正都存在很大的误差，影响雷达的探测精度。地质雷达数据处理将来的发展趋势是，在吸收其他勘探地球物理领域中尤其是石油地震勘探中优秀的处理理论、方法和手段的同时，逐步研究和开发适合于地质雷达自身特点的处理理论和方法。随着研究的不断深入，地质雷达资料处理和解释将向定量化的方向发展。

电磁波在地下的传播形式与地震波十分相似，而且探地雷达数据剖面也类似于反射地震数据剖面，因此反射地震数据处理的许多有效技术均可用于探地雷达的数据处理，但由于雷达波和地震波存在着动力学差异如强衰减性，所以单一地移植、借鉴地震资料处理技术是不够的。雷达波在湿的地层中的衰减比在干的情况下要大，而地震波却恰好相反；探地雷达的穿透深度比地震波要浅得多。

探地雷达的原始数据剖面显示的是扭曲、失真的地下结构图像，偏移(归位)处理则是把雷达记录中的每个反射点移到其真正位置，从而获得反映地下介质的真实图像。用于雷达数据偏移处理的算法主要有：Kirchhoff 偏移(绕射叠加)、F-k 偏移、波动方程偏移等。绕射叠加偏移的特点是可偏移陡倾角，允许根据地层倾角和相干性进行加权与道切除，偏移孔径可以明显不同，但通常不能适应横向速度变化；Stolt 偏移(F-k)允许偏移的地层倾角较小，很难处理速度的横向变化，由于采用快速 FFT，所以它是一种最经济的偏移方法；波动方程偏移，主要是声波方程偏移，允许偏移的地层倾角最大为 60°，产生的偏移噪声较小，在低信噪比的地方比较有效，可以适应速度的横向变化。一些文献提出了带衰减项的有限元偏移，此法更符合雷达波的动力学规律，与不带衰减项的偏移相比，其偏移结果使界面更好地归位。

反褶积其实是一种特殊的滤波方法，它可以压缩子波，抑制多次反射，从而提高垂直分辨率和同相轴的识别。Turner(1993) 指出，探地雷达子波为非最小相位。反褶积的算法很多，有脉冲反褶积、预测反褶积、递归反褶积、同态反褶积等，其中应用最多的是脉冲反褶积。但 P. Maijla 指出，当地下介质的复杂性和噪声的影响增加时，反褶积处理的效果并不明显，而且还存在着寻找适当处理参数的问题。有文献讨论天线高度和介质介电属性对反褶积效果的影响；也有文献提出一种基于自适应原理的脉冲滤波器，并对常用的 LMS 算法做了改进，仿真结果表明获得了较为理想的脉冲压缩性能。

许多公司都称自己的系统可成三维图像，而实际中，大多数所成的像并不是真正的三维，只能算是 2.5 维。他们一般使用单个天线或一对天线沿正交网格形剖面进行采集，将采集的二维剖面通过插值形成所谓的“三维”。真正的三维成像要求使用多通道天线阵进行数据采集，而目前市面上这样的成熟的产品还没有，多数处于试验研究阶段。有文献使用 1m 宽、31 个天线对组成的电扫描阵列，采用三维 F-K 偏移成像，通过现场试验得到了较满意的结果。也有使用四对天线单元，采用四种不同方向的极化方式，也得出了三维图像。

大量的含噪声的数据靠人工解释常常既费时又不可靠，而使用神经网络对 GPR 图像进行解释则较理想。在经过去除噪声和信号放大等预处理之后，再使用模糊聚类的方法从 GPR 图像中区分出双曲线。

文献采用复信号分析技术，分离出雷达信号的瞬时振幅、瞬时相位、瞬时频率(俗称“三瞬”)，并进行了工程应用，结果表明通过多参数综合分析的方法有利于雷达图像的准确解释。

利用小波变换的调焦功能和时域—频域双重局部性来压制噪声是一种雷达数据处理的新途径，数值试验结果表明，对雷达数据进行小波成像处理，能准确地确定地下界面的位置，压制噪声，提高图像的分辨率。

常规的探地雷达拟浅层地震资料处理技术有：滤波、道均衡、速度分析、多次叠加、单道多次测量平均、偏移、反褶积、复信号处理等，而偏移和反褶积为两大热门技术。

1)偏移算法

(1)Kirchhoff 偏移(绕射叠加)

Kirchhof 积分偏移是建立在波动方程式积分解的基础之上。用它处理地震勘探资料的归位问题时，不受地层倾角的影响且具有对高频成分的补偿作用和较好的保振幅特征，是目前生产上广泛应用的主要偏移方法之一，同时 Kirchhof 深度积分偏移也是较适合于隧道超前预报的偏移方法。Kirchhof 积分深度偏移首先根据速度模型实现真正的射线追踪，求出每个成像点到激发点和接收点的传播时间，然后用下式对反射波实现偏移归位：

$$I(x,y,z)=\frac{1}{2\pi}\iint w(x,y,z,\bar{x})u(\bar{x},t_{\mathrm{s}}+t_{\mathrm{R}})\bar{e}\mathrm{d}\bar{x} \tag{4-71}$$

式中：$I(x,y,z)$——在地下(x,y,z)处反射面的积分偏移结果；

$\bar{x}$——震源和检波点的空间位置；

$t_{\mathrm{s}}+t_{\mathrm{R}}$——波射线旅行时间，地震波从震源经过反射点回到接收点用的传播时间；

$w(x,y,z,\bar{x})$——权函数，用于修正上行波的幅值；

$\bar{e}$——单位向量，其作用是将采集时的三分量检波器的位置映射到设定的坐标系空间；

$u(\bar{x},t_{\mathrm{s}}+t_{\mathrm{R}})$——地震记录的波场值。

深度偏移的简单实现步骤：任取记录上某道的一个样值 a，它是记录时间 t 以及激发点到接收点之间距离的函数，记为 $a(x_i,t_i)$，由于 a 的偏移脉冲响应为一个椭圆，因此按绕射波时距曲线公式在输出剖面上确定炮点 S 和接收点 R_i 的位置，以 S 和 R_i 为焦点，以 vt_i 为定长计算椭圆轨迹，将振幅值 $a(x_i,t_i)$ 沿椭圆轨迹布放，即完成了一个样值的偏移处理。对记录上所有的样值，重复上述步骤，并将落在同一网点上的振幅值叠加，最终便形成了深度偏移剖面。

(2)F-k 偏移

偏移处理又称偏移归位处理，是地震资料数字处理中一种重要的提高分辨率的处理技术。由于地质雷达资料与地震资料的相似性，偏移技术应用到地质雷达资料的处理中也能起到较好的效果。

如果将真实的地下构造看作一个“像”的话，则雷达记录就可以看作是它的“映像”，即使在全无噪声的情况下，“映像”也不是原“像”的简单翻板，而是一个被模糊化、被歪曲的复杂图像。偏移处理就是要消除记录或剖面上这些复杂现象，使反射波正确归位，绕射波自动收敛，从而使分辨率得到提高，得到与地下构造原像极为相似的图像。

F-k 偏移的简单过程：假设一自激自收剖面是由地下界面上许多绕射源同时发出的上行波到达地面的记录，即 $P(y,z=0,t)$，现在要用它恢复地下任一点的波场 $P(y,z,t)$，进而得到 $t=0$ 时刻的源波场，即偏移后的输出剖面。

Stolt 有拉伸的偏移过程如下：

①假设待偏移剖面为零偏移剖面 $P(y,z=0,T)$。

②对整个时间剖面通过坐标变换作拉伸剖面 $P(y,d=0,T)$。

③对拉伸剖面用 2-D 复氏变换 $P(k_y,d=0,\omega_T)$。

④运用下述成图函数作偏移。

$$k_d=\left(1-\frac{1}{w}\right)\frac{\omega_T}{C}-\frac{1}{W}\left(\frac{\omega_T^2}{C^2}-Wk_y^2\right)^{1/2} \tag{4-72}$$

偏移后的波场表达式：

$$\left\{\frac{C}{2-W}\left[(1-W)+\frac{1}{1+(2-W)\frac{k_y^2}{k_d}}\right]\right\}\cdot \\ P\left\{k_y,0,\left(\frac{Ck_d}{2-W}(1-W)+\left[1+2(2-W)\frac{k_y^2}{k_d^2}\right]^{1/2}\right)\right\} \tag{4-73}$$

⑤对拉伸坐标中的偏移剖面 $P(y,d,T=0)$ 作 2-D 复氏反变换。

⑥变回熟悉的时—空坐标 $P(y,z,t=0)$，这是最终偏移剖面。

当 $W=1$ 时获得式(4-73)简化型方程：

$$k_d=\left(\frac{\omega_T^2}{C^2-k_y^2}\right)^{1/2} \tag{4-74}$$

它的成图等于均速 Stolt 算法。

(3)波动方程偏移

①从几何地震学出发的偏移技术存在的问题和波动方程偏移的优点及意义。

最早采用的是人工剖面使反射同相轴实现偏移的做法。首先要进行波的对比和识别。因为只能对已识别的反射波同相轴绘制深度剖面，而不是利用记录的全部原始波形进行偏移，所以人工绘制深度剖面在反射波的对比过程中已含有较多的主观因素，更不用说绘制出深度剖面后，反射波的动力学性质已不能完全反映出来了。前面介绍的偏移叠加方法是把地面上所能记录到的反射波或绕射波都归位到正的反射段或绕射点上去了，因此，可如实地反映地下构造形态。但也存问题：主要是它把地面接收到的雷达波经过简单的叠加后放到地下某点去，作为地下某点的雷达波了。实际情况是，地面质点电磁波情况不同于地下质点的情况。这样做只是从运动学观点，简单地按雷达旅行时间把振幅放到地下去，而没有考虑到波的动力学特点（雷达波传播过程中的波形和能量变化）。因此，它只能表示地下地层界面的构造形态，而不表示地下岩层的岩性特征，这就丧失了分析地下岩层岩性的许多重要特征。用几何学的射线理论来描述波的传播只是一种较粗略的运动。波动方程偏移是一般偏移叠加基础上发展起来的。实质上就是从波动方程出发，通过一定的数学计算，把地面接收到的雷达波场的地下换算，求出地下各点雷达波场值，然后算出激发的雷达波到达某点的波场值如何相同，则取前者的振幅值作为交点的反射波（或绕射波）振幅值。如时间不同，则该点就不是反射点（绕射点），更谈不上振幅值了。这样，它既如实地反映了该反射点（或绕射点）的真实位置，又保留了该点反射波或绕射波的波形和能量特征，得出的时间剖面便于进行岩性对比或分析直接相应标志。

②波的方程偏移说明。

关于波动方程偏移的理论的精确阐述和有关方式，这里只对它的原理作简单的说明（图4-52）。我们可以把从震源出发，向地下传播的波，称为下行波。当下行波遇到反射层或绕射点时，一部分能量透过岩层或绕过绕射点继续向下传播；另一部分能量则被反射层或绕射点反射或绕射返回地面，这种反射或绕射返回地面，向上传播的波，自然称为上行波。

图4-52中地下某点 P 如是反射或绕射点，则当下行波到达这一点时，必有一上行波开始产生并且二者时间相等。上行波有较强的能量，如果地下某点不是反射或绕射点。例如 P' 和 P 点，则当下行波到达这点时，没有上行波开始产生，下地波与上行波波场时间也不相等。在地面接收到的除直达波外，所记录的都是上行波，所以如果我们把地面接收到的波场逐层向下换算，求出地下各点的上行波场，并取下行波场到达某点的波场值。如果这点确是反射或绕射点的话，则下行波到达这点的时间必等于这点的上行波时间，且必有一强的上行波能量值。否则，上行波能量等于零，所以如此向下换算并取下行波到达另一时间等于上行波的时间，这点上行波应有一较大幅值，即为该绕射或反射点处的绕射或反射波振幅值。这表示了反射或绕射点的实际位置，并且该激发是该绕射或反射点的真振幅。上述偏移原理，可作如下解释，利用波动方程将地面接收到的上行波场换算求得地下各层的上行场值，就相当于把接收器放到地下各换算层上去接收。为什么接收器接收记录向下换算，下行波到达时的上行波波场值就能达到偏移目的呢？

如图4-53所示，如地下有一个倾斜层的反射，对于下方反射点 P 来的反射，根据地层倾斜大小到达地面 B 点时“偏移”了一定距离，这个偏移距离用 d 表示，当接收层（或上地波）向下换算时，偏移距越来越小，如 d' 换算到真正反射点深度时，偏移距等于零，就达到以偏移了真正反射点位置的效果，而接收器就放在这一点接收，所以它记录的是这一点真实的上行波发射情况。这种偏移方法是很巧妙的，它好像把接收器放到地下去接收了，这在实际中是不可能

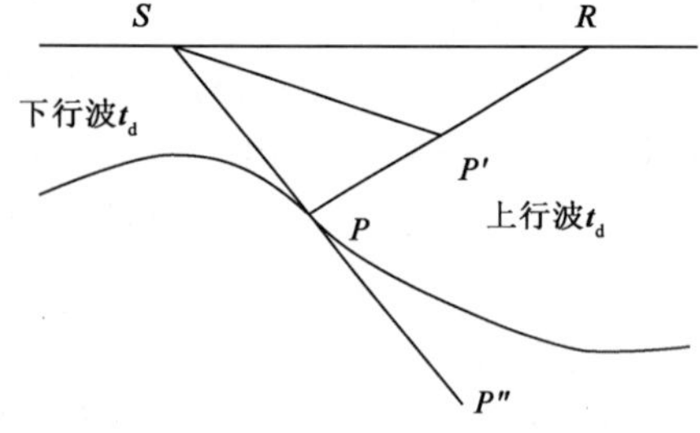

图4-52　波的方程偏移原理示意

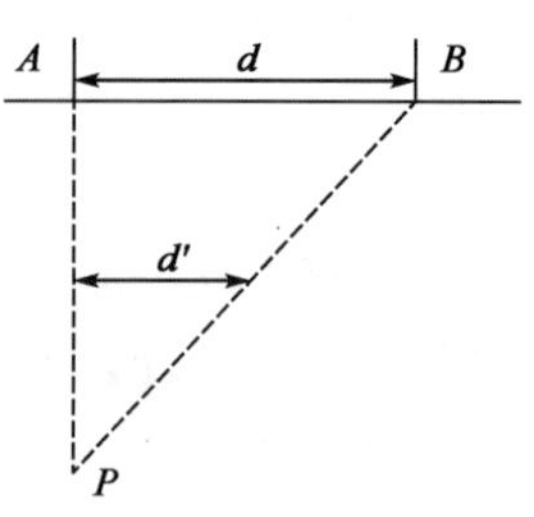

图4-53　倾斜层的反射

的。但通过数学计算方法——波动方程计算却可能达到这一点。

波动方程偏移实际上是将地表记录的雷达剖面作为边界条件，依据传播规律向下延拓成像的过程，我们给出水平叠加剖面偏移的数学模型。水平叠加剖面是经过动校正后的剖面，可以认为是自激自收剖面，假定各道在地面的位置 $O_1,O_2,\cdots,O_n$，反射波的 t_0时间相当于从虚激发源 $O_1{}^*,O_2{}^*,\cdots,O_n{}^*$ 出发，以速度 v 传播至地面的时间。如图 4-53 所示，如果将速度 v 变成 $v/2$，就相当于 t_0时刻虚振振源在反射界面上 $R_1,R_1,\cdots,R_n$，点向上传播到地面。假定用 $P(x,z,t)$表示二维完全弹性介质的波场值，将波速 v 改成$\frac{v}{2}$ 后，它们满足波动方程：

$$\frac{\partial^2 P}{\partial x^2}+\frac{\partial^2 P}{\partial z^2}-\frac{4}{v^2}\frac{\partial^2 P}{\partial t^2}=0 \tag{4-75}$$

边界条件及初始条件为：

$$\begin{aligned}&P(x,z,t)\mid x>x_{\max}=0\quad P(x,z,t)\mid x<z_{\min}=0\\&P(x,z,t)\mid t>t_{\max}=0\quad P(x,z,t)\mid_{z=0}=F(x,t)\end{aligned} \tag{4-76}$$

式中：$F(x,t)$——水平叠加时间剖面。

上两式构成了波动方程偏移的时间问题，从式(4-76)中我们可以看出，方程中有 $P(x,z,t)$对 Z 的二次偏移，而初始条件中只能提供一个条件 $P(x,z,t)/z=0=F(x,t)$。数学上可以证明这是一个不定解问题，要想求解必须对该定解问题作适当的修正。

2)反褶积算法

利用反褶积原理，一个满足褶积模型的接收信号可以表示为：

$$x(t)=R(t)\cdot w(t)+n(t) \tag{4-77}$$

式中：$x(t)$——接收信号；

$w(t)$——基本子波；

$R(t)$——反射系数序列；

$n(t)$——零均值平稳随机噪声。

反褶积就是设法从接收信号来恢复地层的反射系数序列，也就是设计一个反滤波器$f(t)$，使得 $f(t)\cdot w(t)\approx\delta(t)$，从而使对接收信号输出的数学期望近似等于反射系数序列，即 $E[x(t)\cdot f(t)]\approx R(t)$。

最优 Wiener 滤波的思想是，设计一个反滤波器因子 $f(t)$，使得当输入为基本子波时，实际输出与期望输出在最小平方意义下有最小的误差。即：

$$L=\sum_t\left[\sum_i f_i w_{t-1}-d_t\right]^2 \tag{4-78}$$

其中 $w(t)$为信号的基本子波。由最小误差 L 可获得如下方程组：

$$\begin{bmatrix}r_0 & r_1 & \cdots & r_{n-1}\\ r_1 & r_0 & \cdots & r_{n-2}\\ \vdots & \vdots & \vdots & \vdots\\ r_{n-1} & r_{n-2} & \cdots & r_0\end{bmatrix}\begin{bmatrix}f_0\\ f_1\\ \vdots\\ f_{n-1}\end{bmatrix}=\begin{bmatrix}c_0\\ c_1\\ \vdots\\ c_{n-1}\end{bmatrix} \tag{4-79}$$

$$r_i=\sum_t w_t w_{t+i};c_i=\sum_t w_t d_{t+i} \tag{4-80}$$

式中：r_i——输入的自相关；

c_i——期望输出和输入的互相关。

因此，如果已知输入 $w(t)$ 和期望输出 $d(t)$，由方程(4-80)可求解出反滤波器 $f(t)$。

如果输出是可预测的，是输入的一部分，即：

$$d_i = w_{i+1} \quad (i = 0,1,\cdots,n-1) \tag{4-81}$$

其中 i 是预测步长，为整数。由式(4-81)知：

$$c_i = \sum_t w_t d_{t+i} = \sum_t w_t w_{t+(i+1)} = r_{i+1} \tag{4-82}$$

将式(4-82)代入式(4-79)并且当预测步长为 1 时，可求得滤波因子：

$$a_t = (1,\overbrace{0,\cdots 0}^{\alpha-1}, -f_0, -f_1, \cdots, f_{n-1}) \tag{4-83}$$

用这个滤波器对输入信号进行褶积，可得到输入中的不可预测部分。如果输入信号中的多次波是可预测部分，一次反射波是不可预测部分，则可用预测误差滤波去除多次波。

如果信号满足假设噪声成分 $n(t)=0$ 和震源波形是已知的，则可由式(4-80)计算出一个反褶积因子，用这个反褶积因子对接收信号进行滤波，效果与期望输出有关。在实际应用中，震源子波一般是未知的或半已知的，这时无法计算子波的相关序列。但是如果满足反射系数是一个随机过程的假设，则可以直接由接收信号的自相关估计反滤波器。因为在这种假设下，接收信号的自相关和子波的自相关是一致的。

如果震源子波满足最小相位的假设，且期望输出是 $\delta(t)$，则可得到理想的效果，反褶积结果就是反射系数序列。当基本子波不是最小相位时，反褶积的输出质量会进一步降低。探地雷达子波是混合相位的，常规的反褶积方法不能满足要求，因此为了进一步提高反褶积质量，需要针对探地雷达本身的特点，设计一种适用于探地雷达信号的反褶积方法。

3)复信号处理

利用复信号分析方法分离出地质雷达信号的瞬时振幅、瞬时相位、瞬时频率等参数，通过一维数值模拟对其进行多参数分析，并进行了工程应用。模拟试验和工程实测表明，地质雷达瞬时相位有助于提取深部弱信号；瞬时振幅与瞬时频率为进一步进行土层和岩石特性方面的研究提供了依据；多参数综合分析方法对提高地质雷达图像解释的准确性具有重要意义。

(1)复信号的获取

复信号分析，又称为解析信号分析，就是把与记录道有关的信息在时间域上直接分解为瞬时振幅(也称振幅包络)、瞬时相位、瞬时频率的一种处理和解释技术。进行复信号分析前，首先要进行希尔伯特变换。设输入信号为 $x(t)$，经滤波器 $H(\omega)$ 滤波后的输出信号为 $\hat{x}(t)$，若 $H(\omega)$ 有如下特性：

①频特征是全通型的：

$$H(\omega)| \equiv 1 \tag{4-84}$$

②相频特征是－90°：

$$H(\omega) = \begin{cases} +i, 当\ \omega < 0 \\ -i, 当\ \omega > 0 \\ 0, 当\ \omega = 0 \end{cases} \tag{4-85}$$

则 $\hat{x}(t)$ 称为 $x(t)$ 的希尔伯特变换，$H(\omega)$ 称为希尔伯特滤波器。$H(\omega)$ 的时间响应函数为 $h(t)=\dfrac{1}{\pi t}$，于是 $x(t)$ 的希尔伯特变换为：

$$\hat{x}(t) = x(t) \cdot h(t) = x(t) \cdot \frac{1}{\pi t} = \frac{1}{\pi}\int_{-\infty}^{\infty} \frac{x(\tau)}{t-\tau}\mathrm{d}\tau \tag{4-86}$$

将 $x(t)$ 和 $\hat{x}(t)$ 结合起来，组成 $x(t)$ 的复数信号：

$$f(t)=x(t)+i\hat{x}(t)=x(t)\cdot\left[\delta(t)+i\frac{1}{\pi t}\right] \tag{4-87}$$

$x(t)$ 可以表示为 $x(t)=A(t)\cos[\omega_0 t+\varphi(t)]$；

$\hat{x}(t)$ 亦可表示为 $\hat{x}(t)=A(t)\sin[\omega_0 t+\varphi(t)]$，其中 $\omega_0=2\pi f_0$。因此复信号又可表示为：

$$\begin{aligned}f(t)&=x(t)+i\hat{x}(t)=A(t)\cos[\omega_0 t+\varphi(t)]+iA(t)\sin[\omega_0 t+\varphi(t)]\\&=A(t)e^{i[\omega_0 t+\varphi(t)]}=A(t)e^{i\theta(t)}\end{aligned} \tag{4-88}$$

显然，$A(t)$ 和 $\theta(t)$ 都随时间而变化。$A(t)$ 称为 $f(t)$ 的瞬时振幅；$\theta(t)=\omega_0 t+\varphi t$ 称为 $f(t)$ 的瞬时相位，相位的时间变化率为：

$$S(t)=\frac{\mathrm{d}\theta}{\mathrm{d}t}=\omega_0+\frac{\mathrm{d}\varphi(t)}{\mathrm{d}t} \tag{4-89}$$

$S(t)$ 称为 $f(t)$ 的瞬时频率。当 $\varphi(t)$ 不变或变化不大时，$\varphi'(t)$ 可视为零或常数 C，即 $S(t)=\omega_0+C$ 与频率有关。对于瞬时振幅、瞬时相位和瞬时频率，可以用以下方法计算：首先由地质雷达记录道 $x(t)$ 经希尔伯特变换求得 $\hat{x}(t)$，然后得瞬时振幅：

$$A(t)=\sqrt{x^2(t)+\hat{x}^2(t)} \tag{4-90}$$

$A(t)$ 是时间变量 t 的函数，与相位 $\theta(t)$ 无关。瞬时相位为：

$$\theta(t)=\arcsin\frac{\hat{x}(t)}{\sqrt{x^2(t)+\hat{x}^2(t)}} \tag{4-91}$$

或：

$$\theta(t)=l_{\mathrm{m}}I_n f(t) \tag{4-92}$$

瞬时频率 $S(t)$ 是瞬时相位函数对时间的变化率，即对 $\theta(t)$ 求导得：

$$S(t)=\frac{\mathrm{d}\theta(t)}{\mathrm{d}t}\approx\frac{\theta(n)-\theta(n-1)}{\Delta t} \tag{4-93}$$

利用式(4-93)计算 $S(t)$ 时要牵涉到 $\theta(t)$，不是直接用原始数据得到，误差较大，因此一般对式(4-92)计算：

$$S(t)=\frac{\mathrm{d}\theta(t)}{\mathrm{d}t}=l_{\mathrm{m}}\left[\frac{1}{f(t)}\frac{\mathrm{d}f(t)}{\mathrm{d}t}\right] \tag{4-94}$$

复信号的这三种瞬时信息，一般是指一个特定的瞬间，而不是一个时间段的平均。地质雷达信号记录道 $x(t)$ 的复信号分析与地质雷达信号的傅立叶谱分析分别在时间域和频率域上对地质雷达信号的能量、频率和相位等参数分析检测，它们在振幅上无本质差别，而瞬时频率与傅立叶分析的频率不同，前者是分析全部谐波叠加波形的视频率，后者则是分析各谐波频率的振幅分布情况。两者既有区别，又有一定的内在联系。

(2)复信号参数的解释

复信号分析方法与常规数字处理方法不同，它可以将地质雷达记录中的瞬时振幅、瞬时相位和瞬时频率分离出来，得到同一个剖面的三个参数图，因而其解释方法与常规解释方法有所不同。

瞬时振幅是反射强度的量度，它正比于该时刻地质雷达信号总能量的平方根，利用这种特征便于确定特殊岩层的变化。当地层存在明显介质分层或滑裂带，或地下水分界面，瞬时振幅会产生强烈变化，反映在瞬时振幅剖面图中就是分界面位置出现明显振幅变化。

瞬时相位是地质雷达剖面上同相轴连续性的量度。无论反射波的能量强弱都能显示出它的相位,即使是弱振幅有效波在瞬时相位图上也能很好地显示出来。当电磁波在各向同性均匀介质中传播时,其相位是连续的。当电磁波在有异常存在的介质中传播时,其相位将在异常位置发生显著变化,在剖面图中明显不连续。因此利用瞬时相位能够较好地对地下分层和地下异常进行辨别。当瞬时相位图像剖面中出现相位不连续时,就可以判断该处存在分层或异常。

瞬时频率是相位的时间变化率,它反映了组成地层的岩性变化,有助于识别地层。当电磁波通过不同介质界面时,电磁波频率将发生明显变化,这种变化可以在瞬时频率图像剖面中较为清晰地显示出来。

对于同一反射层,三种瞬时信息同时发生明显变化就可能反映地层的物性变化。因为在这三个参数中,瞬时相位谱的分辨率最高,而瞬时频率谱和瞬时振幅谱的变化反映较为直观,所以通常根据瞬时频率谱和瞬时振幅谱来确定异常或分层的大概位置,然后利用瞬时相位谱精确确定异常位置和分层轮廓线。有些时候,也可以直接利用瞬时相位谱来确定地下异常。

复信号分析技术是一项新的数字处理技术,与传统的傅立叶谱分析相比,具有高精度、高分辨率、能分辨深部弱信号等优点;同时,它能够利用多个参数联合进行评估。

4.1.4.2　瞬变电磁法

通常为了资料解释方便,需要绘制典型测点数据的衰减曲线、测线数据的剖面曲线、测区的视电阻率断面图等,为此,提供响应的晚延时数据在对数—对数或对数—线性坐标的曲线非常必要。

瞬变电磁场信号具有如下几个特点:

(1)信号的动态范围大,同一个观测点早期到晚期的信号幅值从 $n\times10^5\mu V$ 变到 $0.n\mu V$。

(2)信号的频带宽,信号频率为 nHz~$n\times10^4$Hz。

(3)信号衰减快,在早期,信号幅值高且衰减速度很快;而晚期的信号很弱,已达微伏数量级,并且衰减速度慢得多。

瞬变电磁信号在早、中、晚期的衰减速度差别相当大,在很宽的时间范围内为了不失真、准确地确定瞬变电磁信号的衰减特性,除了在足够宽的时间范围内必须有足够的取样道外,各取样道之间的间隔及取样数据窗口宽度应随取样道不同而有所改变。在早期,信号幅值高而且衰减速度快,因此取样时间的间隔及取样窗口的宽度都必须相当窄才能保证足以精确地分辨信号的衰减特性;在晚期,取样间隔及窗宽应增大,以适应弱信号慢衰变的特性。

1)数据处理

(1)数据组合滤波

①强干扰信息剔除。

瞬变电磁数据在双对数坐标中随时间增加而不断衰减,若采集的数据不符合衰减趋势,一般不宜先采取圆滑处理(因为圆滑处理仅会将此强干扰分配到其他测道中),而应进行强干扰信号剔除。

在双对数坐标中,首先计算衰减曲线在各测点、各测道的斜率,并进行统计,计算出平均值及方差,并对斜率超差的测道进行校正。即当某测点第 i 道超差时,以其前一道的斜率为基础,综合考虑第 i 道前后各测道的斜率,加权归一得到斜率值 k,同时计算邻近测点在该测道的加权斜率值 k_2。

则有：

$$k = C_1 \cdot k_1 + (1 - C_1)k_2 \tag{4-95}$$

$$e = \ln V_{i-1} + (\ln t_i - \ln t_{i-1}) \cdot k \tag{4-96}$$

$$V_j = 10^e$$

式中：C_1——$C_1 = C_0/100$（C_0 为 0～100 的可调常系数，C_0 越大，圆滑程度越高）；

t_i——第 i 道的采样延时；

V_j——求得的第 j 道的感应电动势。

②测道圆滑。

在瞬变电磁探测中，即使纵向地层有明显变化，其感应电动势衰减曲线亦为相对连贯的变化曲线，若非如此，则视为干扰，可作测道圆滑处理：

$$r_1 = 1/(\ln t_i - \ln t_{i-1})^2$$

$$r_2 = 1/(\ln t_{i+1} - \ln t_i)^2$$

$$e = (1 - C_j) \cdot \ln V_j + C_j \cdot \left(\frac{r_1}{r_1 + r_2} \cdot \ln V_{j-1} + \frac{r_2}{r_1 + r_2} \cdot \ln V_{j+1}\right) \tag{4-97}$$

$$V_j = 10^e$$

式中：C_j——第 j 测点的圆滑系数，$0 < C_j < 1$；

t_i——第 i 道的采样延时；

V_j——求得的第 j 道感应电动势。

③测点圆滑。

若测点距不太大时，其感应电动势在沿测线方向上也应相对连贯，很少表现为单点异常。如连贯性太差，可进行测点圆滑处理：

$$e = (1 - C_j) \cdot \ln V_j + C_j \cdot \left(\frac{r_1^2}{r_1^2 + r_2^2} \cdot \ln V_{j-1} + \frac{r_2^2}{r_1^2 + r_2^2} \cdot \ln V_{j+1}\right) \tag{4-98}$$

$$V_j = 10^e$$

式中：C_j——第 j 测点的圆滑系数，$0 < C_j < 1$；

V_j——第 j 测点某测道的感应电动势；

r_1——$j-1$ 与 j 测点间距离；

r_2——j 与 $j+1$ 测点的距离。

(2)弱信息增强处理

运用瞬变电磁法进行隧道超前地质预报时，往往会出现有用信号相对背景信号太弱的情况，而对此不能通过上述滤波方法加以解决，如不对此有用信息进行增强处理，计算结果往往难尽人意。弱信息增强处理，在其他勘探方法中常被应用，瞬变电磁信号不同于其他方法的信息，不能直接借用其他方法的成熟做法，但可根据瞬变电磁法的特点及具体的观测目的物设计相应的信号增强算法。事实上，在隧道超前预报中，瞬变电磁法探测的主要目的是低阻水体，其异常具有自身的特征与规律，符合该规律的异常是有用信息，不符合该规律的则是干扰信号，这便是我们识别有用信息并作增强处理的前提。

设$\overline{V}_j$ 为各测点第 i 道的感应电动势平均值，d 为这些值取对数后的方差 V_i 为第 i 道的值，并设 j 观测道道数，j 的数值可通过试算较容易的确定。

当 $i \leqslant j$ 时，若 $\ln V_i - \ln \overline{V}_i - C_1 \cdot d \geqslant 0$；则有：

$$e = [\ln V_j - \ln \overline{V}_i] \cdot C_2 \tag{4-99}$$

$$V_j = \overline{V}_j + 10^e$$

若 $\ln V_i - \ln \overline{V}_i - C_1 \cdot d < 0$，则有：

$$e = \{\pm[\ln V_i - \ln \overline{V}_i]\} \cdot C_3 \tag{4-100}$$

$$V_j = \overline{V}_j \pm 10^e$$

当 $i > j$ 时，则有：

$$e = \{\pm[\ln V_i - \ln \overline{V}_i]\} \cdot C_3 \tag{4-101}$$

$$V_j = \overline{V}_j \pm 10^e$$

其中：$V_j \geqslant \overline{V}_j$ 时，符号取正，否则取负；C_1、C_2、C_3 为可调常数，一般有 $C_1 \geqslant 1$、$C_2 \geqslant 2$、$C_3 \geqslant 0.5$。

2)计算视电阻率的定义式

均匀半空间的瞬变电磁场的计算公式，瞬变场与 ρ、t 等之间有很复杂的函数关系。与直流电阻率法相类似，TEM 法中计算视电阻率(以 ρ_τ 表示)的转换公式仍然需要依据均匀半空间上的瞬变电、磁场的表达式。但是，TEM 场与大地电阻率之间的关系复杂，不可能给出简单的解析关系式子，只好利用取极限条件下的瞬变电磁场表达式，推导确定 ρ_τ 的简化公式“ρ_τ 定义式”。

对同点装置早期视电阻率定义：

取 $\tau/r \to 0$ 称为早期(或远区)条件。

$$\rho_\tau\left(\frac{\partial B_z}{\partial t}\right) = \frac{a^3}{3I}\frac{\partial B_z(t)}{\partial t} \tag{4-102}$$

$\tau/r \to \infty$ 的条件后者称为晚期(或近区)条件。

$$\rho_\tau\left(\frac{\partial B_z}{\partial t}\right) = \frac{\mu_0}{4\pi t}\left[\frac{2\pi I a^2 \mu_0}{5t\dfrac{\partial B_z(t)}{\partial t}}\right]^{\frac{2}{3}} \tag{4-103}$$

式中：a——回线半径；

I——回线电流强度。

3)S_τ 参数测深方法

在直流电测深方法中，为了简化对于多层断面的解释方法，引入了“代替层”的概念。在瞬变电磁测深方法中，引入了等效导电薄层，其目的同样是为了简化对于多层断面的解释方法。

层状大地中的感应涡流环可以等效、简化地认为将随时间而向下、向外扩散衰变，因此，对于某个时间 t_i 有相对应的探测深度 h_i，在该深度范围内岩层的总纵向电导为 S_i。那么，对于这样的断面，可以用位于深度为 $h_{\tau i}$，并且纵向电导值 $S_{\tau i} = S_i$ 的导电薄层加以等效。显然，S_τ、h_τ 值是时间 t 的函数，其计算 S_τ 公式可以利用已列出的确定水平导电薄板的 S_τ 的公式，求 h_τ 最好用公式(4-104)计算。

$$h_\tau = 28(t\rho_\tau)^{1/2} \tag{4-104}$$

ρ_τ 用全期的 ρ_τ 计算方法计算。

4)瞬变电磁的探测深度计算

对于该方法的探测能力，首先要考虑瞬变电磁的探测深度。瞬变电磁的探测深度与发送磁矩、覆盖层电阻率及最小可分辨电压有关。

瞬变电磁场在大地中主要以扩散形式传播，在这一过程中，电磁能量直接在导电介质中因传播而消耗。由于趋肤效应，高频部分主要集中在地表附近，较低频部分传播到深处。

传播深度：

$$d=\frac{4}{\sqrt{\pi}}\sqrt{\frac{t}{\sigma\mu_0}} \tag{4-105}$$

传播速度：

$$v_z=\frac{\partial d}{\partial t}=\frac{2}{\sqrt{\pi\rho\mu_0 t}} \tag{4-106}$$

式中：t——传播时间；

σ——介质电导率；

μ_0——真空中的磁导率。

由式(4-105)得：

$$t=2\pi\times10^{-7}\frac{h^2}{\rho} \tag{4-107}$$

在中心回线下，时间与表层电阻率之间的关系可写为：

$$t=\mu_0\left[\frac{\left(\frac{M}{\eta}\right)^2}{400(\pi\rho_1)^3}\right]^{\frac{1}{5}} \tag{4-108}$$

式中：M——发送磁矩；

ρ_1——电阻率；

η——最小可分辨电压，其大小与目标层几何参数和物理参数，还与观测时间段有关。

联立式(4-106)、式(4-107)可得：

$$H=0.55\left(\frac{M\rho_1}{\eta}\right)^{\frac{1}{5}} \tag{4-109}$$

式(4-109)为野外工程中常用来计算探测深度公式。

5)定量解释方法

(1)正演方法

对于水平层状大地，在大回线发射谐变电流激发下，回线中心处频率域电磁响应为：

$$\begin{aligned}V(\omega)&=\frac{\mathrm{d}B_z(\omega)}{\mathrm{d}t}\\&=-i\omega\mu_0 I_0\int_0^{\infty}\frac{\lambda Z^{(1)}}{Z^{(1)}+Z_0}J_1(\lambda a)\mathrm{d}\lambda\end{aligned} \tag{4-110}$$

式中：a——回线半径；

I_0——发射电流；

$J_1(\lambda a)$——一阶贝塞尔函数。

$Z^{(1)}$由下列公式求得：

$$Z^{(1)}=Z_j\frac{Z^{(j+1)}+Z_j\,\mathrm{th}(\mu_j H_j)}{Z_j+Z^{(j+1)}\,\mathrm{th}(\mu_j H_j)}$$

$$Z^{(n)}=Z_n$$

$$Z_j = \frac{-i\omega\mu_0}{\mu_j}$$

$$\mu_j = \sqrt{\lambda^2 + k_j^2}$$

$$k_j^2 = -i\omega\sigma_j\mu_0 \quad (j=1,2,3\cdots,n)$$

式中：σ_j——电导率。

根据频谱分析理论，由上式可得瞬变（时间域）电磁响应：

$$\frac{\mathrm{d}B_z(t)}{\mathrm{d}t} = \frac{4}{\pi\sigma\mu_0 a^2}\int_0^{\infty} R_e[H_z(b)]\cos(bT)\mathrm{d}\lambda \tag{4-111}$$

其中 $H_z(b)=Ia\int_0^{\infty}\frac{\lambda Z^{(1)}}{Z^{(1)}+Z_0}J_1(\lambda a)\mathrm{d}\lambda$，且 $b=\sigma\mu_0\omega a^2/2$，$T=2t/\sigma_1\mu_0 a^2$ 分别为归一化频率和归一化时间。

然后利用晚期视电阻率定义式：

$$\rho_\tau = \frac{\partial B_z(t)}{\partial t} = \frac{\mu_0}{4\pi t}\left(\frac{2\pi I a^2\mu_0}{5t\,\frac{\partial B_z(t)}{\partial t}}\right)^{\frac{2}{3}}$$

得到晚期视电阻率曲线。

上式中的积分核随 λ 增加而单调增加，因此在对上式汉克尔变换中，要求有很多滤波系数和褶积计算次数，影响了计算速度。在实际计算中，为了保证上式积分的收敛速度和减少褶积计算次数，将积分核形变为 $\lambda\left[\frac{Z_{(1)}}{Z_{(1)}+Z_0}-\frac{1}{2}\right]$，于是汉克尔变换式变为：

$$H_z(b) = Ia\int_0^{\infty}\lambda\left[\frac{Z_{(1)}}{Z_{(1)}+Z_0}-\frac{1}{2}\right]J_1(\lambda a)\mathrm{d}\lambda + \frac{I}{2a} \tag{4-112}$$

由于 $\lambda\left[\frac{Z_{(1)}}{Z_{(1)}+Z_0}-\frac{1}{2}\right]$ 随 λ 的增加表现为有限宽度的单峰曲线，故计算时只需在积分核不为零的有限宽度内进行褶积计算，可大大减少滤波系数和褶积次数，提高计算速度。同时为了进一步提高计算速度，将三次样条插值函数引入计算中。即先用线性数字滤波法计算出足够数量的 $H_z(b)$，然后利用三次样条插值函数法求出所需的核函数值，以此来代替线性数学滤波法直接计算核函数 $H_z(b)$，这就大大加快了计算速度。

(2)反演计算

反演中为了尽量减少多解性的影响，采用改进的阻尼最小二乘可行方向法，并将这一方法成功地应用于瞬变电磁测深资料的反演中。其最优化问题归结为求解下列方程：

$$(\boldsymbol{A}^{\mathrm{T}}\boldsymbol{A} + a\boldsymbol{I})\Delta X = \boldsymbol{A}^{\mathrm{T}}\boldsymbol{B} \tag{4-113}$$

4.2 数据可视化技术

现代的数据可视化（Data Visualization）技术指的是运用计算机图形学和图像处理技术，将数据转换为图形或图像在屏幕上显示出来，并进行交互处理的理论、方法和技术。它涉及计算机图形学、图像处理、计算机辅助设计、计算机视觉及人机交互技术等多个领域。数据可视化概念首先来自科学计算可视化（Visualization in Scientific Computing），科学家们不仅需要通过图形图像来分析由计算机算出的数据，而且需要了解在计算过程中数据的变化。随着计

算机技术的发展，数据可视化概念已大大扩展，它不仅包括科学计算数据的可视化，而且包括工程数据和测量数据的可视化。学术界常把这种空间数据的可视化称为体视化（Volum Visualization）技术。近年来，随着网络技术和电子商务的发展，提出了信息可视化（Information Visualization）的要求。我们可以通过数据可视化技术，发现大量的岩土体地质中隐含的规律，从而为决策提供依据，这已成为数据可视化技术中新的热点。

怎样来分析大量、复杂和多维的数据呢？答案是要提供像人眼一样直觉的、交互的和反应灵敏的可视化环境。因此，数据可视化技术的主要特点是：

（1）交互性：用户可以方便地以交互的方式管理和开发数据。

（2）多维性：可以看到表示对象或事件数据的多个属性或变量，而数据可以按其每一维的值，将其分类、排序、组合和显示。

（3）可视性：数据可以用图像、曲线、二维图形、三维体和动画来显示，并可对其模式和相互关系进行可视化分析。

历史证明，人类的视觉在人类的科学发现中发挥过杰出的作用。通常在可视化方面，关键技术的出现，就是重大科学发现的前奏。望远镜和显微镜在天文学和生物发展中的作用，就是明证。这些工具，放大和扩展了人眼睛的功能。今天，这个道理仍然成立。人类的可视化功能，允许人类对大量抽象的数据进行分析。新的数据开发工具，可以大大拓展我们的视力。人的创造性不仅取决于人的逻辑思维，而且取决于人的形象思维。海量的数据只有通过可视化变成形象，才能激发人的形象思维。从表面上看来是杂乱无章的海量数据中找出其中隐藏的规律，为科学发现、工程开发、医疗诊断和业务决策等提供依据。这里我们还必须区分数据、信息和知识的概念。数据是符号的集合，信息是有用的数据，信息不等同于知识，信息不能像知识那样去反映数据之间的内在联系。对于知识，有人主张可分成两类：一类是无法用语言和文字来描述的，称之为隐知识（Tacit Knowledge）；另一类是可以用语言和文字来描述的，称之为显知识（Explicit Knowledge）。当前，信息就是这种显知识。展望未来，在脑科学取得突破的基础上，将研制成功类人脑的计算机——生物计算机，从而开创人工智能的黄金时代。但即使到那时，信息也不能完全表达人类全部的隐知识。只有将数据和信息用图形和图像表示出来，才有可能为获得十分宝贵的隐知识创造条件。总之，数据可视化可以大大加快数据的处理速度，使时刻都在产生的海量数据得到有效利用；可以在人与数据、人与人之间实现图像通信，从而使人们能够观察到数据中隐含的现象，为发现和理解科学规律提供有力工具；可以实现对计算和编程过程的引导和控制，通过交互手段改变过程所依据的条件，并观察其影响。

4.2.1　可视化技术的发展

计算机用于科学计算和数据处理已有近50年的历史。但是，长期以来，由于计算机技术水平的限制，数据只能以批处理而不能进行交互处理，不能对计算过程进行干预和引导，只能被动地等待计算结果的输出。而大量的输出数据也只能采用人工方式处理，或者使用绘图仪输出二维图形。这样做，不仅不能及时地得到有关数据的直观、形象的整体概念，而且还有可能丢失大量信息。近年来，来自超级计算机、卫星、先进医学成像设备以及地质勘探的数据与日俱增，使数据可视化日益成为迫切需要解决的问题。另一方面，近年来由于计算机的计算速度迅速提高，内存容量和磁盘空间不断扩大，网络功能日益增强，并可用硬件来实现许多重要的图形生成及图像处理算法，这才有可能运用数据可视化技术，直观、形象地显示海量的数据和信息，并进行交互处理。

(1)数据可视化的应用

数据可视化的应用十分广泛，几乎可以应用于自然科学、工程技术、金融、通信和商业等各种领域。我国科学计算可视化技术的研究开始于20世纪90年代初。由于数据可视化所处理的数据量十分庞大，生成图像的算法又比较复杂，过去常常需要使用巨型计算机和高档图形工作站等。因此，数据可视化开始都在国家级研究中心、高水平的大学、大公司的研究开发中心进行研究和应用。近年来，随着PC功能的提高、各种图形显卡以及可视化软件的发展，可视化技术已扩展到科学研究、工程、军事、医学、经济等各个领域。随着Internet兴起，信息可视化技术方兴未艾。我国在20世纪80年代就开始进行科学计算可视化技术的研究和应用。至今，我国不论在算法方面，还是在油气勘探、气象、计算力学、医学等领域的应用方面，都已取得了一大批可喜的成果。但从总体上来说，我国与国外先进水平还有相当的差距，特别是在商业软件方面，还是空白。因此，组织力量开发可视化商业软件，并通过市场竞争，促使其逐步成熟，已成为当务之急。

(2)AVS/Express三维可视化技术在地震勘探中的应用

随着地震勘探、油气储层横向预测以及油气藏描述技术的应用与发展，勘探家对地震成果的要求也越来越高；面对日益复杂、隐蔽的油气藏，为提高钻探的成功率，需要为油气勘探工作者提供一个全新的三维地质构造形态以及地质构造形态和属性特征的三维图形。地震勘探三维可视化技术就是为满足油气勘探开发和发展地球物理技术的需要而产生的一些特殊处理技术，并为精确三维油气藏描述提供信息，同时促进油气田勘探和开发的发展。

地震勘探三维可视化技术是对各种复杂的地质模型和三维地震数据进行描述，并在三维立体空间显示，它不仅使地球科学家们能更深刻地理解各种地质现象的发生、发展及影响，而且使他们的想象力更加丰富多彩，使他们能够在地质构造和三维地震数据中翱翔，这样可提高地震勘探和钻探的准确度和成功率，同时，它也是地震成像处理的重要技术基础，对石油勘探开发起到至关重要的作用。

美国AVS公司是享誉世界的可视化软件供应商，它的核心产品就是AVS/Express开发版，AVS/Express软件从1988年起，就一直处在可视化技术市场的前沿。

AVS开发版包括图形显示、数据可视化、图像处理、数据库管理和用户接口等五个软件包，每个软件包又有几十个功能模块，这样就形成了一个具有交互式开发功能的先进的可视化软件系统。

1)地震勘探三维可视化技术的现状及趋势

从20世纪80年代末开始，地震勘探三维可视化技术得到了快速发展。通过十几年的研究开发，出现了一批可视化应用软件。国外比较著名的有Landmark公司的Earth Cube和Open Vision、Geo Quest公司的Geo Viz以及DGI公司的Earth Vision等，它们基本上代表了当今地震勘探三维可视化应用的最高水平。这些软件包可将二维地震、三维地震、测井曲线、地质分层、井轨迹、网络化层面、断层面等进行完整的三维立体显示，用户可以用鼠标控制旋转角度来观察地质目标，直观便捷。

在国内的石油公司、地球物理公司、计算中心等单位普遍使用的地震软件大都是从国外引进的，并以Landmark公司和Geo Quest公司的解释系统居多。这些解释系统都具有较好的可视化功能，由于三维可视化的复杂性，在国内还没有见到好的具有自主知识产权的地震勘探三维可视化系统。

借助先进的 SGI O2 工作站，以 C 、FORTRAN 等语言作为编程工具，并以 AVS/Expresss可视化系统为开发平台，研究、开发和发展了地震勘探三维可视化技术，在没有解释系统的情况下，同样能够实现三维地震数据体、地震层位（包括断层面）以及复杂地质模型等的三维可视化，实现对三维数据体进行切片、抽取等的显示，以及各种综合立体显示，形成了具有自己灵活方便使用的可视化软件系统。

2）地震层位及其属性的三维可视化

传统的地震资料解释工作是提供反映勘探目的层构造形态特征的构造平面等值线图（通常所说的等 t0 图）、各种岩性油藏圈闭等值线图和描述岩层物性或地层属性沿层面变化的参数平面等值线图。但是这种传统图件不能全面、真实地反映地下地层的客观性，给资料的进一步解释分析带来不便：

①用平面等值线描述空间层位的起伏变化直观性差。

②人为地把属于同一层形态与属性信息割裂开来，分别绘制等值线图，造成地质分析、解释复杂程度的进一步加剧。

③各层之间的关系不清楚，分析多个层位时更显示其复杂性。

三维可视化能够根据给定的地震层位数据集或地震层位及其属性的数据集建立三维图形图像，用更接近实际的方式去描绘它，从各个不同的角度观察它。

3）三维地震数据体的三维可视化

三维地震数据体由于其数据量大，一般占用上百兆空间，在做三维数据体可视化方面难度比较大，特别是三维数据体在空间旋转、平移、变比等时要做坐标变换，运算工作量相当大，所以速度比较慢。为了提高显示速度，除配备高档微机或工作站外，配备较好的显示卡也很重要。在这里，我们主要是在保证显示精度的情况下，对三维地震数据进行加工，减少存储字节，减少数据量，来提高显示速度。

一般的解释系统在显示地震剖面时使用红、蓝、白等颜色，这样也可以较准确地显示地震记录。根据这个特点，我们在对数据进行加工时，把地震数据进行归一化处理，使其数值控制在某一范围内，把原来占用四个字节的每个数据用一个字节来存储，这样，可以极大地减少数据体的存储量。由于存储量的减少，显示速度也得到了大的提高。

为了更好地观看地震数据，需对数据体进行挖空和切割处理，这就是我们通常所看到的时间切片，纵剖面、横剖面等。通过对三维数据体进行不同的挖空显示，可以对探区的地质构造有一定的了解。

4）三维地震数据体和地震层位的综合显示

利用前面叙述的可视化技术，在统一的坐标系统下，把地震层位和三维地震数据体作为两个不同的对象，同时输入到系统中，就可实现三维地震数据体和地震层位的综合显示。由于把层位放在三维数据体中，对数据体做各种挖空显示，这样可以检验解释层位的正确性。

5）地震电影

由于把三维地震数据体不再作为静态显示的手段，而是从地震体中沿纵横剖面方向、水平切片方向产生电影画面，这样用电影功能快速观察整个数据体的地质结构变化，在进行解释之前可使解释人员在很短的时间内对要解释的数据体有一个整体的概念，这有利于考虑下步解释方案与解释细节。

通常我们所看到的电影是把活动物体用 30 帧/s 的胶片记录下来，然后通过放映机把静止的胶片按 30 幅/s 画面连续不断地播放，这样就可看到不间断的画面。根据这个思路，我们对三维地震数据体沿某个方向按一定的间隔，如沿 Crossline 方向做许许多多的切片，按顺序把每个切片记录下来形成可用计算机软件播放的文件格式，如 MPG 格式，然后用 Movieplay 等计算机软件进行播放，就可形成沿这个方向的地震电影。在放映中，我们可以反复看到精彩的地震电影。从地震电影中，可以看到地震层位的变化情况和地质构造的变化，这样有利于下一步的解释。对速度深度模型、地震波波前走时曲面数据体等用同样的方法也可以做成电影播放。图 4-54～图 4-63 为地震勘探数据的可视化示例。

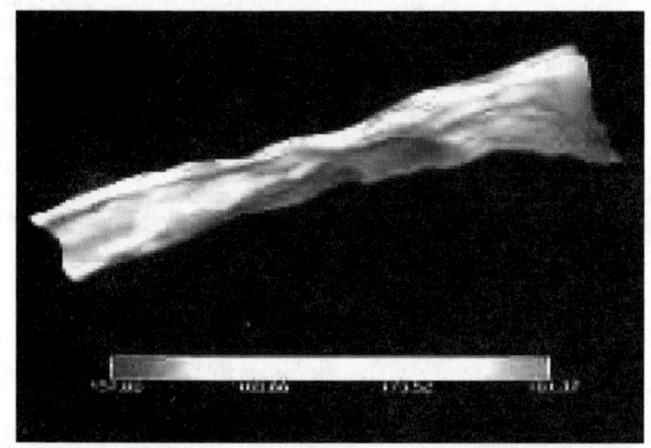

图 4-54　某地区一个层位的三维空间立体图

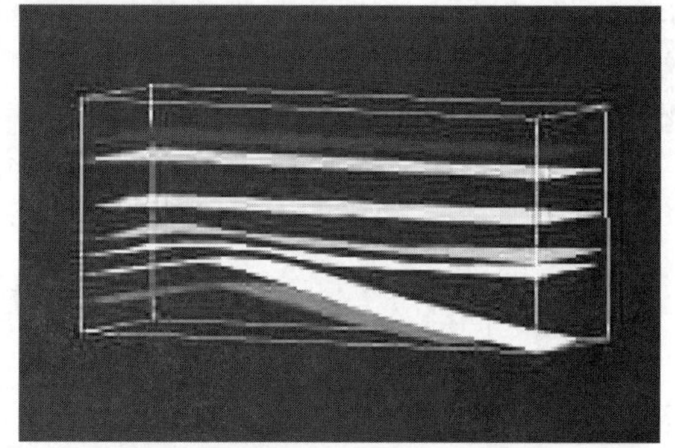

图 4-55　某地区七个地震层位立体显示图

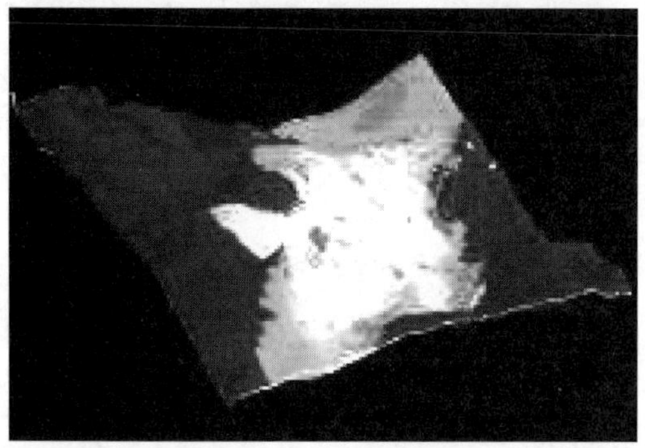

图 4-56　某地区 52 小层孔隙度立体图

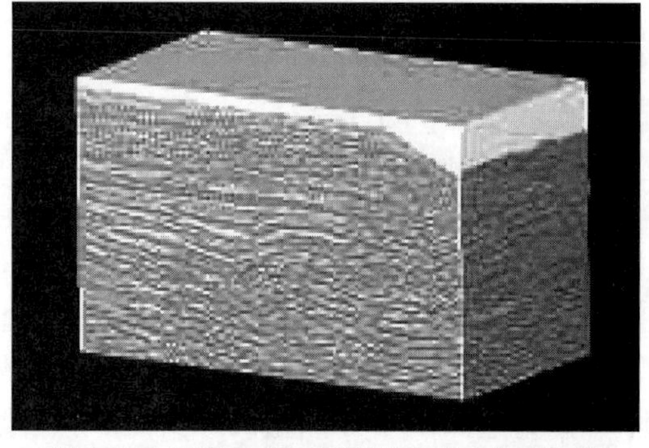

图 4-57　某地区三维地震数据体的立体显示图

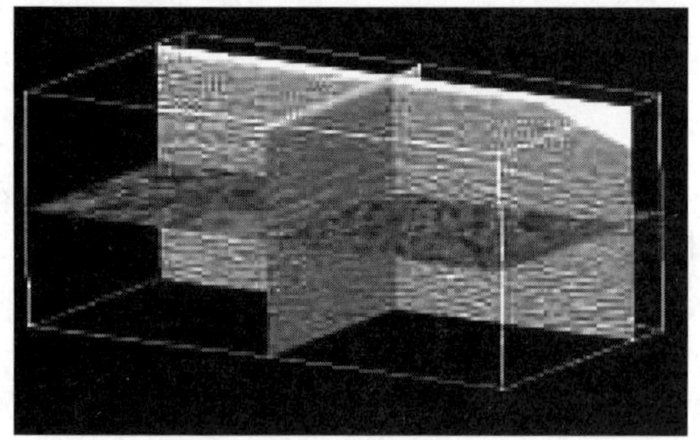

图 4-58　某地区纵横剖面和水平切片显示

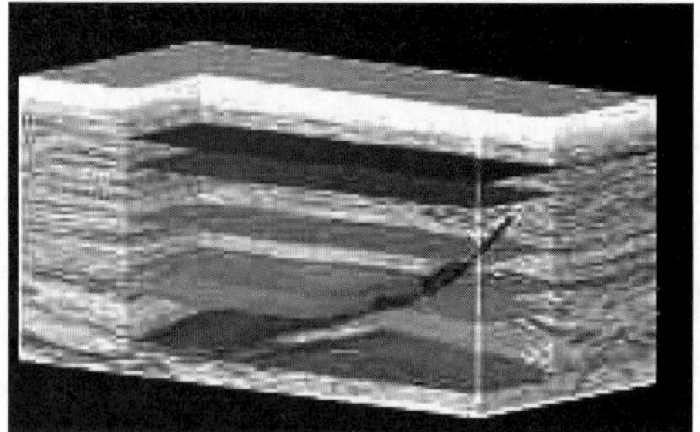

图 4-59　某地区三维数据体与其七个层位加断层综合显示

图 4-60 某地区速度深度模型

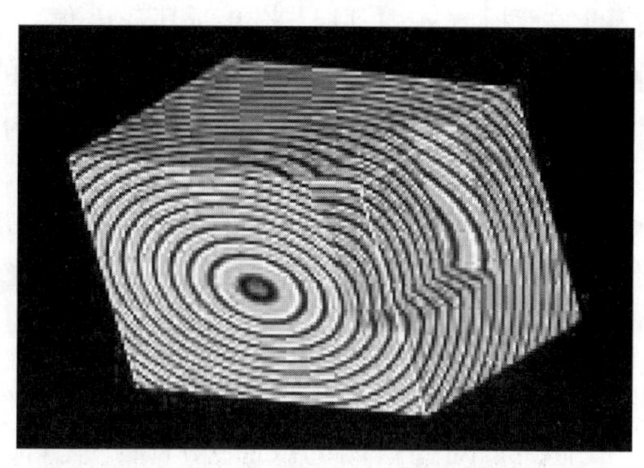

图 4-61 均匀介质地震波前传播曲面图

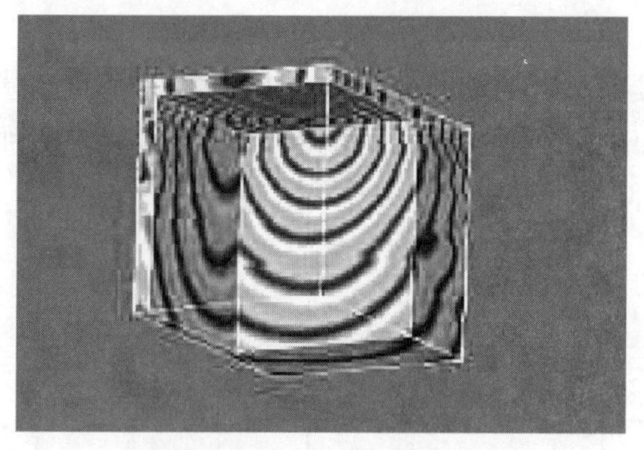

图 4-62 某地区速度深度模型计算的地震波波前走势图

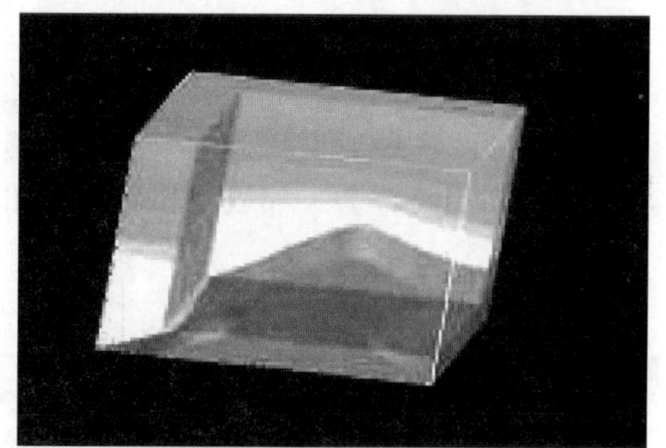

图 4-63 某地区三维旅行时沿测线的切片

4.2.2 图像处理

将地球物理数据转换为图像数据格式，从而把离散数据转换为图像文件来处理。图像处理的过程与经典的数字图像处理类同，只是这里的图像文件为浮点数文件。其目的是方便不变形的无极放大，最大可能保留原像的信息。下面简要介绍各种处理方法并结合图示说明其效果。

在勘探数据图像的获取过程中，由于周围环境的影响，使数字图像多少含有噪声和失真，影响了组织的分割与提取，因而需用滤波处理来增强图像特征。

当输入图像信号混入噪声，想要用滤波方法把噪声全部滤除而不损失原信号的强度几乎是不可能的。因此，对滤波处理的要求有两点：

(1)最大限度地保持信号不受损失，不能损坏图像的轮廓及边缘等重要信息。

(2)尽可能多地滤除噪声，使图像清晰，视觉效果好。

4.2.2.1 邻域平均法

对于图像中的每一个像素，取一个以它为中心的区域，用该区域内各像素灰度的加权平均值取代该像素的灰度值，这就是邻域平均法。具体的做法是取一个方形区域，称为平滑窗口(Window)或掩膜(Mask)，它是权值的二维阵列。滤波过程是用窗口在图像上滑动，窗口中心对着的像素根据式(4-114)来更新其灰度值。当每个像素都被扫描一次之后,对一幅图像的平滑就完成了。这是实平面上对图像进行平滑的一种最简单的方法。

设 $f(i,j)$是一幅待平滑的图像,平滑窗口为 ω 的大小为$(2N+1)\times(2N+1)$,则平滑后的图像可以表示为:

$$g(i,j)=\frac{\sum\limits_{u=-N}^{N}\sum\limits_{v=-N}^{N}\omega_{uv}\cdot f(i+u,j+v)}{\sum\limits_{u=-N}^{N}\sum\limits_{v=-N}^{N}w_{uv}} \tag{4-114}$$

式中:ω_{uv}——权值。

我们可以对窗口内的权值进行归一化,即使权值之和等于:

$$\sum_{u=-N}^{N}\sum_{v=-N}^{N}w_{uv}=1$$

这样,式(4-114)只剩下分子项。

一般来说,窗口越大,平滑能力就越强。但是,噪声的消除程度和图像原有信号的衰减程度皆与窗口的大小成正比,因此窗口并不是越大越好。实际中常用的有 3×3 和 5×5 两种掩膜。3×3 窗口又可分为 4-邻域和 8-邻域。如图 4-64 所示为三种平滑窗口。

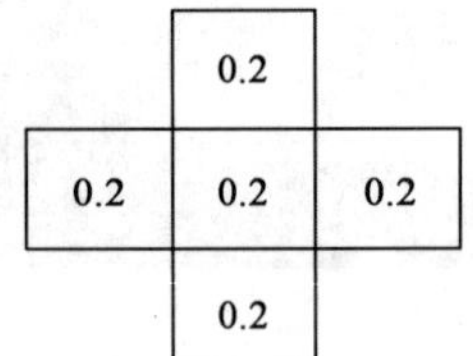

0.1	0.1	0.1
0.1	0.2	0.1
0.1	0.1	0.1

1/16	2/16	1/16
2/16	4/16	2/16
1/16	2/16	1/16

图 4-64　平滑(滤波)窗口

4.2.2.2　图像插值

随着二维切片图像的分辨率不断提高,断层不断变薄,已经接近并超过计算机显示的分辨率。但是,当断层图像间的距离比断层图像内像素间的距离大得多时,就需要用图像插值方法在原来的断层图像之间再插值生成一些中间断层图像。因此,断层图像就要插值成各向同性,即经插值后的断层图像序列中断层间距等于断层图像内像素间距。

图像插值是一个具有很大任意性的问题,为了使图像插值确定,通常引入下面三个约束条件:

(1)插值图像要与原始断层图像相似。

(2)插值图像与两个原始断层图像的相似度应该分别和它与这两个断层图像的距离成反比关系。

(3)插值图像序列应该呈现出从一幅原始断层图像到另一幅原始断层图像的渐变过程。

最简单的插值方法是对上下两个相邻的断层图像进行加权平均,产生一组插值图像。线性加权平均的图像插值方法可描述如下:

设 $f_k(i,j)$,$f_{k+1}(i,j)$分别是第 k 层和第 $k+1$ 层切片图像。它们之间的插值图像可表示为:

$$f_\lambda(i,j) = (1-\lambda)\cdot f_k(i,j) + \lambda \cdot f_{k+1}(i,j) \tag{4-115}$$

其中,$\lambda = d_1/(d_1+d_2)$,d_1、d_2 分别是插值图像到第 k、$k+1$ 层图像的距离。

当断层间距与断层图像内像素间距相差不是很大时,采用这种插值方法是可行的。但是,当断层间距与像素间距相差很大时,这种线性加权插出的图像模糊不清,其原因是两个相邻断层图像中处于同一位置的像素不一定对应同一种物质,它们的加权平均没有什么意义。

对断层间距较大的插值,一种较好的方法是基于匹配的图像插值。

4.2.2.3 二值化

所为二值化就是通过设定阀值(Threshold)把灰度图像变换成仅用两个值分别表示目标和背景的二值图像。图像二值化(图 4-65、图 4-66)可根据下列阀值来进行处理:

$$F(I,j) \geqslant t \text{ 时}, G(I,j) = 1$$

$$F(I,j) \leqslant t \text{ 时}, G(I,j) = 0$$

通常,用最后的二值图像 $G(I,j)$ 中的 1 值部分表示目标子图,0 值部分表示背景子图。确定二值化阀值 t 的方法称作阀值选择,大多数阀值选择法以图像的灰度概率密度函数(直方图)为依据。

图 4-65 原像

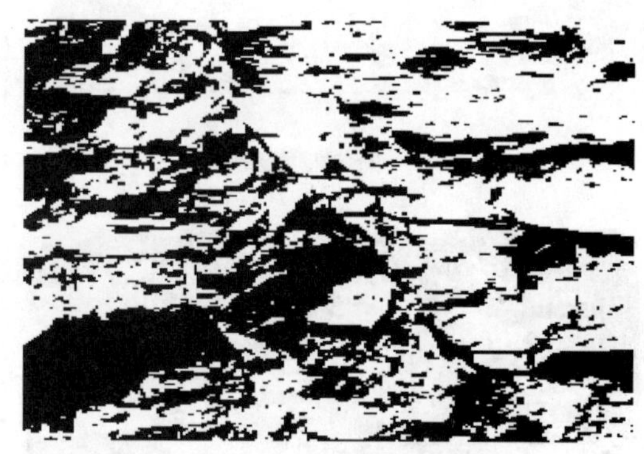

图 4-66 二值化(阈值 180)图像

此处的二值化图像是采用判断分析法,判断分析法是从图像灰度值的直方图中把灰度值的集合用阀值 t 分成两类,然后根据两类的平均值方差和各类的方差的比为最大来确定阀值 t。

设给定的图像在整个 1,2,…中具有 L 级的灰度值,设阀值为 K,把具有 K 以上灰度值的像素和具有比它小的像素分成两类,并规定类 1、类 2。把类 1 的像素数设为 $W_1(K)$,平均灰度值为 $M_1(K)$,方差为 $Q_1(K)$;把类 2 的像素数设为 $Q_2(K)$,平均灰度值为 $M_2(K)$,方差为 $Q_2(K)$,若全体像素的平均值定为 M_t,则类内方差由下式计算:

$$Q_w = W_1 Q_1^2 + W_2 Q_2^2 \tag{4-116}$$

类间方差由下式计算:

$$Q_b = W_1(M_1 - M_t)^2 + W_2(M_2 - M_t)^2 = W_1 W_2 (M_1 - M_2)^2$$

这里为了使 Q_b^2/Q_w 变为最大，最好使 Q_b^2 为最大，也就是最好令 K 变化，从而求出使 Q_b 成为最大的 K 值。

4.2.2.4　灰度变换

在数字图像处理中，经常需要对图像的灰度进行某种变换，达到好的视觉效果或者便于以后的特征提取和识别，灰度变换是图像预处理的基本内容之一。如图 4-67 所示。

此处的灰度变换是采用灰度的线性变换，即把灰度图像 F 的各个像素从值域(Z_a，Z_b)变换到值域(Z_1，Z_2)区间，$Z_1 \leqslant Z_2$，其中 Z_a、Z_b、Z_1、Z_2 由用户给出，Z_a、Z_b 不必是 $F(I,j)$的最小灰度值与最大灰度值，可以自由设定，只扩展特定的区间可以实现对比度拉伸。

图 4-67　图像灰度变换

4.2.2.5　二值图像处理

二值图像处理主要是将二值图像进行修正，例如膨胀处理、收缩处理等，使之处理后的图像适合计算机自动识别、分析、测量等。这里的处理主要测量岩体的结构分布、结构线的长度，通过统计资料定量描述围岩。以下列举主要的几种处理方法说明其效果，在实际使用时应根据具体情况酌情使用。图 4-68 为阈值为 180 图像的八邻域膨胀处理图。图 4-69 为其细化处理的结果。

图 4-68　八邻域膨胀

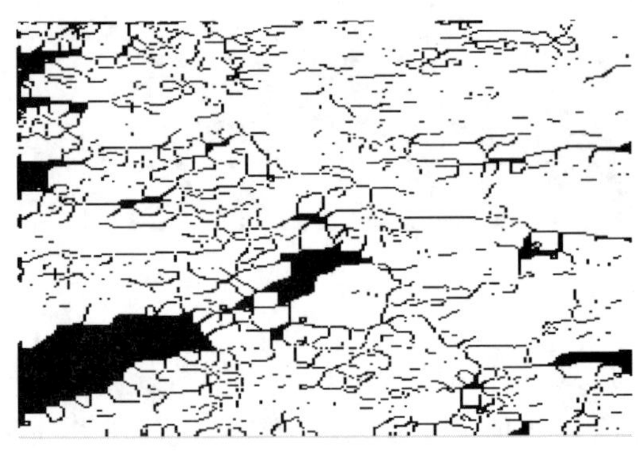

图 4-69　细化处理

以上二值图像处理的目的主要是能更详细、突出地反映岩体的裂隙、节理、构造等细节，最终是为图像测量做准备。

4.2.2.6　噪声消除

数字图像中往往存在着噪声干扰，这种噪声干扰下的图像可以用数字处理的办法得到改善，这是数字图像增强处理的一种。如图 4-70 所示。

此处图像噪声消除采用孤立黑像素的消除方法，即对二值图像 F 除去与周围孤立的黑像素(变为白像素)。在 4 个像素连接的条件下，若黑像素 $F(I,j)$的上下左右 4 个像素均为白像

素，则 $F(I,j)$ 也取白像素，在八个像素连接条件下，黑像素周围的8个像素全为白像素，$F(I,j)$ 也取白像素。程序中连接性（4或8）由用户给定。

4.2.2.7　微分运算

微分运算是图像处理的基本技术之一，最常见的用途是用来进行边缘检测和边缘增强。图像中灰度发生突变或不连续的地方称为边缘，这些地方的微分值往往比较大。

图4-70　二值化图像噪声消除

图像微分运算可采用双向一次微分，即对于灰度图像 F，求其纵方向同横方向两方向上的一次微分图像G。微分运算由式的差分近似：

$$G(I,j)=[F(i,j)-F(i,j+1)]^2+[F(i,j)-F(i+1,j)]^2 \tag{4-117}$$

4.2.2.8　特征提取

特征提取是把图形的几何特征进行定量描述，是模式识别的关键步骤，在文字识别及图案测量等应用中有相当重要的作用。在物探方法中尝试其效果，主要对物探异常体（二值图形），用交叉数表示特征点，对物探异常自动识别及解释不失为一种好方法。

特征提取基于交叉数表示特征点，该方法细化成一像素宽线图F，求每个黑像素的交叉数置换每个黑像素的值来表示特征点。交叉数为1表示端点，2表示内点，3表示分支点，4表示交点。所谓交叉点，实际上是从黑像素出发的线的条数。

4.2.2.9　图像测量

图像测量主要是测量线条的长度和面积，或者是进行图像的模式识别，识别的目的是认识围岩的特征。这里进行图像测量的研究，是为了分析岩体的构造变化情况。

图像测量大体上分为形状测量和浓度测量两大类。形状测量包括面积测量、周长测量、长度测量等。通过图像测量可以定量地描述围岩的结构特征。

1）面积测量

这里主要采用标号法进行扫描，首先将不同的区域进行分割，区分互不连通的图形以便分别计算其面积，须对图形进行标号操作。通过标号对相同号点进行累加，得到物体像素点的总和。将总和再乘以系数（该系数可通过在现场拍照时放上标尺，根据图像的放大缩小比例确定）将得到图像中物体的相近面积。如果对总和的大小进行限定，还可以去除图像中的粒子。具体详见图4-71，该图是对图4-65的处理结果进行的测量，测得的结果为23735个像素值。根据拍摄时的实际放大比例为 $k=0.024$，则可得该幅图像的实际充填物面积，该图幅为232×234，则充填物的含量为43.72%。这里需注意拍摄时的用光及岩体表面的平整度。表4-2为

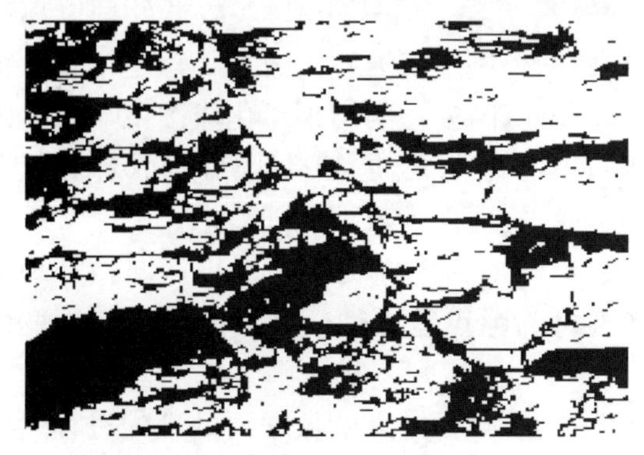

图4-71　面积测量（23735个像素点）

不同大小颗粒含量分布统计表。

颗粒含量分布统计表 表 4-2

分布描述	面积分布（S）				
	$S<100$	$100<S<200$	$200<S<500$	$S>500$	总面积
面积个数	269	11	17	10	307
面积	3658	1518	5930	12629	23735
颗粒含量	6.74%	2.8%	10.9%	23.26%	43.72%

注：图像颗粒面积分布（图幅 232×234，纹理长度 8114，纹理密度 14.95%）。

2）结构纹理线条的长度测量

在进行图像的线条测量时须进行区域边界抽出处理，边界抽出有三种简单的方法，即四邻域法、八邻域法和全图检测法。这里采用二值化阈值 180 的图像进行处理，仅列四邻域边界抽取，详见图 4-72。

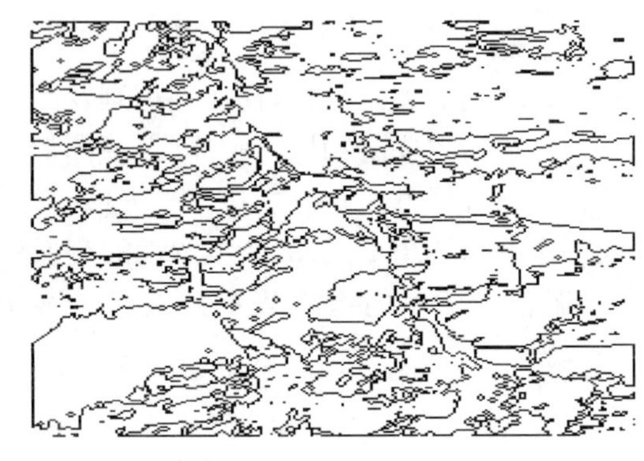

图 4-72 四邻域边界抽取

（1）边界抽取

（2）区域边界长度计算

区域边界长度计算通常是对图像的边缘像素作出标记，然后累计所标记的像素个数，所得就是图像的周长。通过对图 4-72 的计算其实际的累计像素为 8114。图像的图幅为 232×234，同样，考虑拍摄比例可求出单位面积的结构纹理长度。而岩体的实际纹理长度与密度分布、岩体的强度和稳定性有关。这里的围岩纹理分布密度含量为 $d=8114/(232\times234)=14.4\%$。

4.2.3 二维显示

数据显示通常有一维曲线图、二维图（像图、线图、矢量图、投影图、立体图）。

4.2.3.1 像图、线图、矢量图

1）像图（把数据表示成为图像）

数据处理方法通常包括：插值法、拟合法、数值微积分、数字信号处理等，数据处理以离散点为基础，而预报观测数据为离散点，故可进行直接处理。这里所涉及的数据处理是结合预报方法，结合图像处理。即对预报离散数据进行有选择的处理，处理的结果量化成图像显示。由于图像信号是连续的，对连续信号进行数据处理并非不可行，主要是考虑计算时间、计算复杂程度，这里把连续点的处理作为图像处理考虑，离散点的处理作为数据处理考虑。

将预报数据转换为图像数据格式，从而把离散数据转换为图像文件来处理。图像处理的过程与经典的数字图像处理类同，只是这里的图像文件为浮点数文件。其目的是方便不变形的无极放大，最大可能地保留原像的信息。

数据处理、图像处理是建立在网格化的数据文件之上，对预处理的数据再处理的过程。它充分利用数据处理、图像处理的特点，对预显示的数据作进一步的调节。

经网格化的数据文件，便可作量化处理。各种方法所获得的实测数据经网格化为标准网格离散点，而实际物体的场、位或其他参数是连续分布的。量化处理实质上是一种插值计算，也就是把所确定的离散网格点插为连续像点，然后根据连续网点的数值大小作灰度分割。不同的灰度为不同的色彩值，便实现量化成像。

量化处理的方法很多，可根据不同的要求采用不同的量化方法。如图4-73所示。

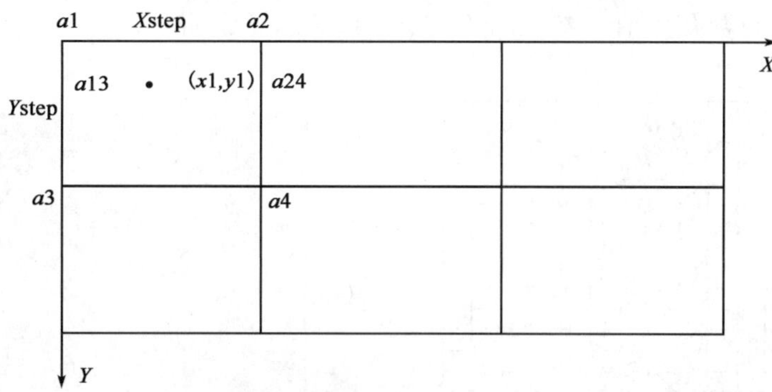

图4-73　离散数据量化成像过程示意

设a1，a2，a3，a4分别为矩形的网格顶点，($x1$、$y1$)为网格内任意一点的坐标，Xstep为x方向的步长，Ystep为y方向的步长，$a13$是$a1a3$内任意一点的插值，$a24$为$a2a4$之间任意一点的插值。

$$a13=\frac{a3-a1}{\mathrm{Ystep}}\times y1+a1$$

$$a24=\frac{a4-a2}{\mathrm{Ystep}}\times y1+a2$$

网格内任意一点($x1$，$y1$)的插值结果为：

$$a=\frac{a24-a13}{X\mathrm{step}}\times x1+a13 \tag{4-118}$$

灰度分割方法：为了以最大分辨率显示图像层次，先在离散的网格点中寻找最大值F_{max}、最小值F_{min}，然后定义颜色数量Colornum，则分割系数为：

$$\mathrm{Greycol}=\frac{\mathrm{Colornum}}{F_{max}-F_{min}} \tag{4-119}$$

故得网格内任意一点($x1$，$y1$)的灰度值为：

$$\mathrm{Grey}=a\times\mathrm{Greycol}$$

经($x1$，$y1$)点的连续移动便实现网格内图像显示，以下列出在网格点内计算灰度的C语言函数。

```
float getgrey(int x,int y,float xstep,float ystep,float greycol)
    { int x1,y1,xn,yn;
    float a1,a2,a3,a4,a13,a24,insert,grey;
    xn=floor(x/xstep); yn=floor(y/ystep);
    x1=fmod(x,xstep);y1=fmod(y,ystep);
    a1=fileddata[yn][xn];a2=fileddata[yn][xn+1];
```

```
a3=fileddata[yn+1][xn];a4=fileddata[yn+1][xn+1];
a13=(a3-a1)/ystep * y1+a1;
a24=(a4-a2)/ystep * y1+a2;
insert=(a24-a13)/xstep * x1+a13;
grey=fabs(insert * greycol);
return grey;}
```

该函数返回浮点数灰度值。参见图 4-74、图 4-75 示意说明。

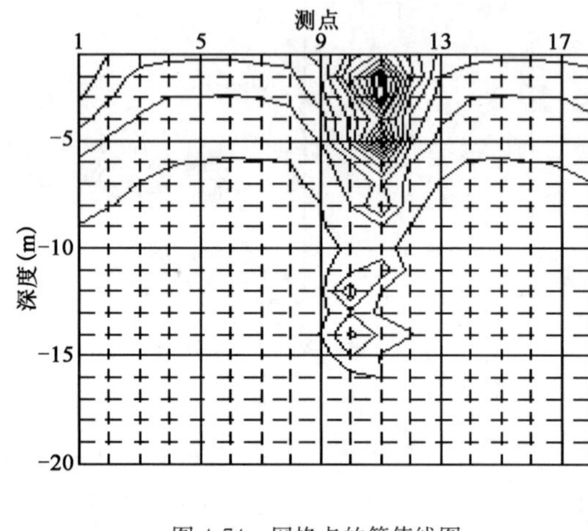

图 4-74　网格点的等值线图

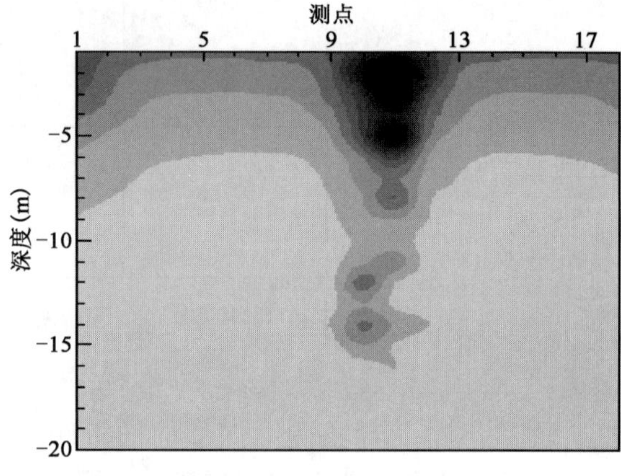

图 4-75　量化成像图

2)等值线图

等值线图又称等量线图,是以相等数值点的连线表示连续分布且逐渐变化的数量特征的一种图形。是用数值相等各点连成的曲线(即等值线)在平面上的投影来表示被摄物体的外形和大小的图,如等高线图、等温线图等。等值线图在工程领域和科学计算中的应用十分广泛,它对于准确分析物性参数的空间分布、直观了解物性参数的变化趋势具有较高的实用价值。

等值线填充功能的实现过程如下:

先确定待填充的连通区域再填充是常见的方法。由于相邻两条等值线围成的连通区域有是否封闭、多个连通域是否分散、内外边界如何确定等许多变化的情况,要找到一种对任何等值线图都适合的确定填充区域的算法比较困难。这里介绍一种针对等值线图的效率较高的扫描线算法。该算法只需确定扫描线与各条等值线的交点,再确定相邻两交点之间的颜色值,利用 OpenGL 绘图功能将扫描线按所确定的颜色值分段画出,就可实现等值线的填充。算法流程图如图 4-76 所示。

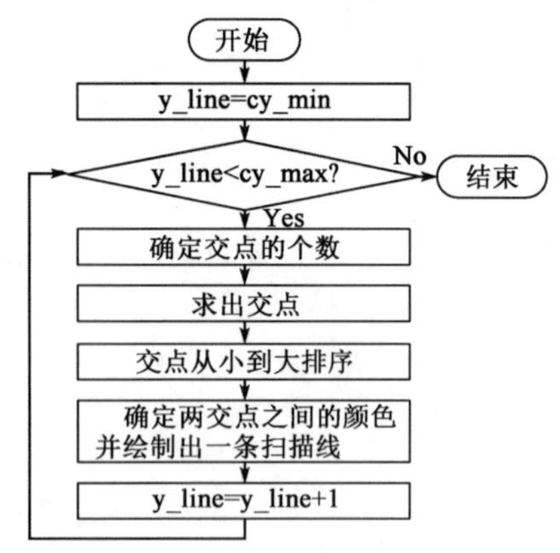

图 4-76　等值线图填充的算法流程图

等值线图填充的实现过程中需要解决两个主要问题,即交点的确定和填充颜色的确定。

(1)交点的确定

等值线实际上是由许多的线段连接而成。因此,求交点就是求每条扫描线与构成等值线的每一线段的交点。

扫描线上交点的确定方法如下：

①提前算出每条等值线上点的纵坐标的最大值 cy_max 和最小值 cy_min，存放在一个数组中。

②已知一条扫描线为 y＝y_line，用 y_line 与每条等值线上点的纵坐标最大值和最小值进行比较。

③如果扫描线处于一条等值线的上下端点之间，则取出这条等值线上所有的点，调用求交点的函数，求出交点。

④取出下一条等值线的上下端点继续比较，直到与所有的等值线上的上下端点都比较过，如此可将这条扫描线上所有的交点求出。

⑤依照同样方法，对所有的扫描线进行操作。

(2)求交点函数的步骤

①已知一条扫描线为 y＝y_line，取出一条等值线上所有的点。

②从等值线的开头取出确定第一线段的两个点，将 y_line 与这两个点的纵坐标相比较；如果 y_line 大于其中的一个纵坐标而小于另一个纵坐标，则将 y_line 代入这两个点确定的直线公式中，求出一个点的横坐标，并将该点所在等值线的号存入一个数组中。否则取出确定下一线段的控制点。照此方法，依次取出等值线上所有的点进行上述操作，就可求出一条扫描线与一条等值线的交点。

(3)填充颜色的确定步骤

①先确定出左边界的颜色值。

②对所求出的交点按横坐标从小到大的顺序排序。

③从左到右依次判断两交点之间的颜色值。方法是：取出一个交点（如点 b），与它前面的一系列交点作比较，若没有与这个交点在同一条等值线上的点，则以这个交点为开头的这段线段（bc）的颜色，为所在等值线的颜色；如果有与这个交点（如点 c）在同一条等值线上的点（点 b），而这个点又不在边界，则以这个交点为开头的这段线段（cd）的颜色为这个交点（点 c）在同一条等值线上的点 f 点 b）的前一个点（点 a）的颜色（也就是点 a 所在等值线上的颜色），并将该点（点 c）与颜色值对应的等值线号赋为与这个交点在同一条等值线上点的前一个点（点 a）所在的等值线号。如图 4-77 所示。

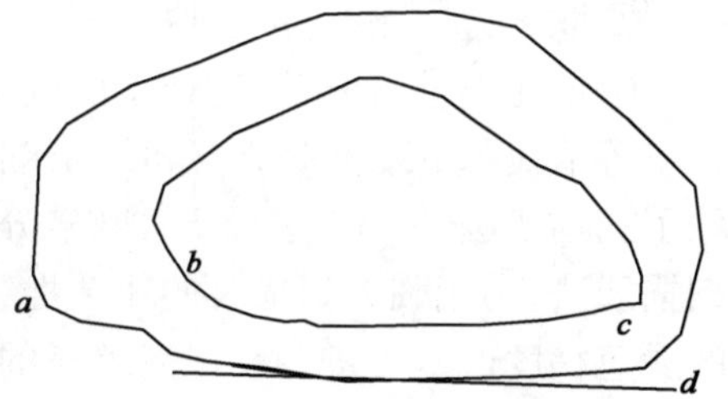

图 4-77　扫描填充颜色的确定

(4)确定左边界颜色的方法

先判断等值线与左边界是否有交点，有交点则求出交点值，无交点则边界的颜色值为一个默认值（一般可取为最外层等值线的颜色值）。有交点时，边界颜色确定的方法是：

①将所求的交点按纵坐标从小到大的顺序先排序。

②沿左边界从下到上确定两交点之间的颜色，一般取下交点所在等值线的颜色为该段边界线段的颜色。最下和最上两个交点之外的边界颜色值为默认值，一般可取为最下和最上两个交点所在等值线的颜色值。

依此可以将所有的填充颜色都确定出来。实现上述功能后，执行填充操作，如图 4-78 所示。

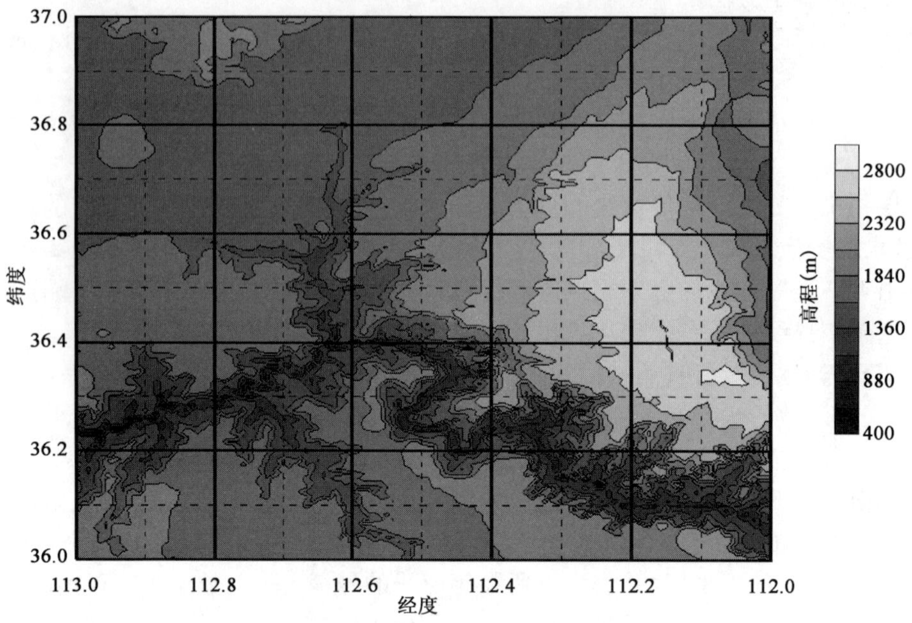

图 4-78 扫描填充后的等值线

(5)等值线填充算法的实现过程

①从所画图形的最下边界开始。

②求出一条扫描线与等值线的交点。

③将交点排序。

④确定左边界的颜色值。

⑤从左到右确定每两个交点之间的颜色值,并根据颜色值画出每一个线段。

⑥取出另一条扫描线,按②~⑤步画出第二条扫描线。

⑦依此类推,处理所有处于所画图形最上边界以下的扫描线。

等值线图的填充是计算机图形图像的一个基本问题,在许多应用场合有较高的实用价值。除了扫描线法外,还有种子法、网格分块扫描法、连通区域法、分割多边形法等许多方法。对于扫描线法,利用临近扫描线的相关性,以及在等值线追踪时得到的有关信息(如沿等值线法向的颜色梯度值),可进一步提高填充的效率。

3)矢量图

矢量图是用直线和曲线来描述图形,这些图形的元素是一些点、线、矩形、多边形、圆和弧线等,它们都是通过数学公式计算获得的。如图 4-79 所示为波的位移方向场。

4.2.3.2 投影图、立体图

1)球极平面投影图(乌尔夫网)

在几何学里,球极平面投影是一种将一个圆球面射影至一个平面的映射,在构造地质学中称为赤平极射投影或赤平投影。除了射影点以外,这射影在整个球面都是有定义的。在这定义域里,映射是光滑的、双射的、共形的。共形的意思就是说,角度维持不变;可是,映射不维持面积不变,特别是在射影点附近。直觉而言,球极平面投影是一种以平面来看球面的方法。

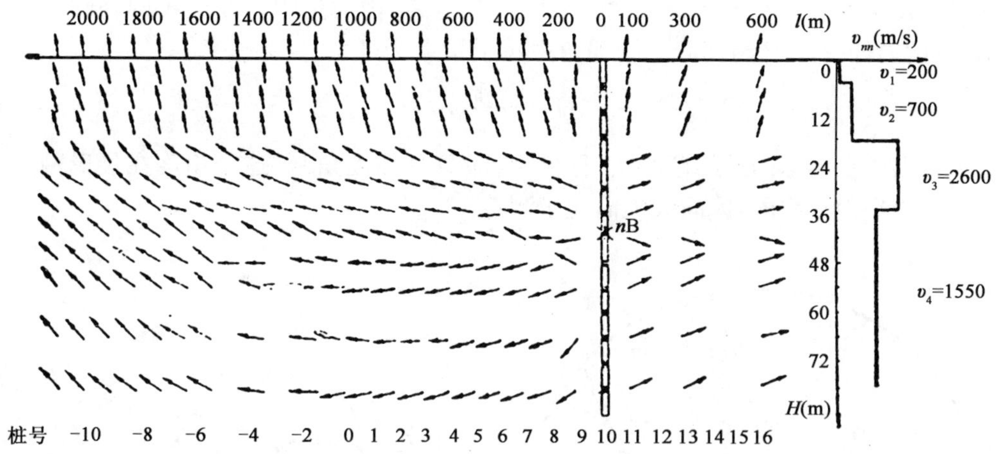

图 4-79　波的位移方向场

因为圆球与平面出现于许多数学方面的问题和应用上，球极平面投影也非常常见。在各个领域，例如复分析、地图学、地质学与摄影，球极平面投影都有广泛的用处。实际上，球极平面投影经常是用电脑绘成，或者用手工直接绘在一种特别的绘图纸，称为乌尔夫网图。

乌尔夫网(Wulff Net)又称吴氏网、极射赤平投影网(Polar Stereographic Projection Net)，是由乌尔夫设计，由基圆和经纬网格所组成。基圆就是投影球的赤平大圆周，经纬网格是由一系列经向大圆弧和一系列纬向小圆弧交织而成。标准的乌尔夫网直径 20cm，网格纵、横间隔均为 2°。它能正确地反映点、线、面的角距关系，但是投影面积则被歪曲。

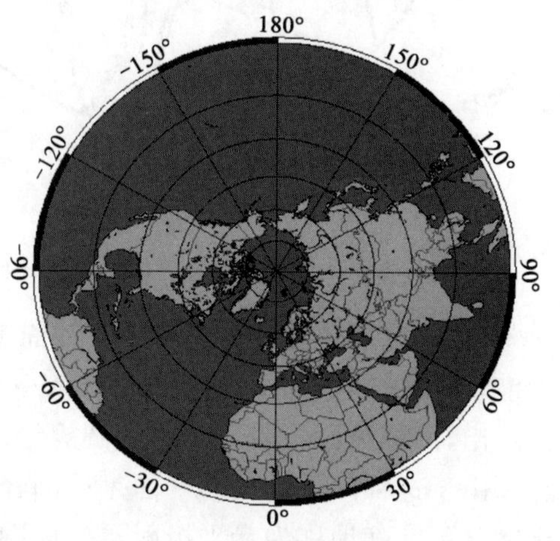

图 4-80　二维投影图设计原理

二维投影图设计原理如球极平面投影(乌尔夫网)进行空间装置的显示(图 4-80)。由于在平面上表示这些空间轨迹困难很大，必须得研究球极平面投影。为了在平面上画出天空，天文学家很早就利用球极平面投影来有效地研究球极平面投影。因为球极平面可以解决与一个点处质点运动的轨迹和实质是三维的地震波传播研究有关的问题，借助于变换到球面上的方法能在平面上研究空间的方向(图 4-81)。

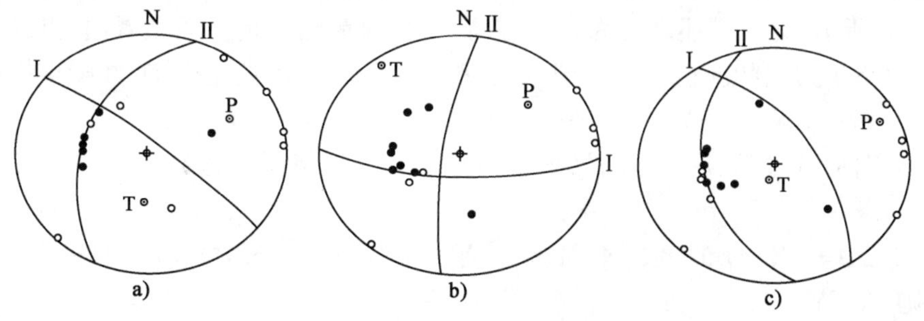

图 4-81　地震震源机制解(乌尔夫上半球投影)

空间的角度关系在吴氏网上被转化为平面上的距离，称为角距。设吴氏网外圆（称基圆）半径为 R，则网内任一点 P 与网心之距即角距 d 的关系为（图 4-82）：

$$D=\theta\frac{1}{r} \tag{4-120}$$

式中：θ——P 点所在半球面上的球心角，称极距，即 90°（纬度角）。这个角度在吴氏网上被变为平面直线段，因而大大简化了测算。

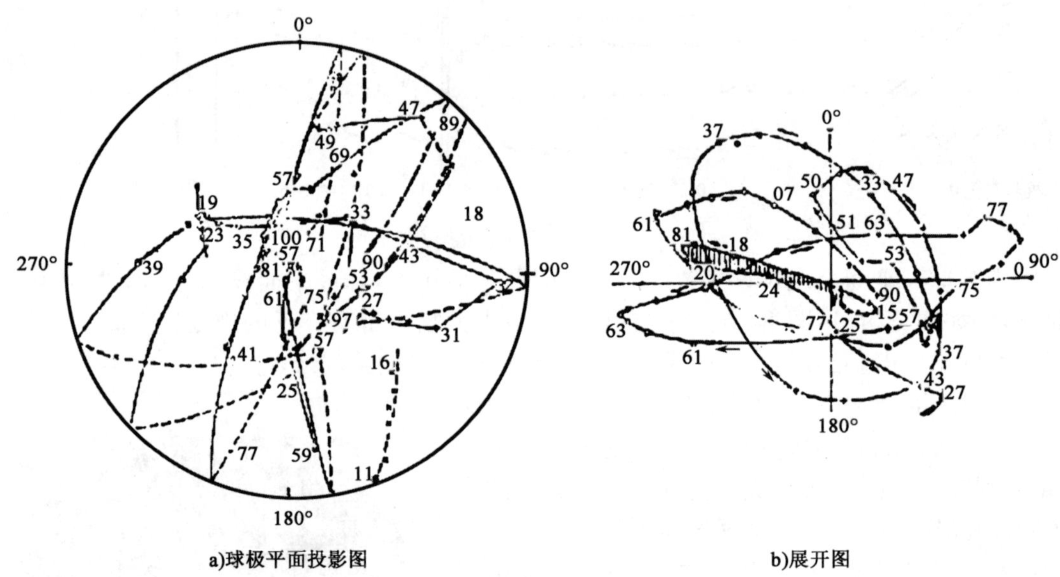

图 4-82 在球极坐标中的爆炸地震记录示意图

吴氏网的最大特点是保持了球面上的空间角度关系，也称为保角性。点、线和面的空间角度，在吴氏网上并不因投影转绘而改变，既可在吴氏网上由网格直接读数，也可用量角器直接量出，而圆弧投影轨迹则可用圆规绘出。

由于这种网图的投影平面是球面经纬直角坐标系的某一个子午面（即经线大圆平面），吴氏网又可准确地称为赤平极射子午面网，以区别于以该球面经纬直角坐标系的赤道平面为投影面所绘制成的赤平极射方位网。这两种网图的投影方式相同，其性质完全相同。

2）立体图

（1）等高线通过格子边的状况定义

如图 4-83 所示，为了描述高度为 h 的等高线，必须在已经定义的领域内，首先对高度为 h 的等高线通过格子边的状况进行调查记录，表示这个状况的函数 按下面的假设来定义：

①$iX=1,2,\cdots,lX-1;iY=1,2,\cdots,lY-1,lY$。

lX,lY 分别是沿 X 和 Y 方向的格子线条数。沿全部格子点进行调查，如果满足，则 $lX,lY=1$。

②$iX=1,2,\cdots,lX-1$ 时，取 $lX,lY=1$；$iY=1,2,\cdots,lY-1,lY$ 沿全部格子点进行调查，如果满足，则 $lX,lY=2$。

③如果①与②的条件都满足，则 $lX,lY=3$。

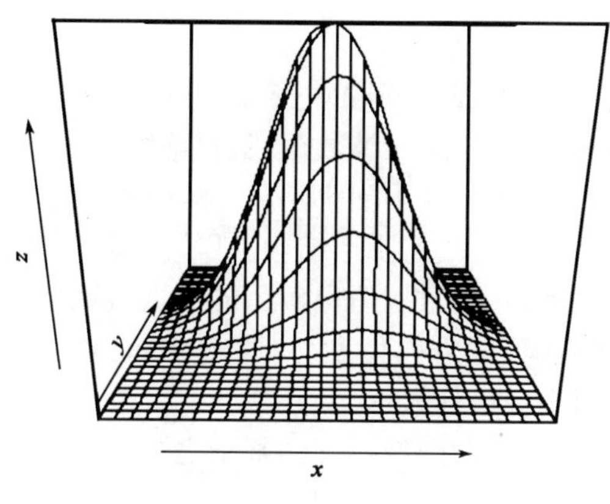

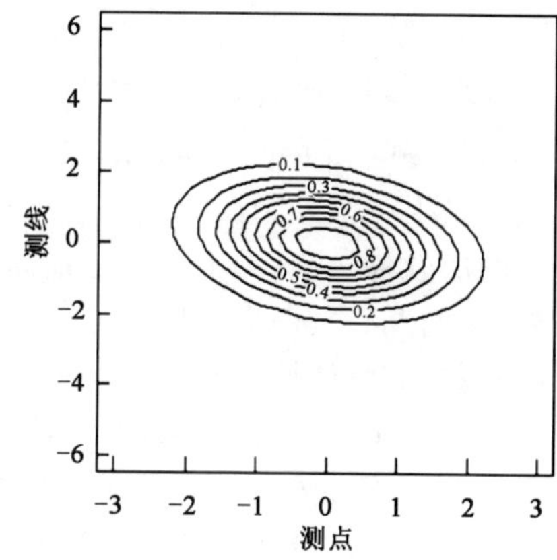

图 4-83　立体图及投影图

④如果①与②的条件都不满足，则 $lX,lY=0$。

(2)等高线的作图

等高线有时从邻域的端部开始，有时从邻域的内部开始。前者时由一端开始，另一端终止；后者是转一圈后再回到始点。因此，按照下面的顺序找出始点。

①lX,lY 为 1 或 3 的情况：由 $iX=1$ 开始到 $iX=lX$ 终止进行始点查找。如果查找到满足 $lX,lY=1$ 或 3 条件的 iX¬ 时，则格子点(iX,1)和($iX+1$,1)连接的边与等高线相交，取变量 $V=1$。把这个交点作为始点，它的坐标由线性插值法求得。为防止重复找到同一始点，取 $lX,lY=-V$，并予以记录。由于下一个连接点的方向向上，所以假定始点是由下方 $iY=0$ 的格子延长上来的。如果始点查不到，则按步骤②进行查找。

②$lX,lY=2$ 的情况。由 $iY=1$ 开始到 $iY=lY$ 终止进行始点查找。如果查找到满足 $lX,lY=2$ 条件的 iY，执行和①相同的顺序，取变量 $V=2$，取 $lX,lY=-2$。这时假定是由 $lX+1$ 的格子边向 lX 格子边延长。如果始点查找不到，按③进行查找。

③$lX,lY=1$ 的情况。由 $iX=1$ 开始到 $iX=lX$ 终止进行始点查找。如果查找到满足 $lX,lY=1$ 的 iX¬，执行和①相同的顺序，取变量 $V=1$，取 $lX,lY=-1$，并假定由 $iY+1$ 的格子边向下延长。如果始点找不到，按④进行查找。

④$lX,lY=2$ 或 3 的情况。由 $iY=1$ 开始到 $iY=lY$ 终止进行始点查找。如果查找到满足 $lX,lY=2$ 或 3 条件的 iY，执行和①相同的顺序，并取变量 $V=2$，取 $lX,lY=-2$，并假定由 $iX=0$ 的格子边延长来。如果始点找不到，按⑤进行查找。

⑤$lX,lY=2$ 或 3 的情况。由下而上沿网格边扫描，寻找内部封闭的等高线始点。如果查找到满足 $lX,lY=2$ 或 3 条件的 iY，执行和①相同的顺序，并取变量 $V=2$。为使等高线循环一周后返回到相同的格子边上，取 $lX,lY=0$，即照原来的值放入，并假定由 $iX=0$ 的格子延长，如果始点查找不到，则高度为 h 的等高线在格子域内不存在。

按照由①～⑤的步骤进行始点查找，在高度为 h 的等高线的区域内把全部始点找出，并同时做延长，便可绘出等高线图。

4.2.4　三维显示

三维显示包括：像图、等值面图、矢量图。

4.2.4.1 像图

地质预报中的三维数据是指采用如直流电测深法、瞬变脉冲电磁法、高密度电阻率法、三维地震法等与深度有关的三维数据结构。如何恰当地表示三维数据，就目前物探工作的现状，通常的做法是由一系列断面图或一系列平面图来表示，且构造图形的过程很烦琐。即使用目前流行的图形软件绘制，都不能充分地体现三维数据的真实图形结构。因此，对于物探异常的形态只能“片面”而论，而岩溶异常恰是三维形状体，三维数据图像显示能最真实地反映数据体的立体结构，具有整体性强、直观等特点，且能够从不同方向任意切割、安装，能对任意一个面作细化描述。整个过程可平移、放大、旋转，从而实现最佳显示。

这里介绍的三维数据显示是建立在二维数据处理及图像处理的基础之上。下面简要说明三维数据显示的具体方法。其关键技术包括：隐藏处理、三方位切割安装、任意面的细化技术。

(1)隐藏处理

三维图像显示由于其表面都是平面，计算机画平面物体立体图要做两方面的工作：一是将物体上各线段端点坐标进行矩阵变换，二是消去图中的隐藏线。如果物体各顶点经矩阵变换后，就直接将有关点连接，只能看成一堆像点组合，因为它不能表达物体的真实形状。在立体图中，不可见的线一般不画，不可见的线称为隐藏线。把不可见的棱线或部分不可见的棱线让计算机挑出来，消去不画，这个工作称为消隐。消隐工作比较烦琐，不仅要求准确、可靠，而且处理速度快慢、内存占用量大小、程序使用是否简便都要认真考虑。常用的消隐方法通常有外法线法、线体比较法、线面比较法。

这里的消隐算法基本思路是这样的。由于预报观测数据经正规网格化处理，均为正规长方体网格数据，而长方体网格的任意一个面都是由像点组成。且长方体不论进行何种空间变换或者不论观察者的观察角度如何，一个长方体能被观察到的只有且仅有三个面。虽然三维显示成像由充满整个长方体的像点组成实物像图，其实质只需要显示长方体外露的几个面的图像即可。由于图像显示费时较多，这样便可提高显示效率，同样达到三维显示效果。

(2)三方位切割、安装

三维数据显示的三方位切割，是指沿等时面(深度)、同点号、某线，即沿 Z、Y、X 三个方向任意切割。在切割的同时，也可进行安装，根据观察者的需要可以把切掉的面分别安装。

切割、安装的基本思路为：整个切割、安装过程是以网格化后网格点上数据为基础。即沿深度切割时，如对瞬变脉冲电磁法而言，每次切割或安装一个时间道，沿点号切割时，每次去掉一个点，同理，切割、安装测线类同。在切割与安装编程中，已充分考虑切割、安装的消隐过程。由于三维显示实质只显外露的三个面，故沿点切割或安装时，不仅是切掉一个面，而是切割一个小长方体，也不论沿任何方向切割，都要同时切掉三个面，安装也同样。另外，在切割、安装过程中，还应注意各个面的切割、安装顺序。虽然整个过程显得很复杂，但利用C语言结构函数定义，其整个过程就简化为巧妙设计一功能函数。由于编程过程较烦琐，这里不便展开论述，具体详见图4-84、图4-85 。

(3)任意面的细化处理

在三维数据显示过程中，就物体的整体而言，当然是统一规定其灰度或伪彩色。这样在三维成像后，整个长方体显示为一连续的物性。然而，为了方便观察者观看细节，且配合切割、安装技术，很有必要针对某个面做细化处理。所谓细化处理，是对某个面重新进行灰度变换，在

视觉上亦相当于调节焦距。细化处理能描述某个面的微细结构。

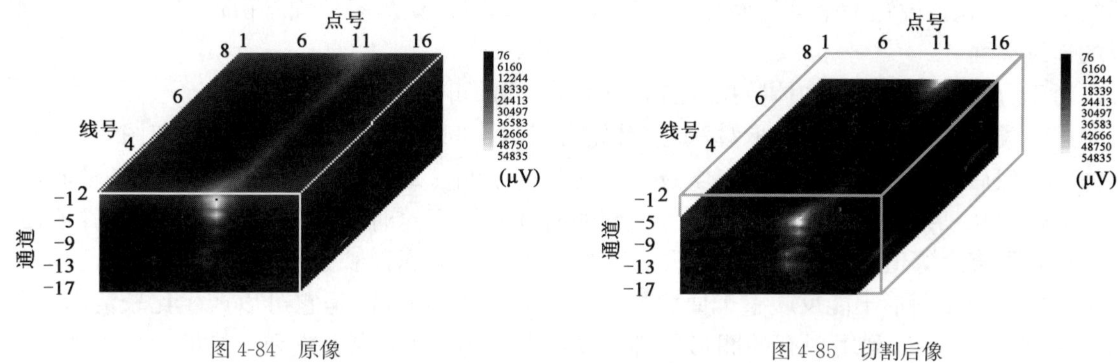

图 4-84　原像　　　　图 4-85　切割后像

细化处理的基本思路为：在切割、安装过程中，针对任意一个外露面做灰度变换，其具体方法是在该面内寻找数据最大值，作为灰度最大值，使该面能最大可能地显示物性层次。具体详见图 4-86、图 4-87。

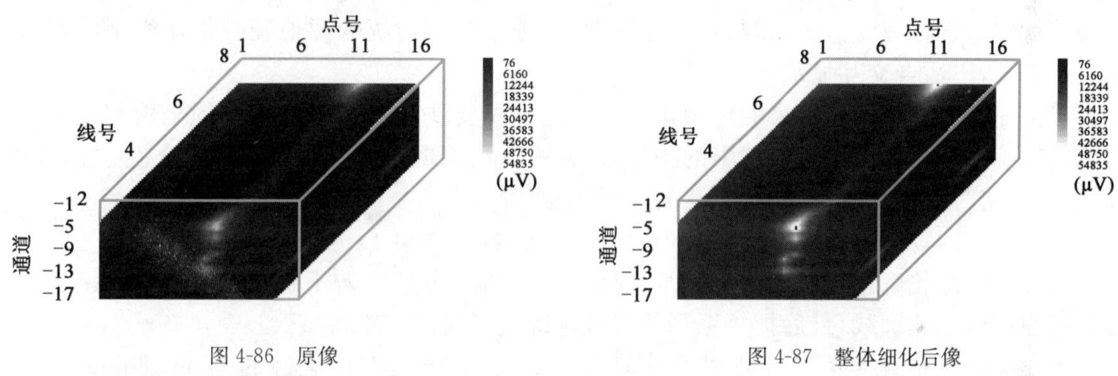

图 4-86　原像　　　　图 4-87　整体细化后像

以上的内容，由于采用了特殊的消隐手段，且整个切割、安装只对部分图像操作，故速度很快。另外，细化处理能达到满意的结果，空间变换可任操作者随意调节，整个放大、缩小过程可沿某个方向放大或缩小，也可定义整体放大、缩小。旋转变换可沿逆、顺时针分别进行。由于采用浮点数放大技术，因此它最真实地显示原像的内容。

4.2.4.2　等值面图

等值面是空间中所有具有某个相同值的点的集合。它可以表示成：

$$\{(x,y,z)\mid f(x,y,z)=c\} \tag{4-121}$$

式中：c——常数。

并不是每个体素（每八个相邻的采样点所定义的立方体区域）内都有等值面，当体素的八个角点都大于 c 或者都小于 c 时，其内不存在等值面。只有那些既有大于 c 的角点又有小于 c 的角点的体素才含有等值面，我们称这样的体素为边界体素。等值面在一个边界体素内的部分称为该体素内的等值面片。等值面是一个三次曲面，它与边界体素面的交线是一条双曲线，且这条双曲线仅由该面上的四个角点决定。这些等值面片之间具有拓扑一致性，即它们可以构成连续的、无孔的、无悬浮面的曲面（除非在体数据的边界处）。因为对于任何两个共面的边界体素，如果等值面与它们的公共面有交线，则该交线就是这两个边界体素中等值面片与公共面的交线，也就是说这两个等值面片完全吻合。所以，可以认为等值面是由许多个等值面片组成的连续曲面。

对于分布在三维空间的体数据来说，有两类不同的可视化算法：

第一类算法称为等值面抽取算法，它首先由三维空间数据场构造出中间几何图元（如曲、平面）等，然后由传统的计算机图形学技术实现画面绘制。最常见的中间几何图元是平面片，当我们需要从三维空间数据场抽取出等值面的时候就属于这种情况。可以抽取一个等值面，也可以抽取多个等值面。这种方法只是将原始数据的部分属性映射成平面或者曲面，因而它构造出的可视化图形不能反映整个原始数据场的全貌和细节，但是它可以产生比较清晰的等值面图像，而且可以利用现有的图形硬件实现绘制功能，使图像生成和变换的速度加快。因此，这是一类常用的可视化方法。

第二类算法并不构造中间几何图元，而是直接由三维数据场产生屏幕上的二维图像，称为体绘制（Volume Rendering）算法或者直接体绘制（Direct Volume Rendering）算法。这种方法直接对待重建数据进行处理，可以产生三维数据场的整体图像，并具有图像质量高、便于并行处理等优点。它存在的主要问题是：计算量太大，难以利用传统的图像硬件加速绘制，因而计算时间较长，不适合交互显示。

等值面抽取算法构造出来的可视化图形虽然不能反映整个原始数据场的全貌和细节，但是可以对感兴趣的等值面产生清晰的图像，而且可以利用现有的图形硬件实现绘制功能，速度较快，适合实时交互，因而得到了广泛的应用。

在三维空间规则数据场种构造等值面的方法很多，大概可以分为两类：

一类方法是轮廓拼接。它先将三维数据场从 Z 方向分解成若干层二维数据，然后从二维数据里面提取出轮廓线，最后把一系列的二维轮廓线拼接成三维模型。

另一类方法是直接从三维数据场抽取出等值面，其中最有代表性的是 Marching Cubes（MC）算法，是由 W. E. Lorenson 和 H. E. Cline 在 1987 年提出来的。这一方法原理简单，易于实现，目前已经得到了广泛的应用。属于这一类方法的还有离散 Marching Cubes 算法，Marching Tetrahedra 算法和剖分立方体算法。

1）Marching Cubes（MC）方法

Marching Cubes 算法是一种应用很广泛的由体密度数据重构三维等值面的方法，于 1987 年由 Lorensen 和 Cline 两人提出。处理的对象一般是 CT 或 MRI 图像。数据点都位于网格点上，一般适用于灰度图，这样可以明确地给出阈值。它的目的是从这样的体数据中抽取出三维结构的边界面，但它不是像二维中追踪等值线一样需要邻接关系，而是孤立地看待每一个体元，由体元八个顶点的数据值来得到在该立方体内的边界面，以三角面片的形式来表示。

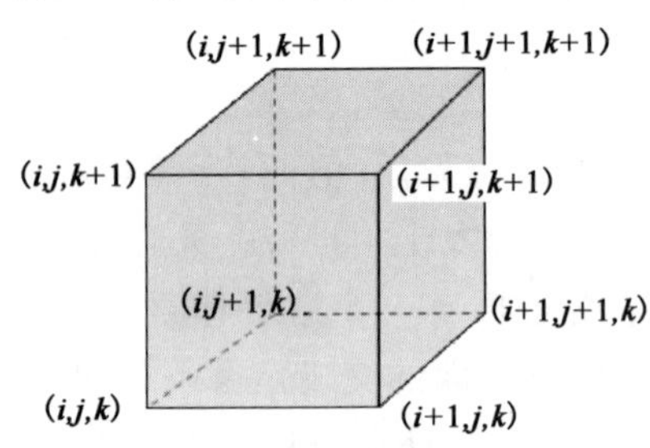

图 4-88　数据场中的一个体元

（1）基本原理

离散的三维空间规则数据场的一个体元可以用图 4-88 表示。8 个数据点位于该体元的 8 个定点上。对于一个体元（立方体）来说，给定等值面的阈值后，立方体的每个顶点要么在等值面外，要么在等值面内。我们规定：

①如立方体顶点的数据值≥等值面的值，则定义该顶点位于等值面之外，记为“0”。

②如立方体顶点的数据值<等值面的值，则定义该顶点位于等值之内，记为“1”。

顶点状态有 2 的 8 次方即 256 种可能的情况。然而从拓扑的角度来看，经过反转和旋转变换之后只有 15 种不同的情况(图 4-89、图 4-90)。图 4-89 中还显示了在该种拓扑状态下立方体内的等值面的定性情况(以三角面片表示)。

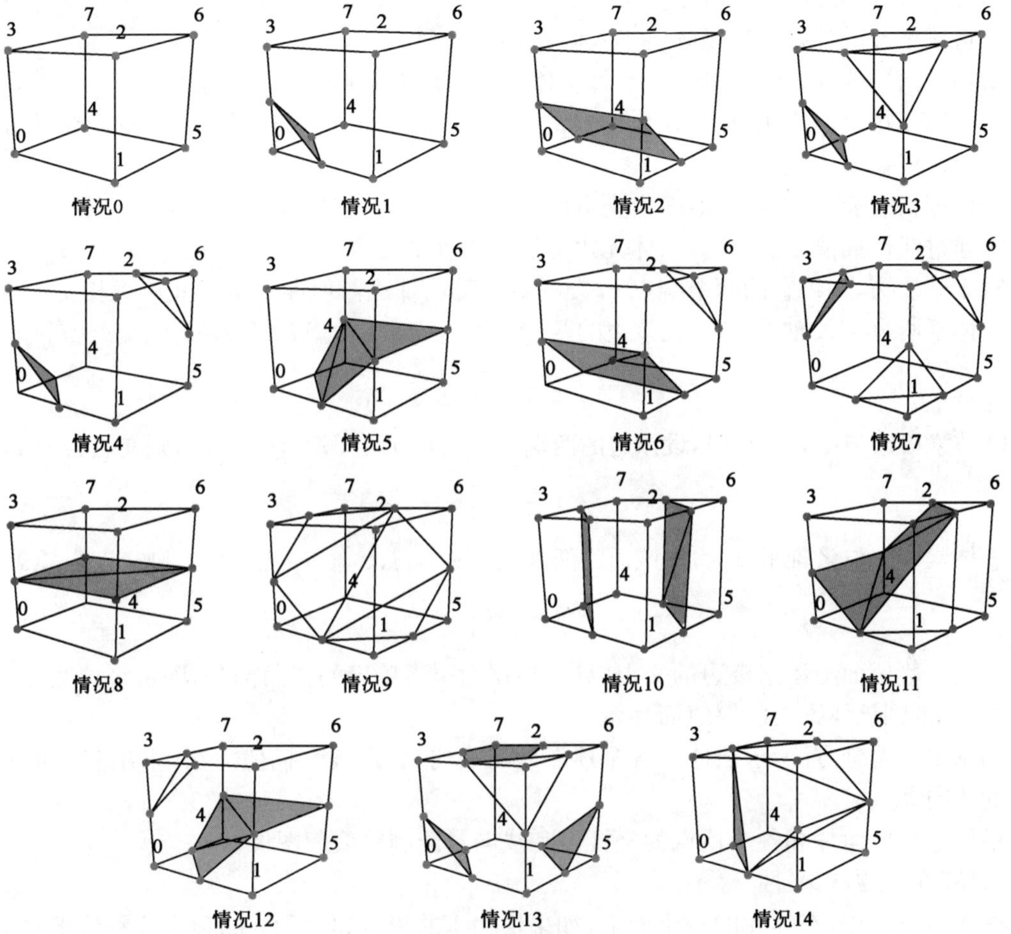

图 4-89　体元顶点函数值分布的不同情况

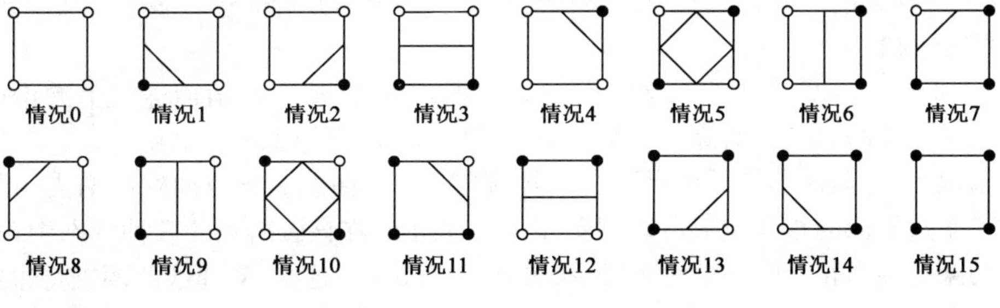

图 4-90　体元顶点函数值分布的不同情况俯视图

确定体元状态之后，使用线性插值求出等值面和体元边界的交点，之后将这些交点连接成三角形，作为等值面的一部分。

为了利用图形硬件显示等值面图像，必须给出组成等值面的三角形面片的法向。MC 算法采用中心差分求体元各角点处的梯度，然后在体元边界上再次采用线性插值求交点的梯度，也就是各三角形顶点的法向。为了消除三角面片之间明暗度不连续变化，三角面片采用 Gourand 模型绘制。

总之，MC 算法的流程如下：

①将三维离散规则数据场分层读入内存。

②扫描两层数据，逐个构造体元，每个体元 8 个顶点来自相邻的两层。

③将体元每个交点的函数值和给定的等值面做比较，根据比较结果，构造该体元的状态表。

④根据状态表，得出与等值面由交点的体元边界。

⑤通过线性插值方法，计算出体元边界和等值面的交点。

对于某棱边，如果它的两个端点 v_1、v_2 标记不同，那么等值面一定与此棱边相交。

①体素棱边与 X 轴平行时，设该边的两端点为 $v_1(i,j,k)$，$v_2(i+1,j,k)$，则交点为 $v(x,j,k)$。

$$x = i + \frac{c - f(v_1)}{f(v_2) - f(v_1)} \tag{4-122}$$

②体素棱边与 Y 轴平行时，设该边的两端点为 $v_1(i,j,k)$，$v_2(i,j+1,k)$，则交点为 $v(x,j,k)$。

$$y = j + \frac{c - f(v_1)}{f(v_2) - f(v_1)} \tag{4-123}$$

③体素棱边与 Z 轴平行时，设该边的两端点为 $v_1(i,j,k)$，$v_2(i,j,k+1)$，则交点为 $v(x,j,k)$：

$$z = k + \frac{c - f(v_1)}{f(v_2) - f(v_1)} \tag{4-124}$$

求出了等值面与体素棱边的交点以后，根据索引表确定的三角剖分，即可将这些交点连接成三角片，得到该体素内的等值面片。

利用中心差分方法，求出体元各个顶点处的法向，通过线性插值方法，求出三角形各个顶点处的法向。

根据三角形面片和各个顶点的坐标值和法向量绘制等值面图像。

(2)存在问题：二义性

在 MC 算法中，在体元的一个面上，如果值为 1 的顶点和值为 0 的顶点分别位于对角线的两端，就会含有两种可能的连接方式，因而存在着二义性，如图 4-91 所示。这样的面称为二义性面，包含二义性面的体元称为具有二义性的体元。一个体元可能包含多个二义性面。

(3)消除二义性

如图 4-92 所示，MC 方法的二义性问题如果不解决，将造成等值面连接上的错误。人们也提出了几种不同的判别和消除二义性的方法，其中以渐近线法最为常用。

一般情况下，等值面和体元边界所在平面的交线是双曲线。该双曲线的两支及其渐近线与体元的一个边界面的相互位置可以用图 4-93 来表示。在该图所列的四种状态中，当双曲线的两支均与某边界面相交时，就产生了连接方式的二义性。这时，双曲线的两支将边界面划分成三个区域。

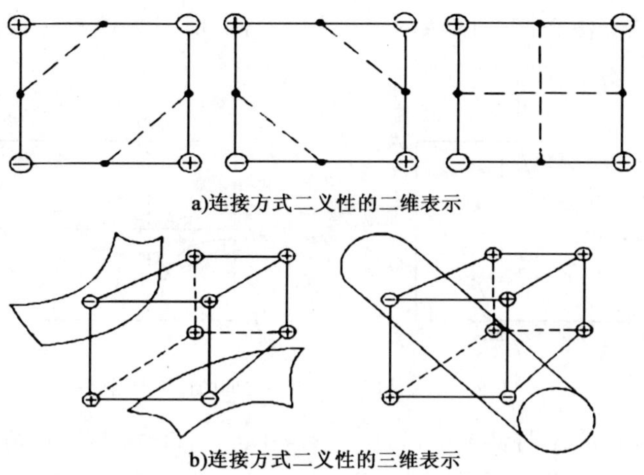

图 4-91 MC 方法的二义性

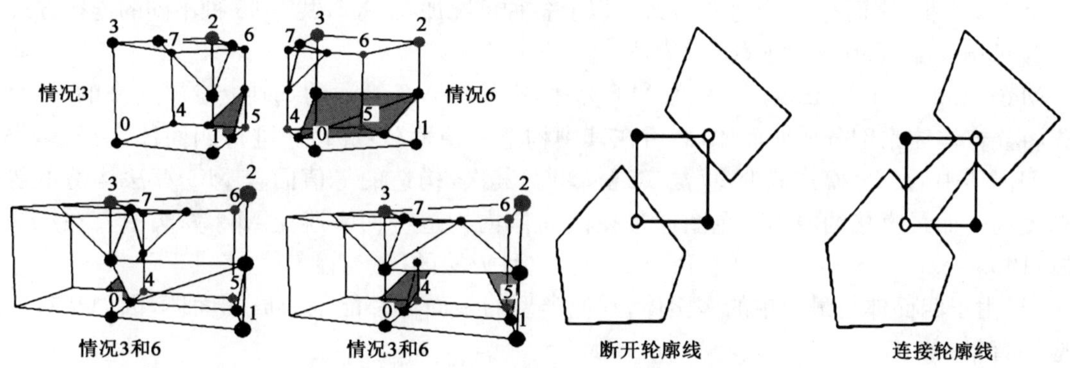

图 4-92 相邻立方体边界面上连接方式不一致会生成空洞

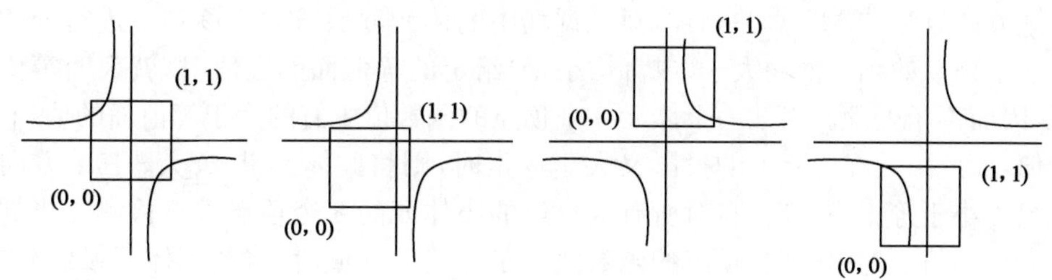

图 4-93 双曲线和体元边界的相互位置关系

双曲线的两条渐近线的交点坐标是：

$$x = \frac{a_2 + a_5 z_0}{a_4 + a_7 z_0}$$

$$y = \frac{a_1 + a_6 z_0}{a_4 + a_7 z_0} \tag{4-125}$$

当出现二义性时，需要计算 $f(X,Y,Z_0)$的值。如果 $f(X,Y,Z_0)>C_0$，则渐近线的交点应

该与函数值大于 C_0 的对角点落在同一区域内；如果 $f(X,Y,Z_0)<C_0$，则渐近线的交点应该与函数值小于 C_0 的对角点落在同一区域内。这就是当出现二义性的时候，交点之间的连接规则，如图 4-94 所示。

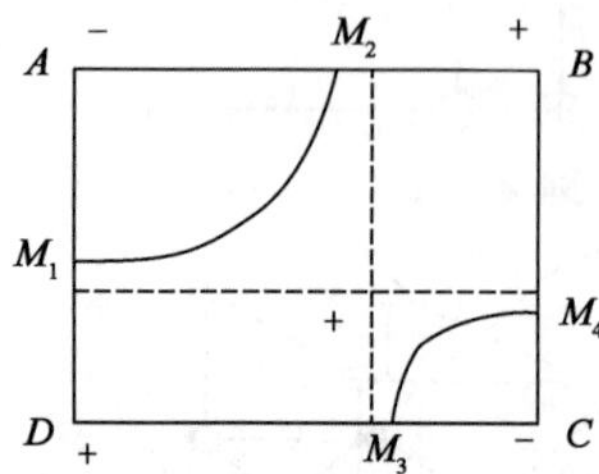

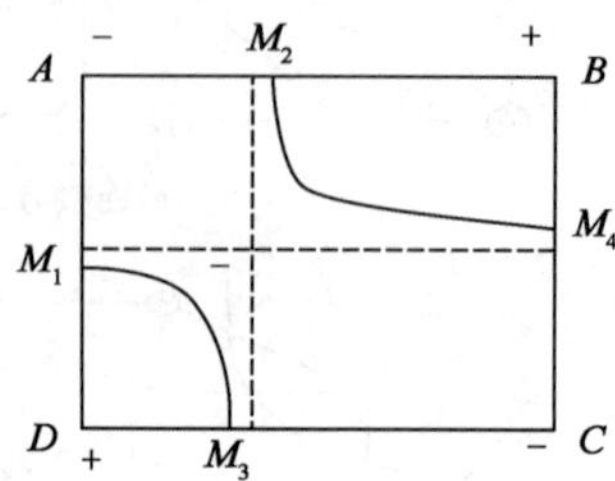

图 4-94　二义性出现时，交点之间的连接准则

在图 4-90 所列的全部 15 种情况中，第 0、1、2、4、5、8、9、11、14 这 9 种情况不存在二义性。第 3、6 两种情况各存在一个二义性面，因此各有两种连接方式。第 10、12 两种情况，各存在两个二义性面，因此各有四种谅解方式。第 7 种有 3 个二义性面，因而有 8 种连接方式。第 13 种情况有 6 个二义性面，因而有 64 种连接方式。以上各种情况加在一起，共有 93 种不同的连接方式。

2)Marching Tetrahedral(MT)方法

Marching Tetrahedral 算法简称 MT 算法，它是在 MC 算法的基础上发展起来的，该算法首先将立方体体素剖分成四面体，然后在其中构造等值面(Doi91)。进行四面体剖分后，等值面在四面体中的剖分模式减少，算法实现简单。其次，构造的等值面较 MC 算法构造的等值面精度高。而最直接的原因是企图通过在四面体内构造等面来避免 MC 算法中存在二义性问题(Bloomenthal88，Giertsen92，Payne90)。这种方法的优点有：

(1)由于四面体是最简单的多面体，其他类型的多面体都能剖分成四面体，因而具有广泛的应用背景。

(2)将立方体剖分成四面体后，在四面体中构造的等值面的精度显然比在立方体中构造的等值面要高。

剖分立方体算法和 MC 算法一样，对数据场中的体元逐层、逐行、逐列地进行处理。当某一个体元 8 个顶点的函数值均大于(或者均小于)给定的等值面的数值时，就表明等值面不通过该体元，因而不予处理。当某一个体元 8 个顶点的函数值中有的大于等值面的值，有的小于等值面的值，而此体元在屏幕上的投影又大于像素时，则将此体元沿 x、y、z 三个方向进行剖分直至其投影小于等于像素后，在对所有剖分后的小体元的 8 个顶点进行检测。当部分顶点的函数值大于等值面的值，部分顶点的函数值小于等值面的值时，将此小体元投影到屏幕上，形成所需要的等值面图像。这里不详细介绍。

3)基于序列图像的三维面绘的移动立方体算法(Marching Cube)

算法步骤：利用 Open GL 工具，该方法可能存在二义性。

(1)导入序列图像数据，将序列图像的像素数据存入一已经开辟好的内存缓冲区，存储的原则为可以通过体素坐标最快获取到相应的体素的值。

(2)遍历所有体素，进行如下操作：

①将每个体素与其右边、后边以及上边相邻的 7 个体素视作一立方体，组成立方体的体素

编号已经棱边编号如图 4-95 所示。

②由于八个顶点都有自己的体素值，所以可通过顶点体素值与指定等效面值的大小关系来确定等效面与各棱边的相交情况，若 8 个顶点的值都大于或者都小于等效面值，那么可以判定该立方体无与等效面相交的棱边；反之，若 8 个顶点的值中有的大于等效面值有的小于等效面值，则说明该立方体与等效面相交。举例来说，若 3 号顶点值小于等效面值，其余顶点值大于等效面值，那么该立方体与等效面的相交情况如图 4-95 所示。

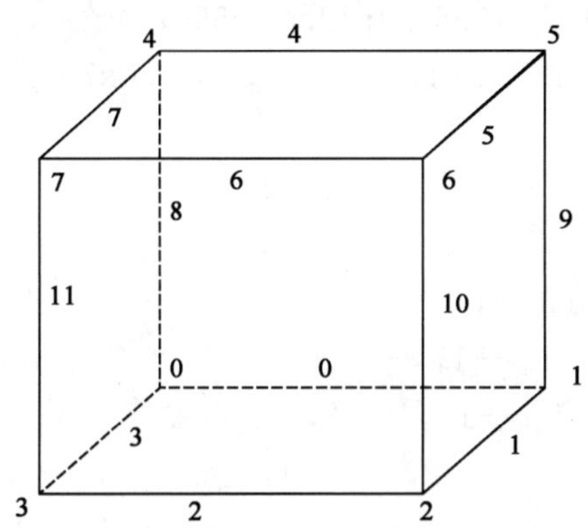

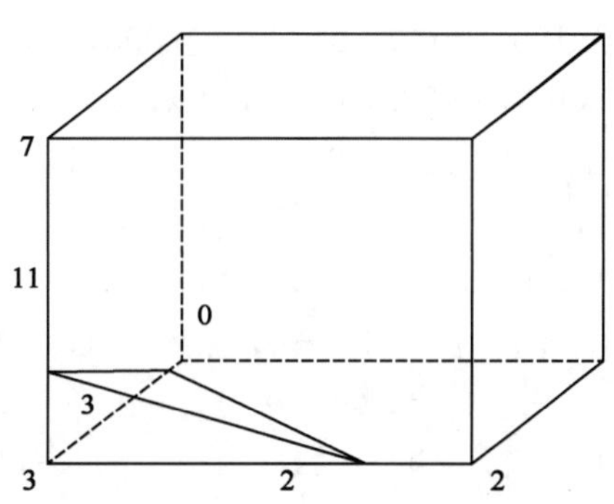

图 4-95 立方体顶点以及棱边的编号设定值

等效面与立方体的 2 号、3 号和 11 号棱边存在相交情况，而等效面在立方体内的部分可被视为以三个交点为顶点的三角形。在通常情况下，立方体的 8 个顶点都有可能会存在大于或者小于等效面值的情况，那么对于立方体而言便有 256 种情况，除去两种不于等效面相交的情况以外，共有 254 种相交情况。将顶点值是否大于等效面值的结论以二进制来表示，即如果顶点值大于等效面值则记为 1，反之则记为 0，那么一个立方体变可有一个 8 位的二进制值来表示；将棱边是否与等效面相交的结论也以二进制方式来表示，即如果某棱边与等效面相交，则将该棱边的值记为 1，否则则记为 0，那么该立方体的棱边将组成一个 12 位的二进制数值。将总共 256 种情况分析得出下表：

int edgeTable[256]={0x0, 0x109, 0x203, 0x30a, 0x406, 0x50f, 0x605, 0x70c, 0x80c, 0x905, 0xa0f, 0xb06, 0xc0a, 0xd03, 0xe09, 0xf00, 0x190, 0x99 , 0x393, 0x29a, 0x596, 0x49f, 0x795, 0x69c, 0x99c, 0x895, 0xb9f, 0xa96, 0xd9a, 0xc93, 0xf99, 0xe90, 0x230, 0x339, 0x33 , 0x13a, 0x636, 0x73f, 0x435, 0x53c, 0xa3c, 0xb35, 0x83f, 0x936, 0xe3a, 0xf33, 0xc39, 0xd30, 0x3a0, 0x2a9, 0x1a3, 0xaa , 0x7a6, 0x6af, 0x5a5, 0x4ac, 0xbac, 0xaa5, 0x9af, 0x8a6, 0xfaa, 0xea3, 0xda9, 0xca0, 0x460, 0x569, 0x663, 0x76a, 0x66 , 0x16f, 0x265, 0x36c, 0xc6c, 0xd65, 0xe6f, 0xf66, 0x86a, 0x963, 0xa69, 0xb60, 0x5f0, 0x4f9, 0x7f3, 0x6fa, 0x1f6, 0xff , 0x3f5, 0x2fc, 0xdfc, 0xcf5, 0xfff, 0xef6, 0x9fa, 0x8f3, 0xbf9, 0xaf0, 0x650, 0x759, 0x453, 0x55a, 0x256, 0x35f, 0x55, 0x15c, 0xe5c, 0xf55, 0xc5f, 0xd56, 0xa5a, 0xb53, 0x859, 0x950, 0x7c0, 0x6c9, 0x5c3, 0x4ca, 0x3c6, 0x2cf, 0x1c5, 0xcc , 0xfcc, 0xec5, 0xdcf, 0xcc6, 0xbca, 0xac3, 0x9c9, 0x8c0, 0x8c0, 0x9c9, 0xac3, 0xbca, 0xcc6, 0xdcf, 0xec5, 0xfcc, 0xcc , 0x1c5, 0x2cf, 0x3c6, 0x4ca, 0x5c3, 0x6c9, 0x7c0, 0x950, 0x859, 0xb53, 0xa5a, 0xd56, 0xc5f, 0xf55, 0xe5c, 0x15c, 0x55 ,

0x35f, 0x256, 0x55a, 0x453, 0x759, 0x650, 0xaf0, 0xbf9, 0x8f3, 0x9fa, 0xef6, 0xfff, 0xcf5, 0xdfc, 0x2fc, 0x3f5, 0xff , 0x1f6, 0x6fa, 0x7f3, 0x4f9, 0x5f0, 0xb60, 0xa69, 0x963, 0x86a, 0xf66, 0xe6f, 0xd65, 0xc6c, 0x36c, 0x265, 0x16f, 0x66 , 0x76a, 0x663, 0x569, 0x460, 0xca0, 0xda9, 0xea3, 0xfaa, 0x8a6, 0x9af, 0xaa5, 0xbac, 0x4ac, 0x5a5, 0x6af, 0x7a6, 0xaa , 0x1a3, 0x2a9, 0x3a0, 0xd30, 0xc39, 0xf33, 0xe3a, 0x936, 0x83f, 0xb35, 0xa3c, 0x53c, 0x435, 0x73f, 0x636, 0x13a, 0x33 , 0x339, 0x230, 0xe90, 0xf99, 0xc93, 0xd9a, 0xa96, 0xb9f, 0x895, 0x99c, 0x69c, 0x795, 0x49f, 0x596, 0x29a, 0x393, 0x99 , 0x190, 0xf00, 0xe09, 0xd03, 0xc0a, 0xb06, 0xa0f, 0x905, 0x80c, 0x70c, 0x605, 0x50f, 0x406, 0x30a, 0x203, 0x109, 0x0};

int triTable[256][16] ={{-1, -1, -1, -1, -1, -1, -1, -1, -1, -1, -1, -1, -1, -1, -1, -1},{0, 8, 3, -1, -1, -1, -1, -1, -1, -1, -1, -1, -1, -1, -1, -1},{0, 1, 9, -1, -1, -1, -1, -1, -1, -1, -1, -1, -1, -1, -1, -1}, {1, 8, 3, 9, 8, 1, -1, -1, -1, -1, -1, -1, -1, -1, -1, -1},{1, 2, 10, -1, -1, -1, -1, -1, -1, -1, -1, -1, -1, -1, -1, -1},{0, 8, 3, 1, 2, 10, -1, -1, -1, -1, -1, -1, -1, -1, -1, -1},{9, 2, 10, 0, 2, 9, -1, -1, -1, -1, -1, -1, -1, -1, -1, -1},{2, 8, 3, 2, 10, 8, 10, 9, 8, -1, -1, -1, -1, -1, -1, -1}, {3, 11, 2, -1, -1, -1, -1, -1, -1, -1, -1, -1, -1, -1, -1, -1},{0, 11, 2, 8, 11, 0, -1, -1, -1, -1, -1, -1, -1, -1, -1, -1},{1, 9, 0, 2, 3, 11, -1, -1, -1, -1, -1, -1, -1, -1, -1, -1},{1, 11, 2, 1, 9, 11, 9, 8, 11, -1, -1, -1, -1, -1, -1, -1},{3, 10, 1, 11, 10, 3, -1, -1, -1, -1, -1, -1, -1, -1, -1, -1},{0, 10, 1, 0, 8, 10, 8, 11, 10, -1, -1, -1, -1, -1, -1, -1},{3, 9, 0, 3, 11, 9, 11, 10, 9, -1, -1, -1, -1, -1, -1, -1},{9, 8, 10, 10, 8, 11, -1, -1, -1, -1, -1, -1, -1, -1, -1, -1},{4, 7, 8, -1, -1, -1, -1, -1, -1, -1, -1, -1, -1, -1, -1, -1},{4, 3, 0, 7, 3, 4, -1, -1, -1, -1, -1, -1, -1, -1, -1, -1},{0, 1, 9, 8, 4, 7, -1, -1, -1, -1, -1, -1, -1, -1, -1, -1},{4, 1, 9, 4, 7, 1, 7, 3, 1, -1, -1, -1, -1, -1, -1, -1},{1, 2, 10, 8, 4, 7, -1, -1, -1, -1, -1, -1, -1, -1, -1, -1},{3, 4, 7, 3, 0, 4, 1, 2, 10, -1, -1, -1, -1, -1, -1, -1},{9, 2, 10, 9, 0, 2, 8, 4, 7, -1, -1, -1, -1, -1, -1, -1},{2, 10, 9, 2, 9, 7, 2, 7, 3, 7, 9, 4, -1, -1, -1, -1},{8, 4, 7, 3, 11, 2, -1, -1, -1, -1, -1, -1, -1, -1, -1, -1},{11, 4, 7, 11, 2, 4, 2, 0, 4, -1, -1, -1, -1, -1, -1, -1},{9, 0, 1, 8, 4, 7, 2, 3, 11, -1, -1, -1, -1, -1, -1, -1},{4, 7, 11, 9, 4, 11, 9, 11, 2, 9, 2, 1, -1, -1, -1, -1},{3, 10, 1, 3, 11, 10, 7, 8, 4, -1, -1, -1, -1, -1, -1, -1},{1, 11, 10, 1, 4, 11, 1, 0, 4, 7, 11, 4, -1, -1, -1, -1},{4, 7, 8, 9, 0, 11, 9, 11, 10, 11, 0, 3, -1, -1, -1, -1},{4, 7, 11, 4, 11, 9, 9, 11, 10, -1, -1, -1, -1, -1, -1, -1},{9, 5, 4, -1, -1, -1, -1, -1, -1, -1, -1, -1, -1, -1, -1, -1},{9, 5, 4, 0, 8, 3, -1, -1, -1, -1, -1, -1, -1, -1, -1, -1},{0, 5, 4, 1, 5, 0, -1, -1, -1, -1, -1, -1, -1, -1, -1, -1},{8, 5, 4, 8, 3, 5, 3, 1, 5, -1, -1, -1, -1, -1, -1, -1},{1, 2, 10, 9, 5, 4, -1, -1, -1,

−1, −1, −1, −1, −1, −1, −1},{3, 0, 8, 1, 2, 10, 4, 9, 5, −1, −1, −1, −1, −1, −1, −1},{5, 2, 10, 5, 4, 2, 4, 0, 2, −1, −1, −1, −1, −1, −1, −1},{2, 10, 5, 3, 2, 5, 3, 5, 4, 3, 4, 8, −1, −1, −1, −1},{9, 5, 4, 2, 3, 11, −1, −1, −1, −1, −1, −1, −1, −1, −1, −1},{0, 11, 2, 0, 8, 11, 4, 9, 5, −1, −1, −1, −1, −1, −1, −1},{0, 5, 4, 0, 1, 5, 2, 3, 11, −1, −1, −1, −1, −1, −1, −1},{2, 1, 5, 2, 5, 8, 2, 8, 11, 4, 8, 5, −1, −1, −1, −1},{10, 3, 11, 10, 1, 3, 9, 5, 4, −1, −1, −1, −1, −1, −1, −1},{4, 9, 5, 0, 8, 1, 8, 10, 1, 8, 11, 10, −1, −1, −1, −1},{5, 4, 0, 5, 0, 11, 5, 11, 10, 11, 0, 3, −1, −1, −1, −1},{5, 4, 8, 5, 8, 10, 10, 8, 11, −1, −1, −1, −1, −1, −1, −1},{9, 7, 8, 5, 7, 9, −1, −1, −1, −1, −1, −1, −1, −1, −1, −1},{9, 3, 0, 9, 5, 3, 5, 7, 3, −1, −1, −1, −1, −1, −1, −1},{0, 7, 8, 0, 1, 7, 1, 5, 7, −1, −1, −1, −1, −1, −1, −1},{1, 5, 3, 3, 5, 7, −1, −1, −1, −1, −1, −1, −1, −1, −1, −1},{9, 7, 8, 9, 5, 7, 10, 1, 2, −1, −1, −1, −1, −1, −1, −1},{10, 1, 2, 9, 5, 0, 5, 3, 0, 5, 7, 3, −1, −1, −1, −1},{8, 0, 2, 8, 2, 5, 8, 5, 7, 10, 5, 2, −1, −1, −1, −1},{2, 10, 5, 2, 5, 3, 3, 5, 7, −1, −1, −1, −1, −1, −1, −1},{7, 9, 5, 7, 8, 9, 3, 11, 2, −1, −1, −1, −1, −1, −1, −1},{9, 5, 7, 9, 7, 2, 9, 2, 0, 2, 7, 11, −1, −1, −1, −1},{2, 3, 11, 0, 1, 8, 1, 7, 8, 1, 5, 7, −1, −1, −1, −1},{11, 2, 1, 11, 1, 7, 7, 1, 5, −1, −1, −1, −1, −1, −1, −1},{9, 5, 8, 8, 5, 7, 10, 1, 3, 10, 3, 11, −1, −1, −1, −1},{5, 7, 0, 5, 0, 9, 7, 11, 0, 1, 0, 10, 11, 10, 0, −1},{11, 10, 0, 11, 0, 3, 10, 5, 0, 8, 0, 7, 5, 7, 0, −1},{11, 10, 5, 7, 11, 5, −1, −1, −1, −1, −1, −1, −1, −1, −1, −1},{10, 6, 5, −1, −1, −1, −1, −1, −1, −1, −1, −1, −1, −1, −1, −1},{0, 8, 3, 5, 10, 6, −1, −1, −1, −1, −1, −1, −1, −1, −1, −1},{9, 0, 1, 5, 10, 6, −1, −1, −1, −1, −1, −1, −1, −1, −1, −1},{1, 8, 3, 1, 9, 8, 5, 10, 6, −1, −1, −1, −1, −1, −1, −1},{1, 6, 5, 2, 6, 1, −1, −1, −1, −1, −1, −1, −1, −1, −1, −1},{1, 6, 5, 1, 2, 6, 3, 0, 8, −1, −1, −1, −1, −1, −1, −1},{9, 6, 5, 9, 0, 6, 0, 2, 6, −1, −1, −1, −1, −1, −1, −1},{5, 9, 8, 5, 8, 2, 5, 2, 6, 3, 2, 8, −1, −1, −1, −1},{2, 3, 11, 10, 6, 5, −1, −1, −1, −1, −1, −1, −1, −1, −1, −1},{11, 0, 8, 11, 2, 0, 10, 6, 5, −1, −1, −1, −1, −1, −1, −1},{0, 1, 9, 2, 3, 11, 5, 10, 6, −1, −1, −1, −1, −1, −1, −1},{5, 10, 6, 1, 9, 2, 9, 11, 2, 9, 8, 11, −1, −1, −1, −1},{6, 3, 11, 6, 5, 3, 5, 1, 3, −1, −1, −1, −1, −1, −1, −1},{0, 8, 11, 0, 11, 5, 0, 5, 1, 5, 11, 6, −1, −1, −1, −1},{3, 11, 6, 0, 3, 6, 0, 6, 5, 0, 5, 9, −1, −1, −1, −1},{6, 5, 9, 6, 9, 11, 11, 9, 8, −1, −1, −1, −1, −1, −1, −1},{5, 10, 6, 4, 7, 8, −1, −1, −1, −1, −1, −1, −1, −1, −1, −1},{4, 3, 0, 4, 7, 3, 6, 5, 10, −1, −1, −1, −1, −1, −1, −1},{1, 9, 0, 5, 10, 6, 8, 4, 7, −1, −1, −1, −1, −1, −1, −1},{10, 6, 5, 1, 9, 7, 1, 7, 3, 7, 9, 4, −1, −1, −1, −1},{6, 1, 2, 6, 5, 1, 4, 7, 8, −1, −1, −1, −1, −1, −1, −1},{1, 2, 5, 5, 2, 6, 3, 0, 4, 3, 4, 7, −1, −1, −1, −1},{8, 4, 7, 9, 0, 5, 0, 6, 5, 0, 2, 6, −1, −1, −1, −1},{7, 3, 9, 7, 9, 4, 3, 2, 9, 5, 9, 6, 2, 6, 9, −1},{3, 11, 2, 7, 8, 4, 10, 6, 5, −1, −1, −1, −1, −1, −1, −1},{5, 10, 6, 4, 7,

2, 4, 2, 0, 2, 7, 11, −1, −1, −1, −1},{0, 1, 9, 4, 7, 8, 2, 3, 11, 5, 10, 6, −1, −1, −1, −1},{9, 2, 1, 9, 11, 2, 9, 4, 11, 7, 11, 4, 5, 10, 6, −1},{8, 4, 7, 3, 11, 5, 3, 5, 1, 5, 11, 6, −1, −1, −1, −1},{5, 1, 11, 5, 11, 6, 1, 0, 11, 7, 11, 4, 0, 4, 11, −1},{0, 5, 9, 0, 6, 5, 0, 3, 6, 11, 6, 3, 8, 4, 7, −1},{6, 5, 9, 6, 9, 11, 4, 7, 9, 7, 11, 9, −1, −1, −1, −1},{10, 4, 9, 6, 4, 10, −1, −1, −1, −1, −1, −1, −1, −1, −1, −1},{4, 10, 6, 4, 9, 10, 0, 8, 3, −1, −1, −1, −1, −1, −1, −1},{10, 0, 1, 10, 6, 0, 6, 4, 0, −1, −1, −1, −1, −1, −1, −1},{8, 3, 1, 8, 1, 6, 8, 6, 4, 6, 1, 10, −1, −1, −1, −1},{1, 4, 9, 1, 2, 4, 2, 6, 4, −1, −1, −1, −1, −1, −1, −1},{3, 0, 8, 1, 2, 9, 2, 4, 9, 2, 6, 4, −1, −1, −1, −1},{0, 2, 4, 4, 2, 6, −1, −1, −1, −1, −1, −1, −1, −1, −1, −1},{8, 3, 2, 8, 2, 4, 4, 2, 6, −1, −1, −1, −1, −1, −1, −1},{10, 4, 9, 10, 6, 4, 11, 2, 3, −1, −1, −1, −1, −1, −1, −1},{0, 8, 2, 2, 8, 11, 4, 9, 10, 4, 10, 6, −1, −1, −1, −1},{3, 11, 2, 0, 1, 6, 0, 6, 4, 6, 1, 10, −1, −1, −1, −1},{6, 4, 1, 6, 1, 10, 4, 8, 1, 2, 1, 11, 8, 11, 1, −1},{9, 6, 4, 9, 3, 6, 9, 1, 3, 11, 6, 3, −1, −1, −1, −1},{8, 11, 1, 8, 1, 0, 11, 6, 1, 9, 1, 4, 6, 4, 1, −1},{3, 11, 6, 3, 6, 0, 0, 6, 4, −1, −1, −1, −1, −1, −1, −1},{6, 4, 8, 11, 6, 8, −1, −1, −1, −1, −1, −1, −1, −1, −1, −1},{7, 10, 6, 7, 8, 10, 8, 9, 10, −1, −1, −1, −1, −1, −1, −1},{0, 7, 3, 0, 10, 7, 0, 9, 10, 6, 7, 10, −1, −1, −1, −1},{10, 6, 7, 1, 10, 7, 1, 7, 8, 1, 8, 0, −1, −1, −1, −1},{10, 6, 7, 10, 7, 1, 1, 7, 3, −1, −1, −1, −1, −1, −1, −1},{1, 2, 6, 1, 6, 8, 1, 8, 9, 8, 6, 7, −1, −1, −1, −1},{2, 6, 9, 2, 9, 1, 6, 7, 9, 0, 9, 3, 7, 3, 9, −1},{7, 8, 0, 7, 0, 6, 6, 0, 2, −1, −1, −1, −1, −1, −1, −1},{7, 3, 2, 6, 7, 2, −1, −1, −1, −1, −1, −1, −1, −1, −1, −1},{2, 3, 11, 10, 6, 8, 10, 8, 9, 8, 6, 7, −1, −1, −1, −1},{2, 0, 7, 2, 7, 11, 0, 9, 7, 6, 7, 10, 9, 10, 7, −1},{1, 8, 0, 1, 7, 8, 1, 10, 7, 6, 7, 10, 2, 3, 11, −1},{11, 2, 1, 11, 1, 7, 10, 6, 1, 6, 7, 1, −1, −1, −1, −1},{8, 9, 6, 8, 6, 7, 9, 1, 6, 11, 6, 3, 1, 3, 6, −1},{0, 9, 1, 11, 6, 7, −1, −1, −1, −1, −1, −1, −1, −1, −1, −1},{7, 8, 0, 7, 0, 6, 3, 11, 0, 11, 6, 0, −1, −1, −1, −1},{7, 11, 6, −1, −1, −1, −1, −1, −1, −1, −1, −1, −1, −1, −1, −1},{7, 6, 11, −1, −1, −1, −1, −1, −1, −1, −1, −1, −1, −1, −1, −1},{3, 0, 8, 11, 7, 6, −1, −1, −1, −1, −1, −1, −1, −1, −1, −1},{0, 1, 9, 11, 7, 6, −1, −1, −1, −1, −1, −1, −1, −1, −1, −1},{8, 1, 9, 8, 3, 1, 11, 7, 6, −1, −1, −1, −1, −1, −1, −1},{10, 1, 2, 6, 11, 7, −1, −1, −1, −1, −1, −1, −1, −1, −1, −1},{1, 2, 10, 3, 0, 8, 6, 11, 7, −1, −1, −1, −1, −1, −1, −1},{2, 9, 0, 2, 10, 9, 6, 11, 7, −1, −1, −1, −1, −1, −1, −1},{6, 11, 7, 2, 10, 3, 10, 8, 3, 10, 9, 8, −1, −1, −1, −1},{7, 2, 3, 6, 2, 7, −1, −1, −1, −1, −1, −1, −1, −1, −1, −1},{7, 0, 8, 7, 6, 0, 6, 2, 0, −1, −1, −1, −1, −1, −1, −1},{2, 7, 6, 2, 3, 7, 0, 1, 9, −1, −1, −1, −1, −1, −1, −1},{1, 6, 2, 1, 8, 6, 1, 9, 8, 8, 7, 6, −1, −1, −1, −1},{10, 7, 6, 10, 1, 7, 1, 3, 7, −1, −1, −1, −1, −1, −1, −1},{10, 7, 6, 1, 7, 10, 1, 8, 7, 1, 0, 8, −1, −1, −1, −1},{0, 3, 7, 0, 7, 10, 0, 10, 9, 6, 10, 7, −1, −1, −1, −1},{7, 6, 10, 7,

10, 8, 8, 10, 9, −1, −1, −1, −1, −1, −1, −1},{6, 8, 4, 11, 8, 6, −1, −1, −1, −1, −1, −1, −1, −1, −1, −1},{3, 6, 11, 3, 0, 6, 0, 4, 6, −1, −1, −1, −1, −1, −1, −1},{8, 6, 11, 8, 4, 6, 9, 0, 1, −1, −1, −1, −1, −1, −1, −1},{9, 4, 6, 9, 6, 3, 9, 3, 1, 11, 3, 6, −1, −1, −1, −1},{6, 8, 4, 6, 11, 8, 2, 10, 1, −1, −1, −1, −1, −1, −1, −1},{1, 2, 10, 3, 0, 11, 0, 6, 11, 0, 4, 6, −1, −1, −1, −1},{4, 11, 8, 4, 6, 11, 0, 2, 9, 2, 10, 9, −1, −1, −1, −1},{10, 9, 3, 10, 3, 2, 9, 4, 3, 11, 3, 6, 4, 6, 3, −1},{8, 2, 3, 8, 4, 2, 4, 6, 2, −1, −1, −1, −1, −1, −1, −1},{0, 4, 2, 4, 6, 2, −1, −1, −1, −1, −1, −1, −1, −1, −1, −1},{1, 9, 0, 2, 3, 4, 2, 4, 6, 4, 3, 8, −1, −1, −1, −1},{1, 9, 4, 1, 4, 2, 2, 4, 6, −1, −1, −1, −1, −1, −1, −1},{8, 1, 3, 8, 6, 1, 8, 4, 6, 6, 10, 1, −1, −1, −1, −1},{10, 1, 0, 10, 0, 6, 6, 0, 4, −1, −1, −1, −1, −1, −1, −1},{4, 6, 3, 4, 3, 8, 6, 10, 3, 0, 3, 9, 10, 9, 3, −1},{10, 9, 4, 6, 10, 4, −1, −1, −1, −1, −1, −1, −1, −1, −1, −1},{4, 9, 5, 7, 6, 11, −1, −1, −1, −1, −1, −1, −1, −1, −1, −1},{0, 8, 3, 4, 9, 5, 11, 7, 6, −1, −1, −1, −1, −1, −1, −1},{5, 0, 1, 5, 4, 0, 7, 6, 11, −1, −1, −1, −1, −1, −1, −1},{11, 7, 6, 8, 3, 4, 3, 5, 4, 3, 1, 5, −1, −1, −1, −1},{9, 5, 4, 10, 1, 2, 7, 6, 11, −1, −1, −1, −1, −1, −1, −1},{6, 11, 7, 1, 2, 10, 0, 8, 3, 4, 9, 5, −1, −1, −1, −1},{7, 6, 11, 5, 4, 10, 4, 2, 10, 4, 0, 2, −1, −1, −1, −1},{3, 4, 8, 3, 5, 4, 3, 2, 5, 10, 5, 2, 11, 7, 6, −1},{7, 2, 3, 7, 6, 2, 5, 4, 9, −1, −1, −1, −1, −1, −1, −1},{9, 5, 4, 0, 8, 6, 0, 6, 2, 6, 8, 7, −1, −1, −1, −1},{3, 6, 2, 3, 7, 6, 1, 5, 0, 5, 4, 0, −1, −1, −1, −1},{6, 2, 8, 6, 8, 7, 2, 1, 8, 4, 8, 5, 1, 5, 8, −1},{9, 5, 4, 10, 1, 6, 1, 7, 6, 1, 3, 7, −1, −1, −1, −1},{1, 6, 10, 1, 7, 6, 1, 0, 7, 8, 7, 0, 9, 5, 4, −1},{4, 0, 10, 4, 10, 5, 0, 3, 10, 6, 10, 7, 3, 7, 10, −1},{7, 6, 10, 7, 10, 8, 5, 4, 10, 4, 8, 10, −1, −1, −1, −1},{6, 9, 5, 6, 11, 9, 11, 8, 9, −1, −1, −1, −1, −1, −1, −1},{3, 6, 11, 0, 6, 3, 0, 5, 6, 0, 9, 5, −1, −1, −1, −1},{0, 11, 8, 0, 5, 11, 0, 1, 5, 5, 6, 11, −1, −1, −1, −1},{6, 11, 3, 6, 3, 5, 5, 3, 1, −1, −1, −1, −1, −1, −1, −1},{1, 2, 10, 9, 5, 11, 9, 11, 8, 11, 5, 6, −1, −1, −1, −1},{0, 11, 3, 0, 6, 11, 0, 9, 6, 5, 6, 9, 1, 2, 10, −1},{11, 8, 5, 11, 5, 6, 8, 0, 5, 10, 5, 2, 0, 2, 5, −1},{6, 11, 3, 6, 3, 5, 2, 10, 3, 10, 5, 3, −1, −1, −1, −1},{5, 8, 9, 5, 2, 8, 5, 6, 2, 3, 8, 2, −1, −1, −1, −1},{9, 5, 6, 9, 6, 0, 0, 6, 2, −1, −1, −1, −1, −1, −1, −1},{1, 5, 8, 1, 8, 0, 5, 6, 8, 3, 8, 2, 6, 2, 8, −1},{1, 5, 6, 2, 1, 6, −1, −1, −1, −1, −1, −1, −1, −1, −1, −1},{1, 3, 6, 1, 6, 10, 3, 8, 6, 5, 6, 9, 8, 9, 6, −1},{10, 1, 0, 10, 0, 6, 9, 5, 0, 5, 6, 0, −1, −1, −1, −1},{0, 3, 8, 5, 6, 10, −1, −1, −1, −1, −1, −1, −1, −1, −1, −1},{10, 5, 6, −1, −1, −1, −1, −1, −1, −1, −1, −1, −1, −1, −1, −1},{11, 5, 10, 7, 5, 11, −1, −1, −1, −1, −1, −1, −1, −1, −1, −1},{11, 5, 10, 11, 7, 5, 8, 3, 0, −1, −1, −1, −1, −1, −1, −1},{5, 11, 7, 5, 10, 11, 1, 9, 0, −1, −1, −1, −1, −1, −1, −1},{10, 7, 5, 10, 11, 7, 9, 8, 1, 8, 3, 1, −1, −1, −1, −1},{11, 1, 2, 11, 7, 1, 7, 5, 1, −1, −1, −1, −1, −1, −1, −1},{0, 8, 3, 1, 2, 7, 1, 7, 5, 7, 2, 11, −1, −1, −1,

−1},{9, 7, 5, 9, 2, 7, 9, 0, 2, 2, 11, 7, −1, −1, −1, −1},{7, 5, 2, 7, 2, 11, 5, 9, 2, 3, 2, 8, 9, 8, 2, −1},{2, 5, 10, 2, 3, 5, 3, 7, 5, −1, −1, −1, −1, −1, −1, −1}, {8, 2, 0, 8, 5, 2, 8, 7, 5, 10, 2, 5, −1, −1, −1, −1},{9, 0, 1, 5, 10, 3, 5, 3, 7, 3, 10, 2, −1, −1, −1, −1},{9, 8, 2, 9, 2, 1, 8, 7, 2, 10, 2, 5, 7, 5, 2, −1},{1, 3, 5, 3, 7, 5, −1, −1, −1, −1, −1, −1, −1, −1, −1, −1},{0, 8, 7, 0, 7, 1, 1, 7, 5, −1, −1, −1, −1, −1, −1, −1},{9, 0, 3, 9, 3, 5, 5, 3, 7, −1, −1, −1, −1, −1, −1, −1},{9, 8, 7, 5, 9, 7, −1, −1, −1, −1, −1, −1, −1, −1, −1, −1},{5, 8, 4, 5, 10, 8, 10, 11, 8, −1, −1, −1, −1, −1, −1, −1},{5, 0, 4, 5, 11, 0, 5, 10, 11, 11, 3, 0, −1, −1, −1, −1},{0, 1, 9, 8, 4, 10, 8, 10, 11, 10, 4, 5, −1, −1, −1, −1},{10, 11, 4, 10, 4, 5, 11, 3, 4, 9, 4, 1, 3, 1, 4, −1},{2, 5, 1, 2, 8, 5, 2, 11, 8, 4, 5, 8, −1, −1, −1, −1},{0, 4, 11, 0, 11, 3, 4, 5, 11, 2, 11, 1, 5, 1, 11, −1},{0, 2, 5, 0, 5, 9, 2, 11, 5, 4, 5, 8, 11, 8, 5, −1},{9, 4, 5, 2, 11, 3, −1, −1, −1, −1, −1, −1, −1, −1, −1, −1},{2, 5, 10, 3, 5, 2, 3, 4, 5, 3, 8, 4, −1, −1, −1, −1},{5, 10, 2, 5, 2, 4, 4, 2, 0, −1, −1, −1, −1, −1, −1, −1},{3, 10, 2, 3, 5, 10, 3, 8, 5, 4, 5, 8, 0, 1, 9, −1},{5, 10, 2, 5, 2, 4, 1, 9, 2, 9, 4, 2, −1, −1, −1, −1},{8, 4, 5, 8, 5, 3, 3, 5, 1, −1, −1, −1, −1, −1, −1, −1},{0, 4, 5, 1, 0, 5, −1, −1, −1, −1, −1, −1, −1, −1, −1, −1},{8, 4, 5, 8, 5, 3, 9, 0, 5, 0, 3, 5, −1, −1, −1, −1},{9, 4, 5, −1, −1, −1, −1, −1, −1, −1, −1, −1, −1, −1, −1, −1},{4, 11, 7, 4, 9, 11, 9, 10, 11, −1, −1, −1, −1, −1, −1, −1},{0, 8, 3, 4, 9, 7, 9, 11, 7, 9, 10, 11, −1, −1, −1, −1},{1, 10, 11, 1, 11, 4, 1, 4, 0, 7, 4, 11, −1, −1, −1, −1},{3, 1, 4, 3, 4, 8, 1, 10, 4, 7, 4, 11, 10, 11, 4, −1},{4, 11, 7, 9, 11, 4, 9, 2, 11, 9, 1, 2, −1, −1, −1, −1},{9, 7, 4, 9, 11, 7, 9, 1, 11, 2, 11, 1, 0, 8, 3, −1},{11, 7, 4, 11, 4, 2, 2, 4, 0, −1, −1, −1, −1, −1, −1, −1},{11, 7, 4, 11, 4, 2, 8, 3, 4, 3, 2, 4, −1, −1, −1, −1},{2, 9, 10, 2, 7, 9, 2, 3, 7, 7, 4, 9, −1, −1, −1, −1},{9, 10, 7, 9, 7, 4, 10, 2, 7, 8, 7, 0, 2, 0, 7, −1},{3, 7, 10, 3, 10, 2, 7, 4, 10, 1, 10, 0, 4, 0, 10, −1},{1, 10, 2, 8, 7, 4, −1, −1, −1, −1, −1, −1, −1, −1, −1, −1}, {4, 9, 1, 4, 1, 7, 7, 1, 3, −1, −1, −1, −1, −1, −1, −1},{4, 9, 1, 4, 1, 7, 0, 8, 1, 8, 7, 1, −1, −1, −1, −1},{4, 0, 3, 7, 4, 3, −1, −1, −1, −1, −1, −1, −1, −1, −1, −1},{4, 8, 7, −1, −1, −1, −1, −1, −1, −1, −1, −1, −1, −1, −1, −1},{9, 10, 8, 10, 11, 8, −1, −1, −1, −1, −1, −1, −1, −1, −1, −1},{3, 0, 9, 3, 9, 11, 11, 9, 10, −1, −1, −1, −1, −1, −1, −1},{0, 1, 10, 0, 10, 8, 8, 10, 11, −1, −1, −1, −1, −1, −1, −1},{3, 1, 10, 11, 3, 10, −1, −1, −1, −1, −1, −1, −1, −1, −1, −1},{1, 2, 11, 1, 11, 9, 9, 11, 8, −1, −1, −1, −1, −1, −1, −1},{3, 0, 9, 3, 9, 11, 1, 2, 9, 2, 11, 9, −1, −1, −1, −1},{0, 2, 11, 8, 0, 11, −1, −1, −1, −1, −1, −1, −1, −1, −1, −1},{3, 2, 11, −1, −1, −1, −1, −1, −1, −1, −1, −1, −1, −1, −1, −1},{2, 3, 8, 2, 8, 10, 10, 8, 9, −1, −1, −1, −1, −1, −1, −1},{9, 10, 2, 0, 9, 2, −1, −1, −1, −1, −1, −1, −1, −1, −1, −1},{2, 3, 8, 2, 8, 10, 0, 1, 8, 1, 10, 8, −1, −1, −1, −1},{1, 10, 2, −1, −1, −1, −1, −1, −1, −1, −1, −1, −1, −1, −1, −1},{1, 3, 8, 9, 1, 8, −1, −1, −1, −1, −1, −1, −1, −1, −1, −1},{0, 9, 1, −1, −1, −1,

−1, −1, −1, −1, −1, −1, −1, −1, −1, −1},{0, 3, 8, −1, −1, −1, −1, −1, −1, −1, −1, −1, −1, −1, −1, −1},{−1, −1, −1, −1, −1, −1, −1, −1, −1, −1, −1, −1, −1, −1, −1, −1}}。

仍然以之前的3号顶点值小于等效面值,其余顶点值大于等效面值的情况为例,那么在该种情况下,立方体的顶点值表示为二进制的结果是00001000,十进制的结果为8,根据这个值,查询棱边分布表(edgeTable)得到棱边与等效面相交的分布情况为edgeTable,即0x80C,转化为二进制为010000001100,得立方体12条棱边中,与等效面相交的棱边编号为11、3、2,然后根据相关顶点的值和等效面值,用差值计算的方法求得等效面与相应棱边的相交点。继续根据立方体的顶点值查询triTable[256][16]表格,得到相应的等效面的组成情况,triTable[8][16]为{3, 11, 2, −1, −1, −1, −1, −1, −1, −1, −1, −1, −1, −1, −1, −1},表明立方体内等效面上的部分是一个以与棱边3、11、2相交点所组成的三角形。值得注意的是,三角形顶点的顺序不能弄错,因为这涉及后面的法向量的确定。

(3)确定顶点法向量:由上可知,等效面都是由一个个小三角形拼接而成,为了使等效面看起来平滑光洁有立体感,必须施以光照处理,而在光照处理中法向量的选择是关键。采用如下的法向量获取方法:遍历每个三角形的顶点,获得经过该顶点的所有三角面的法向量,将所有的法向量相加取均值即为该顶点法向量值。值得注意的是,在相应的法向量相加前必须对其进行归一化处理,即将法向量的模值处理到1。

(4)绘制:运用Open GL工具将所有的三角面和顶点绘制到屏幕上即可。

4)多等值面图

该图能够恰当地反映三维数据的某种特性,也是一种真实的实物图。通常人们所说物体具有某种特性,是指该物体具有某种参数或某种性能的等值范围,其实质是用物性参数的等体面图来描述的。而物探异常其实质是一种参数范围,因此,这里所说的等值面图可以作为三维预报数据体的实际推断结果,它以实物结构的形式呈现在观察者面前,方便、直观地解释物探异常。

物性特征图的绘制过程非常复杂,在整个图形制作过程中,大体上可分为以下几个过程:欲绘制一实物,首先要对实物用三维网格进行剖分,然后连接剖分网格棱线与实物的交点,分别从X、Y、Z方向网络实物,形成实物网络线,对实物网络线进行消隐处理,并逐一对各网格着色,最终形成实物图。网格剖分愈细,愈接近真实物体。整个绘图可通过下面几个部分描述:网格剖分、等体面的绘制、隐藏处理。

(1)网格剖分

预报三维数据所具有的特征,必为三维结构的实物。而用计算机对实物描述,通常不外乎两种办法,一种是对实物图利用数字化图像仪进行扫描(实物图为已知的情况),然后可作相应的处理及操作;另一种是对实物体进行三个方向的网格剖分,取得各网格点的数据,通过空间变换来显示实物的体结构。两种办法实质上都是采用网格剖分,前者是通过硬件设备进行处理,通常采用光栅、向量格式扫描,是针对二维图像处理。不幸的是,从二维图像到三维的转换是十分困难的。因此,欲构造一个实物体图,网格剖分是必不可少的一步。

对预报三维数据体而言,网格剖分非常简单,因为预报三维数据体本身的结构是一个立体的网格结构,其网格交点为数据点。网格的密度在前面标准网格化时已规定。因此网格剖分只需要对整个网格点搜索规定一定的方向,便完成了剖分过程。

(2)等体面的绘制

经网格剖分后的数据体，根据操作者规定特征，便开始在整个剖分的网格数据体中搜索。搜索的全过程亦即寻找所有网格线的数据等值点，也就是在每个经三个方向剖分的六面体中求解等值点。以上归结为在六面体中求空间六边形的过程。而对六面体的每个面而言，就是在矩形区域上绘制等值线。对等体面图的绘制就是用 X、Y、Z 三个方向的等值线网络实物体。为了系统地描述其过程，首先从矩形区域上等值线的绘制开始描述。

①矩形区域上等值线的绘制。

我们在区域 R 上布一个等距的矩形网格，然后计算等值线与矩形网格每一个棱边的交点坐标，适当地将这些交点连接起来。关于计算等值线 $F(x,y)=Z$ 与矩形网格棱边的交点，当然不可能直接求解方程：

$$\begin{cases} F(x,y)=Z \\ X=C \end{cases} \quad 或 \quad \begin{cases} F(x,y)=Z \\ Y=D \end{cases} \tag{4-126}$$

为了保证一定的精度，可以让网格步长小到使函数 $F(x,y)=Z$ 在相应的网格边上近似于线性函数。这就允许我们用线性插值的方法代替求解上式，如图 4-96 所示，设一网格小矩形棱边的两端点为 A、B 网格棱边与等值线交点。

求解：

$$\frac{F(b)-F(a)}{X_b-X_a}=\frac{Z-F(a)}{X-X_a} \tag{4-127}$$

或：

$$\frac{F(b)-F(a)}{Y_b-Y_a}=\frac{Z-F(a)}{Y-Y_a}$$

求得等值线与棱边的交点为：

$$\begin{cases} X=\dfrac{X_a+[Z-F(a)]}{[F(b)-F(a)]\cdot(X_b-X_a)} \\ Y=Y_a=Y_b \end{cases} 或 \begin{cases} Y=\dfrac{Y_a+[Z-F(a)]}{[F(b)-F(a)]\cdot(Y_b-Y_a)} \\ X=X_a=X_b \end{cases} \tag{4-128}$$

在绘制等值线图中，剩下的两个问题是寻找等值线的起点和识别分枝。在矩形网格内，等值线与网格棱边相交，至少有两个交点，规定逆时针方向求解，即可规定在网格内等值线的起点。关于网格内识别分枝的情况是这样考虑的，如图 4-97 所示，设网格点的四个值 $a1$、$a2$、$a3$、$a4$，等值线值 e(或称物性特征值)，e 与网格棱边相交的情况，必为 $q1=(e\leqslant a1)$；其具体含义为：

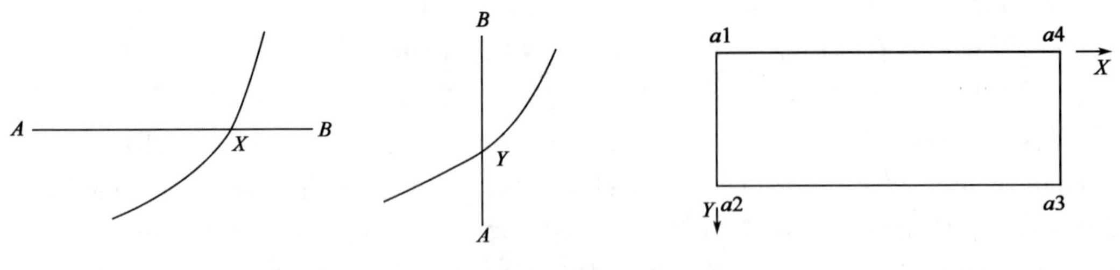

图 4-96 交点　　图 4-97 网格点

如 $e\leqslant a1$ 成立，那么 $q1=1$；

否则 $q1=0$。同理：

$$q2=(e\leqslant a2)$$

$$q3=(e\leqslant a3)$$

$q4=(e\leqslant a4)$；因此，只要网格棱边与等值线 e 相交，那么设：

$$q=8q1+4q2+2q3+q4 \tag{4-129}$$

如 $0<q<15$，必有交点。

且等值线在网格内相交有14种情况，下面列表作详细讨论，其中 Xstep、Ystep 分别为沿 X、Y 方向的步长，$X1$、$Y1$ 为 $a1$ 点的网格位置坐标，$X2$、$Y2$ 为 $a3$ 点的网格位置坐标，见表4-3。

各种交点坐标汇总　　表4-3

q 值判定	等值线与棱边交点	多边形坐标
1	Xb=Xstep/(a4−a1)×(e−a1)+X1 Yb=Y1 Xe=X2 Ye=Ystep/(a4−a3)×(e−a3)+Y1	(Xb,Yb) (Xe,Ye) (X2,Y1)
2	Xb=Xstep/(a3−a2)×(e−a2)+X1 Yb=Y2 Xe=X2 Ye=Ystep/(a3−a4)×(e−a4)+Y1	(Xb,Yb) (Xe,Ye) (X2,Y2)
3	Xb=Xstep/(a4−a1)×(e−a1)+X1 Yb=Y1 Ye=Y2 Xe=Xstep/(a3−a2)×(e−a2)+X1	(Xb,Yb) (Xe,Ye) (X2,Y1) (X2,Y2)
4	Yb=Ystep/(a2−a1)×(e−a1)+Y1 Xb=X1 Ye=Y2 Xe=Xstep/(a2−a3)×(e−a3)+X1	(Xb,Yb) (Xe,Ye) (X1,Y2)
5	Xb=Xstep/(a4−a1)×(e−a1)+X1 Yb=Y1 Xe=X1 Ye=Ystep/(a2−a1)×(e−a1)+Y1	(Xb,Yb) (Xe,Ye) (X1,Y2)
	X3b=Xstep/(a2−a3)×(e−a3)+X1 Y3b=Y2 X3e=X2 Y3e=Ystep/(a4−a3)×(e−a3)+Y1	(X3b,Y3b) (X3e,Y3e) (X2,Y1)
6	Yb=Ystep/(a2−a1)×(e−a1)+Y1 Xb=X1 Xe=X2 Ye=Ystep/(a3−a4)×(e−a4)+Y1	(Xb,Yb) (Xe,Ye) (X2,Y2) (X1,Y2)
7	Xb=Xstep/(a4−a1)×(e−a1)+X1 Yb=Y1 Xe=X1 Ye=Ystep/(a2−a1)×(e−a1)+Y1	(Xb,Yb) (Xe,Ye) (X2,Y1) (X2,Y2)

续上表

q 值判定	等值线与棱边交点	多边形坐标
8	Xb=Xstep/(a1−a4)×(e−a4)+X1 Yb=Y1 Xe=X1 Ye=Ystep/(a1−a2)×(e−a2)+Y1	(Xb,Yb) (Xe,Ye) (X1,Y1)
9	Yb=Ystep/(a1−a2)×(e−a2)+Y1 Xb=X1 Xe=X2 Ye=Ystep/(a4−a3)×(e−a3)+Y1	(Xb,Yb) (Xe,Ye) (X2,Y1) (x1,y1)
10	Yb=Ystep/(a1−a2)×(e−a2)+Y1 Xb=X1 Ye=Y2 Xe=Xstep/(a3−a2)×(e−a2)+X1	(Xb,Yb) (Xe,Ye) (X1,Y1)
	Y3b=Ystep/(a3−a4)×(e−a4)+Y1 X3b=X2 Y3e=Y1 X3e=Xstep/(a1−a4)×(e−a4)+X1	(X3b,Y3b) (X3e,Y3e) (X2,Y2)
11	Yb=Ystep/(a1−a2)×(e−a2)+Y1 Xb=X1 Ye=Y2 Xe=Ystep/(a3−a2)×(e−a2)+X1	(Xb,Yb) (Xe,Ye) (X2,Y2) (x2,y1)
12	Xb=Xstep/(a1−a4)×(e−a4)+X1 Yb=Y1 Ye=Y2 Xe=Xstep/(a2−a3)×(e−a3)+X1	(Xb,Yb) (Xe,Ye) (X1,Y1) (X1,Y2)
13	Xb=Xstep/(a2−a3)×(e−a3)+X1 Yb=Y2 Xe=X2 Ye=Ystep/(a4−a3)×(e−a3)+Y1	(Xb,Yb) (Xe,Ye) (X1,Y1) (X2,Y1)
14	Yb=Ystep/(a3−a4)×(e−a4)+Y1 Xb=X2 Ye=Y1 Xe=Xstep/(a1−a4)×(e−a4)+X1	(Xb,Yb) (Xe,Ye) (X1,Y1) (X1,Y2)

表 4-3 中 $q=5$、10 时，等值线在矩形网格中共有四个交点，其中(Xb,Yb)是等值线起点，(Xe,Ye)为终点。这里规定等值线的起点和终点，对下面要叙述的空间六边形坐标搜索具有重要的含义。当然，若纯粹绘制等值线，则没有必要规定起点和终点。

②空间多边形坐标的搜索。

上面叙述了矩形域等值线的绘制，三维数据体网格子块为长方体结构，当然长方体是由六个矩形面组成。因此等值线在长方体数据结构中的游动轨迹，如作线性考虑，应为一空间多边形(据实际情况也可分为空间三、四、五、六边形)，如图 4-98 所示。对各个面规定识别方向，依次记录等值线在各个矩形面的交点。其具体的搜索过程如下：

以下面的等值线起点为搜索起点(Xb,Yb)，以其终点为搜索目标，分别在各面的起点、终

点中寻其相同坐标，找到相同坐标后，记录该点，再以该点所在线的另一端为搜索目标，接着在下一个面中寻找，直到找到搜索起点为止。同时，在搜索过程中对搜索到的点做上标记，避免重复搜索。最后，在长方体子块网格数据中可找到一个或两个闭合的空间多边形。至此，便完成了空间多边形坐标的搜索过程。这样做的意义可在下面的消隐技术中详述。

③三维数据体子块等体面的形成。

子块等体面的构成由搜索到的空间多边形和子块的各个面组成，因此，在对空间多边形搜索完成后，再判断子块内的各面。因为空间多边形通常把子块分为两块，把其中符合特征的一块画出。而另一种情况子块中有两个空间多边形将子块分为三块，根据符合特征的条件，画出其中的一块或两块。

具体确定坐标位置及判定多边形，请参阅表4-3，根据每个矩形域中符合条件的多边形，最终在整个六面体中将所有符合条件的多边形组合在一起，便形成三维数据体子块等体面。

(3)隐藏处理

上面叙述了网格剖分、等体面绘制，至今绘制的所有三维图都是“线架图”，即图形的所有边线和顶点均可见。但对实体而言，其背面边线和顶点显然不可见，因此必须设计出隐线算法，仅绘制实体的可见面。隐线算法很多，有些简单、有些复杂、有些专用等，这里不一一而举，这些算法在使用中受到限制。但隐线算法在绘制实体时最为关键，以上介绍等体面绘制方法，其实，上面的算法是在考虑好消隐后做如上处理的。

这里所介绍的消隐过程非常简单，也非常巧妙。其过程很像“堆积木”，长方体积木上有花纹或图案，按照一定的顺序能堆出一幅立体的画面。其实，堆积木的过程本身就存在着消隐，使得前积木块遮挡住后面的块。我们可以将网格剖分的子块看成积木块，在每个网格子块中绘制的等体面看作单个积木上的花纹或图案，然后，按照一定的顺序将所有的子块组合在一起，就形成我们想要得到的特征实体。

①等体面子块的消隐。

等体面子块是由长方体六个面与空间等值体相交多边形组成，在绘制等体面子块的过程中，其消隐方法是将每个面上的多边形着色处理，通过着色面出现的顺序，前面的着色多边形将后面或两侧多边形全部或部分遮盖，实现子块的消隐。具体的顺序如图4-99所示。

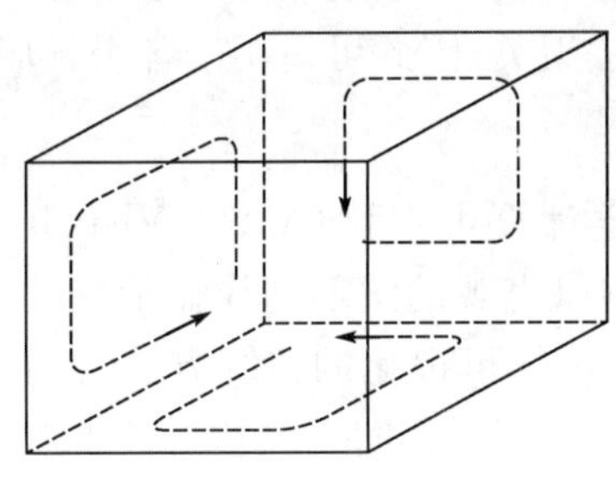

图4-98　搜索过程示意图

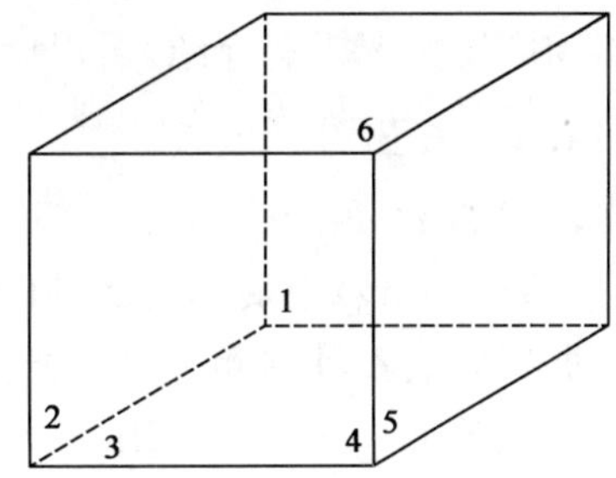

图4-99　等体面子块顺序

其中：1是后面，2是左面，3是下面，4是前面，5是右面，6是上面，1、2、3面是隐藏面，4、5、6面是出露面。在子块的绘制过程中，不论是隐藏面还是出露面都画出来并着色，只是利用其出现的顺序，不同的面相叠盖实现消隐。

②整个等体面的消隐。

等体面子块的消隐是利用出露面通过着色的方法将隐藏面叠盖，而整个等体面的消隐就是堆子块掩盖的过程，堆子块就像堆积木一样，只是注意规则和顺序，如果规则和顺序不对同样不能达到消隐的目的，甚至使整个图形混乱，子块的堆积顺序如图 4-100 所示。

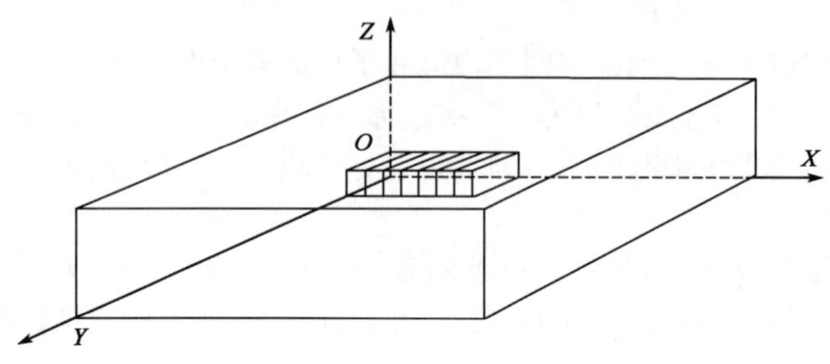

图 4-100　子块的堆积顺序

从左到右、从后到前、从下往上依次堆积，其过程自然实现前块遮挡后块，符合实际情况，且消隐准确、速度快、占用内存小，可以非常方便地实现三维结构的消隐工作。其图形的实际效果如图 4-101、图 4-102 所示，分别为同一感应电压场值的不同等势面图。

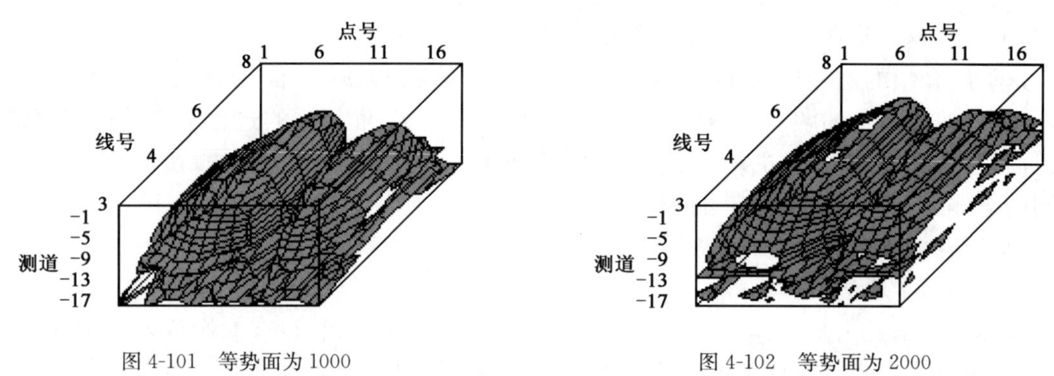

图 4-101　等势面为 1000　　图 4-102　等势面为 2000

本章所介绍的物性特征图的绘制，其软件实现过程比较复杂，这里仅介绍基本思路。其图形的特点和应用情况没有介绍，可以说该图形与预报方法无关，因此可适用于各个领域。

4.2.4.3　矢量图

矢量场可视化(Vector Field Visualization)是科学计算可视化(ViSC，Visualization in Scientific Computing)中最具挑战性的研究课题之一，它以直观的图形图像显示场的运动，透过抽象数据有效洞察其内涵本质和变化规律。传统的矢量场可视化的传统方法有箭头、流线(Streamline)、流面(Stream Surface)和流体(Flow Volume)等。它们一般基于种子点构造点、线、面、体中间图元，通过绘制图元显示矢量场。这些方法实现简单，而且可充分发掘图形软硬件加速；缺点是离散而不连续，容易混叠杂乱或漏掉关键特征，只适合局部可视化。基于纹理的矢量场可视化方法具有更大的优越性，它以图像形式显示场的全貌，而且可以表现细节变化。Van Wijk 在 SIGGRAPH 91 上提出基于纹理的点噪声(Spot Noise)，沿矢量方向对点噪声滤波生成图像，但该方法不适合变化剧烈的矢量场。Brian Cabral 和 Leith Leedom 在 SIG-

GRAPH 93 上提出线积分卷积(LIC:Line Integral Convolution),对矢量场可视化具有极其重要的意义,并应用到图像处理、计算机艺术等领域。LIC 图像能很好地显示运动方向,顺序移动周期性卷积核的相位可以生成 LIC 动画。基于 LIC 的改进有很多:Detlev Stalling 提出的 FastLIC 基于盒形卷积核发掘同一流线上像素间相关性,在一次流线积分中通过差补法计算多个像素值,将 LIC 速度提高一个数量级。Lisa Forssell 提出的 SurfaceLIC 将 LIC 推广到曲线形网格,解决了曲面的动画走样问题。Scheuerman 首先在 2D 流形切平面上计算 LIC 图像,然后基于法向量将纹理映射到流形。Hege 将 FastLIC 由盒形卷积核推广到分段多项式卷积核。Han-Wei Shen 提出的 UFLIC 基于噪声空间实现 LIC,成功用于非稳定场可视化。尽管已有一些加速算法,但 LIC 仍然很耗时,这里不详细介绍。

4.2.4.4　三维岩溶地质预报技术应用实例

本节结合瞬变脉冲电磁法的野外工程勘探资料进行解释。

1)三维数据软件包的使用流程(图 4-103)

(1)数据网格化流程(图 4-104)

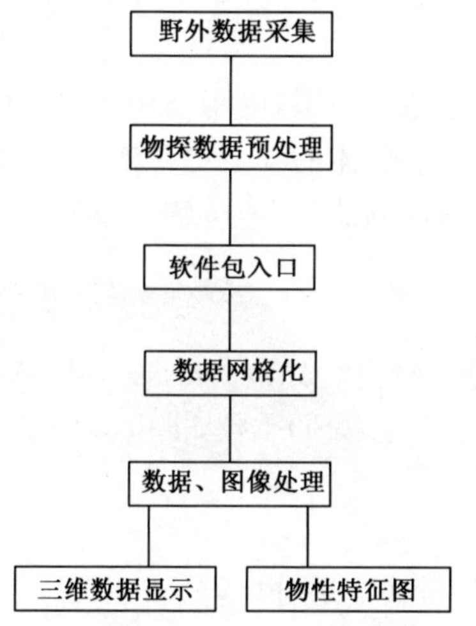

图 4-103　三维数据软件包的使用流程

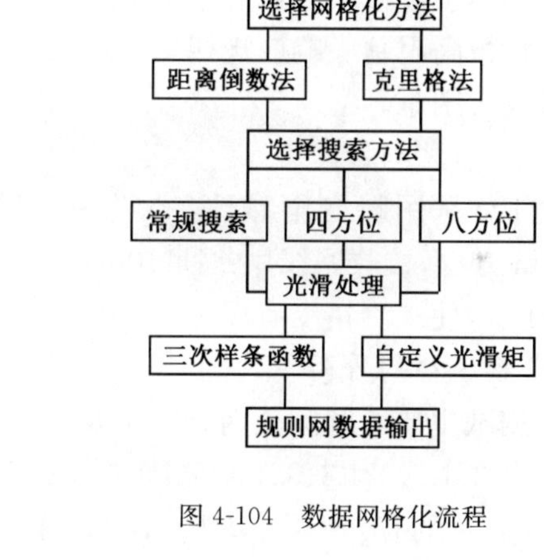

图 4-104　数据网格化流程

(2)数据、图像处理流程(图 4-105)

(3)三维数据显示流程(图 4-106)

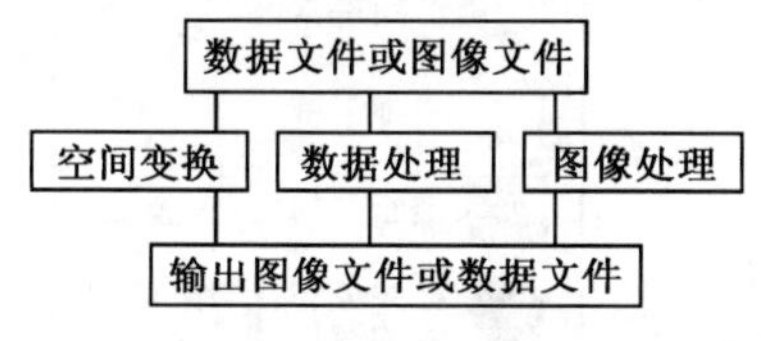

图 4-105　数据、图像处理流程

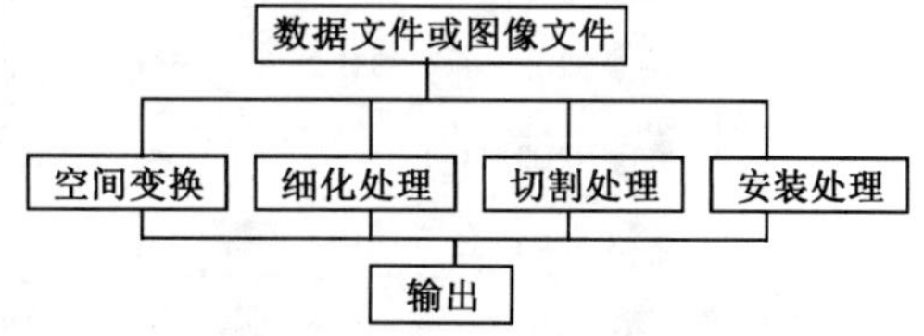

图 4-106　三维数据显示流程

(4)物性特征图流程(图 4-107)

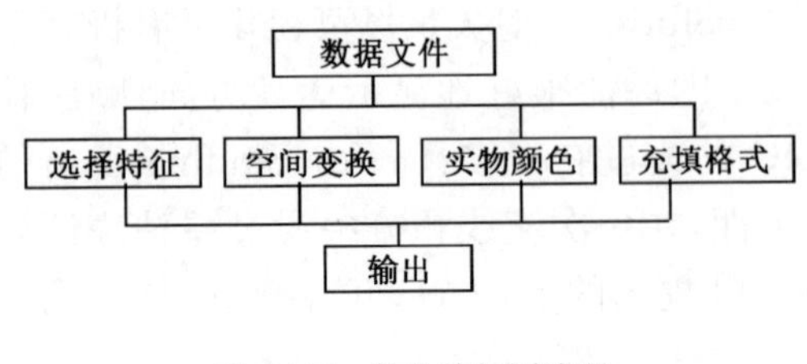

图 4-107　物性特征图流程

2)应用实例——杭州市某场区地下岩溶瞬变电磁资料三维处理

结合瞬变电磁仪探测岩溶洞穴的资料，说明对岩溶的探测应采用三维数据图形图像处理技术提高预报解释可靠性和精度。由于物探测试的是岩溶地球物理场的分布，而物理场通常是三维空间分布且不可见。

(1)工程概况

留下互通式立交桥是杭州市绕城公路祥符桥至留下段的主桥。受杭州市公路工程处委托，华东电力勘察设计院物探队曾对该工区进行了浅层地震勘探，成果指出，该区段是基岩破碎带施工应予以重视。在打桩施工中，在该队划出的破碎带附近的 32 号桥墩基底发现溶洞，33L1 号桩在施工中发生塌陷 5m×5m×3m 的大坑，致使工程进度受阻。受中策环通有限公司委托，需要预报其余未施工的桩基基底岩溶分布。我们对该工区进行了瞬变电磁法勘探。测区布置剖面 6 条，各长 100m，共 126 个物理点。

(2)地形地质简况及地球物理特征

测区地势平坦，分布在水田中，表层是耕植土，中间是黏土砂层，电阻率中等，基底是高阻灰岩。目标体破碎带岩溶常充水呈低阻，地电条件有利。低阻体的瞬变电磁响应规律是衰减慢，响应值大；高阻基底响应规律则正相反。测区电网密布，电器众多，车辆过往频繁，给野外观测造成较大困难。

(3)工作方法与技术

本次工作采用瞬变电磁法，布设中心回线装置，测网密度 5m×5m，发射回线用 2 匝 20m×20m 方框，接收回线用 4 匝 10m×10m 方框，观测仪器是 SD-1 仪，供电电压 24V，叠加次数 1024 次，使观测精度有保证。

(4)资料解释与分析

本次测试主要了解测区内破碎带及岩溶分布。根据测试结果分析，分布在破碎带及岩溶上的桩位有 32L1、32L2、32L3、32R1、32R2、33L1、34R1、34R2、35L1、35L2、35L3、35R1、35R2。其中，比较严重的有 33L1、35R2、34R1。详细的岩溶分布及连通情况异常参见图 4-108。

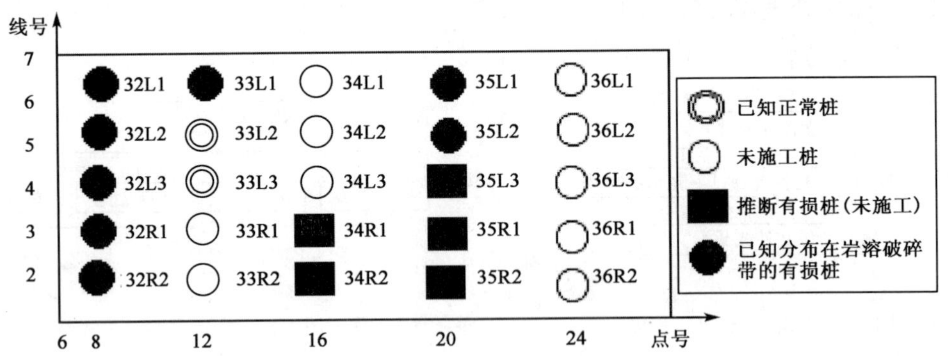

图 4-108　留下桥岩溶预报成果图

从图 4-109～图 4-114 中可看出地表覆盖层在 4、6、8 线较厚，实际情况该处为稻田，其感应电压值大，在切割到第四道时相对深部的低阻体异常出现，该低阻异常已延伸到第 20 道仍存在。说明该异常有一定的延伸，其具体情况从等值面图或物性特征图上可更清楚地看到。

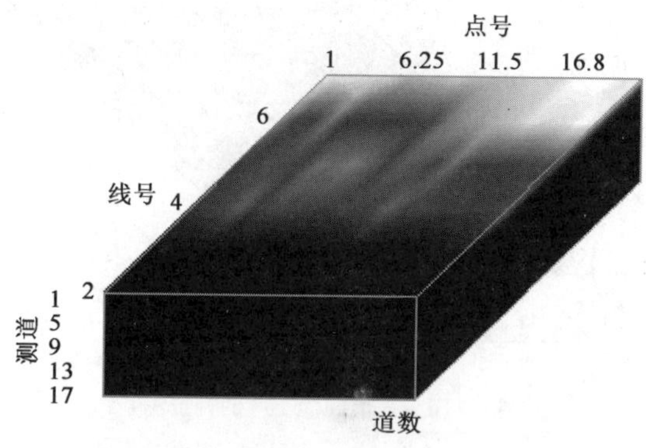

图 4-109　感应电压原始像图

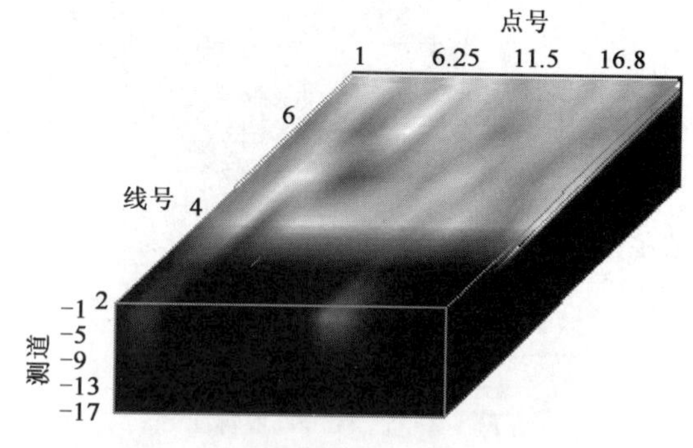

图 4-110　切割至第 3 道感应电压像图

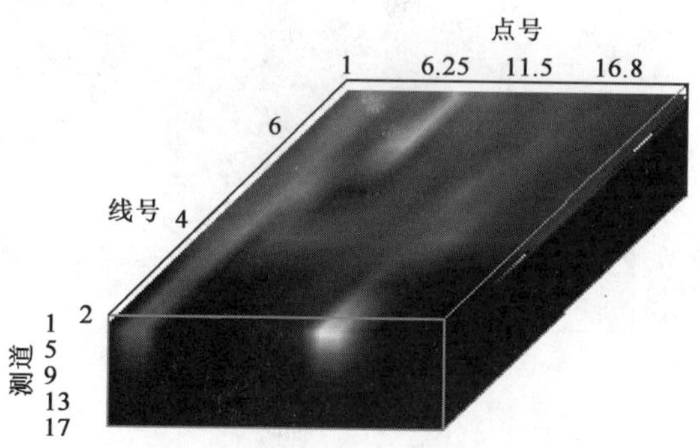

图 4-111　切割至第 4 道感应电压像图

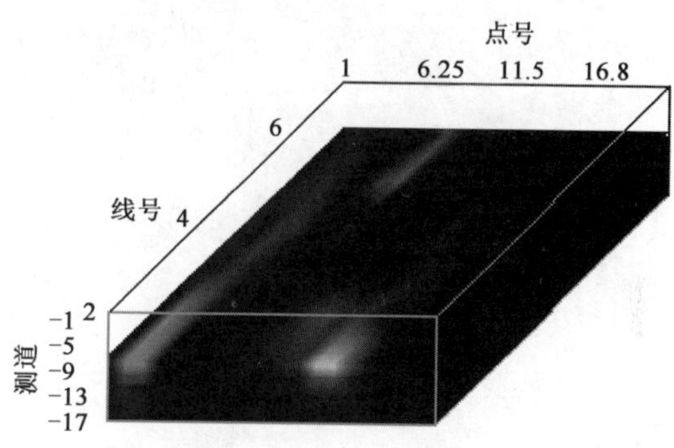

图 4-112　切割至第 10 道感应电压像图

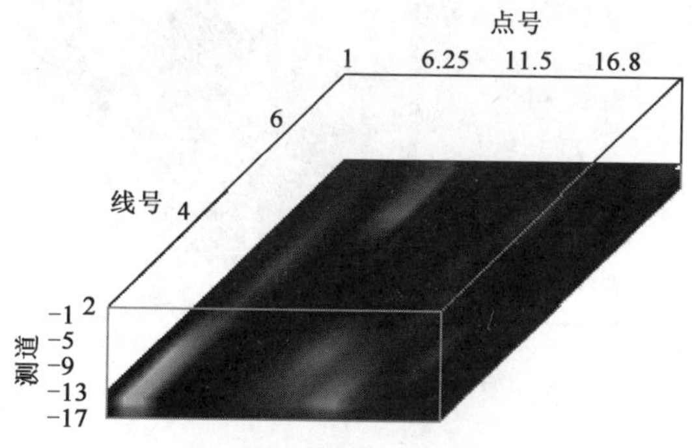

图 4-113　切割至第 17 道感应电压像图

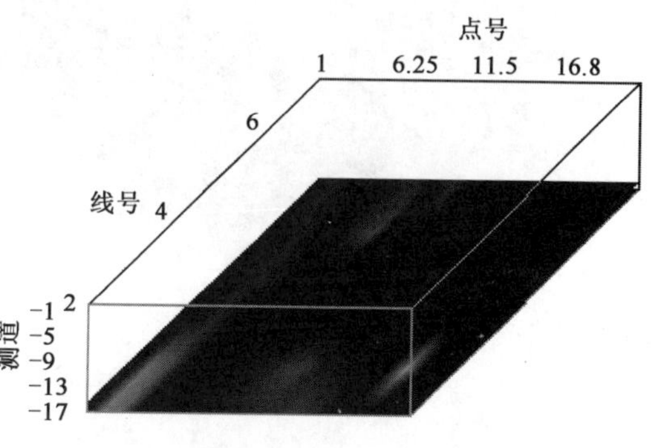

图 4-114　切割至第 20 道感应电压像图

如图 4-115～图 4-120 所示，等值面为 1000 的特征图基本上反映了地表覆盖层（稻田）的情况，等值面为 50 的特征图基本上反映了岩溶破碎带情况。等值面为 10 的特征图能看出岩溶的连通情况。等值面为 1 和 0.1 的特征图说明岩溶的延伸情况。

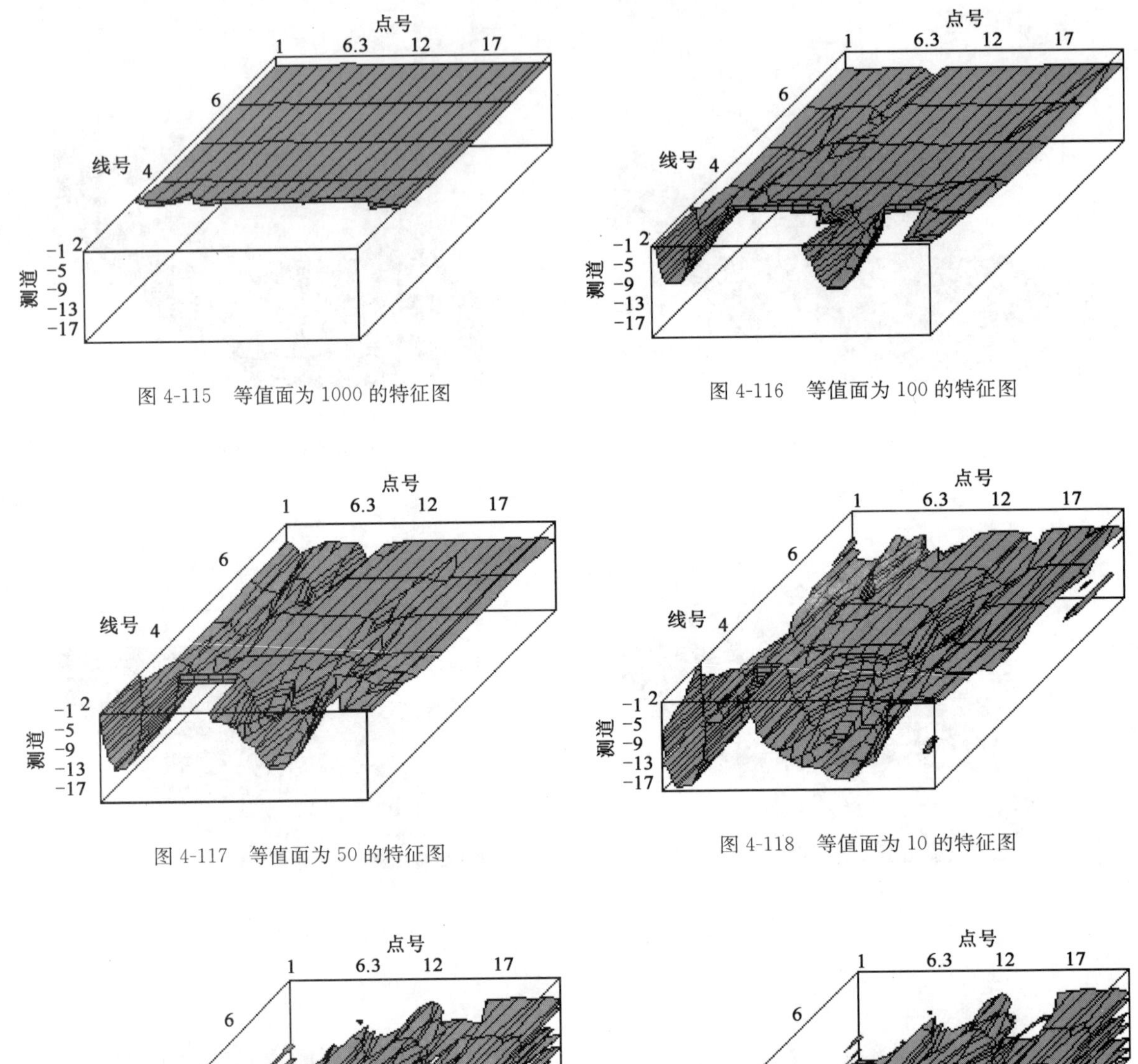

图 4-115　等值面为 1000 的特征图

图 4-116　等值面为 100 的特征图

图 4-117　等值面为 50 的特征图

图 4-118　等值面为 10 的特征图

图 4-119　等值面为 1 的特征图

图 4-120　等值面为 0.1 的特征图

本节把预报数据处理与图像处理结合起来，配合图像、图形显示，完善预报资料整理工作。

本章参考文献

[1] 张志禹,刘亚丽,汪文秉.探地雷达信号的反褶积研究[J].西安理工大学学报,2007,23(2).

[2] 余志雄,薛桂玉,周创兵.复信号分析技术在地质雷达数字处理中的应用[R].2005 年地质雷达技术及其在工程检测中的应用学术研讨会.

[3] 肖兵,鲍光淑,赵秋梅,等.探地雷达复信号分析及改进[J].中南工业大学学报,1997.

[4] 罗省贤,李录明.F-K 域多波变速波场分离[J].物探化探计算技术,1999,21(2).

[5] 孙显义,陈可为,许世勇.采用 τ-q 变换法进行纵、横波波场分离[J].大庆石油地质与开发,2012, 21(4).

[6] 叶英.图形图像技术在物探中的应用[D].长沙:中南工业大学,1995.

第5章　地面（洞外）地质预报

作者认为隧道地质预报应以物探方法为主，辅助以地质、化探方法。物探的各种方法各有其特点和应用前提，且各种方法都有多种野外布置方式，不同的布置是为探测不同的地质体而设计，没有“包打天下”的一种方法和一种布置模式。另外物探的种种方法其探测精度受到多种因素的限制，即使一套组合的综合方法仅可能对某一个工作任务是最优化的设计方法，地质情况发生变化后还需重新试验、设计。各种物探方法及地质方法的多解性要求多种方法不同参数的组合来减少多解性，达到解释的唯一性。

5.1　隧道围岩常用勘测技术

5.1.1　常见的地面物探方法及适用范围概述

(1)地面物探方法简述见表5-1。

地面物探方法简述　　表5-1

方法名称		适用范围
电法	自然电场法	隐伏断层、破碎带、地下水流速、流向
	充电法	地下洞穴、地下管线、地下水流速、流向
	电阻率测深法	基岩埋深、划分松散沉积层、基岩风化带、隐伏断层、地下洞穴、含水层分布
	电阻率剖面法	基岩埋深、隐伏断层、地下洞穴
	激发极化法	隐伏断层、破碎带、划分松散沉积层、基岩风化带、地下洞穴、含水层分布
电磁法	频率测深	基岩埋深、划分松散沉积层、基岩风化带、隐伏断层、地下洞穴、河床水深及沉积泥沙厚度、地下管线
	电磁感应法（如地质雷达、瞬变电磁法）	基岩埋深、划分松散沉积层、基岩风化带、隐伏断层、地下洞穴、地下管线
	无线电波透视法	隐伏断层、地下洞穴、地下管线

续上表

方法名称		适用范围
地震法	折射波法	基岩埋深、划分松散沉积层、基岩风化带、潜水面深度和含水层分布、河床水深及沉积泥沙厚度
	反射波法（如TSP地震预报系统）	基岩埋深、划分松散沉积层、基岩风化带、隐伏断层、破碎带、地下洞穴、潜水面深度和含水层分布、河床水深及沉积泥沙厚度
	直达波法（单孔法和跨孔法）	划分松散沉积层、基岩风化带
	瑞雷波法	基岩埋深、划分松散沉积层、基岩风化带、隐伏断层、破碎带、地下洞穴
声波法	声波法	基岩埋深、划分松散沉积层、基岩风化带、隐伏断层、破碎带、地下洞穴、滑坡体的滑动面
	声呐浅层剖面法	河水水深及沉积泥沙厚度、地下或水下隐埋物
地球物理测井法	电测井	地下洞穴、划分松散沉积层、基岩风化带、潜水面深度和含水层分布、地下或水下隐埋物
	电视测井	
	放射性测井	

（2）地面地质及化探方法详见表5-2。

地面地质及化探方法简述 表5-2

方法名称		适用范围
地质方法	地面地质调查法	基岩出露
	地质界面地质投影技术	基岩出露、多种岩性、地表有断层迹象
	断层参数预测法	隧道掌子面岩性特征、构造规律
化探方法	汞气测量	寻找隐伏断裂构造具有明显的效果
	二氧化硫、二氧化碳测量	寻找隐伏断裂构造具有明显的效果
	氡气测量	寻找隐伏断裂构造具有明显的效果

在隧道施工过程中，常见的地质灾害体有：断层破碎带、岩溶及陷落柱、岩爆、瓦斯、岩性界面及不整合接触带、软岩、地下水等。以下根据不同灾害体的物性特点说明常见的地面探测方法。

5.1.2 覆盖层的探测

5.1.2.1 覆盖层的地质物性特点

（1）覆盖层是指第四纪各种不同成因类型沉积或堆积的松散地层。一般来说，覆盖层的结构比较松散，透水性较强，其中黏土层常为相对隔水层，而砂层和卵（砾）石层则为透水层。

覆盖层的电阻率往往随岩性和含水情况而变化，当颗粒小、含泥多并含水时，电阻率较低；反之则增高，变化幅度较大。在覆盖层中，地下水面通常是一个良好的电性界面。基岩电阻率主要随岩性而异，大多数火成岩、变质岩和沉积岩中的石灰岩具有较高的电阻率，而页岩、泥灰岩、泥质板岩等电阻率则较低；同一岩性，因风化破碎及含水程度不同，其电阻率也会有较大的变化。因此,覆盖层的电阻率,可能低于或可能高于基岩电阻率,也可能无明显差别。

覆盖层的波速通常比基岩波速低,在覆盖层中,地下水面以上的波速又比地下水面以下的波速低,因此,地下水面通常是一个良好的速度界面。基岩顶板一般为良好的折射界面或反射界面。土层或砂层与砂砾石层之间、冲积洪积层与冰积层之间亦可能形成折射界面或反射界面。

(2)覆盖层随沉积环境和沉积条件的变化,可以形成不同岩性、多层次的沉积物,各层厚度和颗粒组成在水平方向也常有变化,再加上含水条件的不同,往往构成覆盖层物性参数变化较大的特点。

(3)全风化与强风化基岩的物性参数,常与覆盖层差不多,容易造成物探解释覆盖层厚度时包括基岩全风化和强风化层在内的错误。

5.1.2.2 *覆盖层的探测内容*

探测覆盖层的工作内容有:覆盖层厚度探测,覆盖层分层和覆盖层物性参数的测定。

(1)覆盖层探测任务,通常有库区和坝址两岸及河床覆盖层厚度探测,古河道、河床深槽和基岩河谷形态的探测,天然建筑材料调查中的砂砾料和土料厚度探测以及地下水位探测等。此外,还有厂址、涵闸、隧洞进出口、路基、港口码头及工民建地基勘察中的覆盖层探测。

地面物探(包括陆上和水上)对覆盖层厚度的探测,在层次不多、各层相对于埋深有一定的厚度和物性差异比较明显时,有可能划分2～3个大的层次,如壤土—砂砾石—基岩。否则,只能测定覆盖层的总厚度。

(2)利用测井方法测定覆盖层的密度、干重度、孔隙度和透水性,测定层厚及深度位置,配合地面物探了解物性层与地质层的关系,提供地面物探定性及定量解释所需要的有关资料。

5.1.2.3 *覆盖层探测的物探方法*

(1)主要有电法勘探、地震勘探、水声勘探、放射性测井和井中流体测量等。

(2)在地面开阔、工作量较大的测区,地面物探可采用一种方法全面探测,另一种方法在主要测线和地质条件较复杂的地段作辅助探测。通常以点距较大的电测深作全面探测,以点距较小的地震剖面作重点配合,以便综合分析解释。

(3)当覆盖层中各层具有明显的波阻抗差别时,可采用浅层反射波法,以利于提高覆盖层分层的地质效果。

(4)在水库、湖泊、浅海、港口、码头和水面较宽、水较深、水流较缓和沉积物粒径较小的河道,探测水下地形、淤泥和砂层厚度时,宜采用水声勘探。

(5)用密度测井、井中流体测量测定各层的密度与透水性。当钻孔下有过滤管时,可进行自然伽马测井、密度测井和井中流体测量。当钻孔下有普通套管时,只能进行自然伽马测井和密度测井。

5.1.2.4 *覆盖层的探测技术*

(1)电测深法一般采用对称四极装置。布极方向在河床和阶地一般顺河向布设,以减少表层不均匀性和地层起伏的影响。在两岸山坡一般沿等高线或顺山脊布设。水上电测深法一般采用三极法顺河漂浮电缆观测。

(2)地震排列方向在(河床和阶地)一般顺河方向布设。在两岸山坡一般沿等高线或顺山脊布设。水上地震勘探排列,当水面较宽、水流较缓、水较深和覆盖层较厚时,可采用漂浮电缆顺河布设地震剖面,按有关规定测定排列及激发点位置。当水面较窄、覆盖层不厚、水较浅和不影响通航时,可采用横河方向布置地震剖面;有条件跨河架设钢丝绳时,采用水面或水下布置接收排列,两岸激发(纵测线)或上、下游水中激发(非纵测线)方式;不便于布置水上接收排列时,可采用两岸接收、水上逐点激发的方式。

当布置横河方向地震剖面采用相遇观测系统时,应考虑是否具有探测任务所需要的相遇段。

当布置横河方向地震剖面采用上、下游激发的非纵测线接收方式时,测线岸边应有露头点或勘探点(已知基岩埋深)。在选择上、下游激发点位置时,应考虑尽量避免旁侧影响。

(3)进行水上电测深法或地震勘探,应及时测定当时水边线高程和沿测线的水深。

(4)在峡谷地区探测深厚覆盖层厚度时,应注意旁侧影响。难以布置面积性探测的测区,可适当布置剖面性探测。

5.1.2.5 覆盖层探测资料的推断解释要点

覆盖层探测的资料整理推断时应注意以下各点:

(1)利用钻孔、露头物性测定资料和孔旁电测深、地震剖面资料,分析研究物性层与地质层的关系,物性界面与地质界面是否吻合。在物性层与地质层不一致时,应以物性层厚度确定物性参数,并在成果报告中加以说明。

(2)根据钻孔与露头物性测定资料、地面物探资料和有关地质资料,分析研究物性参数在水平方向有无变化及其变化规律,以确定分区采用不同的物性参数或采用渐变内插的物性参数,进行定量解释。

(3)应注意在窄河谷、厚覆盖层的探测工作中,旁侧面基岩对靠近岸边电测深点和地震剖面的影响,它往往使解释的覆盖层厚度偏小。

(4)根据测井、孔旁电测深和地质剖面资料,分析研究物探解释的覆盖层厚度是否包括基岩风化层在内,并在成果报告中加以说明。

(5)当基岩物性参数与覆盖层物性参数差不多,而又缺少钻探资料时,应注意避免发生把某些基岩层当作覆盖层或把某些覆盖层当作基岩的定性错误。必要时应及时建议布置钻孔,配合物探解释,或绘制两种界面深度的物性地质剖面图,与地质人员共同分析研究加以选用。

5.1.2.6 探测覆盖层应提交的主要图件

有物探—地质剖面图、覆盖层等厚度图、基岩面等高线图、综合测井曲线解释图。当有条件进行覆盖层分层时,可绘制某层等厚度图和层面等高线图。

5.1.2.7 探测覆盖层的精度要求

在测区内具备电法和地震勘探的有利条件又有少量钻孔可被利用的情况下,物探结果与钻探结果比较,总体来说,当覆盖层厚度大于10m时,深度误差应小于15%,物探地质条件较差的测区,误差一般不应大于20%。

在水声勘探中水的深度大于5m时,深度误差应小于5%,水底以下覆盖层不存在粗砂和卵砾石的情况下,基岩埋藏深度的相对误差应小于10%。

5.1.3 基岩风化层的探测

5.1.3.1 基岩风化层的地质物性特点

(1)根据基岩风化程度的不同,一般可将风化层分为全风化、强风化、弱风化和微风化四带。各风化带间,下层的波速、电阻率和密度一般都大于上层。多数情况下基岩风化层存在着2～3个速度界面或电性界面,这些物性界面常与全风化、强风化和弱风化界面相一致或相接近。少数情况下风化层在波速或电性上呈渐变关系。

(2)通常,全风化带在波速或电性上与覆盖层差异较小,容易造成两者混淆。

(3)基岩风化厚度和风化程度受岩性和断层破碎带、卸荷裂隙带等的影响,同一测区不同地段的风化厚度有时变化较大。因此,探测基岩风化层时要同时查明断层破碎带、卸荷裂隙带的分布和岩性界面的位置,以便了解风化层的变化规律。

5.1.3.2 基岩风化层的探测内容

基岩风化层的探测一般包括坝址区和主要建筑物区的基岩风化程度和风化厚度。

地面物探方法通常只能探测强风化带底界面以上的风化层总厚度,条件有利时(各风化层具有电性和波速差别)也可能进行风化层分带。

在钻孔和平洞中可进行较详细的探测风化分带。

5.1.3.3 探测基岩风化层的物探方法

(1)探测基岩风化层的主要地面物探方法有初至折射波法和电测深法。辅助方法有浅层反射波法和对称四极电剖面法。

(2)钻孔中探测风化带的方法,在无套管时,主要使用电阻率测井和声波波速测井;有套管时主要使用地震波速测井(地面激发孔中接收)和放射性测井。

(3)平洞内探测风化带的主要方法有声波法和地震波法。

5.1.3.4 探测基岩风化层的测网布置

探测基岩风化层的测网布置方法,一般是平行或沿主要勘探线或建筑物轴线布置。在风化深度变化较大的地段应适当加密测网。进行折射波法或电剖面法了解岩性、断层风化带的影响,可适当布置几条与岩层界线或断层走向相垂直的辅助测线。

5.1.3.5 基岩风化层的探测技术

(1)电测深法一般采用对称四极测深,河床部分可采用三极测深。在河床和阶地上探测时,宜顺河流方向跑极,在山坡探测时,宜平行等高线或顺山坡跑极。探测深风化带时应进行一定数量的十字测深或环形测深,以了解深风化带的分布形态。

(2)初至折射波法应采用多重观测系统,炮间距要通过现场试验确定,并尽可能满足连续追踪几个地质界面的需要。横河向地震剖面,应尽量使整个排列布置在同一地貌单元内。

当覆盖层较厚时(如大于30m时)可考虑试用浅层反射波法。工作方法包括展开排列,共深度点叠加或等偏移排列。

5.1.3.6 基岩风化层探测资料的解释推断要点

(1)分析风化层的变化规律时,应充分考虑岩性、断层破碎带、卸荷裂隙带等因素的影响。

(2)根据折射波时距曲线斜率的变化规律以及电测深曲线的特征，一般可确定物性界面与风化层的对应关系。

当风化层成层状分布时，可采用 t_0 法、表层剥去法或时间场法求风化层厚度。当测区有一定数量的坑、孔资料时，应通过坑、孔资料的对比分析，确定物性界面与地质界面是否一致。

当风化层的波速呈渐变时(在垂直方向上)，应找出波速随深度的变化规律。一般可建立 $v = v_0(1 + kZ)$ 关系式(v 为基岩顶板下 Z 处的波速，v_0 为基岩顶板处的波速，k 为波速变化率)，采用回折法解释。

5.1.3.7　探测基岩风化层应提交的主要图件

探测基岩风化层应提交的主要图件有物探工作布置图和地质—物探剖面图。对地质物性条件比较好的面积性探测工作还应提交基岩风化层等高线图或等厚度图(并注明强或弱风化带底界面以上的风化层厚度)。

5.1.3.8　探测基岩风化层的精度要求

当测区地形、地质—物性条件比较有利，同时又有少量的钻孔资料可以利用时，地面物探结果与钻孔结果相比，深度误差一般应小于 20%(破碎带上除外)；当无钻孔资料可利用或测区地形、地质物性条件较差时，深度误差一般应小于 30%(破碎带上除外)。

5.1.4　滑坡体探测

5.1.4.1　滑坡体的地质物性特点

(1)工程地质上依据滑坡体组成物的不同，一般将滑坡分为土层滑坡和岩石滑坡两大类。

滑坡体在滑动过程中常使其岩土结构受到不同程度的破坏，产生大小不等的裂隙，从而使滑坡体的波速降低、电阻率减小。滑坡体的波速和电阻率一般比滑动面以下的岩(土)体低，因此，滑动面常常成为速度界面或电性界面。

通常以基岩面为滑动面的土层滑坡和以断层面(或风化界面)为滑动面的岩石滑坡体与滑床之间的物性差异较大。以不同成因的土层界面为滑动面的土层滑坡和以软弱夹层为滑动面的岩石滑坡体与滑床之间的物性差异较小。

(2)滑坡体通常为不均匀的地质体，一般上部裂隙发育，波速较低；下部裂隙较少，波速升高。滑坡体内常形成 1～2 个波速界面或电性界面。滑坡体的波速和电阻率在水平方向和垂直方向往往变化较大，并易造成电测深曲线的畸变。

5.1.4.2　滑坡体的探测内容

滑坡体探测内容一般包括滑坡体的分布范围和厚度，当有钻孔可利用时，还应进行测井，以获得地面物探资料解释所需的波速和电阻率参数。

5.1.4.3　探测滑坡体的物探方法

探测滑坡体的主要地面物探方法有初至折射法和电测深法。辅助方法有浅层反射波法和对称四极电剖面法。

测井方法主要有地震测井、声速测井和电阻率测井。

5.1.4.4　探测滑坡体的测网布置

滑坡体探测常采用网格状或扇形状测网。一般顺山坡向或平行河流(或等高线)布置若干

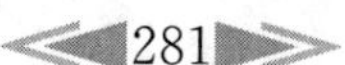

条测线，测线长度应延伸至滑坡体外一定距离处。当测区的坡度较陡，且滑坡体范围狭窄时，测网布置应视具体情况而定。

5.1.4.5 探测滑坡体的技术

(1)初至折射法宜采用多重观测系统。当滑坡体内激发条件较差时，一般可将大相遇端炮点置于滑坡体外侧，但要防止出现穿透现象。对于平行河流的测线，也可采用横测线观测系统，并将炮点置于江(河)中。

(2)当滑坡体较厚时(大于30m)，可采用浅层反射波法。工作方法包括展开排列和共深度点叠加或等偏移排列。一般采用锤击或小药包作震源，使用高频检波器接收。

(3)电测深宜采用温纳装置，沿等高线或山坡跑极，以避免电测深曲线脱节和减少地形影响。电剖面宜采用对称四极装置。

5.1.4.6 滑坡体探测资料的解释推断要点

滑坡体探测资料的解释推断应注意以下几点：

(1)一般使用 t_0 法、表层剥去法或时间场法计算滑坡体厚度，所采用的计算参数应充分利用钻孔和竖井进行测定，以获得较可靠的波速资料。

当滑坡体水平方向波速变化比较大时(50m 范围内的波速变化大于 20%)，应根据实测的有效速度沿测线分布图确定各检波点的有效速度。

(2)滑动面倾角较大时，应通过作图法将检波点的法线深度换成铅直深度，以便使用。

(3)滑坡体边界一般可根据值 $t_0(x)$ 增大和上覆层有效速度的变化，以及对称四极剖面 ρs 曲线跃变段位置并结合地貌特征确定。

5.1.4.7 探测滑坡体应提交的主要图件

探测滑坡体应提交的主要图件有：物探工作布置图、滑坡体物性——地质纵、横剖面图和滑坡体等厚度图。

5.1.4.8 探测滑坡体的精度要求

探测滑坡体精度要求，在条件有利时，深度误差一般应小于 20%；条件不利时，深度误差应小于 30%。

5.1.4.9 重庆南山滑坡病害勘查

重庆南山滑坡位于南坪地区渝黔高速上。滑坡线路方向长 800m，垂直线路方向宽 200m，相对高差近 100m。滑坡上覆松散地层为砂与黏土坡积物，下伏地层为三叠系砂岩与黏土岩互层。

滑坡曾经三次治理，从上至下做了三排抗滑桩，并与坡脚设置两排桩板墙。2006 年夏滑坡又开始大规模活动。对滑坡进行勘查的目的是了解滑坡活动的原因、滑动面位置、滑坡体大小，以及有效治理方案。

采用高密度电法对滑坡进行地质勘查，布置 12 条测线。顺坡向测线 8 条，测线长 160～180m，从左向右排列，间距 30m；沿等高线布置测线 4 条，长 200～300m，从上至下，间距 60m，电极间距 3m，勘查深度 150m。

勘查结果：电阻率剖面发现滑坡坡脚有大范围低阻区，为饱水区。该边坡的滑动是由于坡

脚松散层内大范围饱水，导致土体软化失稳，引起边坡下滑。

治理的原则：边坡的滑动是由于坡脚饱水造成的，治坡先治水。治理中发现桩板墙预留的排水孔完全堵塞，致使积水不能排除。打通排水孔后，积水直喷距离 10m 以上。边坡内设 2m×2m 界面的积水廊道，长 600m。治理后边坡稳定。

该滑坡电阻率剖面立体图如图 5-1 所示。

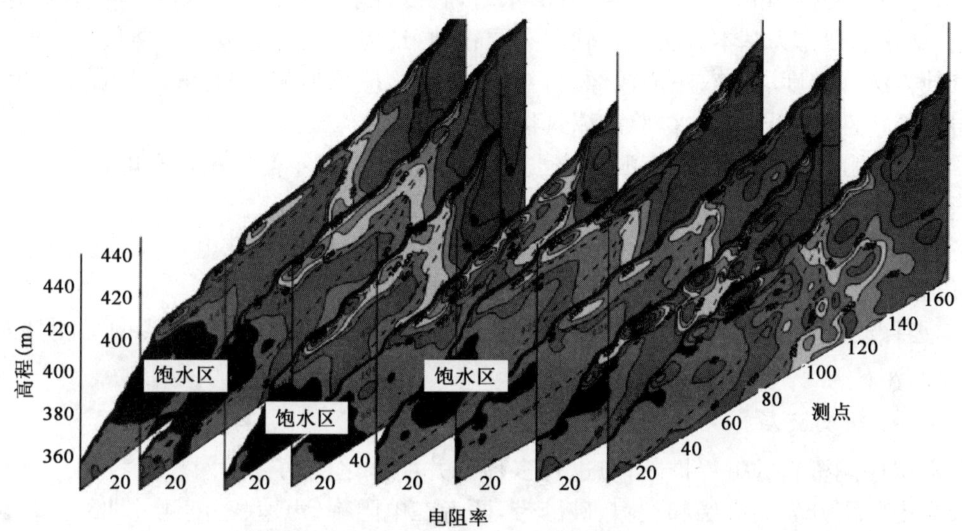

图 5-1　滑坡电阻率纵剖面探测成果示意图(赵永贵)

5.1.5　软弱夹层的探测

5.1.5.1　*软弱夹层的地质物性特点*

软弱夹层是指在力学强度上要比上下层低得多的地层，它们在物性上往往具有电阻率低、自然伽马强度、高渗透性较差、声波速度和密度较低的特性。

5.1.5.2　*软弱夹层探测的内容*

软弱夹层探测是指在钻孔中测定砂砾石层中夹的土层(包括淤泥、黏土)和基岩中的泥化夹层等的位置及其厚度。

5.1.5.3　*探测软弱夹层的方法*

探测软弱夹层的方法是综合测井。可根据地质物性条件在视电阻率、微电极系、侧向、屏蔽刷子电极电流测井、自然伽马、密度、自然电位、声速、超声成像测井和钻孔电视、井径测量等方法中选择几种。不应使用单一方法探测软弱夹层。

被探测的软弱夹层厚度不足 20cm 时，应采用 1∶50 或 1∶20 的深度比例尺。测井记录时电缆的升降速度，除上限应符合要求外，对薄夹层的探测还应尽量降低速度，并保持匀速不得上下窜动。

5.1.5.4　*砂砾石覆盖层中软弱夹层探测方法的选择*

(1)在泥浆护壁的钻孔中，宜采用自然伽马测井，侧向或视电阻率测井、自然电位测井三种作为基本方法。

当砂砾石层地下水渗透速度较大时，还应辅以井液电阻率测井中的扩散法。当夹层与砂砾石层在密度和声波速度上有明显差异时，还可辅以密度测井和超声成像测井。

(2)钻孔中有套管时，无论孔内是否有水，只能采用自然伽马测井和密度测井方法，且探测效果较差。要在覆盖层中探测软弱夹层的钻孔应尽量避免使用套管。

5.1.5.5　基岩中软弱夹层探测方法的选择

(1)钻孔中需要探测的孔段无套管、有清水时，宜以视电阻率或侧向测井、自然伽马测井和井径测量、钻孔电视作为基本方法。若软弱夹层很薄，还应采用微电极系或屏蔽刷子电极电流测井。其他方法如密度、声速、超声成像、自然电位测井，应根据测区的具体地质条件和软弱夹层与围岩之间物性的差异，通过试验加以选用。

(2)需要探测的井段无套管、有泥浆或水质无法澄清时，除不能使用钻孔电视外，测井方法选择相同。

(3)需要探测的井段无套管且为干孔时，宜以自然伽马测井、钻孔电视和井径测量为基本方法，辅以密度测井。

(4)需要探测井段有套管时，不论孔内是否有水或泥浆，只能采用自然伽马测井和密度测井。

5.1.5.6　软弱夹层探测资料的解释推断

软弱夹层探测资料的解释推断，应进行多种测井曲线之间的分析对比。特别注意在测井曲线的异常中区别开软弱夹层和裂隙、破碎带，两者在电阻率、声速、密度测井曲线上均可能显示低异常，应依靠自然伽马测井、井径测量和钻孔电视观察等测井资料来加以鉴别。

当工区所测钻孔较多，孔间距较密时，还应注意钻孔之间的相互对比，尽量避免遗漏软弱夹层或推断错误。

5.1.5.7　探测软弱夹层应提交的主要图件、成果

有钻孔综合测井成果图和软弱夹层深度、厚度统计表。

5.1.5.8　探测软弱夹层的精度

各种测井方法对软弱夹层的分辨能力和测量精度是不相同的，可分为以下几类：

(1)钻孔电视的分辨能力最高。当软弱夹层的色泽或颗粒结构与上下围岩在图像上有明显的差异时，应不遗漏厚度大于 1mm 的夹层，当夹层厚度在 20mm 之内时，测定夹层厚度的误差小于 3mm。

(2)微电极系测井、屏蔽刷子电极电流测井和超声成像测井对软弱夹层的分辨能力较强。当软弱夹层的电阻率(对微电极系与电流测井)或声学特性(对超声成像测井)与上下围岩有明显差异时，一般应不遗漏厚度大于 5cm 的夹层。采取极低速测量等特殊措施后可不遗漏 3cm 以上的夹层。测定厚度的误差小于 10cm。

(3)自然伽马测井、自然电位测井、视电阻率测井、声速和密度测井等方法对软弱夹层的分辨能力属于较低的一类。当软弱夹层的物性与上下围岩之间有明显差异时，采用这类方法的测井结果应不遗漏厚度大于 20cm 的软弱夹层。测定层厚的误差小于 20cm。

上述精度系是针对基岩中探测软弱夹层，钻孔直径小于 100mm，孔壁比较完整且夹层倾角小于 30°，否则，精度相应降低。

(4)软弱夹层探测成果中的深度相对误差应小于 5‰。

(5)根据钻孔电视或超声成像测定软弱夹层的产状、倾角误差应小于5°,倾向误差应小20°。

5.1.6 岩(土)体物理力学参数的测定

5.1.6.1 应用物探方法测定岩(土)体物理力学参数

包括:电阻率、纵波速度、横波速度、密度、干重度和计算泊松比、动弹性模量、动剪切模量、动抗力系数、孔隙度和各向异性系数等。

5.1.6.2 岩土体物理力学参数测定的地质物性特点

通常岩(土)体都存在各种不同的物性差异,如电阻率差异、波速差异、密度和孔隙度差异等。因此,可以应用电法、声波、地震、放射性等探测方法予以测定。

5.1.6.3 测定岩土体物理力学参数的物探方法与技术

(1)电阻率参数测定,主要采用电测深法和电阻率测井。并可为电站及厂房设计提供计算接地电阻的定量资料。

①在有钻孔可利用的情况下,综合应用电测深法和电阻率测井,采取点面结合方式求取岩层电阻率,以提高探测效果。

②在钻孔中测定电阻率参数,只能在无套管的情况下进行,主要方法有多侧向测井及横向测井。

③基岩电阻率参数可在露头或平洞内采用小四极装置测定。

(2)纵横波速参数测定的主要方法有地面地震勘探、地震跨孔原位测试、平洞声波法及地震法测试、声波测井和地震测井等。以上方法可以综合应用或根据地质物探条件分别采用,有关测试结果可为洞室围岩分类及稳定性评价提供参数,为软基基础处理及基础稳定性提供设计依据,以及为判别液化的可能性提供准确的参数。

①可采用浅层折射法和浅层反射法,测定覆盖层及基岩的波速测点及测线布置视具体任务而定。

②在探洞、竖井及地下洞室中测定岩体波速时,主要采用声波法及地震法,条件具备时,这两种方法可以综合利用。横波的摄取主要依靠地震法测试。对于风化卸荷带以及宽度不大的断层带、裂隙密集带、软弱夹层,可采用声波内同步法测试,以取得准确和完整的资料。

③在有钻孔可利用的工区,应采用声波测井及地震测井测定岩(土)体地基的纵波速度,并可为地面地震勘探提供解释的波速参数。

④地震跨孔原位测定纵、横波速度应符合有关要求。

⑤通过纵、横波速度参数的测定,可进一步提供泊松比、动弹性模量、动剪切模量、岩体完整系数、各向异性系数及单位抗力系数等物理力学参数。

(3)密度、干重度参数测定,主要在无套管的基岩钻孔或有套管的砂和砂砾石钻孔中采用密度测井方法进行。基岩孔主要测定地层密度,松散地层孔主要测定地层干重度。

(4)孔隙度参数的测定:以声波测井和密度测井为主,其次为电阻率测井。通常采用声波测井、密度测井和电阻率测井的综合测井方法,可以取得较好的效果。

5.1.6.4 岩土体物理力学参数测定的成果分析与计算

(1)根据纵横波传播速度和密度测井测定的密度(或根据该工区密度试验资料),按以下公式计算泊松比(μ)、动弹性模量(E_d)、动剪切模量(G_d)和单位抗力系数(K_0)。

①泊松比:

$$\mu = \frac{v_p^2 - 2v_s^2}{2(v_p^2 - v_s^2)} \tag{5-1}$$

②动弹性模量:

$$E_d = v_p^2\rho\frac{(1+\mu)(1-2\mu)}{1-\mu} \tag{5-2}$$

$$E_d = 2v_s^2\rho(1+\mu)$$

③动剪切模量:

$$G_d = v_s^2\rho \tag{5-3}$$

④单位抗力系数:

$$K_0 = \frac{E_d}{100(1+\mu)} \cdot a \tag{5-4}$$

上述式中:E_d——动弹性模量;

G_d——动剪切模量;

K_0——单位抗力系数;

v_p——纵波速度;

v_s——横波速度;

ρ——介质密度;

a——折减系数。

⑤各向异性系数,在具有片理、层理或似层状结构面的岩体内,当沿不同方向测试时(如平行结构面、垂直结构面),弹性波传播速度将产生较大的差异,这种差异可用各向异性系数表示。对于均质的、各向同性的岩体,各向异性系数 η 值等于或接近等于 1,平行岩体结构面的纵波速度 v''_p 与垂直岩体结构面方向的纵波速度 $v_p^{\perp}$ 之比值可能最大,一般称之为最大各向异性系数,计算公式为:

$$\eta = \frac{v''_p}{v_p^{\perp}} \tag{5-5}$$

(2)孔隙度参数的计算

①利用声速测井求孔隙度:

通常采用所谓时间平均公式表示:

$$\frac{1}{v} = \frac{\phi}{v_f} + \frac{1-\phi}{v_{ma}} \tag{5-6}$$

式中:v——实测地层声波传播速度;

v_f——地层水的声波传播速度;

v_{ma}——岩石骨架的声波传播速度;

ϕ——地层孔隙度。

②利用密度测井求孔隙度:

密度测井是确定孔隙度的另一有效方法。对于充水的地层，只要已知岩石骨架的密度和地层水的密度即可求出孔隙度。

对于孔隙中充水的地层，其体积密度 ρ_b 与孔隙度 ϕ，孔隙中水的密度 ρ_f 以及岩石骨架密度 ρ_{ma} 具有如下关系：

$$\rho_b = \phi\rho_f + (1-\phi)\rho_{ma} \tag{5-7}$$

求得：

$$\phi = \frac{\rho_{ma} - \rho_b}{\rho_{ma} - \rho_f} \tag{5-8}$$

其中地层体积密度 ρ_b 由密度测井曲线求出（仪器需经过标定），ρ_{ma} 值视不同岩石结构而异，一般在 1.7g/cm^3 左右。如砂岩，取 2.65g/cm^3；石灰岩、白云岩，取 2.7～2.9g/cm^3。

③利用视电阻率测井求孔隙度：

利用视电阻率测井求孔隙度，由于其影响因素比较复杂，精度相应地要差些，一般只能给出估计值。

地层电阻率（ρ_t）和孔隙中水的电阻率（ρ_w）之比值与岩石孔隙度（ϕ）存在如下关系：

$$F = \frac{\rho_t}{\rho_w} = \frac{a}{\phi_m}$$

式中：F——相对电阻率或称地层因素；

a、m——岩石和胶结程度有关的系数，根据经验，孔隙度较高的松散砂层 $a=0.62$，$m=2.15$（或 $a=0.81$、$m=2$）；石灰岩 $a=1$，$m=2\sim2.5$；对于裂隙发育的石灰岩 $a=1$，$m=1.12\sim1.30$。

5.1.6.5　弹性波测试成果的解释与整理

弹性波测试成果的解释与整理，除按节中的规定执行外，应注意以下几点。

（1）确定一个工区岩块（石）的纵波速度 v_{pr}，用以评价岩体完整性系数 K_v；岩块的纵波速度可选择本工区完整的岩样（或岩芯）用声波仪测定。一个工区只有一种岩体时，只能采用一个 v_{pr} 值并与波速分类一致。如本区有两种以上岩性时，可以采用不同的 v_{pr} 值，但必须按不同岩性的各项指标进行分类。

（2）岩体完整性系数（K_v）的计算式为：

$$K_v = \left(\frac{v_{pm}}{v_{pr}}\right)^2 \tag{5-9}$$

式中：v_{pm}——岩体纵波速度；

v_{pr}——岩块纵波速度。

式（5-9）反映了岩体相对于岩块的破碎程度。岩体完整系数的分类见表 5-3。

岩体完整系数的分类　　表 5-3

岩体完整性程度	完　整	较完整	完整性差	破　碎
K_v	0.75～1	0.45～0.75	0.2～0.45	<0.2

5.1.6.6　岩土体物理力学参数测定应提交的主要图件及成果

（1）电阻率参数测定应提交的图表有：电阻率参数平面分布图、钻孔电阻率测井曲线，电阻率参数成果表。

（2）岩体弹性波测试，可根据需要提供：纵横波速度、泊松比、弹性模量、剪切模量、抗力系数等成果表，洞室弹性波（或声波）测试综合成果图（图的内容包括波速、岩体完整性系数、弹性

模量等主要曲线，并与地质素描图相对应)。

(3)钻孔波速、弹模成果图及成果表(成果图应有测时或时差曲线，并与钻孔地质柱状图相对应)。

(4)钻孔密度、孔隙度成果图、成果表(成果图应有声波测井、密度测井或电阻率测井曲线，并与钻孔地质柱状图相对应)。

5.2 断层破碎带

断层破碎带是隧道施工最为常见的地质现象之一，它通常分为：活动性断层、低阻充水型破碎带、高阻干燥型破碎带。将第四纪(240 万年)以来，以阿尔卑斯～喜马拉雅运动以来再次有过活动或者新产生的断层称为活动断层。其他为非活动断层。根据断层破碎带的充填物含水不同，可分为低阻破碎带或高阻破碎带。根据活动断层探测和评价工作的不断加深，可以分为如下三个阶段：①断层位置、形态参数的探测与确定；②活动性探测及研究；③活动断层分段性研究和危险性评价。在活动断层的探测中，不同探测阶段采用不同的地球物理方法。例如在第一阶段一般采用包括重磁、电法、放射性、遥感和浅层地震等方法探测；活动性的探测主要采用包括人工地震方法、地质雷达、放射性、井中地球物理等方法。在最后阶段，采用的地球物理资料一般是深部地震、天然地震、深部电法(大地电磁测深)等。

5.2.1 探测概述

在场区内选取普查活断层的有效物探方法，不仅要考虑岩石的物性、断层构造面的形态特征及其引起的物性差异，而且还要考虑场区环境对物、化探方法的干扰和限制。

城市地震活断层地球物理探测的目的是准确查明地表附近活动断层的空间分布，确定其深部延伸的情况，探测可能存在的隐伏活动断层，揭示地下介质的特性和深部构造环境，为活断层的地震危险性评价提供依据。城市活断层探测的地球物理方法主要包括浅层地震勘探、人工地震测深、微重力测量、高精度磁测、电法勘探和天然地震观测等。

5.2.1.1 隐伏构造破碎带地质物性特点

(1)探测隐伏构造破碎带是指应用地面物探方法探测覆盖层以下的断层破碎带。按断层带两盘岩性划分，通常有以下几种情况：

①两盘为同一岩性的断层破碎带；

②上、下盘为相同岩性，但基岩面有一定高差的断层破碎带；

③上、下盘为不同岩性的断层破碎带。

(2)各种构造破碎带大都有断层泥、糜棱岩和破碎、充水等特征。

(3)断层破碎带在物性上常表现为低波速、低电阻率、低密度，并容易产生极化率、自然电位、甚低频磁电参数和放射性等物性异常。

5.2.1.2 隐伏构造破碎带的探测内容

与隧道有关的断层破碎带位置、规模、分布和延伸情况，以及工民建地基勘察中的隐伏构造破碎带的探测。

5.2.1.3 探测隐伏构造破碎带的物探方法

有地震勘探、电法勘探中的电阻率法、激电法、充电法、自然电场法和甚低频法，放射性勘探中的 α 卡法和微重力探测等。

由于隐伏构造破碎带存在着复杂的地质情况，各种物探方法的应用效果会有很大的差异，需要通过试验工作确定。但应本着先简后繁，综合应用的原则安排生产。

5.2.1.4 测网布置原则

除按外业工作技术的有关规定外，应在低阻、低速异常带和其他物性异常点附近，加密测网和补充必要的工作。测线一般要延长至断层带以外，以取得完整的异常曲线。

电探布极和地震排列方向，通常沿地形等高线顺、山坡或顺河布置，以减少表层物性不均和地形起伏的影响。

5.2.2 地质方法

小间距钻探和槽探是研究断层活动性及其活动历史的最重要的手段，已在活动构造及其地震危险性研究中获得最广泛的应用。在城市活动断层探测和断层活动性评价工作中有 3 种类型的钻孔：

第 1 类是在目标区内不同的有代表性地区，打 1 个至数个标准孔，对钻孔岩芯进行精细地层划分及系统测年和测井，研究第四纪地质演化和环境变迁，这也将有助于对地球物理探测中各种界面的地质含义及其年龄加深认识，并为地球物理反演提供实测资料。

第 2 类是在较长地球物理剖面上进行钻探和测井工作，以获得地球物理反演时需要的各种物性参数，如密度、S 波和 P 波速度及电阻率等的分布，以及分层界面的物质成分及地质年代和年龄，进而提高地球物理反演的质量，更好地做好其地质解释工作。

第 3 类是选择地球物理探测中可靠程度较高的典型剖面，开展小间距联合钻探剖面工作，这是为了在地球物理探测的基础上，进一步对断层定位及断层活动性进行研究。一方面，由于地球物理探测发现的异常具有多解性，并不一定都是断层，尽管人工地震勘探手段在地球物理探测中精度最高，其解释结果也需要用钻孔探测加以证实；另一方面，地球物理方法，包括高分辨的浅层地震勘探和探地雷达探测，都难以可靠解决从地表至地下几米乃至 10m 左右深度的地质构造问题，而研究活动构造，这一深度却是不可忽视的。通过断层两侧的小间距钻探对比，使断层达到更精确的定位，确定断层的活动性及其最新位错历史，包括晚第四纪以来断层错动次数、位错量、错动序列的变化及其年龄等，后者即是开展古地震及其复发特征研究的主要内容。在实际工作中，也可以把第 2 类和第 3 类钻孔结合起来进行，把第 2 类钻孔放在联合钻孔剖面上。由于第四纪地层岩相变化大，也由于城市活动断层探测要求的定位精度高，水平定位为 10m，深度定位为深度的 10%（中国地震局，2005），联合钻探剖面中断层两侧钻孔的间距一般不大于 10～20m，在实践中已加密到 2～5m，可直接在钻孔中发现活动断层的断层面。

实践证明，大间距钻孔在对钻孔两侧多变的第四纪地层进行对比时常会遇到很大的困难，由于第四纪或晚第四纪以来断层的垂直断距常常不大，当钻孔间距过大时，断层无法鉴别。钻孔地层的划分必须尽可能详细，年龄样品、孢粉样品和古地磁样品等的采集不能过少，必须按中国地震活动断层探测技术规程进行。在进行钻孔剖面对比时，应遵从岩性段对比和标志层对比相结合的原则对剖面上各钻孔柱状图进行详细比较，对松散地层和黄土状土中的各种裂隙面要慎重判别，区分构造成因和非构造成因。对断层两侧同一地层厚度的差异、断层和断距的分布和变化、上断点的位置等，均要十分仔细和特别慎重地加以研究，因为它们涉及断层活动性、活动历史和古地震的判定。

当断层埋藏较浅，例如小于 10m 时，探槽即可发挥对断层和断层活动性进行详细研究的关键作用，在断层出露地段的一些关键地点，特别是具有关键作用的断错微地貌分布地段，槽探是可以揭露活动断层最新活动和古地震错动历史的最好技术。探槽要具有一定的规模，以尽可能完整地揭露断层活动的历史。组合探槽和多探槽对比是保证断层活动过程和古地震完整性的办法之一，除非受某些特殊条件的限制，如高原地区和场地特别狭窄，探槽都不应太小。当地下水面过浅时，可在探槽周围进行钻孔排水，以降低探槽周围的地下水面，保证施工安全和较大的开挖深度。在各种断层上布置探槽的方法和探槽的挂网、编录、描述技术在中国地震活动断层探测技术规程中均已做出具体规定。探槽开挖完成后，首先应对探槽剖面进行仔细观察和慎重分析，以掌握探槽剖面所反映的活动构造和古地震的总体特征，确定各次事件及其标志，然后再进行编录，编录时也要把握住总的特征及其各种表现，既不要只有抽象的归纳，也不能只见细节，以致无法判断所反映的多次事件。要对断层带的位置及其宽度，对反映古地震和古错动的古地貌、古构造、古沉积物、古地面和古土壤等各方面的遗迹及相互关系加以特别的注意和记录，要注意识别探槽中断层的多次错动和被覆盖、上下断距的倍数关系、古构造楔、古崩积楔、古充填楔和古断塞塘堆积楔、古砂土液化和古地裂缝等的发育。在取样测试获得年龄后，用断层窗或逐次限定方法对多探槽中的古地震事件的年龄和古地震序列加以确定，对多次古地震反映的古破裂事件的时空分布加以比较，以便在此基础上进行地震危险性判定。

通过以上工作，获得了断层的新活动性、断层破裂错动和古地震活动历史后，可以进一步研究断层分段和断层破裂的时空过程，中国地震活动断层探测技术规程对此也做出相应的规定。

5.2.3 化探方法

城市活动断层探测的地球化学探查工作是城市地震活动断层探测普查阶段最常用的一种方法，通过地球化学异常带的分布来发现断层的大致位置。由于地球化学探测方法较为简单，施工限制相对较少，投资较省，异常直观，常用于隐伏断层的初步探测和定位。

地球化学探查是捕捉、识别某些从地球内部持续释放的高挥发性元素（气体）沿断裂带向地表迁移形成的异常分布晕，以探查隐伏断层的存在，为进一步开展地球物理探测和地质勘探提供依据。在活动断层探测中地球化学探查的测项主要是应用土壤气，测定的组分一般为 Rn、Hg、He、CO_2、SO_2、O_2、CH_4、其他碳氢化合物，以及一些气体同位素，如 ^{13}C、$^{3}He/^{4}He$ 等。目前，在活动断层的地球化学探查中的主要测项为 Hg 和 Rn。Hg 量测量常采用土壤气汞和土汞相结合的方法进行配套探测，氡测量主要有 α 粒子测量，γ 射线测量和土壤氡气测量。异常的判定应在对观测数据进行干扰排除的基础上进行，各测项异常下限值为该测项的均值与 2～4 倍均方差之和，超出此下限值者即记为是存在活动断层的地球化学异常。由于地下气体沿断层带上升到达地表形成异常分布晕具有较宽的范围，地球化学异常带也常具有较大的宽度，尤其是多峰异常的宽度更大，所以，断层的位置具有较大的变动范围，只能作为活动断层初查阶段的一种探查方法。由于城市中人口集中，地面地下建筑物和构筑物多，垃圾及回填土分布广，废物、废水排放混乱，它们是地球化学探查主要的干扰因素，给探查工作实施和异常的分辨带来许多困难。在探查中要特别注意避开具有干扰的污染地和污染源，在异常分析中则应注意综合比较研究，对污染地和污染源的影响加以排除。

5.2.4 地球物理探测

目前在城市活断层探测中采用的地球物理探测手段主要有：高精度重力测量、多道直流电法勘探、探地雷达探测和浅层人工地震勘探等，其中浅层人工地震勘探包括反射波法勘探和折射波法勘探，反射波法勘探中包括纵波反射勘探和横波反射勘探。上述不同的勘探手段，据其原理有各自不同的物理条件、不同的探测设备、不同的探测方法、不同的特点与应用条件。重力测量、多道直流电法勘探、人工地震反射勘探和人工地震折射勘探的应用物理条件分别是地层间的密度、视电阻率、波阻抗和速度的差异，但人工地震折射勘探不能探测速度逆转层，即探测界面的下层速度必须大于上层速度，该方法比反射波法的分辨能力差。就探测的效率、成本、施工方法和探测精度而言，高精度重力测量效率最高，成本最低，受外界条件影响较小，施工灵活，但定位较粗略，适于初步探查主要断裂的大致位置；浅层人工地震勘探效率较低，成本最高，施工方法较复杂、受外界条件影响较大，但其本身探测方法多，勘探深度范围大，分辨率和精度最高，在城市活断层探测中，无论在初勘阶段或详勘阶段，都是最主要的地球物理探测手段；探地雷达探测，勘探深度有限，通过试验，在某些城市在几米至10余米深度范围内，取得了较好的效果，它可以在覆盖层薄的地区，配合浅层人工地震勘探或多道直流电法勘探开展探测；在地震地质条件较复杂，浅层人工地震勘探受某些限制的地区，可用多道直流电法勘探作为辅助手段，配合人工地震勘探开展探测，因为该手段受地下水因素影响较大，所发现的异常或异常带，有时可能为地层中含水异常所造成，如富水带和古河道分布等。

开展城市活断层探测的主要特点是：第四纪地层是探测的主要目的层，不仅要求查明有无断层存在，还要查明是否断至第四系内部及其层位，即断层上断点的确切位置。当前，中国城市活断层探测所涉及的20余个主要城市的第四系覆盖层厚度从几米变化至几百米，探测深度包括超浅层（几米至几十米）勘探地区，浅层（几十米至几百米），甚至中深层（几百米至几公里）勘探地区。在深入了解和仔细分析探测地区地质条件的基础上，根据不同地球物理探测手段的特点和不同阶段的目标任务，合理选取不同的探测手段，实现不同地球物理探测手段的最佳组合，可以提高城市活断层探测的效果。

5.2.4.1 地面浅层地震勘探

浅层高分辨地震勘探是城市活断层浅部探测中最为有效的探测方法之一，可以提供断层的位置、几何形态、断层带宽度、断层活动和在资料完整的条件下研究地层变形时代等有关参数，对了解构造活动历史，研究强震发生的可能性等具有重要作用。

(1)浅层地震折射法通常采用纵测线连续对比观测系统，有时辅以横测线。为便于振幅对比，宜使用相同的增益，扫描尺寸，点距通常为5m。当利用波的动力学特征为主探测断层破碎带的位置时，点距可减小至2m左右。

浅层地震折射法能探测构造破碎带的最小宽度（包括影响带）一般为2～3m。当覆盖层厚度小于20m时，能探测的最小宽度为3～5m；当其厚度大于20m时，能探测的宽度一般为覆盖层厚度的四分之一。

(2)浅层反射法较适宜于探测具有垂直断距,上、下盘岩面有一定高差的断层。通常可采用水平多次叠加或共偏移剖面的观测系统,点距一般为 2～3m,最大为 5m。根据时间剖面或等偏移剖面资料,通过对比标准层同相轴的变化规律,可确定断层的位置。

在表层比较均匀、覆盖层厚度小于 20m 时,浅层反射法有可能探出上、下盘岩面高差大于 4m 的断层。

浅层地震勘探一般采用 24 道或 48 道浅层地震勘探仪进行观测,震源主要可选用锤击震源、震源枪、可控源、电火花源和炸药等,其中炸药震源主要适合在野外工作地区进行。目前高质量的浅层地震勘探可以提供 1～3m 的水平分辨率,垂直分辨率可控制在深度的 10%以内。如图 5-2 所示为某隧道勘查活动断层探测中地震勘探剖面图。如图 5-3 所示为该剖面采用工程揭露的剖面素描图,图中 F2 为推断的断层位置。由图可见,在断裂带上,地震勘探反映为强反射信号,很容易识别断层和确定断层的位置(崔国柱、李恩泽、曾昭发,2003)。

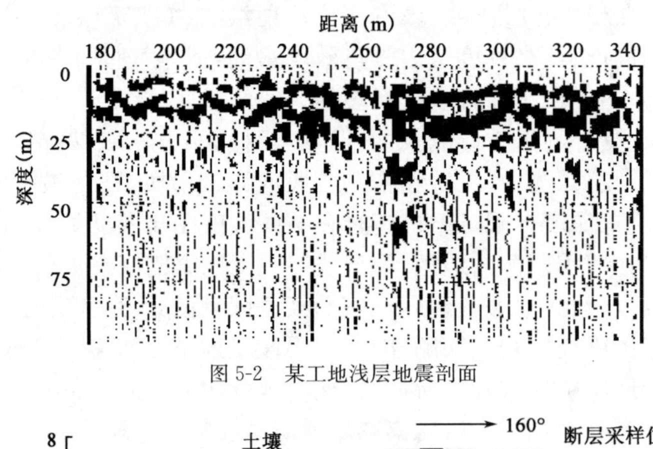

图 5-2　某工地浅层地震剖面

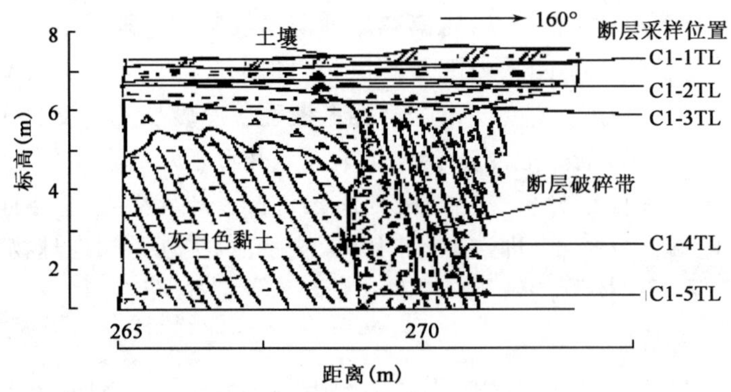

图 5-3　某工地探测断层开挖后地质素描图

5.2.4.2　电法勘探

电法勘探的种类繁多,其中适用于地震活断层探测的方法有联合剖面法、高密度电阻率法、瞬变电磁法、大地电磁测深等。其原理是利用地下介质的电性特征,对活动断层的不同深度进行研究,缺点是分辨率较低,但可以用于宏观特征研究。高密度电阻率法、瞬变电磁法、可控源电磁法、联合剖面法是应用较广的方法,可对地表以下百米深度范围内的断层进行调查,并提供活动断层的宏观特征,与浅层地震勘探相配合,可以提高浅层地震勘探在某些特殊部位解

释的可靠性。

(1)用电阻率法探测隐伏破碎带的低阻异常时，常采用联合剖面法，电极距的大小可通过试验选择，通常取 $AO=BO=(5\sim10)H$，MN 等于点距或 2 倍点距。

在电剖面工作的基础上再布置电测深或环形电测深，利用测深结果，分析推断构造破碎带空间分布。

(2)用激发极化法探测隐伏构造破碎带是基于激电参数的激发比(Js)、极化率(ηs)、衰减度(Ds)和半衰时($S_{0.5}$)与构造破碎带中富集的地下水有着密切关系。

一般可根据测区大小采用电阻率法与激电法相结合的探测方式，或在激电剖面法扫面的基础上，选择异常段(点)布置激电测深了解构造破碎带空间分布。

(3)当断层破碎带已被钻孔揭露且与围岩有显著的电性差异时，可采用充电法测试断层走向。

(4)当构造破碎带的地下水活动，产生过滤电场而形成明显自电异常时，可采用自然电场法探测。

(5)甚低频法主要用于探测低阻地质体，对于含水的构造破碎带一般具有探测效果。它不需要建立场源，装置轻便，生产效率高，适于探测山区覆土厚度不大的断层破碎带。在规划阶段可采用此法进行普查。

1)联合剖面法

联合剖面法对于寻找追踪直立低阻充水型破碎带非常有利，在寻找高阻干燥型断层破碎带时不利，其特点是“低阻正交点”。

实例：某隧道在勘查时调查断层采用联合剖面法发现断层破碎带(金东淳、崔天日，2003)。

场区内含煤盆地的主体是第三纪珲春组，由泥岩、细砂岩、粗砂岩、砂砾岩及煤层组成，是无磁性体，沿断层破裂面可形成弱电性差异面；覆盖层是第四纪砂层、含砾砂层及黏土层，无磁性；基底是侏罗纪流纹岩、凝灰岩、安山岩等组成的较强磁性体。已知活断层位于场区西北侧边缘附近的煤矿开采区，为钻探和井下坑道确定的活断层，呈东西向展布，向东延伸至场区北部老城区内；实测结果，虽然受到一些干扰，但断层仍反映为较明显的低阻正交点。活断层 F6 是场区北部龙王庙断层，呈东西向展布，属钻探和地质调查确定的活断层；在该断层东段及其延长线上分别布设了两条电剖面，在断层及其延长线上获得了明显的异常反应(图 5-4)，F13 断层破碎带如图 5-5 所示。上述实测结果表明，在已知的几条断层上，电剖面结构均有较明显的异常反应；其地质及环境条件与场区南部相同，亦为台级阶地。

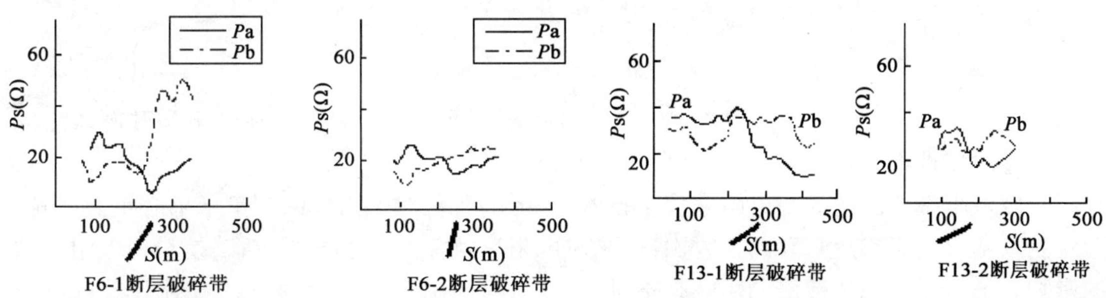

图 5-4 F6 断层破碎带联合剖面异常剖面

图 5-5 F13 断层破碎带联合剖面异常剖面

2)高密度电阻率法

高密度电阻率法结合了电剖面法及电测深法的优点,反映了沿测线下方垂直断面上纵、横两个方向的电性变化特征。该方法采样密度高、样本数据量大、所含信息丰富。再将先进的数据处理技术与现场地质工作相结合,正确布设测线,则可达到对隐伏断层性质的定量解释。

高密度电阻率法是通过对大地供电,产生人工电场,电场的分布除与供电位置与大小有关外,还与地下介质导电性分布有关。通过对电场分布的测量推断地下介质导电性的分布,以此对地质特征做出解释。

高密度电阻率法进行二维地电断面测量,兼具剖面法与测深法的功能,有点距小、采样密度高的特点,在敷设一次导线后可进行数千个记录点的数据观测,其信息量大、施工效率高。近年来,高密度电法在管线调查、物探找水、采空区、岩溶、滑坡等灾害物探调查等方面得以广泛应用。

工作方法简述:高密度电阻率法供电为低频交流电,测量结果为地层视电阻率。因此实际上属于直流电阻率法。其工作原理见图 5-6。

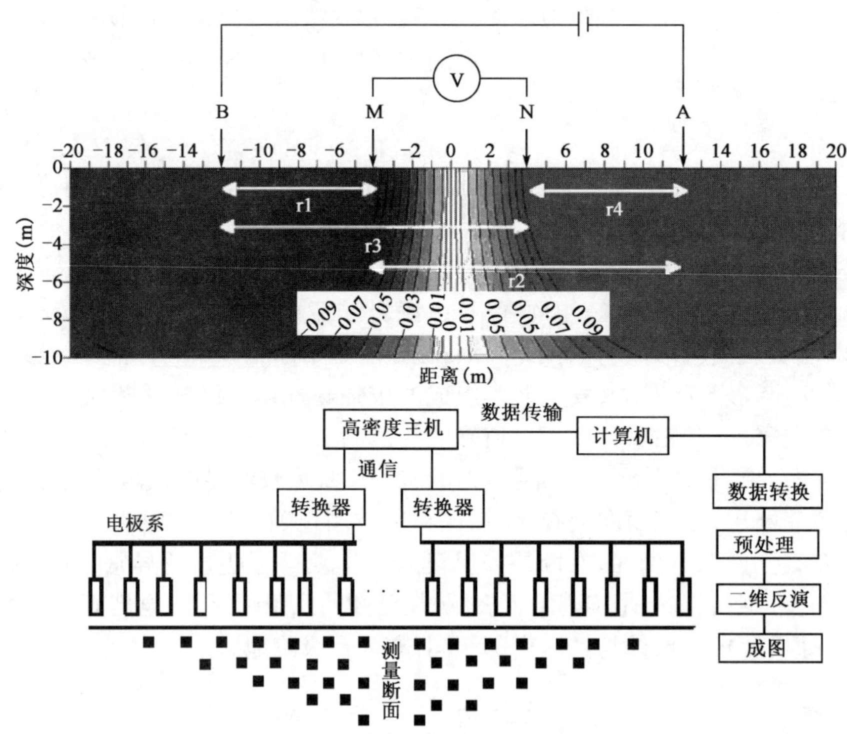

图 5-6　高密度电阻率法工作原理图

如图 5-7 所示为日本北岛活动断层的高密度探测剖面图,由图可见,在黏土和砂砾岩之间有一个明显的岩性界线,反映了活动断层的空间位置。

高密度电阻率法的地形与电阻率校正技术:地形的起伏对电阻率的测量结果有重要影响,地形对测量结果的影响反映在两个方面:一是对电阻率测深点位置的影响;二是对视电阻率数值的影响。地形对电阻率数值的影响是不可忽视的,对于山脊地形,测量的视电阻率比实际偏低,对山沟地形测量的视电阻率偏高,都需要校正。

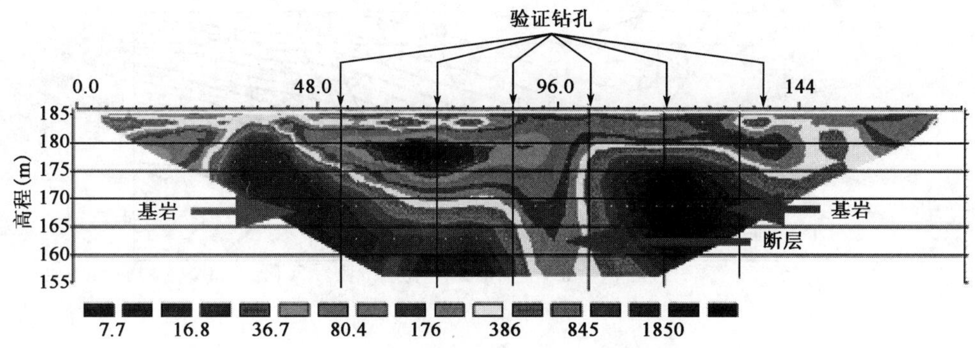

图 5-7 高密度电阻率法探测断层剖面图

注：横坐标的电阻率单位为 Ω·m。

3)瞬变电磁法

瞬变脉冲电磁法用于高层建筑、厂址、高速公路等工程地基勘察，溶洞、地裂缝、防空洞的探测，寻找地下水、地热田等；也适用于埋深在 300～500m 以内的煤田及金属矿产勘查，在水面、沙滩、基岩裸露地区比其他物探方法能取得更好的效果。该方法广泛应用于有色金属、煤炭、工程地质等许多行业进行地质构造评价。

实例(郁万彩，2001)：某工作区位于山东省微山湖区，湖水深 1～3m，第四系厚 130m。调查的断层两盘均被第四系覆盖，其底部的黏土隔水层厚度较大，隔断了第四系内部含水砂层同下伏地层的水力联系。断层上升盘为奥陶系石灰岩、白云质灰岩，下降盘为石炭二叠系含煤地层，断层落差 360～800m，矿区内水平延展长近 8km，主采煤层和奥陶系石灰岩直接接触(图 5-8)。

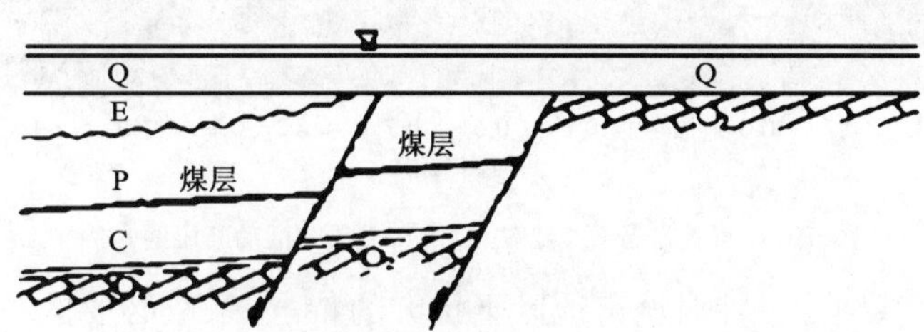

图 5-8 测区地质剖面示意图

仪器工作布置：数据采集使用国产 SD-2 型瞬变电磁仪，通过试验确定使用重叠回线工作方法。SD-2 型瞬变电磁仪工作参数如下：

(1)回线边长：200m(正方形)；

(2)工作电压：60V；

(3)叠加次数：200 次；

(4)工作频率：6.25Hz，2.5Hz(双频观测)；

(5)测量道数：40 道；

(6)供电电流：8～11A；

沿断层走向选择两处进行跨断层布线测量，完成测线 7 条(线距 100m，点距 50～100m)，测量的效果见图 5-9。

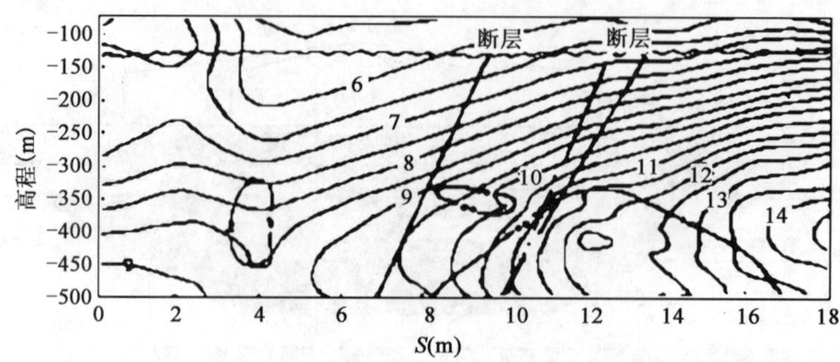

图 5-9　纵向电导 S_τ 拟断面图

4)大地电磁测深

如图 5-10 所示为利用可控源音频电磁法(CSAEM)研究活动断层的实例(崔国柱、李恩泽、曾昭发,2003)。

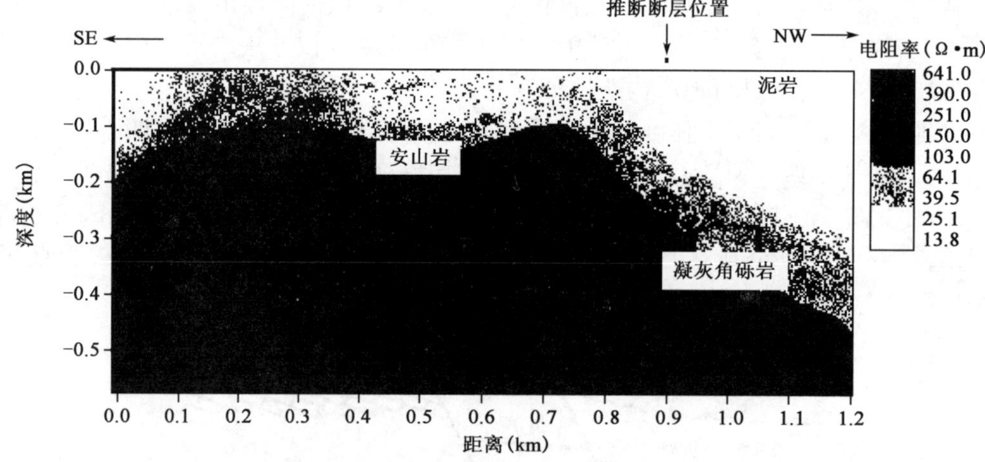

图 5-10　可控源音频电磁法(CSAEM)研究活动断层的实例

在电法勘探中要特别注重针对城市地区干扰大的特点,采取必要的技术措施提高观测系统的抗干扰能力。

5)地质雷达

地质雷达是用高频电磁脉冲确定地下介质分布的一种方法。该方法是利用介电常数不同的介质交界面会产生电磁波反射进行探测,其主要特点是具有较高的分辨率和较高的工作效率。由于该方法的探测深度受限制,在研究有覆盖层的隐伏断层时不作为首选方法,但该方法在判断断层活动性方面应用效果较好,具有观测精度高、信息丰富的特点,能够反映活动断层的位置和地下形态。

5.2.4.3　重力探测

随着高精度重力仪的出现,微伽级的高精度重力仪在小断层探测等方面得到了越来越多的应用。在地震活断层探测的总体设计阶段,应充分利用本地区现有的重力资料,对工作区内的重力异常进行认真的分析,研究该地区主要断裂构造与重力异常的关系,推断可能存在的隐

伏断层，为地震活断层探测的总体设计提供基础资料。利用长期的重力场测量资料，通过重力反演还可以对孕震体密度场变化、断层对地震发生与迁移的作用和流体对断层活动的作用等进行深入研究。

目前高精度的重力仪精度已达 1～2μGal。由于断层带和两侧围岩存在着密度差，为应用微重力探测提供了可能。

5.2.4.4　磁法勘探

磁法勘探在大地构造分区、断裂带、接触带、破碎带和基底构造的探测，沉积岩、侵入岩、喷出岩以及变质岩的分布范围划分等方面有着广泛的应用。断裂带的磁异常因不同的构造作用以及其后发生的地质过程而具有不同的特征。其异常特征包括岩石在经受外力作用，尤其是因岩石破碎后出现的磁性降低引起的负异常；因深断裂内伴有岩浆活动或热液侵入带来的磁场增强所表现的正异常；或因热退磁作用引起的负异常等。另外，由于断裂切断了地质构造的连续性，使与构造有关的磁场形态出现不连续变化，从而表现出异常走向改变以及磁场陡变等特征。通过磁测，查明磁异常分布特征即可判定断层位置、走向及断层性质。

根据不同的研究对象，磁法勘探既可探测从地表到数百米深度的浅部构造，也可研究深部地质构造，估算居里点深度等。

5.2.4.5　放射性测量方法

(1)放射性探测隐伏断层破碎带的方法，目前常用的有氡气法、伽马射线和 α 卡法。

(2)一般情况下，断层破碎带具有较好的透气性和渗水性，因此地层中的铀、钍、镭放射元素，在衰变过程中释放出放射性气体沿断裂带上升到地表，形成局部放射性物质富集，通过测定可达到寻找隐伏构造破碎带的目的。由于这类放射性异常比较微弱，通常只有正常值的 1.1～2.0 倍。因此，要求有灵敏度高、稳定性好，并能测量伽马射线丰富的低能部分(24～266kev)的仪器。

(3)此法装置轻便、生产效率高，适于山区覆土厚度不大(小于 10m)的断层破碎带的调查。在规划阶段可采用此法进行普查。

放射性方法是一种介于地球物理方法和地球化学方法之间的一种方法。活断层，尤其是在隐伏活断层的勘查中，通常很难找到判断活断层的地质依据。分析研究活断层的放射性特性为地球物理探测活断层的一个重要方法。新构造断裂带有微弱的天然放射性显示。从地球物理角度讲，它是新构造断裂中某些放射性物质的储存和逸出造成的。在活动的老构造断裂带的天然放射性与新构造断裂的天然放射性一样有增强显示，而非活动的构造没有这样的异常产生。

实例(金东淳、崔天日，2003)：在某场地的隐伏断层调查中，使用了 FD-3017 型 RaA 测氡仪。在 4 条剖面上，共测试 222 个点，点距一般为 10m，出现异常时加密到 5m 或重复测试。取气深度 35cm，多数穿透表层土，测试工作在 4 月中旬的几天内进行，土层已完全化冻，因此没有考虑土壤的微弱温度变化。氡射气含量以脉冲数/2min 表示，测试结果见表 5-4。在工程场区进行了工程地质钻探和探槽揭露工作，钻孔深度为 15～30m。测试结果表明，活动断层带上氡气含量分布有以下特征：

①沿断层带各测点的氡值含量超过平均值，构成了断层氡晕带；②在每条剖面上，氡值的峰值出现在断层带之上；③沿断裂带氡射气异常值的高低与断层带的岩性有一定的关系。工程场地张性正断层的作用构成南北向展布的断陷区。在断陷区内堆积了白垩纪紫色泥岩和矽质砂岩块的残积物、河床相砾石、含黑色炭质条带的砂层以及更新世黏土层。在测试剖面上氡射气异常峰值处都出现在断陷区两侧断层带上。黏土与泥岩相接触的断层带氡射气含量高；而砂砾层与硅质砂岩接触带则较低(图 5-11)。

各剖面测试结果表　　表 5-4

剖面	测点数	剖面长度(m)	平均值(脉冲/2min)	最高值(脉冲/2min)	最高值(脉冲/2min)
1	47	470	54.41	339	0
2	62	580	35.21	326	0
3	59	590	51.82	413	0
4	64	540	18.92	118	0

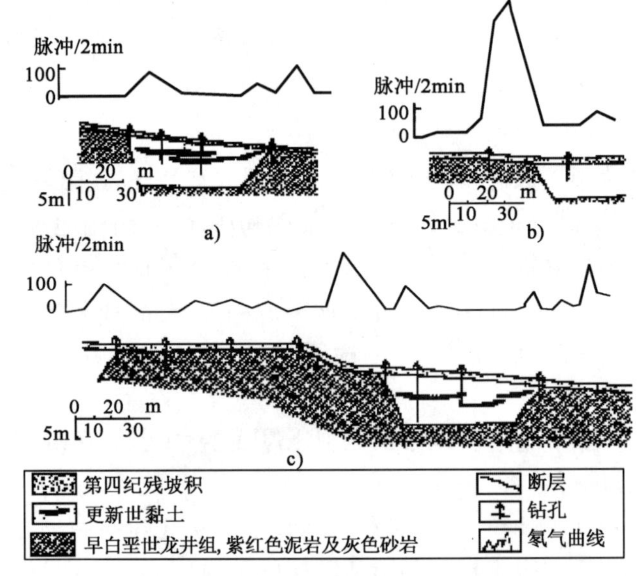

图 5-11　某场地氡气测量异常剖面图

5.2.4.6　遥感图像解译和大比例尺地质地貌填图

遥感资料解译是活动构造研究初期的有效手段之一，适用于活动断层的普查和控制性定位工作(中国地震局，2005)。要注意利用多种遥感资料，除卫星遥感、雷达遥感等资料外，对航空照片，尤其是拍摄时间较早的航片要给予特别的注意，这主要是由于在工业化时期人类活动对地表地质地貌的改造十分强烈，在最近时期拍摄的航片上典型的活动构造表现和断错地貌可能已不复存在，而在早期航片上却仍有踪迹可寻。在图像数据收集时要注意收集高分辨率的多类型、多时相的图像数据，在各种图像数据处理时要以突出活动断层影像特征为原则。遥感图像判读时要注意图像细微变化所反映的活动构造几何学和运动学细节，并制作反映这些细节变化的大比例尺断错地质和断错地貌图，要扬弃概略性判读和简单概念性线条表示的过

于粗略和概念化的解译图。遥感解译图的线性构造一定要经过认真和详细的地面校核检查，以发现解译中可能发生的错误。由于遥感图像解译资料主要应用于活动断层的普查阶段，一般应较早安排工作，并应在工作早期完成，以作为地质地貌调查的基础。

对活动构造进行大比例尺地质和地貌填图是获取活动构造定量参数的最好方法，中国地震活动断层探测技术规程中规定要对地震活动断层进行1/25000～1/10000地质、地貌填图，并规定了各种填图要素和技术要求。要特别注意活动断层迹线，注意活动断层几何学图像，如不连续结构及雁列和羽列式错列阶区，推挤构造和拉分构造，阶梯式断层和堑垒式结构，断层弯曲、分叉和尖灭，不同方向断层的相互交切和限制关系，也要特别注意断层运动学特征的各种表现，如水系变位及其幅度，年轻地貌面的变形、位移及其幅度，各类地质体及其界面的位移和位移幅度，地震地表破裂带、古地震地表破裂带及其位移和幅度。对最新断层活动带应采用沿断层的追索法进行详细填图，对重点构造变形和断错地貌要进行详细测量制图，以获得精确的定量数据，对关键地质体和地貌体、地貌面要取样进行测年，对关键的断错构造和断错地貌要进行探槽揭露。这些都是获得活动断层定量参数的保证。

5.2.4.7　*地面方法预报断层总结*

以上通过实例介绍了各种单一方法探测断层的原理及效果，下面简述各种方法的应用前提、方法特点，并说明优化组合方法的必要性。

(1)常用各种探测方法评价，见表5-5。

常用各种方法评价及特点　　表5 5

方法		应用前提	方法特点	应用效果
1.地面浅层地震勘探		(1)波速差异； (2)场地条件	反射波法	(1)精度高； (2)反映异常形状
2.电法	联合剖面法	(1)电阻率差异； (2)地形条件许可	(1)轻便简单； (2)对低阻直立断层有利； (3)存在最佳极距	定位准确，能反映断层产状
	高密度电法	(1)电阻率差异； (2)地形条件许可	(1)轻便简单； (2)资料丰富	精度高
	瞬变电磁法	(1)电阻率差异； (2)地形条件许可	(1)轻便简单； (2)场地条件	精度中等 体积效应
	大地电磁测深	(1)电阻率差异； (2)地形条件许可； (3)干扰小	(1)对大地构造探测有利； (2)对浅部小异常不明显	精度中等
	探地雷达	介电常数差异	(1)探测深度<30m； (2)解释应有参照	精度高
3.重力探测		密度差异	(1)对大地构造探测有利； (2)对浅部小异常不明显	工程上不常用
4.磁法勘探		磁性差异	(1)对大地构造探测有利； (2)对浅部小异常不明显	工程上不常用
5.放射性(测氡)		放射性差异	间接方法	常用，定性
6.地质及化探方法		地质构造变化规律	直接方法	常用，定性

(2)方法组合的必要性

通过以上资料的研究表明:虽然应用物探方法探测断层通常采用单一方法进行,但其误报率较高,目前的发展趋势为组合方法进行预报,如经常采用的组合方法有:“联合剖面+测氡”、“高密度电阻率+浅层地震反射”等一系列方法组合的断层预报模式。

活动断层的探测具有重要的意义,可为预测地震活动、城市建筑有效地避开活动断层提供重要的资料。地球物理方法在城市活动断层的探测中具有重要的作用,它能提供活动断层的空间位置、形态参数和推断活动性提供可靠的依据。不同的地球物理方法在活动断层的探测中具有不同的特点。重磁方法和直流联合剖面法可以用于确定断层的地表位置和前期的研究;高密度电法、电磁法、浅层地震、地质雷达、井间层析成像等方法是研究断层的形态特征、近地表活动规律的重要方法;浅层地震、地质雷达、放射性方法可以进行断层的活动性研究;深部地震、大地电磁等方法一般用于研究活动断层的深部规律。

可见,还需要进一步加强地球物理方法在活动断层探测中的研究,并确定探测活动断层的不同内容所需要采用的不同地球物理方法组合和解释中的不同地球物理信息组合,为开展隧道活动断层探测的顺利实施提供指导。

(3)隐伏构造破碎带探测资料解释推断要点

①根据联合剖面平面图,由低阻正交点异常轴走向推断构造破裂带的走向和平面位置。由联合剖面曲线的对称性和双重剖面曲线正交点的偏移判断构造破碎带的倾向。

②实践表明:J_s=0.3%~3%、η_s=1%~5%、D_s=30%~80%时一般是含水的反映;而大于上述范围值时,一般与碳质岩层及金属矿体等干扰因素有关。因此,分析判断时要结合区域地质、水文地质和其他物探资料综合解释。

③断层带由于破碎、夹泥、充水会出现低波速段,一般可把波速下降30%以上的地段视为低速段。根据低速段出现的折射波振幅衰减、视周期增大和波形变化等动力学特点来解释低速段,有助于排除诸如深切河槽、V形河谷以及坡度大于20°等折射界面急剧起伏造成的低速段。由低速段的分布规律可求出构造破碎带的走向、埋深和大致的宽度(当埋深大于10m时应进行偏斜校正),但不能判断其产状。对于小的断层破碎带,低速段特征往往不明显,若工作布置合理,根据波形变化,振幅衰减或波的置换现象,有时可判断宽度为2~3m的断层破碎带。

④当覆盖层厚度小于10m,自然电场、激电参数、放射性强度、甚低频磁电参数在地面产生的物性异常大于正常场1.5~3倍时,采用以上方法进行探测,有可能得到断层带的异常反映。

⑤对异常作地质解释时,要掌握测区地质构造规律,追索异常的资料要完整,有不同极距的对比资料,有一定数量的控制测深点和电参数,对地形、旁侧等非地质因素的影响应有足够认识。

(4)探测隐伏构造破碎带的精度要求

当测区内存在有利地形及物探条件时,采用综合物探方法调查隐伏构造破碎带的地质效果是:当覆盖层厚度小于10m时,应能查明2~3m宽度的断层破碎带;当覆盖层厚度10~20m时,应能查明3~5m宽度的断层破碎带;当覆盖层厚度大于20m时,应能查明宽度为覆盖层厚度1/4的断层破碎带。

5.3 岩溶

5.3.1 岩溶探测概述

5.3.1.1 岩溶的地质物性特点

岩溶洞穴与其围岩之间，一般存在着明显的电阻率、波速、波阻抗、密度、磁化率及散热率等物性差异，可应用相应的物探方法进行综合物探探测。

5.3.1.2 岩溶的探测内容

(1)探测隧道岩溶地区岩溶洞穴的分布。

(2)当具备可测钻孔条件时，利用孔间的穿透方法，探测孔间岩溶洞穴的空间分布。

(3)当有平洞时，应用洞壁的测试方法，探测洞间或洞壁围岩一定深度范围内的岩溶洞穴的空间分布。

(4)在被覆盖的岩溶地区，当地形平缓、基岩埋藏较浅时，可应用地面物探方法，探测表层岩溶溶蚀带。

5.3.1.3 岩溶探测的物探方法

(1)调查表层岩溶的地面物探方法较多，主要有：电法，包括直流电法(电测深与电剖面)、电磁法(甚低频法与频率测深)、激发极化法(时间域与频率域)、微重力法；地震法(浅层折射波法和浅层反射波法)；地温法等。

(2)探测孔间岩溶的井中物探方法有：钻孔电磁波透视法、声波透视法和地震波透视法。

(3)探测洞间和洞壁岩溶的地下物探方法，可应用钻孔电磁波透视法、声波透视法及地震波透视法探测洞间岩溶；应用地质雷达探测和微重力勘探洞壁岩溶。

(4)在地表或水下调查地下暗河的出露点，主要应用地温法，测量地表、地下水及河水的温度，可以查找地下暗河在地表或在河水中出露点。

5.3.1.4 探测岩溶的测网布置

(1)探测表层岩溶时，测线布置方向，应尽量垂直于岩溶发育带的走向。布置测线应尽量与其他勘探线或有已知资料的地段重合。各种物探方法的测线，也应尽量相互重合，以利综合分析解释推断。

(2)测网密度主要根据任务要求和溶洞大小与埋深等因素，综合研究决定。

5.3.2 地质方法

岩溶地质灾害是隧道施工过程中主要的地质灾害之一。准确地预报岩溶的类型、位置及规模是可溶岩地区隧道安全施工的基础，由于岩溶的产生受多种因素制约，其中的构造因素，特别是断层及其破碎带是控制岩溶产生的主要条件。

岩溶产生的地质基础：岩溶的产生受岩性、构造和可溶岩与非可溶岩的接触界面(构造和非构造因素)等因素控制。大型溶洞、暗河主要发育在下述的构造部位。

(1)可溶岩，特别是强溶岩(纯灰岩和盐岩)中的断层破碎带，胶结疏松，宽度大的断层破碎

带(有利于侵蚀性水的流动)。

(2)可溶岩与非可溶岩的接触界面,如灰岩与泥灰岩、泥岩、页岩的接触界面。再如,灰岩与岩浆岩,特别是玄武岩、辉绿岩等的接触界面。可溶岩位于界面上盘时,更有利于岩溶溶洞的形成,原因是差异溶蚀。

(3)大型背斜、向斜的核部等较破碎部位。

(4)高倾角背斜(纵弯褶皱)的两翼在褶皱形成过程中由于层间滑动而形成的破碎带(地表一般为负地貌)。

(5)发育于侵蚀基准面之上的垂直循环带(包气带)、水平循环带(饱水带)及其之间的过渡带。

地面地质调查的工作方法分为地质测绘法和地面地质界面和地质体投射技术。其中前者采用的主要技术手段有穿越、追索和全面踏勘三种;后者主要是利用调查的结果运用投射公式进行计算。利用这种方法进行如下工作:

①弄清楚隧道线路经过地区可溶岩(灰岩、盐岩),特别是强溶岩(纯灰岩、白云岩、盐岩)的地层层位和展布范围。

②查明隧道线路经过地区及其邻近地区,在可溶岩分布的规模较大断层的产状及其与地表隧道线路中心线的相互关系;特别注意那些两条或两条以上断层交汇的位置(它们是侵蚀性地下水的有利通道)。

③查明可溶岩与非可溶岩接触界面的位置及其与地表隧道线路中心线的相互关系。

④结合上述有利于岩溶发育的岩层层位和构造位置,在大小封闭的洼地内,寻找大型溶洞或暗河的入口。

⑤根据断层产状或可溶岩与非可溶岩界面的产状,用地面地质界面法和投射公式,求得可能出现的大型溶洞、暗河与隧道的相互关系。

⑥查明暗河的入口和出口的位置及高程,并结合可能成为暗河通道的较大断层或较紧闭背斜褶皱核部的位置、产状,推断暗河大致通道,确定能否与隧道相遇或与隧道的大概位置关系。

⑦依据岩溶发育的分带性、隧道的相对标高和季节的变化,判断那些可能与隧道相遇的溶洞、暗河的含水率;或推断那些不与隧道相遇的有水溶洞或暗河对隧道施工的影响程度。

⑧搞清隧道所在位置所属的构造体系和地表具体的构造形迹。

5.3.3 物探方法

(1)应用各种物探方法探测岩溶均具有一定的局限性,尤其是利用地面物探方法时,受各种干扰因素较多,物探工作主要受地形起伏变化、覆盖的厚薄、溶洞体积的大小及其埋藏的深浅等因素的影响。确定物探工作的条件,一般应以岩溶异常值大于正常场观测均方误差的3倍为下限值。为克服物探资料的多解性,工作中应尽量选择相应的综合物探方法。

(2)探测表层岩溶溶蚀带,当地形平缓时,一般应用常规物探方法,如直流电法(电测深和电剖面)、地震法(浅层折射波法和浅层反射波法)及微重力法等综合物探方法。当地形起伏不大时,除应用常规物探方法外,还可采用受地形影响小的物探方法,如甚低频、频率测深、声频电场法等。由于灰岩和溶蚀带的顶面往往起伏较大,其埋深的解释结果一般是基岩起伏的平

均值。

(3)探测岩溶洞穴是充水还是填充疏松沉积物时，可采用激发极化法与其他物探方法相互配合。

(4)应用井中同位素流速仪测定地下水流速流向和采用红外测温仪测量地下水的温度，可为确定地下暗河的出露点提供定性资料。

(5)探测孔间岩溶洞穴，应用孔间的透视法时，钻孔之间的距离应小于80m，工作结果可给出孔间岩溶空间分布的定量成果。

(6)采用地面物探与井下物探相结合进行体积勘探的方案，主要查明隐伏基岩的岩性、顶板起伏及其中的构造分布、岩溶发育情况，第四系土层厚度与隐伏土洞的发育情况。应根据不同地层的地质条件、物性条件及拟解决的地质问题，选择有效的物探方法，要尽可能采用效果好的新技术新方法，如地质雷达、浅层地震、高密度电法、瞬变电磁法等。

5.3.3.1　浅层地震预报

浅层地震探测岩溶及陷落柱通常采用反射波法，岩溶裂隙发育带的存在使地震波发生绕射、散射，吸收系数增大，并影响水平叠加效果，反射波能量减弱。在时间剖面上可以根据反射波振幅及波形特征来识别致密灰岩区和岩溶裂隙发育带，在奥灰岩反射时间间隔中可以有条件划分以下四种有一定动力学特征的反射波。

①地震反射波具有稳定的能量反射度和相干性，连续性好；

②反射波能量较弱，连续性较好；

③反射波具有不连续的特性，出现垂直位移和不同倾斜的反射段以及波形拉宽、压窄和极性反转等现象；

④反射波呈扭曲状断续杂乱分布或完全缺失反射同相轴。

第一、二类反射波特征对应致密或较致密灰岩区，第三、四类反射波特征对应岩溶裂隙发育或较发育区。图5-12a)是某隧道区的勘查资料（陈家联，2003），用浅层地震探测溶洞的部分资料。通过物探工作，发现了多处异常，分别为溶洞、土洞及软弱透镜体引起的异常。图5-12b)为地震波时间剖面图，从图中可看出有明显的异常，经钻探查证，为溶洞引起的异常。

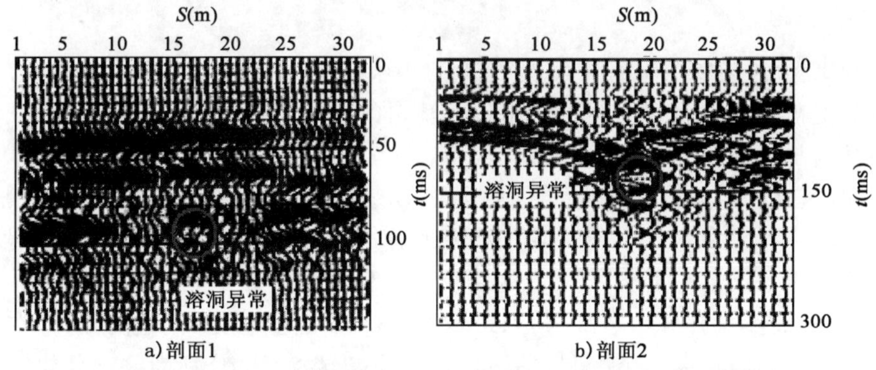

图5-12　某隧道勘查资料浅层地震探测溶洞的效果

图5-13是山西某区的地震时间剖面（倪新辉、刘天放，1997），奥灰岩顶界面反射波 T_G 连续性好，奥灰岩内反射波能量强，反射波特征明显。该区灰岩埋深大于600m，岩溶裂隙不发

育，曾在邻近打过一个干孔。根据时间剖面上Ⅳ类区确定 8536 孔，成孔后单位涌水量 0.24L/(s·m)，岩溶裂隙发育。

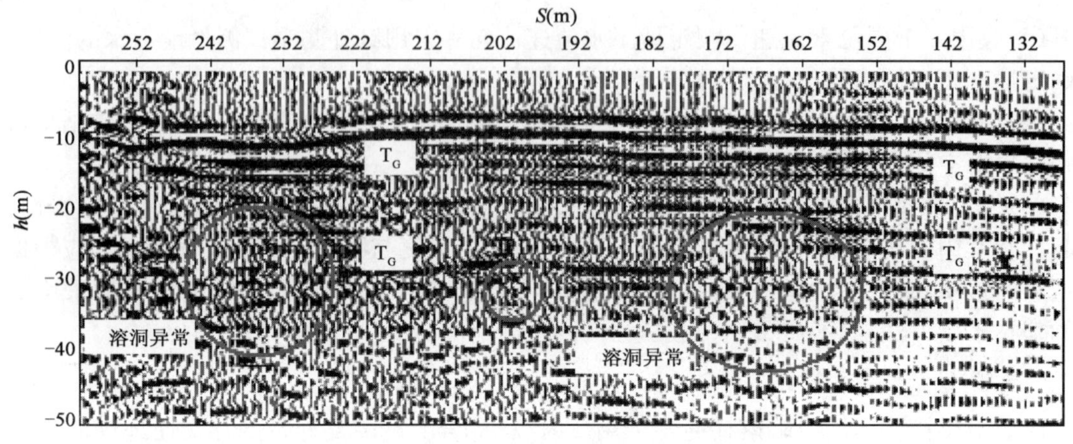

图 5-13　某区勘查资料浅层地震探测溶洞的效果

5.3.3.2　电法

常用的方法包括：电测深法、高密度电阻率法、偶极法、充电电位法、自然电位法、激电中梯、地质雷达法、瞬变电磁法等。以下介绍主要常用方法。

1）电测深法

电测深 ρ_s 曲线类型与地下溶洞的关系，电测深 ρ_s 曲线类型取决于地电断面的性质，同时，根据地质和电性资料做出不同类型 ρ_s 曲线和地电断面的对比，可以说明不同类型 ρ_s 曲线变化的地质原因。因此，通过 ρ_s 曲线类型的分布和变化可以了解地下介质的电性结构。通常，ρ_s 曲线类型发生变化的原因是某岩层缺乏或出现新地层：由于探测区段地层电性结构简单，在无溶洞的正常地段，仅有电阻率较低的浮土覆盖层和 $\rho_s \to \infty$ 的基岩～灰岩 2 层电性结构。电测深 ρ_s 曲线为 G 型，其尾支呈 45°渐近线上升。当地下有溶洞存在时，如果溶洞规模不大且埋深较浅，充填物多为水、泥沙或砾石时，则 ρ_s 曲线大多为 KH 型；如果溶洞埋深较大，则 ρ_s 曲线为 A 型或 KA 型。

如图 5-14 所示为某场地电测深 ρ_s 曲线等值线图（敬荣中、林剑、肖志强，2002）。断面图大致反映了浅部覆盖层沿剖面的电性变化和底部基岩的分布情况。1～4 号点 $AB/2$ 约 15m 的低阻带即为基岩与覆盖层接触部位的富含水带，1～7 号测点浅部出现较大面积的低阻异常，此为充填的泥沙。但是，此剖面图未能把强干扰、复杂地质条件下隐伏的溶洞分辨出来。如图 5-14b）所示为 K 等值线断面图。图中除了清晰地分辨出基岩上的含水带外，将 3 号点、5 号点深部隐伏的溶洞也分辨出来了。如图 5-14c）所示即为 K 曲线影像断面图。图中 1～7 号点浅部大面积阴影表示充填的泥沙，在 3 号点、5 号点的深部明显地反映了溶洞的存在，尤其是 5 号点，存在两个阴影，应存在两个溶洞。据此，对 5 号点解释深度分别为：覆土层厚度为 4.5m，第一个溶洞深为 15～18m，第二个溶洞顶板深为 27m 。经验证，浮土层厚度为 4.8m，第一个溶洞深为 15.5～18.8m，第二个溶洞顶板深为 28m：图 5-14d）为此剖面地质断面图，显示了地中真实的情况。

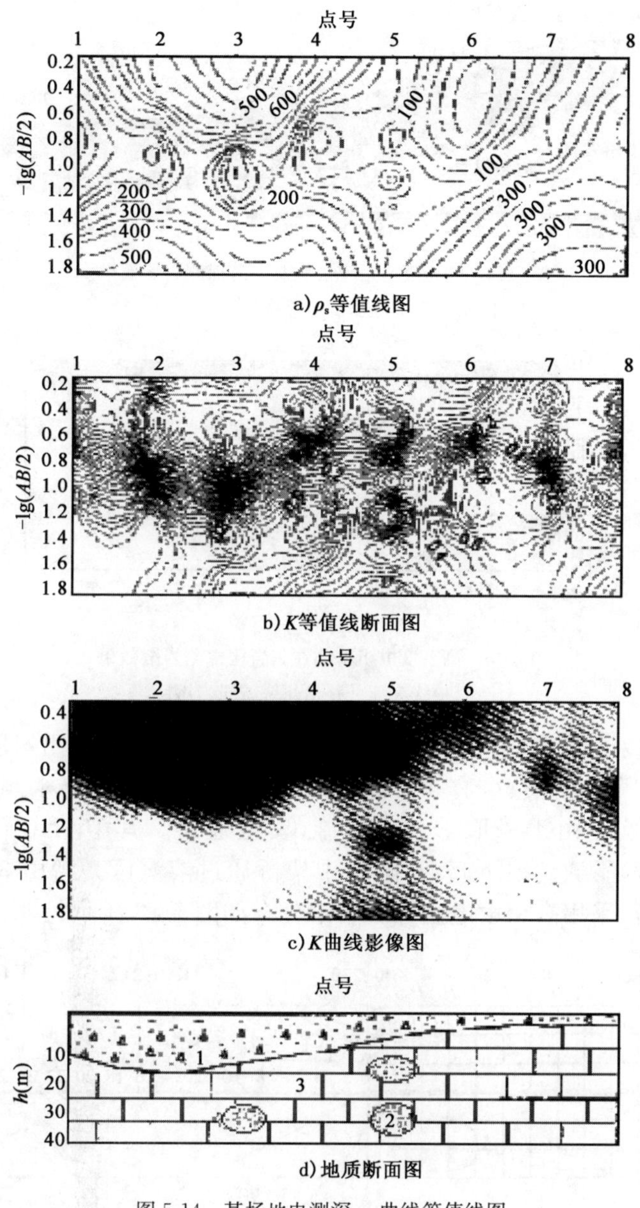

图 5-14 某场地电测深 ρ_s 曲线等值线图

1-浮土覆盖层；2-溶洞；3-灰岩

2)高密度电阻率法

高密度电阻率法属直流电阻率法，测量结果为二维视电阻率断面。高密度电法具有点距小、数据密度大、工作效率高的特点，能较直观、准确地反映地下电性异常体的形态。高密度电法野外数据采集是在确定采集参数后，通过主机控制多路电极转换器经由电极系形成供电、测量的数据自动采集系统。数据采集完成后，通过通信程序将原始数据传入计算机进行数据转换、地形校正、二维反演后输出二维地电断面图即完成整个采集与处理全过程。它与电测深法的探测机理相同。探测岩溶效果如图 5-15、图 5-16 所示。

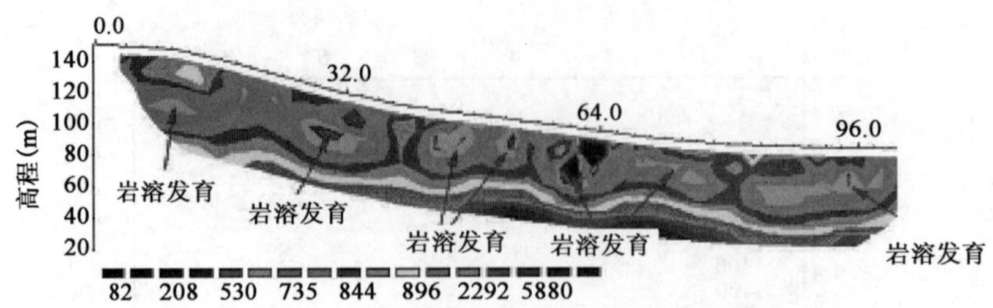

图 5-15　高密度电阻率法在灰岩区探测岩溶效果

注：贵州兴义高密度电阻率法岩溶探测。

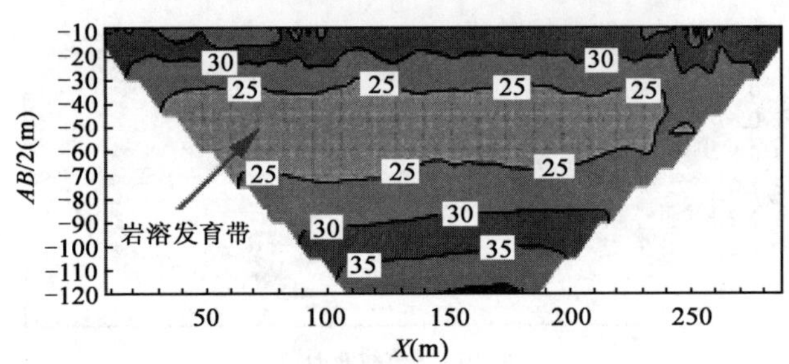

图 5-16　高密度电阻率法在灰岩区探测岩溶效果

注：京福线高速公路徐州绕城段岩溶区。

实例(赵永贵)：隧道长近 800m，最大埋深 250m，进口段为灰岩，出口段为泥质砂岩。探测发现灰岩段有大小 7 个岩溶发育，有 4 个与隧道相交，3 个与地表落水洞相通，3 个连接地下河，开挖中都得到证实。由于采取了预防措施，安全通过。其中 K40＋250 处的溶洞截面 20m×30m，上通地表，下通到地下暗河，隧道中架桥通过溶洞区。湾田 3 号隧道左幅溶洞勘察综合平面见图 5-17，采用高密度电法探测岩溶分布如图 5-18 所示。

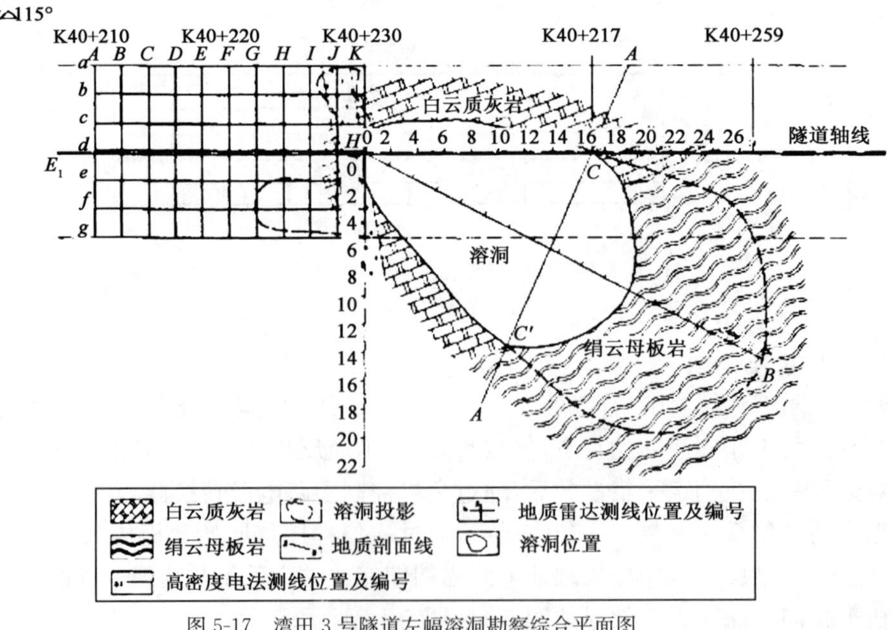

图 5-17　湾田 3 号隧道左幅溶洞勘察综合平面图

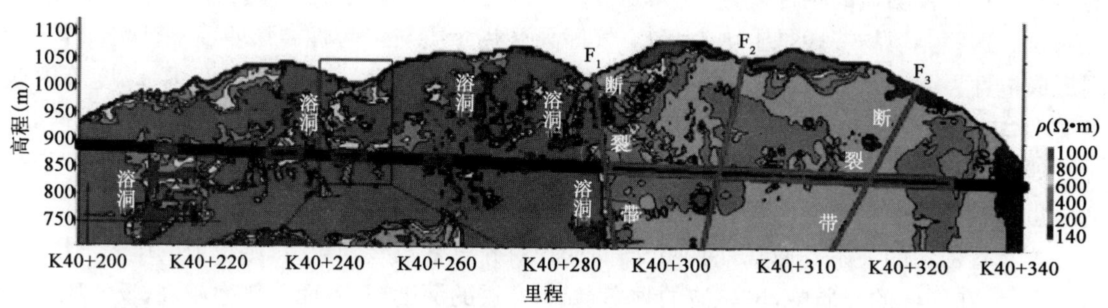

图 5-18 某高速湾田 3 号隧道岩溶探测(赵永贵)

3)瞬变电磁法

实例(朱正国、卿志,2004):宜万线高坪车站岩溶探测,工点内属山区地形,灰岩基本裸露,局部覆盖层厚度 1～3m,任务要求查明地下 0～100m 范围内溶蚀发育情况,从地质要求及地形地质情况看使用常规的物探方法不适合开展物探工作。分析上述情况,采用 TEM 法无疑是最恰当也是最有效的方法,沿中线方向布置物探测线,图 5-19 是测线实测数据的多测道感应电压曲线图及实际推断验证图。

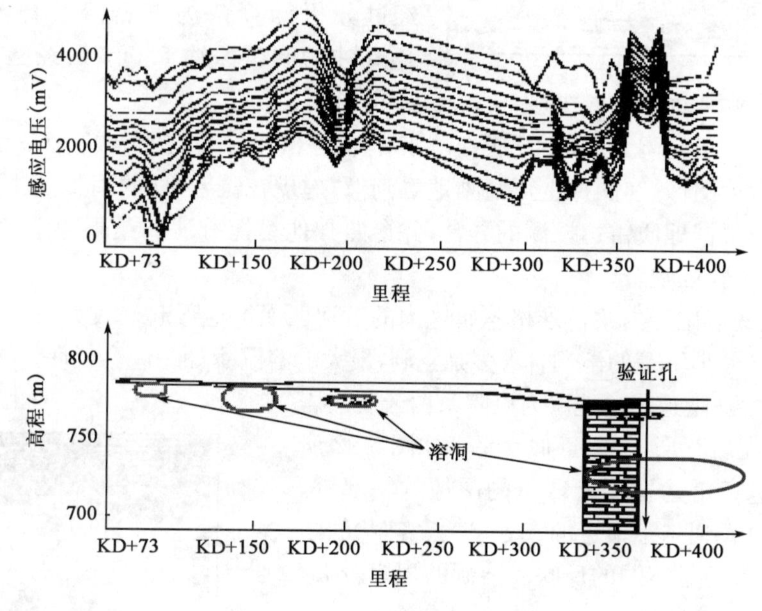

图 5-19 多测道感应电压曲线图及实际推断验证图

4)地质雷达

地质雷达探测岩溶的机理:我国各地区不同地质时代的可溶性岩层,在漫长的地质作用下形成的岩溶形态千差万别、错综复杂,如溶洞、溶沟、溶槽、地下暗河等。地质雷达沿用了对空雷达的基本原理,但两者的本质区别在于前者使电磁波在岩石、土壤等介质中传播,而后者是在空气中传播。利用地质雷达探测岩溶正是基于上述原理进行工作的。通常,岩溶与其周围的介质存在着较明显的物性差异，尤其是溶洞内的充填物与可溶性岩层之间存在的物性差异更明显。这些充填物一般是土壤、水和空气等。这些介质与可溶性岩层本身由于介电常数不同形成电性界面。无疑探测出这个界面的情况，也就知道了岩溶的位置、范围、深度等内容。事实上，电磁波在地下介质中传播，其能量将因介质的吸收而损耗，特别是在高电导岩性介质中。如含水多、含盐度高的岩石或土壤中损耗更大。岩石和土壤对电磁波的吸收就成了影响地质雷达探测深度的主要因素。一般说来岩石和土壤的电导率与其含水率、湿度、密度、矿物成分等有着密切的关系。通常，两种介质间的相对介电常数差别越大，则反射的电磁波能量越多。但是，在同样的介质中，电磁波的频率越高，穿透的深度越小，而分辨率越高，反之则相反。在实际工作中，介质的相对介电常数是一项非常重要的参数，而且很难准确得到。

实例一(李纬、梁晓园，1995)：此次探查工作采用频率为120MHz的雷达天线。在获得的雷达图像上可以清晰地看到白云岩和泥灰岩之间的倾斜层面，见图5-20。根据层面在图像上的位置和在路堑边坡测得的地层倾角，计算出雷达在此处的埋深可达十余米。从而也求得该处地层的相对介电常数约为8.0。在图像中可清晰地看到一团“云雾”状的阴影，阴影部分即为溶洞的反映。经过分析计算认为该岩溶发育范围宽度约为15m，主溶洞埋深约6.0m，后经施工处理验证结果正确。

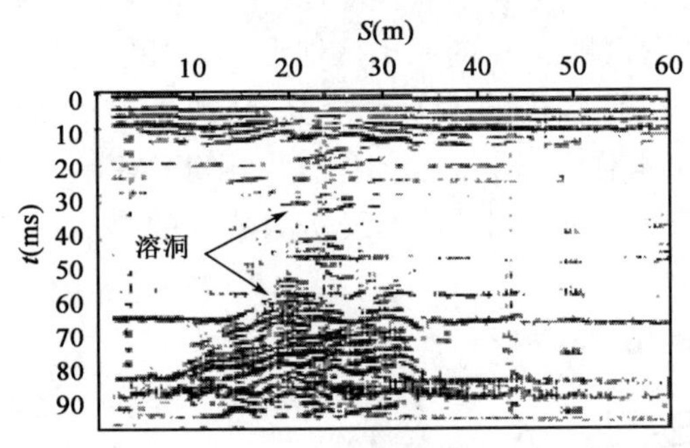

图5-20 地质雷达探测溶洞的效果

实例二(李纬、梁晓园，1995)：此次探测工作采用80MHz雷达天线。图5-21便是在上述溶洞上取得的雷达图像，在图像上可清晰地看到像“虎皮花斑”一样的阴影，该阴影即为溶洞的反映。此次工作根据地质雷达探测的异常，并参照其他物探方法的结果确定了几处岩溶发育带，后经施工单位验证吻合。

实例三：该隧道位于内蒙古准格尔旗境内的黄河西岸。地形起伏较大，气候干燥。在施工过程中发现规模大小不等的溶洞且大多是空洞，最大的溶洞犹如一座会议厅。在隧道开通后也曾进行了雷达探测，隧道通过地层为奥陶系白云质灰岩和石炭系砂岩、泥岩互层，岩层近似水平。如图5-22所示为在该隧道进行雷达探测所取得的图像的一部分。从图像下部可以看到相距很近的三处呈“云雾”状的阴影异常，这些异常便是溶洞的反映。溶洞的规模较大，与施工验证结果完全吻合。

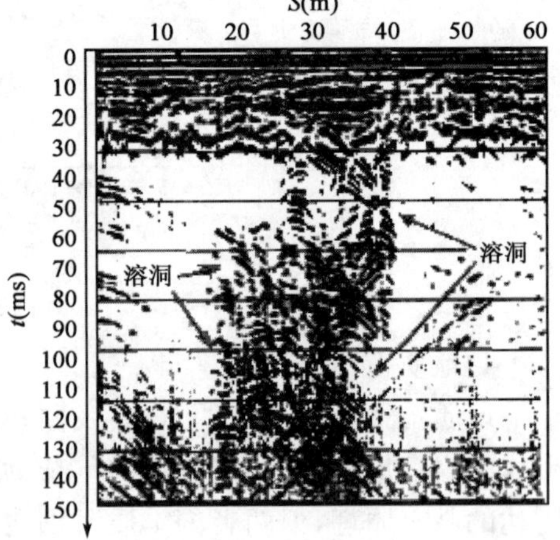

图5-21 溶洞上取得的雷达图像

5.3.3.3 重力勘探

国外应用重力法探测岩溶始于20世纪60年代初期，到70年代末80年代初，DresenL等人应用重力垂直梯度技术探测浅埋溶洞获得成功。在我国以探测岩溶为目的的重力工作起步于70年代末，由原地质部物探研究所应用地面重力方法寻找山东泰安火车站铁路塌

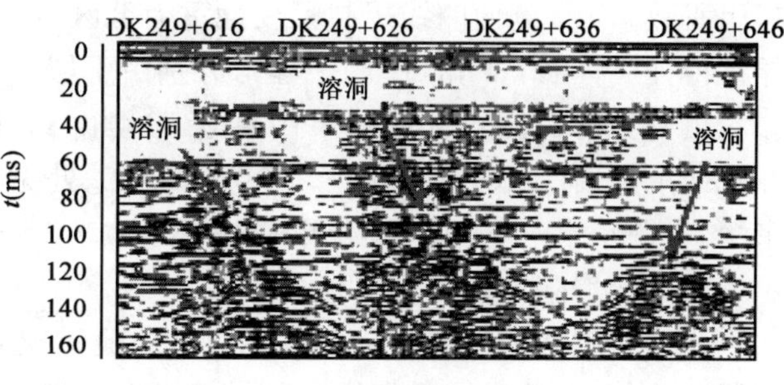

图 5-22 龙王渠隧道岩溶探测结果

陷的浅部岩溶，取得了一定的地质效果，但当时受重力仪观测精度等因素的限制，影响了重力异常的解释精度，之后的十多年中，国内此项工作基本处于停滞状态。“七五”期间，地矿部岩溶地质研究所在“隐伏岩溶探测方法的研究”项目中，在国内首次系统成功地应用重力垂直梯度测量技术探测浅埋溶（土）洞等隐伏岩溶地质体，从而开辟了我国隐伏岩溶探测的新途径（陈贻祥，1992）。

1）浅埋土洞探测

在可溶岩分布地区，土层中空洞的分布十分也普遍。探测和查明土洞的分布规律，对于评价建筑基地的稳定性，防治地质灾害是一项非常重要的工作。如图 5-23 所示，桂林市某建筑工地的土洞探测是重力垂直梯度测量技术在这方面应用的一个实例。该工地位于桂林市中心区的西南，工业与民用建筑物林立，人口密集。拟建楼房之地基，多年前经钻探揭露基岩为上泥盆统桂林组灰岩，岩溶较为发育。其上覆有 10～50m 的松散第四系，据建筑工地东北方向约 55m 处的地基开挖中，曾挖掘出土洞。为了弄清本次建房地基的地下情况，而进行了工程物探工作。投入的方法有地面高精度重力及垂直梯度测量，其测量结果见图 5-23。$\Delta g_{布}$ 和 Vzz 剖面曲线在 36、38.5号测点均出现了明显的 $G1$、$G2$ 两个重力低异常，由 $\Delta g_{布}$ 剖面曲线可见，$G1$ 和 $G2$ 是叠加在一线性重力低的区域背景场之上的两个局部异常，推断该线性重力低异常由表土下隐伏基岩面

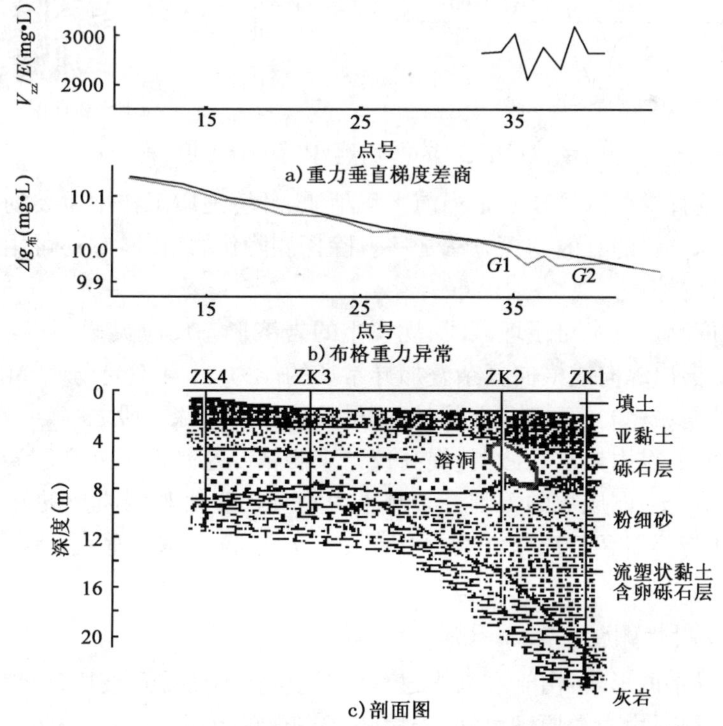

图 5-23 桂林某建筑工地重力勘探溶洞图

起伏所致。Vzz 剖面曲线压制了线性重力低区域背景场，突出了局部场，根据 Vzz 剖面曲线的异常特征。推断 $G1$ 和 $G2$ 两个异常分别由土层中局部密度不均匀体产生。

重力异常的推断解释结果由钻探工程得到证实，ZK2 孔在地下 4～6.7m 深处见到了 2.7m高的土洞，ZK2 孔在地下 11.6～12m 深处见到了另一个土洞；基岩面的起伏情况是西浅东深，推断结果与钻探揭露结果相吻合。

2）岩溶塌陷或岩溶漏斗探测

岩溶塌陷或岩溶漏斗是岩溶区常见的地质现象之一。下面以桂林市唐家湾测区充填型岩溶漏斗为例，讨论重力垂直梯度测量技术在探测岩溶塌陷或漏斗方面的应用效果。如图 5-24 所示为唐家湾测区（充填型岩溶漏斗）某线物探地质综合剖面图。图中剖面曲线在 84 号点附近出现了明显的重力低异常。

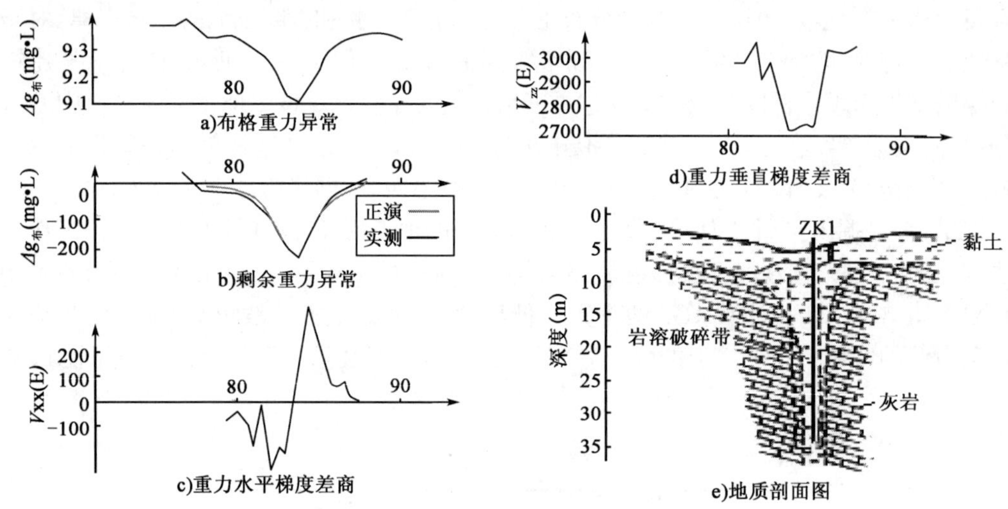

图 5-24　桂林市唐家湾测区充填型岩溶漏斗重力异常图

高精度重力垂直梯度测量技术是当前工程地质、环境地质工作中重要的技术手段，是探测隐伏溶（土）洞空间位置的有效物探方法之一。除探测隐伏岩溶外，它还可用于人防工程探测、矿山老窑探测、考古等。

重力垂直梯度测量技术对于埋藏浅、规模小的岩溶形态反应灵敏、分辨率高，具有较强的压制低频异常场、突出纵向或横向复杂叠加异常场的能力，并且不受场地导电管线等因素的干扰，可以说该方法是城镇岩溶区溶（土）洞探测最具优势的物探手段之一。

出于溶（土）洞的重力异常较微弱，提高仪器观测精度及降低野外观测误差，是重力垂直梯度测量技术探测溶（土）洞成败的关键。实测重力垂直梯度值观测质量的好坏，除受重力仪观测精度影响外，还与仪器高差选择合理与否有关。实践证明，重力垂直梯度测量的仪器高差以 1.5～2.5m 为宜。

5.3.3.4　放射性测量——测氡法

采空区上氡异常的形成：由于在采煤过程中，地层将不断受到破坏，在地应力的作用下，采空区必然会产生塌陷，由力学原理可知，当塌陷区呈现拱形时，承受力为最大。所以没有填充的采空区在经过一段时间后，必定会形成拱形，这就是常说的“老塘”。采空区上方形成氡异常

的示意图见图5-25。由受力分析可知，在开采层上方的岩层中，将形成一对方向相反的平衡张力（σ），张力（σ）作用的结果使采空区上覆岩层的裂隙增加，增大了岩层的透气能力，有利于氡向上运移。采空区形成的空陷区，由于其致密性差，通气性能好，氡气不断地在此聚集，形成放射性元素的富集。塌陷区很像一个大的集气杯，收集到的氡气将向上运移，由于采空区上部岩层的裂隙度增加，微通道丰富，对氡气运移非常有利。若再考虑到地温的差异，地下压力的差别，地下水的对流作用，其他气体的携带作用等，将在采空区上方形成一股不可忽视的向上运移的气流，从而将在采空区上方出现氡正向高异常（段鸿杰等，1999）。

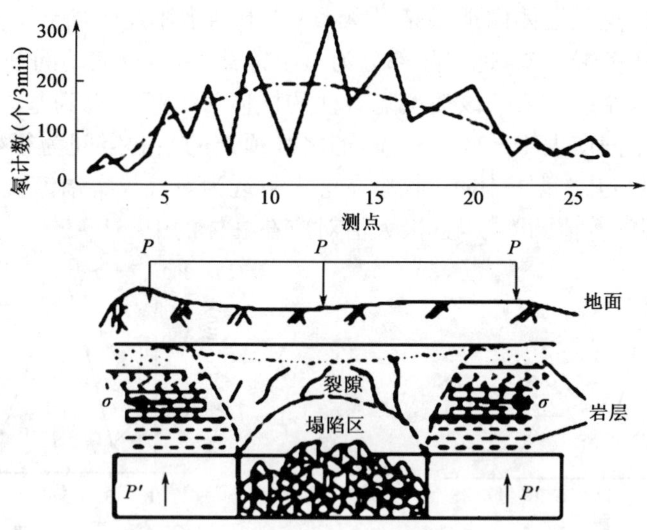

图5-25　测氡法探测岩溶塌陷原理图

P、P'-岩层压力和煤层支撑力；σ-横向张力

岩溶氡异常：从岩溶塌陷形成机理中可知，尽管有多种因素可在岩溶塌陷的孕育过程中起作用，但在它的发生和发展过程中，甚至使它萌发和生长的温床—岩溶的各种地质形态始终离不开水的参与及其所产生的作用。正是因为岩溶地质体在较长的地质时期中是水和可溶岩相互作用的产物，而水又是氡及其子体的载体，使岩溶形成过程中将氡及其子体集聚在各种形态的岩溶空间及其周围的裂隙和其他结构面中。氡及其子体具有沿着可通过的空间垂直向上运动的特点。它们可以沿着岩石的裂隙或微裂隙，沿着松散介质的孔隙不断地垂直向上运动，直至地表缓慢地向空中逸散。它们在地层中运动轨迹透过岩石中互相连通的微隙空间，以最短的距离，总体上与水平面是垂直的。有如无风的天气，烟囱所冒的烟与水平面垂直的迹象，故被称为“烟筒效应”。所以，地表附近氡气水平面方向的浓度，可以反映地层深部氡气源水平面方向的浓度。氡气主要集聚在岩溶体岩石表面及其附近的裂隙中。地面水平面方向浓度恰好反映出岩溶地质体在水平面上的投影形态（董兆祥等，1997）。

陷落柱氡异常：岩溶陷落柱在煤矿又称为“无炭柱”，其形成的主要原因是由于地下碳酸盐岩在水的溶蚀下产生喀斯特溶洞，溶洞的塌陷造成其上部地层垮落，从而形成在剖面上看呈柱状的陷落体。因柱体内岩石的破碎程度较大且裂隙发育，碎粒间的连通性比柱外正常地层好，有利于氡气的释放和向上运移，因此形成柱体内外的氡气浓度差异。此外岩溶陷落柱大都为上小下大的形状，如同一个大“集气杯”，加上柱体内外存在着压差及氡气自身所具有的向上运移能力，因此在柱体内外顶部的地表附近形成较高的氡气浓度差异。因此无论是对干燥的柱体还是无水的柱体,其体内外均可产生氡气浓度差异,这便为在地表面采用氡气测量提供了物理前提。

实例(唐岱茂等,1999):现场实验采用α杯测氡方法,使用的仪器为FD-140型野外高灵敏测氡仪(仪器15个计数为1个爱曼)。实验发现不同类型的岩溶陷落柱(开放型:陷落柱已塌至基岩顶部;封闭型:陷落柱未塌至基岩顶部)在地表附近产生的氡异常特征也不同。

图5-26是开放型柱体(该柱体位于太原市东山煤矿大窑头一带,地表可见其出露,且井下采掘也已揭露)的实验结果。由于该类型陷落柱的柱体"天窗"在基岩顶部,所以氡气异常在柱体顶部呈多峰状异常,这是柱体内地层杂乱无章、地下通道不均匀所致。图5-27是封闭型柱体(该柱体位于阳泉矿务局五矿,地表除部分为黄土覆盖外,可见完整的基岩出露,且井下采掘也已多处揭露)的实验结果。由于该类型陷落柱的柱体"天窗"未塌到基岩顶部,所以,柱内受压实作用较小,体内空间应大于开放型柱体,加之其顶部的凸起空间为很好的氡气聚集空间,其柱体顶部岩石裂隙与开放型柱体不同,故在地表附近为氡气异常幅值较高的单峰状异常,其峰面特征大体为封闭的等值圆圈簇,且极大值对应在柱体的中部。

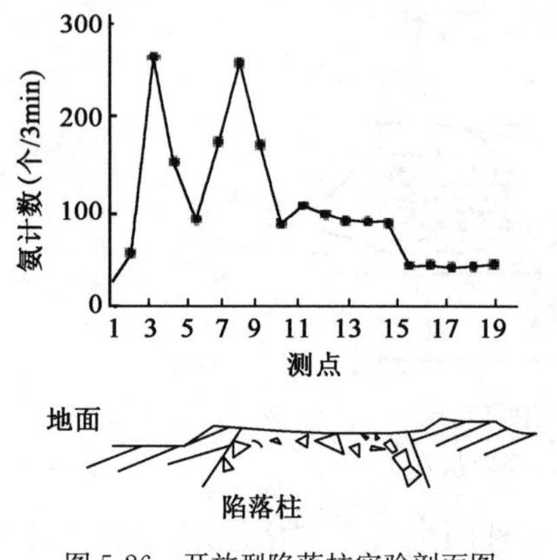

图5-26 开放型陷落柱实验剖面图

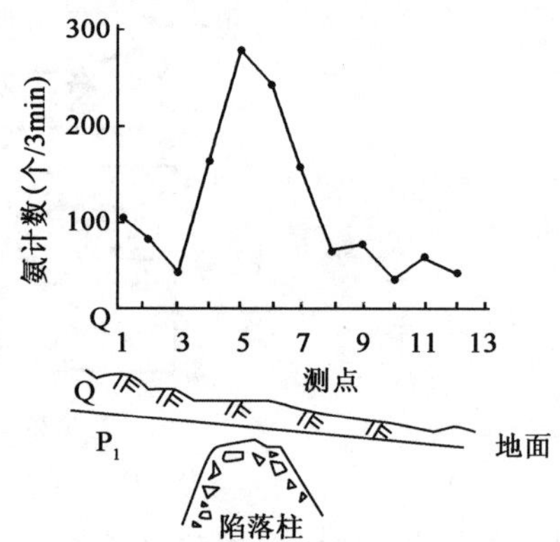

图5-27 封闭型陷落柱实验剖面图

结论:地下岩溶陷落柱体的内外必然存在着氡气浓度差异,加上地气氡可从地下深部迁移至地表,因此无论是开放型还是封闭型的岩溶陷落柱,均可在地表形成氡异常。由于柱体本身岩石的破碎程度、柱体的大小及是否已塌至地表等因素不同,氡气异常的特征也不相同,因此根据氡气异常的峰值状态可确定岩溶陷落柱的位置与范围。测氡方法以其经济、简捷、快速、易于操作等优势在确定地下岩溶陷落柱的位置与范围方面具有广阔的应用前景。应当指出的是:上述岩溶陷落柱的实验与实地探测均是在气象条件、地表类型基本没有变化的条件下进行的。然而氡气迁移受气象因素及地表介质类型的影响较大,因此在实际工作中应根据不同的影响进行必要的校正。

5.3.3.5 综合方法:"中间梯度法+联合剖面法+电阻率测深法"

实例(罗鉴凡等):叶竹山2050m中段地探迎头坑道长约340m,物探在该坑道主要寻找含水的低阻溶洞,以便堵水。但也要考虑寻找不含水的高阻溶洞,因旱季时的不含水溶洞到了雨季时可能成为含水溶洞。该坑道分别开展了中间梯度法、联合剖面法和电测深三种方法勘查。结果发现,三种方法在已知裂隙上都有不同程度的反应。20号点为已知裂隙,测试时不含水,属高阻裂隙,中间梯度法在该处有明显的高阻反应(图5-28)。49号点裂隙含水比较丰富,属低阻裂隙,联合剖面法在该处有一个明显的低阻正交点。电测深视电阻率等值线发现的高、低阻异常均与中间梯度法、联合剖面法异常吻合。以上充分说明，所投入的三种方法寻找含水与不含水溶洞裂隙是很有效的。

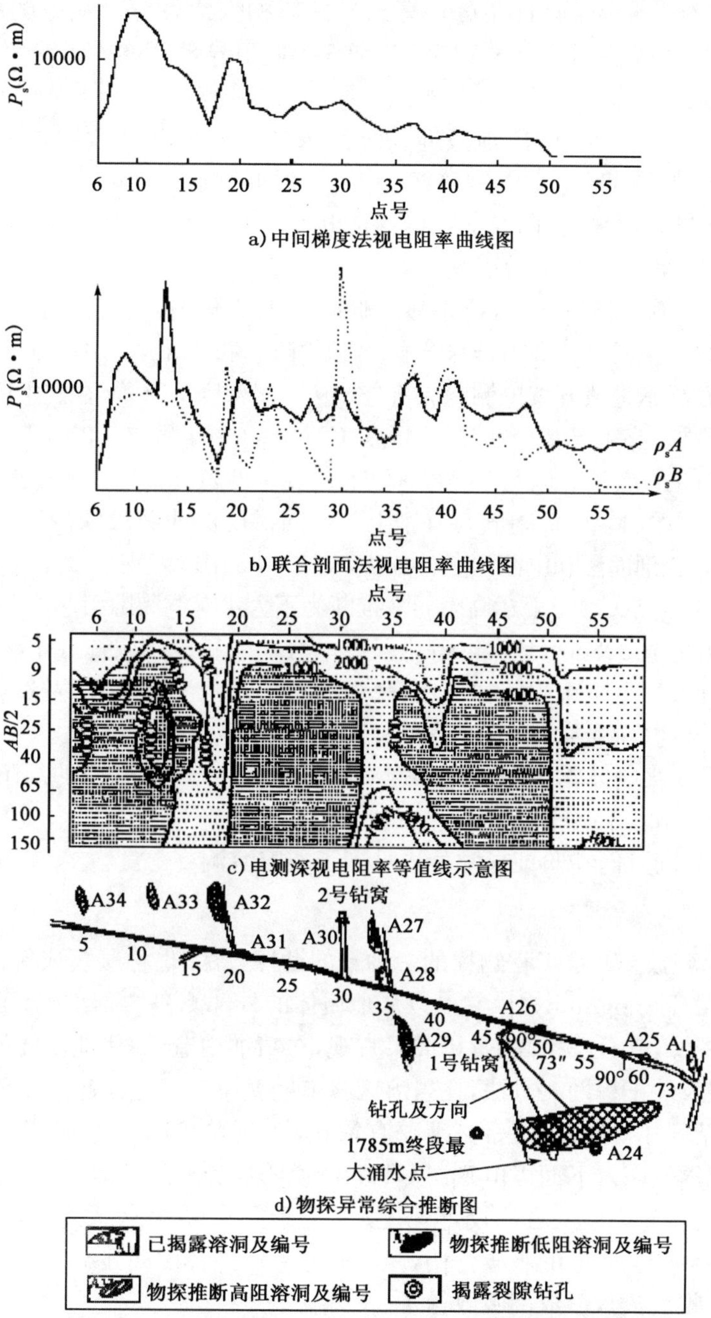

a）中间梯度法视电阻率曲线图

b）联合剖面法视电阻率曲线图

c）电测深视电阻率等值线示意图

d）物探异常综合推断图

已揭露溶洞及编号　物探推断低阻溶洞及编号　物探推断高阻溶洞及编号　揭露裂隙钻孔

图 5-28　叶竹山中段地探迎头坑道地质物探异常及溶洞裂隙推断图

在该坑道开展的中间梯度法测量，除已知的 20 号点为高阻溶洞外，还发现一个较突出的高阻异常（7～13 号点）及一个范围很宽的低阻异常（50～59 号点）。

联合剖面法是一种寻找低阻体含水溶洞、裂隙的有效方法，在该坑道的未知地段，发现了2个正交异常（17号点和33号点）及3个低阻异常（38号点、6号点和50～59号点）。

电阻率测深法是寻找溶洞裂隙相当有效的一种方法，ρ_s不但非常直观地反映出地质剖面纵向与横向的电性变化情况，而且还可计算出异常体的大致埋深。从电测深ρ_s等值线图上看，发现2个高阻异常区（3号点、9～12号点）和5个低阻异常区（6号点、17号点、33号点、38号点和50～59号点）。

通过物探工作，在2050m中段地段迎头坑道未知地段发现2个明显的高阻异常（A34、A33）和5个低阻异常（A32、A27、A29、A26、A24）。根据坑道地质露头、岩层、构造裂隙产状，结合各种物探方法异常的强弱、曲线交点位置及电阻率大小等，认为高阻异常为不含水溶洞裂隙引起；低阻异常为含水溶洞、裂隙引起。

2050m中段各坑道经物探测量，结果显示低阻含水溶洞主要位于地探迎头坑道地段。在1750m中段坑道，物探主要寻找高阻排水溶洞。在该中段，投入了电阻率中间梯度法和联合剖面法进行了勘探，并在异常地段开展电测深法检查。从中间梯度法上看，在该中段发现了2个高阻异常和3个低阻异常。高阻异常分别在59号点（C2）和63～64号点（C3）（图5-28）。低阻异常分别在61号点（C4）、69号点（C5）以及74号点（C6），这3个低阻异常均处于已揭露的含水裂隙上。从联合剖面法曲线上看，其高、低阻异常基本上与中间梯度法曲线反映的高、低阻异常相对应。综合中间梯度法、联合剖面法和电测深三种方法，在1750m中段发现了2个高阻异常，分别为59号点（C2）和63～64号点（C3）。上述高阻异常推断为不含水溶洞裂隙引起。

通过对竹叶山坑道2050m、1750m等中段的电法勘探和地质调查工作，得出以下结论：

①在该区所投入的电阻率中间梯度法、联合剖面法及电测深法在寻找含水和不含水溶洞裂隙是有效的，综合物探在寻找溶洞裂隙中起到了快速、经济的作用。

②2050m中段主要含水溶洞位于地探迎头坑道地段，1750m中段的高阻排水溶洞主要位于该坑道中段的C2和C3地段。

③经坑道及钻孔验证，在验证异常处均见到了裂隙溶洞。

5.3.3.6 测井

地震CT和电磁波CT是工程物探的一种新的勘探方法，也称层析成像方法CT（Computerized Geophysical Tomography）。它可以从地质体的外部测量数据准确、可靠地反演地质体内部结构的直观图像，其分辨率高、解析成果直观，在精细构造、隐伏地质体的探测中具有较好的效果，是一种有效的工程勘测方法，在岩溶区隧道勘察中起到越来越重要的作用。这两种方法对岩溶区勘探精度相对较高，但是必须要有钻孔，而地震CT又要保证钻孔内不能漏水，故开展难度较大，成本较高。下面以电磁波CT为例说明探测岩溶的效果。

岩溶发育的岩石与完整灰岩比较，在物性（吸收系数）上存在较大差异，只要溶洞有一定规模时，对电磁场将会产生明显的吸收作用，观测的电磁场强幅度明显减小，吸收系数增大（相对围岩的高阻、低吸收系数），形成高吸收异常。

根据某测区钻孔透视结果（杨峰，2004），所得测区各类地层吸收系数见表5-6。从表5-6可知，不同地层的吸收系数存在明显差异，灰岩最小，断层破碎带、表土次之，而炭质页岩，滑坡土体与溶蚀带吸收最强。因此利用钻孔电磁波法存在区分各种地质现象的物性前提。

测区地层的吸收系数　　表 5-6

岩土分区	表土	溶蚀带	岩溶	灰岩
吸收系数(dB/m)	0.8～1.2	0.6～1.0	1.0～1.6	0.3～0.6

对灰岩来说，一般视吸收系数小于 0.6dB/m，岩体较新鲜、完整，岩溶裂隙不发育；视吸收系数在 0.6～1.0dB/m，岩体存在弱风化，完整性比较差或岩溶裂隙较发育，往往有小溶洞存在；视吸收系数在 1.0～1.6dB/m 的岩体，往往是岩体强风化的产物，完整性极差，岩溶裂隙相当发育，往往有大型岩溶存在。

在两孔间(孔距一般小于 80m)可分别采用同步或定点的观测方法，亦可采用全扫描的观测方法，现场点绘各次观测曲线，并作一定的检查观测。观测频率通过现场试验确定。

现场电磁波跨孔使用仪器为 JWQ-3A 无线电波透视仪，工作频率 8MHz。采用水平同步、斜同步及定点三种观测方式，点距为 1m，斜同步分发高和接高两种(高差 5～10m)，定点一般选在有异常的孔深附近，每条剖面实测曲线为 5～10 条，孔距 17.24～43.62m。

如图 5-29 所示为对钻孔 BZK46 和钻孔 BZK47 进行的钻孔电磁波 CT 反演图像，如图 5-30所示为综合各种资料的地质剖面图。钻孔 BZK46 和钻孔 BZK47 间距为 39m，发射点距 2m，接收点距为 2m。从反演图中可以很明显地推测溶洞的形态和空间位置，电磁 CT 探测结果与地质推断的岩溶发育相一致，基本查清了该区的岩溶发育分布情况，从而快速确定探测区域的岩溶构造情况。

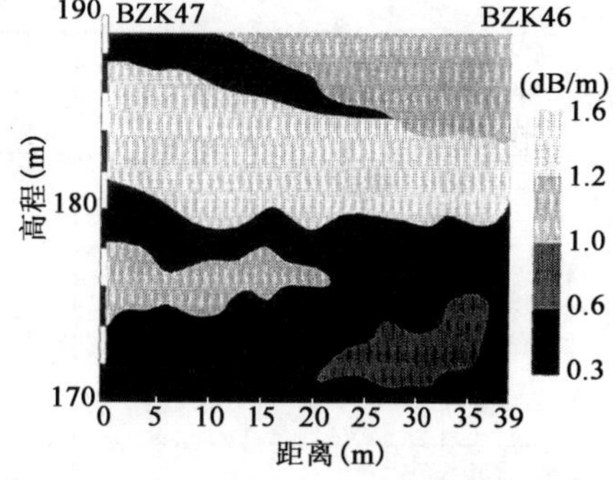

图 5-29　BZK46、BZK47 电磁波 CT 图

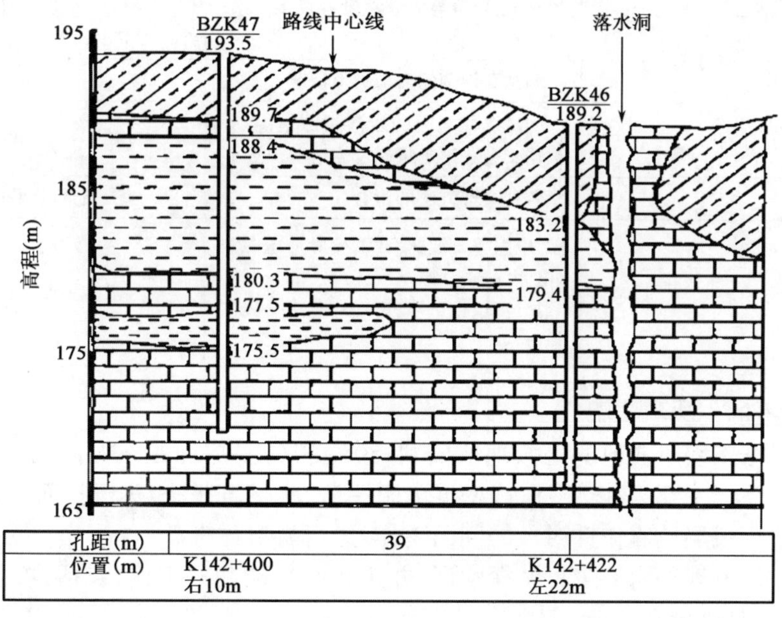

图 5-30　BZK47～BZK46 地质剖面图

通过应用电磁CT技术探测岩溶，认为孔距最好控制在30～50m范围内，以保证对异常有足够的分辨率。此外，现场透视最好采用多频系统进行扫描，以便对异常进行对比分析。

结论：测井解释成果与地质勘探资料吻合较好，说明用钻孔电磁波测井求取井壁的岩性变化是非常有效的。从无线电波透视的应用实例上看，该方法不仅可以定性划分岩溶发育区和非发育区，而且还可以半定量地求出隐伏溶洞的空间分布以及已知溶洞的延伸范围。

5.3.4 地面岩溶探测总结

地面岩溶预报通常较断层预报要复杂得多，其方法也各异，通常已由单一的预报方法向组合方法发展。下面对目前常用的预报方法从适应条件、特点进行综合评价，另外总结预报岩溶的方法步骤。

1）地面岩溶预报各方法评价

地面岩溶预报各方法评价，见表5-7。

地面岩溶预报各方法评价 表5-7

预报方法		适应条件	特点
1.浅层地震预报			精度高
2.电法	电测深法	工作量大	普适性
	高密度电阻率法		浅层普适
	地质雷达法	探测深度浅	浅层普适（<50m）
	瞬变电磁法	现场条件限制，有树林线框不能移动；受地形影响	普适性
3.重力勘探		区域性岩溶勘探；要求测试精度高	方法简便
4.放射性测量—测氡法		方法具有普适性；氡异常与构造通道有关，岩溶与氡异常没有直接关系；氡异常与气象条件有关	精度中等
5.测井	单孔	测试孔周围的岩溶裂隙情况	孔周围一定范围
	双孔（跨孔）	测试双孔之间的岩溶裂隙情况；并根据交会法半定量确定岩溶的位置	精度高
6.综合方法		各种电性方法的组合	有一定的效果；会遗漏异常
7.综合参数		"电阻率＋波速"；"瞬变脉冲电磁法（电测深）＋浅层地震" 如：浅层也可"高密度电阻率＋浅层地震"	根据工程要求和地形条件选择

2）岩溶预报的方法与步骤

（1）首先根据工程所在地的区域地质资料，说明岩（土）溶洞是空洞高阻型还是充水低阻型。选用电性方法（主要为：电测深、高密度电阻率法、瞬变电磁法）进行扫面工作。

（2）然后选用浅层地震作针对性的剖面工作，进行岩溶详查。

（3）对所在区发现的岩溶进行钻探验证，并进行必要的测井工作（包括：单孔和跨孔CT），确定本区的岩溶具体分布。

以上情况应具体分析现场具体情况，考虑隧道掌子面与地面的位置关系。特殊地区可考

虑一些特殊或其他方法。

3)岩溶探测资料的解释推断要点

(1)电法探测时,溶洞与围岩相比,呈现高阻特征;对于充水或填充疏松沉积物的溶洞与围岩相比,则表现低阻特征。利用激发极化法的激电常数的变化,可区分溶洞的填充物。当$J_s>30\%$、$D_s>80\%$、$\eta_s>5\%$时,一般为沉积物反映;低于上述数值时,往往是水的反映。但由于不同地区有不同背景值,因此,可根据测区试验对比确定具体判别标准。

(2)地震法探测时,由于溶洞与围岩之间存在着明显的波阻抗差异,在溶洞的顶部通常可形成反射面,可以接收到溶洞顶板的反射波,判断具有一定范围的溶洞。而在溶洞两侧则追踪不到相应的反射波。由于溶洞的屏蔽作用,接收不到溶洞底部的反射波。

(3)重力法勘探时,岩溶洞呈现重力负异常,其异常值的大小与溶洞的大小、形状、埋深及密度差等因素有关。测点高程的测量误差应小于3mm,以避免因高程测量误差造成假异常。

(4)应用地温法观测地下暗河出口处的水温,一般可高于河水温度1.3～1.9℃,个别温差达5℃以上。此外,还可根据温差及其分布范围,定性判断地下水流量的大小,一般温差愈大,分布范围愈宽,地下水的流量也愈大。

(5)应用透视法圈定孔间岩溶或断层破碎带时,对于电磁波、声波及地震波等透视法的解释均可采用交会法和层析成像法(由计算机进行数据处理)。应用电磁波透视法进行浅孔观测时,应注意分析地层界面与地表—空气界面干扰的影响。

4)岩溶探测的精度要求

(1)应用钻孔电磁波透视法探测孔间岩溶洞穴时,可进行定量解释,确定孔间断面上岩溶洞穴的几何形状。当两钻孔间距小于80m时,确定直径2m以上的岩溶洞穴的有效率应不低于80%。

(2)在覆盖较薄和地形平缓时,探测表层岩溶溶蚀带顶面埋深的精度应不低于80%。

5.4　软岩

软岩通常指软弱岩体,表现为岩体的抗压强度小、遇水膨胀、易风化等特点。隧道勘查期间通过地质、物探方法及钻探岩芯室内实验确定。常见的岩性有:泥页岩、泥岩等含泥炭质高的岩类,它对隧道施工影响较大。它的物性差异主要表现为低波速。通常的地面勘探方法主要为浅层地震勘探、地质钻探等。

5.5　岩爆

岩爆是岩体具有高地应力的一种重要地质标志,是深埋越岭隧道通过高地应力区时常遇到的一类施工地质灾害。岩爆的预测预报非常复杂,目前国内外主要有以下几种方法(张斌等,1999):

(1)用某种特殊的地质现象定性地预测岩爆。钻孔岩芯饼裂现象;现场大剪试验或表面应力解除时,岩体四周被解除后,底部会自动断裂,甚至会被弹起,并伴有断裂声等;应力-应变曲线异常等。

(2)σ_θ/R_b判据法。国内外学者多将有限元计算的开挖断面切向应力。σ_θ和岩石单轴抗压

强度 R_b 之比值作为岩爆判据。如挪威的 Russeness B. F 于 1974 年就应用有限元计算和 Kirsch 方程（$\sigma_{\theta max}=3Q_1-Q_3$）计算出 $\sigma_{\theta max}$（最大切向应力），并绘制出岩爆烈度与隧道洞壁。$\sigma_{\theta max}$ 和 I_S（点荷载强度）关系图，用于预测岩爆和判定岩爆等级。

具体的判别标准和烈度划分界限不尽相同，苏联 H. A. 多尔恰尼诺夫等提出的判别标准为：$\sigma_\theta/R_b<0.3$，无岩爆、剥落；$\sigma_\theta/R_b=0.5\sim0.8$，岩爆、剥落；$\sigma_\theta/R_b>0.8$，岩爆、强烈岩爆。

王兰生教授等提出的标准：$\sigma_\theta/R_b=0.3\sim0.5$，轻微岩爆；$0.5<\sigma_\theta/R_b<0.7$，中等岩爆；$0.7<\sigma_\theta/R_b<0.9$，强烈岩爆；$\sigma_\theta/R_b>0.9$，剧烈岩爆。

美国学者 Dowding C. H&Andersson C. A 提出的标准为：$\sigma_\theta/R_b=0.35$，可能发生剥落或岩爆；$\sigma_\theta/R_b=0.50$，低～中等岩爆；$\sigma_\theta/R_b>1$，发生大岩爆。

(3)弹性应变能指数(Wet)判据法。波兰学者 Kidybinski 提出，岩石单轴抗压强度试验时将试件加载到$(0.7\sim0.8)R_b$，然后再卸载到 $0.05R_b$，卸载所释放的弹性应变能(Φ_{SP})和耗损的弹性应变能(Φ_{SP})之比值，定义为岩爆倾向性指数(Wet)，用于判定岩爆。根据波兰国家标准：Wet≥5.0，将发生严重岩爆；Wet=2.0～4.9，将出现中、低烈度岩爆；Wet<2.0，则不产生岩爆。

(4)岩爆临界深度法。侯发亮教授(1989)认为，岩爆虽多发生在水平构造应力较大的地区，但如果洞室埋深较大，即使没有构造应力，由于上覆岩体效应，洞室围岩也可能发生岩爆。同时，侯教授推导出了仅考虑上覆岩体自重情况下岩爆发生最小埋深 H_{cr}（即岩爆临界深度）的计算公式：

$$H_{cr}=\frac{0.318R_b(1-\mu)}{(3-4\mu)r} \tag{5-10}$$

式中：μ——岩石波松比；

r——岩石重度。

(5)声发射现场监测预报法。根据李强(1994)和 Langstaff(1997)，无论是室内试验成果，还是现场初步监测成果，都表明声发射信号急剧增加都超前岩体(石)的变形破坏。据此，可将岩体声发射技术推广到岩爆监测预报中。该方法目前尚处于试验阶段。

(6)地震波预测法。

①结合超前地质预报工作，利用单道地震仪对掌子面及前方岩体进行监测。如沿水平线每隔 1m 逐点测试岩石弹性波速度，采用准强度概念，以如下计算公式推测发生岩爆的可能性：

$$\sigma_t=\sigma_0\cdot\left[\frac{v_{pm}}{v_{pd}}\right]^2 \tag{5-11}$$

式中：σ_t——准岩体抗压强度，MPa；

σ_0——岩石单轴抗压强度，MPa；

v_{pm}——现场岩体纵波速度，m/s；

v_{pd}——岩体试件纵波速度，m/s。

当准岩体抗压强度 $\sigma_t>80$MPa 时，即有可能发生岩爆。

②岩爆是储存在岩体中的应变能突然释放的一种表现形式，故岩爆实际是开挖所诱发的地震，可采用开挖过程中的岩爆地震数据来预测未来开挖过程中发生的岩爆，建立岩爆事故次数、大小、分布与地震转移的场量关系，从而预报大中型岩爆的时空位置及数量大小。

(7)电磁辐射监测预报法。该方法是依据完整岩石(煤)压缩变形破坏过程中，弹性范围内不产生电磁辐射，峰值强度附近时电磁辐射最强烈，软化后又无电磁辐射这一原理，用特制的

仪器，现场监测岩（煤）体变形过程中发出的电磁辐射“脉冲”信号，通过数据处理和分析研究，来预报岩（煤）爆。目前该方法主要应用在煤爆监测预报领域。

（8）模糊综合评判法。谭以安（1988）、王元汉（1998）等认为，岩爆是受多种因素制约的模糊问题，其内在联系很难用一个精确的数学公式加以表达。故可选取影响岩爆的一些因素，对岩爆的发生与否及烈度级别进行预测。

（9）神经网络预测法。通过控制岩爆发生的特征参数，建立神经网络模型，并用工程实际中已发生的岩爆实例样本数据对网络进行训练，让模型掌握输入与输出的映射关系，从而用来预测岩爆。陈海军等（2001）、白明洲等（2002）、丁向东等（2002）和孟陆波、李天斌等（2003）分别建立了岩爆的神经网络预测模型，对岩爆的预测预报问题进行了研究和探讨。

（10）数值模拟预测。Zubelewicz A 等（1983），Mueller. W（1991）分别利用有限元法和动力有限差分法（Dynamic Finite Difference Method）对坚硬围岩中采矿时的岩爆进行了数值模拟研究。

（11）其他预测法。如分形预测法，谢和平教授使用损伤力学和分形概念从理论上分析了岩爆的分形和物理机理，认为岩爆的发生虽然是一个复杂的物理过程，但数学上，它仅是一个分形集聚的几何过程。分形预测认为：在岩爆发生之前，微地震地压事件几乎均匀地分布于高压应力区，对应着高的分形维数的值；岩爆发生时，微地震事件积聚式的发生，对应于低的分形维数；此外还有利用计算机辅助预报系统进行预测预报，乔春生教授等（1998）利用计算机模拟的方法对秦岭隧道的岩爆进行了预报研究，所用岩爆判据为：$S \geqslant 1$；$E_e \geqslant E_{ec}$；$E_r \geqslant E_{rc}$式中，S为破坏应力接近系数，表示围岩应力接近破坏的程度；$S<1$不破坏，$S=1$正好满足破坏条件，$S>1$时围岩将发生破坏；E_e、E_{ec}分别为单位体积的弹性应变能和岩爆弹性应变能指标；E_r、E_{rc}分别为单位体积内的释放应变能和岩爆释放应变能指标。

5.6 瓦斯

隧道开挖所形成的临空面为封闭的瓦斯提供了新的运移和聚集空间，瓦斯主要沿裂隙、破碎带向隧道内溢出，因瓦斯本身的物理、化学特性，溢出的瓦斯主要聚集在隧道拱顶部位、靠掌子面附近的拱腰部位以及局部通风难以达到的死角部位等。

一旦隧道开挖揭露瓦斯，就应加大通风力度，对可能聚集瓦斯的地方加强空气流通。瓦斯宜散不宜聚，尤其是在破碎带附近，为防止塌方及时封闭掌子面是必要的，但这也为瓦斯在掌子面上部及背后的聚集提供了条件。为此，在掌子面打孔排放瓦斯是非常重要的一项措施。

5.6.1 瓦斯隧道地质预报的主要特点

（1）瓦斯溢出的随机性增大了预报的难度。因节理、裂隙的发育具随机性，瓦斯作为比空气轻的气体，瓦斯将见缝就钻、见隙就溢，并且溢出的时间和部位都表现出明显的随机性。

（2）正因为瓦斯的溢出特点，要准确预报瓦斯，首先应对掌子面前方的裂隙、破碎带位置、规模和性质进行准确预报。裂隙、破碎带是瓦斯预报必要条件，但不是充分条件。

（3）瓦斯预报的充分条件是瓦斯浓度的变化，因此，要准确预报瓦斯，还应对隧道开挖揭露的裂隙、破碎带附近的瓦斯浓度变化进行监测，根据隧道内裂隙、破碎带和瓦斯浓度变化的时空分布预报掌子面前方的可能瓦斯聚集情况。

(4)根据瓦斯的物理、化学性质,瓦斯无色、无味、易燃、易爆,这就对瓦斯地质预报提出了严格的要求。首先是预报的仪器系统不能激发火花或电火花、仪器系统应为防爆设备,预报工作人员禁止挟带易燃、易爆设备(如火机、火柴、手机等)。

5.6.2 瓦斯地质预报方法的选择

在现有隧道地质超前预报方法中,可选方法主要有两种:地质法和物探法。

地质法是最基本的地质预报方法,主要包括地表及洞内地质调查、隧道开挖掌子面地质素描和钻孔。该方法是最简单、也最直接的方法。尤其是在掌子面打超前钻孔,也是瓦斯地质预报非常重要的、必不可少的预报方法。

有关地质预报的物探方法很多,如地震法、TSP 系统、HSP 声波反射法、电磁波反射法、电法等。这些不同的物探方法,各有其适用条件和优缺点,由于不同的隧道具有不同的地质条件,在方法选择时应根据具体情况确定,且不可一概而论。

在这里,首先应避免地震反射法在洞内打孔放炮,这对瓦斯防爆的技术要求很难控制。可考虑使用符合防爆要求的地震仪器,采用锤击法激震。

其次,电磁法和电法也同样存在激发电火花问题,防爆技术难度大,这两种方法应用于瓦斯地质预报应慎重。当然,如果能达到很好的防爆要求,地质雷达的应用也是可以的。

HSP 声波反射法属于弹性波法,其原理与地震法基本相同,但最主要的区别是激发信号和接收信号的方式不同。HSP 声波反射法采取大锤敲击人工激发信号的方式,测试仪器系统均采用直流电源,现场测试时间一般为 15～30min。

另外,对瓦斯浓度的监测应选择专用的瓦斯检测仪。

根据以上分析,瓦斯隧道施工地质预报应根据瓦斯发育段的地质条件选择合适的预报方法,建议采取“以地质法为基础、物探法为主要手段,结合超前钻探和瓦斯浓度监测相结合的综合方法”实施瓦斯超前地质预报:

①采用地质素描和超前钻孔实施掌子面瓦斯观测。

②采用防爆地质雷达或 HSP 声波反射、防爆地震反射法(锤击)实施掌子面前方的断层、破碎带预报。

③选用专用的瓦斯检测仪监测瓦斯浓度。

通过几座瓦斯隧道地质预报的实践表明,应用综合预报方法是可行的。但由于瓦斯的特殊性,尚需在大量的工程实践中继续总结提高。

5.7 不整合接触带

不整合地层主要分为三种:平行不整合(假整合),角度不整合,假角度不整合。通常采用的方法主要有地质方法、物探方法与钻探,物探方法主要有电性方法和浅层地震反射法。

5.8 地下水

通过地面探测隧道前方的水文地质情况,进一步确定地下水的分布、潜水位的深度、水的流向,从而确定地下水与隧道结构的关系,它对隧道的施工指导意义重大。

5.8.1　探测概述

1)含水层和渗漏带的地质物性特点

(1)含水层的地质物性特点可分为两类:一是第四纪地层中的含水层主要是孔隙率大、透水性强的砂卵(砾)石层、砂层。它们与透水性弱的黏性土层相比,一般具有电阻率高、电化学活动性强、自然放射性强度小等物性特点;二是基岩中有裂隙带、岩溶发育带、断层破碎带等含水层(带)。基岩含水层(带)与其围岩相比,通常具有电阻率低、电化学活动性强、弹性波速度低、自然放射性强度存在差异等特征。

(2)渗漏带是具备良好的地下水活动条件的地带。当它们与水源连通时,将成为含水层(带)或水库渗漏的途径,其地质物性特点与含水层相似,但当它们不充水时,则没有电化学活动性强的特点。

2)应用物探方法进行水文地质调查的内容

包括:在第四系地层中划分含水层和隔水层,测定其深度和厚度;进行基岩裂隙或岩溶水资源调查;测定地下水的水位、分水岭、补给关系及咸淡水界线;探查渗漏途径等。

水文地质参数测定主要是测定地下水的流向、流速和渗透速度,在条件有利时配合水文地质试验测定含水层涌水量、渗透系数、了解地层的渗透性。

3)物探应与水文地质、钻探相结合

应用物探进行水文地质调查时,必须与水文地质测绘和水文地质钻探、试验工作紧密结合,并根据调查地区情况,因地制宜地选用或综合应用物探方法。在第四系地层中探测含水层,一般应按覆盖层探测的方法和技术进行;在基岩中进行水文地质调查时,应按断层破碎带的探测方法和技术进行;在岩溶发育地区应使用岩溶调查的方法技术。对于具有地下水赋存条件的地层是否含水,则主要应用激发极化法探测。

测定水文地质参数的物探方法有:充电法、自然电场法、井液电阻率测井、流量测井、同位素示踪法和同位素流速仪法。

4)测网布置

面积性水文地质调查的物探测网,一般宜按方格状布置。对于地质情况已掌握的地区,也可在水文地质工作的基础上,仅对重点地段和可疑地段布置若干物探剖面。各种方法的测网密度应按照相应的规定。

5)岩石电阻率与所含水分的关系

因地下水及其他天然水的电阻率均较低,通常小于100Ω·m(表5-8),并且含盐分越多,电阻率值越低。岩石中所含水分的多少(或湿度大小)对电阻率值有较大影响。

几种常见天然水电阻率　　表5-8

名　称	ρ(Ω·m)	名　称	ρ(Ω·m)
雨水	15～100	地下水	<100
河水	0.1～10	矿井水	1～10
海水	0.1～100	深成盐渍水	0.1～1

一般含水率大的岩石电阻率较低,而含水率小或干燥岩石则电阻率较高。岩石含水率的大小,主要取决于岩石本身的孔隙度及当地的水文地质条件。在潜水面以下,通常岩石孔隙中

几乎充满了地下水，此时岩石含水率便等于岩石孔隙度。

6)水文地质调查和参数测定的方法技术

(1)含水层和隔水层的深度、厚度和地下水位的测定：通常采用电测深法和地震法。对第四纪含水层和裂隙、断层破碎带、岩溶发育地段的富水性估计，应根据当地的水文地质条件，即地下水位、地形条件、地下水的补给来源等综合分析，并找出该地区地层富水性与激发极化法测得的激发比 J_s、极化率 η_s、衰减度 D_s 的数值之间的定性规律后才能进行。

(2)地下水流向、流速的测定。

采用自然电场法：可在测区内地形比较平缓的地方布置若干测点，以测点为中心作自然电场的环形观测，即测量不同方位的过滤电场，则电位差最大的正电位方向为该测点地下水的流向。

在井内用同位素流速仪测定流向。有多个钻孔时可用同位素示踪法测定流向流速。

在钻孔和水井内，采用充电法进行地下水流向流速的测定。充电法观测到的等位圈移动速度最大方向为地下水的流向，当测量等位圈的固定电极定在上游方向时，则地下水流速按下式计算：

$$v=\frac{\Delta R_i}{\Delta t_i} \tag{5-12}$$

式中：v——地下水流速；

ΔR_i——地下水流向上等位圈的位移量；

Δt_i——两次等位圈观察的时间间隔。

在斜坡上进行充电法工作时，还应将上式结果作地形校正，其校正公式为：

$$v_j=\frac{v}{\cos\beta} \tag{5-13}$$

式中：v_j——地形校正后的地下水流速；

β——地形坡度。

(3)地下水分水岭和补给关系的调查，主要应根据自然电场法、充电法测定的地下水流向及电测深法、地震法测定的地下水位资料，结合地质资料综合分析来进行。

(4)第四纪地下水的咸水与淡水在水平面上的分布情况，主要依靠电阻率法来了解。多层地下含水层中咸水、淡水界线的划分应依靠在钻孔内进行电阻率、自然电位和井液电阻率测井。

(5)地下水渗透速度测定，可在钻孔中用井液电阻率法中的扩散法或用同位素流速仪。当钻孔穿过了具有不同压力的几个含水层时，可利用井中流量计或扩散法测定含水层之间的补给关系。

(6)涌水量和渗透系数测定，应在钻孔进行抽水或压水试验(或进行注入法、提捞法)时，利用井中流量计或井液电阻率法测量孔内不同深度点的轴向流量，从而计算出各含水层的涌水量(或渗漏段的透水率)和渗透系数。

(7)探查水库渗漏途径，主要是找出水库的库底、库岸和堤坝中的渗透层、裂隙破碎带、断层和洞穴。此外，还可在地面或水上进行自然电位测量，等自然电位平面图上的负异常多为渗漏地带的反映。

7)成果图表

水文地质调查结果应提交地质——物性剖面图，在水文地质平面图上标出物探推断的富水地带、渗漏带和地下水流向；有咸水的地区还应标出咸、淡水的分界线。

水文地质参数测定应提交水文测井曲线解释成果图及测定地下水流速、流向、渗透速度和渗透系数的计算成果图表。

8)探测精度

应用地面物探进行水文地质调查，当测区的地质物性条件有利于物探工作时，测定含水层、隔水层深度和地下水位的深度误差，一般应小于20%，而在钻孔中用测井方法测定的深度误差则应小于1%。

5.8.2 常用探测地下水的方法

常用的地面找水方法：电法(电阻率法、激发极化法、瞬变电磁法、CSAMT法、甚低频电磁法、自然电场法等)、地面核磁共振法、γ射线找水及综合方法的找水模式。目前对地下水的探测主要采用的是综合参数或综合方法进行。单一的方法使用较少。

1)模式一

"电阻率 ρ_s +极化率 η_s ","联合剖面+激电测深"。特征："电阻率联合剖面有正交点，激电测深有异常反应"。

"电剖面法+激电测深"的找水模式，电剖面法主要确定岩溶或构造区域，通常采用的方法有：联合剖面法、中梯法、CSAMT法等。激电测深主要是对剖面已发现的异常进行详细探测过程；采用的方法有：激电测深、高密度电阻率法、瞬变电磁法等。这方面国内外已有许多成功的实例。

理论基础：视电阻率 ρ_s 、极化率 η_s 、激发比 J_s 、衰减度 D_s 的计算公式如下。

视电阻率：

$$\rho_s = K \cdot \frac{\Delta V_1}{I} \tag{5-14}$$

式中：K——装置系数；

ΔV_1 ——供电时的一次场的电位差；

I ——供电电流。

极化率：

$$\eta_s = \frac{\Delta V_2}{\Delta V_1} \times 100\% \tag{5-15}$$

式中：ΔV_2 ——供电30s停止供电后0.25s时的二次场的电位差。

激发比：

$$J_s = \frac{\Delta \overline{V}_2}{\Delta V_1} \times 100\% \tag{5-16}$$

式中：$\Delta \overline{V}_2$ ——供电30s停止供电后0.25～5.25s时，域内的二次场的电位差衰减的平均值。

衰减度：

$$D_s = \frac{\Delta \overline{V}_2}{\Delta V_2} \times 100\% \tag{5-17}$$

利用激电衰时法找水，通过实验室和野外实验发现，常规的直流激电法的观测参数(η_s)，与地下含水情况的关系不密切；而激电二次场的衰减特性可较好地反映地下含水情况。还通过实验对比得出结论，在描述激电二次衰减特性的各种参数中，以衰减时 S 和含水因素 Ms 反映地下含水情况最好。S 是指二次电位差的归一化放电曲线 $\Delta U_2(t)/\Delta U_2(0.25'')$，从 100% 衰减到某一百分数所需要的时间。常常将该百分数定为 50%，并称此时的 S 为半衰时。在做激电测深时，通常用线性笛卡尔坐标绘制 S 随电极距 $AB/2$ 的变化曲线，称为衰减时 S 测深曲线，它与横轴包围的面积称为含水因素 Ms。大量的野外实验表明：在相同或相近的地下水赋存条件下，实测衰时 S 和含水因素 Ms 的增高，反映地下水的相对富集。其中，衰减时 S 反映静水量（S 与含水率正相关），而含水因素 Ms 反映动水量（Ms 与涌水量正相关）。

在衰减时测深曲线上，S 大于背景值 S_0 表示地下含水，S 值越大，含水率越大；S 随电极距的变化，则反映含水率随深度的变化。根据从衰减时测深曲线上计算出的含水因素，还可按事先统计出的回归函数，估算地下水的涌水量。

实例（王聿军，1999）：某场地在第四系半覆盖区找水，下覆地层主要有砂层和灰岩，地下水主要存在于 NW 断层富水带。在工作区采用电法勘探，布测 NE 向剖面线 6 条，NW 向断裂 1 条，其中 4、5 线 ρ_s^A、ρ_s^B 分离明显，加大极距 AO=170m，210m 异常依然明显存在。为了解释该断裂的富水性，在正交点附近进行了激电测深工作，最大 $AB/2$=400m。经筛选认为 135/5 点异常明显，应具有较好的富水性（图 5-31）。

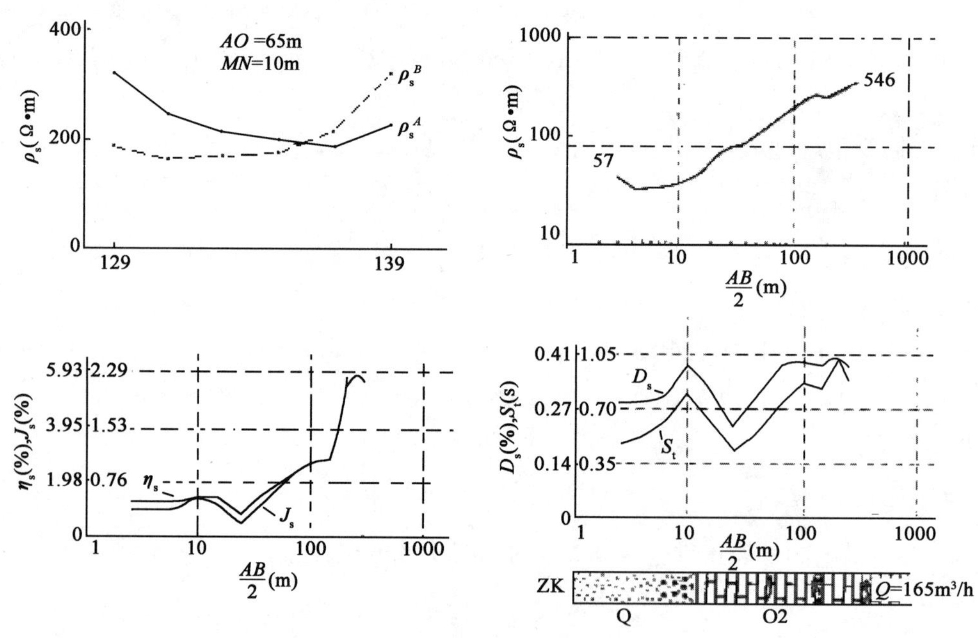

图 5-31　某井激电测深及钻孔柱状图

$AB/2$=2.5～15m 处，电阻率 ρ_s 在 500Ω·m 左右，该段主要反映覆盖层砂层在 $AB/2$=10～15m 处的极化率 η_s、激发比 J_s、半衰时 S_t 和衰减度 D_s。同步升高出现小峰值，推测为基岩面上部砂层富水。$AB/2$=25～45m 处，ρ_s 在原 45°上升基础上变缓，η_s、ρ_s、J_s、D_s、S_t 也在降至极小值的背景上升高，该处地下岩层，似乎有挤压破碎现象，推测可能为一含水层。后经钻探证实，基岩埋深在 11.8m，下伏灰岩中 52.85～54.25m，143.11～143.91m，281～283.5m，分别出现 0.5m、0.8m 和 2.5m 富水溶洞，且在143.91～152.93m 见到 9m 断裂破碎

带。该类异常联剖曲线两翼分离越好涌水量越大。

另一场地也在侏罗系砂砾岩中打出了 70m³/h 和 200m³/h 的优质地下水(图 5-32)。

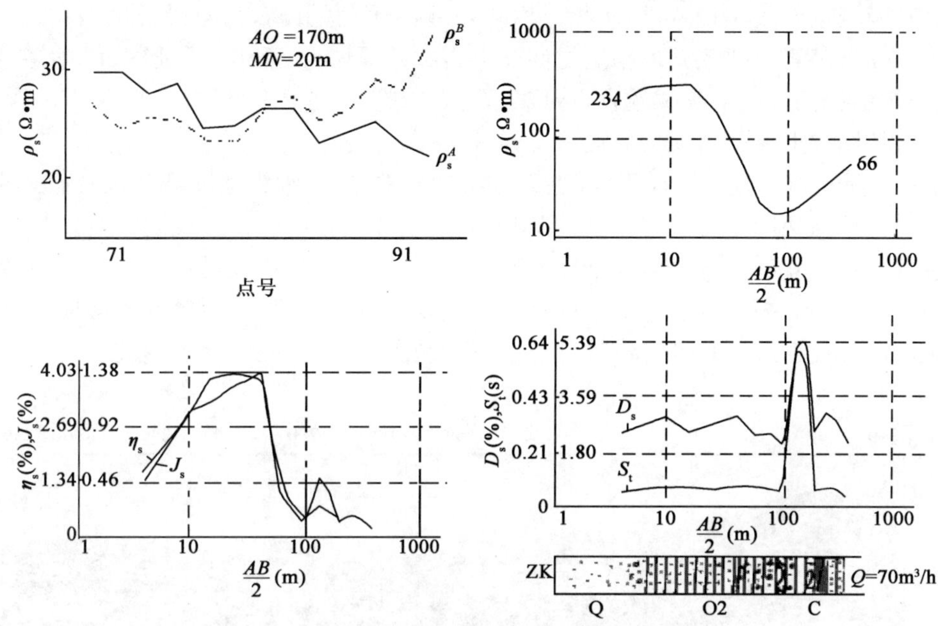

图 5-32　某井激电测深及钻孔柱状图

结论:电阻率联合剖面测量和激电测深相配合,在预测地下构造水方面的效果是明显的。电阻率联合剖面曲线呈现低阻正交点或在高背景上相对同步下降呈“V”或“U”形,是推断是否存在含水断裂带或岩溶发育带的重要标志。激电测深参数 η_s、ρ_s、J_s、D_s、S_t 相对背景出现异常是判断地下某深度富水性的重要标志。

①在地层比较稳定、岩性较为单一的情况下,视极化率 η_s 曲线能较直观地反映出含水岩层的分布情况。但是,由于视极化率 η_s 同时也受岩石矿物成分等因素的影响,在岩石矿物成分复杂、地表水矿化度高的地区,用 η_s 曲线划分含水层效果不明显。在这里,半衰减时 S_t 只与地下岩层的孔隙、裂隙及破碎带的赋水程度有关,受其他因素影响较小,因此 S_t 曲线能更为直观地反映出含水岩层的埋深和空间分布情况。

②一般情况下,反映为不含水岩层的 η_s 值(背景值)多在 0.5%～1%变化,反映为含水岩层的 η_s 异常值一般在 1.5%～5%变化,个别可达 5%～10%,超过 10%应考虑是否是由电子导电矿物引起的。同样,S_t 的背景值一般在 200～220ms,异常值一般在 230～350ms。

③利用等深度 S_t 平面图,可以有效地圈定出富水范围;利用 S_t 断面图,可以在断面上划分出含水层的垂向分布情况;利用单支 η_s 和 S_t 曲线可较准确地确定含水层的埋深和厚度;利用单支 S_t 曲线异常值与背景值的比值,可根据回归方程(回归直线)预测出单井涌水量。

④与其他物探方法一样,应用激电法寻找地下水同样具有条件性和多解性。在对资料进行分析解释时,必须充分地收集和掌握地质构造、岩性分层和物性特征,方能取得理想的效果。

2)模式二

“介电常数 ε_r +电阻率 ρ_s ”,“地质雷达+电测深”。特征:介电常数高电阻率低。

实例(段佳松,1999):第四系覆盖层一般由基岩风化产物、洪流汇集物、人工填土等组成,该层组成物质的颗粒均一性、密实性差异较大，加之深度浅，因此，在雷达图像上表现为强烈反射波，波形杂乱，同相轴连续性很差。基岩（大理岩）完整性、含水性的差别在雷达图像上的表现亦存在差别，当基岩较完整时，性质相对均一，反射波强度很弱，甚至无反射波；当基岩破裂或有岩溶存在时，基岩与孔隙充填物质之间介电常数差异增大，反射波增强；如果存在断裂带，由于断裂作用引起两层岩层裂隙发育，造成岩体严重破碎，且一般情况下，断裂带内含水率较高，因而在雷达图像上显示为强反射波。

如图 5-33 所示，在 50 号剖面下，存在多处雷达异常，其分别为溶蚀裂隙区及破碎带反映，从 50 线地质雷达探测图像可以看出，所圈定的溶蚀裂隙发育区的雷达反射波较其同边完整灰岩的雷达反射波明显增强。同样，在推断的破碎带，雷达反射波亦较周边完整灰岩的雷达反射波明显增强。所不同的是，溶蚀裂隙区的强反射波则一直从表面向下部延伸，形成一个较大的区域，而破碎区的反射波同相轴连续性一般较溶蚀裂隙发育区的连续性更差。

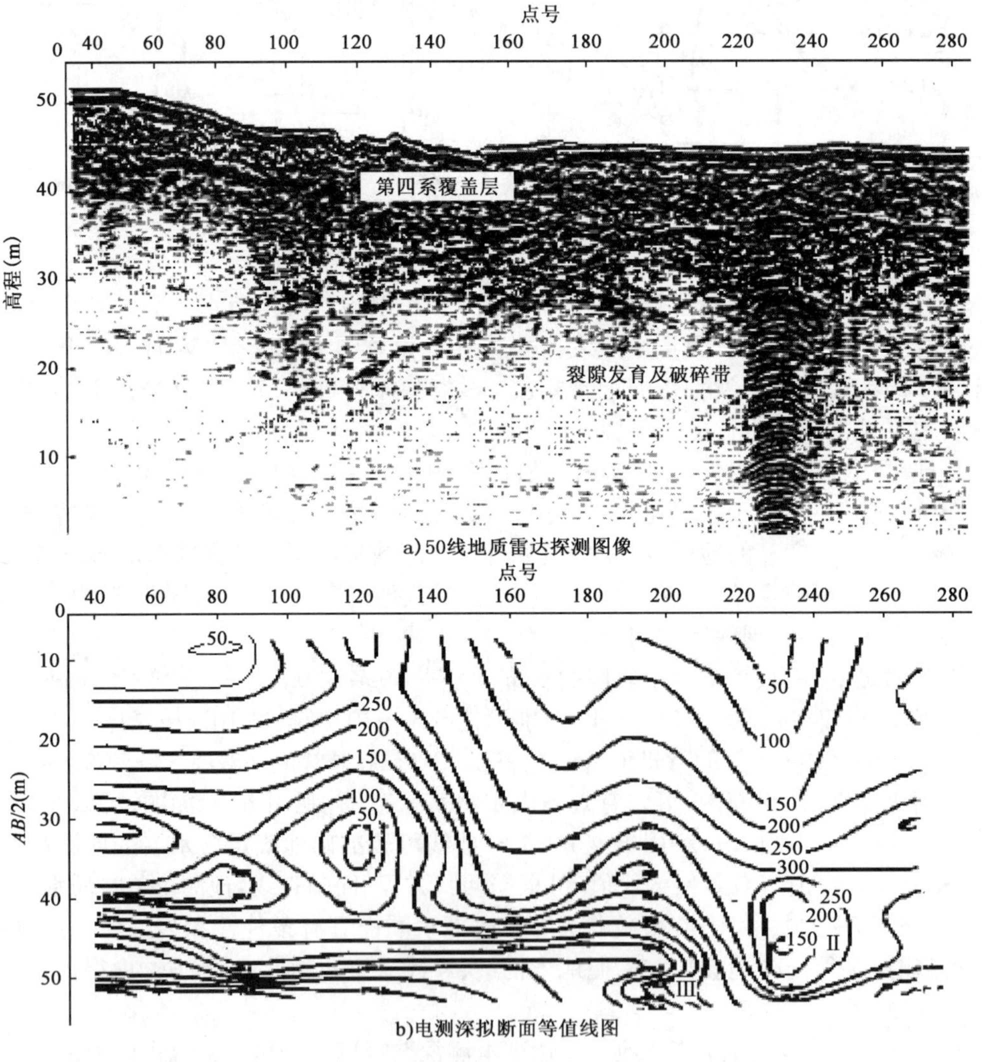

图 5-33 “介电常数＋电阻率”探测地下水的效果示意图

推断的破碎带分别位于 95～120m 点位，220～250m 点位。其形态为上部较宽大，中下部宽度相对一致，呈开口状。

结合地质雷达探测，在 50 线配合电测深探测，其目的一是进一步确定破碎带位置，二是弥补地质雷达探测深度的不足。从 50 线电阻率 ρ_s 断面［图 5-33b)］可见，在浅部电阻率 ρ_s 等值线从小号到大号点由密集变稀疏，在 180 号点以前等值线大致平行分布，经 180 号点以后向大号方向陡倾斜，形成起伏大的梯度带，在 140～180 号点的 15～14m 及 240 号点的 20～80m 各存在一个低电阻率 ρ_s 闭合圈，我们将这两个低电阻率 ρ_s 异常分别定为Ⅰ、Ⅱ号异常，同时在 220 号点的 15～22m 处亦存在一个较小范围的低异常。综观横向，在该层位上形成一条断续的低阻 ρ_s 带，至 240 号点附近向深部延伸。在 220 号点的 60～80m 亦存在一个低电阻率 ρ_s 扭曲异常，将此定为Ⅲ号异常。

根据本次物探工作成果所布设的 ZK1 验证孔即位于破碎带上，具体点位 235/50。从雷达探测和电测深两种方法来看。此点均为找水有望段，验证深度应以 70m 左右为宜。经钻探验证与物探成果一致，经抽水试验出水量达 $300m^3/d$。

3)模式三

“波速＋电阻率”，“浅层地震＋电测深”。特征：浅层地震寻找储水构造，电测深详查地下水情况。

浅层地震折射波法以基岩与上覆地层存在波速正差异为前提。它的一个重要特点是在勾绘基岩起伏界面的同时，还能区分基岩中的不同速度段。在花岗岩地区，第四系及风化层的纵波速度通常在 2500m/s 以下，而花岗岩中断层破碎带的纵波速度则小于 3900m/s，完整花岗岩的纵波速度则大于 5000m/s。可见，应用折射波法勾绘基岩界面并确定其中的断层破碎带有充分的地球物理前提。此法不仅能确定断层精确位置与埋深、破碎带宽度，还能确定破碎带波速大小，从而了解其破碎程度，破碎程度往往决定着含水及导水程度。这一点是折射波法独有的优点，在找水中极为有用。但折射波法只能反映基岩面附近的情况，对深部情况无法反映或反映不佳，这是其缺点。

电测深法研究的是岩石电阻率。据各种有关资料得知，花岗岩中含水断层破碎带的电阻率一般为 60～500Ω·m，而完整基岩的电阻率一般为 500～1000Ω·m 以上。可见，应用电测深法寻找花岗岩中的含水断层带亦有充分的地球物理前提。电测深法能反映出测点地下各深度岩石电性变化情况，从而使我们借以了解其含水情况，这一点正弥补了地震折射波法的不足。但电测深的多解性比较严重，精度亦不高，远不如折射波法，这是其缺点。

由上可知，地震折射波法和电测深法各有优缺点，二者结合起来，在探测预报地下水方面则能优势互补。

4)模式四

“自然电位 V＋电阻率”，“自然电位法＋电测深”。特征：电位低电阻率低。

根据自然电场理论，电化学电场与天然电子导体有关，扩散电场及过滤电场系胶体矿物电动现象所产生，地下水富集地段以过滤电场为主。在地下水富集地段，由于所受水压力不同产生水的流动，水带动水化离子沿水流方向移动，由于岩石颗粒表面具有吸附负离子的作用，所以随水移动的水化正离子相对增多，而在静止的岩石颗粒表面相对聚集许多负离子。由于水的流动及过滤作用，使水化正离子和水化负离子分离并达到动态平衡，因而在富水地段与周围介质产生了一定的电位差，形成了过滤电场。

实例（李爱华，1994）：某场区主要分布为侏罗系高家田组（J_2g）砂岩、二叠系斗岭组（P_2d_1）砂岩及当冲组（P_1d）硅质岩无水地层。场区北侧白垩系红层（K_2d）覆盖区，分布有一层第四系砂砾岩层。为探测该区的地下水富集地段，物探投入了自然电位法扫面（网度：50m×10m）、"8"字形自然电位及视电阻率测深（$AB/2\geqslant340$m）等工作。

如图5-34所示，"8"字形自电反映地表水流向为北西。自电平剖图反映出测区东部和西部为电位（V）低值区，中部为电位高值区，且从北往南自电值逐步减少。由于测区内地形平坦，无山地电场影响。根据过滤自然电场理论，推断东部和西部电位低值匚为地下水富集地段。

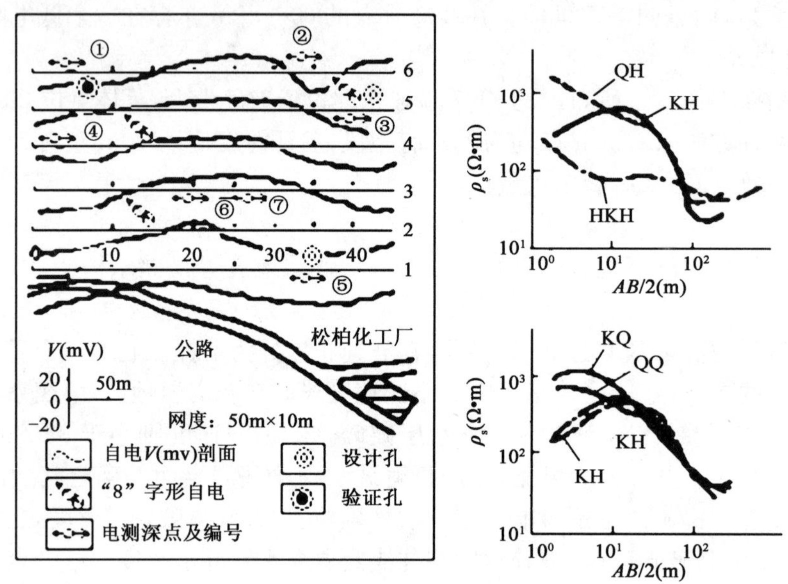

图5-34　自然电位法扫面电测深详查地下水效果图

注：①～⑦电深深点编号。

如图5-35所示为视电阻率测深曲线类型图。从图上可以看出，测深曲线类型多以"KH"和"KQ"型为主。测深曲线的中尾支均出现下降，说明深部存在低阻层。推断在第四系砂砾层相对高阻层下伏红层中，裂隙发育且含水性较好。

在物探推断的富水地段设计了3个钻孔。选择了靠近场区的钻孔进行验证。经揭露：5.80～10.20m为第四系（Q）砂砾层孔隙水（微承压），10.20～100m为红层（K_{1d}）基岩裂隙水（主要含水层，承压），静止水位4.1m。水量达653.76t/d。

同时自然电场法在确定地下水流向方面的应用：在地面上观测到的电化学作用引起的自然电场异常强度和特征与许多因素有关。这些因素有：地质体与围岩水溶液的成分，地质体的形状、大小、产状、埋藏深度以及地质体与围岩的电阻率的大小和均匀程度等。

有渗流作用引起的过滤电场其方向与地下水流向有关。在地下水埋藏不深、流速大、地形较为平缓的条件下，应用自然电场法可以确定地下水的流向。

野外观测方法常采用环形观测法，即在一测点上，用两个不激化电极沿直径2倍于地下水埋深的圆周，在不同方位上进行电位差的测定，然后将观测结果绘制成电位差方位图。正常情况下，在地下水流方位上测得的电位差最大，在其垂直方向上，电位差值应为零。在自然条件

下，由于地下水运动的不均匀性，观测结果多为椭圆形，其长轴方向便为地下水运动的轴向；再根据所观测的电位差极性确定地下水运动方向，即运动方向是由负电位指向正电位。

5)模式五

“综合参数法”，采用多种参数、多种方法配合减少多解性。

综合多种物探法找水主要对于复杂地质情况下使用。常用的方法有：声频大地电场法、甚低频电磁法、核物理法、电阻率法和激发极化法。声频大地电场法是利用天然大地电场和工作游散电流作为场源进行电位差的观测，了解大地电磁场作用在岩石和构造上电场强度的变化情况，以达到了解地质构造的目的。甚低频电磁法是利用长波通信电台发射的电磁波作为场源，通过测量甚低频各种参数的畸变，来寻找地下的良导体。核物理法是通过测量地下天然放射性元素含量的差异，以推断地质体的变化。电阻率是通过测量地质体电阻率的差异来探测地质体在地下埋藏的位置。激发极化法是利用人工电场激发地下岩石产生二次场，通过对二次场特性的研究，达到判别地下岩性、富水程度的方法。

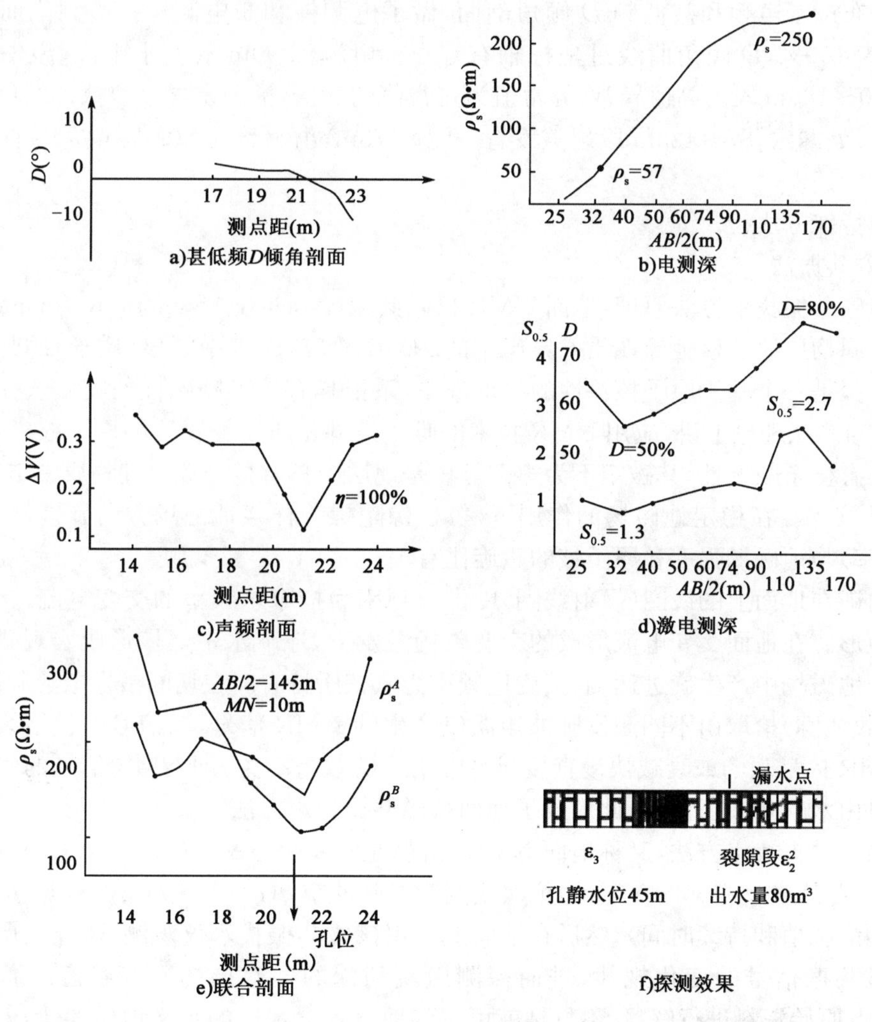

图5-35 多参数多方法探测地下水

声频大地电场法，甚低频电磁法、核物理法仪器设备简单、操作方便、成本低、工效高，且受地形影响较小，可以快速进行普测，但测量精度较低，受干扰较大。只能进行剖面测量，不能准确测定地质体的埋深和含量。电阻率法理论比较完整、成熟，能够明确区分地层结构和断裂破碎带的位置，但受地形影响较大，山丘地区地形高低起伏，往往造成一些假地质异常。该法测量有剖面法和测深法两种，激发极化法较其他方法仪器复杂，测量费时费事，耗电较大，成本较高，但它能解决其他方法不能解决的问题，能比较准确地判定地下含水层的含水率。其基本参数通常选用：电阻率（ρ_s）、半衰时（S_t）、衰减度（D）、含水因数（M）。任何一种物探找水方法，都有其相应的适用条件和局限性，受干扰因素较多，定井把握性不大。综合多种物探找水方法的优点，可以从不同的侧面分析研究地下岩层的性质和含水情况，能互相补充、互相验证、去伪存真，得出比较准确的结论，使成井率大大提高。

实例（姬广柱等，2001）：某场地出露地层为上寒武系，无断裂构造。经地质勘察，发现一组290°的裂隙带，布设了联合剖面。裂隙带在联剖曲线上的反映虽为低值异常，但旁侧有反交点。于是又布设了声频和甚低频 D 倾角剖面，做了电测探和激电测深。声频剖面为尖底异常，幅度值为 100%，D 倾角曲线过坐标轴有零点。电测深 90m 后变水平段，激电测深参数 $S_{0.5}$、D 在 90～135m 段为高值异常，异常值为正常值的 2 倍，推测是含水裂隙带的反映。经钻孔验证，87m 处漏水，87～135m 段裂隙发育，孔深 173m，出水量在 80m^3/h 以上，探测结果见图 5-35。

6）其他特殊方法

（1）核磁共振法

地面核磁共振找水方法原理：地面 NMR 核磁共振（Nuclear Magnetic Resonance）找水方法是利用不同物质原子核弛豫性质差异产生的 NMR 效应，即水中氢核（质子）的弛豫特性差异。核磁共振是一个基于原子核特性的物理现象，系指具有核子顺磁性的物质选择性地吸收电磁能量 E1J。从理论上讲，应用 NMR 技术的唯一条件是所研究物质的原子核磁矩不为零。水中氢核具有核子顺磁性，其磁矩不为零。氢核是地层中具有核子顺磁性物质中丰度最高、磁旋比最大的核子。在稳定地磁场的作用下，氢核像陀螺一样绕地磁场方向旋进，其旋进频率（拉摩尔频率）与地磁场强度和原子核的磁旋比有关。

通常向铺在地面上的线圈（发射线圈）中供入频率为拉摩尔频率的交变电流，交变电流的包络线为矩形。在地面交变电流形成的交变磁场激发下，地下水中氢核形成宏观磁矩。这一宏观磁矩在地磁场中产生旋进运动，其旋进频率为氢核所特有。在切断激发电流脉冲后，用同一线圈（接收线圈）拾取由不同激发脉冲矩激发产生的 NMR 信号，该信号的包络线呈指数规律衰减，NMR 信号强弱或衰减快慢直接与水中质子的数量有关，即 NMR 信号的幅值与所探测空间内自由水含量成正比，由此形成了地面核磁共振找水方法。

地面核磁共振找水方法，又称地面 NMR 测深，是在每个 NMR 测深点上由小到大（100～9000A·ms 或者 100～18000A·ms）依次改变激发脉冲矩 q（$q=I_0 \cdot t_P$，式中，I_0、t_P 分别为激发电流脉冲的幅值和持续时间），然后在地面上利用核磁共振找水仪观测、研究地层中水质子产生的核磁共振信号的变化规律，进而探测由浅到深的含水层的赋存状态。通过对每个 NMR 测深点原始资料进行解释，不打钻就可得到地下各含水层的水文地质参数，各含水层的深度、厚度、单位体积含水率和含水层类型（平均孔隙度和含水层的导电性）。因此，地面核磁

共振找水方法是目前世界上唯一的直接找水地球物理新方法。

实例(李振宇、李俊丽、潘玉玲,2002):在测点上,NMR 方法的技术参数和测量结果为:①线圈类型:圆形,直径 100m;②发射频率:2100.9Hz;③测量范围:5000nV;④记录长度:250ms;⑤脉冲矩个数:18;⑥叠加次数:128;⑦噪声水平:570～1120nV;⑧干扰较稳定,信号较好。以上可见,测点处的噪声水平偏高,但尚能满足测量要求(<1500nV);干扰变化比较稳定,在 5000nV 的测量范围内仪器能正常采集数据;从干扰水平看,信号叠加的次数再多一些效果会更好。

图 5-36 是 NMR 测量的解释结果。从图可见,在 NMR 测点的勘探范围内,地下的主要含水层有 4 个。它们分别位于:2.0～3.0m,9.0～14.5m,23.5～38.2m 和 79.2～100m。其中,前两个含水层为地表潜水,后两个含水层为承压含水层。由图可见,地电断面主要由两个电性层构成,电阻率为 11～32Ω·m 的低阻层覆盖在高阻(ρ_s >330Ω·m)基岩之上。基岩的起伏形态如图中所示.从电测深工作结果看,后两个含水层处在高阻(ρ_s >330Ω·m)基岩中,联合剖面法工作结果表明,工作区内无明显的断裂反映。

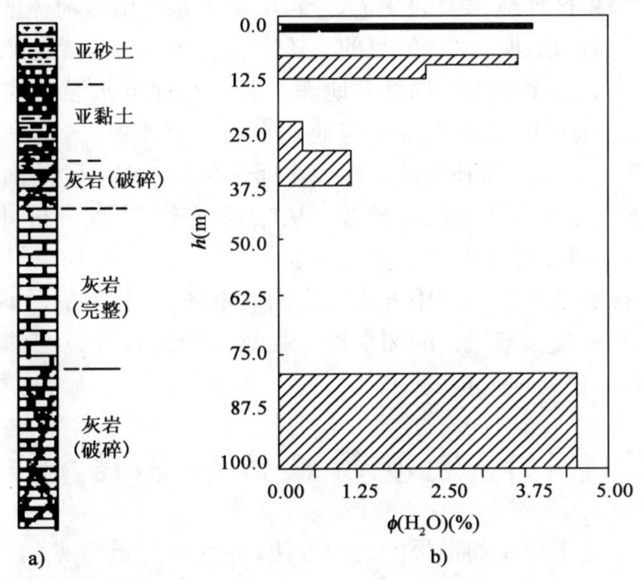

图 5-36　核磁共振法找水效果

根据 NMR 测量反演结果并结合电法资料解释结果,认为测点所在部位赋存有具开采价值的地下水,孔隙较大,连通性好,类型为高阻基岩中含水。建议布置钻探验证,设计孔深 120m,钻探目的层在 30～40m 和 100m 左右。经过钻探(终孔深度 130m)证实,在 33～42m 深度和 77～130m 深度见石炭系、二叠系灰岩、白云质灰岩,岩心中可见溶洞和裂隙发育、含水性及连通情况均好(图 5-36),单井日出水量超过 1000t,并且水质较好,证实了 NMR 方法的找水效果。

结论:①NMR 找水方法应成为水文地质调查的首选方法。将 NMR 找水方法应用于水文地质填图,快速圈定找水远景区、对地下水资源进行评价以及确定出水井位方面,可以发挥 NMR 找水方法具有直接找水、量化程度高、快速、经济等特点,有利于获得地下水资源三维分布的信息。②在水环境监测上发挥作用。NMR找水方法除了可以探查各种类型的地下水外,还可以与电阻率法、激发极化法等其他地球物理方法配合,根据地下水电阻率等物性参数的变化来区分淡水和咸水。此外,NMR找水方法也可以用来圈定有氢核(烃类)污染物污染水的范围和污染程度。③在工程无损检测方面的应用。用NMR方法,通过剖面或面积性测量对工程地基和堤坝隐患进行无损检测,可以圈定地下水入侵范围、评价堤坝及其坝基有无地下水作用等。④NMR找水方法在探查100～150m深度的地下水工作中取得了明显的地质效果,有广泛的发展前景。

(2)高频大地电磁系统(罗洪发,2002)

该方法是以卡尼尔大地电磁理论为依据、以天然或人工电磁场为工作场源,通过相敏技术实现同步扫频作为采样方式,进行高频高密度大地电磁测量。有着较高的垂向和侧向分辨率,是一种较可靠的地球物理勘查手段。在较广的应用范围内,具有较高的成功率和性价比。在找矿、找水及查找地质灾害隐患方面,该方法取得了令多方满意的成果。

(3)测温法(李凡生,1997)

测温法找水通过对山区河流水温的测量,计算出地下水向山区河流的排泄量,从而达到寻找地下水源、定性定量地评估地下水量的目的。该方法技术原理可靠,操作过程易于掌握,是一种较为有效的找水方法。由于大气温度对地表水温度和地下水温度的影响是不同的,差别很大,因而,常常使同一地区的地表水温度与地下水温度有所差异。在气温相对稳定的条件下,地面水流的温度随地下水排泄补给的数量大小而变化着,在地下水排泄补给河水的水量较大的地段,河水的温度便出现较大幅度的异常。从“热量守恒”方面分析,便可以圈定地下水聚集排泄的富水地段,进而确定地下水排泄量。

以上罗列了目前探测地下水的常用方法及实例效果,归纳总结了目前方法,并上升归纳了几种常见模型。针对几种模型与通常的储水构造相对应研究各种方法的适用条件,各方法之间相互验证减少多解性,提高预报精度。

5.9 地面(洞外)地质预报方法总结

前面已详细论述隧道工程超前预报的地面方法,并针对隧道常见的地质灾害列举了大量的事例说明目前在探测隧道掌子面前上方的断层、岩溶、软岩、陷落柱及采空区、不整合接触面、岩爆及地下水的实例。一方面,需说明隧道地质预报方法的多样性,单一方法在某个局部地区局部范围的可行性;另一方面说明为了提高预报精度所必须采用的一些综合方法,尤其在地下水的勘测过程中,目前已有大量采用两个参数的预报模式,并取得了成功的经验。特别是在复杂地区已采用三个以上参数较准确的进行地质预报。因此,为了提高对灾害体的预报精度,避免对目标异常体的遗漏,很有必要利用综合参数提高预报精度。

5.9.1 地面超前地质预报深度确定

只有在隧道埋深不是很深的情况下(＜100m),可考虑地面超前预报方法,地面超前预报方法以地面物探方法为主,包括电法、电磁法、地震波法、声波法和地球物理测井法。辅助有地质方法(地面地质调查法、地质界面地质投影技术、断层参数预测技术)、化探方法(与不良地质体有关的化学成分或气体等沿构造或其他通道形成化学异常，可采用如测氡、测汞等方法圈定异常，进而推断地质构造）。地面地质预报是通过物探、地质或化探等方法探测、分析、推断地下某一深度的地质情况。进一步指导隧道的动态设计与施工。

研究地面物探方法的探测能力，对于隧道工程超前预报来说很有意义，因为隧道在地下通过的截面很小，如果地面探测的深度过大，相应的解释精度就低，很有可能由于解释的误差导致隧道施工灾害的发生。因此很有必要确定某一深度以确定采用地面物探方法。当然，各种方法、不同的地点条件不同、物性差异的大小，地面条件、地质噪声及干扰水平等因素都决定着探测精度及探测深度。以下以几种主要方法为例说明确定探测深度的原理。

(1)用中间梯度法寻找球形良导体的探测深度。

根据球体上中间梯度法的视电阻率表达式为：

$$\rho_s = \rho_1\left[1+2\,\frac{\rho_2-\rho_1}{2\rho_2+\rho_1}\gamma_0^3\,\frac{h_0^2+y^2-2x^2}{(h_0^2+y^2+x^2)^{5/2}}\right] \tag{5-18}$$

可写出相对异常的表达式为：

$$\frac{\Delta\rho_s}{\rho_1} = \frac{\rho_s-\rho_1}{\rho_1} = 2\,\frac{\mu_{12}-1}{2\mu_{12}+1}\cdot\gamma_0^3\,\frac{h_0^2-2x^2}{(h_0^2+x^2)^{5/2}} \tag{5-19}$$

根据误差要求（ρ_s 的均方相对误差为$\pm5\%$），$\Delta\rho_s/\rho_1$ 应大于 3 倍均方相对误差方能认为是可靠异常，故取 $\Delta\rho_s/\rho_1\geqslant0.2$。再利用 $\mu_{12}\rightarrow0$ 的最有利(异常最大)条件代入上式得关系式：$h_0=2.15\gamma_0$，若以球顶埋藏深度 h 计算，则有：$h=1.15\gamma_0$。

可见，用中间梯度法寻找球形良导体时的探测深度，在简单条件下，除与球体大小有关外，还与球体相对围岩的导电性好坏有关。在最有利条件下（$\rho_2\rightarrow0$），其探测深度以球顶计算埋深，约为球体半径的 1.15 倍。

(2)瞬变电磁测深方法的探测能力。

瞬变电磁的探测深度与发送磁矩覆盖层电阻率及最小可分辨电压有关。瞬变电磁场在大地中主要以扩散形式传播，在这一过程中，电磁能量直接在导电介质中由于传播而消耗，由于趋肤效应，高频部分主要集中在地表附近，较低频部分传播到深处，且分布范围逐渐扩大。

传播深度：

$$d=\frac{4}{\sqrt{\pi}}\sqrt{\frac{t}{\sigma\mu_0}} \tag{5-20}$$

传播速度：

$$V_z=\frac{\partial d}{\partial t}=\frac{2}{\sqrt{\pi\rho\mu_0 t}} \tag{5-21}$$

式中：t——传播时间，$t=2\pi\times10^{-7}h^2/\rho$；

σ——介质电导率；

μ_0——真空中的磁导率。

在中心回线下，时间与表层电阻率之间的关系可写为：

$$t=\mu_0\left[\frac{(M/\eta)^2}{400(\pi\rho_1)^3}\right]^{\frac{1}{5}} \tag{5-22}$$

式中：M——发送磁矩；

ρ_1——电阻率；

η——最小可分辨电压，它的大小与目标层几何参数和物理参数有关，还与观测时间段有关。

联立解得：

$$H=0.55\left(\frac{M\rho_1}{\eta}\right)^{\frac{1}{5}} \tag{5-23}$$

式(5-23)为野外工程中常用来计算探测深度公式。

(3)探测深度综合评价。

波在介质中传播距离的影响因素包括：

①仪器精度(相当于眼睛本身的视力，视力越高看的有效距离越远)；

②环境噪声(介质的环境噪声)；

③物性差异(目标体与所处介质环境的物性差异，差异越大探测深度越大)；

④激发波振幅随传播距离的衰减，衰减越快探测深度越小。

5.9.2 地面预报的精度评价(深度与精度和工程要求的关系)

提高预报精度是隧道工程施工的要求，很难用定量的公式来说明地面超前预报的精度，我们只能根据现场的地质条件，通过采用一些组合的方法或参数组合来提高预报的可靠性，由于各种方法各有优缺点，利用方法的优缺点互补提高解释的精度。只有确定到某个具体的地区，在某些具体的条件下，已知一些地电参数，才能确定具体的预报精度，包括对预报目标体的产状、位置与大小的界定。

从地面异常向地下推断的影响因素方面进行评价，由于各种方法的物性差异不同，不同方法地面测试异常推断的精度不同，其影响因素各异。因此，要正确看待地质预报的精度和隧道工程施工要求的关系。下面以瞬变脉冲电磁法为例说明每种方法均有其探测和解释方面的影响因素，例如，影响瞬变电磁法探测深度的因素很多，这些因素之间彼此联系又相互制约，只有在假定了某些条件之后，才能得出该条件下确切的探测深度和预报精度，通常影响瞬变电磁法探测精度的几种主要因素如下：

(1)瞬变电磁系统中的电磁噪声。

它的主要噪声来自外部的电磁噪声，如天电干扰，这种噪声限制了观测信号的能力，从而限制了探测深度，一般情况下，外部噪声来源于天电及工业电的干扰，平均值为 0.2nV/m^2 左右。在干扰强的地区，噪声电平增大到 5nV/m^2 以上。

(2)功率灵敏度。

电磁系统中，功率-灵敏度是衡量仪器系统探测能力的一个重要指标。尽可能大的发送磁矩，这样就可能在较长的时窗范围内以足够大的信噪比观测到可靠的数据，以区分各种地质体的响应。

(3)回线边长。

对于某一固定的仪器系统、测道及目标体的综合参数而言，推荐选择回线边长约等于寻找目标体的极限深度，当回线边长与目标体的埋深的比值 $L/h=0.9\sim1.5$ 时，所得到的响应值大于 $0.8V_{max}$，即使是取 $L/h=0.5$，对于线性尺寸与回线边长相近的目标体已能够有把握探测出来；随着回线边长的增大对于局部小的地质体的横向分辨能力变差。

(4)目标体的电性及几何参数。

异常的幅值与目标体的电性及几何参数大小有关，它将影响方法对目标体的探测能力。使得在某种情况下，一些小的地质体探测不到，而很可能这些小的局部的地质体的位置大小及性质恰恰对隧道的施工具有重大的影响。

如此多的影响因素，使单个方法的外业布置及解释精度等存在诸多的缺陷，必须有弥补措施，方能达到隧道施工的精度要求。

本章参考文献

[1] 邓起东，卢造勋，杨主恩. 城市活动断层探测和断层活动性评价问题[J]. 地震地质，2007，29(2).

[2] 崔国柱，李恩泽，曾昭发. 活动断层与地球物理方法[J]. 世界地质，2003，22(2)：185-190.

[3] 金东淳，崔天日. 物探方法在探测隐伏断层中的应用[J]. 世界地质，2003，22(1).

[4] 郁万彩. 瞬变电磁法在断层含水性评价中的应用[J]. 山东地质，2001，17(1).

[5] 陈家联. 浅层地震技术在工程勘察中的应用效果[J]. 南方国土资源，2003.

[6] 倪新辉，刘天放. 地震勘探技术预测奥灰岩溶裂隙发育带[J]. 中国煤田地质，1997，9(1).

[7] 敬荣中，林剑. 肖志强. K剖面法在岩溶勘查中的应用[J]. 地质与勘探，2002，38(2).

[8] 朱正国，卿志. 时域瞬变电磁法在裸露灰岩地区岩溶探测研究[J]. 铁道勘察，2004(1).

[9] 李纬，梁晓园. 对地质雷达探测岩溶的方法和实例的探讨[J]. 勘察科学技术，1995(2).

[10] 董兆祥，等. 应用直接测氡法对唐山岩溶塌陷的测试研究[J]. 中国地质灾害与防治学报，1997，8(4).

[11] 罗鉴凡，等. 综合物探方法在竹叶山坑道寻找溶洞裂隙的应用. 云南有色地质调查院.

[12] 杨峰. 岩溶地区路基病害勘察技术及处理方案研究[D]. 长沙：中南大学，2004.

[13] 张斌，等. 深埋长隧道岩爆的预测预报及防治初探[J]. 地质灾害与环境保护，1999，10(1).

[14] 李苍松，何发亮. 关于瓦斯隧道施工地质超前预报的探讨[G]//第二届全国岩土与工程学术大会论文集，30-36.

[15] 王聿军. 电法在某山区的找水效果[J]. 物探与化探，1999，23(5).

[16] 段佳松. 浅层地震折射波法配合电测深法在花岗岩地区找水[J]. 地质与勘探，1999，5(3).

[17] 姬广柱，等. 综合多种物探方法在贫水山区找水的实践[J]. 地下水，2001，23(4).

[18] 罗洪发. 被动源高频大地电磁系统的应用[J]. 地质与勘探，2002，38(6).

[19] 李凡生. 测温法在基岩山区找水工作中的应用[J]. 岩土工程技术，1997(2).

第6章　掌子面（洞内）地质预报

6.1　隧道(掌子面)地质预报概述

目前,从总体上来说,我国隧道超前地质预报工作还十分薄弱。由于在隧道的设计中,对工程地质及水文地质情况的勘测分析不可能十分精确的。因此,隧道的设计,基本上都是预设计,很多具体的而且对施工指导及设计参数的修正是极其重要的。详细地质变化,只有在不断掘进过程中才能发现。这就要求承包商必须设立专门的机构及人员,在施工过程中进行长期而基础的地质分析及对施工的反馈工作,隧道施工中的现场指挥,需要将超前预报、掌子面揭露的地质情况、多项监测数据等各种要素进行综合分析,才能做出正确的决策判断。否则,将给安全生产、科学管理带来极为严重的后果。然而,就我国山岭隧道的施工情况来看,由于对该项工作的不重视,基础地质方面的工作薄弱,隧道施工中地质方面的反馈指导不够。这必然使得现场对施工的决策、对前方不良地质体的预测、病害发生后危害程度的评估均处于一种盲目的状况。这就是我国隧道施工为何塌方不断发生、发生后又不断扩大的原因。这种状况对隧道施工而言,其危害是致命的。虽然如此,目前已有了一个好的开端,业主或者承包商越来越重视隧道的超前地质预报工作。

国内对洞内超前预报的方法分类仍没有统一标准,作者将掌子面超前地质预报方法按距离分为:长距离预报、短距离预报与临近预报。长距离预报(＞100m)包括:TSP地震预报法、VSP垂直地震剖面法、USP地下工程地震预报(以角度偏移为主)、TRT反射地震层析成像方法、水平超前钻探;短距离预报(＜30m)包括的方法:GPR地质雷达法、TEMT隧道瞬变电磁法、BEAM法、HSP水平声波剖面法、陆地声呐法、红外探水法、超前平行导坑(隧道)法、超前水平钻孔法等;临近预报(＜10m)包括:掌子面地质编录法、灾害征兆预报、掌子面实时监测预报等。

6.1.1　掌子面地质预报的特点

(1)可看到出露的岩体,与地面相比具有更多的已知条件。

(2)由于掌子面空间小,且要探测前方的地质情况,因而,许多物探方法现场布置受到限制;如电极难以布置,地面的各种装置不能排布;线框大小受限,许多依靠线性的连续测量方法

不能使用。

(3)掌子面通常的干扰因素包括:各种电缆引起电性的干扰噪声、各种风钻、隧道施工机械的震动噪声等。

(4)预报的目的是了解掌子面前方一定范围的地质情况,地面物探的许多方法是测试地下半无限空间场的分量,当需测试掌子面前方地质情况时失效。

(5)与地表观测不同,隧道内的观测为三维波场,地震回波来至前后、上下、左右,四面八方,相互叠加,不易区分;隧道内接收到的反射波来自四面八方,特别是山体表面的反射最强,水平地底层、海底等反射比断裂构造的反射还强;如果不加区别,会误报到掌子面前方。隧道内接收到的反射波如图 6-1 所示。

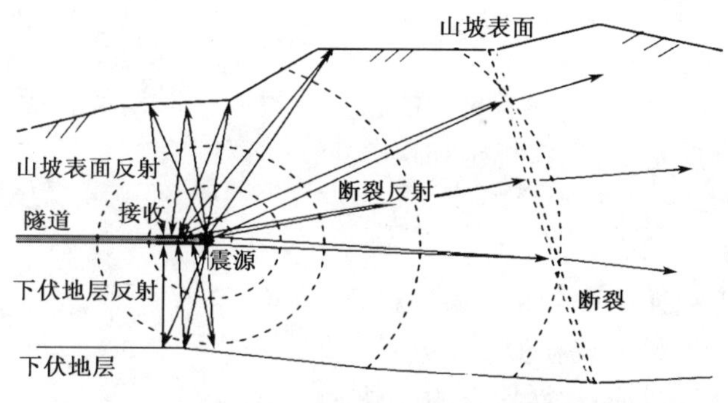

图 6-1　隧道内接收到的反射波

(6)地震波类型多样,纵波、横波、面波、转换波同时存在,相互叠加。震源产生的地震波包含纵波和横波,纵波传播速度快,横波传播速度慢。纵波的振动平行传播方向,横波的振动垂直于传播方向。任何一个方向的检波器记录的都是平行该方向传播的纵波和垂直该方向传播的横波振动的综合。而超前预报需要的仅是前方返回的纵波或横波,需要将它们从不同路径传播的纵横波综合记录中分离出来。依靠单点记录是做不到的,需要空间方向滤波技术。

(7)鉴于波场的复杂性和隧道内观测孔径的限制,要滤除干扰波和进行围岩波速分析,需要对观测方案进行专业设计。

(8)隧道围岩内有各种转换波,包括在隧道表面和地质界面上纵横波间的转换波,特别是隧道表面附近转换的表面波,能量很强,透入隧道围岩 1～2 个波长的深度。围岩中的各种波:纵波、反射纵波,横波、反射横波,各类转换波,面波;隧道内的各种波:声波、转换声波。如图 6-2 所示。

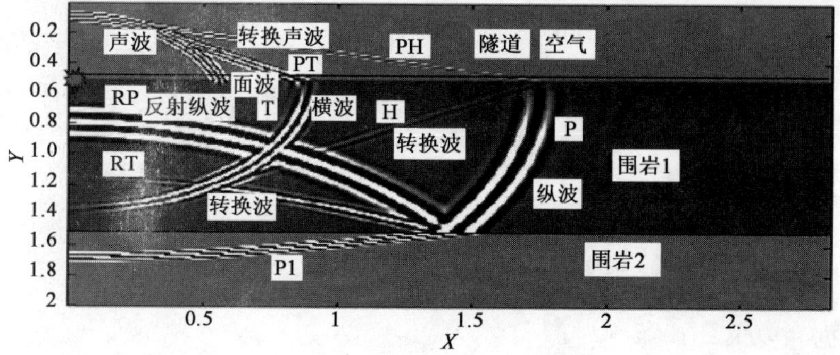

图 6-2　围岩中的各种波

由于掌子面超前地质预报相对地面超前预报有许多的优点，已知条件较多，精度相对较高。因此，它是目前隧道施工超前地质预报的主要方法。

6.1.2 一般规定

(1)物探法超前地质预报应具备下列条件。

①探测对象与其相邻介质必须存在一定的物性差异，并具有足以被探测的规模。

②存在电、磁、振动等外界干扰时，探测对象的异常能够从干扰背景中区分出来。

(2)地质条件复杂的隧道和存在多种干扰因素的隧道，应根据被探测对象的物性条件开展综合物探，并与其他探测方法相配合，对所测得的物探资料进行综合分析。

(3)物探应按搜集资料、踏勘、编制计划、施测、初步解释、最终解释、成果核对、报告编制的程序进行。

(4)物探仪器及其附属设备必须满足性能稳定、结构合理、构件牢固可靠、防潮、抗震和绝缘性良好等要求。仪器应定期检查、标定和保养。

(5)物探原始资料应符合下列规定。

①原始资料应包括下列内容：

a. 与隧道有关的工程地质资料和钻探资料；

b. 物探施测的各种原始记录和检查记录；

c. 物探仪器校验、标定及一致性检查的记录。

②原始记录必须完整、真实、清晰，标示清楚，签署齐全，不得随意涂改或重抄。

(6)物探资料解释应符合下列规定。

①在分析各项物性参数的基础上，按从已知到未知、先易后难、点面结合、反复认识、定性指导定量的原则进行。宜采用两种以上的方法进行定量解释，并选用典型断面作正演计算。

②结论应明确，符合隧址区的客观地质规律。各物探方法的解释应相互补充、相互印证。解释结果不一致时，应分析原因，并对推断的前提条件予以说明。

③解释结果应说明探测对象的形态、产状、延伸等要素；对于已知资料不足，暂时不能得出具体结论的异常，应说明原因。

④解释应充分利用各种探测方法的成果；有钻孔验证的隧道，应充分利用钻探资料对解释结果进行全面的修正。

(7)物探成果资料的编制应符合下列规定。

①物探成果资料应包括下列内容：

a. 物探测线布置图；

b. 各种定性分析图件；

c. 各种定量解释图件；

d. 平面、断面成果图表；

e. 质量检查数据和质量评定表。

②物探成果报告应包括下列内容：

a. 任务依据和要求；

b. 地质和物性特征；

c. 物探方法的选择原则及采取的技术措施；

d. 测线布置和数据采集；

e. 资料整理与解释；

f. 质量评价；

g. 结论和建议，包括建议验证钻孔等内容。

③物性地质图件应结合地质资料综合分析后编制，图上应标出异常分布位置、推断地质界线及地质构造位置和产状等，标明与隧道里程的关系。

6.2　长距离超前地质预报

长距离超前地质预报包括：隧道地震预报（TSP、VSP、TRT、USP…）、水平超前钻探等。

6.2.1　TSP 隧道地震预报法

隧道地震预报在隧道掌子面附近的排布方法有多种，通常将炮点与接收器均在侧墙的排布方式称 TSP 法，而将炮点在掌子面多个接收器在侧墙的排布方式称 VSP 法，不同的方法各有其优缺点。

TSP(Tunnel ahead Seismic Prediction)隧道地震预报法是隧道超前地质预报的主要方法。其探测有效距离为 100～150m，软岩一般不超过 100 m，硬质完整岩体不超过 150m。目前主要的仪器有：瑞士 Amberg 公司生产的 TSP202、TSP203、TSP200＋及我国自主生产的 TGP12、TGP206 等仪器。TSP 超前预报系统能够对掌子面前方地质体的性质、位置和规模如：地层界线、断层挤压破碎带、含水带、大的溶洞、水化泥岩和淤泥带等，进行较准确的探测和判定，为隧道工程的快速掘进、支护材料的提前准备以及灾害事故的有效预防提供可靠的地质资料与信息。

适用条件：隧道已开挖、岩体隧道、不良地质体走向与隧道轴线垂直最佳，专门设计用于隧道掌子面超前地质预报。

6.2.1.1　*方法原理*

TSP 的排布方式如图 6-3 所示，炮点与接收器均在隧道侧墙。由微型爆破引发的地震波信号分别沿不同的路径以直达波和反射波的形式到达接收器，与直达波相比反射波需要的传播时间较长。TSP 地震数据处理是由测得的从震源直达接收器的纵波传播时间换算地震波的传播速度 v_p。

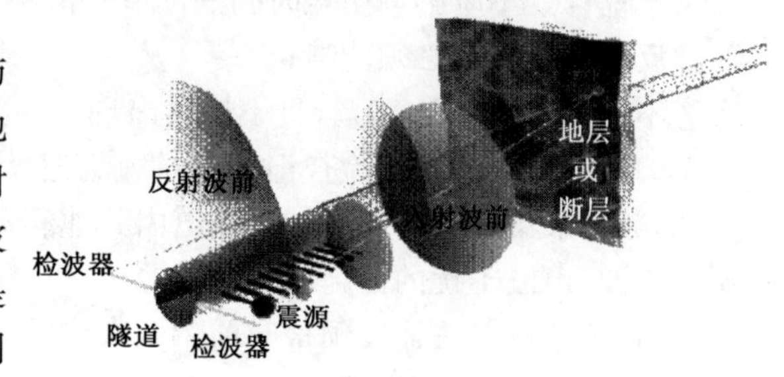

图 6-3　TSP 测量原理

$$v_p = \frac{X_1}{T_1} \qquad (6\text{-}1)$$

式中：X_1——爆破孔与接收器的距离，m；

T_1——直达波的传播时间，s。

已知地震波的传播速度就可以通过测得反射波传播的时间推导出反射界面与接收接收器

的距离以及与隧道断面的距离，整个推导过程可由下式导出：

$$T_2=\frac{X_2+X_3}{v_P}=\frac{2X_2+X_1}{v_P} \tag{6-2}$$

式中：T_2——反射波传播时间，s；

X_2——爆破孔与反射界面的距离，m；

X_3——接收器与反射界面的距离，m。

准确判定反射界面的前提是通过某种方式将反射波从含有直达波和其他的干扰信号的总体混合信号中清楚的分离出来。与直达波相比反射波的振幅非常小，它一方面取决于反射界面与接收器的距离，另一方面取决于地震波在反射面的反射系数。反射系数的定义如下：

$$R=\frac{\rho_2 v_{P2}-\rho_1 v_{P1}}{\rho_2 v_{P2}+\rho_1 v_{P1}} \tag{6-3}$$

式中：ρ_1、ρ_2——反射界面内外侧的岩石密度；

v_{P1}、v_{P2}——反射界面内外侧的地震波传播速度，m/s。

由上式可以看出，反射系数的大小直接与界面两侧的对比度有关，即地震波传播速度差别越大，则反射系数也越大。

对于球面波而言，地震波振幅还随传播距离的增加而成反比衰减。综上所述有关反射波振幅 A_r 与直达波振幅 A_d 的比值可以用下式表示：

$$\frac{A_r}{A_d}=R\frac{X_1}{X_2+X_3} \tag{6-4}$$

6.2.1.2 技术要求和规定

弹性波反射法适用于划分地层界线、查找地质构造、探测不良地质体的厚度和范围。

(1)应符合下列要求。

①探测对象与相邻介质应存在较明显的波阻抗差异并具有足以被探测的规模；

②断层或岩性界面的倾角应大于35°，构造走向与隧道轴线的夹角应大于45°。

(2)地震记录应符合下列规定。

①干扰背景不应影响初至时间的读取和波形的对比；

②反射波同相轴必须清晰；

③不工作道应小于20%，且不连续出现；

④弹性波反射法质量检查记录与原观测记录的同相轴应有较好的重复性和波形相似性。

(3)数据采集时应尽可能减少隧道内其他震源震动产生的地震波、声波的干扰，并应采取压制地震波、声波干扰的措施。

(4)弹性波反射法连续预报时前后两次应重叠10m以上，预报距离应符合下列要求。

①地震波反射法预报距离：

a.在软弱破碎地层或岩溶发育区，一般每次预报距离应为100m左右，不宜超过150m；

b.在岩体完整的硬质岩地层每次可预报120～180m，但不宜超过200m。

②隧道位于曲线上时，预报距离不宜太长。

(5)弹性波反射法的数据处理与资料解释应符合下列规定。

①采用计算机处理的记录目的层反射波特征应明显、信噪比高、同相轴清晰、能进行追踪

和相位连续对比；

②依据时间剖面图、瞬时振幅图结合地质资料进行分析，对比和追踪波组的相似性、波振幅的衰减程度、振动的同相性和连续性等特征，判释和确定反射波组对应的层位、被测地质体的接触关系、构造形态等；

③根据上行波和下行波视速度的差异，确定反射界面在隧道轴向前方的距离、反射界面与洞轴方向的夹角。

(6)地震波反射法超前地质预报应符合下列要求。

①观测系统设计应包括下列内容：

a. 收集隧道相关地质勘察和设计资料；

b. 根据隧道施工情况及地质条件，确定接收器(检波器)和炮点在隧道左右边墙的位置；

c. 接收器和炮点位置应在同一平面和高度上；

d. 隧道情况特殊或需要探测复杂地质隐患时，观测系统设计不受限制，灵活应用，但必须根据相关理论来设计观测系统。

②现场数据采集应符合下列规定。

a. 在隧道现场，根据设计的观测系统，确定所有接收点和炮点的位置，并作出相应的标识。

b. 钻孔：

a)应按设计的要求(位置、深度、孔径、倾角等)钻孔；

b)一般情况下，钻孔位置不应偏离设定的位置；特殊情况下，以设定的位置为圆心，可在半径 0.2m 的范围内移位；

c)孔身应平直顺畅，能确保耦合剂、套管或炸药放置到位；

d)在不稳定的岩层中钻炮孔时，可采用外径与孔径相匹配的薄壁塑料管或 PVC 管插入钻孔，防止坍孔。

c. 安装套管：

a)用环氧树脂、锚固剂或加特殊成分的不收缩水泥砂浆作为耦合剂，安装接收器套管；

b)用电子倾角测量仪测量接收器孔的几何参数，并做好记录。

d. 装填炸药：

a)装填炸药前，用电子倾角测量仪和钢卷尺测定炮孔的倾角和深度，并做好记录；

b)炸药量的大小应通过试验确定；

c)用装药杆将炸药卷装入炮孔的最底部；

d)在激发前，炮孔应用水或其他介质充填，封住炮口，确保激发能量绝大部分在地层中传播。

e. 仪器安装与测试：

a)用清洁杆清洗套管内部；

b)将接收单元插入套管，并应确保接收器的方向正确；

c)采集信号前应对接收器和记录单元的噪声进行测试。

f. 数据采集：

a)设置采集参数：采集参数主要包括采样间隔、采样数、传感器分量(应用 X、Y、Z 三分量接收)以及接收器；

b)噪声检查：数据采集前，应对仪器本身及环境的噪声进行检测。仪器工作正常，噪声振幅峰值小于−78dB 时，方可引爆雷管炸药接收记录；

c)数据记录：放炮时，准确填写隧道内记录，在放炮过程中应采用炮序号递增或递减的方式进行，确保炮点号正确。

g. 质量控制应符合下列要求：

通过检查显示地震道的特征进行数据质量控制。

a)每一炮数据记录后，应显示所记录的地震道，据此对记录的质量进行控制；

b)用直达波的传播时间来检查放炮点的位置是否正确，以及使用的雷管是否合适；

c)根据信号能量，检查信号是否过强或过弱。若直达波信号过强或过弱，应将炸药量适当减少或增加；

d)根据初至波信号特性，对信号波形进行质量控制。若初至后出现鸣振，表明接收器单元没有与围岩耦合好或可能是由于套管内污染严重造成。这样，应清洁套管和重新插入接收器单元，直至信号改善为止；

e)根据每一炮记录特征，了解存在的噪声干扰，必要时应切断干扰源，同时也可检查封堵炮孔的效果；

f)对记录质量不合格的炮，应重新装炸药补炮，接收和记录合格的地震道。

③采集信号的评价应符合下列要求：

a. 单炮记录质量评价。单炮记录质量评价分为合格、不合格两种。凡有下列缺陷之一的记录，应为不合格记录。

a)X、Y、Z 三分量接收器接收时，存在某一分量不工作或工作不正常；

b)初至波时间不准或无法分辨；

c)信噪比低，干扰波严重影响到预报范围的反射波；

d)记录序号(放炮序号)与炮孔号对应关系错误。除上述规定的不合格记录外的记录为合格记录。

b. 总体质量评价。总体质量评价依据所有的单炮记录，按偏移距大小重排显示(地震显示)进行。总体质量评价可分为合格、不合格两种。当符合下列要求时为总体合格：

a)观测系统(炮点、接收点等设计)正确，采集方法正确；

b)记录信噪比高，初至波清晰。

c. 单炮记录合格率大于 80%。

当有下列缺陷之一时，为总体不合格：

a)隧道内记录填写混乱，记录序号(放炮序号)与炮孔号对应关系不清；

b)采用非瞬发电雷管激发，或者初至波时间出现无规律波动(延迟)；

c)连续 2 炮以上(含 2 炮)记录不合格或空炮，或者存在相邻的不合格记录和空炮；

d)空炮率大于 15%。

④资料分析与判释应符合下列要求：

a. 采用仪器配套的处理软件进行分析；

b. 总体质量不合格的资料不得用于成果分析；

c. 准确输入野外采集参数，包括隧道、接收器和炮点的几何参数等；

d. 剔除不合格的地震道，只有合格的才能参与处理；

e. 应根据预报长度选择合适的用于处理的时间长度；带通滤波参数合理，避免波形发生畸变；提取的反射波，应确保波的能量足够；速度分析时，建立与预报距离相适应的模型；反射层提取时，根据地质情况和分辨率选择提取的反射层数目；

f. 资料判释应结合隧道地质勘察资料、设计资料、施工地质资料、反射波分析成果显示图及岩体物理力学参数等进行。综合上述成果资料，推断隧道开挖工作面前方围岩的工程地质与水文地质条件，如软弱夹层、断层破碎带、节理密集带等地质体的性质、规模和位置等。结合岩体物理力学参数、围岩软硬、含水情况、构造影响程度、节理裂隙发育情况等资料，参照有关规范可对围岩级别进行初步评估。

6.2.1.3　常见仪器

大部分仪器都有其自身的现场布置方法，通常是仪器自身软件决定的。如 TSP202、203 有其自身固定的布置方法，其他的相关仪器也类同，有些仪器在设计时已考虑可同时适用几种排列。下面分别介绍各种仪器的探测方法及特点。

1）TSP 系列测量系统简介

TSP 由瑞士安伯格公司研发，产品包括 TSP202（DOS 版，见图 6-4）、TSP203（图 6-5）、TSP203plus（增强型，见图 6-6）、TSP200（坚固即用型，见图 6-7），产品不断更新换代。其中 TSP202 和 TSP203 在国内外最为普及，TSP200 是最新研制的产品。该系统进入中国公路、铁路和水利水电隧道建筑市场已经十多年了，不断满足隧道施工的地质超前预报需求。

图 6-4　TSP202 系统

图 6-5　TSP203 系统

图 6-6　TSP203plus 系统

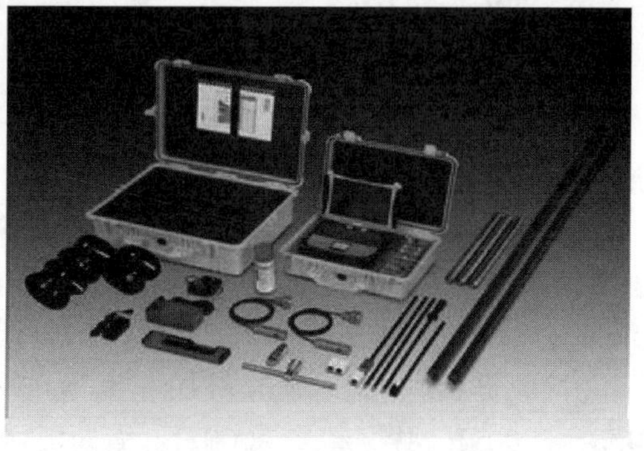

图 6-7　TSP200 系统

(1)TSP202 系统。

如图 6-8 为 TSP202 测量系统布置示意图,通过在软件上交互有选择的处理过程,可挑选出最具代表性的反射信号,然后绘制出震源界面图像。在最后的交互式投影过程中,以隧道轴线定位的震源界限在平面上得到确定,而且,操作员根据操作结果提出有意义的反射界面显示在隧道轴线上绘制成图,图 6-9 给出地震图像和推断结果汇总图。该系统由于开发较早,传感器为二分量,软件为 DOS 操作平台,设备体积偏大,也较沉重;必须通过双壁探测,并采用人工方法才能绘制三维成果图;由于对成果解译人员要求较高,目前厂家已停止生产。

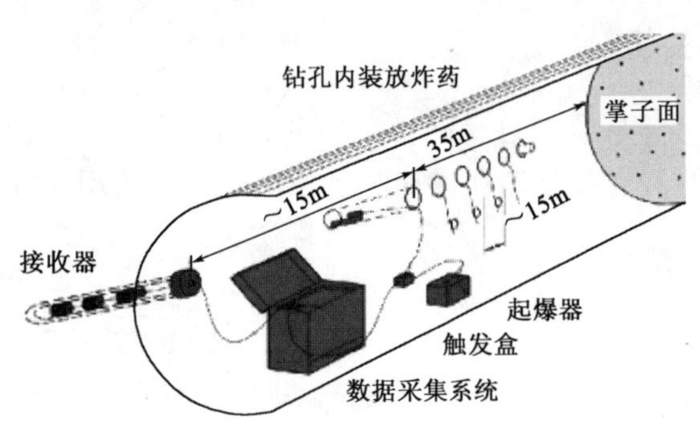

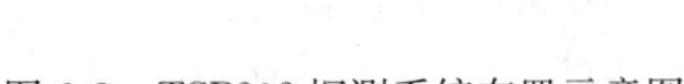

图 6-8　TSP202 探测系统布置示意图

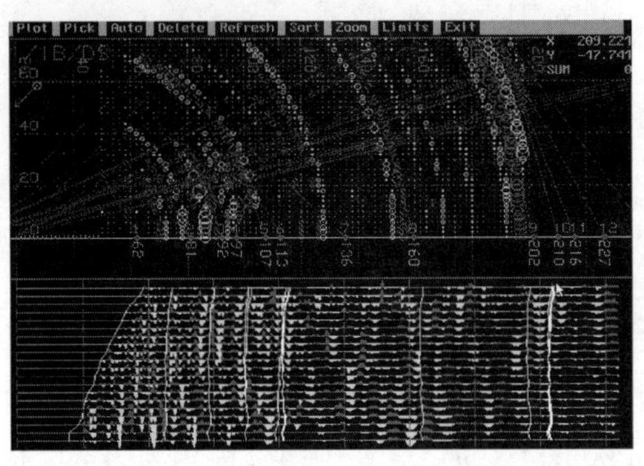

图 6-9　TSP202 测量结果示例(TSP 影像点能量图)

(2)TSP203 测量系统简介。

TSP203 是在隧道已开挖的左边墙或右边墙布设地震激发点和接收点,采用固定接收点、改变激发点的方法采集反射波信号。信号的接收采用高灵敏度的三分量加速度地震检波器,可以比较准确的确定反射波的空间位置。运用地震勘探原理对所得地震波进行处理分析可以分辨隧道开挖面前方地质体的性质、位置和规模,包括软弱岩石带、含水情况、节理裂隙发育带、断层及其影响带等,在地质情况较好时预报深度可达 200m 左右。

TSP203 隧道地质超前预报系统还可以计算出围岩的动态弹性模量、泊松比、体积模量、剪切模量、拉梅常数、纵波速度、纵波横波速度比、密度。结合围岩的岩性、含水、节理发育、结构面等情况可对围岩的类别进行评估。进行 TSP203 隧道地质超前预报可以为确保隧道安全持续掘进,确定隧道施工工艺,调整支护参数,对前方软弱岩层予以提前支护加固,合理变更设计和施工计划提供依据。

TSP203 测量系统是对 TSP202 进一步的发展和完善,它在软、硬件设计方面做出了许多的修改和改进,相应地对地震接收系统(图 6-5)和配置的计算机进行了改进。适合解译水平一般的技术人员使用。

TSP 系统的主要组成与技术特性(除 TSP202 系统外)如下:

①记录单元:12 道,24 位 A/D 转换,采样间隔 62.5μs 和 125μs,最大记录长度为1808.5ms,记录带宽 8000Hz 和 4000Hz,动态范围 120dB。

②接收器(检波器):三分量加速度地震传感器,灵敏度为 1000(1±5%)mV/g,频率范围为0.5~5000Hz,共振频率 9000Hz,横向灵敏度>1%,操作温度 0~65℃。

③TSPwin 软件:数据采集、处理及评估一体化,高度智能,基于 Windows 操作平台,使用

中/英文双语言，可以简单方便地为用户所掌握。软件简单、易用、流程图作引导。处理参数可以根据工程地质情况自动计算。可以参照隧道轴向坐标或绝对空间坐标来预报地质情况。能够计算掌子面前方和周围的岩石力学参数。

(3)TSP203plus 系统。

TSP203plus 是一个过渡性产品，与 TSP203 相比没有实质性改进，仅在软件方面性能上有所提升，在附件配备上有所增强。

(4)TSP200 系统。

TSP200 探测系统的探测参数多是制造厂商根据原设计时所考虑到的可能影响探测精度的各种因素(包括现场噪声、构造结构面与隧道的相对位置、采样间隔、采样数目等)而设定的，由此限定该探测系统理想的预报距离为 100m，但在实际工作中，只要根据现场的地质情况与岩石力学特性，采取相应的技术措施，可以提高该探测系统的实际探测距离，进行超长距离(大于 200m)的超前地质预报探测。

①根据现场地质情况，确定传感器最佳的安装位置和角度。

炸药包爆炸所产生的应力波，在介质中的传播形式及其能量的分配额是不同的如图 6-10 所示：在靠近爆炸源 3～7 倍药包半径(大概相当于 0.3m)的距离内，以冲击波的形式出现，占爆炸能量的 60%以上；在距爆炸源 120～150 倍药包半径(大概相当于 6m)的距离内，以压缩波的形式出现，占爆炸能量的 30%以上；直到超过炸药包半径 150 倍(大概相当于 6m)的距离后，才以地震波的形式出现，只占爆炸能量的 10%左右。

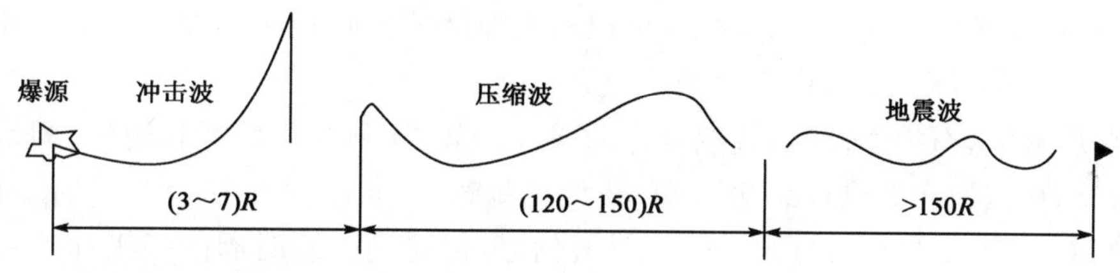

图 6-10　爆炸应力波及其分布范围

虽然地震波在介质中的传播稳定，衰减较慢，但由于本身的能量很小，由其所形成的反射波的能量就更微弱，同时如图 6-11 所示，地震波在传播的过程中遇到诸如节理、断层、层理或不同性质岩石的交界面等结构面时，只会有其中一部分波从结构面反射回来，另一部分则投射过结构面进入第二种介质中继续向前传递。而且地震波在反射时又会再度派生成纵波和横波，对于形成的反射纵波(P 波)来说，其入射角和反射角都等于 α。而由反射波形成的横波其反射角则为 β。

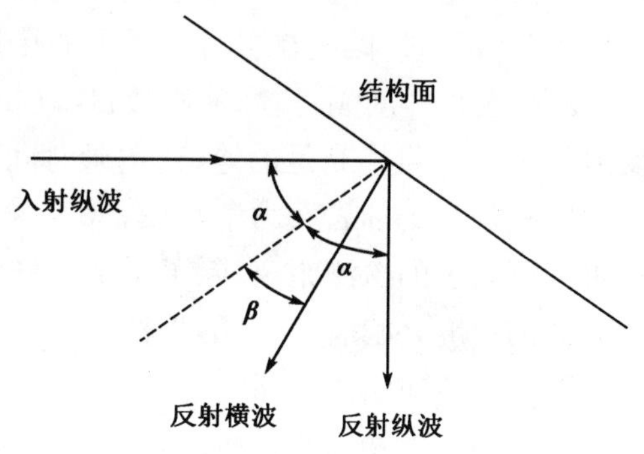

图 6-11　入射纵波遇到结构面时反射示意图

从弹性力学可知道

$$\frac{\sin\alpha}{\sin\beta} = \frac{v_p}{v_s} = \sqrt{\frac{2(1-\delta)}{1-2\delta}} \tag{6-5}$$

式中：v_p、v_s——纵横波速度，m/s；

δ——泊松比。

从公式(6-5)可知：

$\frac{\sin\alpha}{\sin\beta}$总是大于1的，所以，$\alpha$在任何情况下都大于$\beta$。

因此，要有效准确的接收远距离传回来的这部分能量微弱的反射纵波(P波)，除了传感器本身须具有极高的灵敏度外，在整个探测过程中，传感器还必须采取最佳的接收方式和展布角度才能实现。所以就必须利用构造地质学和波得传播理论，确定传感器正确的位置和接收角度。

②利用地质力学的理论确定。

主要探测结构面和隧道的空间关系对于一个探测地区来说，其地质构造可能十分复杂，多种构造形迹纵横交错，但可以通过现场地质观测，对探测区所出露的地质构造痕迹进行分期配套；然后再利用地质力学的手段，从中选出主要结构面的产状，结合施工隧道的中线的走向，确定对隧道施工影响最大的结构面与隧道的空间关系。

由于隧道是一个巨大的地震波屏蔽洞室，因此TSP-200超前预报探测系统在接收反射P波时，应使传感器的延伸方向尽可能地与主要结构面的走向延伸方向平行。接收器一般要安装两个，当应用地质力学和构造地质的理论能确定掌子面前方主要破碎构造破碎带和不良地质体得主要产状时，可以用一个接收器，但此时应把接收器放在与隧道的前进方向和构造线的走向方向平行或夹角较小的一方，这样就可以最大限度地接收到所要探测的结构面的反射回波，尽可能多地采集探测信息，提高探测的距离和精度。

③根据现场的岩石力学性质，选取合适的采样参数、探测炸药种类和用量。TSP200超前预报探测系统，由其原有的设计思想可知，在理想状态下，当反射系数为10%时，可以收集到隧道掌子面前方500m左右的结构面的反射波信号，但受到探测时周围噪声和信号散射等因素的影响，实际上只能收集到100～200m的反射信号。同时由于地震波在岩石中的传播、反射都需要一定的时间，所以要想进行超长距离准确清晰的探测预报工作，就必须从延长系统的采样时间，提高地震波在岩石介质中的传播速度两方面入手。

a.扩大采样间隔，提高采样数目，延长采样时间。这样就为传感器收集更远距离的结构面反射的P波提供了充足的等待、记录时间。

b.根据现场的岩石力学性质，选取合适的探测炸药种类和用量。要想增加TSP200超前预报探测系统的探测距离，除了增加采样时间外，还要提高探测用炸药的爆炸速度，进而提高爆轰波的速度，使其在一定的采样时间里传播更远的距离。

2)TGP隧道地质预报系统

北京市水电物探研究所结合TSP预报特点通过多年的研究，开发出TGP12多功能隧道地质超前预报系统，仪器样机见图6-12。TGP206和TGP12采用整体机箱式结构，其CPU控制单元、存储、显示单元与放大电路，整体结构安装在仪器机箱内，TGP206(图6-13)的观测方式与处理软件基本是模仿TSP203技术，其优、缺点与TSP基本相同。目前有TGP12和TGP206两种型号的主机供应市场。

图 6-12 TGP12 隧道地质超前预报系统

图 6-13 TGP206 隧道地质超前预报系统

下面以 TSP203 为例详细介绍 TSP 类预报系统的主要组成及现场测试。

6.2.1.4 TSP203 系统组成部分

TSP203 组成见图 6-14，组件 1～16 为系统的相应组件。

1）记录单元（参见组件①、②）

记录单元的作用是对地质信号记录和信号质量控制。其基本组成为完成地震信号 A/D 转换的电子元件和一台便携式电脑（Panasonic），便携式电脑控制记录单元和地震数据记录、储存以及评估。此设备有 12 个输入端口，用户可设置 4 个接收器。如图 6-15 所示。

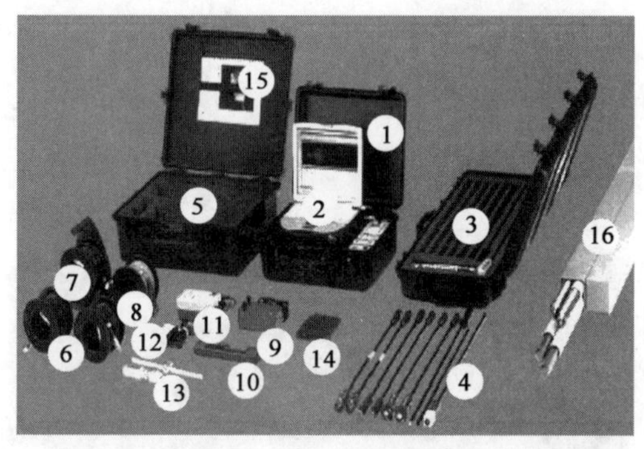

图 6-14 TSP203 组成图

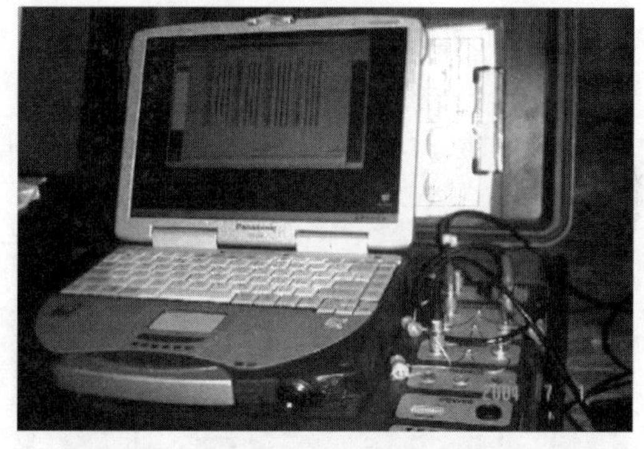
图 6-15 TSP203 系统的记录单元

TSP 系统测量的可靠性主要取决于所接收到信号的质量。测量范围和测量精度与系统的动态响应范围和记录频带宽度有极大的关系。使用最新出产 24 位 A/D 转换器，它的动态范围最小为 120dB，所接收信号的频率范围为 10 到 8000Hz。动态范围为 120dB 的声波信号可通过将信号描绘到一张图纸上来加以解释和对比：信号强度反映在图纸上偏离零点的距离最高可达 500m，而图纸的最小分辨率为 1mm。由于在通常的 TSP 测量中所接收到的地震信号的频率范围为 100～2000 Hz，因此，该系统具有多重采样特性，从而进一步提高系统的信噪比，干扰信号在数据处理过程中通过滤波器进行过滤。

松下笔记本电脑是记录单元的一个不可分割的组成部分，它具有防水、防尘以及抗震的特点，能够在极其恶劣的隧道环境中正常运行。在测量的过程中，该电脑可以控制噪声水平，跟踪所记录的声波信号(数据)的质量。

在触发器控制面板上显示为绿灯时,电脑操作员将发出“准备完毕”可以引爆的信号。为了安全起见,引爆的具体操作由爆破工来完成。触发器中的触发电路在任何情况下都能提供一个准确的起始记录信号。

记录设备的内置电源可保证系统的安全操作时间为3～4h(最长可达5～6h),足够完全进行3次TSP测量。同时,这套设备使用外接充电器对内置电池进行充电(参见组件⑩、⑪)。

2)接收单元(参见组件③、④)

接收单元用来接收地质信号,安置在一特殊的金属套筒中,套管与岩石之间采用注水泥或双组分环氧树脂牢固地结合。接收单元在测量前须插入到该金属套筒中。接收单元由一个极灵敏的三分量的地震加速度检波器(*X-Y-Z* 分量)组成,频宽10～5000Hz,包含了所需的动态范围,能够将地震信号转换成电信号。尽管总长为两米的接收传感器被分成三段,传感器的安装仍然非常简单和快速。由于采用了能同时记录三分量加速度的传感器,因此,可以确保三维空间范围的全波记录,并能分辨出不同类型的声波信号,如P波和S波。此外,这三个组件相互正交,由此可以计算出声波的入射角。

接收器的设计适合不同性质的岩层,适用范围为软岩层到花岗岩层。接收器的外部尺寸满足可以安装在一个接收套管内,而此接收套管的直径为43mm,因此,可通过一台手持钻机钻凿一个接收器安装孔。

如图6-16所示,接收单元具有防尘防水密封,可保证接收系统即使在恶劣的环境下(比如说在隧道建设过程中)都能正常运作。

3)附件和引爆设备(参见组件⑤～⑮)

如图6-17所示,在安装接收单元前,一个特殊套管(钢管)必须固定到接收器安装孔上。出于此目的,你会在附件箱中找到一套安装工具箱(组件⑬)和一电子水平测量仪(组件⑩)。具体操作将在“接收套管的安装”章节中说明。

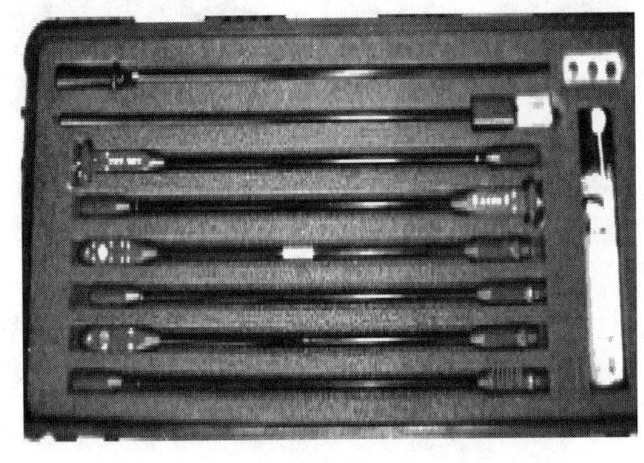

图6-16　TSP203系统的接收器

图6-17　TSP203系统的连接线

接收单元安装后会通过接收电缆(组件⑥)与记录单元相连。

引爆设备是由一带有外接触发盒(组件⑨)的传统起爆器组成,触发盒嵌入到引爆线路中。触发器一方面通过两根电缆与电雷管相连,另一方面,通过引爆电缆线(组件⑦)与记录单元的连接,以确保记录单元和触发盒之间的联系。

激发地震信号所需炸药，比如说起爆引线（炸药量大约为 20g），可通过胶带与电雷管（一种瞬间起爆的地质雷管）捆绑在一起。雷管和炸药通过一填充杆送入到 1.5m 深的爆破孔内部，爆破前将孔注水填塞。这些爆炸组件属于消耗品。具体说明将在“耗材”章节中详细说明。

记录单元准备就绪允许起爆后，起爆盒上将有一绿色灯显示，然后，由爆破工自行决定引爆。这样可保证在爆破工和操作员没有直接对话的情况下，仍然具有高标准的安全性。

根据出口的相关规定和限制，爆炸设备不属于 TSP 测量系统的供货内容，由用户或业主自己配备。此外，所有相关的爆炸器材（炸药和雷管）必须由用户或业主提供，并满足相关安全规章的要求。

TSP203 系统组件标准测量图示见图 6-18。

4）标记测量剖面

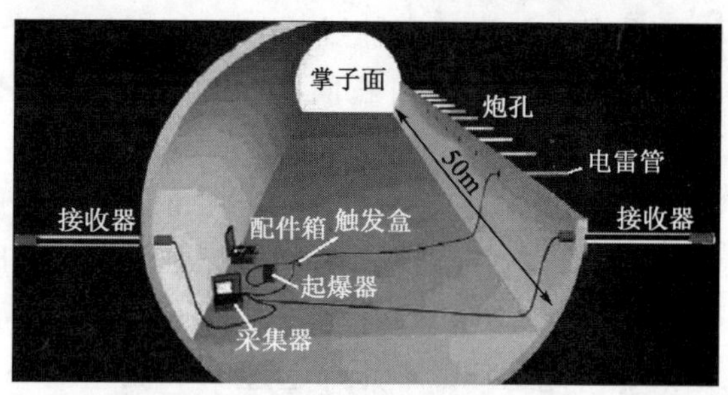

图 6-18　TSP203 系统组件标准测量剖面

按 TSP203 超前探测系统要求，实测时观测系统布置一个接收孔（孔深 2.0m）和 24 个炮孔（孔深 1.5m，间距 1.5m），如图 6-19 所示。每个炮孔炸药用量为 50～100g，采用毫秒级瞬时电雷管逐个引爆，炮孔采用锚固剂药包填塞。

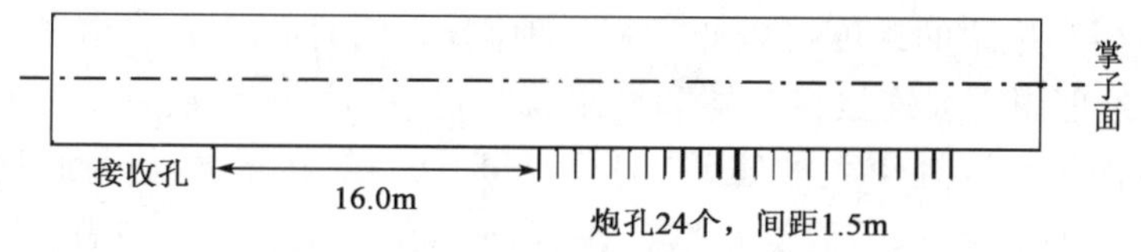

图 6-19　观测系统布置平面示意图

根据当地的地质情况决定测量设计图样以后，接收器和爆破钻孔的位置必须明确。除了极个别情况外，图 6-20 显示了标准测量剖面布置，标记测量剖面须遵循如下操作步骤：

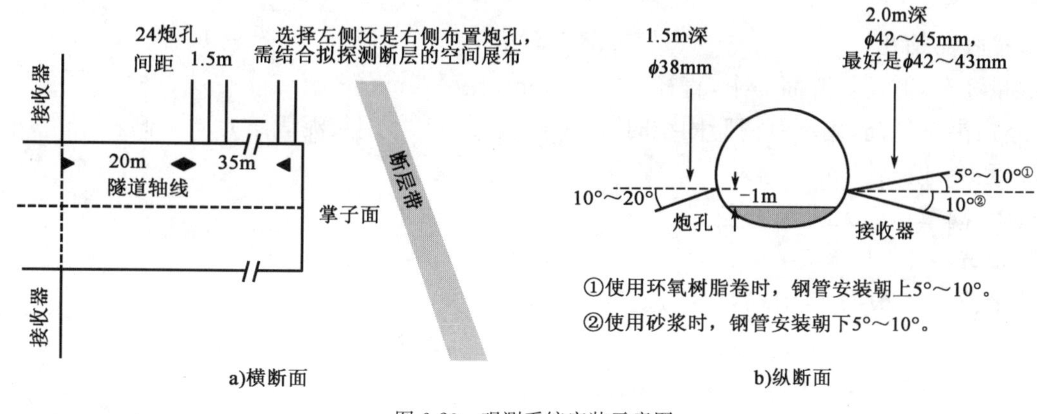

图 6-20　观测系统安装示意图

（1）估计在进行 TSP 测量时隧道掌子面所在的位置。

（2）确定接收器的位置离掌子面的距离大约为 55m。

（3）确定隧道轴线的参考点位置，也即将之与整个隧道工程所使用的坐标系（X，Y，Z 轴）

联系起来。比如隧道 X 轴是指隧道里程 TM。对某一具体 TSP 系统而言，其参考点位置应该接近接收器（最大不超过 50m）或者是与隧道轴向上的位置完全一致。基于此，所有接收器以及爆破点的位置必须根据参考坐标系设置，将参考点位置与接收器的位置重合在一起，可以简化实际定位过程，在这种情况下，可将标尺的零点固定在接收器的位置上测量爆破剖面的相对位置。

参考点的沿隧道轴线的位置相对于整个隧道工程的坐标系必须明确（即确切的隧道里程），参考点在隧道横断面的位置是根据与隧道左右两侧以及相对拱顶和底板的位置来确定的。

(4)根据图 6-19 标准测量剖面所显示出的位置确定接收器和炮眼的位置，接收器和第一个炮眼（S1）的距离应该控制在大约 20m，在任何情况下都不允许小于 15m。出于实际操作方便的考虑，各炮眼点之间的间距大致为1.5m，但如果所选择的测量剖面较短，此距离可缩小。无论如何此距离都不允许超过 2m，测量时布置的 TSP 测量所需要的最少炮眼数，不得少于 18 个。

根据图 6-20，所有接收器和炮眼在相对坐标系中应平行于隧道轴面（即沿 X 轴布点）。如果相对坐标系在隧道右侧壁，接收器和炮点的位置就应该布置在右壁，否则就应该布置在左壁，相对坐标系中的 X 轴相应的应定位在右壁或左壁上。

(5)所有接收器和炮眼的深度可以非常容易地测出，同时必须沿隧道轴向作一标记，或者是沿 X 轴的某一条理想直线连接接收器和炮眼，此直线应该与 X 轴方向一致，或者平行于隧道轴线，在垂直方向不允许有较大的偏差（偏差：±1m）。在上导坑与台阶开挖处可能会存在较大的高度差，在这种情况下，需要测量炮孔在 X 轴和在 Z 轴方向的位置。

此相对坐标系与隧道工程所使用的坐标系必须吻合（X 轴即为隧道轴向），X 值即为相对坐标系中离坐标原点的位置。

接收器和炮点位置建议根据图 6-19 和图 6-20 所示的标准剖面进行布置。TSP 现场记录见图 6-21。

5)接收器钻孔

数量 2 个，隧道每壁面一个，直径：43～45mm，孔深 2m。

布置：沿轴径向，用环氧树脂固结时，向上倾斜 5°～10°，用灰泥固结时向下倾斜 10°。

高度：离地面约 1m。

位置：离掌子面大约 55m 位置。

6)爆破钻孔

数量：24 个，根据实际位置可以选择多于 18 个。

直径：38mm（20～45mm）/孔深 1.5m（最小 0.8m，最大 2.0m）。

布置：沿轴径向，向下倾斜 10°～20°（水封填炮泥），相对于隧道壁面倾斜 10°。

高度：离地面约 1m。

位置：第一个钻孔离接收器约 20m，其余炮眼间距 1.5m（最远 2m）。

注意：炮点距离为炮点到接收器的距离。高度为各炮孔与基准面的高差，高为正，低为负，倾角向下为正，向上为负。

TSP 203野外记录表						
日期项目						
			其他			
参考点™、掌子面™			隧道断面高半径			
	RCV1	RCV2				
倾角						
方位角			参考点			
到参考点高			右			
到参考点距离			下			

炮点参数											
炮点编号	炮孔编号	装药量（g）	到前一炮孔的距离（m）	到参考点的距离（m）	深度（m）	高度（m）	倾角（°）	方位角h（°）	记录时间（h:m）	最大幅值（mv）	备注
1											
2											
3											
4											
5											
6											
7											
8											
9											
10											
11											
12											
13											
14											
15											
16											
17											
18											
19											
20											
21											
22											
23											
24											
25											
26											
27											
28											
29											
30											
日期		操作员									

××××隧道　　××××年××月××日

掌子面里程			炮孔布置		左边墙	
					右边墙	
接收器	里程	高度（m）	孔深（m）	倾角（°）	耦合剂	耦合状态
左					锚固剂	良好
右						

炮点参数						
序号	距离（m）	深度（m）	高度（m）	方位角（°）	倾角（°）	备注
1						
2						
3						
4						
5						
6						
7						
8						
9						
10						
11						
12						
13						
14						
15						
16						
17						
18						
19						

图 6-21　TSP 现场记录表

注：示例可多次复印用于以后的测量。

7)接收器套管的安装

相对 TSP203 测量系统,有两种不同的方法可将接收器套管固定在岩体中。

(1)灌注灰泥;

(2)安装环氧树脂套管。

8)钻孔和防护爆破孔

在不坚固的岩体上钻爆破孔,隔一定时间可能会引起爆破孔内的坍塌。为了避免孔坍塌,可以采用一种薄型的塑料管(外部直径约为 30mm,长度约为 1.5mm)防护爆破孔坍塌。

炸药和雷管可从塑料管内部推进钻孔底部,爆破前,将塑料管取出,取出的套管还可用做下次测量。如果岩体非常不稳定,引爆前套管不可取出,在这种情况下就不必取出即可引爆。

6.2.1.5　现场测量

超前地质预报测试人员进入测试现场前,应充分查阅施工地区的工程地质资料及超前钻探资料,确定本次检测的主要不良地质构造现象,明确超前地质预报的目的。

工程地质师进入施工现场,仔细研究观测隧道的岩石、构造、岩体的工程地质特征,根据现场实际情况,确定 TSP 超前预报探测系统进行现场测试的位置。

1)布孔要求

(1)爆破孔 24 个:

孔距 1.5m,孔深 1.5m;孔高(距地面)1～1.2m;倾角:向下 10°～20°;孔径:38mm(不小于38mm)。

(2)两个传感器孔:

孔深 2.0m(不大于 2.0m);倾角:向上 5°～10°;距地面高度:1～1.2m;孔径:45～50mm(不小于 45mm,不大于 50mm)最后一个爆炸孔距传感器孔距离:17～20m。

(3)所需材料:

起爆器一个(内装好干电池);乳化炸药:3～4kg;瞬发电雷管 30 发;卷尺一把(5m 钢卷尺和皮尺各一把)。

(4)注意事项:

①应采用瞬发电雷管和防水乳化炸药作震源之用;

②必须满足 TSP 操作的隧道开挖距离,接收器孔和炮孔应在同一平面上(图 6-22);

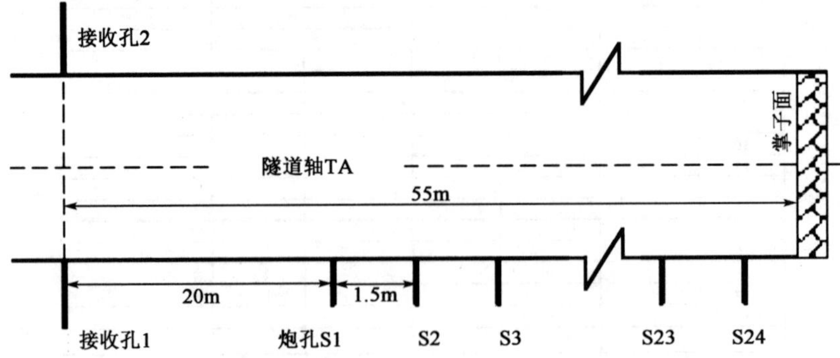

图 6-22　接收器孔和炮孔平面分布

③激发时炮孔中灌水，确保足够的激发能量在岩层传播以及减少震源带来的干扰；

④如果围岩较软，打孔后容易塌孔，需做好护孔工作，如使用PVC管支护；

⑤爆炸孔尽量不在电缆线一侧；

⑥爆炸孔布在隧道的左右侧均可；

⑦最后一个爆破孔尽量靠近掌子面。

⑧爆破孔、传感器孔，布孔示意图如下：

2)现场配合

(1)施工单位提前2～3d报计划，即通知第三方预报单位；第一次预报施工断面需进洞深55m以上，每次预报长度为100m左右，两次预报重复搭接长度为10m左右。

(2)如果要做TSP203地质超前预报，则需在每次报计划开始，同时进行打孔，检测单位到达现场即可开始预报工作。

(3)现场需要1名跟班技术员、2名爆破工和2名杂工配合第三方进行预报工作。

(4)在进行超前地质预报工作时，应停止掌子面及其附近的施工作业。

3)系统安装

TSP测量前，建议先对记录仪和松下笔记本电脑充电，并对整个系统进行全面的检查。

为做好隧道中的记录工作，应按如下步骤进行操作：

(1)将接收器与记录单元连接；

(2)选择噪声测试模式，测试记录单元的功能；

(3)用引爆器和试验电阻进行模拟爆破测试；

(4)将如图6-23所示的电雷管和炸药装入爆破孔内。

为了确保整个记录单元有良好的运行状况，可按照上述步骤在现场试验。

4)接收单元的安装

接收单元的安装应该按图6-22所示，依如下步骤进行：

(1)测试套管与孔壁之间用灰泥填充后结合的牢固程度，并检查套管底部是否受到机械损坏。

(2)揭开接收器套管上的防护盖，检查其是否受到污染。如有必要可以用安装在清洁杆或测试器杆的垫圈进行擦洗。

图6-23　布设炮孔、埋设检波器

(3)在接收单元的转轴上涂抹润滑油促进滑动，并用清洁杆上的垫圈相互交合。

(4)再利用工具箱中瑞士出产的电子仪表对钻孔的倾斜度进行测量。

(5)小心移动传感器部件，并将它插入接收器套管。插入之前，传感器必须向某一固定的方向转动，以确保传感部分圆形黑色磁体任何情况下都正好指向掌子面方面。

(6)传感部件插入到套管一定深度后，停止继续推动传感部件，以便将其与延长件相连。

(7)将延长部件小心转动拧在传感部件上，然后将其推入套管中，最后，将其与后座相连。

(8)小心转动后座部分，并将其插进套管，直到后座抵到套管顶部。在底座顶端的细长部位插进套管之前，应检查其顶部的箭头是否指向正面。

(9)拧开底座端的盖子，用电缆将接收器与面板上的记录单元连接起来。面板上标有“传感器输入端”标志。

(10)其余接收器按照上述步骤以同样的方式安装。

要确保电缆线不布置在靠近动力线、变压器以及其他能产生强电磁场和声波信号的地方。为了避免电磁感应，应将传输电缆线全部散开。至此，接收单元的安装全部完成。

5)启动记录单元

按下控制面板上标有“电源”的黑色按钮可以启动记录单元(图 6-24)；电源指示灯亮，所显示的电压值至少为 6.0V(位于显示屏的中部)，相对整个电池容量来说，这个电压对于执行这样一次测试是较为合适的，当电压降到 5.5V以下时，记录单元就会很快停止工作。

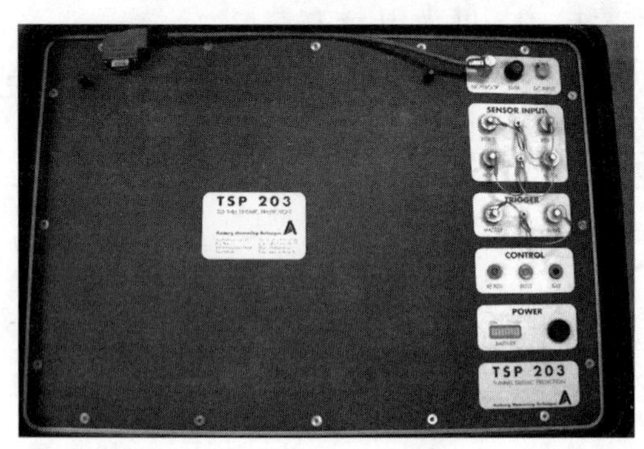

图 6-24　TSP203 记录单元视窗包括松下便携式电脑

启动记录单元时，小型橙色控制灯“Busy”会亮一会儿，这表示整个装置运行状态良好，切断电源后，红色控制灯“Idle”会闪亮。

6)现场测试过程

(1)将 TSP 超前预报探测系统按照说明书，进行连接调试，保证设备运行工作状况良好。

(2)隧道内暂停施工，减少噪声对 TSP 超前预报探测系统的影响。

(3)爆破手将适当药量的炸药及一枚电雷管装入 1 号爆破测试孔，并注水封闭爆破孔，撤离到安全区内。

(4)测试人员引爆炸药，采集现场测试数据。采集到原始数据记录(图 6-25)。

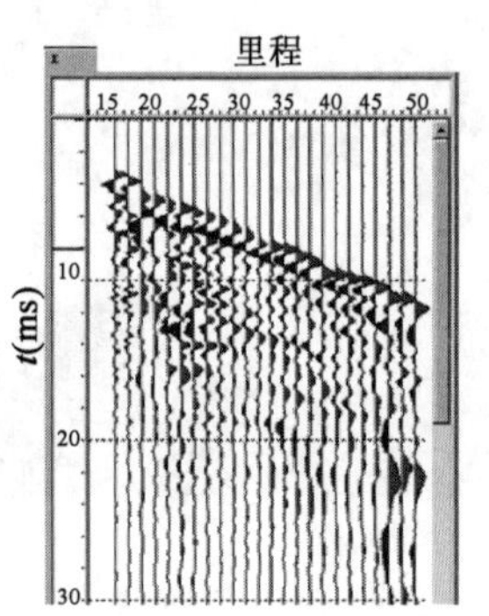

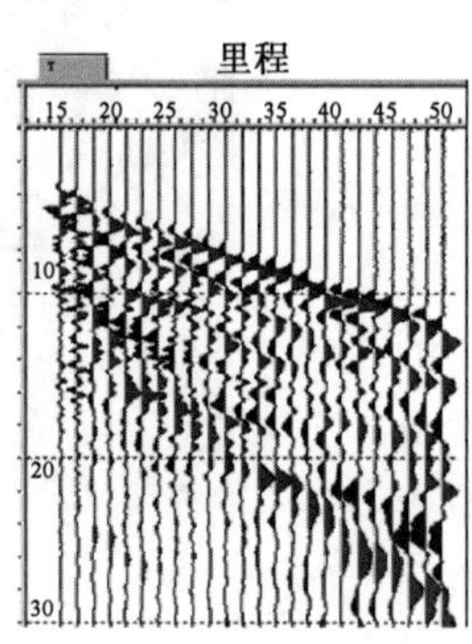

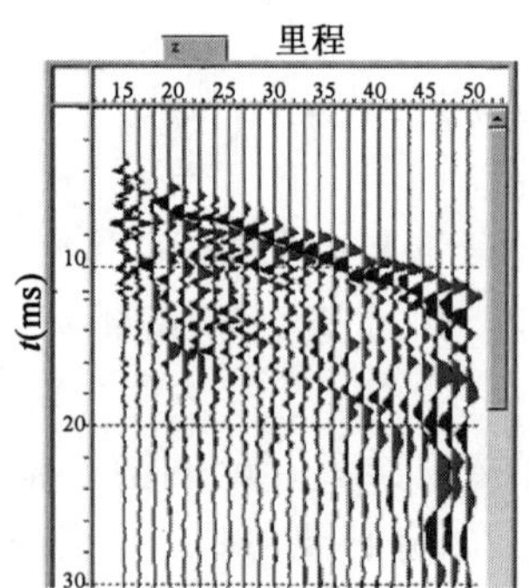

图 6-25　TSP 采集的三分量原始数据记录

(5)在 2 号测试孔，重复(3)、(4)两步骤，直到达 24 个孔结束。如果遇到哑炮、弱炮，则该测试孔重新测试。

(6)测试完毕后，整理设备，撤离现场，回复隧道内施工。

6.2.1.6　数据处理与分析

地震资料数字处理的主要目的是：

(1)增强信号，压制噪声，提高信噪比；

(2)数据偏移归位;

(3)从测量数据中提取速度、振幅、频率、极性等特征信息;

(4)提供便于解释人员使用的各种显示方式。

在数据采集中,埋置于地面的检波器可接收到来自于地下多种扰动波,其中只有可用于解决所提出的地质任务的波才称为有效波,所有妨碍有效波识别和追踪的其他波称为干扰波。

采集的地震数据,利用 TSPwin 软件进行处理。TSPwin 数据处理流程包括 11 个主要步骤。处理结果可以提供地震反射层在探测范围内的 2D 或 3D 空间分布,以及反应岩石强度的岩石力学参数。

通过分析岩层的反射波传播速度,可以将反射信号的传播时间转换为距离(深度),用与隧道轴的交角及隧道面的距离来确定反射层所对应的地质界面的空间位置和规模。

根据 TSP203 输出的岩层岩性参数及 2D 分布图,结合地震勘探原理及地质学知识即可判断隧道掌子面前方未开挖围岩的岩性、位置和规模,及含水、节理发育、结构面等情况。

TSP203 隧道地质超前预报系统还可以输出 3D 视图,从而能直观地了解岩层的三维分布状况,数据处理流程见图 6-26。

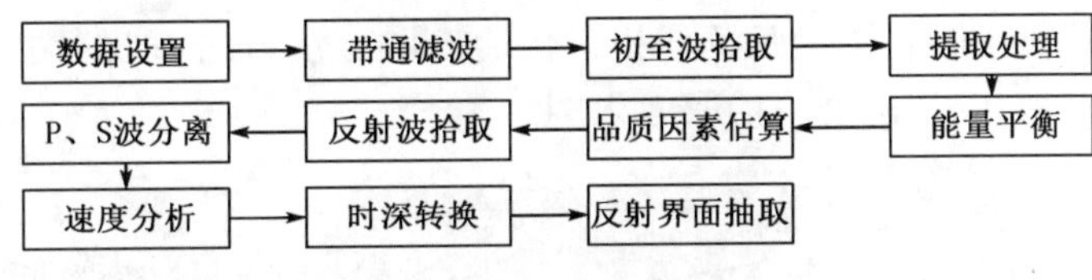

图 6-26　数据处理流程图

1)原始数据记录

如图 6-27 是现场实际采集到的 X,Y,Z 三个方向的原始数据记录。

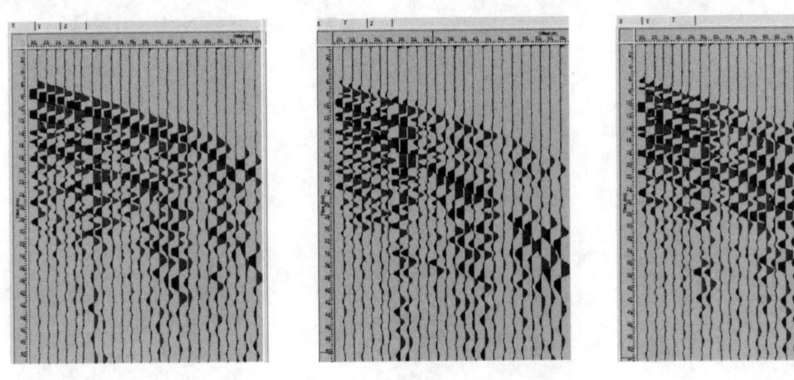

图 6-27　TSP 曲线波形示意图

2)带通滤波

带通滤波的目的是压制随机噪声背景和某些相干噪声。带通滤波的参数由频谱分析结果确定。带通滤波的实现步骤:

(1)对 TSP 记录道进行频谱分析。

(2)设计合适的滤波器。

(3)进行滤波运算:频率域为 $Y(w)=X(w)H(w)$;时间域为 $y(t)=x(t)\times h(t)$。

带通滤波的处理效果见图 6-28。

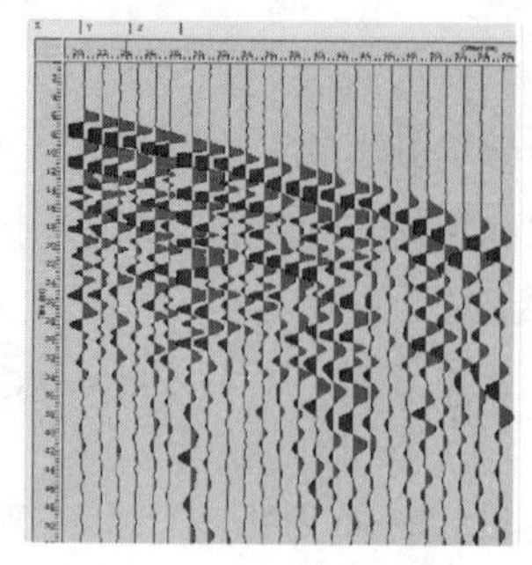
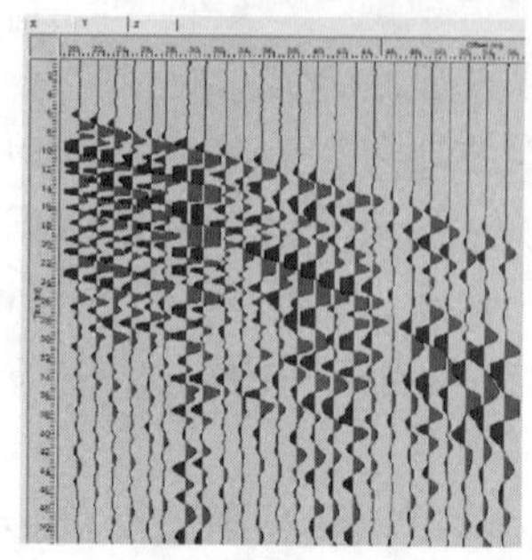
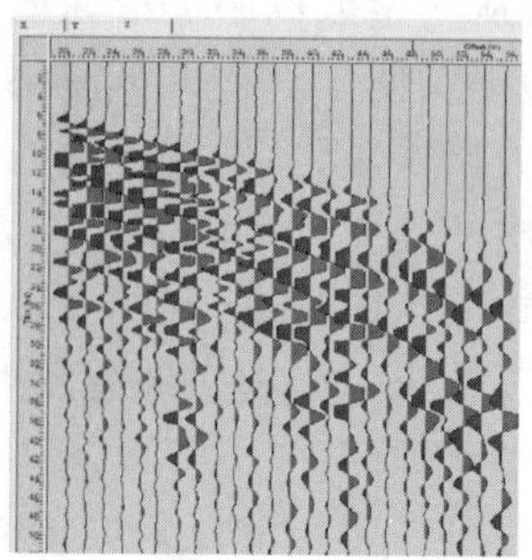

图 6-28　原始数据经带通滤波效果示意图

3)初至波拾取

初至拾取是指确定 TSP 每一深度的记录道上初至下行波的起始时间,其主要作用是建立可靠的时～深关系。影响初至拾取精度的因素包括:(1)确定时间起跳点不准;(2)由于相邻界面的反射。

相位法自动计算和人机联作交互解释相结合的拾取方法,使拾取的初至时间的误差小于 1ms。如图 6-29 所示为 TSP 初至波拾取效果图。

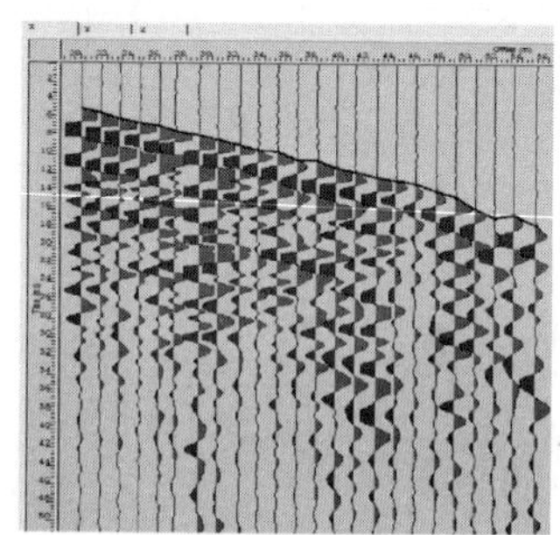
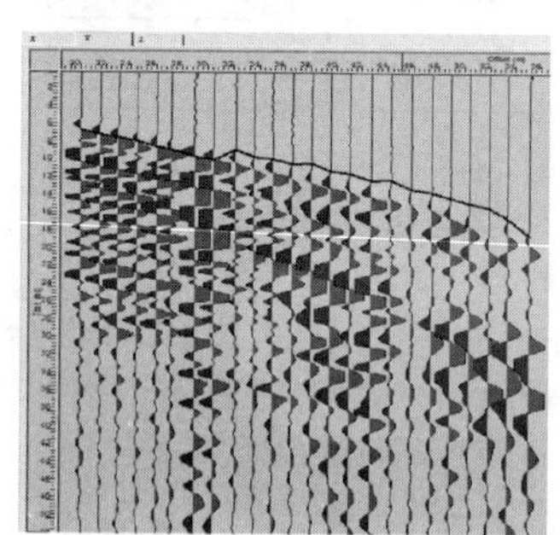
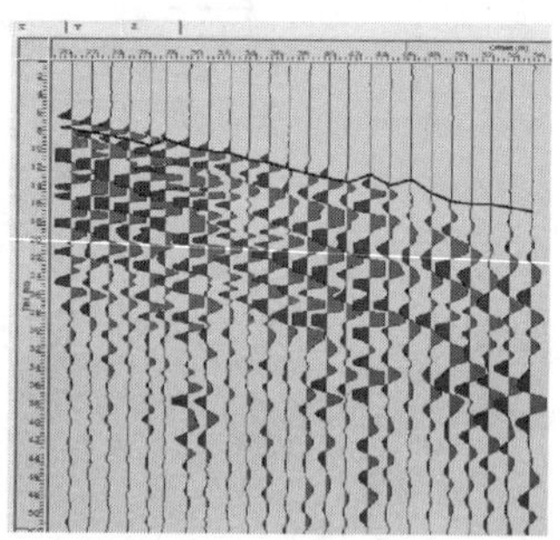

图 6-29　TSP 初至波拾取效果示意图

4)提取处理

如图 6-30 所示为 TSP 提取处理效果。

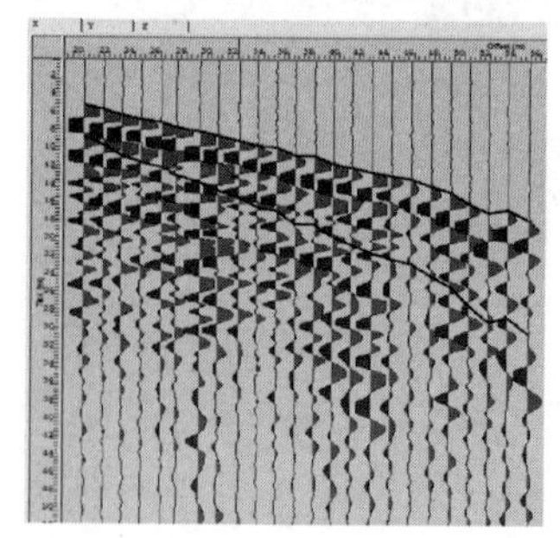
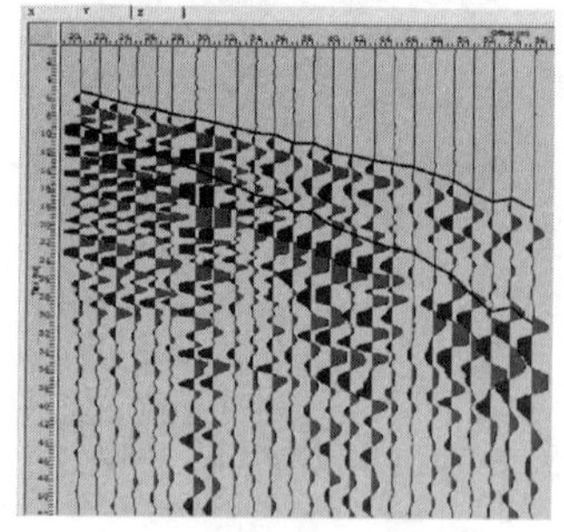
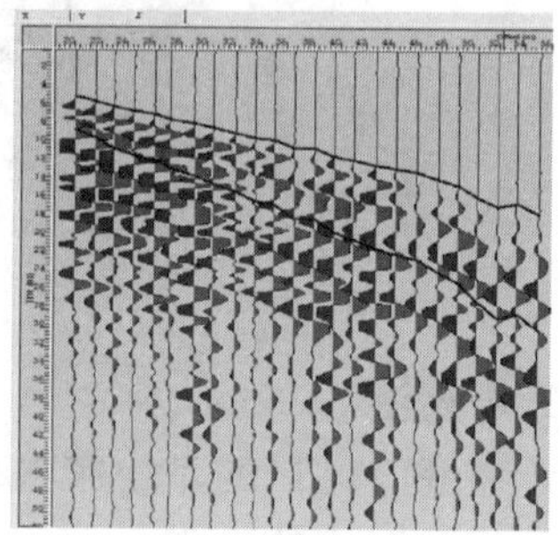

图 6-30　TSP 提取处理效果示意图

5)能量平衡

图 6-31 为 TSP 数据经能量平衡的效果。

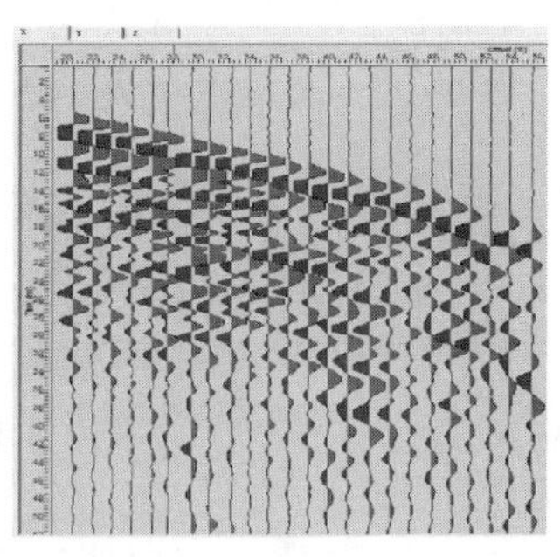
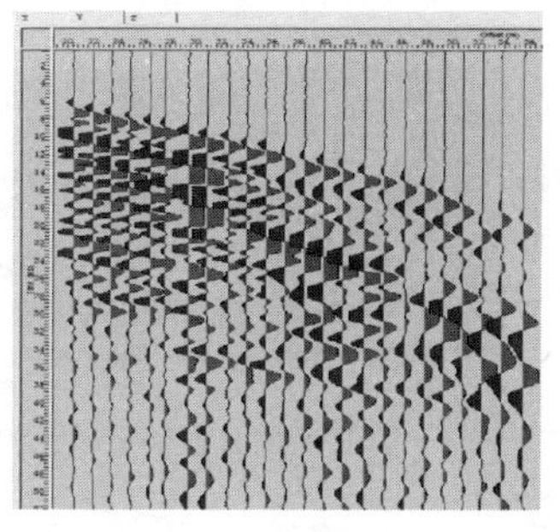
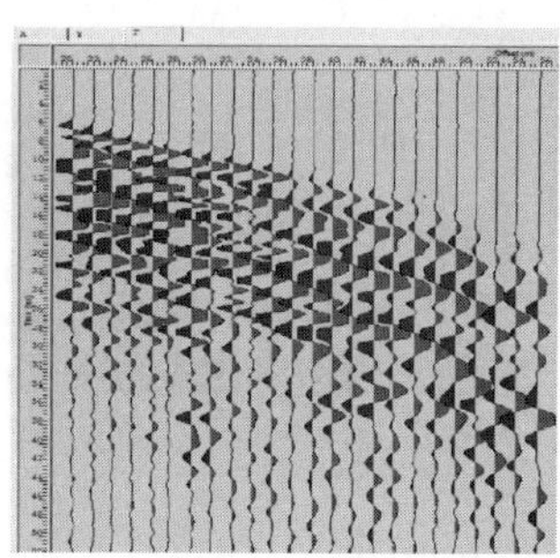

图 6-31 TSP 能量平衡效果示意图

6）反射波提取

如图 6-32 所示，TSP 波场分离的特点主要包括：①下行波能量弱，上行波能量强，要求窄带速度滤波器；②不规则点距给要求规则采样的波场分离方法带来困难；③要求参加速度滤波的道数尽量少。

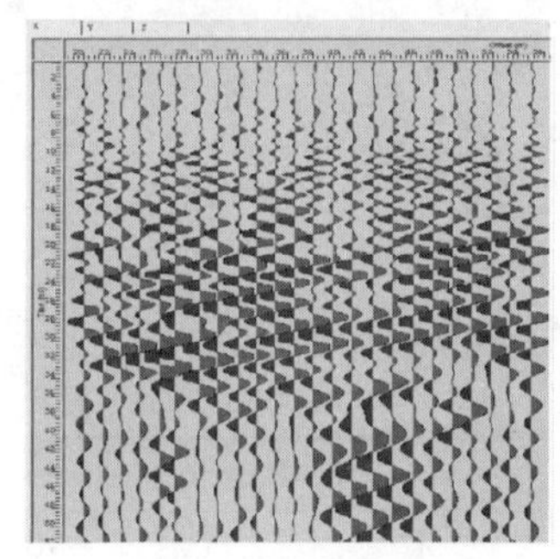
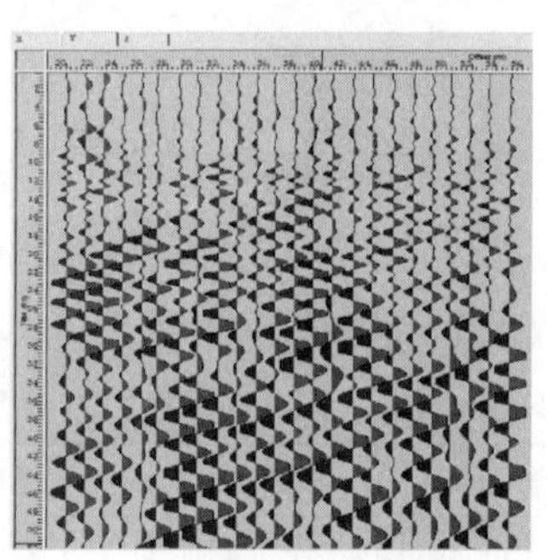
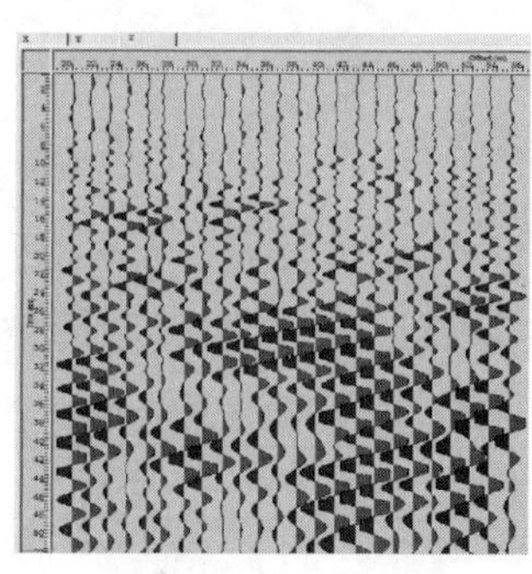

图 6-32 TSP 反射波提取效果示意图

7）P-S 波分离

三分量 TSP 资料波场分离，先在三维空间通过最小平方回归方法确定纵波的偏振方向，而后将三分量 TSP 资料分别投影到 P 波、SV 波、SH 波的方向，即实现了波场分离。如图 6-33 所示。

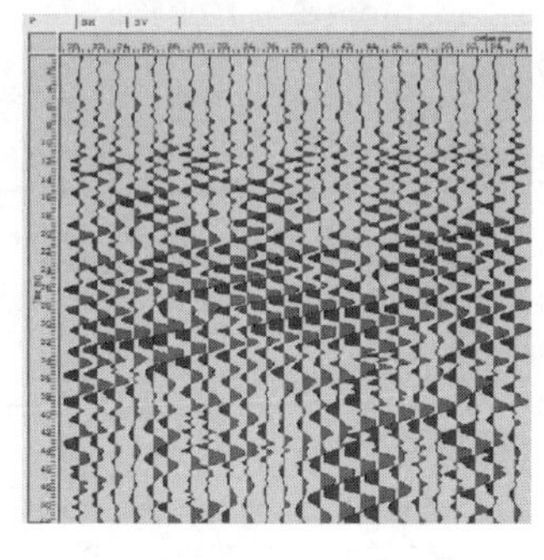
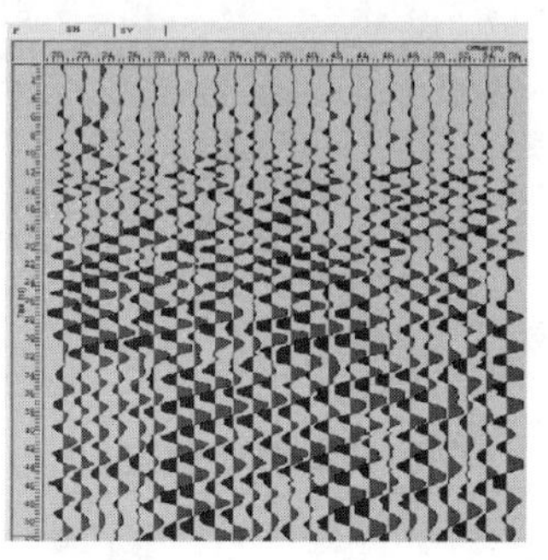
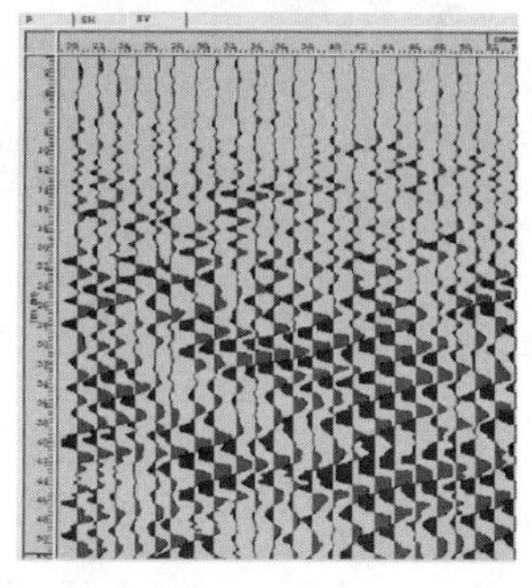

图 6-33 波场分离效果示意图

8）速度分析

经速度谱分析的结果如图 6-34 所示。

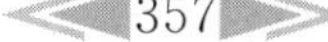

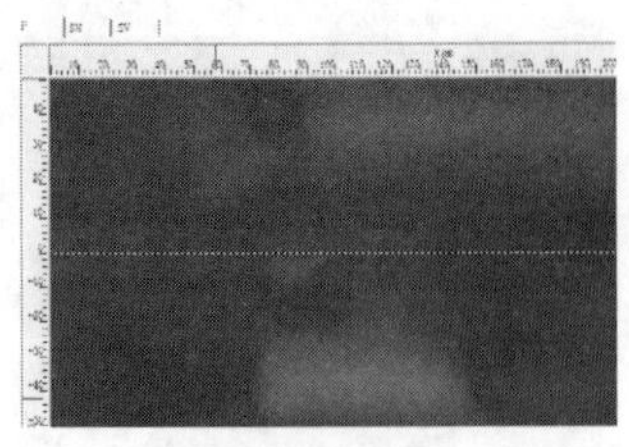
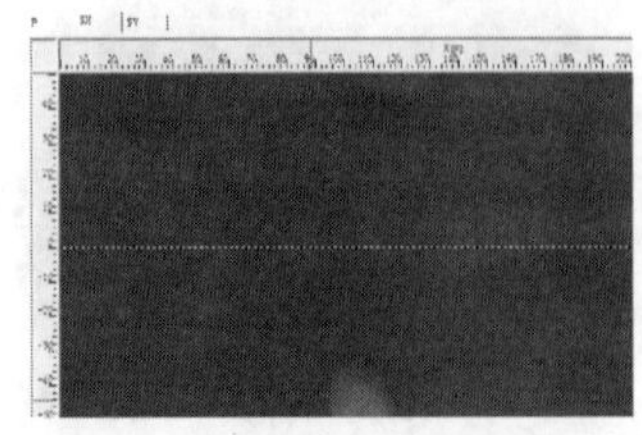
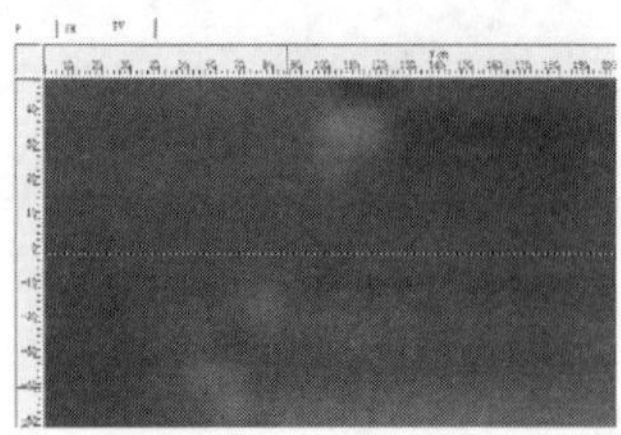

图 6-34　TSP 速度分析效果示意图

9)深度偏移

有了各点的速度值就可以进行深度偏移,其效果如图 6-35 所示。

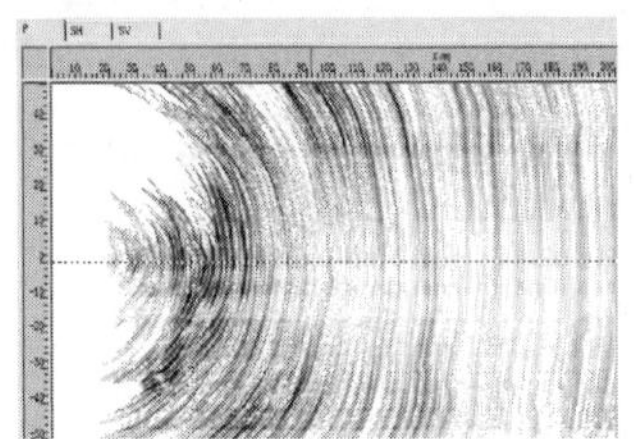
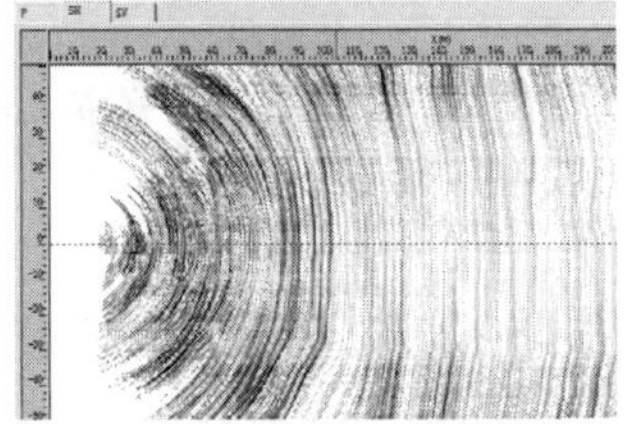
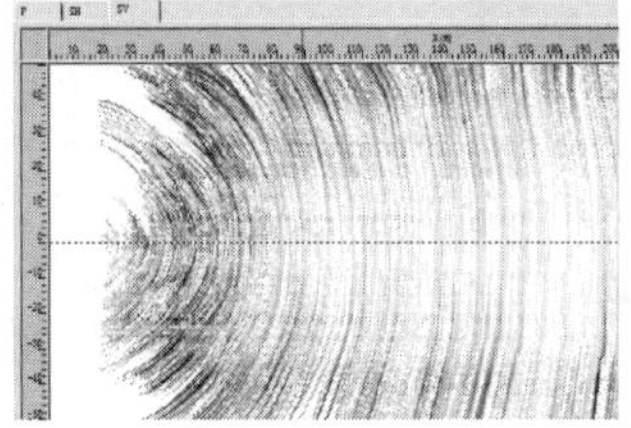

图 6-35　TSP 深度偏移效果示意图

10)反射面提取

(1)反射参数:TSP203 可获取的岩石力学参数如表 6-1 所示。

TSP 经计算所获取的岩石力学参数表　　表 6-1

No	RCV	Wave Type	X-coord.	R-coord.	Length	Magn.	Polarity	Inters. Axis
1	1	P	30.58	−0.11	5.24	7.42×10^{-4}	1.00	30.58
2	1	P	38.34	−3.94	3.30	9.38×10^{-4}	1.00	39.30
3	1	P	34.89	−8.76	5.43	7.06×10^{-4}	1.00	40.25
4	1	P	49.50	−10.43	27.49	1.97×10^{-3}	1.00	52.82
5	1	P	60.50	4.19	17.41	1.24×10^{-3}	1.00	61.05
6	1	P	67.97	1.42	19.31	1.22×10^{-3}	−1.00	68.07
7	1	P	67.21	−8.31	11.84	9.46×10^{-4}	−1.00	68.45
8	1	P	57.79	−19.12	11.86	1.76×10^{-3}	1.00	73.43
9	1	P	72.49	14.77	9.92	3.67×10^{-4}	−1.00	76.03
10	1	P	69.56	−18.36	11.00	6.49×10^{-4}	−1.00	76.22
11	1	P	72.83	−20.22	21.12	7.01×10^{-4}	−1.00	82.12
12	1	P	78.08	21.72	6.82	7.01×10^{-4}	−1.00	86.32
13	1	P	79.59	−32.83	7.27	4.41×10^{-4}	1.00	98.13
14	1	P	71.24	−46.25	8.48	4.65×10^{-4}	1.00	99.40
15	1	P	96.65	17.63	13.54	3.34×10^{-4}	1.00	100.80
16	1	P	92.50	−26.47	32.33	5.23×10^{-4}	1.00	101.81
17	1	P	87.15	47.28	2.03	2.74×10^{-4}	1.00	107.16

续上表

No	RCV	Wave Type	X-coord.	R-coord.	Length	Magn.	Polarity	Inters. Axis
18	1	P	85.33	49.21	2.99	2.06×10^{-4}	1.00	114.53
19	1	P	66.20	−48.16	5.89	7.69×10^{-4}	−1.00	116.61
20	1	P	101.31	37.83	16.83	4.43×10^{-4}	−1.00	116.93
21	1	P	115.07	17.99	13.27	3.09×10^{-4}	−1.00	118.19
22	1	P	109.81	34.68	21.81	2.87×10^{-4}	−1.00	121.00
23	1	P	114.93	−30.23	42.60	2.81×10^{-4}	1.00	123.20
24	1	P	121.02	18.21	10.86	2.64×10^{-4}	−1.00	124.91
25	1	P	115.60	38.88	9.00	2.12×10^{-4}	−1.00	125.87
26	1	P	131.78	−10.47	80.50	2.94×10^{-4}	1.00	132.42
27	1	P	123.53	40.63	14.74	3.92×10^{-4}	−1.00	137.30
28	1	P	134.66	−41.86	22.40	2.21×10^{-4}	1.00	146.45
29	1	P	157.51	13.28	12.52	2.01×10^{-4}	−1.00	158.55
30	1	P	199.93	0.42	30.17	1.59×10^{-4}	−1.00	199.93

(2)抽取较大的反射面：经抽取的最大10个反射面如图6-36所示。

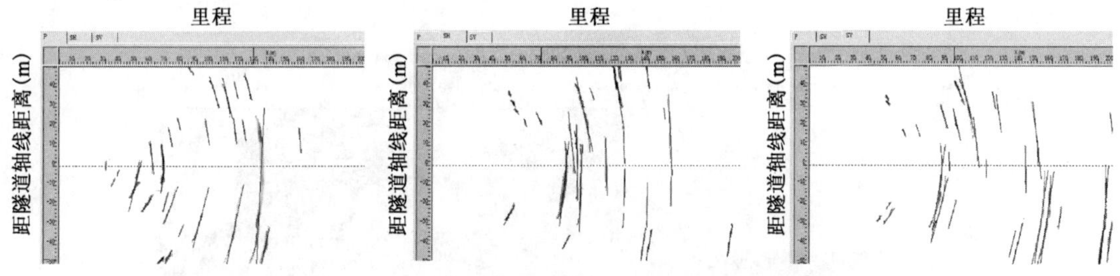

图6-36 接收器1的P、SH、SV最大的10个反射面

11)判释

TSP203数据分析处理成果的判释准则如下：

(1)反射波振幅越高，反射系数和波阻抗的差别越大，说明围岩在此处的变化越大。这是一个相对的概念。譬如在完整岩体与破碎岩体、硬质岩石与土状岩体、干燥围岩与饱水围岩等的交界处，围岩情况差异性较大，反映在此处的反射波振幅也就越高；波阻抗相差不大的地层、岩性分界处，反射波振幅往往较低；如果不同岩体的波阻抗相等，虽然地质情况发生了变化，但地震波并不会反射，也就探测不到此变化界面。

(2)正反射振幅表明正的反射系数，也就是刚性岩层；负反射振幅指向软弱岩层。见图6-37为TSP探测结果二维图的一部分，+771处有一条负反射界面(负反射振幅)，判定此处有一软弱夹层；在其前后有多条正反射界面(正反射振幅)，判定岩质较硬。实际开挖情况：探测段岩性为石英砂岩，其中在+769～+754(对应+771蓝色反射界面)段为千枚岩，岩体相对较软弱。

需要注意的是，有时正(负)反射振幅仅能代表反射界面这一点的地质情况，并不能代表此反射界面到下一反射界面的地质情况。

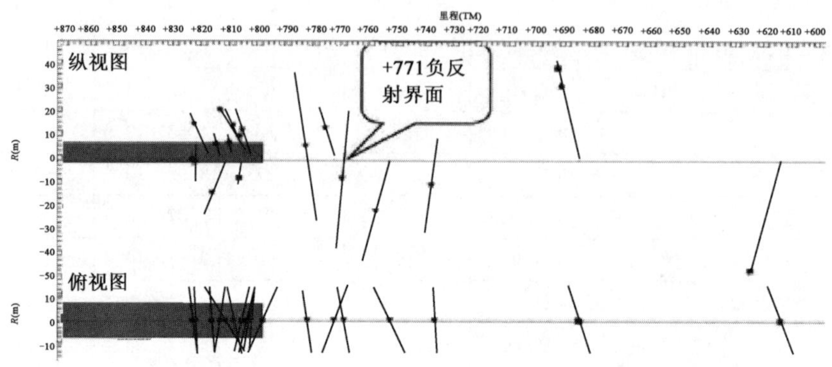

图 6-37　TSP 探测二维图局部(詹龙飞,2011)

(3)若横波 S 反射比纵波 P 强,则表明岩层饱含地下水。比较任何反射振幅必须小心,因为反射振幅易受随机噪声和数据处理的影响。

见图 6-38 三角反射界面(红)代表 P 波反射,方块、圆盘反射界面代表 SV、SH 波反射,在＋165～＋130 段显示的均为 S 波反射,P 波反射在反射层筛选一步中被筛选掉,说明 S 波反射比 P 波强,判定此段地下水发育。实际开挖过程中,＋165～＋130 段基岩裂隙水发育,总出水量约 $20m^3/h$。

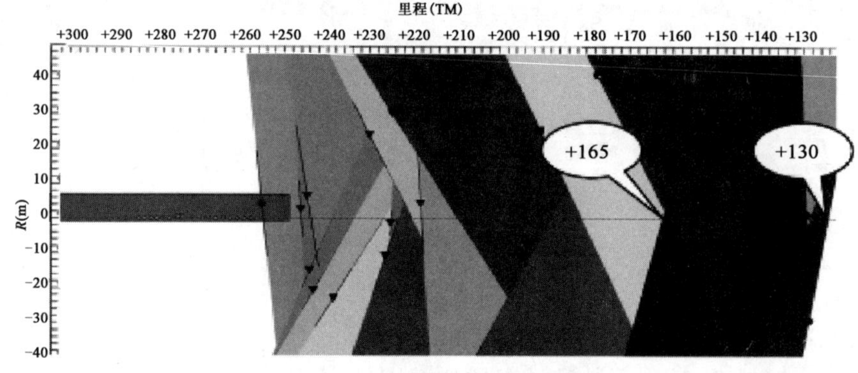

图 6-38　几种反射界面(詹龙飞,2011)

(4)v_p/v_s 有较大的增加或泊松比突然增大,常常是因有流体的存在而引起的。

通常情况下,v_p/v_s 和泊松比的变化趋势是一致的。v_p/v_s 较大的增加或泊松比突然增大,常常是因流体的存在而引起的。由于 v_s 在流体中不传播,所以当 v_s 下降时,通常是由于地下水存在的原因,与之相对应,v_p/v_s 和泊松比增大。

(5)若 v_p 下降,则表明裂隙密度或孔隙度增加。v_p 与岩体完整程度的关系:

岩体裂隙密度增加,也就代表岩体破碎,v_p 就相应下降;相反裂隙密度减小,岩体完整时,v_p 就上升。如图 6-39 所示,在＋253～＋214 段,有多组反射界面存在,节理裂隙发育,岩体破碎,v_p 下降;在＋214～＋185 段有极少反射界面存在,岩体完整,v_p 上升。由此可以得知:岩体越完整,v_p 越高。

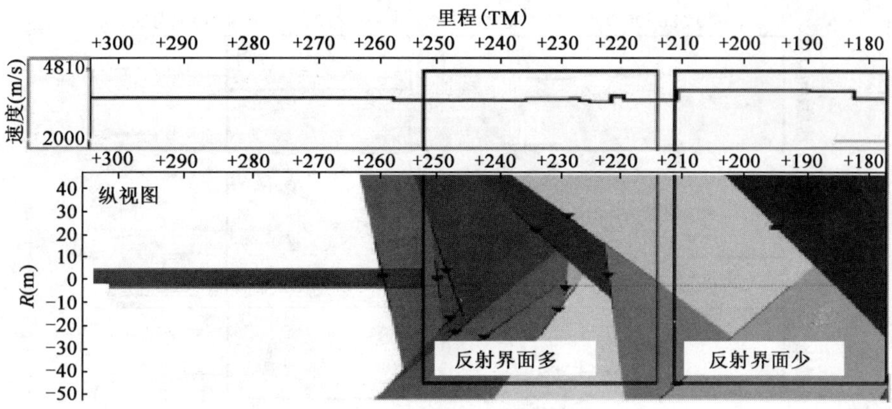

图 6-39 v_p 与岩体完整程度关系

(6)v_p 与孔隙度的关系：

在同等条件下，当孔隙度增加时，岩体密度下降；当孔隙度降低时，岩体密度上升。见图 6-40阴影部分可以很清晰地看到：探测段岩性没有任何的变化，当岩体密度上升时(孔隙度降低)，v_p 随之上升；当岩体密度下降时(孔隙度增加)，v_p 随之下降。由此可以得知：相同岩石孔隙度越低，密度越高，v_p 也越高；孔隙度越高，密度越低，v_p 也越低。

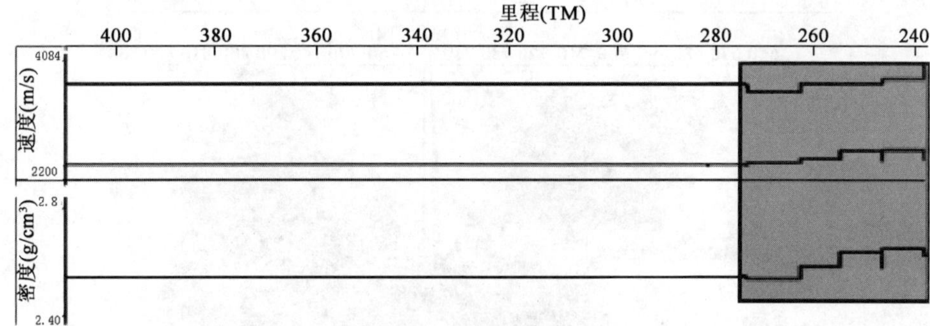

图 6-40 v_p 与孔隙度关系

(7)杨氏模量下降，表明岩体变软弱。

见图 6-41 中＋750～＋790 段杨氏模量下降明显，说明岩体抗形变能力变弱，岩体软弱，同时 v_p、v_s 在此段也下降，综合判定此段为一软弱破碎带。实际揭露此段围岩处于一断层破碎带内，岩体呈泥夹碎石状。

(8)评价结果包括预报范围内反射信号分布情况的二维或三维图形显示(图 6-42)，同时以图表的形式描述该区域内岩石性质的变化情况。如在掌子面前方探测到较厚的断层或结构层，此软件可确定出断层的起始位置。同时，可在装有三分量接收系统处对开挖面周围情况对采集的信号进行扫描分析，查看是否有如岩体结构改变之类的情况。三维接收器还允许在压缩波中进行剪切波的记录与记录结果的处理。反射界面岩体的性质可以通过以下几个方面判断：

①出现较高的反射振幅、较大的反射系数和较小的弹性阻抗，表示反射界面的岩石密度和波速较高；

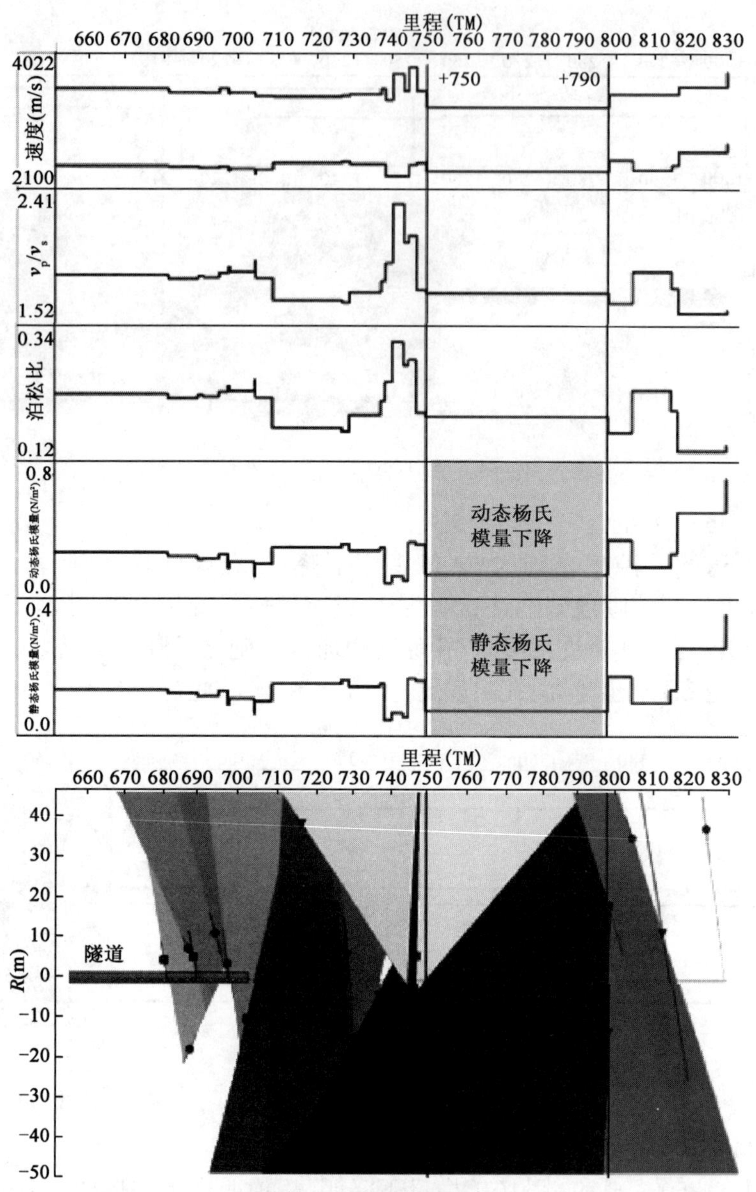

图 6-41　杨氏模量下降

②波形中央出现正的反射振幅，表示反射界面的岩石是坚硬的。如果是负的反射振幅，表示反射界面是相对软弱岩石；

③如果 S 波反射比 P 波反射更强，这表示反射界面富含水；

④v_p、v_s 增大或突然增大，常常由于流体的存在而引起；

⑤若 v_p 下降，则表明裂隙或空隙度增大。

6.2.1.7　编写报告

TSP 编制探测报告内容包括：

(1)概况：隧道工程概况、地质概况、探测工作概况等；

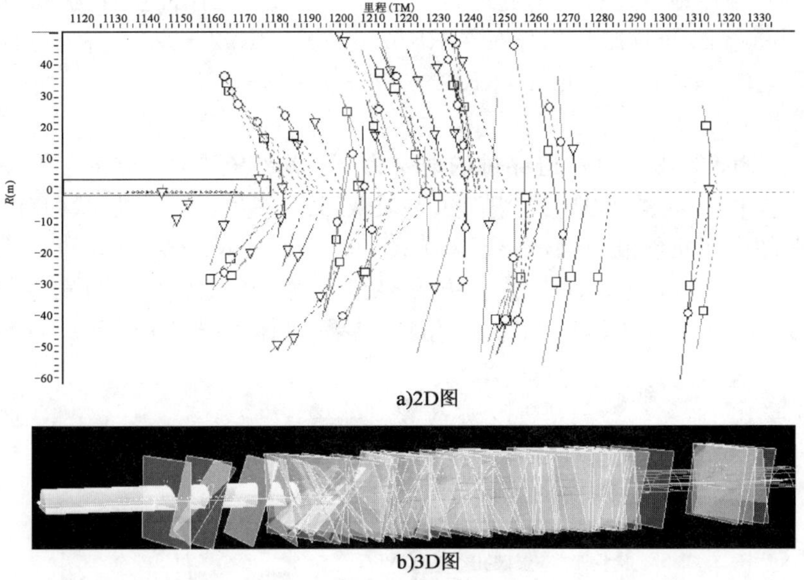

图 6-42　岩石节理面提取成果示意图

(2)方法原理及仪器设备：方法原理及采用的仪器型号等；

(3)野外数据采集：观测系统、采集方法、数据质量等；

(4)数据处理：采用的软件及处理流程、参数选择说明、处理成果及质量等；

(5)资料分析与判释：采用地震波反射法时，应附上反射波分析成果显示图、物探成果地质解释剖面或平面图，必要时可附上分析处理波形图、频谱图、深度偏移剖面图及岩体物理力学参数表，以及地质判释、推断的地球物理准则；

(6)结论及建议：提出隧道开挖工作面前方的工程地质与水文地质条件，特别是影响施工方案调整、具有安全隐患的地质条件，以及施工过程中应采取的措施等结论和进一步开展地质预报工作的建议；

(7)其他需要说明的问题。

6.2.1.8　TSP 预报实例分析

1)实例一：京珠高速公路石门坳隧道岩溶预报(张勇，张子新等)

(1)工程概况：京珠高速公路石门坳隧道位于乳源县东 7km 的石门坳，西起侯公渡镇杨光明村东至邹屋村。隧道为上、下行左、右分离的双洞单线行车隧道，进出口桩号为 LK92＋680～LK93＋810 和 RK92＋680～RK92＋970，左线隧道长 1130m，右线隧道长 1290m，石门坳隧道所处山体为构造剥蚀地貌，地表发育有溶沟、溶坑、石芽。其山体主要为第四系残坡积亚黏土和石炭统石橙子组灰岩、炭质灰岩。区段内地下水为岩溶裂隙水，接受大气降水补给，含水层多数在山体上部弱风化灰岩中，裂隙发育属潜水类型，在山体东西两端低凹处多出现泉水，水量较小。隧道区段除进出口段为Ⅳ类围岩，洞身主体基本上以Ⅱ～Ⅲ级围岩为主。

石门坳隧道右线 RK92＋954 地段，爆破后，揭露出一溶洞，轮廓尺寸 2.4m×5m，涌水量很大，造成 40 多小时的停工。为了避免再次遇到类似的地质灾害，特采用 TSP202 系统在左右线两条隧道进行了超前地质预报。

超前地质预报施作地点在石门坳隧道右线进口端右边墙工作面里程为 RK92＋955，接收器位于 RK92＋900。24 个炮眼均匀分布在 RK92＋920～RK92＋954.5，离隧道底部 1.0m 的地方，预报范围为工作面前方 300m，即 RK92＋955～RK93＋255。

(2)预报结果。

RK92＋955～RK93＋255 段隧道穿过的地层为下石炭统石炭组，岩性为灰岩和炭质灰岩。灰岩：灰～深灰色，中～厚层状构造，致密坚硬；炭质灰岩：灰黑色，薄～中层状构造，石质较软。

据 TSP202 超前地质预报探测，右线隧道 RK92＋955～RK93＋013 段长大贯通节理发育，从而造成岩溶发育区，施工时应注意防治溶洞突泥、突水等灾害的发生，见图 6-43 为 TSP202 在石门坳隧道右线 RK92＋955 处的测量结果，具体预报结果说明见表 6-2。

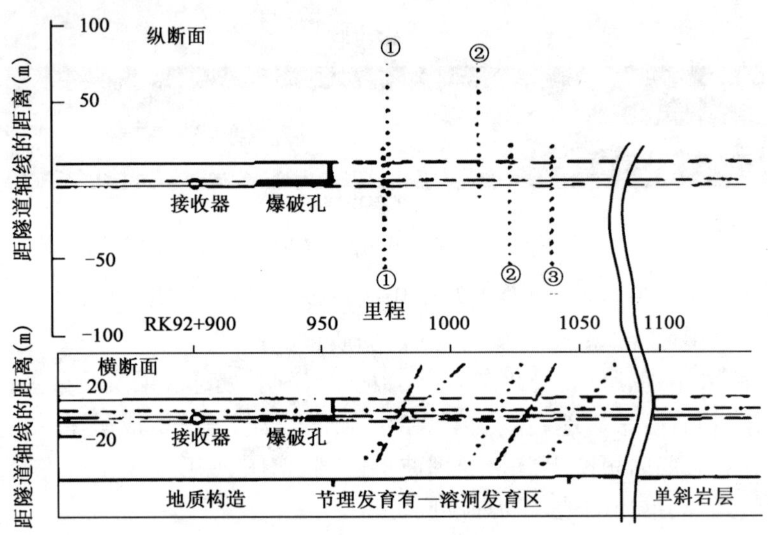

图 6-43　TSP202 在石门坳隧道右线 RK92＋955 处测量结果

注：①、②、③表示主要反射波的位置。

预报结果与设计对照　表 6-2

原设计	地 层 岩 性		下石炭统石碑组灰岩、炭质灰岩	
	地质构造		单斜岩层	
	围岩分类	里程	RK92＋955～RK93＋200	RK93＋200～RK93＋255
		级别	Ⅱ	Ⅲ
		长度(m)	245	55
地质预报	地层岩性		下石炭统石碑组灰岩、炭质灰岩	
	地质构造		节理发育～溶洞发育区单斜岩层	
	围岩分类	里程	RK92＋955～RK93＋200	RK93＋200～RK93＋255
		级别	Ⅲ	Ⅱ
		长度(m)	245	55

工作面至 R93＋43 段有多条较弱的反射信号，并夹杂一些无规律的反射信号，此段发育有几条长大贯通的节理。长大贯通节理为地表水的下渗和地下水的流动提供了很好的通道，

为灰岩的溶蚀创造了条件，从而形成一岩溶发育区，溶隙、溶洞发育，且溶洞中多充填有黏土、水及石笋、钟乳石等。此段可按Ⅲ级围岩施工，但必须注意防治溶洞突泥、突水等灾害的发生。

在随后的施工中发现地质预报结果与实际的状况基本吻合。当掘进到此处时遇到一溶洞发育区，由于事先有了准备，没有发生上一次遇到溶洞所带来的灾害，保证了工程的正常施工。这里应注意该资料对岩溶的预报其实质是间接预报。由于岩溶发育与长大贯通节理有关，TSP直接预报的是节理发育带。

2)实例二：TSP超前地质预报在圆梁山隧道施工中的应用(朱宝龙等，2003)

(1)工程概况。

圆梁山深埋特长隧道是新建铁路重庆至怀化线的关键性控制工程。隧道全长11.068km。隧道进口位于细沙河东岸的瞻家坝，进口里程DK351＋465；出口位于属麻旺河源头的炭厂河西岸，出口里程DK362＋533。隧道为预留复线条件、平导超前施工的单线人字坡隧道。隧道最大埋深约780m，对应里程DK353＋035。

本区地层岩性以古生代及中生代沉积的碳酸盐岩和碎屑岩等两大岩类为主，并有少量第四系松散堆积物。地下水以岩溶裂隙水为主，基岩裂隙水次之，并有少量松散岩层孔隙水分布。地层岩性、构造和地貌对岩溶及岩溶水分布发育有着明显的控制作用，由于可溶岩与非可溶岩相间，岩溶水多沿岩层与纵向构造线作顺向运动；而在岩性变化或横向构造发育以及地貌条件限制的地段，岩溶水则做横向运动。岩溶大泉及暗河的展布多与岩性组合、构造和地表水系的展布有着密切的关系，其流量大小与岩溶发育程度和接受大气降水的补给汇聚有关。经初测认为该隧道的主要工程地质问题为毛坝向斜段岩溶及大规模高压涌(突)水、煤层瓦斯、硬质岩岩爆与软质岩大变形等。

本次超前地质预报施作地点是出口端左边墙(面对掌子面)，掌子面里程为PDK353＋442；接收器位于PDK353＋378，24个炮眼均匀分布在PDK353＋398～PDK353＋432.5，离隧底1.0m的地方，预报范围为掌子面前方150m，即PDK353＋442～PDK353＋567。

(2)预报结果。

PDK353＋442～PDK353＋567预报段隧道穿过二叠系栖霞组、梁山组灰、深灰色中厚层状灰岩与灰黑色沥青质泥岩，呈不等厚互层，底部梁山组为灰黑色薄层泥岩、铝土质泥岩，含豆状菱铁质结核。

据TSP超前地质预报探测，此段节理裂隙发育，施工时应注意防治突水、突泥的发生，TSP202在PDK353＋442～PDK353＋567段采集的地震波信息，经处理得到成果见图6-44，图内圆圈(可看作点)表示岩石强度较周围高的岩石点(硬岩)的反射信号；加粗的圆圈表示较周围岩石强度低或软化、破碎岩石点的反射信号；左上角带箭头的圆圈及箭头表示TSP系统的搜索方向；6条由各点连成的直线为软弱、破碎面或异常带。下半部分中5条竖向曲线与上半部分的6条直线相对应，第6条因超出图幅在不影响结果的前提下略去。具体预报结果如下：

PDK353＋442～PDK353＋452段无明显的反射信号，岩性比较完整单一，围岩级别为Ⅱ级。

PDK353＋452～PDK353＋516段有几条明显强反射信号，节理裂隙发育，为节理密集带或软硬岩接触面，富含地下水；几条长大贯通裂隙为地下水的运动提供了通道，有溶蚀现象，发育一些小溶隙、溶洞，此段存在突水、突泥的可能性，施工时应予以高度重视，围岩级别为Ⅲ级。

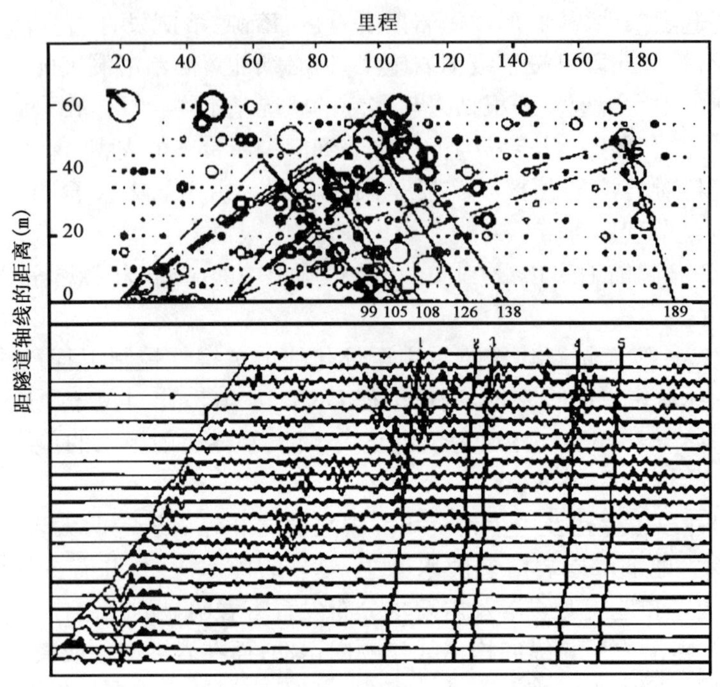

图 6-44　TSP202 超前预报系统信息处理成果图

PDK353+516～PDK353+567 无明显的反射信号，岩性比较完整单一，无破碎带和影响到围岩类别的长大节理，亦未见溶隙、溶洞等岩溶现象，围岩级别为Ⅱ级。

PDK353+567 往大里程方向虽有一条较强反射信号，但从预报精度考虑，不作预报分析。原设计与 TSP202 预报结果的围岩分类见表 6-3。

预报结果与设计对照　　表 6-3

<table>
<tr><td rowspan="5">原设计</td><td colspan="2">地层岩性</td><td colspan="3">二叠系下统灰、深灰色中厚层状灰岩与灰黑色沥青质泥岩</td></tr>
<tr><td colspan="2">地质构造与不良地质</td><td colspan="3">毛坝向斜西翼、节理裂隙发育</td></tr>
<tr><td rowspan="3">围岩分类</td><td>里程</td><td colspan="3">PDK353+442～PDK353+567</td></tr>
<tr><td>类别</td><td colspan="3">Ⅱ</td></tr>
<tr><td>长度(m)</td><td colspan="3">125</td></tr>
<tr><td rowspan="5">地质预报</td><td colspan="2">地层岩性</td><td colspan="3">二叠系下统灰、深灰色中厚层状灰岩与灰黑色沥青质泥岩</td></tr>
<tr><td colspan="2">地质构造与不良地质</td><td>毛坝向斜西翼</td><td>节理裂隙发育</td><td>存在突水的可能</td></tr>
<tr><td rowspan="3">围岩分类</td><td>里程</td><td>PDK353+442～
PDK353+452</td><td>PDK353+452～
PDK353+516</td><td>PDK353+516～
PDK353+567</td></tr>
<tr><td>类别</td><td>Ⅱ</td><td>Ⅲ</td><td>Ⅱ</td></tr>
<tr><td>长度(m)</td><td>10</td><td>64</td><td>51</td></tr>
</table>

在隧道 PDK353+501.5 掌子面进行了超前地质水平钻探作业，共钻 4 孔，其中 1 号孔深为 30.2m，2 号孔深为 30.3m，3 号孔深为 30.2m，4 号孔深为 30.1m，超前钻孔终孔里程位置为 PDK353+531.5。超前钻孔在施工过程中钻进正常，为栖霞组下部的中厚层灰岩夹少量的泥岩透镜体，含沥青质及少量燧石结核，节理裂隙发育，部分为结晶方解石充填。掌子面前方

里程 PDK353＋501.5～PDK353＋531.5 段发育含水构造，钻进过程中 1 号孔、4 号孔发生大量涌水，水量约为 700L/min。另外，由于钻进茅口组含煤地层，3 号孔有少量瓦斯气体逸出。此段处于毛坝向斜西翼，即将进入毛坝向斜核部地区，围岩层间错动发育，较破碎，钻进较为容易，且栖霞组灰岩易于溶蚀，地下水发育，局部有溶蚀现象。由此可见，超前地质钻孔的结果与 TSP202 地质预报系统的预报结果基本吻合。

这里对岩溶的预报仍是间接预报，同样预报的是长大贯通裂隙发育带。

3)实例三：武隆隧道岩溶地质施工超前地质预报（李卫华，2003）

(1)工程概况。

武隆隧道位于重庆市武隆县境内，全隧长 9418m，是渝怀铁路第二长大隧道。隧道划分为进口、横洞、出口 3 个工区组织施工，其中横洞工区担负施工任务 4667m。横洞向出口方向计划掘进 2817m，该隧道埋深为 800～1000m，穿越岩层依次为二叠系下统茅口组、二叠系上统吴家坪组、二叠系上统长兴组、二叠系下统飞仙关组，均为可溶性碳酸盐岩，岩溶地质十分发育。

在施工至岩溶地段前，利用 TSP202 系统进行长距离超前地质预报。武隆隧道横洞工区岩溶地段平面位置见图 6-45。

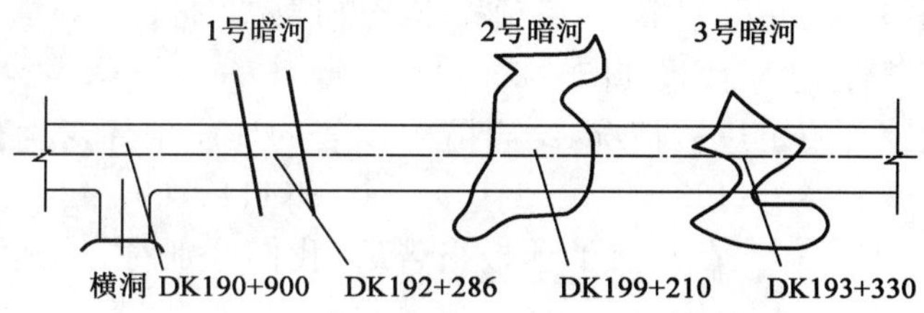

图 6-45 武隆隧道横洞工区暗河平面示意

(2)预报结果。

武隆隧道横洞工区在揭露 1 号暗河和 2 号暗河前分别利用 TSP202 系统进行了超前地质探测，并对隧道开挖后实际地质情况与超前地质预测作了对比。

1 号暗河地质预报范围自 $D_2K192+235 \sim D_2K192+535$，共 300m。其中，前 150m 为较准确预报区段，后 150m 为参考性预报区段。选取前 150m 的预报结果与隧道实际开挖情况见表 6-4，2 号暗河和 3 号暗河的探测结果类同，这里不一一列出。

1 号暗河地质预报结果与隧道开挖情况 表 6-4

地质预报结果	实际开挖情况
D2K192＋235～D2K192＋245(10m)带，其中 235～239 和 242～245 为两个断层破碎带，易坍塌	D2K192＋235～D2K192＋245(10m)带岩石十分破碎，易坍塌
D2K192＋249～D2K192＋273(24m)带，其中，249～252 为断层破碎带，易塌垮；252～256 为一般富水带，可有较大涌水；256～273 为断层破碎带，易塌垮	本段岩石破碎，D2K192＋249 拱顶坍塌约 3m 高；255～265 段有较大水流从拱顶及边墙涌出，雨季流量增大
D2K192＋282～D2K192＋295(13m)带，其中，282～285 为一般富水带或溶洞富水带，可有大股涌水或突水；285～288 为断层破碎带，易塌垮；288～295 为一般富水带或洞穴富水带，可有大股涌水或突水	D2K192＋281 处揭露 2 号暗河，暗河位于隧底以下，走向与隧道接近垂直，宽度 10～12m，水流量很大，雨季最大流量超过 30 万 t/d

续上表

地质预报结果	实际开挖情况
D2K192+309～D2K192+326(17m)带，其中，309～315和321～326为断层破碎带，易塌垮	D2K192+310处有断层，厚度约1m，其余地段岩石较好
D2K192+337～D2K192+349(12m)带，其中，337～341为一般富水带或洞穴富水带，可有涌水或突水；346～349为断层破碎带，易塌垮	D2K192+336～D2K192+339处有一断层，厚约0.8m，有水流出，水量不大，其余地段较好
D2K192+352～D2K192+359(7m)带，其中，352～354和356～359为一般富水带或洞穴富水带，可有大股涌水或突水	本段地质条件较好，仅局部有很薄的裂隙发育，裂隙处有水，流量很小
D2K192+385～D2K192+391(6m)带，其中，385～389为断层破碎带，易塌垮；389～391为一般富水带有大股涌水	本段岩石较稳定，局部有裂隙发育，有水流出，水量不大

这里对岩溶的预报也为间接预报，主要预报富水断层破碎带。

4)实例四：雁门关隧道地质预报(叶英，2003)

根据雁门关隧道工程施工进展情况，结合隧道围岩的地质条件，我们分别在隧道的右线K108+887～K109+40、左线K109+440～K109+600、K111+697～K111+487布置了超前地质预报工作量，详见图6-46。在提交了预报报告后，我们分别对三个区段进行了跟踪验证工作。

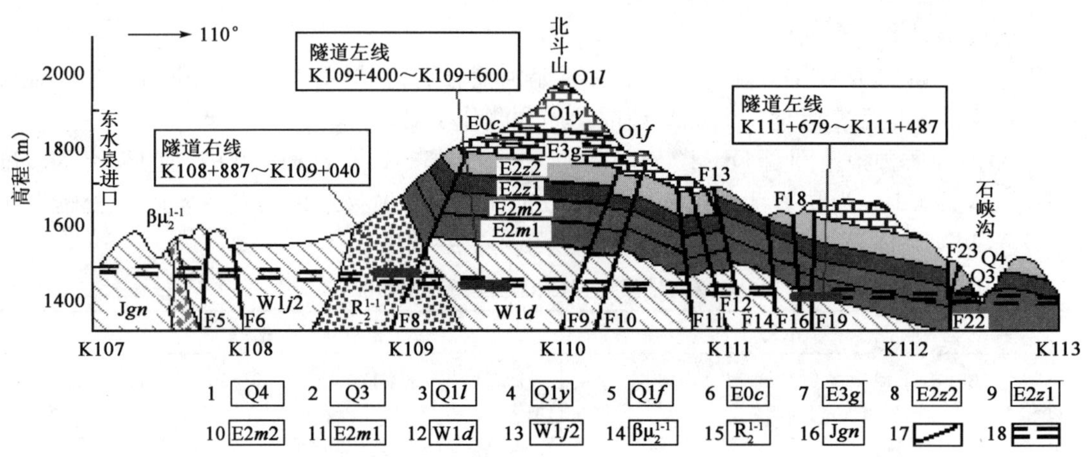

图6-46　TSP203在雁门关隧道预报布置区段

1-第四系全新统；2-第四系上更新统；3-奥陶系甲山组；4-奥陶系冶里组；5-奥陶系风山组；6-寒武系长山组；7-寒武系上统商山组；8-寒武系中统张夏组二段；9-寒武系中统张夏组一段；10-寒武系中统馒头组二段；11-寒武系中统馒头组一段；12-五台群店房台组；13-五台群金刚库组二段；14-吕梁晚期辉绿岩脉；15-吕梁早期变质花岗岩；16-五台中期斜长片麻岩；17-正、逆断层；18-河线

在雁门关隧道TSP203系统的数据处理过程主要包括：①对原始波形(X、Y、Z)的初步选

择；②波谱分析窗口选择；③对原始波形进行波谱分析；④进行带通滤波处理；⑤调节、选择、捡取初至波；⑥确定纵横波初至波的位置；⑦各炮点的资料进行能量平衡；⑧经 Q 值评价提取反射波；⑨纵横波分离处理；⑩将波速分析的结果显示成像图；⑪从二维速度模型出发将时间断面转换到实际空间；⑫根据选择的主要反射界面个数提取反射界面；其过程详见图 6-47。

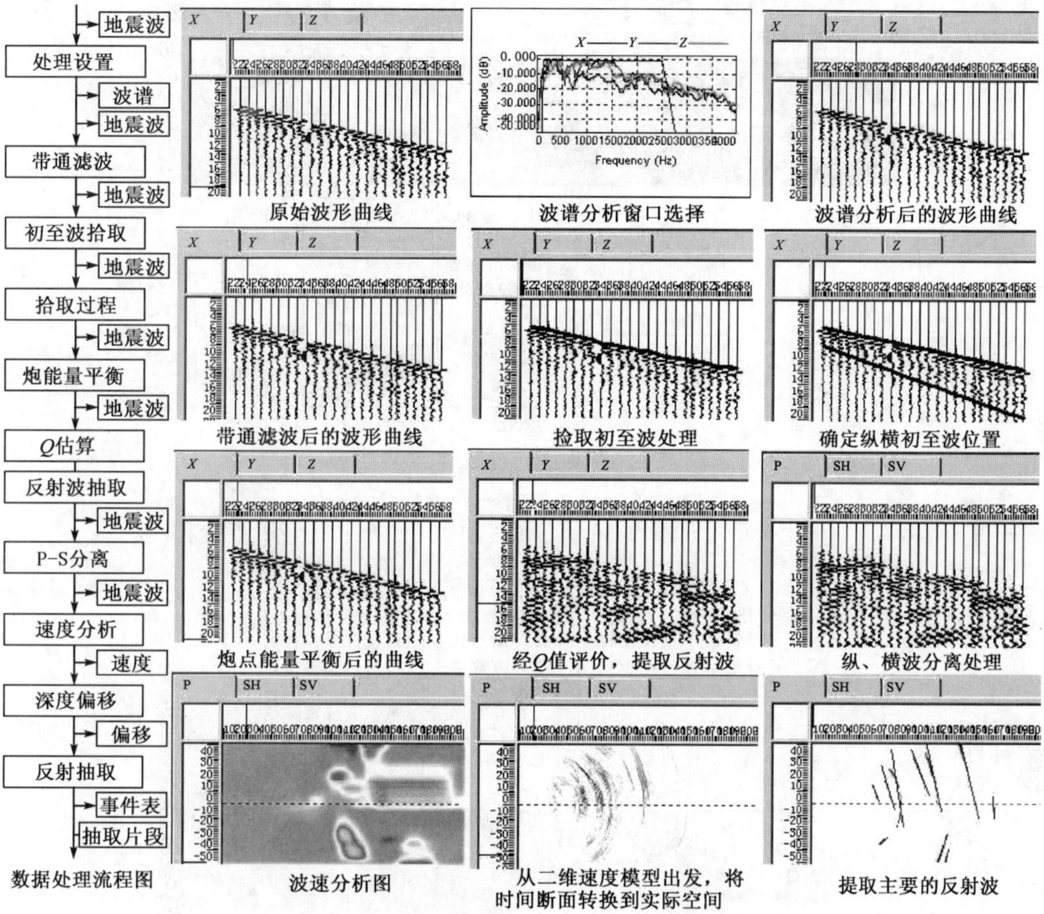

图 6-47　TSP203 超前地质预报雁门关隧道数据处理流程图

雁门关隧道右线 K108＋840～K109＋040 超前地质预报资料见图 6-48，左线 K109＋400～K109＋600 超前地质预报资料见图 6-49，左线 K111＋532～K111＋682 超前地质预报资料见图 6-50。

通过对雁门关隧道三个断面进行超前地质预报，并进行了开挖隧道掌子面围岩情况的连续跟踪调查，其预报结果经验证与实际围岩开挖情况吻合。因此，TSP203 地质超前预报系统是一个较好的隧道开挖长距离地质预报方法。由于地震资料数据量大、信息丰富，在数据获取过程尤其要注意中避开各种震动干扰，保证获取第一手资料的可靠性。在数据处理及解译过程中，必须要结合前期勘查资料，如有必要还可配合围岩及岩石的波速测试，只有这样，才能准确有效地解释推断隧道掌子面前方的不良地质体及断层带的富水情况，从而为隧道工程的快速掘进、支护材料的提前准备以及灾害事故的有效预防提供可靠的地质资料与信息。

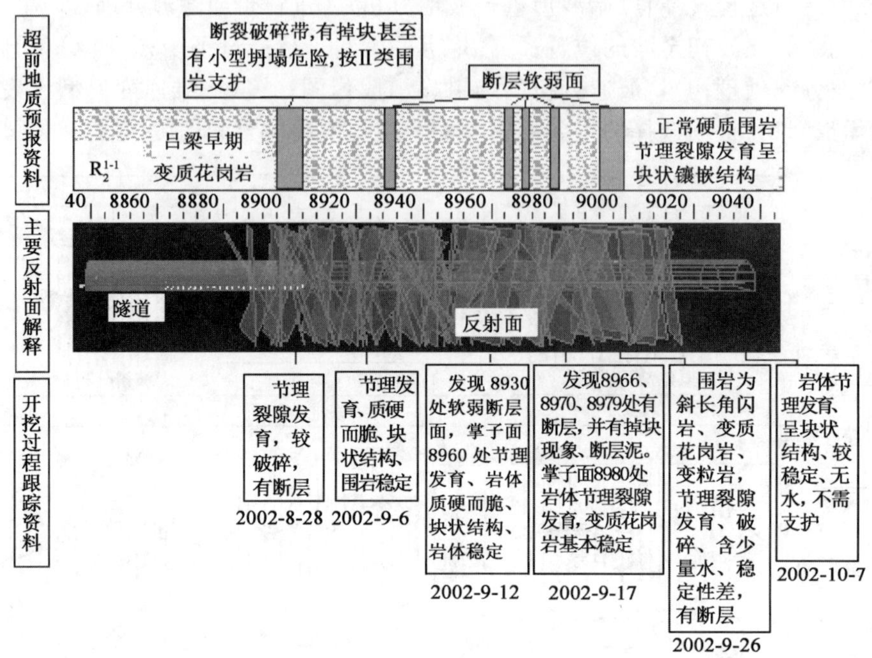

图 6-48　雁门关隧道右线 K108＋840～K109＋40 超前地质预报资料

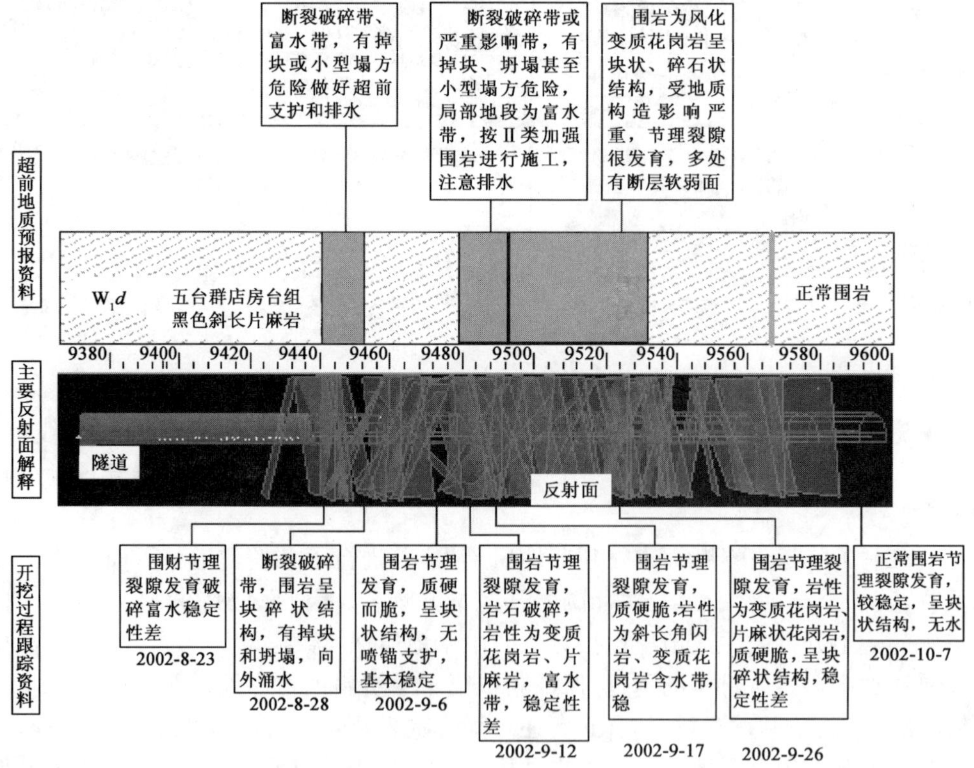

图 6-49　雁门关隧道左线 K109＋400～K109＋600 超前地质预报资料

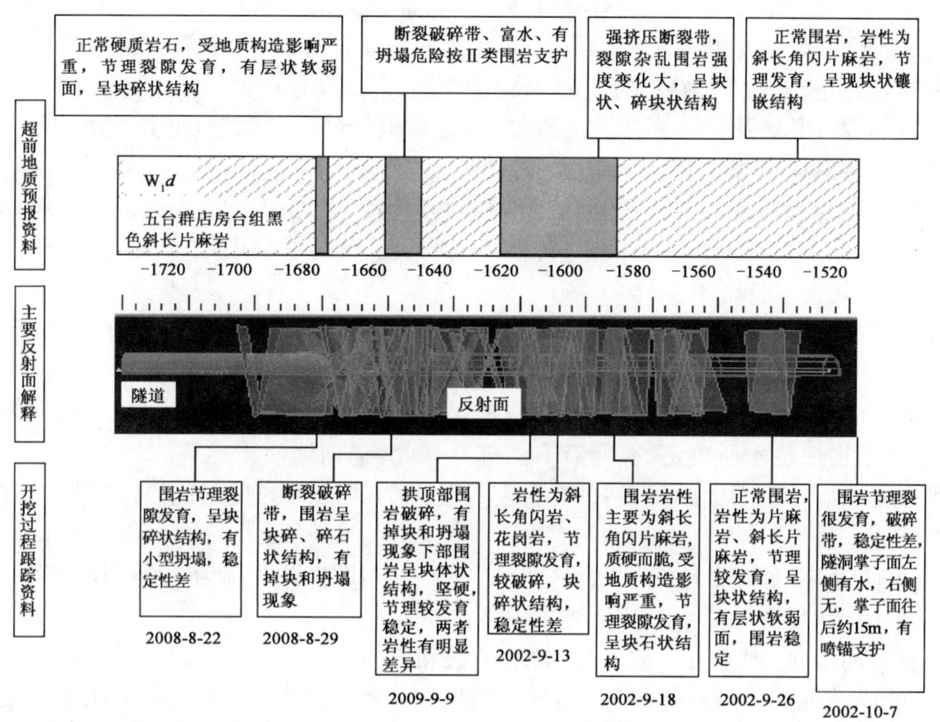

图6-50　雁门关隧道左线K111+532～K111+682超前地质预报资料

6.2.1.9　TSP的局限性及误差

TSP是目前隧道施工中长距离地质超前预报中的主要方法，但它仍存在一定的局限性。通常TSP地震预报法存在的问题及局限性如下：

①不能严格区分岩体强度，难以分辨渐变岩体；

②预探测的地质体与隧道轴线的夹角缓比陡更难探测；

③对岩穴或非线性有一定形状的地质体比成层的连续体更难探测。

TSP探测的推断误差见表6-5，事先已考虑到如隐伏岩石界线断层偏差、曲线或不规则界面等会带来的误差等。

预报不良地质体(断层破碎带)的距离与实际开挖验证误差表　　表6-5

勘　探　范　围	预报不良地质体的距离与实际开挖验证误差
0～200m	±5%
200～1000m	±5%～10%

在大多数的围岩条件下，标准排布TSP的探测范围是掌子面前方150～200m，最大长距离地质界面位置预报的误差为±20m。通过增加测量布置的长度和炸药药量，勘探范围可延长至1km，当然误差也相应增大。

虽然以上列出了一些实例说明了利用TSP系统成功地预报了岩溶灾害，但在预报内容上仍然处于对界面(断层及断层破碎带、软弱夹层、不同岩层分界面、地层分界面等)位置的预报，而并非对岩溶形状进行探测。目前对隧道施工掌子面前方地下水状况、岩溶洞穴位置、形状及充填物性质的预报尚处在摸索研究阶段。而隧道施工岩溶涌水、岩溶淤泥涌砂灾害严重影响隧道施工的正常进行,已成为隧道施工的常见灾害。因此,对隧道施工掌子面前方地下水状况、岩溶洞穴位置、形状及充填物性质的预报,仍是预报的前沿性课题,世界性难题。

1)TSP最小的探测厚度和探测精度

TSP最小的探测厚度与岩石的整体特性和软硬程度有关,其中最关键的是高频信号的吸收情况,高频信号在岩石中衰减较快,与传播距离有关。信号在岩石中衰减是一个非常复杂的过程,不同岩石其表现特征不一样。

通常情况下,可认为TSP最小的探测厚度大约为1～2m。反射面距掌子面较远,最小探测厚度增大,探测精度下降。

探测精度可理解为探测到的反射面的位置误差和探测厚度误差.探测精度随探测距离而增大,这是由于物探技术所决定的,所有方法都是如此,包括地质雷达等。

探测精度还与反射面的倾角(斜率)有关,这是因为探测到的反射面不一定刚好在隧道轴线部位。

通常,可认为,探测精度大约为探测距离乘3%～5%,即探测距离为100m,误差范围3～5m。

2)根据什么判释有无涌水?能否判定大致水量

判释有无涌水,必须分析S波信号,含水地层和不含水地层,在S波的反射特性上是不一样的,成果解译需要实践经验的积累。TSP不能判断水量和水压,水量和水压必须借助水文地质知识分析,包括降雨量,汇水面积,裂隙发育程度和隧道埋深等。如果认为风险特大,应有针对性的钻探。TSP成果解释的基本准则:

(1)正反射振幅表明硬岩层,负反射振幅表明软岩层;

(2)若S波反射比P波强,则表明岩层饱含水;

(3)v_p/v_s增加或泊松比突然增大,常常由于流体的存在而引起;

(4)若v_p下降,则表明裂隙或孔隙度增加。

3)能否探测前方的溶洞?

溶洞探测是非常有挑战性的工作,远非一句话能说清楚,从物理角度讲,TSP能探测溶洞,因为溶洞周围的岩石质量通常很好,但是,溶洞几何形态复杂多变,可能构成探测盲区.因此,有些溶洞可能通过TSP能探测到,有些可能探测不到。

用于溶洞探测,对TSP布置最好作一定的调整,如减小炮孔间距,增加炮孔数量,增加接收器数量等。

4)能否探测隧道下方的地质情况?

目前,TSP软件是对前方地质预报,因此,软件在功能上是考虑如何消除直达波,提取反射波。为此,采用"拉登"变换等技术,隧道下方的反射面(地质情况)与直达波传播方向有可能一致,不易区分,解译较困难。目前TSP只能有限度地探测隧道下方的地质情况,比如反射面倾角较大。

如果需要专门探测隧道下方的地质情况,比较好的方法是采用层析成像技术,但需要很多通道数(检波器)和很长的测量布线,比如300～400m。此外探测深度也有限,比如10m左右。

5)现场数据采集时影响数据质量的情况

(1)爆破孔未采用水封或水封效果不好现场数据。

采集时对爆破孔采用水封能大幅度提高有效地震波的振幅，同时能够大大提升信噪比，有效减小声波、面波、多次波等干扰波的影响。较低的信噪比会给后续数据的处理带来诸多不利因素，导致结果的错误；同时，振幅太低地震波探测距离非常有限。图 6-51 为爆破孔水封效果不好与较好情况下的原始记录对比。

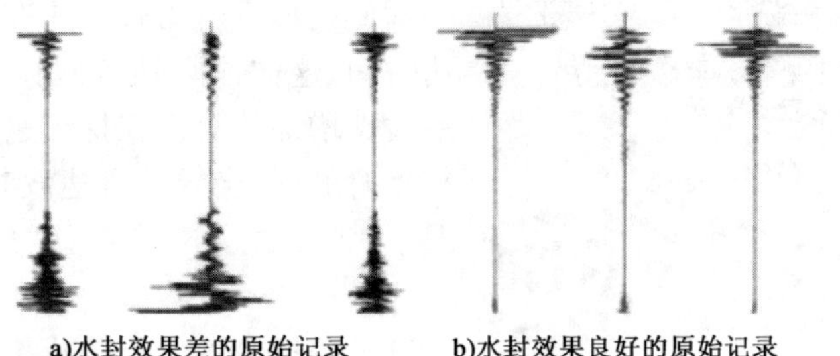

a)水封效果差的原始记录　　b)水封效果良好的原始记录

图 6-51　爆破孔水封效果对比

图 6-52、图 6-53 为现场数据采集的 24 炮中前 9 炮未采用水封、后 15 炮采用水封的 x、y 分量地震波信号对比。

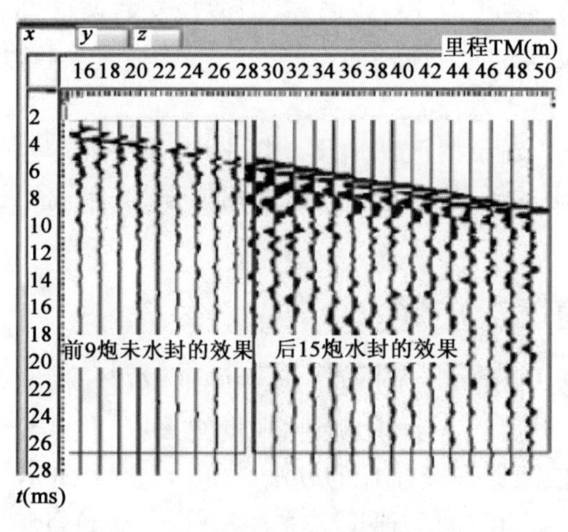

图 6-52　水封信号

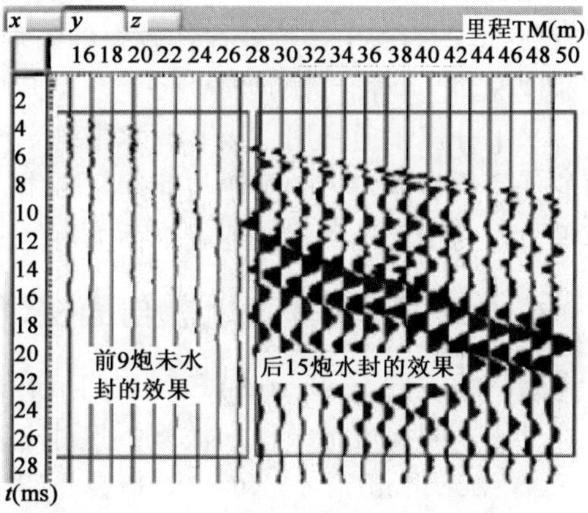

图 6-53　未水封信号

(2)接收器套管耦合不好。

地震波原始数据好坏的判别依据就是地震波的振幅包络线是否呈指数衰减，波形无变异，初至波明显[图 6-54a)]；而接收器套管未耦合好所接收到的波，大部分为声波和面波[图 6-54b)]。

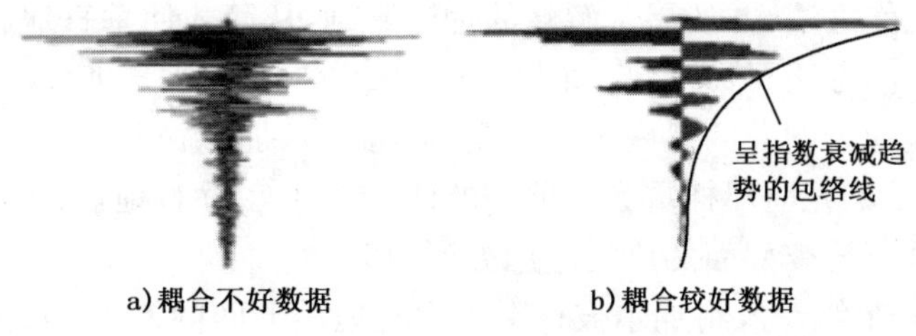

a)耦合不好数据　　b)耦合较好数据

图 6-54　耦合情况对比

(3)爆破炸药用量过大。

在探测过程中,炸药用量过大,会导致检波器震动超幅,波形出现严重变异(图 6-55),此时应减少药量。

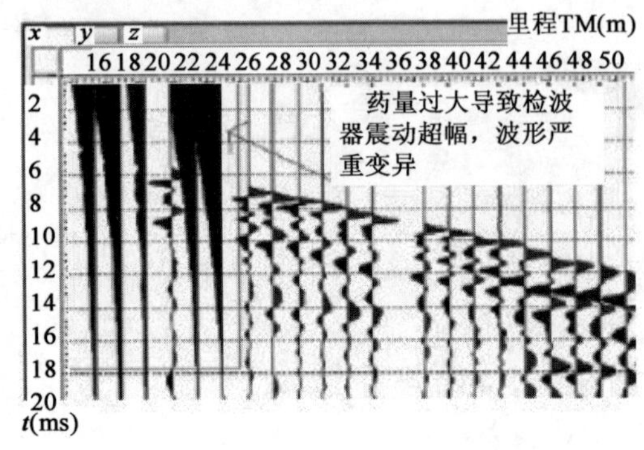

图 6-55　药量过大时的波形

(4)未采用瞬发电雷管。

使用瞬发电雷管才能准确地记录直达波的到达时间,这样探测到各炮孔的直达波到达时间会呈线性增加趋势。在探测过程中如果雷管不合格有延时的话,会导致直达波时间出现变异,此种情况下采集的数据。

6)探测的分辨率

地震探测的垂直分辨率是指地震记录沿垂直方向可分辨的两相邻地层间的最小厚度;水平分辨率是指地震剖面沿水平方向可分辨的两相邻地质体间的最小宽度。

地震记录的垂直分辨率取决于地震脉冲的延续时间、波长、波形等,而波长又与速度和频率有关,地震勘探中影响波速和频率的因素很多,如岩性、流体性质、地质年代、构造复杂程度,界面埋深、介质对能量的吸收等。

水平分辨率通常用一级菲涅尔带的半径来度量,对反射波法地震勘探来说,第一菲涅尔带内的任意绕射点发出的子波与菲涅尔带中心点发出的子波在观测点是互相加强的,距离第一菲涅尔带的相邻地质体在地震剖面上不能分辨。

6.2.2　VSP 垂直地震剖面法(负视速度法)

垂直地震剖面(Vertical Seismic Profiling,简称 VSP)实质上是一种井中地震观测法。这种在井中不同深度记录地震波场的基本思想其历史可以一直追溯到 20 世纪 20 年代。Fessenden、Mocollum 和 LaRue(1931)曾介绍用深井检波器探测盐丘的办法。Slotnick(1936a,b)和 Dig(1939)介绍过用井中检波器测量时—深曲线和时间—速度关系。Lolly(1953)、Levin 和 Lynn(1958)及 Lynn(1963)讨论过利用这种方法观察传入地下的地震脉冲的演化和衰减,Iusgrave 等(1960)讨论过利用井下观测对盐丘作图,还有其他一些文章。但是所有这些井下观测都只限于观测波的初至,它们只是垂直地震剖面发展的初始阶段。

垂直地震剖面(简称 VSP)的完整概念和系统的试验研究起源于苏联。从六十年代到七十年代,苏联在加尔彼林院士的领导和组织下,研制了垂直地震剖面观测的专门的仪器系统,试验了成套的野外工作方法,并发展了解释的理论基础,从而才使垂直地震剖面发展成为一套完整的独立的新的观测方法。1973 年,加尔彼林的专著《垂直地震剖面》就是对这十年试验研究的总结。它给垂直地震剖面的发展奠定了基础。此后,加尔彼林和他的同事们继续这方面的研究,不过其影响不如先前那样重大。他们的研究集中在垂直地震剖面的三分量观测和波的极化(1978)以及垂直地震剖面的广泛应用方面(1980)。

1973 年西方首先组织专人将加尔彼林有关垂直地震剖面的专著及其他文献译为英语,从苏联介绍和引进这一技术。接着开展试验研究,根据西方的工业基础、科技水平和它们自己的

特点，他们不是简单的抄袭，而是加以发展和创新。在资料采集方面，他们暂时避开井下多道仪器的研制，先只采用单道（三分量）的仪器。为了保证多次激发不同深度记录的地震道保持震源波形一致，便于对比，采用空气枪和可控震源代替炸药震源，单次激发能量太弱则用垂直叠加和多震源组合来补足。在资料处理方面，他们利用电子计算机，将地面地震资料处理中许多行之有效的处理方法作一些必要的修改和变化后，用于垂直地震剖面。例如苏联原来采用电子管制作的加权相加器来分离上行波和下行波，现在西方一些国家则直接采用方便有效得多的数字速度滤波器来分离上行波和下行波。如在地面地震资料处理中引入计算机带来的变革一样，计算机数据处理也使垂直地震剖面法面目为之一新。垂直地震剖面资料的数字处理西方国家比苏联有所创新。在解释和应用方面，由于资料数字处理能明显提高资料质量和提取更多有用信息，因而垂直地震剖面应用的领域也越来越广泛。

6.2.2.1　测井VSP垂直地震剖面

垂直地震剖面是一种地震观测方法，它与普通常规地面观测的地震剖面相对应。地面观测的地震剖面是在地表附近的一些点上激发地震波，同时在沿地面测线布置的一些检波点上进行观测；垂直地震剖面也是在地表附近的一些点上激发地震波，但是它是在沿井孔不同深度布置一些检波点上进行观测。在水平地震剖面中，因为检波点置于地面，所以除沿地表传播的直达波和面波外，只能接收到来自地下的上行波；在垂直地震剖面中，因为检波器置于地层内部，所以既能接收到自下而上传播的上行波，也能接收到自上而下传播的下行波。垂直地震剖面法勘探技术能够提供准确的速度参数、层位标定、井孔周围的构造、岩性及储层的分布范围，为利用地面地震反射信息进行构造精细解释、储层横向预测和油藏描述提供可靠的资料依据。

垂直地震剖面法有一些明显的优点：

（1）地面剖面基本上是通过观测波场在水平方向（地表）的分布来研究地质剖面的垂向变化，垂直剖面是通过观测波场在垂直方向的分布来研究地质剖面的垂向变化，因此，波的运动学和动力学特征更明显、更直接、更灵敏。

（2）地表观测离开介质内部有意义的界面较远，与界面有关的波需经过一段复杂的旅程才到达地表，垂直剖面可以在介质内部紧靠界面附近观测，因而可直接记录到与界面有关的较纯的地震子波的波形。

（3）地面地震记录上主要的干扰波大多来自剖面上部，由于这些干扰往往使地面记录的识别和对比发生困难。垂直地震剖面由于在介质内部点上直接观测，因为有可能避开和减弱剖面上部低降速带的干扰，易于识别波的类型。

（4）地表观测时，由于剖面上部的影响，地震噪声水平较高，仪器有效灵敏度受到限制，因而很难记录和识别强度低的弱波。垂直剖面在介质内部的点上观测，由于地震噪声水平随深度迅速衰减，因而可以大大提高仪器的有效灵敏度，并使弱波的观测成为可能。

（5）地表观测时，不同界面的波到达地表测线上各点的方向都是来自下方，且彼此差别不大。垂直剖面观测时，不同界面的波到达井内测线上各点的方向可以来自上方，也可以来自下方，而且在界面附近发生突变，所以垂直剖面可以有效地利用波的到达方向这一特点。

（6）地表观测时，由于低速带和剖面上部的影响，波的质点运动方向发生畸变。垂直剖面由于能避开剖面上部和低速带的干扰，所以能够较准确地观测波的质点运动方向，因而可以利用波的“空间偏振”这一特别灵敏的参数来研究波的性质和地层岩性。

利用 VSP 可以深入了解地震子波传播的某些基本特性，帮助了解反射和透射过程，从而反过来又可以改善地表地震资料关于结构、地层和岩性的解释。例如，广泛利用 VSP 确定上行波和下行波，从而识别一次波和多次波，用于估计反射层倾角、识别层间多次波、确定断层面、预测钻头前方的反射层、精确测定地层速度，确定岩性及烃类对传播子波的影响。

1）观测方法

(1)零偏移距垂直地震剖面。

零偏移距 VSP 是纵测线简单剖面，它是一种最简单的观测系统，解释也比较容易。在施工过程中，每次激发只在一个深度上记录一道，处理时再拼成多道的 VSP 记录。

(2)偏移距垂直地震剖面(非零偏移距 VSP)。

偏移距 VSP 是非纵测线垂直剖面。偏移距 VSP 的优点包括：①减少地震波的干扰；②增加井周围勘探的范围；③接收转换波；便于进行某种特殊的研究等。但解释和处理比较复杂。

当界面为水平且井为垂直井时，零偏移距不能勘探偏离井以外的界面和构造的变化(只能反映菲涅尔带以内的情况)，而非零偏移距则可勘探从观测井到震源一半距离内的界面范围。当界面倾斜时，勘探界面的范围与倾角有关，随着震源向界面上倾方向偏离，勘探范围也增加。偏移距的大小需要作偏移距 VSP 射线追踪模型来确定。

(3)变井源距垂直地震剖面。

变井源距 VSP 是一种震源沿过井测线逐次移动的观测系统。变井源距 VSP 所得到的资料可排成两种剖面，一种是相同震源不同检波器位置的零偏移距和非零偏移距剖面，另一种是相同检波点不同震源位置的移动震源或多偏移距剖面。这种观测系统的好处是：便于利用投射波进行勘探，有可能更好地实现共深度点叠加，可以用较高的精度和分辨率研究复杂构造。这种观测系统的缺点是：施工麻烦、效率低、资料处理和解释比较复杂，在陆上工作时，震源子波的重复性难以保证等。

(4)常数偏移距垂直地震剖面。

这种 VSP 观测实际上是一种三维 VSP 观测。其特点是震源逐次围绕井移动，每次保持震源离开井口的偏移距离不变，但相对于井处于不同的方向。设计观测系统的目的是为了对三维倾角和走向作反演分析。见图 6-56、图 6-57。

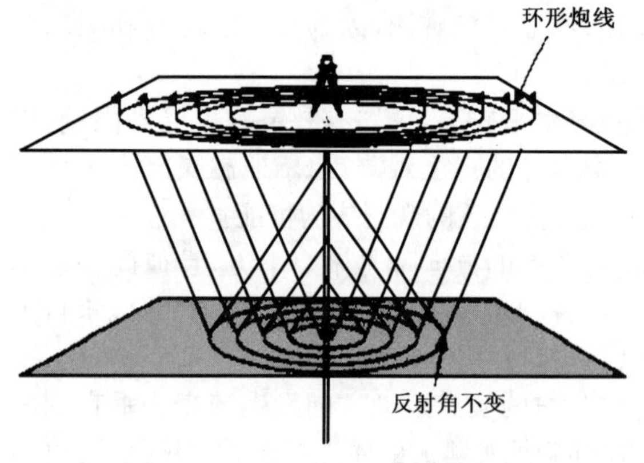

图 6-56　环形的三维 VSP 观测系统

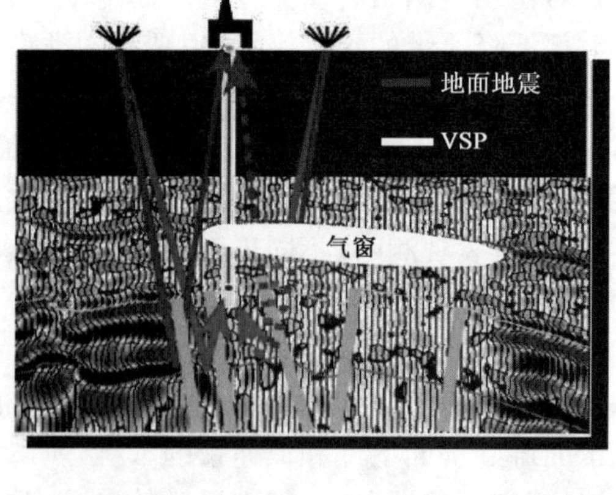

图 6-57　三维地面地震剖面中气窗下无成像

2)野外施工过程

野外资料采集方法除考虑观测系统和采样间隔外，还应考虑一些其他有关方面，例如仪器的测试、震源的试验、监控检波器的埋置，井下检波器耦合情况的检查，深度控制等。

(1)仪器测试。

为了利用VSP资料研究岩石和空隙中流体的物理性质，必须研究他们所引起波的振幅、频率和相位特征的变化，但是测井电缆的电特性以及记录仪器的放大器、滤波器和模数转换等的传输特性也会引起波形的变化。因此，必须识别和分离这些电缆及仪器本身引起的波形变化。为此，每次要求VSP观测都要对整个仪器系统的电特性进行测试，测试的项目通常包括：电缆衰减、电缆阻抗、串音、增益精度、动态范围、等效输入噪声、滤波器响应、谐波畸变等。除此之外，检波器极性、检波器阻尼、检波器在不同井温下的振幅和相位响应曲线、震源计时信号的同步等也应测试。

(2)激发条件试验。

激发条件试验要求激发地震子波能量足够强，频率高，频带宽。在能量足够的情况下采用小药量施工。激发条件试验的项目包括：

①震源子波的频带宽度；

②震源能量是否能使深部地质异常成像；

③各次激发震源子波的一致性；

④与震源激发有关的VSP噪声等。

(3)监控检波器的埋置。

监控检波器通常称为子波检波器，埋置监控检波器主要是为了记录近场子波。近场子波的主要用处，一是识别和监控震源引起的子波波形变化，确保子波的一致性。再者帮助设计数值子波波形算子，以便进一步作子波处理。监控子波检波器的埋置方法主要应考虑震源和检波器周围能保持不变的环境，因此：

①检波器应埋置在地下；

②检波器和地层应耦合良好；

③检波器和震源应该保持距离不变；

④检波器和地面也应保持距离不变；

⑤检波器的埋置深度应比激发井的深度深5～10m。

精确地了解VSP子波特征是VSP观测的一个重要优点。引起子波波形变化的原因有很多，主要有：岩石成分和空隙中流体的性质、地层和构造、震源波形、检波器和地层的耦合情况。

(4)井下检波器的深度控制。

记录深度的误差将使VSP资料无法与其他录井资料进行对比，如岩芯、岩屑样品、测井等的对比发生困难。

实际VSP观测时，常在整个观测井段，每隔500m，布置一个试验检查点，检波器下井时，先在这些点上进行观测。检波器下井后，再按原来设计的深度间隔，逐点向上提升。这样做的好处是：

①现场操作人员和质量控制人员可通过这些测量，确定各个深度适当的记录增益以及需

要震源输出的能量；

②可确定为达到要求的信噪比每个深度应重复激发的次数；

③条件好时还能发现一些希望的反射波；

④可以在一些点上得到检波器下井和上井两次独立测量的资料，便于检验和比较资料的一致性；

⑤检查深度控制的精度。

上下校验点的误差不得超过一个时间采样间隔，通常检波器在出井口的归零误差不得超过最大观测深度的千分之一，其电缆的运行速度也要严格控制。

(5)野外施工设计和生产组织。

详细的收集和认真分析前人已作过的各种工作成果，包括地质资料(例如钻井剖面、岩芯、岩屑样品分析、地质分层)，测井资料(声波测井、密度、放射性测井)，地面地震资料(例如井旁叠加剖面、井旁偏移剖面)，井的状况和钻探历史等。VSP 的资料处理地震资料处理的目的归结为下列四点：

①增强信号，压制噪声，提高信噪比；

②数据归位(偏移)；

③从测量数据中提取速度、振幅、频率、极性等特性；

④成果资料以便于解释人员理解的方式进行显示。

这四点也可以归结为两大类：①信息增强处理；②信息分析与提取。信息的形式既包括数据也包括图像。

VSP 资料的处理除了上述一般原则外，还有其本身的一些特点：①在 VSP 资料中主要用上行波，但是在原始的 VSP 资料中，上行波很弱，它被较强的下行波所掩盖而模糊不清，必须经过处理，才能分离出上行波。②也要利用下行波初至，希望从中提取简单理想的子波和精确地计算时-深曲线关系，但是震源子波一般延续较长，并且波形往往逐道变化，因此必须对引起这些变化的各种原因进行补偿(处理)；③期望从 VSP 资料得出比地面常规地震剖面更精确，或从常规地震剖面难以得出的频谱、振幅、层速度、波阻抗曲线、衰减、传递函数等易于与岩性相互关联的动力学信息，而这些也要通过更先进的处理才能有效地提取出来。

(6)VSP 资料处理流程。

总的说来，VSP 资料处理的项目大致可以分为三类。第一类预备处理，包括解编、相关、编辑、增益恢复等。第二类常规处理，包括主要用于零偏移距 VSP 资料处理的同深度叠加、初至拾取、静态时移和排齐、震源子波整形、带通滤波、振幅处理、分离上行波和下行波、反褶积，垂直叠加等。第三类其他处理，包括偏移距 VSP 资料处理，斜井 VSP、移动震源 VSP、三分量 VSP 资料处理。

(7)零偏移距 VSP 资料处理。

因为每口井的记录条件和激发条件变化很大，希望达成的目的也不同，所以每一组 VSP 资料都有其单独的特点。因此，不同的资料就要求不同的处理内容和不同的处理顺序。

3)干扰波分析

VSP 最显著的一个特点就是可以避开地面观测时来自地表附近的一些噪声，但是 VSP

也有它自己的一些噪声，例如电缆波、套管波、井筒波、井下仪器耦合不良的噪声和其他噪声。

(1)井筒波。

井筒波是VSP观测中的一种相关噪声，多次激发时，自身会重复出现，不能像压制随机干扰那样，通过叠加和滤波消除。它是沿井柱流体传播的波。其特征是：强度高，振幅不随深度衰减；频谱宽，在高频范围内观测时，沿液体柱方向有波散；速度低；在记录上与横波记录区重叠，可以有入射、反射等多种类型。压制方法：降低井中液面高度，增加震源偏离观测井的距离，将检波器牢靠的推靠到井壁上井筒波有四种模式。

模式1：它是由压缩体波遇到表层套管末端的强烈波阻抗变化，引起泥浆柱扰动造成。向上追踪这种井筒波的同相轴，可以发现在某个深度它与下行直达波的同相轴相交，而这里正好是表层套管末端。井筒波上部同相轴振幅的降低是由增益控制处理造成的。

模式2：它是由过井口的地滚波引起井中泥浆柱顶部垂直运动而形成。向上追踪这种井筒波的源点可以发现，它来自井口地表附近。浅部振幅的降低也是由增益控制处理引起。

模式3：它是井筒波模式2在地表和井下检波器组顶面之间形成的混响，井下检波器组顶面可看成是一种阻抗突变。沿井筒波3的同相轴向上追踪可以发现，它与井筒波2在地表附近相交，有相同的源点。但井筒波3的同相轴的斜率比较小。

模式4：它是由井筒波2在井底附近引起的反射。井底是一种波阻抗不连续，反射系数近似为1.0，所以到达井底的井筒波其能量几乎100%沿井柱返回。在记录上，井筒波4的同相轴其视速度与井筒波2数值相等，符号相反。两同相轴正好在井底相交。

(2)井筒波的频率特性。

井筒波和有效波的频率成分在多数情况下基本相同，在少数情况下可能有明显差别。因此，一般来说，不能依靠数字频率滤波压制井筒波。但是在少数情况，仍可利用数字频率滤波来消除某些类型的井筒波。

井筒波的压制和预防可以有下面一些方法：

①增加震源偏移距，地震波的振幅随传播距离增加而衰减，因此增加偏移距就意味着减少传到VSP观测井的地震波的能量。

②在震源和井口之间设置障碍物。例如，在震源和井口之间挖一狭长的小沟作为障碍物，阻挡地震波的能量传向井口。小沟离开震源的距离大约为$\lambda/2$，λ是地震波的主波长。小沟的宽度为1～2ft(1ft＝0.3048m)，深度约为5～6ft。自然的地形，例如峡谷、小河床、农业池塘、天然洼地等，有时也可以用作这种障碍物。

③在安全和实际许可的范围内降低泥浆柱顶面的高度。面波是在自由表面附近传播的，其振幅随着离开界面的垂直距离呈指数衰减，如果将泥浆液面降到$\lambda/2$以下，就可以有效地阻止面波的能量传到泥浆柱。

(3)井下仪器和地层耦合不良引起的噪声。

VSP观测时，如果井下仪器没有推靠到井壁上或者推力不够将引起不同程度的噪声。在记录上通常为高频干扰。为了避免因井下仪器与地层耦合不好而引起的噪声，首先必须要采用有推靠装置的井下仪器，而且推靠力要足够大。在裸眼井中观测时，应该参考井径曲线，避开井径过大的深度位置，并在预定深度上下移动，选择有可能牢固推靠井下仪器的位置。

(4)套管波。

套管波主要是由于套管和地层胶结不良而引起的一种干扰。当套管之间或套管与地层之间没有胶结或胶结不好时,这些多层套管将引起高振幅的鸣震。在浅部,这些鸣震干扰可以持续整个的记录时间,使追踪上行波成为不可能。套管波对垂直方向的质点运动影响比较大,对水平方向的质点运动影响不大,即对纵波干扰严重,对转换波和横波影响较小。

(5)其他噪声。

①交流电感应

这是由于高压输电线和井场发电机对 VSP 观测回路引起感应而产生的。在记录上它表现为固定周期的连续背景。

②柴油机等的振动

柴油机和空气压缩机强烈的震动,引起钻井井台振动,也会使记录上产生一种连续的背景,它们出现在震源激发开始时刻之前和之后。如果设备离井台远,噪声会明显减弱。

③随机振动

人在井台上活动,例如行走、敲打、扳手落在井台上等,也会使记录上出现"微震"背景和某些冲击脉冲。

4)俄罗斯 АМЦ-ВСП-3-48(MSAT-3-48)型 VSP 测井仪

从 1983 年开始该设备已有几个型号,当时,在其总设计思路不改变的前提下,经过了 7 次改型。在俄罗斯及其邻国的主要石油天然气产地地质物理部门中有 30 多套这种仪器在使用。

АМЦ-ВСП 仪器的基本思路是应用了定中心差多路传输模量图,它是由测试时间与数据向地面记录器传输时间分离的多模数矿井探测器获取的。在数据传输之前,在每一个接收模数内部都进行数据缓冲。地面设备与矿井模数之间的信息转换是通过成组和单独的选项以"问—答"的形式进行的。

该设备可对每个测量点的地震接收器指标进行标准化,这使得可以进行精确地三分量测量,并可使用高精确极化多波方法处理数据。可进行 0.125ms 数字化步长的精确测量,用于井间地震 X 线成像,用于解决工程地质问题,以及用于研究小振幅煤矿构造地质学。工艺软件包还包括一个专门的程序,用于选择一个合理的微地震激发深度,以获得高质量的垂直地震数据。

(1)仪器简介。

仪器的地面部分包括小而易搬动的模块,模块包括矿井仪器电源的程控模块、便携式计算机和接口组,可以对套管井或裸眼井进行高灵敏三分量地震测量,仪器与系统组成如图 6-58、图 6-59 所示。测量设备包括:数字式多短节地震井下探测器,该探测器由 3 个相同的接收短节、转发器及伽马短节组成,接收短节之间使用跨接电缆连接。

地面设备包括一台便携式计算机、程控电源及接口模块,接口模块与井下探测器进行数据遥传、与地震激发同步系统连接,并记录信号。

工艺软件能对整个系统进行自动测试,工作时操纵所有的工艺程序,监测所获得的软件的质量,并自动输出操作员报告。

图 6-58　AMЦ-BCП-3-48 测量系统的地面以及井下设备

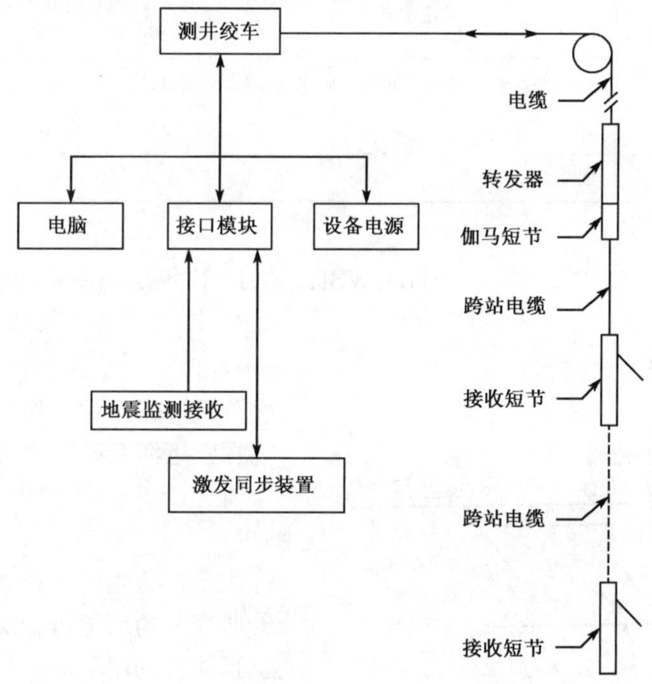

图 6-59　AMЦ-BCП-3-48 测量系统主要组成

(2)设备优点。

①可增加探测器中接收短节的数量,并且短节可互换;

②可与任何测井电缆连接使用,包括单芯电缆;

③抗工业网络的干扰;设备噪声超低,可记录很微弱的地震信号,工作时可使用低能量的非爆炸地震源;

④接收短节中有程控校准器,可对设备进行校准,保证其电子测量通道的工作正常,以及地震接收器的工作正常;

⑤接收短节尺寸小，重量轻。设备使用功率强大的程控机电推靠装置，可将“仪器—井壁”系统反响以及噪声波的影响降至最低；

⑥操作简单，工艺软件可通用，可用于对井眼进行各种类型的地震研究；

⑦采用分散式多短节结构，每个接收短节可对数据进行缓冲记忆，并在地震源激发地震间歇时将信号传输到地面设备。

(3)技术指标(表 6-6)。

主要技术指标 表 6-6

项 目	指 标	项 目	指 标
探测器中短节数量	3～30	最高使用温度(℃)	120(140)*
模拟-数字化转换步长	0.125,0.25,0.5,1.0,2.0,4.0	最大静液压力(MPa)	80(100)*
转换的动态范围(dB)： 瞬间(一次地震) 全部	 90 150	接收短节尺寸规格(mm) 直径(mm) 长度(mm) 接收短节质量(kg)	 48 1460 11(8)*
工具噪声(μV)	0.06～0.1	短节推靠器压力(N)	不小于 85
地面信号记录通道数量	小于 8 个	短节间跨接电缆长度	与客户商定
电源(V,Hz)	220,50		

注：带 * 为双方可以商定。

设备可与 CCB-1、CCB-2、SGS-S、SGD、WSI、PELTON 等地震激发同步系统联用。

(4)主要用途

①测定剖面速度；

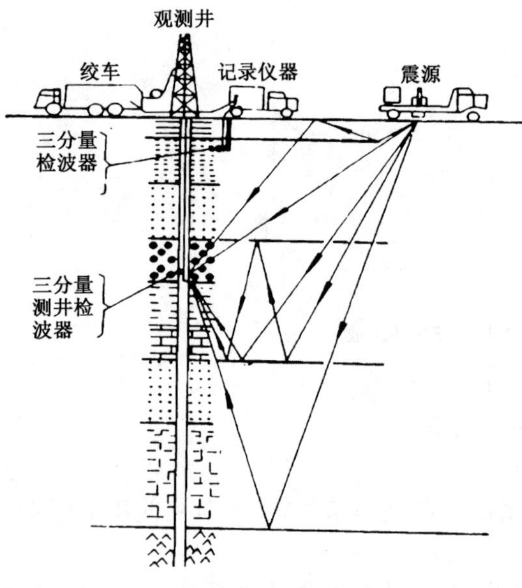

图 6-60 VSP 现场采集示意图

②分析波场并用图像反映剖面；

③探索近海及碳酸岩含油层；

④研究受冲蚀结构中使用垂直地震定形技术；

⑤用于在暗礁中寻找、探测石油储藏；

⑥研究三角河道沉积层；

⑦预测目的层下面的剖面。

在探测和钻探中确定矿层结构，发现或确定断裂损伤，确定含油砂岩层的轮廓及评估在矿区钻探下一口生产用钻孔是否可行，探测是否存在接近垂直的裂缝，并定位其所在，确定 VNK 的轮廓，预测并评估目的层下 AVPD 等等。

(5)现场实例。

用 VSP 现场采集、测量数据如图 6-60、图 6-61所示。

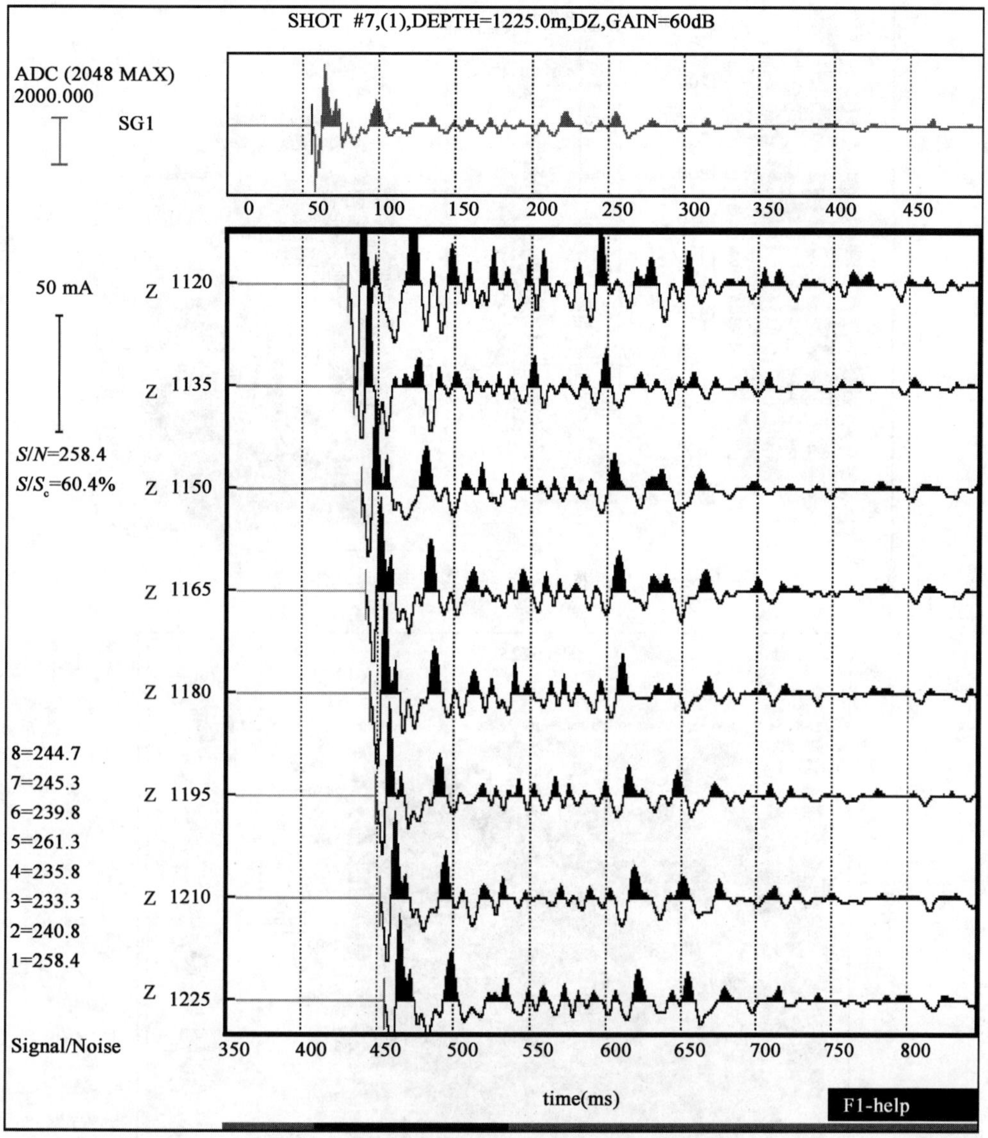

图 6-61　用 VSP 测量模式显示的现场测量数据

图 6-62 为模拟含油砂岩层厚度增加所产生的影响及垂直地震定形深度地震剖面实际效果图。图 6-63 表明发现了钻探 6225 号设计油井的断裂损伤。

(6)发展趋势

①VSP 观测的仪器和设备将进一步改进为多道井下仪器。同时开展三分量检波器的井内取向，推靠力大、体积小、重量轻、三轴与井壁耦合一致的井下仪的研制；发展横波震源和井下震源；

②发展各种专门的 VSP 方法，形成综合观测系统；注重多种波的利用和井下、地面和井间资料的层析成像；

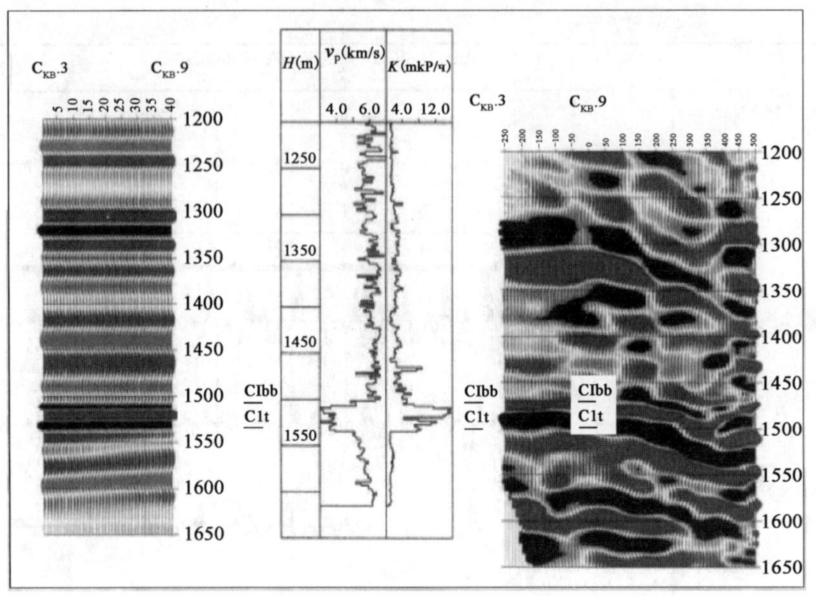

图 6-62　VSP 模拟及垂直地震定形深度地震剖面

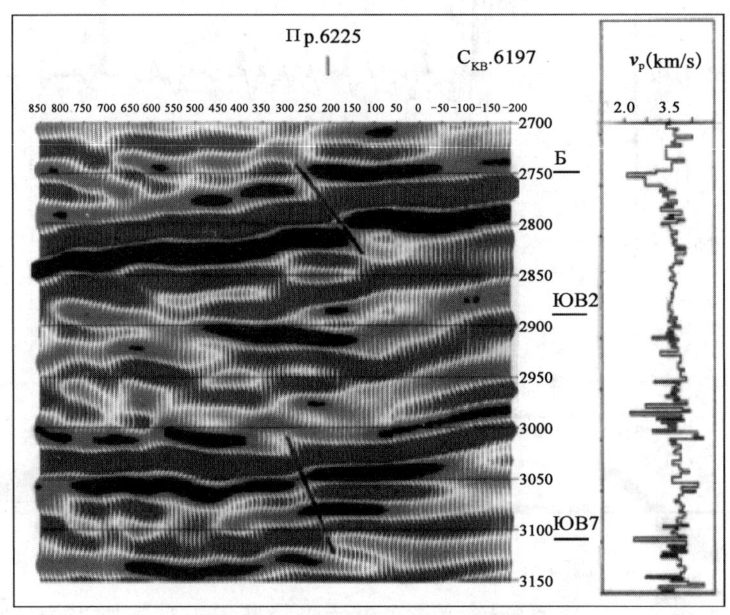

图 6-63　VSP 探测到的断裂损伤剖面

③新的 VSP 资料处理和解释软件的研制发展为现场处理机；发展有井源距和三分量 VSP 资料的处理软件、偏移方法的研制和 VSP 正演模型技术及 VSP 资料的反演处理；

④将 VSP 用于浅部的工程勘探和深部的深地壳研究；将 VSP 作为地面地震、测井和地质目标研究的桥梁；

⑤开展 VSP 的弹性波动力学和物理模型试验的研究。

5)美国公司 VSP 地震系统(HDSeis VSP System)

美国公司生产的高精度 VSP 地震系统(HDSeis VSP System),配备八级数字检波器和 7000m 光缆。HDSeis VSP System 的结构及性能指标如下。

(1)GeoResImagine 记录系统:该记录系统可以连续实时记录上千道高采样率(1/4ms)地震数据。对于井间地震和 VSP 系统,它能更迅速地记录更多的地震数据,不需要在记录系统上等待。

(2)地震油藏监控 QC-SEISNET 软件系统:SEISNET 系统是一套全功能的地震数据 QC 包。因此,它能自动采用大量的自动功能输出 QC 数据,并适合有效地保证数据采集质量。

(3)DDS-250 井下检波器:DDS-250 井下检波器为 GeoRes 提供标准信号,信号被 GERI 自主生产的 ODG 万向检波器和 Deepender500 水听器捕获。信号井下数字化,4 道 24 位模数转换。

(4)光缆:增强光缆将数据从 DDS-250 检波器串上传到 GeoRes 成像仪。宽带的光缆(大于 10M/s)支持高分辨率,高采样率和多道地震油藏监测数据的连续实时记录。

(5)井下辅助设备:工具串包括 CH-250 光纤咽侧电缆头和 CCL 短节来精确控制深度。

(6)八级 DDS-250 井下检波器技术指标:前放增益:0dB、8dB、19dB、31dB;增益精度:小于 1%;频率响应:3～1.6kHz;瞬时动态范围:120db;系统计时精度:1PPM;耐温:150°地面仪器的主要性能:

①最大道容量 96 道,辅助道 36 道。

②采样间隔:1/4ms、1/2ms、1ms、2ms、4ms;可选前置增益:0dB、8dB、19dB、31dB;记录格式:SEGD,SEG-2。

③储存设备:30G 硬盘,CD-RW 光盘刻录机;DVD-RW 光盘刻录机现场处理能力:实时屏幕显示及打印、滤波、单道分析。

仪器增益在 VSP 信号记录中包括井下仪器增益和地面仪器增益两类。井下仪器增益是固定增益,目的是使馈送到电缆中的信号电平适中,在浅深度记录时,不会因直达波能量特别强而超格。地面仪器增益是动态增益,动态增益有能力保存强直达波后面的弱同相轴。

6.2.2.2 隧道 VSP 方法原理

地震负视速度法国外称为隧道地震剖面(TSP,Sattel 等,1992)或隧道垂直地震剖面(VSP),是一种测试面与被探测面互为垂直的观测系统,两种方法原理相同,方法相似,只是外业排布不同,其原理见图 6-64。

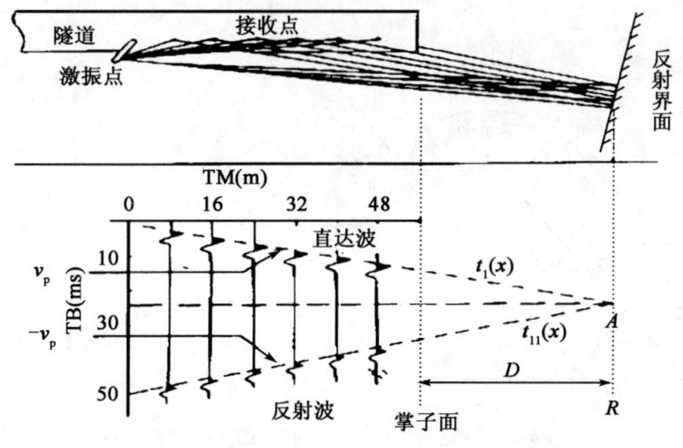

图 6-64　地震负视速度法工作原理图

这种方法与瑞士安伯格公司推出的隧道地震剖面法(TSP)原理相同。不同之处是TSP法是“多点激发,一点接收”,负视速度法是“一点激发,多点接收”,现场操作工艺和数据处理软件不同。负视速度法可以使用常规地震仪,而TSP法需用专用仪器。

地震负视速度法是将常规地震勘探中的钻孔垂直地震剖面法应用于水平状态的隧道中。其基本原理是:在隧道掌子面的前方一定距离,沿边墙布置一激振点和一系列接收点;激发时产生的地震波信号在围岩中传播,当有断层和岩层变化的界面时产生反射波,返回的信号被接收点的检波器接收,由此即可确定反射界面的位置。反射界面的距离可由下式求得:

$$D = \frac{T_{双程} v}{2} \tag{6-6}$$

式中:$T_{双程}$——激振点经界面反射到接收点的传播时间;

v——地震波传播的平均速度。

纵、横波共同分析还可了解反射界面两侧的岩性、密实程度的变化。地震负视速度法具有明显的方向特征,可以有效地将开挖面前方反射信息与周围干扰相区分,提高了识别不良地质体界面的精确度,能对其进行准确定位,预报距离可达100m以上。预报探测时不占用开挖工作面,对施工干扰很小,是常用的预报方法之一。

资料处理:记录仪所记录的一系列经过常规处理的信息还要进行以下处理(VSP处理):波场分离→拾取直达波→确定反射波校正时、滤掉直达波→将反射波拉平(静态时移和排齐)→将拉平的反射波叠加成1道→重复显示12道→确定第一个反射波→恢复直达波与反射波→将直达波延长与反射波延长线交汇于一点(反射界面位置)→利用反射波速及反射时间计算反射面的距离→利用相同方法找出掌子面前方的一系列反射界面并计算出其间的围岩速度。

图6-65显示了VSP震源点、反射界面及接收点的坐标变换。坐标原点在震源点和接收点的中点,在转换的坐标系统中:

$$L_{W} = vT_{R} \tag{6-7}$$

式中:v——弹性波的平均速度;

T_R——记录的传播时间;

L_W——震源点到反射界面到接收点的距离。

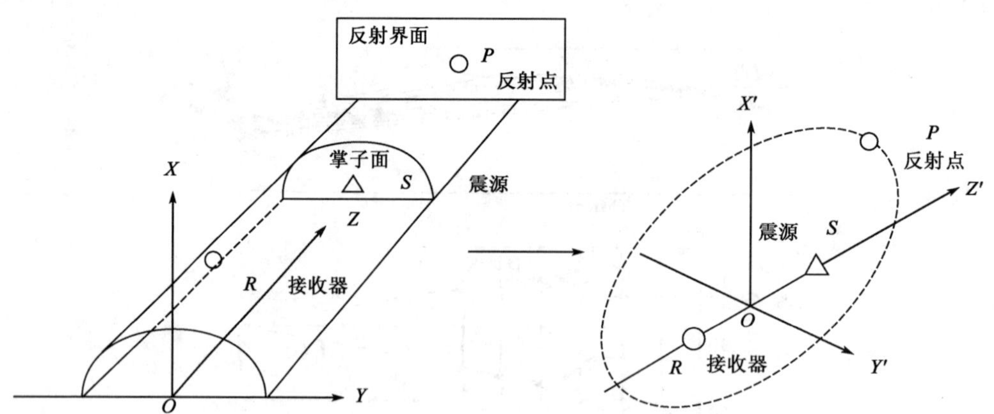

图6-65 震源点、反射点及接收点的坐标变换示意

设反射点、震源点、接收点分别为$P(x_P, y_P, z_P)$,$S(x_S, y_S, z_S)$,$R(x_R, y_R, z_R)$,那么,上式

可表示为：

$$L_W = \{(X_P - X_S)^2 + (Y_P - Y_S)^2 + (Z_P - Z_S)^2\}^{1/2} + \{(X_P - X_R)^2 + (Y_P - Y_R)^2 + (Z_P - Z_R)^2\}^{1/2} \tag{6-8}$$

展开得到：

$$\frac{X_P^2}{L_W^2 - 4Z_S^2} + \frac{Y_P^2}{L_W^2 - 4Z_S^2} + \frac{Z_P^2}{L_W^2} = \frac{1}{4} \tag{6-9}$$

上式为一椭圆，S 和 R 为椭圆的焦点。它说明 P 点为椭圆上的一点，也是在等时间传播平面上。单分量原理见图 6-65，二分量传播接收原理见图 6-66，多分量接收原理类同。

Y. Ashida(2001)对图 6-67 的岩性界面模型进行了三分量的数值模拟计算，详见图 6-68、图 6-69。计算结果说明 VSP 在隧道掌子面的排布对岩性界面以及断层破碎带有较好地反映。

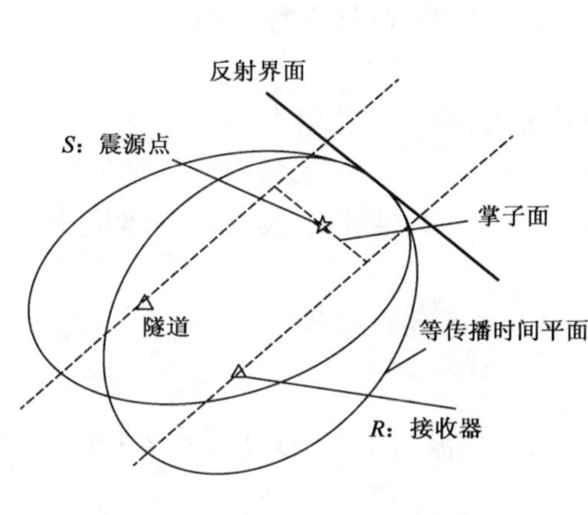

图 6-66　相互正交的两个分量接收反射波的原理图

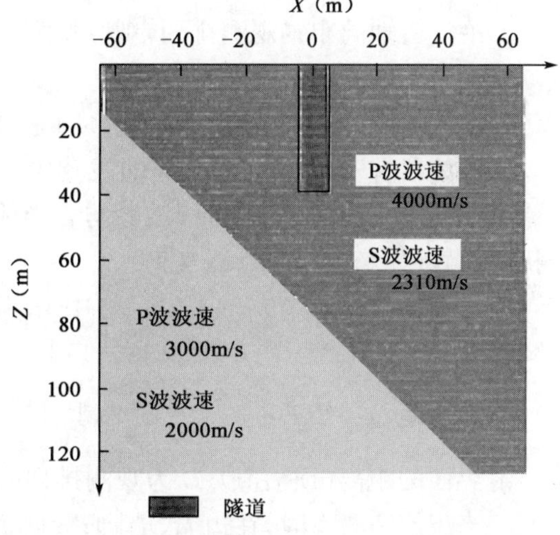

图 6-67　岩性界面模型模拟图

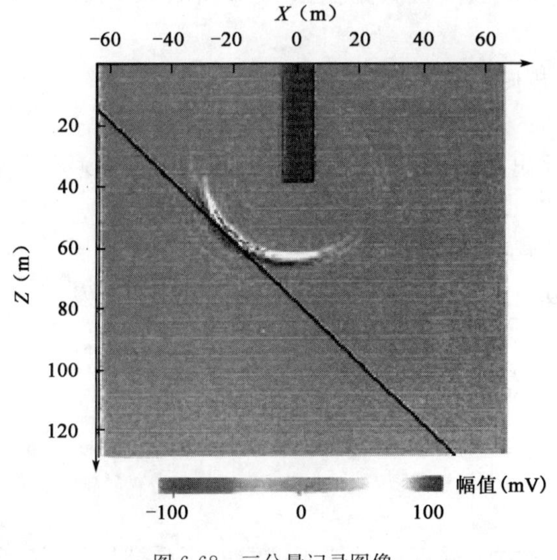

图 6-68　三分量记录图像

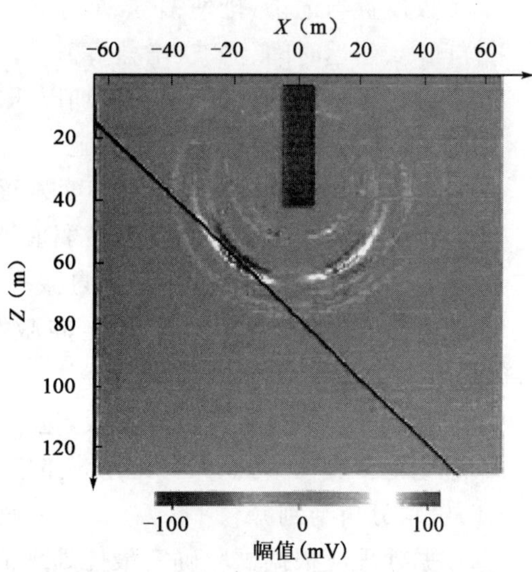

图 6-69　单分量记录图像

6.2.2.3　隧道 VSP 技术要求

(1)探测仪器。

①地震仪:应具有高灵敏度、高信噪比、滤波、数字采集等功能。宜选用 12 道或 24 道及以上道数数字地震仪;最小采样间隔不应大于 0.05ms;每道样点记录长度不应小于 1024 点;模/数转换的数据位不应低于 16 位。放大器内部噪声应小于 1μV;动态范围应大于 96dB。

②检波器:宜选用固有频率 100Hz 检波器,应具有良好的防水性能。

③电缆:应采用与地震仪相匹配的防水地震电缆。

(2)观测系统宜采用“一点激发、多点接收”的方式,数据分析宜采用时距曲线分析法。

(3)震源可采用激发锤、炸药等方式产生。

(4)现场测试

①沿隧道轴向布置观测排列,观测排列可布设于边墙、墙脚、隧底面等部位,各检波点偏离观测排列中心轴线不得大于 0.3m。

②检波距一般为 2~5m,当采用 24 道及以上道数地震仪时,可选用 1~2m。

③检波器宜安置于 1~2m 深的浅孔中,不具备条件时,可根据现场情况将检波器安置于边墙、墙脚、隧底面的表面上;检波器与岩土体必须耦合良好,不得悬空;检波器安置应避开有干扰的位置(如滴水、流水、漏气等)。

④排列长度 $L=(n-1)\Delta X$,其中 n 为记录道数,ΔX 为检波距(道间距),排列长度 $L\geqslant 20$m。

⑤炮检距 $d>2(L+h)/\dfrac{v}{v_G}-1$,其中 v、v_G 分别为有效波与干扰波速度;h 为开挖工作面至反射界面的距离(预估值);L 为观测排列的长度。

⑥当用炸药激发时,在边墙、墙脚、隧底面打 1~2m 深的浅孔;边墙、墙脚打孔时,应向下倾斜 30°~45°,可注水作耦合剂。

⑦参数设置与记录:排列编号、炮检距、激发及接收点位置(里程)、数据采集时间、记录长度、采样间隔、延迟时间、滤波、增益等。

⑧宜进行多次激发,进行多次叠加以压制不规则干扰波,突出有效波。

(5)改善原始采集数据质量的措施

①宜适当扩大炮检距,将强烈的声波、面波移出记录区,提高有效波组间的分辨率;

②宜采取孔内激发、孔内接收,减弱面波干扰,抑制声波与微震的影响;

③改善检波器的耦合条件,消除自振;

④改进激发、接收装置,可采用定向激发、短余震检波器,三分量检波器,组合激发、接收等,提高信噪比;

⑤改善与开发多种数据处理手段,进一步提高信噪比;

⑥避免施工震动干扰,保持记录背景宁静。

(6)资料分析与判释

①数据处理应根据试验确定最佳处理流程。

②资料分析与判释可按下列流程进行:按常规方法处理记录仪所记录的一系列信息,波场

分离，拾取直达波，确定反射波校正时滤掉直达波，拉平反射波（静态时移和排齐），叠加拉平的反射波成1道，重复显示地震道，确定第一个反射波，恢复直达波与反射波，延长直达波与反射波延长线交汇于一点（反射界面位置），利用反射波速度及反射时间计算反射界面的距离，采用相同方法找出开挖工作面前方的一系列反射界面。

③当处理效果不佳、反射信号极弱时，可采用叠加处理措施等。

④负视速度法预报距离：

a. 在软弱破碎地层或岩溶发育区，一般每次预报距离应为30～50m，不宜超过70m；

b. 在岩体完整的硬质岩地层每次可预报50～80m，不宜超过100m。

6.2.2.4 提高地震资料的解释精度

利用VSP资料改善或提高地面地震资料的解释精度主要体现在下列诸方面：

(1)识别地面地震剖面上的多次波——利用VSP剖面上多次波同相轴的主要特征（如：①多次波同相轴与相应的一次波同相轴大致平行，但旅行时间要大些；②层间多次波的同相轴与一次下行波同相轴不相交；③多次波同相轴终止的深度位置指示形成多次波的来源）识别出的多次波，通过连井地震剖面，即可识别地面地震剖面上的多次波。

(2)提高地面地震资料的分辨率——利用VSP下行波可提取单纯的地震子波和较理想的反褶积算子，利用这种反褶积算子对地面地震资料作反褶积处理，可衰减多次波，压缩子波波形，进而提高地面地震资料的垂向分辨率。

(3)可靠地识别地震反射层的地质层位——利用高分辨率和高精度的VSP资料，可很好地建立井中地质界面和地震反射之间的可靠联系，解释人员对下述问题可做出解答：①与地质界面相对应的是波峰还是波谷，反射波对应的是岩性分界面还是地质时代分界面，提供准确的时深关系；②地震反射振幅的强弱与岩性、物性差异的关系；③合成地震记录与井旁地震记录不对应的原因。

1)提供处理和解释的相关参数

为地面地震资料的处理和解释提供的相关参数包括：

(1)根据下行直达波初至换算的时—深关系曲线，进而可计算平均速度和层速度；

(2)根据下行直达波可提取可靠的地震子波和反褶积算子；

(3)对VSP资料作频谱分析，可获取滤波参数；

(4)利用VSP资料可估计地层的吸收衰减参数；

(5)利用VSP的多波多分量资料可估计地层的各向异性参数等。

2)提取高精度地震信息

VSP资料提取的地震信息比地面地震的精度高得多，这是因为：

(1)VSP资料比常规地震资料有更高的信噪比，更高的分辨率和更大的穿透深度；

(2)VSP便于通过井孔进行三分量观测，有利于矢量场的矢量观测和分析；

(3)VSP资料可分别利用上下行波场、纵横波、转换波等。

地震属性的研究方向是：地震属性的精确提取；地震属性与地质信息的相关性。

3)利用井筒波探测地下裂缝

如图6-70所示，当震源发出的纵波沿法线入射到裂缝带上时，裂缝带发生形变，裂缝中的流体发生移动，当流体脉冲由裂缝注入井内时，在井与裂缝相交处引起井内流体扰动，形成沿井内流体柱同时向上和向下传播的井筒波。因此考证井筒波发源地的位置可确定裂缝带的位置。探测地下裂缝为目的的 VSP 观测，采用悬浮在井内流体中的水听器接收井筒波的压力振幅。

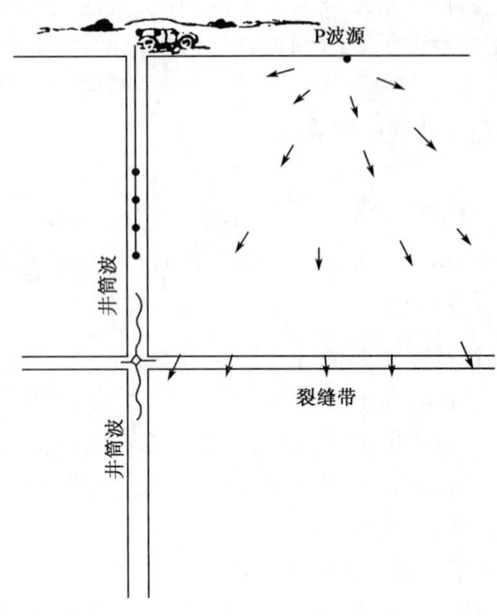

图 6-70　直达 P 波在裂缝带上形成井筒波的过程示意图

6.2.2.5　工程应用

在渝怀铁路圆梁山隧道正洞、平导和迂回导坑施工中，采用负视速度法，沿隧道壁布置 12 个检波器，间距为 3～4m；震源炮孔间距 5～8m；数据采集系统为美国 GEOMENTTICS 公司制造的 R24 型工程地震仪；预报掌子面前方约 100m 范围内的不良地质体的位置和规模性质。在已完成的 13 次预报中 11 次比较准确，与施工开挖揭示情况基本一致。另外，该方法在朔黄线长梁山隧道 F12 断层预报、福州飞鸾岭公路隧道预报中分别取得了好的预报效果。

6.2.3　真正的反射层析成像(True Reflection Tomography，TRT)

TRT 技术是由美国 NSA 工程公司提出的一种新方法。该方法在观测方式和数据处理上与 TSP、VSP 法均有很大的不同，TRT 虽然也是利用反射地震波进行超前探测，但该方法采用的是空间多点激发和接收观测方式，其检波器和激发的炮点呈空间分布，以便获得足够的空间波场信息，从而使前方地质缺陷的定位精度大大提高。TRT 法不仅在接口定位、岩体波速及其类别划分等方面具较高的精度，而且有较大的探测距离。实验表明，TRT 法在结晶岩体中的探测距离可达 100～150m，在弱土层和破碎岩体中可预报距离60～90m，TRT 法在实践中成功的例子很多，较典型的是奥地利的通过阿尔卑斯山的铁路双线隧道的超前预报。

6.2.3.1　基本原理

TRT 超前预报法是用地震波法进行预报，地震波反射的原理就是当地震波经过有声学阻抗差异(密度和波速的乘积)的界面时，其中一些信号会被反射击回来，而另外的那些信号则不会被反射，而是进入前面的那些介质继续前进，因此这里就存在了一个波的衰弱问题。那些被反射回来的地震波信号会被安装在墙上的高灵敏的加速度传感器也就是地震波信号传感器接收，通过数据的分析，以及人为的观察，结合当地的地质情况，可以用来了解隧道前面有无地质情况例如溶洞、断层、含水破碎带、软弱界面等的位置和规模。正常的关于反射界面被反射波的反射系数计算公式如下：

$$R=\frac{\rho_2 v_2-\rho_1 v_1}{\rho_2 v_2+\rho_1 v_1} \qquad (6\text{-}10)$$

假定 R 代表的是反射系数，ρ_1、ρ_2 代表的是岩层的密度，v 是地震波在地质体中的传播速度。

地震波信号从一种高阻抗的地质体传播到另一个高阻抗的地质体时，反射系数是负的；反之，则为正的。所以，当地震波信号从软的地质体传播到硬的地质体时，回弹波的偏转极性与波源是相同的。然而当地质体内有破碎带或断层时，回弹波的极性会反转。随着反射体的大小变化，声学阻抗的差别也随着变化，那么回波就越明显，前方的地质体就越容易被探测到。

每对震源和传感器的反射波总传播时间在三维空间定义了一个椭球，实际上反射物位置的确定需要很多震源—传感器定义的椭球，如图 6-71 所示。

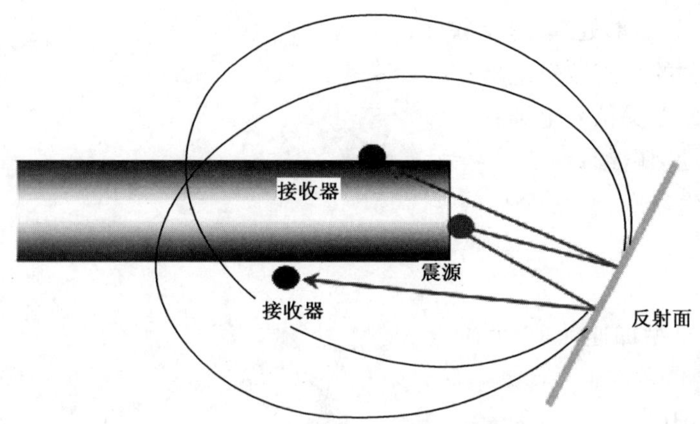

图 6-71　反射波总传播三维空间

TRT 采用层析扫描成像技术，形成立体、直观的三维立体图，立体图中的反射边界每一点离散图像是由空间叠加所有地震波形计算得来。

首先，它采用电磁波发生器作为震源，有以下优点：

①TRT6000 超前预报的震源可重复利用，不需要耗材，而使用炸药爆炸作为震源每次需要花费大量费用。

②电磁波发生器每次产生的电磁波频率是相同的，每次的频率范围是 100～3000Hz，通过多次扫描，提取相同信号，很容易对干扰信号进行处理。

③电磁波发生器产生的地震波频率 100～3000Hz，而爆炸产生的地震波最高频率只能到 1000Hz 左右，P 波在硬质岩中的传播速度为 5000m/s，因此采用电磁波作为震源可探测到的最小异常体尺寸为 0.5m 左右，而采用爆炸作为震源的其他仪器能探测到的最小异常体为 1.5m左右。

④在软质土中用爆炸产生的地震波频率只有 15～100Hz，获得的图像分辨率太低，所以采用爆炸作为震源的地震仪在这种情况下基本无法使用，而采用电磁波产生的地震波频率仍然可以达到 1500Hz，获得很好的图像效果。

⑤克服了爆炸产生的高能量对周围岩体产生挤压、破坏的现象，从而保证能接收到真实的地震波信号。

⑥电磁波的产生由人控制，操作简单，且能重复，而爆炸产生的地震波其高频信号衰减迅

速，对操作人员的要求比较高。

⑦它采用加速计作为传感器，灵敏度高(0.5V/g)，最大程度地保留了高频信号，提高了精度及探测距离(在硬质岩中为300m，在软质岩中为150m)。

⑧它的传感器布点采用立体方式，在隧道两边分别布置了4个传感器，然后在隧道顶上布置两个传感器，从而获得真实的三维立体图，直观地再现了异常体的位置、形态和大小。

此外TRT6000还采用了层析扫描的图像处理方式，使得图像更加清晰，易于理解，从而更加轻松地进行缺陷诊断。

1)TRT6000系统的基本配置

(1)WindowsXP系统的数字地震仪；

(2)RV3D和3D图形处理、显示软件；

(3)带触发开关的地震波发生器；

(4)30m的触发开关信号电缆；

(5)30m轻质动力电缆；

(6)电磁波发生器；

(7)功率放大器；

(8)控制电缆组；

(9)17515—500型加速计10个；

(10)表面耦合器套件；

(11)信号电缆10m；

(12)数字调节器10个；

(13)耦合剂1个；

(14)N27型信号电缆22m。

2)典型布置

如图6-72所示，由于构成三维数据空间结构，TRT6000还采用了层析扫描的图像处理方式，使得图像更加清晰，易于理解，从而更加轻松地进行缺陷诊断。

(1)数据采集。由于TRT传感器分布在隧道的三维空间内，必须在隧道的两个边墙及拱顶布置传感器接收点，因此需要使用升降设备上升到隧道拱顶安装传感器。设备共需安装11个传感器。采用测量设备(经纬仪或者全站仪)测量传感器相对于隧道中轴线的分布及激发点的精确位置。设备采用>10kg的重锤激发地震波，地震波信号可以叠加采集，提高数据的有效性。采用无线传感器接收地震信号，使用工业级便携式计算机接收及存储地震数据，以备室内分析处理。当震源激发地震波时，11个无线传感器同时收到地震信号，在传感器内部直接进行模数转换后发送到总采集基站，再由基站传输给计算机，实现信号的采集接收工作。

(2)原理。TRT(三维反射追踪)是一种层析扫描成像系统，设计用于隧道掘进过程中“看穿”地层。TRT技术使用与能量射线穿过介质完成计算机层析扫描相类似的概念，采用多种地震源产生沿隧道传播的信号。这些信号在岩体性质发生改变的地方反射，被用来构建描述隧道工作面前方及高于或低于隧道走向的不同地质状况(如异常岩体、岩性和喀斯特特征等)的三维结构图。

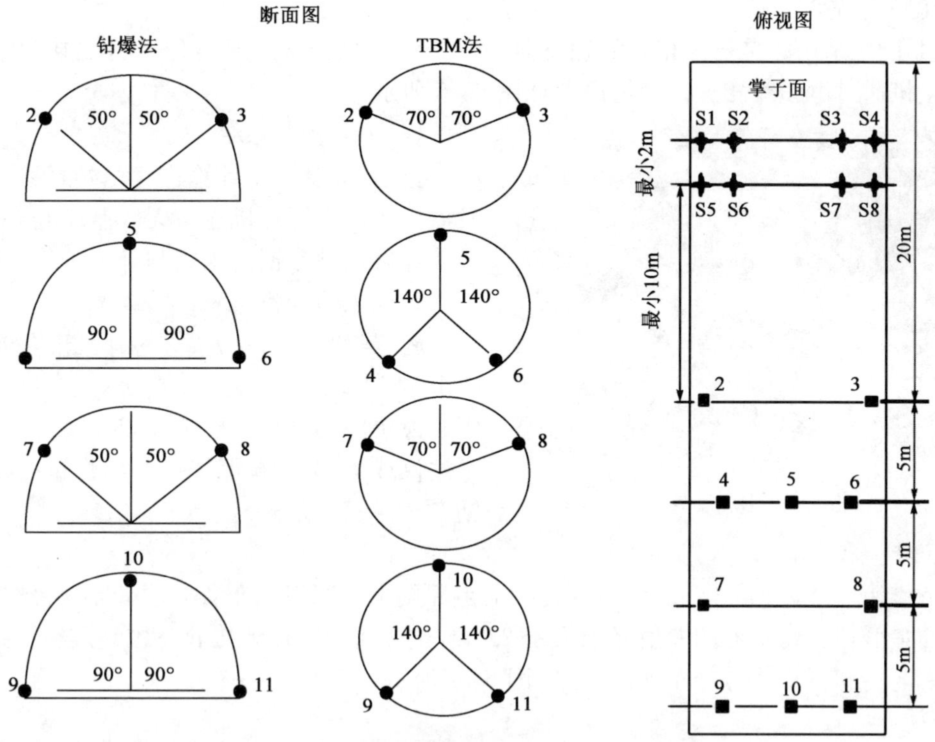

图 6-72　TRT6000 超前预报震源及传感器的典型布置

6.2.3.2　TRT 系统硬件组成及实施方法

1)硬件组成

(1)加速度传感器(10 个)。

这些传感器呈三维空间分布,用来更全面地接收前方反射回来的地震波信号。传感器用耦合剂粘在隧道洞壁上,在测试时要保证耦合剂已经完全凝固,并且传感器和隧道洞壁连接紧密才能进行超前预报地震波数据采集的工作,如图 6-73 所示。

(2)无线传输模块。

无线模块通过信号与主计算机之间无线传输,它与传感器之间用 3m 长的数据线连接,这样就可以将采集到的地震波数据及时的传输回主计算机,如图 6-74 所示。

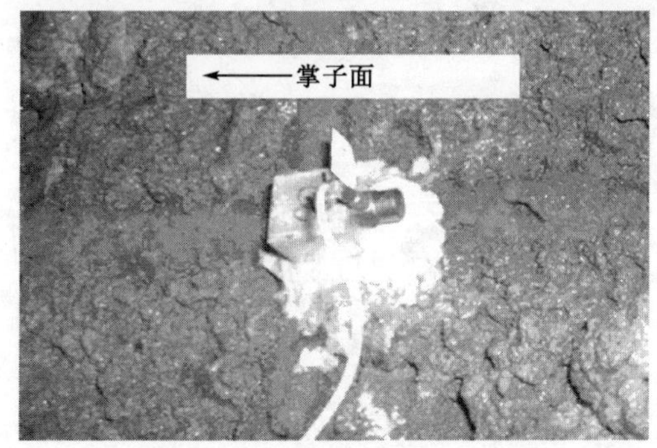

图 6-73　加速度传感器

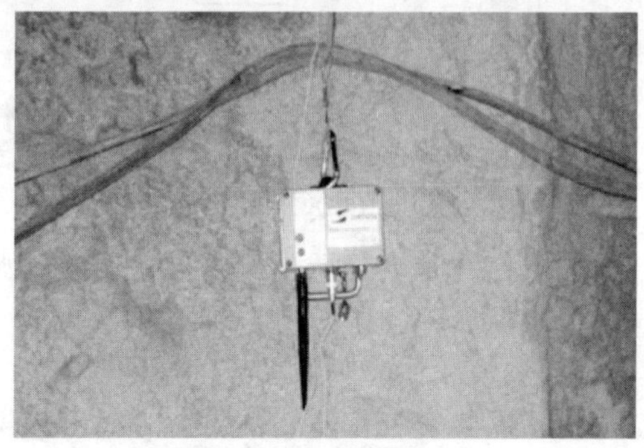

图 6-74　无线模块

(3)触发装置。

TRT 设备采用的是与锤相连的触发器触发装置，在锤击时，延迟 2ms 开始接收数据。触发器与主机通过电缆线相连。锤击震源如图 6-75 所示。

图 6-75　锤击震源

(4)中心控制系统。

包括地震仪(主计算机)、基站、触发器源、触发器导线。主计算机连接无线基站与触发器，采用计算机控制数据的采集与处理工作。

2)施工前准备

施工前准备的工具、材料、设备、人员有：15lb(1lb＝0.453592kg)左右的大锤一个，标记用漆，固定模块用的挂钩，水、耦合剂，梯子或装载机，全站仪或者激光测距仪(以及测量人员)，冲击钻，杂工一名(敲锤)。

3)工作流程

布置震源点及传感器点，震源点与传感器点原则上按照以下布置方法分布：传感器与震源点最高与最低位置传感器的差值必须大于 2.5m，这样才能有效地接收三维地震波数据。

震源与传感器点代号分布如图 6-76、图 6-77 所示。

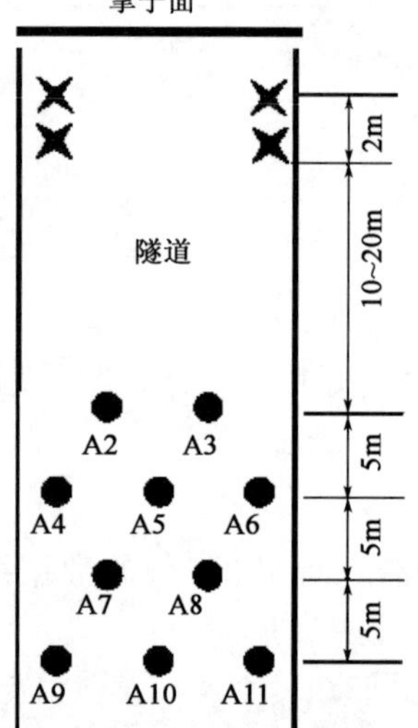

图 6-76　TRT 传感器布设俯瞰图

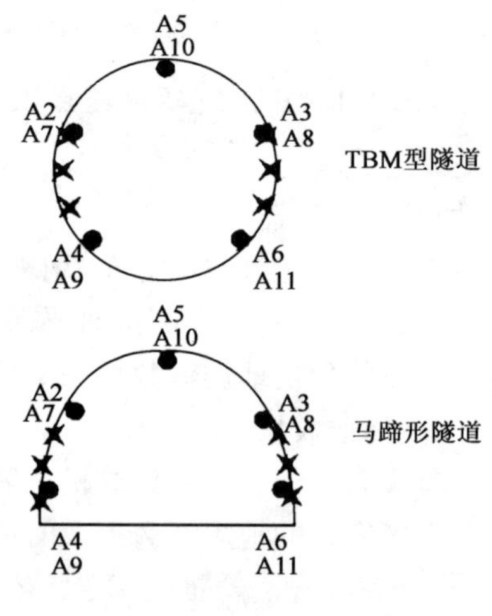

图 6-77　TRT 传感器布设横截面图

4)无线传输模块的安装与坐标测量

操作人员安装传感器及无线传输模块；测量人员测量震源点与传感器点绝对坐标(大地坐标)或者相对坐标。

(1)安装传感器原则。

①传感器要安装在初期支护上，初期支护要完全凝固并与后方岩体没有空隙，可以通过地质锤的敲打，听有无空洞声来确定；

②传感器之间的高差最小值为2.5m，建议按照图6-76、图6-77操作方法布置，具体方法：先在围岩上用冲击钻打一个5cm深的小孔，然后将已经搅拌好的耦合剂涂抹在传感器上，将传感器上的小棒插入小孔中，然后压紧使传感器能与隧道侧壁达到最佳结合状态，安装好所有的传感器，3～5min后耦合剂完全凝固，此时已经达到最佳耦合效果。

(2)选择震源原则。

①震源点要靠近掌子面附近，不要太远，左右边墙各6个；②震源点的布置位置必须是初期支护完全凝固的，也可以直接布置在坚硬的围岩上；③震源点不得少于12个。

(3)测量坐标原则。

测量所有点的坐标，可以用全站仪测量大地坐标，也可以用激光测距仪测量相对坐标，除了这22个坐标外，还要测量掌子面中心点的坐标以及靠近洞口方向的传感器所对应隧道截面中心点的坐标(用以控制三维图的隧道走向)，如图6-78所示，所有的坐标测量误差要小于5cm。

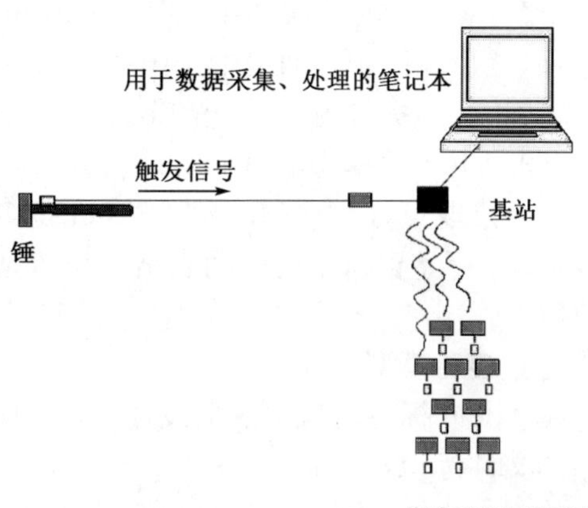

图6-78　用锤击作为震源的无线TRT系统的单元结构图

(4)建立基站，连接电脑，初始化采集程序，进行数据采集打开无线模块开关，绿灯开始闪烁，并对设备进行正确连接，打开计算机，运行采集程序，开始工作。原则要求每个传感器及无线传输模块都运行正常才开展预报工作。

(5)激发震源

TRT使用重锤锤击指定的震源点来激发地震波，每个震源点锤击3次，并且每一组锤击的位置不可改变。锤击时必须用力锤击震源点，并让锤面与边墙完全接触，一次激发成功，获得最佳的弹性波传播能量。

5)数据采集及处理

(1)数据的录入。

①拷贝地震波数据。复制“0-tool_Bay”文件中的“Generic-xRT”文件在C:\0-RV3D目录下粘贴，并重命名为新的项目(由日期、隧道名称、TRT等字符组成)，把文件夹C:\Sawtooth\Seg2_Files下的地震波数据拷到“2-Raw_Data”及“0-Tool-Bay\Data-Bay”文件夹下，并把勘测及操作日志存储在项目文件夹的“Basic\0-Para-Set”文件夹下。

②下载数据。打开项目文件夹下“Basic\0-Para_Set”中的Test input-Mu_ling-orig，按TRT Surveyor'sLog文档和TRT Operator'sLog文档格式(使用RV3D软件生成在接下来操作中有说明)录入勘测日志及操作日志。

③处理数据。打开RV-Interface软件(无须重新设置)，点击新建并按步骤提示进行操作，当进行至粘贴信号数据时需应用RV3D软件，插入软件狗，打开软件输入密码“asdf”，在site窗口选择新建立的文件，转到Signals窗口选择Data-Files文件夹，点击FileInfo命令，选中出现的五项内容并粘贴到信号数据窗口中，按提示进行接下来的操作。

④输出数据。最后点击下载标签，每次面板的内容已被复制完毕只需要按面板中的提示将它们粘贴到相应的单元格中就可以了。

(2)使用 RV3D 进行地质三维成像。

①下载数据。转到 Signals 窗口,单击 Load 等数据下载完成后再次点击 Load 取消 Load 选项。

②评估波速。

a. 转到 Site 窗口,按住 Ctrl 键,单击日期。

b. 单击软件 View 菜单的'Timevs. Amplitude'命令,选中 Signal 和 Pnts 选项,去除 Lines 选项,在震源图标处单击。

c. 在 View 菜单中单击'signalWaveforms'命令,在出现的窗口中点击 Mode 标签选中 Pick 选项,然后在图中各通道中选出起震点并选中,完成 360 个拾取。

d. 转到 Rays 标签窗口,点击 LoadPicks 命令。

e. 点击 View 菜单中的'Distancevs. Pick'命运令。重复点击鼠标右键,直到图片缩小到显示所有的拾取点,选中窗口中的"Select"选项,选中所有点按住右键下拉 2ms,松开鼠标。

f. 在 Src 标签窗口中的中间表格中填入适当的速度值使红线穿过最多的点,来评估地震波波速值。

③建立隧道模型。

a. 在 Tomo 标签窗口中赋上波速值,点击 Calc 命令然后点击 SvTxt 命令,在文件名中输入恰当的文件标识,例如 Fwd-220-p-3. 5k,单击保存。

b. 用 Excel 打开刚才保存的文件,拷贝所有数据到 4-CutArbVoids 文件相应的单元格中,点击 Go。运行完成后把四列数据拷贝回原处,并另存成型如 Fwd-220-3. 5k-tunnel. txt 文件,点击 LdTxt 命令,选择刚存储的文本文件,点击打开。

c. 在 3-Filters. p. channel. xls 文件的 Filtersdefined 文档 K13 单元格填入主频,K17 单元格填入波速,K23 单元格填和适当值使绿线接近红线但仍入于红线左边,在 K35 填入适当的值使得 Q19 的值接近 1 但小于 1,在 C48C49 单元格中填入频率范围。分别拷贝 L45,L47,L49 单元格的内容到软件 RCV 窗口中 Tmfltr,Fqfltr,Velfltr 列的第二单元格,然后复制除第一通道的各通道相应单元格中。

d. 转到 Reflection,点击 Calc 完成后点击 Mode 菜单中的 Reflection 命令,完成后回到 Tomo 标签窗口点击 Default 命令,在 Min,Max 中输入对称的等值线值,并在 contr 列的第四个单元格中输入 Min 或 Max 的值。

④显示二维及三维图像。单击 View 菜单中的 Map 命令,就可看到处理结果。注意事项以及问题处理:

a. 蓝色为软弱地质体,黄色为完整岩体,若蓝色区域连通则可能为裂隙、解理发育地点,如若面积较大可能为断层或溶洞,这些要和当地的地质资料进行对比得出结论。

b. 主频点击 View 窗口中的 signalwaveforms 找到一个较好的波形选中并点击 Fred 出现的图形中的波峰处波速为主频。

c. 保存成型的 TXT 文件位置 S-model-std 文件夹中。

d. 4-CutArbVoids 文件在 Basic 文件的 0-Para-set 中。

⑤分辨率设置为 2。

⑥打开旧文件并成图的方法。在 Site 窗口,按住 Ctrl 键,单击要打开文件的日期,点击 LdTxt 命令,选择存储的文本文件,点击打开。转到 Reflection 点击 Mode 菜单中的 Reflec-

tion 命令，完成后回到 Tomo 标签点击 Default 命令，在 Min、Max 中输入对称的值，在 Contr 列中输入 Min、Max 的值后成像。

⑦仪器要及时保养，工作前要注意充电情况；

⑧传感器不能受到震动，注意保护；

⑨固定块的凝固剂及时清理，保持清洁。其中初至波信号拾取（图 6-79）以及滤波器的设置（图 6-80）很重要。

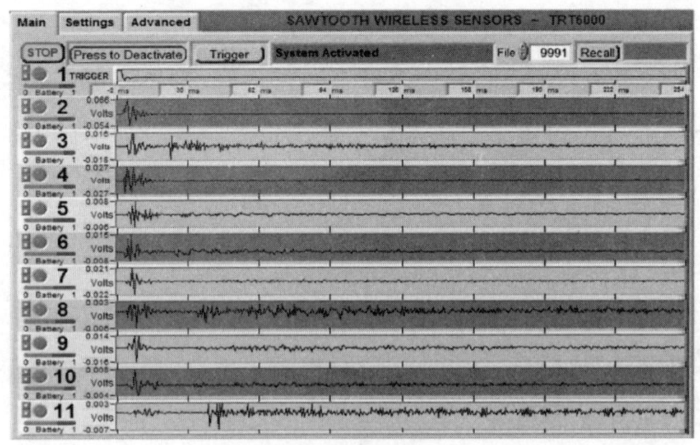

图 6-79 初至波的拾取

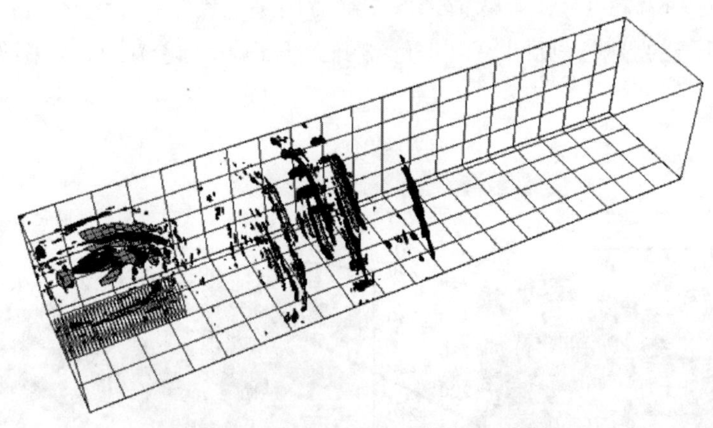

图 6-80 TRT 三维层析成像成果示意图

选择起跳点清晰的地震波信号，将初至定位在最初起跳点时，这时的波速为 P 波，因为 P 波的波速是 S 波波速的 2 倍，因此将起跳点选择在 P 波超跳点 2 倍的位置时是 S 波的起跳点（恰好是波形的最高点），建议对地震波信号先进行初步的滤波处理。

6）成果报告的编写

数据处理后，可以得到一个三维图，如图 6-80 所示，成图要求：

（1）由于 TRT 软件得出的是一个三维图，所以要从各种角度进行观察，当然成图就应该从很多角度进行展示，才能获得更加多的信息

（2）要从侧视图、俯视图、三维视图以及地震波波速图进行图像的展示。

7）资料解释

（1）TRT 地震波法成像是采用相对解释的原理进行成图，也就是确定一个地质背景，所有

的解释都是相对于这个地质背景值进行，异常区域会偏离这个地质背景的值，颜色会发生变化，这样就可以根据他的分布和颜色针对前的地质情况进行解释。

①TRT 软件设定的蓝色为软弱地质体，黄色为坚硬的地质体。

②要从整体对三维图进行地质解释，不能从一个小的部分来进行参照。

(2)判断围岩类别原则：

①根据异常体的分布及大小，结合地震波波速进行综合分析；

②与当地的地质情况相结合来断定围岩的级别。

8)成果报告的编写

TRT 成果报告内容必须包括：

(1)工程概况；

(2)隧道围岩的地质体描述；

(3)滤波后波形图；

(4)TRT 三维图有：侧视图、俯视图，仰视图、三维视图；

(5)对隧道地质超前预报进行综合解释。

6.2.3.3 实际工程中的应用

NSA 工程公司和 Kajima 集团已经在一起使用 TRT 方法描述日本一些隧道的不同岩石特征。在 Fujikawa 导硐和 TBM 主隧道，TRT 被应用于描绘隧道上方安山石和凝灰角砾岩层上沉积形成的砂砾层的界限。见图 6-81 显示 3 维的导硐和主隧道的联合图像，描绘出了砂砾层的底部形状和边界。

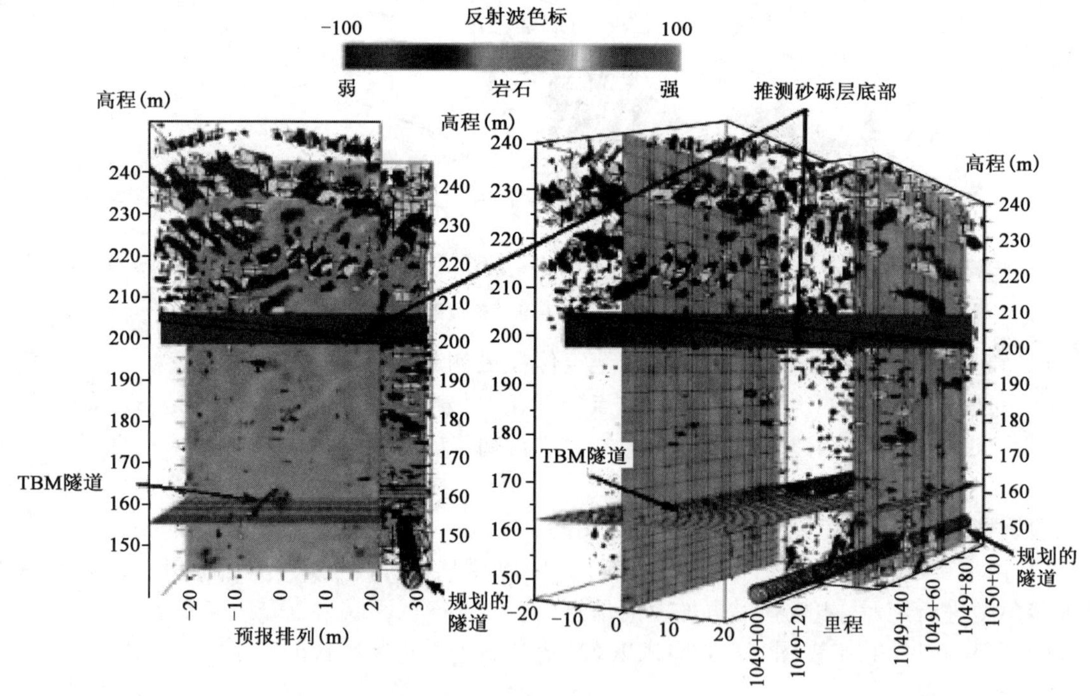

图 6-81 隧道上方异常轮廓反射及向东(左)和北(右)的垂直和水平投影

在日本的Kamaishi附近的另一个高速公路双硐隧道工程,采用NATM和钻眼爆破技术,隧道开挖通过偶尔有花岗岩的破碎的、软弱的喀斯特石灰岩层。采用冲击破碎机产生震源,探测到一个在工作面前方279英尺(85m)的横在主隧道上的花岗岩体。该体与工作面的低波速黏土(图6-82)相区别,已被掘进所证实。数据通过由机械冲击破岩钻机作为震源。

图6-82 主隧道的工作面和底板图

TRT也被用于澳大利亚的一些隧道工程,包括一个采用TRT探测隧道前方破碎区的应用例子,该隧道正要穿越充满喀斯特石灰岩的山谷。见图6-83显示在隧道工作面的前方98英尺(30m)和180英尺(55m)有两个软弱裂隙区域,它们已被随后的钻孔检查和掘进所证实。

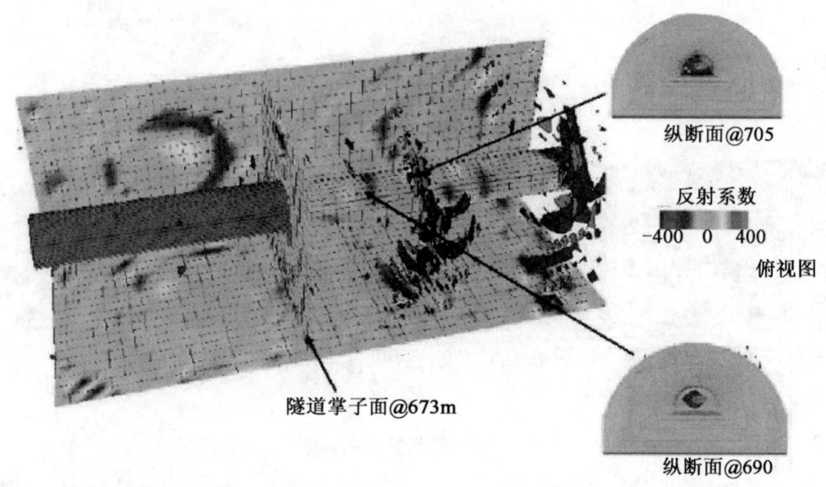

图6-83 隧道工作面前方裂隙区域和地质反常区域的三维透视图

图6-84为中铁十四局在武广客运专线中铁十一局四公司的行将山2号隧道采集到的前方破碎带及含水带图。

TRT6000确定反射位置是根据反射波走时。以发射点、接收点为两个焦点,给定波速,将走时转换成路径长度,画椭球面,推定反射层位置。缺乏方向分辨能力,图像全为椭圆。速度估计不准确会影响位置不准,能区分不同方向的回波造成虚报误报。

1)溶洞

在隧道中对前方溶洞位置、大小的准确预报给施工带来很大的指导意义。

溶洞:这里有两种情况,其一是当溶洞的大小与波的长度相当时,成像图中会没有反应,但是我们可以通过溶洞四周的裂隙来判定溶洞的存在,另一种情况就与上一种相反,当然这种溶洞就会在图中有比较明显的显示。

(1)京沪高速铁路土建工程III标隧道张夏隧道地质情况(图6-85)以灰岩为主,岩溶发育;2008年10月28日京沪高速铁路张夏隧道进口结果:掌子面前方160~170m存在一软岩

(无充填的 $10m^3$ 左右的空洞)。

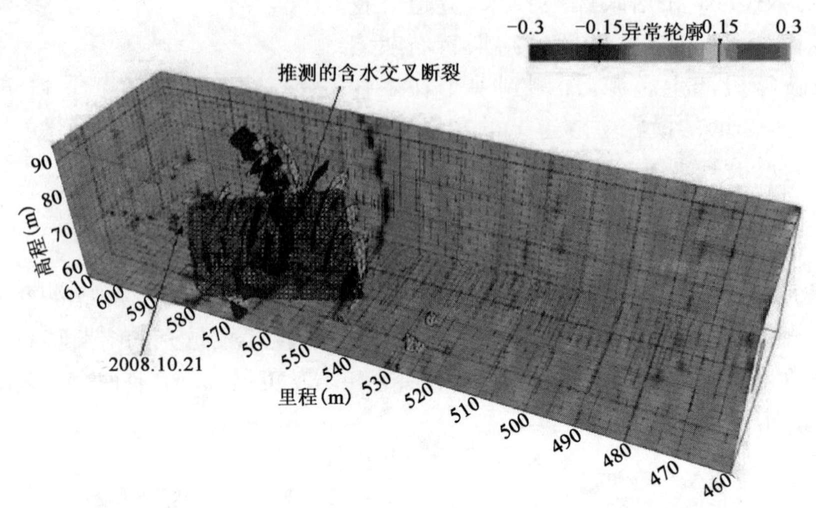

图 6-84 隧道面前方 50m 出现含水破碎带

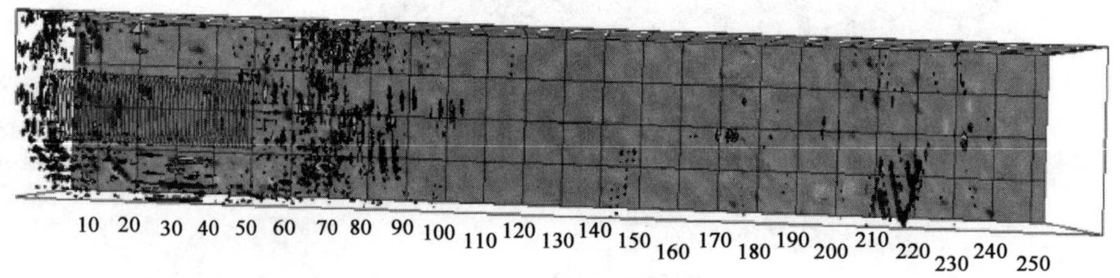

图 6-85 张夏隧道全息图

图中每格 10m;0～50m 为已开挖段。50m 处为掌子面;50～90m 处岩体稍显破碎,210～220m 处出现溶洞,可以清晰地看出些处的蓝色裂隙中有一个圆弧形的空白区,在隧道前进方向的右侧,$10m^3$ 左右。

(2)沈丹客运专线 II 标六道沟、大顶山、南芬隧道所处地质以页岩、风化花岗岩、灰岩为主,局部岩溶发育。

2010 年 9 月 19 日沈丹铁路客运专线六道沟隧道进口(图 6-86)结果:在 30～60m 存在含水破碎带。

由图 6-86 可以看出 5～25m 处岩体破碎、裂隙发育,一般来说裂隙发育的地方含水多,因此,结论是含水破碎带。

在 87m 处有裂隙发育,但是此处裂隙明显不连续,有空白处,可能是溶洞。不够明显,因此是局部岩溶。

2)断层

断层在地质预报中是很易看出来的,因为很多的连续裂隙由于断层的出现而错动,或者裂隙发育到断层就会停止。这样在图中的显示就是大部分条状裂隙发育到某一断面即停止。

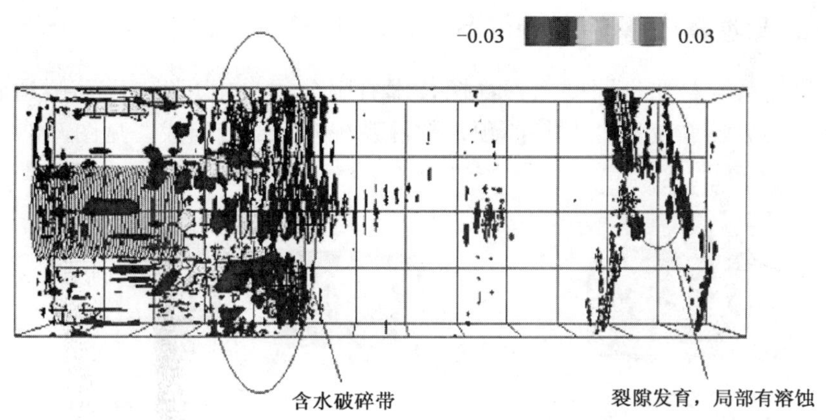

图 6-86 六道沟隧道进口

图 6-87、图 6-88 为谷家台 32 线断层图，由图 6-87 俯视图可知，图中间区域横斜线两侧有明显的错断现象，可初步判译该横斜线为断层走向线。

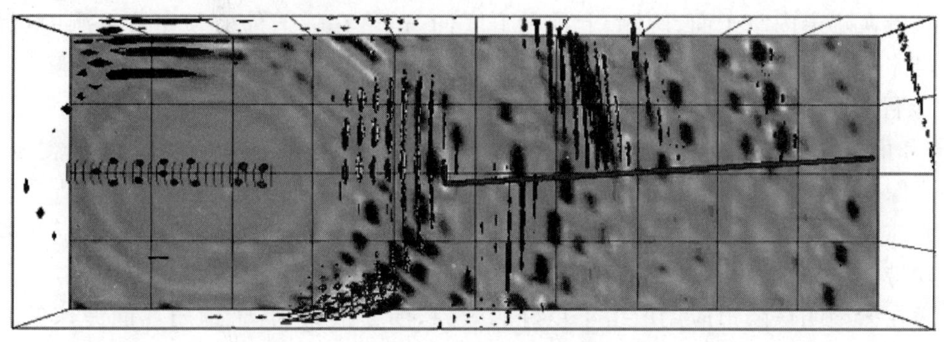

图 6-87 谷家台 32 线断层图

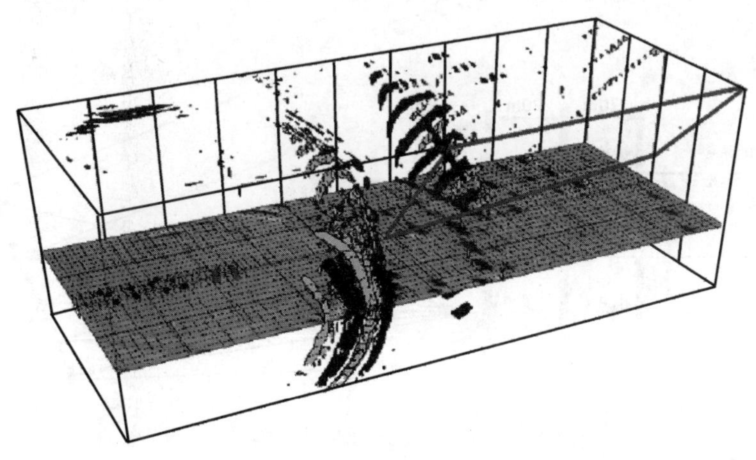

图 6-88 谷家台 32 线断层立体图

从立体图 6-88 上看，图右方标出的不规则四边形所在面左侧异常断开，可初步判断为断裂面。

6.2.4 隧道地震成像(Tunnel Seismic Tomography,TST)

TST 超前预报系统是北京同度工程物探技术有限公司自主开发,TST 隧道超前预报系统由地震仪系统、检波器系统、TST 超前预报软件系统三大部分组成。见图 6-89。

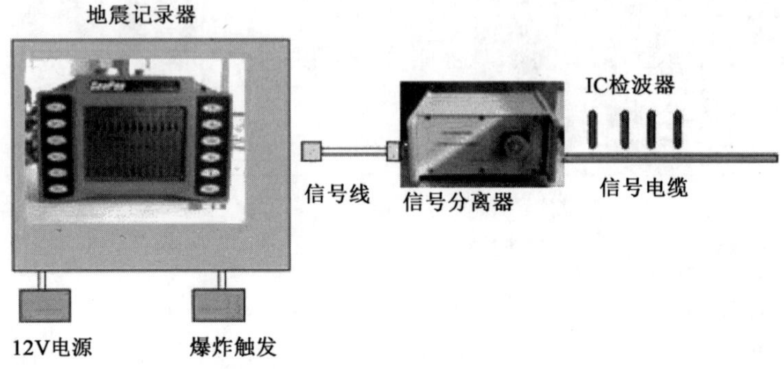

图 6-89 TST 系统组成

测试时可在隧道内掌子面、两侧、上顶和下底面,也可在隧道外山顶布置。洞内观测时检波器埋入岩体 1～1.5m,以避免声波和面波干扰。可采用爆炸或锤击激发地震波。

TST 软件包括地震数据预处理和偏移成像等功能。预处理功能包括:①噪声和干扰切除;②滤波和面波清除;③小波分析与信号加强;④地震波能量吸收谱分析;⑤地震波走时拾取。偏移成像功能包括:①速度扫描分析与岩体工程类别判别;②方向扫描与构造产状分析;③地质界面速度偏移成像;④岩体完整性吸收偏移成像;⑤地震波走时地质界面反演成像;⑥断裂与破碎带智能识别。

该技术在云南明珠隧道应用取得了良好的效果,所得成果为:①地质界面波速偏移成像;②岩体吸收特性偏移成像;③地震波走时反演成像。

(1)如图 6-90 所示,隧道每侧壁 6 道接收,埋深 2m,最大限度扩大横向展布,预报长度为横向展布的 10 倍;

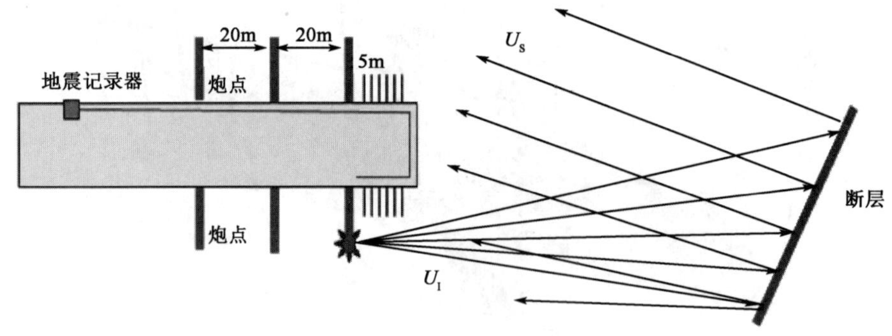

图 6-90 TST 技术的观测方案

(2)检波器间距 4～6m,小于 1/4 地震波长保证方向滤波精度;

(3)激发点每侧壁 2～3 个,间距 20～24m,排列总长度大于 2～3 倍波长,满足方向滤波需要;

(4)接收点和激发点可根据需要任意改变位置，增减数量。钻孔一般16～18个，比TSP、TGP少8～10个。

TST的预报结果：如图6-91所示，在空间方向滤波、围岩波速扫描的基础上，经偏移成像，提供地质构造图像和波速分布图像，两者综合进行超前预报。

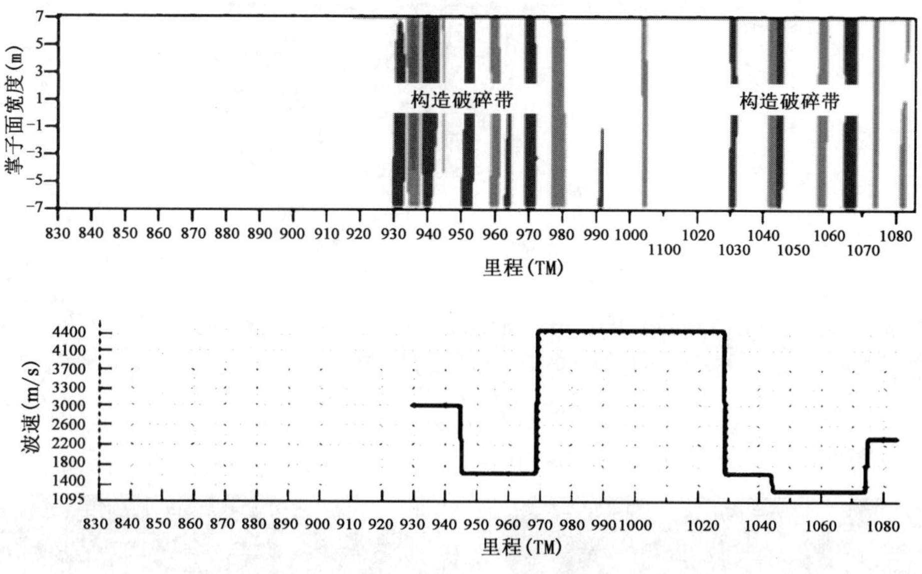

图6-91 TST地质构造图像和波速分布图像

6.2.5 USP角度偏移预报技术

USP是一种新型的隧道开挖综合超前地质预报系统，该系统采用"角度+位置偏移"的联合体系进行空间多分量、多波超前地质预报。它利用三维的空间排布、多达256通道的数据采集、多震源点位置偏移，进而构成在隧道掌子面前方高密度的三维数据结构体，通过对三维结构数据的一系列处理分析形成三维空间地震波的各种图形图像，最终计算岩土体多种力学参数，从而实现对隧道、坑道及各种地下工程前方地质情况的判释、预报。USP观测系统通常采用2个接收器，如图6-95所示R1、R2的排布，只有当地质条件复杂时或任务要求精度较高时，采用4个接收器。由于每个接收器配置了64个不同方向多分量的检波器，使得构建3D观测系统有足够多的有效数据，可对隧道掌子面前方不良地质体进行三维数据处理及显示。目前应用的主要仪器由北京市市政工程研究院研制的USP11系统。该系统采用距离和角度偏移的联合体系，对预报的施工现场没有严格要求，是一种广普的地下工程超前地质预报系统。

6.2.5.1 原理

1)多分量空间装置

在研究复杂地质结构介质时，产生了用空间观测系统和实行三维解释的必要性，研究复杂结构介质所指的是波场的三维研究，是具有多次覆盖和信号叠加的全三维观测系统的发展。因而，传统的"线-平面"系统必须补充以"空间"这个几何元素。它规定有观测、试验资料的处理和解释的三维系统。USP系统就以一种可以表示为"点-线-平面-空间"形式的方案为基础。而现在隧道地质预报大多数情况下完成的资料处理是按"线-平面"方案安排的，USP系统的

“点-线-平面-空间”观测方案能够使观测系统统一，它具有广泛的应用前景。USP 系统的空间接收器示意图如图 6-92 所示，实测波形如图 6-93、图 6-94 所示。

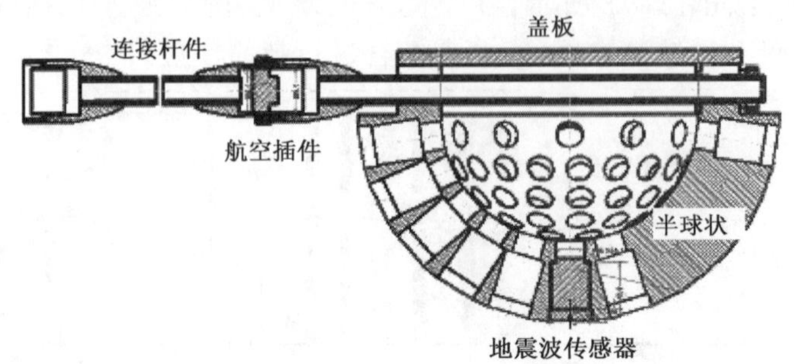

图 6-92　USP 系统多分量空间接收器结构示意图

随着电子技术的发展，多通道快速同步采集技术使得多分量空间装置的采集得以实现。尤其是在隧道超前地质预报中，应用固定在空间均匀分布的检波器记录多分量地震波，使得可测量形状体的接收器成为轮廓地震记录器。它是实现隧道超前地质预报进行形状体探测的主要方法和必然趋势。

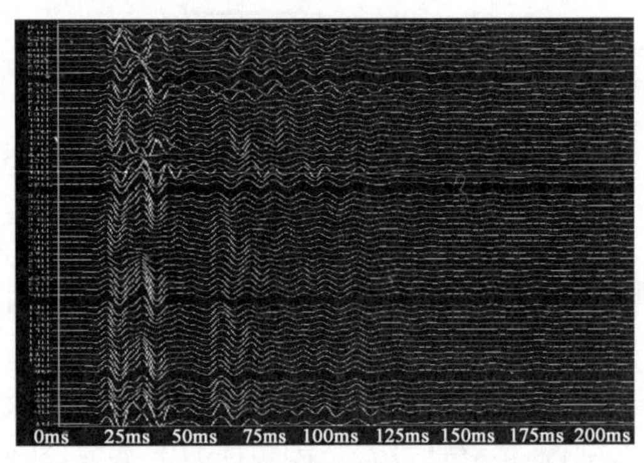

图 6-93　64D 沿纬度圈排布的实测波形图

图 6-94　64D 沿经度线排布实测波形

2）空间装置的应用

将空间装置埋在地下工程开挖面的附近并调平，并将主轴对准需探测的前方，再调好方向和水准后，将它固定在土体或岩体里。土体里通常直接埋置并保证接收器与土体密实接触，接收器以上覆土通常要达到 30～50cm。在岩体隧道进行预报时，通常将接收器埋在掌子面的下台阶处，为了保证接收器与岩体紧密接触，用喷射混凝土将其固定，埋设深度应达到上覆混凝土 50cm 以上。测试时应按方位来确定接收器轴的方向，可用罗盘或经纬仪将接收器定向，水准可按接收器的水准泡进行调平。不好的安放条件会造成地震记录的畸变，保证接收器与岩土体良好的接触是非常重要的。

其他任务的接收器布设可根据具体情况进行。地震勘探的空间观测主要解决：①用方位相位对比法分析地震记录上的波；②确定位移向量的方向；③测量形状体的轮廓地震记录。

3）观测的方法问题

（1）接收器中检波器的数量。

空间装置中地震检波器的数量主要决定于方位(空间)观测所提出的问题如何,方位相位对比主要是以应用相位标志为根据的。因此,空间装置中检波器的数量决定测定方向的精确度。在必须特别细致地分析波时,特别是测定非线性极化波的参数时,最好应用的检波器更多些。同样减小装置中相邻检波器方位间的距离也可以增加研究波的详细程度。

(2)接收器中检波器的倾角。

线性极化波空间接收器地震波的记录形式随装置中检波器倾角的变化而变化。不论线性极化波或非线性极化波方位地震记录的形式皆与空间地震装置中检波器倾角有极密切的关系。地震接收装置中检波器倾角的选择主要决定于工作任务所必须解决的问题。

以上可说明空间地震装置(多检波器)具有广谱的探测效应。但要注意:①要保证多通道控制的灵敏度;②确保接收器中每个检波器有相同的灵敏度、其他参数、技术指标。

4)角度与位置对比法的配合

角度空间装置与位置对比法配合具有重大意义,尤其是在解决复杂的地质问题时,多个空间接收器、多震源的布置可以完整地分析全波场的图形。通过对空间装置观测的大量资料证明:这种配合是非常有效的和最有前途的,其过程是结合位置偏移和个别点角度偏移来实现的。

两种对比方法的配合运用可以比较可靠地、有根据的分析地震记录上的波,甚至在较好的情况下可以解决位置(距离)偏移无法解决的复杂地质问题。

在复杂的地质构造条件下,在位置(距离)偏移完全没有对比性时,可以采用角度空间装置进行资料弥补。这也是为什么在地质条件简单时采用 TSP、VSP、HSP 等距离偏移法观测,波的分析可以应用位置对比法(距离偏移法)进行,如要分析波的干涉带时仍需利用角度(方位)对比法进行补充。

6.2.5.2　现场排布

对于 USP 而言,位置对比和角度对比的有效结合,也就是该系统中的多震源、多接收器的情况。目前的 USP 系统提供 256 个通道,配置 4 个接收器(每个接收器 64 通道),其软件可以进行多震源、多接收器以及叠加次数不限的方法组合。可以解决复杂条件下的隧道地质预报问题。USP 观测系统通常采用 2 个接收器如图 6-95 所示 R1、R2 的排布,只有当地质条件复杂时或任务要求精度较高时,采用 4 个接收器。目前应用的主要仪器由北京市市政工程研究院研制的 USEP21 系统。现场排布见图 6-95。

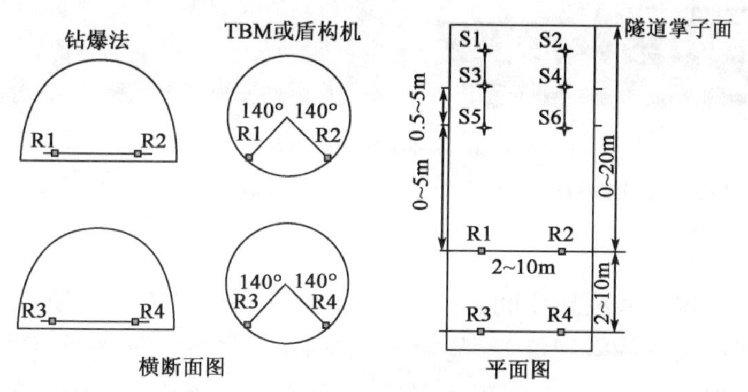

图 6-95　USP11 的 3D 观测系统常用排列

R1～R4-接收器;S1～S6-震源点

6.2.5.3 系统构成

USP整个系统由接收器、综合采集器、基站、上层处理分析软件构成。详见图6-96，图6-96中的①、②、③、⑤构成了USP系统。

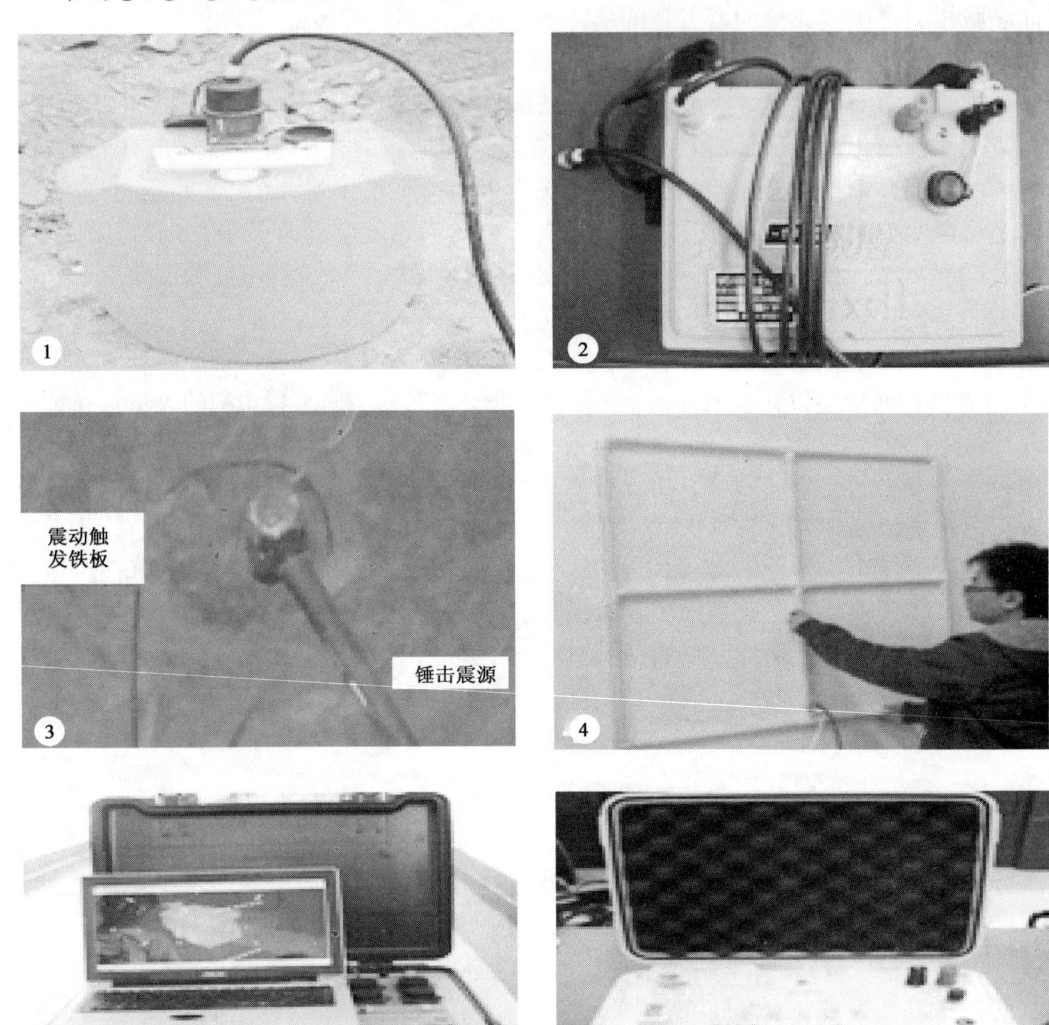

图6-96 USEP21系统设备

1-地震接收器；2-起爆器；3-锤击震源；4-电磁扫描；5-数据采集系统；6-电磁发送机

6.2.5.4 解释方法

地震预报的目的是解决各种地质问题，发现和了解施工面前方的地质情况变化和有无不良地质灾害体的存在以及它的空间位置、范围、性质相互关系等。就地下工程施工而言，前方地质预报犹如强光照射地下，让地下施工人员能够看到或掌握施工面前方的地质情况，也即“照亮地下”。“照亮地下”是一项伟大的有深远意义的综合性极强应用面极广的复杂的系统工

程，它需要一系列前沿的、多个专业的技术支撑。USP 系统仅是其中的一个部分。由于现场采集到非常庞大的地震数据经数字处理后，得到前方地质体的有关信息，以便进行施工过程中的安全技术措施准备和施工管理。所以，就超前地质预报来讲，资料解释是获取地震勘探最终成果的阶段。

目前，前方地质预报的解释分为两部分：地质变化情况、不良地质体。前者主要研究地层及岩性的变化情况，后者是研究不良地质体的空间分布特征和几何形态。其成果是施工人员需要进一步防范的基础，也是设计施工安全的重要依据，它是本系统研究的重点。

研究复杂结构介质时，发展波场的空间分析及联合利用不同类型的波是提高地震勘探效果的两个主要方向。而地下工程前方地震预报的主要发展趋势是完善波场分析方法和相应的观测系统。分析波场方法的主要发展方向是按照波场特征参数的某些标志选择波来逐渐简化波，目的是在不同类型规则的、不规则的干扰背景上识别出有效波。所采用的波场分析方法原则上与观测系统和记录技术相适应。

1）断层破碎带

断层破碎带是隧道常见的不良地质体，它在实际现场探测角度偏移中与隧道轴线垂直的理论图谱特征见图 6-97。现场实际探测 USP 的不同倾角反射界面波形切片见图 6-97。

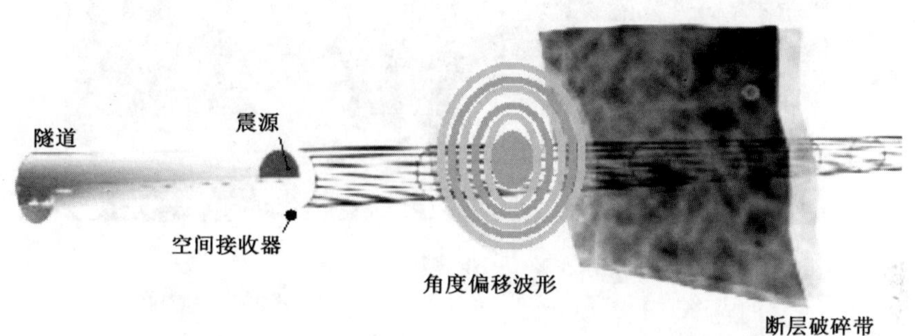

图 6-97　断层破碎带与隧道轴线垂直地震反射波图谱

（1）当破碎带走向与隧道轴线平行时（$\varphi = 0°$）的波谱，在二维图中，其图谱随时间相位变化；

（2）当破碎带走向与隧道轴线垂直（$\varphi = 90°$）时波谱图，在二维图中，其图谱如图 6-98 所示；

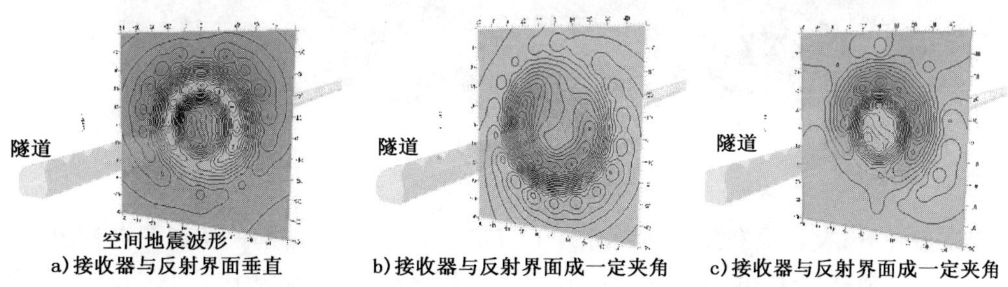

a）接收器与反射界面垂直　b）接收器与反射界面成一定夹角　c）接收器与反射界面成一定夹角

图 6-98　隧道某里程实际采集的典型空间地震波形示意图

(3)当破碎带走向与隧道轴线成一夹角时的波谱,在二维图中,其图谱见图 6-104 中角度变化。

2)岩溶及不规则形状体

岩溶地区的隧道地质灾害最为复杂,通常受水系统的影响可溶蚀成各种形状的地质体,如加上不同的充填物其异常形态迥异。这里仅以椭圆状异常解释进行说明,其他形状原理相同可类推。对于二维地震波截面图而言,由于反射平面的波谱为一“斑马圆”图,而圆的波谱为一变形椭圆斑马图,而椭圆则为一扭曲的椭圆图。对于一形状体而言,其波形的变化在时间轴有延迟,相位也随着相应变化。

6.2.5.5　实例一:108 国道南村隧道 A 线进口地质预报

108 国道南村隧道工程为越岭岩质隧道,主要为变质长石石英砂岩、硬绿泥石石英千枚岩、泥岩、煤线等。其中煤线位于南村隧道进口段。见图 6-99、图 6-100 地震波与电磁波现场采集,见图 6-100 预报异常与实际跟踪综合图。

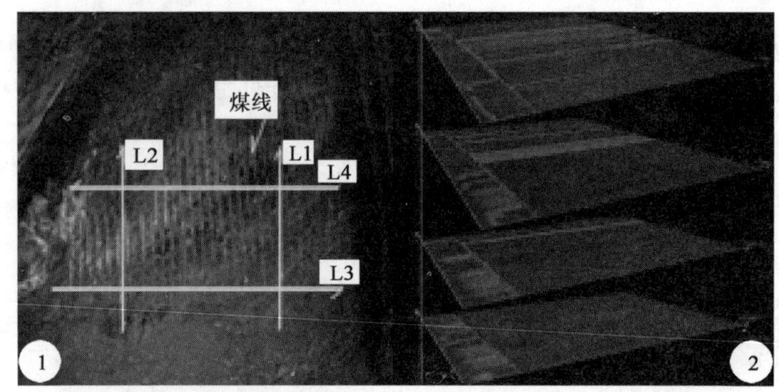

图 6-99　UEP 现场采集及异常

1-AK12+805 掌子面煤层分布;2-L1—L4 测线煤层电磁感应异常

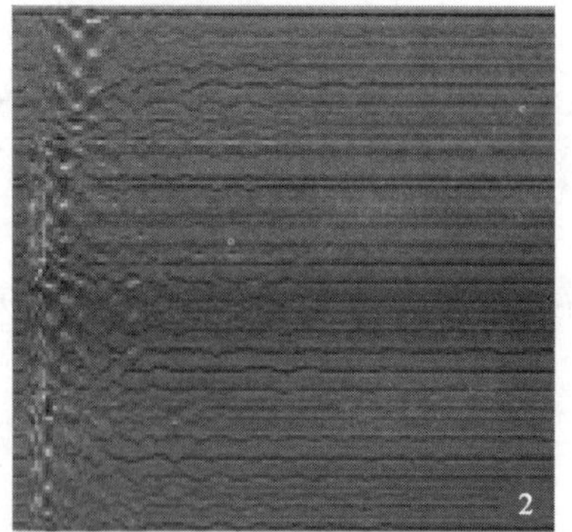

图 6-100　USP 现场采集及异常

1-USP 采集现场;2-地震波曲线

整个隧道在开挖后,根据预报结果进行了与实际对比跟踪,特别关注在围岩有明显的变化处 AK12+810、AK12+830。围岩在 AK12+810 处明显变好,而开挖到 AK12+830 附近岩体整体变差,以上与实际预报结果吻合较好。具体见图 6-101。

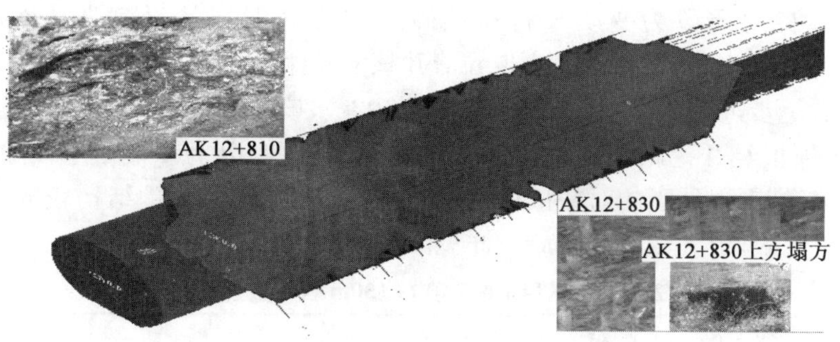

图 6-101　地震反射波绕射叠加空间展布与实际开挖跟踪掌子面图片

6.2.5.6　实例二：南村隧道多次预报验证

108 国道南村隧道出口施工至 BK14＋47 处，项目组于 2008 年 12 月 19 日进行了前方地质预报，结果见图 6-102a)。

a)南村隧道BK14+47~BK13+947(100m)超前地质预报

b)南村隧道BK14+05~BK13+905(100m)超前地质预报

c)南村隧道BK13+945~BK13+905(40m)超前地质预报

里程	侵入最大值	二衬剩余厚度
BK13+966	0.195	0.355
BK13+968	0.179	0.371
BK13+970	0.185	0.365
BK13+972	0.224	0.326
BK13+974	0.223	0.327
BK13+976	0.157	0.393
BK13+978	0.192	0.358
BK13+980	0.408	0.142
BK13+982	0.349	0.201
BK13+986	0.316	0.234
BK13+990	0.104	0.446

d)BK13+995~BK13+955段围岩弱化段初支完成后激光断面扫描结果

图 6-102　三次重叠跟踪预报结果对照

预报在 BK13＋995～BK13＋955 段围岩弱化，为了进一步验证和准确探测弱化带的情况，项目组于 2009 年 3 月 11 日在 BK14＋5 掌子面再次进行详细的超前预报工作，预报范围 BK14＋5～BK13＋905，见图 6-102b)，两次探测结果均在相同的里程段出现明显的弱化带，最终预报推测该不良地质段为变质长石石英砂岩与变质泥岩的过渡带。该预报段发现在BK13+955后岩体总体好转，为了进一步弄清并核实预报情况，项目组于2009年8月14日在BK13+945处进一步进行重叠验证预报，见图6-102c)，该段岩性已变为变质泥岩，详见表6-7所述，以上三次预报经开挖跟踪得到验证，效果非常明显。以上预报结果在随后的开挖支护中，由于岩性过渡带围岩处于相对松散荷载构成压力较大，致使支护结构较弱，造成整个区段的初支大范围的侵限，最大侵限达40cm，详见图6-102列表。

掌子面AK14+047前方150m岩体性质预报 表6-7

序号	里　程	长度(m)	推　断　结　果
1	BK14+47～BK13+990	57	本段围岩岩体强度逐渐增强。岩性为变质长石石英砂岩，岩性较软，整体较差、裂隙发育、开挖时易掉块
2	BK13+990～BK13+940	50	本段岩体强度弱化带，围岩稳定性较差，裂隙发育，易风化。推测为变质长石石英砂岩与变质泥岩的过渡带
3	BK13+940～BK13+897	43	本段有相对较强的反射，岩体强度将增强。推测为进入变质泥岩

6.2.5.7　实例三：应用实例(轮廓探测)

作者在某隧道现场进行"角度+位置"偏移的联合体系(4个角度偏移接收器)排布，实现隧道前方三维空间超前地质预报，仪器采用北京市市政工程研究院研制的USEP21系统，现场排布见图6-103。

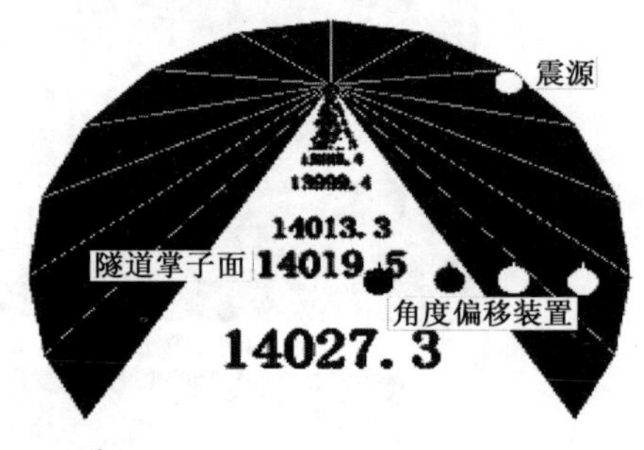

图6-103　角度+位置偏移联合体系现场排布

通过对采集到的四个角度偏移接收器数据进行一系列处理后，将结果振布到空间的综合资料见图6-104。为了观察地质情况的细致变化，该空间三维资料也可进入隧道内观看并研究见图6-105，图中红色部分代表岩体强度较硬的反射，蓝色代表岩体强度较软弱的反射，图中可看出AK14+010掌子面上方岩体较硬，中间较正常，而右侧有相对的软弱带。项目研究组随后根据分析预报的资料对隧道开挖进行了跟踪。隧道在开挖过程中，对隧道开挖进行每天的数字照片的地质资料编录。并特别关注前30m围岩在掌子面上的变化情况，如图6-106所示跟踪至AK14+010处的地质编录照片，该图在掌子面上方围岩较硬，特别是在右侧的拱架处岩体较软弱。以上详细跟踪资料与实际预报结果吻合的非常好。说明角度偏移法在探测隧道掌子面前方的不良地质形状体有很好的效果。

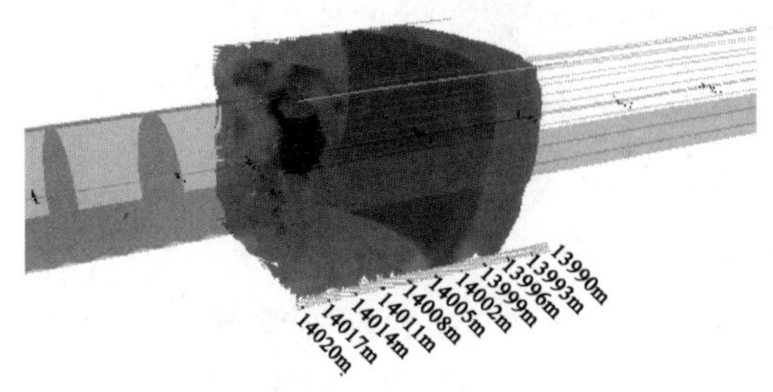

图6-104　隧道前方三维超前地质预报综合资料

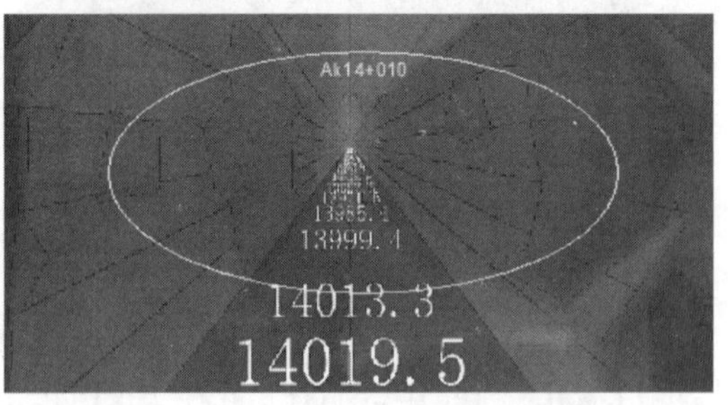

图6-105　AK14+010断面地震波绕射叠加等值面图

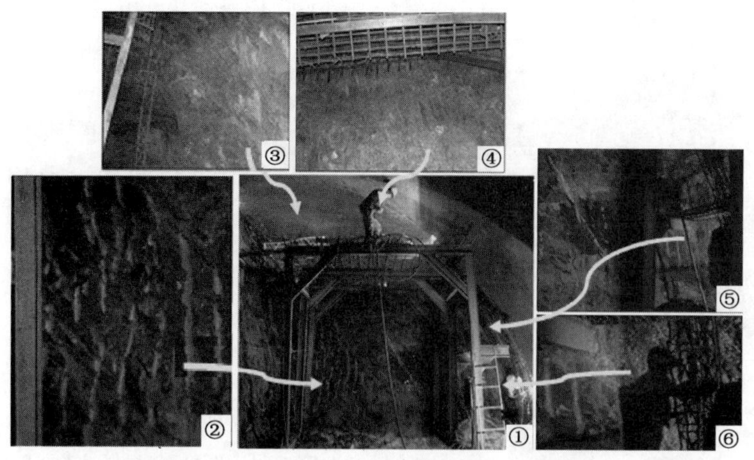

图 6-106　AK14+10 实际跟踪地质断面图

6.2.5.8　实例四：北京市西六环卧龙岗隧道地质预报

北京西六环(良乡—寨口段)公路工程建设项目是联系北京郊区新城镇和疏导市际过境交通的高速公路，同时又是国家高速公路网的一部分。其中卧龙岗隧道左线长 420m，右线长 440m，为小净距复合式衬砌结构。主要岩性为：第四系冲洪积轻亚黏土、砂质板岩、粗砂岩、粉砂岩、黏土质砂岩等。如图 6-107 所示，该项目采用 TSP203 与 USEP21 进行联动对比采集。其中，现场排布按照 TSP203 的技术要求进行，USEP21 由于不受现场排布的限制，是借助 TSP 的震源进行采集试验的。

图 6-107　USEP21 与 TSP203 联合测试现场

如图 6-108 所示，根据 USEP21 测试结果与 TSP203 对比后，整个该区段的预报资料是根据 USEP21 的结果提供的，该资料的结果后经现场实际开挖基本一致(图 6-109)，说明 USEP21 系统预报的效果完全符合实际。

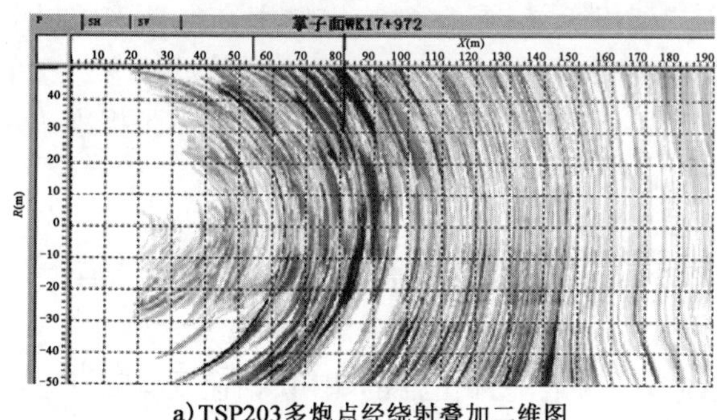

a)TSP203多炮点经绕射叠加二维图

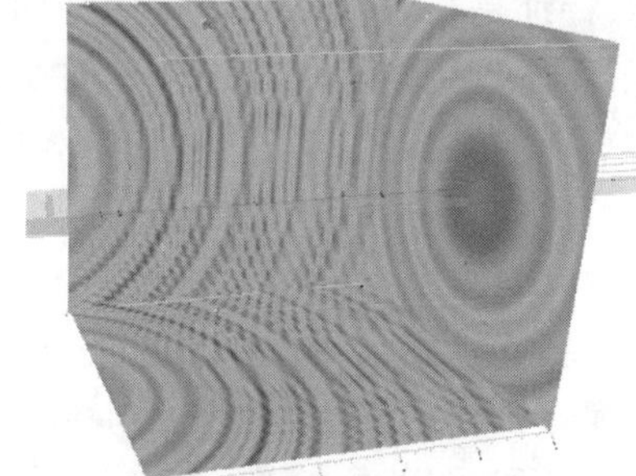

b)USEP21单震源绕射叠加三维图

图 6-108　USEP21 与 TSP203 绕射叠加对比图

通过理论分析与实际工程应用得出如下结论：

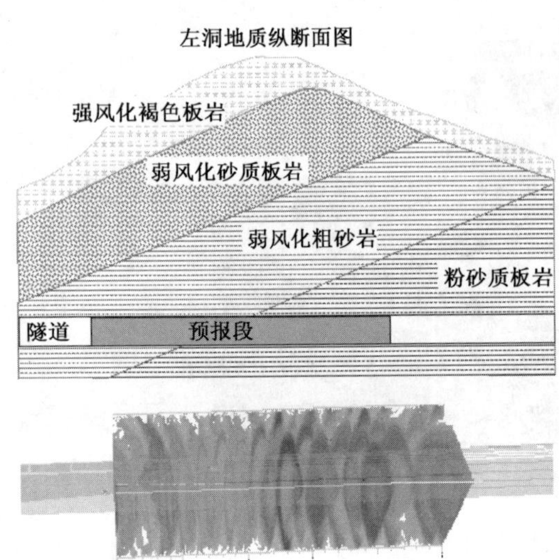

图 6-109　叠加后的三维等值面及矢量混合图

(1)USP 系统的"角度+位置"偏移的联合体系在隧道施工空间地震超前地质预报方法上是可行的。

(2)USP 是一种广谱的地下工程前方地质预报技术,可对三维空间地震波场解译,可进行轮廓、形状探测。该系统已在实际工程中应用,有很广泛的应用前景。

6.2.6　水平超前钻探

超前地质钻探是利用钻机在隧道开挖工作面进行钻探获取地质信息的一种超前地质预报方法。掌子面超前钻探是直接获取地下地质信息最常用的勘探技术,从几十甚至几百米长距离的勘探孔需要有特殊钻探设备和经验丰富的操作人员。超前地质钻探法适用于各种地质条件下的隧道超前地质预报,在富水软弱断层破碎带、富水岩溶发育区、煤层瓦斯发育区、重大物探异常区等地质条件复杂地段必须采用。

超前水平钻探方法是在隧道内安放水平钻机进行水平钻进,根据钻孔资料来推断隧道前方的地质情况。钻孔数量、角度及钻孔深度可人为设计和控制。根据钻进速度的变化、钻孔取芯鉴定、钻孔冲洗液颜色、气味岩粉及遇到的其他情况来预报。由于超前钻孔能够最直接地揭示掌子面前方的地质特征,所以准确率较高,也是地质超前预报一种必不可少的手段。优缺点简略如下:

优点:①预报准确度较高,可以反映掌子面前方一定距离的地层岩性、岩体完整程度、裂隙度、溶洞大小、有没有水以及可测水压高低等;②煤系地层可进行孔内煤与瓦斯参数测定,以便采取适宜防范措施,防止煤与瓦斯突出;③与物探方法相比,它具有直观性、客观性,不存在物探手段经常发生的多解性、不确定性,且得到的资料可信度高。

缺点:①在复杂地质条件下预报效果较差,很难预测到正洞掌子面前方的小断层和贯穿性大节理,特别是与隧道轴线平行的结构面,其预报无效;②在破碎岩体中会卡钻,钻进困难,速度不高;③需占用较长的施工作业时间,费用较高;④一孔之见,较难形成面的概念。

超前地质钻探主要采用冲击钻和回转取芯钻,两者应合理搭配使用,提高预报准确率和钻探速度,减少占用开挖工作面的时间。

(1)冲击钻探。

冲击钻探是指借重钻头产生的冲击力穿透地层,而取芯回转钻探是通过施加于钻头向前压力和泥浆的作用力而钻进的,可配合测孔法为超前地质预报提供资料。

一般地段采用冲击钻。冲击钻不能取芯,但可通过冲击器的响声、钻速及其变化、岩粉、卡钻情况、钻杆震动情况、冲洗液的颜色及流量变化等粗略探明岩性、岩石强度、岩体完整程度、溶洞、暗河及地下水发育情况等。

(2)取芯回转钻探。

钻孔取芯法是一种迫不得已的直接方法，该方法造价高、时间长，但确为实际反映，仅为掌子面前方一个点的反映，但取得的岩芯可进行各种室内试验，以确定最佳的施工方法、最佳的支护方式、防水处理、衬砌结构等。

回转取芯钻是勘探钻孔最常用的技术。由于多种因素影响钻探，因此它并不能提供足够信息（一孔之见），尤其受隧道掌子面条件限制费时费力。由于隧道内空间非常有限且开挖工程设施多障碍大，所以除非特殊情况，大多数承包商不愿进行水平超前钻探。

复杂地质地段采用回转取芯钻。回转取芯钻岩芯鉴定准确可靠，地层变化的具体里程可准确确定，一般只在特殊地层、特殊目的地段、需要精确判定的情况下使用。比如煤层取芯及试验、溶洞及断层破碎带物质成分的鉴定、岩土强度试验取芯等。

6.2.6.1　相关的规定与要求

1）技术要求

（1）孔数：

①断层、节理密集带或其他破碎富水地层每循环可只钻一孔；

②富水岩溶发育区每循环宜钻3～5个孔，揭示岩溶时，应适当增加，以满足安全施工和溶洞处理所需资料为原则；

③煤层瓦斯预报超前钻探孔数应符合相关的规定。

（2）孔深：

①不同地段不同目的的钻孔应采用不同的钻孔深度。

②钻探过程中应进行动态控制和管理，根据钻孔情况可适时调整钻孔深度，以达到预报目的为原则；煤层瓦斯超前钻孔深度应符合相关的规定。

③在需连续钻探时，一般每循环可钻30～50m，必要时也可钻100m以上的深孔。

④连续预报时前后两循环钻孔应重叠5～8m。

（3）孔径：

钻孔直径应满足钻探取芯、取样和孔内测试的要求，并应符合铁道部现行《铁路工程地质钻探规程》（TB 10014—1998）的规定；煤层瓦斯超前钻探孔径应符合相应的规定。

（4）富水岩溶发育区超前钻探应终孔于隧道开挖轮廓线以外5～8m。

2）工作要求

（1）实施超前地质钻探的人员应经技术培训和考核，经考核合格后方可上岗。

（2）钻探前地质技术人员应进行技术、质量交底。

（3）超前钻探过程中应在现场做好钻探记录，包括钻孔位置、开孔时间、终孔时间、孔深、钻进压力、钻进速度随钻孔深度变化情况、冲洗液颜色和流量变化、涌砂、空洞、振动、卡钻位置、突进里程、冲击器声音的变化等。

（4）超前钻探过程中应及时鉴定岩芯、岩粉，判定岩石名称，对于断层带、溶洞填充物、煤层、代表性岩土等应拍摄照片备查，并选择代表性岩芯整理保存，重要工程钻探过程监理应进行旁站。

（5）在富水地段进行超前钻探时必须采取防突措施；测钻孔内水压时，需安装孔口管，接上高压球阀、连接件和压力表，压力表读数稳定一段时间后即可测得水压。

（6）应加强钻进设备的维修与保养，使钻机处于良好状态；强化协调和管理，各方应积极配合，减少和缩短施钻时间。

3)现场布置要求

超前钻探是超前地质预报技术体系主要组成部分，占有重要的地位，具有不可或缺、不可替代的作用。特别是在岩溶隧道的超前地质预报中，更起到突出的作用。

超前钻探一般在隧道长距离、短距离超前地质预报的基础上进行，侧重长距离、短距离地质预报已经基本认定的主要不良地质区段；除非特殊情况，一般不宜全隧道连续进行。超前钻探流程如图 6-110 所示。

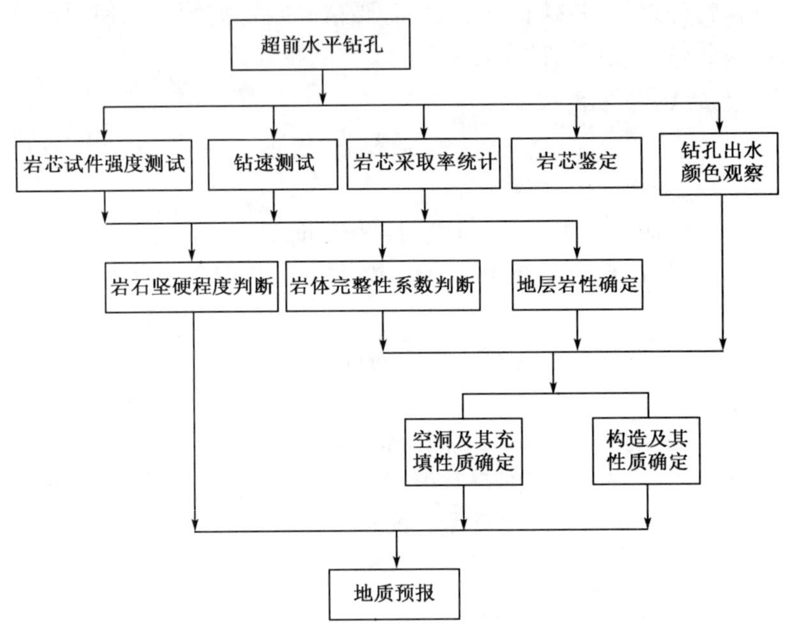

图 6-110　超前钻探流程

总体上，超前钻探分为长距离(80m)、中距离(40～60m)和短距离(15～30m)三种形式；分为取芯和不取芯两种类型。

超前钻探的布孔数量，视不良地质的性质和可能发生施工地质灾害的严重程度来决定。如图 6-111 所示，对于较大的断层破碎带，布置 1 孔至多 2～3 孔即可达到目的；对于溶洞、暗河或岩溶淤泥带等可能突水区段，则以布置 5 孔为宜。布孔的位置，则主要依据长距离、短距离地质预报的结论来确定。

超前钻探既对隧道长距离、短距离地质预报进行验证，又为施工地质灾害临近警报提供信息。

4)分析判断

在隧道施工掌子面或掌子面一侧耳室进行超前水平钻探，通过钻进速度测试、岩芯采取率统计、钻孔岩芯鉴定和必要的岩芯试件强度试验来确定隧道施工掌子面前方地(岩)层的展布、地层岩石的软硬程度、岩体完整性及可能存在的断层、空洞(岩溶溶洞、在采矿巷和废弃矿巷等)的分布位置，进行隧道施工掌子面前方地质预报。

一般而言，在坚硬岩石中，钻进速度低；在软质岩石中，钻进速度高。在岩体节理裂隙发育岩体和断层两侧破碎带岩体中施钻，易发生卡钻现象，钻进速度相对较低。遇空洞时，钻速突然急剧加快。

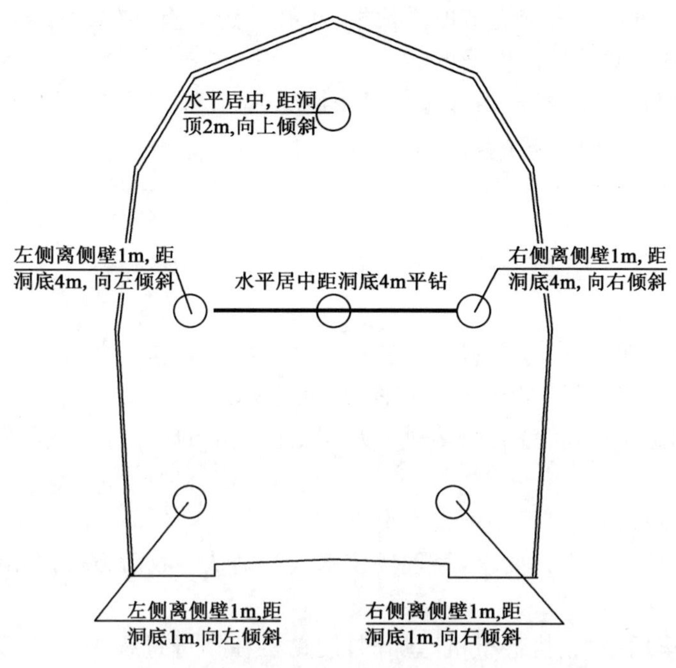

图 6-111　超前钻探掌子面布置

岩芯采取率在相当程度上反映岩体的完整性系数，也即反映岩体节理裂隙的发育状况。岩芯采取率低，表明岩体中节理裂隙发育，岩体完整性系数低，反之表明岩体节理裂隙不发育，岩体完整性好。

通过钻孔岩芯鉴定，可以确定不同岩性地层在施钻掌子面前方的分布位置、不同岩性地层在隧道轴线上的长度。必要的钻孔岩芯强度测试，是确定不同岩性地层岩石强度的重要手段。一般来说，多采用现场简易方法进行，如点荷载强度试验。

采用此方法不仅可以确定隧道掌子面前方地质情况，而且可以起到探水的作用，但遇高压大容量涌水时具有极大的风险性。隧道超前钻孔柱状图见表 6-8。

隧道超前钻孔柱状图　　表 6-8

钻探日期：				孔口里程：		立角： 偏角：		钻孔编号		
地层代号	里程（m）	深度（m）	厚度（m）	柱状图 1：200	采样位置	工程地质简述	出水位置	出水量（m^3/h）	孔径（mm）	备注

编制：　　　　　　　　　　复核：

该方法的不足之处是速度慢，占用掌子面施工时间长，遇到水体和瓦斯突出等灾害地层时甚至会造成意想不到的灾难，费时又费钱，且其探测结果只是一孔之见，难以形成“面”的概念，且遇软弱岩层取芯困难。对岩溶隧道地质预报，布孔位置带有偶然性。同时，在钻进工程中，因钻头偏移亦可导致探测结果发生误差。

超前钻探法应编制探测报告，内容包括工作概况、钻孔探测结果、钻孔柱状图，必要时应附以钻孔布置图、代表性岩芯照片等。

5）质量控制措施

(1)采用系统的钻探程序

①测量布孔：施钻前按孔位设计图设计的位置用经纬仪准确测量放线，将开孔孔位用红油漆标注在开挖工作面上。

②设备就位：孔位布好后，设备就位，接通各动力电源和供风、供水管路。安装电路要由专业电工操作，确保安全，供风管路要连接紧密，无漏气现象。

③对正孔位，固定钻机：将钻具前端对准开挖工作面上的孔位，调整钻机方位，将钻机固定牢固。

④开孔、安装孔口管：孔口管必须安设牢固。

⑤成孔验收：施钻满足设计要求，经现场技术人员确认签收后方可停钻终孔。

(2)控制钻进方向

①钻机定位完毕后，对钻机进行机座加固，使钻机在钻进过程中位置不偏移，做到钻孔完毕钻机位置不变。在钻进过程中应定期检查机器的松动情况，及时调整固定。

②对钻具的导向装置尽可能加长，并且选用刚度较强的钻杆，从而提高钻具的刚度，减少钻具的下沉量，达到技术的要求。不得使用弯曲钻具。

③当岩层由软变硬时应采用慢速、轻压钻进一定深度后，改用硬岩层的钻进参数。钻进中应减少换径次数。

④本循环钻孔完毕后，根据测量结果总结出钻具的下沉量，下一循环钻探时通过调整孔深、仰俯角等措施控制下沉量在设计要求的范围内，达到技术要求的精度。

(3)准确鉴定岩性及其分布位置。

6）安全措施

超前钻探钻进中应防止地下水突出，可采取安设孔口管和控制闸阀等措施，确保工作人员和机械设备的安全，同时应使地下水处于可控状态。

(1)在富水区实施超前地质预报钻孔作业，必须先安设孔口管，并将孔口管固定牢固，装上控制闸阀，进行耐压试验，达到设计承受的水压后，方可继续钻进。特别危险的地区，应有躲避场所，并规定避灾路线。当地下水压力大于一定数值时，应在孔口管上焊接法兰盘，并用锚杆将法兰盘固定在岩壁上。

(2)富水区隧道超前地质钻探时，发现岩壁松软、片帮或钻孔中的水压、水量突然增大，以及有顶钻等异状时，必须停止钻进，立即上报有关部门，并派人监测水情。当发现情况危急时，必须立即撤出所有受水威胁地区的人员，然后采取措施，进行处理。

(3)孔口管锚固可采用环氧树脂、锚固剂，亦可采用快凝高强度微膨胀的浆液锚固，锚固长度宜为1.5～2.0m，孔口管外端应露出工作面0.2～0.3m，用以安装高压球阀。

6.2.6.2　加深炮孔探测(5～8m)

加深炮孔探测是利用风钻或凿岩台车等在隧道开挖工作面钻小孔径浅孔获取地质信息的一种方法。加深炮孔探测适用于各种地质条件下隧道的超前地质探测，尤其适用于岩溶发育区。隧道加深炮孔探测记录见表 6-9。加深炮孔探测应符合下列要求：

(1)孔深应较爆破孔(或循环进尺)深 3m 以上。

(2)孔径宜与爆破孔相同。

(3)孔数、孔位应根据开挖断面大小和地质复杂程度确定。

(4)它是岩溶发育区对超前地质钻孔的一种重要补充，因其数量较多，有时效果是非常明显的。在富水岩溶发育区每循环必须按设计认真实施，发现异常情况应及时反馈信息，严禁盲目装药放炮。

(5)钻到溶洞和岩溶水时，应视情况采用超前地质钻探和其他探测手段，查明情况，确保施工安全，为变更设计提供依据。

(6)加深炮孔探测严禁在爆破残眼中实施。

(7)揭示异常情况的钻孔资料应作为技术资料保存。

与超前地质钻孔相比，它具有设备简单、操作方便、费用低、占用隧道施工时间短等优点。可与爆破孔同时施作，只不过其钻进深度较爆破孔深 2～6m。这样，风钻探测深度总是超前每循环爆破进尺 2～6m，保证施工安全。缺点是孔浅，且不能取岩芯。

隧道加深炮孔探测记录　　表 6-9

施工单位：　　标段：　　隧道名称：　　记录编号：

施工日期	班组长签字	掌子面里程	加深炮孔编号	开钻时间	结束时间	加深炮孔长度(m)	超前探孔情况													备注
							钻孔速度					钻孔时流浆				钻孔出水				
							较快	一般	慢、不卡钻	慢、卡钻	异常深度(m)	岩粉	黑色煤屑	泥浆	异常深度(m)	无水	小	一般	大	
			1																	1 2 3 4 5
			2																	
			3																	
			4																	
			5																	
			6																	
			7																	

注意事项：
1. 加深炮孔与掌子面炮孔同时作业，炮孔布置示意图见右上角。
2. 加深炮孔采用 5～6m 长度，尽可能水平方向(1、2、3 可略向外倾斜)。
3. 加深炮孔由开挖班长负责指导作业，观察上述情况，每班结束后立即填写此表(在相应栏内划“√”)，签字后立即交给作业队技术负责人，有异常立即报告队长和总工程师。
4. 作业队技术负责人审核后每 30m 一次交给超前地质预报单位(发生异常情况及时通报)。

负责人：　　　　技术人员：

主管工程师：　　现场监理：

6.2.6.3　MK50 型超前地质钻探施工

水平钻速法是根据台车水平钻速(一般指每钻进 20cm 所需的时间)的快慢及钻孔中回水的颜色来判断前方掌子面围岩的岩性、构造及岩石的破碎程度。通过同一断面至少 3 个不在同一直线的钻速情况,运用实体比例法投影可确定结构面的形状并实施预报。该方法简单可行,快速实用,不占用施工时间,是一种较受欢迎的预报方法。同时,该方法的预报效果也受到一些因素的影响,诸如钻机钻压的不稳定,钻孔的平行性,钻孔过程中卡钻现象等。现已对近百个掌子面的钻速与开挖后的岩性、结构面比较得出了此间的关系。

采用超前水平钻孔可以最直接的揭示掌子面前方的地质特征,准确率很高。采用长短钻孔相结合,并结合其他探测成果,可取得良好效果。超前水平钻孔采用 MK50 型地质钻机施工。探孔布置如图 6-112、图 6-113 所示。

图 6-112　探孔布置示意图

图 6-113　取岩芯

根据勘测资料以及超前地质预报工作和实施的洞内外检测所获得的资料,进行综合分析,对隧道内可能发生的大规模涌水、突泥等不良地质情况的断层破碎带应增加探测力度。采用超前钻孔、地质雷达和红外线探测仪进行联合地质预报,并认真做好地质素描,提高预报的准确性,为安全穿越断层带提供第一手资料。

6.2.6.4　RPD 多功能快速钻机施工

(1)无线随钻 MWD 地质预报。

无线随钻 MWD 通过钻机上安装的各种传感器、流量计和数据处理中心测定、分析钻机钻孔时采集到的数据(钻孔深度、钻孔速度、转速、扭矩、旋转压力、打击能、打击数、打击压力、推进力、送水量、排水量、送水压力、排水压力等),即时掌握掌子面前方的地质状况,如:岩盘软硬 、有无涌水、有无空洞(溶洞),最长预报距离为 150m,使用 65mm 刀头,在 100MPa 的硬岩条件下平均最大钻进速度可达 10m/h。

如图 6-114 所示本装置可以现场实时显示并打印出钻孔数据及曲线,操作手可及时对地质的变化做出相对应的操作,同时这些数据可以保存在数据卡中,使用专用数据读取装置保存在电脑中以进行后期数据分析。

见图 6-115 是 MWD 工法的示意图,钻孔过程中系统会生产各种数据曲线,经后期分析岩层发生变化时,相对应的各种曲线也会明显变化。根据这些曲线的分析就可完成长距离的地质超前预报。

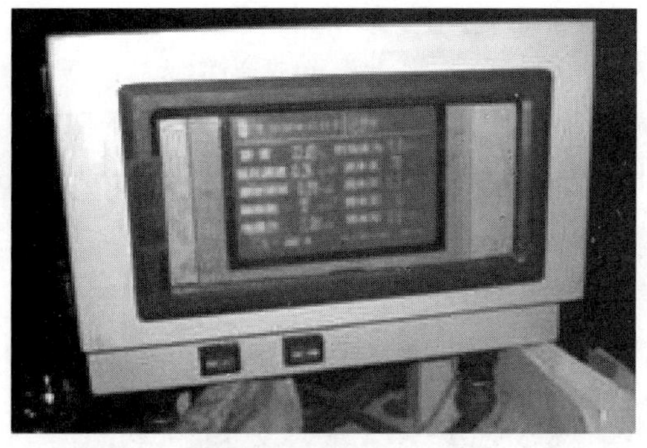

图 6-114　即时显示屏和后期分析用计算机

(2)PS 冲击式钢丝绳取芯。

如图 6-116、图 6-117 所示，使用一个取芯器，无须拔出钻杆就可以水平、垂直进行任何岩层的快速、连续钻孔取芯，取芯完整，取芯率高，比普通旋转钻机取芯速度提高 3～5 倍以上。最大的特点是不需撤出钻杆就可取芯，不仅提高了工作效率而且在软弱地质时可以起到防止孔壁坍塌的作用。而且加入的液压冲击功能可以使钻机在软硬交错地带、沙砾层、鹅卵石层等不易取芯的地层实现快速连续取芯。

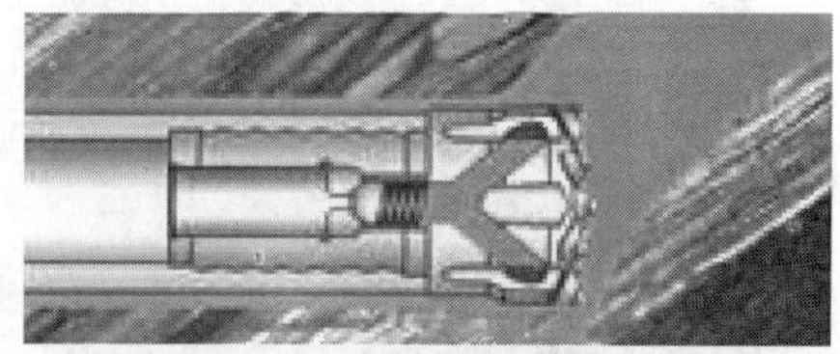

a) 钻探动画模拟

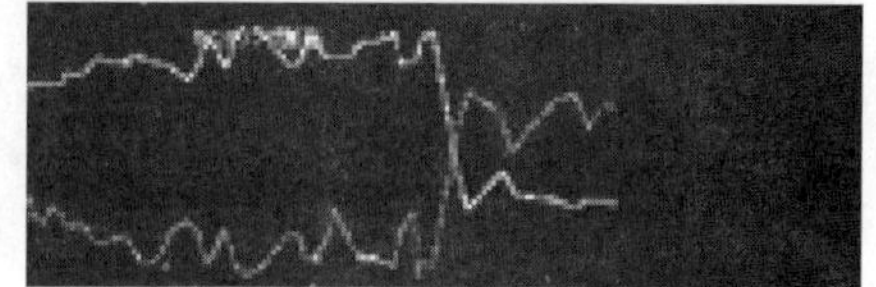

b) 钻探过程产生的各种数据曲线

图 6-115　MWD 工法示意图

取芯过程：首先在钻杆最前端安装取芯器组件，进行 1 个冲程的钻孔取芯；然后连接打捞器组件使用钢丝绳回收取芯器，最后换上新的取芯器进行下一个冲程的钻孔。

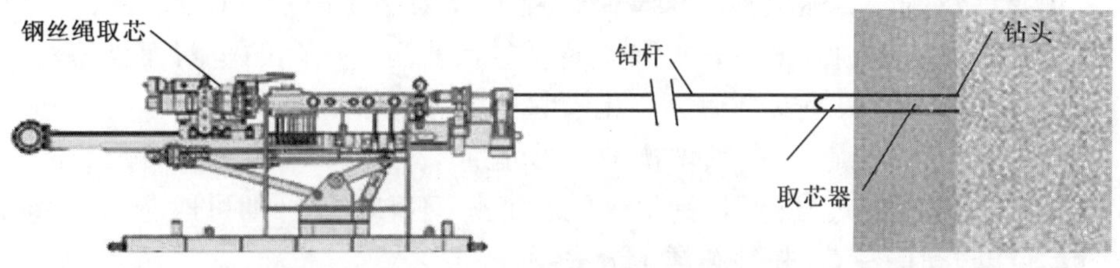

图 6-116　PS 钢丝绳取芯工法

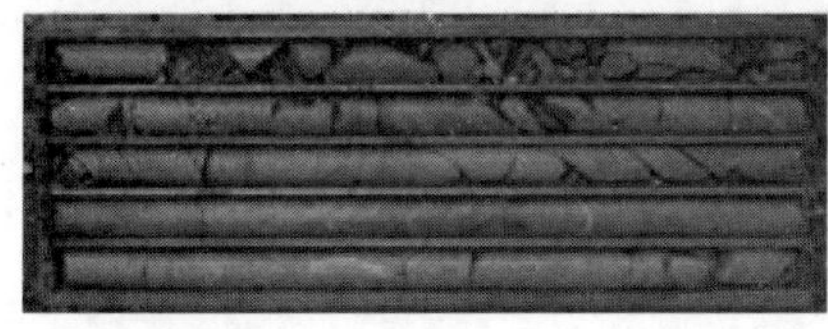
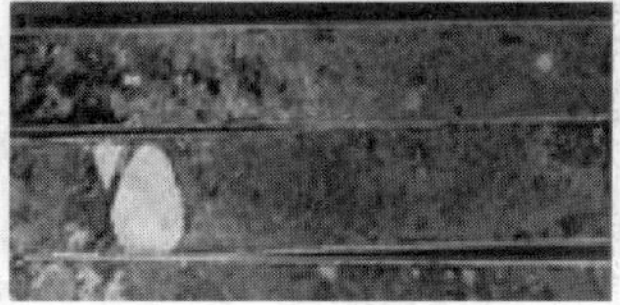

图 6-117　冲击式钢丝绳取芯的芯样

6.2.6.5　应用实例

1)宜万铁路齐岳山隧道

中铁十二局承建的宜万铁路齐岳山特长隧道全长 10528m，地质条件异常复杂，为全线重点和控制性工程。隧道最大埋深 670m，全隧道单面返坡排水，隧道穿越地层均为可溶岩地层，发育有三条暗河，9 条断层对隧道影响较大。主要工程地质问题有：溶岩及岩溶高压、突水、突泥；煤层瓦斯、天然气等。设计正常涌水量为 $1.76\times10^{5}m^{3}/d$，最大涌水量为 $7.43\times10^{5}m^{3}/d$。

为有效规避安全风险，提前正确探明隧道前方的地质情况，中铁十二局使用矿研 RPD-150C 型多功能钻机用于隧道 MWD 超前地质预报和止水作业，见图 6-118、图 6-119，每次钻探100～150m，每小时钻进速度约 15m(一轴压缩强度 80～200MPa)，累计钻探 8000 多米，正确、快速地探明前方的地层情况，避免了可能出现的涌水、突泥等事故，为安全施工起到了重要作用。

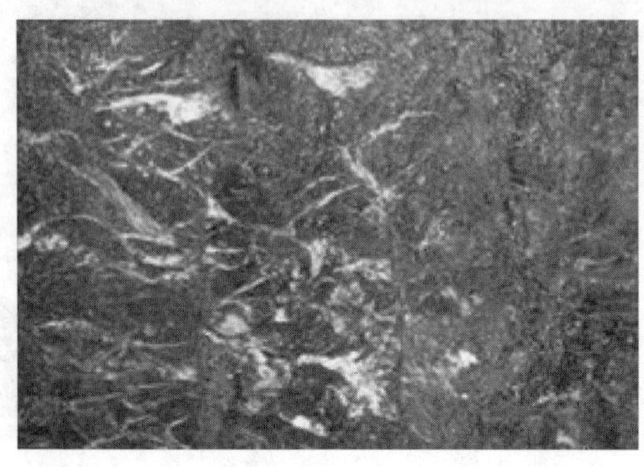

图 6-118　隧道岩层地质情况

图 6-119　RPD-150C 进行 MWD 超前地质预报

2)厦门翔安海底隧道

厦门翔安海底隧道全长 8695m，其中隧道长度 6050m，海底部分 4300m。双向 6 车道。主洞宽 13.5m，高 5m。隧道施工面临穿越浅滩全风化层段、砂砾层段和海底风化槽三大难点。多米的浅滩海域段以沉积污泥、沙层为主为全强风化地段，岩体强度低，围岩自稳能力差，而且上有海水下有地下水，隧道开挖过程中极易发生涌泥涌水，技术含量高，施工难度极大。

中铁十八局承建的 A2 标段(厦门端主右隧道)，采用 RPD-150C 和 RPD-75SL 完成了 MWD 长距离地质预报、快速 PS 冲击式钢丝绳取芯和前两个循环的全断面帷幕注浆(钻杆后退式分段注浆工法)，这为快速安全通过风化槽起到了关键作用。

如图 6-120、图 6-121 所示，在风化槽取 3 个孔芯，分别为 91m、78m 和 75m。采用矿研 RPD 系列钻机独特的冲击式 PS-WL 钢丝绳取芯工法，不取出钻杆即可取芯，大大加快了取芯速度，为一般方法的 5 倍左右，并且芯样十分完整。

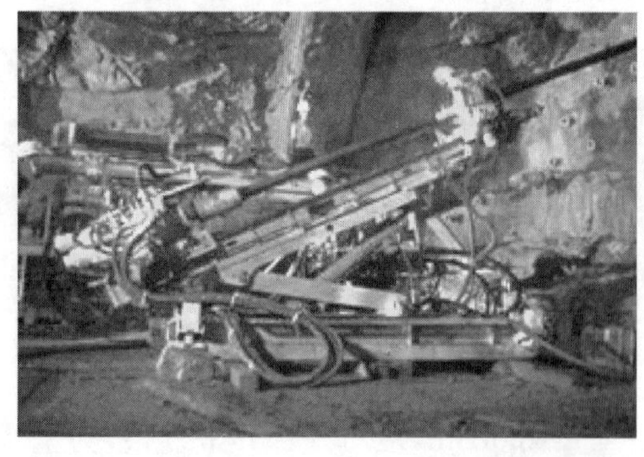

图 6-120　两台 RPD 多功能钻机进行全断面帷幕注浆

图 6-121　取芯实样

使用矿研 RPD 系列钻机完成前两个循环几百个孔的注浆，每孔长 25～34m。钻孔需 2h/孔，注浆平均在 4h/孔左右，是传统注浆法的 3 倍，而且效果较好。中铁十八局厦门海底隧道掌子面分为 ABC 三个区注浆作业，RPD-150C 和 RPD-75SL 根据自身的特点分别负责不同区域的钻孔注浆，大大提高了施工效率。

中铁隧道集团 A1(厦门端主左隧道)标段也使用 RPD-150C 钻机在厦门海底隧道另一标段中进行了冲击式的钢丝绳取芯，见图 6-122、图 6-123 为取出岩芯实样——花岗岩破碎带及风化囊。

图 6-122　矿研最新产品 RPD-180CBR 及在洞内取芯作业

图 6-123　厦门海底岩芯实样

6.2.7　超前导坑

按导坑与正洞的相互位置分为平行导坑和正洞导坑。其中，平行导坑与正洞平行，断面小且和正洞之间有一定距离，通过对导坑开挖中遇到的构造、结构面或地下水等情况作地质记录与分析，进而对正洞地质条件进行预报。线间距较小的两座隧道可互为平行导坑，以先行开挖的隧道预报后开挖的隧道地质条件。该法的优点是：预报成果比较直观、精度高、预报的距离长、便于施工人员安排施工计划和调整施工方案，还可以起到减压放水、改善通风条件和探明地质构造条件的作用，同时，还可用作排除地下水、断层注浆处理、扩建成第二条隧道之用。正洞导坑布置在正洞中，是正洞的一部分，其作用与平行导坑相比，效果更好。由于岩溶发育分布的复杂性，平导未揭露岩溶的地段并不代表正洞相应地段不发育岩溶。超前导坑的缺陷为：一是成本太高，有时需要全洞进行平导开挖；二是施工工期较长。除此之外，超前导坑预报法适用于各种地质条件。

根据超前导坑与隧道位置关系按一定比例作超前导坑预报隧道地质平面简图，由超前导坑地质情况推测未开挖地段隧道地质条件，预报内容主要包括下列各项：

(1)地层岩性、地质构造的分布位置、范围等；

(2)岩溶的发育分布位置、规模、形态、充填情况及其展布情况；

(3)在采及废弃矿巷与隧道的空间关系；

(4)有害气体及放射性危害源分布层位；

(5)涌泥、突水及高地应力现象出现的隧道里程段；

(6)其他可以预报的内容。

超前导坑预报法对煤层、断层、地层分界线等面状结构面预报比较准确，对岩溶等有预报不准(漏报)的可能。在岩溶发育可能性较大的地段可利用物探、钻探手段由导坑向正洞探测预报。

超前导坑中探测正洞地质条件的物探方法可采用地质雷达探测、陆地声呐法、水平声波剖面法等，探测方法的有效探测长度应达到或超过隧道被探测的范围。

隧道中出现的涌泥、突水、瓦斯爆炸等地质灾害在超前导坑施工中同样会发生，必须引起足够重视。超前导坑开挖过程中应做好超前地质预报，可采用地质调查、物探、钻探等方法，防止导坑地质灾害的发生。

超前导坑法地质预报应编制下列预报资料：

(1)地质调查法预测报告；

(2)采用的各种物探预报方法探测报告；

(3)超前钻探法探测报告；

(4)导坑地质展视图，比例为1∶500～1∶100；

(5)导坑预测正洞预报报告，包括导坑预报正洞平面简图，比例为1∶500～1∶100；

(6)导坑竣工工程地质纵断面图，包括地层岩性、褶曲、断裂的分布与产状，破碎带及坍塌和变形地段的位置、性质及规模，地下水出露的位置、水质、水量，分段围岩分级等，横向比例为1∶5000～1∶500，竖向比例为1∶5000～1∶200。

1)平行导坑法

平行导坑法是在隧道正洞左边或右边一定距离开挖一个平行的断面较小的导坑，以导坑中的地质情况通过地质理论和作图法预报正洞地质条件的方法。

平行导坑的作用很多，地质预报只是用途之一，一般只是当设计图纸中有平导设计的才采用该法，因其费用极为昂贵。

图6-124为某隧道平导预报正洞图的一部分：实际开挖揭示情况：PDK360＋706～PDK360＋750段为F1断层破碎带及影响带，围岩破碎。通过平导预测正洞DK360＋800～DK360＋845可能为F1断层破碎带及影响带，有水流出。实际开挖揭示：DK360＋800～DK360＋845为F1断层，有水流出，水量约为300mL/s。

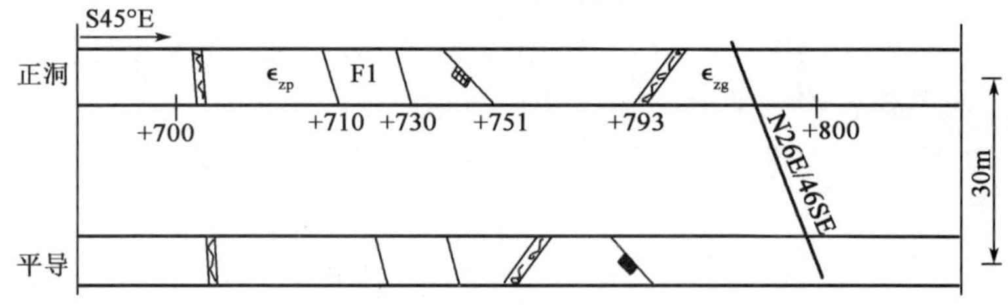

图6-124　平行导坑预报正洞平面简图

在大秦线上12座1.8km以上的隧道有9座采用了平行导坑；秦岭隧道为了保证Ⅰ线隧道TBM安全顺利的施工，在Ⅱ线隧道中线位置上先期利用平行导坑贯通，对Ⅰ线正洞做出了直观、高精度的地质超前预报。但该方法投资大，地层变化复杂时准确率明显降低。在实际工程中，平行导坑还可以起到增加工作面、减压放水、改善通风条件等作用。

2)正洞导坑法

正洞导坑法是在隧道正洞中某个部位开挖一个断面较小的导坑以探明地质情况的方法，再将导洞(坑)扩为隧道断面。该方法较平行导坑法更直接、更准确。

正洞导坑法可作为隧道施工工法的一种，即开挖了隧道，又探明了地质情况。

国外，在一些特殊地段为了探明地质情况往往不惜花费高昂代价，甚至利用正洞导洞(坑)来进行超前地质预报，如联邦德国欧伦堡隧道长 3303m，为了弄清地质情况，分别开挖了 25.9m深的竖井和 1647m 长的导坑。但在国内采用正洞导坑法的并不多见，北京八达岭高速公路隧道部分地段的施工过程中采用了超前正洞导洞(坑)法。

3)洞身地质素描法

对隧道拱顶、左右边墙进行地质素描(图 6-125)，并通过地质展示图形式表现出来，可以直观的判断隧道前方及周边地质岩性及不良地质体的发育规模。

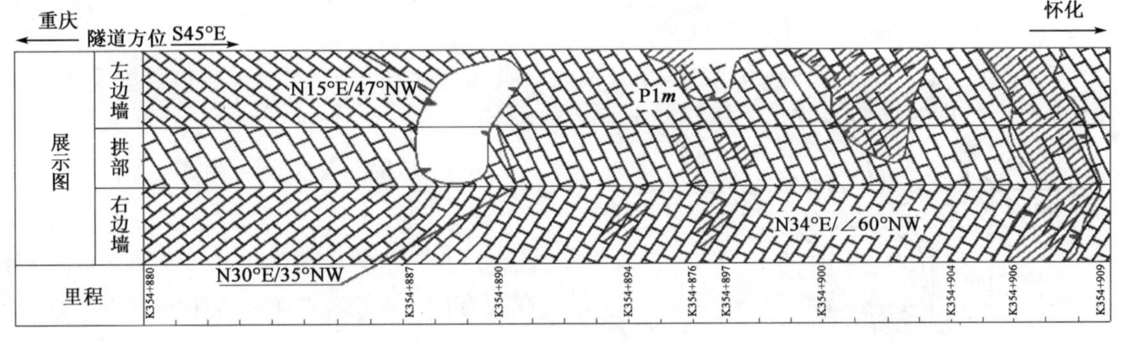

图 6-125 洞身地质素描

当地质条件复杂或异常复杂时，应在超前导坑中利用物探、钻探手段探测正洞地质条件。

6.3 短距离超前地质预报

短距离超前地质预报是指预报范围小于 100m 但在 30m 以内精度较高的预报方法，由于短距离预报是在长距离预报的基础上进行，所以，预报的精度一般要高于长距离预报，特别是对不良地质性质的预报更是如此。短距离超前地质预报技术主要适用于复杂地质地段，一般不需要在全隧道进行。以下根据应用情况分侧重介绍各种方法。

6.3.1 地质雷达法(微波法)

地质雷达属于电磁波物探技术。电磁波通过天线向地下发射，遇到不同阻抗介面时，将产生反射波和透射波。接收机利用分时采样原理和数据组合方式，把天线接收的信号转化为数字信号，主机系统再将数字信号转化为模拟信号或彩色线迹信号，并以时间剖面的形式显示出来，供解译人员分析。

地质雷达系统主要由加拿大的 Sensor& Software Inc、瑞典的 Mala Geo Science Inc、美国的 Geophsics Survey System Inc、英国的 ERATechnology Ltd、意大利的 Ingegneria Dei Sistemi、法国的 SATIMO、日本的 Koden Electronic Co. Ltd 等公司开发生产。目前在隧道掌子面超前(短距离)地质预报中应用广泛。

6.3.1.1　地质雷达方法原理

地质雷达(简称 GPR)是一种用于探测地下介质分布的广谱电磁技术,地质雷达发射机发射电磁波信号到地下介质中,当遇到存在电性差异的地下目标体如空洞、分界面等时,电磁波便发生反射,返回到地面由接收天线接收,在对接收到的电磁波进行处理和分析的基础上,根据接收到的电磁波波形、强度、双程走时等参数便可推断地下目标体的空间位置、结构、电性及几何形态从而达到对地下隐蔽目标物的探测(图 6-126)。地质雷达发射高频电磁波在地下介质中的传播速度主要由介质中的相对介电常数确定,电磁波在传播过程中,遇到不同的阻抗界面时将产生反射波和透射波,其反射与透射遵循反射与透射定律,反射波能量大小取决于反射系数,反射系数的数学表达式为:

$$r=\frac{\sqrt{\varepsilon_1}-\sqrt{\varepsilon_2}}{\sqrt{\varepsilon_1}+\sqrt{\varepsilon_2}} \tag{6-11}$$

式中,ε_1 、ε_2 反射界面两侧的相对介电常数。由式(6-11)可知,预报过程中反射系数的大小主要取决于反射界面两侧介质相对介电常数的差异。

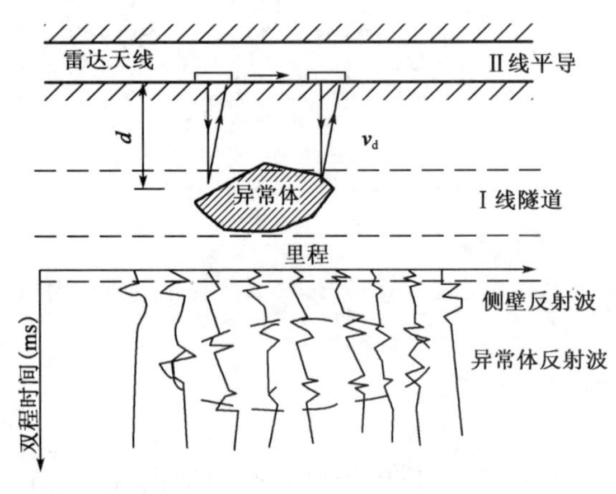

图 6-126　隧道地质雷达法原理图

6.3.1.2　地质雷达的影响因素

地质雷达的影响因素决定地质雷达的探测深度、分辨率及精度。主要包括内在与外在两方面,内在因素主要是指探测对象所处环境的电导率、介电常数等,常见介质的介电常数见表 6-11。表中是相对介电常数和速度的近似值,相对介电常数随介质中的含水率变化而急剧变化,含水少的介质其值较大。外在因素主要与探测所采用的频率,采样速度等与探测方法有关。在实际应用中,综合考虑这些因素,采用适当的方法技术是探测成功与否的关键。

见表 6-10 是地质雷达采样频率设置的经验值,探测时所采用的天线中心频率称为探测频率,而其实际的工作频率范围是以探测频率为中心的频带,探测频率主要影响探测深度和分辨率,当地质雷达工作在介电极限条件时,高频电磁波的衰减几乎不受探测频率的影响。比如,电磁波在空气中传播,由于不存在传导电流,电磁波不发生衰减。但实际上,由于大地电阻率一般都比较低,其工作条件达不到介电极限条件,由于传导电流的存在,高频电磁波在传播过程中发生衰减,其衰减的程度随电磁波频率的增加而增加。因此,在实际工作时,必须根据目标体的探测深度选用合理的探测频率,探测频率同时也决定了探测的分辨率。一般是探测频率越高,探测深度越浅,探测的分辨率越高。探测频率和介质的介电常数是决定分辨率的两个主要因素,电磁波的传播是以一个圆锥体区域向前发送能量,当目标体的水平尺度小于反射区尺度时,雷达是难以分辨的,电磁波频率越高,波长越短,反射区的半径越小,水平分辨率高。其天线频率与分辨率、最大测深的关系见表 6-10。

天线频率与分辨率、最大测深及盲区 表 6-10

参 数	天线频率(MHz)						
	2000	900	500	300	150	50	25
分辨率(m)		0.2	0.5	1.0	1.5	2.0	4.5
最大测深(m)	0.04～0.08	3～5	7～10	7～10	5～10	10～15	15～30
盲区(m)	1.5～2.0	0.08	0.25～0.5	0.5～1.0	1.0	2.0	4.0

注：采样频率的设置不得小于天线频率的 6 倍。

适用条件：岩体隧道（土体探测深度较小），精度较高。

见表 6-11 列出了常见的介质电性参数和电磁波传播参数。这些参数是某一种介质在一定条件下获得的。自然界介质变化很大，即使同一种岩石这些参数也有很大差别，表中的参数是一个参考值，较精确的值需要进行测定。电磁波速与介质的相对介电常数可用下式表示：

$$v=\frac{C}{\sqrt{\varepsilon_r}} \tag{6-12}$$

式中：C——光速（3×10^8m/s）；

ε_r——相对介电常数。

电磁波由地面向下入射，遇到界面反射回到地面往返所需时间可用下式表示：

$$t=\frac{2D}{v} \tag{6-13}$$

式中：D——反射面的深度。

由式（6-12）、式（6-13）两式可以看出，相对介电常数是计算被测目标深度的必不可少的参数。一般情况下可以选择已知目标，通过实验工作取得。在无已知目标的情况下，可参考表 6-11中给出的数值。

常见介质电性参数和电磁波传播参数 表 6-11

介 质	电导率(ms/m)	相对介电常数	电磁波速(m/ns)	衰减系数
空气	0	1	0.3	0
洁净水	0.5	81	0.033	0.1
海水	3000	81	0.01	103
冰	0.01	3～4	0.17	0.01
花岗岩(干-湿)	0.01～1	5～7	0.5～0.1	0.01～1
灰岩(干-湿)	0.5～2	4～8	0.11～0.12	0.4～1
砂(干-湿)	0.01～1	3～30	0.05～0.06	0.01～3
黏土	2～1000	5～40	0.06	1～300
页岩	1～100	5～15	0.09	100
淤泥	1～100	5～30	0.07	1～100
土壤	0.1～50	3～40	0.13～0.17	20～30
混凝土		6.4	0.12	
沥青		3～5	0.12～0.18	

6.3.1.3　电磁波的探测深度和有效范围

地质雷达探测到的地下反射物，并不一定只是处于发射天线发射电磁波的传播直线方向上。地质雷达的探测存在一个有效区域，如图 6-127 所示。阴影所包裹的“椭圆锥台”就是电磁波探测的有效范围，由于这个有效范围的底部椭圆比较像一个脚印，因此又被称为足印。只要是在这个范围内就能够被探测到。构成电磁波有效区域的要素为：探测深度 d、底部椭圆长轴 a、椭圆短轴 b。

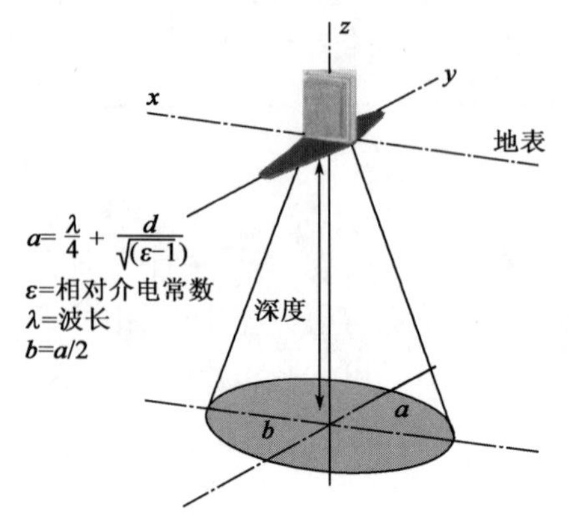

图 6-127　电磁波探测有效范围

探测深度通常是指电磁波振幅衰减为 0 时电磁波所对应的深度，它等于衰减系数的倒数，即：

$$d=\frac{1}{S}=\frac{1}{\sqrt{\mu\varepsilon\omega\left\{\sqrt{1+\left(\frac{\sigma}{\omega\varepsilon}\right)}-1\right\}^{2}}} \tag{6-14}$$

式中：ω——角频率（圆频率）。

由式（6-14）可以知，影响探测深度的主要因素有三个。第一是天线的中心频率；第二是介质的相对介电常数；第三是介质的电导率。对于磁导率，由于一般的非铁磁性物质的值都比较相近，可以认为它对探测深度没有显著的影响。电导率是指物体传导电流的能力，或者说是电荷在介质中流动的难易程度。金属、海水、水等的电导率很高，岩石和干燥的土壤的电导率很低，有关介质的电导率值如表 6-11 所示。电导率影响了电磁波在介质中的穿透深度，其穿透深度随着电导率的增加而减小，对金属而言其穿透深度为 0。也就是说，利用地质雷达探测并不适用于任何地层，当地下介质的电导率大于 10ms/m，地质雷达法并不是一个合适的方法，例如金属矿物地层。

6.3.1.4　雷达探测的分辨率

地质雷达探测的分辨率是指对多个目标体或单个小目标体的分辨能力，也就是说，地质雷达所能够清晰分辨的两个或者多个目标体之间的最小距离或者是单个小目标体的最小限度。影响分辨率的主要因素有探测的深度、介质特性、天线频率以及介质和目标体之间的差异等。分辨率通常又分为纵向分辨率和横向分辨率。通常采用菲涅尔带半径来表示横向分辨率，即：

$$R_F=\sqrt{\lambda L_0+\frac{\lambda}{4}} \tag{6-15}$$

式中：R_F——菲涅尔带半径；

L_0——目标深度（或反射截面）。

6.3.1.5　技术要求

（1）探测条件。

①探测目的体与周边介质之间应存在明显介电常数差异，电磁波反射信号明显；

②探测目的体具有足以被探测的规模；

③不能探测极高电导屏蔽层下的目的体。

（2）地质雷达探测仪器的技术指标应满足下列要求：

①系统增益不应低于 150dB；

②信噪比应大于 60dB；

③采样间隔不应大于 0.5ns、模数转换器不应低于 16 位；

④具有可选的信号叠加、实时滤波、点测与连续测量、手动与自动位置标记等功能。

(3)地质雷达探测的数据采集应符合下列要求：

①通过试验选择雷达天线的工作频率，确定介电常数。当探测对象情况复杂时，应选择两种及以上不同频率的天线。当多个频率的天线均能符合探测深度要求时，应选择频率相对较高的天线。

②测网密度、天线间距和天线移动速度应反映出探测对象的异常，测线宜采用十字或网格形式布设。

③选择合适的时间窗口和采样间隔，并根据数据采集中的干扰变化和效果及时调整工作参数。

④采用连续测量的方式，不能连续测量的地段可采用点测。

⑤隧址区内不应有较强的电磁波干扰；现场测试时应清除或避开测线附近的金属物等电磁干扰物；当不能清除或避开时应在记录中注明，并标出位置。

⑥支撑天线的器材应选用绝缘材料，天线操作人员应与工作天线保持相对固定的位置。

⑦测线上天线经过的表面应相对平整，无障碍，且天线易于移动；测试过程中，应保持工作天线的平面与探测面基本平行，距离相对一致。

⑧现场记录应注明观测到的不良地质体与地下水体的位置与规模等。

⑨重点异常区应重复观测，重复性较差时应查明原因。

(4)地质雷达探测质量检查的记录与原探测记录应具有良好的重复性，波形一致，异常没有明显的位移。

(5)地质雷达在完整灰岩地段预报距离宜在 30m 以内，在岩溶发育地段的有效探测长度则应根据雷达波形判定。连续预报时前后两次重叠长度应在 5m 以上。

(6)地质雷达探测的资料整理与解释应符合下列规定：

①参与解释的雷达剖面应清晰。

②解释前宜做编辑、滤波、增益等处理。情况较复杂时，还宜进行道分析、PK 滤波、正常时差校正、褶积、速度分析、消除背景干扰等处理。

③结合地质情况、电性特征、探测体的性质和几何特征综合分析。必要时应考虑影响介电常数的各种因素，制作雷达探测的正演和反演模型。

(7)地质雷达法预报应编制探测报告，内容包括探测工作概况、采集及解释参数、地质解译结果、测线布置图(表)、探测时间剖面图等，其中时间剖面图中应标出地层的反射波位置或探测对象的反射波组。

6.3.1.6　预报方法与成果解释

测试剖面布置根据掌子面情况，一般水平方向布置 1～3 条测线，垂直方向沿中心布置 1 条测线，如图 6-128 所示。

由于施工过程中掌子面不平整，测试剖面在现场测试时进行一定的调节。为提高测试准确性，测试过程中每条剖面至少重复测试 2 遍。天线在每个剖面上至少应进行 1 次点测和 1 次连续测试，点测的叠加次数≥64 次。雷达测试资料的解释是根据现场测试的雷达图像，对测试的图像进行异常分析，根据异常的形态特征及电磁波的衰减情况对测试范围内的地质情况进行推断解释。一般来说反射波越强，则前方地质情况与掌子面的差异就越大，根据掌子面的地质情况就可对掌子面前方的地质情况做出推断，解释过程中电磁波的传播速度主要根据岩石类型进行确定，测试过程中由地质人员对测试剖面上的地质情况进行现场描述，结合已开挖的围岩地质情况和设计资料，对掌子面前方的地质情况做出预测。最后把符合地质的预测结果同雷达测试的结果进行对比分析，做出合理的预报。

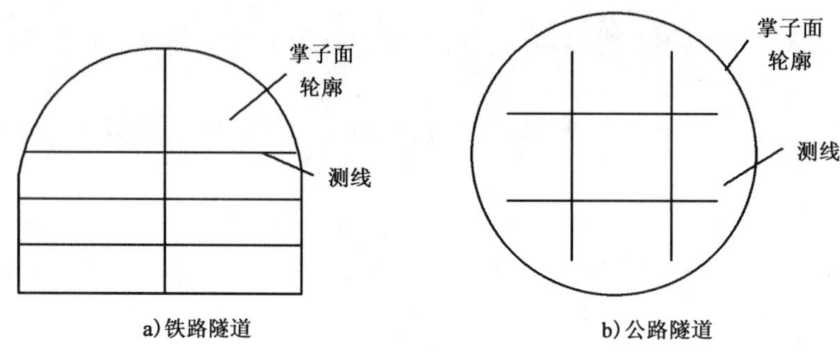

图 6-128　掌子面测线布置示意图

6.3.1.7　地质雷达预报典型实例

1)断层破碎带探测

在完整岩石与断层破碎带接触界面的两侧，由于破碎带内岩石的孔隙度和含水率均比完整岩石要大，而孔隙度和含水率对介质的介电参数等有较大影响，这就造成接触带两侧存在一定的波阻抗差异，致使电磁波在穿过界面进入破碎带内后其反射波能量增强、波形幅值增大，穿过破碎岩层时视其胶结程度而使得波形比较杂乱。

在雷达剖面上的波场特征为：地层反射波发育，同相轴错断，反射波振幅能量明显增强，电磁波频率发生变化，有时候会出现断面波、绕射波。因此，根据地质雷达的波形特征及相关地质资料，可以判明破碎带的厚度以及它与完整岩石的界面。如图 6-129、图 6-130 所示。

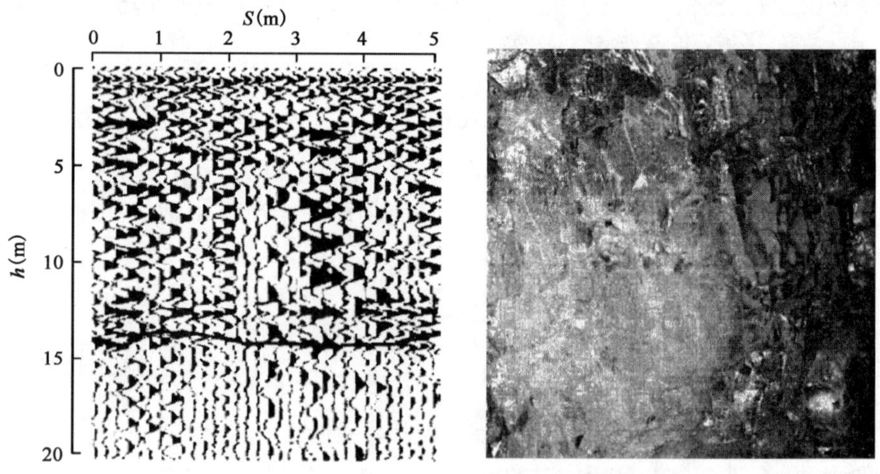

图 6-129　断层破碎带波形断层破碎带实际照片 1

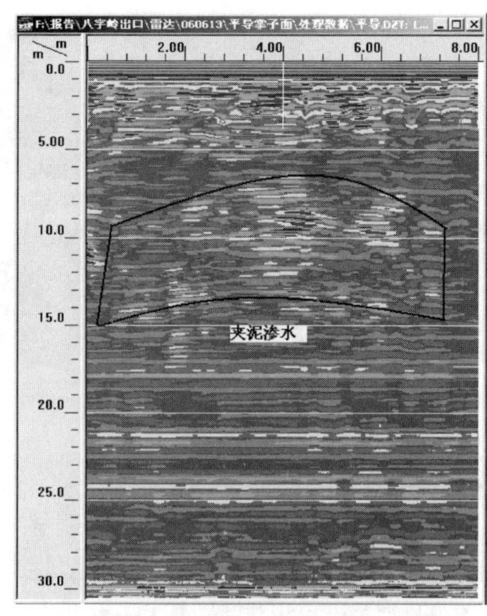

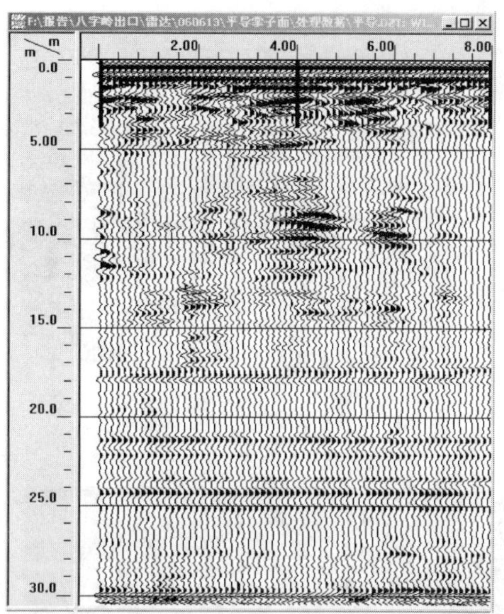

图 6-130　断层破碎带波形断层破碎带实际照片 2

2)前方裂隙水探测

富水带是含水量大的岩体区域，在隧道开挖后很可能产生涌水现象，水的相对介电常数较大，当岩体含水量较大时，介质的介电常数有较大的增大，而电磁波在介质中的传播速度则会降低，这样反射波表现较强的正峰异常，同出现强反射，有时亦会内产生绕射、散射现象，导致波形紊乱，频率成分由高频向低频剧变。如图 6-131、图 6-132 所示。

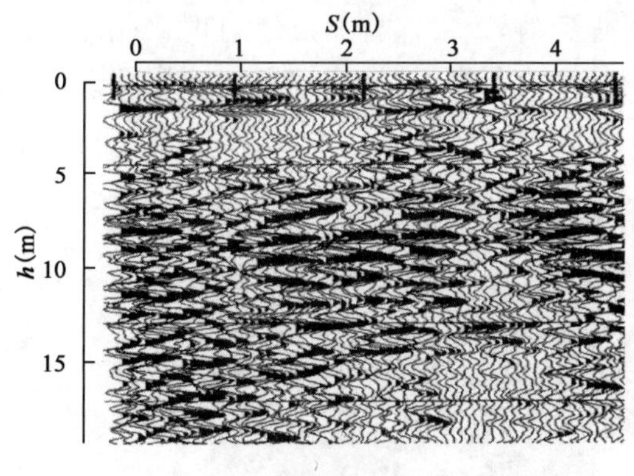

图 6-131　富水带的雷达波形

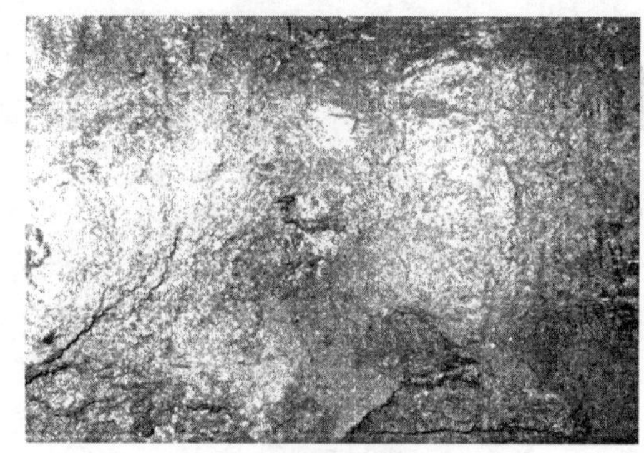

图 6-132　富水带实际照片

裂隙密集带主要存在于断层影响带、岩脉带及软弱夹层中，由于裂隙内有不同成分、不均匀的充填物，与周边围岩形成电性差异，因此具有采用地质雷达探测岩体中裂隙存在的地球物理基础。

当雷达电磁波传播到裂隙表面时，会产生较强的界面反射波，同相轴的连续性反映了裂面是否平直、连续；在穿越裂隙的过程中会产生绕射、散射、波形杂乱、波幅变化大，反映出裂隙内充填物的不均匀性。如图 6-133～图 6-135 所示。

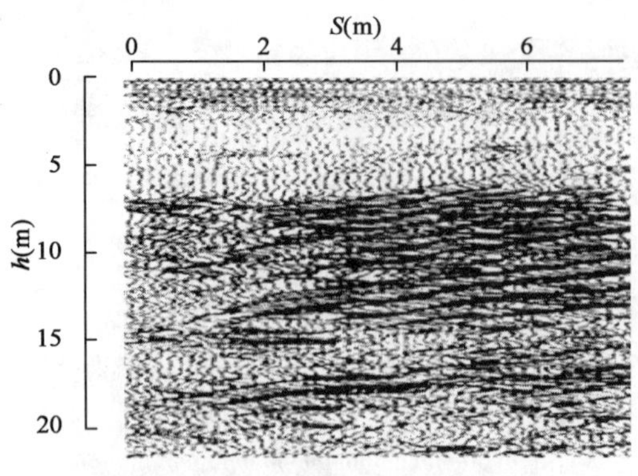

图 6-133　裂隙密集带的雷达波形

图 6-134　裂隙密集带实际照片

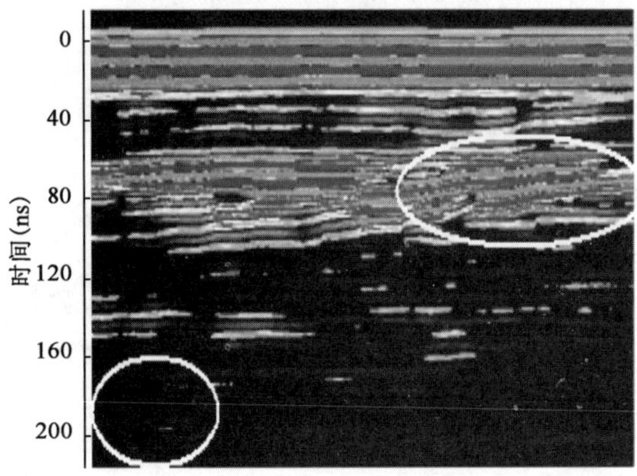

图 6-135　雷达探查掌子面前方裂隙水的时间剖面图

3)岩溶探测

岩溶与其周围的介质存在着较明显的物性差异,尤其是溶洞内的充填物与可溶性岩层之间存在的物性差异更明显。这些充填物一般是碎石土、水和空气等,这些介质与可溶性岩层本身由于介电常数不同形成电性界面。

当有岩溶发育时,反射波波幅和反射波组将随溶洞形态的变化横向上呈现出一定的变化。一般来说,溶洞雷达图像的特征是被溶洞侧壁的强反射所包围的弱反射空间,即界面反射是强反射,且常伴有弧形绕射现象;溶洞内的反射波则为弱反射:低幅、高频、波型细密,但当溶洞中充填风化碎石或有水时,局部雷达反射波可变强(图 6-136)。

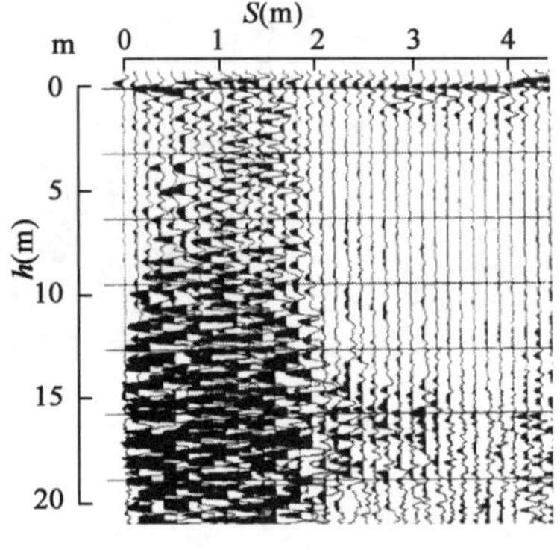

图 6-136　岩溶带雷达波形及实际照片

(1)实例一:风梅垭隧道岩溶预报(代高飞、夏才初、毛海河,2004)。

风梅垭隧道是崇遵高速公路的咽喉工程,它属于分离式路基接近平行的双洞。隧道长2740m,穿越主要围岩类别为Ⅴ、Ⅳ、Ⅲ级,主要地质构造为 F3、F5 和 F7 断层破碎带。隧道岩性变化复杂,局部石灰岩风化较强,地下水丰富。为加快隧道施工进度,避免坍方等事故,必须

详细了解掌子面前方的地质情况。

如图 6-137 所示，在风梅垭隧道里程 K1＋980 处掌子面进行雷达探测，掌子面为灰岩，岩石较为破碎，但胶结较好，含水量较大。进行雷达图像处理时发现掌子面前方 1.2m 附近有一较强的弧形反射界面，见图 6-137，经现场多次测试，重复性极好。根据图 6-137 推断掌子面前方 1.2m 附近将出现明显岩性弱化，岩性弱化区域为近似圆形，结合 4 条测线的图像，推断在宽 11m 左右的掌子面中部存在一球形岩性弱化区，考虑到掌子面岩石较为破碎，含水量较大，进一步推断该球形区域含水量丰富。现场立即撤出机械设备，在掌子面中部打眼放水，打眼时探测到掌子面前方 1m 左右为一空腔。开始时地下水呈喷射状，水压很大，水质清澈，无异味。3h 后，涌水逐渐减小，7h 后涌水停止。随后通过缩小进尺，加强支护顺利通过了该溶洞。

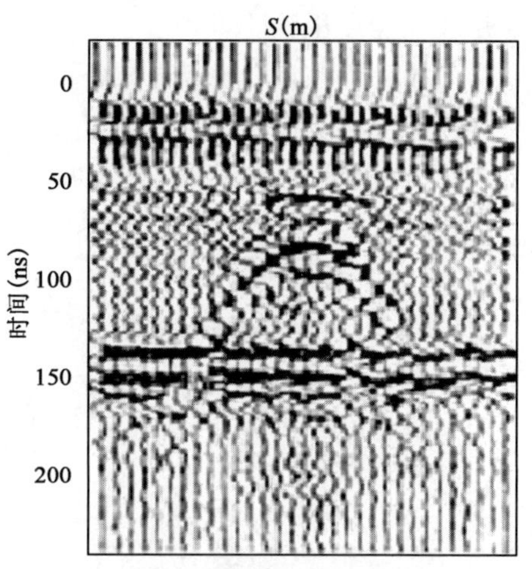

图 6-137　地质雷达探测溶洞图像

(2)实例二：黄石市某湖底隧道岩溶预报(余中明，1999)。

黄石市某湖底隧道工程概况见图 6-138，工程前期的初勘查明隧道所处地质条件复杂，隧道在湖底开凿比陆上开凿情况更复杂，风险性也比较大。因此，查明隧道掌子面前方岩层的裂隙、溶蚀、溶洞、断裂等不良地质现象，保证隧道安全顺利地掘进就显得十分重要。

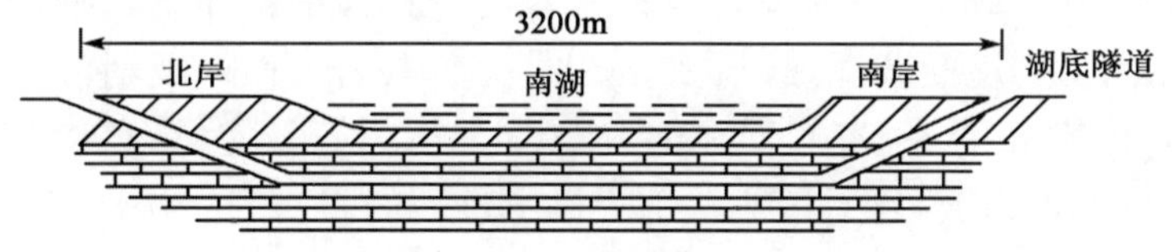

图 6-138　湖底隧道工程概况示意图

①隧道掌子面前方雷达图像特征。拟建隧道贯穿于大冶灰岩，当灰岩致密完整无溶蚀特征时，介质相对均一，无雷达反射波或反射波很弱；反之，当灰岩内存在充填溶洞、溶蚀区、断层或裂隙发育、层理发育时，这些不良地质现象与完整灰岩介电常数差异增大，反射波明显增强。通过分析雷达图像，就能了解掌子面前方不良地质情况的分布，为安全掘进提供预报。

②现场布置。由于隧道呈拱形，依据实际情况，在掌子面上布设 5 条探测剖面(图 6-139)。

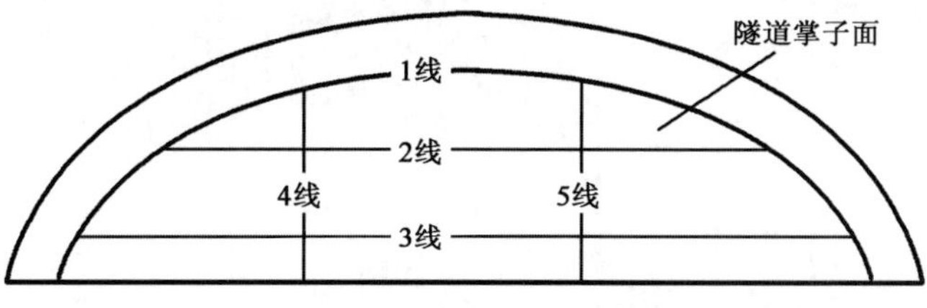

图 6-139　雷达测线布置示意图

③资料解释举例。图 6-140 为南口 1045m 掌子面前方溶洞探测剖面雷达图像。从图像可以看出，由于溶蚀区与其周围完整灰岩的介电常数差异较大，因此反射波强度增大，在其相

应的溶蚀地段反射波形强度较大，且波形杂乱，推断掌子面前方在 7～20m 范围内存在溶洞。后经掘进证实在里程 1055m 左右隧道内大量涌水，立即采用喷浆处理，避免了事故发生。

见图 6-141 为北口 1376m 掌子面前方深部岩层层理发育地段的地质雷达探测图像，可以看出，波形杂乱，至深部反射波都存在一定强度。推断在该掌子面前方地质情况复杂，岩体较破碎，层理发育且含少量水。爆破掘进时进度较快，经掘进证实，该地段岩体强度差，呈层状。

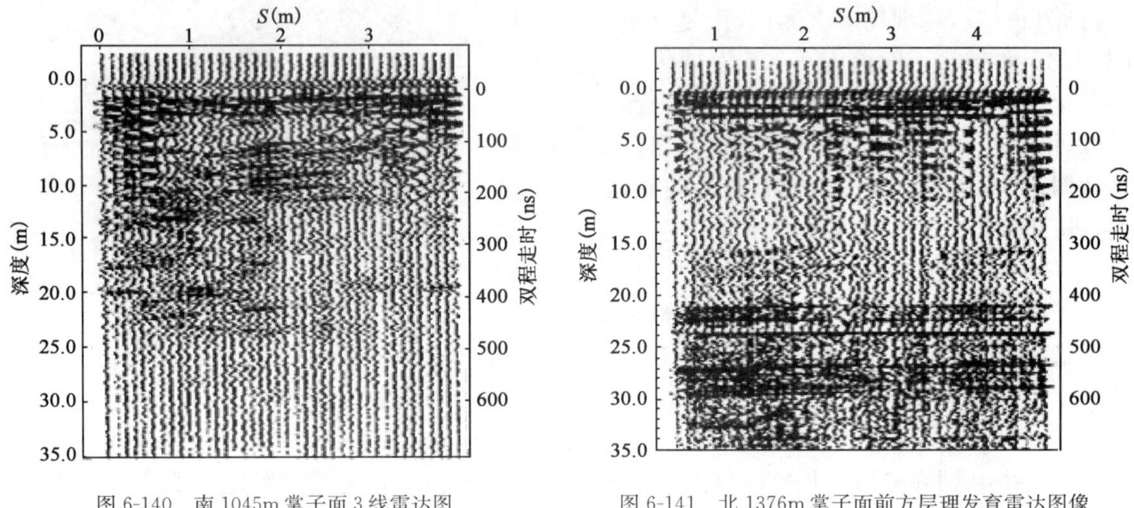

图 6-140　南 1045m 掌子面 3 线雷达图
注：纵坐标深度是在 v=0.1m/ns 时计算的。

图 6-141　北 1376m 掌子面前方层理发育雷达图像
注：纵坐标深度是在 v=0.1m/ns 时计算的。

见图 6-142 为南口 1108m 掌子面前方浅部裂隙发育地段的地质雷达探测图像，可以看出在掌子前方 15m 以内雷达反射波强烈，与 20m 以外完整灰岩的微弱反射波形成鲜明的对比，推断在掌子面前方 0～15m 存在裂隙，而在前方 20～35m 岩石较完整，可以安全掘进。另外，在图像浅部存在较强的反射波，这是因为浅部爆破掘进后的岩石产生松动，且距掌子面近。

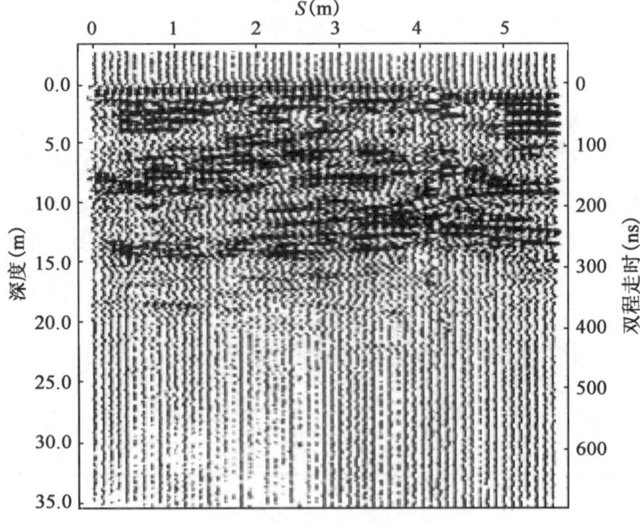

图 6-142　南 1108m 掌子面前方裂隙发育地段地质雷达图像
注：纵坐标深度是在 v=0.1m/ns 时计算的。

(3)实例三：武隆隧道岩溶、暗河超前地质预报（苏会锋、陈进杰，2004）。

渝怀铁路武隆隧道全长9418m，工程地质、水文地质条件十分复杂，施工中揭穿了3条暗河，其中2～3号暗河段(D2K193＋170～＋378)发育特大型溶腔暗河，两暗河之间存在一定的水系联系，施工期间雨季多次发生特大涌水，最大涌水量达到7.18×$10^6$$m^3$/d。该段隧道所穿过的地层绝大部分为二叠系下、上统吴家坪组、茅口组灰岩，灰色中厚层灰岩地层，位于武隆向斜北西翼，为单斜构造。通过前期钻探探明的溶洞内充填物类型大致为：黏土厚0～8m；碎块石土厚2～14m；卵石土厚0～9m。

①已揭示的岩溶暗河特征。2号岩溶暗河：位于D2K193＋185～D2K193＋210段，平面上呈"T"型分布，沿隧道纵向长约18m，在D2K193＋205向隧道左侧发育延伸约16m，暗河溶腔最高约18m，线路右侧暗河及坍塌体宽24m，在向外岩溶管道形态呈裂隙状，未见较明显的暗河通道，暗河呈裂隙状。暗河底堆积卵石及粗砂，呈半胶结状。经钻探揭示暗河下部充填碎石土厚5～7m，其下为一层0～3m黏土。该暗河平时流量较稳定约1000m^3/d，雨季时流量猛增。

3号暗河：位于正洞D2K193＋320～D2K193＋370右侧的溶洞下，溶洞基本发育在隧道右侧边墙外，平面上呈矩形，长约50m，宽8～18m，高4～17m。暗河在D2K193＋340～D2K193＋375横穿线路，水位高程216.6m，较路肩设计高程低11.6m，雨季时地下水位上升至路肩高程，涌入隧道内向外排泄。根据历次涌水情况分析，2、3号暗河存在水力联系。

②雷达探测结果：

本次探测分别在两侧积水廊道左侧的左右边墙和底板、右侧的左边墙和底板各布置雷达测线1条。

成果分析：图6-143～图6-146为左侧积水廊道右边墙4个位置的探测图像。由图中知，在右边墙往右3m位置雷达波表现出强衰减异常特征，与两侧较强的电磁波反射形成明显对比，同向轴中断，且在图像中部电磁波强度衰减区有向两侧侵入的迹象。异常图只知雷达所能探测深度范围15m以内。因为右边墙越往右靠近正洞，此段正洞正好从溶洞穿过。所以此反射波应为碎石、黏土的反应。图6-144情况类似，只是溶洞边界较前一位置更靠近正洞。

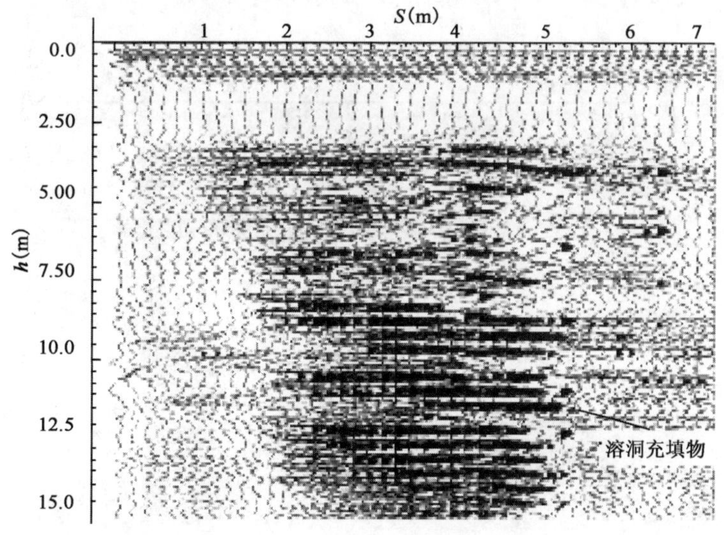

图6-143　左侧积水廊道右边墙263～265雷达剖面

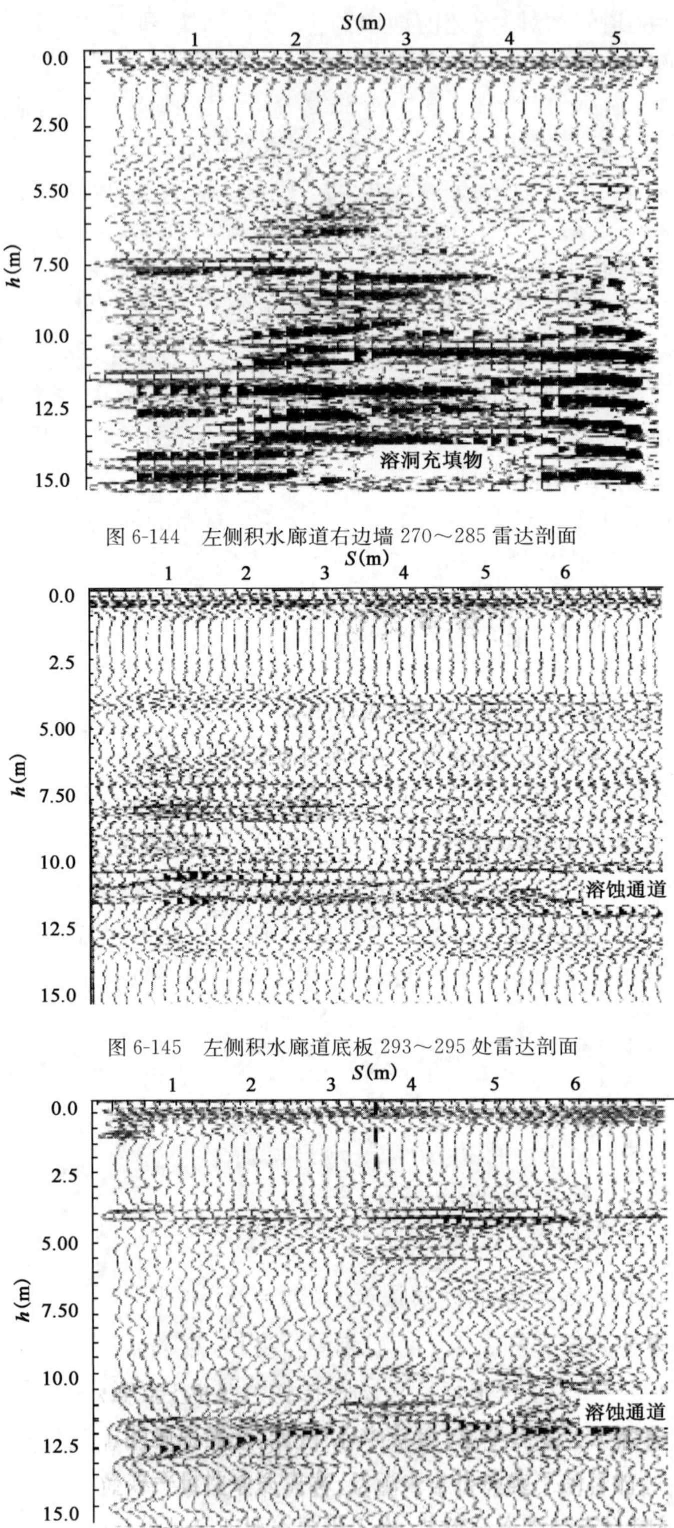

图 6-144　左侧积水廊道右边墙 270～285 雷达剖面

图 6-145　左侧积水廊道底板 293～295 处雷达剖面

图 6-146　左侧积水廊道底板 308～312 处雷达剖面

相对来看，右侧积水廊道右边墙和底板围岩较好，而左边墙除 D2K193＋250～D2K193＋253 处和 307 处外，没有发现其他异常。这和以往历次涌水点位置大都在隧道左侧的实际情况相符。

6.3.1.8　小结

(1)使用地质雷达进行隧道掌子面前方不良地段预报是比较理想的方法，既快速又经济。雷达能对岩溶的分布范围、埋深、大小及连通情况进行形状探测。

(2)对地质雷达图像的识别和判读依赖于各种不良地质体的图像特征，因此对雷达图像特征的掌握尤为重要。

(3)隧道掌子面的平整与否，对探测结果的准确性有一定影响。在实际操作中应特别注意天线的定点和贴壁，否则会使探测结果产生畸变。

(4)提高雷达数据处理和解释水平，使雷达图像对地质情况的反映清晰、真实且易于判读。

6.3.2　BEAM(Bore-Tunnelling Electrical Ahead Monitoring)

BEAM 法是德国 GD(Geohydraulik Data)公司推出的产品。该方法是一种聚焦电流频率域的激发极化方法，其最大特点是通过外围的环状电极发射一个屏蔽电流和在内部发射一个测量电流，以便使电流聚焦进入要探测的岩体中，通过得到一个与岩体中孔隙(空隙)有关的电能储存能力的参数 PFE(Percentage Frequency Effect)的变化，预报前方岩体的完整性和含水性；其另一个特点是所有装置可安装在盾构挖掘机的刀头(测量电极)和外侧钢环(屏蔽电流)上。也可安装在钻爆法施工钻头的前方(测量电极)及两侧钢架(屏蔽电流)上，随着隧道掘进，连续不断获得成果，并适时处理得出掌子面前方的 PFE 曲线。从曲线推断前方不良地质岩体的形状及含水情况。

6.3.2.1　BEAM 工作原理

激发极化(IP)法是发生在地质介质中，因外电流激发而引起介质内部出现电荷分离，产生一个附加“过电位”的一种物理化学现象(图 6-147)。测量 IP 随时间变化的是时间域激发极化法(图 6-148)。

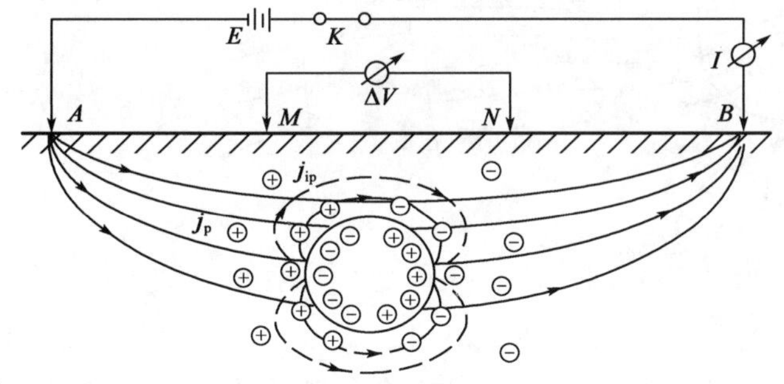

图 6-147　激发极化法现象示意图

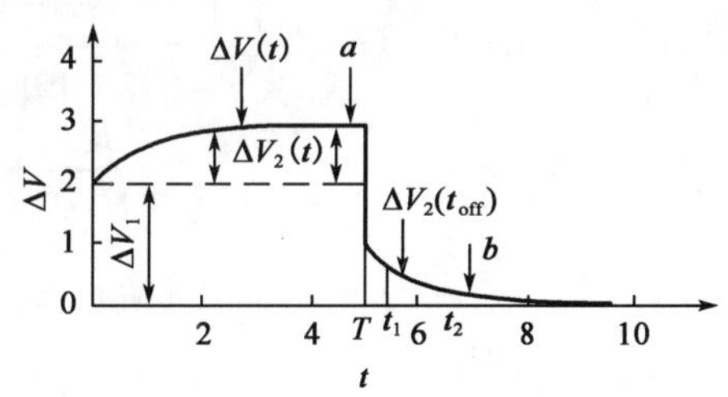

图 6-148　在时间域观察激发激化现象示意图

视极化率视充电率：

$$\eta_s = \frac{\Delta V_2(t_s)}{\Delta V} \times 100\% = \frac{\Delta V_2(t_s)}{\Delta V_1 + \Delta V_2(t_1)} \times 100\% \tag{6-16}$$

$$M_s = \frac{\int_0^{\Delta t} \Delta V_{IP}(t) dt}{\Delta V} \tag{6-17}$$

BEAM测试技术的原理是通过对岩层电阻率进行测试的电法(激发极化法)来探知岩石质量、空洞和水体。地下岩体、矿石在人工电场作用下发生着复杂的电化学过程,并形成一个随时间增加而增长的极化电场,它叠加在人工电场以及由于电性差异而产生的异常电场之上。习惯上把人工电场以及因电性差异而产生的电场称为一次场,而把极化电场称为二次场,它们的叠加称为总场。总场经数分钟后趋于饱和。如果切断电源,一次场随即消失,但二次场仍然存在,并随时间增加而逐渐衰减,几十秒至几分钟后衰减至零。激发极化法就是通过研究激发极化电场的分布以达到找矿、找水或解决其他地质问题的一种物探方法。但是由于直流激电法的装备比较笨重,且断电后的二次场易受外界电磁干扰,激电法后来的发展以交流激发极化法为主,德国GD公司开发研制的Beam测试系统就是一种以交流激发极化法为探测手段的全新技术。

6.3.2.2 BEAM系统构成

BEAM系统由主机、数据采集解译软件、连接线路、数据转换盒、A0电极、A1电极和B电极组成。Beam测试系统能够将整个极化过程中岩层电阻系数的变化频率过程记录下来。特殊水体或空洞、高孔隙率的地下介质譬如洞穴等对激发极化的参数有相当大的影响,因此Beam测试技术能够对这些工程地质问题做出准确的预测。相对传统的电法探测,Beam测试技术的核心在于改善了电法测试的灵敏度和稳定性,利用同性电极相排斥的原理,通过在隧道掌子面环形布置的正电极A1建立的保护电场,使正电极A0产生的电流呈放射状向隧道纵深传播得更远(图6-149)。B极一般作为接地电极(负极)。

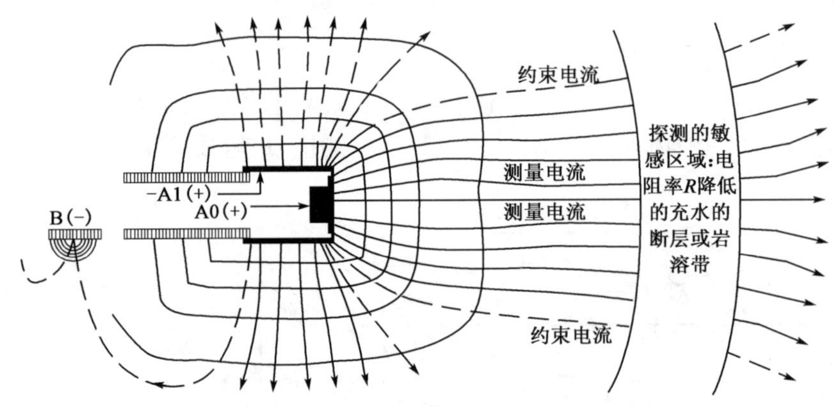

图6-149 Beam低电阻率带探测电流传播形式示意图(Geohydraulik Date Corp,2004)

不同的电阻率也会对应不同的岩体情况,干燥致密的岩体电阻率较高,孔隙大的含水岩体电阻率较低,BEAM系统采用交流激发极化法进行超前预报获得百分频率效应PFE和电阻率R两种参数,以这两种参数为成果解译基础综合对前方地质情况进行预报。

将返回的测试电流通过数据转换盒接入测试系统主机当中(图6-150),由主机按一定程序进行控制测量,从而得到一组与该掌子面前方一定范围内电阻率和极化率的空间分布情况。供电电流采用多频方式供电,测量不同频率下的观测数据。

A0电极作为测量电极向前发射探测电流，保护电场通过A1电极在掌子面呈环形布置来实现，具体布置见图6-151。

图6-150　系统主机接口

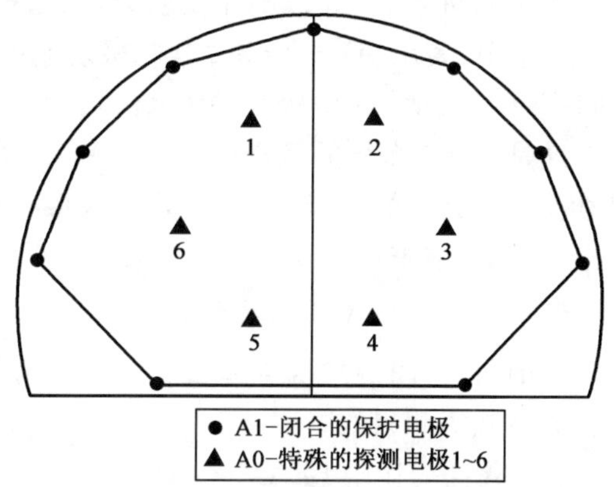

图6-151　掌子面探测电极布置示意图

开发BEAM测试技术的德国GD公司通过有限元模拟研究认为该技术向掌子面前方的预测距离可达到隧道断面直径的5倍。通过定义PFE(Percentage Frequency Effect)——频率效应百分比这与岩体储存电能能力相关的岩石学特性指标，通过测取前方不同质量岩体以及孔隙、水体、洞穴、断层等介质的PFE和电阻率数据制定出具体的解译指南，就可对隧道的前方5倍洞径内的岩体质量、不良地质情况(水体、洞穴、断层等)进行综合预测。在TBM隧道掘进施工中，BEAM测试在国外已有很多应用实例，包括意大利的Ginori隧道、Prisn隧道，西班牙的Guadarrama-North-Tunnel、德国的Nuremberg-Ingolstadt铁路隧道等；在钻爆法隧道施工中国外也有应用，如瑞士的Gotthard Base Tunne、Lotschberg Base Tunnel。见图6-152给出了在钻爆法隧道施工中，用BEAM做超前预报的工作方法示意图。

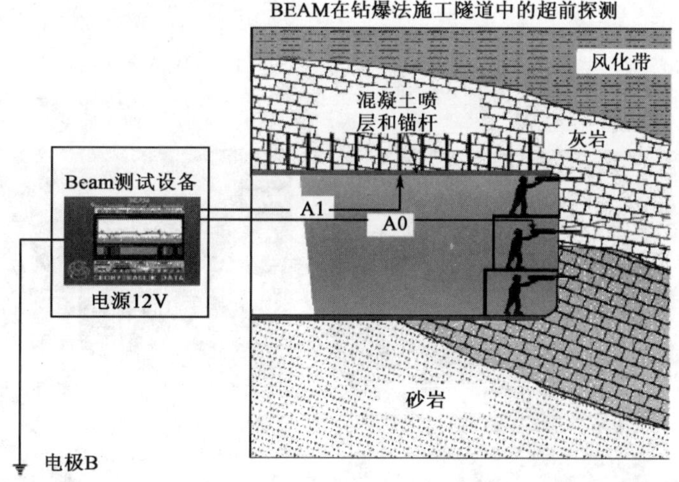

图6-152　钻爆法Beam工作示意图

完整的BEAM系统构成如下：

①A1电极：形成探测电流周边的保护电场迫使探测电流固定向掌子面前方传播；

②A0 电极：向掌子面前方发射探测电流；

③B 电极：无穷远处的接地电极；

④BEAM 主机：完成电流发射、接收采样以及数据分析的工作。

其中 IL 表示 A1 电极和 A0 电极之间的电流；RG0 和 RGI 分别表示 A0 和 A1 电极接地电阻率；RL 表示 A1 电极和 A0 电极之间的电阻率。

这是 Beam 系统的基本构成，由 A1 环状电极形成保护电场，迫使 A0 发出的探测电流向前流动，在无穷远处安放接地的 B 电极接收返回电流，如图 6-153 所示的回路完成对探测电流的样本采集，由主机完成对采集数据的分析并最终形成超前预报可视化成果。

6.3.2.3　BEAM 系统的工作方法

如前所述，BEAM 系统虽然具有完全相同的基本组件但是针对隧道的探测为适应不同的施工方法和探测目的。

在钻爆法应用中 BEAM 系统的 A1 电极接入锚杆，A0 电极接入风钻钻杆，对前方形成小范围的探测。探测范围根据设置的电极数量和范围而定，如果要对整个掌子面范围进行探测需要在整个掌子面布置数个电极。对隧道壁进行径向的放射状探测如图 6-154、图 6-155 所示。

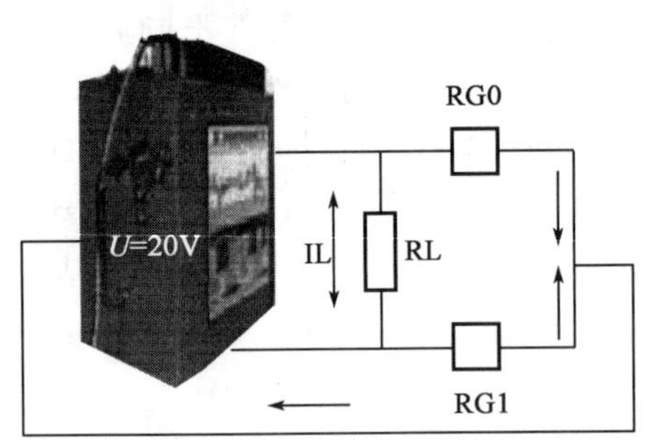

图 6-153　BEAM 工作回路示意图(Geohydraulik Date Corp,2006)

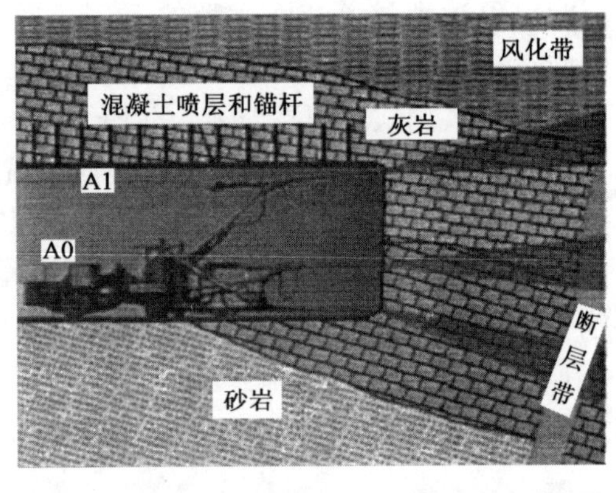

图 6-154　BEAM 在钻爆法施工隧道中的工作方法示意图(Geohydraulik Date Corp,2004)

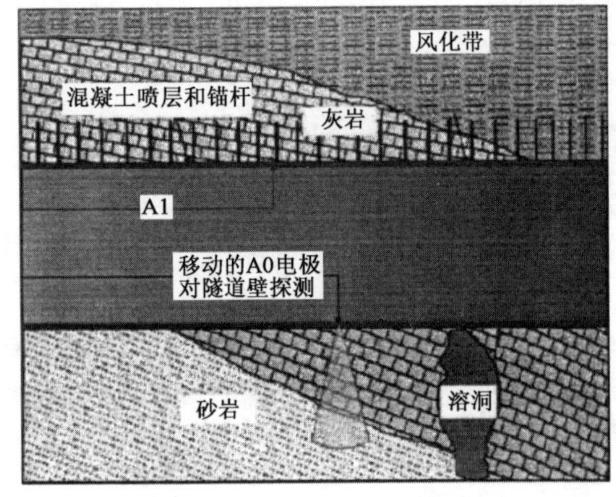

图 6-155　BEAM 对隧道壁探测示意图和现场工作照片(Geohydraulik Date Corp,2004)

岩溶地区隧道地质条件复杂，施工环境多变，已经开挖成形进行初期支护的隧道为考虑今后运营安全仍然需要对隧道径向范围内潜在危险地段进行探测，这也是BEAM应用的一个重要方面。

6.3.2.4 BEAM的典型地质情况解译

BEAM系统配备有数据采集和解译软件，采集完的数据直接进行分析形成可视化图像反映在主机显示屏上，可采用截图的方式对成果进行保存，每次探测数据采集得到的是掌子面前方30m的综合电性解释，因此如果需要精确定位不良地质体需要在不断的掘进过程中叠加重复探测。

如图6-156所示，在BEAM可视化数据分析成果中的不同里程数测得的PFE值以自身为纵坐标，隧道里程为横坐标连接成曲线，其中横坐标0表示掌子面的位置，正方向代表掘进方向。

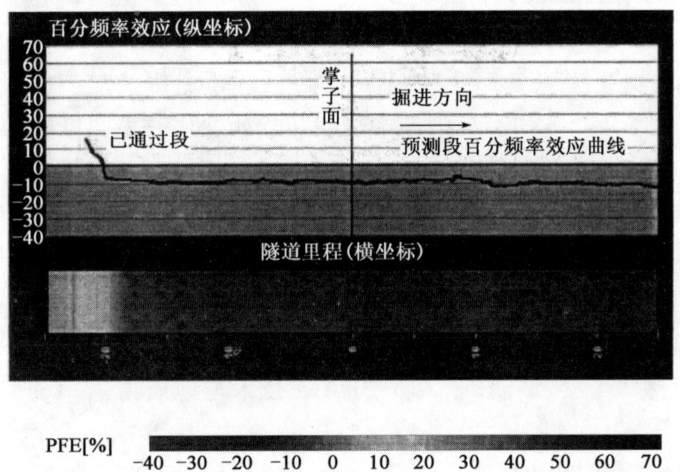

图6-156 BEAM可视化数据分析成果示意图(Geohydraulik Date Corp，2004)

注：0为掌子面。

BEAM系统在隧道超前探测中的地质条件典型响应特征BEAM探测成果中的百分频率效应(PFE)是一种反应华本地质情况极其重要的参数。解译的标准在技术开发初期由模拟试验得出，而后在不断的应用中得全面修正，再结合电阻率变化，能够较为准确的反应目标体的地质情况。对于硬岩和软质岩土的典型地质情况预测，BEAM成果中也会有一些典型的反应特征。

BEAM在岩土的预测中综合应用电阻率和百分频率效应，对各种不同情况给出了相应的参数对照(图6-157)。

在硬岩地区PFE和电阻率具有以下典型反应特征：

(1)PFE曲线在－30～10区间不规则振荡呈现非均质变化时表明该段处于充水断层带中。

(2)在10～20区间，PFE曲线一直较均匀保持水平时表明该段基本地质情况没有太大变化并且不具备赋存水的条件。

(3)PFE曲线一段保持水平状态，然后出现较均匀的线性上升，表明该段地质情况有所改变，岩体质量逐渐趋好并且不具备赋存水的条件。

(4)PFE曲线保持较均匀的变化，出现线性的下降，并且下降幅度不大，表明该段地质情况有所改变，岩体质量逐渐变差并且不具备赋存水的条件。

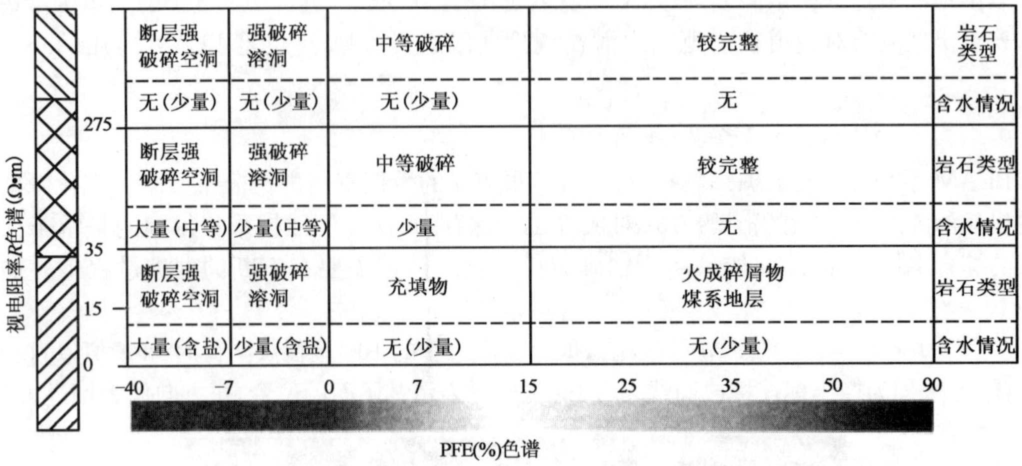

视电阻率R色谱(Ω•m)	PFE(%)色谱 −40~−7	−7~0	0~15	15~90	
>275	断层强破碎空洞	强破碎溶洞	中等破碎	较完整	岩石类型
	无(少量)	无(少量)	无(少量)	无	含水情况
35~275	断层强破碎空洞	强破碎溶洞	中等破碎	较完整	岩石类型
	大量(中等)	少量(中等)	少量	无	含水情况
0~35	断层强破碎空洞	强破碎溶洞	充填物	火成碎屑物 煤系地层	岩石类型
	大量(含盐)	少量(含盐)	无(少量)	无(少量)	含水情况

图 6-157 BEAM 探测软质岩土百分频率效应和电阻率组合分类示意图(Geohydraulik Date Corp,2004)

(5)PFE 曲线在 10～40 区间不规则振荡呈现非均质变化时表明该段处于裂隙含水层中。

(6)PFE 值与孔隙率相关,它与孔隙率成反比,低 PFE 值的岩体意味着高孔隙率,反之同理;但高孔隙率是干燥同时也可能是富水的,因此引入电阻率对高孔隙率岩体进行含水情况的判断。

6.3.2.5 BEAM 法在铜锣山隧道超前预报中的应用

铜锣山隧道穿越了三叠系须家河组、雷口坡组和嘉陵江组以及侏罗系地层,隧址区岩溶发育,在其富水地段存在严重涌(突)水或突泥、突砂的可能。2006 年 4 月针对这些可能存在的不良地质情况,经过深入考察、调研,业主将 BEAM 技术与地质雷达、TSP 相互印证补充来开展超前综合预报工作。

BEAM 超前预报工作的开展首先是对掌子面前方岩体的电阻率和频率效应百分比(PFE)进行测量。BEAM 系统供电提供了两个频率的电流分别是 I_1 和 I_2,测量之后通过下列公式计算视电阻率 R(Ω · m)和频率效应百分比 PFE(%):

$$R_{f_1}=\frac{U_1}{I_1R_{f_2}}=\frac{U_2}{I_2} \tag{6-18}$$

$$\mathrm{PFE}=\frac{R_{f_1}-R_{f_2}}{R_{f_1}}\times 100\% \tag{6-19}$$

岩体含水量以及空洞的存在将会影响测量得到的电阻率和频率效应百分比。图 6-158 给出了隧道 YK35+706～YK35+676 段 BEAM 超前预报成果图,根据该可视化解译图形,结合 GD 公司在大量实测数据基础上建立的岩体类型与电阻率及 PFE 的对应关系表,即可对掌子面前方地质情况做出超前预报。

由图 6-159 可以看出,BEAM 可对测取数据进行自动解译,并且以可视化的形式将岩体质量以及是否含水以颜色深浅来表示,直观、清晰,非常便于现场技术人员操作使用。

见表 6-12 列出了铜锣山隧道不同里程段 BEAM 与地质雷达、TSP 预报结果及实际开挖情况的对比。通过对比可以发现 BEAM 预测的出水情况与实际开挖揭露的情况相当接近,可见 BEAM 对隧道掌子面前方水体具有良好的探测效果,而且该手段可与地质雷达和 TSP 配合使用,形成相互补充、互为印证的超前预报工作体系。需要补充的是,截至目前,铜锣山隧道

施工过程中尚未出现大的岩溶涌(突)水现象,因此BEAM对掌子面前方大规律水体的预测预报效果还有待国内实践的进一步验证。

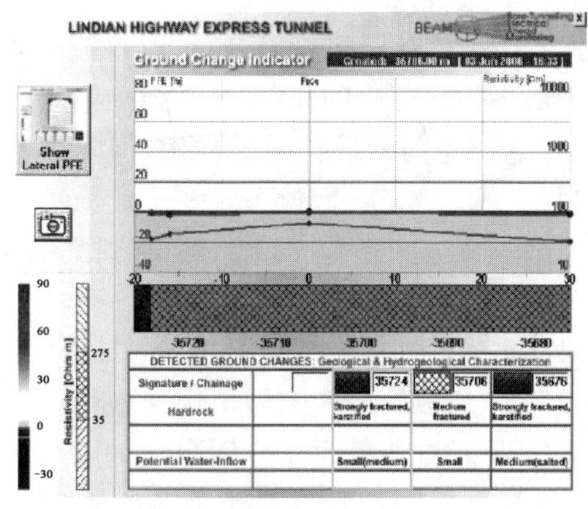

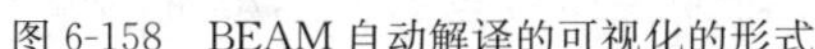

图6-158　BEAM自动解译的可视化的形式

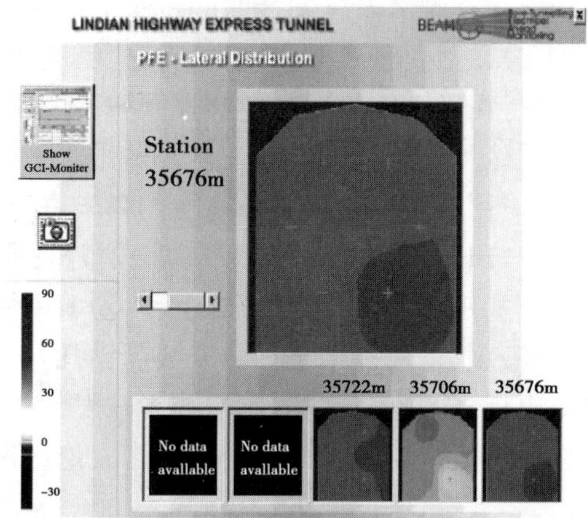

图6-159　YK35+706～YK35+676段BEAM超前预报成果图

BEAM预报成果与其他预报方法成果及实际开挖情况对比　　表6-12

里　程	Beam预测	地质雷达预测	TSP预测	开挖情况
YK33+807～YK33+837	少量涌水	岩体呈碎裂结构,潮湿-渗水	岩体较为破碎	地下裂隙水呈渗水-滴水
YK35+736～YK35+706	岩体较为破碎出水量较大	岩体较为破碎	可能存在股状涌水	有大面积淋水状出水岩体呈碎裂结构
YK35+706～YK35+676	岩体较为破碎出水量较大	岩体呈碎裂结构稳定性差	岩体较为破碎可能存在裂隙水	岩体呈碎裂结构有点状出水
YK35+671～YK35+641	岩体中等破碎有浸润-点状出水	岩体呈碎裂结构,潮湿-渗水	围岩较为破碎可能存在裂隙水	裂隙发育地下水裂隙水呈渗水-滴水
YK35+601～YK35+57	岩体中等破碎有少量涌水	围岩稳定性差,潮湿-渗水	局部可能存在股状涌水	裂隙发育地下水裂隙水呈渗水-滴水
YK35+562～YK35+532	岩体中等破碎有少量涌水	围岩稳定性一般,潮湿-渗水	岩体较为破碎	地下水呈浸润状-滴水,局部有线状水

另外,在BEAM应用过程中还发现存在有测试设备安装、测试时间过长影响施工进度的问题。这主要是由于BEAM是针对国外TBM掘进隧道而设计的。据笔者了解,BEAM在锦屏水电站辅助隧洞超前预报的使用过程中也存在同样的问题。BEAM在国内应用极少,而且国内隧道以钻爆法施工为主,要在国内推广应用BEAM技术,还需对其测试设备的安装操作方式进行适当改进。

6.3.2.6　小结

(1)BEAM是一种新型的电法超前预报技术,目前在国内应用很少。BEAM对隧道掌子面前方水体具有良好的探测效果,而且可与地质雷达和TSP配合使用,形成相互补充、互为验证的超前预报工作体系；

(2)由于 BEAM 主要针对 TBM 掘进隧道而设计而国内隧道以钻爆法施工为主，应用过程中存在有测试设备安装时间过长的问题。

(3)在国内激发极化法已经被广泛应用在找矿找水中，在这一领域的研究也取得较多的成果，但是在隧道施工期超前预报领域的激发极化法仍然是一张陌生的面孔，虽然目前被很多专家一致认为是较有发展前途有必要做深入研究的一种隧道超前地质预报新技术，但各种基础理论、应用探索方面相关研究工作尚未真正全面展开；

(4)BEAM 超前探测系统由德国开发研制，其操作应用模式适应于欧洲等发达国家隧道掘进模式，针对国内的隧道施工环境其各种操作方式尚有待修正。

(5)A0 电极在掌子面的安装需钻孔，过于耗费时间等。针对这些实际情况应 BEAM 系统应提出标准的安装规程，利用或者开发便携的检测设备对 B 极导电能力做出快速检测，A0 电极也应可改进为饼状电极包裹盐水浸泡的厚海绵棉套(保证与掌子面充分耦合)，采用绝缘杆支撑附着在掌子面上进行探测。

就目前而言 BEAM 对 PFE 值和电阻率的分类定义是在物探解释中较为先进的概念。在众多的物探手段都还没有很好的解决在探测成果中的定量解释的问题的前提条件下，BEAM 技术提出了定量解译的概念是各种物探方法都值得借鉴的。但是反观 BEAM 超前预报技术，它的应用尚处在初期阶段，基础理论的研究尚欠一定的深度，针对解译标准的研究还应该进行大量的物理模拟实验和数值计算，对各种不良地质体进行有针对性的响应特征研究，也是激发极化法和 BEAM 需要进一步进行的工作。

6.3.3 隧道瞬变电磁法超前预报

在隧道掌子面采用瞬变电磁法重叠回线进行井字型测线扫描或进行框内法测试。主要探测掌子面前方围岩的电阻率差异，即含水体分布情况。

6.3.3.1 瞬变电磁法理论基础

时间域电磁法(Time domain Electromagnetic Methods)或称瞬变电磁法(Transient Electromagnetic Methods)，简写为 TEM。它是利用阶跃波形电磁脉冲激发，瞬变电磁法的测量原理是利用不接地回线(或电偶源)向地下发送一次脉冲磁场(或电场)，即在发射回线上供一个电流脉冲方波，方波后沿下降的瞬间，将产生一个向地下传播的一次瞬变磁场，在该磁场的激励下在地质体内产生涡流，其大小取决于该地质体的导电能力，导电能力强，则感应涡流强。在一次场消失后，涡流不能立即消失，它将有一个过渡过程(衰减过程)，该过渡过程又产生一个衰减的二次场向地下传播。在地表用接收线圈接收二次磁场，该二次磁场的变化，将反映地下介质的电性情况，在接收机中按不同的延迟时间测量二次感应电动势，得到二次场随时间衰减的特性。尽管 TEM 方法与频率域电磁法(FEM)都是同属于研究二次涡流场的方法，并且两者通过傅立叶变换关系相互关联着，在某些条件下，一种方法的数据可以转换为另一种方法的数据。然而，就一次场对观测结果的影响而言，两种方法并不具有相同的效能，TEM 是没有一次场的情况下观测二次场(纯异场)，大大地简化了对地质对象所产生异常场的研究，对于方法的探测能力更有前景。

1)瞬变电磁法的原理

用瞬变电磁法进行测量一般是用回线框接收二次感应电磁场的电压 $U(t)$ 或感应磁场 B_{0t}。其瞬态过程示意图见图 6-160。当发送回线中电流突然关断时，一次场的这一剧烈变化通过空气和地下导电介质传至回线周围的大地中，并在大地中激发出感应电流以维持发射电流断开之前存在的磁场。由于介质的欧姆损耗，这一感应电流将迅速衰减，由它产生的磁场也迅速衰减，这种迅速衰减的磁场又在其周围地下介质中感应出新的强度更弱的涡流。这一过程一直继续下去，直至大地的欧姆损耗将磁场能量损耗完毕。此过程中由于电磁场在空气中的传播速度远大于在导电介质中的传播速度，因此最初激发的感应电流局限于地表。地表各处感应电流的分布也是不均匀的，随着时间的推移，分布趋于均匀。

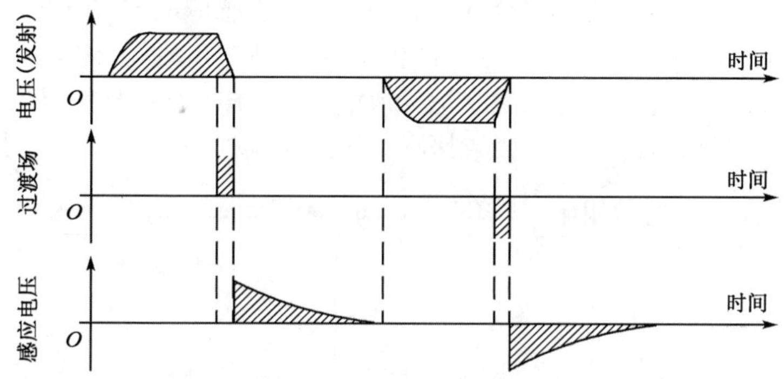

图 6-160　TEM 瞬态过程示意图

因此，M. N. Nabighian 指出大地介质被激励起的感应涡流场在地表的电磁场值为地下各个“环带”涡流层的总效应，这种效应可以用一个简单的电流环等效。

在发射电流刚关断时，该环状电流紧挨发射回线，随后向下、向外扩散。人们将此过程称为“烟圈效应”。其扩散的半径 r、所在深度 d 和扩散速度 v 的表达式分别为：

$$r = 2.09\left(\frac{t}{\sigma\mu_0}\right)^{1/2} \tag{6-20}$$

$$d = 2.257\left(\frac{t}{\sigma\mu_0}\right)^{1/2} \tag{6-21}$$

$$v = 1.129\left(\frac{1}{\sigma\mu_0 t}\right)^{1/2} \tag{6-22}$$

式(6-22)中：σ 为电导率，μ_0 为磁导率，t 为时间，在实测和数值模拟中，它反映的是电磁波向前方(或四周)传播距离，即探测深度。由等效电流环计算二次场的感应电压(对重叠回线框而言)，其测量值为：

$$U_z = \frac{\mu_0^{5/2} MQ}{20\pi^{3/2}\rho^{3/2}t^{5/2}} \tag{6-23}$$

再根据实测的 U_z 值，可换算出晚期视电阻率 ρ_τ，其表达示为：

$$\rho_\tau = \frac{\mu_0}{4\pi}\left(\frac{2\mu_0 MQ}{5tU_z}\right)^{2/3} \tag{6-24}$$

式中：M——发送磁矩；

Q——接收偶极矩；

U_z——接收线圈上的感应电压。

2)瞬变电磁系统的组成及工作过程

瞬变电磁系统由电磁发送机、发射线圈、接收机、接收线圈和计算机数据处理系统组成，如图 6-161 所示。

该系统的工作过程：是将发射线圈与接收线圈置同一平面内，开机后，发射线圈内有一电流流动，待其稳定（此时在大地半空间形成一磁场，也就是一次场）；再突然关断此电流，根据法拉第定律，因为电流的急剧下降，一次场也相应地快速减弱，此时就会在周围的导体内产生感应电动势，该感应电动势的大小与一次场的衰减速度成正比。该感应电动势又会在周围导体产生涡流，涡流的强度随时间衰减。其大小与导体的电导率有关。此涡流又会产生一个强度与之成正比的电磁场（通常叫二次场）。该二次场又会在接收线圈内产生感应电流，该信号电流再送入接收机内。此时已完成第一次采样，然后下一地层产生涡流，涡流产生磁场，该磁场到达地面比上一层的晚 Δt。接收系统完成一次采样后，经 Δt 后完成第二次采样。就这样重复当达到预定深度后完成一个测点的探测。既而到下一个测点再探测，如此重复，完成一条测线上的探测。

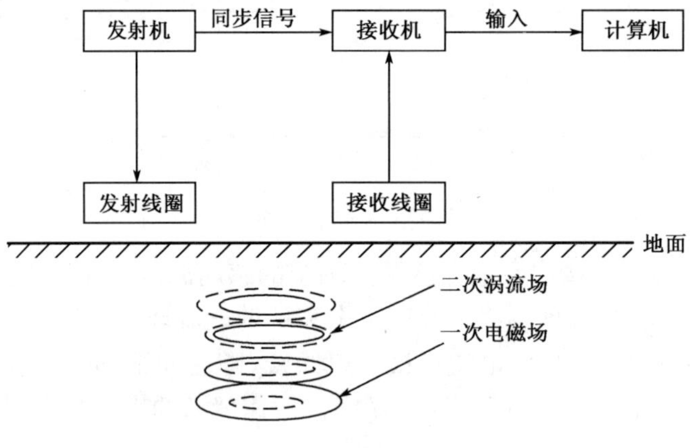

图 6-161　TEM 原理示意图

6.3.3.2　瞬变电磁法的野外工作方法

1)常规的地面瞬变脉冲电磁法装置

地面瞬变脉冲电磁法工作装置有多种，通常采用的有：重叠回线、分离回线、框一回线、中心回线等装置。各装置的特点：

(1)同点装置：见图 6-162，分为重叠回线和中心回线。它与地质探测对象有最佳的耦合，所得的异常幅度大、形态简单、受旁侧影响小，对地质体的横向分辨率较高。

(2)偶极装置：见图 6-163，与频率域水平线圈法相类似，测深工作常被采用。

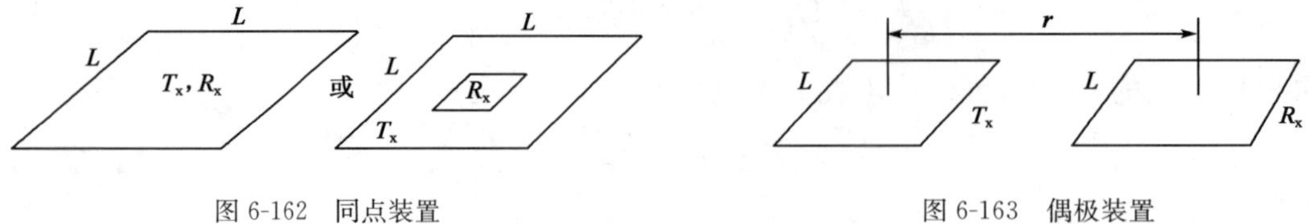

图 6-162　同点装置　　　图 6-163　偶极装置

(3)大定回线源装置：见图 6-164，在详查工作时，发射回线需要布置在对目标体激励最佳位置，接收线圈采用小的多匝探头或小接收线圈，所以除观测垂直分量(z)外，还可以测场的水

平分量(x 和 y)。

2)井中瞬变电磁工作布置

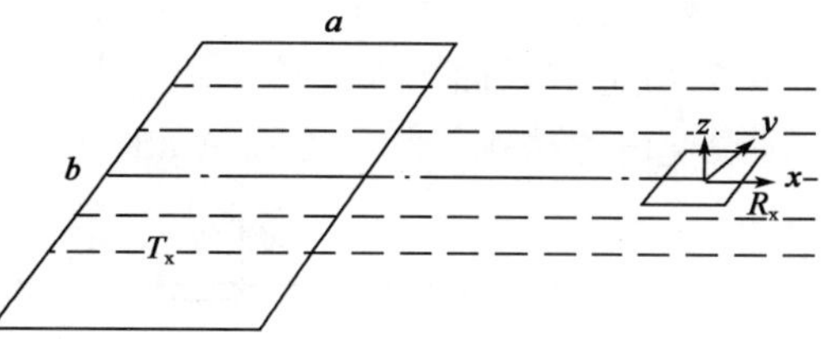

图 6-164　大定回线源装置

井中瞬变电磁法(TEMH,Transient Electromagnetic Methods in Hole)是地面瞬变电磁法的变种方法,它是为了勘查深部地质目标体而发展起来的现代物探技术。现有仪器能够测量的钻孔深度达 2000m 左右,影响半径可达到 200m 以上。在勘探阶段,TEMH 法不仅能够发现良导体,还可以获得有关地质目标体的纵向电导、形态大小、产状和方位的有用信息,并根据这些信息指导补充钻孔的布置、对矿产矿床储量的计算、确定建立竖井的位置以及在开采矿山寻找勘查阶段被遗漏的盲矿体。该技术在我国已经进行了一系列的野外试验和生产,取得了较好的地质效果,将列入常规物探测量。常用的野外工作装置类似于常规电法勘探中的地一井方案。井中观测到的任何异常都直接归因于地质导电性和几何参数的变化。但是,由于发送回线、导体、探头之间复杂的耦合关系,使得成果解释要比地面方法要困难些。单孔方位测量布置如图 6-165 所示。单孔几组发送回线的工作装置如图 6-166 所示。

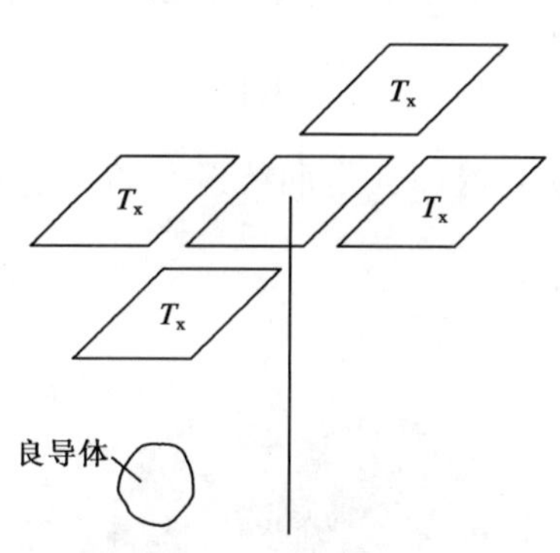

图 6-165　单孔方位测量布置

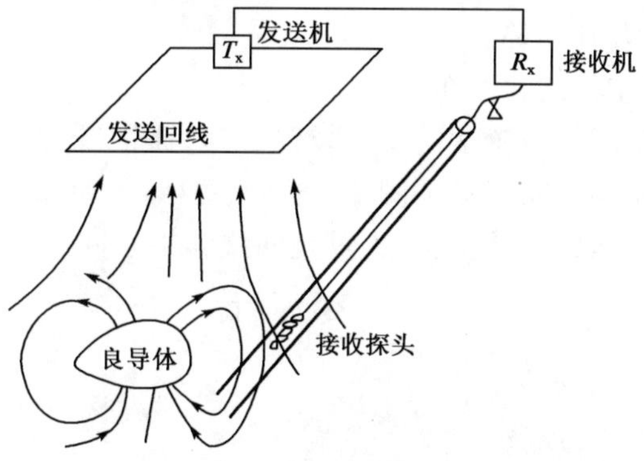

图 6-166　单孔几组发送回线的工作装置

井中瞬变电磁法主要解决钻孔周围是否存在有一定规模的良导体,如果有,它在哪个部位,其次就是进一步确定良导体的位置、形态、大小及延伸等。解决这些问题需要建立起一套扎实的正、反演基础及方法技术。

TEMH 法可探测范围受多种因素的影响,如仪器的功率、灵敏度、发送回线边长、人文干扰、地质噪声及来自外部的电磁噪声和天电干扰等,这些因素都将影响到信噪比的大小,从而不同程度上影响 TEMH 法的可探测范围;此外,还直接与探测目标的形状、大小及电性参数有关。

3)隧道瞬变脉冲电磁法的工作装置

隧道瞬变脉冲电磁法(TEMT,Transient Electromagnetic Methods in Tunnel)是地面和井中瞬变电磁法的变种方法。它是为了满足隧道超前地质预报而提出的,由于目前隧道掌子面超前地质预报方法较为单一,受地质条件限制,其方法存在局限性。因此,很有必要发展综合方法进行预报。

通过对地面及井中瞬变电磁法各种装置的探讨,可以显然看出将瞬变电磁法用于隧道掌子面探测的可能性,它其实也是一种井中瞬变电磁法的变异,同时也是地面与掌子面结合起来布置发射-接收线框衍生出的系列新排布。

(1)隧道掌子面探测的特点及要求

瞬变电磁法用于掌子面示意如图 6-167 所示。

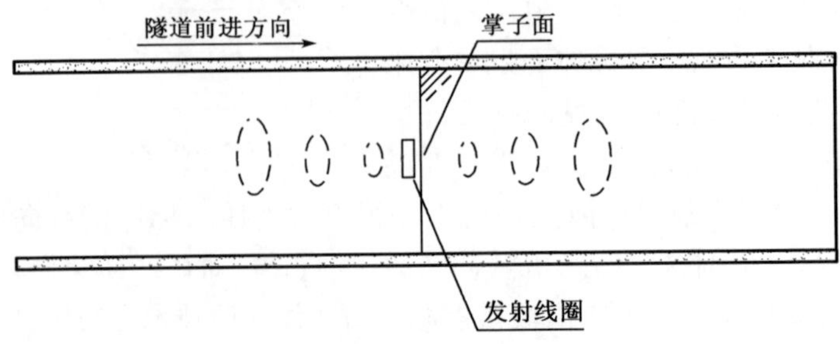

图 6-167 瞬变电磁法用于掌子面示意图

施工中隧道掌子面相对井孔而言具有截面大,人可进入隧道掌子面进行直接操作,可直接探测到地下某点感应电场的三分量值;隧道施工通常更加重视其上方围岩的稳定性;需要解决的是隧道前方及周围是否存在有一定规模的地质灾害体,确定灾害体在隧道前上方的位置、形态、大小及延伸等。

(2)工作装置及布置

隧道瞬变电磁法的工作装置可分为同点装置、偶极装置和大定回线源装置。各种装置在隧道预报中的布置见下图。

①同点跟踪装置:分为重叠回线和中心回线,见图 6-168、图 6-169。

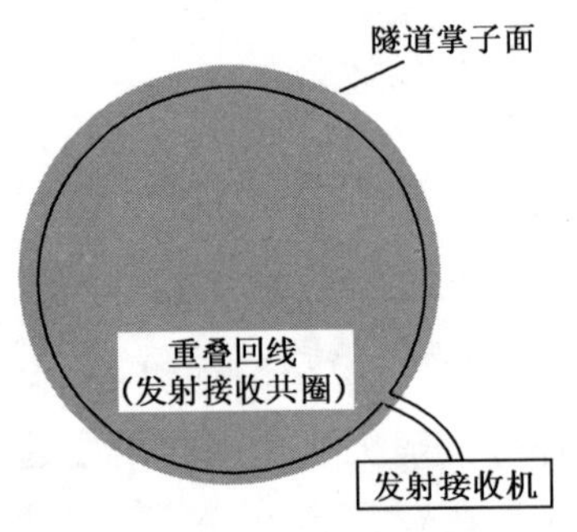

图 6-168 隧道重叠回线装置

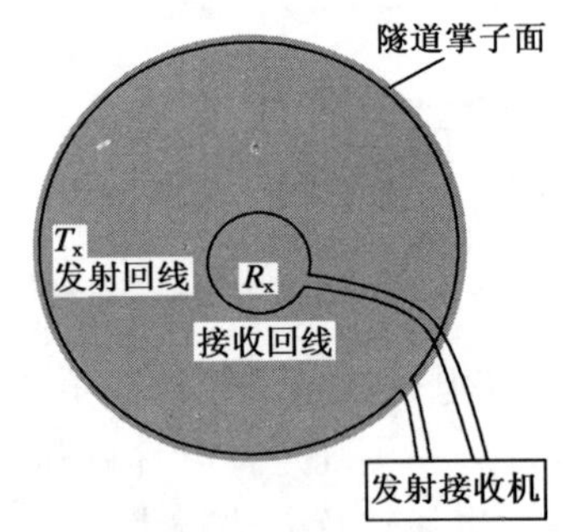

图 6-169 隧道中心回线装置

由于隧道掌子面的净空限制,同点法的回线面积大小受到影响,但可通过增大发射接收线圈的匝数,增大接收信号。该装置具有轻便、快捷的特点,通常测试一个点仅需 5min,非常适合于隧道掌子面的预报,唯一的缺点是每次只能测试一个点,对分析资料、解释资料的可靠性难以把握。但它可以通过连续测量克服,可在预报初期每天进行或每三天进行一次测试,通过资料对比分析进行解释。另外,可通过一维电磁波的反演计算进行解释。其预报的距离可按下式计算:

纵向电导

$$S = \frac{16\pi^{1/3}}{(3Mq)^{1/3}\mu_0^{4/3}} \cdot \frac{[V_z^z]^{5/3}}{[\dot{V}_z^z]^{4/3}} \tag{6-25}$$

预报距离

$$h=\left[\frac{3Mq}{16V_z^zS}\right]^{1/4}-\frac{t}{\mu_0 S} \tag{6-26}$$

从上式看出隧道同点装置的预报距离受掌子面的截面积影响，同时与良导体的导电性及几何参数有关。

根据岩层的倾向及地质结构分别沿隧道的三个方向进行测试，沿前进方向每次应重复三次测试以保证数据的可靠性。同时，在初期测试后应连续 5 次，每隔 3～5m 沿前进方向进行跟踪测试，以保证测试数据的递推性和连续性，提高预报可靠性。同时应进行瞬变电磁资料的正反演工作，该装置适合在隧道掌子面进行测试。

②同点测线装置，见图 6-170。

根据隧道施工掌子面具体情况，如图 6-170 所示为掌子面测线布置示意图。测点点距通常为 0.5～1m，要结合掌子面大小布置，保证有足够多的测点。根据隧道内的实际工作环境，瞬变电磁工作装置可选用中心回线、重叠回线，发射线圈边长 1～5m、匝数根据试验确定，参考数十匝，同时结合仪器对发射线框的负载要求，兼顾发射电流大小配置。接收装置可选 SB-250KPO 型瞬变场磁探头或接收线框。但须保证谐振频率和有效面积，另需注意对掌子面后方施工器械的电磁屏蔽，尽可能减小外部干扰的影响。另外，在隧道中部(前后 50m 内没有其他影响)垂直于隧道中轴作一测线，以测量隧道内的背景值。考虑到测量过程中线圈自身的感应，在进行实际测量后分别对发射线圈 10 匝和单匝情况下进行测量，然后根据两次测得的数据可以得到线圈自身的感应。由于是探测岩壁前方的地质情况，所以发射线圈和接收探头、线圈可固定在发射架上较好。

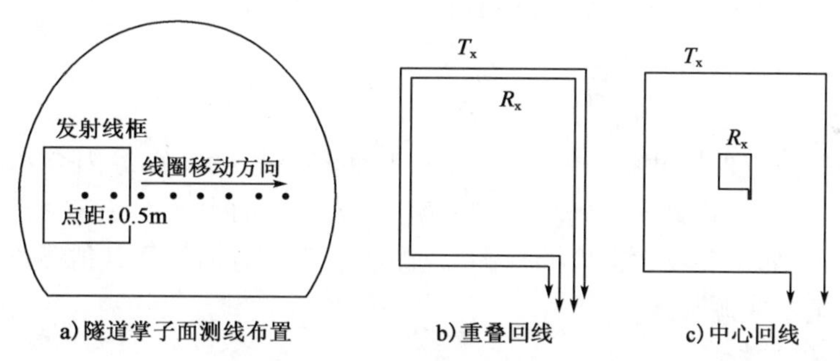

图 6-170　同点测线装置

③偶极装置(图 6-171)：发射回线与接收回线分离，发射回线在隧道上方地面上布置，接收回线在地面和隧道掌子面分别进行。由于发射与接收分离，因此可产生多种观测方法。

发射线框不变(包括大小和位置)，通过移动、旋转接收线框可分别观测 X、Y、Z 三分量值。也可沿着某个方向逐点平移，通过空间位置的变化测试掌子面前方的不良地质三维构造体。

接收线框不变(包括位置和方向)，通过向前移动发射线框或逐渐改变发射框的大小，改变发射和接收的耦合关系，达到探测隧道掌子面前方不良地质体的目的。

因此，偶极装置非常灵活，感应耦合效果较好，但由于此装置多变同样带来解释上的困难。

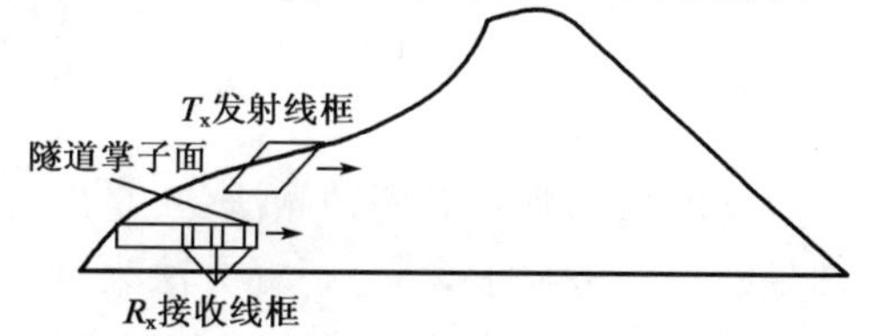

图 6-171　隧道偶极装置

该装置也可按一定的发收距在地面(隧道掌子面前方)先进行地面偶极剖面测试,然后进行地面(发)掌子面(收)的同步前进测试,将两者资料结合进行解释,提高解释的可靠性。

④大定回线源装置(图6-172):该装置是在隧道前上方布置大线框,通常边长为数百米的矩形框作为发射线框。接收探头可先在地面沿隧道轴线测试1条或3~5条剖面(根据现场情况和预报任务要求),点距可加密为5m(在地面进行剖面测量对隧道掌子面施工没有影响)。以其作为进一步掌子面预报的背景资料或参考资料。然后,接收线框在隧道掌子面,每隔3m测试 X、Y、Z 三分量值。由于其接收线圈为一探头,因此,非常轻便且效率高。

通常,大定回线源装置的发射线框移动较少,可根据需要进行。而接收线圈在隧道掌子面可按每天进行一次测量,由于测试速度快,通常仅需5min即可,对隧道掌子面施工几乎不受影响。它可根据每天的测试资料进行连续跟踪分析,是一个比较好的隧道超前地质预报方法。其适应性较广,即使隧道埋深很大同样适用,且效果较好。但需注意发射回线中心位置与接收回线距离的及时调整。同时注意发射与接收信号同步问题。

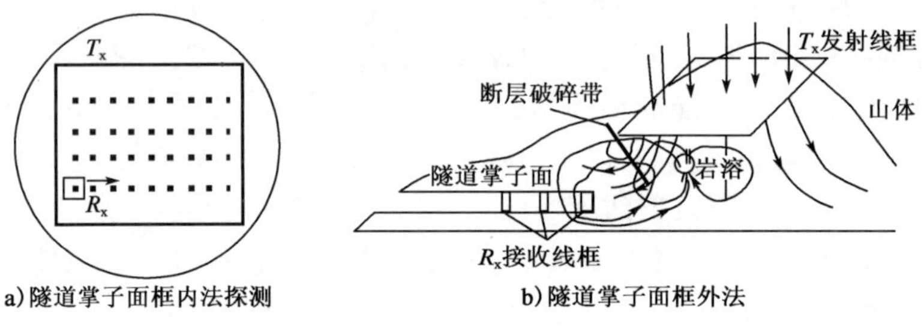

a)隧道掌子面框内法探测　　b)隧道掌子面框外法

图6-172　TEMT大定回线源装置

4)工作装置和回线大小的选择

(1)工作装置选择。

工作装置的选择应根据勘察目的、施工条件和各种装置的特点等因合考虑决定。如果探测目标深度在数百米以内,要求达到较高的分辨率、岩导电性较好(易产生集流效应)时,同点装置是首选的对象,如果要较大深度的探测,或测区崎岖或有河谷等其他障碍使得铺设动源回线困难应选择大定回线源装置。

(2)回线边长的选择。

增大发射回线和接收回线的边长,将会增强信号强度,并延长有效的持续时间,从而有利于加大探测深度,但二者的增大使野外工作难度增同时使测量结果受影响的范围扩大,从而降低了横向分辨率。因而,在预定勘探深度的情况下,一般都应选择尽可能小的回线边长。模拟实验和野外实验表明:同点装置可以有把握地探测到线性尺寸相当于回线边埋深为2倍回线边长的良导体。因此,采用同点装置时,应取回线边长或略大于0.5倍探测深度。采用框一回线装置时,大定源发送回线边长可(或)略大于拟探测深度。

5)数据质量判别

数据质量的判别有两种做法:一是以规范的要求为准,达不到要求的数据视为不合格;另一种是根据任务要求,结合解释方法来利用数据。前者为苏联和我国的做法,后者是大多数西方物探界的做法。将两种方法结合起来进行数据质量的判别效果最好。比如首先提出几种质量标准以保证工作效率和数据质量,其次在数据采集后不以原定标准作为判别数据质量是否

可以利用的唯一标准，而是结合解释分析得出。

(1)从衰减曲线分析质量。

在隧道中运用瞬变电磁法进行超前地质预报，在完成每个测点探测后接收机操作屏幕上会出现该测点的感应电动势衰减曲线以及这个测点各测道的感应电动势值。根据感应电动势的衰减曲线可以初步对数据质量的好坏进行判别。

①测点早期道数据可能会出现饱和现象，即感应电动势不衰减，且数值较大（毫伏级），这是因为接收信号中含有部分一次场的信息，最终导致探测结果不准确。

②晚期道数据可能上下跳动，不圆滑；或者是以点的形式表示而不是曲线，这是因为后期信号较弱，电磁干扰较强引起的，可以在后期处理时将其剪掉。

③较好的探测质量是感应电动势数值多数维持在微伏级，且衰减曲线呈类似抛物线形式圆滑衰减，且晚期道曲线不发生较大震荡。

(2)误差计算。

相对误差的基本算式为：

$$\delta=\frac{2|\varepsilon_{i1}-\varepsilon_{i2}|}{\varepsilon_{i1}+\varepsilon_{i2}}\times 100\% \tag{6-27}$$

式中，ε_{i1} 和 ε_{i2} 分别为第 i 道的原始观测值和检查观测值或重复观测值。ε 为各种方式归一电动势。

平均相对误差为：

$$\bar{\delta}=\sum_{j=1}^{N}\frac{\delta_j}{N} \tag{6-28}$$

此处 N 为：

①同一测区或同一剖面参与计算的同一取样道的数据总数，得到各道的平均相对误差。

②同一测点参与计算的取样道数，得到某一测点的平均相对误差。

③如果将式(6-28)的 δ_j 当作某一测点数据之（平均）相对误差，则 N 为参与计算的测点数，得到某测区或某剖面的总平均相对误差。

均方相对误差的基本表达式为：

$$M=\pm\sqrt{\sum_{j=1}^{N}\frac{\delta_i^2}{2N}} \tag{6-29}$$

N 与上述三种情况相同。绝对误差的基本式为：

$$\Delta_j=\varepsilon_{j1}-\varepsilon_{j2} \tag{6-30}$$

平均绝对误差基本式为：

$$\vec{\Delta}=\sum_{j=1}^{N}\frac{|\Delta_j|}{N} \tag{6-31}$$

6.3.3.3　TEMT 的应用与实践

近几年来瞬变电磁法在我国应用领域越来越广泛，它除在金属矿上得到应用外，由于它的纵向横向分辨能力与其他电法方法相比大大提高，故而日益被广大地球物理工作者应用于要求较高的工程地质中，如了解工作区的精细构造、基底起伏、第四系厚度、寻找地下不均匀体位置等，加之本法工作效率高，故可以投入较大的工作量，使解释精度得以提高。

1)TEMT 的大定回线源装置用于隧道地质预报

(1)某岩溶隧道工程概况。

某隧道工程主要地质问题有岩溶、顺层、滑坡、崩塌、错落、断层、瓦斯、高地应力等。建设中遇到的问题比想象的更加严重。为了规避施工风险和预防施工过程中可能出现的地质灾害,采用瞬变电磁法对隧道线路周围的含水断裂位置及岩溶发育情况进行勘察,为隧道开挖过程中规避突水突泥等地质风险提供地质依据及与隧道施工有关的地质灾害预报资料(黄鸿健、吴有信,2008)。

(2)电性特征。

岩石孔隙、裂隙总是含水的,并且随着岩石的湿度或饱和度的增加,电阻率急剧下降。一般来说,含水断裂、破碎带、岩溶及地下暗河的电阻率远小于完整岩石的电阻率,其原因在于水分有不同的矿化度,这是运用瞬变电磁法评价灰岩层赋水(泥)性和查找含水岩溶的物性依据。在地形复杂和高阻屏蔽地区磁源瞬变电磁法探测地下存在的具有导电性差异的目标体较其他电法有着诸多的优势。

该隧道表层地层岩性为灰岩,电阻率值一般为 300～500Ω·m。综合区域干扰情况、仪器的参数、对异常体的分辨能力与目标层的大小、电性异常信号与地质噪声的分离程度、电磁噪声电平等因素,确定在该区瞬变电磁法的勘探深度在 950m 左右。瞬变电磁系统中的电磁噪声、噪声信号限制了系统观测弱信号的能力,仪器功率、灵敏度、地质背景噪声也对瞬变电磁法的勘探深度产生影响。

(3)勘察方法及工程布置。

采用大定源回线装置,发射频率为 8.33Hz。发射线框为 500m×460m,对探测目标有较强的分辨能力。网度为 10m×20m,工程量为 2343 个物理点。

(4)瞬变电磁勘察资料的地质成果。

如图 6-173 所示,在对瞬变电磁场的特征进行认真分析的基础上,着重对正演模型、地形影响和局部异常及区域电性特征进行分析与研究,对含水断层、岩溶等的赋水性评价采用多测道断面图、视电阻率断面图、顺层切片、深度切片和解释性处理技术相结合的原则进行。

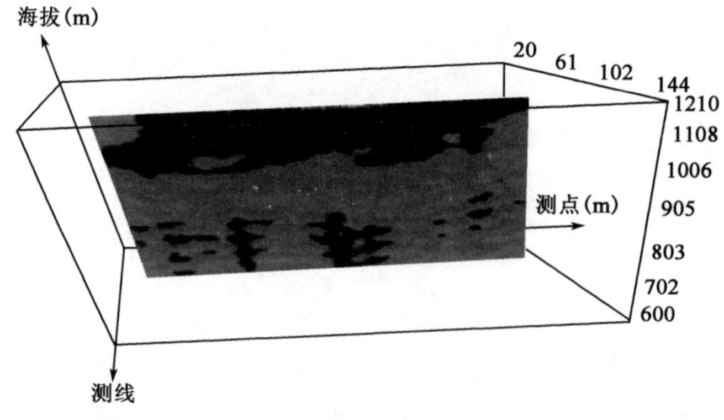

图 6-173　三维电性数据体段 1 相干体

如图 6-174、图 6-175 所示,用转换成反映构造体物性特征的电性(视电阻率等)来表征地下地质体的构造特征,并且利用多种电性参数来勾画各类图件作为进一步解释分析的基础资

料。如图 6-176 所示，电性资料显示，有数条斜切断层穿过线路，造成灰岩段岩石宽度与深度不等的破碎带，为进一步岩溶的发育和岩石的溶蚀提供了条件。

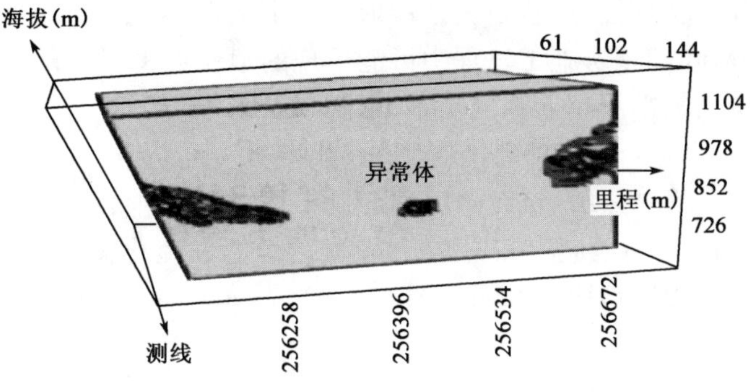

图 6-174 三维边缘检测体

图 6-175 三维电性数据体段 1 及 10 线相干切片

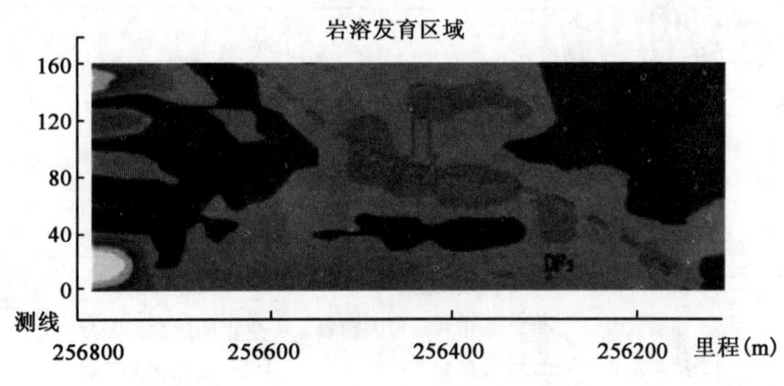

图 6-176 隧道的水平切片图(局部)

根据初步地质调查和掌握的地质—电性资料分析，勘察区段内自东向西主要地层分别为三叠系下统大冶组灰岩，为中厚层灰岩夹薄层灰岩，节理较发育；地下水多为溶蚀、裂隙型水，涌水量中等；西部地层为三叠系嘉陵江组中厚层灰岩，岩溶较发育，因受构造、裂隙等作用，容易形成地下水产生多方向上水力联系，对隧道建设产生破坏性影响。

(5)结论。

瞬变电磁法是基于电性差异来划分不同岩性地层、构造破碎带等异常地质体。瞬变电磁法(TEM)属于时间域的电磁感应法,因瞬变曲线衰减的快慢与地层或地质体的导电性能有关,根据这一特性利用其异常值区分勘探区内的地质构造和水文地质情况。

工程实践说明,瞬变电磁法适宜在复杂地形条件下的高阻地区开展工程与水文地质勘察工作,对于规避施工风险和预防施工过程中可能出现的地质灾害,具有重要指导意义。

2)雅砻江锦屏电站辅助洞超前地质预报(李貅,2013)

(1)工程概况。

锦屏电站辅助洞是锦屏一级、二级水电站前期工程的关键项目。隧道施工所遇到的白色纯大理岩、10MPa 高水压、高地应力和岩爆、负增长的地温和硫化氢有害气体、断层和软岩等,地质条件非常复杂。预报区地质纵断面见图 6-177。

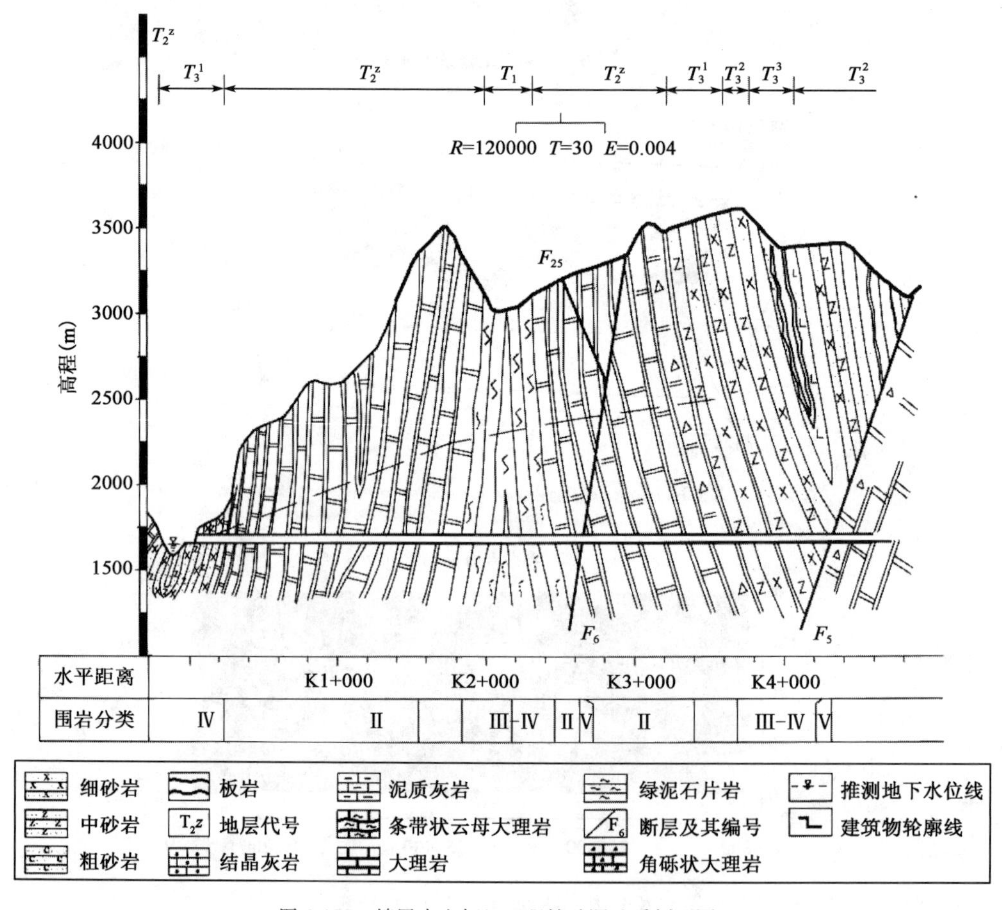

图 6-177 锦屏水电枢纽工程辅助洞地质剖面图

(2)现场排布。

①掌子面地质描述。隧道掌子面岩性为强风化变质长石石英砂岩,含绿泥石石英千枚岩,夹杂劣质煤层。岩体破碎,属软岩,部分呈土状。围岩完整性、稳定性较差,开挖时极易出现掉块、崩塌、局部有少量含水裂隙富水。开挖时应注意及时封闭掌子面,以免掌子面开挖后变形、失稳。

②瞬变电磁法的工作方法。

在隧道含水构造中,采用大回线装置的中心观测方式,在同一发射回线内布置多点进行阵

列式接收，采集不同偏移距下的垂直分量响应并形成三维数据体，形成了隧道瞬变电磁的阵列式观测方式，见图 6-178。

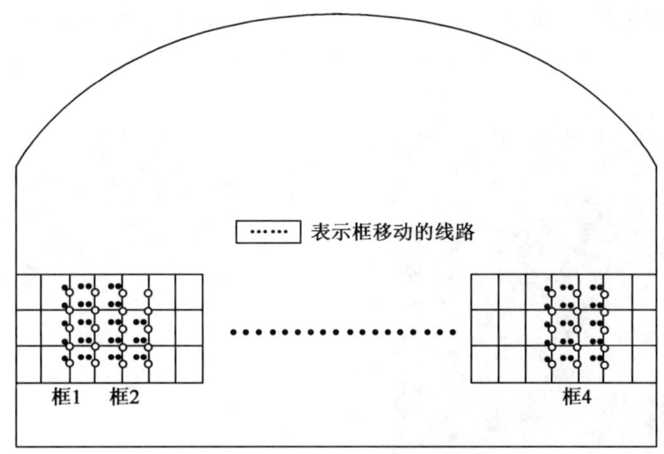

图 6-178　瞬变电磁测线布置图

③测试结果。

见图 6-179 为锦屏水电枢纽辅助洞隧道 A 洞掌子面（AK11＋843）的超前地质预报处理结果。图 6-179a)、图 6-179b)反映了前方岩石的视电阻率变化情况，由图中可以看出，在20～22m 与 30～47m 范围内，出现多个低阻异常带。图 6-179c)更直观地反映出在前方 20～24m 与 30～45m 范围可能存在数个充水裂隙。

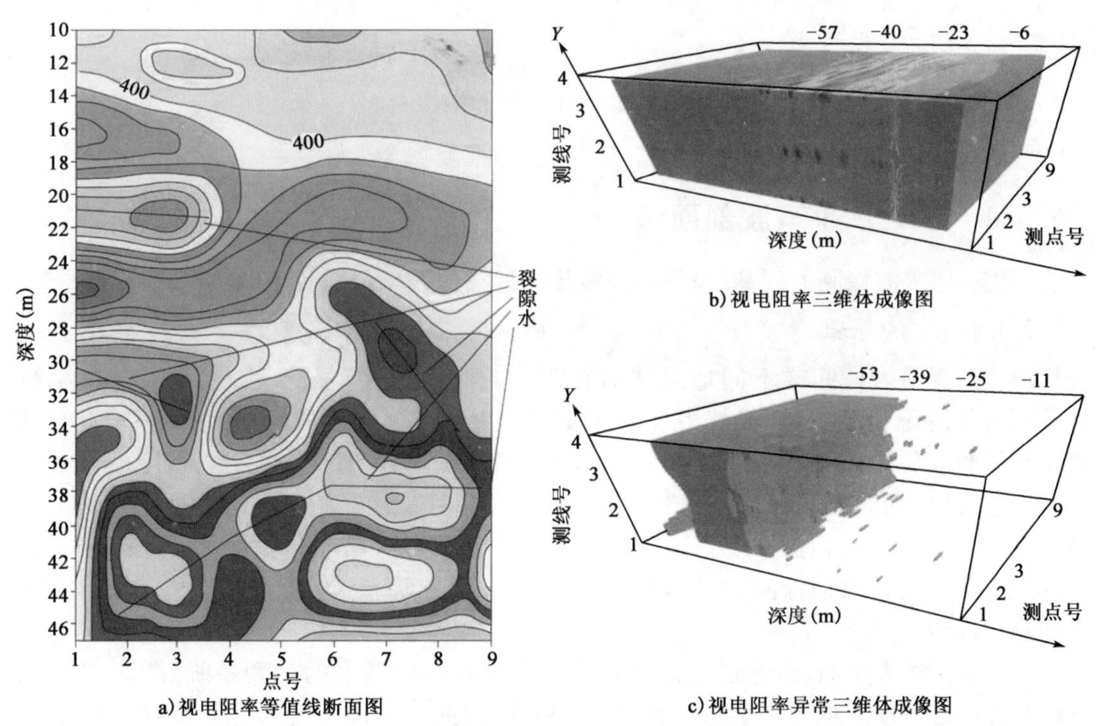

图 6-179　隧道 AK11＋843 实际测试结果

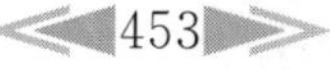

见图6-180为锦屏水电枢纽辅助洞隧道A洞掌子面(AK11+447)的超前地质预报处理结果。图6-180a)、图6-180b)反映了前方岩石的视电阻率变化情况,由图中可以看出,在5~10m与26~32m范围内以及35~50m范围内,出现多个低阻异常带。图6-180c)更直观地反映出在前方6~9m与26~30m以及35~45m范围可能存在数个充水裂隙。

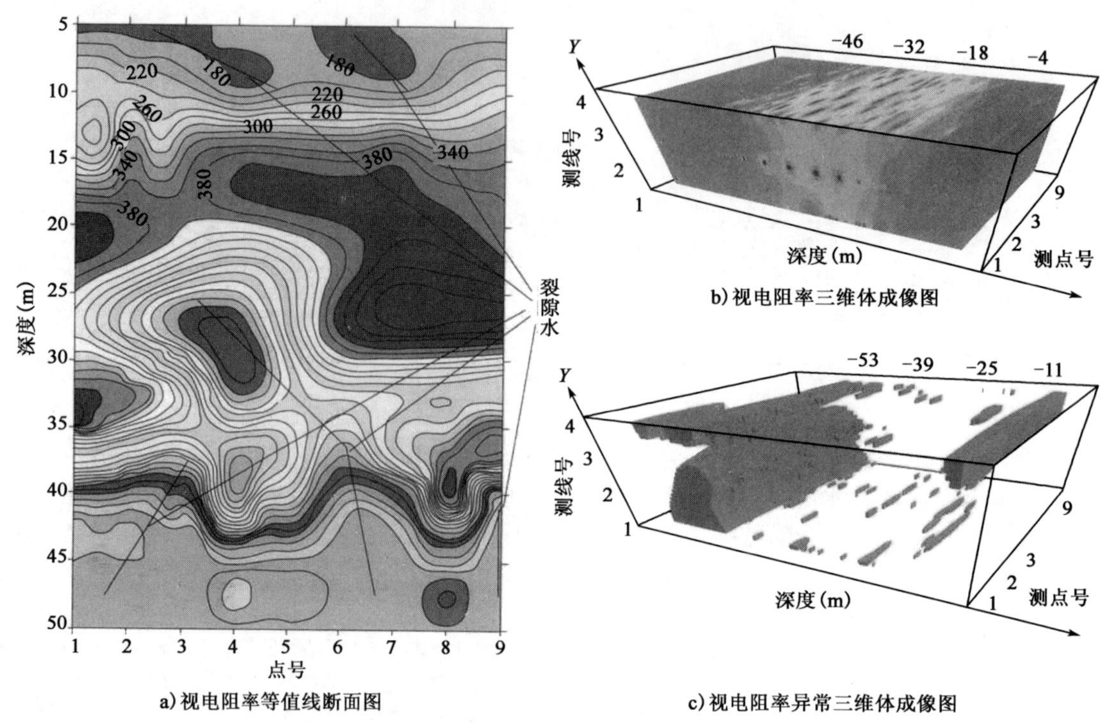

图6-180 隧道AK11+447实际测试结果

以上预报结果已得到开挖验证,开挖结果与实际推测吻合很好。

6.3.4 HSP水平声波剖面法

该方法和地震波探测原理基本相同,声波传播过程遵循惠更斯-菲涅尔原理和费马原理。

6.3.4.1 *方法原理*

其物理前提是岩体间或不同地质体间有明显的声学特性差异。观测时在隧道的两个侧壁分别布设震源和检波器,按其相对位置设计成两种观测方式即固定震源点(或接收点)和激发与接收相错方式,震源在预报目标体的远端,接收点间距采用小道间距,多道接收,构成"水平声波剖面"。其特点是各检测点所接收的反射波路径相等,反射波组合形态与反射界面形态相同,图像直观。该方法的另一优点是对反射界面倾角没有限制,适用的范围比负视速度法广泛。目前探测仪器有中铁西南科学研究院新近研制的ZGS1610-3型智能工程探测声波仪。

探测时不占用掌子面,沿巷道两侧分别布置激发点—检波点的观测系统(图6-181)。这种方法的特点是各检测点所接收的反射波路径相等,因此反射波组合形态与反射界面形态相同,图像直观。从图6-181中可看出,直达波是双曲线形态,反射波是直线形,很容易区分。这

种方法的另一优点是对反射界面倾角没有限制，适用的范围相对负视速度法广泛。预报距离不超 50m。

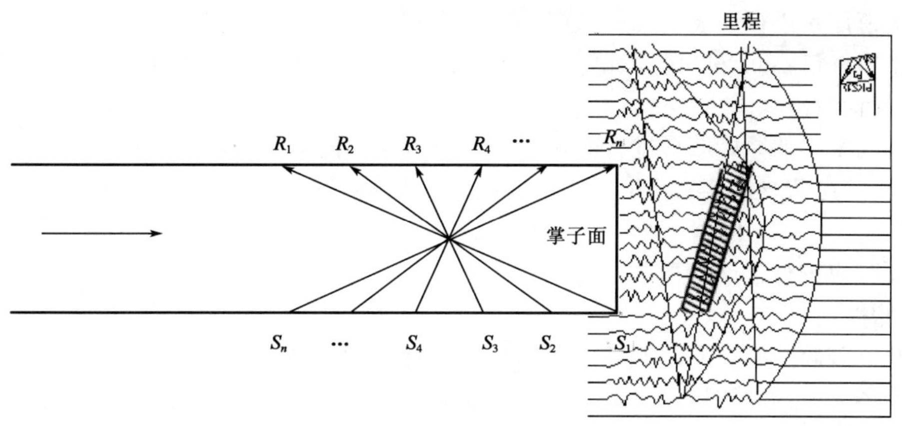

图 6-181 HSP 声波反射法测试原理示意图

6.3.4.2 技术要求

(1)探测仪器。

①应采用通道数不低于 4 道的智能工程声波探测仪或不低于 12 道的地震仪，且具有良好的道一致性。

②应选择适当主频的高灵敏度检波器，各道检波器相位允许误差为±0.5ms，振幅允许误差为±10%，检波器内阻应符合产品说明书规定的指标。

③电缆不应有破损、断道、串道、短路等故障，绝缘电阻应大于 1MΩ。

④仪器系统应通过国家认可的权威检定机构检定。

(2)水平声波剖面法探测可采用两种布设发射与接收点的方式：

①在开挖工作面后方两侧边墙脚位置分别布设发射钻孔和接收钻孔的方式(简称“隧道两侧边墙脚布设钻孔方式”)：在开挖工作面后方两侧边墙脚位置，等间距各布置一排 5～12 个钻孔，孔深 1～1.5m；一侧钻孔用作声波发射，采用电火花发射源或炸药进行声波发射，与孔壁耦合严密，使用炸药时药量应在 50s 左右，最大不超过 75s；另一侧钻孔中安设接收检波器，采用水作耦合剂，接收由声波发射源发射经隧道底围岩到达的直达波和经隧道开挖工作面前方界面(断层、岩性分界面等)反射回来的声波信号；利用直达波速度和反射波走时计算确定开挖工作面前方反射界面距开挖工作面的距离。

②在开挖工作面上布设发射与接收点的方式(简称“贴开挖工作面布置方式”)：在开挖工作面布置 3～7 个测区，原则上交错布置，每测区布置 1～3 对测点，采取一发一收或一发三收的方式；在发射检波器与接收检波器的延长线、靠发射检波器的外侧，采用大锤敲击木桩(或直接敲击岩体)以激发声波信号；此种布置方式须单独进行开挖工作面岩体声波纵波速度测试；利用开挖工作面上测得的岩体声波纵波速度和反射波走时计算确定开挖工作面前方反射界面距开挖工作面的距离。

(3)数据采集时量程的设置以采集到的信号占显示屏的 80%为宜，采样间隔根据测试开挖工作面岩性及岩体破碎情况进行调整。

(4)资料分析与判释：

①采用仪器配套的处理软件进行分析；

②对单道记录进行滤波、压制干扰和指数增益调整；

③对于每一道不同炮的记录和每一炮不同道的记录进行对比分析，以规律性好、重复性好的记录道进行解释；

④对现场采集的原始波形进行时域、频域分析，并根据波谱时域、频域分析结果，结合开挖工作面岩体声波纵波速度、地质素描和区域地质资料，进行开挖工作面前方的地质判释和预报；

⑤必要时应进行正演计算。

(5)预报距离

①在软弱破碎地层或岩溶发育区，一般每次预报距离应为20～50m，不宜超过70m；

②在岩体完整的硬质岩地层每次可预报50～70m，但不宜超过100m。

6.3.4.3　预报实例

1)实例：凉风娅隧道瓦斯地质预报(李苍松、何发亮)

凉风娅隧道位于贵州省桐梓县境内，为崇(溪河)—遵(义)高速公路特长隧道之一。隧道北起桐梓县新场乡的桃园村，南至桐梓县楚米镇。隧道右线K44＋750～K48＋835(长4085m)，左线K44＋770～K48＋855(长4085m)。凉风娅隧道原设计并未指有瓦斯存在，在掘进1145km后，隧道碳质页岩(无煤层)地段发现有瓦斯出露，随着隧道的掘进，瓦斯溢出量逐渐增大。经检测，在采用185kW大功率通风机24h不间断通风的条件下，隧道回风流中瓦斯浓度保持在0.11%～0.17%之间，隧道单洞平均瓦斯涌出量约为2.2m^3/s。但瓦斯涌出地段极不均匀，瓦斯集中溢出点、爆破残孔及超前探孔内瓦斯浓度往往超过5%。爆破作业时，已装入炮眼内的炸药卷被溢出的气流推出炮眼，曾发生数次因爆破作业产生的火花引燃瓦斯气体的事件。凉风垭隧道碳质页岩瓦斯段地质纵断面见图6-182。

根据现场调查，所揭露的瓦斯主要出自于志留系五峰组页岩(SO_w)中，厚约5～15m。凉风垭隧道穿越区域构造为穹隆构造，五峰组页岩层大致处于该构造的核部，为一典型的封闭还原环境，因此炭质成因的物质在还原环境下可能以甲烷气体的形式储存于此。

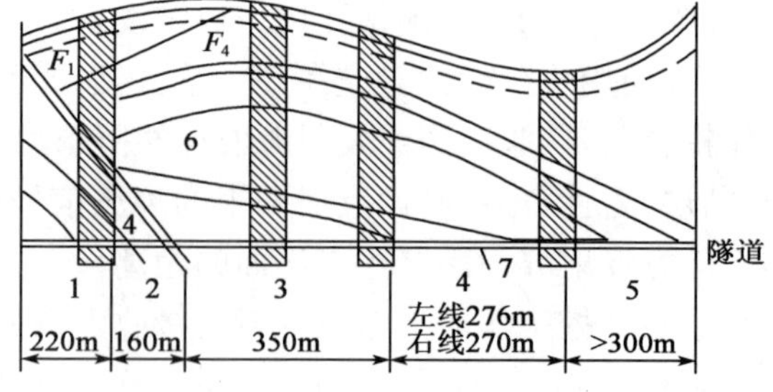

图6-182　凉风垭隧道碳质页岩瓦斯段地质纵断面图
1-灰岩地段；2-断层破碎带；3-隧道穿越F_1断层，隧道轴线基本与压扭性断层F_4平行，局部小角度相交，地层产状为110～120°∠15～26°，厚层灰岩、中至厚层细晶灰岩，受构造影响严重，节理裂隙发育；4-碳质页岩(瓦斯出露带)；5-地层产状为120∠24°，受构造影响严重，节理裂隙发育；6-泥质页岩地段；7-隧道纵断面线

根据以上的分析，凉风娅隧道瓦斯段地质预报实际综合采用三种方法：即以地质法为基础、HSP声波反射法为主要手段，结合超前钻探和瓦斯浓度监测相结合的综合物探方法进行瓦斯地质预报，探测实例如下。

测试掌子面里程：出口段左线ZK47＋280测试掌子面岩性为灰色页岩，岩体较破碎，层间夹白色方解石晶体，掌子面左下部岩体破碎，为瓦斯集中冒泡部位，面积约90cm^2，浓度5%。

对掌子面进行超前地质预报，测区及剖面布置见图 6-183。

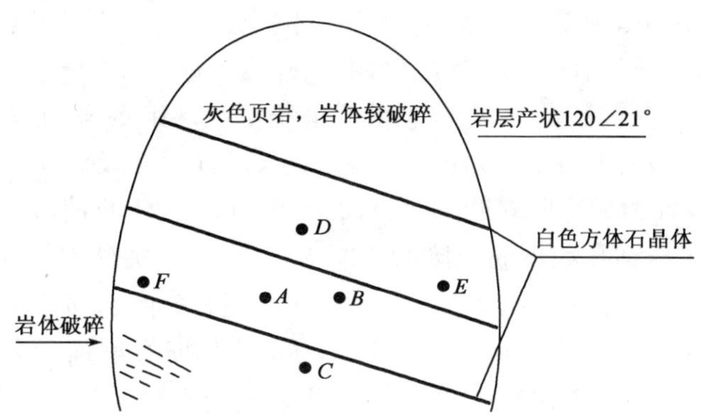

图 6-183　ZK47+280 掌子面测点布置图

注：A、B、C、D、E、F 为单点测试点。

对 ZK47+280 掌子面向前方预测，见图 6-184 为测试典型波形曲线的时域、频域分析成果图。测结果如下：

掌子面前方 150m 范围内存在 3 个岩体破碎带：①目前掌子面至水平前方 31.3m，为岩体破碎带，为瓦斯涌出区段，里程 ZK47+280～ZK47+248.7；②掌子面水平前方 55.970m，为岩体破碎带，可能仍然有瓦斯现象，里程 ZK47+224.1～ZK47+209.3；③掌子面水平前方 122.9～141.3m，为岩体破碎带，瓦斯段基本结束，注意岩溶裂隙涌水，里程 ZK47+157.1～ZK47+138.7。

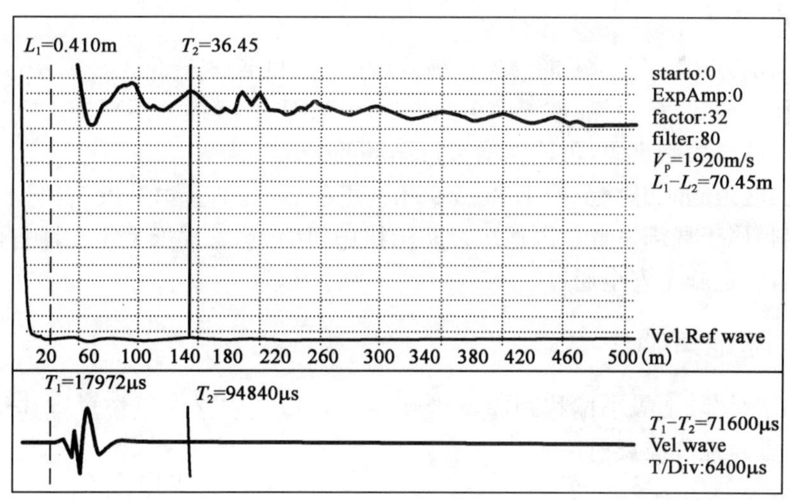

图 6-184　ZK47+280 掌子面测试分析成果图

验证情况：经组织煤炭部门踏勘，判定凉风娅隧道为“局部裂隙地段有较大瓦斯涌出的低瓦斯矿”。根据地质钻探资料，含瓦斯的碳质页岩段分为两处(图 6-184)，中间间隔 30 余米，总范围长达 700m 以上，无法采用其他临时措施穿越，在补充强有力的通风系统和严格的施工组织管理下，隧道施工安全通过瓦斯段，虽有几次燃烧，但未发生爆炸，未发生重大人员及财产损失。

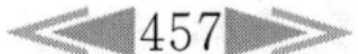

2)实例:武隆隧道进口段瓦斯地质预报(李苍松、何发亮)

武隆隧道全长9418m,为渝怀铁路第二长隧。隧道进口位于重庆市武隆县土坎镇,洞口下穿武(武隆)丰(丰都)公路,为回填土、松散砂黏土、碎石土地层,厚5~8m。洞身位于土坎古滑坡体中,主要为块石土、松散砂黏土,下伏志留系下统罗惹坪组页岩、泥岩,岩性为碳酸岩和碎屑岩,属浅埋软弱围岩段;洞身围岩以泥岩、页岩为主,设计围岩级别V、IV级。

隧道进A段原设计为无瓦斯隧道(工区),2002年11月21日凌晨3时,隧道掘进至里程D_2K189+915,进行锚杆钻孔和钢筋焊接的初期支护施工时,突然引发瓦斯燃烧,后经设计院现场专业技术人员测定,瓦斯涌现量约为0.8m^3/min,围岩裂隙瓦斯浓度40%~60%,工作面前方瓦斯压力较大,推测瓦斯为隧底下埋深约500m的瓦斯煤层通过断层裂隙而逸出,根据《铁路瓦斯隧道技术规范》(TB 10120—2002)和《煤矿安全规程》对瓦斯隧道(矿井)的界定,武隆隧道属瓦斯隧道,且不排除瓦斯突出的可能,之后的施工变更设计:D_2K189+865~D_2K190+150段为瓦斯处理段。

在隧道施工揭露瓦斯后,为了准确预测瓦斯段将在什么位置可能结束,采用了HSP声波反射对掌子面前方的岩体破碎带或断层破碎带进行预报。

测试掌子面里程:D_2K189+923测试掌子面岩性为灰色页岩,岩层产状121∠22°,岩石呈块状,节理发育。在D_2K189+910隧道底部气泡冒出现象较强烈,分布范围为+910前后3m,该范围内岩性为页岩,呈块状,岩体破碎。

对D_2K189+923掌子面向前方预测:测试波速为1190~1911m/s,平均波速为1616m/s。探测结果如下:

(1)掌子面前方31.8~36m为岩体破碎带(里程D_2K189+954.8~D_2K189+959),但围岩逐渐变好。

(2)掌子面前方70.577m可能为岩体破碎带(里程D_2K189+993.5~D_2K190+0.4)。

根据预报结果,建议从目前掌子面至前方30m范围内,继续采用现施工方法进行施工,加强通风和洒水,严格控制火源,可适当增大每循环的进尺。

验证情况:隧道施工开挖至D_2K189+954.8里程后,瓦斯基本结束,表明本隧道施工揭露的瓦斯段确实是属于局部发育。因通风及防治措施得力,尽管局部发生瓦斯自燃,但由于未形成高浓度聚集,隧道施工安全通过。

6.3.5 陆地声呐法

陆地声呐法是"陆上极小偏移距超宽带弹性波超短余震接收系统单点连续剖面法"的简称。其实质是垂直地震波反射法。

6.3.5.1 *方法原理*

陆地声呐法是1992(钟世航)年提出的,该方法采用极小偏移距、锤击激发、高频超宽带接收反射弹性波进行连续剖面探测。它的特点是在隧道掌子面上设测量剖面,剖面上每30cm左右设一测点,用锤击方式激发弹性波,在激震点旁设检波器接收被测物体的反射波。然后将各测点的时间曲线拼成时间剖面,根据同相轴和频谱解释圈定断层、大节理、岩层分界面、岩脉、涌水层、溶洞等不良地质体,为确定反射体的空间位置,通常布置水平和铅垂的两条测线。

主要仪器有铁道部科学研究院的 LDS-1 陆地声呐仪。该方法观测方式非常简单，应用中仍存在许多问题。预报距离在软弱破碎地层或岩溶发育区，一般每次预报距离应为 20～50m，不宜超过 70m；在岩体完整的硬质岩地层每次可预报 50～70m，但不宜超过 100m。

6.3.5.2　技术要求

1）探测仪器

（1）采用陆地声呐仪或性能基本相同的其他仪器；

（2）检波器：使用超宽频带检波器，在 10～4000Hz 范围内不压制任何频率，增益随频率变化不大于 10%。

2）探测方式

（1）可在开挖工作面上向前方探测，亦可在隧道边墙向隧道两侧探测、在隧道拱部向上探测、在隧道底板向下探测；

（2）采用十字剖面的布置方法可作反射体的空间定位，见图 6-185。

（3）一般采用锤击震源，不固着检波器，不打孔。

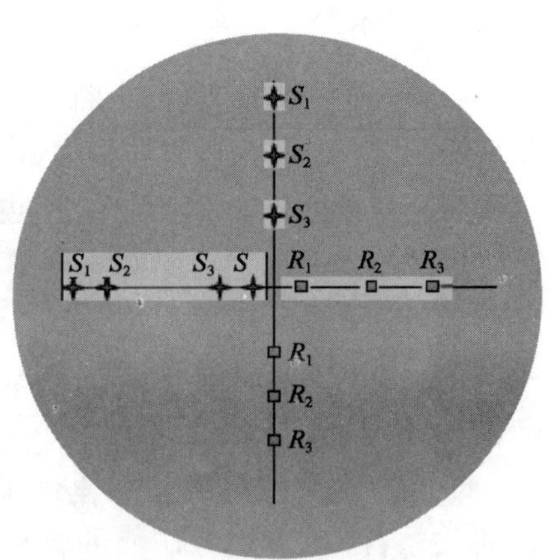

图 6-185　陆地声呐法现场排布示意

3）现场数据采集

（1）在隧道开挖工作面上一般应布设两条测线（一条为水平测线，一条为铅垂向测线），测线上每 25～30cm 设一测点，必要时可布设多条测线；

（2）记录测线在隧道中的准确位置及测线间的几何关系；

（3）通过激发杆，用锤击法在测点 n 上激振（n=1，2，3，4…），其两侧测点（n－1）和（n＋1）设检波器。检波器用黄油或凡士林与岩面耦合，用手按紧。一般情况下，每一测点应激振 2～3 次作垂直叠加；

（4）一个测点结束后，数据存入主机，激振器隔一个测点移至下一个激振点（n＋2）点，进行下一测点的采集，采集软件可自动将各测点资料汇集形成剖面；

（5）在隧道边墙测岩体波速。

4）质量控制

（1）按仪器用户手册和操作使用说明书的规定，作好施测前的准备和操作的各项注意事项；

（2）工作前检查各连接线的通段，确保仪器主机和各配件处于正常工作状态；

（3）第一个点采集时检查所设定的参数是否正确，其他各测点注意检波器是否正确地安设在岩面上；

（4）检查测线位置、里程及其他应记录的内容是否记录完整；

（5）宜适当扩大炮检距，将强烈的声波、面波移出记录区，提高有效波组间的分辨率；

（6）改善检波器的耦合条件，消除自振；

（7）改进激发、接收装置，可采用定向激发、短余震检波器、三分量检波器、组合激发、接收等，提高信噪比；

（8）避免施工震动干扰，保持记录背景宁静。

5）室内数据处理

(1)应用处理软件进行数据处理,内容包括:调出剖面、道间均衡、滤波、显示及其他高级处理等;

(2)通过计算机将一条测线上若干测点的时间曲线通过归一化处理汇成一张时间剖面图,根据图上的反射波同相轴作定性、定量解释。

6)资料分析与判定

(1)追踪同相轴,根据岩性、地质构造和正演理论作同相轴的定性解释:在整个剖面上可以追踪的近于直线的同相轴反映的是岩层界面、断层面、岩脉或大的溶洞等;延续不太长的近于直线的同相轴反映的是大节理;呈双曲线形状的同相轴是有限大小地质体(如溶洞)的反映。

(2)根据频谱和节理、小断裂的密集程度,判定破碎带及岩体破碎情况。当某一段岩体高频成分明显增多,表明节理密集、岩体破碎;若某段岩体反射同相轴明显增多,表明节理及小断裂密集,岩体破碎,此时岩体波速也会明显降低。

(3)根据所测波速及从陆地声呐时间剖面上得到的各反射体的反射时间,计算反射体的空间位置:平面形反射界面:从水平剖面上任选两点 n 和$(n+m)$,读出其对某反射界面的反射时间 t_n 和 t_{n+m},计算出 L_n 和 L_{n+m},即可得到反射界面与测线的距离和走向夹角;从铅垂向剖面上任选两点 a 和$(a+p)$,读出其对某反射界面的反射时间 t_{a} 和 $t_{\mathrm{a+p}}$,计算出 L_{a} 和 $L_{\mathrm{a+p}}$即可得到反射界面与铅垂线的距离和夹角;由此可定出反射界面与开挖工作面的相对几何关系;得知开挖工作面的方位角,即可计算出反射界面的产状。对于溶洞等有限大小物体:双曲线顶点对应的就是它的顶点,据其反射时间即可确定其距离,而其直径约为双曲线范围的 1/5~1/4。

(4)开挖工作面前方几米范围内岩体受开挖爆破破坏,不应采用距开挖工作面 5~10m 的资料。

(5)炮检距 $d>2(L+h)/[V/(V_G-1)]$,其中 V、V_G 分别为有效波与干扰波速度,h 为开挖工作面至反射界面的距离(预估值),L 为观测排列的长度。

(6)当用炸药激发时,在边墙、墙脚、隧底面打 1~2m 深的浅孔;边墙、墙脚打孔时,应向下倾斜 30°~45°,可注水作耦合剂。

(7)参数设置与记录:排列编号、炮检距、激发、接收点位置(里程)、数据采集时间、记录长度、采样间隔、延迟时间、滤波、增益等。

(8)宜进行多次激发,进行多次叠加以压制不规则干扰波,突出有效波。

6.3.5.3 预报实例(溶洞)

据文献资料,此方法在羊寨隧道和铝厂隧道超前探测时,成功地探查出掌子面前方 40~80m 距离范围的溶洞。见图 6-186。

6.3.6 面波法

面波法分为稳态法和瞬态法。稳态法在掌子面上放置一个激振器,用计算机控制激振器使其产生各种不同波长的波面,用两个拾振器同时接到不同方向的振动波,由计算机算出每一种波长的面波传播速度,根据面波的勘测深度等于波长的二分之一的原理,即可得到一组不同

深度的面波平均速度的分布规律，不同介质面波的传播速度不同。从不同面波速度分布图，就可以反映出地质构造的不同界面，如断层、地下水等特性变化。瞬态法由于排列长度的关系未见实际应用的报道。

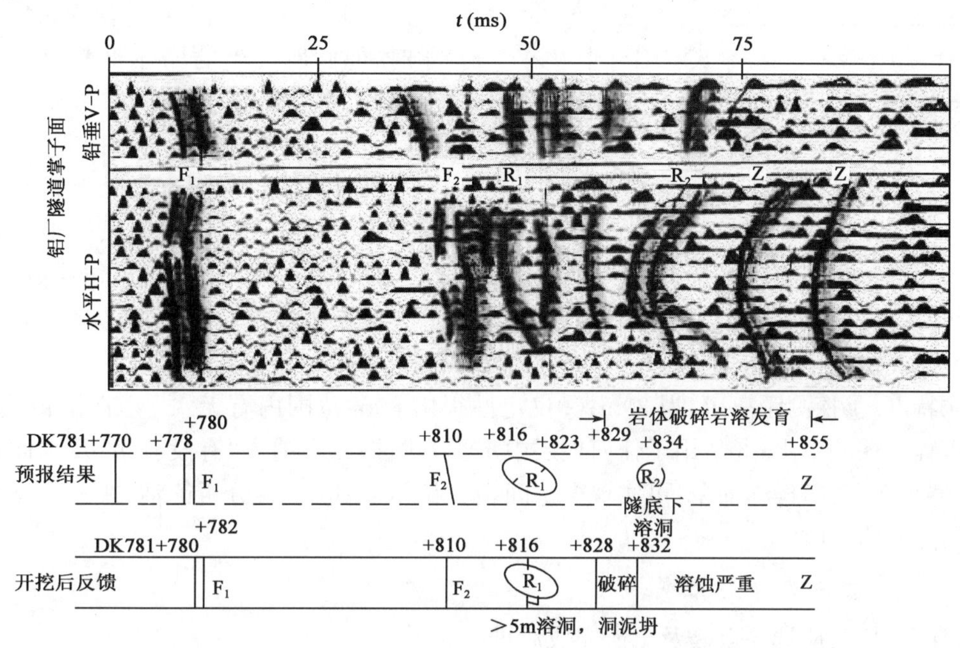

图 6-186　铝厂隧道 DK781＋770 掌子面实测及预报资料

此法需要的场地较小，适合在地下洞室开挖面上工作，探测深度也能满足施工预报的要求，对资料的分析判断可在现场进行，操作简便。已在南岭隧道中应用，很清楚地发现距工作面几米处的断层破碎带。但该法在开挖面上能探测多远的距离，尚需进一步实验研究。

6.3.7　红外探水法

地下水的活动会引起岩体红外辐射场强的变化。红外探水仪通过接收岩体红外辐射场强，根据围岩红外辐射场强的变化值，来确定掌子面前方或洞壁四周是否有隐伏的含水体。

6.3.7.1　*方法原理*

地球上部岩体的温度要受地球地热场的影响，地热场的平均变化为每公里深度增加30℃，而在水平方向，地热场的平均变化远远小于该量。因此，隧道开挖深度的岩体，可视为位于一均匀温度场中。当开挖掌子面前方存在含水地层（溶洞、裂隙水等），且该含水层与岩体存在温差时，岩体中将产生热传导和对流作用，温度场不再为恒温场，而将产生温度异常场，在一定的距离和观测精度条件下，掌子面上存在着温度差异，利用红外辐射测温方法测定这种温度变化差异，可为含水层的超前预报提供依据，这就是红外辐射测温超前预报含水层的物性基础。因此，研究岩体含水层温差引起的温度异常场的分布规律，对该方法的探测能力、资料解释都是极其重要的。

红外辐射测温原理示意，见图 6-187。由于所有物体都发射出不可见的红外线能量，该能量

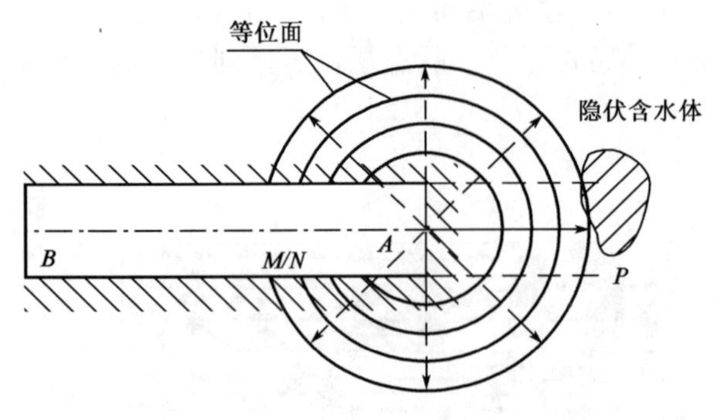

图 6-187　红外辐射测温原理示意图

大小与物体的发射率成正比。而发射率的大小取决于物体的物质和它的表面状况。当掌子面前方及周边介质单一时，所测得的红外场为正常场，当存在隐伏含水构造或有水时，他们所产生的场强要叠加到正常场上，从而使正常场产生畸变。据此判断掌子面前方一定范围内有无含水构造。

红外探测就是根据红外异常来确定隐蔽灾害源的存在。隐蔽灾害源是指含水断层、含水溶洞、地下暗河、氧化反应的媒体、存储瓦斯的构造。红外探测适用于定性判断探测点前方有无水体存在及其方位，不能定量给出水量大小等参数。

方法特点：①探测距离短，为 30m；②仅定性得出 30m 范围内有无水，至于水压、水量、具体哪个里程则探测不出；③适用于任何地层中定性判断探测点前方"有没有水"及水体存在方位；④仪器小巧轻便，操作简单，可实现全空间全方位探测；⑤资料分析简洁、快速、直观；⑥基本不占用隧道施工时间。

6.3.7.2　技术工作要求

(1)探测时间：应选在爆破及出渣完成后进行。

(2)测线布置：

①全空间全方位探测地下水体时，需在拱顶、拱腰、边墙、隧底位置沿隧道轴向布置测线，测点间距一般为 5m，发现异常时，应加密点距；测线布置一般自开挖工作面往洞口方向布设，长度通常为 60m，不得少于 50m。

②开挖工作面测线布置，一般为 3～4 条，每条测线布 3～5 个测点。

(3)应做好数据记录，并绘制红外探测曲线图。

(4)有效预报距离应在 30m 以内，连续预报时前后两次重叠长度应大于 5m。

(5)下列情况下所采集的探测数据为不合格：

①仪器已显示电池电压不足，未更换电池而继续采集的数据；

②开挖工作面炮眼、超前探孔等钻进过程中所采集的数据；

③喷锚作业后水泥水化热影响明显的部位所采集的数据；

④爆破作业后测线范围内温差明显时所采集的数据；

⑤测线范围内存在高能热源场(如电动空压机等)时所采集的数据。

6.3.7.3　现场观测

预报采用 HW-304 型红外探测仪，预报掌子面前方围岩含水情况。

现场测试有两种方法：一是在掌子面上，分上、中、下及左、中、右六条测线的交点测取 9 个数据，根据这 9 个数据之间的最大差值来判断是否有水；二是在已挖洞段按左边墙、拱部、右边墙的顺序进行测试，每 5m 或 3m 测取一组数据，共测取 50m 或 30m，并绘制相应的红外辐射

曲线,根据曲线的趋势判断前方有无含水。

1)现场布置

(1)由掌子面后方,向掌子面方向每隔 5m 对四壁探测一次,见图 6-188、图 6-189,共探测 12 次,每次探测的顺序依次为左边墙脚、左边墙、拱顶、右边墙、右边墙脚、隧底中,见图 6-190。这样沿隧道掘进方向共形成 6 条探测线,分别为左边墙脚探测线、左边墙探测线、拱顶探测线、右边墙探测线、右边墙脚探测线、底板中线探测线。

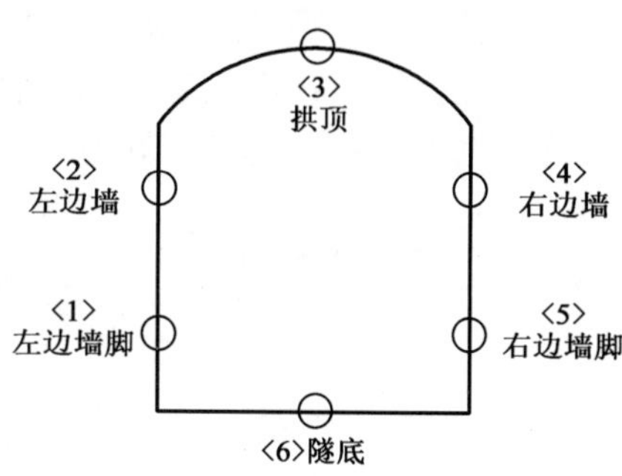

图 6-188 激光定点红外探测示意图

(2)探断面自上而下水平 4 行,每行 6 个探点。把每个探点的仪器读数值写入表中。表中最大读数差值是指 6 个中最大者与最小者之差,探测断面表见表 6-11。

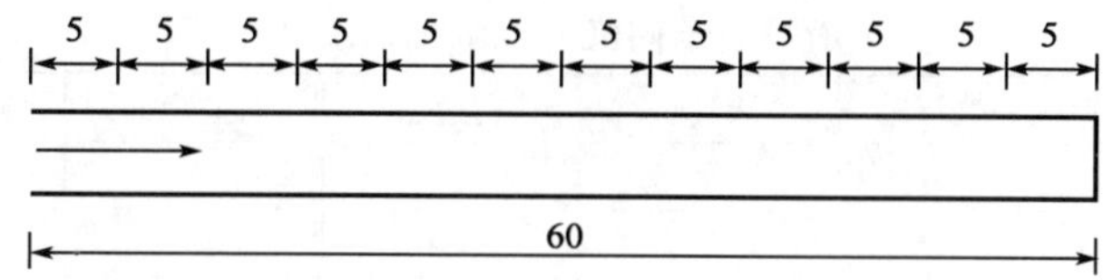

图 6-189 纵向探点示意图(单位:m)

红外探水每 20m 测量一次。红外探水仪通过接收岩体的红外辐射强度,根据围岩红外辐射场强的变化值来确定掌子面前方或洞壁四周是否有隐伏的含水体。红外探水有较高的准确率,但是它对水量、水压等重要参数无法预报。

(3)超前防水预测预报:了解掘进前方 20~30m 范围内,是否存在隐伏水体、是否存在含水破碎带。每次防水超前探测预报需 15min。

向隧道上方探测、下方探测是确保掘进工程安全不可缺少的一环,其根本原因在于上方或下方都存在承压隐伏水或含水构造,一旦在卸压时地下水水溃入隧道,将会造成重大灾害。

(4)向隧道两壁外侧探测:其目的是了解支承顶板的两个侧壁外缘是否存在空洞,是否存在威胁隧道安全的含水构造。其作用有两个:一是确保当前施工安全,二是确保使用期间不出问题。

(5)防滞后涌水探测:隧道掘进时,虽然当时后方不涌水,但不等于以后不涌水,因为当掘进破坏地层结构后,隧道外围的承压水,将会突破薄弱地段压入卸压区。

2)红外探水现场记录表

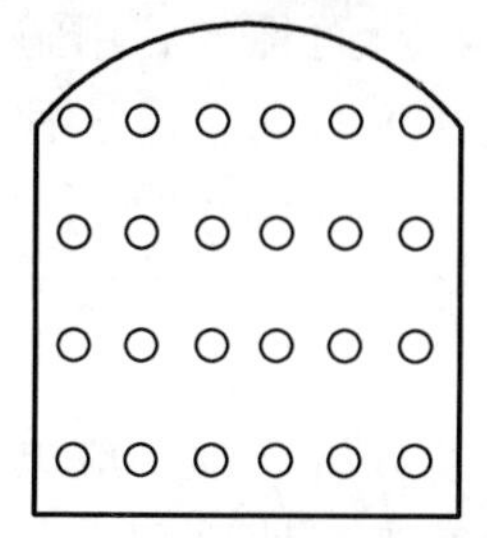

图 6-190 掌子面探测示意图

根据探测曲线特征判断含水构造或含水体的潜在危害。红外探水方法:红外探测属非接触探测,在隧道壁上来定探点,是用仪器的激光器在壁上打出一个红色斑点。定好探点后扣动扳机,就可在仪器屏幕上读取探测值。具体做法如下:

进入探测地段时,首先沿隧道一个壁,以 5m 点距用记号笔或油漆标好探测顺序号,一直标到终点,或者标到掘进断面处。

在掘进断面处,首先对断面前方探测,在返回的路径上,每迂回到一个顺序号,就站到隧道中央,分别用仪器的激光器打出的红色光斑使之落到左壁中线位置、顶部中线位置、右壁中线位置、底板中线位置，并扣动仪器扳机分别读取探测值，并做好记录。然后转入下一序号点，直至全部探完。

探测数据输入计算机后，由专用软件绘成顶板探测曲线、两壁探测曲线。

现场红外探测数据记录见表 6-13、表 6-14。

掌子面超前探测记录表 表 6-13

测点号	1	2	3	4	5	6	横向最大差值
第 1 行							
第 2 行							
第 3 行							
第 4 行							
纵向最大差值							

注：探测掌子面时让施工单位暂时停止钻孔。每行数据都由掌子面由左向右测得。

沿隧道走向红外探测记录表 表 6-14

序号	左边墙脚	左边墙	拱顶	右边墙	右边墙脚	隧底中线	备注

注：每条测线的 12 个数据由掌子面后方向掌子面测得。

3）现场配合

（1）施工单位提前 1～2d 报计划，即通知第三方预报单位；第一次预报施工断面需进洞深 60m 以上，每次预报长度为 25m 左右，两次预报重复搭接长度为 5m 左右。

（2）现场需要 1 名跟班技术员和 1 名杂工配合第三方进行预报工作。

（3）在进行超前地质预报工作时，应停止掌子面及其附近的施工作业。

6.3.7.4 分析解释

如图 6-191 所示，掌子面上 9 个数据的最大差值大于 $10\mu W/cm^2$，就可以判定有水；红外辐射曲线上升或下降均可以判定有水，其他情况判定无水。红外探测的特点是可以实现对隧道全空间、全方位的探测，仪器操作简单，能预测到隧道外围空间及掘进前方 30m 范围内是否存在隐伏水体或含水构造，而且可利用施工间歇期测试，基本不占用施工时间。但这种方法只能确定有无水，至于水量大小、赋水形态、具体位置没有定量解释。探测数据和曲线的分析与判定应符合下列要求：

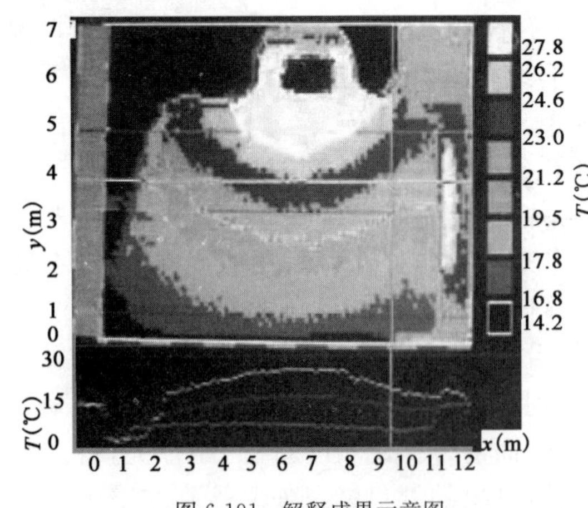

图 6-191 解释成果示意图

（1）探测数据和曲线的分析与判定应以地质学为基础，并结合现场的工程地质和水文地质条件；

（2）通过探测与施工开挖验证，总结出正常

场的特点，才能分辨出异常场；

(3)分析由探测数据绘制的探测曲线前，必须认真检查探测数据的可靠性；

(4)分析解释时应先确定正常场，再确定异常场，由异常场判定地下水体的存在；

(5)在分析单条曲线的同时，还应对所有探测曲线进行对比，比如两边墙探测曲线的对比、顶底探测曲线的对比，依此确定隐蔽水体或含水构造相对隧道的所在空间位置；

(6)沿隧道轴向的红外探测曲线和开挖工作面红外探测数据最大差值应结合起来分析，在实践中不断总结经验，做出符合实际的分析判断；

(7)不得用仪器去探测点燃的香烟头、通电的电炉丝、电焊的电火花等热源。仪器出现故障后应送至厂家维修，不应自行拆卸。仪器的辐射率出厂时已调整好，使用者不应随意调整；

(8)红外探测预报应编制探测报告，内容包括探测工作概况、地质解译结果、开挖工作面探测数据图、左右边墙及拱顶等测线的探测曲线图等。

6.3.7.5 应用实例

实例一：歌乐山隧道出口 DK4＋656～DK4＋621 段

HY-303 型红外线探测仪，主要用于煤矿及地下工程探水、探火、探瓦斯等不良地质，目前铁路隧道的施工中还使用较少。用红外线进行涌水预测，主要是掌子面开挖前的临近预报。

隧道地质灾害尚未发生之前，是以灾害源和灾害场的两种形式存在的。灾害源实体，其存在特点，在灾害发生前具有隐蔽性，如隐伏含水断层；灾害场是指由灾害源产生的红外辐射异常场，由于“场”大于“场源”，因而在安全距离之外就能提前确定隐蔽灾害实体的存在。具体探测方法如下：

(1)进隧道探测前，先检查探测仪器，并备好皮尺、红油漆和记录用具。

(2)进入探测段起点时，用皮尺和红油漆，以 5m 点距在隧道墙壁标好，一直标到掌子面。

(3)从探测段起点，在隧道顶部、左右边墙、底板四个部位，分别用激光测量其场强，探测时，激光束形成的红色斑点必须落在岩壁上，不允许落在台架等物体上，否则测得的场强将不是目标场强。

(4)探测过程如果出现读数突然增大或变小时，记录员应马上告知操作员进行重复观测，操作员除重复观测外，还应作横向和垂向扫描，把扫描中得到的极大值或极小值以及所在位置，记入备注栏内。

(5)红外探测曲线图的绘制：用直角坐标系绘图，纵坐标表示红外辐射场场强(Trad)，横坐标表示探测点的位置，最后将坐标系中所有探测点连接起来。

(6)红外探测曲线图分析：红外探测曲线图是反映被探地段红外正常场与红外异常场的图件，是探测资料分析解释和确定隐蔽灾害源的基础图件。根据隧道顶部、左右边墙、底板的探测曲线，采用趋势外推法，可判断出掌子面前方 20～30m 范围内是否存在含水构造。

歌乐山隧道出口 DK4＋656～DK4＋621 段，采用 HY-303 型红外线探测仪，其探测曲线见图 6-192，可以看出，在距掌子面 25m 处场强开始出现突变点，越临近掌子面，场强呈较陡的斜率上升。可以据此推断，前方可能富水，而实际开挖情况为掌子面前方 5m 处有 0.5～0.8m 宽断层泥，全掌子面富水，水压达 1.8MPa，与探测情况基本吻合。

在隧道施工中，红外线探测预警多次为预测涌水提供了重要参考。

实例二：某隧道 DK288＋405 掌子面

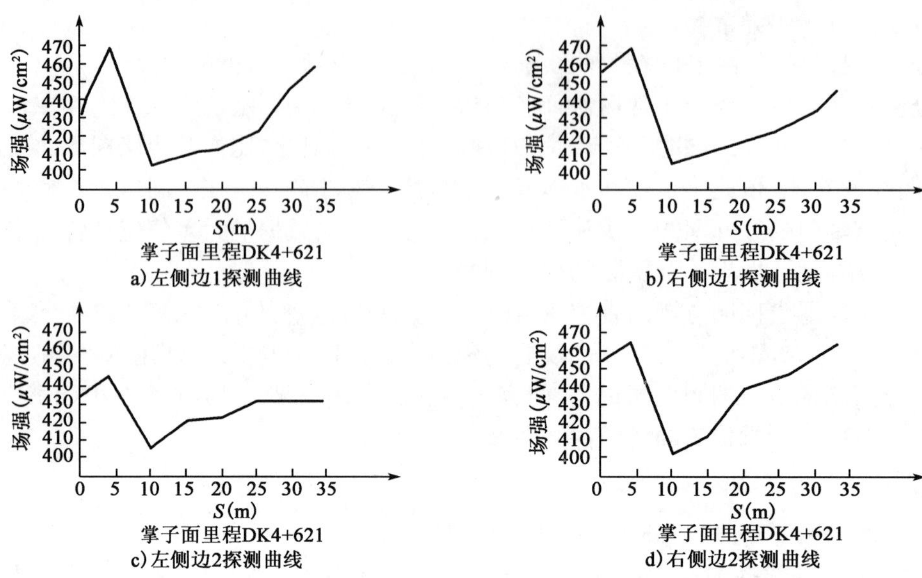

图 6-192　HY-303 型红外线探测仪探测曲线图

红外探测预报编制探测报告,内容包括:工作概况、地质解译结果、沿开挖面探测数据、左右边墙及拱顶等测线的探测曲线图等(表 6-15、图 6-193、图 6-194)。

红外探测记录表(DK288+405 掌子面)　　表 6-15

工程名称　　预报单位:

掌子面里程:DK288+405　　日期:2010 年 5 月 1 日

表 6-15-A

掌子面红外探测记录表							
测点号	1	2	3	4	5	6	备注
第 1 行	273	275	273	274	273	273	
第 2 行	275	276	273	274	274	275	
第 3 行	274	276	273	274	275	276	
第 4 行	275	276	275	275	274	276	

表 6-15-B

沿隧道轴向红外探测数据记录表								
序号	里程	左边墙	左拱腰	拱顶	右拱腰	右边墙	隧底中线	备注
1	DK288+460	274	276	277	277	282	277	横向掌子面方向探测
2	DK288+455	277	276	276	277	280	275	
3	DK288+450	275	278	277	274	277	274	
4	DK288+445	276	277	277	276	274	275	
5	DK288+440	274	278	276	277	275	274	
6	DK288+435	274	276	276	277	275	274	
7	DK288+430	274	275	277	276	276	275	
8	DK288+425	274	276	277	276	275	274	
9	DK288+420	276	278	278	279	275	277	
10	DK288+415	278	278	280	279	279	276	

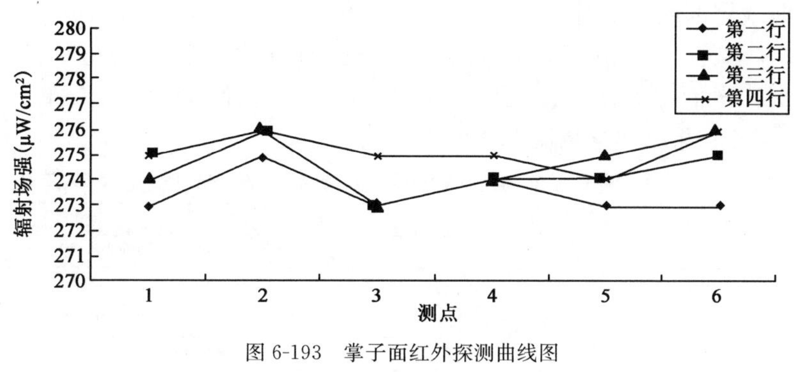

图 6-193　掌子面红外探测曲线图

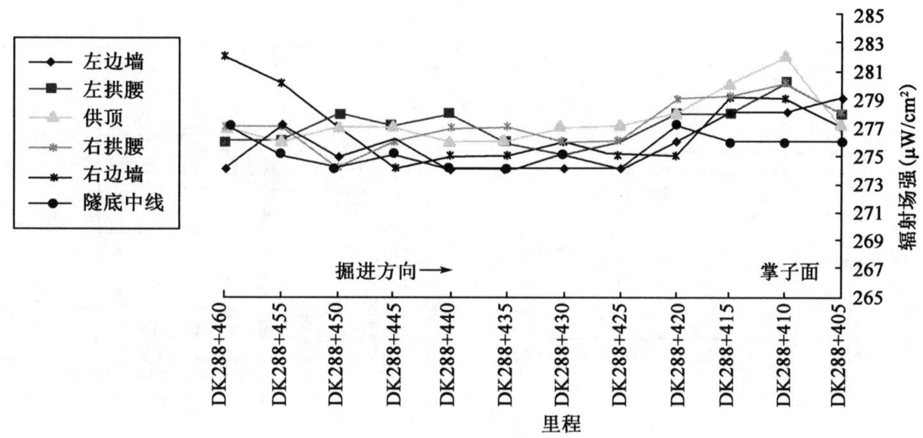

图 6-194　沿隧道轴向红外探测曲线图

本次掌子面红外辐射场最大值为 276μW/cm²，最小值为 273μW/cm²。差值为 3μW/cm²，小于安全值 10μW/cm²，结合隧道已开挖段的含水情况综合分析：掌子面前方 30m 范围没有发育含水构造，为少水地段，发生涌突水的可能性极小。

实例三：某隧道 DK11＋920 掌子面

如图 6-195 所示，出口左洞Ⅲ部所测掌子面红外辐射场最大值为 232μW/cm²，最小值为 224μW/cm²。差值为 8μW/cm²，小于安全值 10μW/cm²，可以断定，掌子面前方 20m 范围没有发育含水构造，为少水地段。

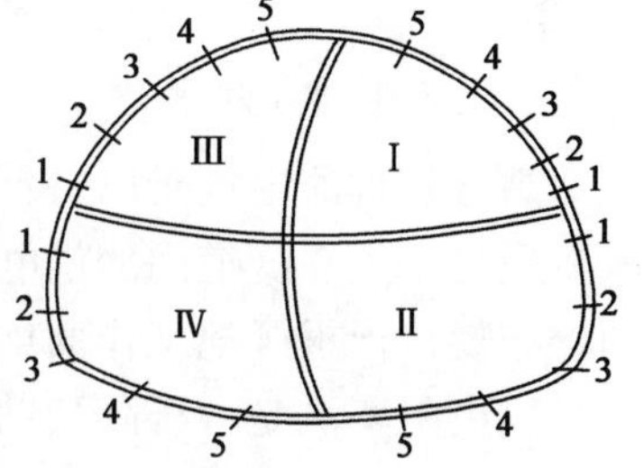
图 6-195　CRD 法施工红外探测布置断面

探测沿隧道走向在Ⅲ部的边墙和拱顶布置了 5 条测线，掌子面布点红外探测数据见表 6-16。通过探测所得数据如图 6-196 所示，数据的红外场强差值小于安全值 10μW/cm，掌子面前方 20m 范围没有发育含水构造，为少水地段。后经开挖，与实际情况吻合。

由表 6-16 知，出口左洞Ⅱ部所测掌子面红外辐射场最大值为 241μW/cm，最小值为 221μW/cm。差值为 20μW/cm，大于安全值 10μW/cm，红外辐射场强差值较大，可以断定，掌子面前方 20m 范围发育有含水构造。

探测沿隧道走向在Ⅱ部的边墙和拱顶布置了 5 条测线，通过探测所得数据如图 6-197 所示，图中测线 3、4、5 对应的场强值没有突变，曲线起伏不大，这几条测线在隧底。而布置在边墙的测线 1、2 曲线尾部明显上升，且幅度超过正常值，再结合本段地质为富水强风化花岗闪长岩分析，判断掌子面前方 20m 范围内有含水构造，有发生涌突水的可能。经现场开挖至 ZK11＋964.5 时掌子面右侧有小股状水流；ZK11＋955.5、ZK11＋952、ZK11＋949 掌子面右侧均出现渗水，探测结果与实际情况基本吻合。

掌子面布点红外探测数据（单位：$\mu W/cm^2$） 表 6-16

测点号	1		2		3		4		5		横向差最大值	
	①	②	①	②	①	②	①	②	①	②	①	②
第 1 行	232	237	226	230	231	229	230	232	230	237	6	8
第 2 行	230	241	227	226	230	228	229	232	228	232	3	15
第 3 行	230	230	224	221	232	226	232	226	231	231	8	10
第 4 行	232	223	224	222	230	222	229	224	231	225	8	3
最大纵向差	2	18	3	9	2	7	3	8	3	12		

注：①为出口左洞Ⅲ部 ZK11＋920 红外探测结果，时间为 2007-5-20；
②为出口左洞Ⅱ部 ZK11＋961.5 红外探测结果，时间为 2007-4-26。

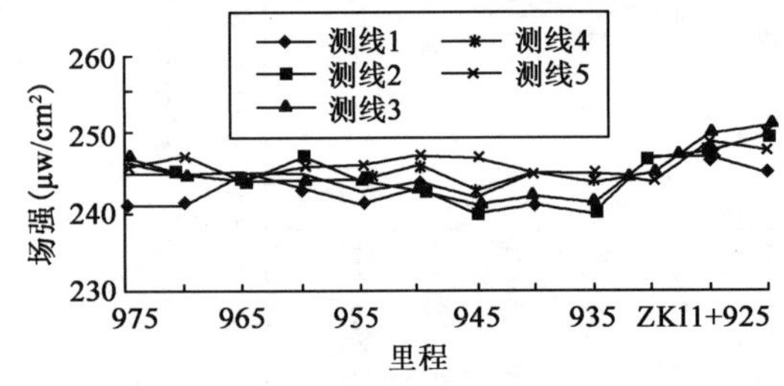

图 6-196 出口左洞Ⅲ沿隧道走向布点探测曲线图

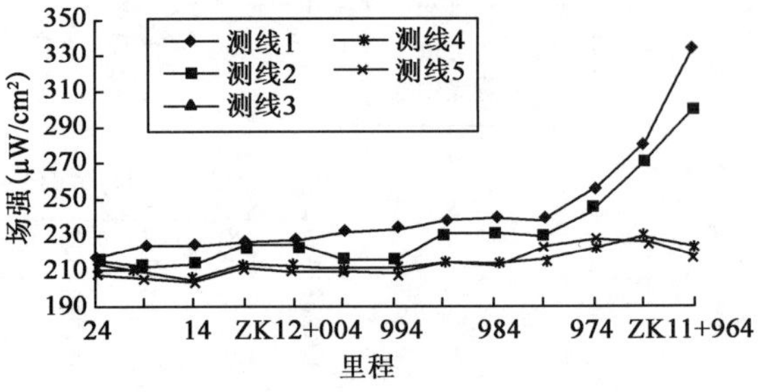

图 6-197 出口左洞Ⅱ沿隧道走向布点探测曲线图

6.3.8 高密度电阻率法

6.3.8.1 方法原理

高分辨直流电法是以岩石的电性差异（即电阻率差异）为基础，在全空间条件下建立电场，电流通过布置在隧道内的供电电极在围岩中建立起全空间稳定电场，通过研究电场或电磁场的分布规律预报开挖工作面前方储水、导水构造分布和发育情况的一种直流电法探测技术。高密度电阻率法是一种阵列勘探方法，野外测量时只需将全部电极（几十至上百根）置于测点上，然后利用程控电极转换开关和微机工程电测仪，便可实现数据的快速和自动采集，最后通过电阻率差异来判断勘察地区的地质情况。

高分辨直流电法适用于探测任何地层中存在的地下水体位置及相对含水量大小，如断层破碎带、溶洞、溶隙、暗河等地质体中的地下水。特点是适用性广，快捷且具有较高精度。但容易受地形的影响、旁侧影响，探测范围有限，有多解性。

现场采集数据时必须布设三个以上的发射电极，进行空间交汇，区分各种影响，并压制不需要的信号，突出隧道前方地质异常体的信号，该方法也称为“三极空间交汇探测法”。

6.3.8.2 技术要求

（1）现场数据采集应严格按照测试要求进行，保证数据采集的质量，并应符合下列要求：

①开机检测仪器是否工作正常；

②发射、接收电极间距测量准确，误差应小于5cm；

③无穷远电极应大于4～5倍的探测距离；

④发射、接收电极接地良好；

⑤电池电量充足；

⑥数据重复测量误差应小于5%，否则应检查电极和仪器电源是否正常、工频干扰是否过大等。

(2)高分辨直流电法有效预报距离不宜超过80m，连续探测时前后两次应重叠10m以上。

(3)资料处理与分析应符合下列要求：

①资料处理应使用仪器配套的处理软件系统。在数据处理过程中，应采用增强有效信号、压制干扰信号、提高信噪比等手段，使视电阻率等值线图能够清晰成像。

②地质异常体(储、导水构造)判断标准应以现场多次采集分析验证的数据为依据，总结规律，找出隧址区异常标准值。根据经验总结归一化值视电阻率在40～60之间时多存在地质异常体(储、导水构造)。

(4)高分辨直流电法预报应编制探测报告，内容包括探测工作概况、地质解译结果、视电阻率等值线图等。

6.3.8.3 应用实例

1)工程概况

某隧道位于我国西部，地处剥蚀构造中山地貌。缓坡和低洼地带分布第四系全新统松散土层，下伏基岩为二叠系玄武岩夹凝灰岩，岩体节理裂隙发育，完整性较差，全风化带及强风化带厚，且全风化带具有中强膨胀性。地下水主要为二叠系玄武岩夹凝灰岩中的基岩裂隙水。地质纵断面如图6-198所示。

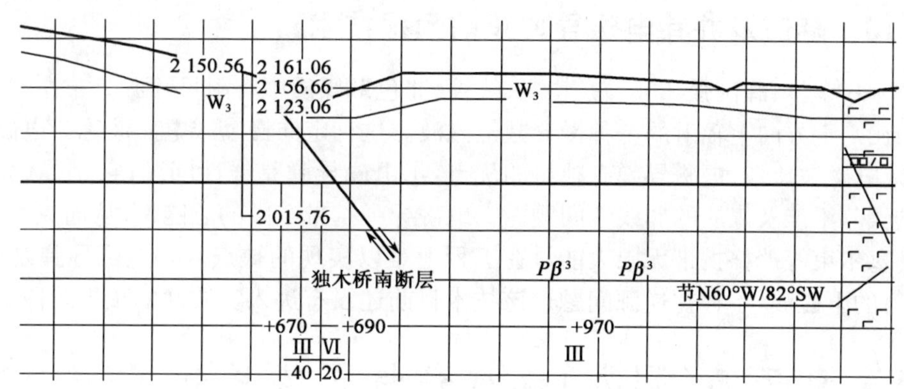

图6-198 地质纵断面

2)测试结果

通过高密度电法工作得到成果图(图6-199)，结合对应地质信息与解译标准，认为在DIK59+650～DIK59+900范围内DIK59+650～DIK59+760段，由于视电阻率主要在60～900Ω·m之间且受构造影响严重，岩石破碎，地下水丰富，呈线流、雨淋、股状涌水。围岩稳定性差，特别是凝灰岩夹层遇水软化易坍塌；在DIK59+760～DIK59+900段内视电阻率大于

1800Ω·m，受构造影响严重，地下水丰富，呈滴水雨淋状，围岩稳定性一般，拱部无支护会出现坍塌。结合铁路隧道围岩分级标准，对隧道未开挖部分围岩级别进行划分。DIK59＋650～DIK59＋760段，Ⅴ级，DIK59＋760～DIK59＋900段，Ⅲ级。

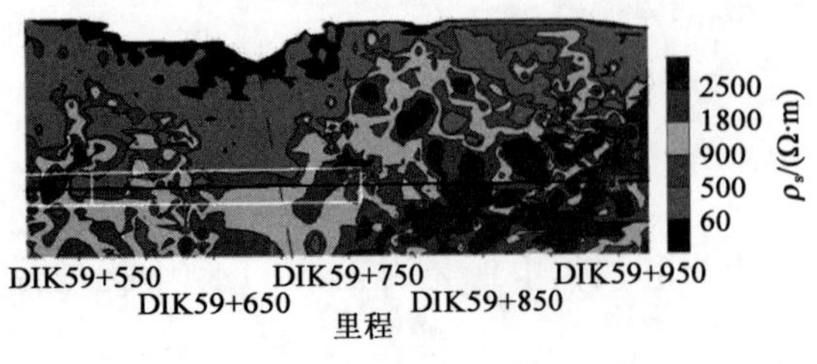

图6-199 高密度电法勘探成果

3)开挖对比

隧道开挖后，DIK59＋650～DIK59＋900范围内，DIK59＋660～DIK59＋700段围岩主要为黑、灰黄褐色强风化玄武岩，并有3cm厚泥化夹层；DIK59＋700～DIK59＋770段围岩主要为黄、灰、红褐色强风化玄武岩，并有泥化夹层，DIK59＋785～DIK59＋760段涌水，水量为350～420m^3/h；DIK59＋810～DIK59＋890段主要以玄武岩为主，局部出现凝灰岩，呈青灰、灰褐及黄褐色。根据施工时实际情况，围岩级别与超前钻探法、高密度电法解释结果基本一致。

6.3.9 充电法、自然电位法

充电法、自然电位法可预报隧道涌水或小股渗流水源体，它由渗流作用引起的过滤电场其方向与地下水流向有关。在地下水埋藏不深、流速大、地形较为平缓的条件下，应用自然电场法可以确定地下水的流向。

充电法是在水文地质调查中应用较多的一种人工直流电法。水相对围岩为良导体或导电性较好的地质体，在实际工作中，在隧道掌子面接上供电电极(A)，另一供电极(B)置于远离充电体的地方。供电后，充电体为一等位体或似等位体，通过测量电场的分布特征推断充电体的形态、大小和产状等。在水文地质调查中，充电法可测定地下水的流速和流向。

6.3.10 隧道及井巷电磁导弹超前预报技术

电磁导弹(李貅、薛国强，2002)是均匀、线性、非色散媒质中有限尺寸源分布在瞬态窄脉冲的激励下，在一定方向上辐射的一种慢衰减电磁波。这种定向慢衰减电磁波称为电磁导弹，与其他慢衰减电磁波比较，电磁导弹有独特的优点：①电磁导弹是线性问题，它是线性麦克斯韦方程的渐近解，不涉及媒质的非线性问题。②电磁导弹携带有限的总能量，从而克服了诸如聚焦波模、贝塞尔束等严格携带无限大能量在工程上难以实现的缺点。③电磁导弹是由一定源分布所辐射的电磁波，不存在逆源问题。该技术目前还没有进入实质性的预报阶段。

6.4 掌子面(洞内)地质预报方法总结

目前，能用于隧道掌子面超前地质预报的方法还比较少，大部分的方法仍处于试用和推广阶段，虽然已有许多成功的文献报道实例，但仍有许多问题存在。由于能用的方法较少，使得隧道长距离超前地质预报只能采用TSP地震预报系统进行，而该方法的局限性无法克服，目前还较少采用组合方法或多参数法，使得预报结果难免会出现这样那样的问题，遗漏灾害体是难免的。虽然，用长短结合法可避免一些事故发生，但目前的短距离预报主要是采用地质雷达

法，而地质雷达法主要是探测掌子面前方，对掌子面上方及周围的情况探测不到，也会使得一些灾害体在隧道开挖后从上方出现，从而威胁隧道施工。因此，很有必要研究新的隧道掌子面预报方法与TSP地震预报法配合使用，减少多解性，提高预报的可靠度和精度。

6.4.1 常用的预报方法比较

见表6-17是目前掌子面常用的预报方法比较。

隧道掌子面超前地质预报常用的主要方法比较　表6-17

方法内容	掌子面超前地质预报常用方法						
	TSP法	USP法	VSP	地质雷达	陆地声呐法	超前钻孔	地质编录
勘探范围	200m	200m	100m	<30m	<50m	200m	10m(粗略)
勘探布置	掌子面50m	掌子面0m	掌子面30～50m	掌子面	掌子面	掌子面	掌子面
勘探时间	1.5h	1h	1.5h	1h	1.5h	240h	0.5h
解释人员	现场人员	现场人员	专业人员	专业人员	专业人员	地质专业	地质专业
解释精度	精度高	精度高	精度高	精度高	精度高	精度高	精度较差
局限性	多解性	多解性	多解性	多解性	多解性	效率低、难度大	地质专业技术要求高
费用预算	200元/m	200元/m	200元/m	300/m	200元/m	1000元/m	50元/m
岩土力学信息	好(纵横波)	好(纵横波)	好(纵横波)	非直接类比	好(纵横波)	好	好

6.4.2 地质预报的局限性与对策

隧道施工过程中，建立了较为完善的长距离、短距离和临近地质预报体系。由于各种预测、预报手段的局限性，在施工过程中，还是会出现个别点漏报的现象，给处治造成了一定的困难。

其主要问题是TSP地震波地质构造探测比地下水更敏感，单利用TSP对岩溶水的预测还依赖于解译人员的水平，受到一些主观因素的影响。要提高其预测的准确度，需要通过开挖对比验证分析，来不断修正，提高解译人员的水平和经验。

GPR雷达由于掌子面不平整，雷达天线很难密贴、低频天线笨重难以移动，以及掌子面不可能都是全断面开挖以及现场的各种电磁干扰，造成雷达在现场探测的困难。

HY-303红外线的预测的理论还不完善，操作时受到洞内施工的各种强场源（如电焊、机械热源等）的干扰大，预测精度还不够高。特别是注浆后，由于注浆结石体改变了原有围岩的地质结构特性，而红外线探测是通过探测段前后测点场强的对比作出判断的，故会影响探测结果，造成很多的场强的突变点，使得难以对掌子面进行判断。好在注浆段一般都需要进行超前钻孔，并预留止浆岩盘，可以弥补红外线探测的不足，即在注浆段，可以不进行红外线探测。红外线探测只作为正常开挖时对掌子面是否涌水的一种参考。

超前探孔准确度高，可以精确预测出水点位置、涌水压力、大小，泥沙含量，围岩工程特性等，但超前钻费用较高，对隧道的施工进度影响较大，探孔的覆盖范围有限，对掌子面的点状出

水（如岩溶管道）可能钻探不到。

为了保险起见，在实际隧道施工过程中，又在掌子面拱顶、左右边墙、仰拱底部等4个部位将炮孔加深至5m，并随时观察所有炮孔的出水情况，和掌子面的渗漏情况，结合地表水位的微小变化，为预防突水再加上了一道防线。

隧道通过运用TSP地震波、GPR雷达、HY红外线、超前探孔等综合监控涌水预测方法，较为全面准确预测隧道前方岩溶及岩溶水等不良地质赋存情况，为提前采取处治措施（注浆止水）提供详细的水文地质资料，基本避免了掌子面突水的发生，加快了施工进度，加强了安全保障，保护了地表自然生态环境。但也应当看到：TSP、GPR、HY的预测精度还有待与进一步提高；超前探孔费用高，覆盖范围有限，费时费力，对隧道的施工进度影响较大，如何综合利用这三项预测方法，达到最佳的优化组合方式，在今后的隧道施工中还需要进一步的探讨。

本章参考文献

[1] 崔国柱，李恩泽，曾昭发．活动断层与地球物理方法[J]．世界地质，2003，22(2)：185-190．

[2] 金东淳，崔天日．物探方法在探测隐伏断层中的应用[J]．世界地质，2003，22(1)．

[3] 郁万彩．瞬变电磁法在断层含水性评价中的应用[J]．山东地质，2001，17(1)．

[4] 陈家联．浅层地震技术在工程勘察中的应用效果[J]．南方国土资源，2003．

[5] 倪新辉，刘天放．地震勘探技术预测奥灰岩溶裂隙发育带[J]．中国煤田地质，1997，9(1)．

[6] 敬荣中，林剑，肖志强．K剖面法在岩溶勘查中的应用[J]．地质与勘探，2002，38(2)．

[7] 朱正国，卿志．时域瞬变电磁法在裸露灰岩地区岩溶探测研究[J]．铁道勘察，2004(1)．

[8] 李纬梁，晓园．对地质雷达探测岩溶的方法和实例的探讨[J]．勘察科学技术，1995(2)．

[9] 董兆祥，等．应用直接测氡法对唐山岩溶塌陷的测试研究[J]．中国地质灾害与防治学报，1997，8(4)．

[10] 罗鉴凡，等．综合物探方法在竹叶山坑道寻找溶洞裂隙的应用．云南有色地质调查院．

[11] 杨峰．岩溶地区路基病害勘察技术及处理方案研究[D]．长沙：中南大学，2004．

[12] 张斌，等．深埋长隧道岩爆的预测预报及防治初探[J]．地质灾害与环境保护，1999，10(1)．

[13] 李苍松，何发亮．关于瓦斯隧道施工地质超前预报的探讨[J]．第二届全国岩土与工程学术大会论文集，30-36．

[14] 王聿军．电法在某山区的找水效果[J]．物探与化探，1999，23(5)．

[15] 段佳松．浅层地震折射波法配合电测深法在花岗岩地区找水[J]．地质与勘探，1999，5(3)．

[16] 姬广柱，等．综合多种物探方法在贫水山区找水的实践[J]．地下水，2001，23(4)．

[17] 罗洪发．被动源高频大地电磁系统的应用[J]．地质与勘探，2002，38(6)．

[18] 李凡生．测温法在基岩山区找水工作中的应用[J]．岩土工程技术，1997(2)．

[19] 王良奎．多种超前地质预报方法在隧道施工中的应用[J]．金属矿山，2001，305(11)．

[20] 刘志刚．概论岩溶或地质复杂隧道隧洞地质灾害超前预报技术[J]．铁道建筑技术，2003．

[21] 朱宝龙，陈强，魏有仪，等．TSP超前地质预报在圆梁山隧道施工中的应用[J]．水文地质

工程地质，2003(1).

[22] 张勇，张子新，等. TSP超前地质预报在公路隧道中的应用[J]. 东北公路，2001，24(2).

[23] 李卫华. 超前地质预报技术在武隆隧道岩溶地质施工中的应用[J]. 隧道工程，2003(S1).

[24] 代高飞，夏才初，毛海河. 地质雷达在隧道超前预报中的应用[J]. 西部探矿工程，2004(9).

[25] 余中明. 探地雷达技术在隧道掘进预报中的应用[J]. 地质与勘探，1999，35(3).

[26] 苏会锋，陈进杰. 探地雷达在武隆隧道岩溶、暗河探测中的应用[C]//2004年岩溶地区隧道修筑技术专题研讨会. 北京：人民交通出版社，2004.

[27] 钟宏伟，赵凌. 我国隧道工程超前预报技术现状分析[J]. 人民长江，2004，35(9).

[28] 李貅，薛国强. 一种有发展前景的隧道及井巷超前预报技术-电磁导弹探测技术[J]. 西安工程学院学报，2002，24(1).

[29] 代树林，肖树芳，陈剑平. 隧道掘进块体塌落灾害超前预报方法研究[J]. 探矿工程，2003(2).

[30] Y Ashida. Seismic imaging ahead of a tunnel face with three-component geophones[J]. International Journal of Rock Mechanics&Mining Sciences，2001(38)：823-831.

[31] 赵永贵，蒋辉. 隧道地震超前预报技术现状分析与新进展[J]. 公路隧道，2010(1).

[32] 詹龙飞. TSP技术在隧道超前地质预报中的应用[J]. 铁道勘察，2011(2).

[33] 曾昭璜. 隧道地震反射法超前预报[J]. 地球物理学报，1994，37(2).

[34] 加尔彼林. 垂直地震剖面[M]. 北京：石油工业出版社，1983.

[35] 舒森，王树栋. 隧道综合超前地质预报方法及应用[J]. 铁道勘察，2010(4).

[36] 李貅，薛国强，李术才，等. 瞬变电磁隧道超前预报方法与应用[M]. 地质出版社，2013.

[37] 陈林. 三维VSP技术的应用与展望[J]. 勘探地球物理进展，2007，30(3).

第7章　掘进机地质预报方法

掘进机的发展使得在各类地质条件下的开挖成为可能。使用一种能提供隧道掌子面前方地质变化信息的可靠探测系统，掘进机的设计就可简化。这些信息可用于调整隧道掘进作业以适应各种地层条件而不危及安全，并且适当的支护和喷浆作业也可提前做好准备，这样掘进机在松软及混合地层中的掘进能通过正确选择隧道施工方式而得以优化。

在盾构机和TBM上安装固定的装置进行超前地质预报无疑是一个好的方向，由于机械设备及各种电流的干扰，在设备上安装地震波反射法可能更为有效。作者及团队正在尝试将干扰源作为激励源的方法进行超前地质预报的研究工作。当然，利用角度偏移的地震反射法应为首选。但对敞开式盾构或TBM也可采用其他掌子面方法进行预报。

7.1　掘进机地质预报方法概述

TBM掘进效率与地质因素的关系十分密切，探讨TBM施工与地质因素的关系，是隧道工程界、工程地质界和机械设计制造者多年来关注并着力研究解决的问题。

全断面岩石掘进机(Full Face Rock Tunnel Boring Machine)在国外已有50多年的历史，广泛应用于3km以上长隧道的工程施工，TBM造价昂贵，施工受地质条件的制约因素较大，一旦由于地质原因影响了正常施工，整个工程的进度、投资必然受到很大的影响，甚至直接导致TBM被毁。通过超前预报及时了解前方的地质情况，采取相应的支护措施是确保TBM安全和顺利施工的关键。

隧道开挖的灵活性可以有效地调整不同地质条件中的开挖方法，以适应掌子面前方的地层情况是探测收益的唯一途径。如果要避免地层失稳就必须采取适当的处理措施，这往往需要提前就有很好的准备。已有许多掘进机因顶部岩体坍塌导致数月停工。在这些工程中，掌握隧道掌子面前方地层情况的优点是不言而喻的。一个常见的问题是处理隧道涌水时易导致隧道岩体失稳，那么有效的方法是掌子面前方提前注浆。

7.1.1　隧道掘进机

TBM是英语Tunnel Boring Machine的简称，是目前国际上最先进的隧道施工机械，它

依靠机械的强大推力和剪切力破碎岩石(注:推力由高压液压油缸提供,使刀具能够贯入岩体,因此油缸的推力、刀具的贯入度就是TBM掘进速度的一个重要参数。剪切力就是由安装在刀盘上的刀具——滚刀、切刀、刮刀等切割岩体实现的,刀盘由驱动轴承带动旋转提供扭矩和转速),使隧道掘进、出渣、衬砌、灌浆、采用激光导向等工序平行作业,实现一次成洞。TBM法对围岩扰动小,开挖面平整圆顺,超欠挖少,可以有效降低地质灾害发生风险,实现连续快速作业。它具有速度快、质量优、费用低、施工安全等优点,广泛应用于水利、水电、城建、交通等行业。

TBM主要分为两个大类,一个是岩石隧道掘进机(国内一般称为TBM,有单护盾和双护盾的,用于岩石隧道施工,初期支护多采用锚杆喷射混凝土支护,大部分还有二次衬砌,最终成型隧道,不过也有采用类似盾构管片形式一次成型的),另一个就是所谓的盾构机了[国内还是称为盾构机,分为土压平衡盾构机(EPB-Tunnel Machine)和泥水盾构机。用于单一或者复合式土层、砂层、岩层地质条件的隧道施工,没有初期支护,采用管片的形式进行拼装形成衬砌,一次成型隧道]。另外还有一种顶管法,与盾构机相似但是原理不同,应用范围也不一样。作者对比了解不多,故不作解释。在国外TBM可能就是我们称之为的岩石隧道掘进机,也可能是盾构机;在国内TBM就是岩石隧道掘进机。

TBM适用于中硬岩层的开挖,最适宜于开挖岩石单轴抗压强度介于50～150MPa的岩层。当岩石的抗压强度超过150MPa时,将导致掘进机刀具磨损加剧,掘进速度降低,施工成本提高。而当掘进机通过自承能力较差围岩时,如土层、断层破碎带、溶洞等不良地质条件时,会发生机头下沉,拱顶坍塌,甚至会埋没TBM等。

20世纪60年代以来,TBM以其朴素的破岩机理、先进的技术集成及很高的掘进效率而得到迅速发展。目前,中小直径TBM在各类围岩中的掘进技术已经基本成熟,应用也最为广泛。

TBM的分类网络图详见图7-1。

以下就敞开式掘进机与护盾式掘进机进行详细比较分析。

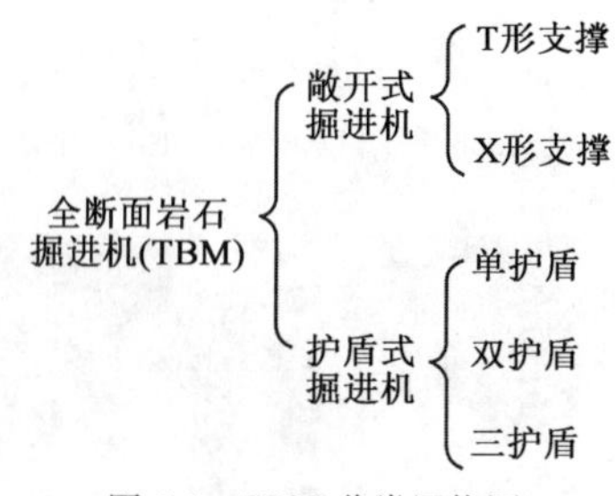

图7-1　TBM分类网络图

1)敞开式掘进机

敞开式掘进机主要适应于硬岩,能利用自身支撑机构撑紧洞壁,以承受向前推进的反作用力及反扭矩的全断面岩石掘进机。在施工对应较完整、有一定自稳性的围岩时,能充分发挥出优势,特别是在硬岩、中硬岩掘进中,强大的支撑系统为刀盘提供了足够的推力。

敞开式掘进机的核心部分是主机系统,主机系统主要由带刀具的刀盘、刀盘驱动和推进系统组成。其主要结构见图7-2、图7-3。

掘进机主机根据岩性不同可选择配置临时支护设备,如钢架安装器、锚杆钻机、钢筋网安装机、超前钻、管棚钻机、喷混凝土机及注浆机等。

如遇有局部破碎带及松软夹层岩石,则掘进机可由所附带的超前钻及注浆设备,预先固结周边岩石,然后再开挖。TBM控制室、刀盘与掌子面见图7-4。

2)护盾式掘进机

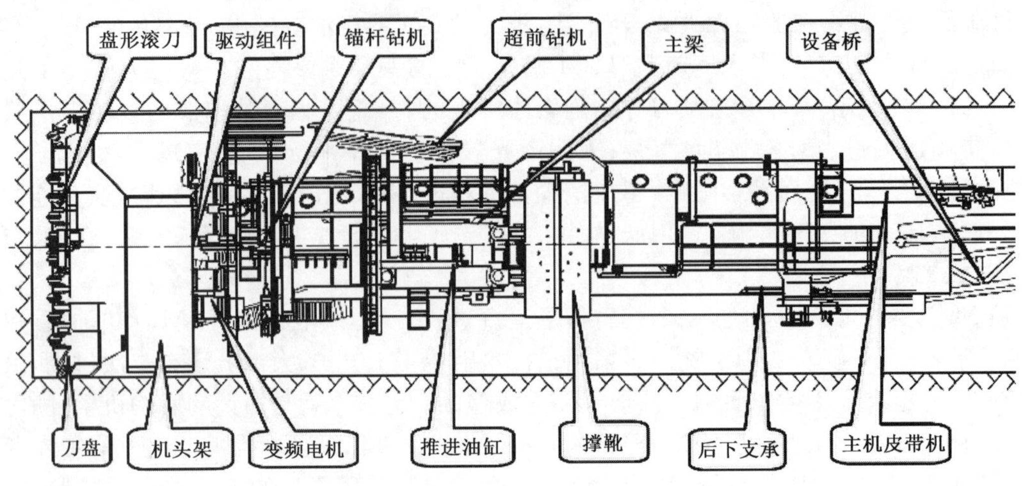

图 7-2　敞开式掘进机结构图

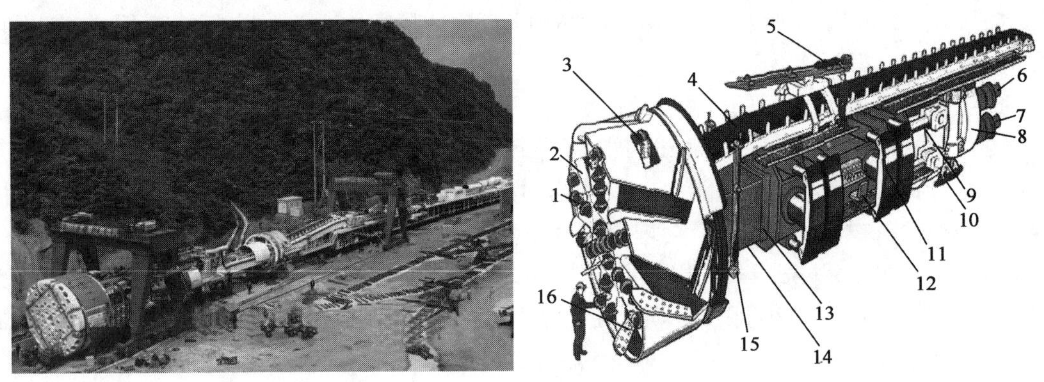

图 7-3　敞开式掘进机图

1-盘形滚刀；2-刀盘；3-扩刀孔；4-出渣皮带机；5-超前钻机；6-电动机；7-行星齿轮减速器；8-末级传动；9-推进液压缸；10-后下支承；11-撑靴；12-操纵室；13-外机架；14-内机架；15-锚杆钻机；16-铲斗

图 7-4　TBM 控制室、刀盘与掌子面

护盾式全断面岩石掘进机是在整机外围设置一个与机器直径相一致的圆筒形保护结构以利于掘进破碎或复杂岩层的全断面岩石掘进机。

护盾式掘进机可分为单护盾、双护盾和三护盾三类，由于三护盾掘进应用很少，以下只对单护盾与双护盾掘进进行介绍。

(1)单护盾全断面岩石掘进机

单护盾掘进机主要由护盾、刀盘部件及驱动机构、刀盘支承壳体、刀盘轴承及密封、推进系统、激光导向机构、出渣系统、通风除尘系统和衬砌管片安装系统等组成。是主要结构见图 7-5。

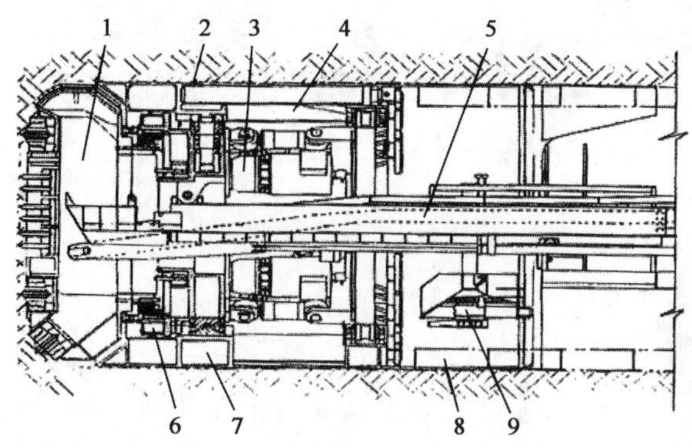

图 7-5　单护盾掘进机

1-刀盘；2-护盾；3-驱动装置；4-推进油缸；5-皮带输送机；6-主轴承及大齿圈；7-刀盘支承壳体；8-混凝土管片；9-混凝土管片铺架机

为避免在隧道覆盖层较厚或围岩收缩挤压作用较大时护盾被挤住，护盾沿隧道轴线方向的长度应尽可能短，这样可使机器的方向调整更为容易。

主要适用于比较破碎，围岩的抗压强度低，岩石仅仅能自稳，但不能为 TBM 的掘进提供反力的地层，由盾尾推进液压缸支撑在已拼装的预制衬砌块上或钢圈梁上以推进刀盘破岩前进。

(2)双护盾全断面掘进机结构

双护盾掘进机的一般结构主要由装有刀盘及刀盘驱动装置的前护盾，装有支撑装置的后护盾(支撑护盾)进油缸，连接前、后护盾的伸缩部分和安装预制混凝土管片的尾盾组成。

双护盾掘进机是在整机外围设置与机器直径相一致的圆筒形护盾结构，以利于掘进松软破碎或复杂岩层的全断面岩石掘进机。双护盾掘进机在遇到软岩时软岩又不能承受支撑板的压应力，由盾尾推进液压缸支撑在已拼装的预制衬砌块上或钢圈梁上以推进刀盘破岩前进；遇到硬岩时，与敞开式掘进机的工作原理一样，靠支撑板撑紧洞壁，由主推进液压缸推进刀盘破岩前进。双护盾掘进机的一般结构及外观分别如图 7-6、图 7-7 所示。

3)复合式盾构

掘进机法施工与传统的地下工程一样，其最终目标是完成一特定的地下工程，不同点是“需量身定做”，由于地层的复杂性，为了适应地层变化，将掘进机进行改装，刀盘采用硬岩的刀盘，且电机及液压系统能够在硬岩地段掘进时驱动刀盘，并且可以根据地层情况进行换刀；后

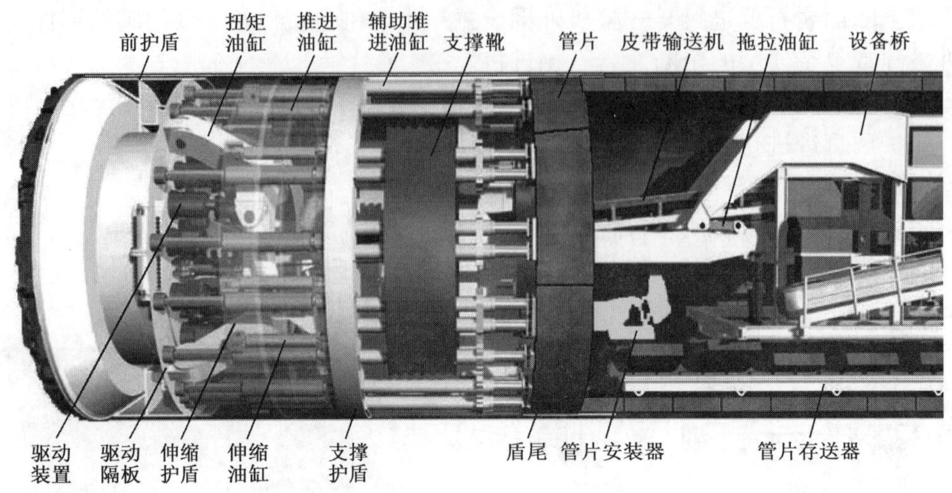

图 7-6　双护盾掘进机结构图

图 7-7　双护盾掘进机

配套采用盾构机的出渣系统，且增加掌子面封闭系统；在整机外围设置一个与机器直径相一致的圆筒形保护结构，以利于掘进破碎或复杂岩层的全断面岩石掘进机；配备管片安装系统及辅助施工设备，如超前钻机。土压平衡盾构机如图 7-8 所示。

目前，TBM 的发展趋势主要有以下几点：

(1)要求 TBM 能更适应不利的地质条件。例如，上面提到的穿越阿尔卑斯山脉单洞总长大于 500km 的铁路隧道，其覆盖深度达 1200～2400m，围岩初始应力高，围岩径向

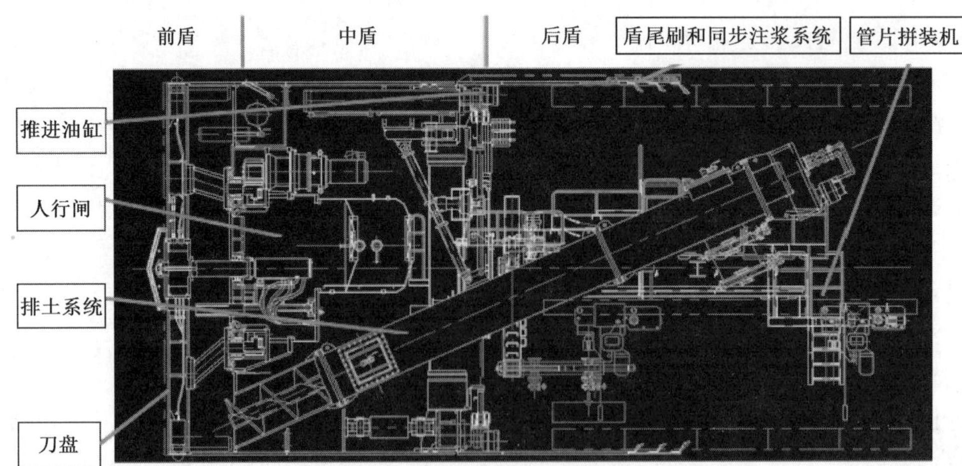

图 7-8　土压平衡盾构机示意图

变形可能在10～20cm范围内，在某些极端情况下，可达30cm，甚至更大，要求TBM的开挖直径是可变的。此项工程开挖直径约6.5m，共需20多台TBM同时在不同的围岩中掘进。因此，对TBM应进行专门的设计以满足开挖直径可变的要求。这样从发展趋势来讲，将趋向于两极化。这就是既要设计能适合复杂地质条件使用的、费用高的多功能TBM，又要生产用于地质条件简单的、廉价的TBM。

(2)目前公路隧道因多车道的需要，要求大断面。三车道或三车道以上要求路面宽至少大于20m，有的甚至达到30m。直径达20～30m的TBM正处于"预研究"阶段。预计今后TBM将更大直径化。因此，大直径TBM的设计制造和部件运输组装是其技术上的主要趋势之一。

(3)未来的发展方向之一是全自动化TBM。

(4)由于计算机硬件和软件的迅速发展，TBM计算机优化设计和施工系统的开发也是发展方向之一。

(5)目前主要用于工业和民用管道施工的微型TBM发展很快。微型TBM技术水平日本居世界首位，其次为西欧国家。总之，TBM已在全球长隧道工程中得到越来越多的应用，并且其技术水平日益得到提高。展望未来，TBM的应用前景将是宽广而喜人的。

7.1.2　地质预报内容

如图7-9所示，掘进机隧道施工超前预报的内容一般包括：

(1)不良地质预报及灾害地质预报。预报掌子面前方一定范围内有无突水、突泥、岩爆及有害气体等，并查明其范围、规模、性质，提出施工措施或建议。

(2)水文地质预报。预报洞内突涌水量的大小及其变化规律，并评价其对环境地质、水文地质的影响。

(3)断层及其破碎带的预报。预报断层的位置、宽度、产状、性质，充填物的状态，是否为充水断层，并判断其稳定程度，提出施工对策。

图7-9　TBM地质预报

(4)围岩类别及其稳定性预报。预报掌子面前方的围岩类别，看其是否与设计相吻合，并判断其稳定性，随时提供修改设计、调整支护类型、确定二次衬砌时间等建议。

(5)预测隧道内有害气体含量、成分及动态变化等。

7.1.3　地质预报方法、特点

根据预报手段，超前地质预报一般分为三种，即经验预报、仪器预报和综合预报。

(1)经验预报。在以往工程经验的基础上，凭感觉就能进行的预报，如凿孔过程中发现有岩粉异常喷出，可能遇到了瓦斯或有害气体；听到岩石劈裂声且随后出现岩块弹射现象，可能会出现岩爆；凿孔异常喷水，可能会遇到大量涌水、隧道塌方等。

(2)仪器预报。预报目的不同，方法则异，所用仪器也不相同，如地质分析法只需罗盘、地质锤、放大镜、稀盐酸和皮尺等；水平钻孔法需用大型水平钻机；物探方法需各种物探仪器等。物探法又包括 TSP 超前地质预报、HSP 超前地质预报、瞬变电磁法、BEAM 电法等。

(3)综合预报。地质体是复杂的综合体，企图用单一方法查明隧道的全部地质条件是不可能的，因此应采用综合预报方法。根据地质条件的差异和不同精度要求，适时选用若干种方法相互补充和印证，才能获得良好效果。

7.1.4 TBM 掘进不利的围岩地质

盾构机和 TBM 推进舱的场地很小，且前方的刀盘转动并要保持一定的前方压力，这对预报技术、方法和装置排列会带来一定的困难。对地震法而言，机械开挖的震动较大、影响也大；对电磁类方法而言，干扰电流和机器本身金属类感应影响较大，掌子面现场也很难排布和操作，这些都造成了探测上的困难。

一般认为，当隧道工程岩体处于以下地质环境时，不适宜采用 TBM 施工或掘进时会碰到极大困难。

(1)塑性地压大的软弱围岩。这类围岩因其岩石强度低而周围压力高易产生大的变形。

(2)类砂性土构成的软弱围岩和具有中等以上膨胀性围岩段。一般不宜采用 TBM 施工，尤其不宜采用敞开式掘进机施工。

(3)断层破碎带。主要指那些由碎裂岩与断层岩构成的宽大断层带。此带不但围岩自稳性差或无自稳能力，而且大多富水，因此不宜采用掘进机施工。若其位于隧道中段必须由 TBM 开挖，则对该段采取其他辅助措施对破碎岩预注浆加固后，才能使用掘进机，以避免埋机、陷机危险。

(4)涌、漏水严重地带。若围岩为软弱岩层、断层带、严重的涌(漏)水，将大大恶化围岩的工程地质条件。若采用掘进机，将会发生开挖工作面坍塌、坍拱和隧道基底、侧壁承载力低等问题，TBM 将极难推进；若涌(漏)水段围岩为硬质岩，一般对 TBM 掘进有影响，但不致危及围岩稳定性及机具的安全，但若该段较长或反复出现也将大大增加推进难度。

(5)岩溶发育带。当隧道穿过岩溶强烈发育段，隧道将极可能遭遇巨大的岩溶洞穴。充填溶洞或充水溶洞(如暗河通道等)，TBM 掘进或通过都将极为困难，严重时有可能发生掉机、陷机、埋机等事故。

7.1.5 预报方法

常规的预报方法有：地质分析法、钻孔探测法和地球物理探测法。地球物理探测法的种类繁多，使用范围也各不相同。主要还是弹性波法和电磁波法。TBM 施工标段目前采用的物探法主要有 TSP 超前预报法、HSP 水平声波剖面法等。

7.2 地质分析方法

地质分析法主要由隧道地质编录测绘与岩体物探测试相结合。

地质编录测绘主要对岩石名称、岩石成分、颜色和层面、断层、节理裂隙等各类结构面，以及地下水出露情况和地应力的情况进行详细描述。在地质条件较复杂的洞段采用洞室展示图

的方式绘制；在围岩相对简单的洞段采用洞室线状图绘制。对于主要的断层破碎带、喀斯特洞穴、应力松弛岩爆区等用数码相机摄像并做好标志。

岩体物探测试主要是对洞壁岩体进行弹性波测试，并近似地确定岩石松动圈的范围。在TBM施工时地质条件相对简单部位按100～200m进行测试；在地质条件复杂洞段，根据实际情况进行布孔，间距不超过30m，钻孔深度为5～6m。

在TBM法施工过程中，由于施工速度很快，每天可达20～40m，因此要求必须有地质工程师进行现场地质描绘，同时要求根据描绘出的图样及时判断前方的地层情况，以便于下一步的施工。岩体物探测试法在实施时受TBM施工的影响较大，由于TBM机体长度大约为150m，同时TBM机身内空间狭小，在TBM机身范围内做试验是不现实的，大部分要等到TBM通过之后才能进行，只能起到验证作用。

基于渣料和TBM掘进参数的地质编录预报方法，主要有石渣分析法和刀盘推力变化情况观察法。

石渣分析法是对TBM施工产生的石渣进行分析。TBM施工时，由于其掌子面被TBM机头所遮盖，因此无法对掌子面进行近距离观察。根据TBM掘进排出的石渣、洞壁揭露的结构面与地表结构面及岩层的对应关系，以及揭露的不良地质体的特征，通过类比推测预报掌子面前方是否存在不良地质体。如果TBM石渣比较均匀，均为50mm×100mm片状体，岩石面没有节理裂隙光滑面，相对不是十分潮湿，可以认为掌子面岩石状况良好。同时通过连续对石渣的观察可以预测到前方岩石状况。

在施工期间密切观察TBM推进力的变化情况，也是预测掌子面及其前方地质状况的有效方法。一般情况下，如果刀盘推进力小于1500MPa，而且掘进速度并没有减缓的迹象，则表明可能遇到了不良地质体。

7.2.1　双护盾TBM施工过程中的地质编录

施工过程中，双护盾TBM的护盾和衬砌管片将开挖的围岩隔绝，不能像常规钻爆法施工的隧道那样在其施工过程中直接对掌子面和两侧围岩的地质特征作全面观察，再加上其快速施工的要求，无法对掌子面和两侧围岩的地质变化情况进行详细的地质编录，从而进行相应的地质预报。

现场施工中，采用的手段包括观察皮带机上的渣料，研究TBM掘进参数及其变化，抑或停机时通过护盾窗口和刀头间隙直接观察围岩，以及必要时运用其他超前探测方法。

下面详细介绍在山西引黄工程实践中总结的根据渣料、TBM掘进参数的地质编录进行围岩稳定预测的方法和一般情况下常见岩石渣料、TBM掘进参数与围岩稳定类别的对应关系。

TBM掘进过程中将围岩破碎成大小不同的岩块，通过对皮带机上岩渣的观察可以获得岩性及其特征，包括岩石的颜色、矿物成分、岩石的软硬情况、节理、构造、风化特征和地下水情况等，根据这些地质信息综合确定围岩类型，预测前方岩体情况。

(1)可以获得围岩节理、构造，是因为TBM开挖将岩体挤压破碎，而破裂面往往是岩体薄弱面、节理面，通过观察可知围岩情况、岩块上有无附着物等，并可据此判断出节理张开程度，也可看出节理组数和岩体的结构情况。

(2)TBM开挖的渣料一般由片状、块状和粉状岩渣构成，围岩类型不同，各部分所占比例不同,岩块的粒径大小也不同,渣料的地质编录可以对渣料成分及含量、节理面情况、渣料风化及含水情况等做出定量、定性描述。

刀头推力(kN)、马达电流消耗(kW)及推进油缸压力(MPa)等 TBM 掘进参数的变化,从一定程度上反映了开挖面前方的地质情况。TBM 掘进参数的地质编录就是对以上参数的数据编录。

工程实践表明,在双护盾 TBM 掘进过程中,地质编录人员无法通过护盾窗口和刀头间隙直接观察围岩,使得通过渣料和 TBM 掘进参数的地质编录来鉴定围岩类别成为最常用也最迅速的预报方法。

7.2.2 渣料、TBM 主要掘进参数与围岩稳定类别的对应关系

在山西引黄工程的现场施工中,根据《水利水电工程地质勘察规范》(GB 50487—2008)将围岩划分为 5 类,即稳定(Ⅰ类围岩)、基本稳定(Ⅱ类围岩)、稳定性差(Ⅲ类围岩)、不稳定(Ⅳ类围岩)、极不稳定(Ⅴ类围岩)。总结出渣料、TBM 掘进参数与围岩稳定类别的对应关系如下:

(1)Ⅰ、Ⅱ类围岩:渣料中片状渣料含量高,一般在 80%以上,块状少见,岩渣大小在 3～10cm,岩石新鲜或轻微风化,岩粉含量在 15%左右,呈细粒状,节理少见或无节理,一般无充填物,地下水微弱;TBM 刀头推力 1000kN 左右,马达电流消耗率 85%,推进油缸压力在 1000MPa 左右。

(2)Ⅲ类围岩:片状岩渣为主,一般在 70%左右,块状少见,在 10%～15%,粒径大小在 7～20cm,30cm 的少见,块状可见节理面,节理发育,往往有充填物;TBM 刀头推力 800～1000kN,马达电流消耗率在 47%～85%,推进油缸压力在 600MPa 以上。

(3)Ⅳ类围岩:情况比较复杂,岩渣以块状为主,片状较少,大小在 10～20cm 之间,偶有 35cm 的,粒度变化大,节理裂隙发育,多为张开节理,并有充填物,中等风化,刀头切割岩粉量小,地下水活动强烈;TBM 刀头推力 500～800kN,马达电流消耗率平均为 45%左右,推进油缸压力变化较大。

(4)Ⅴ类围岩:多为断层破碎带,岩石全风化或强风化,强度相对低,岩渣多为块状且很不均匀,刀头切割岩粉量很少,经常是边掘边塌,容易识别;TBM 刀头推力一般 500kN、马达电流消耗率和推进油缸压力变化较大。

一般情况下,根据工程人员总结的岩石渣料、TBM 掘进参数与围岩稳定类别的对应关系,基于这些参数的变化情况可以对临近掌子面前方围岩的稳定情况做出预测。但在围岩地质条件变化大的洞段,应结合区域地质勘探资料等进行分析判断,综合确定,进而对前方围岩地质情况做出科学预测,正确指导 TBM 掘进。

根据渣料和 TBM 掘进参数进行地质预报的应用实例来看,其应用过程中带有很强的经验性,即人为因素影响比较大。能否从渣料和 TBM 掘进参数中抽象出几个对围岩稳定起决定性作用的评价指标,然后根据渣料和 TBM 掘进参数与围岩稳定类型的对应关系建立一个定量评价分类标准,如果能够实现这个评价标准,那将从很大程度上消除人为因素影响,而使该法确定围岩类型走向定量化、标准化、智能化。

对于双护盾 TBM 施工的工程来说,根据渣料和 TBM 掘进参数的地质编录,综合确定围

岩类型，预测前方岩体情况，对于指导TBM快速、安全掘进意义非常重大。工程实例分析也表明，根据渣料和TBM掘进参数的地质编录确定围岩稳定类型，从而预测前方地质情况，不仅符合双护盾TBM的施工特征，而且能够满足工程施工的需要。但目前该法的实际应用受人为因素影响较大，在此基础上寻求适合的评判标准是值得探讨的课题。

7.3　钻孔探测法

TBM在掘进过程中，通常每天在停机维护期间，用多方向支撑液压钻机进行超前钻探，预测可能影响掘进的问题或异常现象。但一般超前钻探20～30m，这种方法的缺点是单个钻孔只能给出沿钻孔长度方向的地质变化，不能给出构造带的三维分布信息，系统地使用超前钻探既费时又费钱，而且影响施工，探测距离短，所以不到必要时一般不宜使用。尽管如此，该法还是目前国内配合TBM施工运用最多的超前地质探测方法，在秦岭隧道、引大入秦隧道、山西引黄隧洞的超前地质预报中均运用该法对断层破碎带及其影响带、溶洞、异常地下水等不良地质进行了预报。

7.3.1　单孔

单孔探测中，震源和接收器安置在同一个孔中，此时，横向传播只限于钻孔极近范围内的岩体中。也称声波测井。在反射法中，这种布置可以有效地检测平面岩带(地质分界面破碎带)和局部异常体(断层、洞穴)。

用掘进机开挖，隧道本身就是一个探孔，发射器和接收器沿着掌子面后面的隧道布置(Westerdahl，1991)。挪威国家电力局在掘进机开挖水工隧洞时就采用了这种方法。

7.3.2　地面—探孔

即垂直地震剖面法(VSP)，一般是指接收器安置在探孔内，震源设置在自由表面上进行探测。这类探测优点在于，同样是单孔的情况下通过表面移动震源来增加投射的传播范围。层析成像同样能用在反射模式中，同样的解析技术也可用于单孔，在地下工程应用中，VSP对探测隧道断面方向的岩体是很有用的。

7.3.3　跨孔透射法

在跨孔透射法中，至少有两个测孔，一个安放震源，另一个安放接收器。调查区域延伸到两孔之间的剖面岩体。如果采用更多的钻孔，此方法可以对岩体结构做三维空间探测。

如图7-10所示为这种几何布置示意图，如图7-11所示为奥斯陆(OsLo)隧道掌子面前方利用跨孔法得到的典型成像图。

计算机地球物理层析法为显示和解释弹性波及电磁波测试数据提供了新的可能。层析再现一般是通过边界的测试得到区域内部特性的信息。一般发射器和接收器安置在区域边界上，发射和接收间的每条射线被认为是反映了发射接收间测试岩石的平均特性。就需要有不同

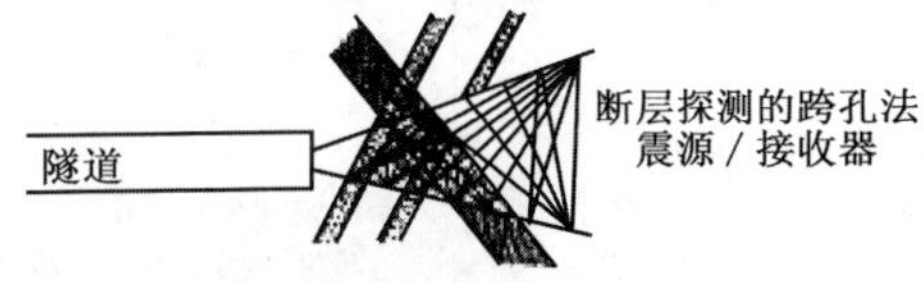

图7-10　奥斯陆(OsLo)隧道掌子面跨孔法布置示意图

方向来的射线，这样就可得到不同的信息(图 7-12)。

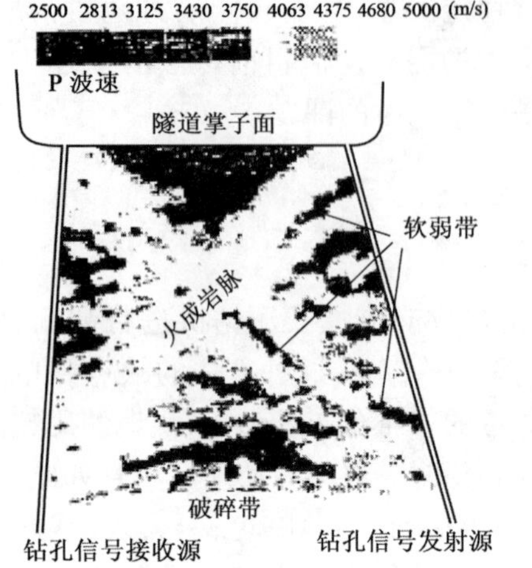

图 7-11 跨孔法得到的典型成像图

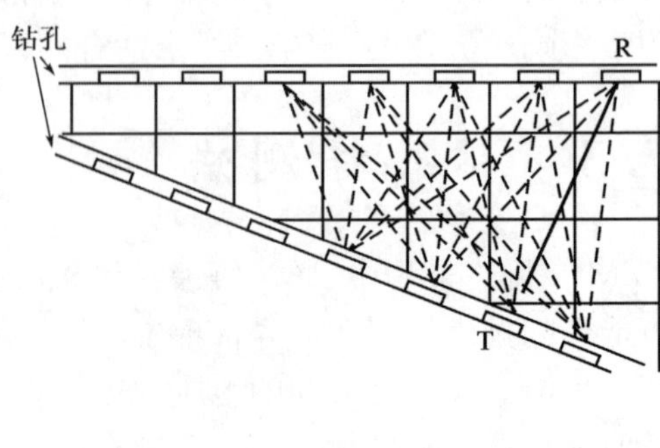

图 7-12 分解成单元的综合跨孔层析地层和射线的实验图
R-接收器；T-发射器

图 7-13 为海底公路隧道地震波探测的布置图。探测用钻孔内的发射器和海底上接收器完成。图 7-14 为探测范围内地球物理参数分布的层析图。

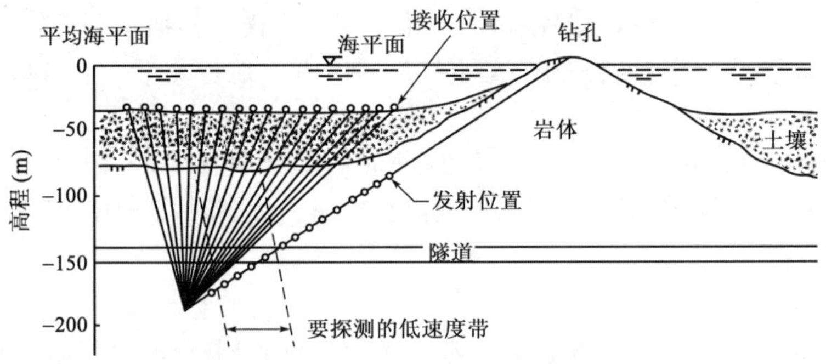

图 7-13 海底公路隧道地震波探测的布置图

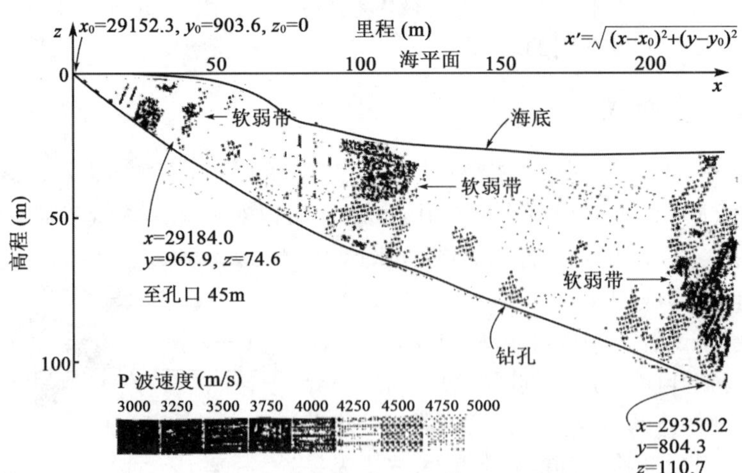

图 7-14 探测范围内地球物理参数分布的层析图

浅孔中可减少噪声干扰而收集到较好的数据。值得注意的是后两种布置的量测并不需要任何钻孔。

7.4　振动监测法(连续探测系统)

掌子面前方的钻孔探测是一项良好的技术,但费用高限制了它的应用。理想的前方探测系统类似于飞机雷达、船舶雷达的地下探测系统,它可以在掘进机穿越岩层时不断地预报掌子面前方的地质情况。一种可能性是利用掘进机钻头噪声作为弹性波源,产生连续信号。另外是将雷达和地震系统设计装在掘进机撑靴的垫内,这样能使之安全地和岩石紧密接触,快速而连续地从岩体中获取信息。探测的信息要经过适当的转换让隧道施工的普通人员可以解释。

利用TBM掘进时刀盘切割岩石所产生的声波信号作为HSP预报的激发信号,采用ZGS-1610型智能工程探测声波仪,全部用掘进机工作时所激发的声波信号进行试验。布置见图7-15,采集的典型波形曲线见图7-16。

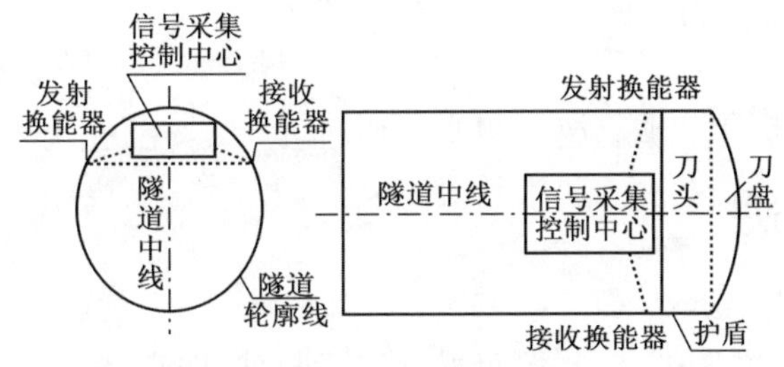

图7-15　TBM工作条件下的测试断面布置示意图

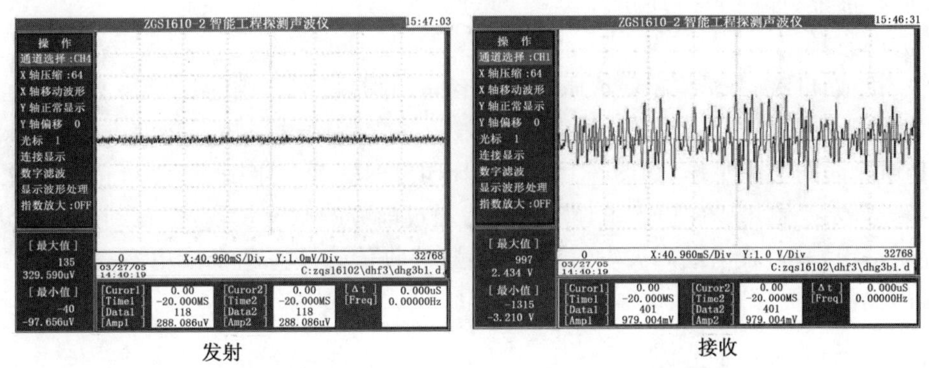

图7-16　按图7-15布置换能器所采集的典型波形曲线

图7-17为测试曲线时域、频域分析成果图。根据测试工作面的岩性及岩体完整性等情况,计算波速为4011m/s。

根据图7-17,测试工作面前方130m范围内存在3个岩体破碎带,分别距刀盘工作面距离31.4～59.2m、94.0～103.2m和112.3～118.7m。以上预报结果在后期的掘进中得到验证。

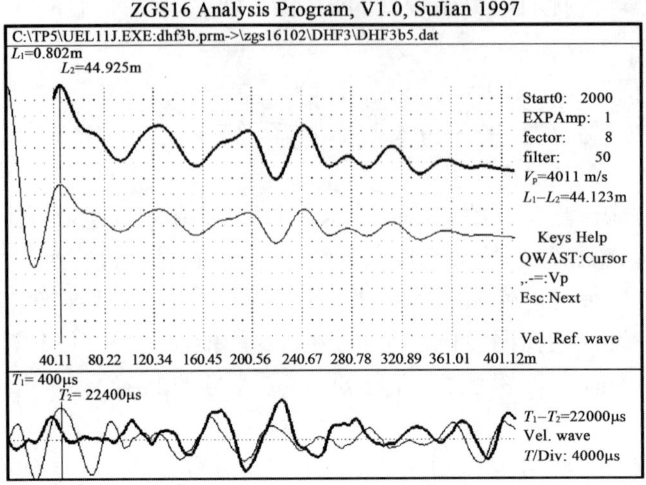

图 7-17　采集波形的分析成果图

7.5　声波反射法

掘进机声波反射法探测和地震波探测原理相同。

7.5.1　预报方法

1)HSP 水平声波剖面法

在 HSP 水平声波剖面法中，探测仪布置方法有两种，即在掌子面两侧布置测试孔或在两侧边墙布置测试孔。针对 TBM 施工的隧道特点，在掘进机护盾后部的两侧拱腰布置发射换能器和接收换能器，如图 7-15 所示。

2)声波前方预报

在盾构机或 TBM 上安装超前地质预报设备，一直是机械开挖的目标和方向，目前的盾构机和 TBM 基本上没有这方面的设备。在日本，一些学者做过一些声波前方预报(Sonic Soft Ground Probing)的实验工作，如图 7-18 所示。SSP 法从 1994 年用于 TBM 前方的软岩探测，它的发射和接收装置安装在 TBM 的推进舱内，通过前方的激发装置，接收到反射波进而判断前方的地质情况，其过程借助声波发射接收信号，接收传感器有两个或更多，其原理属反射波法。但目前仍没有更深入的研究和更成熟的经验。

7.5.2　工程应用实例

实例一：东北某工程 TBM 标段

采用 HSP 法在东北某工程 TBM 标段某施工段 DK25＋872 掌子面进行预测，测试工作面附近岩性为浅灰色正长斑岩，总体上岩体较完整。测试岩体声波平均纵波速度为 3745m/s。

对现场采集原始波形曲线进行时域和频域分析认为，掌子面前方 130m(DK25＋872～DK26＋002)范围内主要为完整、较完整正长斑岩，局部地段岩体较破碎，存在 3 个反射面，分

析为岩体破碎带或次级断层破碎带，具体情况为：

(1)掌子面前方0～44m(DK25+872～DK25+916)，岩体较完整。

(2)掌子面前方44～50m(DK25+916～DK25+922)，为节理密集发育带。

(3)掌子面前方72～82m(DK25+944～DK25+954)，为岩体破碎带。

(4)掌子面前方95～124m(DK25+967～DK25+996)，为次级断层破碎带。

(5)其余未明确指出地段，岩体相对较完整。

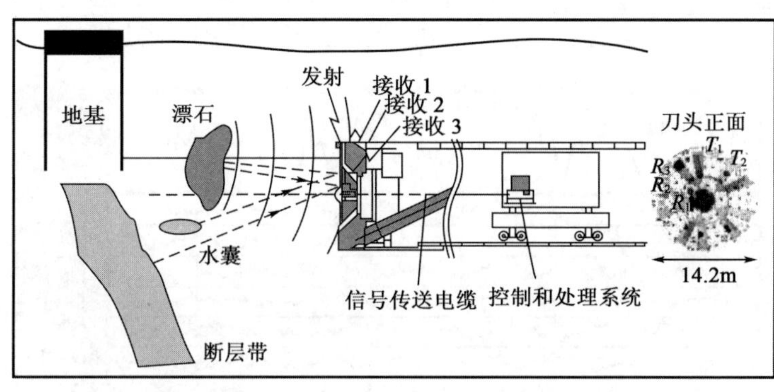

图7-18　SSP软岩地震反射的应用

表7-1是开挖检验情况。从HSP声波分析结果与表7-1所列实际施工所遇到的围岩状况可以看出，HSP声波反射法在预测围岩破碎状况、断层带等方面较准确，但在预测渗水等方面稍显不足。

采用HSP法预测段的实际围岩状况　　表7-1

桩　号	饱和抗压强度(MPa)	岩体完整性	地下水状态	岩石分级	地质描述
DK26+046.0～DK26+048.5	47.73	较破碎	渗水	Ⅳ	节理密集带
DK25+919.65～DK25+922.3	47.73	较破碎	渗水	Ⅳ	断层影响带，局部顶拱发生小塌落
DK25+915.8～DK25+918.38	47.73	较破碎	渗水	Ⅳ	断层带，局部顶拱发生小塌落

实例二：兰渝铁路西秦岭隧道

兰渝铁路西秦岭特长隧道(长度28.236km)位于新建铁路兰渝线中段，地处甘肃省东南部重镇陇南市境内。本段线路北起武都区外纳乡，向西南方向穿越秦岭止于武都区枫相乡老盘底村，线路整体呈西北—东南走向。隧道最大埋深约1400m，水文地质条件复杂；主要为砂质千枚岩，存在岩溶、断层破碎带、高地应力岩爆、高岩温等地质问题，属典型的深埋长大隧道，采用世界先进的敞开式硬岩隧道掘进机(TBM)施工，为全线的控制性工程。

采用HSP声波反射法进行测试，图7-19为DIKY421+295工作面测试典型波形曲线。

测试岩体平均声波速度为2300m/s。对现场采集原始波形曲线进行时域和频域分析，如图7-20所示，分析结果见表7-2。

HSP 分 析 结 果 表 7-2

测 试 范 围	长度(m)	探 测 结 果
DIKY421＋295～DIKY421＋266	29	岩体基本维持目前工作面状况，千枚岩片理发育，片理面结合一般～较差，但总体上较完整～较破碎，稳定性一般～较差。局部岩体可能含节理裂隙水，建议围岩级别Ⅳ级弱
DIKY421＋266～DIKY421＋247	19	岩体较完整，千枚岩片理发育，片理面结合一般，但节理裂隙稍发育，稳定性一般，建议围岩级别Ⅳ级
DIKY421＋247～DIKY421＋229	18	岩体较完整，千枚岩片理发育，片理面结合较好～一般，节理裂隙弱发育，稳定性较好，建议围岩类别Ⅲ级弱

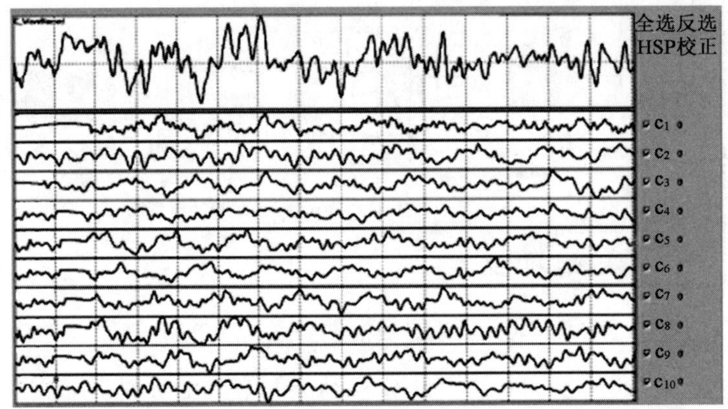

图 7-19 DIKY421＋295 工作面测试典型波形曲线

HSP206 Analysis Program for ZGS&EACT, V2.0, SuJian, 2006
jjb2.dat
Div=6.000ms C_1=0.00mm C_2=94.024m Δt=40.880ms Δf=24Hz
ΔS=94.024m=2×47.012m

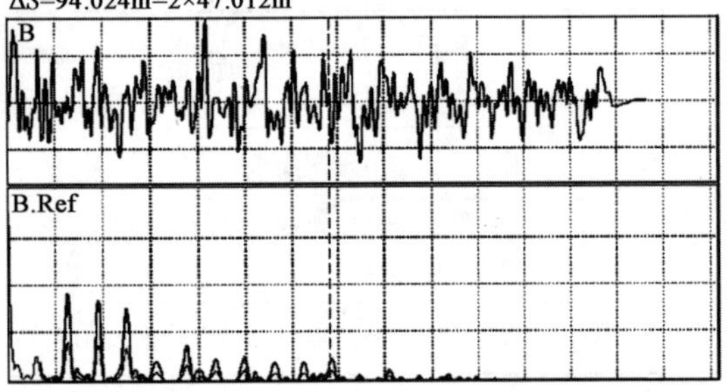

HSP206 Analysis Program for ZGS&EACT, V2.0, SuJian, 2006
jjc4.dat
Div=6.000ms C_1=0.00mm C_2=52.992m Δt=23.040ms Δf=43Hz
ΔS=52.992m=2×26.496m

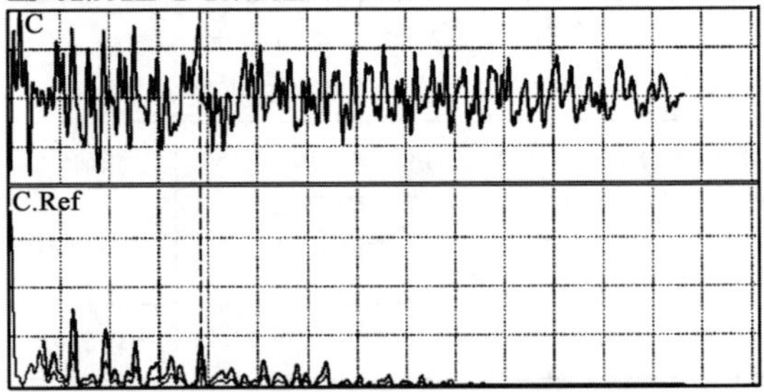

HSP206 Analysis Program for ZGS&EACT, V2.0, SuJian, 2006
jjb4.dat
Div=6.000ms C_1=0.00mm C_2=60.168m Δt=26.160ms Δf=38Hz
ΔS=60.168m=2×30.084m

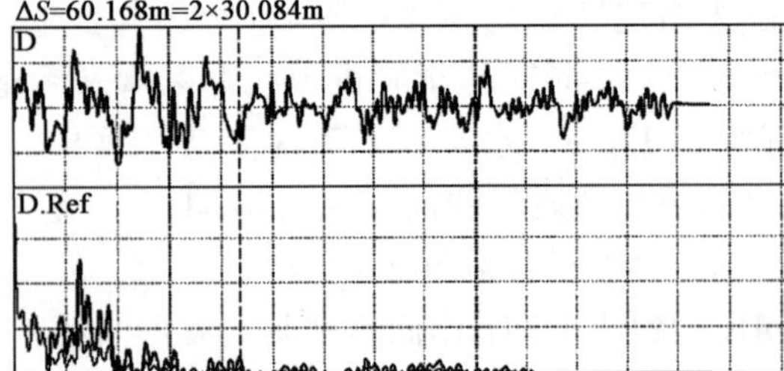

HSP206 Analysis Program for ZGS&EACT, V2.0, SuJian, 2006
jje3.dat
Div=6.000ms C_1=0.00mm C_2=53.728m Δt=23.360ms Δf=43Hz
ΔS=53.728m=2×26.864m

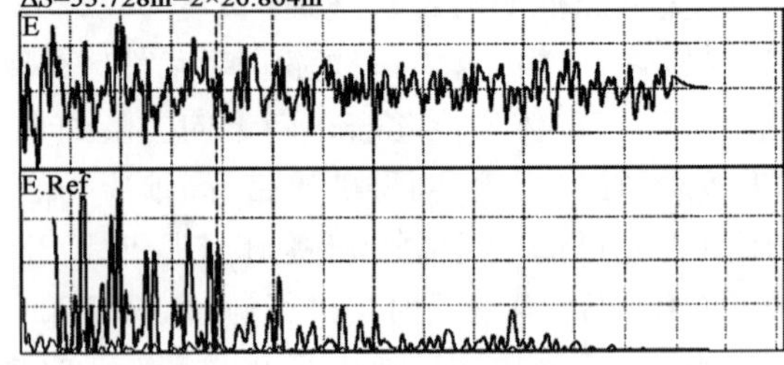

图 7-20 为时域和频域分析成果图

7.6 BEAM 法

BEAM 测试技术是通过对岩层视电阻率进行测试来探知岩体质量和其中的空洞及水体。

BEAM 测试系统就是以交流激发极化为理论基础的一种全新的电法勘探技术。BEAM 系统通过测取与岩体孔隙(空隙)有关的电能储存能力参数(Percentage Frequency Effect, PPE)和视电阻率的变化,预报前方岩体的完整性和含水状况。

7.6.1 原理

BEAM 具体操作是通过外围的环状电极(A_1)发射一个屏障电流,并在内部发射一个测量电流(A_0),以便电流聚焦进入要探测的岩体中,通过测量岩体的交流变频激发极化特征,计算出岩体视电阻率和一个与岩体中孔隙有关的电能储存能力的参数(PFE)的变化来预报前方岩体的完整性和含水性。PFE 是一种表征岩石储存电能能力的岩体特性参数,而孔隙率与 PFE 呈反比关系,如图 7-21 所示。在隧道超前预报中,岩溶洞穴、断层、破碎带等具有较高孔隙率的不良地质体相应的 PFE 就较低;充水和充气的高孔隙率段只能储存很少的电能,PFE 也因此较低;沙、黏土层、桩、漂石和混凝土等也因其典型的 PFE 值,能够通过 BEAM 探测到。

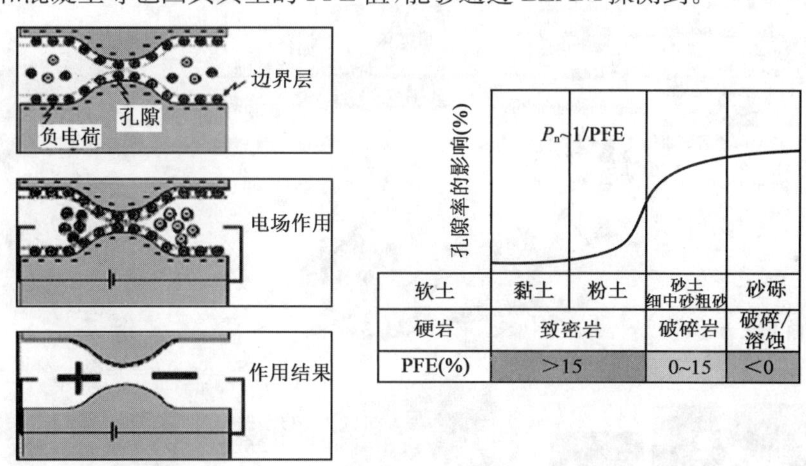

图 7-21　频率效应百分比(PFE)和有效孔隙率(P_n)与地层类型的相关性

注:1. PFE 是与岩体电能储存能力有关系的参数;2. 孔隙率 P_n(岩溶,断层,破碎带)和 PFE 的关系为 $P_n \sim 1/\mathrm{PFE}$;3. 举例来说:充水和(或)充气的高孔隙率区域具有低电能性质,所以可以通过低 PFE 识别。

如图 7-22 所示,交流激发极化法使用超低频段(0.01～10Hz)中两种相差较大的固定频率分别供电(f_1 和 f_2),然后分别观测 f_1 和 f_2 两种频率供电时的电压,求得两种电阻率 R_{f_1}(用较低频率 f_1 观测所得)和 R_{f_2}(用较低频率 f_2 观测所得),由此计算百分频率效应 PFE(公式如下):

$$R_{f_1} = \frac{U_1}{I_1} \text{和} R_{f_2} = \frac{U_2}{I_2} \tag{7-1}$$

$$\mathrm{PFE} = \frac{(R_{f_1} - R_{f_2})}{R_{f_1}} \times 100\%,(f_1 > f_2) \tag{7-2}$$

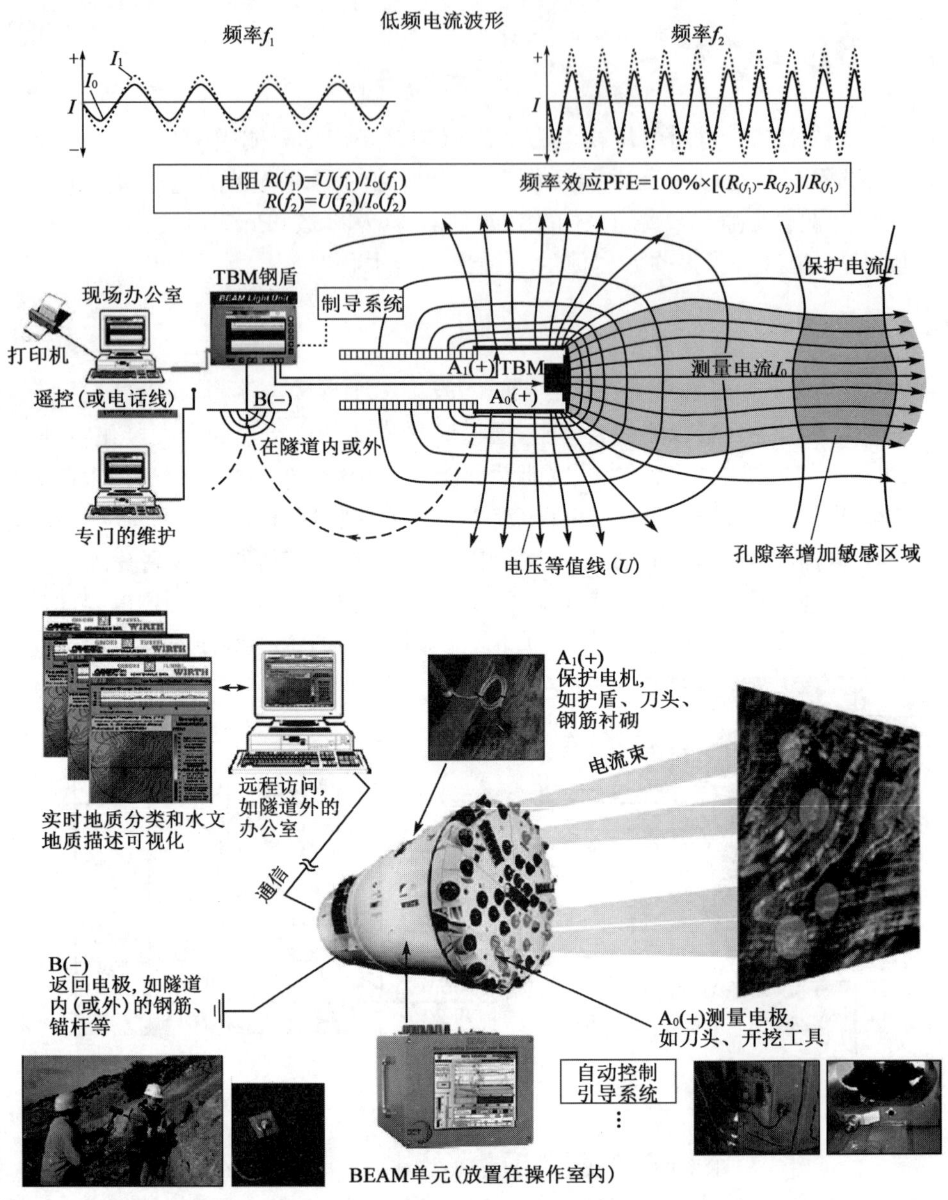

图 7-22　聚焦激发极化法(IP)

7.6.2　方法

BEAM 系统由便携式计算机驱动，是一种专门为地下工程施工开发的物探设备。这种设备能在隧道掘进的同时进行掌子面前方 3 倍隧道直径范围的地质预报。由 B、A_1 和 A_0 3 个电极产生低频交流电场，通过 A_0 电流聚焦进入要探测的岩体，产生敏感地带，特别是遇到开挖面前方地层变化时更始如此。

在隧道中的 A_1 和 A_0 电极输入测量电流，B 电极固定在较远距离的地层中，通过电极的合理布置，A_1 电流保护 A_0 电流，并偏离直线路径的 A_0 电流到 B 电极。

BEAM 集成设备包括显示屏、外接键盘等。在隧道开挖面离隧道洞口很近的情况下，BEAM 设备放置在隧道外。在采用 TBM 的情况下，在刀架上安装标准组件，包括 3 个高度单元、单独的显示器以及键盘，即操纵板上类似鼠标的跟踪球。

BEAM 系统通过软件可以由 PLC 信号或与类似 TBM 导向系统来激发，因此可以随隧道开挖过程同时启动和停止。为了获得刀盘的当前里程，由 RS232 或 CAN 形成通信界面。

BEAM 系统需要 230V 电源，耗电低，而且设计可以网络连接。系统的安装、系统设置和维护由德国 GET 公司负责。专用电话线或当地的局域网是在工地或其他地方通过注册的管理器进行 BEAM 系统连接的常用解决办法。

在隧道中采用交流激发极化法进行超前预报要解决的首要问题就是电流传播的方向问题。因为电流的传播是向四周发散的，而超前预报的目的是预报掌子面前方较狭窄的一段范围内地质情况，要求电流向掌子面前方集中传播。

BEAM 测试技术的核心在于改善了电法测试的灵敏度和稳定性，依靠适合在隧道掘进工作面来布置的环绕 A_1 电极利用同性电极相排斥的原理来实现保护电场，使独立的 A_0 电极产生的电流能够更纵深的以放射状半径或者垂直隧道掘进的径向传播，成功解决了这一问题。

在 BEAM 对掌子面前方的地质情况的预测预报中，除了 *PFE* 值这一主要的表征参数，电阻率也是一种反映不良地质体尤其是针对含水不良地质体的重要参数。比如，对孔隙率高地带的超前预报中，充水的断层和岩溶带电阻率会较低（图 7-23），而干燥的或赋存瓦斯的断层带电阻率会较高（图 7-24）。

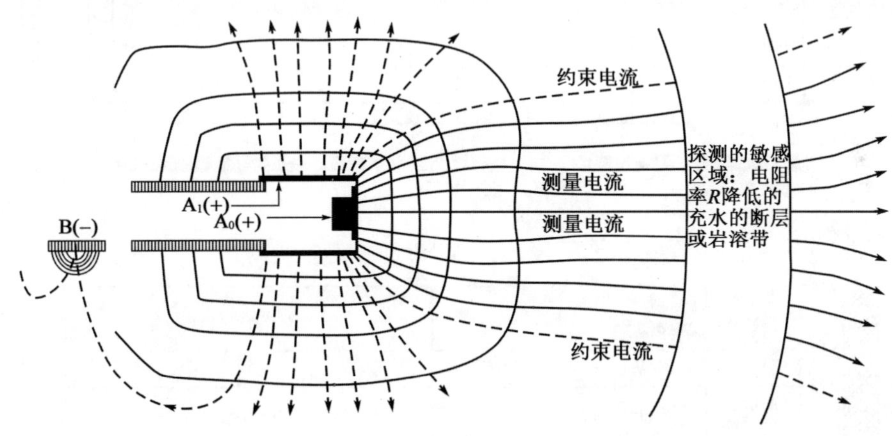

图 7-23　低电阻率带 BEAM 探测电流传播形式示意图

不同的电阻率也会对应不同的岩体情况，干燥致密的岩体电阻率较高，孔隙率大的含水岩体电阻率较低，BEAM 系统采用交流激发极化法进行超前预报，获得百分频率效应 PFE 和电阻率 *R* 两种参数，以这两种参数为成果解译基础，综合对前方地质情况进行预报。

德国 GET 公司通过大量实验给出的岩体类型和含水情况与 PFE 及视电阻率的对应关系如图 7-25 所示。由图可以看出，根据观测和计算获得的视电阻率值和 PFE 值判定岩体类别及含水量具有科学依据。需特别注意的是，在不同地区用该方法进行预报时，应根据当地地质情况进行现场试验，得出当地的如图 7-25 所示的岩体类型和含水情况与 PFE 值及视电阻率值的对应关系（图 7-26），用以指导预报进程。

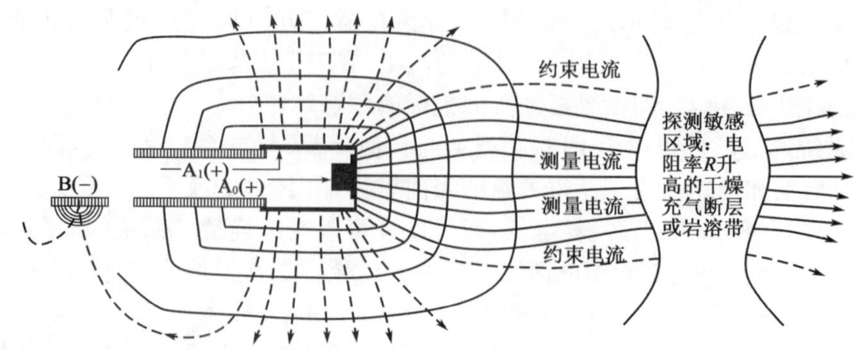

图 7-24　高电阻率带 BEAM 探测电流传播形式示意图

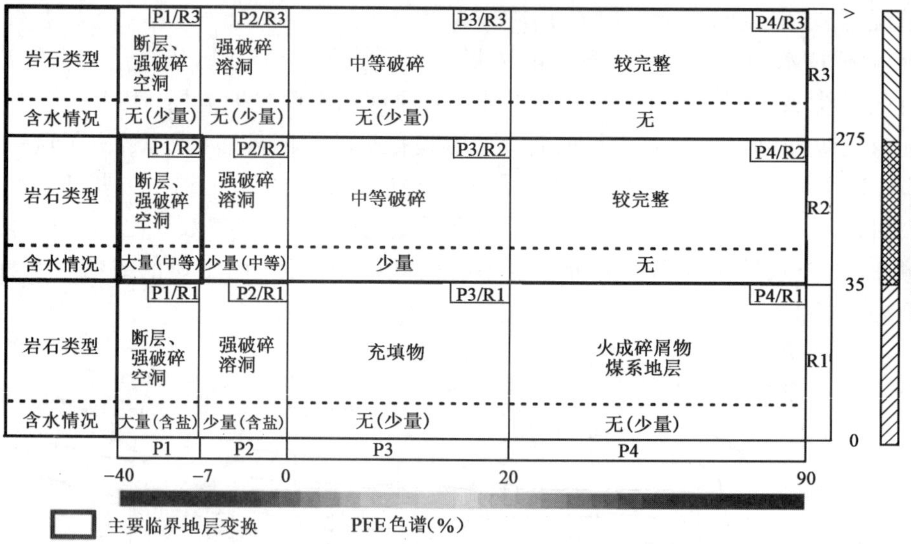

视电阻率 R 色谱(Ω·m)		P1（−40～−7）	P2（−7～0）	P3（0～20）	P4（20～90）
R3（>275）	岩石类型	P1/R3 断层、强破碎空洞	P2/R3 强破碎溶洞	P3/R3 中等破碎	P4/R3 较完整
	含水情况	无(少量)	无(少量)	无(少量)	无
R2（35～275）	岩石类型	P1/R2 断层、强破碎空洞	P2/R2 强破碎溶洞	P3/R2 中等破碎	P4/R2 较完整
	含水情况	大量(中等)	少量(中等)	少量	无
R1（0～35）	岩石类型	P1/R1 断层、强破碎空洞	P2/R1 强破碎溶洞	P3/R1 充填物	P4/R1 火成碎屑物煤系地层
	含水情况	大量(含盐)	少量(含盐)	无(少量)	无(少量)

主要临界地层变换　　PFE 色谱(%)

图 7-25　BEAM 正相关矩阵

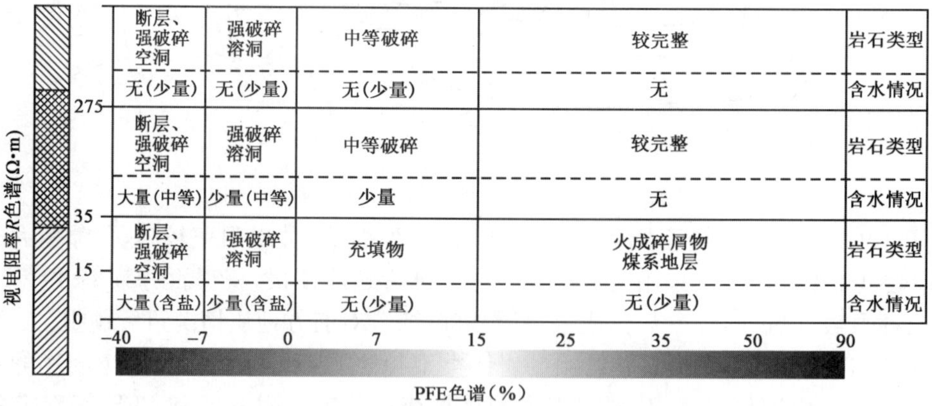

视电阻率 R 色谱(Ω·m)	−40～−7	−7～0	0～15	15～90	
>275	断层、强破碎空洞	强破碎溶洞	中等破碎	较完整	岩石类型
	无(少量)	无(少量)	无(少量)	无	含水情况
35～275	断层、强破碎空洞	强破碎溶洞	中等破碎	较完整	岩石类型
	大量(中等)	少量(中等)	少量	无	含水情况
0～35	断层、强破碎空洞	强破碎溶洞	充填物	火成碎屑物煤系地层	岩石类型
	大量(含盐)	少量(含盐)	无(少量)	无(少量)	含水情况

视电阻率 R 色谱(Ω·m)：0　15　35　275

PFE 色谱(%)：−40　−7　0　7　15　25　35　50　90

图 7-26　岩体类型和含水情况与 PFE 及视电阻率 R 值的关系

第一步，BEAM 部件连接 TBM 机，利用 TBM 作为探测电极，不需附加钻孔等措施，随着 TBM 往前掘进获得连续的超前地质预测数据，探测范围为掌子面前方的一部分。

第二步，在隧道洞身直径方向上对洞身四周进行放射状探测，检查其安全性，揭露可能存在的岩溶洞穴的潜在危害。

第三步，应用移动式的BEAM设备在传统钻爆法施工隧道中进行超前探测，此种探测需要钻孔并连接几个测试电极，探测范围也是这几个电极布置部分。

BEAM的成果是以可视化的方式显示(图7-27)，通过将岩体质量以及是否含水的情况以颜色深浅来表示。直观、清晰地展示了前方预报范围内的地质情况，非常便于现场技术人员解译。

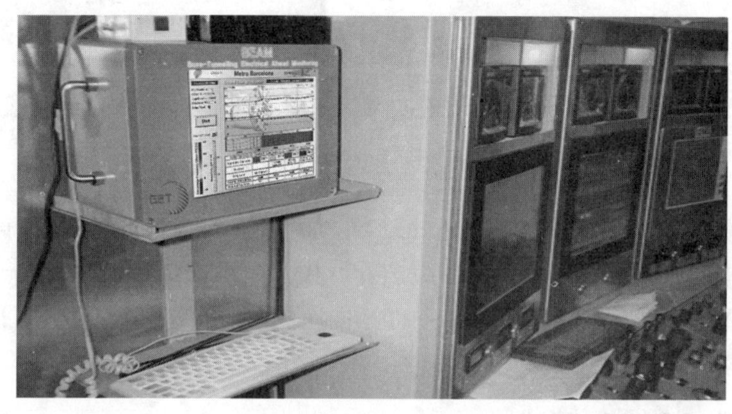

图7-27　BEAM的成果显示可视化

1)敞开式TBM

A_1 电极可以连接在锚杆和刀具上，在敞开式TBM机的掘进工具上安装 A_0 电极，对掌子面前方部分超前探测，需要由几个 A_0 电极来完成，单个电极的小范围探测有利于精确定位不良地质构造，如图7-28所示。

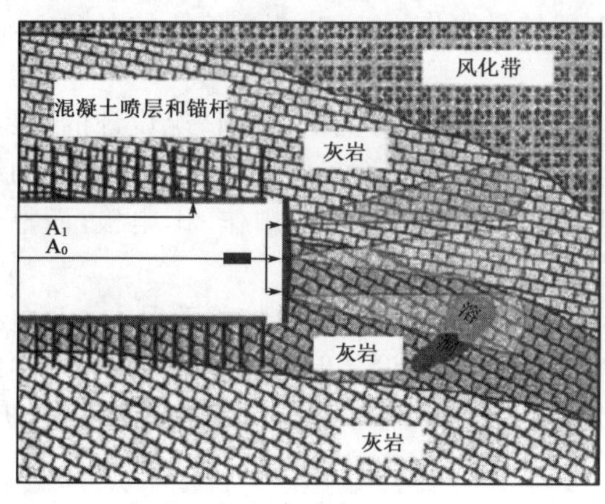

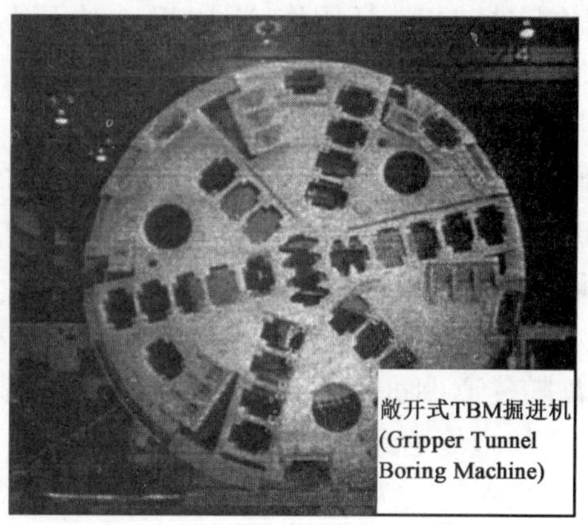

图7-28　BEAM在敞开式TBM掘进隧道中对掌子面进行超前探测(Geohydraulik Date Corp,2004)

2)护盾式TBM机

在护盾式的TBM机掘进隧道中，BEAM的 A_1 电极连接在护盾上，A_0 电极连接在整个刀具头和切割轮上，探测范围将覆盖整个掌子面，这种超前探测方式探测效率最高。BEAM安装在TBM机上，整个超前预报过程与TBM掘进有机结合，联动工作，TBM机不断的掘进，

BEAM 超前预报也不断开展提供前方预测地质情况，如图 7-29 所示。

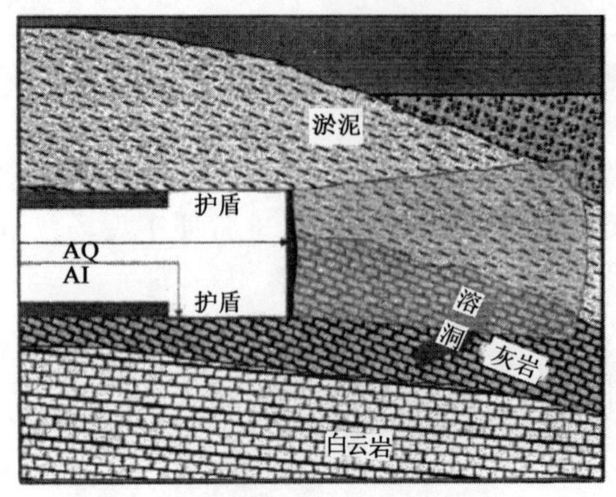

图 7-29　BEAM 在护盾式 TBM 机掘进隧道中对掌子面进行超前探测(Geohydraulik Date Corp,2004)

以上几种工作方式在国外隧道中都有过成功应用的先例，但值得注意的是，简单比较几种工作方式可以很明显地看出，BEAM 系统应用在 TBM 掘进隧道中是一种效率很高的超前探测技术，它与 TBM 机高效的集合在一起，掘进和超前探测工作互不干扰，可以不间断的实时进行超前预报。

7.6.3　BEAM 综合模式

1)工作方法

BEAM 扫描模式是为获得隧道周边围岩、钻爆法、TBM 掘进的横向地质预报精度开发的。TBM 扫描模式的应用需要在滚刀上进行一些有关电学处理，如一些刀具需要绝缘，需要旋转开关和解码器等。有关的要求最好在 TBM 制造时解决。TBM 机器壳体、施工构件如钢筋混凝土衬砌和锚杆用作 A_1 电极。对于 TBM，机器外壳作用 A_1 电极。绝缘的电极 A_0 通过 BEAM 软件的转换准则连续应用。

如图 7-31 所示，BEAM 综合模式是专门为超前预报掘进方向的地质情况设计的，很容易在 TBM 上安装，不需要在滚刀上安装特别的构件。BEAM 综合模式可以在隧道掘进的维护工班时安装，对 TBM 的掘进不会有影响或中断。掘进机的撑靴可以用作 A_1 电极，而整个刀头可以用作一个大的测量电极 A_0 电极。

对于各种应用，需要设置接地电极 B，位置可以在隧道外或在隧道掌子面后方。B 电极的电缆盘随隧道掘进往前移动而不断放长电缆，使其与 BEAM 设备保持连接。电缆可用绝缘电缆，所有的电缆必须细心保护，防止使用不当引起的损坏。整个刀盘作为 $A0^-$ 测量电极见，图 7-30。图 7-31 为可视化 BEAM 综合模式。

2)案例分析

(1)Napoli 1 号线地铁，海瑞克公司 TBM(意大利，2007)。BEAM 综合系统安装在内径为 6.7m 的海瑞克 S-TBM，地层主要以凝灰岩组成，测试目标为旧矿空洞，测试结果如图 7-32 所示。

(2)Pajares 1 号隧道(South-Portal)，海端克 TBM 盾构，西班牙，2006—2007。地层主要以石灰岩组成；富含水溶洞构造。测试结果如图 7-33 所示。

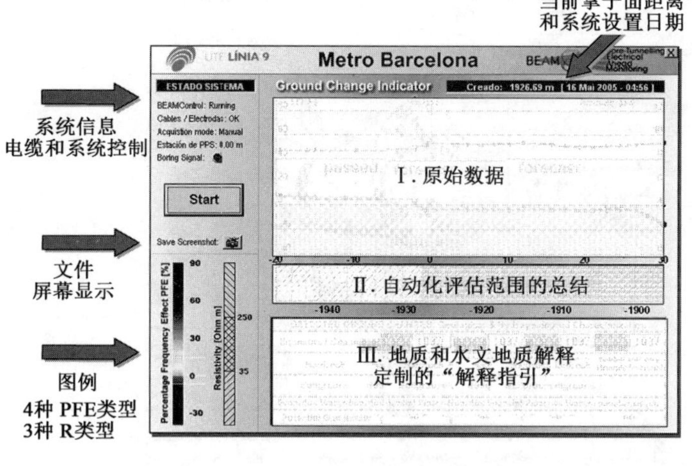

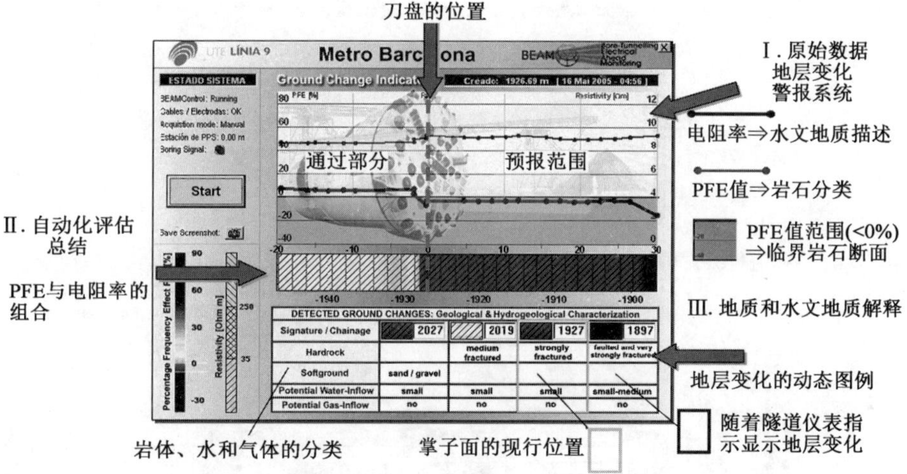

图7-30　整个刀盘作为 A_0 测量电极

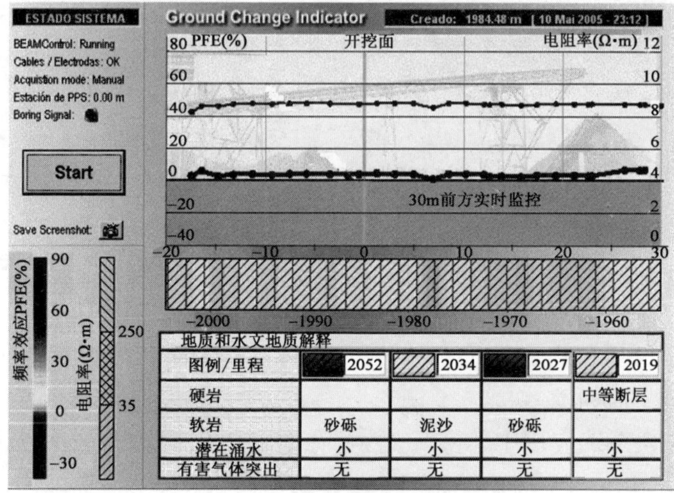

图7-31　可视化 BEAM 综合模式

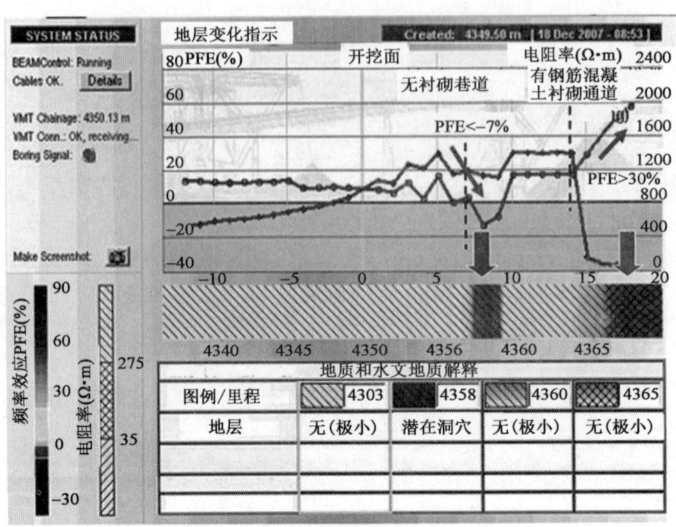

图 7-32　BEAM 安装在内径为 6.7m 的海瑞克 S-TBM

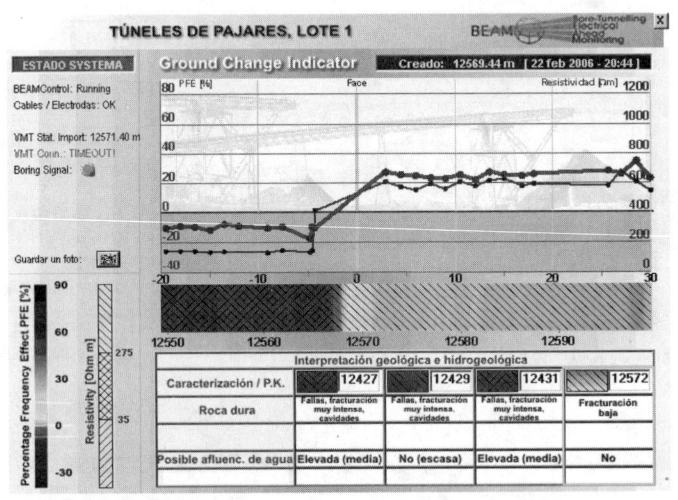

图 7-33　BEAM 综合系统安装在内径为 9.9m 的海瑞克 TBM

(3)西班牙 Pajares 隧道。

该隧道工程采用 BEAM 进行长期地质预报。图 7-34 下部为西隧道的地质情况，其 BEAM 系统安设在海瑞克 EPB -TBM 上，而上部显示了由 NFM EPB -TBM 开挖的东隧道情况。右上部分的 Huergas 地层由片岩(绿色)夹部分砂岩组成，左下部分的 Santa Lucia 地层为块状灰岩。下部的红框图为预计的断层带。

中间的断层带预计里程为 K13+182～K13+185，实际遇到的里程为 K13+185～K13+187，BEAM 系统已准确预报。

图 7-35 为 BEAM 系统应用中的实际显示，有地层变化指示和 30m 范围即接近 TBM 直径 3 倍地段的预报情况。一般而言，在 BEAM 自动测试状态下仅有左侧中间的一个键是交互式的，而屏幕的所有其他键都不是交互式。与掘进进程一致的 PFE 和电阻率(ρ)变化从左到

右显示，当预报到地层有变化时，动态显示图例。

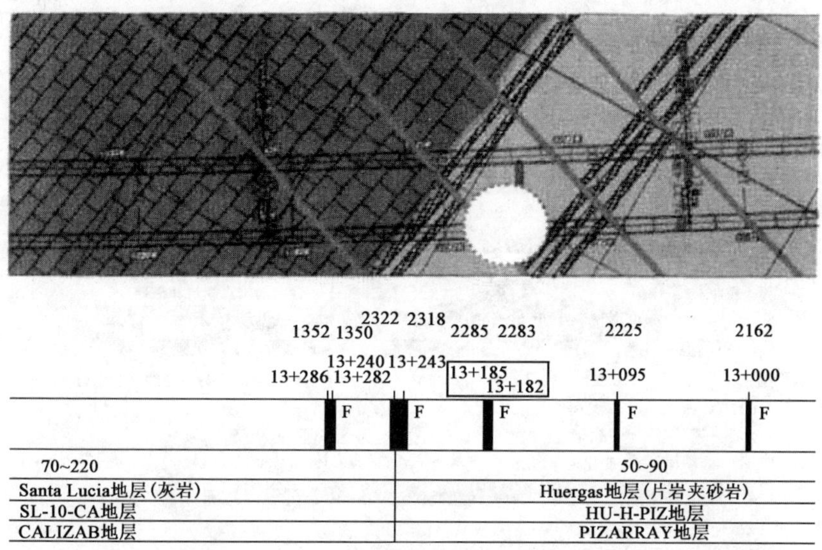

图 7-34　BEAM 系统安设在海瑞克 EPB-TBM 上

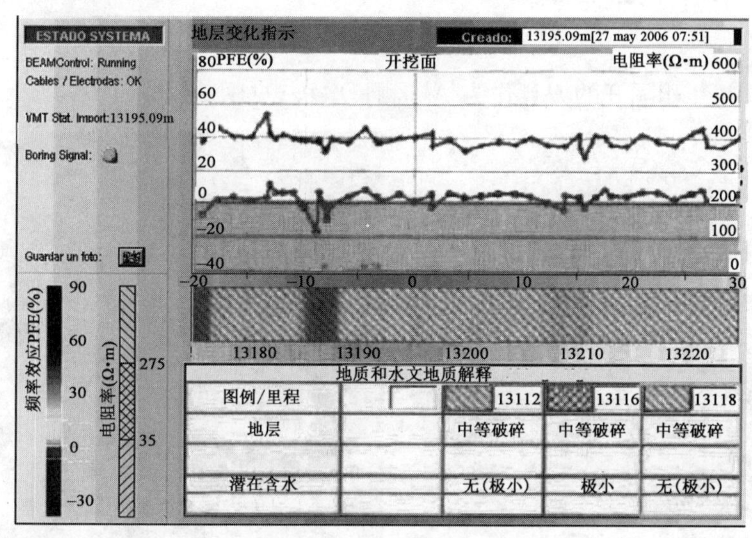

图 7-35　动态显示图

BEAM 显示屏幕拷贝。掌子面里程 K13＋195 穿越遇到的断层带屏幕拷贝涉及 50m 的隧道掘进里程，从 K13＋175 到 K13＋225。地层指示器表明 ρ 值在 300～500Ω · m之间，而 PFE 值大部分大于 0%，最大 13%。因此，Huerga Formation 地层的片岩由黄色、阴影的综合水平框图表示，根据 BEAM 内部地层分类矩阵，其表示为“中等破碎”。

BEAM 预报结果与实际地质吻合。如图 7-36 所示，另外一处 PFE 值为最小（接近－20%），相应在里程 K13＋185～K13＋187 之间 ρ 大幅下降。而 ρ 和 PFE 值小幅度下降的原因是潜在富水的砂岩互层。

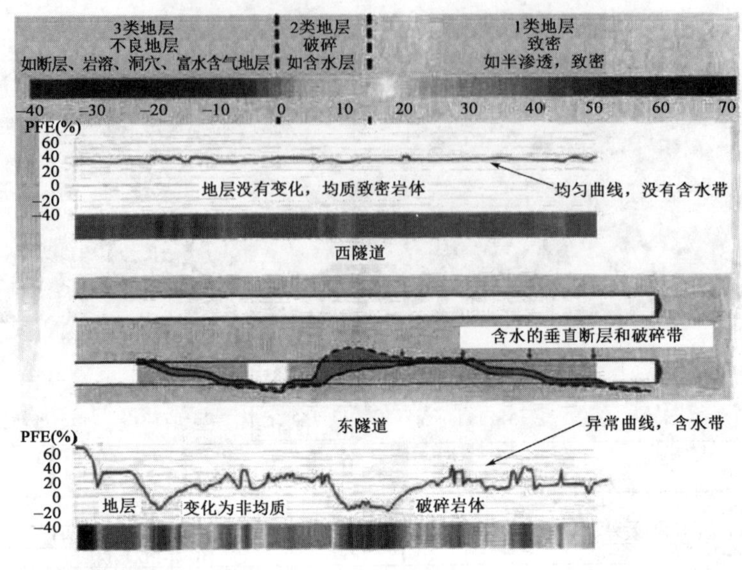

图 7-36　BEAM 探测的不良岩层和遇到的接近垂直的富水断层和破碎带

7.6.4　BEAM 扫描模式

1)工作方法

(1)用经挑选并互相隔开的刀具作为 A_0^- 测量电极，见图 7-37。

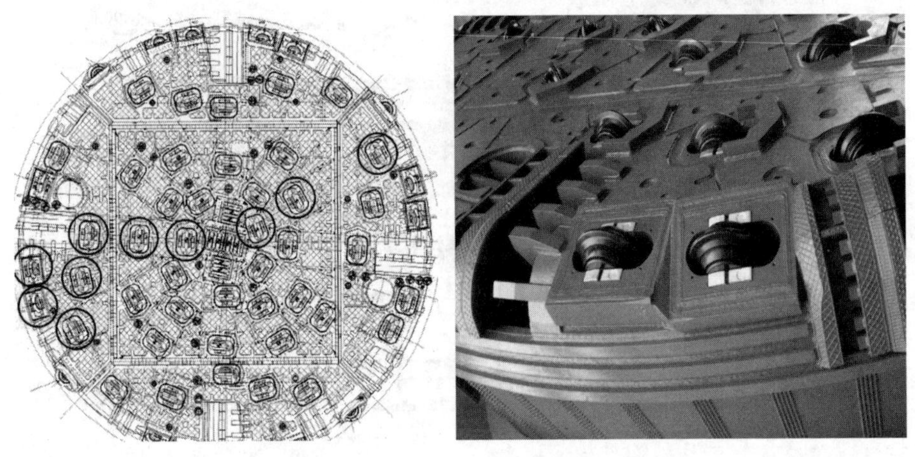

图 7-37　经挑选并互相隔开的刀具作为 A_0 测量电极

(2)准备好的刀具和电性连接，见图 7-38。

(3)地层变化指示图(综合)，见图 7-39。

(4)PFE 侧视分布图(扫描)，见图 7-40。

图 7-40 为软土地层，砂砾层/砂层，黏土层/粉砂层和火成碎屑层；测试目标为充水或气体空洞，古迹残余。

2)案例分析

(1)Túnel de la Cabrera，海瑞克 DS-TBM(西班牙，2007—2008)，内径 9.5m，BEAM-

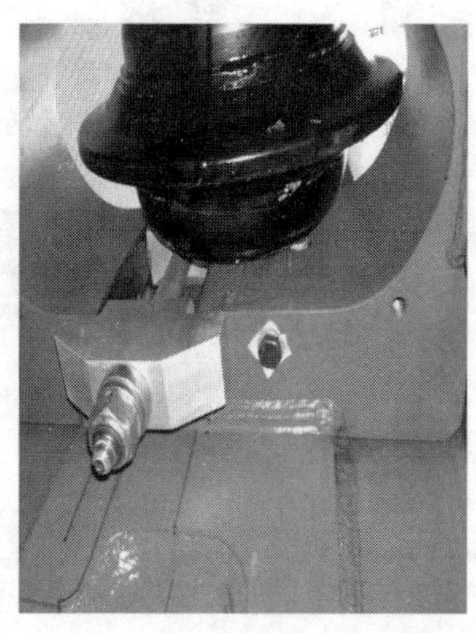

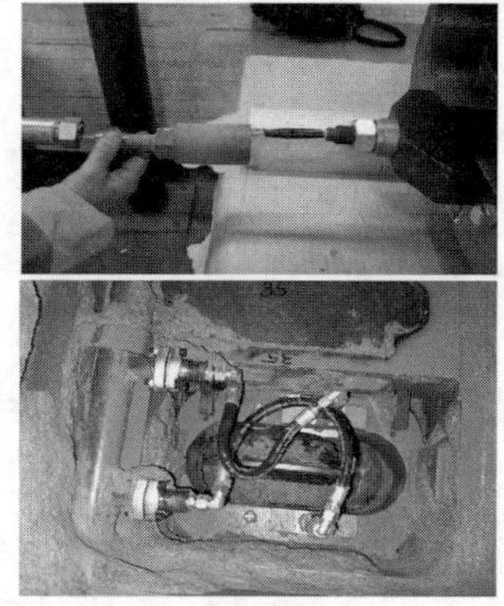

图 7-38　准备好的刀具和电性连接

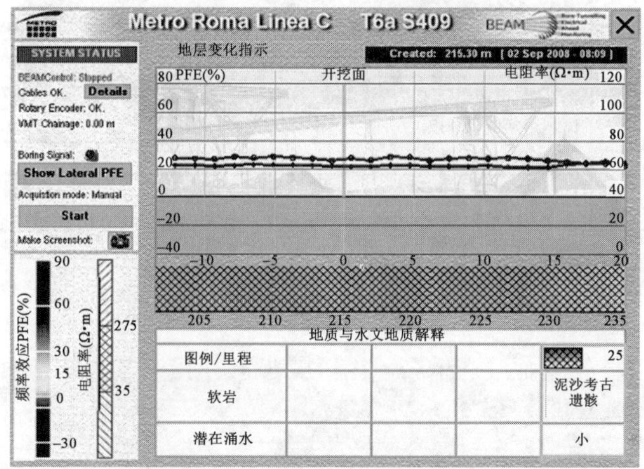

图 7-39　地层变化指示图(综合)

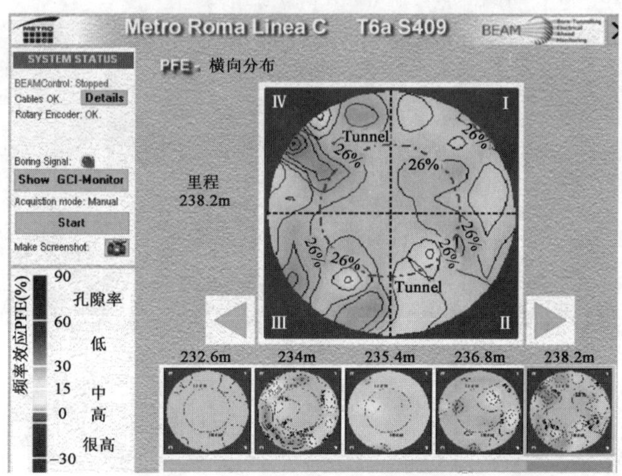

图 7-40　PFE 侧视分布图(扫描)

TBM 扫描式地质超前预报。石灰石和白云石岩层，确定含水层、溶洞和空洞。测试结果如图 7-41 所示，掘进面地层见图 7-42，测试曲线及分析结果见图 7-43、图 7-44。

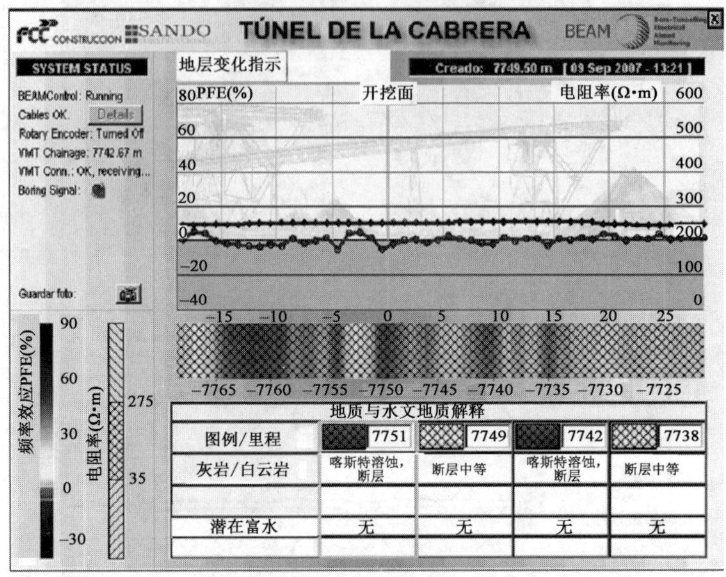

图 7-41　BEAM-TBM 扫描式地质超前预报

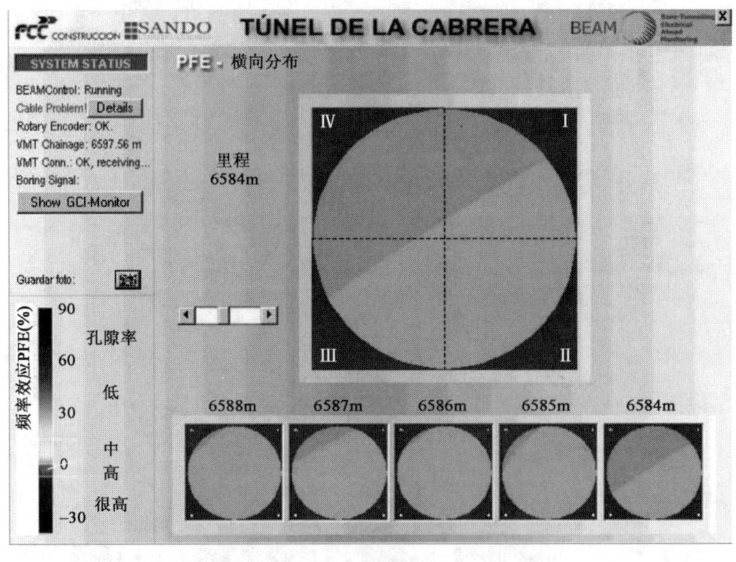

图 7-42　石灰石和白云石岩层

BEAM 的 PEF 和 R 指示有一溶洞(宽度<1m)(P_1/R_2 的 PFE 负峰值)，随着 TBM 掘进在资料负峰值的部位发现破碎带内的溶洞。

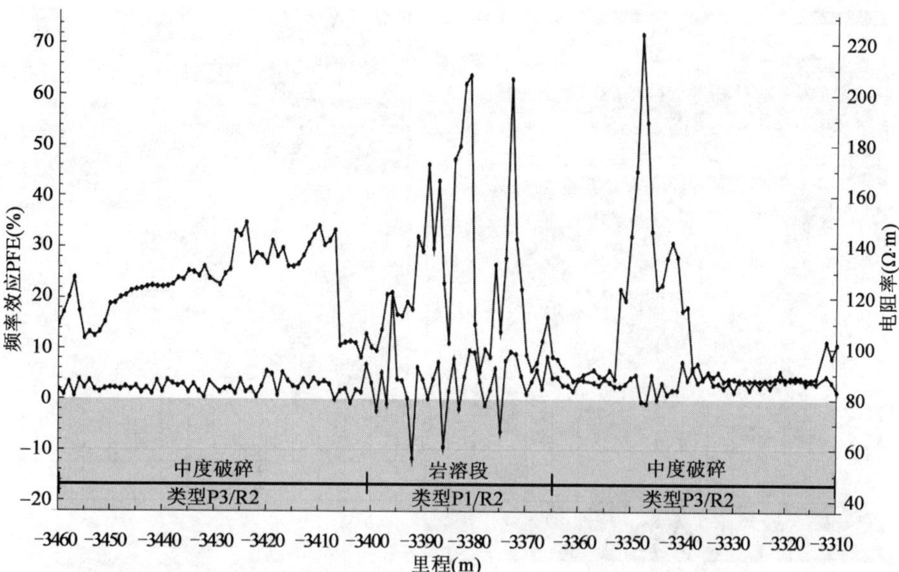

图 7-43 *PFE* 曲线

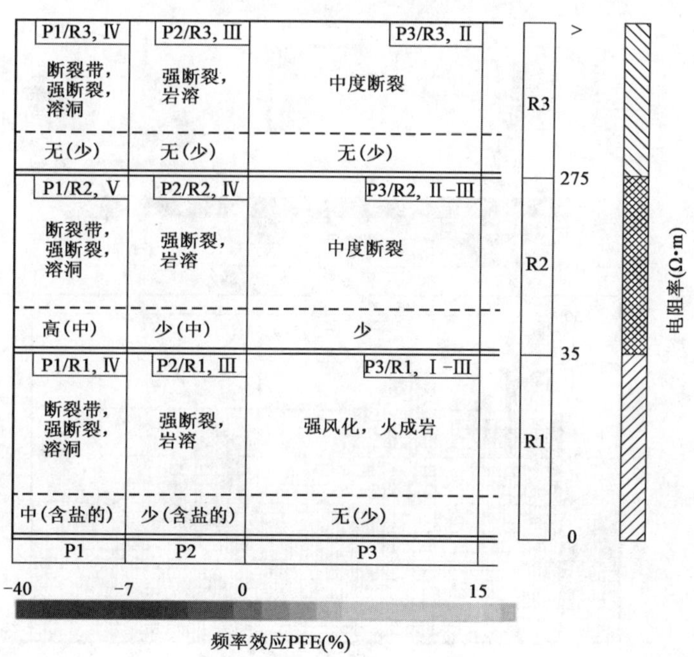

图 7-44 频率响应和电阻

(2)Ginori Tunnel, Shield TBM Wirth(意大利,2000—2003),如图 7-45 所示。

使用 6.3m 直径的护盾式掘进机,在致密的灰岩中发现了垂直破碎带中的含水溶洞。

(3)Ginori Tunnel, Shield TBM Wirth(意大利,2000—2003),如图 7-46 所示。

BEAM 电法超前地质预报在隧道掌子面 6510～6750m 段探测,结果表明,PFE 预报断面和岩溶含水破碎带基本吻合。

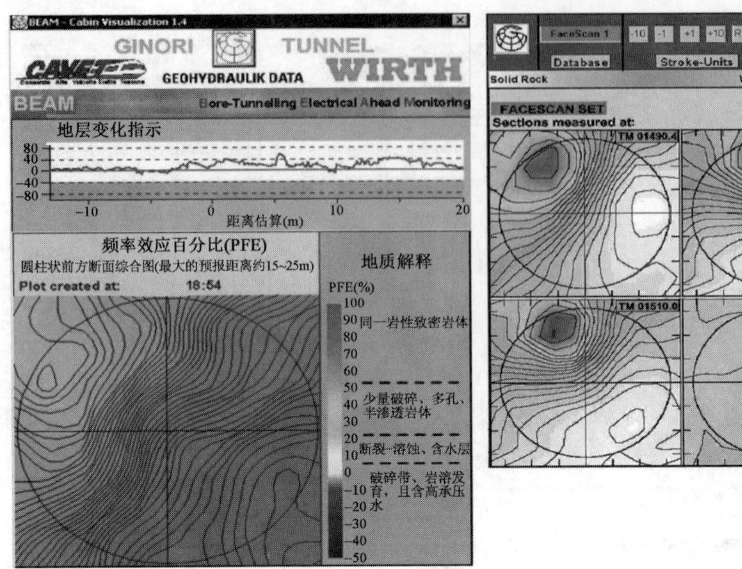

图 7-45　某里程的 PFE 等值线

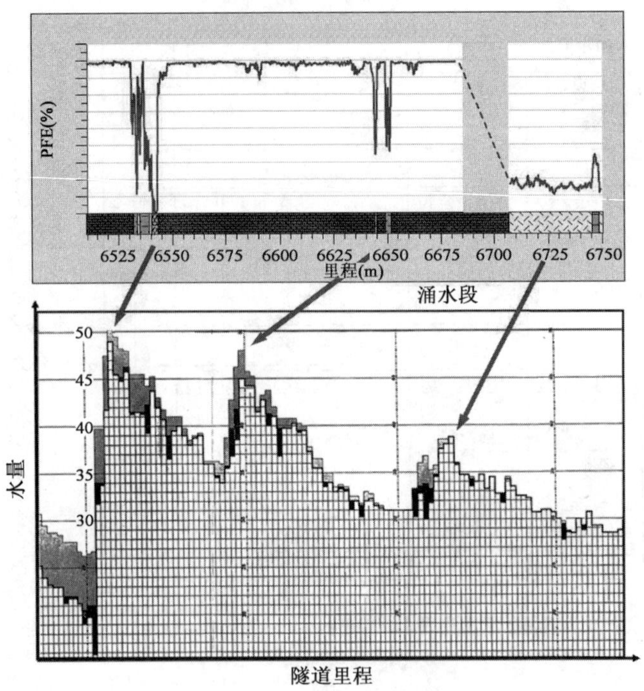

图 7-46　隧道 6510～6750 的 PEF 预报

7.7　雷达扫描法

将地质雷达应用到盾构实时探测中，具有较高的探测精度、准确性和实时探测的功能特点，无须停工，缩减工程成本，所获数据直接用于盾构控制，相对于传统的超前预报方法具有明

显的特点。

7.7.1　工作原理

应用地质雷达进行实时前预报，要适应盾构法施工的特点，考虑地质雷达在盾构机上的安装情况，通过对各种类型盾构机的调查研究，发现盾构机的刀盘经过改造，可以成为雷达天线合适的载体，在不影响刀盘的强度、性能等前提下，在刀盘上开挖出雷达天线大小的空间，将天线固定其中，表面覆以耐磨性好、电磁波穿透能力强、强度高的材料以保护雷达天线并保持刀盘切削表面平整等，在盾构掘进过程中，雷达天线随刀盘的旋转而旋转，对盾构工作面前方进行圆周探测，雷达数据通过改造盾构的中心回转接头形成数据传输通道，传到盾构后方的雷达主机，应用后处理软件进行数据处理和图像分析，研究盾构前方的土层和障碍物分布情况，从而实现盾构施工中地质情况的超前预报。盾构的工作环境是地下复杂岩土层，所以安装在盾构刀盘上的地质雷达也要能适应复杂多变的地下环境，而电磁波又是雷达传播和获取信息的载体，因此探讨电磁波在地下介质中的传播特性显得尤为重要。

由于地下介质对电磁波的衰减作用，电磁波在地下介质中的衰减速度非常快，而且频率越高的电磁波衰减越快，但是频率越低的电磁波对物体的绕射作用越明显。所以，截面较小的物体在雷达剖面图上就显示不出来，要提高探测精度，就必须提高电磁波频率和损失相应的探测深度。所以，必须寻找这样一个既能够穿透设计要求深度的土体介质，又能够满足探测精度要求频率的电磁波，同时要设计合理的电磁波发射及接收装置，以求达到良好的探测效果。

7.7.2　工作方法

为了实时对盾构施工状态下掌子面前方土层状况进行监控，根据实地考察，将雷达安装在盾构的掌子面上。安装位置及其安装布置如图7-47和图7-48所示。

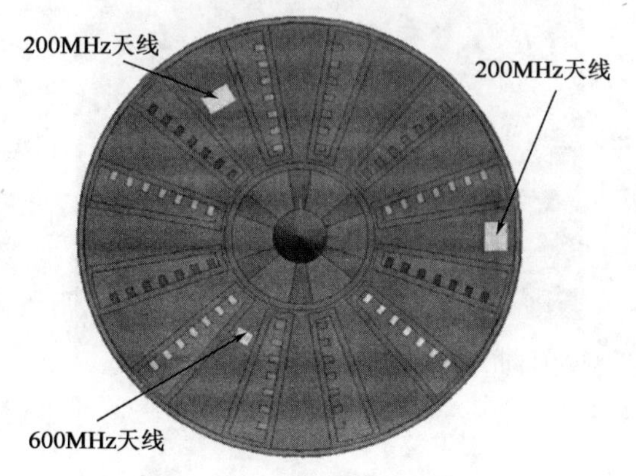

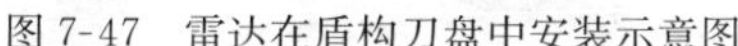

图7-47　雷达在盾构刀盘中安装示意图

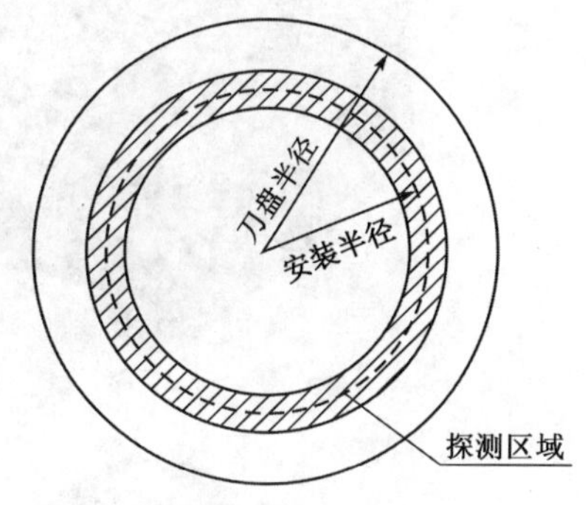

图7-48　单天线雷达探测区域示意图

雷达天线见图7-49，不同频率的天线对不同深度的目标有着足够的分辨率，不同位置的天线对同一目标有着不同角度的探测，这样多天线同时工作时，一次扫描即可获得对同一测线的多个雷达数据，这些数据中既包括了每个独立天线自发自收获得的数据，也包括了不同天线之间不同频率、不同角度探测所获得的数据。

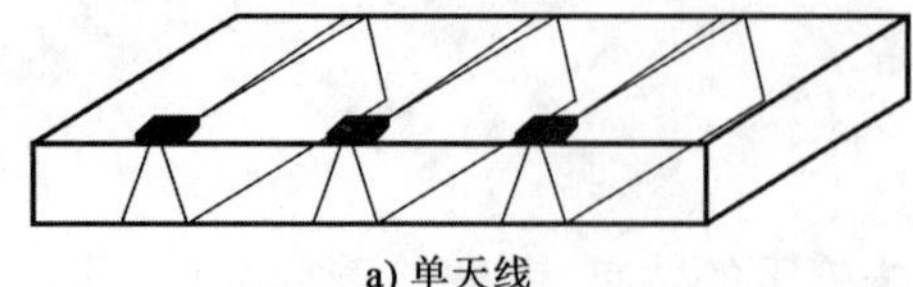

a) 单天线

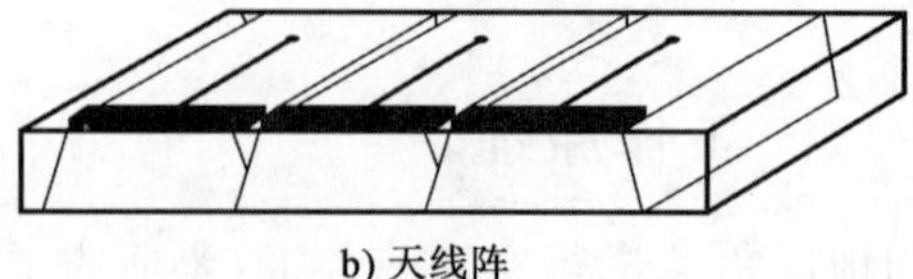

b) 天线阵

图 7-49 雷达天线示意图

根据电磁场理论可知,GPR 雷达发射的是一种高频电磁波,金属是一种良性导体,对电磁波的衰减很大。所以必须在盾构的刀盘上,根据雷达发射—接收电磁波天线的大小开孔(图 7-50),以保证电磁波的顺利发射和接收。

1)雷达保护盒的设计

盾构在地下施工时工作环境非常恶劣,必须为雷达设计一个保护装置。保护装置主要由雷达盒安装基板、可拆卸式雷达保护盒、雷达保护板以及密封 4 部分组成。通过对 IDS-KZ200MHz 雷达尺寸的测量以及实际需要,设计了如图 7-51 所示的雷达保护盒。雷达安装基板中开口部分放置特殊的雷达保护材料,既能保护雷达不受到外力的损害,并且不影响雷达电磁波的发射和接收,雷达保护盒安装基板采用聚甲醛材料制成,见图 7-52,它被焊接在盾构刀盘上,起主要的支撑作用,并且提供雷达保护板及其雷达盒盖的安装位置。

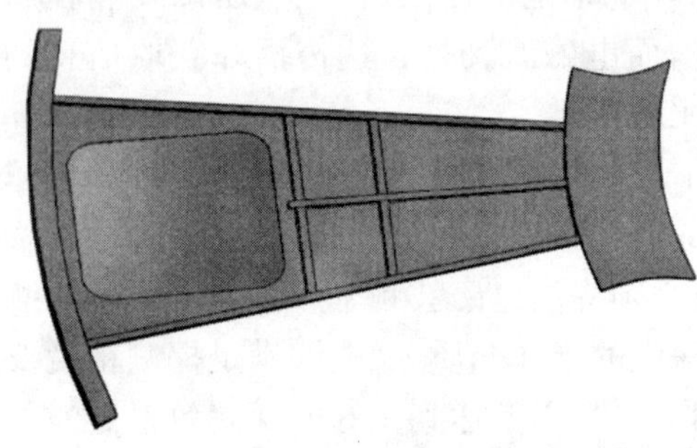

图 7-50 雷达保护盒布置

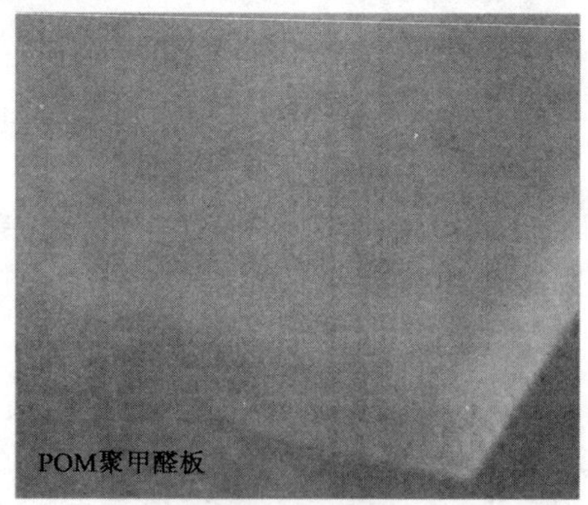

图 7-51 IDS-K2 200MHz 雷达保护盒

a) 雷达保护盒安装基板

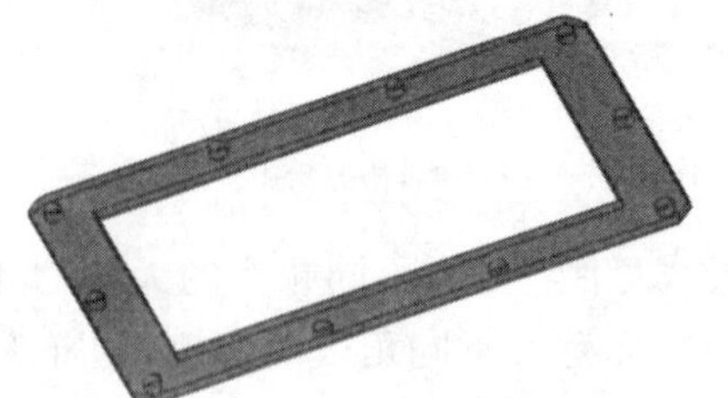

b) 保护压板

图 7-52 雷达保护盒及保护压板

2)盾构掌子面雷达防护板的设计

盾构掌子面雷达防护板在盾构施工状态下,盾构刀盘掌子面所承受的平均压力大约在0.5MPa,在遇到特殊地质时,盾构掌子面所承受的压力可能瞬间升高,所以对雷达防护板在强度、硬度、抗冲击性以及电性方面都提出了很高的要求。

3)盾构中心回转接头概述

盾构中心回转接头主要由固定体和回转体两部分组成,如图7-53所示。固定体分为6个隔仓,隔仓由安装在回转体上的密封挡圈分开,6个隔仓分别通两路高压油、两路回油路和两路润滑油油路,两路油路一路通向刀盘上的超挖刀,另外一路通向刀盘的侧挖刀,而回转中心接头中间的水管的作用就是为了平衡土仓内的压力。

图7-53　盾构中心回转接头

4)雷达与无线信号接收与发射模块

无线传输系统包括了IDS-KZ雷达部分,雷达和无线信号发射模块被安装在盾构机的刀盘上,基于802.11的无线基站现在技术已经非常成熟,选用的是NETGEAR公司的无线AP,此外还可以根据盾构结构空间的实际需要,专门定做微型AP,无线信号通过中心回转接头传输到安装在盾尾的无线信号接收模块上,因此,必须为AP安装一根天线延长线,根据实际需要,可选用管状屏蔽同轴电缆,长度为5m,如图7-54所示。

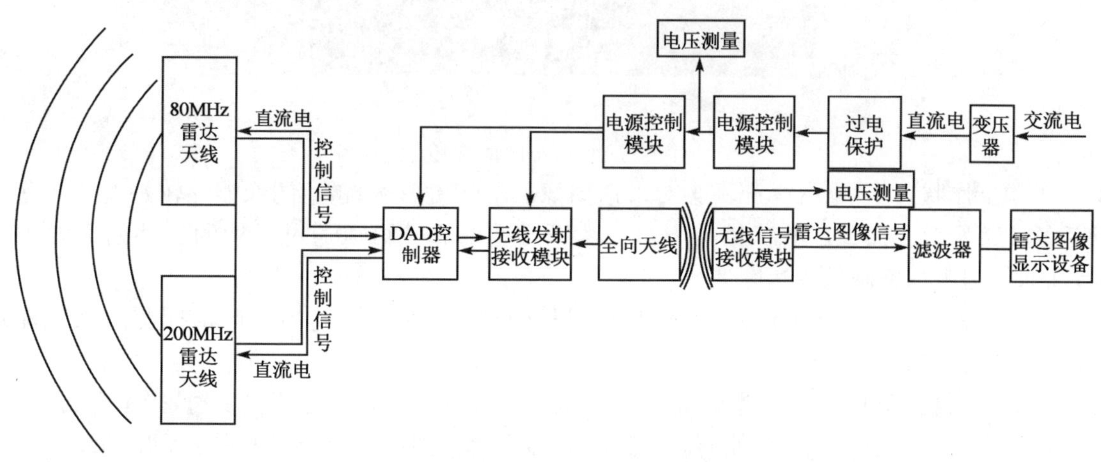

图7-54　雷达图像无线传输结构图

7.7.3 工程应用

长江隧道采用目前世界上最大的德国海瑞克0盾构,直径达15.4m。在龙阳路基地的实验中,因为无线传输系统工作的频段(2.4GHz)与电磁干扰的频段差比较大,因此盾构所产生的电磁干扰影响并不大,而雷达天线的工作频率在200MHz,受到干扰的可能性比较大,因此必须考虑雷达天线所受到的电磁干扰。

实验探测的对象是隧道管片。采用200MHz雷达天线,蓄电池供电方式。IDS地质雷达K2软件的各项参数配置如下:

标准天线频率(MHz):200;A/D采样分辨率:16bit;时窗:256;采样点数:512;增益点数:3;高通滤波频率:30;低通滤波频率:400;采集方式:连续采集;采集时间:500s。

分别在15:28和15:00时间点上对隧道某一区域的管片进行了雷达扫描,由于盾构正在施工状态下,两个时间点上的盾构空间电磁干扰并不相同。

图7-55是200MHz雷达天线在15:00的lbJ点上对同一区域管片的雷达扫描图像,采用时间触发的方式进行连续采集,雷达图像基本一致,X轴方向上的区别是由于操作人员在移动雷达天线时速度的差异所造成。

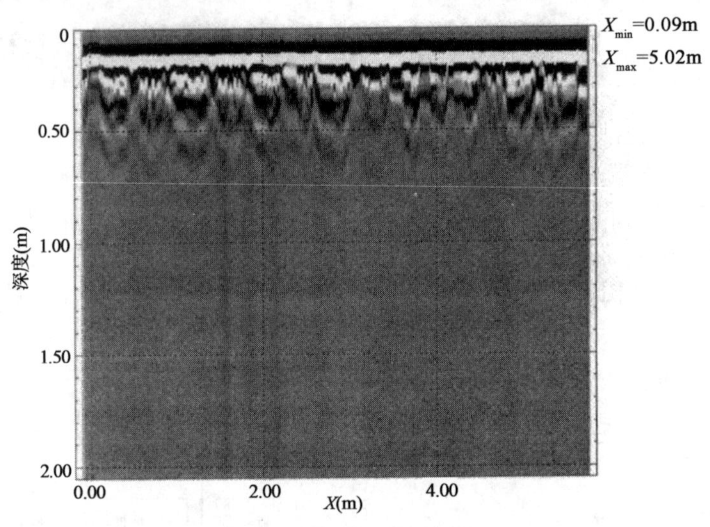

图7-55 1528管片雷达图像

盾构工作状态下,电磁噪声不会对雷达图像产生随机影响,雷达图像能够较好地反映管片壁后的注浆情况。而稳定的背景噪声对雷达所产生的影响可以通过后期的软件处理方式去除,从而得到更加精确的雷达图像。

另外,法国巴黎Eole工程在TBM掘进过程中利用地质雷达进行了超前探测。该工程共进行了12组雷达搜索,总长577m,径向范围为钻孔周围5m范围内。地质雷达探测获得了以下3方面的信息:低非均质雷达区,指示减压区、低密度泥灰岩;局部能量反射,指示有石膏体、水囊或空穴存在;光点,说明可能有破碎带或界面变化。掘进过程证实了雷达给出的结果。日本东京湾跨海公路隧道(1989—1997)也利用了地质雷达进行超前探测。地质雷达的主要优点在于可无损、快速、准确地探测到TBM前方的具体地质困难及其位置,以便及时采取有效措

施进行处理。今后地质雷达必将在 TBM 施工中发挥重要的作用。

7.7.4　存在问题

GPR 地质雷达应用在盾构机上不仅面临机械结构上的困难，还需要设计专门的无线信息传输系统。

采用屏蔽、接地和常用 EMI 滤波器可以很大程度上减少环境电磁场对信号的电磁干扰，但是盾构在推进过程中，背景电磁噪声也处在不停变化过程中。自适应消噪技术可以随着背景噪声的变化而变化，是未来盾构智能化信号传输系统中应用的发展方向。

图 7-56 和图 7-57 分别为雷达探测发射器和接收器的交替位置图，雷达可以沿着隧道边墙移动，还可以用于掌子面（图 7-56），还可以做一些变动，如将接收器安置在隧道里的雷达浅扇形孔中（2～3m），发射器安放在隧道边墙或掌子面（图 7-57）。可减少噪声干扰从而收集到较好的数据。

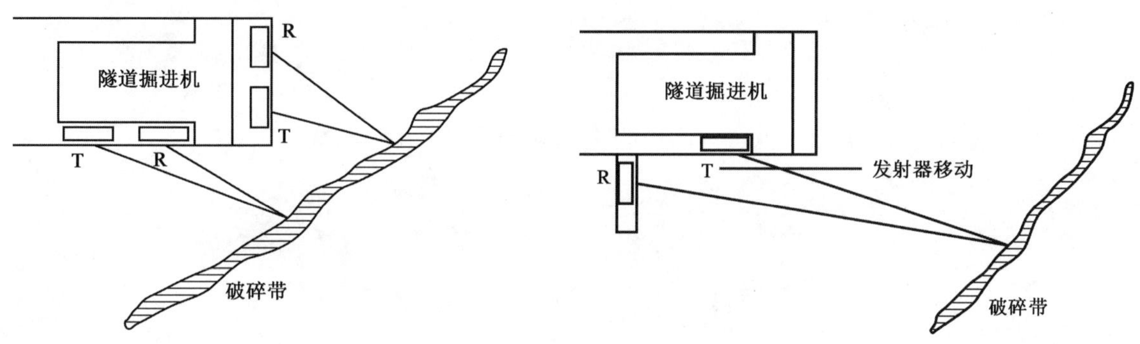

图 7-56　雷达沿着隧道边墙移动

图 7-57　接收器安在雷达浅扇形孔中发射器在边墙

雷达法主要适用于较小范围（几十米）的探测；一般来说，在潮湿、含盐的环境中开挖隧道时不适合；更适宜用在干燥岩石、砂、填石地段、永冻地区冰川以及低盐介质中。探测设备的一部分应考虑安全地安装在掘进机撑靴垫座内，使得探测设备零磨损，减少探测设备工作时的费用。

探测工作一种是掘进机停机期间进行（考虑交接班期间）；另一种是掘进过程中实时连续探测。

本章参考文献

[1] 刘绍宝，张应恩，周如成．超前地质预报在 TBM 施工中的应用[J]．现代隧道技术，2007，44(3).

[2] 宁慧军，谢笑．TBM 施工中常用超前地质预报方法的初探[J]．施工技术，2006，35(增).

[3] 杨憬．盾构前向探测信息传输系统研究[M]．上海：同济大学，2007.

[4] 李苍松，谷婷，丁建芳，等．适合于 TBM 施工的 HSP 声波反射法地质超前预报[J]．工程地质学报.

[5] 叶英．隧道施工超前地质预报技术综述[J]．市政技术，2012(5).

[6] G Nordetal. 用地球物理方法探测掘进机前方地质情况[J]. 李松荣,译. 隧道译丛,1994(5):38-44.

[7] Dr Arnim Kaus,Wolf Boening,Partner GbR. BEAM 隧道地质超前预报电法技术(掘进机掘进过程实时地电超前监测系统).

[8] 叶智彰. HSP 声波反射法地质超前预报在西秦岭特长隧道 TBM 施工中的应用[J]. 铁道建筑技术,2011(7).

[9] 周奇才,崔涛,何自强,等. 盾构施工中地质情况超前预报的雷达探测研究[J]. 中国工程机械学报,2006.

第8章 钻孔摄像与物探测孔技术

高速公路和高速铁路建设对工程场区稳定性的要求较高，在线路选择方案中主要考虑的是场地稳定、地基适宜、工程地质条件相对较好的地段。但是，仍不可避免地会通过一些地质地形条件极为复杂的区域，包括断裂、破碎带、岩溶、地下暗河等不良地质构造。由于受技术条件和成本的限制，地质调查的结果往往与实际情况误差较大，很难把较细的地质情况反映出来。因此，如何利用少量的钻孔和新的勘察技术来准确描述这些不良地质的结构特征，加快工程勘察进度，降低工程造价，减少这些不良地质对工程的危害，确保隧道的安全和稳定，是当前隧道工程地质勘察的难点和热点。

钻孔类的超前地质预报技术是基于前期隧道勘查和超前预报的基础上进行的，通常是在已有的预报资料出现异常处或隧道前方地质条件极差的情况下使用的，该方法成本较高、耗时长，如不测孔，仅是"一孔之见"。

超前水平钻孔法是采用钻探设备向掌子面前方钻探，从而直接揭示隧道掌子面前方地层岩性、构造、地下水、岩溶洞穴充填物及其性质、岩石(体)的可钻性、岩体完整程度等资料，还可通过岩芯试验获得岩石强度等定量指标，它是最直接有效的地质超前预报方法。目前国内采用该方法进行隧道施工期超前地质预报主要在水工隧道工程中使用，国外应用已较为普遍。英吉利海峡隧道、日本青函海底隧道更是大量采用了超前水平钻孔进行施工期超前地质预报。因此，如要进行超前水平钻探，最好先做测孔处理，以提高钻孔质量，获得更多的技术资料和信息。

在做水平超前钻探时，同时可以进行包括钻速测试、压水试验、地应力测试等工作，以说明隧道掌子面前方更多更详细的地质情况，下面简单介绍。

(1)钻速测试。该法是让钻机在钻进过程中保持压力不变，测试钻进速度，根据钻进速度的不同来确定软弱层的位置。该方法设备简单、操作简单、占开挖时间较少，但因在硬岩破碎带中钻速变化不大，预测效果不佳。

(2)压水试验。该法是通过现场压水试验来测定岩体的单位吸水量，从而了解岩体的破碎情况和裂隙的充填情况。优点是所需设备简单、操作方便，缺点是测试时间较长。

(3)地应力现场测量。依据测量基本原理的不同，可以分为直接测量法和间接测量法两大类。直接测量法是由测量仪器直接测量和记录各种应力量，并由这些应力量和原岩应力的相互关系，通过计算获得原岩应力值，在计算过程中并不涉及不同物理量的相互换算，应用较广泛的有扁千斤顶法、水压致裂法、刚性包体应力计法和声发射法等;在间接测量法中,不是直接测量应力量,而是借助某些传感元件或某些媒介,测量和记录岩体中某些与应力有关间接物理量的变化,通过已知公式计算出岩体中的应力值,目前国内外普遍采用发展较为成熟的套孔应力解除法。

综上所述,超前钻探技术所能带来的信息真实,也非常丰富,同时,结合弹性波、电磁波、雷达波、电法的单孔、跨孔和面—孔的测孔技术,将能提供更翔实、可靠、范围更大的地质资料,避免仅靠单一钻孔提供的"一孔之见"。下面分别从钻孔摄像技术、弹性波、电磁波和雷达波的测孔技术探讨钻孔超前地质预报技术。

8.1 钻孔摄像技术

数字钻孔摄像技术将孔内成像技术、勘探技术和计算机技术融为一体,从工程地质入手,探测人们难以到达的深部岩体,提供更加完整和准确的第一手地质资料,包括准确和精细的结构和特征信息,解决在实际工程中遇到的重大问题,降低工程造价,确保工程质量和施工安全。

在国内,数字钻孔摄像设备出现于 20 世纪 70 年代初,以黑白钻孔电视为代表。经过近 30 多年的发展,从黑白到彩色、从模拟到数字的钻孔摄像设备逐步地走向成熟。虽然早期钻孔电视得到了广泛的期望,但在工程中仍未获得一致的认同,应用非常有限,相关的文章也较少,其主要原因是模拟技术的局限性。仅能提供"看"的功能,即在屏幕上的观测与分析;只能估算,不能量测,精度较低;结果分析困难,提供的成果有限。然而,数字技术的出现彻底改变了早期钻孔电视的窘境,不仅克服了模拟技术的局限性,而且更加实用化,各类工程的广泛认可使这种技术得到了大量的应用。作为数字技术的典型代表,由中国科学院武汉岩土力学所自主研制完成的数字式全景钻孔摄像系统实现了钻孔的图像化描述。在国外,早期的钻孔摄像技术主要是为解决石油工业中遇到的问题,随着这一技术的不断发展,其应用领域也扩展到其他行业。在数字技术方面,目前国外已有现成的产品,如以 OPTV 和 OBI-40 为代表的数字光学电视。这些产品与国内的 BHCTV46/76BDP 数字式全景钻孔摄像系统相比,各有优缺点,如在精度方面,国内的更高;在探测速度方面,国外要快。从收集到的文献资料来看,实际工程应用与多种测孔手段联合应用的文献较多,这表明数字技术在钻孔摄像方面的成熟应用。

8.1.1 钻孔摄像技术概述

钻孔摄像技术(Borehole Camera Technology)是依靠光学原理,使人能直接观测到钻孔的内部。其发展经历了 3 个阶段:钻孔照相(BPC)、钻孔摄像(BVC)、数字光学成像(DBOT),钻孔摄像技术的应用情况如图 8-1 所示。

8.1.1.1 钻孔照相

最早的钻孔摄像设备出现于 20 世纪 50 年代中期,即钻孔照相(BPC)。这种设备使用感光胶片拍摄钻孔孔壁的静态照片,其关键部分是装有微型照相机的探头。一般情况下,这种探头有两种不同的类型,即侧视探头和轴向观测探头。这些探头都由金属材料构成,具有防水能力,且外形呈管状,还安装了透明窗口用于拍照,能得到钻孔孔壁的完整照片,并能通过磁性罗盘确定照片的方位。

钻孔照相的出现为孔内勘探提供了一种新的手段，通过其所获得的照片可以在测试现场及时冲洗，为工程人员提供直观的信息，常用于评估钻孔的外形，辅助工程地质调查、水井探测和在石油工业中常遇到的打捞操作。

8.1.1.2　钻孔摄像

钻孔摄像(BVC)首次被引入我国是在20世纪60年代，并且一直沿用至今。

钻孔摄像设备包括探头、深度测量装置、控制单元、电源、字符叠加器、录像机、监视器、电缆、绞车等。探头是该设备的关键部件，有3种类型：侧视、轴向以及前两者的组合探头。与钻孔照相一样，这些探头都能得到钻孔孔壁的完整图像，并能通过磁性罗盘确定图像的方位。

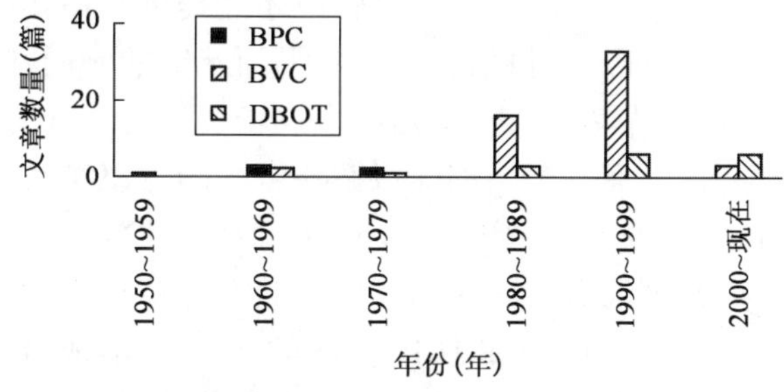

图8-1　钻孔摄像技术的应用情况

在测试过程中，工程人员可以通过电视屏幕以轴向观测模式或侧向观测模式实时地观测钻孔内的情况。测试全过程可由录像机自动地记录。钻孔摄像的明显进步使其实现了实时功能，自控技术的应用使设备的操作也更加简单。另外，与钻孔照相相比，钻孔摄像更加轻便，应用范围也更加广泛。

8.1.1.3　数字光学成像

数字光学成像(DBOT)是当今钻孔摄像技术发展过程中的里程碑，代表当今科学技术的发展水平，其主要的创新点在于全景图像的实现和数字技术的突破。全景图像是包含三维信息且经过特定的光学变换而成的平面图像。数字技术的应用使全景图像能被处理成各种各样的二维或三维图像的表现形式。更进一步而言，这样的数字处理也提供了对图像上的地质信息和其他信息的准确量测，以及对结果的统计分析。

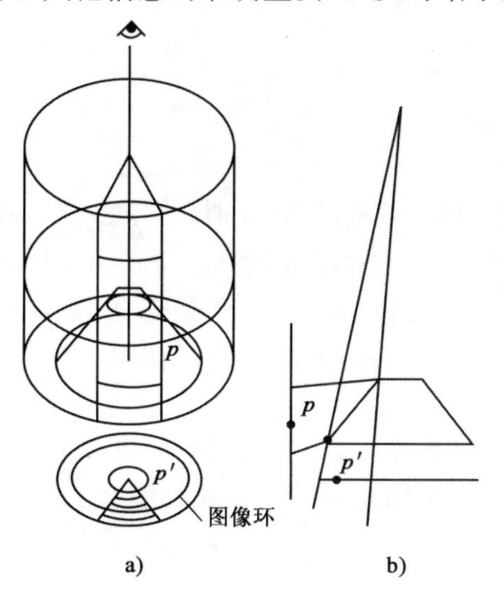

图8-2　全景图像示意图

在数字光学成像设备中，采用了一种特定的光学变换，即截头的锥面反射镜，将360°钻孔孔壁图像反射成为平面图像。这种平面图像称为全景图像，由于钻孔呈圆柱状，这种全景图像则不失其三维信息。全景图像可以被位于该反射镜上部的摄像机拍摄，如图8-2所示。

经过这种光学变换，形成的全景图像呈环状，其发生了扭曲变化，不易被直接观测。因此，一种将全景图像还原成原钻孔形状的逆变换是必要的，这种逆变换可以通过计算机算法来实现。为此，首先需要数字化全景图像，建立原钻孔与全景图像的变换关系，然后开发相应的软件，通过该软件，实现全景图像到平面展开图或虚拟钻孔岩芯图的同步显示。平面展开图是一幅包含一段完整(360°)钻孔孔壁的二维图像，就像孔壁沿北极垂直地被劈开，然后展开成平面。虚拟钻孔岩芯图为一幅三维图像，是通过回卷平面展开图而成的一个柱状体，当观测点位于该柱状体的外部时，所观测到的就是虚拟钻孔岩芯图。与平面展开图相比，虚拟钻孔岩芯图提供了关于空间形状和位置的更逼真的信息。另外，虚拟钻孔岩芯图也可以通过软件进行旋转，以观测其他不能同时看到的部分。

除逆变换算法外，系统软件还能提供对钻孔孔壁图像的数字分析和处理，从而可准确地获得孔内特征的定量信息，例如，平面特征的倾向和倾角、裂隙的隙宽和某些介质中的缺陷。

数字光学成像设备提供了现场及时处理和分析钻孔孔壁图像的能力。在探测过程中，全景图像、平面展开图和虚拟钻孔岩芯图可以实时地被显示在屏幕上。如果必要，工程人员可以在任何时候对图像进行分析，获得响应的数据。探测全过程的模拟视频图像自动地被记录在录像带上，而数字图像则可以存储在计算机的硬盘中。

目前，国际上最具代表性的数字光学成像系统有两种：一是数字光学电视（OPTV 及 OBI - 40）；二是数字式全景钻孔摄像系统（DPBCS）。这两个系统在全景图像的捕获方式上存在着很大的区别，前者仅从每帧图像中获到一个环，而后者则从每帧图像获得一幅图像。这些区别会影响到系统的设计，更进一步地会影响到系统解决问题的能力。

在垂直分辨率方面，DPBCS 最高可达到 0.16mm，明显高于 OPTV 和 OBI - 40。这是因为在 DPBCS 中使用的数字技术和图像处理方法不同于 OPTV 和 OBI - 40。在可应用的钻孔直径方面，OBI - 40 最具优势，能进入孔径仅为 45mm 的钻孔中。在操作速度方面 OPTV 最快，能达到最高 2.5m/min 的速度。

DPBCS 有 2 个不同直径的探头以适应不同的钻孔孔径，45mm 的探头可用于直径为 48～76mm 的钻孔，而 72mm 的探头则适用于 76～130mm 的钻孔。DPBCS 可以 1.5m/min 的速度进行探测，由于捕获的是整幅图像，因此，不影响其实时性，故在孔内的探头可以在任何时候和任何位置停下来，也可以反复地提升或下降，以便更仔细地检查孔内的情况。

8.1.2 钻孔摄像系统

下面介绍系统的总体结构及工作原理。

8.1.2.1 总体结构

系统的总体结构如图 8-3 所示，它由硬件和软件两大部分组成，下面分别介绍。

硬件部分由全景摄像探头、图像捕获卡、深度脉冲发生器、计算机、录像机、监视器、绞车及专用电缆等组成。其中全景摄像探头是该系统的关键设备，它的内部包含可获得全景图像的截头锥面反射镜、提供探测照明的光源、用于定位的磁性罗盘以及微型 CCD 摄像机。全景摄像探头采用高压密封技术，因此，它可以在水中进行探测。

深度脉冲发生器是该系统的定位设备之一，它由测量轮、光电转角编码器、深度信号采集板以及接口板组成。深度是一个数字量，它有两个作用：一是确定探头的准确位置；二是系统进行自动探测的控制量。

8.1.2.2 工作原理

数字式全景钻孔摄像系统工作原理：全景摄像探头进入钻孔；摄像光源照明孔壁上的摄像

区域；孔壁图像经锥面反射镜变换后形成全景图像；全景图像与罗盘方位图像一并进入摄像机；摄像机将摄取的图像经专用电缆传输至位于地面的视频分配器中，一路进入录像机，记录探测的全过程，另一路进入计算机内的捕获卡中进行数字化；位于绞车上的测量轮实时测量探头所处的位置，并通过接口板将深度值置于计算机内的专用端口中；由深度值控制捕获卡的捕获方式；在连续捕获方式下，全景图像被快速地还原成平面展开图，并实时地显示出来，用于现场监测；在静止捕获方式下，全景图像被快速地存储起来，用于现场的快速分析和室内的统计分析；下降探头直至整个探测结束。

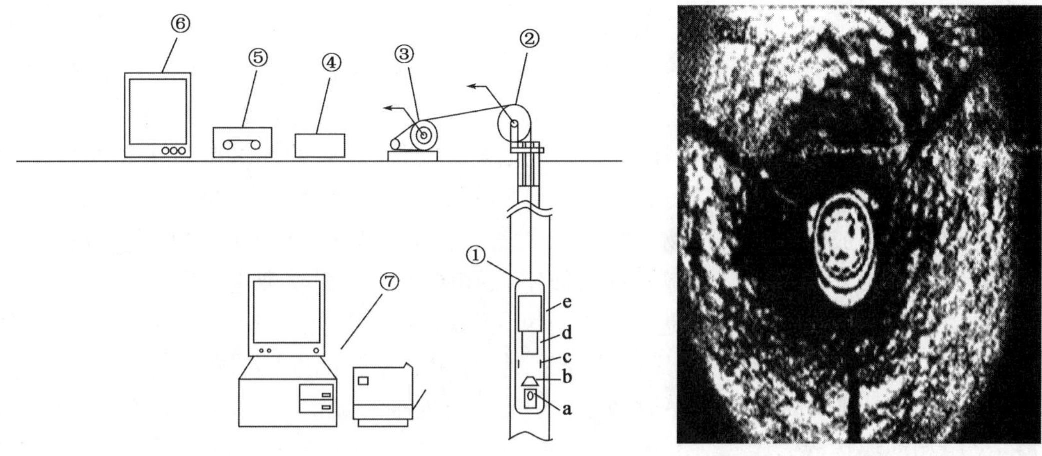

图 8-3　数字式全景钻孔摄像系统结构

①为全景摄像头：a. 磁性罗盘，b. 锥面反射，c. 光源，d. 镜头，e. CCD 传感器；②为深度测量轮；③为绞车；④为深度脉冲发生器；⑤为磁带录像机；⑥为视频监视器；⑦为计算机和打印机

该系统提供了一种先进的分析方法，它能处理图像数据并获得相关的工程病害参数。钻孔重要信息如病害深度、方位、裂隙位置、宽度和几何特征等的分析在平面展开图上进行，分析的结果可以标示在平面展开图上，也可以存入数据库，待进一步分析使用。

8.1.3　工程应用

钻孔摄像技术广泛应用于工程地质、岩土工程、采矿工程、土木工程等领域。这种技术通过对钻孔孔壁的观察弥补了勘探和场地调查的不足，具体应用于以下几个方面：①可用于识别、估计和测量地质特征；②区分岩性；③评估孔隙性；④探查水的流动、入口以及水垢的堆积；⑤超前勘探等。

8.1.3.1　基于钻孔图像结构面连通性研究

目前采用的数字钻孔摄像技术获取的图像已能较真实地反映钻孔孔壁的岩体情况，并可将钻孔采集到的高分辨率、高密度信息进行数字处理并有效缝合，得出地层产状或套管的可视图像或图形，如裂隙、地层层理或套管腐蚀、穿孔、变形等。除了对孔内地质现象进行观察，还能实现数据的处理，为更准确地获取地下岩体的结构信息提供了很好的技术支持。对于数字钻孔图像的方法研究，目前主要集中在以下 4 个方面。

（1）数字钻孔图像分析方法。

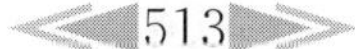

(2)裂隙等结构面的识别与统计。

(3)对钻孔进行描述。

(4)岩体完整性评价。

对于两个或两个以上钻孔之间结构面连通性的研究则相对较少，而这又是数字钻孔摄像技术辅助其他地球物理方法做精细探测的一个重要基础。因此，为了解两钻孔间结构面的连通性，下面将利用钻孔摄像技术获得的高精度数字钻孔的孔壁图像，对岩体结构面的延展性、相关性和不确定性进行分析。

8.1.3.2　结构面两侧岩性的相关性

数字钻孔图像能够反映出结构面两侧的岩性，判断岩性的方法主要是对岩石颜色、纹理特征、岩石颗粒的大小和排列方式等进行分析。岩石颜色是固有属性，反映在图像上，深色岩体光反性差，得到的图像就较为暗淡；浅色岩体光反性比较强，得到的图像就较为明亮。一般来说，含铁、锰多的矿物，如黑云母、普通角闪石、普通辉石等，颜色较深，多呈灰绿、褐绿、黑绿和黑色；含硅、铝、钙等成分较多的矿物，如石英、长石、方解石等，颜色较浅，多呈白、灰白、淡红、淡黄等各种浅色，图 8-4 所示为典型岩石的数字钻孔图像。岩石纹理主要是在成岩时期原生的，或岩石受矿液浸染而成。其次是岩石后期风化，以致形成各种纹路。岩石纹理迹线有的完全呈现在数字钻孔图像上，有的则只有部分呈现，对应的正弦曲线则有的完全，有的不完全。当纹理有一个比较规律的沉积次序时，它有可能和层理平行或成一定的倾斜角度。比如：页岩、薄的夹层和地层边界裂隙等。

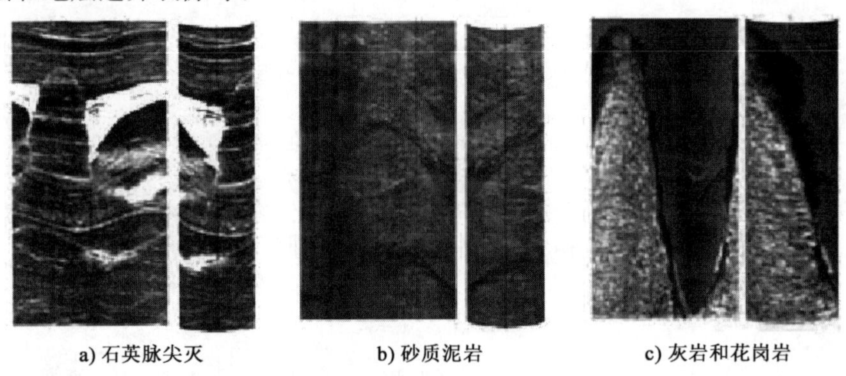

a) 石英脉尖灭　b) 砂质泥岩　c) 灰岩和花岗岩

图 8-4　典型岩石的数字钻孔图像(钟声，2008)

岩石的颗粒大小及排列方式是指颗粒的结晶程度以及晶质和非晶质在构造上的形状和排列，它和岩石的方向性有关。岩石方向性可以由形变、生长或沉积等得来。形变是岩石所受的应力作用产生的，所以岩石在造山运动带内表示出此种特征。生长组构是通过结晶生长而成，也就是岩脉的“梳状组构”。沉积发生于流动介质或稳定介质中，是颗粒的机械沉积。通过对照两钻孔内结构面两侧岩石颜色、纹理特征、岩石颗粒的大小和排列方式等，可以对前述深度位置相关性分析后的待选结构面进行二次筛选和判断，以缩小待选范围或者确定对应的结构面。

8.1.3.3　结构面形态及充填情况的相关性

对于钻孔图像上隙宽较小的结构面(隙宽小于 10mm)，当两个钻孔距离较大时，延伸范围有限。对于这些细小的裂隙，随机性较大，且发生尖灭时没有一定的征兆。因此，在研究结构

面连通性时，主要针对有一定张开度（结构面的隙宽大于 10mm）的张开型结构面进行分析。张开型结构面存在一定的张开度，切割钻孔后会在钻孔上留下两种不同的形态，如图 8-5 所示。图 8-5a）为两条石英脉，上边的岩脉上下都是规则的正弦曲线，但产状不一致，造成上下不平行，宽度不相等；下边岩脉上下曲线产状一致，宽度相同；图 8-5b）为灰岩中的张开裂隙，上下曲线倾向都为 NE，但上面的振幅较大，造成隙宽不一致，在正 S 向为最大，正 N 向为最小。

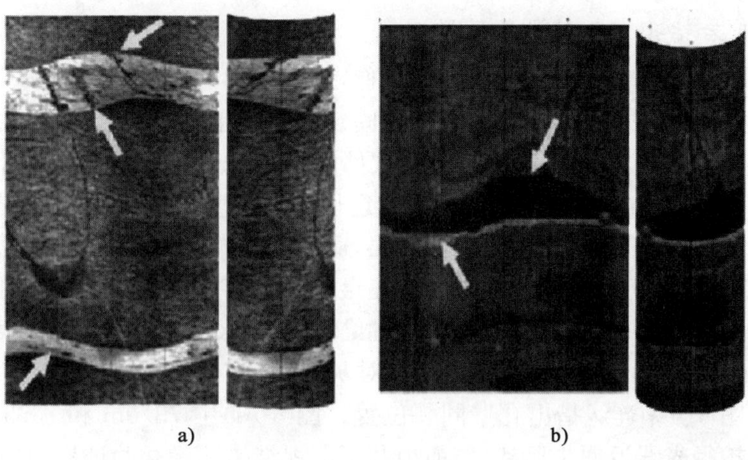

图 8-5　两种类型的张开型结构面（钟声，2008）

图 8-6a）、图 8-6b）所示为两种类型的张开型结构面简化示意图。I_1 和 I_2 是对应的两种张开型结构面；结构面 I_1 的上下两平面平行，切割钻孔后便是等宽，上下平面展开后为两平行的正弦曲线；结构面 I_2 的两平面成一定的夹角，张开不等宽，展开后正弦曲线也不平行。对于结构面 I_1，可以按照其产状延展至另一个钻孔，并具有更高的可靠度；而对于结构面 I_2，由于结构面上下平面存在一定交角，因而在延展过程中存在不确定性。此时，需要结合其他几种相关性分析进行筛选和判断。对于张开型结构面，通常会在两平面中夹杂一定的充填物，这时还可以对其充填情况进行分析。张开型结构面有两种：一种是非充填型；另一种是充填型。充填物有胶结的和非胶结的两种。因为对于光学钻孔成像而言，在成孔后需要清水洗孔，胶结型充填物强度较高，不易被水流冲刷，其特征也容易辨别；而非胶结型充填物，在洗孔过程中会被水流冲

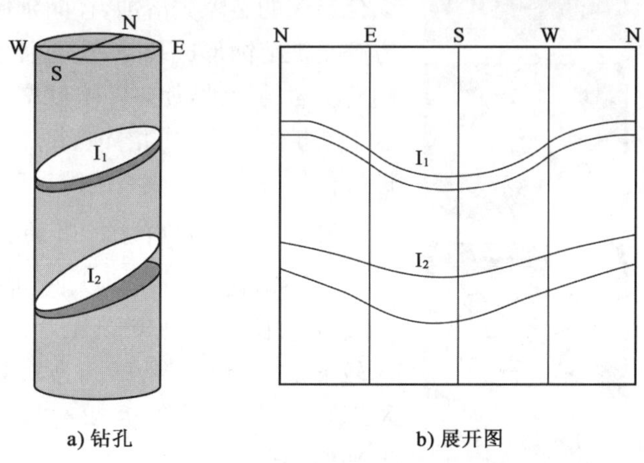

图 8-6　两种类型的张开型结构面示意图（钟声，2008）

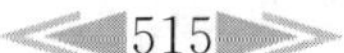

刷而使裂隙局部张开为空区，在图像区域上就显示为暗区或黑区。一般来说，断层泥为凝灰质岩屑、晶屑和火山尘，在洗孔后被冲刷，显示为黑区和孤石；对于宽度较小的张开型裂隙，虽含有充填物，但水流的冲刷不能带走全部的充填物，仍可见少量的碎石和一些杂物充填。结构面中充填物的存在，好比用"示踪液"分析地下结构面的连通性一样，起到了示踪的作用，对分析同一条结构面连通很有帮助。

8.1.3.4 灰岩钻孔中两种设备结果图像

前视井下电视和数字钻孔摄像同属钻孔摄像，但前视井下电视为模拟方式。前视井下电视的图像表现探头在孔内旋转中瞬间拍摄的固定长度的孔壁，从磁带上直接获取，大小为720×576像素。数字钻孔摄像图像需用专用软件从记录磁带中采集多行像素重建孔壁图像(每行1024像素，行距2mm)，处理后可显示任意长度的孔壁图像，三维虚拟岩芯图可旋转任意角度。前视井下电视采用前视视角，立体感强，适用于孔内落物打捞辅助，孔内障碍如堵孔、水面、孔壁坍塌，破碎带、溶洞的观察。数字钻孔摄像在孔壁重建时采用标准圆柱面假定，没有表现破碎段在钻孔直径的变化，适用于孔壁精细结构观察、尺寸量测和较长孔壁的展示。

图8-7给出前视井下电视和数字钻孔摄像对灰岩钻孔XZK14中71.6～74.4m的较破碎孔壁测试结果。图8-7中连线指出孔壁同一位置。图8-7a)中73.0m和73.5m的黑色区域，是由黑色圆钻孔扩径光线返回少所致，与前视井下电视结果图像相验证后，判断两处为较大的溶蚀裂隙而非溶洞。

综合灰岩钻孔中溶蚀裂隙图像，发现裂隙溶蚀有不同的阶段：溶蚀开始于孔壁薄弱处(如较长的平面方解石脉)，图8-8a)中NE倾向的方解石脉中在指示处开始发生变色；在溶蚀影响区(*B*区)作用下，方解石脉逐渐被溶蚀形成张开裂隙，图8-8b)中的裂隙指示处为残留方解石；随溶蚀作用进行，裂隙宽度和溶蚀影响区范围逐渐变大，图8-8c)裂隙与两侧溶蚀影响区呈条带分布，颜色分带明显，仍可见细小方解石脉；多个溶蚀裂隙沟通后形成溶蚀带，图8-8d)中上部颜色最深的裂隙先溶蚀，径向延伸最大，下方影响区内方解石被溶蚀形成裂隙，连通后呈条块状切割孔壁，并随着灰岩的溶蚀，使裂隙宽度增大和沿径向延伸，影响区不断扩大与下方的溶蚀裂隙发生联系。溶蚀带随溶蚀进行进一步发展成大溶隙以致溶洞。

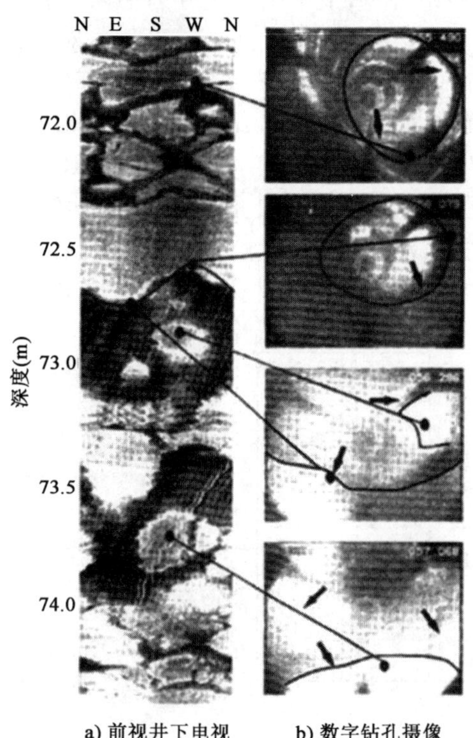

图8-7 灰岩钻孔某段孔壁两种设备结果图像

8.1.3.5 孔内破碎带的钻孔摄像观察

数字钻孔摄像提供无间断的360°孔壁图像，能生成任意长度的孔壁图像，可用于取芯率较低的孔内较长破碎带的观察。为对比方便，图8-9给出XZK14钻孔在深度64.2～74.4m数字钻孔摄像孔壁平面展开图。

显然，裂隙的产状和宽度不适用于破碎段的定

量描述。因此，可在孔壁平面展开图上量测区域面积，通过破碎区域总面积和展开图矩形总面积之比来描述其破碎程度，称为破碎面积比。同理，将展开图中完整区域面积与矩形总面积之比称为完整面积比。

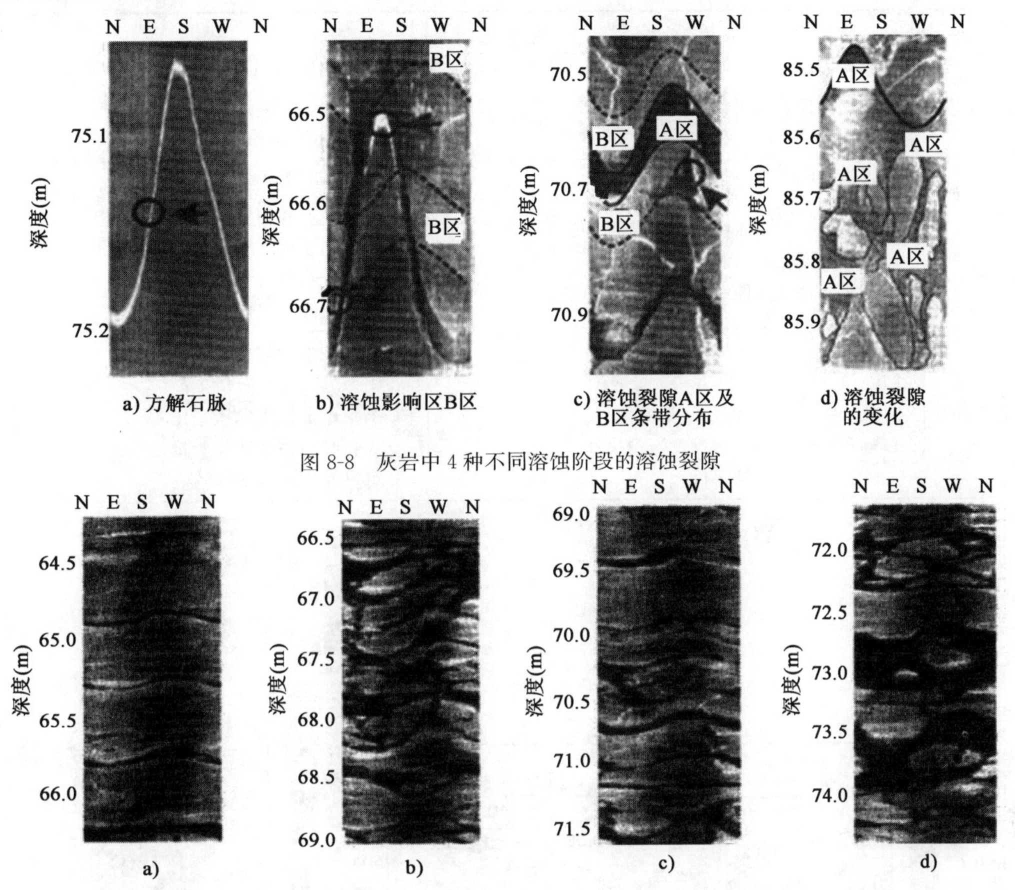

图 8-8　灰岩中4种不同溶蚀阶段的溶蚀裂隙

图 8-9　灰岩钻孔中孔内破碎带图像

对图 8-9a)～图 8-9d)分别计算破碎面积比和完整面积比，并将计算结果同岩芯采取率(TCR)及岩石质量指标 RQD 值进行比较。图 8-9b)中 RQD 值为 0。图 8-9c)、图 8-9d)中完整面积比相差约为两者的 TCR 之差的 12 倍，说明面积比以其高灵敏性比 TCR 更适合孔内破碎带的描述。

图 8-9d)的图像完整面积比为 65.81%，与基于岩芯长度之比的岩芯采取率 67.86%数值上较为接近。

理论上讲，钻孔孔壁比岩芯扰动因素更低，面积比比长度比更准确，那么，孔壁图像完整面积比同基于岩芯长度比的 TCR 一样，可用于孔壁破碎程度的描述。而如何应用之建立一种新的完整性描述方法来描述全孔的完整性还需要进一步研究。

8.1.3.6　数字钻孔摄像与钻探、CT 测试结果

实际结果说明，钻探、电磁波 CT 和数字钻孔摄像成果总体上基本吻合。但由于判定标准不同，对局部岩体的完整性分析有一定差异。综合实际测试结果，数字钻孔摄像、钻探、声波和

CT 测试结果比较如表 8-1 所示。图 8-10 给出钻探、电磁波 CT 和数字钻孔摄像在 XZK08 和 XZK14 孔中的测试结果。

数字钻孔摄像、钻探、声波和 CT 测试结果比较　　表 8-1

设　备	优　点	缺　点
钻探	1. 全孔覆盖率 2. 岩芯取样真实可信 3. 岩性判别	1. 扰动岩样，取芯不完全 2. 无倾向，岩芯顺序易颠倒 3. 对破碎带描述粗糙
电磁波 CT	1. 提供孔间地层延伸分布情况 2. 确定孔内溶洞延伸太小	1. 对节理裂隙识别不够 2. 区域划分较粗糙
弹性波声波	1. 以波速变化反映岩石坚硬程度 2. 通过异常点和曲线畸变寻找软弱层	1. 套管内不能反映岩层波速 2. 难区分岩性分界面和裂隙 3. 确定裂隙发育深度较粗糙
数字钻孔摄像	1. 孔壁岩体结构精细描述 2. 原位孔壁 100%覆盖和全景展示 3. 孔壁图像真实客观，解释简单 4. 整孔孔壁图像破碎程度定量描述 5. 整孔孔壁完整性评价	1. 对钻孔液清晰度要求较高 2. 图像处理速度有待提高 3. 结果图像纵横向压缩比大 4. 无孔间数据和孔径测量数据 5. 可见光不能穿透套管

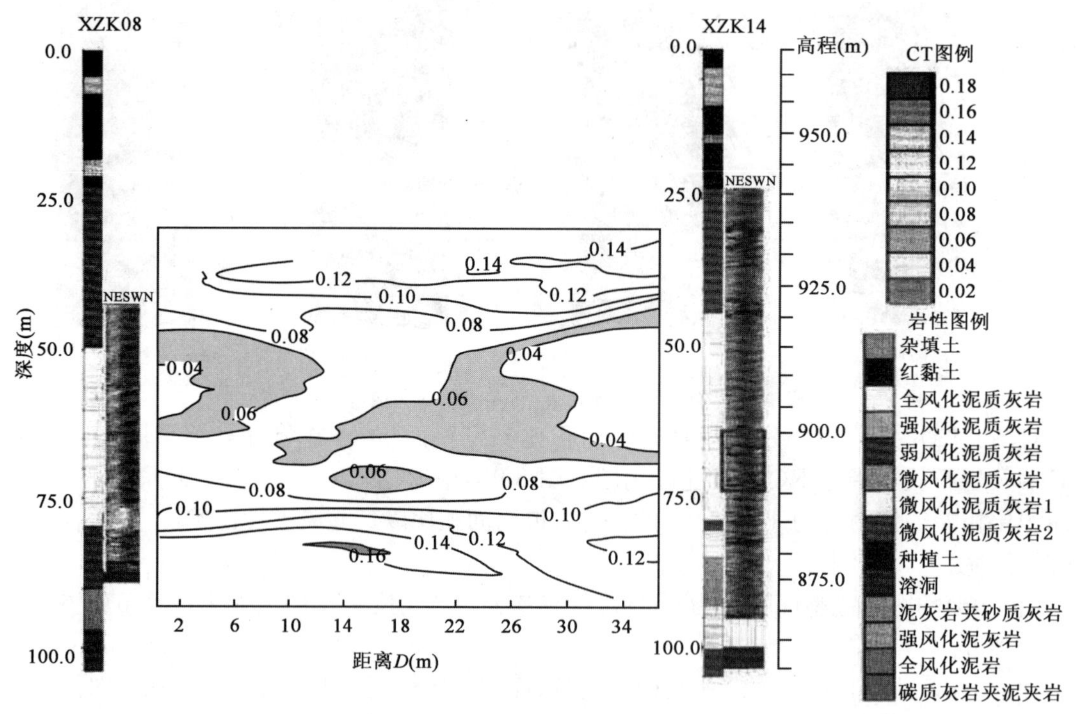

图 8-10　钻探、电磁波 CT 和数字钻孔摄像在相邻孔测试结果

图 8-9 给出的 XZK14 在深度 64.2～74.4m 的孔壁图像，在图 8-10 中用矩形框标出了该段所处位置。

数字钻孔摄像结果表明，XZK14 在 29.5～34.5m 处较破碎，图 8-10CT 剖面上对应段吸收系数在 0.14～0.16Np/m，综合两者可知，该破碎段向 XZK08 方向上延伸近 4m。

在图8-10CT剖面下方,吸收系数大于0.10Np/m区域从XZK14开始延伸至36m以外的XZK08。根据CT剖面,可判断XZK08孔壁图像上81.2～87.1m的破碎带,向XZK14延伸至25m,并在11～17m间(大于0.16Np/m区域)发育有溶洞(钻探资料)。

同理,XZK14上CT中吸收系数为0.04～0.06Np/m区域反映41.5～45.0m及64.2～74.4m破碎带在孔间的延伸情况。

由图8-10可知,数字钻孔摄像得到的孔壁图像清晰可靠,可为电磁波CT剖面异常解译提供图像支持,而CT可以为数字钻孔摄像提供孔间延伸情况。

数字钻孔摄像提供钻孔孔壁精细结构的图形化描述,如实地反映测试范围内的连续孔壁,既便于钻孔的整体把握,结果的客观性也可验证其他勘测手段的异常段的情况并精确确定发育深度。充分发挥数字钻孔摄像对钻孔观察的高精度和全孔覆盖率特点,利用电磁波CT的孔间地层延伸结果,可对钻孔群间的破碎带发育情况进行三维空间的表现和分析。

8.1.3.7　钻孔雷达与数字摄像的综合应用

通过对数字孔壁图像数据综合解译,能较好地反映测试地区岩石的形态特征、岩体内部的裂隙、节理、破碎带分布及岩脉等地质信息。下面将简单介绍数字摄像的动态勘察技术在某交通项目中的应用情况。该高速交通工程勘察进行了6个钻孔的数字全景摄像和8个钻孔地质雷达测试,部分测试结果及其分析如下(钟声,2008)。

DK583+880.5右1.1m钻孔:钻孔深度为36.38m,摄像测试深度为17.6～36.1m,套管17.5m。该孔在测试深度范围内较为完整,局部存在较大的裂隙,20.6m、26.0m、26.6m和34.5m处的裂隙宽度分别达到200mm、10mm、10mm和100mm,典型区段结果见图8-11。

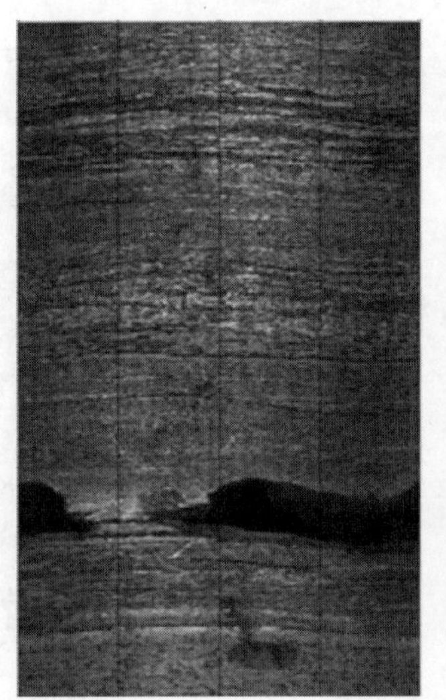

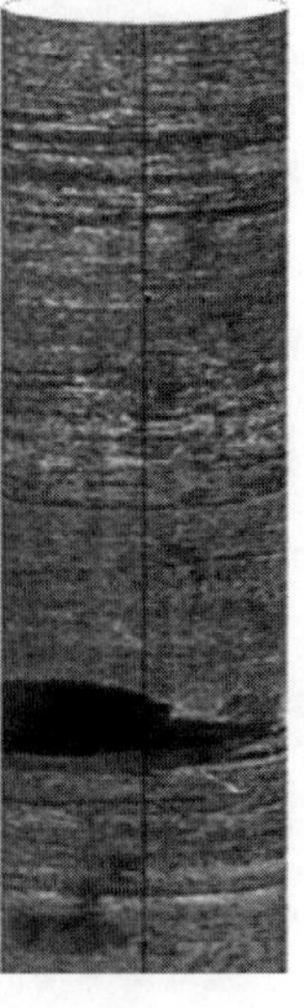

图8-11　DK583+880.5右1.1m(29.6～30.7m)

DK584+935.4右3.9m钻孔:钻孔深度为35.2m,套管20.33m,摄像测试深度为20.4～30.7m。该孔在测试深度范围内除25.8～26.1m和29.5～30.7m外较完整,25.8～26.1m处为近300mm宽的溶隙,29.5～30.7m处为溶洞。另外,在24m处有一层近300mm宽的竹节状灰岩,典型区段结果见图8-12和图8-13。

DK584+273.0右3.9m钻孔:钻孔深度为59.18m,套管21.73m,由于堵孔和多层套管,钻孔摄像分为三段。分别为:20.3～25.0m段、25.0～32.8m段和44.6～55.2m段。由于在完成44.6～55.2m段的测试后,拔出一层套管,导致泥沙涌入孔内,摄像效果不理想。24.0～24.4m为溶隙;31.8m处可见一溶腔或溶洞的顶面;44.8～45.0m、45.5～45.6m、48.5～48.7m、49.2～49.4m为溶隙,典型区段结果见图8-14。

DK597+036.6右5.3m钻孔:钻孔深度为41m,套管1.6m,摄像测试深度为1.7～38.0m。1.7～2.2m为溶腔;3.5～4.5m为溶腔,其下部有一夹泥层;6.5～7.0m为夹泥层;9.2～10.0m为溶隙发育;13.3～13.7m为夹泥层;14.6～15.6m为碎石部分充填溶洞;17.4～17.7m为溶腔;

22.4～22.9m 为溶隙发育；24.8m 处孔壁上有一小洞；25.4～28.6m 为碎石部分充填溶洞；该孔在 28.5m 以下孔壁较完整，典型区段结果见图 8-15～图 8-19。

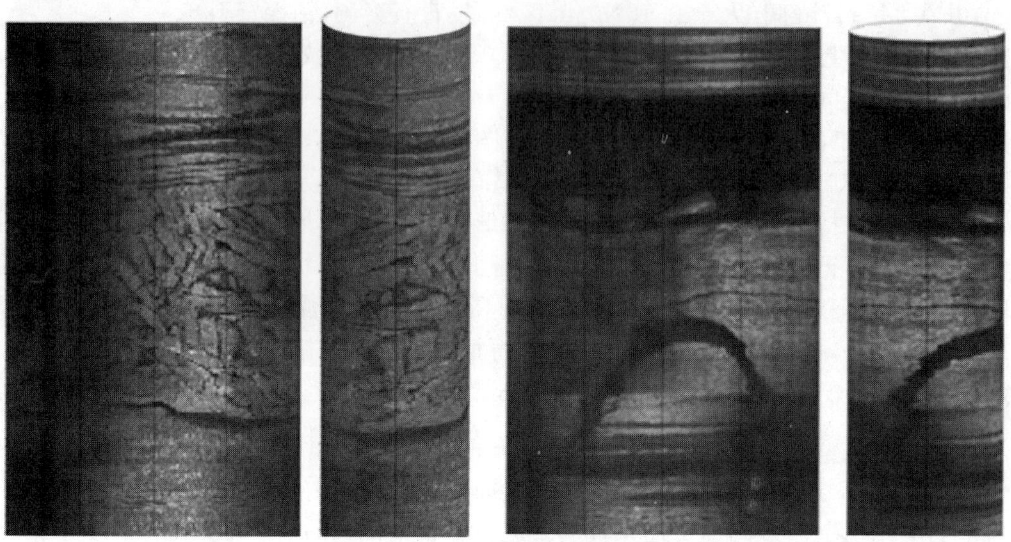

图 8-12　DK584＋935.4 右 3.9m(23.7～24.3m)　　图 8-13　DK584＋935.4 右 3.9m(25.7～26.8m)

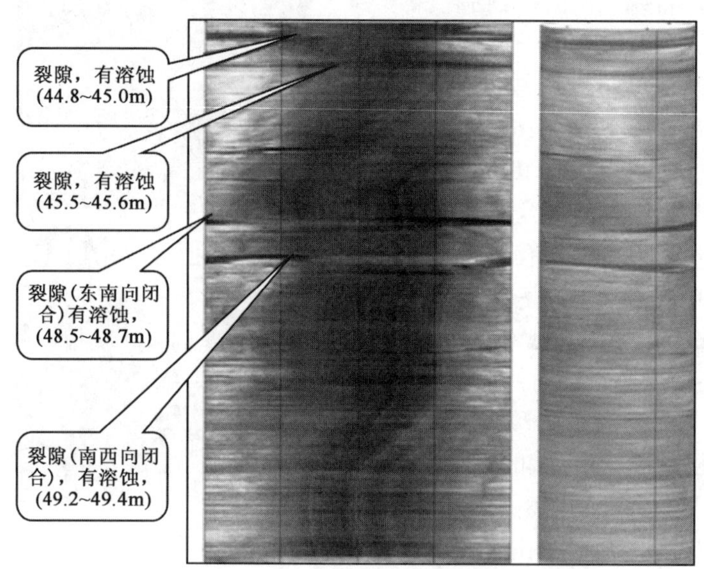

图 8-14　DK584＋273.0 右 3.9m 钻孔(44.6～55.2m)

钻孔摄像技术仅能看到和分析钻孔的周围表面，但钻孔周围一定范围的地质情况只能靠钻孔表面的连通性、延续性等进行推测。钻孔周围一定范围的地质情况通常要靠测孔技术来解决。常用的方法有弹性波法、电磁波法、电阻率法等；常用的排列有单孔法、跨孔法、面—孔法。下面分别介绍。

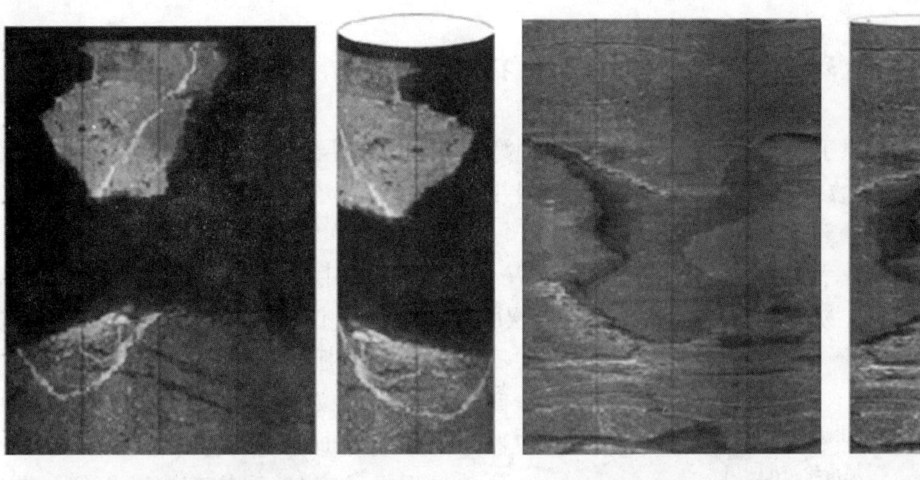

图 8-15　DK597＋036.6 右 5.3m(1.7～2.3m)　　图 8-16　DK597＋036.6 右 5.3m(5.9～7.7m)

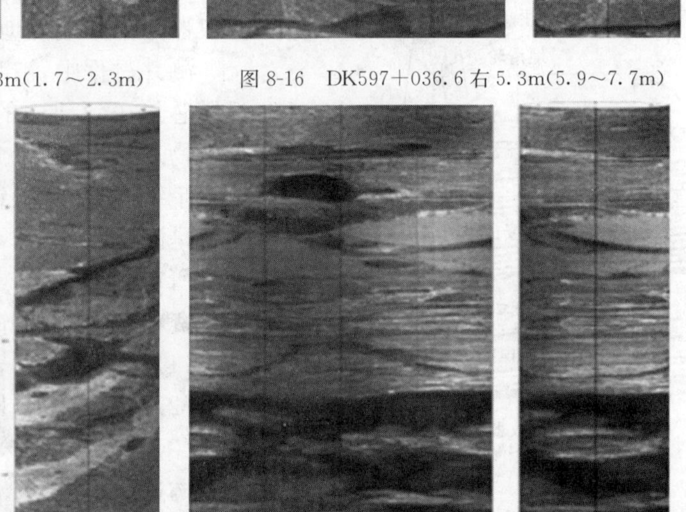

图 8-17　DK597＋036.6 右 5.3m(8.6～10.3m)　　图 8-18　DK597＋036.6 右 5.3m(12.3～15.9m)

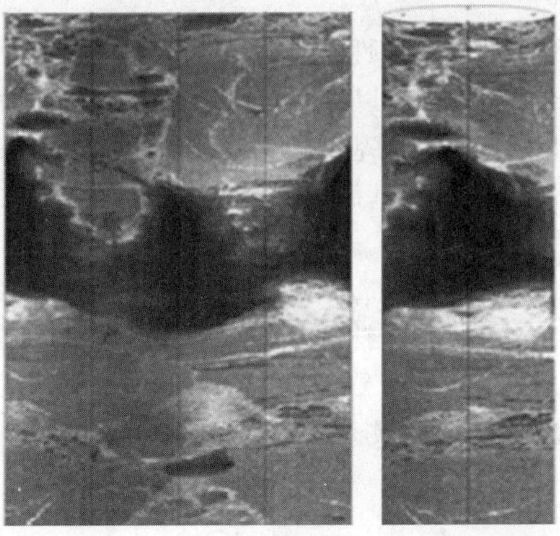

图 8-19　DK597＋036.6 右 5.3m(17.0～18.2m)

8.2 地球物理测井(孔)技术

测井技术起源于20世纪20年代，在油井第一次测量地层电阻率获得成功。其发展大体经历了模拟测井、数字测井、数控测井、成像测井4个阶段。

1)定义

地球物理测井，简称测井(Well Logging; Well-Log)，指利用各种专门的仪器设备，沿井身测量岩层的各种地球物理参数，并以此来研究地层的地质问题及工程问题的一种方法(图8-20)。

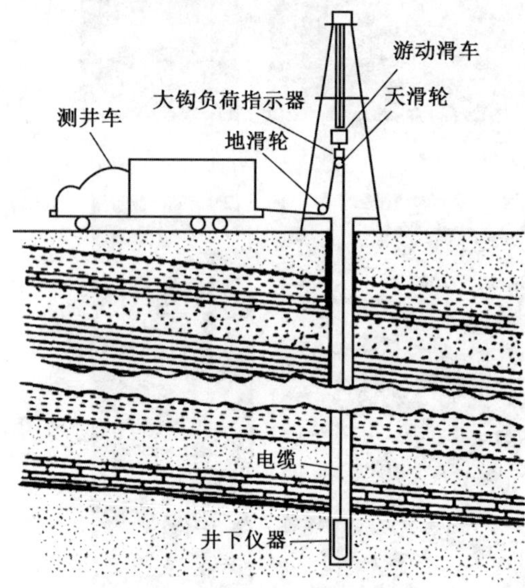

图8-20 测井装置及测井过程

测井仪器由专用测井电缆送到井下，测井时绞车滚筒牵引电缆将仪器匀速上提，在上提过程中，测井仪器不间断地向地层发射各种物理信号并接收。

测井过程中，被测地层物理参数由仪器获取后，经缆芯传送到地面的记录仪器进行记录，将采集的相应物理参数，按一定的深度比例和横向比例记录在记录纸上，并将得到一条或几条连续变化的曲线，这就是测井曲线。

所有测井曲线(或测井数据)与井场数据统称为测井资料。测井可解决以下油气勘探开发问题。

(1)划分钻孔的岩性剖面。

(2)定量或半定量估计岩层的孔隙度和渗透率。

(3)研究岩层产状，进行剖面对比，研究岩性变化及构造。

(4)研究钻孔的技术状况(如井径、井斜、井温、固井质量)。

(5)研究地层压力、岩石强度等。

2)基本方法

测井技术基本方法可按研究的物理性质进行以下分类。

(1)电法测井(Electrical Logging)：以岩石导电性为基础的方法，包括电阻率测井、电磁法测井、介电测井等；以岩石电化学性质为基础的方法，包括自然电位测井、人工电位测井等。

(2)弹性波测井：以岩石弹性波为基础的方法，包括地震波法、声波法(声速测井、声幅测井、横波测井、声波全波列测井等)等。

(3)放射性测井(Radioactive Logging)：以物质的原子物理和核物理性质为基础的方法。包括自然伽马测井、自然伽马能谱测井、补偿密度测井、岩性密度测井、补偿中子测井、中子寿命测井等。

(4)其他测井：包括井温测井、地层测试、井径测井、气测井等。

8.2.1 地震波测孔

隧道掌子面的钻孔超前地质预报，只需将地面井间地震波层析成像的排列旋转90°即可

(图 8-21),其他研究的方法基本不变,只是传感探头的送入方式有所变化。

地震层析成像(Computerized Geophysical Tomography,简称CT)技术,以其分辨率高的特点主要用于精细构造和目标的探测。它主要包括 3 个环节,即野外测量与数据采集、数据处理、成像和图像解释。其成像质量与野外观测系统、采集数据的质量有很重要的关系。不同的孔(井)间观测系统,不但在野外工作效率上,而且在其层析图像质量上,可能极不一样。而不同的成像方法、不同的重建算法,其成像结果也有很大差异。本章所述的井间层析成像主要指地面钻孔,而孔间层析成像指掌子面水平钻孔。而从钻孔超前地质预报即可从地面井间进行,也可在掌子面的水平孔间进行。如何采用,依据隧道现场具体情况拟定。

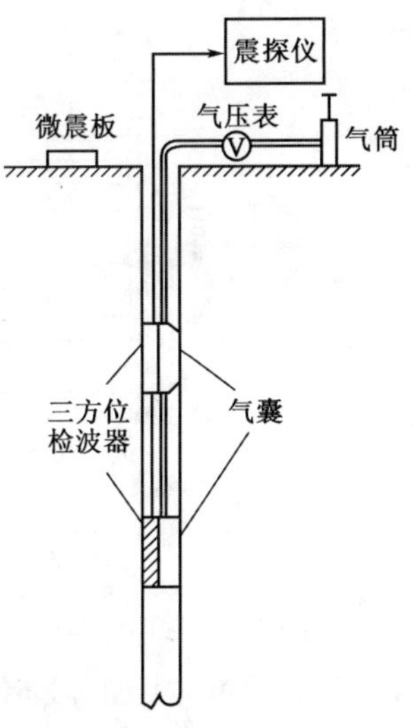

图 8-21　地震 PS 测井示意图

地震层析成像技术大致可以分为两种类型:一种是基于射线理论的图像重建技术,包括地震走时层析成像和地震衰减层析成像;另一种是基于波动方程反演的散射(或衍射)层析成像。走时反演方法是在数据体上拾取地震波走时,并利用全局优化方法来提取地震速度模型。由于它采用的是全局优化算法,因而速度模型的更新有效而且效率很高。

20 世纪 90 年代以来,井间(或跨孔)地震层析成像技术逐步进入实用化阶段,但由于实际工程的地质条件比较复杂,非均匀性突出,被探测异常体规模小等特性,使得实际应用往往分辨率不高、成像效果不理想。而各类工程探测的主要目的是寻找异常体,主要包括岩溶、陷落柱、裂隙、裂缝、断裂破碎带、软弱夹层、地下空洞和不明埋设物等。由于工程探测的特殊性,往往要求探测规模很小的异常体,并要求较高的分辨率,这对层析成像技术提出了更高的要求。

就井间层析成像技术本身而言,影响探测分辨率及成像质量的因素很多,比如观测系统选择、射线追踪方法、波的类别、多参量及反演技术等,可能直接导致分辨率和精度降低。高分辨率井间地震波层析成像研究,从技术方法本身出发,开展波速、衰减因素等多参量成像方法研究,以最大可能提高勘探分辨率为目标,精炼技术内核,以期更加有效地利用井间地震资料,充分发挥该技术的能动性。

常见的工作方法包括单孔法、掌子面—探孔(VSP)和跨孔法 3 种类型。

8.2.1.1　单孔法

单孔探测中,震源和接收器安置在同一个孔中,此时,横向传播只限于钻孔极近范围内的岩体中。也称声波测井(PS 测井),如图 8-21 所示。在反射法中,这种布置可以有效地检测平面岩带(地质分界面破碎带)和局部异常体(断层、洞穴)。

用掘进机开挖,隧道本身就是一个探孔,发射器和接收器沿着掌子面后面的隧道布置(Westerdahl,1991 年)。挪威国家电力局在掘进机开挖水工隧洞时就采用了这种方法。

8.2.1.2　掌子面—探孔(垂直地震剖面法 VSP)

垂直地震剖面法(VSP)一般是指接收器安置在探孔内,震源设置在自由表面上进行探测(图 8-22)。这类探测优点在于:同样是单孔的情况下通过表面移动震源来增加投射的传播范围。层析成像同样能用,在反射模式中,同样的解析技术也可用于单孔,在地下工程应用中,

VSP 对探测隧道断面方向的岩体是很有用的。

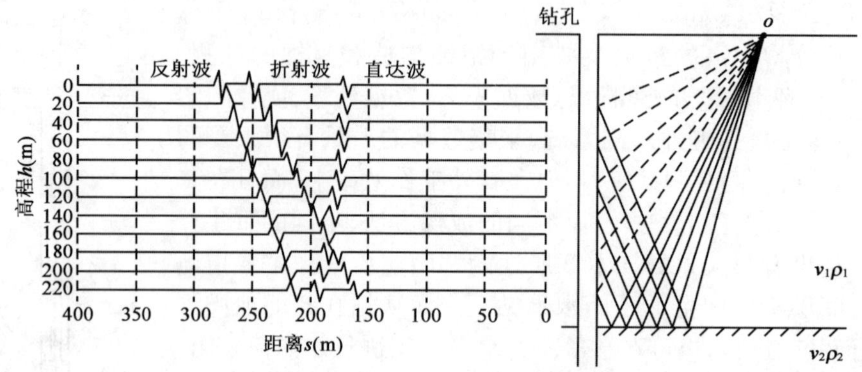

图 8-22 VSP 观测系统及偏移 VSP 理论模型记录示意图

垂直地震剖面法由于是在钻孔中接收，减少了表层干扰和吸收，可获得较高的频段信息，有较高的信噪比和分辨率，加之可与钻孔资料对比，解释精度较高。

VSP 的测量方法与 PS 测井相似，亦是在井口附近地表设置震源，在钻孔内设置检波器，接收人工地震波记录。不同的是，PS 测井仅利用初至波走时，求钻孔近旁的地层速度构造，VSP 法则是在利用初至波的同时，还利用续至波，不仅得到钻孔近旁的速度构造，还能得到钻孔所在位置的合成反射波记录。

VSP 测量所使用的井中检波器与 PS 测井的井中三分量检波器相同，但对数据收录系统的要求较 PS 测井高，对震源的要求也较 PS 测井高，理想的测井条件是激发一次，同时在井中所有的测点进行记录。VSP 测井使用锤击、电火花或震源枪进行激发。激发点位于钻孔上方时，称零偏移距 VSP，激发点距钻孔有一定距离时，称为偏移 VSP。实测 VSP 剖面资料如图 8-23 所示。

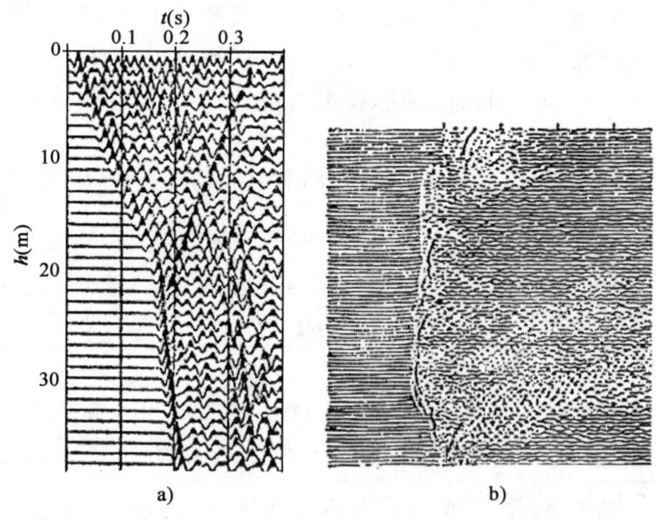

图 8-23 VSP 实测记录

8.2.1.3 跨孔法

跨孔法可以用来测量钻孔之间岩体纵、横波的传播速度、弹性模量及衰减系数，如图 8-24

所示。

层析成像技术主要包括3个环节,即数据采集、数据处理与成像和图像解释。数据采集是层析成像技术的重要环节,没有高质量的野外数据,则其他两个环节的质量无法保证。层析成像外业工作方法包括观测系统设计和数据采集系统两部分,其中数据采集系统主要与仪器性能有关。而数据观测系统的优劣主要依据射线密度和射线正交性来检测的,射线密度大和正交性好的部位图像误差小,可信度高,反之,则结果不可靠。而地震层析成像反演将遇到方程的不适定问题,因此,应用一种适应于不适定问题的图像重建方法是确保得出地球物理真实解的重要前提。而图像解释一定要结合工程地质条件和相应的工程背景,这样才能得到比较符合工程实际的解释结果,并对工程具有正确的指导意义。下面简要总结地震波层析成像工作方法中获得高质量成像效果的一些重要技术措施。

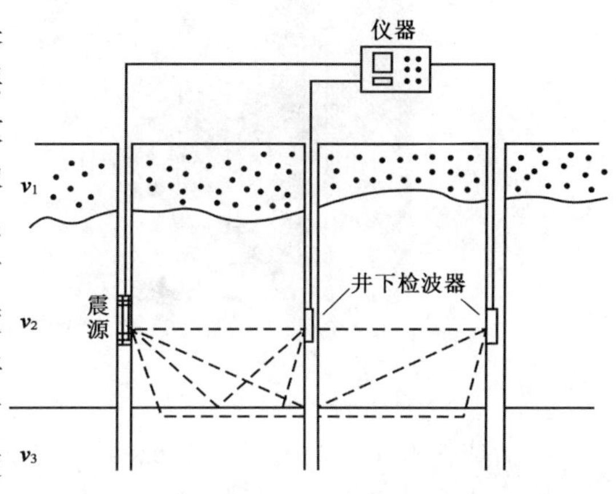

图 8-24 跨孔法测量示意图

1)波速层析成像原理

井(孔)间地震波层析成像技术是近十年来发展起来的地球物理检测方法,它是利用工程勘测中所提供的实测条件,在井(孔)间或洞间,采用一发多收的扇形观测系统,在被测区域内组成致密交叉的射线网络,然后根据射线的疏密程度和成像精度进行单元划分并建立线性方程组,再选用适当的射线追踪和反演方法,经过多次迭代,获得被测区域内的波速图像。井间地震波层析成像典型原理如图 8-25 所示,A 和 B 为两个钻孔。检测时,先在 A 孔中某一位置处激发弹性波,并在 B 孔中 n 个等间隔位置处接收,可测得 n 个弹性波旅行时;然后,按一定规律移动激发点和接收点的位置,直到完成预先设计好的“观测系统”。若整个“观测系统”共激发 m 次,则可测得 $m \times n$ 个弹性波旅行时,据此信息,利用计算机作反演计算,即可得到被检测体内部的波速图像。隧道掌子面孔间地震波层析成像原理与地面井间相同,如图 8-26 所示。与常规的地震跨孔法相比,层析成像技术具有更高的分辨率,更有助于精细地划分岩体质量和圈闭地质异常体。作为一种新兴的地球物理探测方法和工程质量检测方法,近年来,从理论研究、方法技术、仪器设备到软件开发都取得了一定的发展,作为一种精品的探测技术,井间层析成像技术在水利水电工程大坝坝基稳定性、混凝土防渗墙检测中得到了广泛的应用。

井(孔)间地震层析成像属地球物理反问题,大型稀疏线性方程组的高效高精度稳定求解是其关键技术之一,直接影响成像分辨率,自始至终都是地球物理学家高度关注、不断探索的焦点问题之一。就走时反演成像方法来说,成像算法主要有反投影技术(BPT)、代数重建技术(ART)、联合迭代重建技术(SIRT)、共轭梯度最小二乘法(CGLS)、正交分解最小二乘法(LSQR)。理论分析和实践证明,SIRT 具有较高的成像精度,能够明显地克服由于个别数据误差较大造成的结果失真和由于射线分布不均造成的误差集中。当异常体波速变化较大时,应用射线追踪技术和 SIRT 算法,可以实现高精度弯曲射线成像。

2)井(孔)间地震波层析成像观测系统

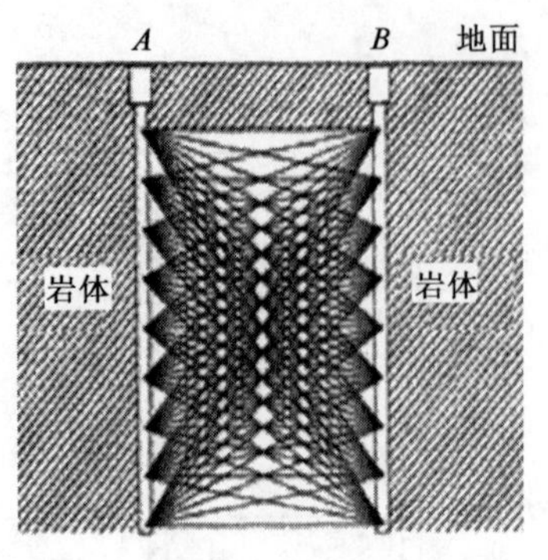

图 8-25　地面井间地震波层析成像原理

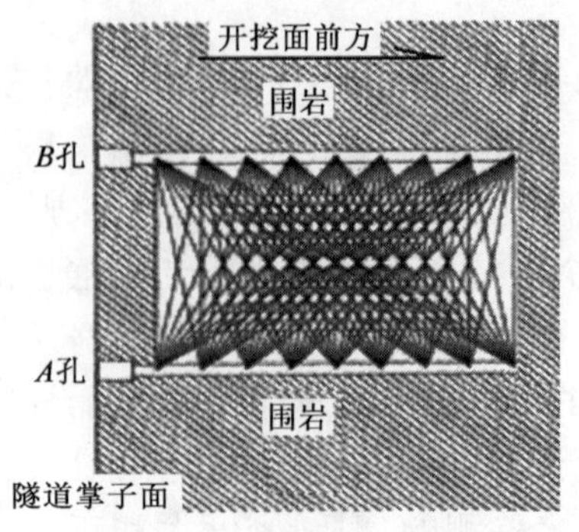

图 8-26　隧道掌子面孔间地震波层析成像原理

层析成像的精度和分辨率与观测系统的关系非常密切。观测系统的优劣主要依据射线密度和射线正交性来检测，射线密度大和正交性好的部位图像误差小，可信度高，反之，则结果不可靠。这好比看一个物体，只有从物体的各个方位观察，才能了解物体的全部。也就是说，观测系统的优劣，直接影响工程地球物理层析成像的分辨率大小，即图像的精度。要达到成果的高精度，观测系统就必须满足相应要求。

目前，地震波层析成像中，最为理想的观测系统为四侧透射，其数据采集是密集的、全方位的，射线密度和射线正交性均为最佳。然而，在工程层析成像中，常常只有钻井(孔)、平洞或地面可以利用，且受激发器和接收器的安置限制，只能达到三侧透射，甚至绝大部分仅能两侧透射。井(孔)间地震波层析成像要求孔深不小于两孔间距，一个孔中放置震源，另一个孔中放置接收传感器。只能利用孔间进行穿透，难于进行全方位观测，由于施测条件限制，造成被测区域某些部位射线过密，而另一些部位射线偏稀，在激发点和接收点处，射线过密且不交叉，而在激发和接收点之间形成射线空白三角区，结果在孔壁及孔底附近产生一些波速异常。尤其是在钻孔的底部，射线相对稀疏，交角较小，约束条件差，势必影响成像精度和分辨率。另外，系统的主要参数中的炮间距和接收传感器间距，也直接决定了成像时像元的大小。如果介质不均匀，则可能出现有的像元不存在射线对应的情况，如何选择合适的观测参数，使得每个像元都有射线通过而且射线的数目相对均匀，对成像的分辨率有重要的意义。因此，在设计观测系统时，应尽量增大最大排列长度(如各激发、发射点处均进行全测段测试)以增大投影角度；其次，不局限于探测段测试，尽可能向上下两端延长，如将孔深设计超出探测段一定深度，使探测段内射线密度和射线正交性均较好。同时，当地面距探测段较近时，应充分予以利用，尽可能达到三侧透射的观测系统。研究分析认为，在设计井(孔)间观测系统时，首先应广泛收集关于研究区域已知的地质和地球物理资料，考虑到目标体可能的形状(球状体、柱状体还是板状体)及其性质(高速体、低吸收体，还是低速体、高吸收体)，对于板状体还得考虑其倾角和倾斜板状体的分辨能力。然后，根据这些先验知识，整理归纳出该测区域粗略的地球物理模型，利用层析成像迭代方法对不同观测系统进行重建图像的尝试，从而获得实际条件下的最佳井(孔)间观测系统。为了分析观测系统对层析成像质量的影响，选用两侧透射与四侧透射观测系统，对正方形缺陷模型和十字形缺陷模型分别进行正演模拟及反演层析成像，并对其正演结果和层析成像反演效果对比分析。

3)井(孔)间地震波层析成像资料解释

井(孔)间层析成像的资料解释工作主要围绕如何准确地对数据处理结果(物性的二维数值分布)进行地质解释而展开的。多个工程的实践经验表明,要达到高精度的解释结果,不但必须获得准确的测区内各岩性层或地质体的物性参数,而且要充分掌握测区的详细地质情况,包括构造特征、地层、岩性、产状、钻孔(或平洞)揭露情况,判别其可能产生的数据处理现象,其具体解释步骤如下:(1)针对获取的大量不同岩土层、地质体的物性参数值(波速、吸收系数)进行统计分析,建立不同岩土层、地质体与其物性参数值(波速、吸收系数)之间的对应关系;(2)根据物性对应关系,对经过数据处理后所获得的物性参数值(二维分布图),进行参数值等值划分(等值线图),并进行数值区域划分;(3)结合钻孔(或平洞)揭露情况及探测区域的地层、岩性变化和射线追踪结果,对划分的数值区域进行修正、调整,同时应考虑目标体的形状(球状体、柱状体还是板状体)及其性质(高速体还是低速体),如对于板状体还必须考虑其倾角的不同可能产生的假异常,从而做出定性、定量解释,并绘制成果解释图。

4)现场实施技术措施

(1)收集已有的地质资料(包括勘探孔的坐标、孔深、岩芯、地下水位等),归类分析,了解可能存在的地质隐患,从而指导外业工作,并为资料解释提供依据。

(2)充分掌握设计意图,利用设计交底的机会,对一些具体问题进一步澄清,排除工作的盲目性。

(3)进行事先指导,确定拟采用的工作方法、测网布置原则,对可能出现的特殊问题提出应变举措,明确作业组人员职责权限,合理调配资源。

(4)编写详细、可操作性强的实施细则,使作业人员在工作中有章可循,以保证各环节的生产有序进行。

(5)开展地震层析成像的钻孔需利用水作为耦合剂,无水段要采取注水措施,确保测试工作的正常开展。

(6)内外业作业组经常沟通,对发现的技术问题进行归类、分析,及时提出相应的改正措施,调整测试方案。

(7)及时整理地震层析成像测试数据,确保原始记录与相对应的激发、接收关系的准确性。

5)提高原始记录品质的技术措施

(1)开展地震波层析成像技术的针对性方法试验,确定其适宜性、有效性。

(2)每天正式测试前和收工后检查仪器,确保仪器性能稳定。

(3)现场测试时,对激发、接收点进行准确定位,保证每张原始记录的信噪比高、初至清晰,对不合格的记录进行重测。

(4)设置连接道。现场检查不同排列连接道的初至走时,未满足要求时进行重复观测,以免不合理的数据进入计算机数据处理。

(5)采取适当措施,如夜间作业,减小随机振动、噪声等干扰源对层析成像测试的影响。

(6)工作中发现有井筒波干扰时,在确定井筒波具体位置(接收孔壁有构造破碎带存在时才会产生,据此可判定破碎带位置及规模)后,可通过互换激发、接收钻孔的办法加以消除。

6)提高成果精度的技术措施

(1)对层析成像孔进行波速测试或孔内摄像,获取测试区域岩土体的波速值和孔壁完整情况,为合理构建初始速度模型提供资料,以提高孔间层析成像反演精度,也为对反演结果进行地质解释提供依据。

(2)对已发现有异常存在的剖面加密点距进行观测，以精确测试异常体大小，同时避免遗漏规模较小的异常体。

(3)每孔开展孔斜测试，数据经孔斜校正后再进行处理，确保原始数据准确。

(4)弹性波数据处理前，做好直达透射波的初至拾取，在拾取过程中，首先应做好波形识别工作，然后通过模型研究，加强对地震波场在井间观测系统下不同地层介质中的响应及其规律性的认识，特别是当震源位于低速层中时，要注意首波和直达透射波的差异，必要时可根据井资料模型开展数字正演技术，以协助初至旅行时的拾取。此外，还可对实测数据通过抽取不同的道集(如共炮检距和共中心深度点道集)突出所需的波至，更为准确地拾取初至旅行时，确保其后的处理成果真实、可靠。

7)吸收层析成像技术

传统的地震层析成像，是利用地震波的走时反演波速。无可否认，利用走时反演波速的层析成像方法，能有效地区分不同波速的地质体，确定规模较大的断裂带、溶洞等不良地质异常。但是，对于规模较小的破碎带、溶洞和节理裂隙带等结构缺陷的探测，波速层析成像的分辨率仍嫌不够。究其原因，较小规模的破碎带、溶洞和节理裂隙，其空间分布范围小，对地震波的走时影响较小，导致波速层析成像的分辨率降低。显然，如果利用地震波波速与岩石对地震波的吸收系数进行联合层析成像，可以扩大成像信息量，增强对研究区域地质结构与物性分布的认识，提高地震层析成像的分辨率与可靠性。地震吸收层析成像与地震波速层析成像断面拟合成果对比如图8-27所示。由于前面已经详细地介绍了波速层析成像的方法，下面阐述岩石对地震波的吸收特性及其相应的吸收层析(又称衰减)成像原理(喻振华，2008)。

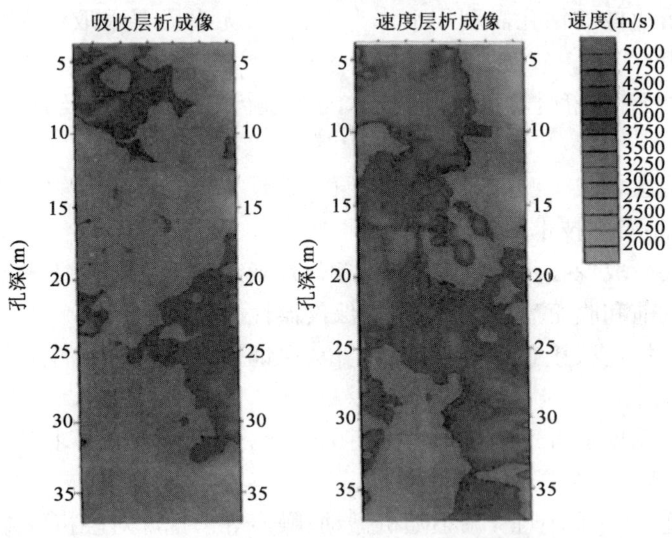

图8-27 地震吸收层析成像与地震波速度层析成像断面拟合成果对比

当外力很小且作用时间很短时，大部分固体(如岩石)可以近似地看成是理想弹性体。但是在实际的地震勘探工作中，所获得的似正弦状地震记录与经典弹性理论所预言的脉冲地震记录之间存在着巨大的差异，说明此时岩体不能被当成理想弹性体；实际情形是地震波在岩层中传播时，岩石颗粒之间会出现的一种内摩擦力，这种内摩擦力也称黏滞力。地震波能量会由

于内摩擦力等塑性变形及散射等作用，使得原传播方向上的能量逐渐减少，这就是岩石对地震波有吸收作用。因此，岩石固体既有弹性，同时又表现出像黏性流体那样的黏性，这样的物体被称为黏弹性体。黏滞效应的大小反映出固体介质塑性特性的强弱，大量的岩体波速和衰减测试结果证实了一个事实：就是完整性好的介质，能量损耗较小，黏滞性小，吸收系数小；破碎的岩石能量耗损大，黏滞性大，吸收系数大，可见，将岩石的地震地质模型建立为黏弹性体介质模型，更接近于实际情况。

8)跨孔法探测注浆效果实例

实例(喻振华，2008)：据某测区前期取样试验和物探资料表明，试验区新鲜、完整岩体的弹性波速度为4000～4500m/s，考虑到该区处于岩层陡倾带内，节理裂隙较发育，层面和层间破碎夹层较多，固结灌浆处理后，岩体中层面、节理裂隙以及软弱夹层(不含泥岩或煤线充填较好的)经浆液充填、固结作用，超声波速度应有一定程度的提高，因此，经反复对比分析后，取弹性波速度3500m/s为灌浆处理达标下限。根据固结灌浆前后地震波层析成像成果波速进行对比，可反映出固结灌浆的效果。

从层析成像成果图8-28看，灌浆后 *A*19—*A*18 剖面有限元网格波速低于3500m/s的范围，分别比灌浆前明显缩小，即浅色部分明显减少，分别对两剖面有限元网格单元波速进行统计，其结果见图8-29，从图8-29中可见，灌浆前 *A*19—*A*18 剖面低于3500m/s的波速范围占47.5%，灌浆后波速有较大幅度的提高，低于3500m/s的波速范围占33.2%，低于3000m/s的波速范围由灌浆前的19.3%下降到10.2%，说明波速低于3000m/s的岩体其灌浆效果好。灌浆效果好坏的探测方法用于隧道施工超前地质预报同样能说明前方地质情况的变化情况，方法和原理类同。

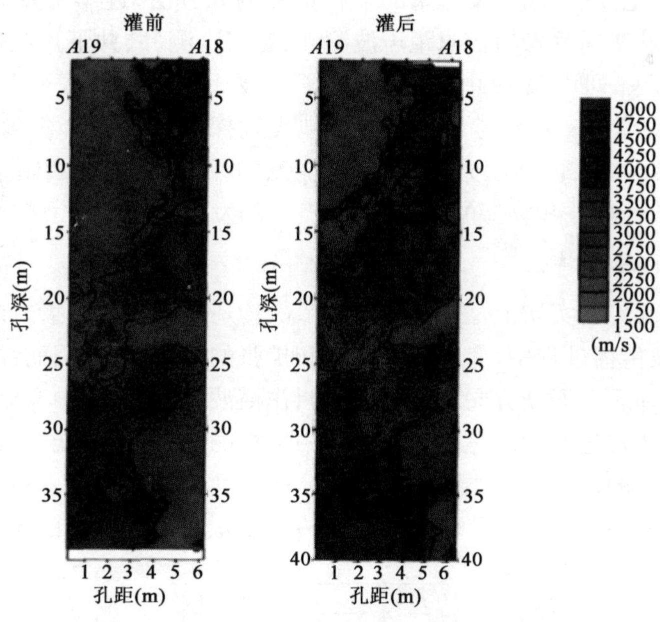

图8-28　*A*区 *A*19—*A*18 孔间地震层析成像成果

注：*A*19和 *A*18为钻孔编号，图中等值线为3500m/s。

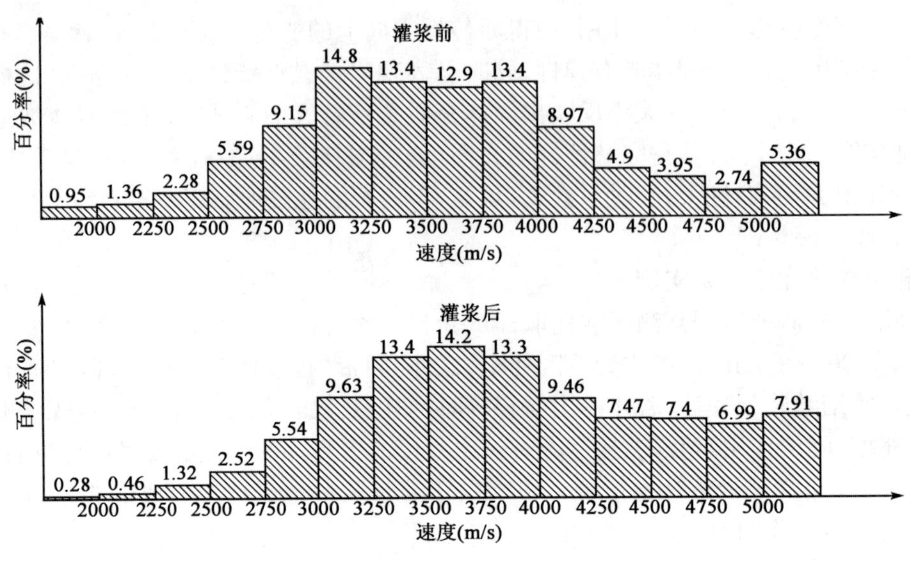

图 8-29　*A*19—*A*18 剖面超声波 CT 有限元网格波速统计

8.2.2　声波法

声波在不同介质中传播，速度有很大差别，而且声波幅度的衰减、频率的变化等声学特性也是不同的。声波测井就是利用岩石等介质的这些声学特性来研究钻井地质剖面、判断固井质量等问题的一种测井方法。

声波测井是 20 世纪 50 年代发展起来的一种重要测井方法，近年来发展较快。由最早的声速测井、声幅测井，发展到后来的长源距声波测井、变密度测井、井下声波电视 BHTV、噪声测井，到现在的多极子阵列声波测井(包括偶极子横波成像仪 DSI)，如井周声波成像测井 CBIL、超声波井眼成像仪等。特别是声波测井与地震勘探观测资料结合起来，在解决地层顶部构造特征刻画、判断岩性、识别压力异常层位、探测和评价裂缝、判断储集层中流体性质方面，使声波测井成为结合测井和物探的纽带，有着良好的发展前景。

8.2.2.1　声波的传播特性

弹性波在介质中的传播实质上是质点振动的依次传递。当波的传播方向和质点振动方向一致时叫作纵波，纵波传播过程中，介质发生压缩和扩张的体积形变，因而纵波也叫压缩波。

当波的传播方向和质点振动方向相互垂直时叫作横波，横波传播中介质产生剪切形变，所以横波也叫切变波。通常这两种波是同时在介质中传播的，但横波不能在液体和气体中传播。

声波在弹性介质中的传播速度主要取决于介质的弹性模量和密度。在均匀各向同性介质中，纵波速度 v_p、横波速度 v_s 与杨氏弹性模量 E、泊松比 σ、密度 ρ 之间的关系式为：

$$v_p = \sqrt{\frac{E}{\rho} \times \frac{1-\sigma}{(1+\sigma)(1-2\sigma)}} \tag{8-1}$$

$$v_s = \sqrt{\frac{E}{\rho} \times \frac{1}{2(1+\sigma)}} \tag{8-2}$$

$$\frac{v_p}{v_s}=\sqrt{\frac{2(1-\sigma)}{1-2\sigma}} \tag{8-3}$$

对于大多数沉积岩而言，岩石的泊松比 σ 多为 0.25 左右，纵波速度是横波速度的 1.73 倍，说明纵波和横波同时在岩石中传播时，纵波的速度大于横波速度。

1)在岩石中的传播特性

实际研究表明，声波在不同岩石中的传播速度不同。决定声波传播速度的主要因素是岩石速度。对于沉积岩而言，岩石的声波速度主要取决于岩性、孔隙度、岩层的地质时代以及岩层的埋藏深度。

(1)岩性

不同岩石矿物有不同弹性性质，所以对于不同岩石，其声速大小也不同，如表 8-2 所示。

不同岩石矿物声速大小　　表 8-2

介　质	声速(m/s)	时差(μm/s)	介　质	声速(m/s)	时差(μm/s)
空气(0°C，一个大气压)	330	3000	泥质砂岩	5638	177
甲烷(0°C，一个大气压)	442	2260	泥质灰岩	3050～6400	330～154
石油(0°C，一个大气压)	1070～1320	985～757	盐岩	4600～5200	217～193
水，一般泥浆，泥饼	1530～1620	655～620	无水石膏	6100～6250	164～163
疏松黏土	1830～2440	548～410	致密石灰岩	7000	141
泥岩	1830～3962	548～252	致密白云岩	7900	125
渗透性砂岩	2500～4500	400～220	套管(钢)	5340	187

(2)孔隙度

岩层孔隙中通常被油、气、水等流体介质充填。流体传播声波的速度较造岩矿物小得多，即孔隙流体相对岩石骨架是低速介质，所以岩性相同、孔隙流体不变时，孔隙度越大，岩石声速越小。

(3)岩层的地质时代

深度相同、成分相似的岩石，当地质时代不同时，声速也不同。一般来说，老地层比新地层具有较高的声速。

(4)岩层埋藏的深度

在岩性和地质时代相同的条件下，声速随岩层埋藏深度加深而增大。这种变化是由于受上覆地层压力增大，岩石的杨氏弹性模量增大所致。

岩层埋藏较浅的地层，埋藏深度增加时，其声速变化剧烈；深部地层，埋藏深度增加时，其声速变化不明显。

从上述分析看出，可以根据岩石的声速来研究岩层，确定岩层的岩性和孔隙度。

2)声波在两种岩石分界面的传播特性

(1)反射(波阻抗界面)、透射(折射)。声波通过速度不同的两种介质分界面时，波的一部分能量被界面反射形成反射波，且反射角等于入射角(图 8-30)；另一部分能量则透过界面在第二种介质中传播，称为透射波或折射波。

$$\frac{\sin\alpha}{\sin\beta}=\frac{v_1}{v_2} \tag{8-4}$$

式中：α——入射角；

β——折射角。

(2)滑行波产生的条件是：①$v_2>v_1$；②i——临界角。

当入射角增大到某一角度 i 时，折射角达到 90°(图 8-31)。此时，折射波将在第Ⅱ介质中以 v_2 的速度沿界面传播，这种折射波在声波测井中称作滑行波。入射角 i 称为临界角。

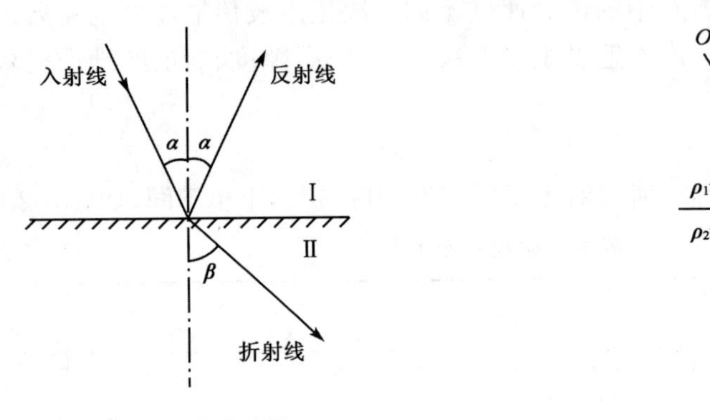

图 8-30　声波反射

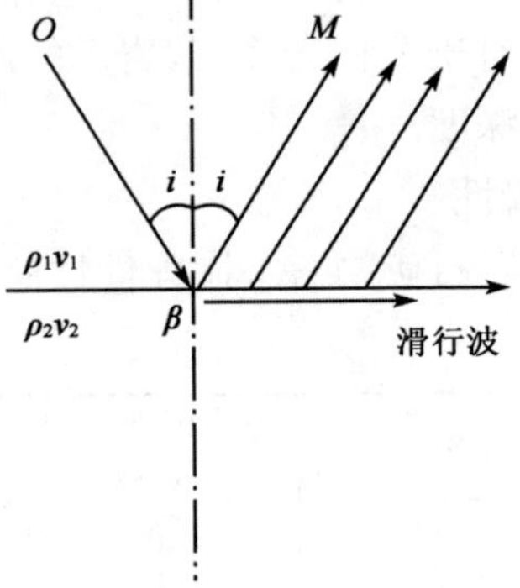

O
M
i i
$\rho_1 v_1$
$\rho_2 v_2$
β
滑行波

图 8-31　声波在界面上滑行

滑行波在沿界面传播时必然引起介质Ⅰ中质点震动而产生新的扰动。由滑行波在介质Ⅰ中造成的波，称为首波。

以后会看到，声波速度测井就是测量沿井壁的滑行波在泥浆中造成的首波到达的时间。

3)井壁固液界面产生的两种波

瑞利波是指井壁泥浆的交界面上产生的波，与横波混在一起不易区分。斯通利波是指由在泥浆中传播的纵波与在井壁中传播的横波相干产生的相干波，速度很低且可用于计算地层渗透率，如图 8-32 所示。

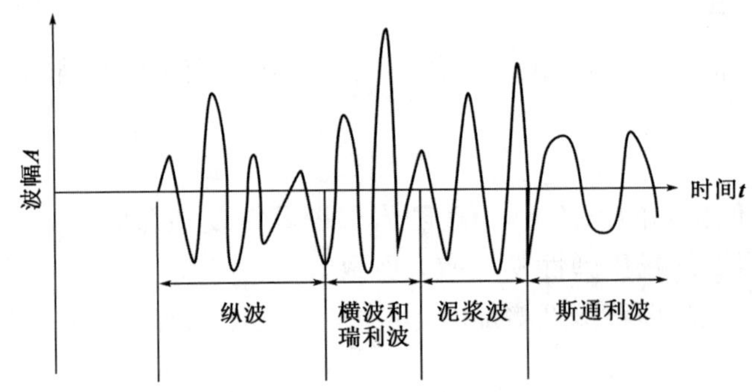

图 8-32　声波在井壁传播

8.2.2.2　声波速度测井

声波速度测井简称声速测井(声波时差测井)，测量滑行波通过地层传播的时差 Δt(声速的倒数，单位是 $\mu s/m$)。用以估算孔隙度、判断气层和研究岩性等。声波时差测井是孔隙度测井系列的主要方法。

它的下井仪器主要由声波脉冲发射器和声波接收器构成的声系以及电子线路组成。

声系主要有 3 种类型：单发射双接收声系、双发射双接收系及双发射四接收声系。

在下井仪器的外壳上有很多刻槽，称为隔声体，用以防止发射换能器发射的声波经仪器外壳传至接收换能器造成对地层测量的干扰。

1)单发双收声系

(1)单发射双接收声速测井仪简介

下井仪器包括三个部分：声系、电子线路和隔声体，如图8-33所示。声系由一个发射换能器T和两个接收换能器R_1、R_2组成。电子线路用来提供脉冲电信号，触发发射换能器T发射声波，接收换能器R_1、R_2接收声波信号，并将其转换成电信号。

实际测井时，电子线路每隔一定的时间给发射换能器一次强的脉冲电流，使换能器晶体受到激发而产生振动，从而引起周围介质质点发生振动，产生向井内泥浆及岩层中传播声波。其发射器振动频率由晶体的体积和形状所决定。

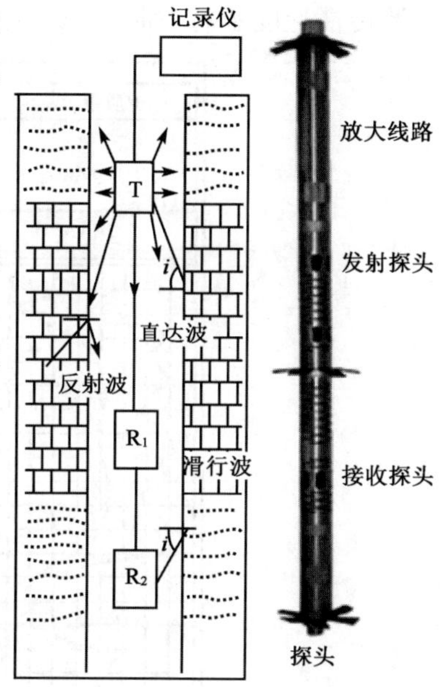

图8-33 单发射双接收示意图

由于泥浆声速v_1与地层声速v_2不同，所以在泥浆和地层界面(井壁)上将发生声波反射和折射，由于发射器可以视为点源，可在较大角度范围内向外发射声波，故必有以临界角i方向入射到井壁面上的声波，折射产生沿井壁在地层中传播的滑行波。该滑行波必然引起泥浆中质点振动(形成首波)，并先后传到两个接收换能器R_1、R_2上，从而可测量出地层的声波速度。

(2)时差的概念及其与地层速度的关系

如图8-34所示，假设发射器在某一时刻t_0发射声波，声波经过泥浆、地层、泥浆分别传播到接收器R_1和R_2。即沿TAB R_1到达路径R_1，沿$TABC$ R_2路径到达R_2，到达接收器R_1和R_2的时刻分别为t_1和t_2，那么到达两个接收器的时间差Δt为：

$$\Delta t = t_2 - t_1 = \left(\frac{\overline{TA}}{v_1} + \frac{\overline{AB}}{v_2} + \frac{\overline{BC}}{v_2} + \frac{\overline{CR_2}}{v_1}\right) - \left(\frac{\overline{TA}}{v_1} + \frac{\overline{AB}}{v_2} + \frac{\overline{R_1B}}{v_1}\right)$$

$$= \frac{\overline{BC}}{v_2} + \left(\frac{\overline{CR_2}}{v_1} - \frac{\overline{R_1B}}{v_1}\right) \tag{8-5}$$

如果两个接收器之间的距离为L(称为间距)，且所对井径没有明显变化、仪器居中时，则可以认为$BC \approx R_1R_2$，于是：

$$\Delta t = \frac{\overline{BC}}{v_2} = \frac{l}{v_2} \text{或} v_2 = \frac{l}{\Delta t} \tag{8-6}$$

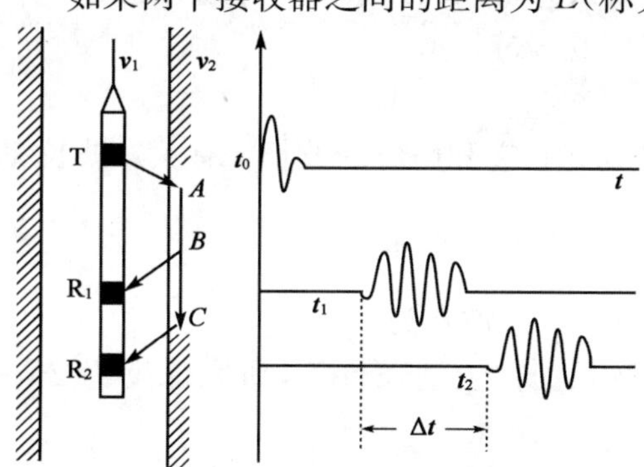

图8-34 时差曲线

通常仪器的间距L是固定的，所以时间差Δt的大小只随地层声速变化，即Δt的大小仅反映地层声速的高低。

从而可以看出，声波测井就是利用地面仪器将两个接收器先后接收声波而产生的电信号之时间差Δt转换成电位差进行记录，即可获得反映地层声波传播速度的时差曲线,实测曲线对比如图 8-35 所示。

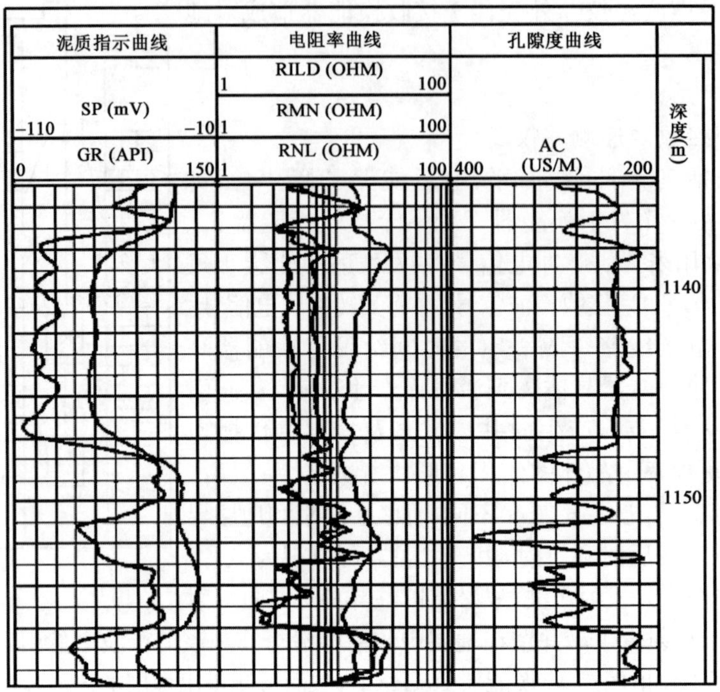

图 8-35 实测曲线对比

AC-声波时差;SP-自然电位;GR-自然伽马;RMN-微梯度;RNL-微电位;RILD-深感应

在实际的声速测井曲线上,是用声波通过每米岩层的旅行时间(μs)来进行刻度的,因此,时差的单位为 μs/s,它是速度的倒数。

(3)曲线特征

①地层均匀、上下围岩声速相同时,曲线关于地层中心对称,岩层的界面位于曲线急剧变化处,如图 8-36 所示。

②岩层不均匀或夹层时,岩层对应的时差曲线出现相应变化。

③界面附近井径影响,不反映真值。

④声波的“周波跳跃”。疏松含气砂岩层、裂缝带或破碎带以及井眼严重垮塌等地段,出现“周波跳跃”,据此可以识别气层或碳酸岩地层中的裂缝发育带。

(4)声波测井的探测范围

声波测井的探测范围一般是指井壁滑行波的影响范围,它和声波的波长 λ 有关。波长 λ、频率 f 和声波速度 v 之间有下列关系:

$$\lambda = v/f \tag{8-7}$$

在频率为 20kHz、岩层中声波速度为 1500~7600m/s 时,波长为 8~38cm。

根据试验,声波测井的探测范围大约等于 3 倍波长。在上述条件下,研究深度为 25~115cm(这个距离应从声波的滑行界面算起)。

2)双发双收声系

(1)测量原理

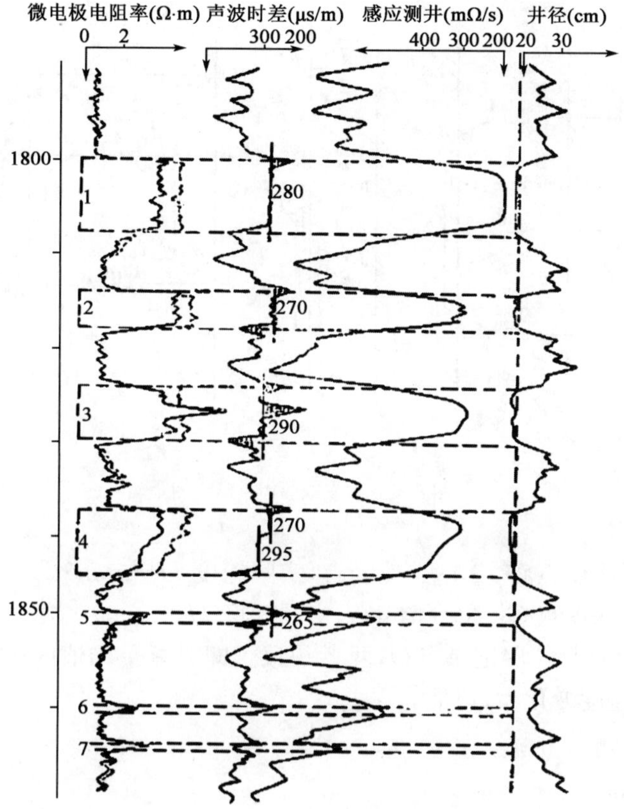

图 8-36 声速测井曲线

如图 8-37 所示，当井眼规则时：

F_1-J_1、J_2；J_1：$ABCE$；J_2：$ABDF$。

$$\Delta t_1=\frac{CD}{v_\mathrm{p}}$$

F_2-J_2、J_1；J_2：$A'B'C'E'$；J_1：$A'B'D'F'$。

$$\Delta t_2=\frac{C'D'}{v_\mathrm{p}}$$

$$\Delta t=\frac{\Delta t_1+\Delta t_2}{2}=\frac{CD}{v_\mathrm{p}} \tag{8-8}$$

测量段为 CC'。

(2)优点

①可消除井径变化对测量结果的影响。

如图 8-38 所示：F_1-J_1、J_2，分别在扩井、未扩井段 $\Delta t_1=\frac{CD}{v_\mathrm{p}}+\frac{DF-CE}{v_1}$；$F_2-J_2$、$J_1$，分别在扩井、未扩井段 $\Delta t_2=\frac{C'D'}{v_\mathrm{p}}+\frac{D'F'-C'E'}{v_1}$；在扩井段 $CE=D'F'$，在未扩井段 $C'E'=DF$，则 $\Delta t=\frac{\Delta t_1+\Delta t_2}{2}=\frac{CD}{v_\mathrm{p}}$。

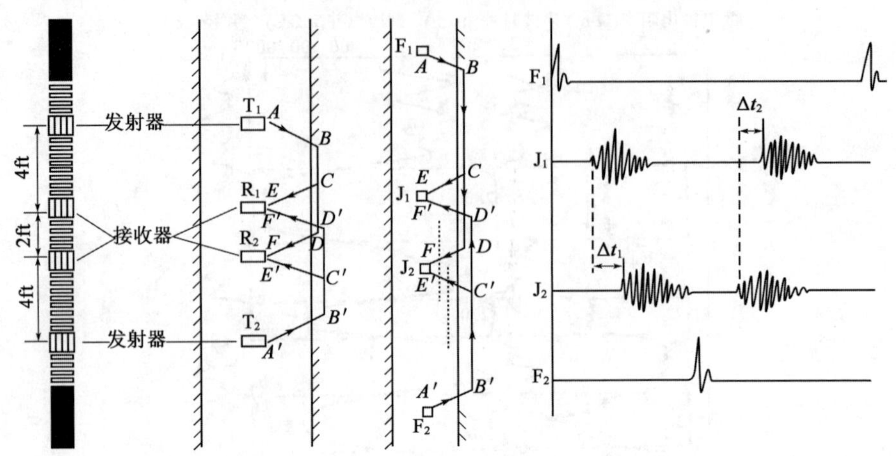

图 8-37 双发双收声系示意图

②可消除深度误差。

F_1-J_1、J_2，实际深度点 O'；$\Delta h=-a\tan\theta_c$，实际深度 $H-a\tan\theta_c$。

F_2-J_2、J_1，实际深度点 O''；$\Delta h=a\tan\theta_c$，实际深度 $H+a\tan\theta_c$。

实际 $O'O''$ 的中点就是仪器记录点 O，两者一致。即时差平均值的中点（岩层 CC' 的中点）（注意：对于薄互层，速度变化大，可能有误差）。

（3）缺点

①薄层分别率差。

单发双收：$h=l$；

双发双收：$h=CC'=l+2a\tan\theta_c$；$\tan\theta_c<l/2a$，$\theta_c=\tan^{-1}0.5/2\times0.1<68.2°$。

如图 8-39 所示，CD 与 $C'D'$ 有重合部分，可划分 $l\sim2l$ 厚薄层。

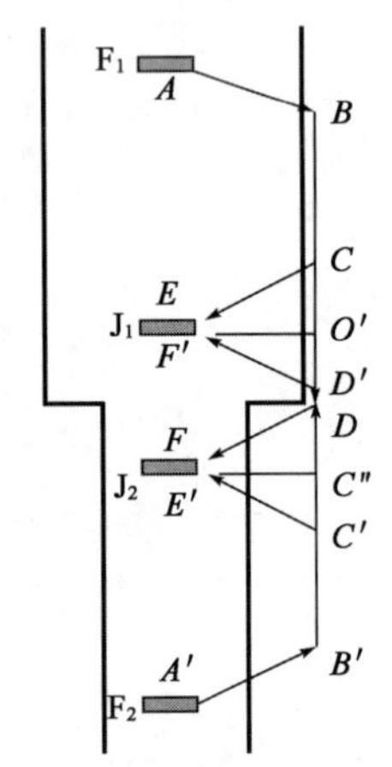

图 8-38 双发双收声系

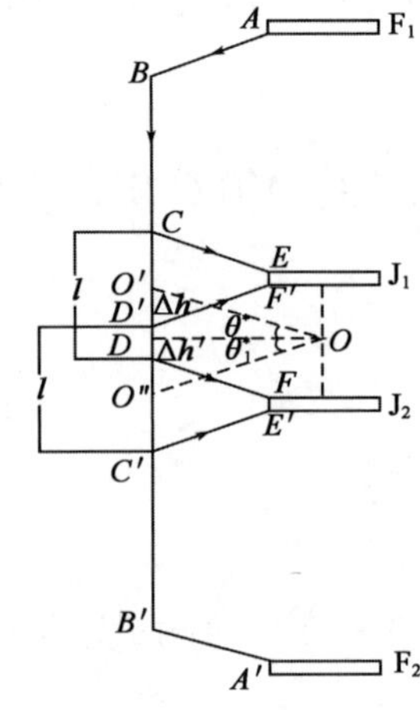

图 8-39 双发双收声系

$\theta_c>68.2°$（低速地层），CD 与 $C'D'$ 不重合，只能划分大于 $2l$ 的薄层。

②对于低速地层出现盲区。

如图 8-40 所示，当 $\theta_c>68.2°$（低速地层），CD 与 $C'D'$ 不重合之间有间隔，此间隔地层对

测量结果无贡献，称之为盲区。对于泥岩，盲区厚度为

$$h=C'C-2l=2a\tan\theta_c+l-2l=2a\tan\theta_c-l=0.267\text{m}$$

其中，$a=0.2$，$l=0.5$，$\theta_c=62.45°$。

3)影响声速测井的因素

(1)周波跳跃：表明受裂缝发育、高压气层、井径扩大岩盐层等影响。

(2)源距和间距影响。

①源距影响。源距长，则探测岩层深，源距短，则探测岩层浅，破碎带影响大，但也要考虑衰减的影响，如表8-3所示。

②间距影响。间距大小对曲线的测量精度有影响(相对误差、幅度衰减引起周波跳跃)，对分层能力也有影响。

当间距小于岩层厚度时，测量时差反映岩层时差；当间距大于岩层厚度时，测量时差是岩层和围岩时差的混合值。

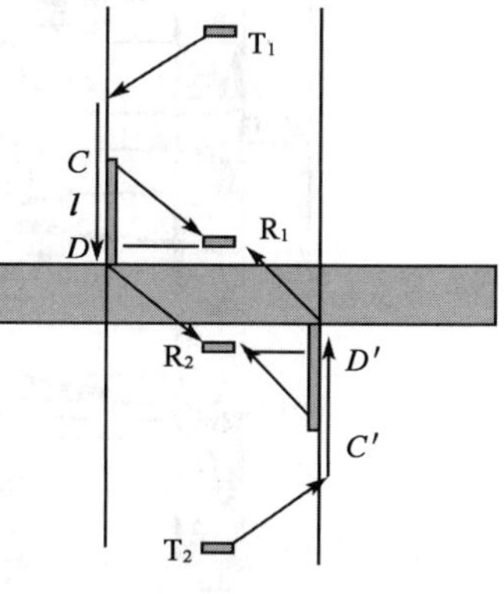

图8-40 双发双收声系

4)声速测井资料的地质应用

(1)地层对比——划分地层

源距与探测深度关系 表8-3

源距(m)	1	1.5	2.4	3.0	3.6
探测深度(m)	10	16	26	34	40

①砂泥岩剖面。砂岩时差较高，胶结物性质和含量对时差有影响，如钙质较泥质砂岩时差低，随钙质增加，时差下降；孔隙度、气体含量增加，会使时差增大；泥岩一般显示高值，但泥岩中含砂、钙质、石膏都会使其下降；砾岩一般时差较低；页岩介于泥岩和致密砂岩之间。砂岩骨架时差一般为182μs/m(或56μs/ft)，泥岩为328μs/m(或100μs/ft)。时差曲线能很好反映砂岩的致密性，能区分致密和渗透性砂岩。

砂岩一般显示为低时差(高声速)180～400μs/m(2500～5500m/s)；泥岩显示为高时差(低声速)252～548μs/m(1810～3960m/s)；页岩介于砂岩与泥岩之间，砾岩一般具有低时差(高声速)，且越致密，时差越低。

②碳酸岩盐剖面。致密石灰岩和白云岩时差最低(160μs/m、141μs/m)；含泥质时差会增大，泥岩和泥灰岩时差较高，孔隙性、裂缝性石灰岩和白云岩时差明显增大，甚至出现周波跳跃。

灰岩472～511μs/m、白云岩410μs/m时差最低；泥灰岩和泥岩时差较高。当石灰岩和白云岩为孔隙性或裂溶性时，声波时差就明显增大。在纯石灰岩或白云岩井段，可利用时差曲线划分出储集层(孔隙性或裂缝性层段)。

③膏岩剖面。渗透性砂岩时间最高；泥岩中含钙、含膏与致密砂岩相当；无水膏岩时差最低(170μs/m)；由于扩井岩盐(219μs/m)时差很大或出现周波跳跃现象。

其中岩盐和石膏层，用电测无能为力，用声速可获得良好效果。岩盐时差为高值633～711μs/m，无水石膏时差显示为低值538～633μs/m。

泥岩在时差曲线上显示为高值，当其致密程度增加时，时差降低。

由于在各类岩石中声波不同，因此使声波时差曲线具有一定的对比性。

当岩层的类型一定，且孔隙度和岩性在横向上大体稳定时，时差曲线即可用来作地层对比。它的优点是不受井眼大小和井内泥浆矿化度的影响(图 8-41)。

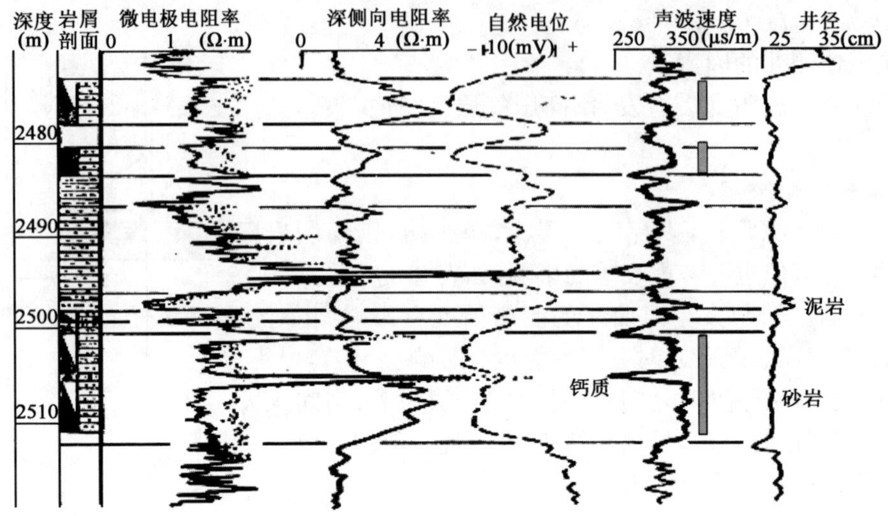

图 8-41　砂泥岩声波速度测井曲线实例

(2)异常地层压力预测

地层压力指地层孔隙流体压力。沉积岩层的流体压力等于其静水压力，并对应一个正常压力梯度。在一些地区，地层压力高于或低于有正常压力梯度计算的数值，即地层压力出现异常。地层压力高于正常值的地层称为异常高压地层；地层压力低于正常值的地层称为异常低压地层。

对泥岩时差研究发现，它可以成功地预测邻近储层的地层压力(图 8-42)。在半对数坐标系上作泥岩时差与深度的关系。在正常压力下，数据点都落在正常压实趋势线上；高压异常地层的数据点落在趋势线的右侧，时差增大；低压异常地层的时差小于正常值，数据点落在趋势线的左侧。

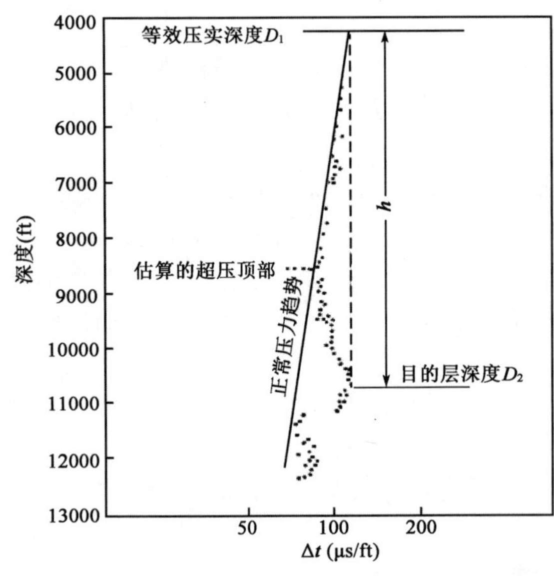

图 8-42　地层压力预测

地层压力的计算方法：

①正常地层压力的计算：

$$p_{\mathrm{f}} = g\rho_{\mathrm{f}}D \tag{8-9}$$

某一深度地层的正常压力等于地层压力梯度与地层深度的乘积，单位是 kg/cm^2。

②异常地层压力的计算：

应用等效深度法计算异常地层压力。根据地层孔隙度仅与颗粒之间的压应力有关，在地层压力趋势线上找到具有相同孔隙度的正常压力层，由下式计算异常地层压力。

$$p_{\mathrm{f2}} = g\rho_{\mathrm{b}}(D_2 - D_1) + g\rho_{\mathrm{f}}D_1 \tag{8-10}$$

式中：D_1——正常压力层深度；

D_2——异常压力层深度。

(3)岩石强度分析

岩石强度指岩石承受各种压力的特性。根据声波、地层密度测井资料，可以连续计算自然条件下岩石各种弹性模量，以对岩石强度进行全面分析。用测井资料计算的岩石弹性模量为动态弹性模量，与试验室采用静压应变测量的弹性模量(静态弹性模量)不同。

(4)确定断层力学性质

断层是在地应力作用下岩石发生破裂变形，形成了与原岩成分、结构、构造有明显差异的构造岩。

①压性断层。在长期压应力作用下，断层带形成相对致密坚硬的构造岩，导致声速提高(比原岩相对要快)，声能衰减相对减小，时差曲线出现负异常(8-43)。

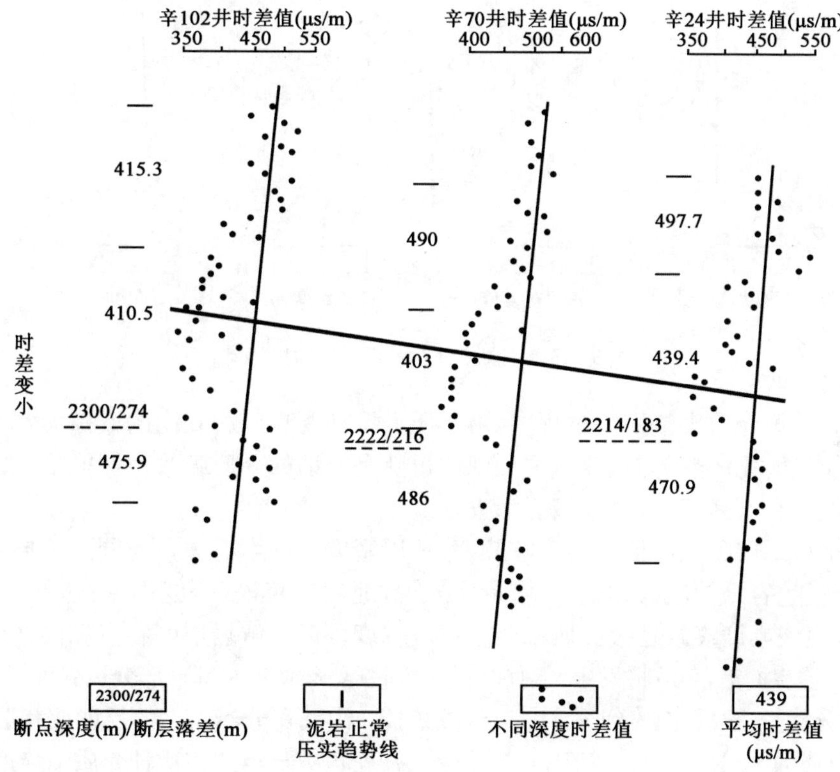

图 8-43 声波时差—深度关系

②张性断层。在长期张应力作用下，断层带岩石破碎、孔隙裂缝发育，胶结程度差，致使岩石声速降低(比原岩相对要慢)，声能衰减相对变大，时差曲线出现正异常，如图 8-44 所示。

8.2.2.3 声波幅度测井

声波幅度测井测量的是声波信号的幅度。声波在介质中传播时，其能量被逐渐吸收，声波幅度逐渐衰减。

在声波频率一定的情况下，声波幅度的衰减与介质的密度、弹性等因素有关。

声波幅度测井是通过测量声波幅度的衰减变化，来认识地层性质和水泥胶结情况的一种声波测井方法。

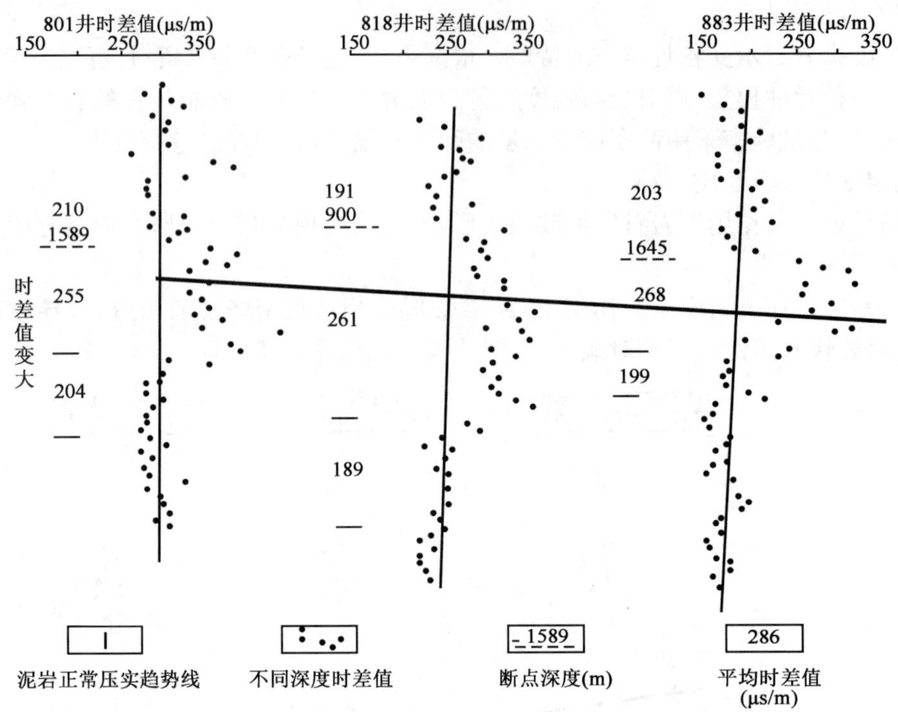

图 8-44　张性断层断点附近的声波时差异常

1)岩石的声波幅度

声波在岩石等介质中传播的过程中，由于质点振动要克服相互间的摩擦力，即由于介质的黏滞使声波能量转化成热能而衰减，这种现象也就是所谓的介质吸收声波能量。因此，声波在传播过程中能量在不断减小，直至最后消失。

声波能量被地层吸收的情况与声波频率、地层密度等因素有关。对同一地层来说，声波频率越高，其能量越容易被吸收；对于一定频率来说，地层越疏松（密度小、声速低），声波能量被吸收越严重，声波幅度衰减越大。所以测量声波幅度可以了解岩层的特点和固井质量。

在不同介质界面上，声波将发生反射和折射(透射)。入射波能量一部分被界面反射，返回第一介质，另一部分能量透过界面传到第二介质继续传播。声波在分界面上的反射波和透射波的幅度取决于两种介质的声阻抗 z，所谓声阻抗，指的是介质密度 ρ 与声波在这种介质中传播速度 v 的乘积，即 $z=\rho v$。常见介质的声阻抗见表 8-4。两种介质声阻抗之比 z_1/z_2 叫作声耦合率。

常见介质的声阻抗　　表 8-4

介　质	声阻抗($\times 10^4 g/cm^2 s$)	介　质	声阻抗($\times 10^4 g/cm^2 s$)
空气(0℃一个大气压)	0.0043	钢	390
橡皮	0.29～0.66	岩盐	100
淡水	14.6	砂岩	63～95
海水	15.3	石灰岩	99～108
水	5～40	泥岩	25～50
石油	13.2		

(1)第一介和介第二介质的声阻抗相差越大,则声耦合越差,声波能量就不容易从第一介质透射到第二介质中去,透过界面在第二介质中传播的声波能量就少,在第一介质中传播的反射波能量就多。

(2)第一介质和第二介质的声阻抗相近时,声耦合好,能量很容易由第一介质传播到第二介质中,这时透射波能量大,而第一介质中的反射波能量小,当两种介质的声阻抗相同时,声耦合最好,这时声波能量全部由第一介质传播到第二介质中。

综上所述,声波在地层中传播能量(幅度)的变化有两种形式:一种是因地层吸收声波能量而使幅度衰减;另一种是存在声阻抗不同的两种介质的界面的反射、折射,使声波幅度发生变化。这两种变化往往同时存在,究竟以哪种变化为主,要根据具体情况加以分析。例如:在裂缝发育及疏松岩石的井段,声波幅度的衰减主要是由于地层吸收声波能量所致,在下套管井中,各种波的幅度变化主要和套管与地层之间的界面所引起的声波能量分布有关。

因此,在裸眼井中测量声波幅度,就可能划分出裂缝带和疏松岩石地层;在下套管井中测量声波幅度变化,可以检查固井质量。

2)套管井中声波类型

套管井中声波从发射器发射至接收器接收的声射线分布如图 8-45 所示,可以看出声波从发射器传播到接收器有 4 种可能途径。

(1)沿套管传播的套管波。

(2)沿水泥环传播的水泥环波。

(3)在地层中传播的滑行纵波与横波。

(4)通过泥浆直接传播的泥浆波。

一般来说,最早到达接收器的是套管波,其次是地层波及水泥环波,最晚到达的是泥浆波。

3)固井声波幅度测井 CBL(Cementing Bond Log)

水泥胶结测井又称为固井声幅测井,是声波测井中的一种,专门用于测量套管外水泥的胶结情况,以检查固井质量和确定水泥上返高度。

水泥胶结测井下井仪器如图 8-46 所示,由声系和电子线路组成,源距为 1m。声系为单发射单接收装置。发射探头发出的声脉冲经过各种途径到达接收探头。其中沿套管传播的滑行波首先到达接收探头。套管波的强弱(即幅度的大小)与套管及其周围介质之间的声耦合情况有密切关系。

4)水泥胶结测井的测量原理(套管波)

(1)套管波的产生。声波以临界角入射到套管内壁,在套管内激发套管波。

(2)套管波沿套管传播时,在井内产生临界折射波,此波被井内接收器接收并记录其首波幅度。

(3)套管波幅度与第一界面的胶结程度有关,第一界面胶结良好,套管波幅度低;第一界面胶结差,套管波幅度高。这样,就得到了一条随深度变化的套管波幅度曲线,以反映第一界面胶结情况。

①若套管与水泥胶结良好,这时套管与水泥环的声阻抗差较小,声耦合较好,套管波的能量容易通过水泥环向外传播。因此,套管波能量有较大的衰减,测量记录到的水泥胶结测井值就很小。

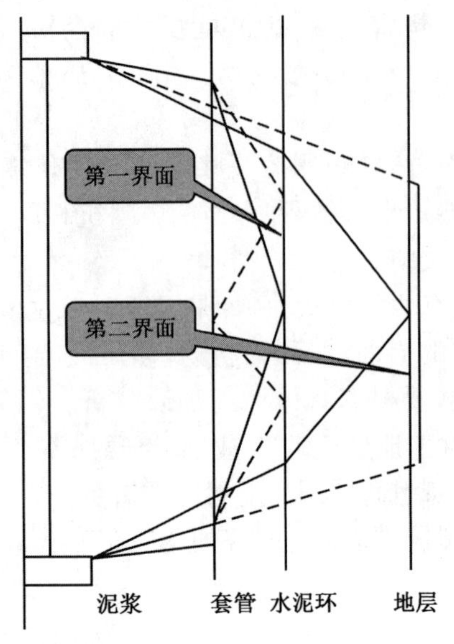

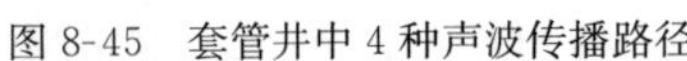

图 8-45　套管井中 4 种声波传播路径

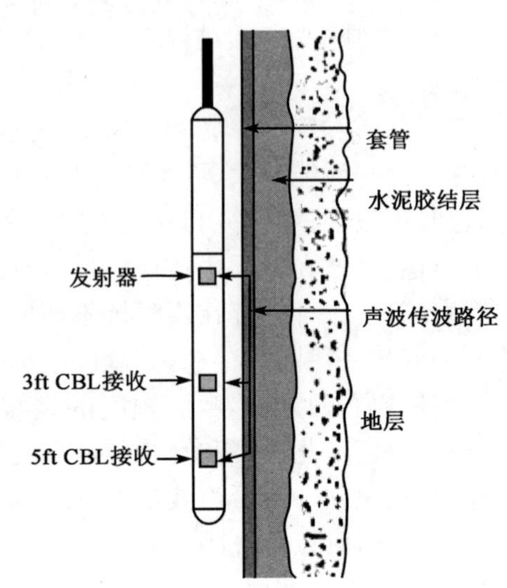

图 8-46　声波幅度测井声系

②若套管外无水泥或套管与水泥胶结不好，套管与管外泥浆的声阻抗差很大，声耦合较差，套管波的能量不容易通过套管外泥浆传播到地层中。因此套管波能量衰减较小，水泥胶结测井值很大。

水泥胶结测井原理如图 8-47 所示，声幅测井波形如图 8-48 所示，固井声波测井实际曲线如图 8-49 所示。

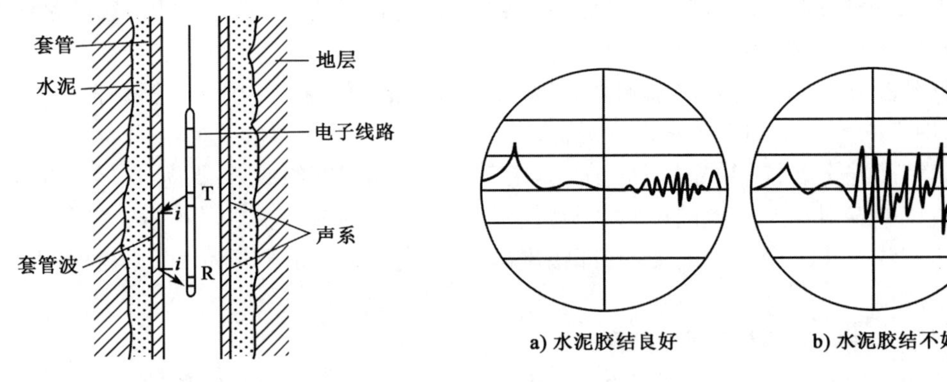

图 8-47　水泥胶结测井原理

图 8-48　声幅测井波形

8.2.2.4　声波变密度测井

声波变密度测井也是一种测量套管外水泥胶结情况，检查固井质量的一种声测井方法。

这种方法不仅能反映套管与水泥环(第一界面)之间的胶结情况，还能反映水泥环与地层(第二界面)之间的胶结情况，比前述声幅测井更能全面地反映固井质量。

它是一种以记录整个声波列来研究水泥胶结质量的方法，它常与记录首波幅度的固井声幅测井配合，用来检查声幅测井，估计水泥胶结质量的可靠性和解决一些特殊的水泥胶结问题。

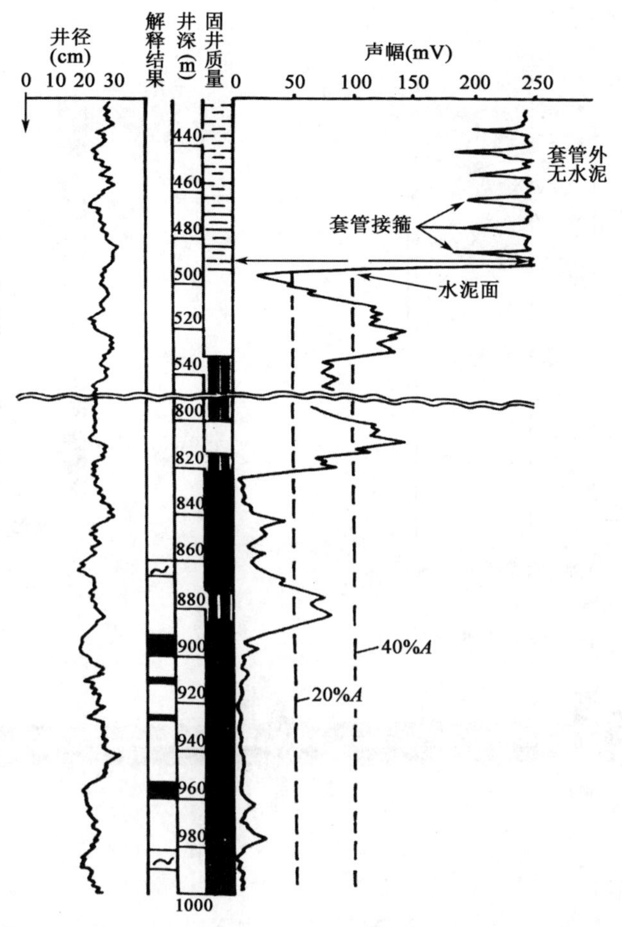

图 8-49　固井声波测井实际曲线

1)方法原理

在套管井中,从发射换能器到接收换能器的声波信号有 4 个传播途径,即沿套管、水泥环、地层及直接通过泥浆传播,如图 8-50 所示。

通过泥浆直接传播的泥浆波最晚到达接收换能器,最早到达接收换能器的一般是沿套管传播的套管波。水泥对声能衰减大,声波不易沿水泥环传播,所以水泥环波很弱可忽略。

当水泥环的第一、二界面胶结良好时,通过地层返回接收换能器的地层波较强。

若地层速度小于套管速度,地层波在套管波之后到达接收换能器,这就是说,到达接收换能器的声波信号次序首先是套管波,其次是地层波,最后是泥浆波。声波变密度测井就是依时间的先后次序,将这 3 种波全部记录的一种测井方法,由于记录的是全波,所以又称全波测井,如图 8-51 所示。

该方法与水泥胶结测井组合在一起,可以较为准确地判断水泥胶结的情况。

2)仪器实现

声波全波测井井下仪器是由一个发射换能器和一个接收换能器组成,源距为 1.5m,声系还可以附加另一个源距为 1m 的接收换能器,以便同时记录一条水泥胶结测井曲线,声波变密度探管如图 8-52 所示。

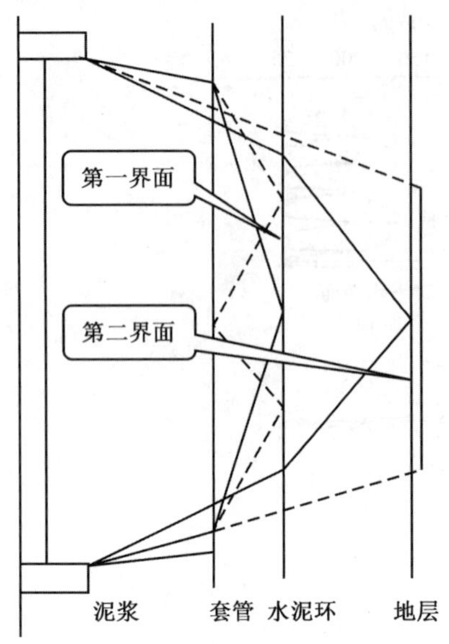

图 8-50　套管井中 4 种声波传播路径

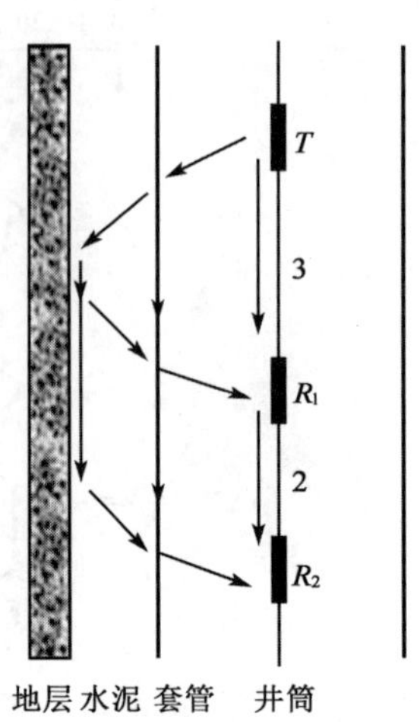

图 8-51　变密度测井中的 4 种波

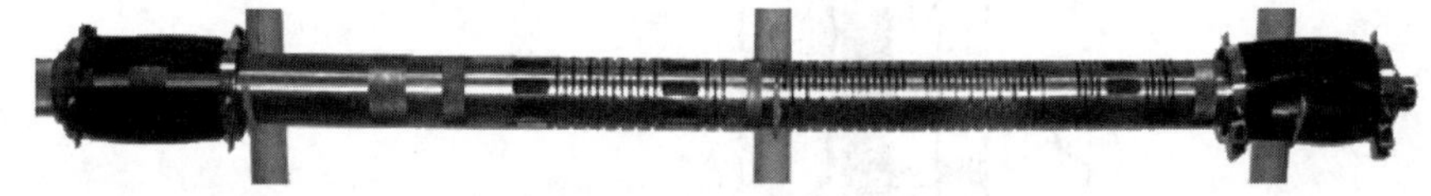

图 8-52　声波变密度探管

3)记录方式及内容

井下接收探头接收到一系列的声波信号，经过电子线路放大后，通过电缆送到地面记录仪器；经一系列处理后，转换成一列方波信号(调辉方波)。用同步信号控制示波仪，按声波发射的重复频率进行扫描，这样就在示波仪荧光屏上得到一明暗不同的断续的扫描线段。

扫描线段的明暗程度反映了声波信号的强弱。井下声波信号越强，调辉方波幅度越大，扫描线段也就越亮；反之，也就较暗。这样就得到一张连续变化的声波变密度测井图(图 8-53)。

在声波变密度测井图上，前述明暗不同的断续线段就变成了黑白相间的条带。由左向右表示声波信号到达时间的增加，各条带明暗程度的变化表示声波幅度大小的变化。而条带宽度与声波信号的频率有关(图 8-54)。

4)资料应用

(1)套管外无水泥(自由套管)。套管波很强，地层波很弱或完全没有，在相应测井图上，除套管接箍处有明显的波纹外，声波信号的幅度及传播时间均无变化，表现为反差明显的直线状、黑白相间的条带，这就是套管波的特征(图 8-55)。

(2)套管与水泥胶结良好，水泥与地层声耦合良好。套管、水泥环可看成一整体，声波能量由套管传到水泥再传到地层，套管波弱，地层波强(如果地层对声波衰减小)，如图 8-56 所示。

在变密度测井图上，套管波不清楚，地层波明显。由于地层波传播时间随深度而变化，因此不是直线，而是左右摆动的黑白相间的条带。黑条带向左变化表示水泥胶结不好(图 8-57)。

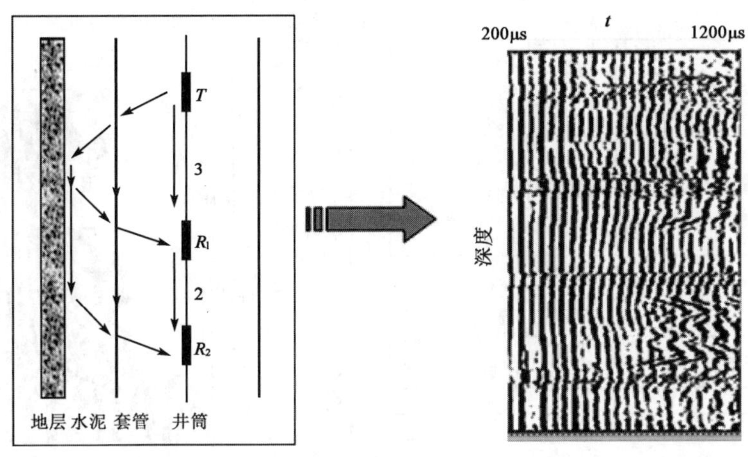

图 8-53　记录方式

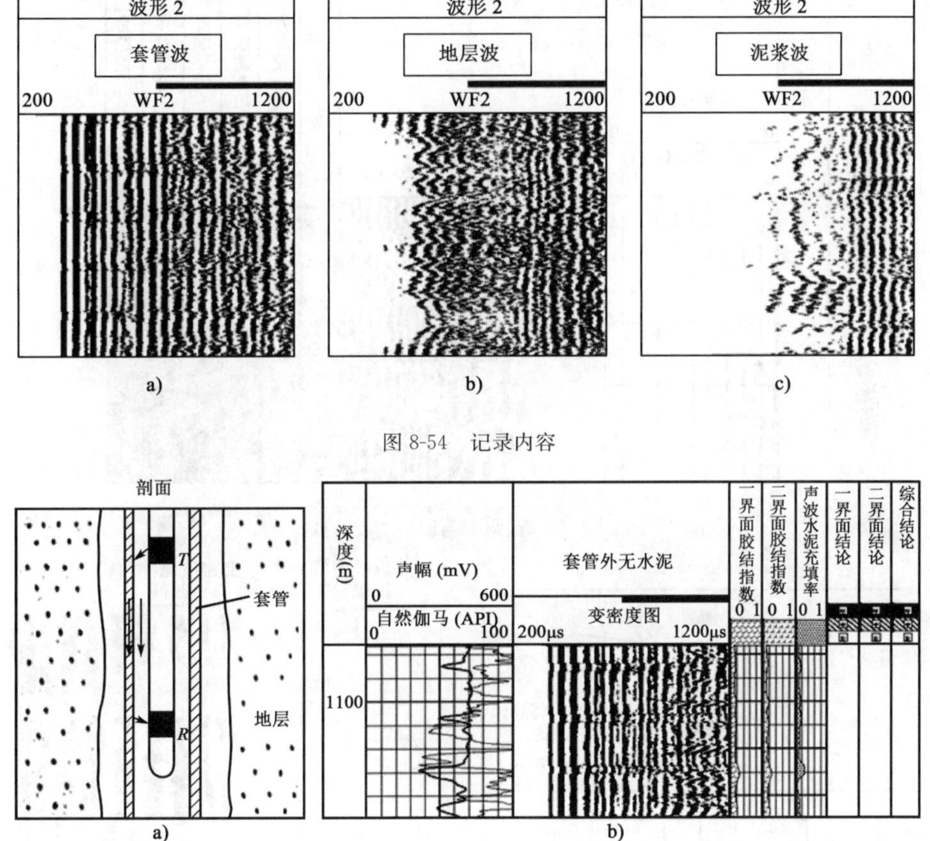

图 8-54　记录内容

图 8-55　套管外无水泥

(3)套管与水泥胶结良好,水泥与地层声耦合不好或地层对声波衰减大。声能从套管传递给水泥,水泥使声能衰减,很少传递给地层(图 8-58)。表现出套管波很弱,地层波很弱或没有。固井声幅测井曲线表现低值(图 8-59)。

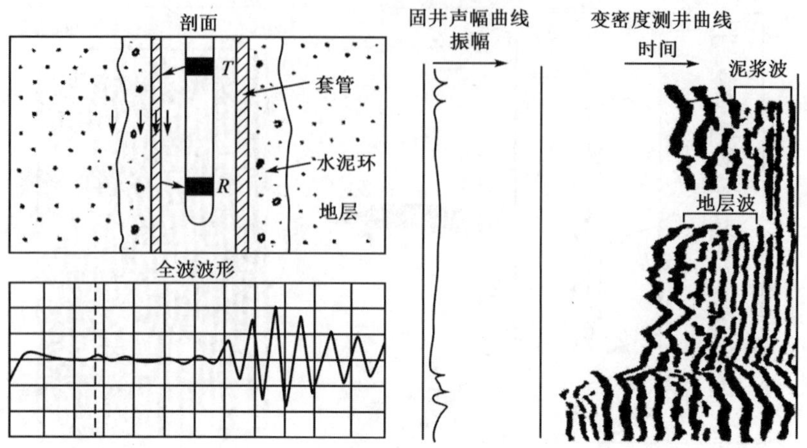

图 8-56　水泥胶结良好

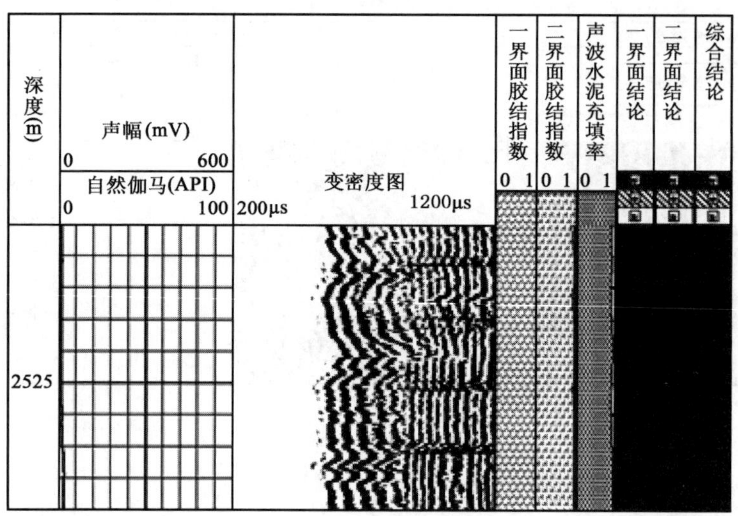

图 8-57　套管、水泥与地层均胶结良好

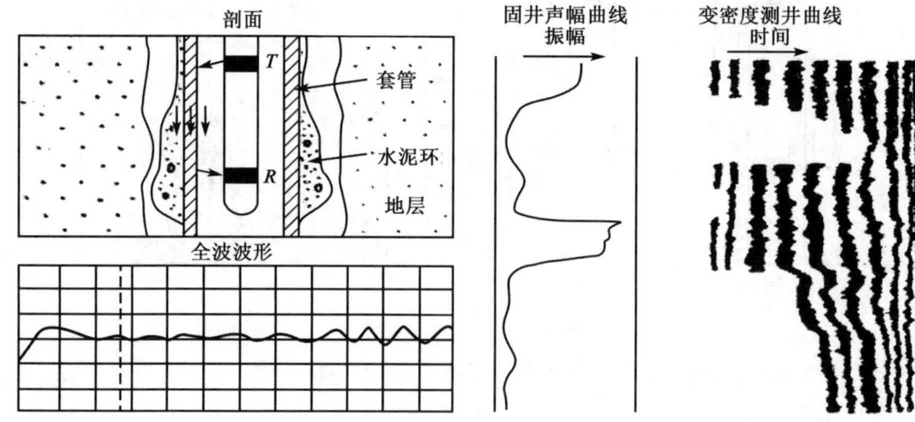

图 8-58　套管与水泥胶结良好

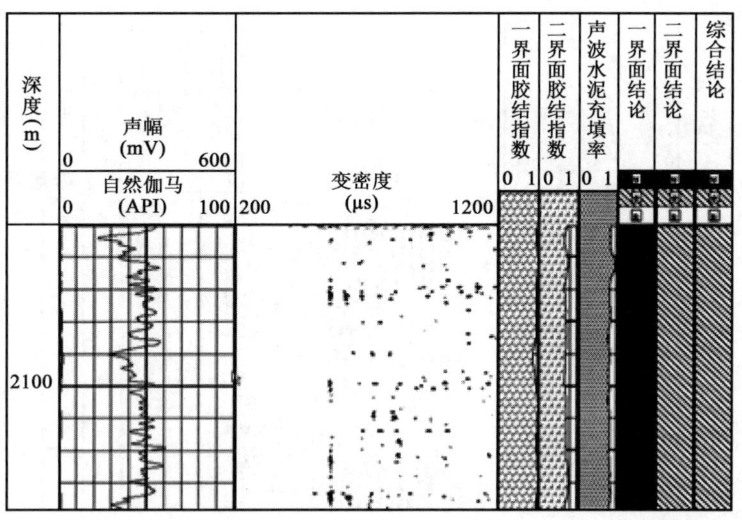

图 8-59　水泥环与地层胶结差

(4)套管与水泥环胶结不够紧密,有小的空隙,但水泥环与地层胶结良好。声能大部分留在套管中,但也有相当大的能量进入地层(图 8-60)。表现出套管波和地层波为中等程度,在变密度测井图上,套管波和地层波都有较明显的显示,而套管波黑白条带的明暗程度与周围水泥环的多少有关(图 8-61)。

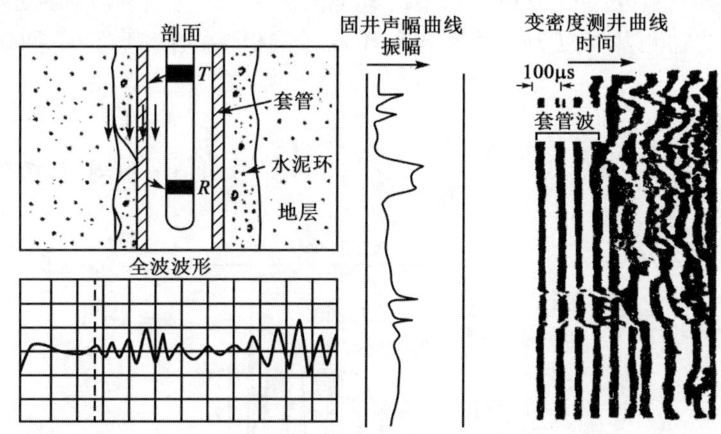

图 8-60　套管与水泥胶结较差

目前在套管井中,变密度测井图主要用于定性解释固井质量,不同固井情况下的变密度测井的特点见表 8-5。

不同固井情况下的变密度测井的特点　　表 8-5

固 井 情 况	波 列 特 征	VDL 图形特点
套管与水泥环(第一界面)、水泥环与地层(第二界面)均胶结良好	套管波弱 地层波强	左浅 右深
第一界面胶结良好而第二界面未胶结	套管波弱 地层波也弱	左浅 右浅
第一界面未胶结或套管外为泥浆	套管波强 地层波弱	左深 右浅

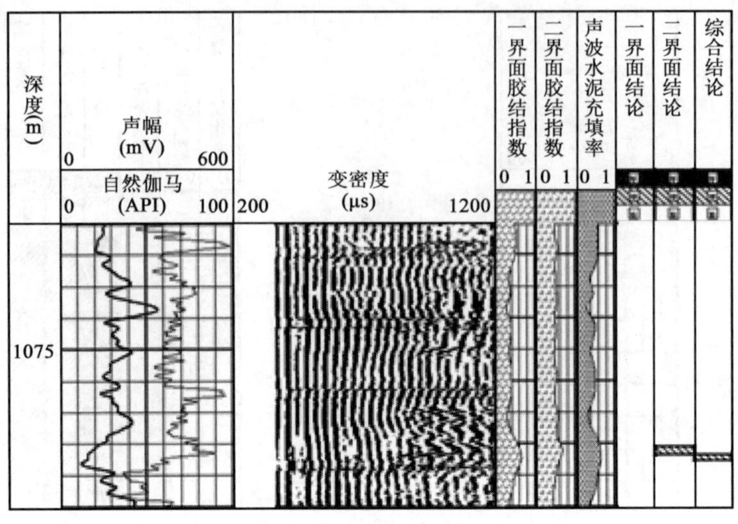

图 8-61　水泥环与地层胶结良好

8.2.2.5　长源距声波全波列测井

通常的声速测井只利用了纵波首波的速度信息，而长源距声波全波列测井(Long Spaced Acoustic Wavetrain Logging)则记录声波的整个波列，不仅可以获得纵波的速度和幅度信息、横波的速度和幅度信息，还可以得到波列中的其他波成分，如伪瑞利波和斯通利波等。

因此，声波全波列测井可以为石油勘探和开发提供更多的信息，是一种新的、较好的声波测井方法。

1)裸眼井中声波全波列成分

在裸眼井中，接收器可以接收到的声波全波列的成分，包括滑行纵波、滑行横波、伪瑞利波和斯通利波等(图 8-62)。

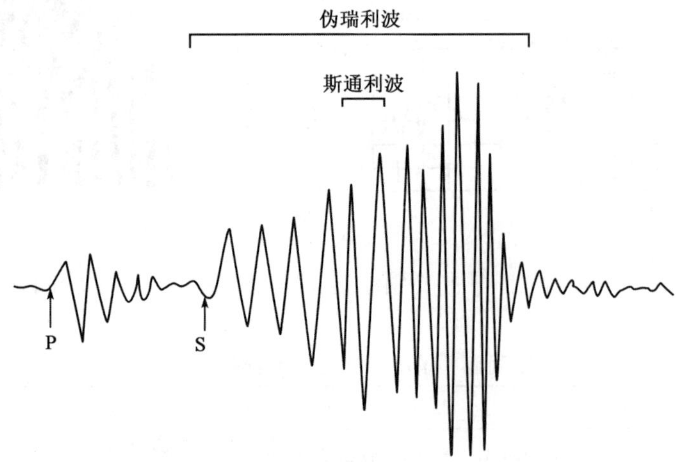

图 8-62　声波全波列成分示意图

滑行纵波 P 具有传播速度快、幅度小的特点，是波列中的首波。滑行横波 S 是波列中的次首波，其速度小于滑行纵波，但幅度大于滑行纵波。

伪瑞利波是以大于第一临界角入射到井壁上，并在井壁界面上多次反射所形成的表面波。其低频部分的相速度接近于地层的横波速度，所以它紧跟滑行横波之后到达(且与滑行横波续至部分重叠)，其幅度明显大于滑行横波。

斯通利波最后到达，它是发射与接收换能器间经井内泥浆直接传播而又受到井壁地层传播的滑行横波制导的一种管波，它的速度低于井内泥浆介质纵波速度，其幅度明显大于波列其他成分幅度。

2)记录方式和记录的信息

(1)记录方式

井壁附近的地层，由于钻井的影响往往改变了其声学特性，为探测原状地层的声学特性，所以声波全波列测井采用的是探测深度大的长源距声系。采用长源距，从时间上便于把速度不同的波列成分分开。为补偿井眼变化的影响，声系是双发双收声系。采用声系 R_1—2—R_2—8—T_1—2—T_2，如图 8-63 所示。

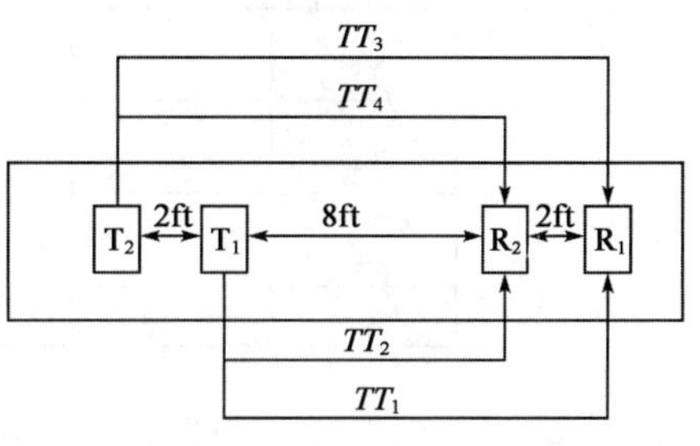

图 8-63　声系排列图

图中 TT_1、TT_2、TT_3、TT_4 分别是 T_1 和 T_2 发射到达 R_1 和 R_2 的声波旅行时，这样的声系还可以补偿井径变化的影响。仪器源距有 8ft、10ft、12ft。4 条时间曲线是：

$$TT_1 = T_1 \longrightarrow R_1(10\text{ft})$$

$$TT_2 = T_1 \longrightarrow R_2(8\text{ft})$$

$$TT_3 = T_2 \longrightarrow R_1(12\text{ft})$$

$$TT_4 = T_2 \longrightarrow R_2(10\text{ft}) \tag{8-11}$$

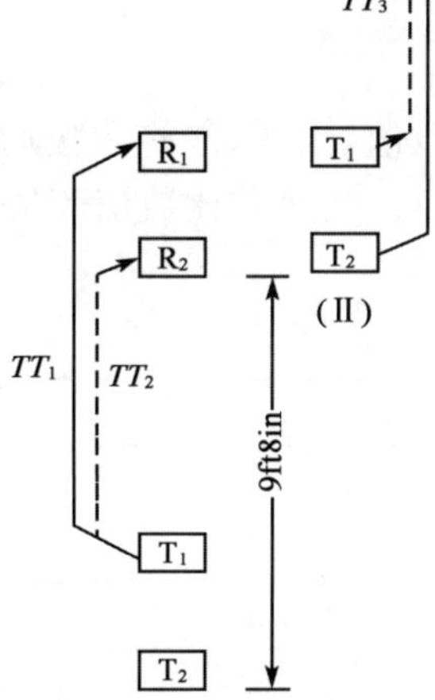

图 8-64　井径变化补偿时差测量示意图

图 8-64 是井眼补偿示意图。当在图 8-64 中所示(I)的位置时，T_1 发射，R_1、R_2 接收，有两个旅行时间 TT_1 和 TT_2，上提仪器 9ft8in 处于(II)的位置时，T_1、T_2 同时发射，R_2 接收来自 T_1 和 T_2 的波，有两个旅行时间 TT_2、TT_4，送入计算机按下式计算，得到声波时差值 DT：

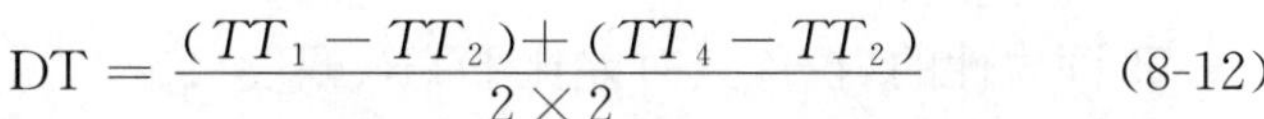

$$\text{DT} = \frac{(TT_1 - TT_2) + (TT_4 - TT_2)}{2 \times 2} \tag{8-12}$$

这样的时差，其源距是 8ft。同理，可记录源距是 10ft 的时差 DTL，它等于：

$$\text{DTL} = \frac{(TT_3 - TT_4) + (TT_3 - TT_1)}{2 \times 2} \tag{8-13}$$

(2)记录信息

长源距声波全波列测井图(图 8-65)，通常给出TT_1、TT_2、TT_3、TT_4这 4 条旅行时间曲线，纵波时差曲线 DTC 和按一定深度间隔采样记录的 T_1 发射 R_1 接收的声波全波列波形图(WF)和以颜色深浅反映波的幅度大小的变密度图(VDL)，见图 8-66、图 8-67。也还可以给出横波时差 DTS 等其他曲线。

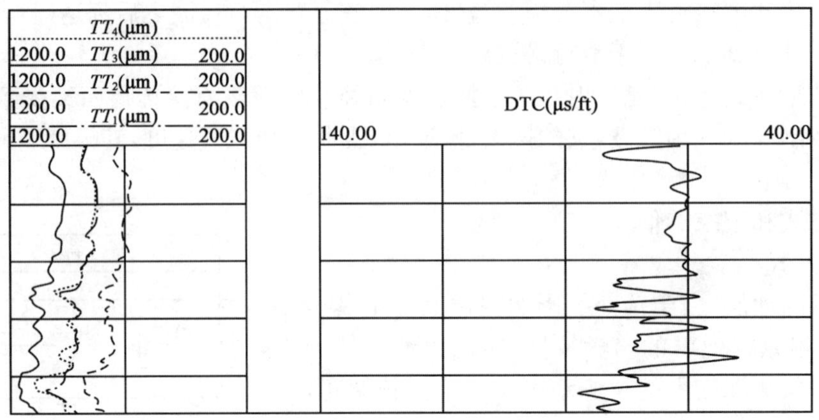

图 8-65 长源距声波全波列测井图(旅行时间及时差曲线)

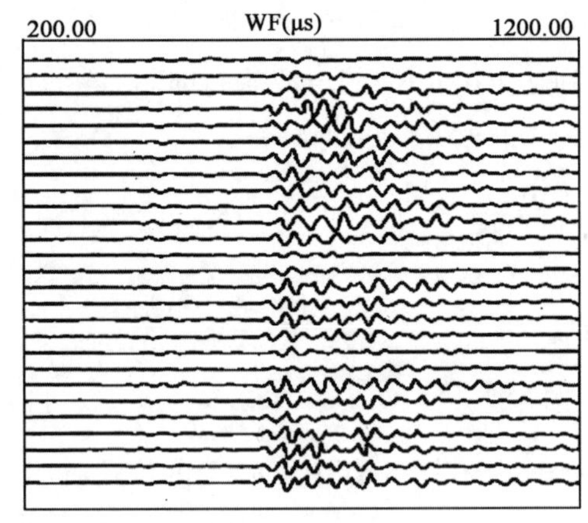

图 8-66 T_1 发射 R_1 接收声波全波列波形图(WF)

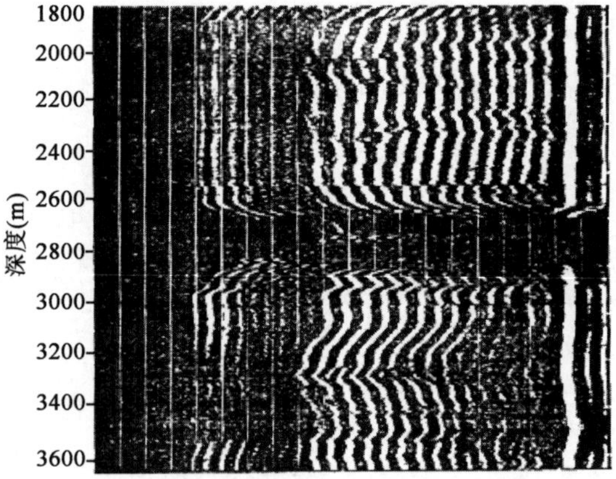

图 8-67 声波变密度测井 VDL

3)资料应用

(1)确定岩性

不同岩性的岩石,其时差比 DTR、幅度衰减和泊松比均有不同的数值,因此,这些参数均可用来确定岩性,这里只介绍时差比法。沉积岩的不同造岩矿物和岩石,其时差比数值不同(表 8-6)。

常见岩石造岩矿物和岩石的时差比值 表 8-6

矿物及岩石	DTR	矿物及岩石	DTR
石英	1.487	黏土	1.936
方解石	1.931	石英岩	1.67～1.78
白云石	1.800	砂岩	1.58～2.05
石灰岩	1.67～2.08	石膏	2.49
白云岩	1.77～2.15		

砂岩的泥质含量增多，则 DTR 增大，所以可以用 DTR 估算泥质含量。石灰岩的白云化程度增大，则 DTR 下降。

(2)判断裂缝

裂缝处有 WF 图幅度下降、VDL 图颜色变浅，且呈现干涉性条纹、声速测井时差增大的特征。

(3)估算岩石力学参数

①计算等效泊松比和杨氏模量 E。

$$\sigma = \frac{0.5(\mathrm{DTR})^2 - 1}{(\mathrm{DTR})^2 - 1} \tag{8-14}$$

$$E = \left(\frac{1}{\Delta t_{\mathrm{p}}}\right)^2 \rho \frac{(1+\sigma)(1-2\sigma)}{1-\sigma} \tag{8-15}$$

②计算岩石等效切变模量 μ 和压缩系数 β。

8.2.3 视电阻率测井

近几十年来，在生产实践和科学研究过程中，电法测井技术本身也发生了很大变化，出现了普通电阻率测井、自然电位测井、侧向测井、感应测井、微电极测井、介电测井、激发极化测井，以及近年来兴起的成像测井系列，如微电阻率扫描成像测井、阵列感应成像测井、方位侧向成像测井等，这些方法的物理基础都是岩石的电阻率或电化学活动性。

由于普通电法测井方法简单，使用广泛，到目前为止，在划分钻井地质剖面和判断岩性等工作中仍然起着一定的作用。它的一些基本概念及分析问题的基本观点，在说明一些新方法的原理时，还要经常用到。

普通电阻率测井包括视电阻率测井短电极(0.25m、0.45m)、长电极(2.5m、4m)测井等。

8.2.3.1 测井原理

普通电阻率测井是电阻率测井中最基本和最原始的形式，它过去能解决的一些任务，现在已经被新出现的更为有效的方法所代替。

但是，在划分钻井地质剖面和作为判断岩层电阻率的辅助手段时，仍然被广泛地采用。通过供电电极 A、B 供电，在井内建立电场，然后用测量电极 M、N 进行电位差测量(图 8-68)。

均匀无限各向同性介质中电场的基本关系式可用于讨论一些实际问题。

(1)采用单电极供电。假设供电电极 A 位于坐标原点。因为介质的电性均匀，所以从 A 流出的电流线在各个方向上一样，即对于原点是对称的(图 8-69)。

球面上的电流密度：

$$j = \frac{I}{S} = \frac{I}{4\pi r^2} \tag{8-16}$$

由欧姆定律的微分形式得：

$$E = Rj = \frac{RI}{4\pi r^2} \tag{8-17}$$

而电场强度

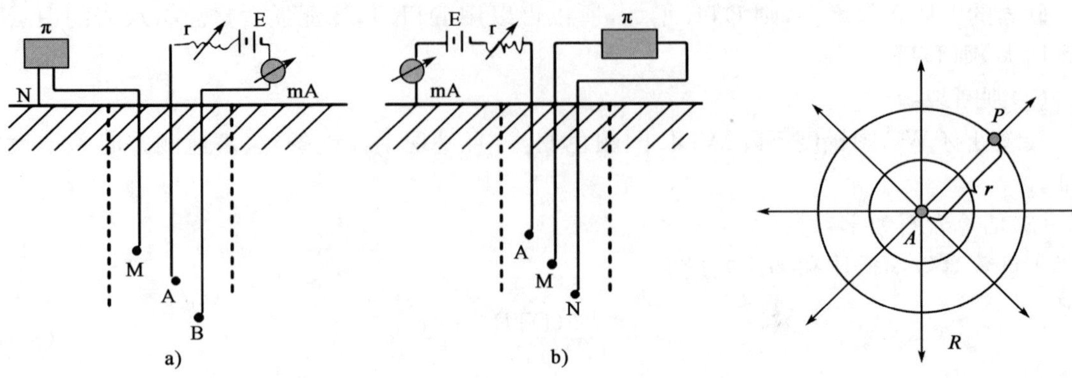

图 8-68 普通电阻率测井原理线路

A、B-供电电极；M、N-测量电极；E-电源；r-调节电阻；π-测量仪器；mA-毫安表

图 8-69 均匀介质中点电源的电场分布

$$E = \frac{\mathrm{d}U}{\mathrm{d}r} \tag{8-18}$$

则均匀介质中任一点的电位为：

$$U = \frac{RI}{4\pi r} \tag{8-19}$$

对于图 8-70 情形：

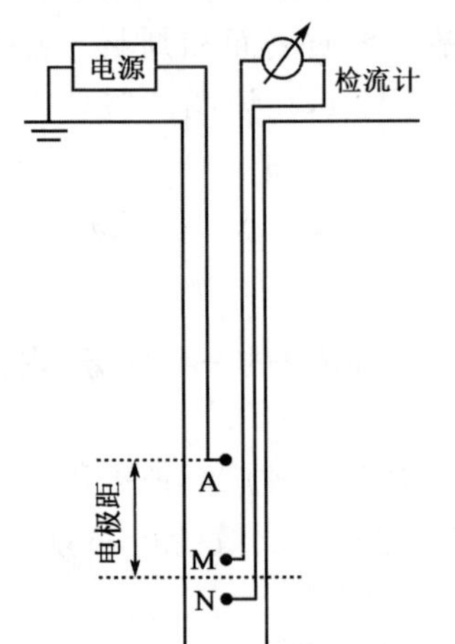

图 8-70 单电极供电

$$U_M = \frac{RI}{4\pi\,\overline{AM}} - \frac{RI}{4\pi\,\overline{BM}} \approx \frac{RI}{4\pi\,\overline{AM}} \tag{8-20}$$

$$U_N = \frac{RI}{4\pi\,\overline{AN}} - \frac{RI}{4\pi\,\overline{BN}} \approx \frac{RI}{4\pi\,\overline{AN}} \tag{8-21}$$

$$\Delta U_{MN} = U_M - U_N = \frac{RI}{4\pi} \cdot \frac{\overline{MN}}{\overline{AM} \cdot \overline{AN}} \tag{8-22}$$

$$R = 4\pi \frac{\overline{AM} \cdot \overline{AN}}{\overline{MN}} \cdot \frac{\Delta U_{MN}}{I} = K\,\frac{\Delta U_{MN}}{I} \tag{8-23}$$

均匀介质的电阻率与测量电极的结构、供电电流及测量的电位差有关，当电极系结构和供电电流大小一定时，均匀介质的电阻率与测量的电位差成正比。

在非均匀介质中，电极系所测量的电阻率是岩层电阻率、井内泥浆、渗透层的侵入、上下围岩的电阻率等的综合反映，这个电阻率称为视电阻率。各部分介质对测量结果的贡献大小很难用简单的方法计算出来，视电阻率计算式为：

$$R_a = K\,\frac{\Delta U_{MN}}{I} \tag{8-24}$$

$$K=\frac{4\pi\cdot\overline{AM}\cdot\overline{AN}}{\overline{MN}}$$

式中，K 为电极系系数，其大小仅与电极之间的距离有关，当电极之间的距离保持不变时，K 为常数。可见，利用一定的电极装置（K 为已知），通以电流 I，测量 M、N 的电位差 ΔU_{MN}后，就可得到均匀介质的电阻率值。

（2）如果采用双极供电电路，井下电极系由 A、B、M 组成。则电极 A 的电流 I 和电极 B 的电流 $-I$ 对 M 点的电位均有贡献（图 8-71）。

$$U_{M}=\frac{RI}{4\pi}\cdot\frac{1}{\overline{AM}}+\frac{R(-I)}{4\pi}\cdot\frac{1}{\overline{BM}} \tag{8-25}$$

由于 N 点离 A、B 很远，则

$UN=0$

$$\Delta U_{MN}=\Delta U_{M}=\frac{RI}{4\pi}\cdot\frac{\overline{AB}}{\overline{AM}\cdot\overline{BM}} \tag{8-26}$$

则电阻率表达式为：

$$R=\frac{4\pi\cdot\overline{AM}\cdot\overline{BM}}{\overline{AB}}\cdot\frac{\Delta U_{MN}}{I}=K\cdot\frac{\Delta U_{MN}}{I} \tag{8-27}$$

$$K=\frac{4\pi\cdot\overline{AM}\cdot\overline{BM}}{\overline{AB}}$$

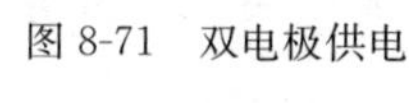

图 8-71　双电极供电

上述研究表明，均匀介质中的电阻率与测量电极系的结构、供电电流以及测量电位差有关，当电极系结构和供电电流大小一定时，均匀介质的电阻率与测量电位差成正比（图 8-72）。

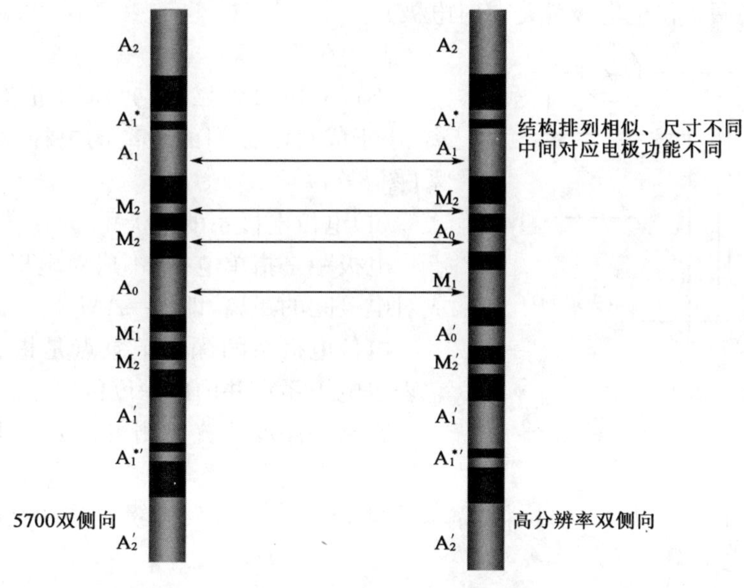

图 8-72　电极系结构对比

沿井提升电极系测量时，测出一条 ΔU_{MN} 随井深的变化曲线，经横向比例刻度后，此曲线即成为岩层电阻率随井深的变化曲线，即普通电阻率测井曲线(图 8-73)。

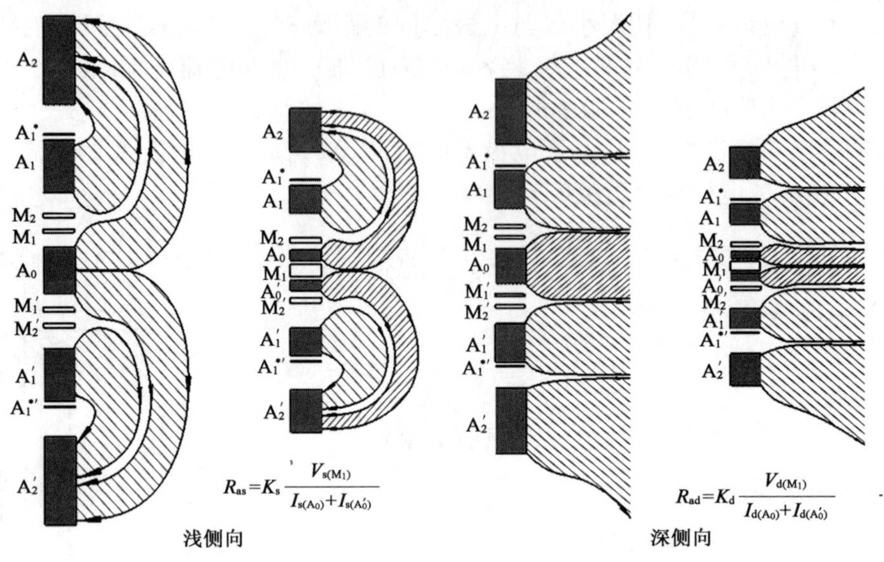

图 8-73　工作原理

实际上，在前边假设的均匀介质中，沿井身所测的电阻率曲线是幅度为 R_t 的一条直线。

8.2.3.2　电极系

电极相对位置不同，会形成不同的电场，也就组成了不同的电极系。根据成对电极和不成对电极的距离不同，可把电极系分为电位电极系和梯度电极系(成对电极即是同一线路中的电极，如供电线路的两个供电电极就是成对电极)。

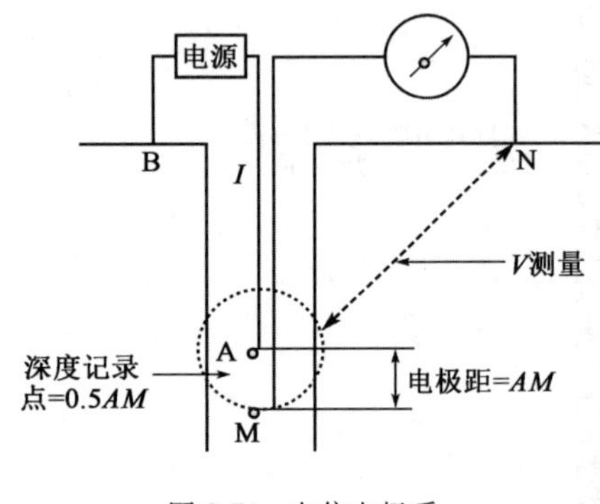

图 8-74　电位电极系

1)电位电极系

不成对电极到靠近它的那个成对电极之间的距离，小于成对电极间的距离的电极系称为电位电极系(图 8-74)。

(1)电位电极系的电极距

电极距是指单电极(不成对电极)到靠近它那个成对电极间的距离，即 $L=AM$。

电位电极系的深度记录点是指 AM 的中点 O，它表示电极系在井内的深度位置。

在某一深度位置上测得的 R_a，可看作记录点处的 R_a。

当 $MN\to\infty$ 时，可认为 N 电极对测量无影响，只有 A、M 对测量是有意义的，这种电极系称为理想的电位电极系。

$$R_a=\frac{4\pi\cdot\overline{AM}\cdot\overline{AN}}{\overline{MN}}\cdot\frac{\Delta U_{MN}}{I}\approx 4\pi\,\overline{AM}\,\frac{U_M}{I}\tag{8-28}$$

从式(8-28)中可以看出，视电阻率与测量点 M 的电位成正比，故该电极系称为电位电极系。

(2)电位电极系电阻率测井曲线特征分析

与岩层电阻率及顶底关系，厚、中、薄层曲线特征见图 8-75。

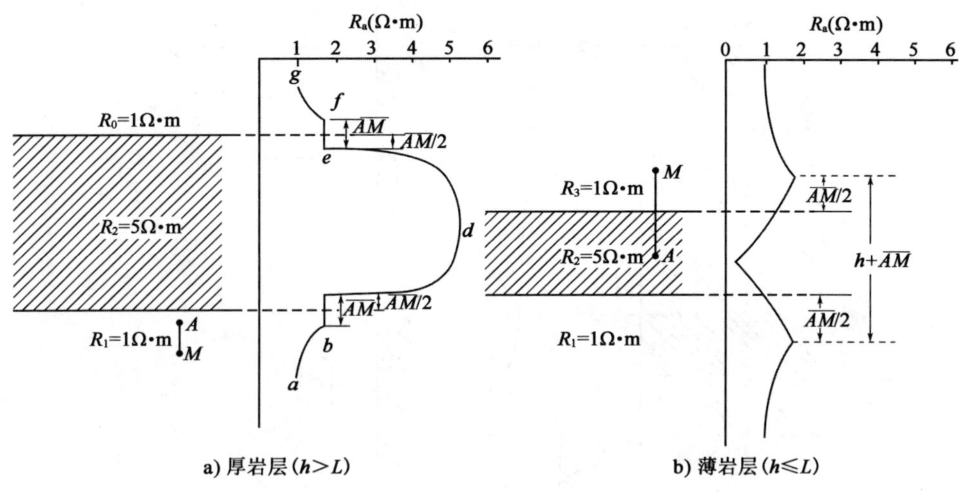

图 8-75　不考虑井孔影响理想电极系电阻率理论曲线

2)梯度电极系

不成对电极到靠近它的成对电极之间的距离大于成对电极间的距离的电极系称为梯度电极系(图 8-76)。

不成对电极到成对电极中点的距离称为梯度电极系的电极距，即 $L=AO$，O 是 MN 的中点，称为梯度电极系的深度记录点。

$MN\to 0$ 时的电极系称为理想梯度电极系。

$$R_a = 4\pi\,\overline{AO}^2 \cdot \frac{\Delta U_{MN}}{\overline{MN}} \cdot \frac{1}{I} = 4\pi\,\overline{AO}^2 \cdot \frac{E}{I} \tag{8-29}$$

可见，视电阻率 R_a 与记录点 O 处沿井轴方向的电位梯度成正比，故电极系称为梯度电极系。

梯度电极系电阻率测井曲线特征：(1)反映极大、极小值与界面的关系；(2)视电阻率值反映地层电阻率相对高低；(3)厚、薄、中厚层曲线形态及其特征如图 8-77、图 8-78 所示。

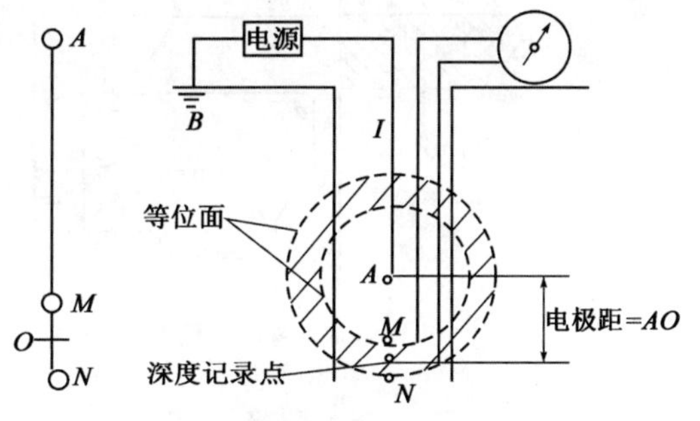

图 8-76　梯度电极系

3)电极系分类

根据成对电极与不成对电极的相对位置不同，可把电极系分成两类。

(1)成对电极在不成对电极下方的称作正装电极系。由于正装梯度电极系测出的 R_a 曲线在高阻层底界面出现极大值，也称作底部梯度电极系。

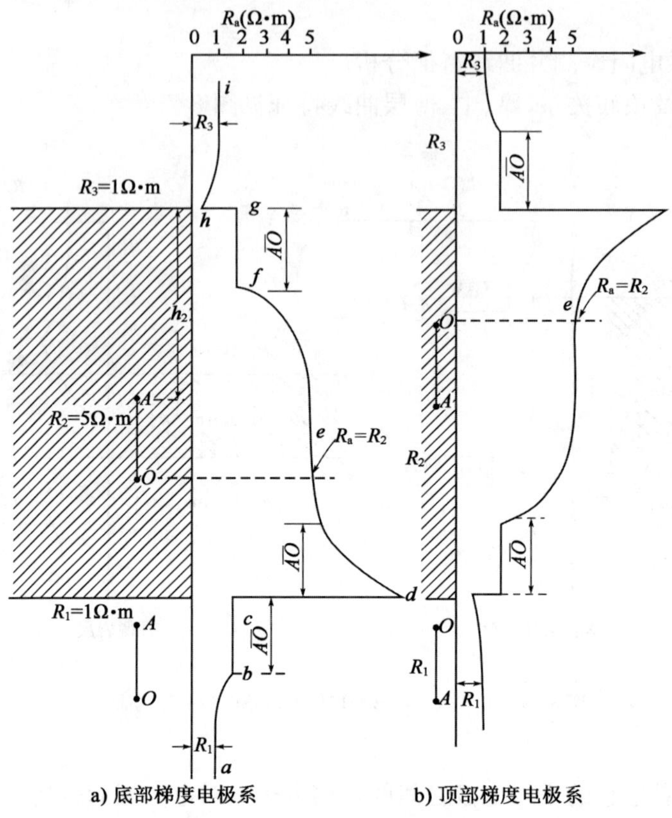

图 8-77　高阻厚层($h>L$)梯度电极系的电阻率理论曲线

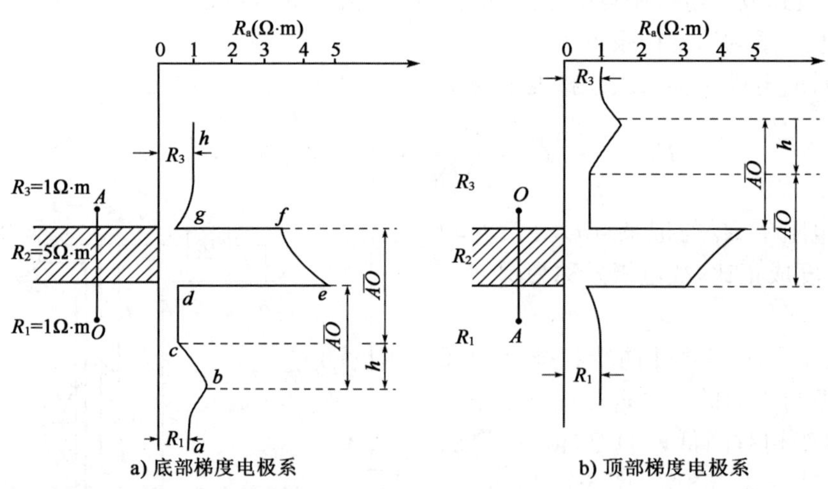

图 8-78　高阻薄层($h<L$)梯度电极系的电阻率理论曲线

成对电极在不成对电极上方的称作倒装电极系，也称顶部梯度电极系。

(2)根据供电电极在井下的个数又可将电极系分成两类：一个电极供电的称作单极供电电

极系;井下有两个供电电极的称双极供电电极系。

综上所述,电极系根据梯度或电位可分为电位电极系和梯度电极系,电位电极系和梯度电极系可分为单极供电或双极供电两种形式,单极供电和双极供电按正装或倒装可分为 8 种不同的电极系,如表 8-7 所示。

电极系分类　　表 8-7

类型	电位电极系				梯度电极系			
	单极供电		双极供电		单极供电		双极供电	
	正装	倒装	正装	倒装	正装	倒装	正装	倒装
图示	A O M N	N M O A	M O A B	B A O M	A M O N	M O N A	M A O B	B O A M
电极距	$\overline{AM}$	$\overline{AM}$	$\overline{AM}$	$\overline{AM}$	$\overline{AO}$	$\overline{AO}$	$\overline{MO}$	$\overline{MO}$
电极系全名	单极供电正装电位电极系	单极供电倒装电位电极系	双极供电正装电位电极系	双极供电倒装电位电极系	单极供电正装(底部)梯度电极系	单极供电倒装(顶部)梯度电极系	双极供电正装(底部)梯度电极系	双极供电倒装(顶部)梯度电极系

4)电极系互换原理

把电极系中的电极和地面电极功能互换(原供电电极改为测量电极,原测量电极改为供电电极),而各极的相对位置不变,则所得到的视电阻率值不变,测得的曲线形状也不变,这就是电极系互换原理。根据互换原理,表中的梯度电极系实质上只有两种类型,电位电极系只有一种类型。

5)电极系的探测深度

在均匀介质中,以单极供电的电极为中心,以其一半径为球面,若球面内包括的介质对电极系测量结果的贡献占测量结果总贡献的 50%,则此半径就是该电极系的探测深度(或探测半径),如图 8-79 所示。

一般电位电极系的探测半径为 2 倍的电极距,梯度的探测半径为 1.4 倍的电极距。

6)电极系的电极距

电极距是人们用来说明这种探测装置长短的,通常用 L 表示。电极距的大小,实际上反映了能影响视电阻率测值的空间介质范围。因此,可从电极系各电极之间的长度中选择对视电阻率测值有决定影响的长度作为电极距。

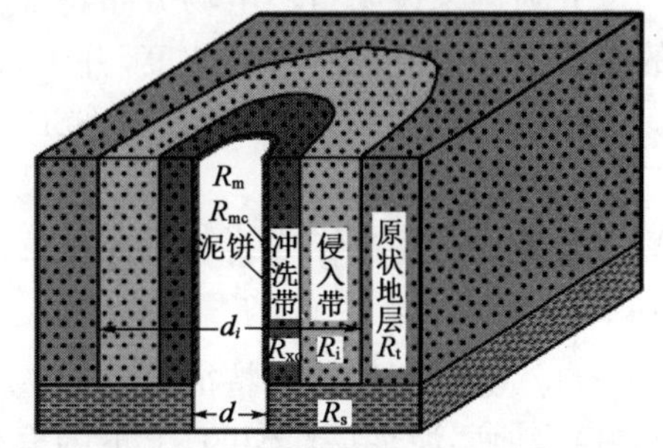

图 8-79　渗透层附近介质分布

基于这种考虑,对电位电极系来讲,由于在理想情况下,成对电极中的一个电极处在相当远的位置,对测量结果影响不大,所以选取两相邻电极之间的距离作为电位电极系的电极距。而梯度电极系在理想情况下,成对电极之间的距离靠得很近，所以选取成对电极中点到不成对电极之间的距离为梯度电极系的电极距。

8.2.3.3 视电阻率曲线的应用

视电阻率曲线可用于确定岩层界面，确定地层电阻率 R_t，地层对比，标准测井图。图 8-80 为地层对比实例，图 8-81 为确定岩层界面。

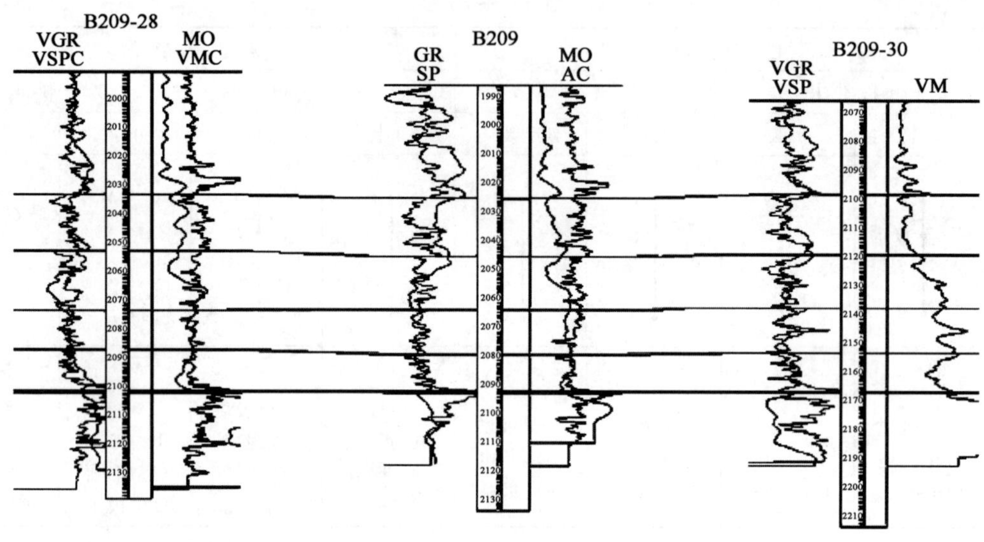

图 8-80 地层对比

8.2.4 自然电位测井(SP)

自然电位测井极少单独进行，而是与其他测井方法同时测量。例如，自然电位测井可以和电阻率测井同时测量。

8.2.4.1 自然电位测井原理

自然电位测井使用一对测量电极，用 M、N 表示(图 8-82)。测井时，将测量电极 N 放在地面，电极 M 用电缆送至井下，沿井轴提升电极 M 测量自然电位随井深的变化，所记录的自然电位随井深的变化曲线叫自然电位测井曲线，通常用 SP 表示。

1)井中自然电场分布

以井为例来说明自然电场分布特征。通常情况下，钻井过程中采用淡水泥浆钻进，泥浆滤液的浓度往往低于地层水的浓度，井中自然电场分布如图 8-83 所示。

$$SSP = I(r_m + r_{sh} + r_{sd}) \tag{8-30}$$

$$\Delta U_{SP} = SSP\left(\frac{1}{1+\frac{r_{sd}+r_{sh}}{r_m}}\right) \tag{8-31}$$

2)自然电位测井曲线特征

(1)当地层泥浆是均匀的，上下围岩岩性相同，自然电位曲线关于目的地层中心对称。

(2)在地层顶部界面处，自然电位变化最大，当地层较厚($h>4d$，d 为井径)时，可用曲线半幅点确定地层界面，随着厚度的变小，对应界面的曲线幅度值离开半幅点向曲线峰值移动。

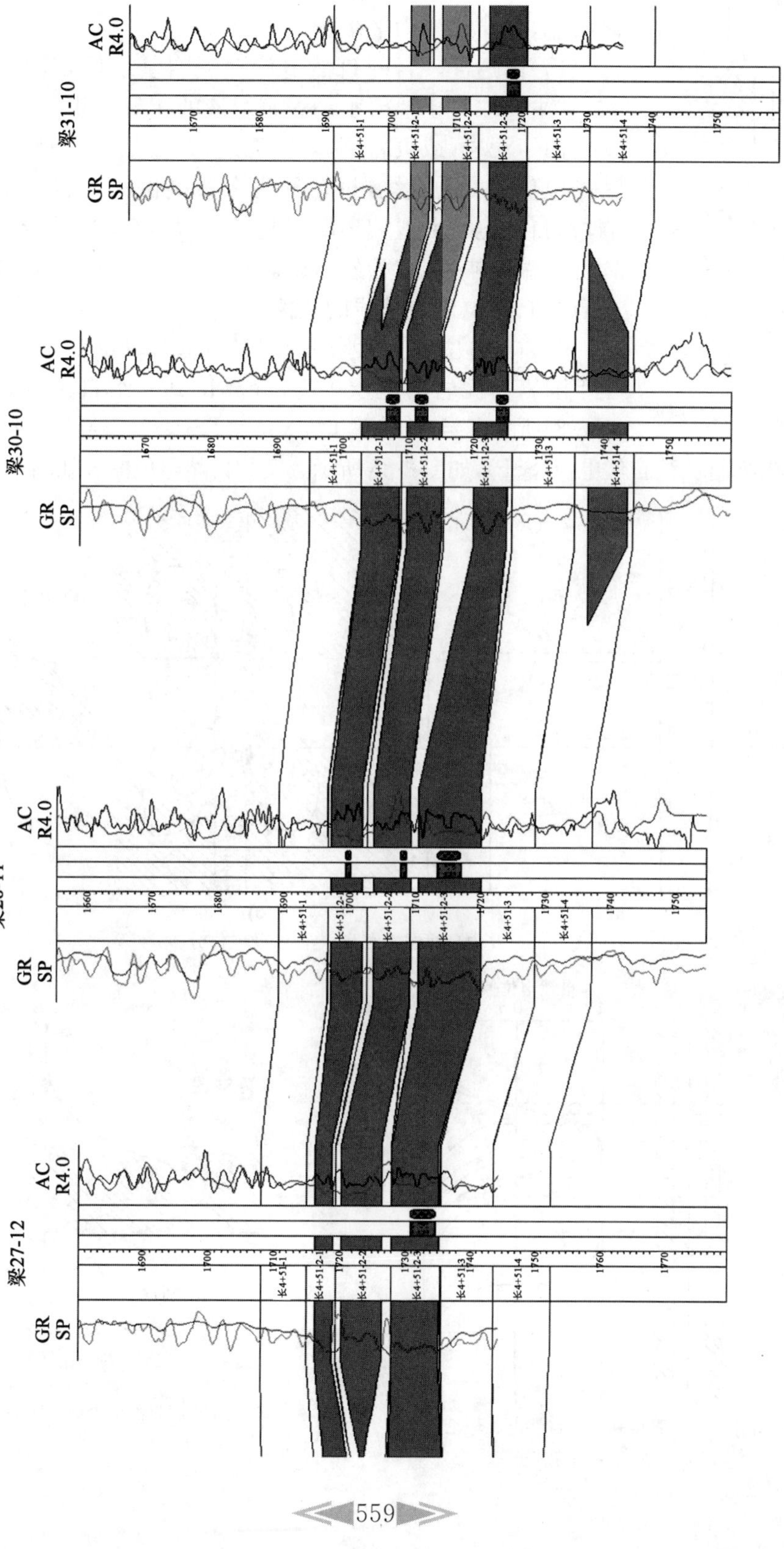

图 8-81 确定岩层界面

注：SP-自然电位值；GR-自然伽马值；AC-声波测井；R4.0-4M 电阻率

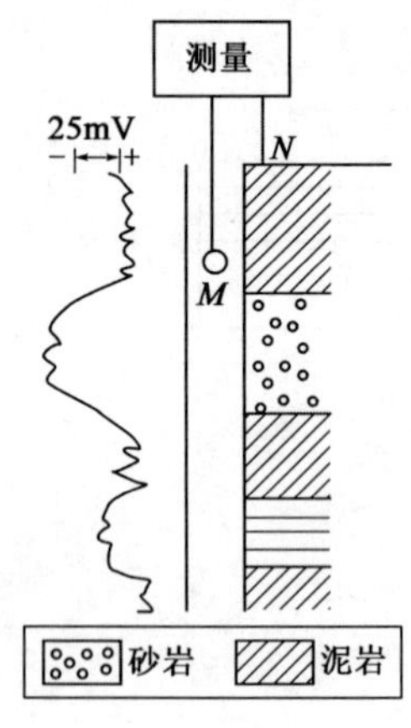

图 8-82 自然电位测井原理

(3)地层中点取该曲线幅度的最大值，随地层的变薄，极大值随之减小，且曲线变为平缓。

(4)渗透性砂岩的自然电位对泥岩基线而言，可向左或向右偏移，它主要取决于地层水和泥浆溶液的相对矿化度。

由于泥岩(或页岩层)岩性稳定，在自然电位测井曲线上显示为一条电位不变的直线，将它称为自然电位的泥岩基线；在渗透性砂岩段，自然电位曲线偏离泥岩基线，在足够厚的砂岩层中，曲线达到固定的偏转幅度，定为砂岩线。自然电位曲线的异常幅度就是地层中点的自然电位与基线的差值。

静自然电位对于纯水层的砂岩的总电动势，针对目的层为纯砂岩、上下围岩为泥岩的地层模型，计算得到一组自然电位理论曲线，如图 8-84所示。当岩层较厚时，$\Delta U_{SP}=SSP$，对于纯砂岩，接近自然电动势的自然电位幅值，称为静自然电位(SSP)，如图 8-85 所示。实测自然电位曲线如图 8-86 所示。

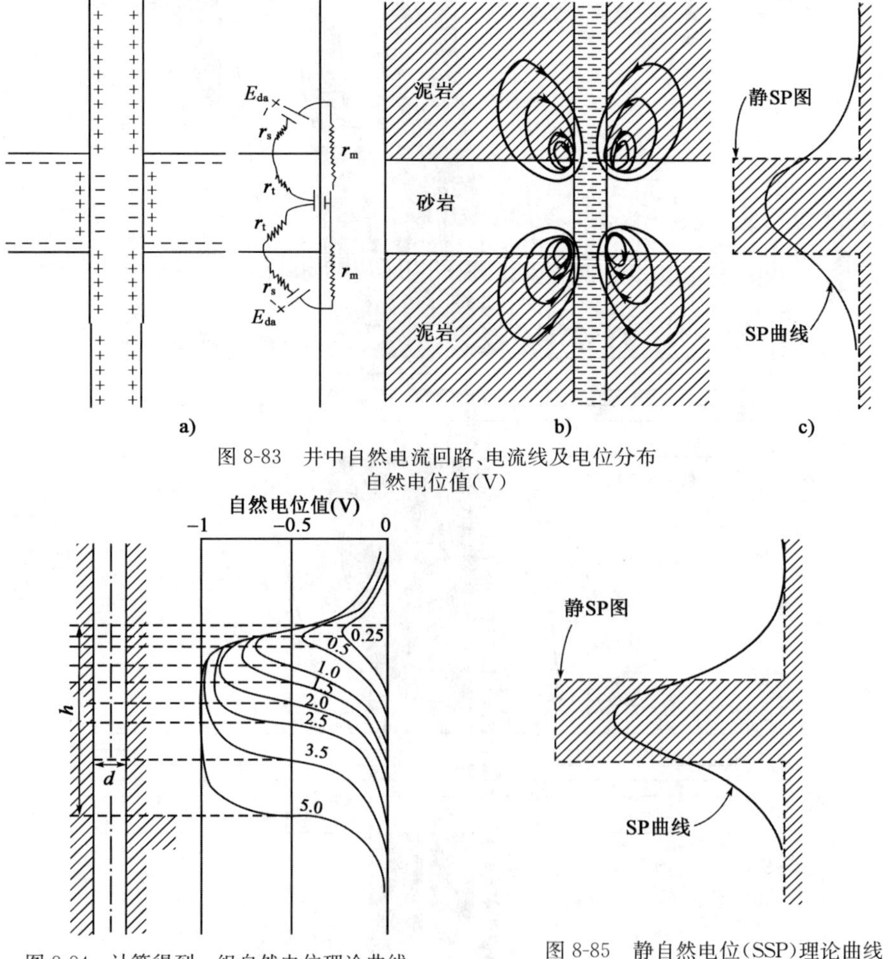

图 8-83 井中自然电流回路、电流线及电位分布

自然电位值(V)

图 8-84 计算得到一组自然电位理论曲线

h-孔深；d-孔径

图 8-85 静自然电位(SSP)理论曲线

8.2.4.2 影响自然电位的因素

在砂泥岩剖面井中，自然电位曲线的幅度及特点主要取决于造成自然电场的总自然电位和自然电流的分布。

总自然电位的大小取决于岩性、地层温度、地层水和泥浆中所含离子成分和泥浆滤液电阻率与地层水电阻率之比。

自然电流的分布则取决于流经路径中介质的电阻率及地层的厚度和井径的大小。这些因素对自然电位幅度及曲线形状均有影响。

(1)地层水和泥浆滤液中含盐浓度比值的影响。地层水和泥浆滤液中含盐量的差异是造成自然电场中扩散电动势和扩散吸附电动势的基本原因。

(2)岩性的影响。当砂岩中含有泥质时，由于泥质颗粒对负离子阻挡作用，使负离子的摩尔导电率发生变化，从而改变其扩散电动势系数。如对于 NaCl 溶液来说，在常温下扩散电动势系数为−11.6mV，当泥质含量增加时，扩散电位系数也将增加，当泥质多到一定程度时，其数值达到 58mV，这时岩层同泥岩没有区别了(表 8-8)。

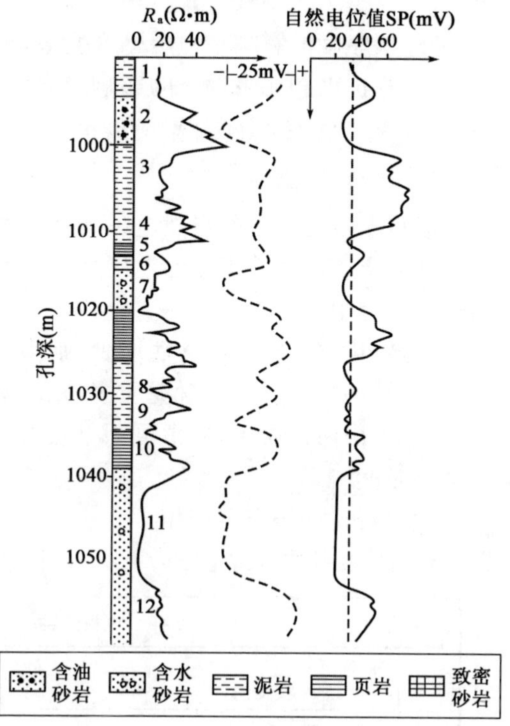

图 8-86 实测自然电位曲线

通常，泥岩的自然电位很稳定，在自然电位曲线上表现为一条平行于深度轴的直线，称为泥岩基线。

18℃时几种盐溶液的 K_d 值 表 8-8

溶质	NaCl	$NaHCO_3$	$CaCl_2$	$MgCl_2$	$NaSO_4$	KCl
K_d(mV)	−11.6	+2.2	−19.7	−22.5	+5	−0.4

(3)温度的影响。同样岩性的岩层，由于埋藏深度不同，其温度是不同的，而扩散、扩散吸附电位系数都与绝对温度成正比例。

$$E_{ec} = E_d + E_{da} = (K_d^{18} + K_{da}^{18})\frac{273+t}{291}\lg\frac{R_{mf}}{R_w} \tag{8-32}$$

(4)地层水和泥浆滤液中所含盐的性质的影响。地层水和泥浆滤液中所含盐的性质的影响见表 8-8。

(5)地层电阻率的影响。地层电阻率的影响见下式：

$$\Delta U_{SP} = SSP\left(\frac{1}{1+\frac{r_{sd}+r_{sh}}{r_m}}\right) \tag{8-33}$$

当地层厚，电阻率差异不大时，$r_{sh}+r_{sa}$远小于r_m；当地层电阻率增高时，r_{sh}、r_{sa}与r_m相比不能忽略，此时$\Delta U_{SP}<SSP$。地层电阻率越高，ΔU_{SP}越低，可定性识别油、水层。

(6)地层厚度的影响。地层厚度变薄，r_{sd}增加，ΔU_{SP}降低。

(7)井径扩大和泥浆侵入的影响。r_m减小，ΔU_{SP}降低。

8.2.4.3　自然电位测井的应用

1)划分渗透性岩层

一般将大段泥岩层的自然电位测井曲线作为泥岩基线，偏离泥岩基线的井段都可以认为是渗透性岩层。渗透性很差的地层，常称为致密层，其自然电位测井曲线接近泥岩基线或者曲线的幅度异常很小。

(1)岩粒粗、分选性好、含泥质少，则渗透性好，自然电位异常明显。

(2)岩粒细、分选性差、含泥质多，则渗透性差，自然电位异常较小。

(3)识别出渗透层后，通常可用自然电位测井曲线的半幅点来确定渗透层界面，进而计算出渗透层厚度。

2)地层对比和研究沉积相

自然电位测井曲线常常作为单层划相、井间对比、绘制沉积体等值图的手段之一(图8-87)。

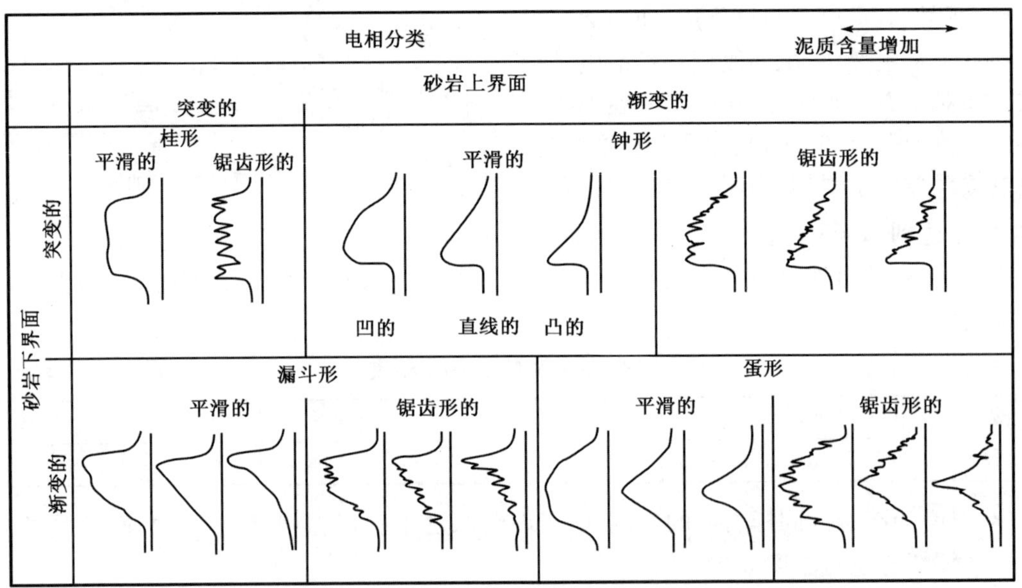

图8-87　作为单层划相

对于岩性均匀、厚度较大、界面清楚(如泥岩与砂岩的突变界面)的储集层，通常用SP异常幅度的半幅点(泥岩基线算起1/2幅度处)确定储集层界面。如果储集层厚度较小，SP异常较小，半幅点厚度将大于实际厚度，应参考其他曲线确定界面。

3)确定地层水电阻率

在评价油气储集层时，需要用到地层水电阻率资料，利用自然电位测井曲线确定地层水电阻率是常用方法之一。适用于岩层厚度足够大、泥浆侵入不深、地层泥质含量较低的含水砂岩层。确定地层水电阻率的步骤为：

(1)根据岩层电阻率、围岩电阻率、泥浆电阻率、冲洗带电阻率、岩层厚度、井径等得到校正系数,将自然电位校正为静自然电位SSP。

(2)根据已知的地层温度和18℃下扩散吸附电动势系数,计算地层温度下的扩散吸附电动势系数K。

(3)根据地层温度下的泥浆电阻率R_m,计算泥浆滤液的电阻率R_{mf}。

$$R_w = R_{w,18}[1-\alpha(t-18)] \tag{8-34}$$

(4)当地层水为浓度不太高的NaCl溶液时,根据电化学电动势公式计算比值$X=R_{mf}/R_w$,然后求出地层水电阻率R_w。

当地层水浓度较高或为其他水时,溶液的浓度与电阻率不是呈简单的线性反比例关系,此时可以引入"等效电阻率"的概念,比值$X=R_{mfe}/R_{we}$。

8.2.5　电磁波法

地下电磁波法是利用无线电波在钻孔或坑道中分别发射和接收,根据不同位置上接收的场强的大小,来确定地下不同介质分布的一种地下地球物理勘查方法。

8.2.5.1　CT层析成像技术

CT(Computerized Tomography)技术又叫层析成像技术,CT技术是指通过人为设置的某种射线(弹性波、电磁波等)穿过工程探测对象(工程地质体),从而达到探测其内部异常(物理异常)的一种地球物理反演技术。

电磁波CT是通过对电磁波场强幅值进行射线追踪和层析成像来反演探测区域介质吸收系数的一种技术,通常采用对称偶极天线发射电磁波,在其辐射场中采用鞭状天线接收电磁波的幅值场强。在光学射线近似的条件下,电磁波在有耗介质中衰减幅值的传输方程可表示为:

$$E_0 \cdot \exp\left[-\int_R \beta(r)\cdot \mathrm{d}r\right]\frac{f}{R} = E \tag{8-35}$$

式中:E_0——波源初始辐射值;

R——发射点到接收点间的路径长;

f——方向因子;

β——探测区域介质的吸收系数;

E——测得的场强幅值。

式(8-35)表明了通过$\exp\left[-\int_R \beta(r)\cdot \mathrm{d}r\right]f/R$因子$E_0$衰减到$E$,其中吸收系数$\beta$是一个与介质电阻率$\rho$、介电常数$\varepsilon$、磁导率$\mu$以及电磁波频率$\omega$有关的介质重要参数,它表征着介质对电磁波的吸收特性,当ε、μ一定时,β主要与ρ有关。一般来说,β越小,ρ就越高,亦即介质的质量越好;反之,β越大,ρ就越低,亦即介质的质量越差。可见介质吸收系数的大小表征着岩体质量的好坏。

将式(8-35)变换,可得到:

$$\ln(E_0 \cdot f/E/R) = \int_R \beta(r)\mathrm{d}r \tag{8-36}$$

若将射线通过的空间划分成网格化模型,则可建立如下反演控制方程:

$$[\boldsymbol{D}][\boldsymbol{B}]=[\boldsymbol{Y}] \tag{8-37}$$

式中，$\boldsymbol{D}$ 为 $M\times N$ 阶矩阵，M 为观测次数，N 为重建区域的网格个数。$\boldsymbol{D}$ 的元素 d_{ij} 为 i 次观测中传播路径被第 j 个网格截得的距离，$i=1,2,\cdots,M$；$j=1,2,\cdots,N$。B 为 N 维列向量，其元素 β_j 为第 j 个网格的吸收系数。$\boldsymbol{Y}$ 为 M 维列向量，其元素 $y_i=\ln(E_0\cdot f_i/E_i/R_i)$，$f_i$ 为第 i 次观测中与天线方向和场矢量方向有关的因子，E_i 为第 i 次测得的场强幅值。求解式(8-37)，即可重建探测区域介质的视吸收系数 β。

观测系统及仪器设备：通常野外观测采用一孔发射、另一孔接收的方式。首先固定一个反射点，接收孔中以固定距离作全孔观测，然后移动到下一个发射点，直至发射孔全部观测完毕。为了满足电磁波场强幅值归一化处理方法的要求，野外观测时进行了互换观测，即将基本观测时收、发孔互换，且保证互换观测与基本观测的点位重合，同样做固定连续全钻孔移动的观测(图 8-88)。

根据工作环境，钻孔电磁波法按工作方式，又可分为单孔、双孔、三孔和地—井方式；坑道电磁波法又有同步法和定点法两种。

在实际透视工作前，还要选择一种适合实际情况的观测方法，这一点很重要。关系到工作的成功与否。

8.2.5.2 坑透法

坑道无线电波透视法，又称坑透法。电磁波在地下岩层中传播时，由于各种岩、矿石电性(电阻率 ρ 和介电常数 ε)的不同，它们对电磁波能量吸收不同，低阻岩层对电磁波具有较强的吸收作用，当波前进方向遇到断裂构造所出现的界面时，电磁波将在界面上产生反射和折射作用，也造成能量的损耗，致使接收巷道中的电磁波信号十分微弱，甚至接收不到透射信号，形成所谓的透射异常(又称阴影异常，见图 8-89)。研究采区煤层、各种构造及地质体对电磁波的影响所造成的各种无线电波透视异常，从而进行地质推断和解释，这就是坑透法的基本原理。

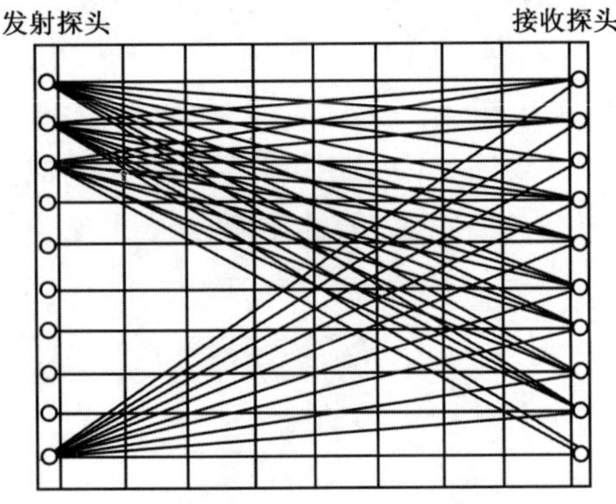

图 8-88 CT 层析成像工作原理

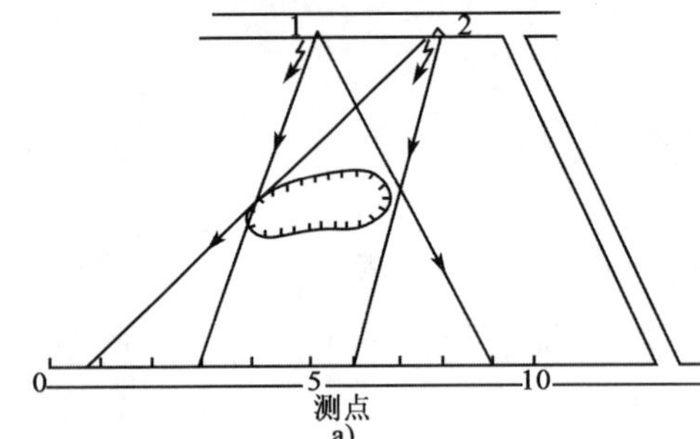

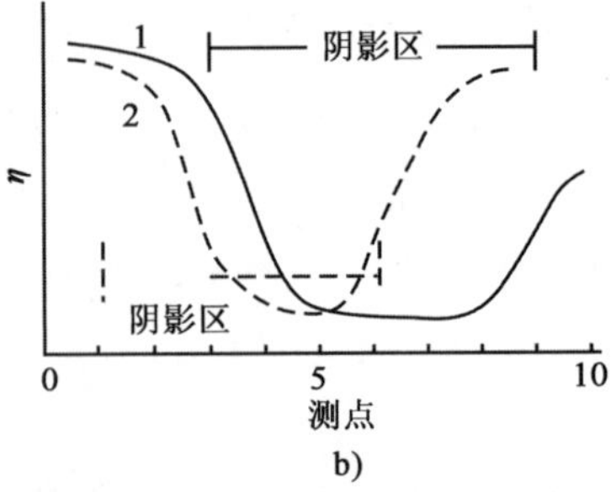

图 8-89 电磁波透视法工作原理

坑透仪接收机测得的是发射机所发射的电磁波在水平方向上电磁波的一个分量。当发射机发送的电磁波穿越电磁性质不同的介质时，就会造成电磁场强度的变化；因此分析电磁场强

度的变化就可以预测工作面内介质的物性变化(图 8-90)。

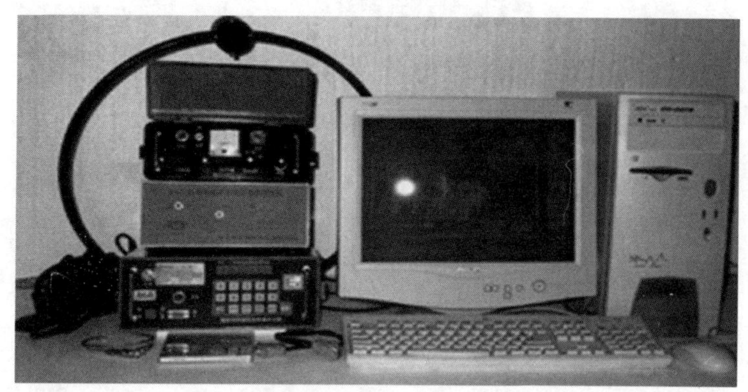

图 8-90 WKT－E 型无线电波透视仪实物

在透视工作之前,先选择地质条件正常,无干扰和干扰因素少的地段,布置 1～2 个发射点进行透视条件试验,以求取该发射机的电磁波在工作面的初始场强值 H_0 和最大穿透距离及煤层的吸收系数 β。

透视工作时,把发射机框形天线与巷道垂直,悬挂成四边形,接收机环形天线直立(注意接收机应放置在远离金属导体的地方),环面与巷道垂直,即观测场强最大值方向,把观测到的数据记入已设计好的表格内。

1)同步法

用同步法观测时,发射天线和接收天线分别位于不同的巷道中,同时作等距离移动,逐点发射和接收。当工作面长度较大,且两条巷道基本平行,人工干扰体又不能彻底消除的情况下,就可以选择用同步法进行观测。采用这种观测方法,因为透视距离大体相等,各处干扰情况相近,接收的又是穿煤层而过的直接波,避免接收各种干扰体形成的绕射、反射、散射波,可确保接收场强值的真实可靠性,有利于资料的分析。但是用这种方法观测容易形成盲区,有漏测的可能。

2)定点法

用定点法观测时,发射机的位置在一定的时间内相对固定,接收机在一定的范围逐点观测其场强值,即定点发射,多点接收(图 8-91)。当工作面长度不大,形状不规则,人工干扰体又可排除的情况下,就可以选择用定点法进行观测。采用这种观测方法,可对工作面全面覆盖两次,不留盲区,并能运用两巷定点交汇法,根据坑透综合曲线图,具体确定地质异常体的性质和空间位置及大小,便于有目的地进行钻探验证,且投资少,见效快。定点法是井下常用的观测方法。

8.2.5.3 钻孔电磁波法

钻孔电磁波法可分为双孔法和单孔法。双孔法是将电磁波辐射源和接收装置分别放置在两个钻孔中,用于寻找钻孔间与围岩有明显电性差异的异常体;而单孔法则是将辐射源和接收装置放置在同一钻孔中,用于寻找钻孔周围的异常体(图 8-92)。

1)仪器特点

(1)灵活的频率选择。不更换任何部件,最多有 320 个工作频率。

(2)同步和非同步两种工作方式。

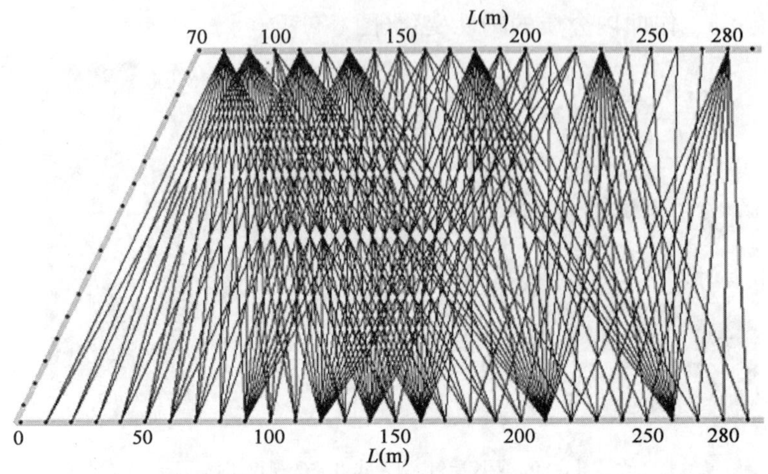

图 8-91　定点发射、多点接收

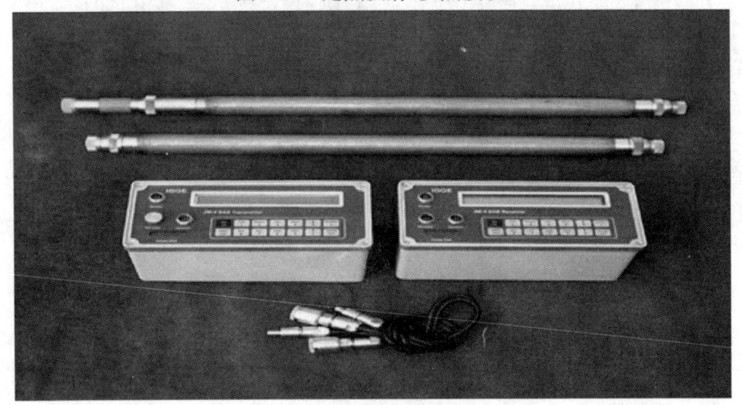

图 8-92　JW-6 型地下电磁波系统

(3)井下仪器与地面采集控制器采用数字传输方式。

(4)菜单操作、液晶显示、掉电保护 RAM、标准 RS-232 的地面采集控制器。

2)主要技术指标

(1)工作频率：

扫频范围：0.1～35.0MHz。

扫频间隔：0.1～9.9MHz。

(2)发射机输出脉冲功率：10～50W。

(3)接收机测量范围：0.2μV～30mV。

(4)钻孔发设机和接收机尺寸：$\phi=40$mm；$L\leqslant1100$mm。

(5)地面采集控制器尺寸：260mm×120mm×155mm。

(6)钻孔仪密封性能：15MPa。

(7)仪器工作温度：0～50℃。

3)数据处理系统

(1)数据传输与预处理。

(2)数据滤波。

(3)层析成像(CT)等模块。

此系统具有安装简易、用户界面友好、运行速度快等特点。

4)单孔法

图 8-93 是郭生浦等在广州某场区用单孔电磁波测井探测岩溶的钻孔电磁波测井解释成果图。工作频率为 32MHz,接发距为 1.0m。曲线上完整灰岩的测井值约为－45dB,溶洞的测井值约为－65dB,溶洞与完整灰岩之间存在明显的高频电性差异。从图 8-93 中可以看到,测井解释(曲线上的 1、2 位置对应溶洞位置)与地质钻探结果十分吻合。测井曲线上,10cm 左右的溶洞即有十分明显的反映。

5)跨孔法实例

(1)跨孔法实例一:确定隐伏溶洞的空间分布

这里列举典型实例说明,钻孔电磁波法不仅可以定性划分岩溶发育区和非发育区,而且还可以利用交会法半定量地确定隐伏溶洞的空间分布以及已知溶洞的延伸范围。

图 8-94、图 8-95 为定性划分岩溶发育区和非发育区的应用实例。图 8-95 中两孔间距为 12.1m;透视中,第四系软黏土电磁波能量衰减很大,因此仪器显示其底数值约－140dB;下部的灰岩较完整区,因电磁波能量损耗较小,其极值约为－50dB,阴影部分为灰岩。由于岩溶发育、电磁波衰减系数介于软黏土和较完整灰岩之间,其测量值约为－100dB。

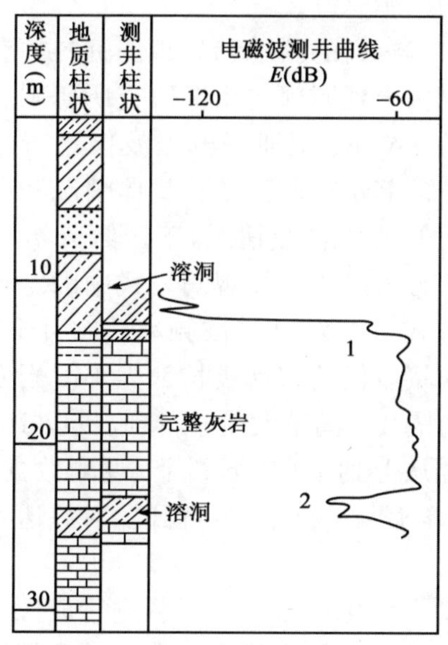

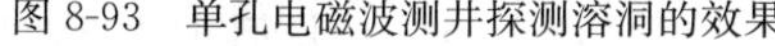
图 8-93 单孔电磁波测井探测溶洞的效果

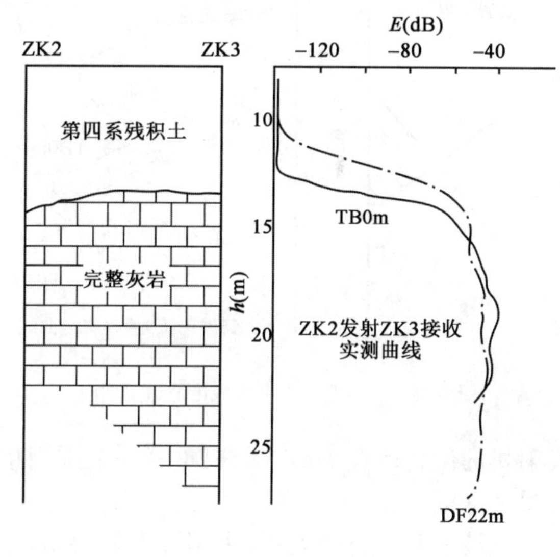

图 8-94 ZK2、ZK3 孔间无线电波透视解释剖面

图 8-96 为确定已知溶洞延伸范围的应用实例。两孔相距 8.6m,利用交会法则可半定量地求出溶洞位置。鉴 9 孔所揭露的两溶洞在 ZK5、鉴 9 孔剖面上不连通,其延伸不大,最大延伸距离约为 2.4m,该结果为后来的钻探结果所证实。

大量资料说明在不同岩溶地区利用电磁波测井求取井壁的岩性变化及探测岩溶是非常有效的。从无线电波透视的应用实例上看,该方法不仅可以定性划分岩溶发育区和非发育区,而且还可以半定量地求出隐伏溶洞的空间分布以及溶洞的延伸范围。

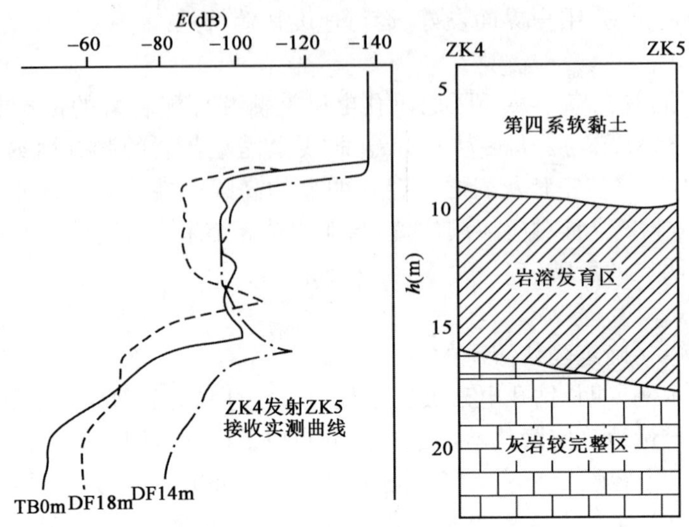

图 8-95 ZK4、ZK5 孔间无线电波透视解释剖面

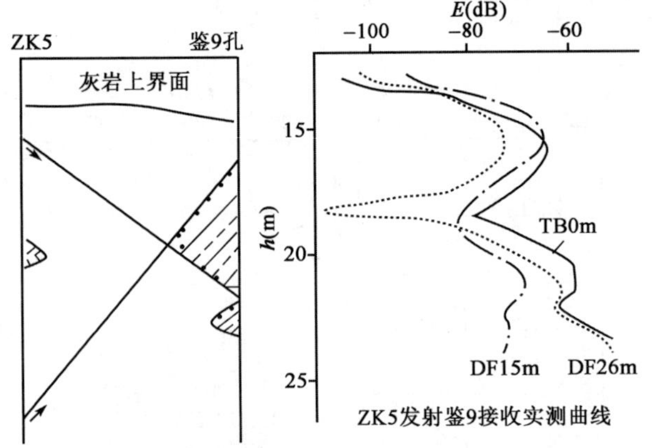

图 8-96 ZK5、鉴 9 孔间无线电波透视剖面

(2)跨孔法实例二:某铁矿岩溶勘探中的应用

①资料的获取和处理。资料的获取采用国土资源部物化探研究所研制和生产的 JW-5Q 型地下电磁波仪进行数据采集。基于铁矿区钻孔具体情况和所要查明的地质区域情况,工区野外数据的采集方式采用双孔观测方式中的定点发射方式。发射电磁波频率为 8MHz,发射与接收机的移动步长都为 1m,当发射机每隔 1m 固定发射时,接收机以 1m 的间隔从上到下(从下到上)观测数据,再将发射机的位置改变 1m,接收机重复一个排列接收。这样不断进行下去,直到发射源达到钻井的最大深度为止。

电磁波 CT 资料的处理,采用计算机层析成像技术对孔间电磁波吸收系数进行成像。电磁波旅行时层析成像是一个非线性问题,常用迭代法求解。电磁波透视 CT 数学模型是根据在不同方向上的大量衰减场强,计算得到被测平面内部衰减场强 $f(x,y)$。目前国内外处理方法较多,如代数重建法(ART)、反投影法(BPT)、联合迭代法(SIRT)、最大熵法(MEIR)、共轭梯度法(CG)及波前法射线追踪(WFRT)等。这些方法可以是直射线模型,也可以是弯曲射线模型。目前,在电磁波 CT 中尚未见弯曲射线模型结果。本次资料处理采用 CUGTEM 系统中自带的代数重建法,代数重建法(ART)是对方程组逐行处理以修正近似估计解,最后一个方程修正完后又回到第一行重新修正,直到总的残差满足收敛要求为止,该方法要求的内存少且计算速度快,并采用加入阻尼技术来控制约束其结果,以克服迭代时容易发散的缺点而被广

泛应用。运用代数重建法计算结束，完成对数据处理以后，就可生成按(X,Y)像素的输出值，最后转到 Surfer 软件进行出图，可以根据实际需要生成灰度图和彩色图。

将采集的数据经过重排等处理，最后经代数重建反演计算，电磁波 CT 图可得到视吸收系数彩色 α 值分布，如图 8-97a)、图 8-98a)、图 8-99a)中采用 α 值等值线予以表示，等值线间区域颜色由灰度、色谱等图示方法加以表示。α 值越小，介质对电磁波的吸收越小，介质的性状越好；α 值越大，介质对电磁波的吸收越大，介质的性状越差。

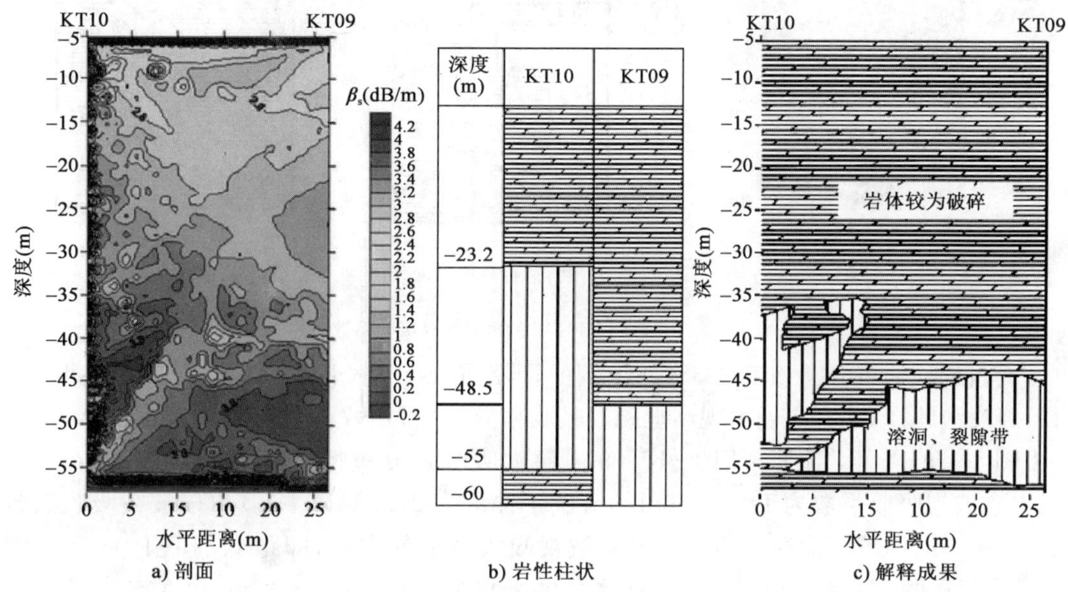

图 8-97　钻孔 KT10—KT09 的电磁波视吸收系数成像

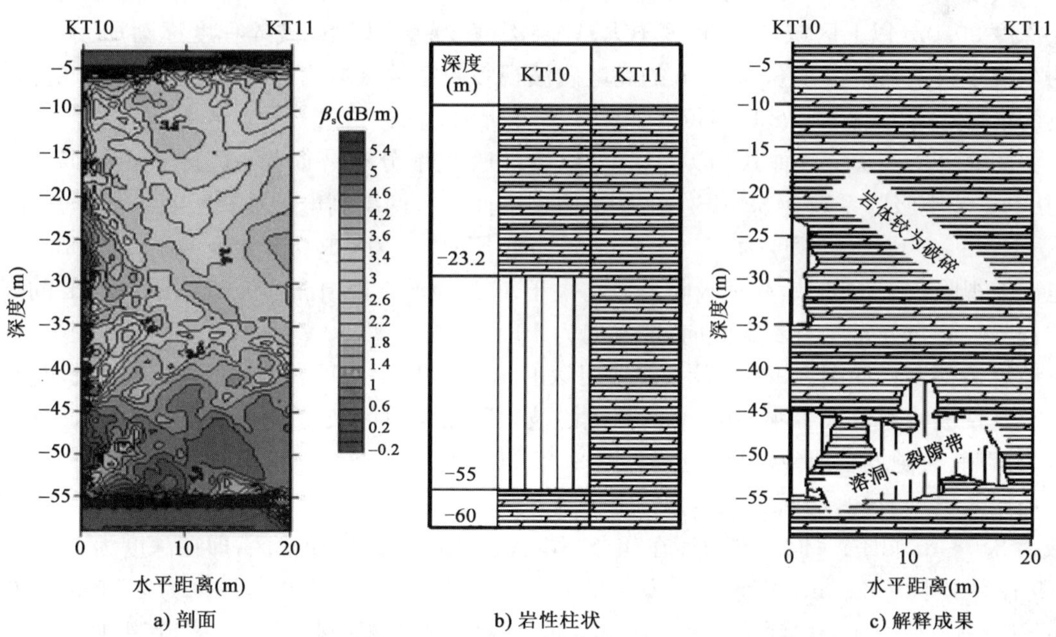

图 8-98　钻孔 KT10—KT11 的电磁波视吸收系数成像

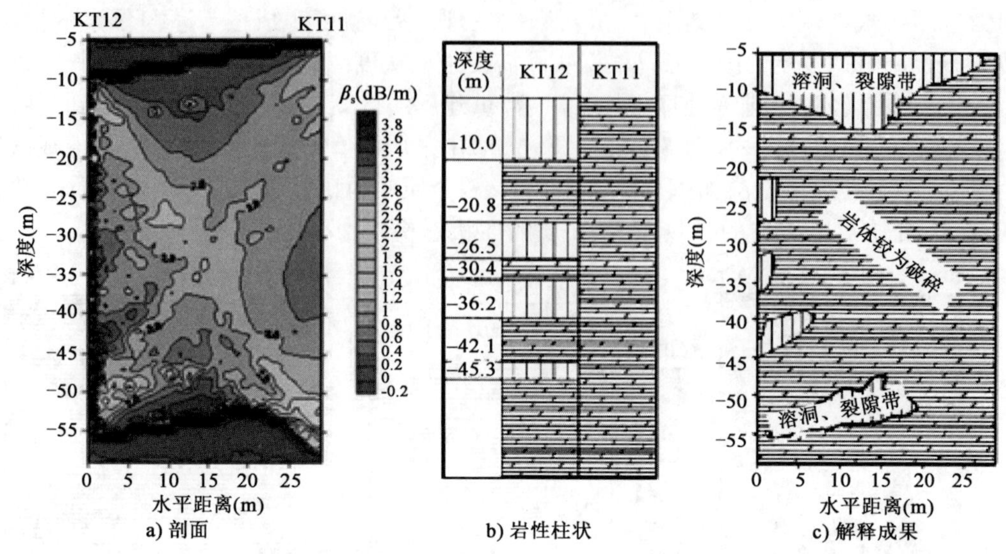

图 8-99　钻孔 KT11—KT12 的电磁波视吸收系数成像

②资料的地质解释。该工区 3 个 CT 剖面，即剖面 KT10—KT09、KT10—KT11、KT11—KT12，经反演解译，共有 9 处出现高电磁波吸收率异常(图 8-97～图 8-99)。

由图 8-97a)可知，剖面 KT10—KT09 电磁波吸收率分布特征为：位于井深为 20.0m 上方，其电磁波视吸收系数为 1.8～3.0dB/m；位于井深为 20.0m 以下，其电磁波视吸收系数为 3.0～3.4dB/m，但该剖面存在两个高电磁波视吸收系数异常区，即距 KT10 井 0～5m、深度 37～52m，存在倒三角形高电磁波视吸收系数区域和距 KT09 井 0～20m、深度 45～55m 的高电磁波视吸收系数区域，其视吸收系数均大于 3.8dB/m。结合钻探资料，如图 8-97b)所示，在地层深度 20.0m 以上区域，破碎程度不大；地层深度 20.0m 以下，破碎程度逐渐加大，其存在的两个视吸收系数均大于 3.8dB/m 的高电磁波视吸收系数区域为破碎严重且富含水的区域，推测为溶洞、裂隙发育所致，具体位置如图 8-97c)所示。

由图 8-98a)可知，剖面 KT10—KT11 电磁波吸收率分布特征为：位于井深为 45.0m 以上，其电磁波视吸收系数为 3.4dB/m 以上；但该剖面存在两个高电磁波视吸收系数异常区，即距 KT10 井 0～18.0m，深度为 45.0～55.0m 和距 KT10 井 0～1.0m，深度为 23.0～35.0m 的高电磁波视吸收系数区域，其视吸收系数均大于 4.6dB/m。其中深度为 45.0～55.0m 的高电磁波视吸收系数异常具有一定倾向，即倾向为 10 孔方向。

结合钻探资料如图 8-98b)所示，在地层深度 45.0m 以上区域，破碎程度逐渐加大，其存在的两个其视吸收系数大于 4.6dB/m 的高电磁波视吸收系数区域为破碎严重且富含水的区域，推测为溶洞、裂隙发育所致，具体位置为图 8-98c)所示。

由图 8-99a)可知，剖面 KT11—KT12 电磁波吸收率分布特征为：整个剖面电磁波视吸收系数为 2.0～3.0dB/m；但该剖面存在几个高电磁波视吸收系数异常区，即在深度为 15.0m 以上、距 KT12 井 0～2.0m，深度为 21.0～26.0m、距 KT12 井 0～2.0m，深度为 31.0～36.0m、距 KT12 井 2.0～20.0m，深度为 48.0～55.0m 的高电磁波视吸收系数区域，其视吸收系数均大于 3.4dB/m。

结合钻探资料，如图 8-99b)所示，在地层深度 45.0m 以上区域，破碎程度中等，其存在的两个其视吸收系数大于 3.4dB/m 的高电磁波视吸收系数区域为破碎较严重且含水的区域，推测为溶洞、裂隙发育所致，具体位置如图 8-99c)所示。

(3)跨孔法实例三：安徽滁州琅琊山抽水蓄能电站防渗帷幕工程应用

这里介绍试区 IV 的情况(吴翔飞，2003)，该区布置在副坝坝基车水桶组地层中进行试验，桩号为 FB0＋18.3～FB0＋36.8，主要对表层溶洞的灌浆封堵工艺、灌浆效果以及对副坝的抬动影响进行试验。为了检查灌浆效果，在该试区布置了 WT4－1、WT4－2、WT4－3 共 3 个物探孔，其中 WT4－1、WT4－3 为电磁波 CT 孔，WT4－2 为声波测试孔。

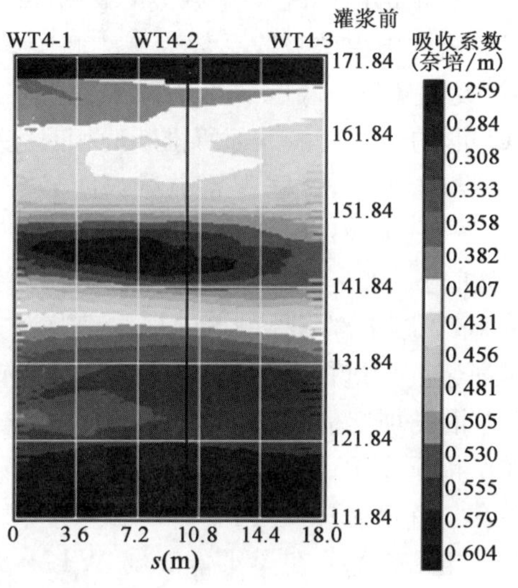

图 8-100 琅琊山试区 IV 电磁波 CT 图

①电磁波 CT 成果解释。电磁波 CT 在WT4－1 与 WT4－3 两孔中进行，WT4－1 孔口高程为 171.84m，桩号为 FB0＋18.3；WT4－3 孔口高程为 170.85m，桩号为 FB0＋36.05 (图 8-100)。

从琅琊山试区 IV 电磁波 CT 图(灌浆前)中可以看出，在高程为 151.84～161.84m 和 136.84～142.84m 区间，两孔间的岩体电磁波表现为相对较高吸收现象，吸收系数为 0.431～0.505 奈培/m，推断在该区间为裂隙密集带；在高程为 141.84～151.84m 区间，两孔间的岩体电磁波表现为相对高吸收现象，吸收系数为 0.505～0.604 奈培/m，推断在该段可能为含黏土充填的溶洞，其他部分岩体相对完整。

②电磁波 CT 成果解释。电磁波 CT 在 WT5－1 与 WT5－3 两孔中进行，WT5－1 孔口高程为 89.75m，桩号为 XD0＋166；WT5－3 孔口高程为 89.75m，桩号为 XD0＋178 (图 8-101)。

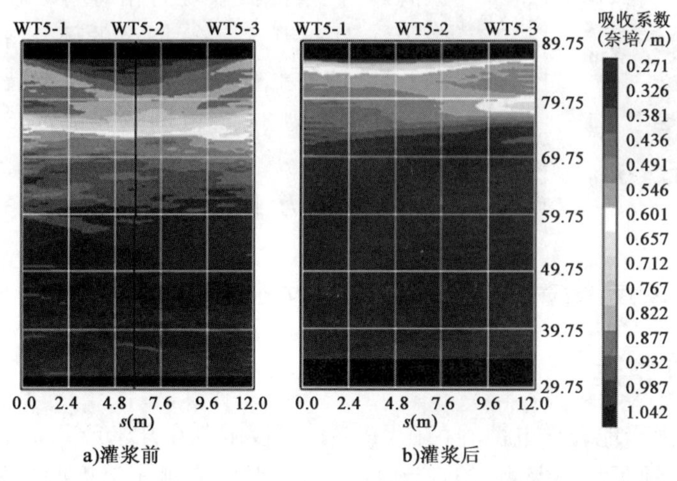

图 8-101 琅琊山试区 V 电磁波 CT 图

从琅琊山试区Ⅴ电磁波CT图(灌浆前)中可以看出,在高程74.75～86.75m区间,两孔间的岩体电磁波表现为相对高吸收现象。其中吸收系数为0.657～0.877奈培/m的部分,推断为裂隙密集带;吸收系数为0.877～0.987奈培/m的部分为含黏土充填的溶洞;在两孔间,溶洞底部呈"U"形,在其下有不规则的溶洞存在,其他部分岩体完整。

灌浆后电磁波CT测试仍然在WT5－1与WT5－3两孔中进行。

从琅琊山试区Ⅴ电磁波CT图(灌浆后)中可以看出,在高程74.75～86.75m区间,两孔间的岩体电磁波吸收系数为0.420～0.491奈培/m,相对于灌浆前0.657～0.877奈培/m来说,吸收系数降低了26%～78%。原来推断的裂隙密集带、含黏土充填的溶洞、溶洞底部所呈"U"形均已消失。下部所推断的相对完整岩体已没有裂隙存在。

综上所述,试区Ⅴ灌浆效果明显。

③试区VII电磁波CT成果解释。试区VII布置在副坝坝基车水桶组中段地层中进行试验,桩号FB0＋66.0～FB0＋75.5,主要针对地层陡立,对表层裂隙的灌浆工艺、灌浆效果进行试验,兼顾上部岩体的可灌性和灌浆工艺的研究。灌浆区铺设了0.3m厚的混凝土盖板。为对灌浆前后进行对比检查,在该试区布置了WT7－1、WT7－2两个电磁波CT孔,孔倾角70°,沿副坝帷幕线方向,倾向右坝头,方位角73°29′,孔深为62.5m。为保护仪器设备,该两孔测试前下了PVC管,其管径为50mm。由于测试孔为斜孔,为了方便起见,在孔深度上采用距离孔口深度来标注(图8-102)。

电磁波CT在WT7－1与WT7－2两孔中进行,WT7－1孔口高程为166.3m,桩号为FB0＋67.0;WT7－2孔口高程为166.3m,桩号为FB0＋74.5。

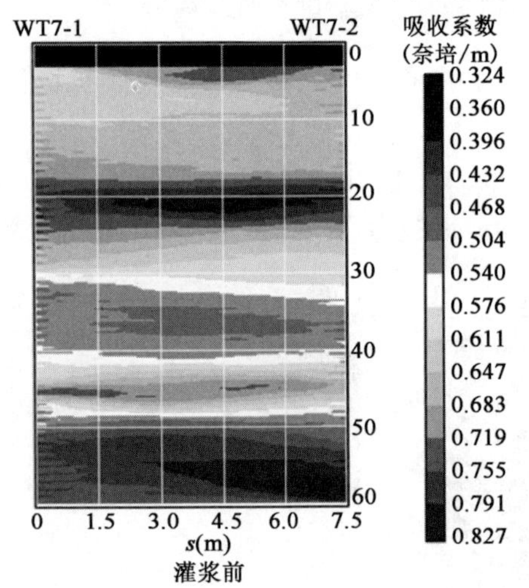

图8-102　琅琊山试区Ⅶ电磁波CT图

从琅琊山试区Ⅶ电磁波CT图(灌浆前)中可以看出,在深度3～4m、横向距离WT7－1孔3～4m区间,岩体电磁波表现为相对高吸收现象,其中吸收系数为0.719～0.755奈培/m的部分,推断为裂隙发育带。

在深度18～23m、横向距离WT7－1孔1.7～7m区间,岩体电磁波表现为相对高吸收现象,其中吸收系数为0.719～0.827奈培/m的部分,推断为大裂隙或溶洞,可能被黏土充填;有黏土充填的裂隙。

在深度为3～30m间的岩体,相对于其他部分岩体来讲较软弱。

在深度为42～47m间的岩体完整性差,有较大裂隙。

其他部分岩体相对完整。

8.2.6　钻孔雷达

地面地质雷达由于地表导电性的存在,其穿透深度限制在几米或几十米范围内,受探测深度限制,不适于进行地下深部探测。随着地质雷达在无损检测和工程勘察领域中的技术指标和应用水平不断提高,人们期望能在钻孔或者井中进行雷达探测,因为这种探测方式能到达更深的岩体内部，钻孔地质雷达由此孕育而生。钻孔地质雷达可通过钻孔直接进入地下深部，又具有地质雷达分辨率高的优势，若要获取高分辨率地下深部岩体信息，它是唯一有效可行的探测方式。其探测深度可达地下500m，最深可达地下1000m，国外已有最大探测深度达2000m的钻孔地质雷达。且钻孔雷达的测量方法很多，有单孔反射测量、跨孔测量、盐示踪测量、隧道与钻孔间的反射测量、垂直雷达剖面测量、定向雷达测量等。对隧道超前地质预报而言，期望通过钻孔地质雷达解决和提供更为精细的地质预报资料，以满足在隧道前方的特殊地段、灾害的疑似区、重要区段的工程地质技术要求。

8.2.6.1　钻孔地质雷达探测原理

钻孔雷达方法是一种确定地下介质分布的广谱电磁技术，它能在岩土介质中穿透一定的距离，使用的频率通常在50～250MHz。钻孔雷达与地面使用的地质雷达原理相同，它利用一个天线发射高频宽带电磁波，另一个天线接收来自地下岩土介质的发射波。雷达波的传播受到岩土电磁性质及几何形态的影响，接收端电磁波强度和波形将随之发生变化。据此，根据接收端电磁波的双程走时（Travel Time）、振幅（Amplitude）和波形（Waveform）资料，可以推测出地下岩土介质的结构特征。另外，如果地下岩土介质电导率超过某一数值，雷达单孔反射测量（Single-hole Radar）将失去效用。由于在高导介质中电磁波不能以波的形式进行传播，此时只能进行跨孔测量（Crosshole Radar）或孔中—地面测量（Vertical Radar Profiling，VRP），这两种探测方法主要根据首波振幅和到达时间来获取重要的地质信息。

在雷达反射探测方式中，发射天线和接收天线都放置于同一钻孔中，且间距固定，用于传输信号触发和数据采集的光缆可以消除普通电缆对收发天线的附加干扰，钻孔雷达常用天线为偶极子天线，它能辐射和接收来自360°空间的信号。和地面地质雷达一样，钻孔雷达的解译是在数据处理后所得的地质雷达图像剖面中，根据反射波组的波形与强度特征，通过同相轴的追踪，确定反射波组的地质特征。当岩体中存在不良地质体（如裂隙、层理、断裂、破碎带、岩溶和地下水等）时，不良地质体与周围岩体的电性差异较大，容易形成强烈的反射波，同时，还可能由于岩性的差异产生绕射波，并在时间剖面上形成双曲线特征。钻孔雷达解译的不同之处主要在于对空间的解释，对于地面地质雷达来说，所有的反射都来自半空间，而对于钻孔雷达来说，反射来自360°的径向范围。一般情况下，利用单孔雷达反射数据很难确定反射体的方位，而只能确定反射体的距离。当反射体为平面时，平面和钻孔的夹角也可确定下来。对于点目标来说，反射信号的特征为双曲线，对于未穿过钻孔的裂缝来说，反射特征为一条斜线。斜线和钻孔的夹角由裂缝与钻孔的夹角决定。当裂缝穿过钻孔时，反射特征像张开的剪刀，利用这些特征可以推断裂缝的形态。如图8-103所示为雷达单孔反射测量的天线布置及岩体内断层与空洞雷达图像，图8-103中直观地展现了空洞、穿过钻孔和未穿过钻孔的断层3种典型的不良地质体对雷达波信号反射和透射情况，并给出了各自典型的反射雷达剖面图。

8.2.6.2　钻孔地质雷达探测技术与方法

钻孔雷达包括雷达发射机和接收机，并内置于不同的天线内。天线通过光纤与控制单元相连，光纤用来传输触发信号和采集的数据，笔记本用来存储和显示图像。钻孔雷达的测量模式主要有3种：单孔反射测量、跨孔测量、地面—孔中（VRP）测量。雷达波受土壤和岩石的介电常数和电导率影响，钻孔地质雷达介质中的反射波形成雷达剖面，通过异常体反射波的走时、振幅和相位特征来识别目标体，判明其位置、岩性及几何形态。如果周围介质的电导率非常大，就很难进行雷达反射。在高电导率介质中，不能满足雷达方程，无法产生反射信号，但可以进行跨孔和地面—孔中测量，因为这两种方法不需要反射。在这两种测量模式中，可以从直达波信号的振幅和到达时间来得到探测目标的状况，而不需要反射信号。

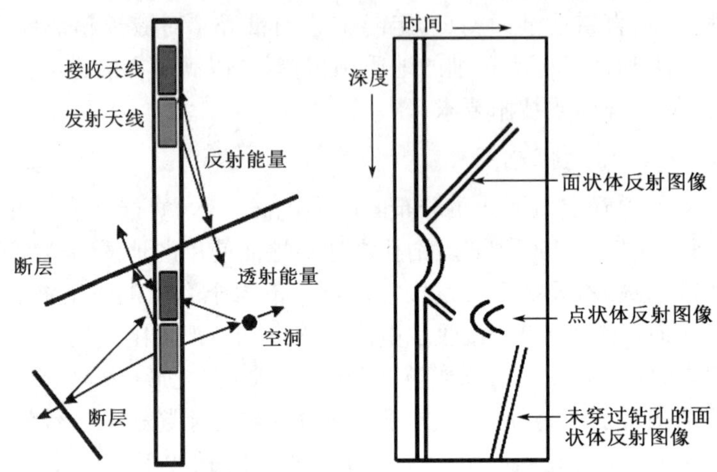

图 8-103　雷达单孔反射测量的天线布置及岩体断层与空洞雷达图像示意图

1)设备配置

用于地下岩体探测的地质雷达系统由 3 部分组成，即地质雷达的主机、控制和显示单元、天线(图 8-104)。以 SIR-20 为例，它是目前国内引进的较为先进的地质雷达产品之一，其主机、控制和显示单元、天线分别为：①SIRveyor 主机由电源、SIR-20 高速地面电磁探测仪(SIR-20 GPR Data Acquisition System)、自带全金属外壳加固型笔记本电脑(Attached Panasonic Tough Book Computer)组成；②控制和显示单元由显示器与功能控制键组成；③天线分为单天线形式和多天线形式。

单天线形式是利用一个天线发射宽频带脉冲雷达波并接收来自地下介质界面的反射回波。多天线形式则可同时连接 4 个天线，完成各种任务。SIR-20 适合于所有 GSSI 天线和各种耦合天线，天线频率主要有 40MHz、80MHz、100MHz、120MHz、300MHz、400MHz、500MHz、800MHz、1GHz 等。对于钻孔雷达检测部分，目前可提供中心频率为 20～250MHz 的井中天线，并附加有 150m 专用井中电缆和信号加强器(超过 50m 深度需要配置)。

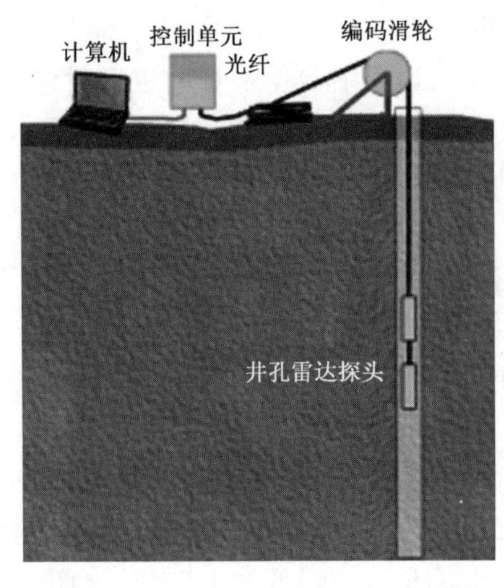

图 8-104　地下岩体探测的地质雷达系统

探测前，首先要选择好合适的天线。地质雷达的探测深度和分辨率是表明其探测能力的重要技术参数，而探测深度和分辨率都与工作频率有关，所以工作频率的高低直接控制探地雷达的探测能力。地质雷达工作频率(即天线中心频率)的选择应同时考虑到探测深度与分辨率的要求。在无磁性介质中，电磁波的趋肤深度

$\delta=503\rho/f$,可见 δ 随介质电阻率的增加和频率的减小而增大。当介质性质一定时,天线中心频率越高,不但波形特征会发生变化,且波的能量衰减更剧烈,探测深度也越小。然而,当频带宽度一定时,地质雷达的分辨率却是随工作频率的提高而变好。除上述几个主要方面以外,要获得比较理想的探地雷达探测记录资料,更全面地反映地下岩体的真实情况,还要合理选择收发天线间距、测点点距、记录时窗、时间采样率、天线的工作方位、天线尺寸与脉冲宽度等参数。

2)适用性评价

要达到地质任务或探测目标,需要对钻孔地质雷达适用性做出评价。地质雷达的应用需要解决两个重要问题,即探测深度和分辨率的选择。对于地质调查和水文调查等方面,探测范围往往较大,探测深度是首先需要了解的;而在工程岩体检测中,需要对各种不良地质体的细节进行描述,地质雷达的分辨率就是最为重要的参数。影响地质雷达探测深度和分辨率的因素很多,主要包括天线的性能、野外设计和参数选择等。

(1)探测深度

地质雷达的探测深度是指地质雷达所能探测到的最远距离。地质雷达的探测深度需要采用雷达方程来确定,Cook(1975 年)介绍了采用雷达方程确定地质雷达探测深度的方法。地质雷达的探测深度由两部分控制:一是地质雷达系统的增益指数或动态范围;二是探测目标介质的电性质,尤其是电阻率和介电常数。

地质雷达系统的增益定义为最小可探测到的信号电压或功率与最大的发射电压或功率的比值,通常用 dB 作单位。如果以 Q_s 表示系统增益,W_{min} 为最小可探测信号功率,W_T 为最大发射功率,则:

$$Q_s = 10\lg\left[\frac{W_T}{W_{min}}\right] \tag{8-38}$$

还有一个参数表征地质雷达系统的探测能力,即动态范围(Dynamic Range),是最大可探测信号与周围环境噪声的比值,类似于信噪比。系统的动态范围越大,探测能力就越强。目前,地质雷达的系统增益最大可达 230dB 左右,而商业的地质雷达系统一般在 120dB 左右。

地质雷达应用过程中,信号从发射到接收能量会逐渐损耗,图 8-105 为地质雷达功率传播示意图,传播过程中的功率损耗 Q 可由雷达探距方程来描述:

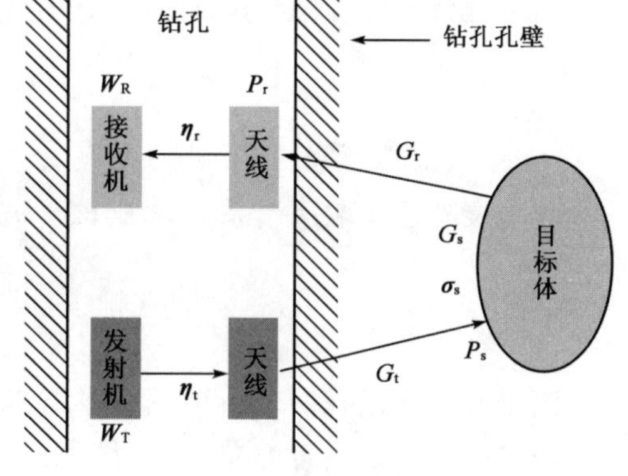

图 8-105 钻孔地质雷达功率传播示意图

$$Q = 10\lg\left[\frac{\eta_t\eta_r G_t G_r g\sigma\lambda^2 e^{-4\beta r}}{64\pi^3 r^4}\right] \tag{8-39}$$

式中:η_t、η_r——分别为发射天线与接收天线的效率;

G_t、G_r——分别为在入射方向与接收方向上天线的方向性增益;

g——目标体向接收天线方向的向后散射增益;

σ——目标体的散射截面；

β——介质的吸收系数；

r——天线到目标体的距离；

λ——雷达子波在介质中的波长。

满足 $Q_s+Q\geqslant 0$ 的距离 r 称为地质雷达的探测距离，亦即处在距离范围内的目标体反射信号可以为雷达系统探测到。当地质雷达系统选定后，Q_s、η_t、η_r、G_t、G_r 已知，而目标体的后散射增益 g 决定于目标体的形态和表面粗糙程度以及目标介质与周围介质的电性差异，根据这些已知数值代入上述不等式，可以大致确定所选定的雷达系统在各种目标介质中的探测距离。雷达波在各种目标介质中传播时的能量损耗是不同的，因此，目标介质的电性质是影响地质雷达探测深度的另一个主要因素，这也是地质雷达进行探测的重要物理基础。如前所述，电磁波在介质中沿 r 方向传播的振幅变化可以表示为：

$$E(r,t)=E_0e^{-\alpha t}\cos(kr-\omega t) \tag{8-40}$$

其中：

$$\alpha=\omega\left\{\frac{\mu\varepsilon}{2}\left[\left(1+\frac{\sigma^2}{\omega^2\varepsilon^2}\right)^{\frac{1}{2}}-1\right]^{\frac{1}{2}}\right\} \tag{8-41}$$

从式(8-40)可以看出，电场强度的变化与距离成负幂指数递减关系，电磁波的能量随时间的增大而减少，不同介质的衰减幅度亦不相同。

(2)分辨率

分辨率是指分辨最小异常体的能力，研究地质雷达分辨率首先要了解天线发射的子波形态。目前商业地质雷达系统通常采用高斯脉冲形式的调幅脉冲源，但该脉冲经过天线后，其波形相当于进行了一次微分运算。其子波形态与地震勘探中的子波形态相似，设子波形式为：

$$f(t)=t^2e^{-\alpha t}\sin\omega_0 t \tag{8-42}$$

式中：ω_0——中心频率。

脉冲衰减速率取决于系数 α，则该子波的频谱为：

$$F(\omega)=\frac{2\omega_0[3(\alpha-i\omega)^2-\omega_0^2]}{[(a-i\omega)^2+\omega_0^2]^3} \tag{8-43}$$

该子波形式是我们分析地质雷达分辨率的基础。分辨率可分为垂向分辨率与横向分辨率。垂向分辨率是垂直方向上可以区分的最薄层次，理论上可以把雷达天线主频波长的 1/8 作为垂向分辨率的极限，但由于外界干扰等因素，一般把波长的 1/4 作为其下限，即：

$$d_v=\frac{1}{4}\lambda\approx\frac{c}{4f\sqrt{\varepsilon_r}} \tag{8-44}$$

由式(8-44)可以看出，天线频率越高，其分辨率越小，分辨能力越强。

横向分辨率是指地质雷达在水平方向上所能分辨的最小异常体的尺寸。雷达剖面的横向分辨率通常可用菲涅尔带加以说明。第一菲涅尔带半径可按照下式计算：

$$r_{\mathrm{f}} = \sqrt{\frac{\lambda h}{2}} = \sqrt{\frac{ch}{2f\sqrt{\varepsilon_{\mathrm{r}}}}} \tag{8-45}$$

式中：λ——雷达子波的波长；

h——异常体的埋藏深度。

可以看出，分辨率不仅与天线频率有关，还随着目标体深度的增大而变大，目标体深度越大，分辨能力越低。

3)参数选择

在探测前，要求对钻孔地质雷达进行探测参数的合理选择，这些探测参数主要包括天线中心频率、时窗、采样率和测点点距。

(1)天线中心频率选择

天线中心频率的选择通常需要考虑3个主要因素，即设计的空间分辨率、杂波的干扰和探测深度。根据每个因素的计算都会得到一个中心频率。

一般来说，在满足分辨率且场地条件许可时，应尽量使用中心频率较低的天线。如果要求的空间分辨率为x(单位：m)，围岩相对介电常数为ε_{r}，则天线中心频率可由下式初步选定：

$$f_{\mathrm{c}}^{R} > \frac{75}{x\sqrt{\varepsilon_{\mathrm{r}}}} \tag{8-46}$$

根据初选频率，利用雷达探距方程计算探测深度。如果探测深度小于目标埋深，需降低频率以获得适宜的探测深度。

在野外条件较复杂时，在介质中通常包含有非均匀体的干扰，频率越高，其相应越明显。

但频率增加到一定程度时，很难分辨主要目标体和干扰体的响应。可见降低频率能提高较大目标体的响应，而减小散射体的干扰。假设地下非均匀体尺寸为ΔL，则选择的地质雷达中心频率为：

$$f_{\mathrm{c}}^{C} < \frac{30}{\Delta L\sqrt{\varepsilon_{\mathrm{r}}}} \tag{8-47}$$

根据探测深度，也可以获得中心频率的选择值，即假设探测深度为D，则：

$$f_{\mathrm{c}}^{D} < \frac{1200\sqrt{\varepsilon_{\mathrm{r}}-1}}{D} \tag{8-48}$$

通常探测时，3种频率都能计算出来，当野外参数(如相对介电常数)获得较准确、探测设计较合理时，将会看到：

$$f_{\mathrm{c}}^{C} < f_{\mathrm{c}} < \min(f_{\mathrm{c}}^{C}, f_{\mathrm{c}}^{D}) \tag{8-49}$$

当根据分辨率获得的中心频率大于根据干扰体或深度得到的中心频率，说明设计的空间分辨率与干扰体尺寸或探测深度相矛盾。表8-9为天线中心频率与探测深度的对应简表。

(2)时窗选择

时窗选择主要取决于最大探测深度$h_{\max}$(单位：m)与地层电磁波速度v(单位：m/ns)。时窗W可由下式估算：

$$\{W\} = 1.3\frac{2\{h_{max}\}}{\{v\}} \tag{8-50}$$

探测深度估计值与中心频率对应简表 表 8-9

深度(m)	中心频率(MHz)	深度(m)	中心频率(MHz)
0.5	1000	10.0	50
1.0	500	30.0	25
2.0	200	50.0	10
7.0	100		

式(8-50)中时窗的选用值应增加30%，这是为地层速度与目标深度的变化所留出的余量(表8-10)。

不同介质时窗 W 选择 表 8-10

深度(m)	岩石(ns)	湿土壤(ns)	干土壤(ns)
0.5	12	24	10
1.0	25	50	20
2.0	50	100	40
7.0	120	250	100
10.0	250	500	200
30.0	500	1000	400
50.0	1250	2500	1000
100	2500	5000	2000

(3)采样率选择

采样率是记录的反射波采样点之间的时间间隔。采样率由Nyquist采样定律控制，即采样率至少应达到记录的反射波中最高频率的2倍。

大多数地质雷达系统，频带与中心频率之比为1，即发射脉冲能量覆盖的频率范围为0.5~1.5倍中心频率。这就是说反射波的最高频率约为中心频率的1.5倍。按Nyquist定律，采样速率至少要达到天线中心频率的3倍。为使记录波形更完整，Annan建议采样率为天线中心频率的6倍。当天线中心频率为 f(单位:MHz)，则采样率 Δt 为：

$$\{\Delta t\} = \frac{1000}{6\{f\}} \tag{8-51}$$

SIR雷达系统建议采样率为天线中心频率的10倍，其采样率用记录道的样点数表示。

$$\frac{\text{样点数}}{\text{扫描速率}} = \left(\frac{\text{时窗}}{\text{发射脉冲宽度}}\right) \times 10$$

野外测量时，也可以采用表8-11进行简单选择。

(4)测量点距选择

在离散测量时，测点点距选择取决于天线中心频率与地下介质的介质特性。为确保地下介质的响应在空间上不重叠，亦应遵循Nyquist定律，采样间隔 x_n(单位:m)应为围岩中余波波长的1/4。

中心频率对应最大采样间隔 表 8-11

中心频率(MHz)	最大采样间隔(ns)	中心频率(MHz)	最大采样间隔(ns)
1000	0.17	50	3.30
500	0.33	25	8.30
200	0.83	10	16.70
100	1.67		

$$\{x_n\}_m = \frac{75}{\{f\}\sqrt{\varepsilon_r}} \tag{8-52}$$

式中：f——天线中心频率，MHz；

ε_r——围岩相对介电常数。

当介质的横向变化不大时，点距可适当放宽，工作效率将提高。

在连续测量时，天线最大移动速度取决于扫描速率、天线宽度以及目标体尺寸。SIR 系统认为查清目标体应至少保证有 20 次扫描通过目标体，于是最大移动速度 v_{max} 应满足：

$$v_{max} < \left(\frac{\text{扫描速率}}{20}\right) \times (\text{天线宽度} + \text{目标体大小}) \tag{8-53}$$

4)单孔反射测量

在反射模式下，雷达发射天线和接收天线以固定间距下到相同的钻孔中(图 8-106)。最常用的天线是偶极天线，它可以向 360°空间辐射和接收反射信号(无方向性)。

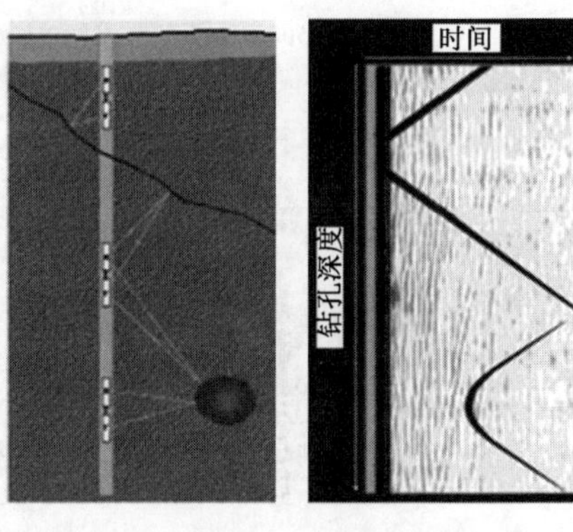

图 8-106 单孔反射测量及结果

钻孔雷达数据的解释与地面雷达数据基本一样，只是没有上部空间部分的反射信号。地面雷达接收所有半无限空间的反射信号，而钻孔雷达接收 360°空间的反射信号。如果使用偶极天线，仅从一个钻孔中得到的数据无法得到反射体的方位，但可以得到反射体的距离，反射体是否是面状的，以及确定平面体和钻孔的夹角。当天线在断裂带反射面的上部时，它对反射面的上部成图，即对钻孔左边部分成图。当天线到达反射面的下部时，对反射面的下部成图，即对钻孔右边部分成图。解释钻孔雷达数据时，必须记住雷达图像是 360°接收的。点反射体显示的图像为双曲线，同时作为点反射体出现在雷达数据中。解释从单孔中得到的雷达数据时，解释者不能给出反射体的方向，只能得出距钻孔的位置。为估计反射的方位，需要至少两个钻孔的数据。

(1)正演计算——收发天线距变化时点状地质体的钻孔雷达响应(钟声，2008)

为研究不同收发天线距对点状地质体钻孔雷达响应的影响，对 4 种不同收发天线距照射下 3 种点状地质体的雷达反射截面进行了模拟。如表 8-12 中模型示意图所示，在岩土介质中设置了 3 个与钻孔孔壁距离相同、截面形状不同的空洞，模型主要几何和物理参数参见表 8-12。4 种不同收发天线距的雷达波 E_z 分量剖面图像列于图 8-107 中。

不同收发天线距时空洞模型的几何与物理参数　　表 8-12

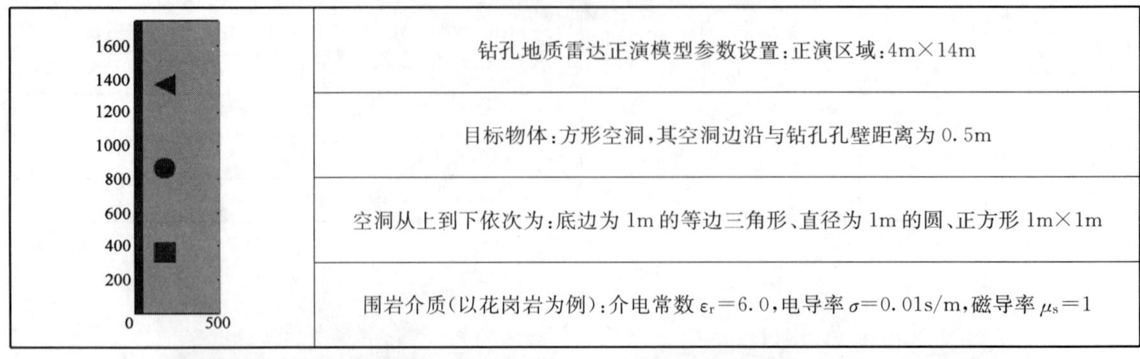

钻孔地质雷达正演模型参数设置：正演区域：4m×14m
目标物体：方形空洞，其空洞边沿与钻孔孔壁距离为 0.5m
空洞从上到下依次为：底边为 1m 的等边三角形、直径为 1m 的圆、正方形 1m×1m
围岩介质（以花岗岩为例）：介电常数 $\varepsilon_r=6.0$，电导率 $\sigma=0.01$s/m，磁导率 $\mu_s=1$

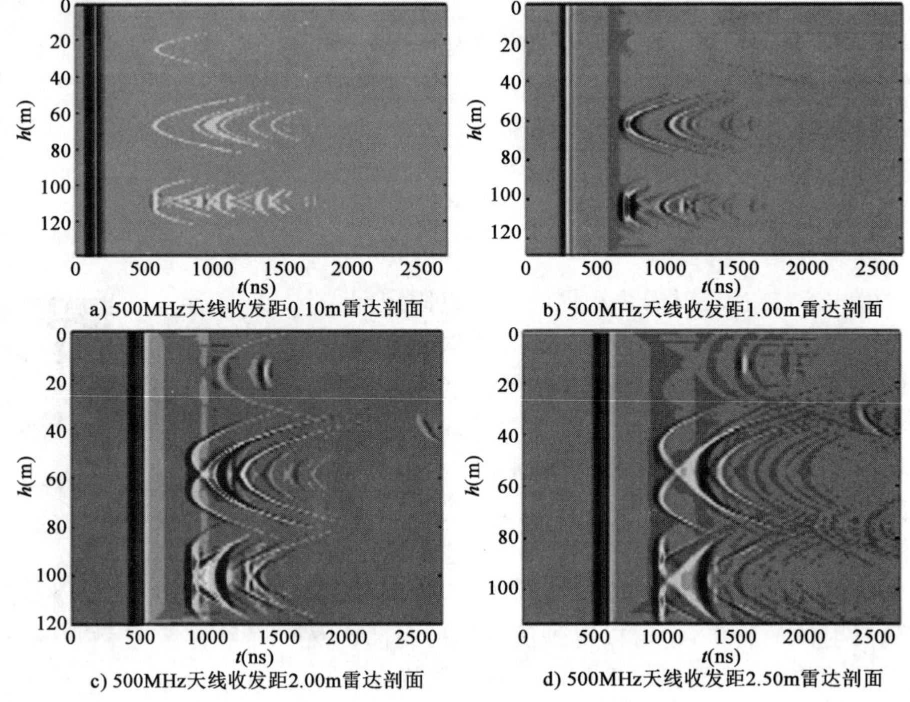

图 8-107　不同收发间距的钻孔地质雷达响应

由图 8-108 可见，随着收发天线距的增加，雷达剖面图像的重影现象也越严重，这对钻孔雷达反射剖面的解译和判读带来了负面影响，而 500MHz 天线收发距为 0.10m 和 0.5m 雷达剖面图则较易确定点状地质体的位置。

图 8-108 所示为 500MHz 天线照射下岩体中两个位置不同空洞的钻孔雷达剖面图像。和地面地质雷达一样，当岩体中存在不良地质体时，不良地质体与周围岩体的电性差异较大，容易形成强烈的反射波，同时，还可能由于岩性的差异产生绕射波，并在时间剖面上形成双曲线特征。但钻孔雷达解译的不同之处主要在于对空间的解释，对于地面地质雷达来说，所有的反射都来自半空间，而对于钻孔雷达来说，反射来自 360°的径向范围。从图 8-108 中可知，当这些点状地质体位于同一深度的任何方位时，其雷达反射剖面图像是一样的。所以，利用单孔雷达反射数据很难确定反射体的方位，而只能确定反射体的距离，然而，综合采用单孔雷达反射

三点法和数字钻孔摄像技术却可能获取点状地质体方位。目前,国外已经有不少定向钻孔地质雷达的初步研究成果,为钻孔周围不良地质体定位提供了新的方法,可以说,这也是钻孔地质雷达技术未来应用发展的一个重要方向。

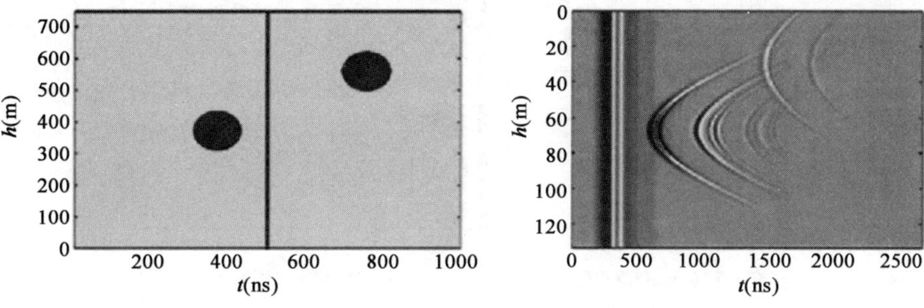

图 8-108　钻孔周围多空洞模型的钻孔地质雷达响应

(2)面状地质体的钻孔雷达响应数值模拟

当岩体中存在节理裂隙、层理、断裂、破碎带等面状地质体时,可以将这类地质体简化为平面。图 8-109、图 8-110 分别为穿过钻孔和未穿过钻孔不同宽度裂隙的雷达响应图像,裂隙与钻孔夹角均为 45°,收发天线布置在钻孔中央。从图 8-110 中可见,对于未穿过钻孔的裂缝来说,反射特征为一条斜线,斜线和钻孔的夹角由裂缝与钻孔的夹角决定。当裂缝穿过钻孔时,反射特征像张开的剪刀,利用这些特征可以推断裂缝的形态。

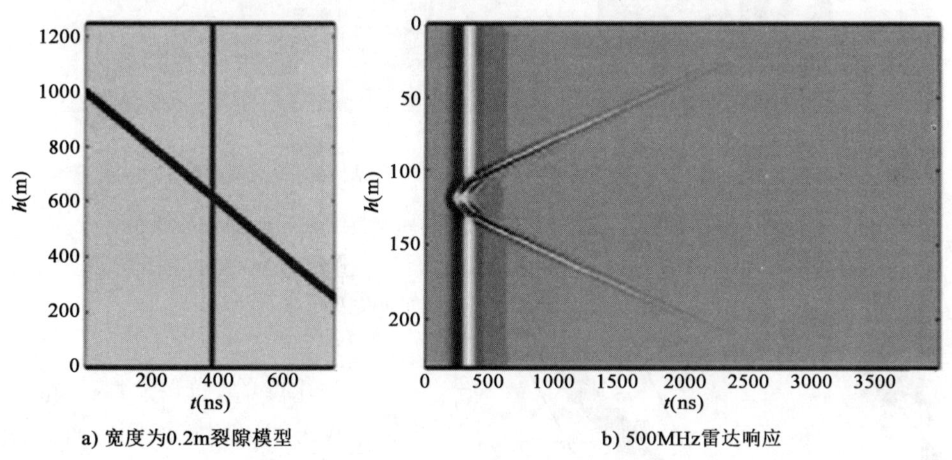

图 8-109　穿过钻孔的不同宽度裂隙模型的钻孔雷达响应

钻孔雷达与数字摄像数据的介电常数估算示意图如图 8-111 所示,结构面雷达的倾角和延展性推测示意图如图 8-112 所示。

图 8-113 所示为钻孔地质雷达在孔中遇到结构面时的典型时间剖面图像,图像清晰反映了两个结构面的同相轴曲线。上下两个结构面的雷达时间剖面图像均呈张开的剪刀状,这说明结构面测量的电磁性质有差异,但上结构面下盘的同相轴曲线 II 和下结构面上盘的同相轴曲线Ⅲ具有对称的斜率,这也正说明同一地层具有大致相同的介电常数。对于上结构面上盘和下结构面下盘,由于其对应于钻孔穿越的其他地层,其同相轴曲线斜率不同,其介电常数计算值也不同。而对于下结构面下盘的同相轴曲线 IV,由于并非是光滑结构面的雷达时间剖

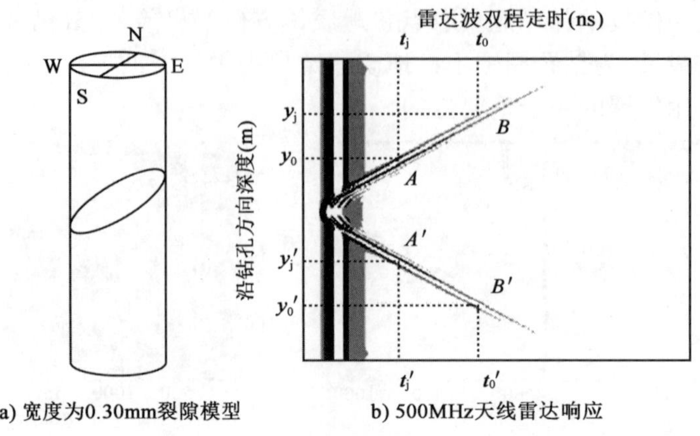

图 8-110　未穿过钻孔的不同宽度裂隙模型的钻孔雷达响应

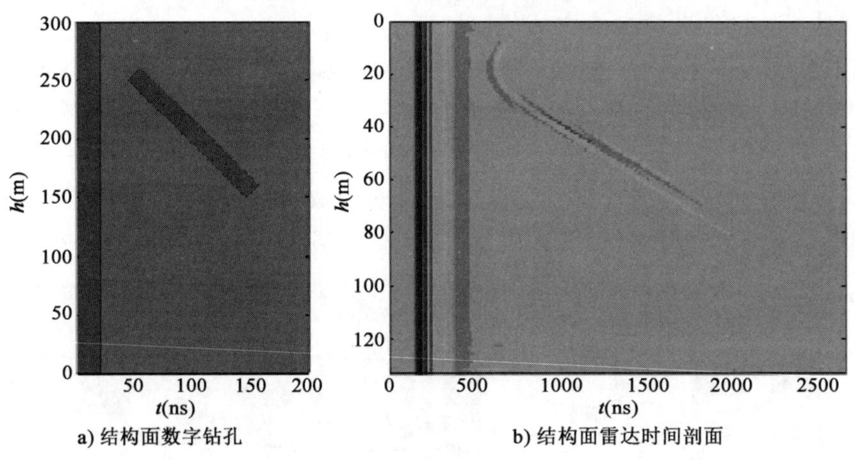

图 8-111　基于钻孔雷达与数字摄像数据的介电常数估算示意图(钟声,2008)

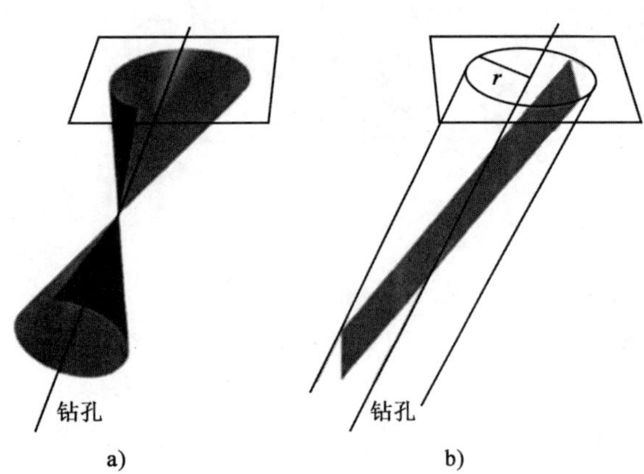

图 8-112　结构面雷达的倾角和延展性推测示意图

注:r 为渗透半径,单位为 m。

面,上述介电常数的估算方法将计算不准确或失效。

(3)实测结果

在单孔反射测量模式下,雷达发射天线和接收天线以固定的间距置入相同的钻孔中(图 8-114)。在这种方式下,用于触发天线和传输数据的光纤是必需的,因为它可以消除天线寄生信号影响。最常用的天线是偶极天线,它可以向 360°空间辐射和接收反射信号(无方向性)。钻孔雷达数据的解释与地面雷达数据基本一样,只是没有上部空间部分的反射信号。地面雷达接收所有半无限空间的反射信号,而钻孔雷达接收 360°空间的反射信号。如果使用偶极天线,仅从一个钻孔中得到的数据无法得到反射

体的方位,但可以得到反射体的距离,反射体是否是面状的,以及确定平面体和钻孔的夹角。例如,可以对交叉经过钻孔的平面断裂带成图,也可以对点反射体成图。

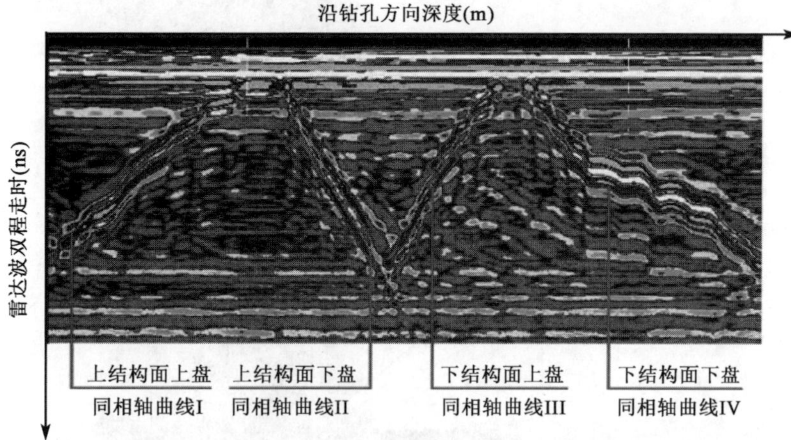

图 8-113　钻孔雷达在孔中遇到结构面时的典型时间剖面图像

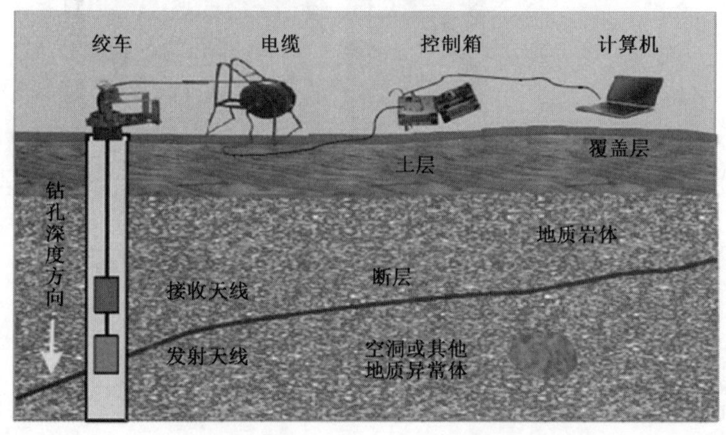

图 8-114　单孔反射测量成像原理

当天线在断裂带反射面的上部时,它对反射面的上部成图,即对钻孔右边部分成图。当天线到达反射面的下部时,对反射面的下部成图,即对钻孔左边部分成图。平面两边的图像见图 8-115。和地面探地雷达不同,在解释钻孔雷达数据时,应该记住雷达图像是 360°接收的。点反射体显示的图像为双曲线,同时作为点反射体出现在雷达数据中。解释从单孔中得到的雷达数据时,解释者不能给出反射体的方向,只能得出距钻孔的位置。为估计反射的方位,需要至少两个钻孔的数据。图 8-116所示为钻孔雷达与数字摄像对比的实际效果(钟声,2008)。

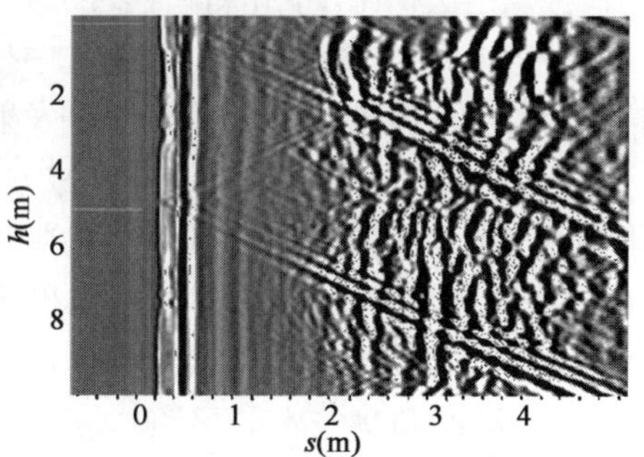

图 8-115　单孔反射典型图像

5)跨孔测量

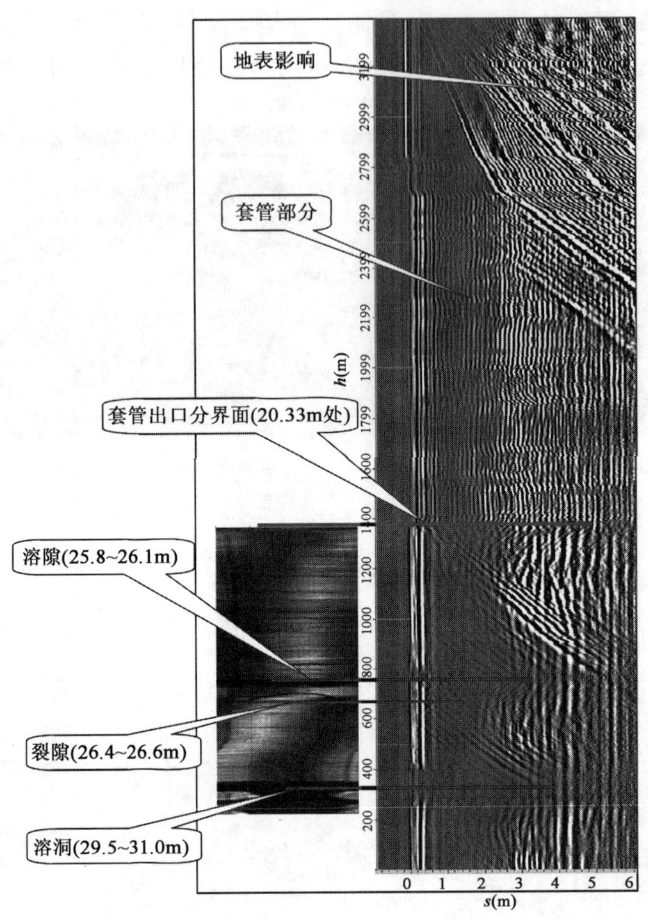

图 8-116　钻孔雷达与数字摄像对比(DK584＋935.4 右 3.9m 钻孔)

跨孔探测是在两个钻孔中分别放入发射天线和接收天线进行探测。在跨孔模式下,发射天线和接收天线在不同孔中往下放,为减少几何位置和其他影响,两个钻孔最好在相同的二维平面中。与偶极反射法相比,跨孔探测需要的时间要长得多,因为需要记录更多的数据。当发射天线固定在一个位置上,接收天线在另一个钻孔中扫描整个长度;然后,发射天线往下移动一步,接收天线再扫描整个长度。该步骤重复进行,直到发射天线覆盖整个钻孔为止(图 8-117)。

跨孔探测方式也称为层析成像方式。可以用两种记录数据做层析成像:直达波振幅和/或根据直达波到达另一个钻孔中的时间来计算各向同性介质中的到达时间。传输时间层析成像是探测和处理的好方法,可以用来确定钻孔中高含水量区域(如充水的断裂带或溶洞),这是由于传播时间受介电常数影响所致。

(1)动态勘察技术的思路(钟声,2008)

由于钻孔雷达的天线可以全方位接收钻孔周围异常体上的散射回波,数据采集时将三维的信息以二维的时间序列形式进行存储,所以从单孔的雷达数据只能分析出异常体距离钻孔轴线的尺寸以及深度位置,而不能确定异常体的方位信息。钻孔摄像的数据则只能辨认出孔壁周围的地质状况,包括裂隙节理面的走向、倾向,孔壁周围空洞区、岩溶区分布情况。为了定

量描述钻孔周围异常地质体的分布情况，则需要多孔（至少两孔）数据进行联合分析。若要确定某区域内是否存在岩溶、空洞等不良地质体，采用动态勘察技术，将是一种经济高效的方法。如图8-118所示，首先在所关心的场区（例如一个大型桥墩的基础）附近选择一处做第一个钻孔A，按照动态勘察技术的操作流程进行钻孔雷达和数字摄像，预判在该场区内是否存在对工程造成安全隐患的不良地质体，若无，则无须增加钻探工作，若发现在该场区内可能有不良地质体，但又不知在哪个方位时，则需要增加钻孔和勘测工作。例如在图8-118中，在钻孔A中所探测到的空洞既可能在所关心的场区内（例如E处），也可能在场区外（例如F处），所以需要增加一个钻孔B，当所探测到的空洞距离钻孔B远超过场区范围，则说明钻孔A中测得的空洞不在场区内，可以不增加下一个钻孔的测试工作，否则还需要再增加一个钻孔，此时则有3个钻孔内的钻孔雷达和数字摄像资料，可以对雷达图像上的异常体进行大小和位置的估算，以确定对工程存在的影响，以便进行后续工程的加固措施。

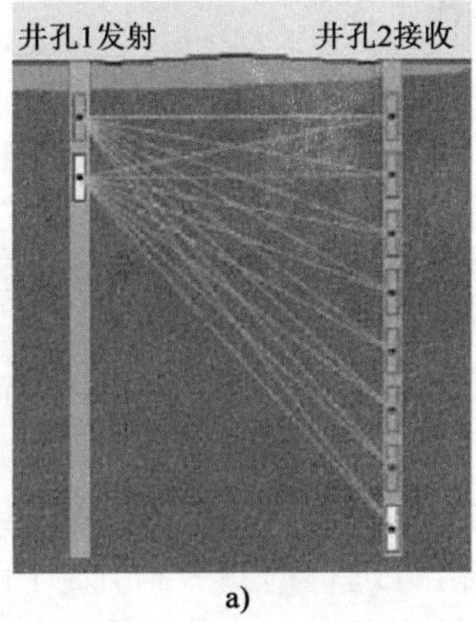

a)

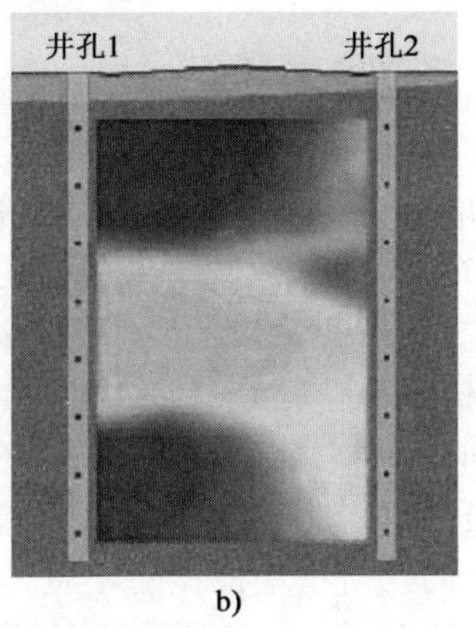

b)

图8-117　跨孔反射测量和结果

数据融合是一种多元统计联合分析的方法。对于多孔观测到的数据的分析和研究，一种是各孔单独分析，另一种则是对多孔数据同时进行分析。虽然地下异常地质体的不确定性因素很多，但各孔数据仍然存在一定的相关性，如果分开处理，不仅会丢失很多信息，往往也不容易取得好的分析结果。通过对多个钻孔观测数据的分析，来研究各钻孔之间的相互关系以及揭示这些钻孔内在的连通性规律，利用多元分析的不同方法还可以对地质异常体进行分类和简化。如图8-119所示，对于单孔雷达剖面图上某一深度处只有一个明显的双曲线，利用前面提到的方法估算出地层中的电磁波传播速度，可以推算出异常体的偏离位置尺寸。如图8-119所示，在异常体所处的同一深度上，分别在钻孔A、B和C中以各自距钻孔距离l与目标体大小估算值d为半径画圆，通过寻找3个圆弧的接合区域，就可以找出其异常体所在的大致位置。这种通过3个钻孔的数字摄像与雷达图像

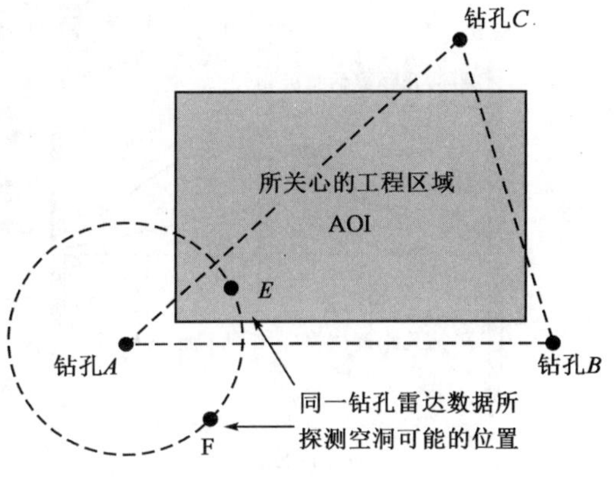

图8-118　动态勘察工程区域示意图

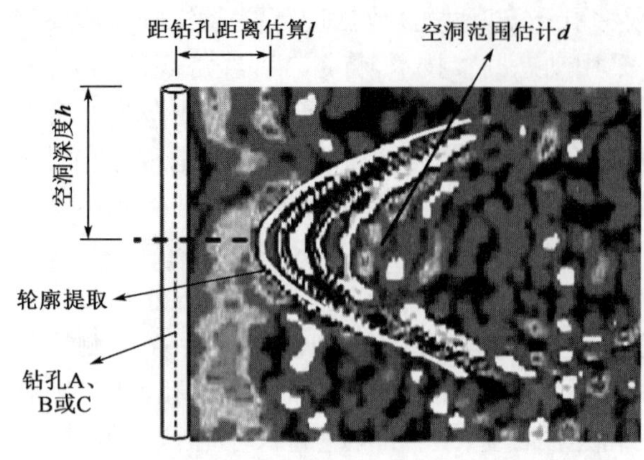

图 8-119　钻孔 A、B 或 C 中的回波曲线提取及估算

来定性定量描述场区不良地质体的方法称为三点勘察法，它在桥梁墩体超声波埋管测试中经常使用。

(2)动态勘察技术实现方法(钟声，2008)

①进场。先对各控制点钻孔进行中成像勘察，钻孔摄像的成果图可以测量出场地的岩芯完整性指标，地层裂隙带及其倾角，甚至可能存在的溶蚀区；同时利用已有钻孔做孔中雷达成像，根据所得雷达波形剖面图来推测周围数十米范围内可能存在的不良地质现象。

②现场初步分析数据。根据对控制点的探测结果分析场地岩体完整性及钻孔周围是否存在不良地质现象。

③根据初步分析的结果，若单孔显示无明显的地质异常体，则可直接进入下一个控制点的钻孔进行测试；若发现存在异常地质体，可根据工程的实际需要在所关心的区域内增加钻孔进行多孔测试。对其邻近区域内两个或两个以上钻孔进行联合测试分析。在数字钻孔及雷达剖面图像的基础上，重点分析孔间结构面的基本状况，如结构面性质、产状、深度、隙宽大小，分辨出不同钻孔中的结构面的连通状况，同时也可以精确确定孔间岩溶等不良地质体的位置及形状大小。

④室内整理数据并对各孔的数据进行相关性融合分析，通过数字图像分析的方法来提取其特征体，通过建立的几何物理模型对不良地质构造进行回归分析，估计目标尺寸及位置坐标，从而更准确地查明工程沿线的地质情况，完成勘察任务。多孔联合分析如图 8-120 所示。

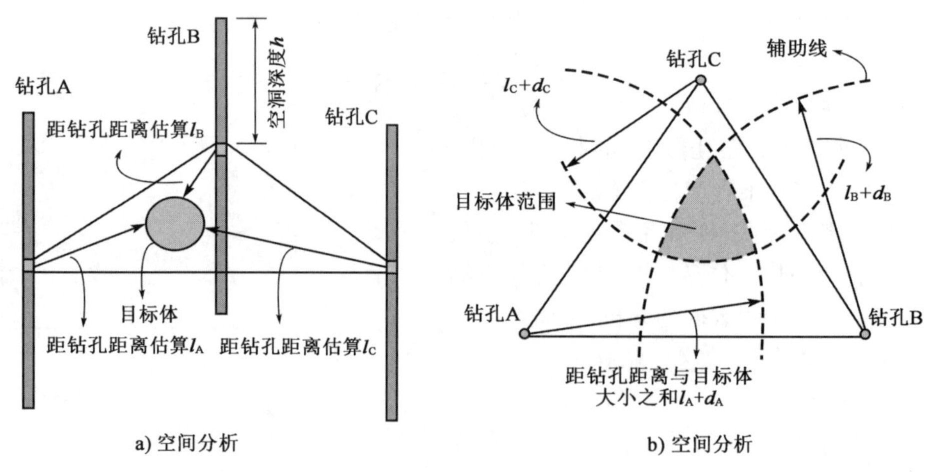

图 8-120　多孔联合分析示意图

(3)钻孔雷达与数字摄像的数据融合(钟声，2008)

通过勘查区 3 个钻孔两两数据比较与融合，可获知某区三孔资料如图 8-121 所示，其上部为砂土层，下部为灰岩，土岩分界面距地面的平均距离为 16m 左右。按南行方向，主轴线右侧

8m内,孔DK586+207.1右3.9m南行方向9m内,地下16～34m,地下岩石完整性较差、岩溶发育,岩石裂隙呈高倾角,其中以20m处尤为发育。按南行方向,孔DK586+212右1.1m的右前方2～5m,地下21～27m处可能存在一个较大溶洞,该可疑溶洞高约5m,宽为3～4m。具体结果见图8-118。图8-122～图8-124为工程测试所得的典型钻孔雷达与数字摄像的成果对比图。

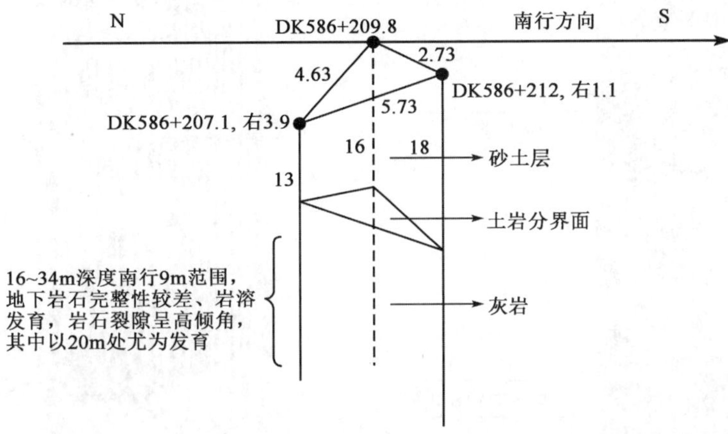

图8-121　三孔位置及数据融合示意图(尺寸单位:m)

在跨孔模式下,发射天线和接收天线布置在不同钻孔中,为减少几何位置造成的影响,两个钻孔最好在相同的二维平面内,要调查的介质也介于两个钻孔之间。

6)面—孔(VRP)测量

标准探地雷达系统可以用于从地面到钻孔中探测,标准地面发射天线放在地面不同位置,孔中的接收天线从钻孔中向下移动(图8-125),这种方式称作垂直剖面测量(Vertical Radar Profile)。可以得到钻孔和地面天线之间介质的振幅和速度层析成像图。

标准GPR系统可以用于从地面到钻孔中探测,标准地面发射天线放在地面不同位置,孔中的接收天线从钻孔中向下移动,见图8-125。可以得到钻孔天线和地面天线之间介质的振幅和速度层析成像图。不过,地面—孔中探测经常用于速度探测,探测平面可以在不同的方向,如北、南、东和西。这里仅介绍基本原理,不详细讨论。在隧道内只需把隧道掌子面当作地面处理即可。

7)三维探测方法

隧道钻孔雷达的三维探测方法,主要是

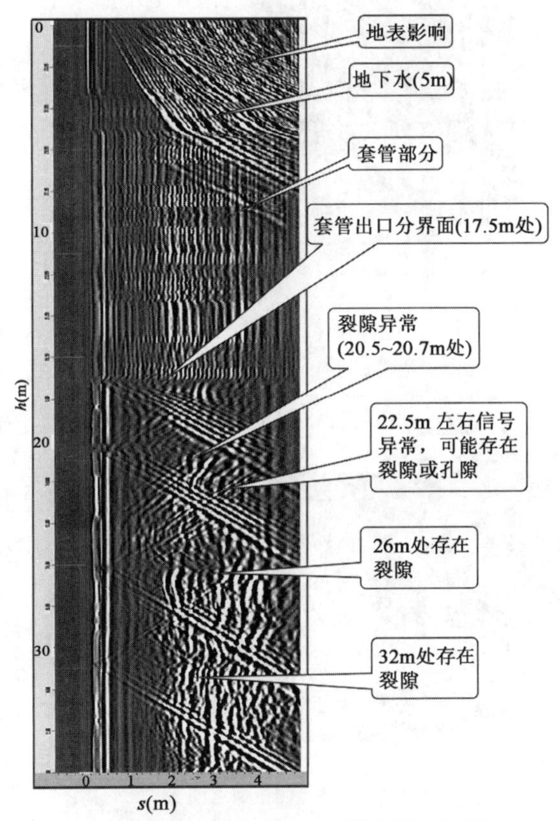

图8-122　钻孔地质雷达反射波信号剖面图
(DK583+880.5右1.1m钻孔)

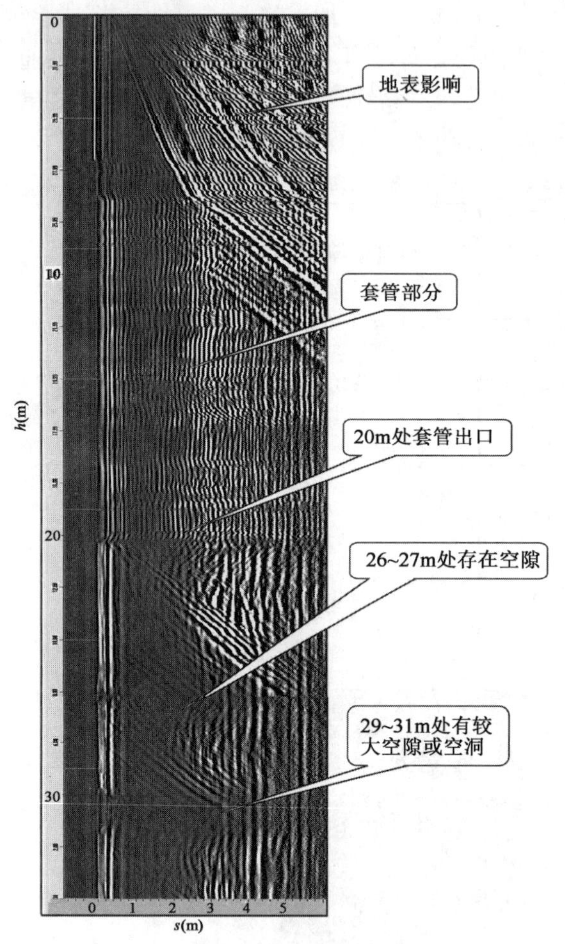

图 8-123　钻孔地质雷达反射波信号剖面图
（DK584＋935.4 右 3.9m 钻孔）

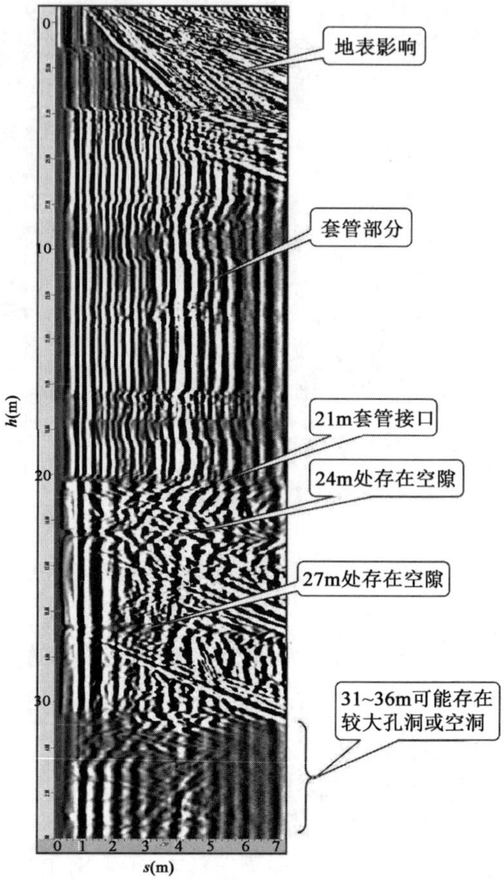

图 8-124　钻孔地质雷达反射波信号剖面图
（DK584＋273 右 3.9m 钻孔）

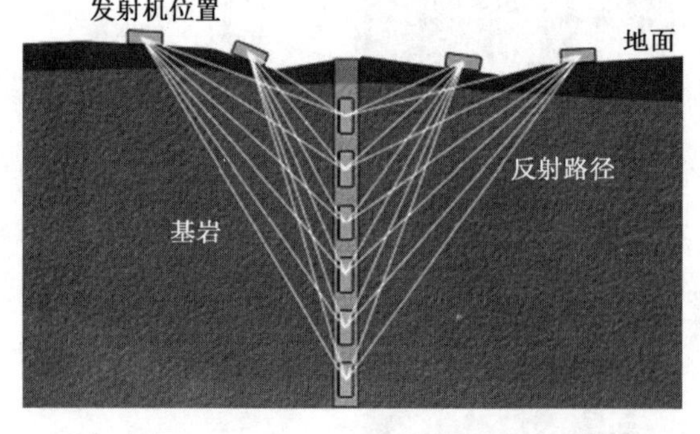

图 8-125　井地测量示意图

结合地面地质构造的普查和详查资料，进一步和钻孔地质雷达资料进行融合，从而构建某探测区的三维空间资料，以最大限度提高探测方法的解释精度和可靠性，同时减少多解性。

其具体原理如图 8-126 所示，平面的测深数据如图 8-126 中的纵横向（X，Y）框架结构，该框架结合钻孔资料构成了隧道开工前的全部空间勘察设计资料。在隧道施工过程中，不论是通过地表还是通过隧道掌子面所布置的钻孔（图 8-129）和测试的一系列弹性波、电磁波等数据（图 8-128）都构成了图 8-129 的空间探测资料，这极大地方便了技术人员的解释想象力，也尽可能地缩小了物探方法的多解性。

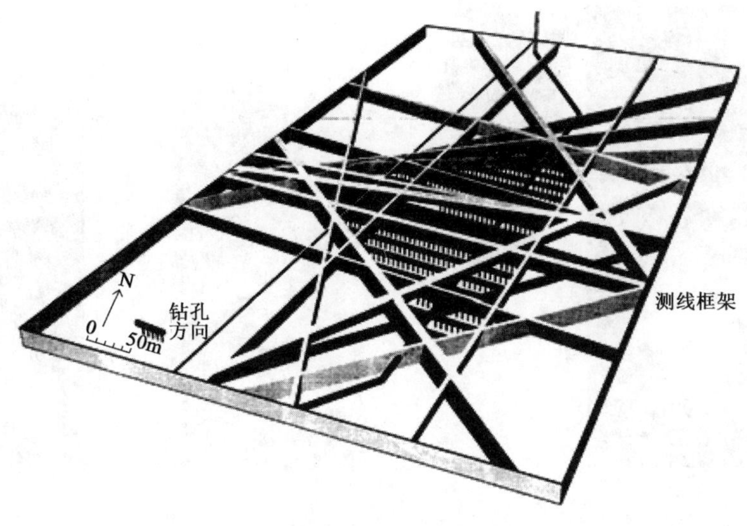

图 8-126　三维探测方法示意图(S Wanstedt,1998)

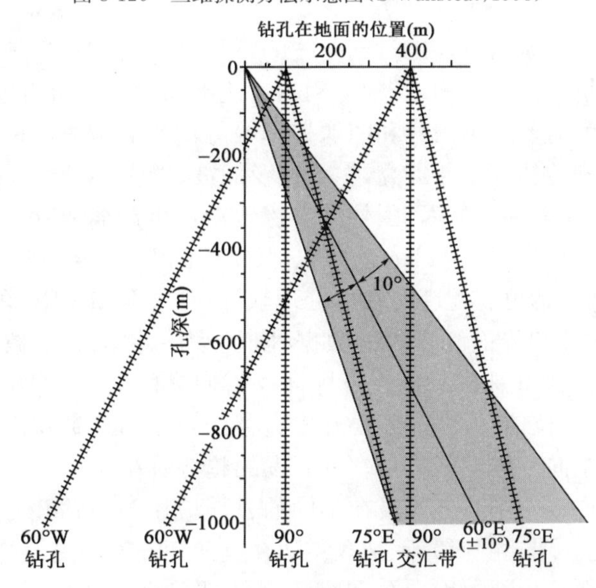

图 8-127　在前期勘察资料下的钻孔布置(S. Wanstedt,1998)

8)正反演解释及应用

钻孔雷达的数值模拟技术是分析探测问题、研究电磁波在地下介质中传播规律的有效手段。到目前为止,探地雷达资料处理和解释的方法大都是借鉴地震波的处理解释方法,但高频脉冲电磁波在介质中的运动学规律与地震波仍存在一定的差异性,雷达波具有高频特征、波长较短、介质吸收强烈,加之受地面干扰大,使得探测剖面较为复杂,数值模拟复杂形体存在时的雷达波场特征,对认识实际的雷达记录,识别目标体有指导意义。钻孔雷达的模拟技术包括频域模拟、时域模拟、绕射理论、矩量法和离散元方法等,时域有限差分方法(FDTD)则是其中一种有效的电磁波模拟方法。

钻孔雷达的反演技术其实就是雷达数据资料的解释和处理。钻孔雷达是利用地下介质电

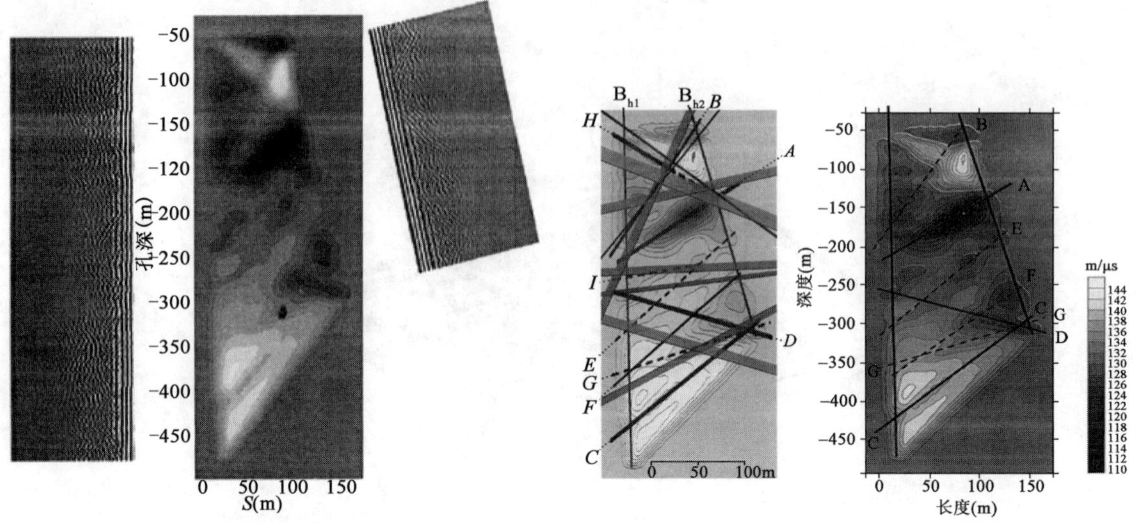

图 8-128　沿空间振布的雷达资料和电阻率测孔资料（S Wanstedt，1998）

图 8-129　三维探测空间展布资料（S Wanstedt，1998）

性参数的差异，根据得到的雷达双程走时剖面图的特征来分析和推断地下介质结构和物性特征。由于系统因素、地物干扰等影响，通常得到的雷达剖面图是原始信号与系统相关函数的耦合并存在噪声干扰，这就需要利用信号和图像处理等方法去获取真实的原始反射波信息。近年来，雷达数据信号处理的技术不断提高，主要涉及滤波、卷积、反卷积、偏移等图像处理方法。

在钻孔雷达数据解译软件的方面，国外许多探地雷达生产商或软件公司已开发了相应的后处理软件，如美国 GSSI 公司的 Radan 系列软件、德国的 Reflex 系列软件、韩国的 RADPRO 软件，国内的 LTD 系列雷达也有配套的数据处理软件；其中 RADPRO 的源代码由 Fortran 和 C++生成，兼有较好的用户界面和良好的数据处理能力。目前大多数软件都是二维的图像处理软件，而孔中天线在其周围 360°接收目标体反射回来的信号，单孔反射测量中的二维图像无法确定地下目标的方位信息，因此需要开发完善的三维雷达数据后处理软件来解决当前的问题，数据处理从二维向三维发展将是软件开发的趋势所在。

在工程应用方面，许多应用研究人员在不同的领域应用中对钻孔雷达资料的后处理技术进行过深入广泛的研究。琚建明研究了钻孔雷达在厦门翔安海底隧道施工过程中超前地质预报技术中的应用；黄家会等分别利用单孔和跨孔测量研究地下深部岩石的特性；Sato M 等利用钻孔雷达探测地下含水裂缝以及 VRP 技术在仙台城堡探测中的应用，对 VRP 原始数据进行直达波的去除、f-k 滤波、反射波的 Kirchhoff 偏移，揭示了其古石墙及地层的分布情况；Binle Y A 等研究地下水渗流模型及水分的迁移规律等。钻孔地质雷达的后处理软件仍在不断的应用和完善之中。

8.2.6.3　存在的问题与不足

从上述地质雷达研究成果看，由于地质雷达数据的多解性以及解的不确定性，单一的应用具有很大的局限性，必须向多种地球物理方法联合使用发展。在国外，近年开始研究地面地质雷达与数字摄像来综合探测地下岩体的结构特征。因此，利用钻孔地质雷达与数字摄像技术相结合的方式对深部地下岩体进行精细探测应该也是同样非常有意义的。另外，在理论方法方面，多种勘察手段的数据融合、数据处理与综合分析方法也有待进一步研究。在国内，钻孔雷达方面的应用研究还处于起步阶段，研究的内容主要包括：工程地质勘察中的岩石特性、水文地质勘察中的含水裂缝体系、高放废物处置的库址评价等。从这些研究中可以发现，目前国内主要的工作还是研究钻孔雷达在某一领域应用的可行性探讨，对该项技术在某些行业中的推广起到牵引作用，但钻孔雷达作为一种新的技术，还有许多问题亟待解决，包括钻孔雷达系统性能的提高、钻孔雷达信号的处理与分析，钻孔雷达信号与图像的正反演，对地质体的定性定量解释，尤其是钻孔雷达与其他地球物理方法的联合应用、结果数据的融合、综合解译等的研究还未见有研究成果报道。

目前，钻孔地质雷达综合应用研究已初见成果，但所进行的基础性研究非常有限，而国内还未见开展这方面的研究。尽管探地雷达在近20年得到了长足的发展，其能力从探测目标有无发展到精细二维、三维成像的目标识别。然而，无论是从系统设计还是信号处理都还没有形成一套系统的理论。系统设计方法多年来没有“质变”，信号处理也没有新的数学工具。当前，我国各项重大基础建设正在迅猛发展，国家“西部大开发”战略进一步实施，国家在“十一五”期间及将来更长一段时间将加大高速交通工程、核电开发和能源储藏计划的落实，在各类复杂地质环境下修建的众多高速交通、大中型水利水电、深埋超长隧道项目中如何进行高效、准确、经济的工程地质勘察和前方地质预报已经成为工程建设的突出问题。

钻孔雷达作为一种井中探地雷达，它可以提供钻孔周围10～40m的岩体构造、岩石学和水文地质信息；钻孔雷达作为一种新的地球物理技术，其应用领域不断扩大，但取得成果的同时也面临着许多问题。

(1)雷达成像与数据处理技术的发展很大程度上影响了钻孔雷达资料的解译水平，偏移成像算法有利于探测目标的直观显示，但目前的偏移理论在雷达资料的处理上还不能得到理想的实际目标物的图像，仍需发展新的归位成像算法，使得地下探测目标的显示直观化。

(2)钻孔雷达的反演技术还不是很成熟，可以进行一些目标体的电磁特性，包括电磁波的目标反射、散射特性的基础理论研究，建立目标体的反演模型，提高雷达资料的解译的理论水平，进而推动其在工程领域的应用。

(3)随着当今科学技术的发展，钻孔雷达的系统设计和雷达资料的后处理技术是钻孔雷达技术的主要发展方向；钻孔雷达技术可以在图像精度、地下目标精确定位、多分辨率成像等方面有所突破。

其他类钻孔测试方法还包括：直流电阻率、交流电法、声波、超声波、充电法、自然电位法等。上面仅列举常规的方法以示说明，原则上所有的物探测井方法都可按任务要求使用。当然，目前最常用的还是弹性波与电磁波组合法，其也是最为可靠的。

本章参考文献

[1] 喻振华．工程井间地震波正演模拟及层析成像技术研究[D]．长沙：中南大学，2008.

[2] 钟声．钻孔雷达与数字摄像动态勘察技术若干关键问题研究[D]．北京：中国科学院，2008.

[3] S J Radzevicius，J J Daniels. Ground penetrating radar polarization and scattering from

cylinders[J]. Journal of Applied Geophysics,2000,45:111-124.

[4] L Orlando,E Marchesi. Georadar as a tool to identify and characterize solid waste dump deposit[J]. Journal of Applied Geophysics,2001,48:163-174.

[5] J L Porsani,W M Filho,et al. The use of GPR and VES in delineating a contamination plume in a landfill site: a case study in SE Brazil[J]. Journal of Applied Geophysics, 2004,55:199-209.

[6] E Cardarell,C Marrone,L. Orlando. Evaluation of tunnel stability using integrated geophysics methods[J]. Journal of Applied Geophysics,2003,52:93-102.

[7] L. Orlando,Semiquantitative evaluation of massive rock quality using ground penetration radar[J]. Journal of Applied Geophysics,2003,53:1-9.

[8] L Nuzzo,T Quarta. Improvement in GPR coherent noise attenuation usingτ-p andwavelet transforms[J]. Geophysics,2005,69(3):789-802.

[9] U Theune,M D Sacchi,D R Schmitt. Least-squares local radon transforms for dip-dependent GPR image decomposition [J]. Journal of Applied Geophysics, 2006, 59: 224-235.

[10] J Tronicke,D R Tweeton,P Dietrich,et al. Improved crosshole radar tomography by using direct and reflected arrival tines[J]. Journal of Applied Geophysics, 2001, 47: 97-105.

[11] G Bellefleur,M Choutean. Massive sulphide delineation using borehold radar: tests at the McConnel nickel deposit [J]. Sudbury, Ontario. Journal of Applied Geophysics, 2001,45:45-61.

[12] C Zhou,L Liu,J W L Jr. Nonlinear inversion of borehole-radar tomography data to reconstruct velocity and attenuation distribution in earth materials[J]. Journal of Applied Geophysics,2001,47:271-284.

[13] M H Serzu,E T Kozak,G S,et al. Use of borehole radar techniques to characterize fractured granitic bedrock at AECL's underground research laboratory[J]. Journal of Applied Geophysics,2004,55:137-150.

[14] K J Cunningham, A Aviantara, Characterization of the Karstic Biscayne aquifer in southeastern Florida using ground-penetration radar[J]. Digital optical borehole images and core,U. S. Geological Survey Karst Interest Group Proceedings,2001,2:13-16.

[15] K. J. Cunningham,Application of ground-penetrating radar,digital optical borehole images, and cores for characterization of porosity hydraulic conductivity and paleokarst in the Biscayne aquifer,Southeastern Florida,U. S. A. [J]. Journal of Applied Geophysics, 2004,55:61-76.

[16] 黄家会,宋雷. 应用跨孔雷达层析成像技术研究深部岩层特性[J]. 中国矿业大学学报,1999,28(6):578-581.

[17] 赵卫平,潘和平,李清松,等. 井中雷达应用进展[J]. 工程地球物理学报,2005,2(4):297-303.

[18] 王川婴,LAW KTim. 钻孔摄像技术的发展与现状[J]. 岩石力学与工程学报,2005,24(19):3440-3448.

[19] 秦英译,王川婴. 前视井下电视和数字钻孔摄像在工程中的应用[J]. 岩石力学与工程学报,2007,26(增1):2834-2840.

[20] 何禹,李永涛,朱亚军. 钻孔电磁波CT技术在深部岩溶勘探中的应用[J]. 工程地球物理学报,2010,7(4):451-455.

第9章　掌子面临近地质灾害预报预警

在进行钻孔精确预报后，对地质灾害掌握程度的控制精度在0.5m以内。在对地质灾害基本掌握后，需施行一系列的隧道开挖预加固技术。即使在预加固后开挖仍存在较大的施工风险，则需进行开挖面的临近征兆预报、掌子面地质编录预测和开挖过程的稳定性实时监测预警，方能最大限度保证开挖过程的安全。

9.1　掌子面临近地质灾害征兆预报

不良地质前兆预测法基本原理是：在隧道（洞）掘进过程中，在出现断层破碎带、溶洞、暗河、岩溶陷落柱和洞穴淤泥带之前，一般都会出现明显或不明显的前兆标志；这些标志的出现，常常预示前述不良地质体已经临近了。因此，不良地质前兆预测法，不但有助于掌子面前方不良地质体性质的鉴别，更有助于对不良地质体临近的判断。

隧道施工中主要的地质灾害有塌方、突水（突泥）、煤与瓦斯突出/爆炸、岩爆、大变形等，隧道施工中的地质灾害监测与警报是施工监测的核心任务和落脚点，所有的隧道施工地质工作包括长短距离超前地质预报、围岩稳定性评价等，归根结底都是为它服务、围绕它进行的。而塌方灾害在隧道施工中出现的概率占各类重大地质灾害的80%以上，塌方是隧道施工地质灾害防范的重点。引起塌方的不良地质有断层、不稳定岩体、岩溶陷落柱和规模较大的角度不整合界面等，所以在施工过程中对不良地质的勘测和监测是非常重要的。

隧道施工地质灾害主要指隧道开挖导致地质环境或地质体发生变化而导致的危害。地质灾害分为地质情况变化（渐变）与不良地质灾害体（突变），渐变体易于防范，而突变体危害较大。

1）地质情况变化（渐变体）

岩体的裂隙、节理、层理、走向、产状等有一定的连续性和渐变性，虽然对施工有影响，但易于控制和处理。土体如黏土、粉土、细砂、中砂、卵砾等地层也有一定的连续性、渐变性，即使有地层交互，但土体性质变化不大。

通常，地质情况的渐变即使对施工有危害，也不会发生重大灾害。

2）不良地质灾害体（突变体）

不良地质灾害突变体属岩土体介质中变异、由于长期地质构造活动形成的断层破碎带、岩溶等突变异常体。通常如不进行准确预报，由于施工开挖极易引起重大地质灾害发生，若有地下水系统的参与，必将酿成重大施工灾害。

突变地质异常体是隧道超前地质预报的主要研究对象。而岩土性质突变异常体有其自身的形状和性质（充填物），不同的形状、不同性质的充填物、不同的与隧道空间交错的位置对隧道施工的影响差异很大。

下面简述断层和岩溶两种主要地质灾害临近时的征兆，以利施工人员遇到紧急情况时判断。

9.1.1 断层破碎带塌方

断层破碎带塌方是最常见的塌方，占塌方的绝大部分。断层破碎带塌方的判断和警报，主要包括断层破碎带塌方影响因素的正确分析、断层破碎带围岩级别的准确鉴定和塌方即将发生前兆的及早发现。

9.1.1.1 影响断层破碎带塌方的地质因素分析

影响断层破碎带塌方的地质因素主要有：断层上下盘岩性和岩石力学性质、断层的力学性质、断层复合与复合特征、断层破碎带厚度、断层破碎带物质组成和固结程度、断层破碎带的围岩结构、断层破碎带的产状及其与隧道的空间关系、地下水和地应力影响共8个方面。

1）断层上下盘岩性和岩石力学性质

在影响断层破碎带塌方的其他地质因素相同的前提下，断层破碎带稳定性降低的顺序是：

（1）以上下盘为相同岩性硬岩（如灰岩）；

（2）以上下盘为不同岩性硬岩（如砂岩与灰岩）；

（3）以上下盘为相同岩性（如页岩）或不同岩性软岩（如页岩与泥岩）、不同岩性的软、硬岩（如砂岩与碳质页岩）组合。软岩与硬岩呈断层接触的断层破碎带大多位于软岩一侧，而且，常常是硬岩为含水层，软岩为隔水层。这种断层上下盘岩石组合最不利于由断层破碎带组成的围岩的稳定，相当多的断层破碎带塌方属于这种类型（图9-1）。

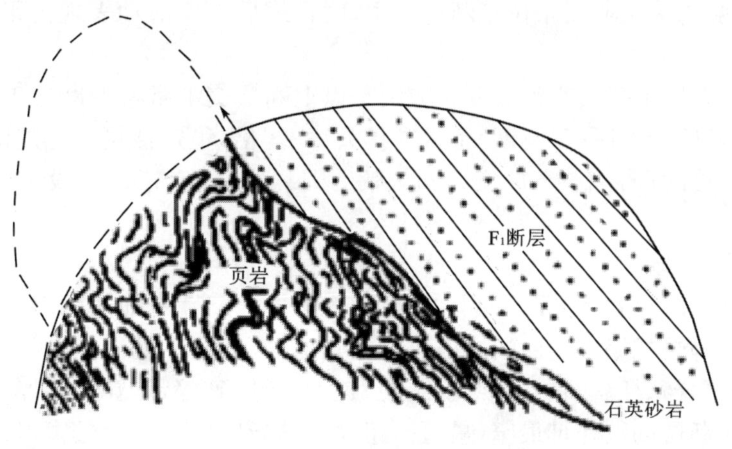

图9-1 某隧道进口小塌方警报示意图

2)断层的力学性质

以张拉正断层为主的断层破碎带，主要由断层角砾岩组成，其角砾特点是：胶结疏松，多为泥质胶结，易于风化，棱角明显，杂乱无章，大小悬殊。所以以张性正断层为主的断层破碎带最易造成塌方。

以压冲逆断层为主的断层破碎带，主要由断层泥、碎糜岩、构造透镜体、片理化揉皱化岩石组成，尽管岩石也很破碎，但由于角砾之间结合较紧密，相对以正断层为主的断层破碎带来说，造成塌方的难度稍大。

以扭性平移断层为主的断层破碎带，主要由厚度不大的碎糜岩和分布较宽的劈理带岩石组成。与前两者相比，造成塌方的难度更大。

所以，从断层力学性质角度看，断层破碎带稳定性降低的顺序是：

(1)以扭性平移断层为主的断层破碎带；

(2)以压冲逆断层为主的断层破碎带；

(3)以张滑正断层为主的断层破碎带。

3)断层复合与复合特征地质力学

断层复合有两种情况：一是同一条断层复合，即断层多期活动；二是两条或两条以上断层交汇复合。不论哪种断层复合，对断层破碎带的稳定性影响都极为明显。

复合式断层破碎带的稳定性远远小于一般断层破碎带的稳定性。复合式断层破碎带塌方是另一种最常见的断层破碎带塌方。

(1)断层多期活动。自然界中的断层，绝大多数都具有多期活动特征，具有复杂的力学性质和多变的位移方式，而且在多期活动中，必有一期为主期活动，断层明显具有主期活动的性质和特征。

对于围岩稳定性的影响来说，一期活动断层破碎带稳定性降低的顺序是：

①以扭性平移断层为主的多期活动断层破碎带；

②以压冲逆断层为主的多期活动断层破碎带；

③以张拉正断层为主的多期活动断层破碎带；

④以压冲逆断层为主或以张拉正断层为主，而且最后一期活动表现为张拉正断层的断层破碎带。

(2)两条或两条以上断层交汇。两条或两条以上断层交汇常常使断层破碎带的岩石更加破碎、松散，断层破碎带的厚度(宽度)也常常扩大2～3倍，稳定性更是随之降低很多。因此，不论什么力学性质的断层破碎带交汇处，都是围岩最不稳定的区段和最易塌方的区段(图9-2)。

4)断层破碎带的厚度

断层破碎带的厚度(宽度)是直接影响断层破碎带稳定性的地质因素。断层破碎带宽度(厚度)越大，越容易造成塌方。而断层破碎带的宽度(厚度)，又取决于断层的规模、断层的力学性质和断层的复合特征。断层的规模(断距)越大，断层破碎带越宽(越厚)。相同规模断层的破碎带，张性正断层的破碎带最窄(最薄)，扭性平移断层的破碎带较宽(较厚)，压性逆断层破碎带最宽(最厚)。

一般情况下，对于破碎带宽度(厚度)来说，多期活动断层大于一期活动的断层；两条或两

条以上断层交汇大于一条多期活动断层，更大于一期活动断层。

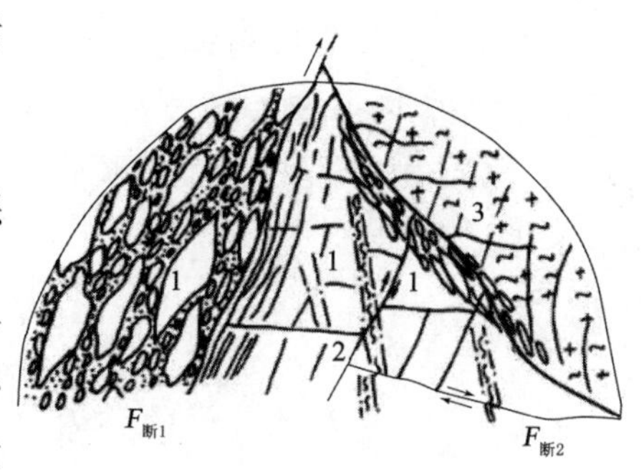

图 9-2　某隧道大塌方警报示意图
1-断层破碎带；2-黑云母变粒岩；3-混合花岗岩

5）断层破碎带的物质组成和固结程度

（1）断层破碎带的物质组成，主要指的是断层角砾之间的胶结物及其含量。

从胶结物来看，泥质、铁质胶结的断层破碎带最常见，稳定性也最差；钙质和硅质胶结的断层破碎带较少见，稳定性也较好。从含量看，泥质和铁质胶结物含量越多，断层破碎带稳定性越差，越容易塌方，所以断层角砾岩的结构为泥夹石，比石夹泥或不含泥的结构更易造成塌方。

（2）断层破碎带的固结程度。占大多数的泥质、铁质胶结的断层破碎带固结程度很差，少数的钙质、硅质胶结的断层破碎带固结程度较好。张性正断层破碎带固结程度差，扭性平移断层和压性逆断层破碎带固结程度稍好。多期活动断层比一期活动断层破碎带固结差，两条或两条以上断层交汇的断层破碎带固结程度最差，甚至无固结。显然，固结程度越差，断层破碎带的稳定性也越差。

6）断层破碎带的围岩结构

断层破碎带的岩体结构主要有3种：碎石状压碎结构、角砾碎石状（石夹泥或泥夹石）松散结构和泥、砂、角砾混杂状松软结构。前者多为扭性平移断层和规模较小的压性逆断层、张性正断层的断层破碎带岩体结构，稳定性较差。中间者多为规模很大的、以压冲逆断层为主、张拉正断层为主的多期活动断层或者两条及两条以上断层交汇形成的断层破碎带岩体结构，稳定性很差。后者则多为规模宏大的、以压冲逆断层为主、张滑正断层为主的多期活动断层或者两条及两条以上规模很大的断层交汇形成的断层破碎带岩体结构，稳定性极差。

7）断层破碎带的产状及其与隧道的空间关系

它主要包括断层破碎带的走向与隧道中心线的夹角和断层破碎带的倾向倾角与隧道的空间关系。

（1）断层破碎带的走向与隧道中心线的夹角。在断层破碎带宽度厚度相同的条件下，夹角越大越稳定，越小则越不稳定。在断层破碎带几乎与隧道平行的情况下，即使断层破碎带宽度很窄（如只有1m），也会给隧道施工造成很大威胁（如经常掉块）。

（2）断层破碎带在隧道中的位置、倾向倾角及其空间关系。在断层破碎带走向与隧道中心线夹角较小的条件下，破碎带位于拱顶时不稳定，位于侧壁时较稳定。

8）地下水和地应力的影响

地下水对断层破碎带的稳定性起着至关重要的影响，即有无地下水参与，断层破碎带的稳定性可相差1～2个级别。

在高地应力地区，特别是水平构造应力明显地区开挖的隧道和轴线与最大压应力轴垂直的隧道，地应力对断层破碎带能否塌方的影响也很大，一般可使断层破碎带的围岩级别提高1～2级。

9.1.1.2 围岩坍塌征兆

一般情况下，出现洞顶碎石不断掉落，甚至较大石块相继掉下，干燥段突然涌水或水量突然增大，水质由清变浊等现象，预示着围岩即将发生塌方。另外，围岩节理裂隙逐步扩大，支护状态变形，喷射混凝土出现明显裂纹或剥落，拱脚附近的水平收敛率大于 2mm/d，拱顶下沉量大于 5mm/d 并继续增大时，说明围岩仍在发生变形，处于不稳定状态，极有可能出现失稳塌方。

9.1.1.3 断层破碎带的临近前兆

准确定性断层碎带的主要技术手段有临近前兆预测法，其前兆如下：

(1)临近断层破碎带时，节理组数急剧增加，节理组数可多达 6～12 组。

(2)临近断层破碎带时，出现牵引褶皱。

(3)临近断层破碎带时，有时会出现由弧形节理组成的小型旋卷构造或反倾节理。

(4)临近断层破碎带时，一般岩石强度都明显降低。

(5)以逆断层为主的断层破碎带附近会出现压裂岩和碎裂岩(多数情况下，出现夹泥或铁锈状裂岩、碎裂岩)，以平移断层为主的断层破碎带附近会出现以 L_1 节理为代表的节理，密度明显增加。

隧道内断层破碎带的识别与辨认与地面地质调查和复查技术中对断层识别相似，即除地貌标志以外，地面地质调查中识别断层的地层标志、岩石标志、构造标志和矿物标志等，均适合于隧道(洞)内断层的识别，甚至表现得比地面还要清晰、明显，易于观测。

9.1.1.4 断层破碎带围岩级别的判定

断层塌方的监测与警报必须在断层识别和影响断层塌方地质因素分析的基础上，落实到断层塌方判断的终极目标，即对断层破碎带围岩级别的准确判定上。判定可参考以下条件：

(1)以压性逆断层为主或以张性正断层为主的断层破碎带宽度(厚度)大于 5m、涉及的隧道长度大于 10m 的区段，在有地下水明显参与的条件下，为Ⅴ级围岩；以压性逆断层为主或以张性正断层为主的断层破碎带宽度(厚度)大于 10m、涉及的隧道(洞)长度大于 20m 的区段，即使没有地下水的明显参与，亦为Ⅴ级围岩。

(2)以平移断层为主的断层破碎带(宽厚度和涉及隧道长度不限)、以压性逆断层为主或以张性正断层为主的断层破碎带宽度(厚度)小于 5m、涉及的隧道长度小于 10m 的区段，在有地下水参与条件下，这类断层破碎带涉及的区段可定为Ⅳ级围岩。若无地下水参与或破碎带宽厚度小于 3m、涉及隧道长度小于 5m 的硬岩区段，围岩级别甚至可定为Ⅲ级。

(3)特殊断层破碎带涉及的区段可定为Ⅵ级。

①硬岩断层破碎带以张滑正断层为主或以压冲逆断层为主断层或者两条及两条以上断层交汇，断层破碎带规模宏大、宽度(厚度)大于 50m、涉及隧道长度大于 100m，破碎带围岩结构多为泥砂角砾状松软结构，且明显有地下水参与。

②软岩断层破碎带或软、硬岩组合形成的断层破碎带。

以张滑正断层为主或以压冲逆断层为主断层或者两条及两条以上断层交汇，断层破碎带规模宏大、宽度(厚度)大于 30m、涉及隧道(洞)长度大于 50m、破碎带围岩结构多为泥砂角砾状松软结构，且明显有地下水参与。

9.1.2　岩溶陷落柱塌方

在我国北方煤系地层中和在下伏的中奥陶统灰岩中修建隧道时，岩溶陷落柱是较常见的不良地质，在我国南方也经常遇到，由它造成的塌方，在塌方总数中虽然占有较小的比例，但也应给予认真对待。

9.1.2.1　隧道遇岩溶陷落柱的前兆

（1）由于陷落柱对周围岩层的重力牵引作用，常常造成周围岩层微向陷落柱内倾的现象。这个特征对煤系地层等软岩来说，表现得更明显，有时影响范围可达15～20m（图9-3）。

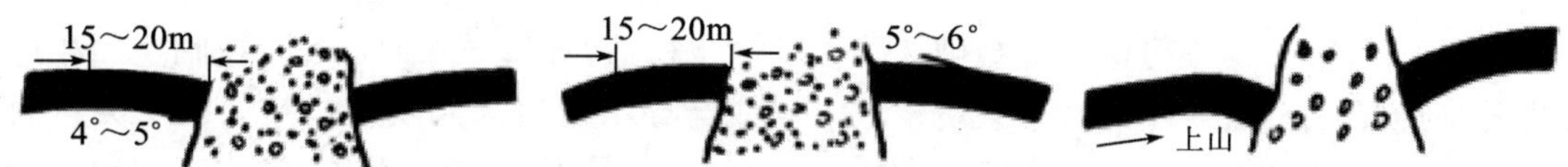

图9-3　陷落柱围岩产状变化示意图

（2）同样，由于陷落柱对周围岩层的重力牵引作用，常常在周围岩层中形成大量的内倾裂隙或小断层，这种现象对于脆性岩层来说，表现明显（图9-4）。

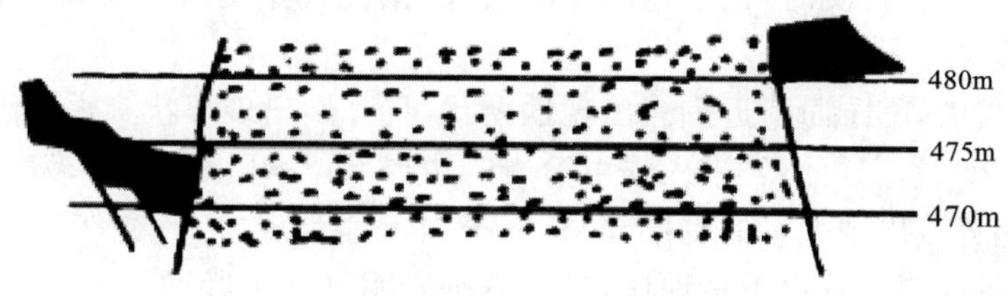

图9-4　陷落柱围岩小断层示意图

（3）由于陷落柱导入地下水，常常使周围岩层潮湿软化或涌水量加大。

（4）由于地下水的侵蚀，常常使周围岩层发生氧化，如岩层疏松、光泽变暗等。

（5）岩溶陷落柱的总体形态多为上细下粗的圆锥体，少数为上下等粗的圆柱体。

（6）由于埋深浅，少数也有塌至地表的前兆。

（7）物质由上覆岩层的碎块组成。

（8）岩块棱角显著、形状不规则、杂乱无章、大小混杂，容易与正断层破碎带的断层角砾岩相混，但成分比断层复杂。

（9）大多干燥无水，个别陷落柱在边缘可见淋水或小股涌水。

（10）与围岩接触面参差不齐，但界线明显；周围岩层产状正常，而且陷落柱两侧围岩层位一致，无错动，也无牵引现象。

（11）陷落柱轴线多与层面垂直；岩层倾斜，陷落柱也对应倾斜。

9.1.2.2　岩溶陷落桩塌方的判断

1）影响陷落柱塌方的地质因素分析

（1）陷落柱规模越大，越易塌方。

（2）陷落柱多为干型，少数为湿型，后者易塌方。

(3)陷落柱中,泥质越多,越易塌方。

(4)沿陷落柱边缘有时有淋水或涌水现象;当有地下水参与时,易塌方。

2)陷落柱涉及区段围岩级别的判定

(1)规模大于隧道断面1/3的湿性岩溶陷落柱,围岩多为Ⅴ级,少数为Ⅳ级。

(2)少数规模小于隧道断面1/3、干性陷落柱,围岩多为Ⅳ~Ⅲ级。

岩溶陷落柱塌方的前兆与断层破碎带塌方前兆相同。关键在于早发现并及时采取紧急处理措施。

9.1.3 突水突泥地质灾害的地质调查前兆特征

地下工程施工中,不可避免地会破坏隐伏的含水构造,导致导水通道与开挖临空面相连通或处于准连通状态,进一步的扰动会诱发地下水或与导水通道水力联系的其他水体突然涌入开挖区,发生突水突泥灾害。突水突泥发生一般有先兆,是可预测预报的。突水突泥地质灾害的先兆包括地质调查前兆、物探勘察的含水先兆以及临突水前的前兆。

在地下工程施工过程中,可通过观测钻孔出水情况或分析开挖揭露围岩的变化情况,获取一定的突水前兆信息,从而避免突水灾害。

(1)当采用超前钻孔探测时,钻进速率突然增大,钻孔开始出现喷水现象,喷距比较大,且呈浑浊状态或时喷时停者。

(2)在开挖过程中,掌子面附近围岩出现铁锈状,且开始出现环状滴水或渗水现象者;揭露岩体的岩性发生突变者,弱可溶岩进入强可溶岩的边界部位;开挖过程中,发现黏土量增多,而涌水量有减小的趋势或出现大量的剥落碎块,掌子面无涌水现象者;突然遇到断层破碎带、褶曲向斜、裂隙密集带或岩溶管道不良地质,且揭露围岩明显湿化者。

(3)断层破碎带前兆:岩层中伴有牵引褶曲、弧形节理组成的小型帚状构造或反倾节理裂隙出现,节理组数急剧增加,可多达6~12组;开始有压碎岩、碎裂岩出现,岩石强度明显降低;邻近富水断层下盘泥岩、页岩等隔水层明显湿化、软化或伴有淋水现象和其他水流痕迹。

(4)临近大型溶洞水体或暗河前兆:钻孔中涌水量剧增,且夹有泥沙或小砾石,或有凉风冒出,洞中有较大的流水声;施工过程中小溶洞出现的频率增加且多有水流、河沙或水流痕迹,裂隙、溶隙间含有较多的铁染锈或夹黏土,岩层明显湿化、软化,或伴有淋水现象。

(5)岩溶管道前兆:非断层破碎带出现岩层内倾牵引现象或内倾小断层,附近岩层易发生疏松、变暗等氧化现象,且可使岩层潮湿或泥化。

(6)淤泥带的前兆:频繁出现铁锈状裂隙或有水、无水小溶洞;若淤泥带中含水较多,钻孔中的用水量剧增且浑浊,并夹有大量泥沙和棱角尖锐的小碎石。

(7)临近人为坑洞积水的前兆:掌子面空气变冷或出现雾气,岩层明显湿化、软化,或伴有淋水现象以及嘶嘶的水声,岩层裂隙有涌水现象;若为煤层老窑积水,则岩层中有暗红色水锈出现。

9.1.4 瓦斯爆炸和煤与瓦斯突出特征

瓦斯爆炸和煤与瓦斯突出,是在煤系地层中施工的隧道可能遇到的地质灾害,而且后果很严重,应当引起足够的重视。

9.1.4.1　决定煤与瓦斯突出的主要因素

它包括内因和外因两个方面。

1)内因

内因主要包括高地应力,高量、高压瓦斯,特殊构造部位和构造煤。

(1)高地应力

我国地应力较高的地区主要位于南方,特别是东南地区。高地应力的存在为煤与瓦斯突出准备了动力。几乎绝大部分煤与瓦斯突出的地质灾害,都出现在我国南方煤系地层中施工的隧道。

(2)高量、高压瓦斯

绝大多数煤与瓦斯突出事故发生在高量、高压瓦斯的煤系地层中施工的隧道。

(3)特殊的构造部位

在煤系地层施工的隧道,发生煤与瓦斯突出的主要地点是特殊的构造部位。因为只有这些部位才能赋存高量、高压瓦斯。它们是:煤层厚度突然变厚的"煤包",煤层产状拐弯处,压冲逆断层下盘,封闭性好的背斜构造核部,小断层或两条以上断层交汇处等(图9-5)。

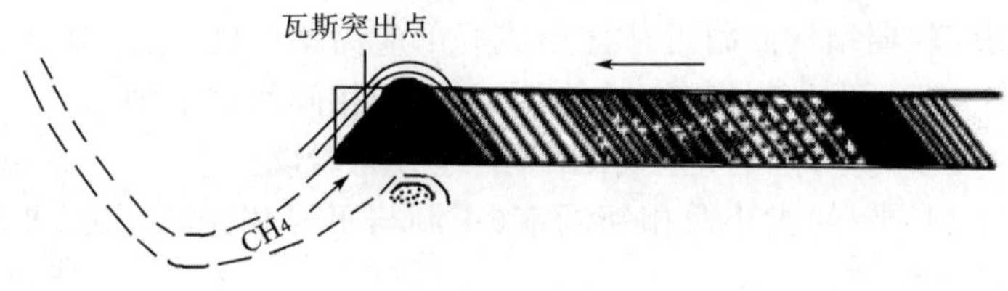

图9-5　瓦斯突出点位置示意图

(4)构造煤

所谓构造煤,指的是被断层或层间滑动压碎或磨碎的粉煤、碎煤。它们为煤与瓦斯突出准备了充足的物源。

2)外因

(1)穿层掘进:穿层掘进又称石门掘进,是煤矿隧道最常见的开挖方式,因而也最易产生煤与瓦斯突出。

(2)快速掘进:它使高量、高压瓦斯不易缓慢释放,从而形成突然喷出。

9.1.4.2　煤与瓦斯突出的临近前兆

根据前人的工作经验,主要有以下几种:

(1)掌子面岩层发生鼓裂;

(2)瓦斯含量突然增大或忽高忽低;

(3)工作面有移动感;

(4)工作面发出瓦斯强涌出的嘶嘶声,同时带有煤尘;

(5)工作面附近时常听到沉雷声或闷雷声。

9.1.5　岩爆特征与征兆

高地应力区的一个显著地质特征是岩芯饼裂现象,饼越薄,地应力值越大。

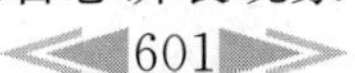

(1)岩爆发生在石英砂岩、粉砂岩、砂岩、部分砂质泥岩及泥岩与灰岩、粉砂岩、砂岩夹层中的硬质岩层中,围岩类别属Ⅲ、Ⅱ级。

(2)岩爆多发生在掌子面及1倍洞径范围,距齐头20m左右最为强烈,也有滞后200m的;发生时间与距离是对应的,一般是在28h内,也有滞后12d的,有些段落滞后12个月或几个月后发生。刚遇到岩爆时的表现是岩体内有声响,但无石块爆落,随着掘进深度的增加、地应力值的加大,则出现明显的岩石撕裂声与岩片爆落,有的还有弹射,形成深十多米的三角形爆坑。

(3)岩爆声响既发生在掌子面,也发生在岩体内部,轻微岩爆的声响较为清脆,可听到啪、啪嘎、嘎的声响,强烈岩爆段所发出的声响较为沉闷,像嘭、嘭的声音并夹有啪、啪的声响。

(4)岩爆破坏形式为劈裂破坏与剪切破坏两种:破坏程度上总体属爆裂脱落型,即一级岩爆;仅为数不长的地段出现弹射现象,属二级岩爆,并有随时间延续向深部发展的特征。隧道周边均有岩爆活动,但拱部和两侧边墙部位相对居多,其次为拱肩部位,这与岩体应力状况有关。

(5)岩爆爆坑大多数呈锅底形,坑边沿多为阶梯形。强烈岩爆段爆坑多为V形。破裂面以新鲜破裂为主,少数沿原有裂隙面。爆落岩块多呈不规则的棱块状,也有呈中厚边薄的椭圆状。

(6)断裂带两侧或软弱结构面附近往往形成局部应力集中区,故两侧硬岩中岩爆现象较为明显,而断层带部位一般不发生岩爆。在不同岩性软硬相间的岩层中,硬质岩易发生岩爆。

(7)岩爆区段一般较为干燥,有地下水出露的地方无岩爆产生。

(8)开挖洞室(正洞、平导)大小及相邻洞室(正洞与平导相距42.5m、平导滞后主洞)施工对岩爆的产生似无明显影响。

(9)岩爆的剧烈程度与洞室埋深基本对应,但也有非对应的,相对严重地段距洞口距离为1700m、1960m(东口)、1290m(西口),相对应埋深为710m、775m(最大埋深)、425m。

(10)较严重岩爆段在第一次开挖喷锚支护稳定后,经过两年后处理大规模欠挖(测量误差造成)时,仍有岩爆发生(爆破后岩石完整,但不久就有裂缝形成且掉块),但其强度已大为减弱。

9.2 掌子面地质信息数字编录识别技术

数码摄像技术获取结构面发育程度参数的方法以数码摄像技术理论为核心,内容包括图像测定、图像处理和地质解析3部分,即利用普通非量测数值相机对隧道掌子面进行照相,通过计算机图像处理技术,提炼出掌子面中相关结构面发育程度参数信息,并用以施工阶段的岩体围岩亚级级别判定。

常规的隧道掌子面地质编录法是:参考勘察设计资料,通过对掌子面已揭露的围岩(岩层、不良地质体)进行观测与编录。它以开挖围岩的地质变化规律为依据,对掌子面前方延伸情况进行有依据的推断,分为岩层岩性变化预测和不良地质体灾害预测。岩性变化界面通常代表地质环境的改变,存在标志性的岩石结构、节理、裂隙、强度等一系列的渐变。因此,岩性的变化属渐变论的观点;而不良地质体的出现应属突变论的观点,突变并非是绝对的,在突变的附近同样存在一定的渐变状态。因此,在隧道掘进过程中,在出现断层破碎带、溶洞、暗河、岩溶

陷落柱和洞穴淤泥带之前，一般都会出现各自明显的或不明显的前兆标志，这些标志的出现，常常预示前方不良地质体已经临近了。因此，不良地质前兆预测法，不但有助于掌子面前方不良地质体性质的鉴别，更有助于对不良地质体临近的判断。

隧道掌子面地质编录法，在预测岩性变化和地质灾害体时，是根据隧道掌子面周围的岩性连续观察跟踪，主要观察岩性结构的颗粒、节理、裂隙等。常规的地质编录主要靠地质素描图和定性的地质描述进行。

9.2.1　地质调查预测法

地质调查法是根据隧道已有勘察资料、地表补充地质调查资料和隧道内地质素描，通过地层层序对比、地层分界线及构造线地下和地表相关性分析、断层要素与隧道几何参数的相关性分析、临近隧道内不良地质体的前兆分析等，利用常规地质理论、地质作图和趋势分析等，推测开挖工作面前方可能揭示地质情况的一种超前地质预报方法。

地质调查法适用于各种地质条件下隧道的超前地质预报。地质调查法包括隧道地表补充地质调查和隧道内地质素描等。

9.2.1.1　隧道地表补充地质调查

隧道地表补充地质调查应包括下列主要内容：

(1)对已有地质勘察成果的熟悉、核查和确认。

(2)地层、岩性在隧道地表的出露及接触关系，特别是对标志层的熟悉和确认。

(3)断层、褶皱、节理密集带等地质构造在隧道地表的出露位置、规模、性质及其产状变化情况。

(4)地表岩溶发育位置、规模及分布规律。

(5)煤层、石膏、膨胀岩，含石油天然气、含放射性物质等特殊地层在地表的出露位置、宽度及其产状变化情况。

(6)人为坑洞位置、走向、高程等，分析其与隧道的空间关系。

(7)根据隧道地表补充地质调查结果，结合设计文件、资料和图纸，核实和修正超前地质预报重点区段。

9.2.1.2　掌子面素描基本原理

隧道施工掌子面是施工前方岩体唯一的暴露面，施工前方岩体内的节理、裂隙、断层、岩脉等都在施工掌子面上有所反映，如实记录施工掌子面上的信息对施工前地质预报有很高的价值。

在隧道开挖过程中暴露出的地质状态才是客观的，真实地了解围岩实际状况，然后再对其进行地质描述和地质评价，采取最符合实际的支护设计和施工方法。地质素描法是利用地质理论和作图法，将隧道所揭露的地层岩性、地质构造、结构面产状、地下水出露点位置及出水状态、出水量等准确记录下来并绘制成图表，结合已有勘测资料，进行隧道开挖面前方地质条件的预测预报。

掌子面素描可以对岩层岩性和层位进行预测预报，基本原理是：在掌子面和隧道两壁出露的岩层与地表某段岩层为同一和确认标志层的前提下，用地表岩层的层序预报掌子面前方将要出现的岩层，这需要配合设计资料和长期的地面地质调查。另外，对不良地质体的预报基本原理是：在长距离超前地质预报得出的不良地质体厚度的基础上，依据掌子面已揭露的不良地质体的产状和单壁始见的位置，经过一系列的三角函数运算，求得条带状不良地质体在隧道掌子面前方延伸和消失的位置。

地质素描特点包括：

(1)地质素描法理论基础牢固，设备简单，操作方便，不占用或很少占用隧道施工时间，提交资料及时，成本低。

(2)对操作人员地质知识水平要求较高，一般要求地质专业人员来完成。

(3)靠有限之“见”预报范围有限，特别是在地层岩性变化极为复杂的隧道中，预报的准确率更是如此。

9.2.1.3　地质素描主要内容

地质素描主要包括：基础地质资料、地表地质调查资料、掌子面地质素描。基础地质资料主要是区域性地质资料、隧道勘测资料、隧道设计资料。所有这些资料，在预设计阶段，勘测设计单位都会有成套的系统资料，无须再费力气收集。地表地质调查资料是在隧道野外勘测时，调查到的地面水系分布、露头岩石的岩性、地层产状，岩石的风化程度等地质资料，可依此地质资料推断隧道的地质状况，地表地质调查资料是施工作业时重要的参考资料。掌子面地质素描是在隧道开挖作业过程中，对已开挖的洞段和掌子面实际地质情况，不间断地记录其围岩岩性、结构、产状、断层、节理、溶洞、岩石风化、水文实况，并附以草图，是判断围岩级别的最直接资料，也是用以推断掌子面前进方向围岩状况的主要参照物，还是推断前进方向地质状况的边界条件。其中基础地质资料与地表地质调查资料在隧道预设计阶段已经完成，在隧道超前预报时只需要收集一下就行，而掌子面地质素描是随着隧道开挖不断完成的。洞内外相结合的地质调查如图 9-6 所示。

a)地面调查

b)洞内调查

图 9-6　洞内外相结合的地质调查

掌子面地质素描是将隧道所揭露的地层岩性、地质构造、结构面产状、地下水出露点位置及出水状态、出水量、煤层、溶洞等准确记录下来并绘制成图表，是地质调查法工作的一部分，包括开挖工作面地质素描和洞身地质素描(常见记录见表 9-1)。隧道内地质素描应包括下列主要内容：

(1)工程地质。

①地层岩性:描述地层时代、岩性、层间结合程度、风化程度等。

②地质构造:描述褶皱、断层、节理裂隙特征、岩层产状等。断层的位置、产状、性质、破碎带的宽度、物质成分、含水情况以及与隧道的关系。节理裂隙的组数、产状、间距、充填物、延伸长度、张开度及节理面特征、力学性质,分析组合特征,判断岩体完整程度。

隧道开挖工作面地质记录

隧道: 日期: 记录人: 表 9-1

<table>
<tr><td>里程</td><td></td><td colspan="3">隧道中线方向</td><td></td><td colspan="4">埋深</td><td></td><td colspan="5">地下水状态</td></tr>
<tr><td rowspan="3">工程地质</td><td rowspan="2">岩性</td><td colspan="4" rowspan="2"></td><td colspan="4" rowspan="2">产状</td><td rowspan="2"></td><td rowspan="2">地下水类型</td><td>无水</td><td>渗水或滴水</td><td>线流</td><td>股流</td></tr>
<tr><td></td><td></td><td></td><td></td></tr>
<tr><td>强度</td><td colspan="2">极硬岩
$R_b>60MPa$</td><td colspan="2">硬质岩
$R_b=30\sim60MPa$</td><td colspan="4">软质岩
$R_b=5\sim30MPa$</td><td>极软岩
$R_b<5MPa$</td><td>涌水量</td><td colspan="4"></td></tr>
<tr><td rowspan="4">主要结构面</td><td rowspan="2">组数</td><td rowspan="2">产状</td><td rowspan="2">间距(m)</td><td>力学性质</td><td>长度(m)</td><td colspan="4">节理张开程度(mm)</td><td rowspan="2">充填物</td><td rowspan="2">含泥沙情况</td><td colspan="4" rowspan="2"></td></tr>
<tr><td></td><td></td><td><0.5</td><td>0.5~1</td><td>1~3</td><td>>3</td></tr>
<tr><td>1</td><td></td><td></td><td>节理</td><td></td><td></td><td></td><td></td><td></td><td></td><td rowspan="2">开挖工作面素描图</td><td colspan="4" rowspan="2"></td></tr>
<tr><td>2</td><td></td><td></td><td></td><td></td><td></td><td></td><td></td><td></td><td></td></tr>
<tr><td colspan="2">注意事项</td><td colspan="14"></td></tr>
</table>

③岩溶:描述岩溶规模、形态、位置、所属地层和构造部位,充填物成分、状态,以及岩溶展布的空间关系。

④特殊地层:煤层、沥青层、含膏盐层、膨胀岩和含黄铁矿层等应单独描述。

⑤人为坑洞:影响范围内的各种坑道和洞穴的分布位置及其与隧道的空间关系。

⑥地应力:包括高地应力显示性标志及其发生部位,如岩爆、软弱夹层挤出、探孔饼状岩芯等现象。

⑦塌方:应记录塌方部位、方式与规模及其随时间的变化特征,并分析产生塌方的地质原因及其对继续掘进的影响。

⑧有害气体及放射性危害源存在情况。

(2)水文地质。

①地下水的分布、出露形态及围岩的透水性、水量、水压、水温、颜色、泥砂含量测定,以及地下水活动对围岩稳定的影响,必要时进行长期观测。地下水的出露形态分为:渗水、滴水、滴水成线、股水(涌水)、暗河。

②水质分析,判定地下水对结构材料的腐蚀性。

③出水点和地层岩性、地质构造、岩溶、暗河等的关系分析。

④必要时进行地表相关气象、水文观测,判断洞内涌水与地表径流、降雨的关系。

⑤必要时应建立涌突水点地质档案。

(3)围岩稳定性特征及支护情况。记录不同工程地质、水文地质条件下隧道围岩稳定性、支护方式以及初期支护后的变形情况。发生围岩失稳或变形较大的地段,详细分析、描述围岩失稳或变形发生的原因、过程、结果等。

(4)进行隧道施工围岩分级。

(5)影像。隧道内重要的和具代表性的地质现象应进行摄影或录像。

9.2.1.4 地质素描的要求

开挖工作面地质素描，主要描述工作面立面围岩状况，应使用统一格式，并统一编号，其格式和内容可参照表 9-1。

(1)隧道地表补充地质调查应在实施洞内超前地质预报前进行，并在洞内超前地质预报实施过程中根据需要随时补充，现场应做好记录，并于当天及时整理。

(2)地质素描图应采用现场绘制草图、室内及时誊清的方式完成，宜采用坐标纸进行记录，以便能比较准确地显示出结构面的位置。必须在现场根据实际情况记录，不得回忆编制或室内制作。地质素描原始记录、图、表应当天整理，记录方式、比例、图例应统一。

(3)洞身地质素描是对隧道拱顶、左右边墙进行的地质素描，直观反映隧道周边地层岩性及不良地质体的发育规模、在空间上对隧道的影响程度等，通过隧道地质展视图形式表示。

(4)地质素描应随隧道开挖及时进行，对地层岩性变化点、构造发育部位、岩溶发育带附近等复杂、重点地段应每一开挖循环进行一次素描，其他一般地段不应超过 10m 进行一次素描。

(5)素描不占用开挖时间，最好在出渣工作完成后钻车就位前进行，因为此时浮渣都已被清理掉，信息比较真实。

(6)隧道地表补充地质调查和洞内地质素描资料应及时反映在隧道工程地质平面图和纵断面图上，并应分段完善、总结。

(7)标本应按要求采集，并及时整理。

参考勘察设计资料，通过掌子面已揭露地质体(岩层、不良地质体)进行观测与编录，以开挖的地质情况变化规律为依据，对掌子面前方岩体延伸情况进行有依据的推断。分为岩层岩性及层位预测法、条带状不良地质体影响隧道长度预测法和不规则地质体影响隧道长度预测法等。

9.2.1.5 编写报告

地质调查法隧道超前地质预报应编制下列资料。

(1)地质调查法预报报告。

(2)开挖工作面地质素描图，比例尺根据需要确定。

(3)隧道洞身地质展视图，比例为 1∶100～1∶500。

(4)地层分界线及构造线隧道内和地表相关性分析预报图(必要时)，比例尺根据需要确定。

(5)地质复杂地段纵、横断面图，比例为 1∶100～1∶500。

(6)地质监测与测试资料。

(7)有关影像资料。

9.2.2 可视化处理技术

掌子面编录法可利用数码相机现场拍摄代替掌子面的地质素描，然后在室内计算机上进行分析预报，每隔 3m 拍摄一次。一方面指导施工，另一方面为隧道工程积累详细的地质资料，便于隧道在运营期间的维护与养护，具体做法如图 9-7 所示。

9.2.2.1　图像现场测定

图像测定是对掌子面及周边岩体进行地质数据采集的一个过程。通常情况下，地质数据信息与地质调查面积直接相关，即调查面积大，所包含的地质数据信息就多，反之，地质数据信息就少。可见，为满足地质信息评价的需要，我们必须确定一个最小的地质调查面积限界，参照现行《公路隧道设计规范》(JTG D70—2004)中的相关规定，即节理裂隙调查每一处测点的统计面积不应小于 2m×5m，将图像测定时所需最小的地质调查面积确定为 2m×5m 是比较合适的。

图 9-7　掌子面围岩地质编录计算机分析

关于现场图像测定，为满足最小地质调查面积的需要，相机操作应该注意以下两个问题。

1)摄取图像的控制性因素

所摄图像的大小，一般来说可由图像的长度和宽度两个参数来确定。对于普通数值相机而言，摄取图像的尺寸比例(长∶宽)大多数为 4∶3，是个固定数值，而根据相关要求，实际地质调查所需的最小面积尺寸比例(长∶宽或宽∶长)为 5∶2。经过简单的比例关系换算和比较可知，在摄像时，若保证图像长度所对应的实际物理尺寸大于或等于 5m，那么图像宽度所对应的实际物理尺寸同时也就会满足大于或等于 2m 的要求，因此，图像的长度即为现场摄像时所需满足的控制性因素。

2)摄像时物距的确定

确定长度为摄取图像的控制性因素后，根据摄像时数值相机的成像原理，即可列出以下等式：

$$\frac{5}{u}=\frac{x\mathrm{d}x}{f} \tag{9-1}$$

式中：u——摄像时所需的最小物距，m；

5——所需摄取的最小地质调查面积长度，m；

x——摄取图像的横向分辨率，像素；

$\mathrm{d}x$——一个像素在横向方向上的物理尺寸，像素；

f——相机焦距，m；

x、$\mathrm{d}x$、f——这 3 个参数只与相机内部结构有关，称为相机内部参数(常数)。

根据式(9-1)，即可求出摄像时所需的最小物距数值。由于隧道内环境恶劣，通常具有光线较弱、粉尘浓度较大等特点，这给现场图像测定工作带来了诸多限制。

(1)仅依靠相机自带闪光灯，无其他灯光照明措施，且粉尘浓度小于 8.557mg/m^{3}时，相机可拍摄到一般清晰度的围岩图像，该图像可以开展后期工作，超过此条件，摄取的图像则无法开展后期工作。

(2)采用 1 盏 1kW 灯光照明，且粉尘浓度控制在 16.318～28.457mg/m^{3}时，相机可拍摄到一般清晰度的围岩图像，该图像可以开展后期工作，超过此条件，摄取的图像则无法开展后期工作。

(3)采用4盏1kW灯光照明，且粉尘浓度小于19.502mg/m^{3}时，相机可拍摄到较高清晰度的围岩图像，该图像利于开展后期工作。

根据《公路隧道施工技术规范》(JTG F60—2009)中相关规定：隧道内含10%以上游离SiO_2等矿物性粉尘，其浓度不得大于2mg/m^3；含10%以下游离SiO_2等矿物性粉尘，其浓度不得大于4mg/m^3。由此可见，当隧道内粉尘浓度满足规范要求数值时，图像测定即可获取到较清晰的图像，满足后期图像处理、图像解析等工作的需要。

为在后期的图像处理中便于判别和分析相关地质信息，现场在摄取图像时，还应尽量保持光线均匀以及镜头主轴方向与地质露头面垂直，以确保所摄图像为正视图。

9.2.2.2 隧道围岩的可视化技术

研究隧道围岩可视化预报技术的目的是发展掌子面地质编录法，建立隧道地质信息数字通道。具体做法：按照掌子面地质编录法的具体要求，每隔3m在上下左右前方各拍一张数码照片，编排好放入数字通道。然后，利用已编好的软件综合分析研究隧道各段的地质信息，该技术在室内模拟隧道施工现场的围岩地质情况，可连续推进，仿佛在开挖的隧道地质构造中遨游，也可细化处理(看局部微细结构)，还可进行数据图像处理。另外，此资料可建档，便于以后隧道运营维护时参考。以下介绍主要的编程技术。

为保持图像中曲线型特征的连续性和物体的连通性，可以用数学方法来描述输入、输出图像点之间的空间关系。集合运算的一般定义为：

$$g(x,y) = f(x',y') = f[a(x,y),b(x,y)] \tag{9-2}$$

式中：$f(x',y')$——输入图像；

$g(x,y)$——输出图像。

函数$a(x,y)$和$b(x,y)$唯一地描述了空间变换，若它们是连续的，其连通关系将在图像中得到保持。

若令$a(x,y)=x$，$b(x,y)=y$则得到不加任何改变的恒等运算。

若令$a(x,y)=x+x_0$，$b(x,y)=y+y_0$则可得到平移运算。将式(9-2)写成矩阵形式如下：

$$\begin{bmatrix} a(x,y) \\ b(x,y) \\ 1 \end{bmatrix} = \begin{bmatrix} 1 & 0 & x_0 \\ 0 & 1 & y_0 \\ 0 & 0 & 1 \end{bmatrix} \begin{bmatrix} x \\ y \\ 1 \end{bmatrix} \tag{9-3}$$

令$a(x,y)=x/c$，$b(x,y)=y/d$，则会使图像在x轴方向放大c倍，在y轴方向放大d倍。在齐次坐标系中式(9-3)可写作：

$$\begin{bmatrix} a(x,y) \\ b(x,y) \\ 1 \end{bmatrix} = \begin{bmatrix} \frac{1}{c} & 0 & 0 \\ 0 & \frac{1}{d} & 0 \\ 0 & 0 & 1 \end{bmatrix} \begin{bmatrix} x \\ y \\ 1 \end{bmatrix} \tag{9-4}$$

令 $c=-1$，会产生一个关于 y 轴对称的映像：

$$a(x,y)=-x,b(x,y)=y$$

类似地，对 d 和 x 轴也有同样的性质。

最后，令：

$$\begin{cases} a(x,y)=x\cos(\theta)-y\sin(\theta) \\ b(x,y)=x\sin(\theta)+y\cos(\theta) \end{cases} \tag{9-5}$$

在齐次坐标系中表示为：

$$\begin{bmatrix} a(x,y) \\ b(x,y) \\ 1 \end{bmatrix}=\begin{bmatrix} \cos(\theta) & -\sin(\theta) & 0 \\ \sin(\theta) & \cos(\theta) & 0 \\ 0 & 0 & 1 \end{bmatrix}\begin{bmatrix} x \\ y \\ 1 \end{bmatrix} \tag{9-6}$$

将空间变换的平移、放大、旋转结合起来。例如，围绕点(x_0,y_0)的旋转可由下式实现：

$$\begin{bmatrix} a(x,y) \\ b(x,y) \\ 1 \end{bmatrix}=\begin{bmatrix} 1 & 0 & x_0 \\ 0 & 1 & y_0 \\ 0 & 0 & 1 \end{bmatrix}\begin{bmatrix} \cos(\theta) & -\sin(\theta) & 0 \\ \sin(\theta) & \cos(\theta) & 0 \\ 0 & 0 & 1 \end{bmatrix}\begin{bmatrix} 1 & 0 & -x_0 \\ 0 & 1 & -y_0 \\ 0 & 0 & 1 \end{bmatrix}\begin{bmatrix} x \\ y \\ 1 \end{bmatrix} \tag{9-7}$$

这里首先将图像进行平移，从而使位置(x_0,y_0)成为原点，然后，旋转 θ 角度，再平移回其原点。

将在隧道中拍摄的数字图像按照隧道实际里程标注在隧道中，并产生随深度方向的变形，使得在隧道中的图像显示更符合实际情况。需要作如图 9-8、图 9-9 所示的图像变形处理。

图 9-8 是隧道行进至某个里程时的掌子面、左侧、右侧实际围岩数字图像，各个图像可分别根据需要进行各种数字图像处理，如各种图像变换、色彩变换调整、卷积滤波处理、图像增强处理、灰度及局部滤波处理、边缘探测、二值图像处理等。可先进行处理，再进行显示，或在行进过程中细化某个具体的图片，以便详细了解某个图片的具体细节。有关图像处理技术的内容在这里就不一一介绍了。

图 9-8　隧道某里程的掌子面及左、右侧围岩数字图像

图 9-9 是行进至某个里程隧道掌子面附近的数字图片，通过它可以非常方便地了解隧道掌子面的围岩地质情况，如果再配合一些掌子面地质情况描述及现场的具体测试资料，更便于掌子面超前地质预报及连续跟踪预报。以上软件在每行进到某个里程时，会根据实际采集的图片，形象地辅助在隧道的具体位置，方便详细观察围岩地质情况的具体变化。

图像的具体空间变化过程见图 9-10、图 9-11。现在要将一幅矩形的图像变换成梯形的图像，在通常的计算机语言中没有相应的不规则图像变换函数，VisualBasic 语言中利用 PaintPicture 函数进行图像的矩形图像块操作。因此，在图像变形过程中，可利用在 x、y 方向的一定步长偏移产生矩形变换进行操作。具体如下：

任意一点坐标：

$$\begin{cases} x = x(i) \cdot x\text{step} \cdot x\text{scale} \\ y = y(j) \cdot \left[y\text{step} - \dfrac{2 \cdot x(i)}{n} x\text{step} \cdot x\text{scale} \cdot \tan\alpha\right] + x(i) \cdot x\text{step} \cdot x\text{scale} \cdot \tan\alpha \end{cases} \tag{9-8}$$

式中：$x(i)=1,2,3,\cdots,m$；

$y(j)=1,2,3,\cdots,n$；

α——变换角。

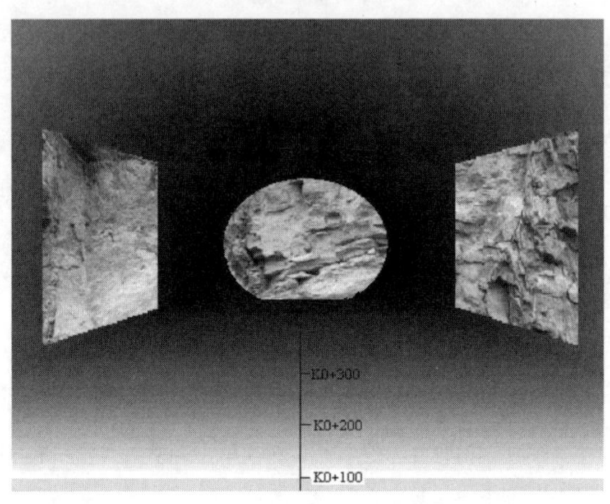

图 9-9　经空间变换后与隧道掌子面结合的空间图像

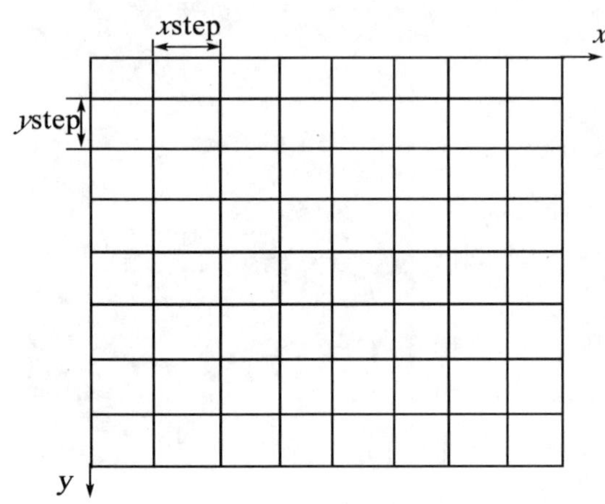

图 9-10　原图像像素网格

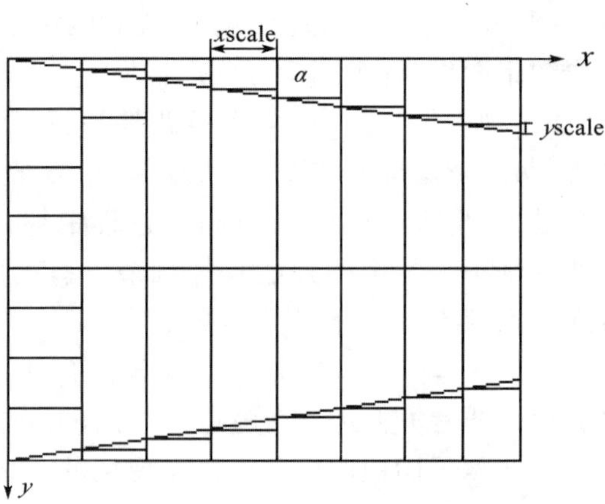

图 9-11　变换后图像网格

任意单元的步长：

$$x\text{ 方向} = x\text{step} \cdot x\text{scale}$$

$$y\text{ 方向} = y\text{step} - \frac{2 \cdot x(i)}{n} x\text{step} \cdot x\text{scale} \cdot \tan\alpha$$

隧道围岩可视化技术可实现对岩溶隧道施工地质情况的长期跟踪预报。以上图像也可分别进行各种图像处理,以便于研究岩体的细部结构或对岩溶出现的标识物进行研究。

实例:图 9-12 是大连石门山隧道西线穿越黏土混碎石漏斗段掌子面地质信息数字识别技术跟踪预报。图 9-12 是在地质雷达短距离预报资料的基础上进行的,它更加准确直观地反映了漏斗段与隧道的空间关系,并对漏斗前方延伸和交错的地质情况近距离预报。

隧道围岩可视化技术为施工人员进一步认识围岩提供了新的手段。

9.2.2.3　岩体结构图像识别技术

由于岩溶岩体裂隙、节理、结构的复杂性,采用常规方法观察通常比较烦琐。这里主要利用图形图像处理技术研究岩溶围岩体的微细结构分布情况,达到进一步认识、分辨、描述岩体的目的,旨在对隧道围岩分类提供依据,对围岩变化做出预报。

在以上采集隧道围岩数字图像的基础上,为进一步对掌子面前方和周围岩体做出预测,通常按以下步骤进行研究。图像处理各方法的具体原理这里不详细说明,主要讨论对围岩的处理效果。以下是根据作者的经验及已编制的软件进行的成套处理,当然也可对围岩图片进行其他处理,这要视具体情况而定。

1)灰度级校正

主要修正个别图像像素点的灰度级,以补偿原来生成图像时的不均匀"曝光"。可分为背景曝光不匀补正和采样曝光不匀补正。具体处理效果见图 9-13、图 9-14。

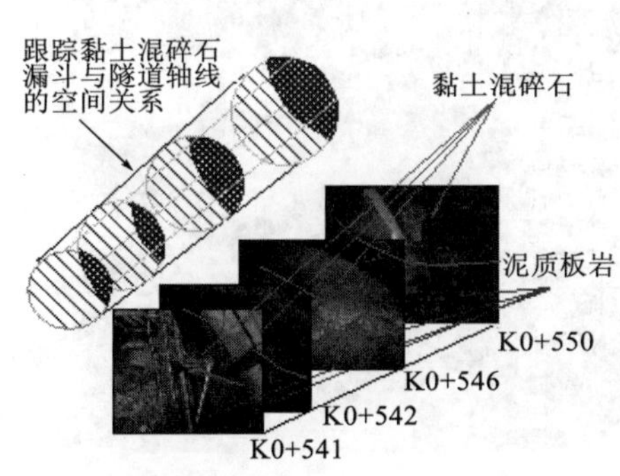

图 9-12　石门山隧道西线穿越黏土混碎石漏斗段,掌子面地质信息数字识别跟踪预报技术

图 9-13　围岩原像

2)二值化处理

要对图像的微细结构进行测量分析,通常要对图像进行二值化处理,只有进行该处理才能突出岩体的纹理结构,便于进一步认识岩体特征。二值化处理就是将 256 级灰度的单色图像变成黑白二值图像。在选择阈值时较为关键,通常选择阈值需将图像所要研究的岩体结构构造保留。图 9-15～图 9-17 为不同阈值的二值化处理结果。

3)二值图像处理

主要是将二值图像进行修正,例如膨胀处理、收缩处理等,使之处理后的图像适合计算机

自动识别、分析、测量等。这里的处理主要测量岩体的结构分布、结构线的长度，通过统计资料定量描述围岩。图9-18～图9-23列举主要几种处理方法的效果，在实际使用时应根据具体情况酌情使用。

图9-14　灰度级校正处理

图9-15　二值化阈值150

图9-16　二值化阈值180

图9-17　二值化阈值200

以上二值图像处理的目的主要是能更详细、突出反映岩体的裂隙、节理、构造等细节，最终是为进行图像的测量做准备。

4)图像测量

通常对图像的测量主要是测量线条的长度和面积，或者是进行图像的模式识别，识别的目的是认识围岩的特征。这里进行图像测量的研究，从而分析岩体的构造变化情况。

图像测量大体上分为形状测量和浓度测量两大类。形状测量包括面积测量、周长测量、长度测量等。通过图像测量可以定量描述围岩的结构特征。

(1)面积测量

这里主要采用标号法进行扫描，首先将不同的区域进行分割，区分互不连通的图形以便分

图 9-18　二值化阈值 180

图 9-19　四邻域膨胀

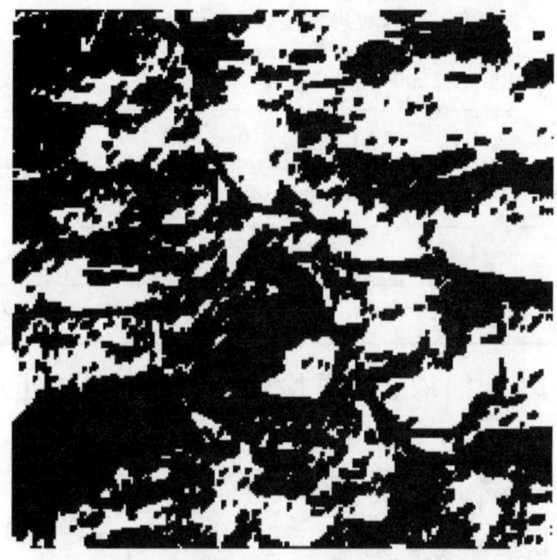

图 9-20　八邻域膨胀

图 9-21　细化 Deutsch—1

图 9-22　细化 Deutsch—2

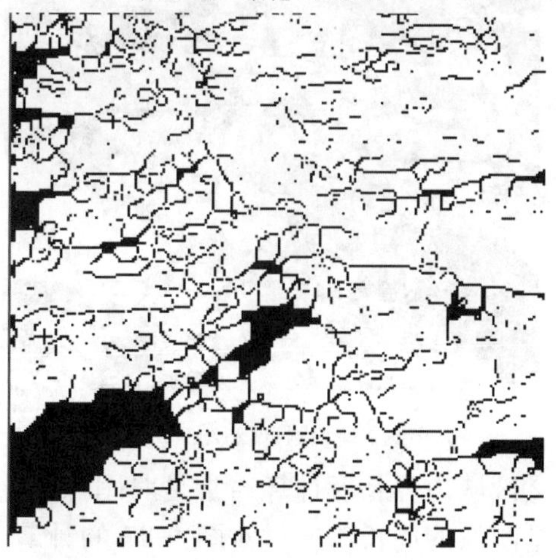

图 9-23　细化 Method

别计算其面积，须对图形进行标号操作。通过标号对相同号点进行累加，得到物体的像素点总和，再乘以系数(该系数可通过在现场拍照时放上标尺，根据图像的放大缩小比例确定)，将得到图像中物体的相近面积。如果对总和的大小进行限定，还可以去除图像中的粒子，见图 9-24。图 9-24 是对图 9-22 的细化处理结果进行的测量，测得的结果为 23735 个像素值。根据拍摄时的实际放大比例为 $k=0.024$，则可得该幅图像的实际充填物面积，该图幅为 232×234 像素，则充填物的含量为 43.72%。这里需注意拍摄时的用光及岩体表面的平整度图 9-24 颗粒含量分布统计见表 9-2。

(2)结构纹理线条的长度测量

在进行图像的线条测量时，须进行区域边界抽出处理，边界抽出有 3 种简单的方法，即四邻域法、八邻域法和全图检测法。以下分别通过实例说明其效果，原图采用二值化阈值为 180 的图像进行处理。

颗粒含量分布统计 表 9-2

图像颗粒面积分布(图幅 232mm×234mm，纹理长度 8114，纹理密度 14.95%)					
面积分布	$S<100$	$100<S<200$	$200<S<500$	$S>500$	总面积
面积个数	269	11	17	10	307
面积(像素)	3658	1518	5930	12629	23735
颗粒内部含量(%)	15.41	6.4	24.98	53.21	
颗粒图形含量(%)	6.74	2.8	10.9	23.26	43.72

①边界抽取包括四邻域边界抽取、八邻域边界抽取、全图检测边界抽取等处理，如图 9-25～图 9-27 所示。

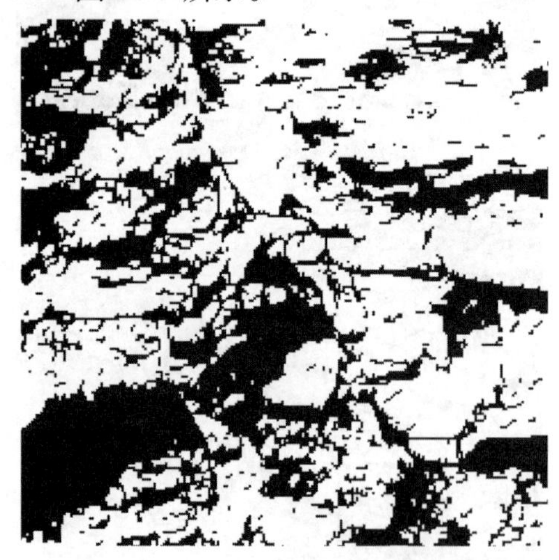

图 9-24 面积测量(23735 个像素点)

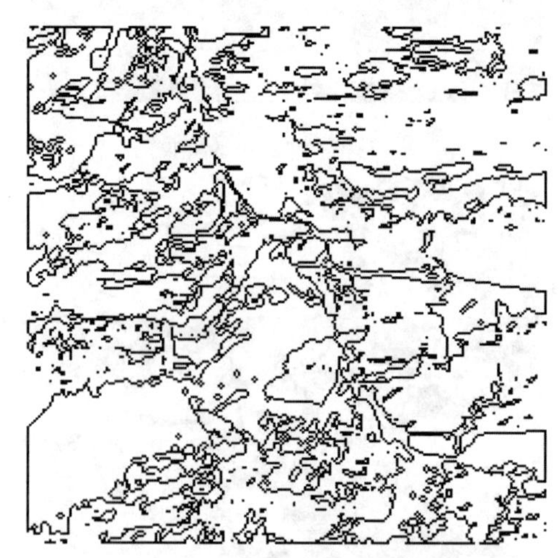

图 9-25 四邻域边界抽取

②区域边界长度计算通常是对图像的边缘像素做出标记，然后累计所标记的像素个数，所得就是图像的周长。通过对图 9-27 的计算其实际的累计像素为 8114，图像的图幅(像素)为 232×234。同样，根据比例的计算可求出单位面积的结构纹理长度，而岩体的实际纹理长度、密度分布与岩体的强度和稳定性有关。这里的围岩纹理分布密度含量为 $d=8114/(232\times$

234)＝14.4％。

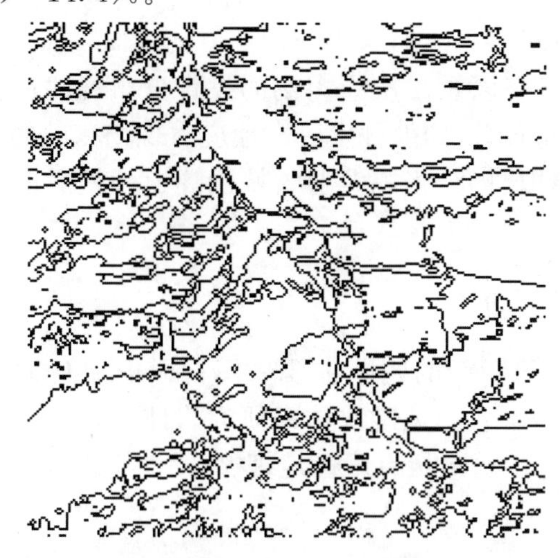

图 9-26　八邻域边界抽取

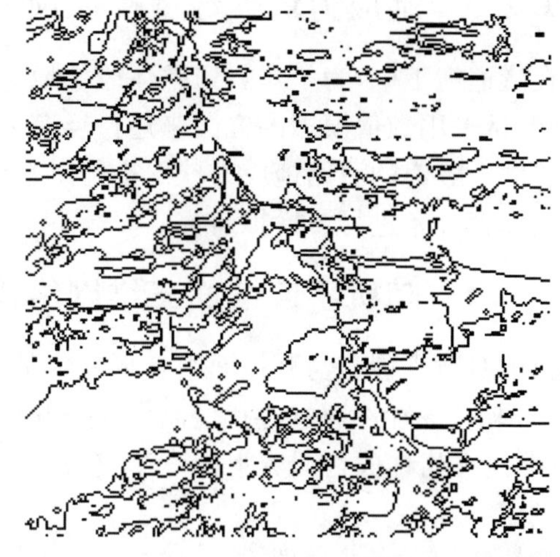

图 9-27　全图检测边界抽取

9.2.2.4　围岩的分类描述与变化

隧道掌子面地质信息数字编录识别技术发展了过去常规的地质编录法，并在此基础上进一步用现代计算机的数字采样、图形图像处理技术丰富量化了对围岩的结构描述，该技术的全过程已形成软件，可快速实现对掌子面围岩的认识。

1)对围岩分类的描述

隧道围岩可视化技术可丰富对围岩分类的描述，常规的围岩分类方法以定性描述为主，结合该软件可实际对照围岩分类表在室内进行分类。而围岩纹理分析处理技术，可将岩体的颗粒含量、结构线的密度、长度及进一步将方向、宽度等进行定量的分析。以上技术使围岩细化分类成为可能，它非常适合隧道现场进行围岩分类。

2)对隧道围岩变化的预报

通常，岩溶隧道地质灾害体的出现都表现出渐变状态，包括岩体结构、节理、裂隙的渐变，这种渐变在围岩的可视化方面和岩体的纹理密度及充填物的面积都有具体的表现，通过掌子面地质信息数字编录识别技术可预报短距离或临近状态的地质变化情况。对于不同区域环境、不同种类的围岩可总结出不同的规律，以达到长期跟踪短距离预报的目的。

9.2.2.5　小结

隧道掌子面地质信息数字编录识别技术，不论作为短距离超前地质预报，还是长期跟踪预报，都有非常重要的实际意义，其他预报资料通常以此为依据。

(1)隧道围岩可视化技术为施工人员进一步认识围岩提供了新的环境，而其他图形图像技术为施工人员提供了新的手段。

(2)围岩的纹理分析技术为定量认识围岩提供了手段，其中提供的某些数据随着该技术的发展也可成为围岩分类的定量或半定量指标。

(3)以上两项技术还有待进一步研究，最终形成成套的自动识别软件，在取得岩体数字图像后可自动识别为岩体必需的统计资料。另外，岩体结构纹理与裂隙还有待于进一步研究区分。

9.2.3 地应力场的数值模拟预测法

在隧道施工中,为了对隧道整体原始地应力状态以及二次应力场的发育分布规律进行宏观预测,常采用数值模拟的方法来进行反演分析和研究,如徐林生等在地应力现场测试的基础上对二郎山隧道的原始地应力状况进行了数值模拟研究,张志龙对雪峰山隧道开挖后的二次应力场发育分布进行了模拟研究。

9.2.4 随机不连续面三维网络模拟技术

目前对节理裂隙与开挖面组合形成的块体失稳与否的判断主要采用石根华和 Goodman 的块体理论,该理论通过寻找控制岩体的开挖临空面上的关键块体来研究岩体结构模型的破坏机制,这在岩体失稳研究上是一个突破。该理论主要包括有限性定理、可动性定理和块体失稳的判定。

1)块体的有限性定理

块体理论中的有限性定理用来判断块体是有限块体还是无限块体。有限块体是指被结构面和开挖面完全切割与母岩完全分离的块体;无限块体是指未被结构面和开挖面完全切割成孤立体的块体。根据有限性定理,块体被确定为无限块体,则不可能产生滑动,如果为有限块体,还要用可动性定理进一步分析有限块体的可动性。

2)可动性定理

可动块体指可沿空间某一个或若干个方向移动而不被相临块体所阻的块体,不可动块体指沿空间任何方向移动均受相邻块体所阻的块体。可动性定理仅从几何学方面对块体可能产生滑动作出判断。而可动块体是否是不稳定块体还需进一步的判定。判定时,首先判断块体可能的运动形式,即冒落、单面滑动、双面滑动,然后计算块体自重和所受的摩擦阻力,将两者进行比较,当自重大于摩擦阻力时,此块体可能产生塌落。

3)块体失稳的判定

通过上面的介绍可以知道,块体理论在判定块体是否失稳时必须是在开挖面、岩体中的结构面已知的情况下进行。因此,该理论用于已揭露洞段块体稳定性分析和评价是可以的,如果使用这一理论对施工掌子面前方的块体失稳与否进行超前预报,其关键是必须预先获取施工掌子面前方岩体结构面赋存状况的资料。目前,可采用超前平行导洞、超前导洞和超前钻孔等方法获取施工掌子面前方岩体结构面赋存状况的资料。这些方法获得资料虽准确,但在实施过程中都存在影响工期、增加工程投资、实际运用难度大等不足。因此,必须选择其他方法来获取施工掌子面前方结构面的资料。为了减少对施工的干扰,少占或不占施工时间,可采用不连续面三维网络计算机模拟技术对施工掌子面前方岩体结构面进行模拟。

9.2.5 断层参数预测技术

掌握区域地质构造变化规律,熟悉地质构造成因,应用经验公式(刘志刚,2003)超前预报隧道掌子面前方隐伏断层的位置和破碎带厚度(宽度);并且通过断层产状与隧道走向和隧道断面的高度和宽度资料,预测其影响隧道的长度。

适用条件:随时掌握隧道掌子面的地层产状、岩性、构造等的变化情况,要求高水平、经验

丰富的地质工作者。

9.2.6　环境水位对超前地质预报技术的补充(实例)

渝怀铁路歌乐山隧道地表为重庆市自然生态环境保护区,居住着6万多居民,有水库5座(最近一座距隧道中线479m),暗河出露口4处,泉井30处。岩溶裂隙水与地表水连通,一旦在隧道开挖中出现大股涌水,不但治理困难,而且还会造成地下水位下降、水源枯竭、地表塌陷等生态环境的破坏。这里介绍歌乐山隧道洞口及地表环境水位监测,以及洞内涌水预测的方法和效果。

为保护自然生态环境,弄清隧道施工与地表环境的关系,在洞口水沟及地表建立水文监测网,及时反馈施工排水与地表水位变化情况。

1)监测范围

在洞口水沟及地表隧道中线两侧10km范围内的5座水库、4处暗河口、30处泉眼建立观测点,其布置见图9-28。

2)水位观测方法

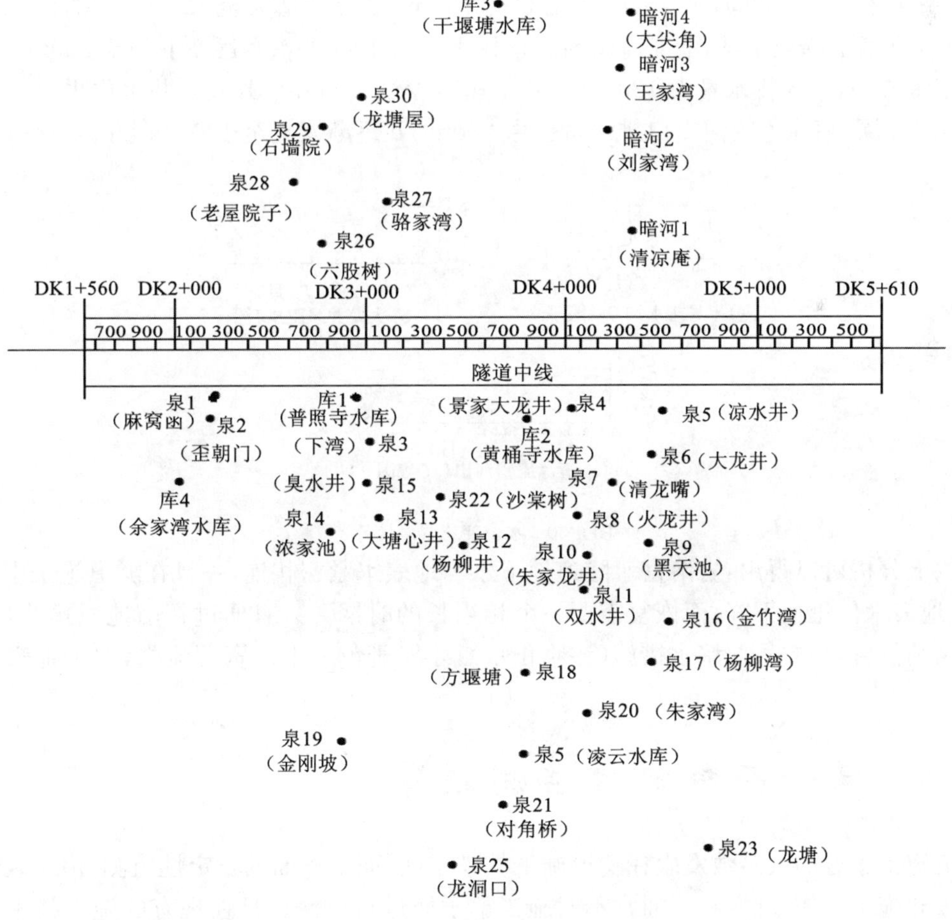

图9-28　歌乐山隧道地表水文监测网

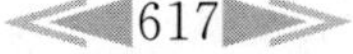

(1)泉眼与水库:在其岸边设置水位计,每天观测蓄水面标高即获得水位变化情况。

(2)暗河出口及隧道排水沟:设置水沟围堰,见图 9-29。

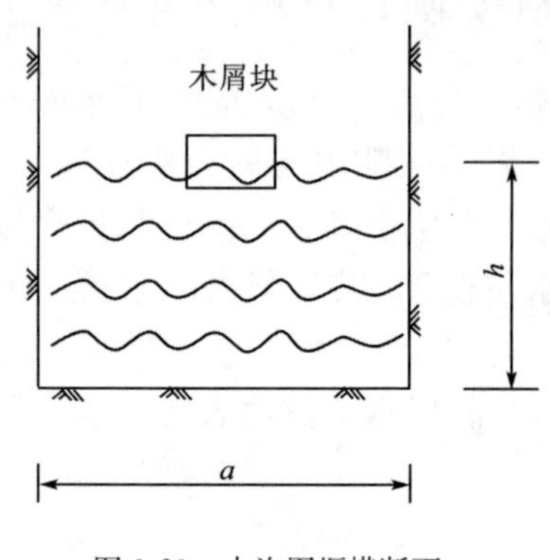

图 9-29 水沟围堰横断面

水沟围堰流量

$$Q=ahv$$

式中:Q——水沟围堰流量;

a——围堰宽度;

h——水深;

v——水流速度,采用"浮漂法"测量,即用木屑块放在流水面上,测其流速 3 次,取平均值即得 v。

(3)观测频率:各个观测点每天观测一次。

3)观测数据统计分析

以歌乐山隧道平导 PDK3+659 堵水施工期间(2001 年 9 月~2002 年 2 月),"大龙井"泉眼、"清凉庵"暗河、平导排水沟的水位变化观测统计数据为例,说明隧道施工排水与地表水位变化情况。图 9-30 为观测到的水位变化情况统计,可以看出,在平导堵水施工期间,平导排水沟流量由 800m³/d 突然增大至 12000m³/d,大龙井水位由 5.1m 深逐渐下降至干枯,清凉庵暗河出口排水量由 10000m³/d 逐渐下降至 200m³/d;但随后平导堵水成功,平导排水量由 12000m³/d 迅速减少至 1100m³/d,大龙井水位也由干枯逐渐恢复至 5.1m 深,清凉庵暗河出口排水量也由 200m³/d 逐渐恢复至 10000m³/d。

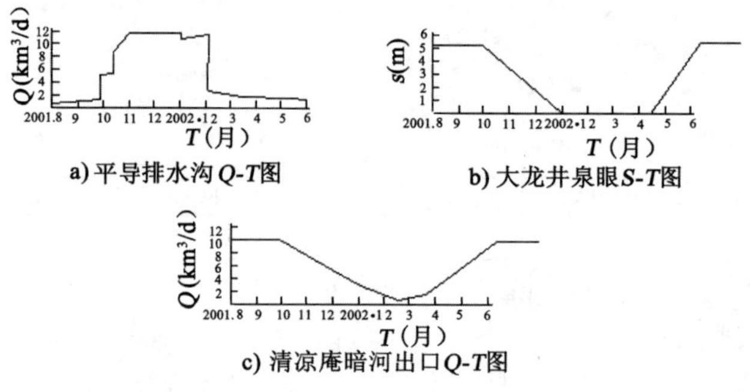

图 9-30 水位变化观测统计

从以上分析可以得出:岩溶富水隧道地下水与地表水紧密相连,一旦在隧道施工中出现大股涌水,地表水位迅速下降,而恢复需要一个相当长的时期。只有通过超前地质预测,探明地下水的精确位置,预先采取堵水措施(注浆止水),才能避免地下水资源流失,保护地表自然生态环境。

9.3 掌子面稳定性监测预警

隧道施工塌方的大多数发生在隧道施工的掌子面,而掌子面的稳定性监测,由于现有技术条件所限和施工工作面的要求,通常不对施工掌子面进行监测。且在现有的施工技术和方法中对掌子面稳定性监测没有要求。隧道施工监控量测规范中,只要求对掌子面开挖地质情况

编录和对支护结构观察描述。随着三维激光扫描技术的发展，一些自动化监测手段的出现，基本可以解决隧道施工掌子面的自动监测问题。可以让隧道施工人员在开挖过程中以及施工的每个环节都准确知道掌子面的稳定状态，这对隧道及地下工程施工安全是至关重要的。

9.3.1　监测技术的发展

国外自动化监测系统最早出现在大坝安全监测领域。20 世纪 60 年代以后开始研制自动化观测设备，20 世纪 70 年代进入实用阶段。从法国、意大利、美国、西班牙、日本和瑞士等工业发达国家实现自动化观测的情况看，主要有两种类型，一种是资料管理自动化，另一种是数据采集自动化系统。较为成熟的技术如瑞士 Solexperts AG 公司开发研制的 GeoMonitor 监测系统是一个模块化的岩土工程自动监测系统，可满足各种工程的不同要求，例如大坝、隧道、建筑物、桥梁、高边坡以及基础开挖和地下掘进等。从隧道自动监测内容方面，主要分为变形(位移)监测、压力(应力)监测、影像信息收集、温度监测、气体监测等。变形(位移)监测目前应用较多的主要有自动全站仪(测量机器人)，如瑞士徕卡 TCA1800 和 TCA2003 等。

国内在自动化监测系统研究方面最近几年发展迅速，在隧道工程、泥石流预警以及边坡稳定性监测都有成功运用的实例。如中铁西南科学研究开发研制的 EMM-TF80 自动化监测系统是 80 路隧道温度、应变自动测量系统，它是针对青藏铁路建设和运营研发的工程与环境监测系统。压力(应力)监测方面主要采用振弦式、差阻式、应变片等类型的仪器，如基康仪器公司的 BGK-MICRO 分布式网络测量系统，它具有用户管理、测量管理、数据管理、通信管理等多项功能。如北京市市政工程研究院研制的 TMIGS 多元信息预警与安全管理系统等。

目前在自动监测方面，国内外都取得了很大的进展。而国内虽然进展很快，但和国外仍然存在很大的差距，没有形成完整的监测体系，且应用不够广泛，桥梁和大坝等应用较多，地下工程方面应用较少。

随着隧道及地下工程修建技术的不断提高，信息化施工已成为地下工程发展的必然趋势，而工程的实时监测也将发挥更为重要的作用，随着施工现场监控量测技术要求的提高，必然促使实时监测技术的飞速发展。现阶段监控量测发展的主要趋势如下：

(1)监控量测的遥控化。计算机网络和通信技术的发展使得远程监控成为可能，监测的遥控化不仅节约了大量的人力和物力，还可以同时进行多项内容的监测，避免了与施工的冲突，大大提高了信息采集和反馈的效率。

(2)监控量测的实时化。隧道及地下工程对施工造成的环境变化有时是极为苛刻的，这就要求监测信息迅速反馈，做到对施工现场信息的实时掌握，以便及时对施工方法进行更改和优化，保证施工的顺利进行。

(3)采集精度不断提高。在城市地下工程监测特别是对已建成结构运营阶段的监测中，监测数据的变化很小，这就要求很高的准确性和监测精度。采用自动监测不但可以保证监测数据正确、及时，而且一旦发现超出预警值范围的量测数据，系统可立即报警。

(4)后处理的自动化。后处理是监控量测内容的一部分，当前国内较多的仍然是人工后处理。面对冗杂繁多的监测数据，人工处理的效率低下，这大大影响了监测的实时性。以此，采用计算机软件对监测数据进行自动化的处理、分析、反馈，甚至提出建议方案是监控量测发展的方向。

在相关电子科技发展的带动下，地下工程的发展要求监控量测越来越向自动化、系统化的方向发展。针对隧道和地下工程的需要和当前自动化监测现状，原交通部及国家 863 项目已立项倾向于这方面的研究工作。

9.3.2 隧道掌子面稳定性自动监测技术

根据施工方法、开挖情况，在隧道掌子面上设计一些特征点，利用三维扫描技术进行高频率变形监测跟踪。隧道施工大多数灾害或事故发生是由于开挖的掌子面不稳定引起，实时掌握隧道掌子面的变形情况至关重要，对掌子面变形的实时监控意义重大，它也是对隧道监控量测项目的扩充。如图 9-31 所示，可在施工间歇时进行大范围的不间断扫描，或在施工时对局部危险部位进行监测、判断、分析、预警，以监视掌子面关注部位的变化情况。如遇有人为干扰、掉块、塌方事故发生，可根据数据变化预知。

a)

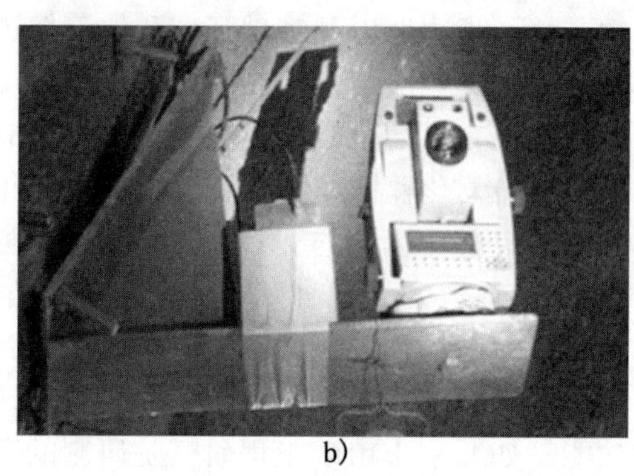
b)

图 9-31 隧道掌子面布置监控测点进行实时监控

隧道掌子面稳定性实时监测技术尤其在隧道掌子面开挖的环节，在爆破后，可准确掌握掌子面的变形情况。如有危险，施工人员可及早避免，防止由于掌子面不稳定、塌方或大变形引起的灾害发生。在施工的间歇期，它像一只眼睛一样，时刻监视着掌子面的稳定情况。TMIGS 系统可实时将现场采集数据通过无线的方式传输到施工管理人员的手机里，且具有自动预警的功能。

9.4 隧道施工超前地质预报的灾害防控体系

隧道施工受到不良地质的影响，如措施不到位，轻则发生塌方、变形、损坏施工机械设备，重则突水、突泥伤及生命。此类情况在隧道工程建设中经常发生。隧道施工超前地质预报是针对施工不良地质在开挖后可能造成的危害进行预警报，由于不同类型的不良地质体对隧道施工的威胁程度不同，不同阶段的超前地质预报具有不同的精度和可靠度，而不同可靠度、不同类型的不良地质体级别对隧道施工的威胁不同，因而施工人员对不同灾害体的重视程度、所采取的处理方法也不同。因此，有必要对不同阶段不同可靠度的各种不良地质体危害级别进行研究，建立隧道施工各种不良地质应急预案机制，确保施工安全。

9.4.1 隧道施工超前地质预报的可靠度

由于对隧道掌子面前方地质情况的预报采取不同的方法，其详细程度不同，优化综合的方

法不同，最终预报的精度不同，资料的可靠程度也不同。作者根据大量的资料研究将隧道超前地质预报分为以下几个阶段：①施工前期勘查资料（可作为隧道设计预报资料）；②长距离超前地质预报（指预报距离大于100m的预报方法提供的资料）；③短距离超前地质预报（指预报距离小于30m的预报方法提供的资料）；④钻探及测孔资料。由于不同阶段隧道超前地质预报的可靠度不同，可将不良地质体的存在与可靠度依次分为1度、2度、3度、4度不良地质体。按照预报详细程度、可靠度的不良地质预报分类见表9-3。表9-3说明了施工的不同阶段所采用不同的预报方法及特点，并阐述了预报不同阶段所提供不良地质体的可靠度不同及施工要求也不同。

按照预报可靠度的不良地质分类　　表9-3

可靠度	依　据	特　　点
1度	施工前期勘查资料确定的不良地质体	(1)不良地质体存在，位置不准确，形状产状、大小差异较大； (2)未知不良地质体出现的概率很大； (3)供设计人员使用，施工人员宏观掌握
2度	施工期间长距离超前地质预报确定的不良地质体	(1)不良地质体存在，位置、形状、产状、大小差异较小(<10m)； (2)未知不良地质体出现的概率不大，由于方法的局限性，仍有部分未探明的灾害体存在，通常体积较小或与围岩差异小； (3)施工人员应引起重视
3度	施工期间短距离超前地质预报确定的不良地质体	(1)不良地质体存在，位置、形状、产状、大小差异较小(<3m)； (2)没有未知不良地质体出现； (3)施工人员需做好一切准备，对不良地质体应有处治预案，并按预案准备好所需材料、设备等
4度	掌子面钻探及测孔资料确定的不良地质体	(1)已有详细的不良地质体位置、形状、产状、大小差异较小(<0.5m)； (2)一切应准备就绪，按不良地质体处治预案进行，及时处治

9.4.2　隧道施工不良地质体类别分级

常见的隧道施工不良地质体有：①断层破碎带、不整合接触带；②土体空洞、岩溶、陷落柱及采空区；③岩爆；④软岩；⑤地下水等。项目组根据各种不良地质体对隧道施工危害程度的大小将不同类别不良地质体分为3～6级，具体描述见表9-4。

9.4.3　隧道施工不良地质体处治预案

根据预报不良地质体的可靠度和分类分级将预报不良地质体分为如表9-5所列的几种类型，并建立不同类型的预防处治措施，供隧道施工参考执行。具体的操作过程可将隧道施工不良地质体设立预警示牌，按照不同的预警配以不同的警报颜色，以引起施工人员的高度重视。这种预案系统用4种颜色代表4种不同的危险等级，按照危险程度的增加依次为：蓝色、黄色、橙色、红色。

蓝色表示最小的灾害威胁；黄色表示一般性威胁；橙色是一种“升级的情况”，意味着相当严重的威胁；红色代表非常严重的威胁。

根据预报可靠度和灾害体的分类分级按表9-5进行编号。

隧道施工不良地质体类别分级 表 9-4

级别	不良地质体类别			
	断层破碎带及不整合接触带	岩溶、采空区、陷落柱、土洞等	岩　爆	软　岩
1	(1)无水、宽度大于5m (2)与隧道轴线夹角垂直 (3)充填物成分简单,两侧围岩力学性质相同	(1)洞直径大于5m; (2)半充水或无水、坍塌; (3)位置在隧道上方及两侧	弱岩爆:强度应力比$R_c/\sigma_1=4.6\sim6.7$	(1)波速小于2000m/s (2)易风化、遇水膨胀
2	(1)无水、宽度大于10m (2)与隧道轴线夹角大于45° (3)充填物成分较复杂,两侧围岩力学性质不同	(1)洞直径大于10m; (2)充水及坍塌; (3)位置在隧道下方及两侧	中岩爆:强度应力比$R_c/\sigma_1=3.7\sim4.6$	(1)波速小于1000m/s (2)易风化、遇水膨胀
3	(1)无水、宽度大于20m (2)与隧道轴线夹角小于45° (3)充填物成分复杂,两侧围岩力学性质不同	(1)洞直径大于20m; (2)充水坍塌,属导水构造; (3)位置在隧道下方及两侧	强岩爆:强度应力比$R_c/\sigma_1<3.7$	(1)波速小于500m/s (2)易风化、遇水膨胀
4	(1)有水、宽度大于5m,可能突水、突泥 (2)与隧道轴线夹角垂直 (3)充填物成分简单,两侧围岩力学性质相同	(1)洞直径大于5m; (2)半充水、坍塌; (3)位置在隧道上方		
5	(1)富水、宽度大于10m,可能突水、突泥 (2)与隧道轴线夹角大于45° (3)充填物成分较复杂,两侧围岩力学性质不同	(1)洞直径大于10m; (2)充水及坍塌; (3)位置在隧道上方		
6	(1)富水、宽度大于20m,导水构造,突水突泥 (2)与隧道轴线夹角小于45° (3)充填物成分复杂,两侧围岩力学性质差异大	(1)洞直径大于20m; (2)充水坍塌,属导水构造; (3)位置在隧道上方		
说明	据地质预报解释成果	据地质预报解释成果	R_c用波速值换算,σ_1的应力资料可参考勘查资料	预报波速资料

不同可靠度的不良地质体分类分级 表 9-5

阶段(度)	不良地质类别																	
	断层破碎带(F)(级)						岩溶、采空区及陷落柱(C)						岩爆(R)			软岩(W)		
	1	2	3	4	5	6	1	2	3	4	5	6	1	2	3	1	2	3
1	F11	F12	F13	F14	F15	F16	C11	C12	C13	C14	C15	C16	R11	R12	R13	W11	W12	W13
2	F21	F22	F23	F24	F25	F26	C21	C22	C23	C24	C25	C26	R21	R22	R23	W21	W22	W23
3	F31	F32	F33	F34	F35	F36	C31	C32	C33	C34	C35	C36	R31	R32	R33	W31	W32	W33
4	F41	F42	F43	F44	F45	F46	C41	C42	C43	C44	C45	C46	R41	R42	R43	W41	W42	W43

注:F_{32}表示3度、2级的F断层。

表9-5要求,在进行隧道超前地质预报时应标明某类、某度、某级不良地质体,施工技术人员可根据预报资料制订相应的施工计划及针对性的灾害处治方案。它对于隧道施工材料的及时准备及工序合理安排具有实际意义。而表9-5中的第4～第7行分别用蓝色、黄色、橙色、红

色标记，以加强施工人员的安全意识。下面根据表9-5中的编号列出具体的处治预案，见表9-6～表9-9。该预案参考了大量的不良地质体处治措施和方案，归纳总结了常见不良地质的处治方法，可供施工单位参考。在隧道的具体局部地质条件下，仍需具体情况具体对待。这里仅说明隧道施工不良地质预案的研究思路。具体的实施过程仍需要在施工中继续总结大量的工程实践经验进行完善。目前的隧道施工不良地质引发的事故较多，一方面是隧道超前地质预报的方法有问题，容易遗漏不良地质体。另一方面，没有相应的隧道施工不良地质预案机制。

断层破碎带防控预案　　表9-6

不良地质(度级)	处治方案	
F11～F16	危险警戒线30m；按照施工方案进行。其他：相应人员到场；相应设备就位；材料就绪	
F21～F23	危险警戒线20m；启动不含水断层处治预案	
F24～F26	危险警戒线20m；启动含水断层处治预案	
F31～F33	危险警戒线13m；启动不含水断层处治预案	
F34～F36	危险警戒线13m；启动含水断层处治预案	
F41～F43	危险警戒线10m；启动不含水断层处治预案	
F44～F46	危险警戒线10m；启动含水断层处治预案	
含水断层处治[7]预案	(1)超前钻探导水，观察水量变化；按照“防截排堵结合，因地制宜，综合治理”的原则治水； (2)施工方法可采用“小导管注浆、格栅钢架、锚喷、复合式衬砌”或“管棚预支护和洞内锚喷支护、复合衬砌相结合”	设备材料准备： (1)相应人员到场； (2)相应设备就位：排水设备，钻孔机具、注浆设备； (3)材料准备：防止水材料，支护材料
不含水断层破碎带处治预案	施工方法可采用“小导管注浆、格栅钢架、锚喷、复合式衬砌”或“管棚预支护和洞内锚喷支护、复合衬砌相结合”	设备材料准备： (1)相应人员到场； (2)相应设备就位：钻孔机具、注浆设备； (3)材料准备：注浆材料，支护材料

岩溶、陷落柱及采空区防控预案　　表9-7

不良地质(度级)	处治方案	
C11～C16	危险警戒线30m；按照施工方案进行。其他：相应人员到场；相应设备就位；材料就绪	
C21～C23	危险警戒线20m；启动无水溶洞处治预案	
C24～C26	危险警戒线20m；启动充水溶洞处治预案	
C31～C33	危险警戒线13m；启动无水溶洞处治预案	
C34～C36	危险警戒线13m；启动充水溶洞处治预案	
C41～C43	危险警戒线10m；启动无水溶洞处治预案	
C44～C46	危险警戒线10m；启动充水溶洞处治预案	
充水溶洞处治预案	处治方案： (1)超前钻探、排堵水、充填、注浆加固、锚固、钢拱架支护等单一或联合支护方式； (2)预防突水突泥事故发生	设备材料准备： (1)相应人员到场； (2)相应设备就位：排水设备，钻孔机具、注浆设备； (3)材料准备：防止水材料，支护材料

续上表

不良地质(度级)	处 治 方 案	
无水溶洞处治预案	处治方案:超前钻探、排堵水、充填、注浆加固、锚固、钢拱架支护等单一或联合支护方式	设备材料准备: (1)相应人员到场; (2)相应设备就位:钻孔机具、注浆设备; (3)材料准备:注浆材料,支护材料

岩 爆 防 控 预 案 表 9-8

不良地质(度级)	处 治 方 案
R11～R13	危险警戒线 30m;按照施工方案进行。其他:相应人员到场;相应设备就位;材料就绪
R21～R23	危险警戒线 20m;分别启动弱、中度、严重岩爆预案
R31～R33	危险警戒线 13m;分别启动弱、中度、严重岩爆预案
R41～R43	危险警戒线 10m;分别启动弱、中度、严重岩爆预案
弱岩爆	处理措施:岩爆发生时,应停机、待避,补充工作面的观察并记录山鸣、岩爆,且不论在工作面、边墙或拱顶,都要进行 2～3 次仔细检查,并选取合理的支护加固措施。减少岩体暴露时间和面积
中度岩爆	处理措施:一旦岩爆发生时,应停机、待避,补充工作面的观察并记录山鸣、岩爆,且不论在工作面、边墙或拱顶,都要进行 2～3 次仔细检查,并选取合理的支护加固措施。包括:①喷水或钻孔注水促进围岩软化;②选择合适的开挖方式;③减少岩体暴露时间和面积
严重岩爆	处理措施:一旦岩爆发生时,应彻底停机、待避,补充工作面的观察并记录山鸣、岩爆,且不论在工作面、边墙或拱顶,都要进行 2～3 次仔细检查,并选取合理的支护加固措施。包括:①超前应力解除法;②喷水或钻孔注水促进围岩软化;③选择合适的开挖方式;④减少岩体暴露时间和面积

软 岩 防 控 预 案 表 9-9

不良地质(度级)	处 治 方 案
W11～W13	危险警戒线 20m;按照施工方案进行。其他:相应人员到场;相应设备就位;材料就绪
W21～W23	危险警戒线 10m;启动软岩处治预案
W31～W33	危险警戒线 5m;启动软岩处治预案
W41～W43	危险警戒线 1m;启动软岩处治预案
软岩处治预案	强预支护,及时锚喷施作,避免风化及膨胀变形

以上防控预案仍需在施工过程中进一步细化,并需针对所在地区的地质特点制订更为详细的不良地质处治预案,把隧道施工不良地质预案制度用于目前的隧道施工中,这将有力保证施工安全。

即使是最安全的施工方案,仍需考虑施工中的各种风险及客观主观原因的影响,有时,尽管是一些次要因素,在复杂的施工环境下,次要因素不断地积累、变化也会转化为主要因素。地下工程施工尤其如此,因此灾害预案的研究,在地下工程的施工中是非常必要的。通常的编写原则如下。

(1)明确可能的事故及后果。

(2)应急各方的职责。

(3)应急资源(人员、设备、设施、物资、经费保障)。

(4)应急措施。

(5)应急行动的指挥与协调。

(6)现场恢复(在应急救援的同时、后续或完成后,做好现场恢复的各项准备工作)。

(7)其他,如预案的管理、法律法规的要求等。

本章参考文献

[1] 于洪泽. 隧道施工中塌方监测技术[J]. 公路,2002(9):157-160.

[2] 刘志刚,赵勇. 隧道隧洞施工地质技术[M]. 北京:中国铁道出版社. 2001.

[3] 叶英,王梦恕. 隧道掌子面地质信息数字编录识别技术研究[J]. 北京交通大学学报,2006,31(1):59-62.

[4] 叶英,穆千祥,张成平. 隧道施工多元信息预警与安全管理系统研究[J]. 岩石力学与工程学报,2009(5):900-907.

[5] 叶英. 隧道施工不良地质应急预案研究[J]. 中国地质灾害与防治学报,2009,20(2):60-64.

第10章 隧道综合参数与空间地质预报

虽然文献报道的隧道地质预报成功实例很多，但总体上，对隧道施工前方灾害的预报仍很粗糙，问题很多，精度可靠性也不乐观。仅有的几种预报手段各有其局限性，使得超前地质预报技术的发展还远远落后于施工技术的要求。为了提高预报的可靠性和精度，复杂地质条件下隧道施工要进行综合预报，其主要原因是单一手段有问题、有局限、有遗漏。但究竟如何综合预报，由于地质条件不同，所采用的方法也各异。但综合预报绝不是简单的方法组合，综合预报有很多的方法与技术要求，对预报设计人员要求掌握全面的预报知识，方可进行预报优化设计。由于预报所采用的方法、先后顺序、现场排布、仪器所选的参数等众多因素都会影响最终的综合预报可靠性和效果。所以综合预报技术较为复杂，作者通过对岩溶隧道地质预报的研究，提出了复杂地质条件下隧道地质预报的预报原则，即"综合参数、长短结合、内外兼顾、长期跟踪、灾害预案"。其实，综合预报技术越复杂，说明现有单一技术越落后、效果越差。综合预报和单一预报是相辅相成的。

就目前的技术现状而言，隧道地质预报存在以下主要问题：

(1)利用单一方法、单一参数解决某个具体问题，预报精度低，有多解性。

(2)某个具体方法的探测由于与现场装置布置有关，从而存在对某种类型不良地质体探测有利，对某些形状或不同类别灾害体不利的现象。

(3)目前适合于隧道掌子面的预报方法较少，使得超前地质预报的方法组合受到限制。

(4)简单地将地面勘探仪器用于隧道掌子面超前地质预报，仍有很多不适应。

10.1 隧道地质灾害综合预报基础

地质灾害是指自然变异和人为的作用导致地质环境或地质体发生变化，当这种变化达到一定程度，其产生的后果给人类和社会造成危害，成为地质灾害。地质灾害也包括派生的灾害。隧道施工地质灾害主要指隧道开挖导致地质环境或地质体发生变化而导致的危害。地质灾害分为地质情况变化(渐变)与不良地质灾害体(突变)，渐变体易于防范，而突变体危害较大。

理论上认为未开挖前岩土体处于稳定状态，地质情况变化的渐变体是指由于岩土体本身

结构对开挖稳定性的弱影响。如岩体的裂隙、节理、层理、走向、产状等有一定的连续性和渐变性，虽然对施工有影响，但易于控制和处理。土体如黏土、粉土、细砂、中砂、卵砾等地层都有一定的连续性、渐变性，即使有地层交互，但土体性质变化不大。以上的连续渐变体属于隧道施工地质情况的变化。通常，在前期地质勘察、施工过程超前预报中，由于其介质差异不大，通常难于准确探测，只作为大体掌握就行。地质情况的渐变即使对施工有危害，也不会发生重大灾害。而对隧道施工不良地质灾害体，属岩土体介质中变异、由于长期地质构造活动形成的断层破碎带、岩溶等突变异常体，通常如不进行准确预报，由于施工开挖极易引起重大地质灾害发生，若有地下水系统的参与，必将酿成重大施工灾害。突变地质异常体是隧道地质预报的主要研究对象。而岩土性质突变异常体有其自身的形状和性质（充填物），不同的形状、不同的充填性质、不同的与隧道空间交错的位置对隧道施工的影响差异很大。

10.1.1　常见隧道地质灾害体的形状

地质灾害体在地下三维空间是有位置、形状和性质的。灾害体从形状上（力学性质）分为准二维异常体和三维异常体，实际中的异常体均为三维异常体。

(1)准二维异常体，岩体如断层破碎带、岩性界面不整合接触带；土体，如力学性质差异较大的不整合地层。

(2)三维异常体，岩体如岩溶、采空区及陷落柱等；土体，如空穴、水囊、大漂石、孤石、人工构筑物等。

形状的预报是目前隧道地质预报中尚未解决的难题，现有的装置排列由于方法本身的限制还难以解决，大量的超前地质预报仍是粗糙的范围预测。

10.1.2　常见隧道地质灾害体的性质（充填物）

由于充填物的不同，隧道地质灾害的性质会发生很大的变化。隧道地质灾害体由于和空气、水的耦合形成了不同的灾害特点和性质。灾害体从充填物性质上分为：

(1)充填水、泥沙、块状物等；

(2)充满空气；

(3)半充填型（水和空气混合型）。

实际中的灾害异常体均为三维形状体，而三维形状体由于充填水和空气的不同组合形成了复杂各异的不良地质灾害体。由于灾害体性质不同，进而引发的地质灾害后果差异很大。

灾害体性质的预报是超前地质预报更深层次的内容，因为形状的探测本身是根据岩土体的某个物理学参数的差异来进行的，由于形状探测的难题进而影响到性质的探测，岩土体性质的探测主要弄清充填物是空气还是水或空气和水的耦合体。

10.2　复杂地质条件下隧道地质预报方法

纵览目前隧道地质预报的各种方法，虽然分为地面（洞外）与掌子面（洞内）的预报方法，但根据地球物理勘探技术及参数特点，各种方法各有其特点及局限性，且所有的隧道现场地质条件各不相同，以物性参数差异为前提的预报是优选预报方法的基础。据以上特点，隧道地质预报所采用的方法及参数的多样性是隧道地质预报永恒的特点，多参数组合形式是预报的高级阶段，参数优化组合是预报的必然趋势。

复杂地质条件下不良地质形状体的预报是目前最为复杂的情况，不良地质形状体对岩体来讲主要是岩溶类，对土体主要有空洞型。我国有大约1/3的面积被灰岩覆盖，大量的隧道修建要穿越岩溶地区，而岩溶洞穴成为隧道地质预报的重点和难点。岩溶预报参数是指描述岩溶物理或化学性质的物理量，如波速v、电阻率ρ_s、介电常数ε_r、重力G、密度d、磁性M、放射性等。对不良地质形状体的预报就是要用地球物理的物性参数描述灾害体与周围岩体的差异，通常，应选择几个较大差异参数描述灾害体的形状及性质，以满足隧道地质预报的具体要求。如根据隧道勘查资料可知，隧道所穿越的灾害体的基本情况；根据地质—地球物理模型可用地球物理参数进行描述，选择较大差异的物理参数，如重力、波速、电阻率等；为满足探测精度和预报任务，要求查清前方灾害体的位置、范围、形状及充填物的性质等。这要求我们选择波速和电阻率，即根据所选择的物性差异参数将灾害体的某些性质从围岩中区分出来。而目前的洞内外各种勘探方法，从预报参数选择和现场排列可将所有勘探方法归纳为单参数固定排列法、单参数多种排列法、多参数多种排列法、综合参数法4种类型，下面以探测复杂不良地质三维形状体为例，简要介绍各类方法。

10.2.1 单参数固定排列法

单参数固定排列法是指对隧道地质灾害体的单一性质通过某种固定排列装置进行探测，相当于直流电阻率剖面法的定极距探测或固定排列装置。如单参数波速v，它可划分破碎带，破碎带通常较正常围岩表现为低波速。而灾害形状体（含水）与正常围岩相比也表现为低波速，且在灾害形状体界面上有较强的反射界面。目前在隧道掌子面采用的TSP、HSP、VSP等长距离预报都属单参数固定排列法。单参数固定排列的单参数只可说明灾害体与围岩某一个性质的差异，而它的固定排列在形状的探测上有很强的针对性，对某种类型的异常体有较强的反映。在固定排列的情况下，TSP存在最佳搜索角，同样也就存在最差搜索角的问题。它相当于直流电法中的剖面测量，如联合剖面中某个极距的排列仅对某个深度的异常体反映强烈，联合剖面法本身也具有自身的特点，探测某类异常明显，对某类异常不明显，存在最佳极距问题。再如，直流电法中的定深度勘探装置，也是针对某个深度范围设定的排列装置。还有，目前大多数的直流电阻率剖面法基本都是单参数固定排列，如要增加探测深度还需改变或调整排列装置才能实现。而现阶段隧道地质预报的固定排列方法基本都属于单参数固定排列法，该方法通常是为完成某个特定任务而采用的预报方法。目前，隧道地质预报采用的主要是单参数固定排列。虽然借助了地质方法，但在物理探测上仍是单一方法且固定排列。掌子面TSP地震反射法预报采用的固定排列就是典型的单参数固定排列法，因此它对简单的某个角度的断层破碎带（准二维体）预报较准确。同时，对于最佳角度互余的破碎带夹角不敏感，因此遗漏异常很正常。此类方法对复杂的灾害形状体预报就更为困难，因为TSP的排列装置是按二维预报方法设计的。因此，单参数固定排列法适用于探测简单目标地质体，如对断层破碎带、不整合接触面等，对岩溶、空洞等较复杂地质形状体不适合。目前在隧道施工现场很多的技术人员都渴望用TSP技术解决隧道前方所有的地质预报问题，这显然是不可能的。况且在隧道掌子面进行地震预报时各种干扰因素较多，还会带来一些虚假异常，这都会给预报人员带

来解释上的困难。

10.2.2　单参数多种排列法

单参数多种排列法是指测试岩体介质的某一物性参数的多种排列方法。如测试电阻率单一参数，可派生多种排列装置，如联合剖面法、对称四极法、偶极法、测深法等多种排列。不同的排列是针对不同的地质目标体设计的，而不同的排列其异常形态也各异。通常通过不同的排列方式探寻目标地质体的形状、产状等特点，但不改变探测的基本性质，如单参数电阻率的各种排列只是对电性差异性质而言。在探测灾害形状体时，如 TSP 的固定排列为单参数固定排列法，而将排列装置改变或增加不同的排列装置，如 VSP 或跟踪预报等，从而可探测灾害体的形状，但单参数只能说明灾害体的一个性质。目前隧道掌子面 TSP 超前地质预报正在通过改变或增加多种排列来改变对灾害体形状的探测，如增大搜索角的问题，增加传感器的测试分量(三维)，根据互换原理相当于增加了排列装置，进而从两个或多个角度探测复杂三维地质灾害体。因此，单参数多种排列适合于探测灾害体形状。但就目前现状，TSP 系统对岩溶形状体的探测效果不佳。这里通过实例说明 TSP 或 VSP 法其他排布的实际效果。

实例：奥地利学者 E. Brückl 等于 1996 年 2 月在德国的一个铁路隧道采用如图 10-1 的排布对 TBM 掘进的隧道进行超前地质预报，该排布方法是对常规 VSP 排布的扩展。预报的实际结果如图 10-2 所示，该方法也有其自身的特点，该种排布的实质是一种跟踪法，它仍属于 VSP 方法的应用或变种。因此，单一参数多种排列法可根据隧道地质灾害的实际情况考虑多种装置排列的效果研究，在岩溶地区尤其如此。当然各种排布与异常体的耦合也存在资料解释方面的问题，但多样化的排布对不同种类岩溶类型的研究是必然的趋势。另外，在某个特定地区应能找到多种排列的优化模式组合。

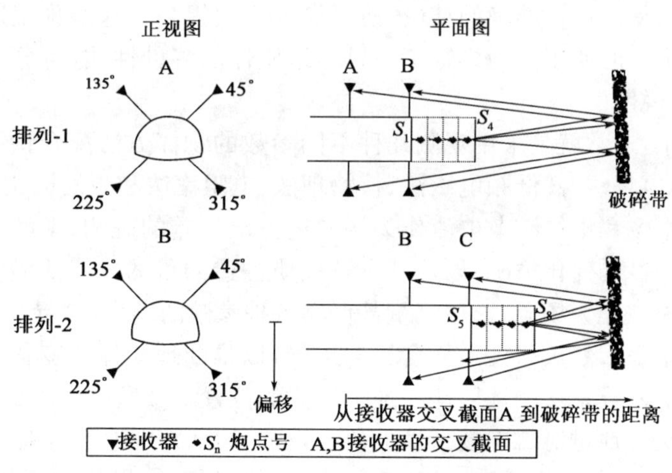

图 10-1　VSP 在隧道中跟踪测试的排布装置

适用范围：根据单一性质不同排列可探测岩溶灾害的形状，但操作起来较复杂，工作量大，仪器软件应改进，多分量观测效果更佳。

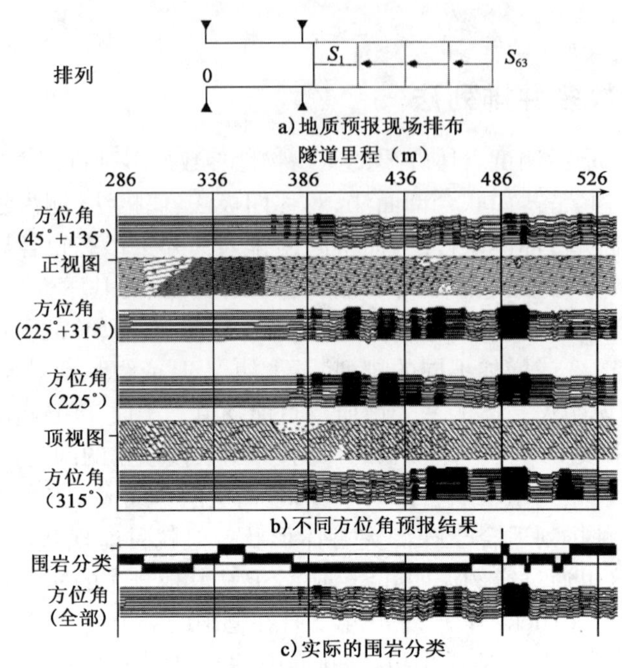

图 10-2　德国某隧道 VSP 跟踪测试成果

10.2.3　多参数多种排列法

多参数多种排列法是指用不同参数多排列法的组合对三维地质体进行探测预报，它通过灾害体的两个以上物理性质来描述异常，提高了对灾害体性质的预报能力，同时也提高了预报可靠性和精度。这类预报通常在探测或研究复杂地质灾害体时使用，这里不再展开讨论。

多参数法的优点：可以从不同的侧面分析研究地下岩层的性质和含水情况，能互相补充、互相验证、去伪存真、得出比较准确的结论，使可靠度大大提高。这类预报通常在探测岩溶水或研究复杂地质灾害体时使用。为详细了解目标地质体的多种性质，可分别进行各种参数的探测工作，下面举例说明。

探测岩溶地下水，通常就是采用观测几种不同参数的物探方法配合预报岩溶水量。常用的方法有：声频大地电场法、甚低频电磁法、核物理法、电阻率法和激发极化法。声频大地电场法是利用天然大地电场和工作游散电流作为场源进行电位差的观测，了解大地电磁场作用在岩石和构造上电场强度的变化情况，以达到了解地质构造的目的。甚低频电磁法是利用长波通信电台发射的电磁波作为场源，通过测量甚低频各种参数的畸变，来寻找地下的良导体。核物理法是通过测量地下天然放射性元素含量的差异，以推断地质体的变化。电阻率法是通过测量地质体电阻率的差异来探测地质体在地下埋藏的位置。激发极化法是利用人工电场激发地下岩石产生二次场。通过对二次场特性的研究，从而达到判别地下岩性、富水程度的方法。

声频大地电场法、甚低频电磁法、核物理法，仪器设备简单、操作方便、成本低、工效高，且受地形影响较小，可以快速进行普测，但测量精度较低，受干扰较大。只能进行剖面测量，不能准确测定地质体的埋深和含量。电阻率法理论比较完善、成熟，能够明确区分地层结构和断裂破碎带的位置，但受地形影响较大，山丘地区地形高低起伏，往往造成一些假地质异常。激发

极化法较其他方法仪器复杂，测量费时费事，耗电较大，成本较高，但它能解决其他方法不能解决的问题，能比较准确地判定地下含水层的含水量。其基本参数通常选用电阻率(ρ_s)、半衰时(S_t)、衰减度(D)、含水因数(M)。任何一种物探找水方法，都有其相应的适用条件、局限性、不同的干扰因素，仅靠一种方法准确定位可靠度较小。多参数法的优点，可以从不同的侧面分析研究地下岩层的性质和含水情况，能互相补充、互相验证、去伪存真，得出比较准确的结论，使可靠度大大提高。

实例(姬广柱等，2001)：某场地出露地层为上寒武系，无断裂构造。经地质勘察，发现一组290°的裂隙带，布设了联合剖面法。裂隙带在联剖曲线上的反应虽为低值异常，但旁侧有反交点。于是又布设了声频和甚低频 D 倾角剖面，做了电测探和激电测深。声频剖面为尖低异常，幅度值为100%，D 倾角曲线过坐标轴零点。电测深 90m 后变水平段，激电测深参数 $S_{0.5}$、D 在 90～135m 段为高值异常，异常值为正常值的2倍，推测是含水裂隙带的反应。经钻孔验证，87m 处漏水，87～135m 段裂隙发育，孔深 173m，出水量达 $80m^3/h$ 以上，见图10-3。

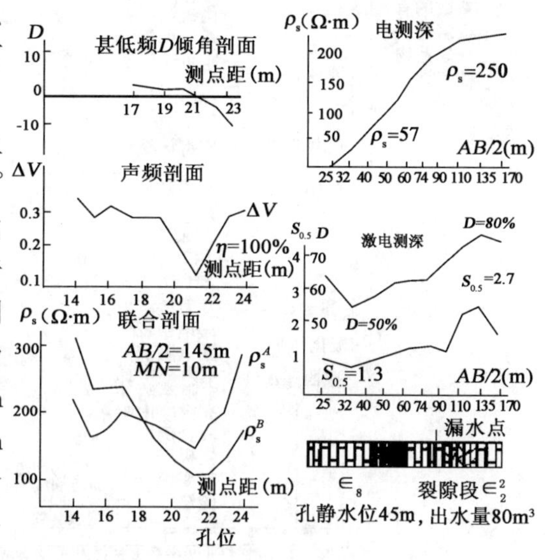

图10-3 多参数多方法探测岩溶地下水的效果

10.2.4 综合参数法

综合参数法是采用两种或两种以上有效的物性参数探测和描述不良地质灾害体的方法，该方法在地面(洞外)探测空洞、岩溶等经常使用。它是在充分研究地质灾害体成因及规律的基础上，优选合理的预报参数(找到最佳的、合理的、相互独立的两种以上参数)进行方法优化组合的地质预报方法。

10.2.5 各种参数与排列的关系

图10-4为综合参数法与多参数多种排列、单参数多种排列、单参数固定排列的关系。综合参数法其实质是多参数多种排列有效、有机的组合；多参数多种排列预报灾害体的性质信息比单参数多种排列更多、更丰富；单参数多种排列比单参数固定排列对灾害体形状描述的更为确切或清楚，它在对灾害体形状的探测上意义更大。单参数固定排列是针对某类(如某个方向发育、某个深度等)灾害体的探测，易漏掉其他类型异常，在复杂的地质条件下不提倡使用。

在复杂地质条件下进行隧道地质预报之前，首先根据勘察设计资料确定灾害体分布可能的物理、化学性质及地质特征，然后结合隧道的周边环境特点、地形特征、隧道掌子面的地质情况，对超前地质预报方法进行设计，通常至少有两种方法进行组合。在优选方法时，首要考虑灾害体的物性差异及现场的适用条件，其次考虑各种方法的优化布设，但最好有不同探测参数的方法组合，如都以电阻率差异探测的仅考虑一种方法，对于隧道掌子面超前地质预报尽可能考虑波速与电阻率，两个参数说明灾害体的两个性质，通常充水灾害体的特征为：低波速，低电

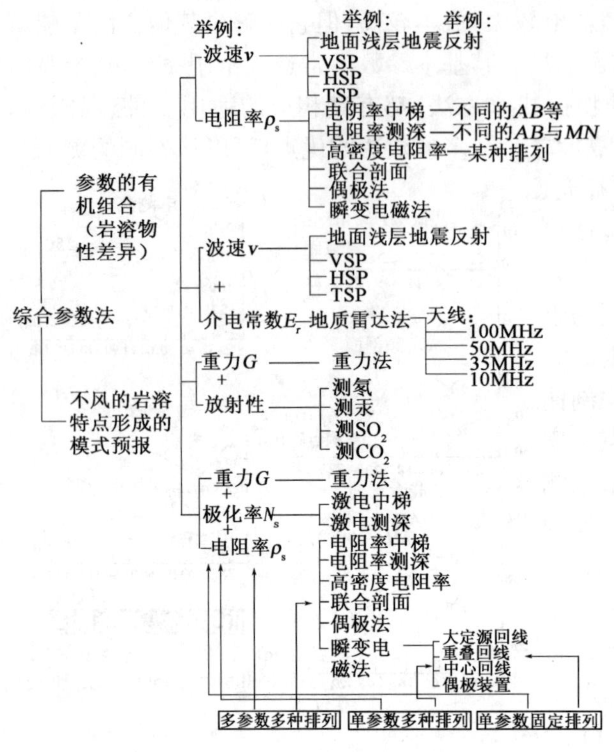

图 10-4　综合参数法与多参数多种排列、单参数多种排列、单参数固定排列的关系

阻率，进一步组合方法为TSP地震法与瞬变脉冲电磁法，同样，在隧道地面也可同时考虑两种以上参数组合，一方面几种方法互补，说明灾害地质体的不同性质，另一方面相互验证，说明参数间的相互关系，可提高预报的可靠性和精度，减少多解性。

另外，深入研究该地区地质灾害的成因、分布规律等，并将其与地面地质调查法、地质界面投影技术、断层参数预测技术等综合运用，便可实现高精度、高水平的长距离超前地质预报。当然也不可忽视其他地质方法和化探方法，对方法的选择一定要结合具体的地质条件，不同参数性质的方法组合是非常重要的。

通过以上分析，我们充分认识到：

(1)单参数固定排列法预报具有针对性和条件性，它对某种特殊类型的灾害体有效。目前岩溶地区隧道地质预报许多项目仍在大量采用，但它必然会造成岩溶体的遗漏，不是最佳方法。

(2)单参数多种排列法对探测岩溶形状体有一定的效果，说明其在一定条件下的合理性，该方法具有一定的适用范围。

(3)多参数多种排列法对探测目标地质体的性质具有很好的效果，能说明目标地质体的各种性质，但该方法不是优选最佳参数及配备合理的方法。因此，不是最佳方法。

(4)综合参数法是一种普适性的探测岩溶的预报理论，它利用两种以上最佳参数描述目标地质体所需的性质，是多参数针对具体地质条件的合理有效组合。

10.3　“综合参数法”超前地质预报

综合参数法超前地质预报充分利用岩、土、水、空气的物性差异，结合弹性波法波速对构造敏感和电性方法电阻率对水敏感的特点进行综合超前地质预报。

10.3.1　“综合参数”的理论基础

综合参数信息灾害地质体预报模式的数学含义为集合，交集是该理论产生的基础，其简单的数学表达式为$A \cap B \cap C = \{x: x \in A 且 x \in B 且 x \in C\}$。当$X = \{x: x \in X\}$，$Y = \{y: y \in Y\}$，$x$到$y$上的映射就是$x$到$y$内的对应，即$f: x \to y$。如果$f$是$x$到$y$上的一个映射，$g$是$y$到$z$上的一个映射（$f: x \to y, g: y \to z$），则两个对应关系合起来可以得到一个新的对应关系$x \to z$，也即$g$和$f$的复合映射。“综合参数信息灾害地质体预报模式”群集的水

平和垂直关系如图 10-5、图 10-6 所示。

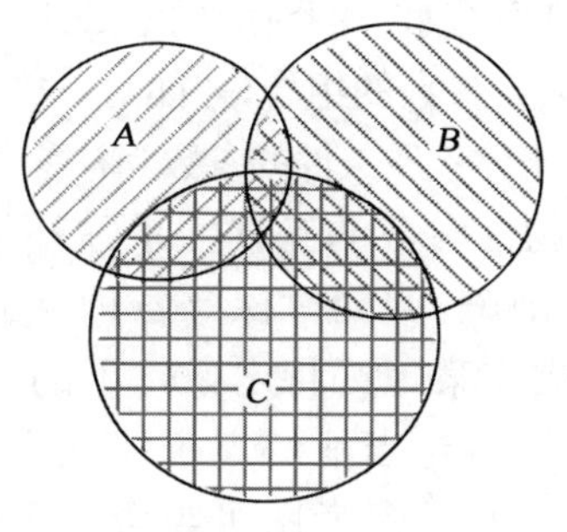

图 10-5　群集的水平关系

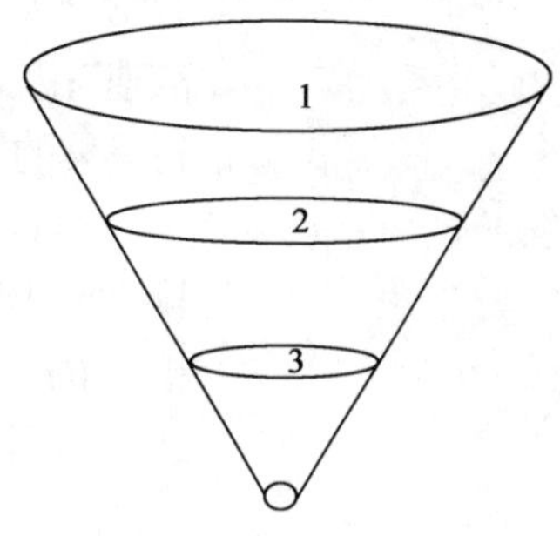

图 10-6　群集的垂直关系

10.3.2　“综合参数信息灾害体地质预报”的逻辑推理

设隧道前期勘查的灾害体信息为 A 集，超前地质预报的一个参数信息为 B 集，另一个参数信息为 C 集。若 A 集信息获得隧道灾害体特征，则认为预报区域内相应存在灾害体，从宏观上反映了赋存灾害体的信息；由于灾害体的赋存和变化规律与超前地质预报的参数和方法直接相关，若 B 集信息反映了 A 集灾害体信息的地质体同时存在，那么认为该地段有灾害体，在局部范围内圈定了灾害体的存在；隧道地质预报通常主要采用地震法和电阻率法，是在隧道前期勘查的基础上进行的。如果勘查资料认为存在灾害体，隧道地质预报的一个参数进一步验证了勘查资料，而另一个参数进一步对灾害体的性质细化探测，采集的信息组成 C 集，从细部反映勘查地段是否存在灾害体以及确定灾害体的具体位置及性质。上述灾害体预报推理过程就如同光学上的聚焦原理一样，由面到点一步一步地将不肯定的、模糊的认识逐渐地向肯定和清晰的方向逼近(图 10-7)。

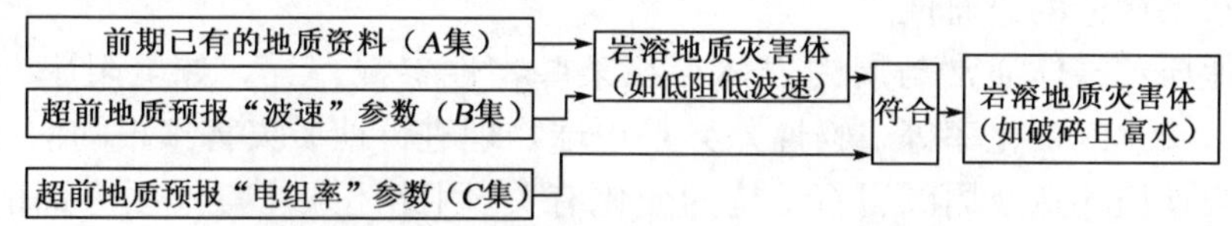

图 10-7　“综合参数信息灾害体地质预报”的逻辑推理

10.3.3　参数独立性原则

综合参数信息灾害体地质预报的综合参数指的是利用多个参数描述所要预报的灾害地质体，因此在参数选择时应尽可能采用独立参数组合的原则，只有独立的多参数才能进一步描述目标体的各个特征，从复杂的灾害体地质环境中分辨出目标地质体。目前，大多数常见的综合物探，采用的是方法的有效组合(单参数多种排列)，各方法由于装置布设不同，对形状探测能产生一些好的效果，但方法组合不是最佳组合，最优的组合应是最佳参数组合，当然这也要结合不同的灾害体地质预报任务。根据最佳参数组合，进一步提出每个参数的最优化方法，最终体现的是模式预报、方法组合。

在对灾害体的物性参数类型划分上，完全坍塌型空洞、软弱体对应的参数特征为“低阻＋低波速”；半坍塌型半充水型空洞对应的特征较为复杂，通常为“低波速＋高低波动电阻率”；半坍塌型无充水型

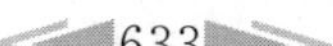

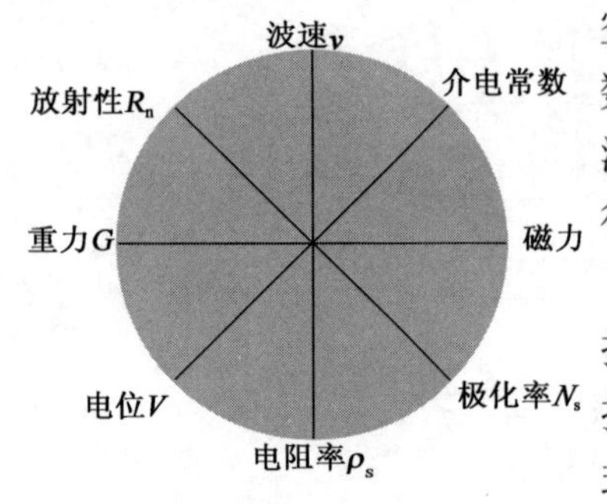

图 10-8 探测灾害体的物性参数互补参考图

空洞对应的参数组合为“低波速+中高电阻率”;无水空洞对应的参数组合为“高阻+低波速”;充水空洞对应的参数组合为“低阻+低波速”;因此,只有采用独立参数的组合,才能对灾害洞穴的性质进行具体的描述。描述灾害体地质条件的参数互补参考见图 10-8。

可以利用不同的物性参数的互补关系弥补单一参数固定排列法探测灾害体的缺陷,并同时探寻各种参数在灾害体预报中的相互作用,形成在某地区特定条件下的灾害体预报模式。这种预报模式必须适合当地的灾害体地质条件,而不是一成不变的。物性参数互补参考图可组合许多的预报模式,如:“波速+电阻率”“介电常数+电位”“放射性+电阻率”“放射性+重力”等一系列根据不同预报目的的预报模式。

10.3.4 地质灾害形状体预报的物性前提

在复杂地质条件下具体分析隧道所要解决的地质和技术问题,需深入研究灾害地质体的物性前提,通常要研究的地质灾害体为:

(1)断层破碎带、不整合岩性接触带。

①与不良地质体的关系。

②富水情况。

③两侧围岩的强度变化情况。

(2)不良地质灾害体(如空洞、岩溶和陷落柱、暗河等)。

①位置、形状与隧道的空间关系。

②充填物性质(充水、充泥砂情况)。

③与周围水系构造的连通性。

以上不良地质灾害体通常与周围岩体存在某些物性参数差异。如电阻率、介电常数、波速、放射性、重力、磁性、极化率等。物性差异是地球物理进行地质灾害预报的前提,同时,由于灾害体的形成与地质构造及周围岩石结构的变化有关,因此还须注意地质方面的差异。下面利用介电常数说明空气、水对岩土体材料特性的影响。

10.3.4.1 空气、水对岩土体材料介电特性的影响

岩土体是由不同种类物质(矿物、土、水等)组成的混合介质。它的介电常数除通过直接测量得到外,还可以运用混合介质公式,在已知各组分介电常数及所占体积比情况下,进行理论计算求得。混合介质公式主要有两大类:一类与介质的结构有关,根据介质的微观结构,对平均极化进行理论计算;另一类与介质的结构无关,可以建立适当的数学函数模型。最为普遍使用的混合介质结构无关性公式为:

$$(\varepsilon_{rm})^{\alpha}=\sum\theta_i(\varepsilon_{ri})^{\alpha} \tag{10-1}$$

式中:ε_{rm}——混合介质的有效介电常数;

ε_{ri}——第 i 组分的介电常数;

θ_i——第 i 组分所占的体积百分率,$\sum\theta_i=1$;

α——经验常数,称为模型的幂次,取 $0<\alpha\leqslant1$。

当 $\alpha=1$ 时，混合介质的有效介电常数与各组分的体积比成线性关系。对于岩土体的混合物，一般可取 $\alpha=1/2$。与水分关系最密切的是介电常数，可利用地球物理测井中常用的体积模型估算水分含量。为简单计，假定某层由一种固体填料及水和空气填充的孔隙构成(图 10-9)。显然，层内电磁脉冲旅行时间等于各段脉冲旅行时间之和：

$$\Delta t = \Delta t_a + \Delta t_w + \Delta t_s \tag{10-2}$$

式中：Δt、Δt_a、Δt_w、Δt_s——分别为混合介质层及空气、水体和固体填料段的反射脉冲旅行时间。

式(10-1)和式(10-2)可转化为：

$$\sqrt{\varepsilon} = \theta_a \sqrt{\varepsilon_a} + \theta_w \sqrt{\varepsilon_w} + \theta_i \sqrt{\varepsilon_i} \tag{10-3}$$

式(10-3)就是计算混合物介质介电常数的体积模型公式。从式(10-3)可以看出，空气含量增大使混合介质的介电常数减小，水分含量增大使混合介质介电常数增大。因此，若混合介质的介电常数一定，按饱和含水情况计算出的空隙度为最小孔隙度；不饱和含水时，为保持式(10-3)两边平衡，水分含量和总孔隙度必然增大。饱和含水时，$\theta_a=0$，$\theta_s=1-\theta_a$，则最小水分体积含量为：

$$\theta_{wmin} = \frac{\sqrt{\varepsilon} - \sqrt{\varepsilon_s}}{\sqrt{\varepsilon_w} + \sqrt{\varepsilon_s}} \tag{10-4}$$

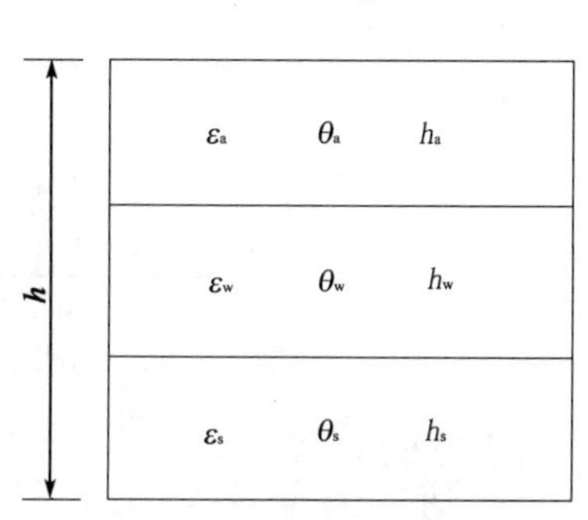

图 10-9　体积模型示意图

注：ε_a、ε_w、ε_s 分别为空气、水和固体的介电常数，h、h_a、h_w、h_s 分别为混合介质层、空气、水及固体段的厚度；θ_a、θ_w、θ_s 分别为空气、水和固体的体积百分含量。

空气、水对岩土材料的其他物理性质的影响分析方法类似，可参考其他物性差异表。

10.3.4.2　岩土体的其他物性差异

以上所列地质灾害体由于与水或空气的耦合，组成了种类繁多的地质灾害。而灾害体通常与周围岩体存在某些物性参数差异。分析隧道所要解决的地质和技术问题，需研究预报地质体的物性前提。其实质是要利用岩土体介质、水和空气的物性差异参数确定围岩介质的力学特征。岩土体介质、水和空气的物性参数很多，但差异最大的还是电阻率和波速的差异。

1)电阻率差异

电阻率 ρ 定义式为：

$$\rho = \frac{RS}{l} \tag{10-5}$$

式中：R——电阻，Ω · m；

l——长度；

S——截面积。

其导电率：

$$\sigma = \frac{1}{\rho}$$

影响岩石电阻率的主要因素：(1)岩石成分和结构；(2)岩石所含水分；(3)岩石温度。岩石电阻率有遇水敏感的特点，岩石与水的电阻率差异很大，而地下水的富存与岩石的成分与结构

有关。常见岩石电阻率见表 10-1。

常见岩石电阻率参考值(单位:Ω·m)　　表 10-1

沉积岩	电阻率范围	岩浆岩	电阻率范围	变质岩	电阻率范围
黏土	$10^{-1}\sim10^{1}$	花岗岩	$10^{2}\sim10^{5}$	泥质板岩	$10^{1}\sim10^{3}$
泥岩	$10^{1}\sim10^{2}$	正长岩	$10^{2}\sim10^{5}$	结晶片岩	$10^{2}\sim10^{4}$
粉砂岩	$10^{1}\sim10^{2}$	闪长岩	$10^{2}\sim10^{5}$	大理岩	$10^{2}\sim10^{5}$
砂岩	$10^{1}\sim10^{3}$	辉绿岩	$10^{2}\sim10^{5}$	片麻岩	$10^{2}\sim10^{4}$
砾岩	$10^{1}\sim10^{4}$	玄武岩	$10^{2}\sim10^{5}$	石英岩	$10^{3}\sim10^{5}$
石灰岩	$10^{2}\sim10^{4}$	辉长岩	$10^{2}\sim10^{5}$		
泥质页岩	$10^{2}\sim10^{3}$				

注:各种水的电阻率:咸水(苦水)$10^{-1}\sim10^{0}$;海水 $10^{-1}\sim10^{1}$;河水 $10\sim10^{2}$;潜水$<10^{2}$;雨水$>10^{2}$。空气的电阻率为∞。10Ω·m<围岩介质的电阻率<∞。

2)波速差异

波速的物性差异:弹性波在岩体中的传播速度与岩体的种类、弹性参数、结构面、物理力学参数、应力状态、风化程度、含水量等有关。常见岩石波速见表 10-2。

常见岩石波速参考值(单位:m)　　表 10-2

岩　石	纵 波 波 速	岩　石	纵 波 波 速
火成岩	5000~5500	软页岩	1500~3000
变质岩	5500~6000	多孔灰岩	2500~3000
硬页岩	3000~4000	致密灰岩	5000~5500
水	1450~1510	空气	0

注:岩体介质的波速通常大于 1500m/s,土体小于 1500m/s。

3)介电常数差异

介电常数:

$$\varepsilon = \varepsilon_r \varepsilon_0$$

式中:$\varepsilon_0 = 8.85\times10^{-12}\text{F/M}$ 。

定义式:

$$\vec{D} = \varepsilon\vec{E} \tag{10-6}$$

式中:$\vec{D}$——电位移矢量;

$\vec{E}$——电场强度。

岩石和土壤的电导率与其含水量、湿度、密度及矿物成分等有着密切的关系。通常,两种介质间的相对介电常数差别越大,则反射的电磁波能量越多。但是,在同样的介质中,电磁波的频率越高,穿透的深度越小,而分辨率越高;反之,则越低。在实际工作中,介质的相对介电常数是一项非常重要的参数,而且很难准确得到。常见岩土材料相对介电常数见表 10-3。

4)极化率差异

面极化系数 k 定义式:

$$\Delta\Phi = -kj_n \tag{10-7}$$

式中：$\Delta\Phi$——极化界面过电位；

j_n——极化界面法线电流密度。

常见岩土材料相对介电常数参考值　　表 10-3

介质名称	相对介电常数	介质名称	相对介电常数
空气	1.0	白云岩	7.3
淡水	81.0	大理岩	6.0～8.3
黏土(由干到湿)	7.0～43.0	砂岩	4.0～12.0
砂(由干到湿)	2.9～10.5	淡水冰	3.0～4.3
混凝土	6.4	海水	81
石灰岩	7.0～12.0	花岗岩	5～7

岩石结构、构造对极化率的影响，主要表现在以下 3 个方面：首先是电子导电矿物的颗粒度；其次是电子导电矿物的形状和排列方向；最后是岩石的致密程度。常见岩土材料极化率见表 10-4。

常见岩土材料极化率参考值(单位：%)　　表 10-4

岩　土	极化率	岩　土	极化率
砂土、黏土、土壤	0.01～1.6	白云岩	0.1～7
灰岩	0.3～5	泥质页岩、砂岩	0.3～4
玄武岩	0.2～4	花岗岩	0.2～2.4
石英岩	0.3～1.8	石墨化页岩	0.3～50
含碳石灰岩	0.3～50	金属矿	10～50

5)磁导率

$$\mu = \mu_r\mu_0$$

式中：$\mu_0 = 4\pi \times 10^{-7}\,\mathrm{H/M}$。

定义式：

$$\vec{B} = \mu\vec{H} \tag{10-8}$$

式中：$\vec{B}$——磁感应强度；

$\vec{H}$——磁场强度矢量。

6)电极电位(电化学性质)

$$\varphi = \varphi^0_{标准值} + \frac{0.159}{n}\lg\frac{[氧化态]}{[还原态]} \tag{10-9}$$

式中：$\varphi^0_{标准值}$——溶液中某种金属离子浓度为 1md/L 的电位，如锌元素为−0.763V；

n——氧化还原过程的交换电子数；

[氧化态]、[还原态]——分别为氧化还原物质的浓度。

其他岩石物性参数差异这里不一一列举，以上的物性差异在不同的岩溶地区仍有很大差别，需在选择预报方法时引起注意。最好是在开展预报时实地对所出现的岩性进行测试。

10.3.4.3 预报的空间范围

通常隧道开挖与不同的地质灾害体有一定的安全距离，这个安全距离应考虑到超前地质预报方法的准确性和精度。预报针对不同的地质灾害其空间安全范围是不同的，它决定于隧道围岩性质、构造发育情况、灾害体的形状、灾害体与隧道开挖轴线的空间关系等因素。例如，对岩溶隧道所处的岩溶环境及垂直和水平分带规律的研究能对隧道地质预报提供更多的信息，岩溶所处的不同分带将直接影响岩溶的充填物性质，其空间关系见图10-10。

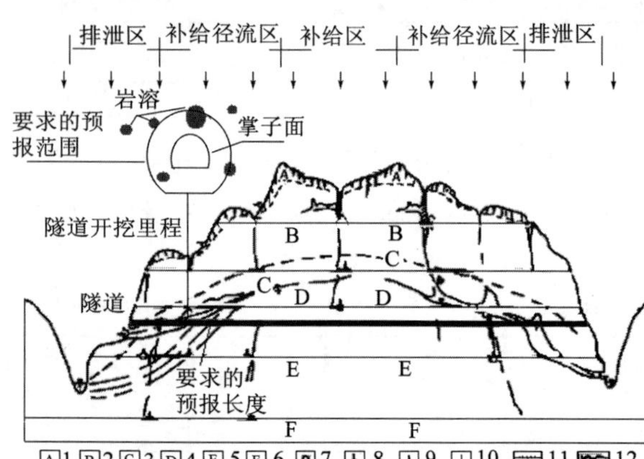

图10-10 岩溶隧道预报的范围

1-表层岩溶带；2-包气带；3-季节交替带；4-浅泡水带；5-压力饱和带；6-深部缓流带；7-季节性下渗管流水；8-季节性有压管流涌水；9-有压管流涌水；10-有压裂隙水；11-隧道；12-地下河

图10-10说明了岩溶地区隧道的空间预报范围，通常岩溶在隧道一定范围外便不会对隧道造成影响。如图10-10中有部分岩溶在预报范围外，可以不考虑对其进行详细的探测，而在预报范围以内的岩溶必须保证不遗漏岩溶异常体，并能准确地确定岩溶的位置、规模、与周围岩溶的连通关系及充填物的性质，这是岩溶隧道地质预报的范围和任务。虽然理论上是这样，但是，隧道岩溶、岩溶结构面发育程度与空间位置仍是决定隧道岩溶涌水可能性及涌水规模的关键要素。所以，通常对不同岩体要考虑适当扩大预报范围(考虑安全系数，应将预报范围加大到$2D$～$3D$)。

由于岩溶隧道的主要灾害仍是充水型、充泥沙型溶穴、裂隙发育的构造、暗河等，岩溶水系网络汇流的及时补给，使得岩溶危害如虎添翼。因此，岩溶的主要地质灾害仍是突水、突泥、涌砂及引起的塌垮等间接危害，水是岩溶灾害的主要因素。那么，岩溶隧道地质预报的主要内容是：

(1)在要求预报范围内岩溶的空间位置、大小、形状；

(2)岩溶体充填物的性质(是空洞还是充水且含泥沙等)；

(3)岩溶与岩溶之间、岩溶与暗河之间、岩溶与破碎带等在拓展范围的连通情况。

10.3.4.4 预报方法选择

预报方法选择是指在研究复杂地质条件下隧道前期勘查资料的基础上，分析当地地质灾害体特点和隧道的空间关系，结合隧道工程进度、现场条件及物性参数测试，进行方法比选。隧道掌子面采用的超前地质预报技术主要有TSP地震预报法、VSP法、地质雷达法、瞬变电磁法(重叠回线)、掌子面地质编录法和超前水平钻探。考虑到工程的整体进度，结合施工掌子面的具体情况，根据长距离与短距离预报的方法特点，兼顾地面(洞外)超前预报方法。有时地

面超前预报可能更方便、更有效，因此，灾害体预报的方法选择应针对具体隧道全面考虑。

隧道地面(洞外)超前预报常用的方法有：瞬变电磁法(重叠回线、大定回线源)、浅层地震、电测深法等。

隧道掌子面与地面结合法有：瞬变电磁法的大定回线源装置(在地面发射，分别在地面和掌子面接收)。

隧道掌子面超前预报的组合方法有：长距离"TSP 地震预报＋TEMT 大定回线源"；短距离"地质雷达＋瞬变脉冲电磁法(重叠回线)或 HSP、红外线探测、陆地声呐法"等。

10.3.5　地质预报的"震电"效应

根据对隧道地质灾害体的分类及具体预报方法的可靠性研究认为：就目前的技术现状，预报地质灾害体的最佳综合参数为"波速＋电阻率"，也即灾害体的 SEE(Seismic and Electric Effect)。国外俄罗斯学者 A. Boulytchov 针对 SEM(Seismic－Electric Method)探测岩溶洞穴进行了大量的研究。

地震法与电阻率法的结合测量，不论从室内试验还是野外探测都有许多成功的应用实例，在探测许多地质构造如空洞、溶洞、采空区及考古墓穴等方面都有好的应用效果。对许多复杂岩溶地区，该探测模式都有好的适用性。

SEM 与介质的弹性波传播和电场分布有关，进而与岩石的破碎程度、裂隙、节理、层面以及岩石的含水量、湿度、温度、含盐分等有关。它可以综合研究岩溶的异常特征，从而准确预报岩溶的形状、特点、范围及充水情况等。

不论是国外还是国内，在探测空洞、岩溶方面，SEM 都有许多成功的实例。下面举例说明综合参数"波速＋电阻率"探测岩溶的效果，以说明综合参数法在探测灾害体空洞等形状体的具体效果。

10.3.5.1　实例：萨格勒布(南斯拉夫西北部城市)岩溶探测

在复杂地区，探测岩溶洞穴及充填物性质离开 SEM 确实是很困难的，随着浅层地震反射法高解译精度和电阻率层析成像技术的发展，两种方法有效结合，大大提高了复杂地质条件下的超前地质预报工作可靠性和精度。

由于岩溶地区地质条件的复杂性和极不均匀性，存在巨洞、小溶洞、破碎带、断裂带暗河等分布，它们在地震波速上表现为低波速。但由于充填物的不同，电阻率法对充填空气的，表现为高阻，充填水的表现为低阻；对充填部分黏土或砂土，电阻率方法也难以判断。两种方法的结合有利于解决这些问题。

该工作区的实际现场布置见图 10-11，该工区 200m×60m，网度 20m×5m，在该区采用的主要方法有电阻率中间梯度装置和浅层地震反射波法。浅层地震反射法现场排列如图 10-12 所示，其中，炮点偏移距 30m；检波器点距 5m；仪器 12 道 96dB 动态范围；垂直检波器 40Hz 和 100Hz 谐振频率。下面仅列出 SP-2 剖面说明 SEM 的效果，图 10-13 为 $AB=500$m 和 $A'B'=700$m 电阻率测试剖面，电阻率变化范围为 200～5000Ω·m，断层破碎带异常很明显，其电阻率范围为 200～2000Ω·m，异常处有一泉眼，该处应存在地下水。

把图 10-13 中的电阻率数据进行如下处理，得到图 10-14。

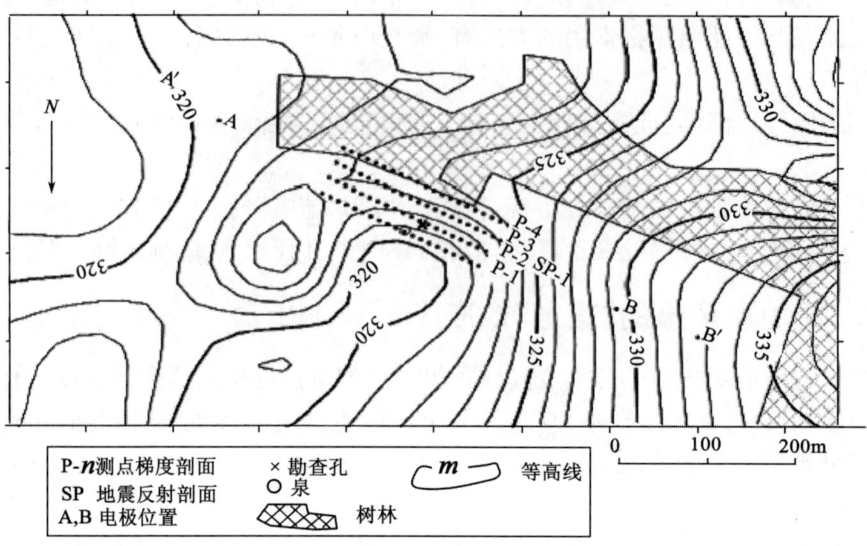

图 10-11　电阻率和地震法剖面布置

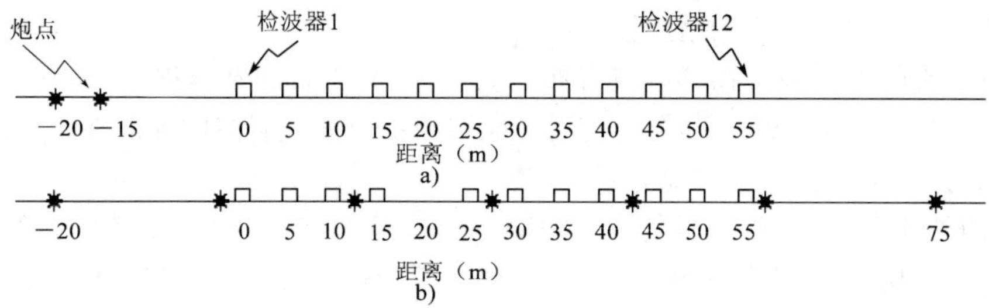

图 10-12　浅层地震反射法现场布置

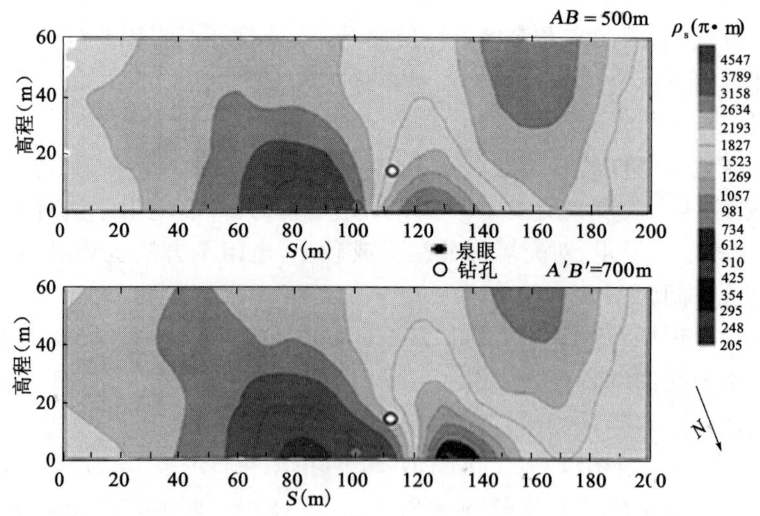

图 10-13　AB＝500 和 $A'B'$＝700 中梯视电阻率剖面

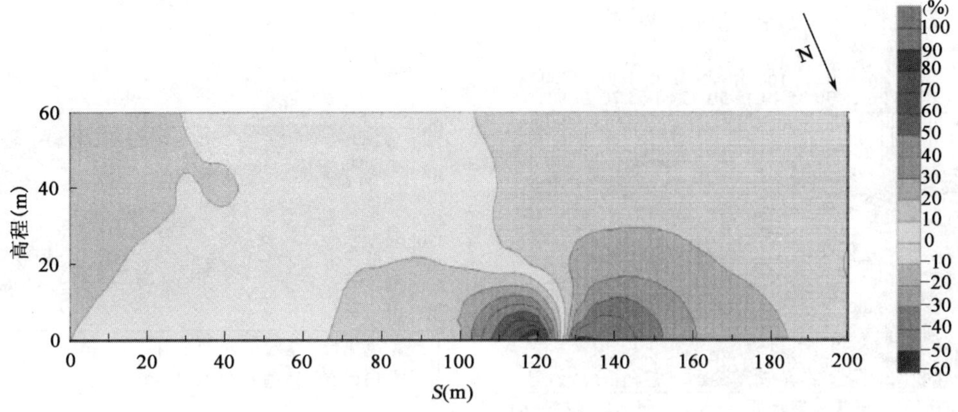

图 10-14　视电阻率的相对变化(正值随深度增加,负值随深度减小)

$$R=\left(\frac{\rho_2}{\rho_1}-1\right)\times 100\% \tag{10-10}$$

式中,ρ_1 为 $AB=500\text{m}$ 的电阻率,ρ_2 为 $A'B'=700\text{m}$ 的电阻率。

图 10-14 电阻率的相对变化范围从 $-20\%\sim+20\%$,最大变化范围从 $-60\%\sim+100\%$。由此经反演建立的电阻率模型如图 10-15 所示。

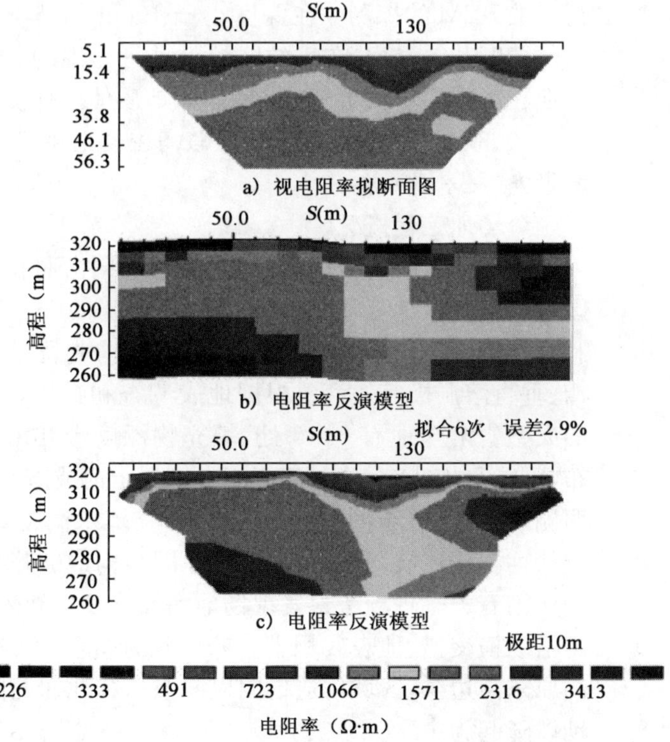

图 10-15　P-2 剖面二维视电阻率拟断面图

图 10-16 为 P-2 地震反射法剖面图，从图 10-16 中可以看出地震波的一些反射带。P-2 实际地质解释见图 10-17，钻孔验证见图 10-18。

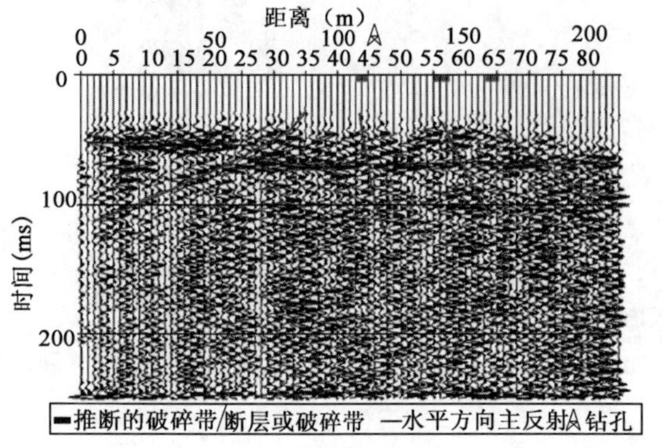

图 10-16 P-2 剖面地震反射解释

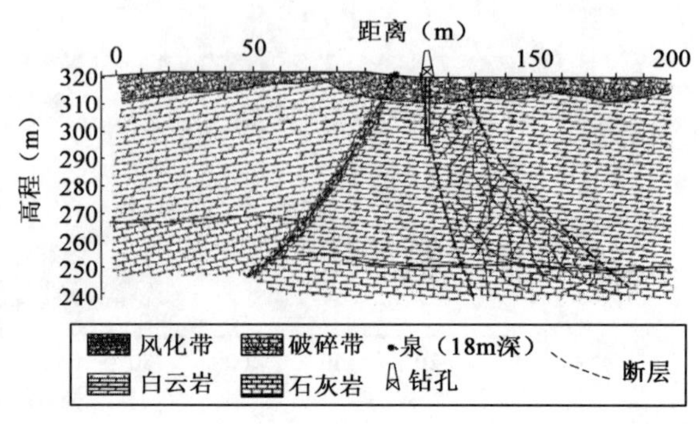

图 10-17 P-2 剖面 SE 结合的地质推断结果

该实测及推断结果得到钻孔验证。实例说明：二维电阻率断面在探测岩溶洞穴方面有着广泛的应用，而高精度的浅层地震反射法在探测岩溶也有许多的实例。电阻率法能提供更多的关于岩石、岩层和含水的地质信息。而岩石的质量、结构特征、连续性等可由浅层地震方法来解决。因此，最好的解决方法是浅层地震反射法和电阻率法的结合，也即“波速＋电阻率”或 SEM。若要进一步弄清岩溶的具体大小、范围、走向、产状等，仍需进行三维 SEM 的探测。在深度小于 100m 的情况下，电阻率法有着较高的精度和解译率，在小的区域可进行详细的三维电阻率勘探，而浅层地震可应用于大于 100m 的岩溶地质体的探测。

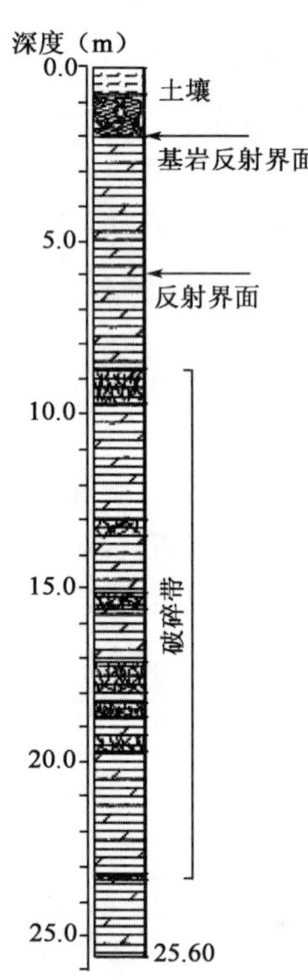

图 10-18 实际钻孔柱状图

10.3.5.2 实例：地震 CT 与高密度电法用于甘顶变电站场地岩溶勘查（赵永贵）

1）场地工程概况

甘顶变电所场地位于云南省大关县甘顶村 213 国道西侧丘陵山区（图 10-19），地势陡峭，高程为 1580～1630m。场地出露地层为灰岩和第四系，岩溶洼地、岩溶陷落柱发育，构造裂隙、节理裂隙带、溶沟溶槽、垂直溶洞极其发育。根据地表调查和钻探，场地内直径超过 20m 的大型岩溶洼地有 5～6 处，填充物深度十几米，沿北西向呈条带分布，可能与构造有关，深部可能有地下暗河或溶腔。山地东侧、北侧与西侧均为陡崖，陡崖上可见岩溶洞穴、落水洞发育。岩溶发育部位和产状均与构造破碎带有关，形成原因与构造破碎引起的崩落和灰岩溶蚀作用有关。现场考察发现场地内风化基岩地表犬牙起伏，岩溶裂隙沟槽纵横交错，地表残积土分布不均，厚度变化较大。场地处于青藏高原东南边缘，区域构造走向以北东东和北北西向为主。地质构造活动以隆起为主。

场地勘探范围东西方向 200m，南北方向 300m，实际勘探范围两侧都有扩大。

2)高密度电法勘探结果

高密度电法的勘探结果所反应的地质特点和岩溶发育规律可归纳如下(图 10-20)。

图 10-19　甘顶变电所场地

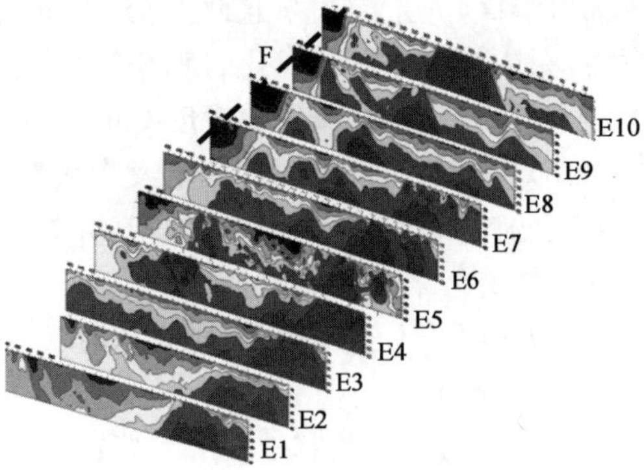

图 10-20　高密度电法电阻率剖面(10 条)

(1)勘探发现区内共有 4 个岩溶发育区,其中有 2 个是规模较大,发育在东部和南部边缘,发育深度到 40m;另 2 个是较浅,规模较小,发育在中部和西部,发育深度 20m 左右。

(2)勘查共发现岩溶发育带 88 处,其中东部岩溶区 E1、E2、E3、E4 等 4 个剖面共发现岩溶 21 处;中部岩溶区 E5、E6 两剖面共发现岩溶 24 处;西部岩溶区 E7～E10 剖面共发现岩溶 28 处;南部岩溶区在剖面 E4～E10 的南部共发现 15 处。

(3)在 E9、E10 剖面西南部 60m 深度开始出现中等风化异常区,推断为隐伏溶洞的顶部。剖面位置在 310～330m 范围,深度在 1530m 高程以下,坐标位置为(393780～393860,3107020～3107060),东西长 80m,南北宽 40m。推断为规模较大的隐伏溶洞或地下暗河,本次勘探最深到 60m,仅反映一个溶洞顶部,未勘探到底部,整个面貌还不清楚。

(4)区内岩溶区发育长轴方向以北西向为主,如东部、中部和西部 3 个岩溶区的长轴均为北西向;南部岩溶受北东东向影响,推断南部处在北东东向断裂。

3)地震 CT 探测结果

地震 CT 4 个剖面筛状图和岩溶地质解释见图 10-21。图中展现了地震 CT 勘探的主要结果。综上分析,地震 CT 4 个不同深度的剖面所反应的地质特征和岩溶发育规律可归纳为以下几点。

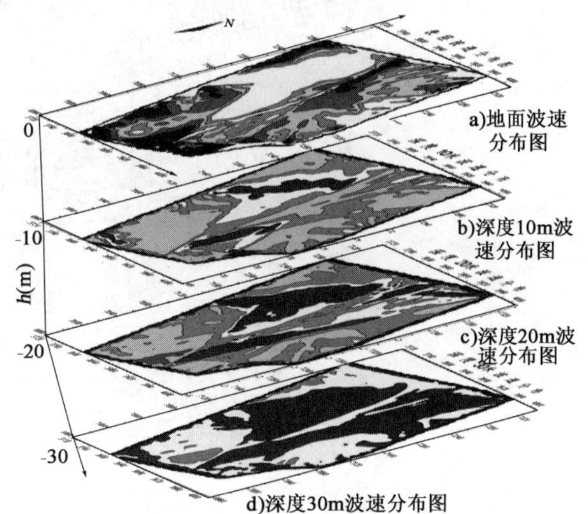

图 10-21　地震 CT 剖面筛状示意图

(1)根据场地地震 CT 勘查结果,场地内岩溶发育的范围可由波速低于 2000m/s 界限圈定,波速高于 2000m/s 的区域岩溶不发育。区内的岩溶主要以填充、未填充垂直裂隙、空洞、岩溶洼等岩溶形态为主,松散填充以砂黏土和碎石为主。

(2)波速分布反应场地内有4个岩溶区,分别称为南部岩溶区、东部岩溶区、西北岩溶区和中部岩溶区。其中南部岩溶区的范围大、发育深,大部分地段深度在20～30m范围内;其次是东部岩溶区,分东南和东北两部分,东北部岩溶区以垂直裂隙岩溶为主,发育较浅,多在10m左右;东南部岩溶区以风化岩和松散填充为主,发育深度在20～30m;西北岩溶区洼地内以黏土、砂、碎石填充为主,发育深度20m左右;中部岩溶区范围最小,深度在20m以内。

(3)30m剖面反应深部岩溶发育规模和部位,其中南部和东部岩溶区内有深部岩溶,南部岩溶区的深部岩溶规模较大,位于(3820～3900,6980～7050)的范围内,面积80m×70m;预示深部可能有岩溶空洞或暗河。

(4)区内岩体与岩溶区长轴方向均以北西走向为主,推断岩溶的发育受近代活动构造控制。

4)综合物探勘探结果

通过高密度电法和地震CT综合勘探,获得场区10个电阻率剖面和4个不同深度的水平地震CT剖面资料,在电法和地震分项分析的基础上,经综合分析,将场地岩溶与工程地质勘查结果汇总,如图10-22所示。

图10-22　综合物探勘探结果

(1)场区内高密度电法勘探的电阻率剖面判定是否岩溶的低阻率特征值选为800Ω·m,高于该值岩溶不发育,低于该值为岩溶发育区;地震CT剖面判定岩溶是否发育的特征值为2000m/s,高于该值岩体完整性较好,岩溶不发育,低于该值可能为岩溶发育区,两个指标判定的结果基本一致。

(2)勘探结果表明，场区发育4个岩溶区，依规模大小排序，分别是南部岩溶区、东部岩溶区、西北岩溶区、中部岩溶区。其中南部和东部岩溶区范围大，发育深度多在20～30m之间，西北和中部岩溶区多在20m以内。

(3)电法勘探共发现岩溶发育带88处。其中东部岩溶区21处；中部岩溶区24处；西部岩溶区28处；南部岩溶区15处，这些资料得到地震CT的印证。

(4)电法勘探表明在场区南部可能有深部隐伏岩溶空洞或地下暗河，地震CT在此位置也有显示，只是深度反映到30m。

(5)高密度电法和地震CT勘查结果表明，场区岩体与岩溶区长轴方向均以北西走向为主，推断岩溶的发育受北西向近代活动构造控制。

(6)高密度电法剖面推断场区南端有一条北东东向断裂带，深部隐伏岩溶发育可能与该断裂带有关，岩体破碎，地下含水量大，工程应该尽可能避让。

10.3.6　隧道施工常见的预报模式

在城市暗挖隧道施工经常遇到的地质问题有：土体的空洞、漂砾孤石，岩体的断层破碎带及整合与不整合岩性界面、岩溶、陷落柱、岩管、暗河及地下水等。超前地质预报就是要探测以上目标地质体的空间位置、范围、性质及与周围水系构造的连通情况。表10-5给出了一些常用的预报模式，表10-5中列出的方法来自野外工程实际资料。在进行其他隧道地质预报时，可结合当地的地质条件参考使用。

常用的预报模式与特点(洞内洞外)　　表10-5

类型方法		单一参数及方法	综合参数及方法	模式特点
断层破碎带、整合与不整合及岩性界面	参数	电阻率ρ_s、波速v、介电常数ε、氡气Rn、激化率η_s、重力G、磁场强度等	氡气Rn＋电阻率ρ_s、波速v＋氡气Rn、电阻率ρ_s＋波速v、电阻率ρ_s＋电阻率ρ_s	低阻低波速、低波速介电常数ε高、低阻氡高、低波速氡高
	方法	瞬变脉冲电磁法、直流电阻率法、高密度电阻率法、EH－4高频大地电磁法、地质雷达法、浅层地震法、测氡法、电磁波CT、单孔与跨孔声波CT成像、隧道地震预报法TSP等	测氡＋联合剖面法、浅层地震＋测氡 浅层地震＋瞬变脉冲电磁法、浅层地震＋高密度电阻率法	
土体空洞、岩溶、陷落柱、岩管及暗河	参数	电阻率ρ_s、重力G、介电常数ε、波速v、氡气Rn、激化率ρ_s等	电阻率ρ_s＋波速v、波速v＋介电常数ε、电阻率ρ_s＋电阻率ρ_s	低阻低波速、低波速介电常数ε高
	方法	重力垂直梯度法、瞬变脉冲电磁法、直流电阻率法、高密度电阻率法、地质雷达法、浅层地震法、测氡法、电磁波CT、单孔与跨孔声波CT成像、隧道地震预报法TSP	对称四极测深＋声频大地电场、浅层地震法＋高密度电阻率法、陆地声呐法和微分电测深、浅层地震法＋瞬变脉冲电磁法、EM法＋电测深、TSP地震预报法＋地质雷达法	
地下水	参数	电阻率ρ_s、介电常数ε、波速v、γ射线、激化率η_s、温度T、旋进磁场强度E	γ射线＋电阻率ρ_s、电阻率ρ_s＋波速v、电阻率ρ_s＋电阻率ρ_s、电阻率ρ_s＋激化率η_s、重磁＋电阻率ρ_s	低阻高激化、低阻低波速、联剖交点甚低频低电场、低阻γ射线低异常、低阻介电常数ε高
	方法	瞬变脉冲电磁法、直流电阻率法、高密度电阻率法、隧道地震预报法TSP、测温法、核磁共振感应系统(NUMIS)、激电法、红外遥感技术、γ射线找水、甚低频电磁法、自然电场法、地质雷达法	CSAMT法和高密度电阻率法、电测深法＋激电测深法、电测深法＋浅层地震法、声频大地电场法＋γ射线法、甚低频＋电阻率联合剖面法、中间梯度法＋电测深、地质雷达＋电测深	

10.3.7　提高预报可靠性、减少多解性、辨别虚假异常

1)建立地质灾害预报模式

由于在某个局部地质环境下，其灾害地质结构具有相对稳定的特点，并且灾害局部地质受到特有地质环境的影响，通常具有某些地质结构或构造上的特点。因此，在某些地区建立特定的隧道预报模式是必要的。这也说明针对某个工程项目要充分研究当地局部地质环境的重要性。比如某个隧道所处的灾害构造体系受到某个方向断层的影响，从区域水文地质资料判断为导水构造，我们可建立的地质灾害模型为“低阻低波速”找断层破碎带等。针对某个地区建立灾害体的预报模式是很有意义的。

2)研究所采用各种方法可能产生的干扰或虚假异常

充分研究灾害体的各种异常形态，在某个区域划分不同的异常类型，对不同的异常干扰体所产生的异常需有充分的认识。虚假异常是地质预报可靠性的“天敌”，虚假异常通常都有引起异常的源体，也有其特定的规律。通常通过其他方法识别、消去、改正。如：电磁干扰（高压线）、振动信号（机械振动）、水管等引起的地质雷达异常，地形等引起的电法异常等，只有充分认识虚假异常，才能有利于区分所要探测的灾害异常体，从而提高预报的准确性。

3)超前地质预报中的“盲人摸象”

在复杂地区进行隧道地质预报，必须紧密结合当地灾害成因及分带规律的研究，应弄清灾害体的分布规律，也就是要研究灾害体水系网络的分布规律及特点，也即知道“大象的整体形状和结构”。因为，地球物理探测法仅是对灾害体的局部结构进行探测，当我们探测到空洞时，一定要结合空洞水系网络的特点，推断为富水空洞不是其他形状。就和盲人摸象摸到象腿时认为大象就像柱子一样，其实灾害水系网络也不是单个空洞的形状。因此，对复杂地质灾害的探测，一定要掌握该地区地质特点，在探测到局部灾害体时，只有掌握宏观的工程地质与水文地质网络特点，才能做出准确的、合理的、符合地质情况的灾害预报。

4)“三个以上证据”准则

由于灾害体的复杂性、形状的不规则、分布极不均匀且受构造控制的影响，使得灾害体的探测变得异常困难。因此，在进行灾害体探测时，需尽可能多地寻找已知证据与实测资料的验证符合，通常，如实测资料有 3 个已知条件与现场实测资料吻合，就可以大胆地对未知同类异常进行相应推测。根据作者的经验，“3 个以上证据准则”是灾害体预报的可靠性保证。当然如何寻找 3 个以上已知证据，不同的预报方法，寻找的途径也不同。如隧道掌子面 TSP 预报系统，在资料解释前，第一个证据是隧道前期的勘查资料对已知灾害体的描述，特别是勘查孔的已知资料。第二个证据是已开挖的前方 50m 的隧道地质资料。第三个证据是当前掌子面的地质资料。“三个以上证据”与地震反射法波形特征的吻合是进一步推测掌子面前方 150m 地质情况的基础，其他方法也类同。

5)利用综合参数法提高预报可靠性和精度

由于灾害体地质条件的复杂性，地球物理方法的多解性，只有采用综合参数法，才可提高预报可靠性和精度。通过对目前已有各种方法大量资料的研究，论述了采用“综合参数法”进行超前地质预报的必要性。该结论已得到大量的实例验证，根据目前的地球物理方法的技术现状，考虑到方法的可靠性、预报精度及资料的可认识性，对复杂地质灾害体预报确定的最佳综合参数为“波速 v+电阻率 ρ_s”。针对复杂地区隧道掌子面长距离预报，利用 TSP 地震预报法（参数 1：波速）与瞬变脉冲电磁法（参数 2：视电阻率）组合进行长距离超前地质预报。两个参数说明一个地质目标体的两个性质，通常灾害体为低波速低阻（含水）。这样可提高预报的

精度,减少多解性。

10.4 空间超前地质预报

考虑到地球物理探测的精度和隧道施工要求,将地面(洞外)与掌子面(洞内)超前预报的选择距离定为100m,该距离仅为参考值供使用(已查阅国内外许多资料,根据多年的野外经验及隧道工程对灾害体的精度要求),具体见图10-23。

图10-23中,H为预报区段地面到隧道轴线的最深距离;S为从掌子面能预报的最大距离。当$H>S$时,考虑采用掌子面预报法;当$H<S$且$H<100$m时,考虑采用地面预报法。

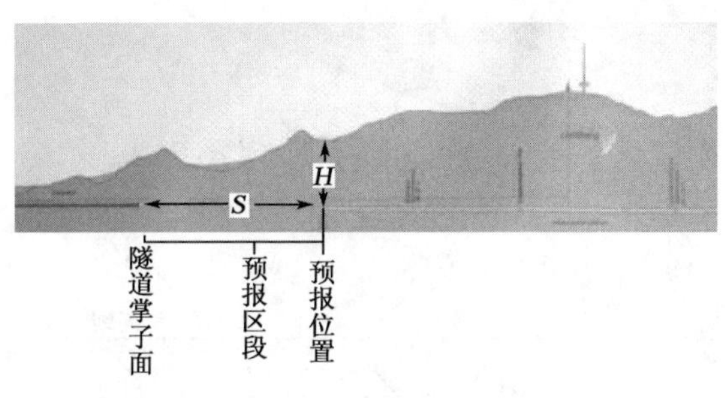

图10-23 地面(洞外)与掌子面(洞内)预报方法的选择

由于地面(洞外)超前预报过程中隧道上方大部分的资料仅作为参考,距隧道轴线较远的资料有些已经出了隧道施工的影响范围,地面预报随深度的增加其预报精度随之降低,而这个误差可能恰恰超过隧道轴线的施工影响范围,如超过将毫无意义。因此,超前预报从方法上的“内外兼顾”是必要的,但必须考虑掌子面与地面(洞外)预报方法的条件和精度。

另外,应考虑地面(洞外)预报法的横向分辨率比纵向分辨率高,这样地面(洞外)预报法在地质灾害的定位上有时将比掌子面(洞内)预报法的定位要准确些,再加上通过加密点位其效果将更加明显。

地面(洞外)预报的方法较多,在地面(洞外)现场操作方便,对城市地铁暗挖隧道地面的探测方法非常重要,往往作为首选,容易实现三维预报。因此,就目前的技术水平,在充分利用洞内预报的情况下,仍应重视洞外预报方法的应用技术研究。

10.4.1 地面的空间排布

地面三维勘探技术已有很多的应用,通常用得较多的有三维地震勘探、电测深面积性探测(高密度电阻率法)以及地面与钻孔剖面相结合的探测方法(包括地震、直流电法、瞬变电磁法、地质雷达法等)。

10.4.1.1 三维地震勘探

三维地震勘探又称面积勘探,是在地面上同时布置规则或非规则多条测线和多个激发点。

三维地震勘探原理与三维地质体相对应,并且具有高密度、三维空间成像归位以及多种灵活的显示方式等优点,因此很容易得到正确的构造形态及各种显示图像,因此三维勘探在工程地质、灾害地质、矿产、煤炭资源勘探等方向发挥着无可替代的重要作用。

由于三维地震勘探获得信息量丰富,地震剖面分辨率高,地下的古河流、古湖泊、古高山、古喀斯特地貌、断层等均可直接或间接反映出来(图10-24)。

1)偏移归位

图 10-24　三维地震勘探示意图

二维地震勘探沿着测线视倾角方向偏移，三维地震勘探在空间上偏移，如图 10-25 所示。

面积测量和折曲测线观测系统的三维多次覆盖技术不能严格遵守共反射点叠加的定义，如图 10-26、图 10-27 所示。实际的共反射点道集随着测线的改变或测线弯曲会有一定的离散，围绕着理论共反射点位置的这些实际的地下共反射点道集，称为“共反射面元”，见图 10-28。

2）显示

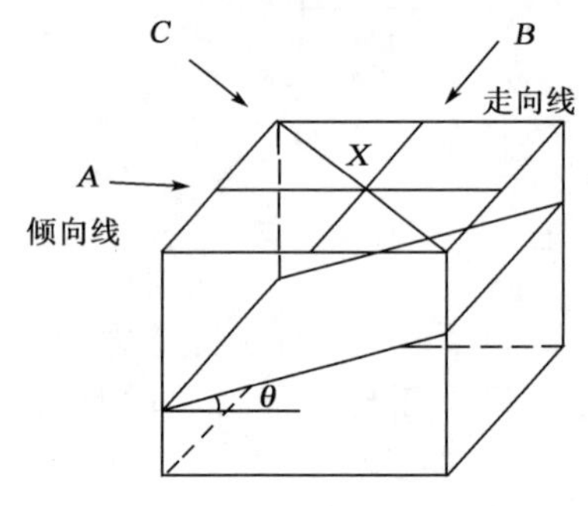

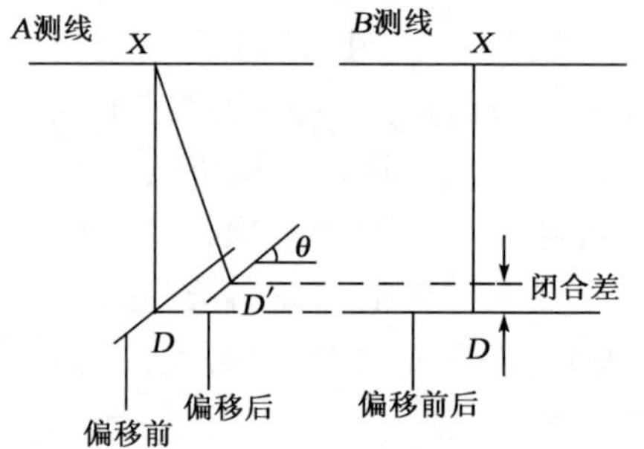

图 10-25　偏移归位过程

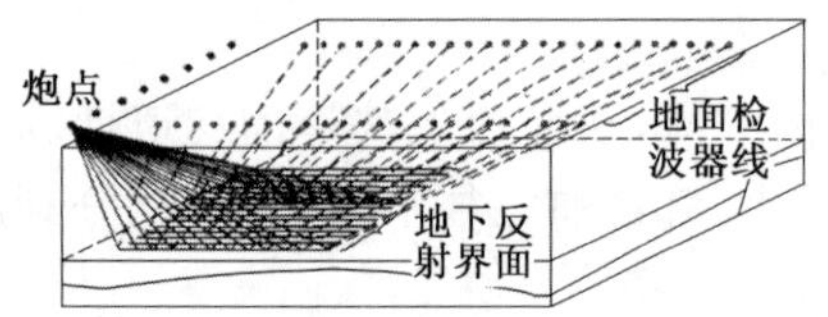

图 10-26　三维地震勘探野外观测示意图

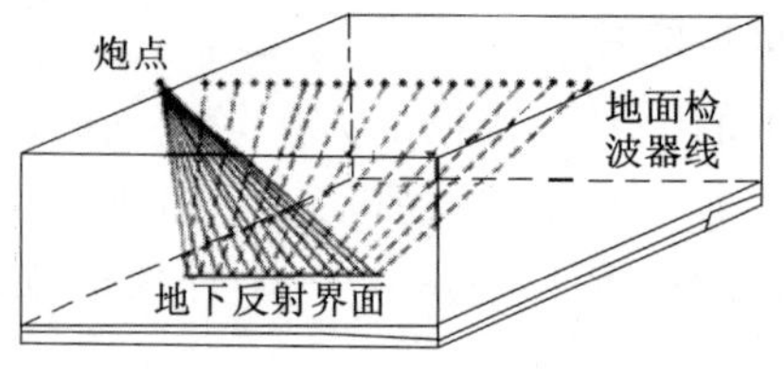

图 10-27　二维地震勘探野外观测示意图

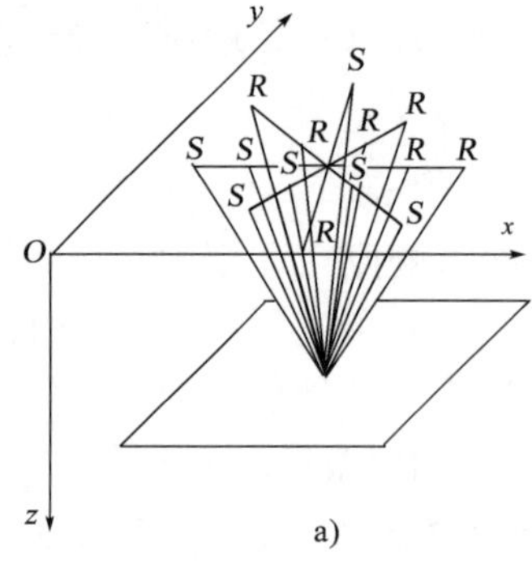

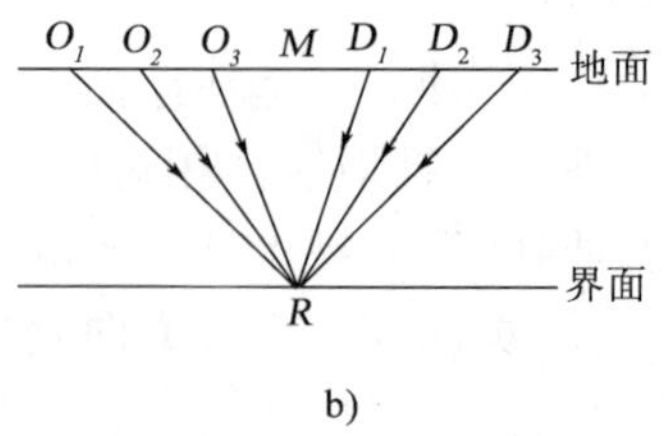

图 10-28　三维地震勘探与二维勘探共反射点示意图

三维地震勘探采集地下地层反射回地面的地震波信息，然后经过电子计算机处理得出一个三维空间数据体。地震解释剖面显示方式灵活，有垂直向地震剖面和水平切片两种，如图10-29、图10-30所示。

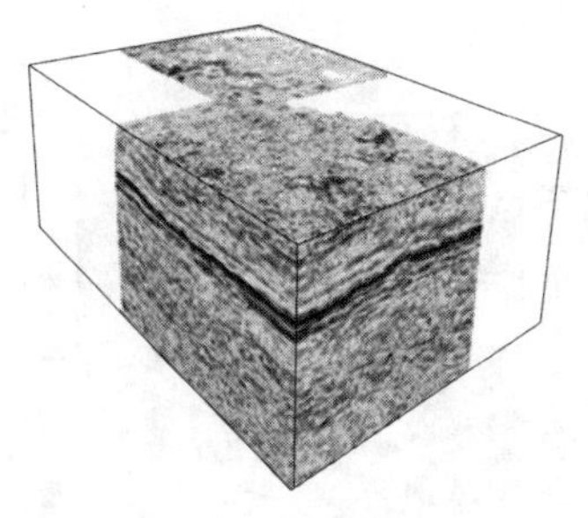

图10-29　三维数据立体图

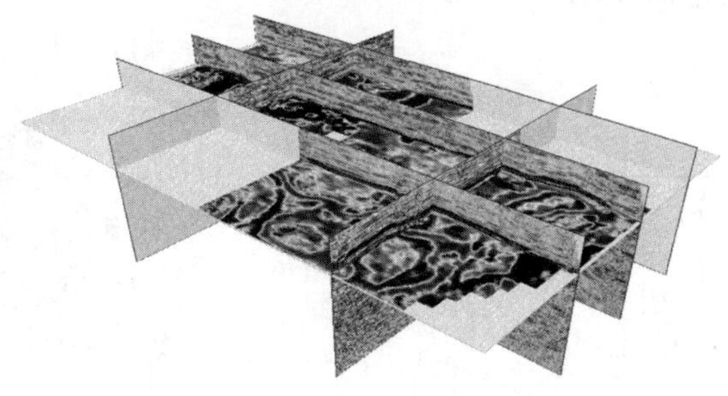

图10-30　三维数据切片图

3)优点

(1)三维数据采集不存在二维数据采集时来自非射线平面内的侧面反射波。

(2)三维采集的数据按三维空间成像处理，可以真实地确定反射界面的空间位置。

(3)三维观测可以避开地形、地物的障碍，对地表条件适应性很强。

(4)三维观测可对原始数据有更大的保真度，相位数据更齐全，便于研究地层的岩性。

(5)三维地震勘探资料的完整统一性及显示技术的现代化，更便于人工联机解释。

4)实例

加拿大Bathurs矿集区利用三维反射地震在1300m深处发现块状硫化物矿体，如图10-31所示。

10.4.1.2　地质雷达在地面进行三维探测

地质雷达的许多仪器都配有相应的3D软件模块，通常都可以对测试资料进行三维的图形图像处理。只是对测试过程的一些测线布置有具体要求而已，图10-32是地面三维探测解释的实际效果图，它可以非常方便地进行岩溶地区构造及水文地质资料的解释。

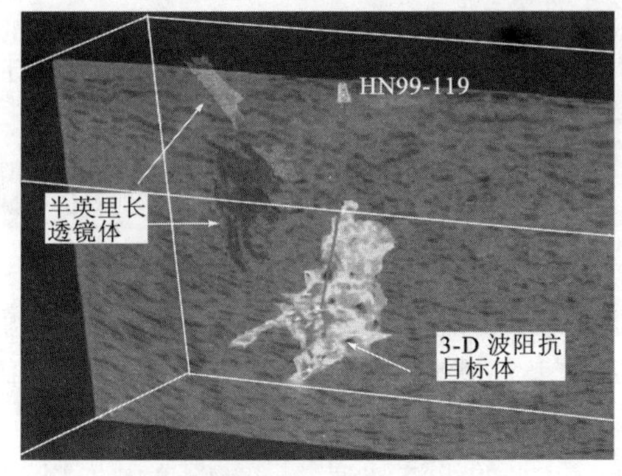

图10-31　加拿大Bathurs矿集区发现块状硫化物矿体

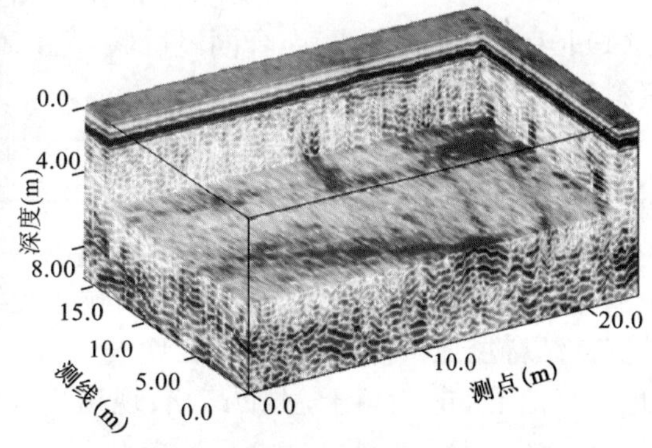

图10-32　地质雷达在地面进行三维探测的效果

10.4.1.3 地—井地震波空间探测(叶英、侯伟清)

充分利用地面的面积测量和钻孔探测相结合的方式将更易探测地下空间复杂地质体,具体排布如图10-33、图10-34所示。

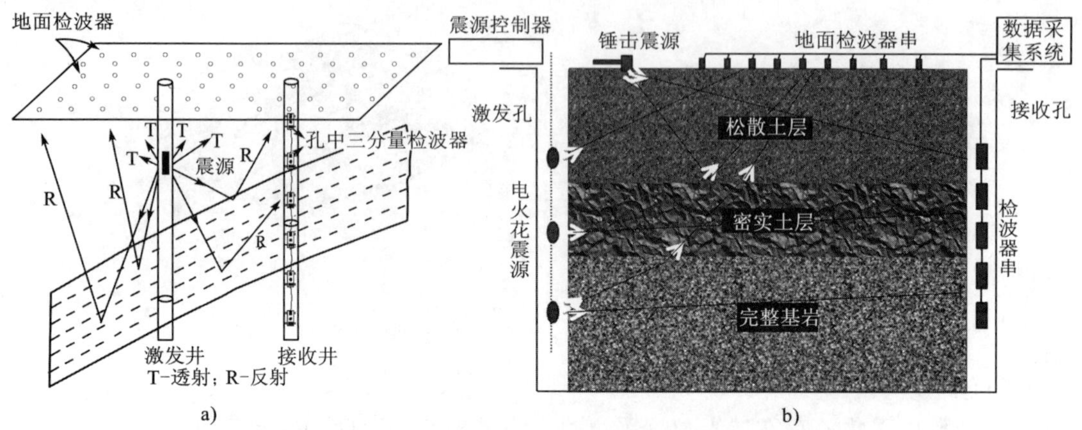

图10-33 地面与钻孔相结合的地震波空间探测

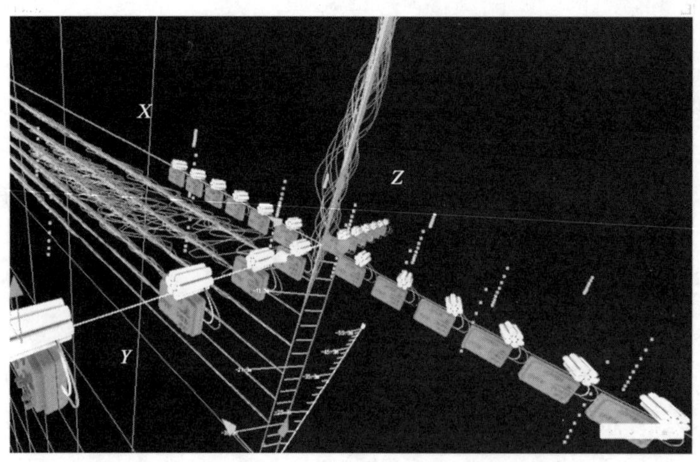

图10-34 空间排布测试显示

(1)北京地铁14号线03合同段试验。图10-35为北京地铁14号线03合同段走向图,地勘资料见图10-36。

(2)现场试验布置采用地面测线与钻孔排布相结合的空间探测,如图10-37、图10-38所示。

(3)测试结果及分析。从图10-39、图10-40中可以看出,地表处能量较强,地下1.5~6m能量弱,6m以下,随着深度加大,图谱中颜色也逐渐加深,即能量逐渐加强,并能明显看出分界情况。结合场地条件及地质资料:地表处为透水砖及沥青路面,较为密实,地震波传播速度快;地表至地下5m为填土,土质疏松;现场测得地下水位深度为6m,一般来说,当土层孔隙中充满流体水时,土层纵波波速会迅速上升至1400m/s(水的纵波波速);随着深度的加深,土骨架本身的纵波波速会超过1400m/s,且分层情况明显。

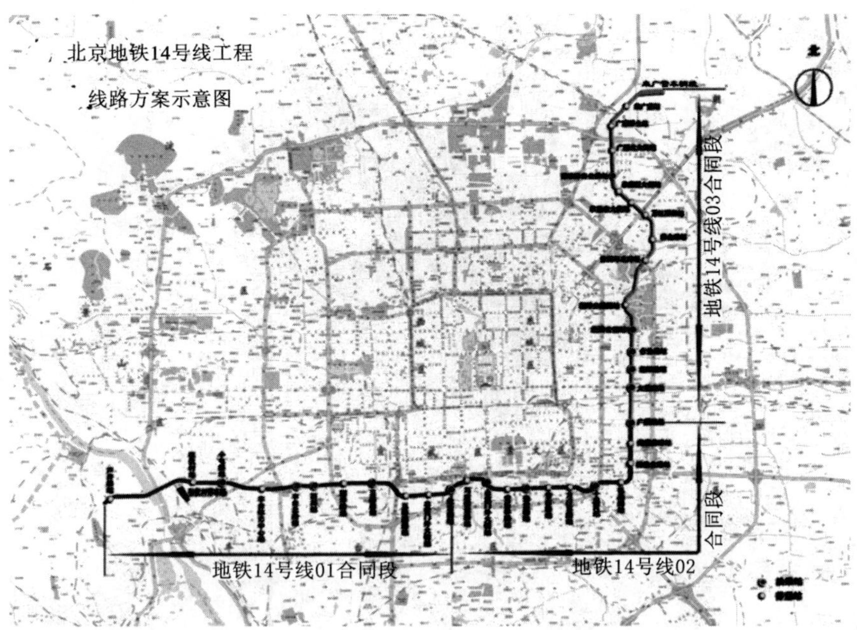

图 10-35　北京地铁 14 号线 03 合同段走向

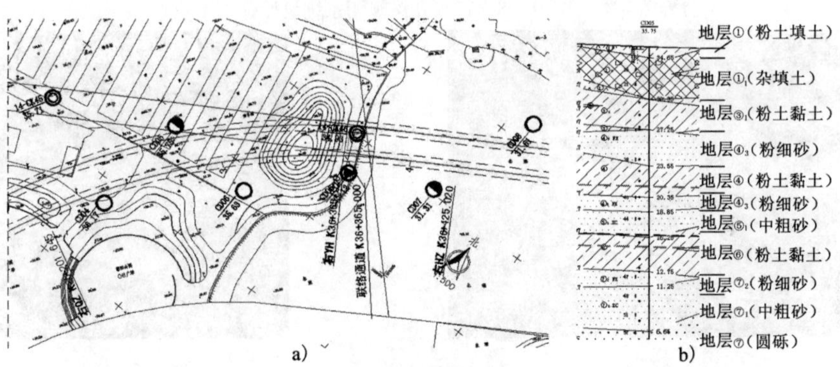

图 10-36　勘察孔 CD05 及地勘资料

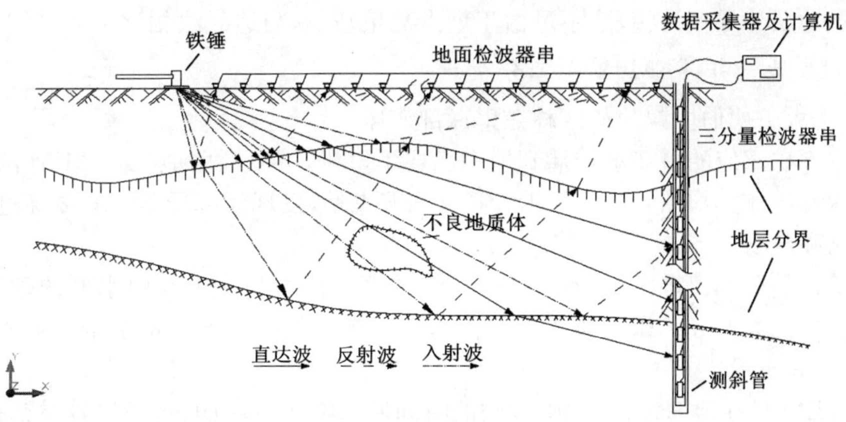

图 10-37　工作示意图

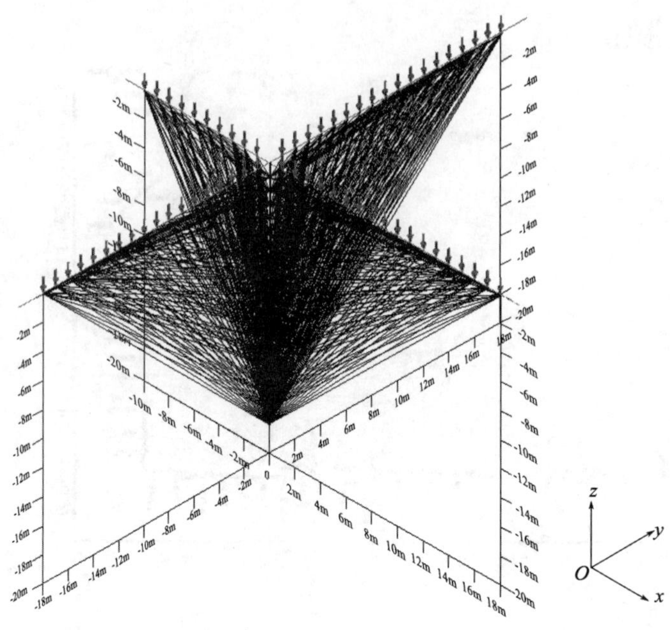

图 10-38 18m 孔深观测系统设计

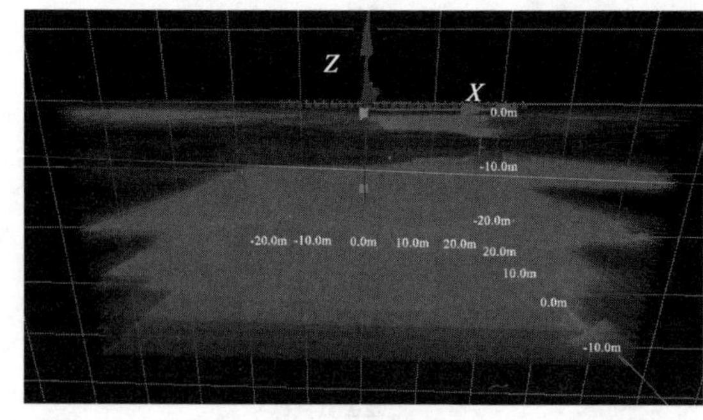

图 10-39 18m 孔深三维成像

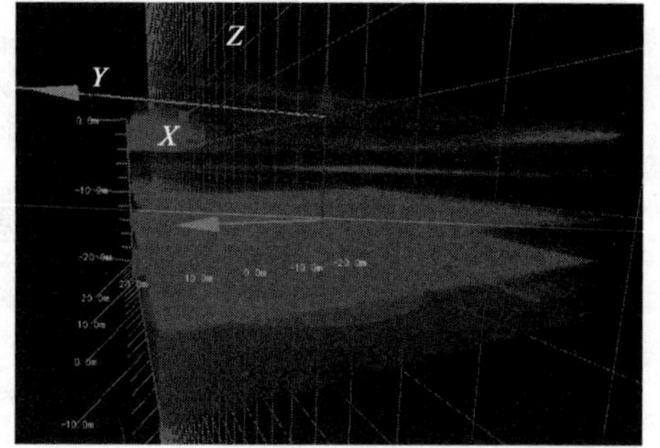

图 10-40 18m 孔深三维成像(另一角度)

成像显示地层分界较为明显,不过由于炮点数量较少,与透射法相比不够精细。

10.4.1.4 地—井 TEM(单或三分量)

实例:加拿大萨德伯里铜镍矿区林兹里深部矿床。

由于对深部矿感应的瞬变场传播到地表已弱不可辨,可以利用地—井 TEM 法,以发现井旁或井底的深部矿体。如图 10-41 所示,ZK-1 为普查钻,发现浅部异常,ZK-2 穿过浅部异常。图 10-42 为测井现场。

加拿大萨德伯里铜镍矿区林兹里深部矿床,该区的围岩为元古代白水群的砂岩、石英岩、角闪岩和凝灰岩。大部分矿床分布于岩体南缘接触带。钻孔在 570m 处穿过矿体中部,为正异常,如图 10-43 所示。

地—井 TEM 是在地面发射,井中接收的时间域电磁法,感应电磁场信号是钻孔周围及底部地质体的综合反映,能寻找井旁、井底盲矿,判断已见矿体的空间分布,是以钻孔为基础的普查及详查勘探方法。

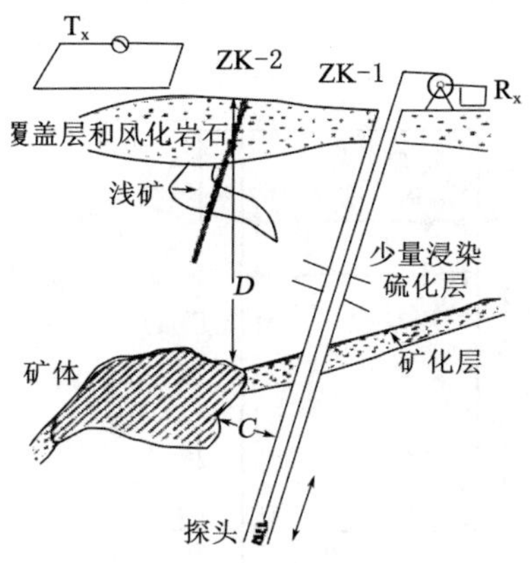

图 10-41　地—井 TEM 法原理及用途示意

图 10-42　野外测试现场

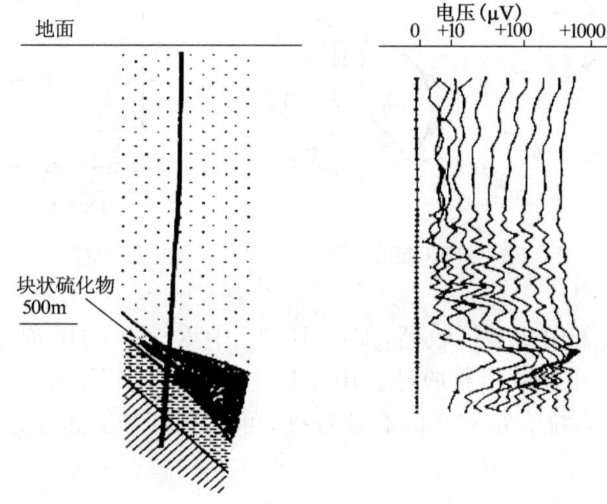

图 10-43　钻孔地—井 TEM 测量结果

10.4.2　掌子面的空间排布

只有三维的观测系统才能进行诸如形状体的地质灾害描述。目前介绍的方法主要有TRT和USP。而3D观测系统是将震源点与接收器按空间排布，构成空间位置或角度偏移。3D观测系统如TRT(True Reflection Tomography，特定震源点与接收器的空间排布，采用位置偏移法)、USP(Underground Seismic Prediction，震源点与接收器空间排布，采用角度偏移法)。目前的隧道地震预报采用的主要方法为反射波法，对地震记录识别和追踪的对比原则大部分方法主要是位置对比(距离偏移)法。由于不同的排布方法各有其优缺点，因此大部分仪器都有其自身的现场排布方法，不同的仪器是结合某个具体的排布设计相应的解释处理软件。

1)TRT 空间排布

TRT 其检波器和激发的炮点呈空间分布，以便获得足够的空间波场信息，从而使前方地质缺陷的定位精度大大提高。它的传感器布点采用立体方式，在隧道两边分别布置了4个传感器，然后在隧道顶上布置2个传感器，从而获得真实的三维立体图，直观地再现了异常体的位置、形态、大小，其现场布置如图 10-44 所示。

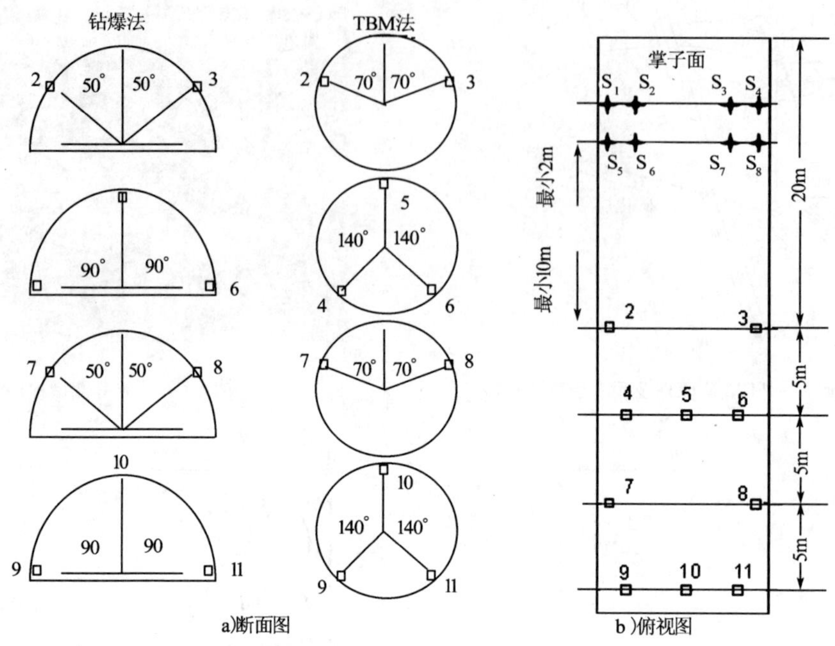

图 10-44 TRT 超前预报地震源及传感器的典型布置

2)USP 空间排布

USP 观测系统通常采用 2 个接收器，如图 10-45 中 R_1、R_2 的排布，只有当地质条件复杂或任务要求精度较高时，采用 4 个接收器。由于每个接收器配置了 64 个不同方向多分量的检波器，使得构建 3D 观测系统有足够多的有效数据，可对隧道掌子面前方不良地质体进行三维数据处理及显示。

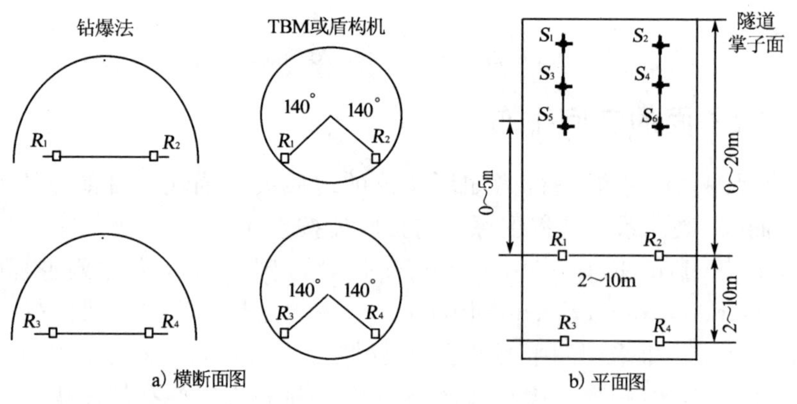

图 10-45 USP 的 3D 观测系统

R_1～R_4-接收器；S_1～S_6-震源点

3)TEMT 瞬变电磁法的空间排布

瞬变电磁法可采用重叠回线的方式在隧道掌子面进行井字形测线探测，以构成三维空间数据成像，如图 10-46 所示。

4)地质雷达的空间布置

用地质雷达在隧道掌子面进行岩溶预报,可采用如图10-47的方式进行,当然也可以更密集采样,通常隧道掌子面的现场条件不是非常好,不可能采集成规则网格,但解释时可处理成三维立体图,便于岩溶资料解释。

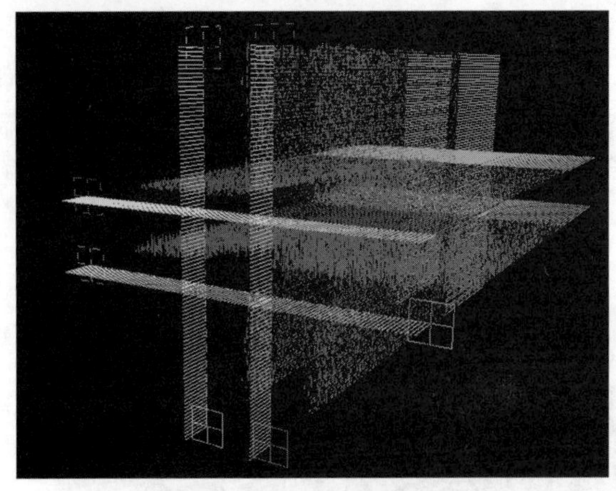

图10-46　电磁法掌子面井字形排布

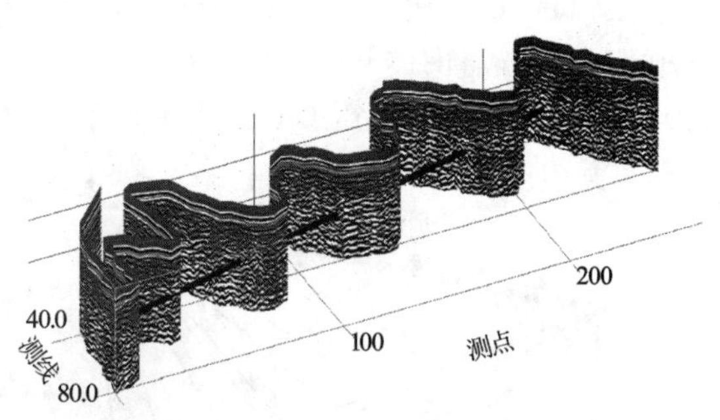

图10-47　地质雷达在掌子面进行三维探测的效果图

10.4.3　地面与洞内结合

"洞内外兼顾"是指地面(洞外)地质预报与掌子面(洞内)超前预报兼顾考虑使用。由于受掌子面空间条件的限制,许多地面物探方法在隧道掌子面不能使用,使得能选择进行掌子面超前预报的方法很少。另外,如TSP地震法在进行探测时,还需隧道已开挖约50m才可进行,且有些隧道在上伏岩层不厚的情况下,考虑采用地面超前地质预报方法,大多数情况下会收到事半功倍的效果。

10.4.3.1　TEMT隧道瞬变电磁法

TEMT大定回线源装置(发射在地面,接收在地面和掌子面),该方法是充分将地面与隧道掌子面现场条件结合的好方法。该方法测试速度快,不影响隧道施工,预报距离远,可测试3个分量,连续测量。

同时,隧道瞬变电磁法偶极法装置(发射线框在地面,接收线框在隧道掌子面)也是将地面与隧道掌子面现场条件结合的好方法。它通过上下互动寻找某个具体灾害体效果较好,也可通过多方位变化的耦合感应,以寻找重要灾害体的位置、产状等。

"内外兼顾"的方法拓宽了隧道地质预报的概念。大量的隧道设计阶段的勘查资料与隧道施工过程中掌子面超前地质预报的方法结合,本身就是洞内外兼顾的应用。这里所说的内外方法兼顾是考虑到隧道施工过程中,针对某些具体的灾害体,在选择方法时,应结合洞内外现场条件,兼顾考虑不同的预报方法。

10.4.3.2　地震CT隧道病害诊断技术(赵永贵)

地震CT是一种新的勘探方法,它的主要特点是分辨率高、可靠性好、图像直观,特别适于工程地质勘查。在工程地质勘查中常被用来探查断裂带、密集节理带、含水带、溶洞、风化带等不良地质体的位置、形态及力学强度等。

地震 CT 的观测灵活，可以用钻孔和隧道，也可利用山沟谷地，还可利用面波或折射波进行地面地震 CT。以下介绍昆石高速清水沟 2 号隧道病害诊断及山体开裂原因的地震 CT 诊断。

昆石高速公路清水沟 2 号隧道在建中发生山体开裂、衬砌破坏，隧道施工被迫停止。山体开裂规模很大，251m 长的隧道，山体的开裂长度达 152m，开裂宽度超过 40cm。下行线隧道衬砌开裂错台、钢筋扭曲长达 50 余米。围绕整治方案，进行了多次论证，终因地质情况不明，不能确定。为查清山体开裂与衬砌破坏的关系，需查清引起开裂与破坏的原因，以便采用合理的治理方案，因而采用地震 CT 方法进行了探测诊断(图 10-48)。

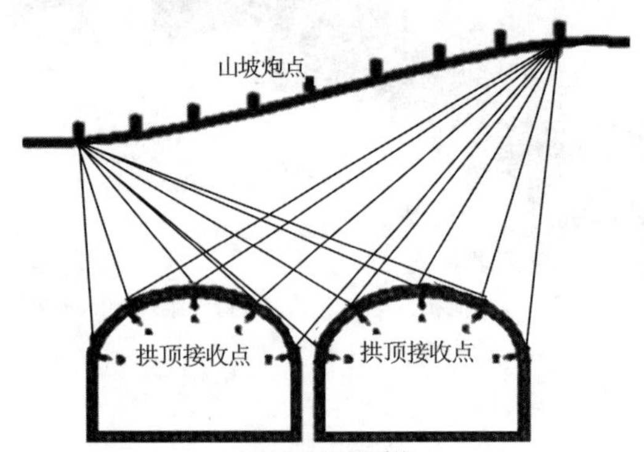

a)地震CT观测系统

b)地震测线位置顶视图

图 10-48 地震 CT 的观测系统布置

如图 10-49 所示，垂直隧道轴进行了 3 个地震 CT 剖面，获得 3 幅波速分布图像。波速图像中，深灰色代表高波速岩体，波速在 4.0km/s 以上，分布于靠山一侧，为完整的微风化白云质灰岩。浅灰色为中波速区，波速在 2.5～4.0km/s 范围，为中等风化岩体，近邻完整岩体边缘分布，节理裂隙发育，岩体稳定。灰色为低波速区，波速在 1.5～2.5km/s 范围，分布在山体表层和隧道周围，为强风化岩和松动岩体，属不稳定岩体。黑色为极低波速区，波速在 1.5km/s 以下，分布在山体表面和隧道周围，为松散土和开裂岩体。隧道通过部位为低波速区，有断层发育。3 幅地震 CT 图像表明：

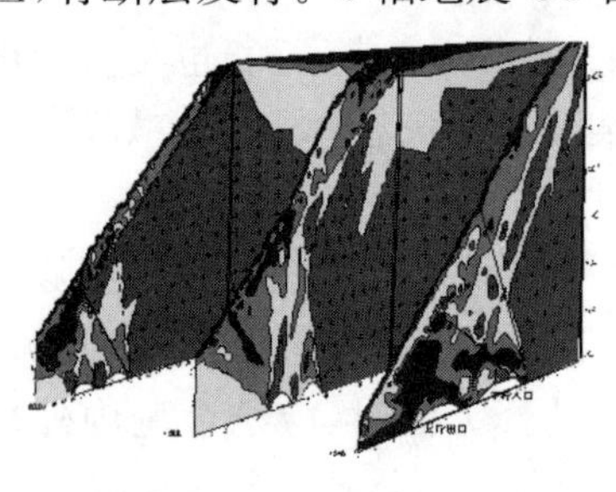

图 10-49 隧道及围岩病害的诊断结果

(1)隧道所处的山体边坡是稳定的，不存在山体滑坡的问题；

(2)隧道位置处于断裂破碎带中，开挖扰动在顶部围岩中形成的松动区，隧道顶部围岩存在局部不稳定问题；

(3)山体开裂与隧道衬砌开裂的几何形态和位置都是分离的，属于局部破坏，局部不稳定，并不沟通，山体整体稳定，如图 10-50 所示；

(4)隧道病害是由于处于断层中，围岩局部不稳定。采用系统砂浆锚杆加固围岩，形成 6～8m 的围岩固化圈，然后重做衬砌即可，如图 10-51 所示。隧道病害治理基本按此方案实施，2003 年通车，效果良好。

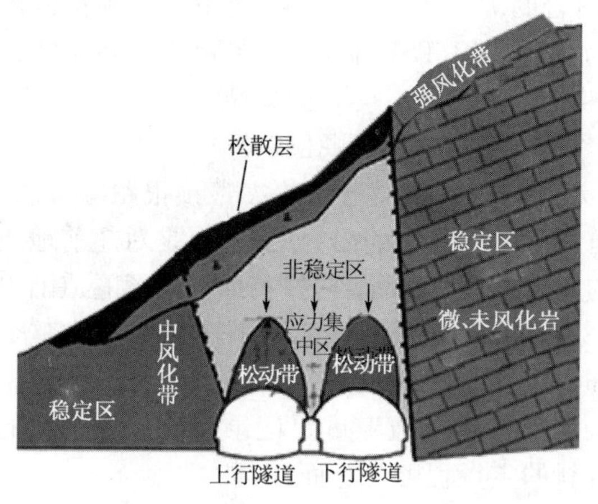

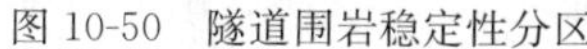
图 10-50　隧道围岩稳定性分区

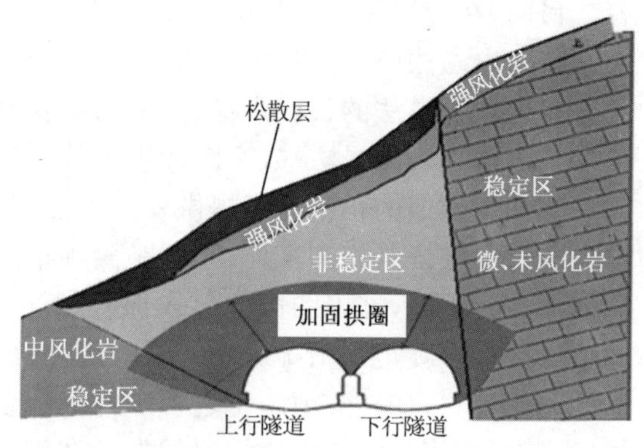

图 10-51　隧道病害整治方案

10.5　时序(时间)超前预报

“长短结合”预报法属隧道掌子面的预报模式，是指将隧道掌子面的长距离预报方法与短距离预报相结合，长距离预报通常的距离为 100m 以上，其预报的精度相对短距离预报要低，往往满足不了复杂地区隧道施工的具体要求，如 TSP 预报系统，仅能提供灾害体在隧道某段里程上的分布，不能探测具体的灾害体形状和空间位置。从可靠性和空间的角度考虑，很有必要将长距离与短距离预报结合提高预报的精度和内容。另外，在长距离预报有不良地质灾害体的区段，进行短距离详细预报。目前应用较多的是“TSP＋GPR”预报模式。

1)由已知到未知的推断解释方法

“长短结合”的预报方法是由已知到未知的推断解释过程，隧道掌子面超前地质预报有其自身的特点，由于隧道已开挖，暴露了许多已知的地质资料：周围的岩性、强度、完整性、含水情况、构造及节理发育情况等。虽然其不均匀，但符合统计规律。隧道掌子面预报方法如 TSP 地震反射法，在预报掌子面前方的同时，测试掌子面后方 30～50m 的资料，因此其方法本身也是由已知到未知的推断过程。当然，长距离预报由于方法的某些限制及特点，难免会有探测方面的局限性、盲区等，且随着预报距离的增加，其精度降低，这是各种地球物理方法普遍存在的局限性，不可避免。但是如果将长距离预报方法与短距离方法相结合，情况将大为改观。由于短距离预报通常不是连续进行的，而是在长距离预报的灾害体附近开始观测，并且参考、研究、消化长距离预报的结果，重新设计预报方法和参数，进行进一步的由已知到未知的推断过程。它是对长距离预报的补充、内容和性质的细化。可以说只有短距离超前地质预报才能满足隧道施工的具体要求。因此，将短距离预报与长距离预报相结合，才能提高对灾害体的预报精度，丰富预报的内容，满足施工的要求。

2)长短参数结合、方法搭配

长距离超前预报所选择的参数通常需与短距离预报参数选择不同，应有一定的独立性。长短结合的过程也是参数互补的过程，参数不同方法当然不同。只有这样，才能满足参数独立性原则，提高灾害体的预报精度和内容，避免同一参数同一方法本身的缺陷，同时方法搭配也要结合预报现场的具体情况，可以做一部分已知围岩的测试工作，更加明确短距离预报的内容。目前，在隧道掌子面公认的长短结合的方法为长距离用 TSP 地震法，短距离用地质雷达法。瞬变电磁法(重叠回线)目前还在进一步的试验与研究阶段。

3)地质编录法的长期跟踪、验证与重要部位严重灾害体钻探的测孔验证

掌子面地质编录法(数字图像识别技术)应是贯穿隧道施工全过程的灾害预报跟踪方法，它一方面为隧道的正常施工提供安全保证，是隧道施工必须进行的内容之一，也是对超前地质预报成果的验证与修正工作，是短距离预报必做的内容。另一方面，它如实地记录了隧道围岩的详细变化情况，并以图像的形式保存(1～4 张/3m)，由于 1 张/3m 的离散图像累计成整个隧道轴线的实际地质情况。在指导隧道施工的同时，该资料在隧道竣工后仍可作为运营与维护的基础资料，如在隧道施工过程中详细配合一些测试参数及施工重要记录加上重要情况的摄像记录，它将是隧道地质情况的电子文献。其资料的宝贵程度可想而知。

考虑到地质灾害体的重要性、危险性、突发性。对隧道地质灾害体临近的水平超前钻探和测孔工作非常重要，再准确的探测资料，在重要部位仍要坚持以钻探验证为准。同时，测孔资料可进一步了解钻孔周围的详细情况，测孔资料是对短距离预报更深层次上、更细化的、有的放矢的描述，它能具体指导隧道进一步的开挖方法选择，防御方案的制订。下面结合实例说明长短结合法在复杂地质条件的预报效果和经验。

4)实例(王洪勇，2004)：圆梁山岩溶隧道“TSP＋GPR”长短结合的预报模式

圆梁山隧道穿越的主要地质构造为毛坝向斜和桐麻岭背斜及其伴生或次生断裂构造。隧道工程地质条件异常复杂，集中了岩溶高水压、大涌水、煤层瓦斯、石油天然气、岩爆、大变形、高地温以及偏压顺层等多种不良地质现象，其中毛坝向斜地段的高压岩溶水以及冷水河地段岩溶水处理最困难。

圆梁山隧道地质条件异常复杂，原计划实施综合超前地质预报，使用长短结合的办法来提高预报精度。长距离使用 TSP202，根据 TSP202 探测预报结果，在有异常地段使用短距离预报，如地质雷达、HSP，并结合常规地质综合分析。经过一段时间的实施发现：TSP202 对岩溶管道反映不明显，地质雷达在掌子面上预报有一定的局限性。考虑到产生地质灾害的主要根源是水，就引入红外探测技术。总的预报思路确定为：以 TSP202 作长距离宏观控制，红外探测连续施作，地质雷达、HSP 作为补充，加强常规地质综合分析和超前水平钻孔。具体的预报工作量见表 10-6。在长短结合的过程中，短距离预报完全是根据长距离预报要求进行的。针对不同的地质灾害体情况，采用了多种短距离预报方法，效果较好。

圆梁山岩溶隧道超前地质预报的“长短结合”完成情况 表 10-6

地质预报项目		计划工作量	实际工作量	备 注
长距离预报	TSP202(次)	76	75	
短距离预报	红外探水(次)	0	658	为探测溶洞增加项目
	地质雷达测线延米(m)	34000	29800	隧道底部探测、隧道周边出水部位的探测
	超前水平地质探孔(m)	2900	18785	为避免地质灾害发生，广泛采用超前水平探孔
	地质编录(隧道延米)	22136	36204	增加了正洞导洞、泄水洞、迂回导洞地质素描及预报

(1)长距离超前地质预报 TSP202

TSP202 在圆梁山隧道共预报 75 次,每次预报长度从 90～240m 不等。预报软弱结构面较为准确,如进口平导 PDK354＋106～PDK354＋120 段通过二叠系吴家坪组煤系地层软弱带,开挖结果对比基本一致。TSP202 的预报原理和计算模型都是以异常结构面为一平面作为计算依据,因此隧道前方的小型点状异常体是无法预报出来的。在预报过程中,为了减少隧道洞壁面波的干扰,采取了尽量少接收隧道正前方反射信号的措施,利用隧道周围的反射信号计算隧道前方异常结构面的位置。

TSP202 的预报原理和计算模型无法对溶洞进行准确预测,但是它反映隧道周围的信息仍很有价值,例如在确定 1 号迂回导洞的方案时,在探洞内左右作了两次 TSP202 的预报,发现两侧的信号反应完全不同,右侧为宽的、集中的岩石软硬相间的杂乱信号(为溶洞),左侧则分为两个很窄的带状反应(变为管道)。由此确定了导洞的迂回方向,如图 10-52 所示。

(2)短距离地质雷达预报

作为 TSP202 超前地质预报的补充,在高水压地段对 TSP202 预报的异常点,比如确定异常体的规模、性质、危害性有困难时采用地质雷达作为补充手段。根据要求,灰岩地段铺轨前应用物探方法探明隧底隐伏岩溶洞穴,主要采用地质雷达(图 10-53、图 10-54)。

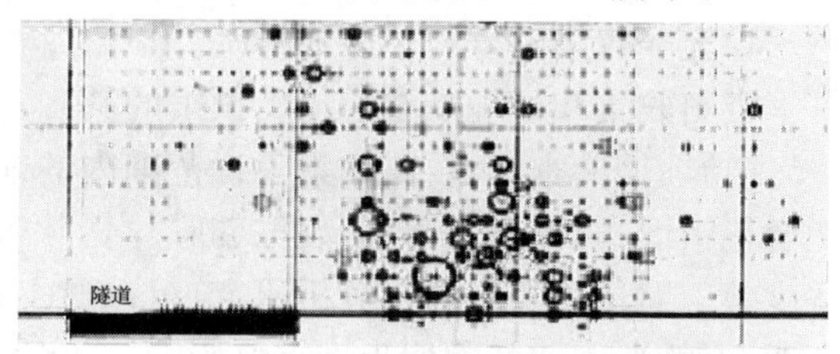

图 10-52　探洞右侧大型溶洞的集中反映

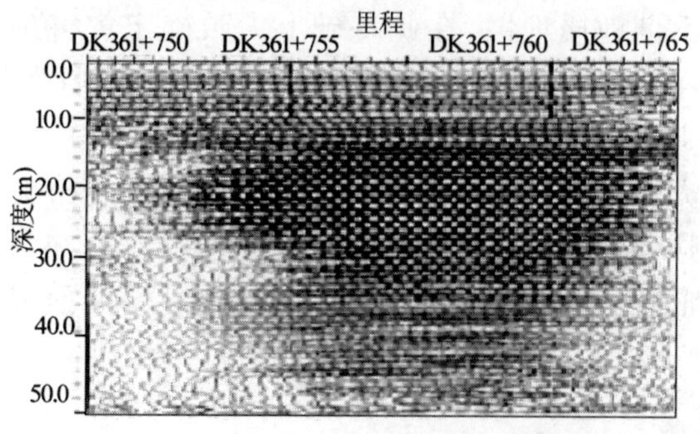

图 10-53　地质雷达 16MHz 天线探测隐伏岩溶剖面

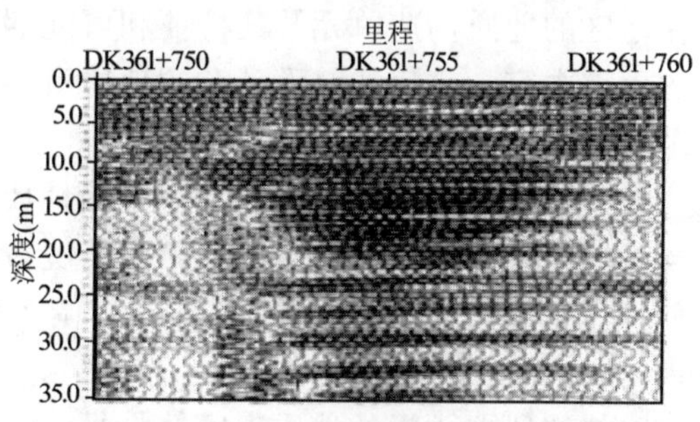

图 10-54　地质雷达 35MHz 天线探测隐伏岩溶剖面

以上仅列举了“TSP＋GRP”的长短结合的一个例子,但可以说明一个问题,TSP 长距离预报仅能划分或区别某个区段的岩体破碎程度,能够说明某个区域可能产生岩溶。因为岩溶产生的条件无非是破碎岩体、有水系通道、可溶岩的化学环境。因此,在可溶岩地区,考虑到岩溶分带规律及特点,TSP 探测的破碎带通常也是岩溶的发育带。但是,TSP 对孤立岩溶洞穴的探测具有局限性。另外,无法区分岩溶与岩管,它只有沿隧道里程上的也即随时间的反射波变化,也是沿隧道轴线对各种岩性界面的探测,不能具体定位和确定具体的岩溶形状。而 GPR 法是利用隧道掌子面布置多条测线来勾画目标地质体的轮廓,可以探测到岩溶的形状特征。虽然“TSP＋GRP”长短结合进行岩溶预报的方法是合理的,目前在国内许多大项目上普遍采用,但根据岩溶隧道的预报范围和内容,仍存在以下问题。

①TSP 法在岩溶地区未探测到的孤立溶洞,GPR 未进行跟踪,易造成灾害事故发生。

②GPR 法在进行短距离预报时，仅对掌子面前方的不良灾害体进行预报，而对掌子面上方、两侧及底部等周围无法预报，掌子面周围一定范围的岩溶仍会对隧道开挖造成严重灾害事故。

以上问题将在 USEP 研究中得到克服和改进。

10.6 综合参数与空间超前地质预报

地质预报既然有方法组合与搭配，且前一参数或方法将为后一方法提供目标地质体的特征或形态。后一方法的装置排列设计将依照前一方法的结果进行。因此，相应的方法“先后合理”是指对隧道地质预报方法的选择与实施过程中，强调先后顺序，它是超前地质预报是否成功的重要保证。隧道地质预报的合理步骤如下。

1)充分收集已有的地质资料

资料收集和处理是隧道地质预报的基础，它直接关系到预报结果的准确性。

(1)前期勘查资料：需收集工程范围内的地质构造规律；岩体软弱带的情况；掌子面内部岩性变化情况；岩体内的节理、裂隙、断层、岩脉等；岩体类别、断层位置、规模、断层破碎带位置、宽度等。对这些资料进行分析研究，可以对工程范围内的地质构造规律有基本的认识。经验证明，对构造规律的掌握程度直接影响预报的准确程度。在熟悉已有资料基础上，应在地表进行实地踏勘，核对已有资料，了解隧道穿过的地形地貌特征，加深感性认识，从宏观上了解隧道所在地区的地质构造单元及其特征和可能遇到的不良地质地段，在此基础上大致确定灾害预报的重点内容。收集和熟悉已有的地质资料是做好施工超前地质预报工作的第一步，必须给予足够的重视。

(2)施工过程资料收集：施工掌子面地质素描资料、钻速测试可以收集在掌子面没有露头的与洞轴线近于正交的岩体软弱带的情况；声波测试可以收集掌子面内部岩性变化情况，并为超前预报提供波速数据；裂隙网络窗口调查为三维网络计算机模拟提供数据，同时验证预报效果。

2)描述所要预报的地质灾害体特征

根据已有的地质资料，结合施工方法，确定地质灾害的类型，并明确灾害体的特征，对灾害目标体进行地质和地球物理的属性描述，分析可能的参数特征，针对不同的灾害类型尽可能地细化参数，还可配合已知资料进行部分岩性参数测试，准确把握特征因素。

3)建立预报模式

根据岩溶地质灾害体的类型和特征参数，分类建立地质预报模式，明确预报的各具体参数，以上模型要能区分不同灾害体的位置、形状、大小、产状及性质等要素，同时要考虑施工因素及现场条件的影响，以上模型为预报的参数组合。

4)选择具体的预报方法

根据已建立的灾害体预报模型，结合隧道施工现场和地面条件，考虑施工方法要求，了解现场的地质噪声和干扰水平，兼顾隧道掌子面超前地质预报和地面(洞外)预报方法，全面考虑应采用的具体方法，明确以某个具体方法作为主导的长距离的预报，随后确定相应的配合方法。主导方法要有普适性，配合方法要有针对性。同时注意先进行主导方法的探测，配合方法

应在有异常的部位进行，且网格细度应依次加深。

5)预报结果分析

根据以上预报结果，消除干扰及假异常，尽可能地采用专业软件分析认识各种异常特点，特别要注意将预报的异常体分为不同类别，因为每个地区都会有自身特定的异常特点，正确地认识异常特点会指导下一步的工作。同时明确，哪些异常对施工开挖有具体危害，哪些异常要进行必要的钻孔与测孔验证，分析已采用预报模型及方法本身的缺陷，可能会遗漏哪些类型的异常，这些异常如何在施工中防范。

6)钻孔与测孔的验证工作

只有对重要的、严重的地质灾害体才能进行必要的钻孔与测孔的验证工作，该项工作是对预报结果的进一步验证，同时也是对预报工作的进一步细化和指导。

7)对不同类型灾害体的施工预案

根据以上预报结果指导隧道施工灾害体的开挖与支护，建立隧道地质灾害的等级，明确各种等级灾害体的开挖方法和支护参数选取。因为，一旦开挖遇到地质灾害体，必须立即确定进一步的防护方案，时间上不允许耽误，晚一点处置，灾害体就会迅速扩大。因此，隧道地质灾害预案应在超前地质预报结果中建立。

以上是隧道地质预报的常规步骤，先后顺序合理是预报的经济性体现。

10.6.1　现有预报的问题与改进

根据前面建立的“综合参数＋长短结合＋内外兼顾”方法体系，分析目前隧道地质灾害预报存在的问题，并说明如何改进。

10.6.1.1　*存在的问题*

目前，我国在复杂地质区域在建和将要建设大量的公路、铁路隧道，而各种地质灾害的危害是众所周知的。现阶段采用的超前地质预报方法是不成熟的，尽管在各种不同的隧道采用了不同的办法，但对复杂地质区灾害体预报的系统方法研究仍很粗糙，不系统、不具体。还处在零星的、特殊性的阶段。下面就目前岩溶预报的几种模式进行分析，说明空洞等形状体类预报存在的缺陷及改进方法。

1)空洞、岩溶等隧道地质预报的范围和内容

根据图10-55预报范围看，在隧道周围 R_1 以外的岩溶不在预报范围，但要求 R_1 范围以内的预报精度要高，且知溶洞或空洞内的充填物性质和 R_1 以外水系构造与 R_1 的连通情况。这是空洞、岩溶隧道的预报范围及内容。因此，不管从洞内或洞外，只要将以上范围内岩溶的大小、规模、相互连通情况、位置、充填物性质搞清楚即可。

2)目前“TSP＋GPR”存在的问题

“TSP＋GPR”法是长短结合的好方法，该方法体现了不同参数的有效结合，同时考虑了两种方法的相互补充，对于探测其他简单的地质灾害体(如断层)效果较好。但要探测空洞、岩溶等，该方法有一定的局限性，易遗漏异常体。其问题如下。

(1)虽然TSP能探测到隧道周围一定的范围，这个范围能满足规定的预报范围，但它要将所有周围异常体投影到隧道轴线上，如异常体为界面则投影较准确，但如是不规则的形状体，则投影的误差就很大。

(2)TSP 法在岩溶地区或土体溶蚀洞穴会遗漏孤立的溶洞(解释人员易将弱信号或规律性不强的信号忽视),GPR 未进行跟踪,易造成灾害事故发生。

(3)GPR 法在进行短距离预报时,仅对掌子面前方的不良灾害体进行预报,而对掌子面上方、两侧及底部等周围有限的掌子面无法预报,掌子面周围一定范围的空洞、岩溶仍会对隧道开挖造成严重灾害事故。尽管通过雷达天线电磁波传播有一定的俯视角(以一个圆锥体区域向前发送能量),当目标体的水平尺度小于反射区尺度时,雷达是难以分辨的。电磁波频率越高,波长越短,反射区的半径越小,水平分辨率高。

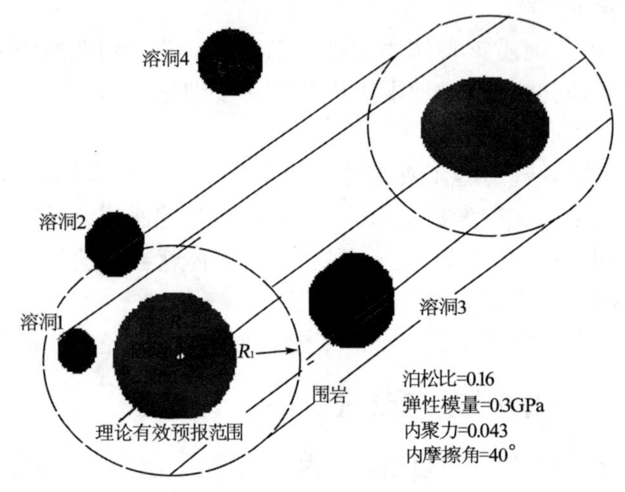

图 10-55　岩溶、空洞灾害隧道的预报范围要求

10.6.1.2　*改进方法*

充分利用“综合参数＋长短结合＋内外兼顾”的预报方法,改进目前“TSP＋GPR”模式的局限性。

(1)综合参数法。在对空洞、岩溶等预报中尽可能地应用 SEM(波速＋电阻率),经过国内外大量的实践证明:在探测复杂形状体(如空洞、岩溶、陷落柱、采空区、考古等)时,这两个参数的结合在现今技术条件下对形状体探测而言,是最佳的参数组合。进一步对方法的优化选择可采用“TSP＋GPR 或 TEMT(隧道瞬变电磁法)”,其他方法受现场条件制约。

(2)长短结合。长距离方法为“TSP 或 VSP＋ TEMT”;短距离方法为“GPR＋ TEMT 或 HSP、红外探测法、陆地声呐法”等。

(3)内外兼顾。TEMT 大定回线源装置在地面探测的深度大,可以兼顾隧道内测量。

(4)具体布置。以上原则的具体布置见图 10-56。

各种预报方法搭配是:长距离预报为“TSP＋TEMT(大定回线源装置)”,其中,TSP 法反映岩体的破碎程度、节理、裂隙情况,可以从区段了解隧道前方围岩及灾害体的性质和位置。而 TEMT(大定回线源)测试电阻率与岩体的破碎程度、裂隙、节理、层面以及岩石的含水量、湿度、温度、含盐分等有关。它可以综合研究岩溶的异常特征,从而准确预报灾害体的形状、特点、范围及充水情况等。另外,通过加密点距增加水平方向(沿隧道轴线)的分辨率。轴线两侧的范围可以通过增加旁测线探测灾害体的具体分布、范围大小、位置,但叠加异常有时难以分

辨。这两种方法组合可预报隧道周围一定范围的地质灾害形状体。

而短距离预报“GPR＋TEMT(重叠回线装置)”,GPR能探测隧道掌子面前方灾害体的形状,TEMT(重叠回线装置、大定回线源洞内接收)可探测隧道掌子面周围一定范围的灾害体。

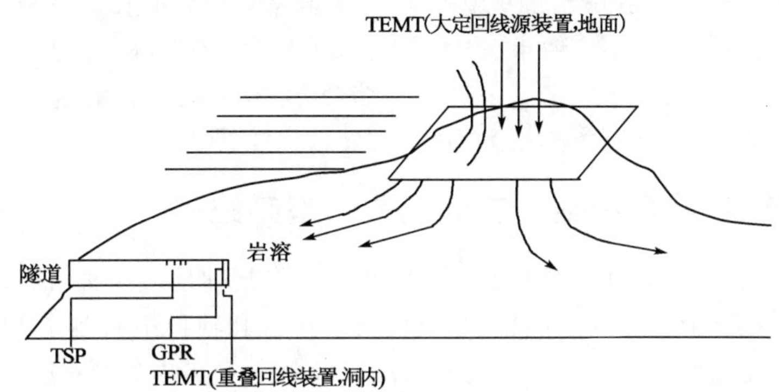

图10-56　“综合参数＋长短结合＋内外兼顾”的预报方法

以上方法弥补了现有模式“TSP＋GPR”的不足,但仍存在缺陷。如在长距离地面TEMT法探测灾害体时,对于叠加异常,在某些情况下,难以区分。另外,该方法在深度方面的分辨率随深度的增加,误差较大。洞内的TEMT(重叠回线装置),虽然对隧道两侧一定范围的灾害体有反映,在形状确定尚有困难,但不会遗漏异常。当然,还需依靠长期掌子面地质信息数字识别技术跟踪、在重要预测的灾害体部位进行钻孔及测孔工作以及隧道施工地质灾害预案,才能确保复杂地质条件下隧道的施工安全。

下面结合以上综合参数与空间预报的理论、方法研究新的预报装置USEP系统,该系统将彻底改变现有的超前地质预报方法,最终实现综合参数和空间地质预报。

10.6.1.3　地质—物探—水平钻探的综合预报方法

物探方法作为隧道地质预报的手段是可行的,也是不可或缺的,但前提是对探测对象所处地质条件的掌握。隧道地质条件复杂多变,对隧道地质条件的掌握是物探方法在隧道超前预报中成功的前提。离开地质学的支撑,用地球物理勘探方法进行隧道地质超前预报的成功率将大打折扣。

地质法隧道施工期超前地质预报主要是根据补充的地质调查结果和隧道施工期掌子面的地质条件,如岩体结构面产状及发育状况、岩体的破碎程度、岩石的变质程度等变化特征进行超前预报,主要预报掌子面前方存在的断层,不同岩类间的接触面,特别是火成岩与沉积岩的接触面、隧道前方围岩的稳定性及失稳破坏形式等。尽管地质法隧道超前预报有牢固的理论基础、不占或少占用施工时间、适应性强、成本低、操作简单,但靠有限之“见”预报范围有限,特别是在地层岩性变化极为复杂(如强烈的褶皱地层)的隧道中预报的准确率更是如此。

岩溶问题预报的难度之所以大,是由于岩溶形状的不规则性和发育的随机性。地质分析、物探、水平钻探3类方法中任何一种方法的应用,都有一定的效果,但又有一定的局限性。它不像非可溶岩的地质构造问题,在岩层排序上和构造组合上有比较普遍的和稳定的规律可循,因此地质素描和作图分析的不确定性很大;它不像断层、岩性界面大多是平板构造,岩溶边界形状离奇古怪,洞内情况千变万化,使物探结果难以辨认;打水平钻机应是最直接的,但也不保证“孔孔见洞”，布孔位置带有偶然性，何况打水平钻，成本高，施工干扰大，也不宜广泛采用。3类方法都有局限，但都是有效的、可行的方法，重要的是合理地综合应用，以地质分析方法为基础，以物探方法为长距离“侦察、普查”手段，以水平钻探为重点异常地段最终确认手段，三者配合应用，发挥各自的长处，从不同方面发现异常、揭示异常，最后通过综合分析得出预报结果。

专家认为，地质超前预报不应要求、也不可能达到100%的准确。但是，经验表明，只要地面地质勘探没有很大的失误，在施工中坚持采用综合方法，认认真真地进行超前预报，80%以上的准确率是可能的，特别是避免漏报大型的灾害性岩溶问题是有可能的。

10.6.2 USEP综合参数与空间超前预报系统

为提高施工超前地质预报的效果和可靠性，克服现有超前地质预报方法的缺陷，最大限度地提高对隧道地质灾害形状体的探测精度和可靠性，作者和项目组研制了USEP21型地下工程综合参数与空间超前地质预报系统。它利用地震波和电磁波两个独立波系列进行隧道不良灾害体的综合探测，减少多解性。

10.6.2.1 USEP21型预报仪器的研制

USEP21(Underground Seismic Electromagnetic Prediction，USEP；2代表两种参数；1代表第1代)是一种新型的隧道及地下工程开挖综合超前地质预报系统，该系统采用“角度＋位置偏移的联合体系”进行空间多分量、多波超前地质预报。它利用三维的空间排布、多达256通道的数据采集、多震源点位置偏移，进而构成在隧道掌子面前方高密度的三维数据结构体，通过对三维结构数据的一系列处理分析，形成三维空间地震波的各种图形图像，最终计算岩土体多种力学参数，从而实现对隧道、坑道及各种地下工程前方地质情况的判释、预报。另外，该系统还可连接电磁发送机在隧道掌子面用重叠回线法进行扫描，达到对掌子面前方含水体或良导体的探测，同时两种参数可进行耦合处理，从而实现综合参数法超前预报技术。

USEPWin21软件设计用于隧道开挖超前地质预报，它适用于各种地下工程开挖，其震源点、接收器可灵活排布。整个系统包括文件操作(＊.Sgy)、对预报现场情况的编辑输入(工程描述、接收器和震源点的空间描述)、数据采集(实时采集和单次采集的各种参数描述)、数据处理(各种校正、频谱分析、带通滤波、速度分析、波场分离、绕射叠加、深度偏移、岩土力学参数计算)、图形显示[一维(分按纬度、经度显示，有波形加面积、变面积、变密度、波形加变密度图)、二维(等值线、像图、阴影图、投影图、立体线图、立体面图，可进行组合显示)、三维(三维像图、等值面图、矢量图，可进行组合显示)]。电磁技术的处理显示方法与地震处理类同。

USEP观测系统的地震反射法通常采用2个接收器R_1、R_2的排布，只有当地质条件复杂或任务要求精度较高时，采用4个接收器。由于每个接收器配置了64个不同方向多分量的检波器，使得构建3D观测系统有足够多的有效数据，可对隧道掌子面前方不良地质体进行三维数据处理及显示。而电磁数据采集通过电磁发送机发射瞬变脉冲电磁波，适合各种电磁排列装置的现场采集与解释，可根据地下工程的特点进行大定回线源、重叠回线、偶极法等各种排列。仪器有北京市市政工程研究院与北京索通紫蜂通讯工程技术有限公司研制的USEP21系统。该系统采用距离和角度偏移的联合体系和电磁扫描系统，对预报的施工现场没有严格要求，是一种广谱的地下工程综合参数超前地质预报系统，仪器样机见图10-57。

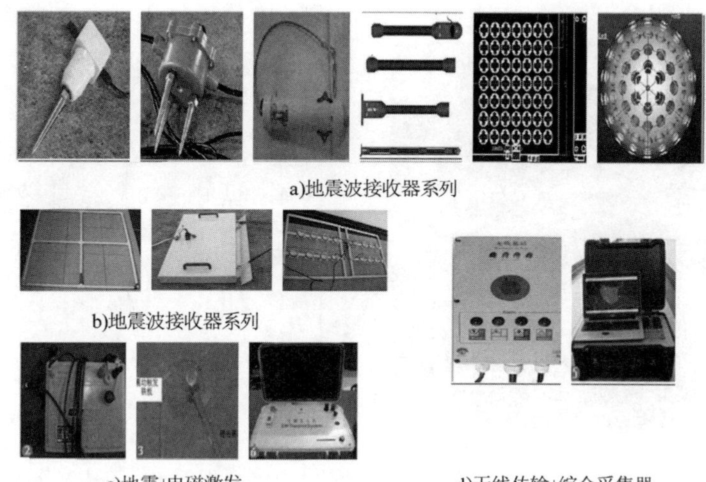

a)地震波接收器系列

b)地震波接收器系列

c)地震+电磁激发

d)无线传输+综合采集器

图 10-57 USEP21 综合参数与空间超前地质预报系统装备

10.6.2.2 任意空间排布方案

基于地震波多种接收器组的任意排布与组合，接收器组包括单分量、三分量、平面(32 检波器)单元、半球状(64 分量)等，研发综合采集系统(256 通道)，适应多种方式触发震源，利用检波器空间位置和角度联合偏移，结合波射线原理归位成像，进行常规的地震数据校正、处理和标准的波谱显示。实现目前常规的隧道洞内 TSP、HSP、VSP、TST、TRT 及洞外面积型勘探、测井及井—地方式的数据采集，解决部分地下工程开挖难以进行超前地质预报的难题，提高城市地下空间的安全性。

任意排布的地震波接收器中的每个传感器作为一个基本单元，进行位置及方向的描述，利用位置偏移及角度偏移对接收到的透射波及反射波进行射线追踪及归位成像，并进行常规的地震数据校正、处理和标准的波谱显示。下面从系统的接收器、现场排列和测试效果分别介绍。

1)接收器

利用多检波器组合接收的方式，能有效地解决检波器大地耦合的问题，实现地震波的全空间采集。

(1)单分量检波器

目前在浅层地震勘探中，有效反射波的频谱为 100～150Hz，干扰面波的频谱为 10～40 Hz，在高分辨率浅层地震数据采集工作中，应尽可能采用高频率的检波器。测试现场可以单分量为单元，结合现场情况任意排布(图 10-58)。

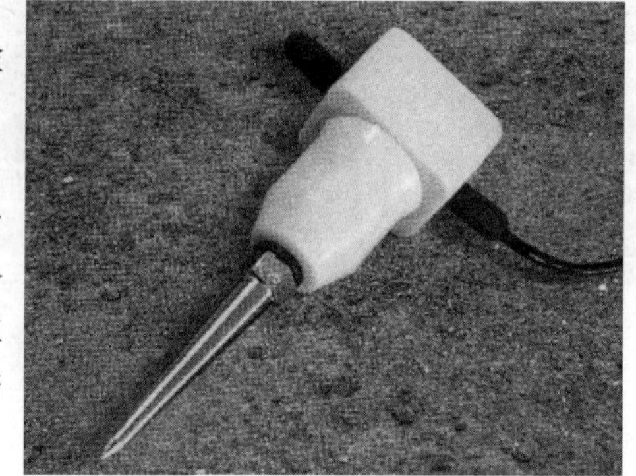

图 10-58 检波器

(2)三分量检波器

三分量检波器能同时接收纵波和横波，野外可操作性强、成本低，接收的地震波信息丰富，信噪比较高，而且有较大的勘探深度。USEP 系统可以使用陆地三分量检波器(图 10-59)和孔中三分量检波器(图 10-60)两类三分量检波器组，也可与其他类接收器再组合。

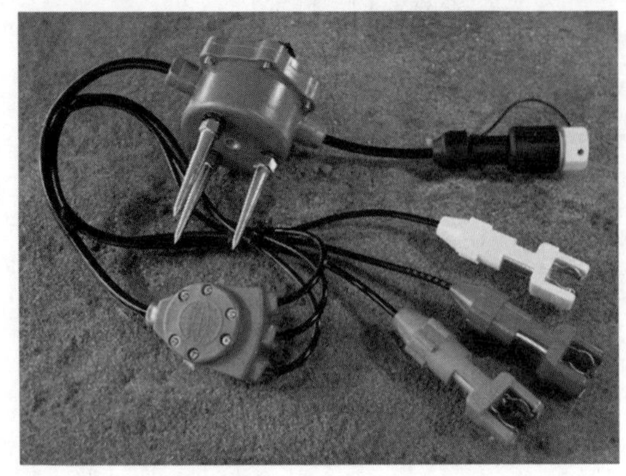

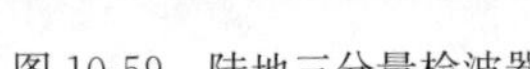
图 10-59　陆地三分量检波器

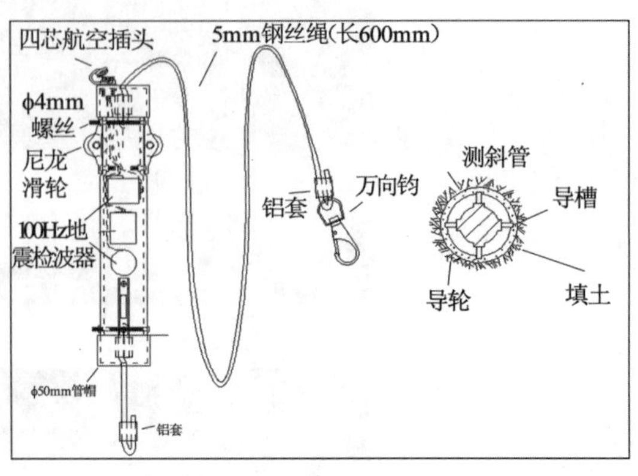

图 10-60　孔中三分量检波器设计

(3)平板接收器

平板接收器主要原理是:采用极小距离偏移的方法来实现地震波面积测量,是根据地震波沿介质不同路径的极小差异来判断介质属性的方法(10-61)。

(4)半球检波器

空间角度偏移多分量装置是将多个(64 个)检波器按照一定方式排列在球极平面的空间上,考虑到应对预报前方各个方向都具有敏感性,整个装置基本按对称分布排列检波器,同时保证单个接收器的工作能力,设计为 64 个分量,分别在半球的不同纬度和经度上,如图 10-62 所示。

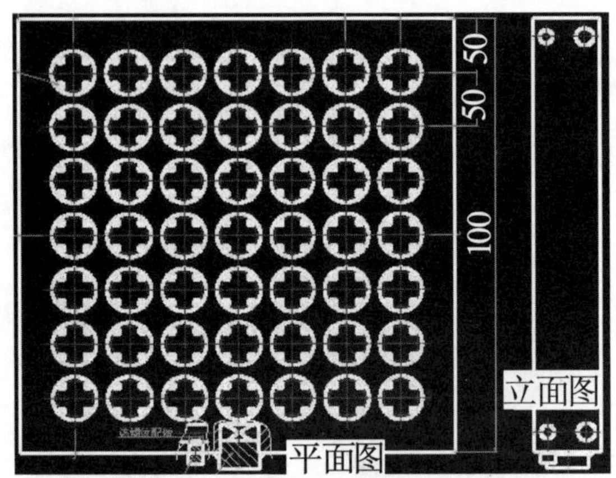

图 10-61　平板接收器构造

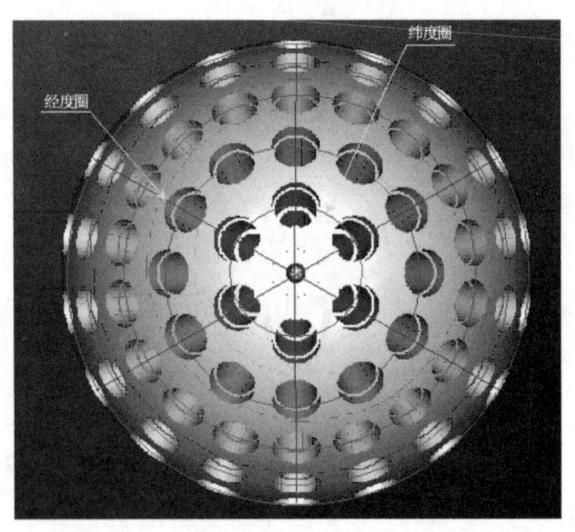

图 10-62　地震波接收器外观设计

2)系统现场展布

(1)隧道洞内全空间地震观测系统

整个系统的设计可进行现场直接采集和远程控制采集。在钻爆法施工时,建议使用现场采集方式,如有特殊要求或存在现场安全隐患,可采用远程控制采集。

如图 10-63 所示,炮点排布:掌子面表面布置 4 个炮点(UEP);两侧围岩各布置 3 个炮点(24m

间距)(TST);左右边墙各6个炮点,分两断面布置(TRT);隧道的侧壁上布置24个爆破探测孔(1.5m间距)(TSP、VSP);掌子面表面沿测线进行15~25个测点的测量,测线长3~4m(陆地声呐法);掌子面后方5m的隧道一侧底部分别布置炮点(6~12个),炮点间距2m(HSP)。

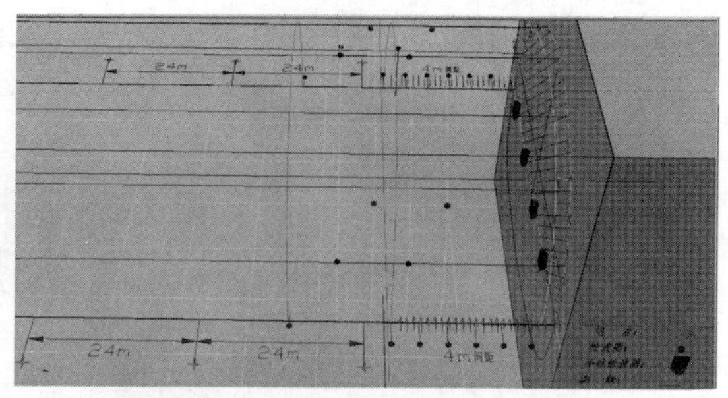

图10-63　设计的3D观测系统示意图

检波器排布:掌子面底部等距排布4个半球检波器(UEP);隧道两侧围岩中各布置6个单分量或三分量检波器(4m间距)(TST);距震源点10~20m的隧道两边墙及拱顶上,分4个断面布置(间隔5m)10个三分量传感器(TRT);第24个爆破探测孔后方15~20m处布置一个接收孔,同时在对侧孔壁上同一位置布设接收孔,孔中布设三分量检波器(TSP、VSP);被测段设一条3~4m长的测线,测线上每隔25cm左右设一个三分量检波器(陆地声呐法);掌子面后方5m的隧道另一侧底部布置三分量检波器(6~12个),间距2m(HSP)。

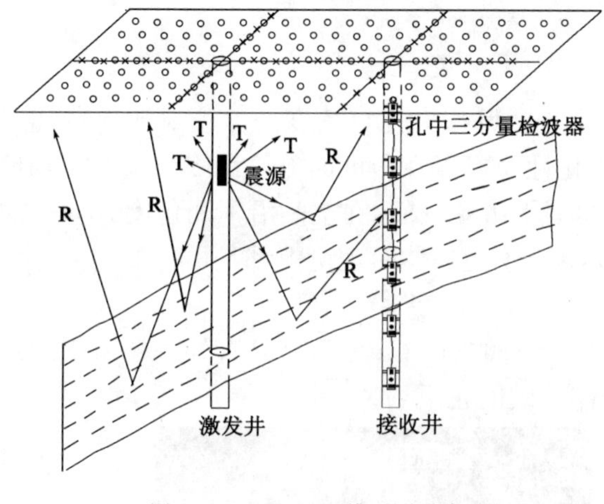

图10-64　USEP三维观测系统
T-透射;R-反射

USEP可进行全空间的激发和接收,可替代TSP、VSP、TRT、HSP等排列的单个和组合采集。

(2)隧道洞外——地面与钻孔相结合的地震观测系统

利用地面地震及USEP的三维观测系统,即将震源布置在孔中,地面布置面积型检波器,排列有地面探测、跨孔观测及地面与孔相结合3种组合形式,也可与隧道内全空间地震观测系统联合采集,如图10-64所示。

(3)隧道洞内外联合

隧道洞内、外与钻孔(地面)相结合采集效果如图10-65所示,该图是USEP在北京地铁某试验场地的测试效果图。

10.6.2.3　USEP对灾害体形状探测

对岩土介质中的不良地质体形状探测技术一直是地球物理界追求的最高境界。虽然,有很多的资料介绍三维地质勘探技术,但由于受地下岩土介质的复杂性,地球物理各探测方法装置的局限性,方法的多解性,仪器精度、环境噪声、多个形状体的异常耦合以及解释方法等限制,形状探测技术的发展遇到了诸多困难,甚至停滞不前。通常,在地面地质勘察中,利用三维的地面勘察技术探测不良地质体的形状,如三维地震、电磁法,便能解决一些探测问题。由于地下工程开挖的现场条件所限,在地下工程开挖过程中前方不良地质体形状的探测一直是一个困扰技术人员的难题。由于角度偏移法在探测三维形状体时不需要占用大量空间,因此非常适合地下工程开挖的三维不良地质形状体的探测与预报。

1)三维形状体探测技术

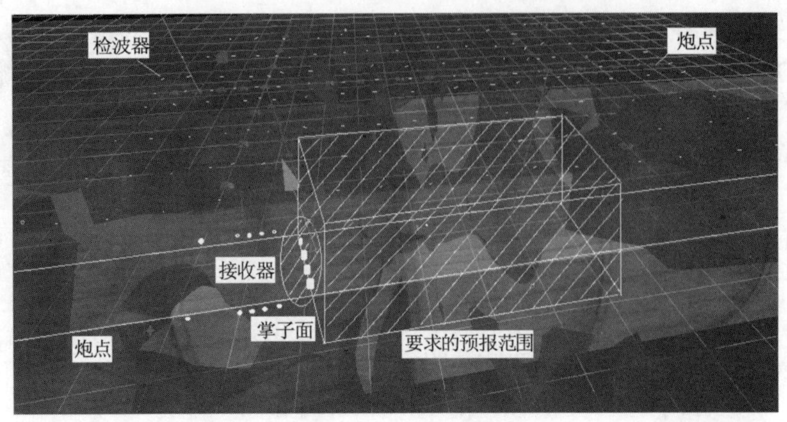

图 10-65　洞内外联合采集系统

三维形状体探测技术，如从地面上探测，则有许多资料介绍。而地下工程前方的三维体形状探测目前仍是世界级难题。尤其对隧道工程而言，大量的不良地质灾害隐患存在隧道施工前方，就目前现有技术仍很难解决此类技术问题。下面从地球物理勘探的角度偏移理论介绍用 USEP 系统探测隧道开挖前方三维形状体的技术与效果。

2)角度偏移形状探测

地震波在空间的方位、倾角对比构成了地震波角度偏移对比。角度的方位对比保持随时间的极化规律是识别波的基本标志。研究波的极化性质可以在角度的方位地震记录上识别地震波的基本性质。角度偏移的测试效果见图 10-66，图 10-66 展示在空间沿不同角度方向检波器随时间的波形变化。角度偏移与位置偏移在探测三维地质体时理论上都是可行的。

3)“眼睛”的形觉功能

角度偏移是“地下可视”形觉功能实现的主要方法。图 10-67 是 USEP 野外现场采集的形觉功能成像图，其中类似于立方体的图像代表岩体较硬的正反射。

图 10-66　角度偏移探测形状体

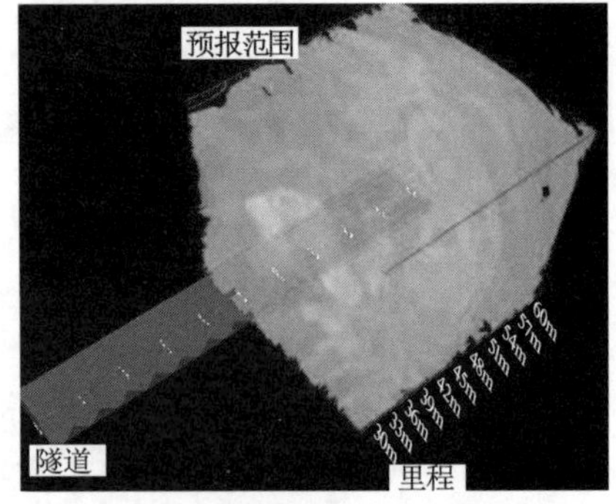

图 10-67　USEP 野外现场利用形觉功能采集的地震波等值面

对三维不良形状体的探测研究分析认为，对隧道施工不良地质体形状的探测应以角度偏移为主，辅助位置偏移，最终形成“角度＋位置”偏移的联合体系，它是实现地下三维形状体探测的最佳方法。

通过以上研究，虽然角度偏移的观测、处理、成像与判译技术有待于进一步发展，但角度偏移法在地下空间三维形状体的探测是必然趋势,如何利用地震波角度偏移和位置偏移的联合体系更好地探测地下空间三维不良地质形状体还有待于更深入的研究,但是,该装置系统是探测三维形状体的最佳方法。

人类对地下空间的进一步发展,尤其对城市地下空间的开发利用才刚刚开始,因此,进一步发展研究地下空间不良地质形状体的探测技术无疑具有重大的现实意义。

10.6.3 USEP对地质灾害体性质的探测

充分利用波速对地质构造(空气)的敏感性和电阻率对水的敏感性进行隧道综合超前地质预报,进而可对隧道地质灾害的性质进行详细探测,同时两个参数相互印证与补充,进一步提高超前地质预报的可靠性和预报精度。

对地质灾害性质的探测主要了解地质灾害体内的充填物是水还是空气或是空气和水的混合物。探测的参数以电阻率为主,USEP方法可以使用多个瞬变电磁装置排列进行探测。包括重叠回线、中心回线、偶极法、框内法、框外法等,使用时可根据地下工程施工现场的具体情况布置。

如图10-68所示,在隧道掌子面采用瞬变电磁法重叠回线进行测线扫描。线框1m×1m,20匝,供电电流15A,在掌子面按井字形布置测线。以此对掌子面前方可能灾害体的含水情况进行探测,最终实现对地震反射法资料的印证与补充,实现对灾害体性质的预报。

a)

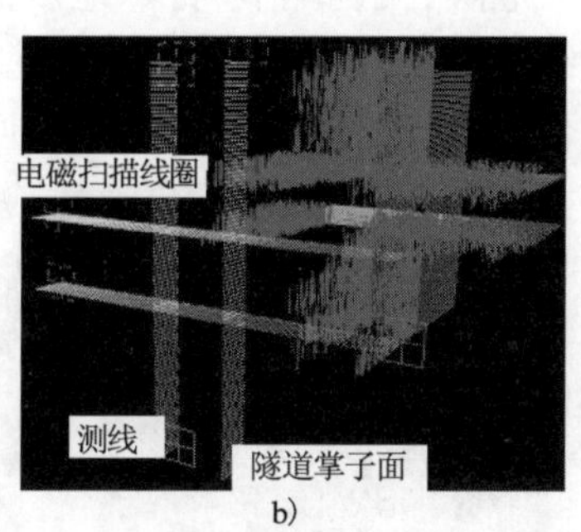

b)

图10-68 重叠回线在隧道掌子面的扫描

10.6.4 USEP系统的"远看轮廓近看细节"预报理念

立体视觉是利用人的双眼功能,即根据两眼的位置偏移构成的视觉差来判断物体的立体形状及位置。立体视觉是采用"角度+位置偏移"联合体系的空间定位功能。

在空间上利用角度与位置偏移对比法的配合实现地下空间的立体视觉功能。而人眼具有"远看轮廓近看细节"的特点,因此,USEP系统由于球面传感器的排布,使得远离接收器的地震波形数据密度变稀,而靠近接收器的掌子面附近数据密度较大。"远看轮廓,近看细节"的特点非常符合隧道施工技术要求的特点。所以,USEP系统非常适合于地下工程的超前地质预报。图10-69为照亮隧道前方地质情况。

角度空间装置与位置对比法配合具有重大意义,尤其是在解决复杂的地质问题时,项目组研究的USEP系统具有多个接收器、多震源的布置是基于此种功能,它可以完整地分析波的图形。观测的大量经验证明:这种配合是非常有效和很有前途的,其原理是结合角度偏移和个别点的位置偏移来实现的。USEP的"远看轮廓近看细节"的具体实现是利用多眼定位法,即地震勘探的“角度＋位置”偏移联合体系实现的。

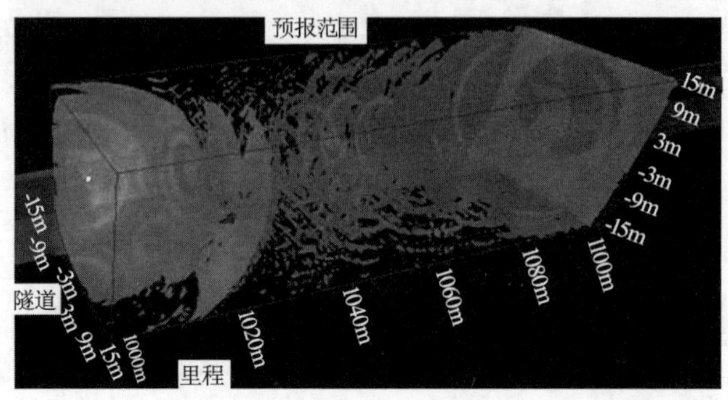

图 10-69　照亮隧道前方地质情况

10.6.5　USEP 综合参数测孔技术

USEP 系统的综合参数测孔技术，主要包括：地震波测孔和瞬变电磁测孔。可进行地震波和电磁波的面—孔、单孔法和跨孔法测试。如图 10-70 所示，对复杂地质条件下的隧道地质预报，在长距离预报（以地震波为主）的“远看轮廓”和短距离预报（以瞬变电磁为主）的“近看细节”的基础上，对重大危险、关键环节、特殊地段需进行钻孔验证，并进行综合参数的测孔以获得隧道前方更加精细的地质资料、较准确的灾害体性质情况及可能带来的危害。这样最终可以构建一个三维综合的、相对可靠的预报空间地质资料，最大限度地提高隧道施工人员应对可能的地质灾害的能力，降低开挖引起的事故风险。

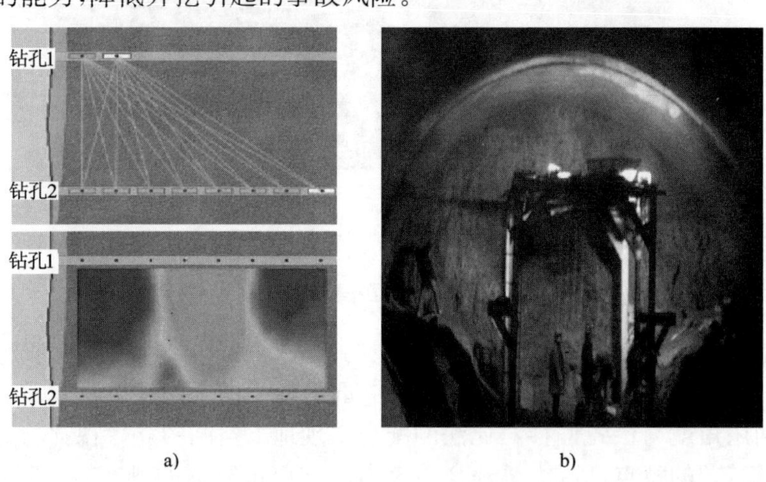

a)　　b)

图 10-70　USEP 隧道掌子面综合参数测孔技术

USEP 地下工程综合参数与空间超前地质预报系统结合了地下工程施工的具体特点，受现场条件的场地影响小，两种独立参数的综合使用在解决复杂地质条件下的地质预报会发挥巨大的作用，它在隧道及地下工程建设中将有广阔的应用前景。

10.6.6　现场应用

1）工程概况

108 国道工程南村隧道为越岭岩质隧道，主要为变质长石石英砂岩、硬绿泥石石英千枚岩、泥岩，煤线等。其中煤线位于南村隧道进口段。隧道是双洞双向行驶一级公路隧道，总长为 3069 延米，分为 A 线(上行线)和 B 线(下行线)。隧道最大曲线半径 4000m，坡度 2.5%下坡，预报区地质纵断面见图 10-71。

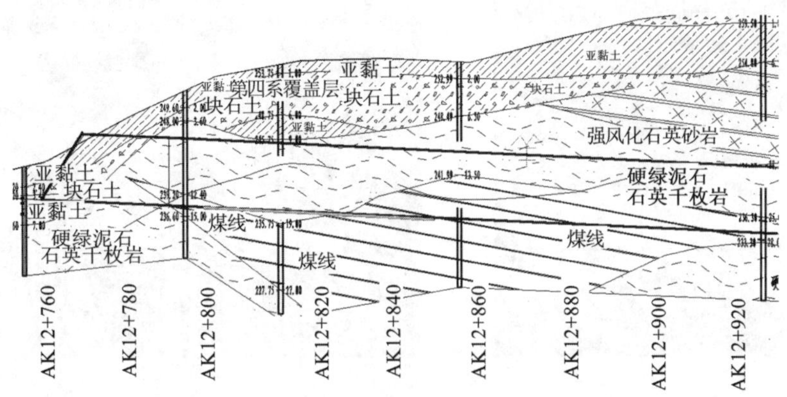

图 10-71　108 国道南村隧道进口 A 线地质纵断面

2)现场排布

(1)掌子面地质描述

隧道掌子面岩性为强风化变质长石石英砂岩，含绿泥石石英千枚岩，夹杂劣质煤层。岩体破碎，属软岩，部分呈土状。围岩完整性、稳定性较差，开挖时极易出现掉块、崩塌、局部有少量含水裂隙富水。开挖时应注意及时封闭掌子面，以免掌子面开挖后变形、失稳。

(2)USEP 的地震反射法

本次预报采用 4 个接收器平行排布，震源采用锤击法，具体排布及采集见图 10-72、图 10-73。

(3)USEP 的瞬变电磁法扫描

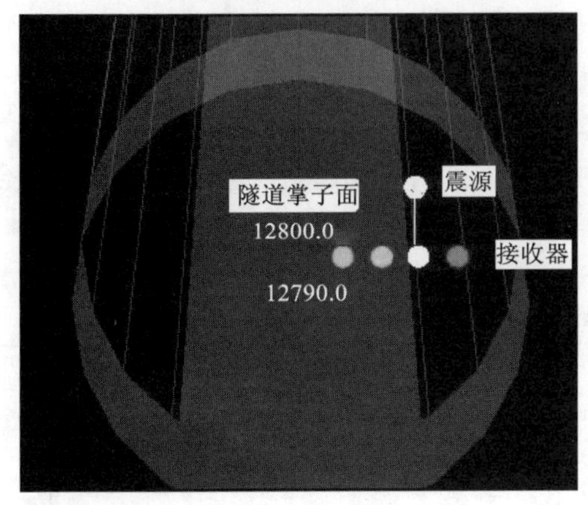

图 10-72　现场接收器与震源排布

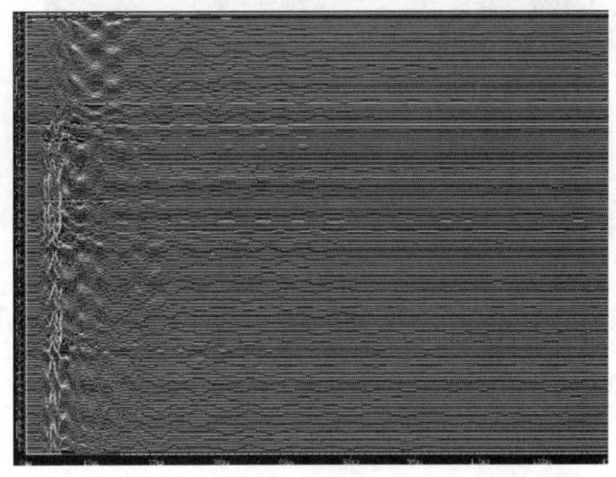

图 10-73　4 个接收器 256 通道原始波形曲线

瞬变电磁法扫描技术是在利用重叠回线排布在隧道掌子面布置几条测线，并采用连续采集的方法实现的，由于其频率低，属时间域脉冲电磁法，因此较地质雷达(微波段电磁法)探测的深度较大，该项功能属 USEP 系统综合参数的电阻率采集方法。常见现场布置见图 10-74，

USEP系统可同时采集电磁激发系统中的一次场和二次场，一次场和二次场在处理中有不同的用途，图10-75为L1测线的一次场与二次场感应电压曲线。

3)资料综合解释

(1)资料处理

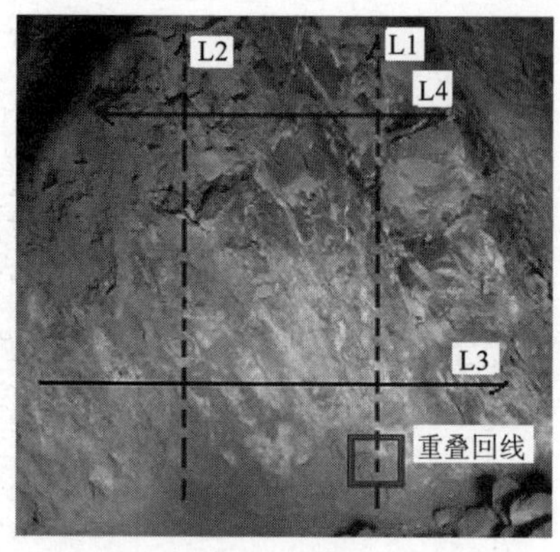

图10-74 瞬变电磁法现场布置

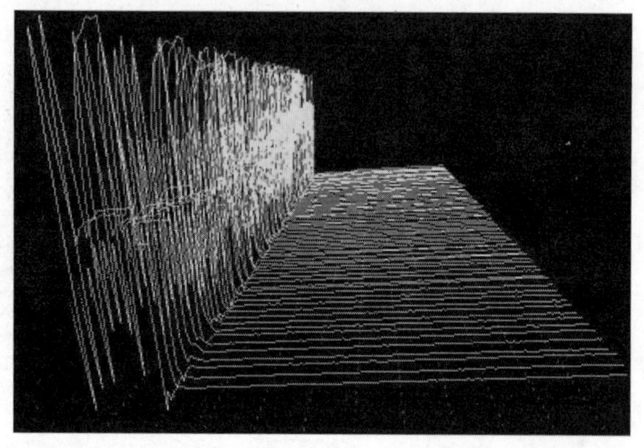

图10-75 L1线一次场与二次场感应电压曲线

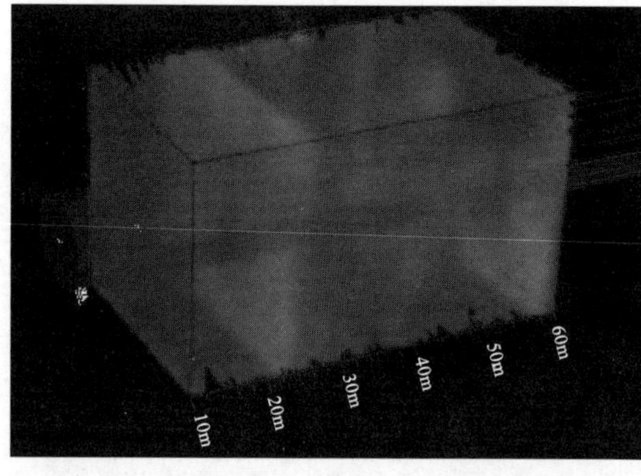

图10-76 速度分析纵波波速空间分布

对地震反射法采集的原始数据进行球面扩散、平方根均衡、频谱分析、带通滤波、速度谱分析、空间成像等处理，图10-76、图10-77分别是利用速度谱分析方法求得的v_p、v_s的空间分布。而图10-78、图10-79分别为瞬变电磁扫描技术获得的感应电压波形变换图，其中测线中的浅色代表电磁感应衰减慢、电阻率极低的煤层反映，其效果非常明显。图10-78是在掌子面开挖5m厚的煤系地层分布图，与实际推测有非常好的吻合，说明USEP方法的有效性。

(2)资料解释

以上地震预报结果结合瞬变电磁法扫描资料，对掌子面前方50m范围进行超前地质综合预报，结果见表10-7。

(3)实际开挖跟踪

掌子面AK12+800前方50m岩体性质预报 表10-7

序号	里　程	长度(m)	推断结果
1	AK12+800～AK12+810	10m	本段围岩与掌子面相近，岩体性质变化不大。煤层薄厚不一，较分散，厚度0.1～2m间断分布
2	AK12+810～AK12+830	20m	本段岩体强度增强带，裂隙发育，局部软硬不均，受地表水文地质构造影响，掌子面岩体开挖总体上上软下硬，极不均匀。煤层薄厚不一，从掌子面正中穿越，应加强对CO、CH_4监测
3	AK12+830～AK12+850	20m	本段岩体强度减弱，剪切模量减小、岩体相对软化，局部有硬块。煤层薄厚不一，应加强对CO、CH_4监测

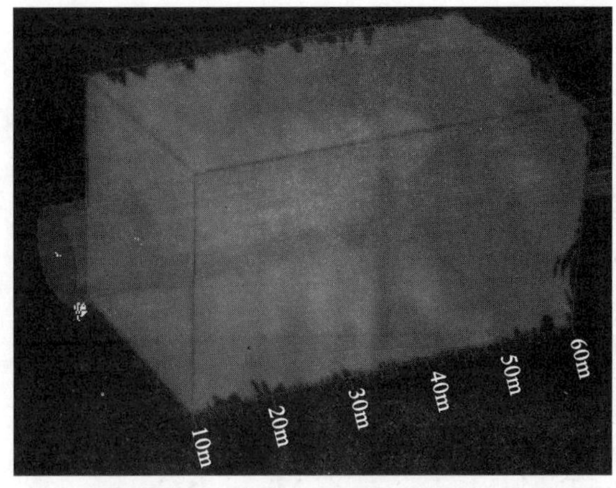

图 10-77　速度分析横波波速空间分布

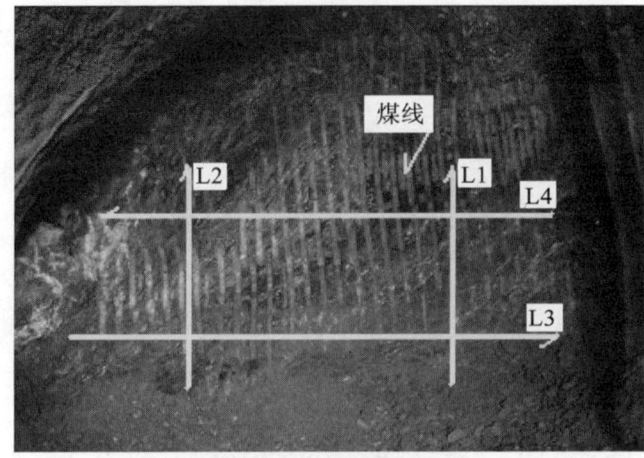

图 10-78　AK12＋805 掌子面煤层分布

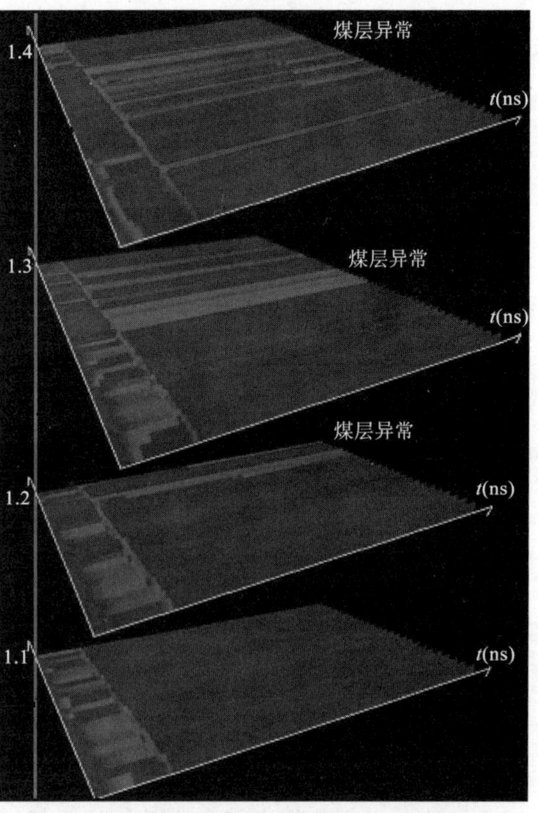

图 10-79　L1～L4 测线煤层电磁感应异常

图 10-80　隧道开挖到 AK12＋810 围岩总体变好

图 10-81　隧道开挖到 AK12＋830 围岩变差

整个隧道在开挖后，根据预报结果进行了与实际对比跟踪，特别关注在围岩有明显的变化处 AK12＋810、AK12＋830。围岩在 AK12＋810 处明显变好(图 10-80)，而开挖到 AK12＋830 附近岩体整体变差(图 10-81)，由于围岩变差，工法没及时调整，致使施工至该处附近发生了小型塌方。以上与实际预报结果吻合较好。

本章参考文献

[1] 叶英．岩溶隧道施工超前地质预报方法研究[D]. 北京:北京交通大学,2006.

[2] 叶英．隧道综合参数超前地质预报技术研究[J]. 地质与勘探,2009,45(4):468-473.

[3] 叶英．隧道施工空间地震超前地质预报系统[J]. 现代隧道技术,2009,46(5).

[4] 叶英．地震角度偏移在隧道施工超前地质预报的应用[J]. 物探与化探,2009(6):733-736.

[5] E Brückl,W Chwatal,J Döülzlmüller. A study of the application of VSP to exploration ahead of a tunnel[J]. International Journal of Rock Mechanics & Mining Sciences 2001,38:833-841.

[6] 姬广柱,周强,侯国强．综合多种物探方法在贫水山区找水的实践[J]. 地下水,2001,23(4):208-210.

[7] 李卫华．超前地质预报技术在武隆隧道岩溶地质施工中的应用[J]. 隧道工程,2003(Z1)53-55.

[8] 王洪勇．综合超前地质预报在圆梁山隧道中的应用[J]. 现代隧道技术,2004,41(3).

[9] 侯伟清,叶英．基于地震 CT 的地铁工程钻孔详查技术研究[J]. 铁道勘察,2013(4):42-47.

[10] 叶英．隧道施工超前地质预报可靠性研究[J]. 铁道工程学报,2013(1):66-71.

[11] 叶英．隧道施工超前地质预报技术综述[J]. 市政技术,2012(5):19-23.

[12] 叶英．岩土介质中不良地质体轮廓探测技术研究[J]. 隧道建设,2011,31(2):161-165.

第 11 章　隧道地质预报在施工中的应用

隧道地质预报的最终目的是对施工地质灾害体的预警报，并尽可能多地提供信息指导施工。如何正确认识分析地质预报结果？如何充分利用超前地质预报所提供的各种参数？如何进一步利用预报资料分析围岩级别？如何将超前地质预报资料与施工信息化有机结合并共同为隧道施工服务？如何利用预报资料进行动态设计？以上问题是本章研究的内容。

11.1　隧道地质预报与施工信息化的结合

在隧道的设计、施工中，必须充分准确地获得影响围岩动态的地质信息。但由于隧道为一地下的管状空间结构，山岭隧道埋深很大，所以在前期实施的隧道全线详细地质条件勘查中，受经济和勘查技术方面的限制，初步设计阶段得出的有关地质条件信息在量和质上都有一定的局限。因此一般的做法是在初步设计中，以初步勘查结果和过去施工的经验为基准，进行支护结构设计。隧道施工中的洞内外观察、地质预报以及监控量测直接能左右隧道设计与施工，它占有极其重要的地位。

11.1.1　地质预报、监控量测与断面扫描的关系

超前地质预报、监控量测与断面扫描的有效结合及反馈是信息化施工的主要体现。其关系见图 11-1。

将隧道施工中的信息化反馈分析方法与超前地质预报、量测资料、激光断面扫描技术有机地结合起来进一步指导隧道施工。如选择开挖方法、爆破参数、围岩级别等，从而，进一步从空间、时间角度认识围岩的性质，最终使得隧道结构设计与围岩相适应。

以上 3 种技术都是针对围岩进行测量，且分别因不同目的提供不同的围岩参数。地质预报可提供前方围岩的部分岩体力学参数；围岩量测可提供围岩开挖后的变形、变位情况；断面扫描可提供岩体的部分破碎及超欠挖情况；综合三者测试结果分析围岩，最终确定初期支护参数，综合调整施工方法。

3 种技术在空间上分别代表掌子面前方、中部、后部；在时间上超前地质预报资料与时间无关，其他两种方法与时间有关。因此，利用 3 种技术建立隧道围岩时间—空间的关系是认识

隧道围岩的一个新方向。

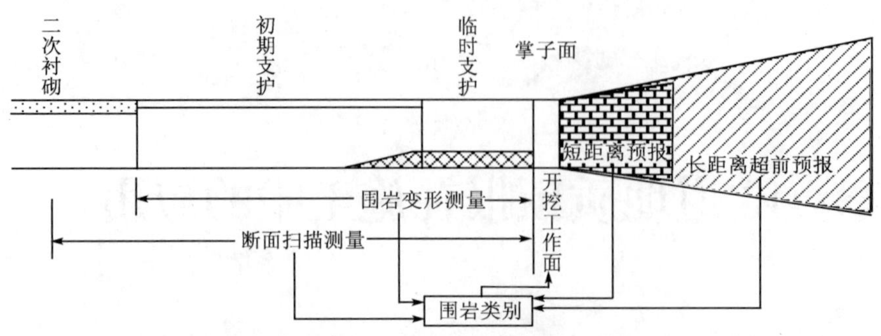

图 11-1 地质预报、监控量测与断面扫描在施工中的应用

11.1.2 与围岩量测信息结合修正设计

隧道超前地质预报可以指导围岩监控量测的测点布置、监测频率设定,可以和量测资料结合进一步认识围岩,只有对隧道围岩的正确认识,才能体现“岩变我变”的设计理念。

11.1.2.1 实例一山西省雁门关公路隧道(叶英,2003)

在山西省雁门关隧道 K107+680~K110+270,作者及项目组进行了大量的监控量测工作,进一步总结监控量测对围岩分级的认识,并结合超前地质预报探讨隧道围岩量测技术对施工的具体指导意义。在雁门关隧道 6A 合同段,在中铁十二局的配合下,正常的围岩位移收敛测量间隔为 20~30m,在围岩性质变化处加密观测。

1)位移收敛布置

雁门关隧道 6A 标净空位移测量布置如图 11-2 所示。

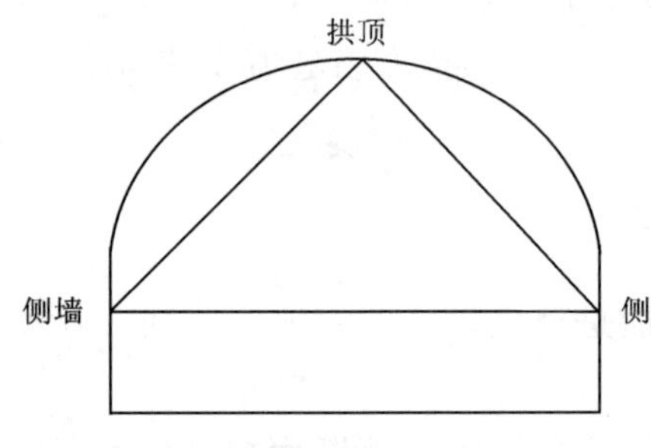

图 11-2 净空位移收敛布置

2)正常间隔的净空位移测量

(1)拱顶下沉收敛

雁门关隧道 K107+680~K110+270 段拱顶下沉测量曲线如图 11-3 所示。

(2)周边位移收敛

图 11-3、图 11-4 为原始测量曲线,它能直观地说明拱顶下沉量的收敛时间或围岩收敛量。因为不同的围岩级别在隧道开挖后拱顶下沉量随时间变化的值不同,按照公路隧道围岩分类方法,通常,围岩级别越高,拱顶的下沉量越大;围岩级别越低,拱顶的下沉量越小。而隧道超前地质预报的综合参数“波速+电阻率”资料,低波速低电阻率时其围岩级别高。两者信息具有相关性,可以相互印证。

3)数据处理分析

图 11-5、图 11-6 分别为拱顶和周边位移沿桩号随时间变化的等值线图,该图已经过数据趋势分析处理。从图 11-5、图 11-6 可明显看出隧道围岩级别的变化界限及变化情况。

4)在围岩位移较大处加密测量

在隧道里程 K108+280 处发现隧道围岩开始变化,我们连续跟踪加密测量间隔,按 5m 布

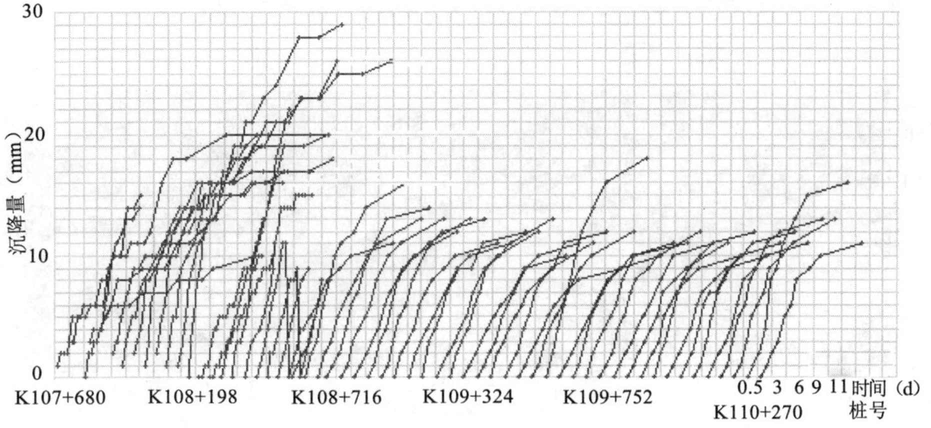

图 11-3 雁门关隧道 K107＋680～K110＋270 段拱顶下沉测量曲线

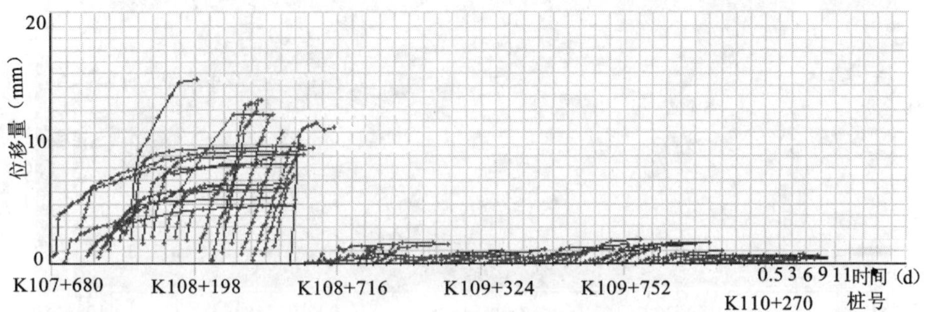

图 11-4 雁门关隧道 K107＋680～K110＋270 段周边位移收敛曲线

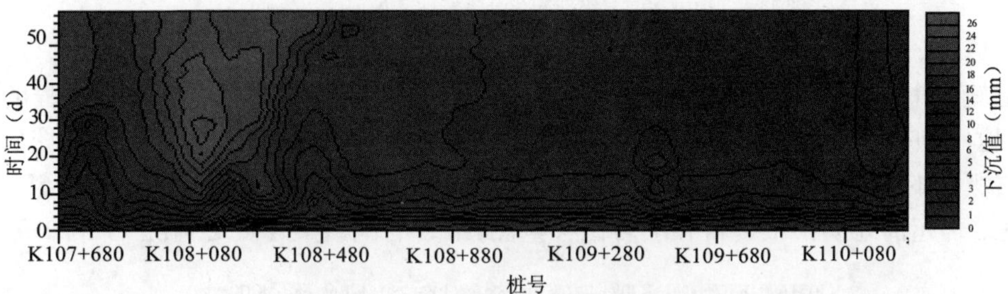

图 11-5 隧道 K107＋680～K110＋270 段拱顶下沉量等值线

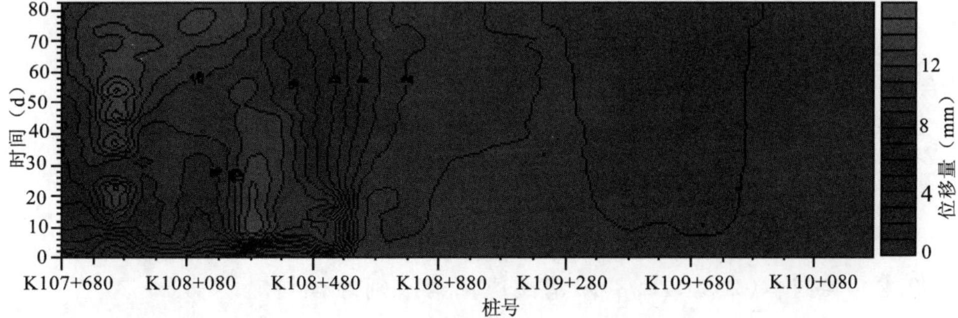

图 11-6 隧道 K107＋680～K110＋270 段周边位移等值线

置进行测量，如图 11-7、图 11-8 所示，围岩的变化趋势非常直观，同时结合隧道超前地质预报资料，综合考虑确定围岩级别变更。

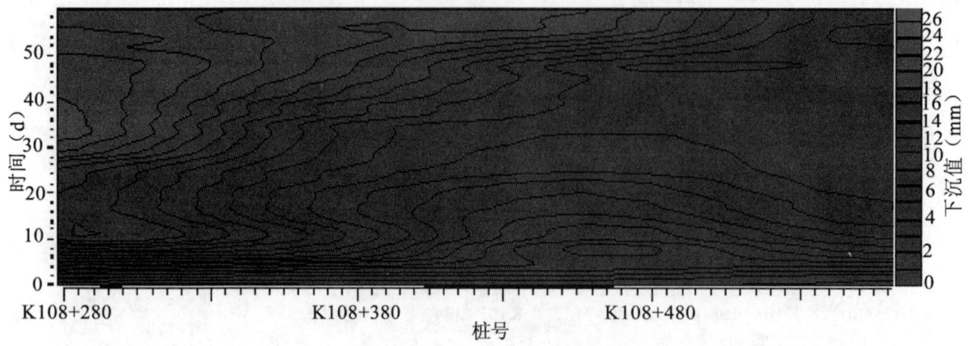

图 11-7 拱顶在围岩级别变化处进行加密处理(按 5m 间隔)

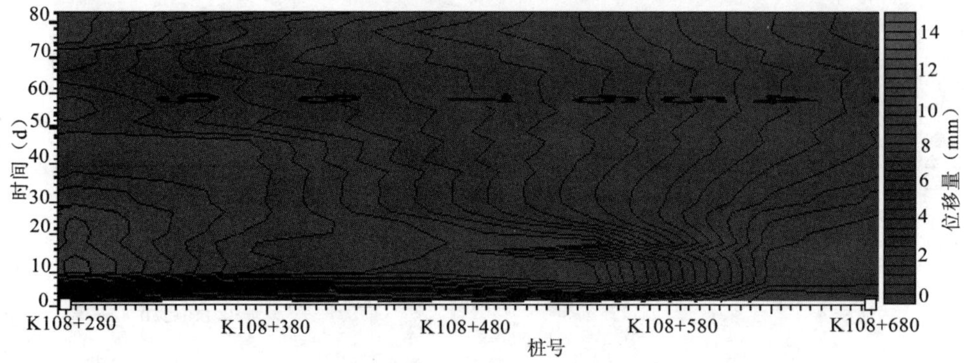

图 11-8 周边在围岩级别变化处进行加密处理(按 5m 间隔)

5)隧道 K107＋680～K110＋270 段围岩变更情况

隧道施工中的动态设计是依据开挖后围岩的分级进行的，因此，隧道施工过程的监控量测、超前地质预报、断面扫描、质量检测、掌子面地质编录等信息都围绕着确定开挖后围岩级别。围岩级别的判定目前仍依据综合参数及定性描述进行。雁门关隧道 K107＋680～K110＋270 段结合超前地质预报资料和围岩位移量测，最终的围岩实际变更情况见图 11-9。

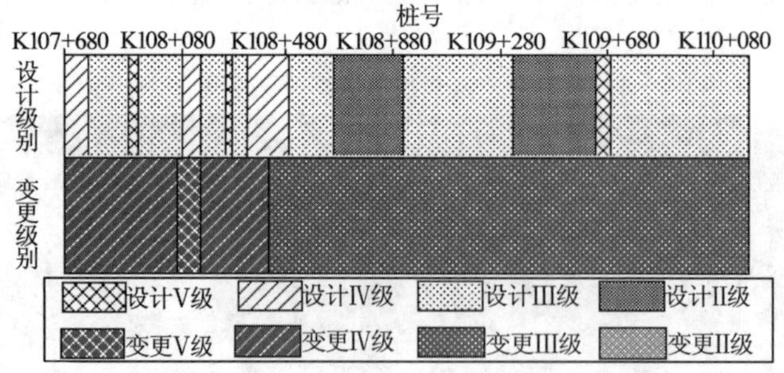

图 11-9 隧道 K107＋680～K110＋270 段围岩变更情况

11.1.2.2 实例二(朱璐，2008)石湾隧道围岩级别综合判定

将 TSP203 预报系统、地质雷达法及隧道围岩级别判定法 3 种方法在石湾隧道中所得到

的成果进行对比分析，如图11-10所示，对比结果如下。

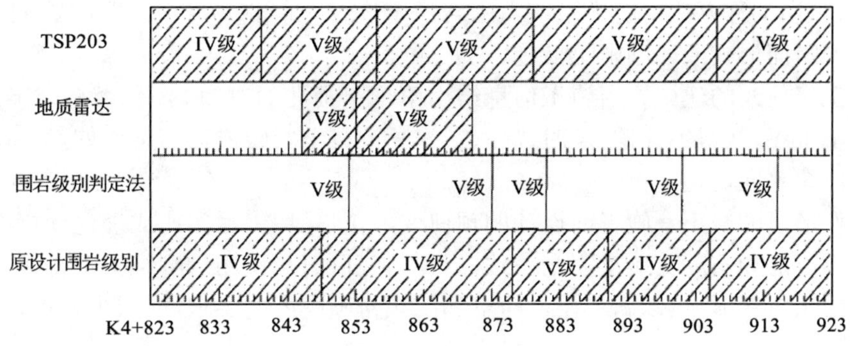

图11-10　TSP203、地质雷达及围岩级别判定法对围岩级别综合判定对比

(1)将TSP203预报系统和地质雷达法对石湾隧道预报的结果对比可知，在K4＋845.0～K4＋870.0段，两者预报结论均为Ⅴ级围岩。

(2)将TSP203预报系统和隧道围岩级别判定法对石湾隧道的预报结果对比可知，在桩号为K4＋852.0、K4＋873.0、K4＋881.0、K4＋901.0、K4＋915.0共5处，围岩级别均为Ⅴ级围岩，两者所得结论相同。

(3)将地质雷达法和隧道围岩级别判定法对石湾隧道的预报结果进行对比可知，在桩号为K4＋852.0部位，围岩级别均为Ⅴ级围岩，两者所得结论相同。

以上3种方法相比较而言，围岩级别判定法对围岩级别的判定是最为精确的。从图11-10可知，TSP203预报系统和地质雷达法对隧道破碎带的预测均较为准确，在含水带的预测中，地质雷达法相比于TSP203预报系统更为准确。

作者认为：即使是综合的地质预报资料对围岩级别的划分仍缺乏充分的依据，仍须配合必要的岩体或岩石力学的测试工作，仍有必要结合隧道掌子面地质编录法资料的比较和验证工作。纯粹的地球物理反射法探测资料不足以做最终的围岩级别划分。

11.1.2.3　监控量测与地质预报的有效结合

在雁门关公路隧道采用新奥法施工时，设计、施工紧密配合，共同研究，综合分析超前地质预报与围岩量测的各项信息，及时反馈，最终确定修正围岩设计参数，并总结出以下规律。

(1)对施工信息的应用。

①根据一个断面的施工信息综合分析结果进行设计参数修正，只运用于该断面前后不大于5m的同类围岩地段。

②隧道较长地段同类围岩设计参数的修正，特别是降低设计参数，必须以不少于3个断面的施工信息综合分析为依据。按修正后的设计参数进行开挖地段，其设计参数的正确性和合理性仍应根据施工信息综合分析予以验证。

③由于围岩是千差万别的地质体，同一地段、同类围岩的物理力学性质、工程地质和水文地质条件相同时，可以根据断面施工信息修正设计参数。同一隧道、不同地段的同类围岩，地质条件不完全一致，物理力学性质也有差别，因此，规定同一地段必须有3个以上断面施工信息的综合分析，才能修正本段该类围岩的设计参数。

(2)信息反馈修正设计的内容。

①施工方法变更的建议。由于采用的施工方法与断面形式不同，围岩—支护体系的应力状态也不一样，当某种方法不能满足该类围岩稳定性要求时，应及时变更施工方法，选择对隧道稳定有利的断面形式或辅助施工措施。

②施工工序更改的建议。当施工信息给出不稳定征兆时，应检查是否是因工序不当所造成。改变施工工序，如暂停开挖、及时锚喷、二次喷混凝土紧跟或提前施作仰拱等，都可以促使围岩—支护体系趋向稳定。

③预留变形量的修正。施工前设计的预留变形量，采用工程类比或理论计算确定。因此，预留变形量不可能和实际变形量完全一致，当预留变形量与现场量测结果不符时，应及时修正未开挖地段的预留变形量，以满足设计净空和二次衬砌厚度的要求，或减少开挖量及二次衬砌回填量，以节省开支。

(3)依据超前地质预报成果，布设监控量测断面，有利于突出监控量测重点，最大限度地获得量测成果，为隧道动态设计施工提供准确可靠的第一手资料，确保快速安全施工。施工监测可依据长距离超前预报确定的重点地质，制订监控量测方案，并根据中短距离超前地质预报成果，做必要的调整，使监控量测更好地服务于隧道的动态设计、施工。

11.1.3 与断面扫描技术结合调整爆破参数控制超欠挖

断面扫描技术与地质预报资料相结合进一步指导隧道钻爆法的参数选取，根据地质预报所提供的参数结合激光断面扫描的超欠挖资料认识围岩，进一步反馈调节爆破参数，从而控制超欠挖，节省工程造价。

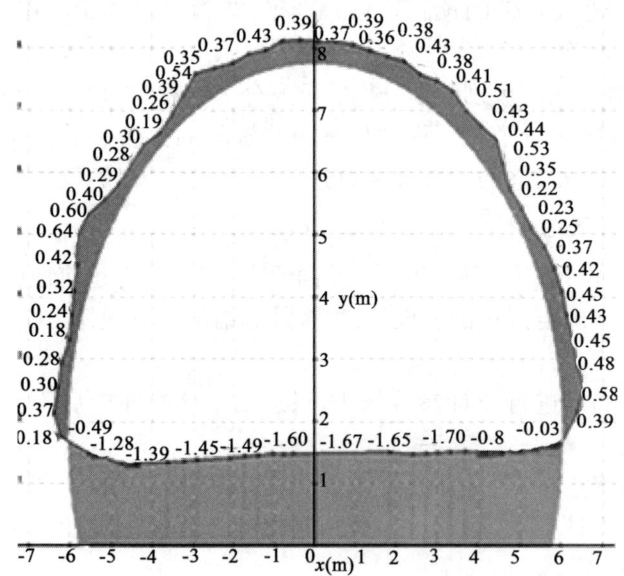

图 11-11 隧道右线出口 K111+091.7 断面测量

在雁门关隧道施工中，作者与项目组使用 ATM PROFILER 4000、LEICA TMS PROFILE 测量系统，分别对雁门关隧道右线（出口）、隧道左线（出口）、隧道左线（进口）进行了激光断面扫描测量，测量点处围岩级别有Ⅴ级、Ⅳ级和Ⅲ级，断面类型有开挖断面、初次衬砌断面和二次衬砌断面 3 种，共计测试隧道里程 95m，测试断面 92 个。这里仅列出隧道右线出口 K111091.7 断面测量图，见图 11-11。

(1)测试断面里程范围：K111+090～K111+115、K111+890～K111+910 对开挖断面的测量用于控制超欠挖，初期支护、二次衬砌断面测量主要检测工程质量。

施工规范要求应严格控制欠挖，当岩层完整、岩石抗压强度大于 30MPa 并确定不影响衬砌稳定和强度时，允许岩石个别突出部分（1m^2 内不大于 0.1m^2）欠挖，但其隆起量不得大于 5cm。拱、墙脚以上 1m 内断面严禁欠挖（表 11-1）。

K111＋090～K111＋115、K111＋890～K111＋910 范围断面测量成果　　表 11-1

断面里程	围岩级别	设计半径(m)	开挖断面(m^2)		初期支护断面	二次衬砌混凝土厚度(m)	备注
			超挖	欠挖			
K111＋090.756	V级	R=6.342	2.061	0.212			跟踪测量
K111＋091.672	V级	R=6.342	1.964	0.129			跟踪测量
K111＋092.669	V级	R=6.342	1.834	0.052			跟踪测量
K111＋093.711	V级	R=6.342	1.326	不欠			跟踪测量
K111＋094.631	V级	R=6.342	1.246	不欠			跟踪测量
K111＋095.587	V级	R=6.342	0.535	不欠			跟踪测量
K111＋096.646	V级	R=6.142			不欠		质量检测
K111＋097.618	V级	R=6.142			不欠		质量检测
K111＋098.638	V级	R=6.142			不欠		质量检测
K111＋099.624	V级	R=6.142			不欠		质量检测
K111＋100.630	V级	R=6.142			不欠		质量检测
K111＋101.604	V级	R=6.142			少量		质量检测
K111＋102.320	V级	R=6.142			不欠		质量检测
K111＋102.800	V级	R=6.142			不欠		质量检测
K111＋103.297	V级	R=6.342	0.45	不欠			跟踪测量
K111＋103.782	V级	R=6.342	0.36	不欠			跟踪测量
K111＋104.842	V级	R=6.342	0.52	0.03			跟踪测量
K111＋105.834	V级	R=6.342	0.35	不欠			跟踪测量
K111＋106.874	V级	R=6.342	2.04	不欠			加密测量
K111＋107.895	V级	R=6.342	1.58	0.02			加密测量
K111＋108.906	V级	R=6.342	1.24	不欠			加密测量
K111＋109.929	V级	R=6.342	1.38	不欠			加密测量
K111＋110.906	V级	R=6.342	1.03	不欠			加密测量
K111＋111.897	V级	R=6.342	0.63	不欠			加密测量
K111＋112.897	V级	R=6.342	0.42	0.05			加密测量
K111＋113.903	V级	R=6.342	0.33	不欠			加密测量
K111＋114.903	V级	R=6.342	0.36	不欠			加密测量
K111＋890.029	IV级	R=6.040				0.46～0.55	质量检测
K111＋892.025	IV级	R=6.040				0.46～0.56	质量检测
K111＋894.015	IV级	R=6.040				0.46～0.57	质量检测
K111＋896.010	IV级	R=6.040				0.45～0.57	质量检测
K111＋898.003	IV级	R=6.040				0.46～0.57	质量检测
K111＋900.000	IV级	R=6.040				0.46～0.56	质量检测
K111＋901.996	IV级	R=6.040				0.46～0.57	质量检测

续上表

断面里程	围岩级别	设计半径(m)	开挖断面(m^2)		初期支护断面	二次衬砌混凝土厚度(m)	备注
			超挖	欠挖			
K111+904.003	IV级	R=6.040				0.46～0.57	质量检测
K111+906.014	IV级	R=6.040				0.46～0.56	质量检测
K111+908.023	IV级	R=6.040				0.47～0.55	质量检测
K111+910.014	IV级	R=6.040				0.48～0.55	质量检测

应尽量减少超挖,不同围岩地质条件下的允许超挖值规定见表11-2。

允许超挖值(单位:cm) 表11-2

围岩条件类别开挖 / 部位	硬岩,一般相当于Ⅲ级围岩	中硬岩、软岩相当于Ⅱ～Ⅳ级围岩	破碎松散岩石及土质,相当于Ⅴ～Ⅵ级围岩(一般不需爆破开挖)
拱部	平均10 最大20	平均15 最大25	平均10 最大15
边墙、仰拱、隧底	平均10	平均10	平均10

(2)扫描断面对爆破参数的调整

通过对开挖断面的多次扫描→爆破参数调整→再扫描→再调整……,直到找到针对某一段围岩相适应的爆破参数,以优化隧道开挖过程。通常只有在Ⅳ级以下围岩开挖时使用,激光断面扫描跟踪掌子面开挖爆破,在扫描结果显示出爆破效果出现超欠挖稍大偏差情况下,及时调整爆破参数,这样同一爆破参数亚类根据围岩级别不同可维持几十米至百米不等,由于及时改善了光爆效果,从而可大大地节省工程造价。雁门关隧道Ⅳ级以下的爆破参数选择参考超前地质预报提供的岩石力学参数和具体开挖情况进一步将围岩爆破参数细化为亚类。

(3)隧道断面测量信息反馈指导钻爆开挖的方法总结

在Ⅳ级以下围岩的开挖过程中,断面测量应紧跟爆破开挖(尽可能靠近掌子面),扫描信息及时反馈指导开挖爆破参数的选取(如炮眼个数、平面布置、深度、药量等),在围岩性质变化处或灾害体附近应参考超前地质预报资料。同时指导施工及时取出超欠挖,再次断面扫描(扫描断面密度增加),反馈信息指导爆破,循环往复,直到找到针对此段围岩适合的爆破参数,断面扫描继续跟踪(扫描断面密度减小),如发现超欠挖量超标(超标量按R=6.342m的断面,超挖量不超过2m^2,转换为半径超挖不超过10cm。不同围岩要求不同),再次往复以上过程。具体流程如图11-12所示。

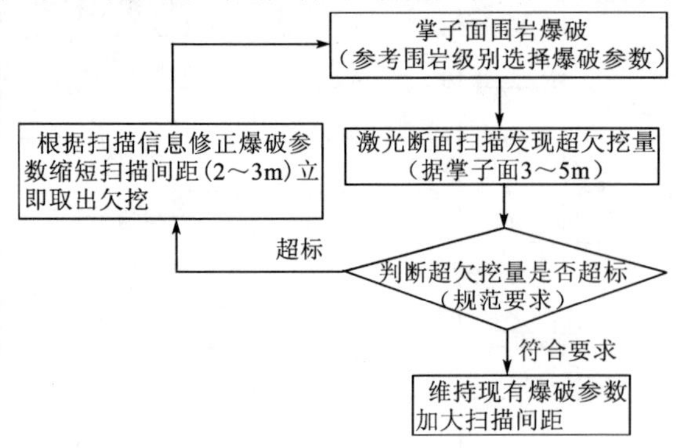

图11-12 断面扫描控制超欠挖流程

雁门关隧道通过施工过程严格控制超欠挖,由于采用断面测量信息反馈的方法和超前地质预报资料相结合,将隧道超欠挖从规范要求的15cm降低为接近10cm,从而大大节约了工程造价。由于有效控制超、欠挖,从而加快了施工进度,保证了隧道开挖轮廓质量。它对隧道工程质量验收和运营维护都有重要的指

导意义。该技术也可通过开挖断面、初期支护、二次衬砌的断面扫描，计算初期支护和二次衬砌的厚度。

11.2　隧道地质预报与围岩分级

纵观国内外近百种围岩分级(分类)方法，经历了从早期以单因素为主的分级逐步发展为多因素、多指标的定性描述和定量指标相结合的分级，近年来发展为多因素复合指标为依据的分级方法。与国外岩体分级系统相比较，中国岩体分级系统具有以下特性(朱璐，2008)。

1)同时评估定性特征与定量指标

中国无论是铁路、公路隧道岩体分级系统或《工程岩体分级标准》，所考虑的基本因素主要包含岩石坚硬程度和岩体完整程度两项，且同时由定性特征和定量指标两种方式进行程度上的划分，藉以相互对比检验。

2)分两阶段进行岩体分级

中国的岩体分级系统分级过程主要区分为前后两阶段。前阶段系考虑岩石坚硬程度与岩体完整程度两个基本因素并进行岩体初步分级；后阶段则针对各类型工程岩体的特点，考虑地下水与初始地应力等其他环境因子的影响，对前阶段的分级结果进行修正。这种阶段性岩体分级方式使各隧道工程可针对其特有的地质、环境及工程特性，将原来并未考虑的重要影响因素纳入第二阶段评分过程，来加以修正。

就岩体分级目前的标准，在隧道施工现场条件下，也很难判断，尤其是介于两级之间，受工程经验和人为因素影响较大。岩体工程分级的发展趋向如下。

(1)逐步向定性和定量相结合的方向发展，定性的成分越来越少，定量的成分越来越多。对反映岩体性状固有地质特征的定性描述，是正确认识岩体的先导，也是岩体分级的基础和依据，当然，定性描述本身也说明有些指标就现有技术很难量化。

(2)采用多因素综合指标的岩体分级。为了比较全面地反映影响工程岩体稳定性的各种因素，倾向于用多因素综合指标进行岩体分级。在分级中，主要考虑的是岩体结构、结构面特征、岩块强度、岩石类型、地下水、风化程度、天然应力状态等。在进行岩体分级时，都力图充分考虑各种因素的影响和相互关系，根据影响岩体性质的主要因素和指标进行综合分级评价。近年来，许多分级都很重视岩体的不连续性，把岩体的结构和岩石质量作为影响岩体质量的主要因素和指标。

(3)岩体工程分级与地质勘探、超前地质预报、监控量测信息结合起来。利用钻孔岩芯和钻孔等进行简易岩体力学测试研究岩体特性，初步判别岩类，减少费用昂贵的大型试验，使岩体分级简单易行，这也是国内外岩体分级的一个发展趋势。

(4)新理论、新方法在岩体分级中的应用。电子计算机等先进手段的出现，使一些新理论、新方法(如专家系统、模糊评价等)也相继应用于岩体分级中，即出现了一些新的分级方法。可以预见这也是岩体工程分级的一个新的发展趋势。

(5)强调岩体工程分级结果与岩体力学参数估算的定量关系建立，重视分级结果与工程岩体处理方法、施工方法相结合。

11.2.1 围岩常规分级(类)方法

由于地质情况复杂、多变,目前国内外提出了许多隧(巷)道围岩分类的建议,有的已在工程实践中得到了广泛应用,大致有下述几种分类方法。

(1)以岩石强度或岩石的物理力学指标为代表的分类方法(如普氏分类法)。

(2)以岩体构造、岩性特征为代表的分类方法(如太沙基分类法)。

(3)以与勘查手段相联系的分类方法(如按弹性波速分类法)。

(4)以多种地质因素进行组合的分类方法(如Q系统、RMR分类法、工程岩体质量分级标准等)。

(5)以隧道稳定状态为代表的分类法(如公路、铁路隧道围岩分类法)。

我国大量地下工程建筑的实践表明,隧道的破坏及围岩压力的大小,并非仅仅取决于岩体的强度,而主要是取决于反映围岩稳定性的围岩结构特征。因此,近年来人们在逐渐废弃了单纯以围岩强度为基础的围岩分类法,向综合考虑隧道围岩地质条件特征及以隧道围岩稳定性为基础的围岩分类法。

目前,公路隧道围岩分类是按照交通部于2004年颁布的《公路隧道设计规范》(JTG D70—2004)中第3.6条的有关规定实行的,原《公路隧道设计规范》(JT J 026—1990)同时停止实施。其实,《公路隧道设计规范》(JTG D70—2004)中规定的围岩分级,主要是引用了《工程岩体分级标准》(GB 50218—1994)中的围岩分级(类)方法。

11.2.1.1 《公路隧道设计规范》(JTG D70—2004)围岩分级简介

现行《公路隧道设计规范》(JTG D70—2004)中的围岩分级方法是在国标《工程岩体分级标准》(GB 50218—1994)的基础上提出来的,即隧道围岩分级的综合评判方法宜采用两步分级法,并按以下顺序进行。

(1)根据岩石的坚硬程度和岩体完整程度两个基本因素的定性特征和定量的岩体基本质量指标[BQ],综合进行初步分级。

(2)对围岩进行详细定级时,应在岩体基本质量分级基础上考虑修正因素的影响,修正岩体基本质量指标值。

(3)按修正后的岩体基本质量指标[BQ],结合岩体的定性特征综合评判、确定围岩的详细分级。

围岩基本质量分级列于表11-3。

公路隧道围岩分级　　表11-3

围岩级别	围岩或土体主要定性特征	围岩基本质量指标BQ或修正的围岩基本质量指标[BQ]
Ⅰ	坚硬岩,岩体完整,巨整体状或巨厚层状结构	>550
Ⅱ	(1)坚硬岩,岩体较完整,块状或厚层状结构 (2)较坚硬岩,岩体完整,块状整体结构	451～550
Ⅲ	(1)坚硬岩,岩体较破碎,巨块(石)碎(石)状镶嵌结构 (2)较坚硬岩或较软硬岩层,岩体较完整,块状体或中厚层结构	351～450

续上表

围岩级别	围岩或土体主要定性特征	围岩基本质量指标BQ或修正的围岩基本质量指标[BQ]
Ⅳ	(1)坚硬岩,岩体破碎,碎裂结构 (2)较坚硬岩,岩体较破碎～破碎,镶嵌碎裂结构 (3)较软岩或软硬岩互层,且以软岩为主,岩体较完整～较破碎,中薄层状结构	251～350
	土体:①压密或成岩作用的黏性土及砂性土;②黄土;③一般钙质、铁质胶结的碎石土、卵石土、大块石土	—
Ⅴ	(1)较软岩,岩体破碎 (2)软岩,岩体较破碎～破碎 (3)极破碎各类岩体,碎、裂状,松散结构	≤250
	(4)一般第四系的半干硬至硬塑的黏性土,卵石土、非黏性土呈松散状结构,黏性土及黄土呈松软结构	—
Ⅵ	软塑状黏性土及潮湿、饱和粉细砂层、软土等	—

各级围岩的自稳能力根据围岩变形量测和理论计算分析来评定,列于表11-4。

隧道各级围岩自稳能力判断　　表11-4

围岩级别	自稳定能力
Ⅰ	跨度20m,可长期稳定,偶有掉块,无塌方
Ⅱ	(1)跨度10～20m,可基本稳定,局部可发生掉块或小塌方 (2)跨度10m,可长期稳定,偶有掉块
Ⅲ	(1)跨度10～20m,可稳定数日至1个月,可发生小至中塌方 (2)跨度5～10m,可稳定数月,可发生局部块体位移及小至中塌方 (3)跨度5m,可基本稳定
Ⅳ	跨度5m,一般无自稳能力,数日至数月内可发生松动变形、小塌方,进而发展为中至大塌方。埋深小时,以拱部松动破坏为主,埋深大时,有明塑性流动变形和挤压破坏 跨度小于5m时,可稳定数日至1个月
Ⅴ	无自稳能力,跨度5m或更小时,可稳定数日
Ⅵ	无自稳能力

特别地:(1)小塌方,塌方高度<3m,或塌方体积<30m^3;(2)中塌方,塌方高度3～6m,或塌方体积30～100m^3;(3)大塌方,塌方高度>3m,或塌方体积>100m^3。

1)围岩级别的定性划分依据

确定岩体基本质量的定性描述是用岩石坚硬程度和岩石完整程度来进行的。

(1)在定性分析中,将岩石的坚硬程度分成坚硬岩、较坚硬岩、较软岩、软岩、极软岩这5个等级。这5个等级的文字描述列于表11-5。

岩石坚硬程度的定性划分　　表11-5

名称		定性鉴定	代表性岩石
硬质岩	坚硬岩	锤击声清脆,有回弹,震手,难击碎;浸水后,大多无吸水反应	未风化～微风化的花岗岩、正长岩、闪长岩、辉绿岩、玄武岩、安山岩、片麻岩、石英片岩、硅质岩、石英岩、石英砂岩等
	较坚硬岩	锤击声清脆,有轻微回弹,稍震手,较难击碎;浸水后,有轻微吸水反应	(1)弱风化的坚硬岩; (2)未风化～微风化的熔结凝灰岩、大理岩、板岩、白云岩、钙质胶结的砂岩等

续上表

名称		定性鉴定	代表性岩石
软质岩	较软岩	锤击声不清脆，无回弹，较易击碎；浸水后，指甲可刻出印痕	(1)强风化的坚硬岩； (2)弱风化的较坚硬岩； (3)未风化～微风化的凝灰岩、千枚岩、砂质泥岩、泥灰岩、粉砂岩，页岩等
	软岩	锤击声哑，无回弹，有凹陷，易击碎；浸水后，手可掰开	(1)弱风化的坚硬岩； (2)弱风化～强风化的较坚硬岩； (3)弱风化的较软岩； (4)未风化的泥岩等
	极软岩	锤击声哑，无回弹，有较深凹陷，手可捏碎；浸水后，可捏成团	(1)全风化的各种岩石； (2)各种半成岩

在描述岩石坚硬程度中，涉及岩石风化程度的描述，其定性描述列于表11-6。

当熟悉了岩石风化程度和坚硬程度后，就可以对某种岩体选取相应的坚硬程度等级的描述。

岩石风化程度的划分 表11-6

名称	风化特征
未风化	结构构造未变，岩质新鲜
微风化	结构构造、矿物色泽基本未变，部分裂隙面有铁锰质渲染
弱风化	结构构造部分破坏，矿物色泽较明显变化，裂隙面出现风化矿物或存在风化夹层
强风化	结构构造大部分破坏，矿物色泽明显变化，长石、云母等多风化成次生矿物
全风化	结构构造全部破坏，矿物成分除石英外，大部分风化成土状

(2)在定性分析中，岩体的完整程度被划分为5个等级：完整、较完整、较破碎、破碎和极破碎，相应描述列于表11-7。

岩体完整程度的定性划分 表11-7

名称	结构面发育程度		主要结构面的结合程度	主要结构面类型	相应结构类型
	组数	平均间距(m)			
完整	1～2	＞1.0	结合好或结合一般	节理、裂隙、层面	整体状或巨厚层状结构
较完整	1～2	＞1.0	结合差	节理、裂隙、层面	块状或厚层状结构
	2～3	0.4～1.0	结合好或结合一般		块状结构
较破碎	2～3	0.4～1.0	结合差	节理、裂隙、层面、小断层	裂隙块状或中厚层状结构
	≥3	0.2～0.4	结合好		镶嵌碎裂结构
			结合一般		中、薄层状结构
破碎	≥3	0.2～0.4	结合差	各种类型结构面	裂隙块状结构
		≤0.2	结合一般或结合差		碎裂状结构
极破碎	无序		结合很差		散体状结构

确定岩体完整程度时，涉及结构面结合程度的描述和岩体结构类型的描述，岩体结构面结合程度和结构类型的描述分别列于表11-8、表11-9。

结构面结合程度的划分　　表11-8

名　称	结构面特征
结合好	(1)张开度小于1mm，无充填物 (2)张开度1～3mm，无硅质或铁质胶结 (3)张开度大于3mm，结构面粗糙，为硅质胶结
结合一般	(1)张开度1～3mm，为钙质或泥质胶结 (2)张开度大于3mm，结构面粗糙，为铁质或钙质胶结
结合差	(1)张开度1～3mm，结构面平直，为泥质或泥质和钙质胶结 (2)张开度大于3mm，多为泥质或岩屑充填
结合很差	泥质充填或泥夹岩屑充填，充填物厚度大于起伏差

岩体结构类型　　表11-9

类　型	亚　类	岩体结构特征
块状结构	整体状结构	岩体极完整，呈巨块状，结构面不发育，间距大于100cm
	块状结构	岩体较完整，呈块状，结构面轻度发育，一般发育1～2组，间距一般为50～100cm
	次块状结构	岩体较完整，呈巨厚层状，结构面不发育，间距大于100cm
层状结构	巨厚层状结构	岩体完整，呈巨厚层状，结构面不发育，间距大于100cm
	厚层状结构	岩体较完整，呈厚层状，结构面轻度发育，间距一般为50～100cm
	中厚层状结构	岩体较完整，呈中厚层状，结构面中等发育，间距一般为30～50cm
	互层状结构	岩体较完整或完整性差，呈互层状，结构面较发育或发育，间距一般为10～30cm
	薄层状结构	岩体完整性差，呈薄层状，结构面发育，间距一般小于10cm
碎裂结构	镶嵌碎裂结构	岩体较破碎，岩体完整性差，岩块镶嵌紧密，结构面较发育到很发育，一般发育3～4组，间距一般10～30cm
	破碎结构	岩体较破碎，呈碎裂或薄层状，结构面很发育，间距一般小于10cm
散体结构	碎块状结构	岩体极破碎，岩块、角砾夹岩屑或泥质物
	碎屑状结构	岩体破碎，呈松散状，岩屑或泥质物夹岩块

当确定了结构面结合程度和岩体结构类型等条件后，就可以选择一种岩体完整程度的描述。根据上面所得到的岩石坚硬程度和岩石完整程度描述后，就可以根据岩体基本质量定性特征与基本质量分级的关系确定该类岩体的基本质量级别。

2)围岩级别的定量划分依据

(1)岩石坚硬程度定量指标用岩石单轴抗压强度R_c表达，R_c一般采用实测值，若无实测值，可采用实测的岩石点荷载强度指数$I_{s(50)}$的换算式，即按下式进行计算：

$$R_c = 22.82 I_{s(50)}^{0.75} \tag{11-1}$$

式中，R_c与岩石坚硬程度定性划分的关系可按表11-10确定。

(2)岩体完整程度的定量指标用岩体完整性系数K_v表达，应针对不同的工程地质岩组或岩性段，选择有代表性的点、段，测试岩体岩性纵波速度，并应在同一岩体取样测定岩石纵波速度，其值应按下式确定：

$$K_v = \left(\frac{v_{pm}}{v_{pr}}\right)^2 \tag{11-2}$$

式中：v_{pm}——岩体弹性纵波速度，km/s；

v_{pr}——岩石弹性纵波速度，km/s。

R_c 与定性划分的岩石坚硬程度的对应关系 表 11-10

岩石单轴饱和抗压强度 R_c(MPa)	>60	30～60	15～30	5～15	<5
坚硬程度	坚硬岩	较坚硬岩	较软岩	软岩	极软岩

若无声波实测资料，可用岩体单位体积内的节理数 J_v，按表 11-11 确定对应的 K_v 值。岩体体积节理数 J_v(条/m^3)，应针对不同的工程地质岩组或岩性段，选择有代表性的露头或开挖壁面进行节理(结构面)统计，除成组节理外，对延伸长度大于 1m 的分散节理亦应予以统计。

每一测点的统计面积不应小于 2m×5m。岩体 J_v 值应根据节理统计结果按下式计算：

$$J_v = S_1 + S_2 + \cdots + S_n + S_k \tag{11-3}$$

式中：S_n——每 n 组节理每米长测线上的条数；

S_k——每立方米岩体非成组节理条数，条/m^3。

J_v 与 K_v 对照 表 11-11

J_v(条/m^3)	<3	3～10	10～20	20～35	>35
K_v	>0.75	0.55～0.75	0.35～0.55	0.15～0.35	<0.15

其中，凡与定性划分的岩体完整程度的对应关系可按表 11-12 进行确定。

K_v 与定性划分的岩体完整程度的对应关系 表 11-12

K_v	>0.75	0.55～0.75	0.35～0.55	0.15～0.35	<0.15
完整程度	完整	较完整	较破碎	破碎	极破碎

(3)围岩基本质量指标 BQ 应根据分级因素的定量指标 R_c 值和 K_v 值按下式进行计算。

$$BQ = 90 + 3R_c + 250K_v \tag{11-4}$$

使用时应遵守下列限制条件：

①当 $R_c > 90K_v + 30$ 时，应以 $R_c = 90K_v + 30$ 和 K_v 代入计算 BQ 值。

②当 $K_v > 0.04R_c + 0.4$ 时，应以 $K_v = 0.04R_c + 0.4$ 和 R_c 代入计算 BQ 值。

取第一式限制，是为了保证当岩体强度过高，而完整性较差时不致产生由于 R_c 值过大使岩体基本质量指标 BQ 过大，进而造成对岩体质量等级及实际稳定性做出错误的判断；取第二式限制，是针对 R_c 值过小而 K_v 值过大的情况。这样可以保证不会由于 K_v 过大，而产生对岩体实际稳定性或质量等级的错误判断。当计算出 BQ 后，查表 11-3 即可得到相应的基本质量等级。

3)围岩级别的整体确定依据

围岩级别是在围岩基本质量指标 BQ 基础上，引入地下水修正(K_1)，软弱结构面修正(K_2)和高初始应力修正(K_3)后所得到的修正结果。当得到[BQ]值后，查表 11-3 公路隧道围岩分级即可得到相应的围岩级别。围岩基本质量指标修正值[BQ]可按下式进行计算：

$$[BQ] = BQ - 100(K_1 + K_2 + K_3) \tag{11-5}$$

式中，K_1、K_2 分别为通过目测的地下水状态和罗盘测得的结构面产状与洞轴线组合关系，再经查表 11-13 和表 11-14 而得到。

地下水影响修正系数 K_1　　表 11-13

地下水出水状态 \ BQ	>450	351～450	251～350	<250
潮湿或点滴状出水	0	0.1	0.2～0.3	0.4～0.6
淋雨状或涌流状出水，水压<0.1MPa或单位出水量<10L/(min·m)	0.1	0.2～0.3	0.4～0.6	0.7～0.9
淋雨状或涌流状出水，水压>0.1MPa或单位出水量>10L/(min·m)	0.2	0.4～0.6	0.7～0.9	1.0

主要软弱结构面产状影响修正系数 K_2　　表 11-14

结构面产状及其与洞轴线的组合关系	结构面走向与洞轴线夹角<30°，结构面倾角 30°～75°	结构面走向与洞轴线夹角>60°，结构面倾角>75°	其他组合
K_2	0.4～0.6	0～0.2	0.2～0.4

对于 K_3 是通过应力情况的确定，再经查表 11-15 而得到。

初始应力状态影响修正系数 K_3　　表 11-15

初始应力状态 \ BQ	>550	451～550	351～450	251～350	<250
极高应力区	1.0	1.0	1.0～1.5	1.0～1.5	1.0
高应力区	0.5	0.5	0.5	0.5～1.0	0.5～1.0

隧道围岩分级是一项动态的系统工程，因为在勘察和设计阶段，受勘察手段、工作量和自然地质条件的限制，围岩的分级是非常初步的和粗略的，据此进行的设计也是一种预设计。因此，在施工过程中，为了提高围岩级别划分的准确性，达到既保证支护结构安全又保证投资合理的目的，还需要对围岩级别进行现场核查、重新判别和动态调整，这也是隧道工程动态设计和信息化施工的重要组成部分。同时，《公路隧道设计规范》(JTG D70—2004)中的围岩分级方案是一种具有普遍性的方案，在一些具体的公路隧道工程施工期间围岩分级中的适用性和可操作性不强。因此，在施工过程中，依据规范中的围岩分级原则并结合具体工程的围岩特性，制订出便于操作的公路隧道掌子面跟踪地质调查表和围岩级别现场判别工作表，依据掌子面现场跟踪调查表和围岩级别现场判别工作表对围岩情况开展现场跟踪调查并对围岩级别进行现场核查和判别，是非常必要的。为消除人为因素的影响，使围岩级别划分更加合理和准确，可以在大量现场跟踪调查的基础上，运用一些非线性分析方法(如神经网络技术、灰色理论、模糊综合评判等)对围岩级别进行智能化判别，根据判别结果对围岩级别进行实时的动态调整，为隧道工程的动态设计和信息化施工提供科学依据。

11.2.1.2　高速公路隧道围岩分级中存在的问题

随着岩体力学和围岩分级研究不断进步，特别在地质现象的定性描述转化为定量描述以最大限度地减少人为主观因素的影响方面有许多成果，围岩探测技术也有了长足的进展，这些为高速公路隧道围岩定量分级方案的制定创造了条件。与此同时，人们也逐渐认识到原有的公路隧道围岩分级方案存在一些问题。

由于当前国内外盛行的隧道围岩分级，大多仅适用于长度及埋深较小或勘探工程量很大且开挖有导洞等条件的围岩分级。我国多年的勘探设计资料表明，在勘察阶段，其工程量是比较少的，特别是深埋长大隧道，或有较大的勘探工程量，但与埋深和长度相比，其控制程度远不如一般地下洞室，仍是很有限的。

在此情况下，如何做好深埋长大隧道的围岩分级、评价是相当关键的。为此，必须对隧道全线工程地质条件作全面、深入的了解，进而寻求一些新的方法获得岩石的 RQD 值、结构面状态、岩体完整性等资料。

另外，高速公路隧道与其他隧道相比有各自的特点。水电隧道虽然规模大，但勘探工作十分详细，而且其位置本身就选地质构造、地层岩性相对优良的地区。公路由于是一种线形工程，需要经过不同的地质环境，而因为展线的需要则有时不得不穿越地质条件很差的地段。在我国，由于高速公路起步不久，但建设速度惊人，特别是西部地区，这种建设是在没有充分的技术积累和准备(包括地质勘察、设计和施工等)的情况下进行的，所以公路隧道围岩分级只能参考铁路围岩分级，而其他工作(如地质勘察)即没有考虑到公路与铁路的差别(如断面大、结构受力复杂等)，也往往没有铁路隧道那么深入，特别是复杂山区的长大隧道。所以，在施工过程中因围岩级别的诸多问题(如设计中确定的围岩级别与实际围岩的差异、按照规范确定的围岩级别进行支护仍然满足不了要求等)而往往延误工期，提高工程造价甚至发生工程事故。

因此，根据高速公路隧道的特点尽快建立有效的、科学合理的、更加客观的围岩细化分级方法已经成为广大公路建设者的强烈愿望，也已经成为公路工程地质研究急需解决的课题。而所谓有效的围岩分级就是技术上可行，能充分利用勘察设计、施工阶段的各种信息，逐渐由粗到细的一种分级，并能立即用于指导施工的分级方法。

11.2.2 地质预报围岩细化分级方法

根据设计阶段的地质勘察工作成果可以对隧道的围岩进行分级，这一分级结果对于指导设计和招标、投标均能起到一定的作用。但是，由于勘察工作中的现场调查是在地表进行的，对隧道的围岩分级带有很大的推测性；钻探虽然深达隧道位置，但钻孔数量有限；物探是在地表进行的深部探测，难以对围岩的频繁变化做出较为准确的判断；勘查阶段这种分级的准确性和精度都难以保证，而地质条件本身的复杂性又使其更为困难。所以，更靠近隧道的、更为准确的、简单易行的围岩分级就成为隧道设计、施工人员的迫切需要。

11.2.2.1 基于 TSP 探测成果的围岩分级参考

TSP 和其他反射地震波方法一样，采集的 TSP 数据，通过 TSPwin 软件进行处理。TSPwin 软件处理流程包括 n 个主要步骤，即：数据设置→带通滤波→初至拾取→拾取处理→炮能量均衡→Q 估计→反射波提取→PS 波分离→速度分析→深度偏移→提取反射层。通过速度分析，可以将反射信号的传播时间转换为距离(深度)。处理结果，可以用与隧道轴的交角及隧道工作面的距离来确定反射层所对应的地质界面的空间位置，并根据反射波的组合特征及其动力学特征解释地质体的性质。

通过 TSPwin 软件处理，可以获得 P 波、SH 波、SV 波的时间剖面、深度偏移剖面、提取的

反射层、岩石物理力学参数、各反射层能量大小等成果，以及反射层在探测范围内的2D或3D空间分布。根据对TSP探测资料的解释，每次可得到掌子面前方150m左右范围内围岩的相对地质状况变化，可参考使用由岩性变化、岩体中富水性强弱程度和换算出的围岩力学参数，由于计算的岩体力学参数为视参数，因此，只能参考按照《公路工程地质勘察规范》进行围岩初步分级。依据TSP探测的围岩分级一定要参考勘察阶段的围岩力学性质资料，从理论上讲，反射类提取的视参数需进行必要的校正，才能使用。但由于地质预报资料是在勘查资料基础上进行的，显然对围岩的判断将更为精确和可靠。另外，同一级围岩中包括不同软硬程度的岩石，或者岩性类似，但富水情况不同，这显然更为接近围岩实际，使设计和施工人员有了更为可靠的依据，也为施工过程中的变更设计提供了极有价值的资料。利用地震反射法纵横波探测描述岩体性质将是分级的方向之一。

11.2.2.2　基于超前水平钻孔的围岩分级

利用超前钻孔确定掌子面前方围岩级别主要是依据钻速的快慢及钻孔中回水的颜色来判断前方掌子面围岩的岩性、构造及岩石的破碎程度，进而判断围岩级别。其工作程序是：(1)首先对掌子面围岩特征进行描述，作掌子面素描图；(2)然后进行钻探，在钻进过程中记录钻进速度、回水的颜色、从钻孔中冲出的岩石颗粒大小等；(3)最后对这些资料进行整理分析，确定围岩级别。在被钻的围岩开挖过程中对围岩进行详细描述，并作开挖面地质素描图，一方面为了验证分级结果；另一方面，为后续的围岩分级积累经验。目前还没有根据钻进资料进行围岩分级的定量指标体系，大多都根据工程经验判断，这种分级应该是在隧道掘进过程中，特别是在掘进的初期就不断总结完善，尽可能总结归纳出一些规律。

从多座隧道的围岩分级实例发现，不同级别的围岩在钻进过程中表现出不同的特征，这些特征也是围岩分级的依据。

(1)钻进正常表明围岩节理少，岩体完整；卡钻表明围岩破碎，往往是几组节理交汇的反映，表现为节理密集；突然钻进加快表明是从坚硬岩层突然进入软弱岩层等。

(2)钻进过程中回流的液体颜色是岩性的反映。

(3)从钻孔中冲出的岩粉粗表明岩石软弱或破碎；岩粉细表明岩石坚硬或完整。

(4)从钻孔中流出的水流量越大，表明岩体中裂隙越发育。

(5)钻进速度快表明岩石软弱；钻进速度慢表明岩石坚硬；但对因裂隙发育而出现卡钻现象或岩石软弱出现吃钻现象的情况需区别分析。钻速忽快忽慢表明围岩变化频繁；对于钻孔资料指导隧道施工而言，围岩级别不宜变化频繁；所以，依据钻速变化进行围岩分级时还必须收集其他资料综合整体考虑。

11.2.2.3　基于综合参数超前地质预报的围岩分级

隧道地质预报的综合参数法采用“波速＋电阻率”参数，众所周知，利用地质预报资料对掌子面前方围岩进行分级将有非常重要的意义。因为，围岩分级是选择施工方法、确定结构上部荷载(松散荷载)、给出衬砌结构类型及其尺寸、制定劳动定额、材料消耗标准的基础和依据。

国内地下工程其他围岩分级方法如铁路隧道围岩分类、《锚杆、喷射混凝土支护技术规范》、国防工程《锚喷支护技术暂行规定》、《水工隧洞设计规范》、《公路隧道设计规范》等，虽然对隧洞围岩分级的描述过程、判断标准、围岩级别划分不完全相同，但均是结合各行业的隧洞标准进行详细的、定性或半定量的地质描述。主要从以下几个方面进行分析判别。

①围岩工程地质特征。

②结构特征和完整性。

③围岩开挖后的稳定状态。

④岩体受地质构造影响程度。

⑤岩体节理发育程度。

⑥围岩弹性纵波速度。

⑦地下水等。

以上几个方面根据岩体的主要因素可概括为：

①围岩结构特征和完整状态(可称为围岩岩体强度)；

②围岩的岩石强度；

③地下水。

研究围岩的细化分级，可依据几个主要因素从岩石、岩体的地球物理特征进一步确定研究围岩的地球物理勘探方法。结合隧道超前地质预报结果，进一步细化围岩分级。

1)岩石强度的确定

岩石、矿石有很多方面的物理参数，如电阻率、磁导率、极化率、介电常数、密度、放射性、波速等，人们可以单独利用其中一种性质，也可同时或分别利用 2 种和 3 种以及全部电学性质，以便从不同方面或多方面研究地质目标体，确定描述某种岩矿石的物理性质，进一步确定其力学性能。根据围岩结构特征和完整状态、围岩岩石强度、地下水的物性差异及技术经济比较选定所要确定的物性参数为电阻率、波速。这正是超前地质预报综合参数的最佳参数组合。

(1)电阻率法(岩石的电学性质)。影响岩石电阻率的主要因素：①岩石成分和结构；②岩石所含水分；③岩石温度。其中：地下水电阻率＜100；隧道内水电阻率 1～10；空气电阻率为∞。岩石电阻率有遇水敏感的特点，岩石与水的电阻率差异很大，而地下水赋存与岩石的成分与结构有关。

(2)波速法(岩石的纵波波速)。弹性波在岩体中的传播速度与岩体的种类、弹性参数、结构面、物理力学参数、应力状态、风化程度、含水量等有关。弹性波在水中的传播速度为1.45～1.51km/s；在空气中不能传播。测试岩石声波速度的设备主要包括：钻石机、锯石机、磨石机、测量平台以及岩石声波参数测定仪等。岩石声波速度测试的方法与岩体声波速度测试相类似。对非受力状态下的测试，应将试件置于测试架上，对换能器施加 0.05MPa 的压力，测读纵波在试件中行走的时间；对受力状态下的测试，宜与单轴压缩变形试验同时进行。测试结束后，测定仪器与换能器系统的零延时值。

岩体及岩石的弹性纵波波速测取后，即可按照下列公式计算出岩体完整性指数 K_v：

$$K_v = \left(\frac{V_{pm}}{V_{pr}}\right)^2 \tag{11-6}$$

式中：V_{pm}——岩体弹性纵波速度，km/s；

V_{pr}——岩石弹性纵波速度，km/s。

(3)岩石地球物理特征与力学性质的简单关系见表 11-16，不同地区应以实测值或参考勘

查资料确定。

岩石地球物理特征与力学性质的简单关系　　表 11-16

岩石	密度 (g/cm^3)	岩石极限饱和抗压强度平均值 (MPa)	电阻率范围 ($\Omega \cdot m$)	纵波波速范围 (m/s)
火成岩	2.78～3.1	177.2	100～100000	5000～5500
变质岩	2.67～2.68	156.5	50～100000	5500～6000
硬页岩	2.818	34.1	10～500	3000～4000
软页岩	2.7	18.2	1～10	1500～3000
多孔灰岩	2.71～2.77	151.6	100～5000	2500～3000
致密灰岩	2.776	176.3	5000～1000000	5000～5500
资料来源	勘察	勘察	电法勘探	声波仪资料

(4)岩石应力测试与强度计算。由弹性力学可推导出纵波波速 V_p 与弹性模量 E 的关系：

$$V_p = \sqrt{\frac{E(1-\mu)}{\rho(1+\mu)(1-2\mu)}} \tag{11-7}$$

式中：μ——质点在 x 方向的位移；

ρ——介质密度。

通过大量岩石的物性测试，并对每种岩性进行数理统计，利用测试的纵波波速可求出岩石的弹性模量 E，从而建立岩石物性参数与力学性能的关系，对岩石的物性测定主要是研究完整母岩岩石成分与结构强度。

2)岩体强度的确定(围岩结构特征和完整状态)

通过对岩体与岩石强度的研究，进一步说明实际岩体的完整、均匀、形变、风化、湿润等程度，说明围岩的岩性、构造、稳定性及地下水对岩体的影响。

(1)围岩的电阻率测试

图 11-13 是雁门关隧道采用对称四极测深的电阻率测试结果。当然，围岩电阻率可利用超前地质预报的视电阻率结果。由于视电阻率对水过于敏感，需对视电阻率结果做归一化及滤波处理。

(2)围岩波速测试

岩体是个复杂的介质，声波在岩体中的传播特性远比完整的理想弹性介质复杂得多。均匀岩体中各种地质物理和地应力的作用，对声波传播的行程和振幅将产生一系列的影响。因此，岩体中弹性波传播的特征是岩体性态的客观反映，而岩体中弹性波传播与其内部的结构特征有着密切联系，随着岩体的种类、弹性参数、结构面、断层和破碎带、密度、孔隙率、应力状态、风化程度和含水率的不同而有显著的变化。因而，对围岩进行弹性波测试是非常有必要的。

弹性波在岩体中传播时，其速度、振幅频率、波形等声学特征对岩体的岩性结构面发育程度、风化及应力情况有比较灵敏的反映。岩体越坚硬、完整、风化轻微、所受应力越大，岩体波速则越高，反之亦低。据此结合工程地质勘测，把不同工程地质特征的岩体区分开来。目前应用于岩体分类的主要指标是波速振幅。测试方法为锤击法。

岩体声波测试的过程是声发射、传播及接收显示，其相应的设备有发射换能、接收换能器和岩石声波测定仪。在岩体表面一端发射声波(采用锤击的方法)，一端接收测出声波在距离

L 内的传播时间，便可以计算出声波在岩体中的波。

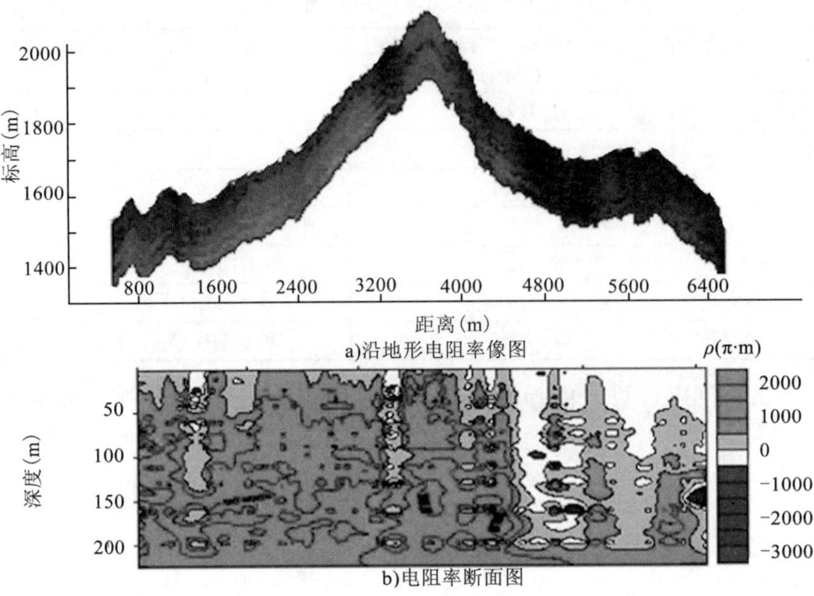

图 11-13　雁门关隧道围岩的电阻率断面及像图

岩体完整性指数 K_v 是一项复合变量指标，其数值与岩体弹性纵波速度、岩石弹性纵波速度直接相关。现场通常采用弹性波测试的方法进行测取。

①岩体弹性纵波速度 V_{pm}。目前，用于测量岩体声波速度的探测仪器种类较多，例如 KH-1 型、SYT-1 型、KHH-1 型等。现场测试前，先选取有代表性的地质地段作为测试区域，然后根据要求布置测线：对各向同性的岩体，测线宜按直线布置。而对各向异性的岩体，测线则宜分别按平行和垂直岩体主要结构面进行布置，接着在平洞、钻孔或岩面上岩性均匀、表面光滑、无局部节理裂隙处布置测点。相邻两测点的距离，当采用换能器激发时，宜为 1～3m；当采用电火花激发时，宜为 10～30m；当采用锤击激发时，应大于 3m。布置完毕即可开展现场的测试工作，测试方式按换能器与岩体的接触关系，可分为表面的和内部的，即在岩面上和孔中两种基本测试类型。

a. 岩体表面声波速度测试。岩体表面声波速度测试是将发射和接收换能器置于岩体表面的测试方法。

测试前，测点表面应大致修凿平整、擦净，并对测点进行编号。在换能器表面涂 1～2mm 厚的凡士林或黄油耦合剂，以提高换能器与岩面之间未紧密接触空间的传声效果，并将换能器放置在测点上压紧。量测接收换能器与发射换能器或接收换能器与锤击点之间的距离，测距相对误差应小于 1%。

b. 孔中岩体声波速度测试。孔中岩体声波速度测试是利用单个或两个钻孔设置发射、接收换能器的测试方式。测试前，钻孔或风钻孔应冲洗干净，将孔内注满水作为耦合剂以提高传声效果，并对各孔进行编号。当进行孔间直透测试时，量测两孔口中心点的距离，测距相对误差应小于 1%；当两孔轴线不平行时，应量测钻孔的倾角和方位角，计算不同深度处两测点间的距离。值得注意的是，对于软岩来说，应采用干孔测试的方式。

做好测试的前期准备工作后，就可以架设仪器并开机预热。当采用换能器激发声波时，把仪器置于内同步工作方式：当采用锤击或电火花振源激发声波时，把仪器置于外同步工作方式。然后将荧光屏上的光标关门信号调整到纵波初至位置，测读声波传播时间；或者利用自动关门装置，测读声波传播时间。对每一对测点须读数3次，读数之差不应大于3%。测试结束前，确定仪器与换能器系统的零延时值。

由于仪器线路、换能器外壳厚度以及耦合剂等影响，造成波速的滞后延时，其数值称为零延时值。零延时值的确定方法如下。

a. 对于岩体表面声波速度测试，在直透法测量时，可用发、收两换能器对接测出即可；在平透法测量时，则需做出时距曲线来进行确定。

b. 对于孔中岩体声波速度测试，在孔间直透法测量时，可利用浅水水池模拟现场测试，移动换能器测距，做出时距曲线，求出零延时值，简单的方法亦可并接两换能器测求其值；在单孔平透法测量时，可在充水的钻孔中，移动换能器做出时距曲线来求取。

岩体的纵波速度可按下列公式来进行计算：

$$V_p = \frac{L}{t_p - t_0} \tag{11-8}$$

式中：V_p——岩体纵波传播速度，m/s；

L——发射、接收换能器中心间的距离，m；

t_p——纵波在岩体中行走的时间，s；

t_0——仪器系统的零延时值，s。

计算数值取3位有效数字，最后计算测试断面各不同位置测线的平均声速，此即测试样本的岩体纵波速度V_{pm}。

按公路隧道设计规范，围岩级别与物理力学参数如表11-17所示，可以作为判断的参考：

围岩级别与物理力学参数表　　表11-17

围岩级别	密度（kg/m³）	弹性波速V_p（km/s）	泊松比	静态弹性模量（GPa）
Ⅰ	2.6～2.8	>4.5	<0.2	>50
Ⅱ	2.5～2.7	3.5～4.5	0.2～0.25	20～50
Ⅲ	2.3～2.5	2.5～3.0	0.25～0.30	5～25
Ⅳ	2.0～2.3	1.5～3.0	0.3～0.35	2～10
Ⅴ	1.7～2.0	1.0～2.0	0.35～0.45	<2
Ⅵ	1.5～1.7	<1.0	0.40～0.50	<1

②雁门关隧道围岩的波速测试。雁门关隧道围岩的波速测试采用折射波浅层地震勘探，其断面及像图见图11-14。

同样，超前地质预报的视波速也要进行归一化和滤波处理才能使用。通常对正常场基本可用，对岩性变化处其预报获得的参数变化过于敏感。另外，也可将两个参数加权作为综合参数来使用。

3）综合参数的围岩细化分类方法

通过前述分析，各种围岩分级方法或预报手段都有其自身的优缺点，任何一种单一的技术方法，往往很难获得满意的结果。这就要求在隧道围岩级别判定中，应当考虑每种方法的优缺点，取长补短，综合应用，形成一种综合的围岩分级方法。同时，目前的隧道围岩分级无一不是针对隧道设计阶段的。由于勘察手段的局限，获得的地质资料有限，设计阶段的围岩分级与隧道施工时的围岩实际情况有时差异较大。到了施工阶段，由于隧道开挖，各种地质问题暴露无遗，因此可以通过现场的地质观察描述和地质测量对隧道再次进行较准确的围岩分级，并以此作为修正完善或变更隧道支护设计的依据，进而指导施工，形成一整套完成的隧道围岩分级方法，即综合动态围岩分级方法，以最大限度提高围岩级别判定的准确率。

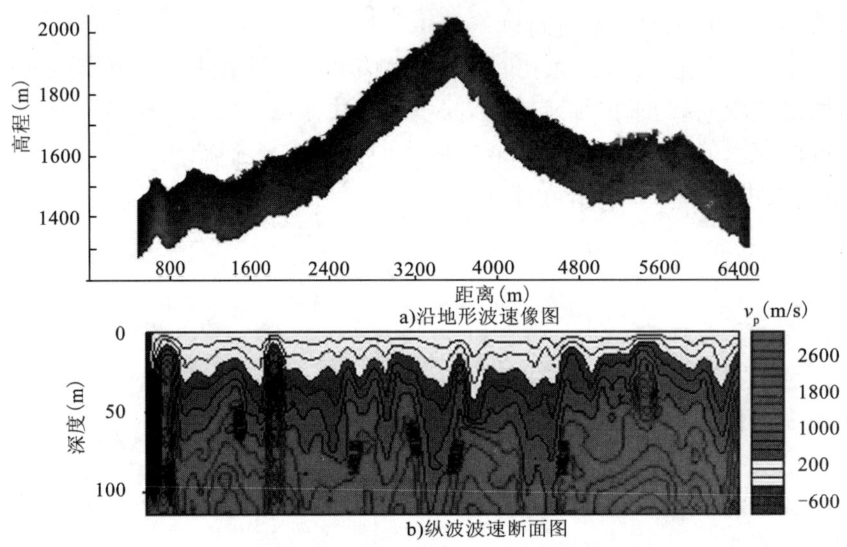

图 11-14　雁门关隧道围岩的波速断面及像图

隧道围岩综合动态分级方法主要包括 3 种技术手段：TSP 或 USP 探测（波速）、地质雷达（GPR）或瞬变电磁法探测 TEMT（电阻率）、掌子面数字编录识别（节理裂隙分析）以及目前已有的公路隧道设计规范中规定的常规围岩分级方法。实际应用中，可按照以下思路进行。

（1）在前期勘察设计基础上，通过隧道地震反射类预报系统进行围岩的长距离探测，初步确定掌子面前方 100～150m 范围内的主要不良地质体，如断层、破碎带等，划分各软硬岩界面大致位置，并提取相关的围岩物理力学参数，判定围岩分级。

（2）采用地质雷达、瞬变电磁法等电性方法，对掌子面前方 30m 范围内围岩进行进一步细化探测，测得各岩层的走向、倾向及倾角，了解围岩结构面分布状态，探明溶洞的分布形态以及地下水情况。

（3）对掌子面揭示的围岩情况，进行系统地描述和观察（地质数字编录识别），明确得到隧道围岩岩体结构特征、地下水状态，通过室内试验和现场测试了解岩体强度及地应力情况。

（4）对重要部位、关键环节、重大异常处进行超前钻孔验证工作，进一步获取综合参数的测孔资料和钻孔钻进动态特征，对隧道围岩进一步核准和验证，参照隧道设计规范中规定的围岩分级方法进行分级。

（5）通过前 4 步所得结果的相互比较和验证，同时考虑第（1）、（2）项中测得的结构不良体及地下水情况进行修正，得出最终准确的围岩级别。

隧道施工过程中进行围岩动态细化分级，首先要收集施工前期的隧道勘察设计资料，对当前掌子面以及掌子面前方的围岩级别有大体了解，对隧址区所处的环境、地形地貌、岩性变化、断层分布以及围岩级别变化等信息进行分析，从中能够对隧址区的地层及岩性、地质构造、水文地质条件以及不良地质及特殊性岩土的分布情况有大体了解，通过室内试验可以获取岩石物理力学性质以及岩体的风化程度情况，并根据钻探、野外观察、孔内原位测试、室内岩石试验资料及地质测绘和物探成果获取地表至隧道穿越区以下围岩的地质状况、完整程度以及围岩的基本质量指标，并由此初步判断围岩等级，如图 11-15 所示。

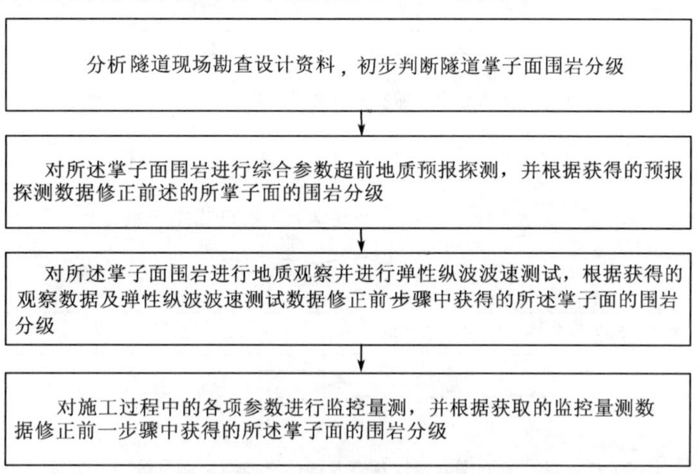

图 11-15　综合参数的围岩动态细化分级方法的流程

图 11-16 是对掌子面围岩进行综合参数超前地质预报探测分级的流程。利用地震波对所述掌子面围岩进行长距离综合参数超前地质预报探测，根据获得的长距离地质预报探测数据，判断所述隧道前方掌子面的围岩分级。

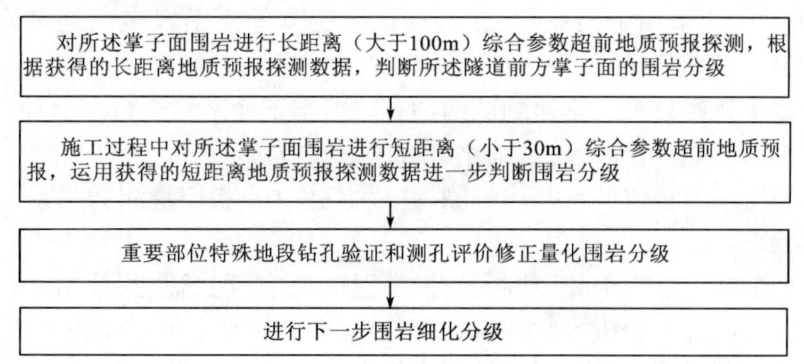

图 11-16　对掌子面围岩进行综合参数超前地质预报探测分级的流程

对所述掌子面围岩进行长距离综合参数超前地质预报探测，主要是利用地震波的波速对地质构造的敏感进行测试，通过测试并根据测试结果对施工前方围岩分级做出初步的判断，对勘察设计阶段的围岩分级进行修正。

施工过程中利用电磁波对所述掌子面围岩进行短距离综合参数超前地质预报探测，运用获得的短距离地质预报探测数据检验所述长距离地质预报探测数据；短距离综合参数超前地质预报探测精度高，可进一步对掌子面前方围岩资料做出较精确的判断，从而进一步修正围岩

分级。

当遇到重要部位或特殊地段时，可采用钻孔验证和测孔评价修正量化围岩分级，并进行下一步围岩细化分级。所述的钻孔验证和测孔手段包括单孔法或跨孔法测孔。

图 11-17 是对掌子面围岩地质观察及弹性纵波波速测试分级的流程。对所述掌子面围岩进行地质观察并进行弹性纵波波速测试，根据获得的观察数据及弹性纵波波速测试数据修正。

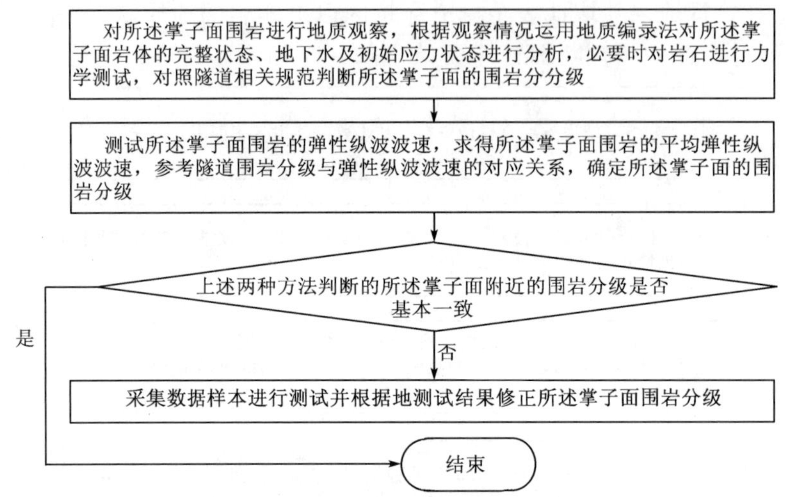

图 11-17　对掌子面围岩地质观察及弹性纵波波速测试分级的流程

所述掌子面围岩地质观察的范围包括掌子面状态、掌子面风化变质情况、掌子面裂缝的间距、状态及形态、地下涌水、水的影响等情况。

所述掌子面围岩的平均弹性纵波波速采用如下方式：将震源点固定在所述掌子面，通过移动接收传感器的位置改变测试距离，或者将接收传感器固定在所述的掌子面，通过移动震源点改变测试距离，激发方式采用锤击铁板震源，测试所述掌子面围岩多点处多处的弹性纵波波速，并计算出所述掌子面围岩的平均弹性纵波波速。

通过前述的地质观察分析及波速测试两种方法对掌子面围岩进行综合探测并跟踪隧道施工进行，是准确直接对掌子面围岩进行细化分级的有效方法。

对施工过程中的各项参数进行监控量测，并根据获取的监控量测数据修正获得的所述掌子面的围岩分级。

现场监测数据是施工过程中隧道围岩支护情况的反应，现场监测数据分析是对隧道施工过程中的监控量测数据进行分析，利用隧道施工过程中监控量测的数据进行围岩细化分类，监测数据包括隧道拱顶沉降值、周边收敛值、围岩压力及钢筋应力等。通过对所述的监控量测数据进行分析，以判断掌子面的围岩分级是否高或低，以根据情况进行修正，或提高或降低围岩分级。

图 11-18 是围岩动态细化分级方法流程。第一步：分析前期勘察设计资料，初步掌握围岩分级情况。第二步：进行隧道开挖施工，长距离综合参数超前地质预报对勘察设计阶段围岩分级进行细化，高精度短距离预报掌子面前方 30m 围岩对围岩分级作精确判断。如果一切正常，则进入第三步：对掌子面地质编录观察和弹性波纵波波速测试，修正围岩分级；如果遇到特殊地段或者重要部位，则采用钻孔取芯验证和测孔评价修正量化围岩分级的方法，从而进入第

三步，对围岩进行修正。修正过后进入第四步：通过监控量测，分析监测数据，验证围岩分级，指导施工。如此往复，重复第一步至第四步，隧道开挖进行下一循环围岩分级。

图 11-19 是基于掌子面围岩综合探测法围岩分级方法流程。掌子面围岩综合探测法围岩

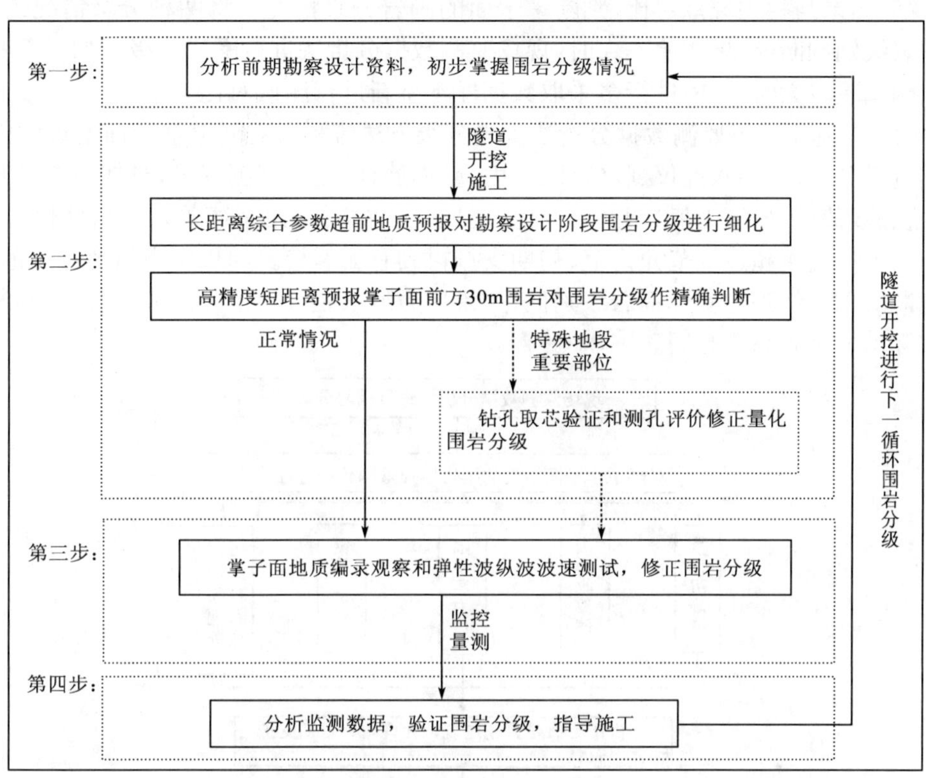

图 11-18　围岩动态细化分级方法流程

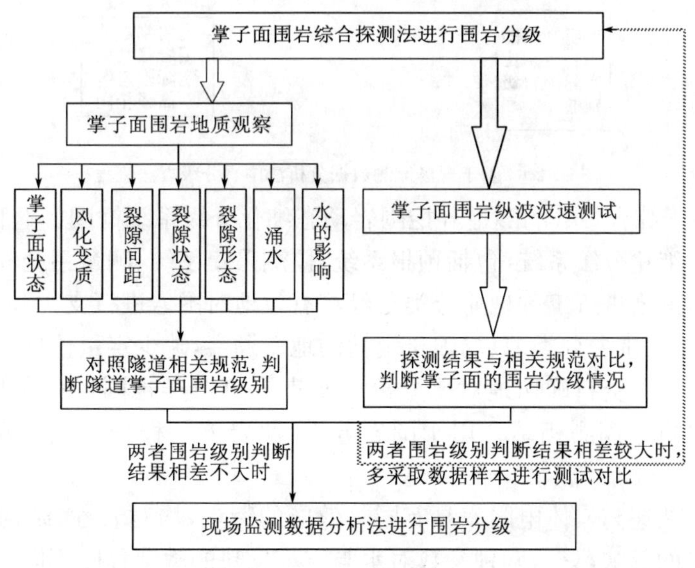

图 11-19　基于掌子面围岩综合探测法围岩分级方法流程

分级分别进行掌子面围岩地质观察和掌子面围岩纵波波速测试，掌子面围岩地质观察主要包括：掌子面状态、风化变质、裂隙间距、裂隙状态、裂隙形态、涌水、水的影响，然后根据观察到的资料进行对照隧道相关规范，判断隧道掌子面围岩级别情况。在进行掌子面围岩纵波波速测试后，将探测结果与相关规范对比，判断掌子面的围岩分级情况。将两种分级情况进行对比，当两者围岩级别判断，结果相差不大时，现场监测数据分析法进行围岩分级。如果两者围岩级别判断结构相差较大时，返回进行多采取数据样本重新进行测试对比。

图 11-20 是基于现场监测数据分析法围岩分级方法流程。对隧道掌子面附近的围岩监控量测数据进行分析，采用水准仪、收敛计、压力盒、钢筋计、裂缝观测仪等，具体监控量测拱顶沉降值、周边收敛值、围岩压力值、钢筋应力值、初期支护衬砌有无裂缝等。对这些值进行分析，主要分析压力值是否超过规范允许值、初期支护衬砌有无裂缝。如果压力值超过规范允许值，则说明判断的围岩级别比实际围岩级别低；如果压力值未超过规范允许值，则说明判断的围岩级别比实际围岩级别高或相同。

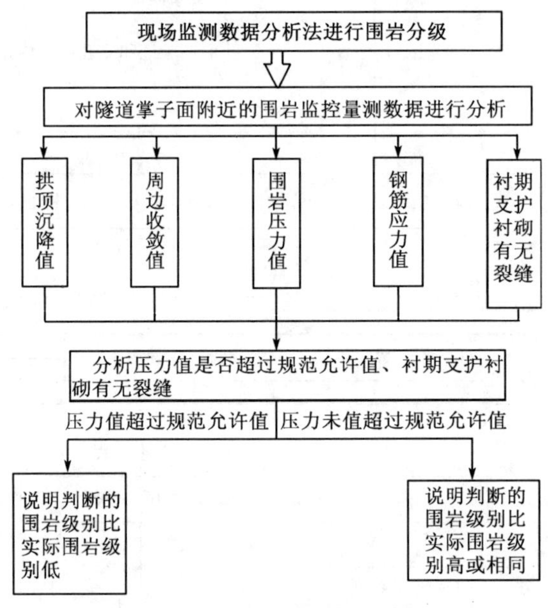

图 11-20　基于现场监测数据分析法围岩分级方法流程

图 11-21 是基于综合参数的隧道开挖围岩动态细化分级系统框图。这种基于综合参数的隧道开挖围岩动态细化分级系统，包括预报系统、监测采集系统、测量系统和计算机。

正确地对工程围岩进行工程地质分类是经济有效地对围岩进行支护和衬砌设计的先决条件。然而，以往的工程围岩分类，只局限于定性的地质勘察，缺少定量依据，使得不同工程或同一工程地段难以据勘测资料确切地对比分析。即使是 Q 分类也同样存在几个参数难以确定的问题。波速与电阻率探测相结合用于围岩分类，使岩体工程分类从依赖于定性逐渐走向定量。

由于岩体弹性波速与岩体电阻率具有同等效应的特点，均对岩性、结构面发育程度、风化及应力情况有灵敏的反映，只是两种参数对水与空气反映的敏感程度不同。因此，两种参数具有相互印证、相互补充的特征。电阻率对含水率的敏感程度比波速高，波速对空气的敏感程度

比电阻率高。总体上围岩波速的测试精度比电阻率测试精度高。鉴于隧道工程的重要性，建议利用波速研究围岩量化分类，同时用电阻率参数进行辅助和验证。岩体稳定性综合分类法见表11-18(用电阻率参数进行分类也可参照进行)。表11-18中对岩石的测试项也可用短距离岩体的波速值代替。

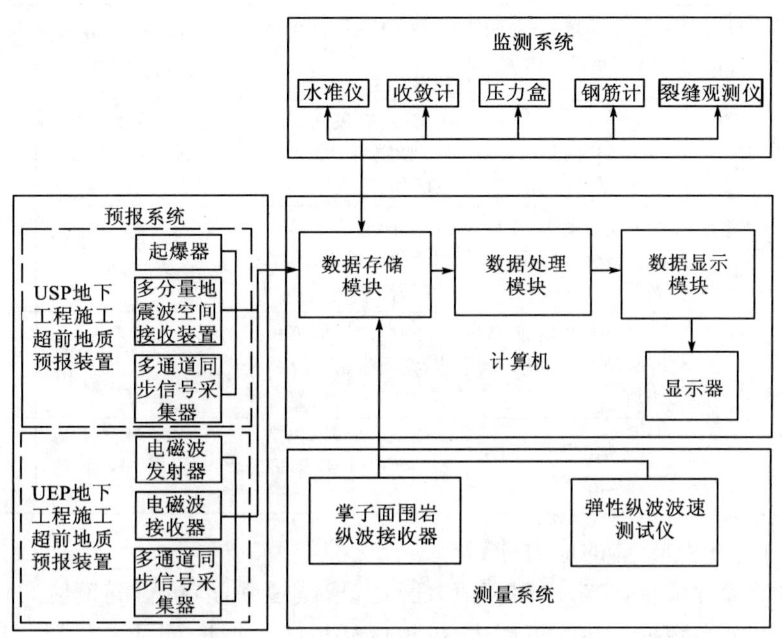

图11-21　基于综合参数的隧道开挖围岩动态细化分级系统框图

岩体稳定性综合分类法　　表11-18

等级指标(q_i)	参数名称					
	岩石纵波速度 v_p(m/s)	岩体完整系数 $K=(v_{p体}/v_{p石})^2$	岩体不均匀系数 $N=v''_p/v'_p$	岩体弹性模量 E_d(1000MPa)	岩石风化系数 $F_s=\frac{(v_{p未}-v_{p风})}{v_{p未}}$	岩石湿润系数 $W_s=\frac{(v_{p湿}-v_{p干})}{v_{p湿}}$
1	>5000	>0.9	<1.02	>55	<0.05	<0
2	4000～5000	0.75～0.9	1.02～1.2	25～55	0.05～0.2	0～0.1
3	3000～4000	0.45～0.75	1.2～1.5	7～25	0.2～0.4	0.1～0.3
4	2000～3000	0.2～0.45	1.5～2	0.9～7	0.4～0.6	0.3～0.6
5	<2000	<0.2	>2	<0.9	>0.6	>0.6
分级意义	岩石坚硬程度	岩体完整程度	岩体均匀程度	岩体形变特征	岩石风化程度	地下水影响程度
资料来源	日本岩石力学委员会	原水电部、岩石试验			保加利亚 Loia GLoiev	

按照上表测定6个弹性参数，求得相应的等级指标值(q_i)按下式计算岩体稳定指标(S_d)。

$$S_d=\frac{\sum_{i=1}^{n}q_i}{n}\cdot\frac{\sum_{j=1}^{m}q_i}{m}\tag{11-9}$$

式中：n——与岩石有关的弹性参数种类数，n取值为1～3；

m——与岩体有关的弹性参数种类数，m 取值为 1～3。

根据岩体稳定指标 S_d 值，可从围岩分类综合表查到所要评价的围岩级别，见表 11-19。

围岩稳定分类综合　　表 11-19

类	亚类	S_d	构造		岩性	围岩稳定情况	地下水影响
Ⅰ	Ⅰ1	1～1.5	整块	裂隙不发育，间距>1m，呈单斜构造	极坚：完整的火成岩，胶结良好的沉积岩	很好：稳定，无掉块，可维持 5 年	裂隙不发育，不受地下水影响
	Ⅰ2	1.5～2.2	巨块				
Ⅱ	Ⅱ1	2.2～3	大块	地质变动大，有断层，背斜、向斜，裂隙发育，不具滑动条件	坚硬：微风化火成岩、变质岩、胶结差的沉积岩	较好：基本稳定，局部掉块，可维持 1 年以上	岩石有抗水性
	Ⅱ2	3～4	小块				
Ⅲ	Ⅲ1	4～6.2	镶状	地质变动大，小型褶曲，软弱层结构面光滑	半坚：中等坚硬、弱风化火成岩、不坚沉积岩	中等：稳定性较差，稳定 1 月以上	风化作用明显
	Ⅲ2	6.2～9	迭状				
Ⅳ	Ⅳ1	9～13	碎屑	地质构造强烈，张开裂隙，软层，互相切割	较软：较软的沉积岩，变质岩、大断层，节理密集	较差：稳定性差局部塌，主洞稳定 1 周	软化、管涌
	Ⅳ2	13～16	破碎				
Ⅴ	Ⅴ1	16～20	松散	以风化裂隙为主，多夹泥，溶洞发育	松散：软松风化剧烈，弱沉积岩，第四纪堆积	极差：洞室不稳定，大部塌，不能稳定	渗漏、崩解
	Ⅴ2	20～25	软塑				

按照以上分类方法，岩体的应力计算与围岩支护类型的确定可结合超前地质预报的综合参数，计算围岩的弹性模量，参考电阻率值，任意选取隧道断面，进行隧道应力计算，求得某个断面的应力、应变分布数据。与施工周边、拱顶位移量测数据进行对比，在允许的精度下进行拟合，最终确定隧道断面各点的应力分布。根据应力分布进一步验算确定支护类型，确保围岩的稳定性。

11.2.2.4　小结

我们将隧道围岩分类按时间顺序和粗细程度可分为 4 个阶段：第一阶段，隧道前期勘查对围岩的初步分类，此阶段的分类方法可能存在对部分断层的遗漏，对围岩的分类建立在以少量点推测断面的情况，但对隧道洞线的区域地质有宏观的了解，满足不了隧道施工期间的围岩分类要求，经常性造成与实际围岩不符的情况。第二阶段，隧道开挖过程的长距离超前地质预报对围岩的细化分类，该方法以前期隧道勘查的地质资料为依据，通过对开挖掌子面的地质编录，对围岩岩体波速进行测试，能对围岩进行细化分类，对前方一定范围内的地质情况进行预报，对断层情况有较详细的了解，但由于已知地质资料有限，且地震波解译的多解性，使该方法对围岩分类可进一步细化，但不能量化。第三阶段，隧道短距离超前预报（包括开挖后洞内测试）的围岩量化分类，该方法建立在以上资料的基础上，增加了对围岩岩石的测试，通过对岩石与岩体的波速（电阻率）比较，进一步说明围岩的岩性、构造、稳定性、风化程度、地下水的影响程度等，达到围岩量化分类的目的。第四阶段，超前钻孔与综合测孔技术提供的更为细化的系列直接资料（特殊必要时采用），通过钻进过程的状态和特征对前方围岩进行定性描述，并结合测孔资料进行更为精确可靠的岩体细化分类与验证。以上 4 个阶段是隧道选线、方案确定、开挖、支护、衬砌过程中由粗到细对围岩分级的过程，它是隧道围岩分级不可缺少的内容。只有对围岩的量化分类，才能准确地判断围岩的工程地质特性，保证隧道设计、施工的合理性，使工

程建设既经济又安全。

总之，隧道围岩细化分类需结合施工前期、中期、后期的所有资料，进行不断地获取、修正、再获取、再修正的往复过程，在这个过程中接近科学合理的结果。只有充分利用多元信息、实时空间信息、多方综合信息的多证据验证，才能真正实现动态分级，为目前盛行的隧道信息化施工起到有力的推动作用。

11.3　隧道超前地质预报信息与动态设计

“动态设计”的概念很早就出现了，在隧道施工中，基本上也是按照“动态设计”的思想进行设计和施工的。但因获取信息手段发展的迟缓、信息传输系统的不完善以及隧道施工环境和管理体制的限制等原因并没有实现，也不可能实现真正意义上的“动态设计”。尤其我国公路铁路隧道施工过程中，有许多隧道管理者为简单，尽可能地不鼓励改变围岩分级；当然也有一些施工单位在隧道围岩变更中做手脚，做一些虚假资料以获得变更索赔。两方面的对立的态度使得我国隧道围岩分级动态变更的科学化发展受到制约。最近几年，由于信息技术、通信技术、获取信息手段和方法以及隧道施工监控量测技术的迅速发展，特别是设计施工体制的改革以适应未来“设计施工总承包”体制的实施要求，给真正实现“动态设计”创造了良好的条件和基础。

意大利在修建 Vaglia 隧道中，采用了新意法（ADECORS，Analysis of Controlled Deformation in Rocks and Soils）系统进行隧道的设计和施工。该系统是一个控制岩土变形的系统，对该隧道的围岩从调查阶段的地质调查信息，来正确地掌握地质条件的变化；在设计阶段则根据地质条件的工程划分级别，给出基准；最后根据开挖时发生的应力、应变的特性，给出适合地质条件的施工方法和支护结构。

最近日本建设省对动态设计系统给出的定义是在工程建设的调查、设计、施工、维修管理的实施过程中，以施工为重点，利用在各过程中获得的与施工有关的电子情报和从各种作业中获得的电子情报，根据使用机械和电子仪器、量测仪器的组合加以联动控制或实现网络的一体化施工管理，以提高整个施工的效率和水平。这是一个立足于电子技术和信息技术的建设工程生产管理系统，它监控了设计、施工及运营管理全过程。

在这个思想的指导下，日本的一些会社，都在开发“动态设计”的应用系统。例如佐藤工业（株）开发的“SIT 系统”，是一个把洞内的量测数据、测量数据、机械和运输车辆的运行数据、通信数据等情报信号，用单一的通信线路进行传输，实现洞内施工的一体化管理。而西松建设（株）也开发了“隧道综合管理系统”，该系统是由信息化施工、设计支援和质量管理、隧道形状管理 4 个子系统构成的。其中，信息化系统是由 TSP（地震波探查）、DRISS（钻孔探查）、TDEM（电磁波探查）3 个工作面地质超前预报技术组合而成。设计支援系统则由过去的施工实绩和支护模式、辅助工法等构成。同样地，在 TBM 的掘进管理中也开发了类似的系统。

国内也曾尝试进行相应的研究。西南交通大学结合南昆铁路与中国中铁二院工程集团有限责任公司研制的“隧道工程计算机信息化设计、施工管理系统”（1990 年），原铁道部科学研究院西南研究分院（现中铁西南研究院）等单位也进行过隧道施工管理系统方面的研究，对建立隧道施工管理系统是有参考价值的。但受当时技术条件的限制，这些系统研制都有一定的局限性和片面性。在新建的渝怀铁路一些隧道中，强调了实现真正意义上的“动态设计”管理体制，并建立了相应的“动态设计组”。北京市市政工程研究院和北京交通大学联合研制了TMIGS“隧道施工多元信息预警与安全管理系统”(2006年)，该系统已在多个公路隧道、市政隧道和北京地铁施工中使用，并取得了较好的效果。

目前，在欧洲、日本等国已纷纷开始研制和开发的隧道工程动态设计系统是建立在现代信息技术基础上，其中有的已开始产业化应用。这对促进隧道信息化产业的发展，提高施工效率、降低成本、减少风险都将起到十分重要的作用。

随着无线通信技术的发展，新兴的无线网络技术，在地上办公室、家庭、工厂、公园等大众生活的方方面面得到了广泛应用。而在地下工程施工基本是盲区，无手机信号(GPRS)、网络信号(INTNET)、GPS等，而施工过程的各种信息获取是保障地下工程施工安全的基础。因此，数字化、网络化、信息化、智能化、自动化的隧道施工技术发展已迫在眉睫。

11.3.1 隧道施工的动态设计方法

随着监控量测技术的发展，隧道工程已经逐步进入所谓“信息化”技术时代，监控量测是对支护结构是否合理的评价，由量测获得的数据来决定开挖方式、支护手段、参数及施作时机。因此，早就有所谓信息反馈设计法，或称信息化设计与施工方法。动态设计方法与信息反馈设计法实质是一致的，动态设计的理念见图11-22，动态设计的流程见图11-23。

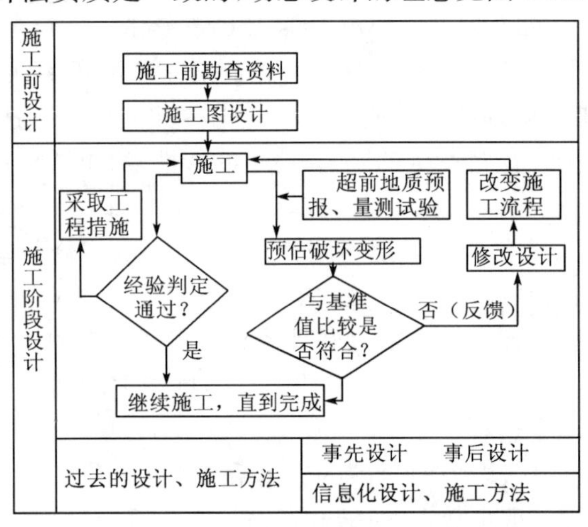

图11-22 动态设计方法

然而，从目前技术发展水平看，新建隧道动态设计方法仍是以施工中获得与隧道稳定有关的地质和支护信息的反馈为核心的信息化设计法。但这种信息化设计法是建立在硬件由局域网和广域网相结合的网络平台和需要开发研制的各个子系统平台上的工作系统，从而有效地实现根据信息反馈进行动态设计的方法。从控制论的角度，这种动态设计是一个“闭环控制系统”。

动态设计方法的基本思路(高新强、仇文革、关宝树，2004)：以“围岩级别”为纲，以施工中的地质判释的信息技术为主要手段，以现行规范、标准设计、专家系统和类似工程为决策方法，实现业主、设计、施工及监理四方的隧道动态设计的网络系统全过程管理。因此，隧道超前地质预报工作非常重要，以超前地质预报资料为主的综合围岩分级方法也很迫切。

(1)与现行设计方法接轨。动态设计究竟以什么为中心，是长期没有解决的问题。研究一个系统，必须从国情、路情出发，并能够充分体现现行规范的精髓。我国目前的隧道设计是根据勘测阶段的地质素材判释的“围岩级别”为基础，采用标准设计方法进行预设计的。而施工过程中的变更设计，也通常是首先从变更围岩级别开始的。因此，动态设计方法必须体现这一点。

(2)动态设计的基础是如何获得和判释施工中的地质信息。由于过去没有有效地采集地

质信息的手段,因此使动态设计成为一句“空话”。现在随着超前地质预报技术的进一步发展,进一步结合电子信息技术的手段(如数码判释技术等),对施工过程中的地质信息进行综合判释和处理,使得围岩分级得以快速实现。

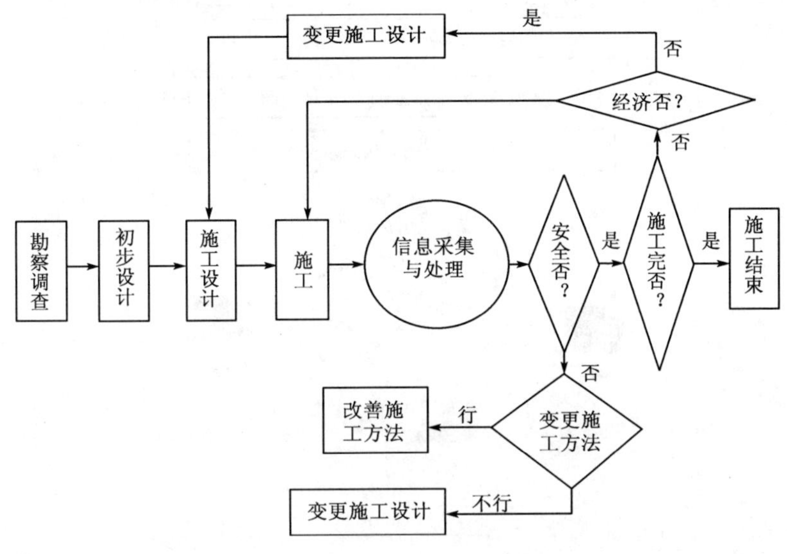

图 11-23　动态设计流程

(3)设计方法以现行规范、标准设计为主要依据,辅以专家系统和类似工程对比的方法进行。在特殊情况下,可以采用解析方法,这是符合目前设计流程的,使研制的系统也具有一定的通用性和实用性。

(4)整个系统必须把业主、设计、施工及监理四方有机地通过局域网联系在一起,以发挥各方的作用。这是目前管理体制所决定的,一时还很难更改,必须加以适应。系统的主体管理应该由设计方或施工方管理。

(5)系统必须包括信息采集与通信、信息分析与评价、决策及实施和施工管理4个子系统。

11.3.2　动态设计系统的构想

新建隧道动态设计系统的主要目标是:利用通信、计算机、网络及隧道设计、施工与管理技术,建立一个集地质、支护信息采集以及分析评价、决策实施和施工管理为一体的局域网络,并与Internet相连,实现业主方、监理方、设计方、施工方均可进行远程访问与通信的联机系统。通过研究建立一套完整的适应我国规范要求的隧道工程动态设计系统,以满足动态设计的要求。

从国外目前已经开发的系统看,一个完整的“动态设计系统”应该是一个能够收集传输信息、分析、评价、决策以及实施作业的系统。因此,“动态设计系统”应由信息采集与通信子系统、信息分析与评价子系统、决策及实施子系统、施工管理子系统构成。这几个子系统有机地构成了一个用网络联系在一起的大系统。

动态设计系统的网络见图11-24,动态设计系统的网络总体拓扑结构见图11-25。网络连接和文件传输分为洞内部分和洞外部分。

洞内部分主要指施工现场洞内数据传输到洞外服务器,这部分采用施工期间的电话线进行传输;洞外部分指除洞内传输之外的所有数据的传输与交换,这部分采用 Internet 网络进行传输和交换。

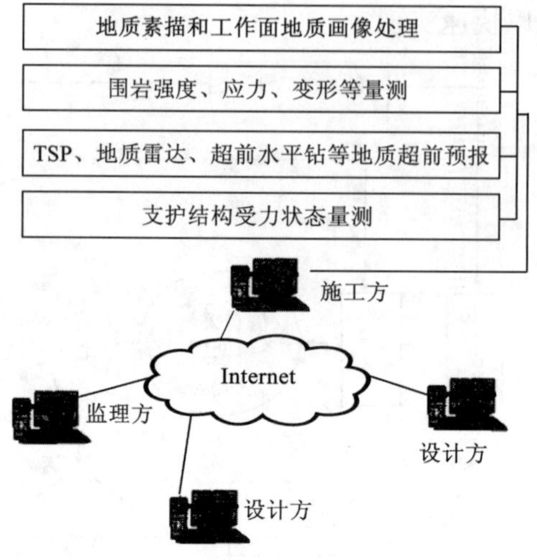

图 11-24　动态设计系统的网络

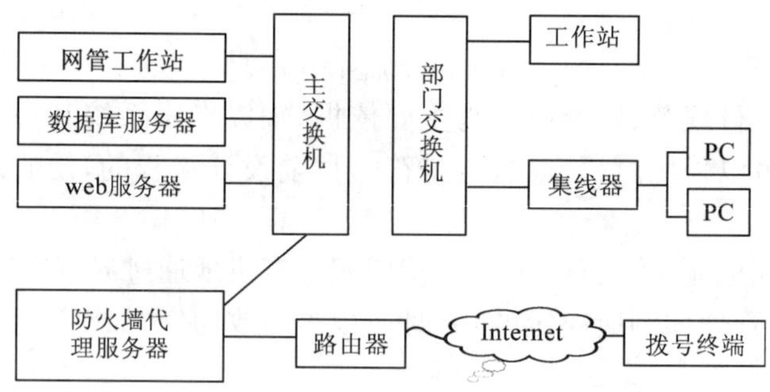

图 11-25　动态设计系统的网络总体拓扑结构

11.3.3　各子系统的组成与功能

1)信息采集与通信子系统

信息形式及内容应包括隧道设计、施工文件、竣工文件及各种图表、超前地质预报、施工监控量测、工作面地质素描、地下水及工作面涌水量、施工管理(质量、进度、材料消耗、成本核算等)、工程实验及试验等信息。信息采集尽可能采用数码技术,形成数字信号,以便能够及时可靠、原样地传递到计算机中。信息的形式是多种多样的,它包括声音、画像、数据、文字、图表等。应以最简洁、方便计算机处理的形式表示。对目前无法实现数字信号采集的项目,可人工输入计算机进行管理。将各种信息传输到计算机程序系统的通信系统是本系统的关键技术之一。

为了能够实现信息的共享性,应该对获取信息的方法作出规定。建议超前地质预报信息由 TSP 方法、超前钻孔方法、工作面地质雷达方法、围岩数字编录识别超前地质预测、工作面围岩的测试、工作面围岩级别判定等方法获取。

建议监控量测信息由隧道断面激光测试仪，数值相机断面位移测试，空隙水压计，一般测试方法（如数值收敛计），各种应力、位移、压力传感器等方法获取。有可能的话，建议对光纤维量测衬砌应力、应变的技术进行研究。

实验或试验数据应包括工作面取样进行室内试验、工作面直接进行试验的方法，如点荷载仪、回弹仪、射钉枪等方法，空隙水压计、涌水量测试等。

质量控制数据包括衬砌厚度检测、喷混凝土厚度地质雷达检测，混凝土、喷混凝土的强度试块试验及工后无损检测（喷混凝土要测试 1d 和 28d 强度），锚杆密实度测试仪、背后空洞检测方法（如地质雷达法、锤击法）等。

不管采用何种方法，最好首选数字式电子仪器测试方法，以便能够快速地在计算机上进行信息的通信、传输、处理等作业。

2）信息分析与评价子系统

信息分析与评价子系统是对各种信息进行分析，根据分析结果做出评价的系统。重点在于：超前地质预报信息的分析和评价、量测数据的分析和评价、施工管理数据的分析和评价。

信息分析与评价的方法是系统的关键技术之一。在子系统中，应对采用的解析方法、评价方法及基准做出统一规定，以便能够进行比较和分析。其基本出发点以现行规范或标准为依据。

解析方法采用位移、应力反分析方法、荷载结构模式解析方法和二维、三维 FEM 分析方法等。评价方法采用模式化方法、基准对应方法和标准模式方法。

3）决策及实施子系统

决策及实施子系统是在信息分析与评价的基础上，做出决策并予以实施的系统。此系统在某些情况下，可能要采用专家系统的方法编制。

此系统的实施部分应包括设计反馈系统和施工反馈系统两部分。前者是把根据信息决策的建议，反馈到设计中的系统；而后者则是根据信息决策的建议，反馈到施工中实施的系统。因为有的是需要设计后才能实施的，有的是可以直接反馈到施工中实施的。这两种情况应分别予以考虑。

同样，决策方法是子系统的关键技术之一。在子系统中，应对采用决策方法做出统一规定。决策方法用专家系统方法和类比方法等。

4）施工管理子系统

施工管理子系统是对隧道施工质量、进度、成本、劳动卫生环境及安全进行管理的系统。此系统应考虑施工单位的实际情况进行编制。

11.3.4　超前地质预报是动态设计的核心

隧道动态设计的基础是围岩分级，而实时判断围岩分级的核心是超前地质预报技术。

（1）综合利用掌子面前方超前地质预报的长距离预报数据，能对施工前方围岩做出初步的判断，并对设计阶段围岩分级进行修正；

（2）利用短距离预报数据进一步对掌子面前方 30m 围岩资料做出较精确的判断，进一步修正围岩分级；

（3）在重要部位钻孔验证和测孔评价，进一步修正量化围岩分级；

(4)利用掌子面数字地质编录法进行跟踪验证,必要时进行岩石岩体力学测试辅助配合,以确保对围岩的科学合理分级。

实现隧道施工相对客观、合理的、实操性更强的动态设计。避免目前围岩分级方法中虽然综合性很强,但很多参数难以确定,且很多定性描述受人为因素影响较大的弊病。

随着信息化技术的发展,超前地质预报技术的进一步完善,依托综合超前地质预报技术的围岩分级方法对隧道施工进行动态设计的时代即将到来。它会对传统的隧道施工方法与技术起到巨大的推进的作用,使之得到进一步的发展。

本章参考文献

[1] 朱璐. 基于地质超前预报技术的隧道围岩级别综合动态判定方法研究[D]. 长沙:中南大学,2008.

[2] 高新强,仇文革,关宝树. 新建铁路隧道动态设计系统的构思[J]. 铁道标准设计,2004(8).

[3] 叶英. 雁门关隧道围岩分类量化技术研究[C]//2002 年国际隧道研讨会论文集,2002:45-50.

[4] 郜玉兰,叶英. 雁门关隧道超前地质预报与监控量测技术[C]//2003 年公路隧道年会论文集,2003.

[5] 叶英. 岩溶隧道施工超前地质预报方法研究[D]. 北京:北京交通大学,2006.

[6] 郜玉兰,等. 雁门关长大公路隧道建设与运营管理成套技术研究. 交通部“十五”国家科技攻关项目,2004.

[7] 张志龙. 越岭长大公路隧道地质预报中的关键技术问题研究[J]. 成都:成都理工大学,2006.

[8] 叶英,王晓亮. 基于综合参数的隧道开挖围岩动态细化分级方法:中国,201210195163.0[P]. 2014-10.

[9] 叶英. 隧道施工超前地质预报[M]. 北京:人民交通出版社,2011.

第12章 隧道地质预报典型应用实例

隧道及地下工程开挖面前方地质预报技术有非常广泛的应用,在地下工程开挖过程中,通常开挖面前方的详细地质情况是未知的,虽然前期进行了地质勘察,但由于不同的地下工程结构、不同的地质环境、不同的施工开挖方法等有不同的特点,前方地质预报技术会因工程现场条件不同采用的方法有所变化。下面结合具体的施工开挖方法列举超前地质预报的典型实例。

12.1 在山岭隧道施工中的应用

山岭隧道正在朝"长、大、深"方向发展,通常分为岩体和土体隧道,由于其具体工程特点不同,所采用的预报方法也不同。

12.1.1 工程特点

山岭隧道通常较长、埋深较大,在前期勘察期间,由于技术手段和现场条件所限,勘查较粗,且地面现场条件较差,地表植物较多,不利于用多种方法探测。又由于埋深较大,许多地球物理方法的纵向分辨率随着深度加深而降低,且隧道开挖直径仅16m,如埋深150m,纵向分辨率90%,那么,对隧道穿越区段的地质资料就很难准确探测了。因此,通过地表探测的难度较大,前期勘察资料的准确度和可靠性较差。另外,由于埋深较大,且山岭钻探困难,只能靠拉水钻进,钻孔数量有限,钻探造价费用较高。隧道设计部分的围岩地质资料应以隧道施工期掌子面超前地质预报为主。

12.1.2 预报方法

山岭隧道以掌子面超前地质预报为主,而长距离预报应以地震反射法为主,由于地震波传播距离较远,且相对其他方法而言,探测的距离相对较容易判断,也就是地震波的速度可求。而在地震反射法中,应以角度偏移为主。其他电性方法,由于供电等原因,且探测距离较浅,可作为辅助方法。总的原则是"综合参数(波速+电阻率)、长短结合(地震反射法+电性方法)",地震方法有TSP、VSP、HSP、TRT、USP等;电性方法有GPR地质雷达、TEMT瞬变电磁法、

BEAM激发极化法；钻孔方法有弹性波和电磁波CT。预报时可根据现场地质条件复杂情况选择使用。

12.1.3 TSP预报北京市西六环卧龙岗隧道软弱围岩（叶英，2009）

1）工程概况

北京西六环（良乡—寨口段）公路工程建设项目是联系北京郊区新城镇和疏导市际过境交通的高速公路，同时又是国家高速公路网的一部分。其中卧龙岗隧道左线长420m，右线长440，为小净距复合式衬砌结构。主要岩性为：第四系冲洪积轻亚黏土、砂质板岩、粗砂岩、粉砂岩、黏土质砂岩等。

该项目采用TSP203与USEP21进行联动对比采集。其中，现场排布按照TSP203的技术要求进行，USEP21由于不受现场排布的限制，是借助TSP的震源进行采集试验的。

2）掌子面工程地质描述

WK17+972掌子面岩性主要为千枚岩，灰色、深灰色，块碎状结构，结构面平直，掌子面围岩整体性较差，围岩不能自稳，岩体产状较陡，开挖时受层理、节理、裂隙影响，掌子面岩体软硬不均，开挖时如不进行超前支护，会引起拱顶塌方。

其中，左线隧道纵断面如图12-1所示。

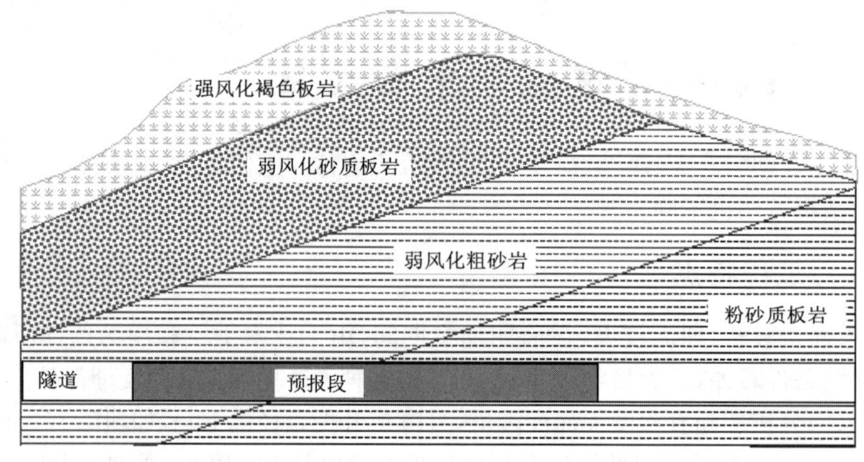

图12-1 左线隧道纵断面

3）TSP203超前地震预报资料

采用TSP 203仪器进行地震波数据采集，本次激发23个点，2个接收器置于隧道毛壁两侧，接收器位置里程WK17+890，掌子面位置里程WK17+972，采集的TSP数据通过TSP-win软件进行处理，获得P波、SH波、SV波的时间剖面、深度偏移剖面和反射层提取以及岩石物性参数等一系列成果。在成果解释中，以P波剖面资料为主对岩层进行划分，结合横波资料对地质现象进行解释，解释中，遵循以下准则。

（1）正反射界面表明进入硬岩层，负反射界面表明进入软岩层。

（2）若S波反射较P波强，则表明岩层饱含水。

（3）v_p/v_s 增加或泊松比突然增大，常常由于流体的存在而引起。

(4)若 v_p 下降,则表明裂隙或孔隙度增加。反之,v_p 增大,表明岩体强度增加。根据以上准则,解释成果如表 12-1。

掌子面 WK17+972 前方 110m 岩体性质预报　　表 12-1

序　号	里　　程	长度(m)	推 断 结 果
1	WK17+972～WK18+027	55	本段围岩与掌子面相近,岩体性质变化不大
2	WK18+027～WK18+051	24	本段岩体强度增强带,裂隙发育
3	WK18+051～WK18+068	17	本段岩体强度减弱带,裂隙发育
4	WK18+068～WK18+082	14	本段岩体强度增强带,裂隙发育,岩体稳定性较差

说明:上表推断的围岩软硬情况,是根据地震波反射确定的,与隧道工程中岩石等级划分的硬质、软质岩石不一定成对应关系。

(5)报告图示如图 12-2～图 12-6 所示。

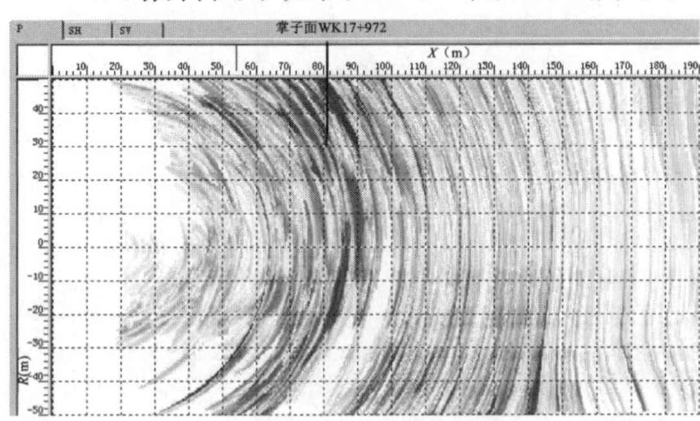

图 12-2　TSP 反射 P 波二维成像

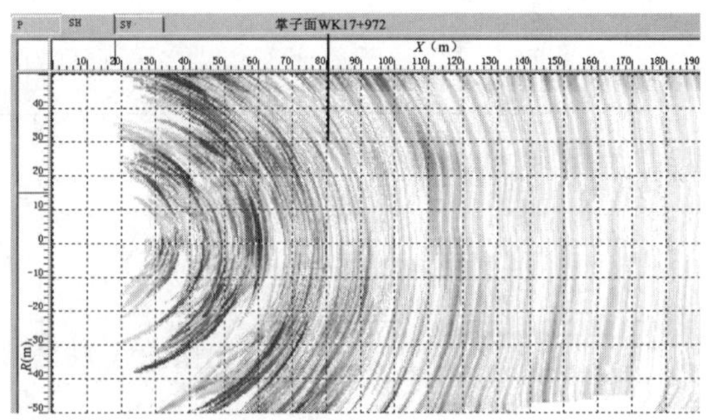

图 12-3　TSP 反射 SH 波二维成像

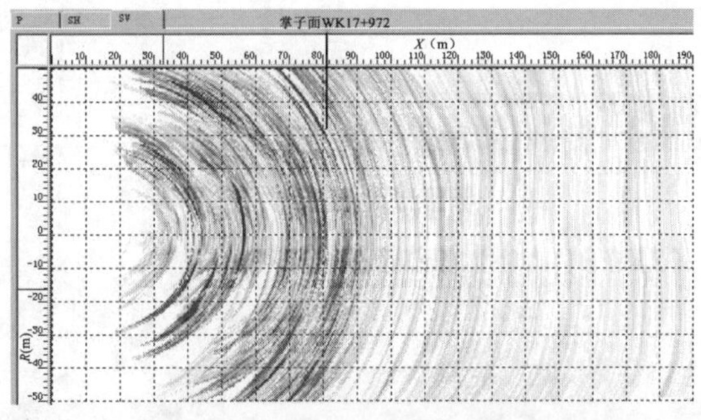

图 12-4　TSP 反射 SV 波二维成像

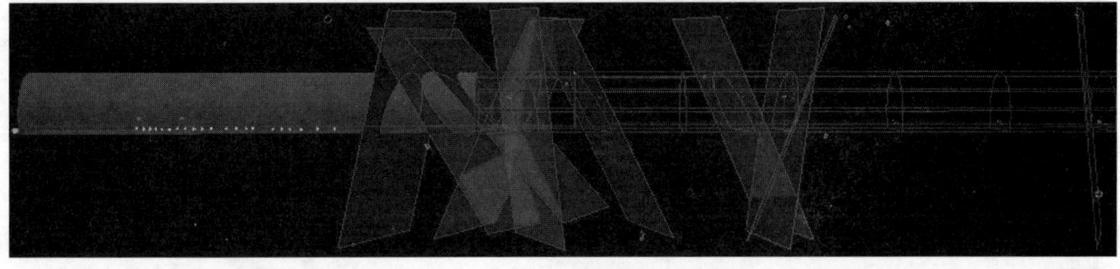

图 12-5　TSP 的 P 波反射界面三维成果

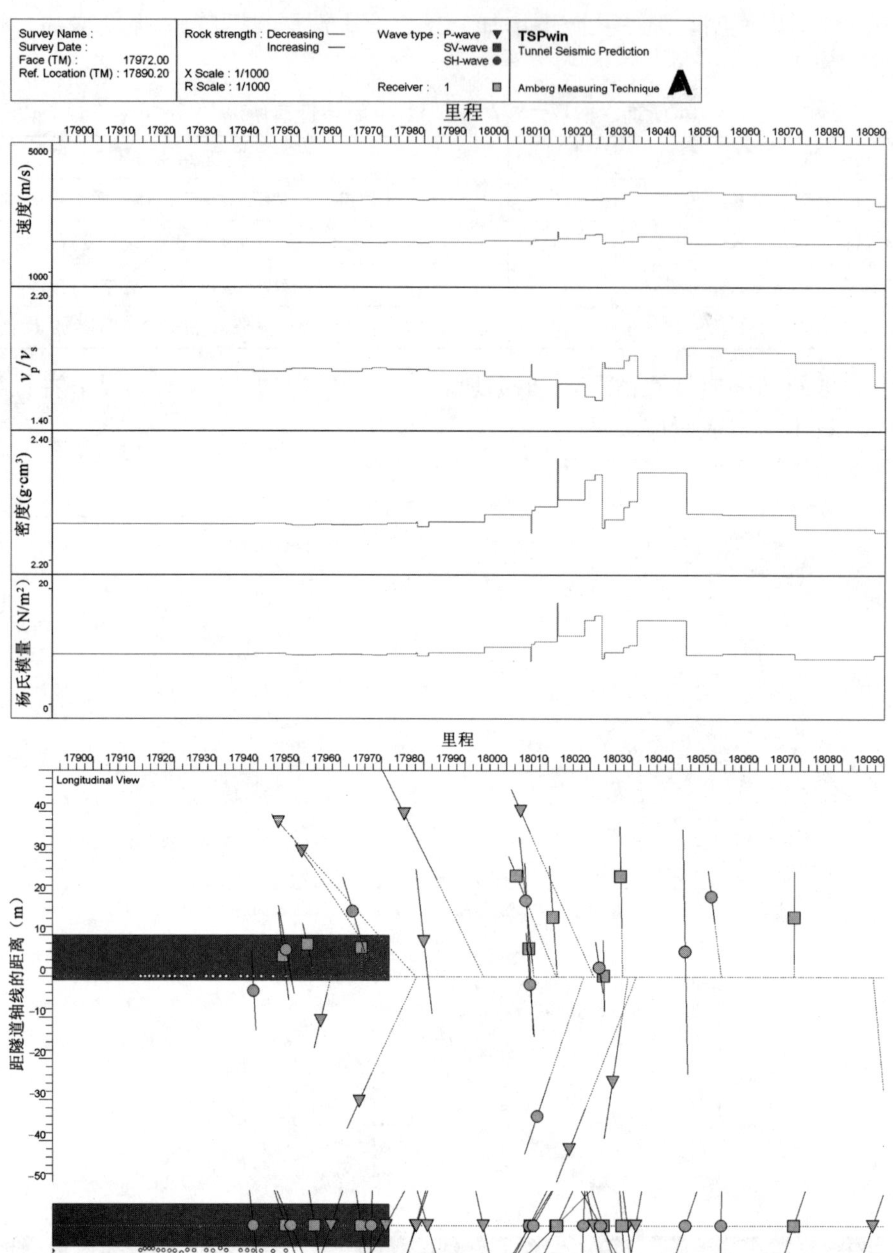

图 12-6　TSP203 超前地质预报二维成果

12.1.4　VSP 预报日本 Kurobe 隧道断层破碎带(Y. Ashida,2001)

在日本京都县舞鹤市 Kurobe 隧道实际采集的数据经数据及图像处理的结果见图 12-7，数据处理过程：格式转换→谱分析→带通滤波→AGC 处理→等值跟踪→图像处理→反射界面自动成图。

实际成果解释如图 12-8 所示。图 12-8a)是根据 TBM 施工方法展布的三维解释图像，图

12-8b)是按照钻爆法解释的三维图像,图 12-8c)是地质解释成果。

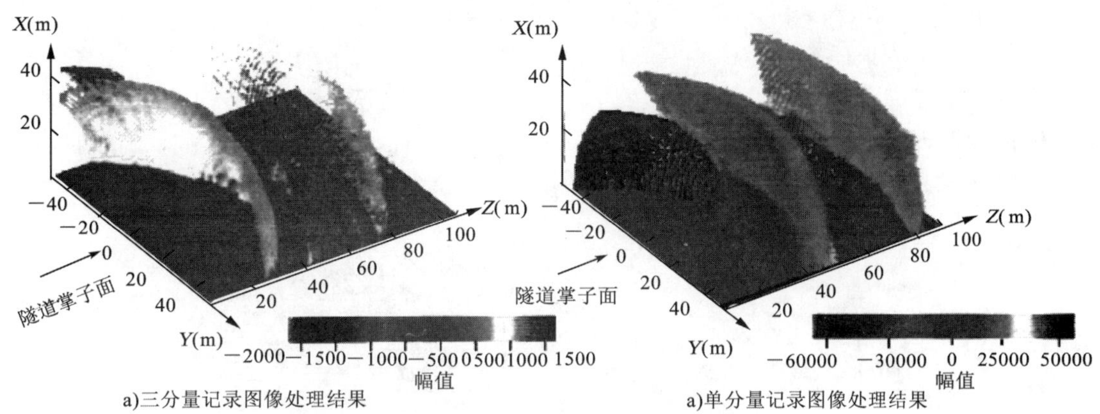

a)三分量记录图像处理结果　a)单分量记录图像处理结果

图 12-7　实际采集的数据经数据及图像处理的结果

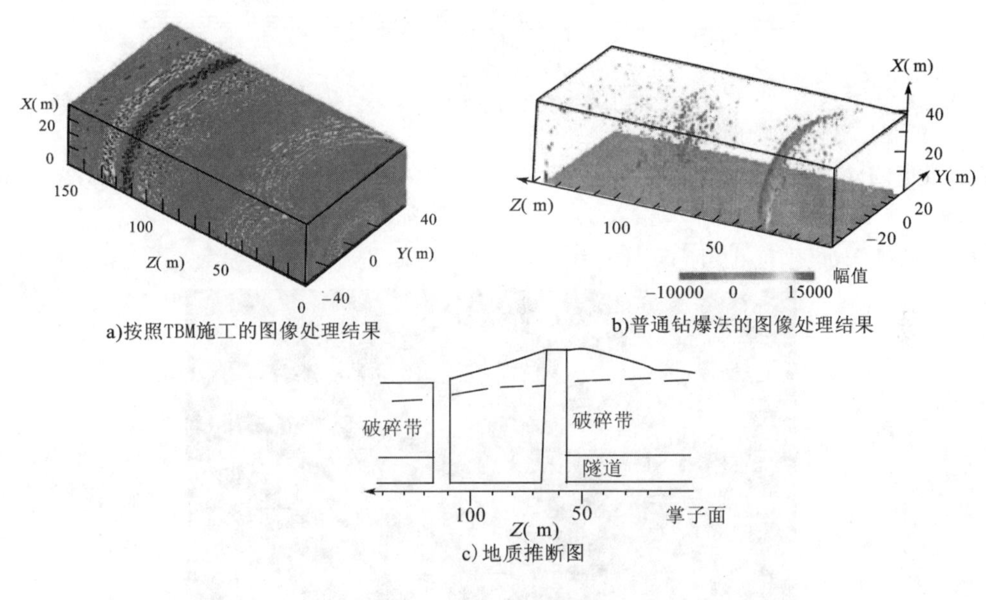

a)按照TBM施工的图像处理结果　b)普通钻爆法的图像处理结果

c)地质推断图

图 12-8　实际成果解释

以上的 VSP 探测及数据图形图像处理技术可以探测到大的岩溶复杂三维形状体。目前的 TSP203 和 TGP12 隧道地震预报系统虽然能采集到三分量数据,但简单地去看某个分量的反射波结果,很难从中捕捉到所有的有用信息。经以上图形、图像处理可将三分量数据充分结合起来,它能提供更多的地质信息,再结合隧道边墙两侧的多个传感器排布的资料,将能提供更多的地质信息,有望解决隧道要求预报范围内的较大规模岩溶问题,对于小的岩溶,由于规律性不强,且波形传播过程中随着不均匀介质的变化而叠加畸变,很容易被忽视。但三分量的显示无疑大大地提高了解释资料的可靠性和解释精度。

12.1.5 USP地质预报

USP预报北京市西六环卧龙岗隧道软弱围岩(叶英,2009)。

1)掌子面工程地质描述

EK17+972掌子面岩性主要为千枚岩,灰色、微风化,块碎状结构,结构面平直,掌子面围岩整体性较差,围岩不能自稳,岩体产状较陡,开挖时受层理、节理、裂隙影响,掌子面岩体软硬不均,开挖时如不进行超前支护,会引起拱顶塌方。地质纵断面见图12-9。

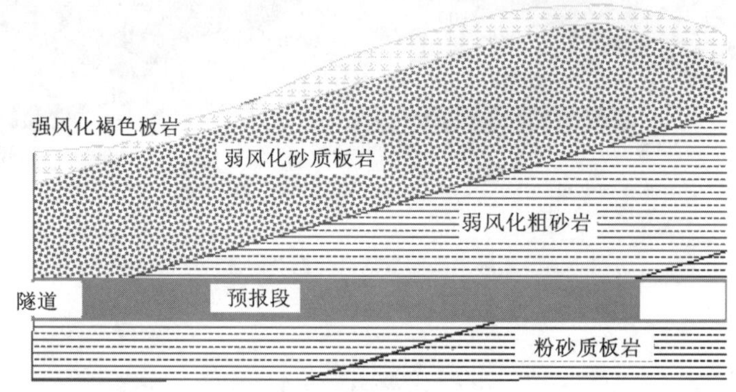

图12-9 右线隧道纵断面

注:图中黑粗线及右下方区域表示预报段

2)USEP21超前地质预报

右线USEP21超前地质预报的解释方法和左线一样,以下列出主要的波形图,方便对照和比较。

(1)现场排布如图12-10所示。

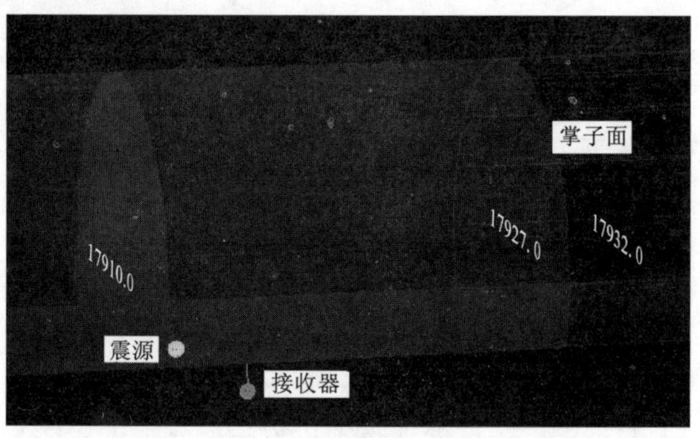

图12-10 现场排布

(2)局部二维切面及投影如图12-11所示。

(3)三维解释如图12-12~图12-15所示。

从图12-15中可以看出,该三维图可进行三维形状体的探测与解译。根据USEP21系统测试结果与TSP203系统对比后,整个该区段的预报资料是根据USEP21的解释结果提供的,该预报资料已经现场实际开挖验证,说明USEP21系统预报的效果完全符合实际。

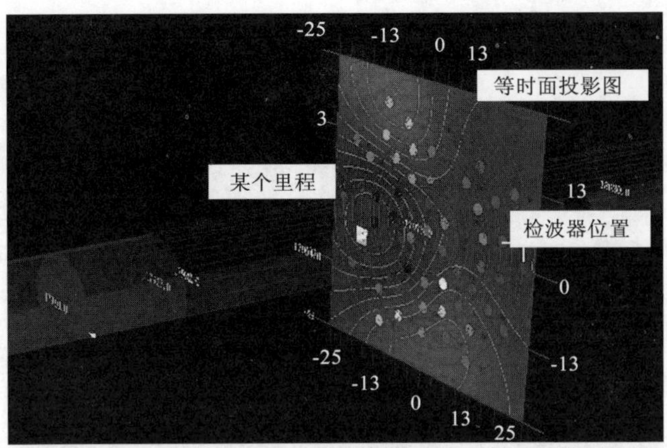

图 12-11　某个里程的等时面投影

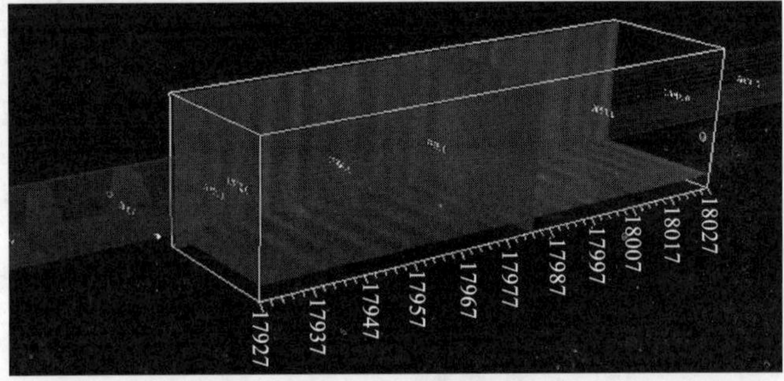

图 12-12　经校正后的三维等值像

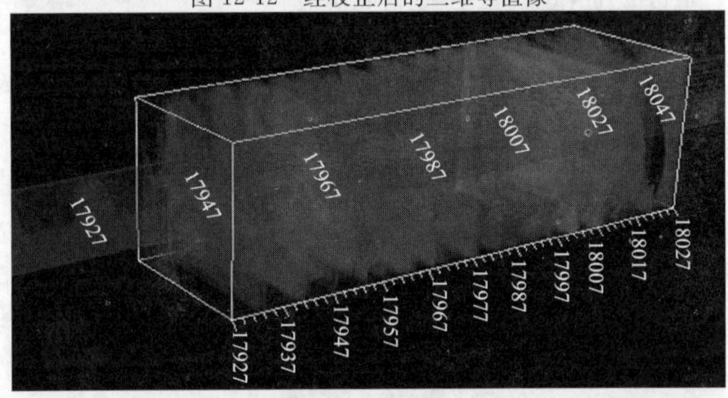

图 12-13　三维等值面

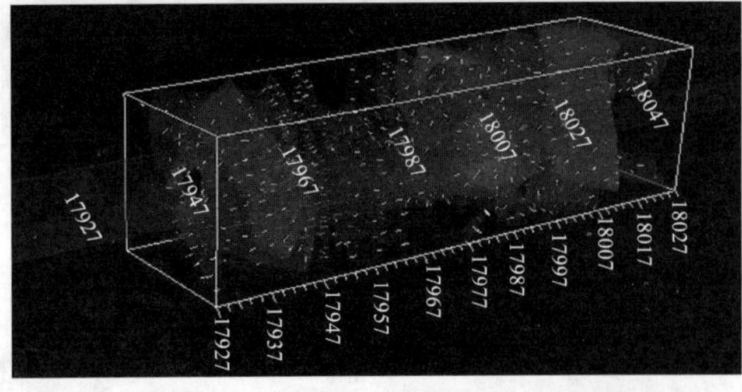

图 12-14　经叠加后的三维等值面及矢量混合

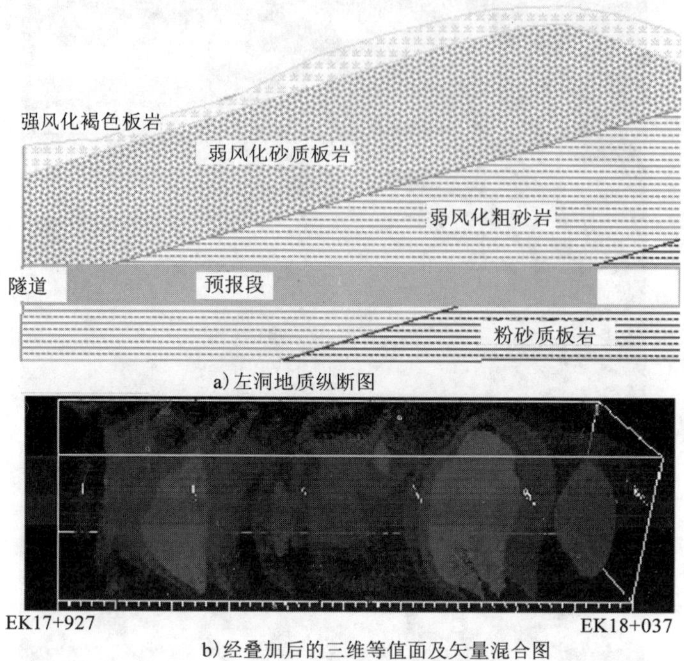

a)左洞地质纵断图

b)经叠加后的三维等值面及矢量混合图

图 12-15 (右洞)综合地质纵断面解释

12.1.6 TRT 超前预报

12.1.6.1 TRT 预报乌池坝隧道岩溶裂隙(刘玉山、陈建平,2008)

1)乌池坝隧道掌子面地质结构

2007 年 12 月 16 日,乌池坝隧道左线出口段已挖至 ZK256+854,超前预报组对掌子面围岩等地质现象作了详细观察和地质素描,结果如下:岩石为三叠系下统大冶组第二段深灰色薄层状微风化灰岩,属硬质岩石。岩层产状为 330°∠20°。发育一组节理裂隙,走向为 160°,倾角近直立,间距 012~013m,长度>310m,微张,微量渗水,岩体呈块碎状结构,如图 12-16 所示。

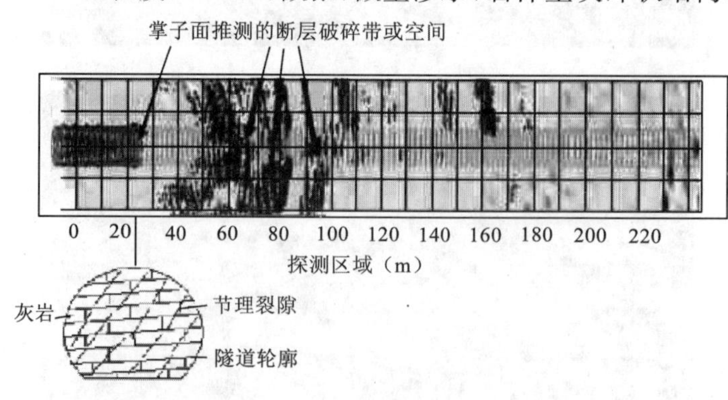

图 12-16 乌池坝隧道左线 ZK256+854 掌子面地质素描图及超前预报成果(俯瞰图)

2)TRT 数据成果分析与解释

经过前面一系列工作后，室内处理得到的是一张三维地震波反射层析成像图。由 TRT 专业软件生成，可以从各个角度观察地震反射成像信息，比原来的二维图更直观详细，图 12-16为隧道层析成像俯瞰图。

掌子面位于横向坐标 25m 处，0～25m 为已开挖洞身，25～220m 为 TRT 探测区域。图 12-16中箭头所指的部分(60～100m 范围)为探测到的可能的岩石破碎区域。其中，暗色区域表示负反射系数较大，表明该区域可能存在较低的地震波传播速度，一般来说，当地震波遇到破碎、松散或者含水的不良地质区域时，就会使地震波振幅明显衰减，波速降低。地震波的横波不能穿过含水区域，就会形成较强的反射，由资料解释及开挖验证得知：成果图显示的异常与实际开挖能够很好地对应。

12.1.6.2　TRT 预报日本釜山某隧道软弱围岩(D. R. Hanson 等)

在隧道掌子面附近安设三维接收器，接收器布置视隧道几何形态和 TRT 数据采集系统确定，在岩石表面安设 10 个以上带前置放大器的加速度传感器，有地震发射的信号及隧道掌子面前方界面反射回来的信号采用标准的 24 道地震仪采集，完成隧道掌子面前方地质情况的三维反射层析成像。图 12-17 所示为三维地震反射层析成像原理，图 12-18 所示为日本釜山某隧道掌子面前方 TRT 反射层析成像平面。

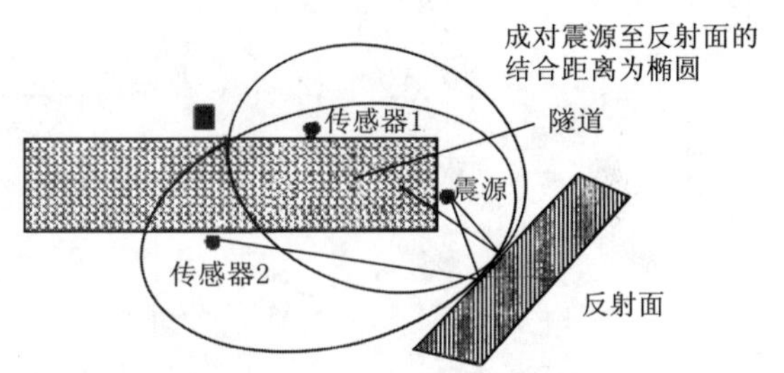

图 12-17　三维地震反射层析成像原理

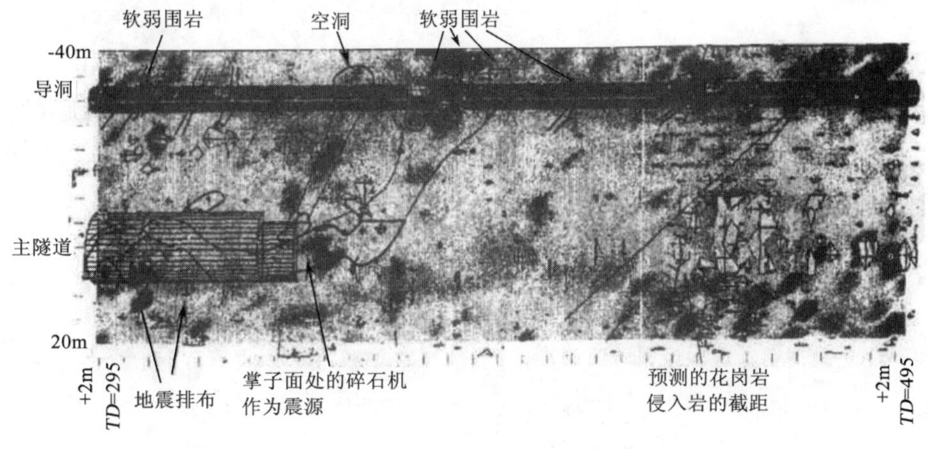

图 12-18　日本釜山某隧道掌子面前方 TRT 反射层析成像平面(D. R. Hanson 等)

12.1.7　HSP 预报武隆隧道岩溶充填物界线

(1)武隆隧道开挖至 DK193＋205～DK193＋235 处揭露岩溶暗河，并沿着隧道轴线方向开挖至 DK193＋300 掌子面均为溶洞泥夹石充填物，为确定充填岩溶前方界线，采用以地质分析法为基础的 HSP 声波反射法综合地质预报，探测掌子面里程为 DK193＋300(图 12-19)。

根据反射子波频域、时域分析结果表明，在隧道掌子面前方 6m 处存在一反射界面，反射

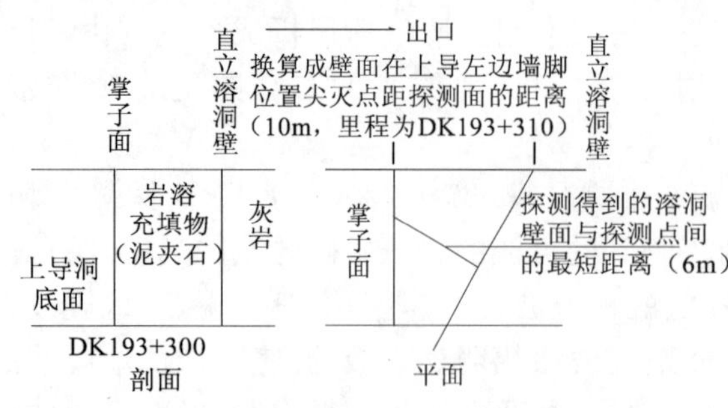

图 12-19 武隆隧道 DK193＋205～DK193＋310 岩溶充填物界线预报

波相位与接收首波相位相同，即充填岩溶前方界线。

地质调查表明：该充填岩溶洞壁主要充填岩溶前方界线预报受直立结构面控制，顶、底多半受岩层面控制，经修正确定的充填岩溶前方界线距隧道掌子面距离为 10m。

隧道开挖验证表明，充填岩溶前方界线位置 DK193＋310，与预报结果完全吻合。

（2）DK193＋205～DK193＋235 隧底为溶洞泥夹石充填物，探测剖面布置如图 12-20 所示，在隧底布置 3 条测线，即 F_4、F_5、F_6，长度分别为 8m、13m 和 12.7m。其中，F_4 和 F_6 布置 4 个接收点，F_5 布置 7 个接收点。

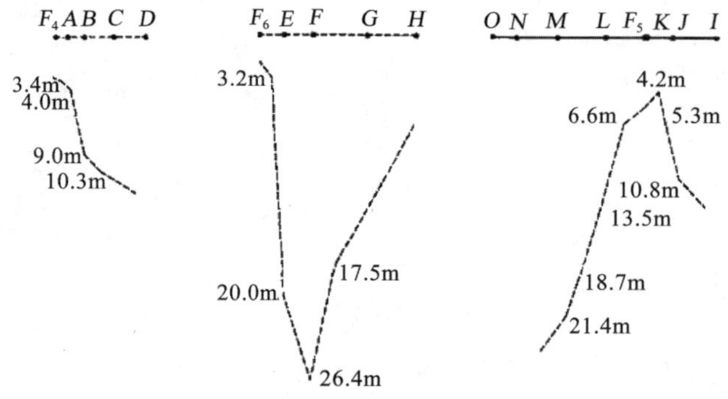

图 12-20 2 号暗河隧底充填物底界深度剖面

图 12-21 为隧底暗河充填物深度等值线图。资料表明：①暗河充填物在隧底以下平均深度约 9m，最深可达 26.4m，底界高低不平，充填物分布不均匀；②暗河充填物主要为块石、卵砾石、粗砂和黏土；③溶洞朝向隧道出口方向有向下延伸的趋势。

经钻孔揭示，预测结果与实际情况基本一致。

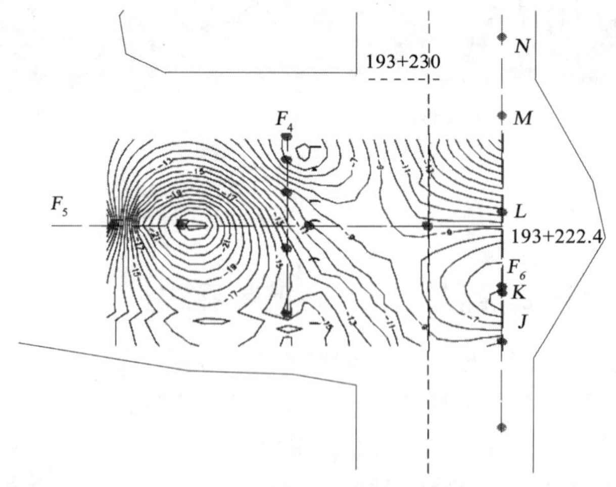

图 12-21 DK193＋205～DK193＋235 隧底暗河充填物深度等值线

12.1.8　声波 CT 探测圆梁山隧道岩溶管道

中铁西南科学研究院采用跨孔声波层析成像开展岩溶管道分布位置的探测研究，其目的是探明孔间岩土体内部结构(岩溶发育分布)。其测试布置见图 12-22。

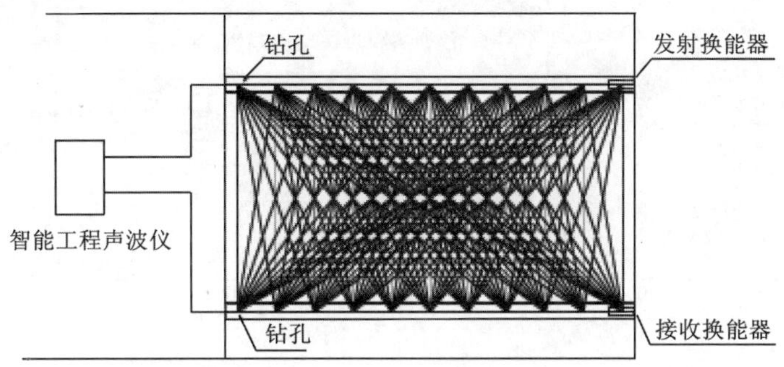

图 12-22　声波 CT 探测布置

图 12-23 为圆梁山隧道出口 DK361＋764 左边墙脚部位出水点位置溶管 CT 探测成果。剖面内平均声波纵波速 3103m/s。从 CT 成果可以看出，在剖面中部靠进口端，存在速度 500～1100m/s 的区域，分析为岩溶管道，剖面内其余部位的岩溶裂隙也可以从 CT 成果图中得到反映。

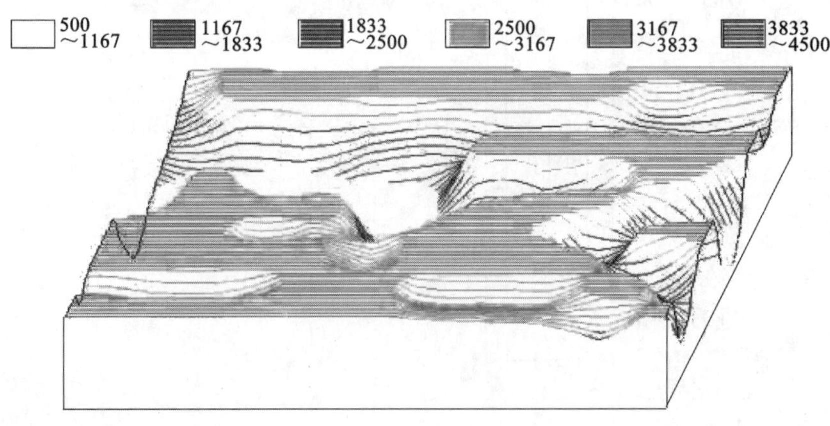

图 12-23　探测结果立体图显示

12.1.9　GPR 地质预报

12.1.9.1　GPR 预报锦屏二级电站辅助洞含水裂隙

锦屏二级电站辅助洞出口段 A 洞。选择有裂隙水地段作探查，主要依据是强反射和反射波正半周在前，与雷达入射子波负半周在前相反。锦屏电站探地雷达隧道超前地质预报成果见图 12-24。

从图 12-24 可见 17～20m 深的含水裂隙的反映，其中 17～18m 处标示的强反射反映了裂

隙水集中处。

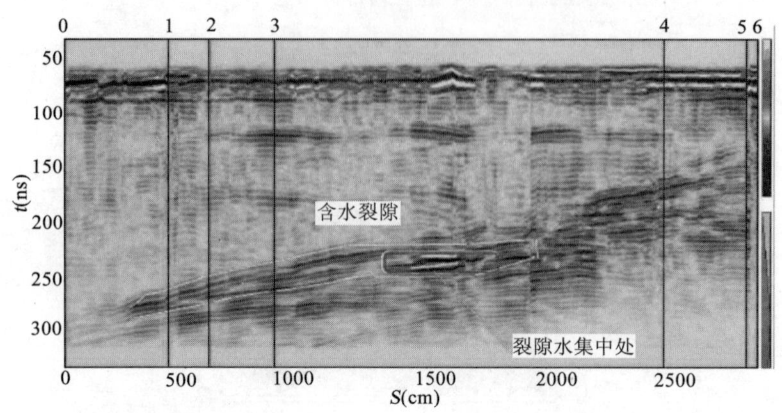

图 12-24　AK12＋900 前后左边墙雷达探水时间剖面

12.1.9.2　GPR 预报乌池坝隧道左洞底板岩溶管道

1)左洞掌子面雷达探测

乌池坝隧道(离马鹿菁铁路隧道很近)进口 YK255＋445～YK255＋468(ZK255＋498～ZK255＋524)段底板以下岩溶管道探查测线布置如图 12-25 所示。

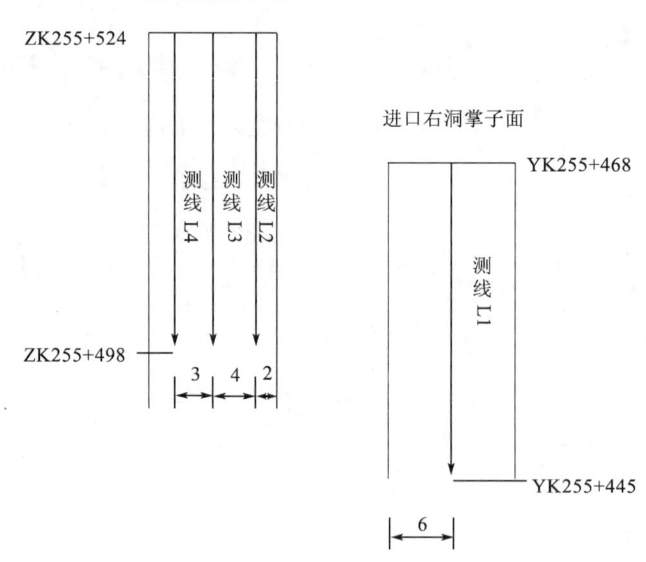

图 12-25　左洞掌子面测线布置(单位:m)

测试结果如图 12-26～图 12-29 所示。

2)左洞底板解释成果

乌池坝隧道左洞底板雷达测线解释成果如图 12-30 所示。测试波谱见图 12-31、图 12-32。

ZK326＋790～ZK326＋797 范围内围岩完整性较好,为中厚层微晶灰岩;ZK326＋796.5～ZK326＋800 范围内为灰岩,中厚层,局部出现破碎;ZK326＋804 进入页岩,左半部分

为薄层状页岩，表面渗水，右半部分为黄色泥，含水较多；ZK326+805～ZK326+808 与前面一样，左半部分为薄层状页岩，表面渗水，右半部分为黄色泥，含水较多；探测结果与开挖揭露情况吻合较好。

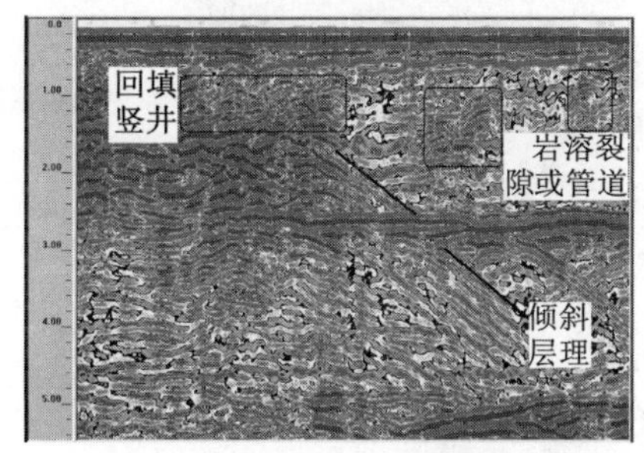

图 12-26　掌子面测线 L1 波谱

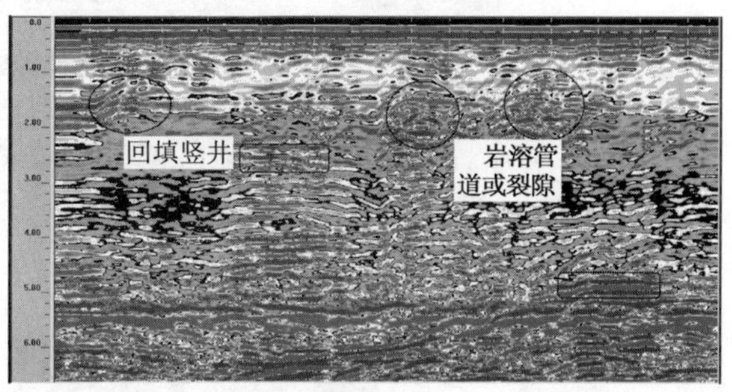

图 12-27　掌子面测线 L2 波谱

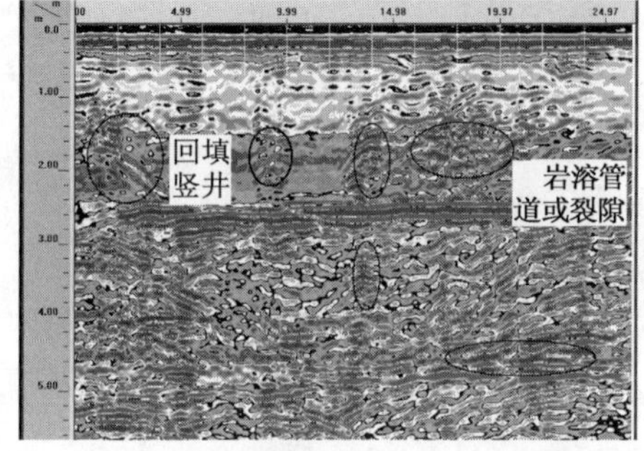

图 12-28　掌子面测线 L3 波谱

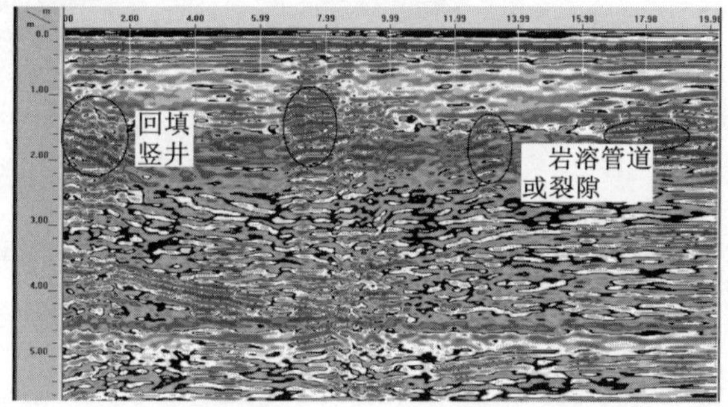

图 12-29　掌子面测线 L4 波谱

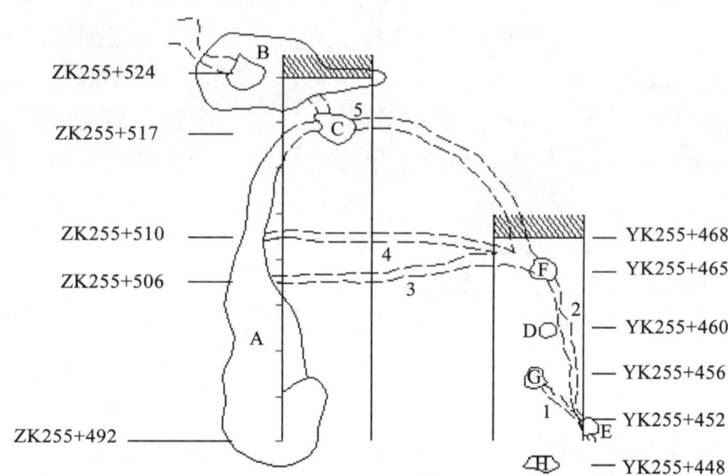

图 12-30　乌池坝隧道左洞底板雷达测线解释成果

注：A～H 为实测岩溶异常；1～5 为推测岩溶连通情况。

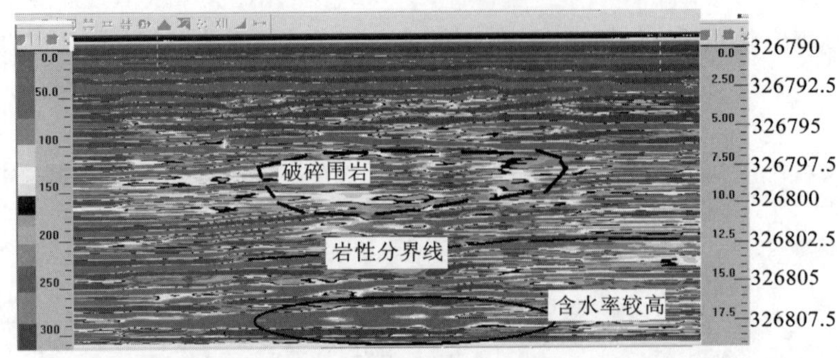

图 12-31 雷达探水时间剖面

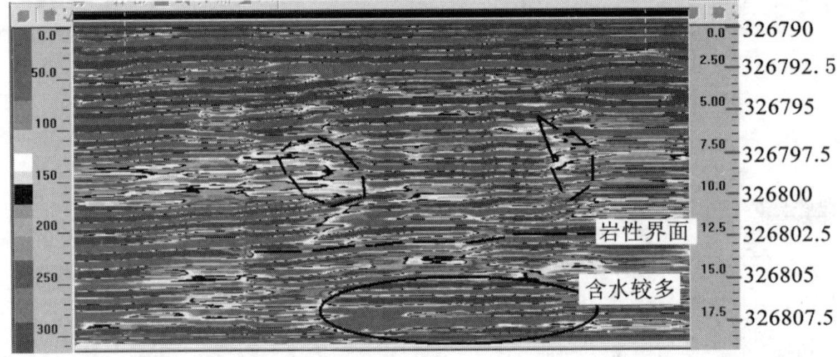

图 12-32 雷达探水时间剖面

12. 1. 10 TEMT 地质预报

12. 1. 10. 1 TEMT 预报晋济高速天井关隧道围岩完整性

1)晋济高速天井关隧道概况

在太原至澳门国家重点公路晋城至济源高速段山西境的隧道施工中，应用瞬变电磁仪对施工掌子面前方的岩石状况进行超前地质预报，主要目的是提供隧道掘进前方的地质情况，包括围岩的完整性、断层破碎带和溶洞的规模以及位置、不良地层的赋水情况，进而对围岩类别的划分和坑道开挖时稳定性做出分析。通过对地形、地貌的观察及隧道掘进过程中地质情况的跟踪调查与掌子面的素描，分析本段电磁法所测资料，综合评价预测段洞室开挖岩土工程地质条件。

2)工作方法

瞬变电磁仪的具体设备和工作参数如下。

(1)仪器设备：小装置瞬变电磁法采用 EMRS-3A 型大功率瞬变场仪。该仪器采用正、负阶跃脉冲波形发射，最大发射电流可达 1000A(本次工作采用 99A)，电缆同步，可进行多次叠加。

(2)工作参数：发射线框为 3m×3m；接收线框为中心探头(等效于 50m×50m 的方形线框所测量感应电压)；发射电流为 99A；采样延迟时间为 10ms；叠加次数为 32。

3)分析解释

野外采集的数据含有发射线圈、发射电流、接收线圈、增益、叠加次数等因素的影响，必须

进行归一化。根据反演结果进行定量解释。

根据剖面的显示情况，可以直观地看出隧道掌子面前方岩石的状况。一般情况下，典型的超前探测剖面中，完整性较好的未风化灰岩的剖面图，电阻率较高，曲线比较规则，表明围岩较好；围岩完整性较差的剖面图，电阻率较低，曲线不规则，变化较大，这是节理较发育的表现。根据电性的变化，就可以进行围岩类别划分(图 12-33)。

12.1.10.2 TEMT 预报林织铁路坪子上隧道溶洞分布

1)工程概况

林(歹)织(金)铁路是西南铁路网络建设的组成部分，是贵州省铁路建设的一项重要工程，铁路总长 99.559km。坪子上隧道位于坪子上车站至大冲车站之间，全长 6302m，为高瓦斯隧道，是全线控制性工程。选址部位多发育岩溶，隧道施工阶段多揭露出不同形态、不同大小规模的岩溶形态。如溶槽、溶缝、空溶洞以及填充不同岩土性质的充填溶洞等。

2)工作方法

由于岩溶地区探测的特殊性，瞬变电磁法探测应用效果优于其他几种探测方法。探测对象所赋存的地质条件和埋深是影响物探效果至关重要的因素。探测对象的几何形态，包括高度、长度、宽度等也影响探测的效果，因为探测对象的几何尺寸决定了探测深度及系统具有的分辨率，关系到线圈大小、规格的选择。

仪器采用 IGGETEM-20 型瞬变电磁仪，发射装置经过比较选用 3m×3m，8 匝线框，点距 0.2m，接收装置选用向后屏蔽的 250K 磁探头。由于是探测掌子面前方的地质情况，所以发射线圈及接收探头都固定在田字形的发射架上。测点布置如图 12-34 所示，在隧道中部(后方 50m 内没有其他影响)垂直于隧道中轴或两侧作一测线，以测量隧道内的背景值。

3)成果解释

将测量所获得的数据经过三维全方位处理分析，包括滤波、圆滑、正演、反演等，突出了低阻体的异常，并把处理结果绘制成电阻率剖面图，再根据剖面图上所反映的电阻率在空间的变化情况，做出推断解释。

本次探测结合地质编录、三面展开图、开挖地质记录分析，位于 ZDK35＋950 掌子面进行 TEM 探测，探测位置前方 42～50m 范围视电阻率很低，推测其为溶蚀管道或充泥溶洞。视电阻率等值线见图 12-35。

4)开挖对比

瞬变电磁法探测预报结果：ZDK35＋992～ZDK36＋000 段视电阻率很低，推测其为溶蚀管道或充泥溶洞，围岩裂隙，溶隙发育，局部破碎，具备隐伏水体聚积。

开挖结果：开挖至 ZDK35＋990，掌子面出现泥质冲天溶蚀裂隙，并伴有岩溶水渗出；开挖至 ZDK35＋993 时，掌子面左侧为一溶洞尾端，右侧为溶槽。通过开挖，确定该处为一溶洞边缘，下部为泥质充填。

12.1.10.3 TEMT 预报都汶高速董家山隧道裂隙水情况

2006 年 9 月 26 日，成都理工大学项目组在都汶高速公路董家山隧道涌水段进行了超前地质预报的试验，采用 IGGETEM-20 型瞬变电磁仪以及配套的隧道超前预报专用线圈、支架和屏蔽探头，发射时基 4ms，发射供电电压 12V，视窗选择范围 14μs～5ms，延时 50μs，关断时间 20μs，测道 53 道，叠加次数 256 次，测点距离 0.5m(图 12-36)。

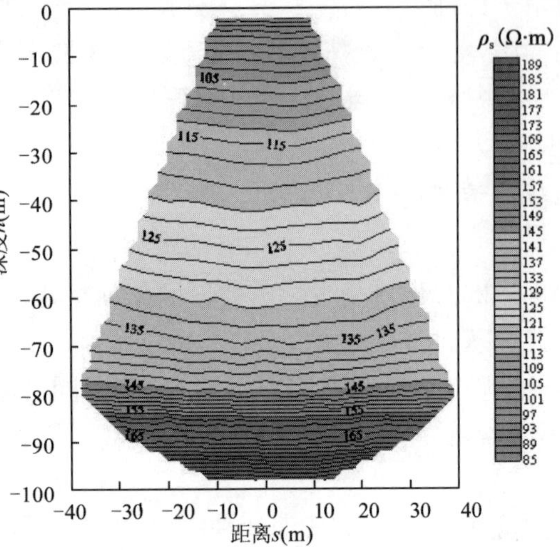

图 12-33　隧道超前探测剖面

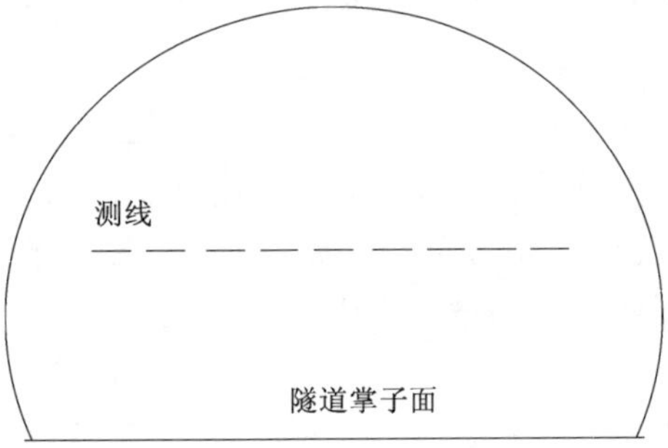

图 12-34　掌子面里程 ZDK35＋950TEM 测点布置

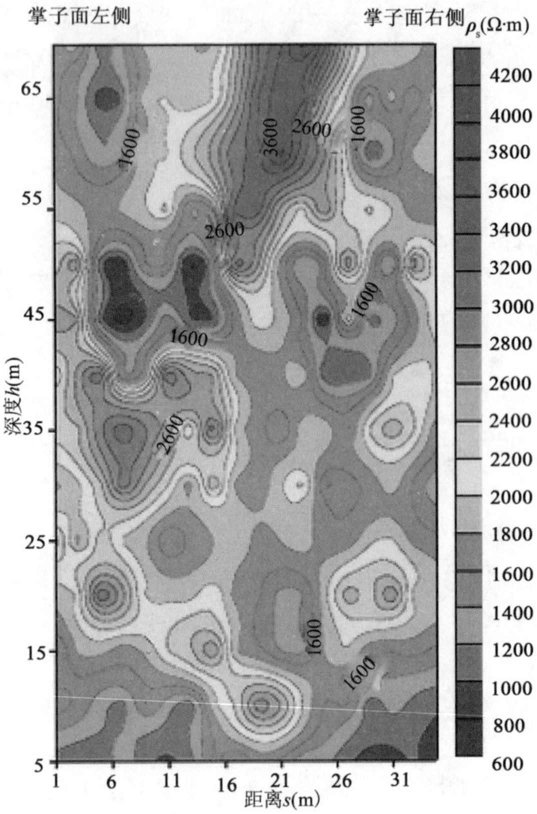

图 12-35　ZDK35＋950 掌子面视电阻率等值线

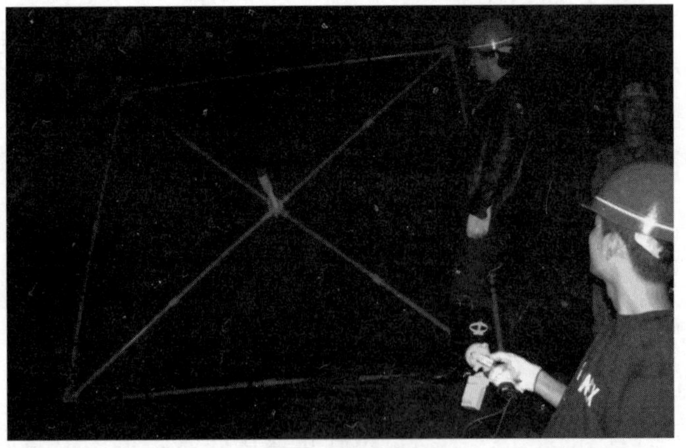

图 12-36　IGGETEM-20 型瞬变电磁仪发射线圈以及支架和接收探头

试验断面位于D合同段右线K16+856掌子面。该处地层为三叠系上统须家河组；岩性为炭质泥岩为主夹砂岩，同时含有煤线；岩体破碎，呈碎石状结构或块碎状镶嵌结构；节理发育，围岩稳定性差，局部右小股裂隙水；围岩类别为Ⅴ级。

组装支架在洞外进行，耗时0.5h，洞内进行探测数据收集，耗时20～30min，采集数据进行分析得到电阻率等值线图（图12-37），纵轴为掌子面前方距离，单位为m，横轴为便于绘图放大了比例，每点间代表距离为0.5m，从图12-37中信息可以预测掌子面前方40m范围内电阻率均匀变化，说明无充水的溶洞裂隙，出现涌水突水可能性不大，从40m到65m范围内隧道掌子面的偏左的地方出现低阻异常带（如图12-37中黑粗线圈出处），此处可能出现小的涌水。

据以上分析，对掌子面65m范围内地下水状况预报如下。

(1)K16+856～K16+816段无大规模水体，出现涌水突水可能性较小。

(2)K16+816～K16+791段出现大规模的涌水可能性也很小，但是从局部低阻异常带中分析得出局部有小规模涌水的可能。

而在之后1个多月的开挖过程当中也逐渐印证了此次预报的结果：预报无涌水洞段均为潮湿局部有淋水现象，而开挖到掌子面K16+804时的超前探孔探明前方确实存在小的涌水。

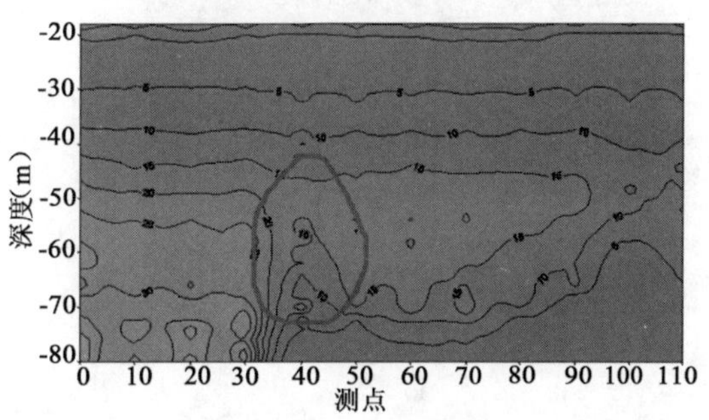

图12-37　TEM超前探测

12.1.10.4　TEMT预报宜万铁路某隧道溶洞分布

宜万铁路某隧道采用瞬变电磁法进行超前地质预报，图12-38为TEM超前预报视电阻率图，图12-38中文字标识的异常低阻带反应有溶洞存在，经开挖验证预测结果见表12-2，预测结果与实际开挖吻合较好。

TEM超前预报效果统计　　表12-2

测线位置	TEM 推断		开挖结果	
里　程	不良地质	里　程	不良地质	里　程
DK103+456	充泥裂隙	DK103+484	充泥裂隙	DK103+486
DK108+739	充泥裂隙	DK108+711	充泥裂隙(宽约1.5m)	DK108+710
DK109+007	充泥裂隙	DK109+012	充泥裂隙(宽约1cm)	DK109+014
	充泥裂隙	DK109+013	充泥裂隙(宽约1cm)	DK109+016
	充泥裂隙	DK109+042	充泥裂隙(宽约0.4m)	DK109+040

12.1.10.5　TEMT预报锦屏二级水电站岩溶裂隙水

2007年在锦屏二级水电站用瞬变电磁做高压岩溶裂隙水的预报。现场布置见图12-39。

锦屏A洞左侧里程K1+109测试的视电阻率断面等值线见图12-40，八字岭隧道测线视电阻率断面等值线见图12-41，长卤子隧道测线视电阻率断面等值线见图12-42。

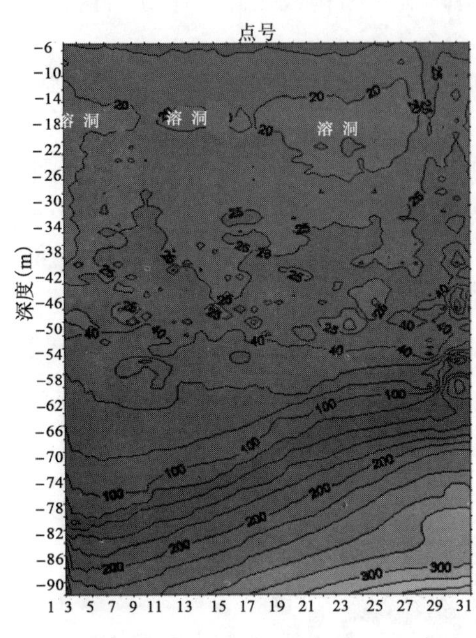

图 12-38　TEM 超前预报视电阻率

图 12-39　预报现场布置

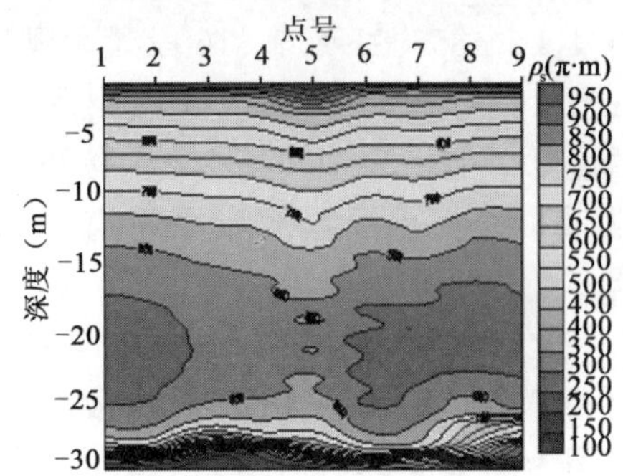

图 12-40　锦屏 A 洞左侧里程 K1＋109
视电阻率断面等值线

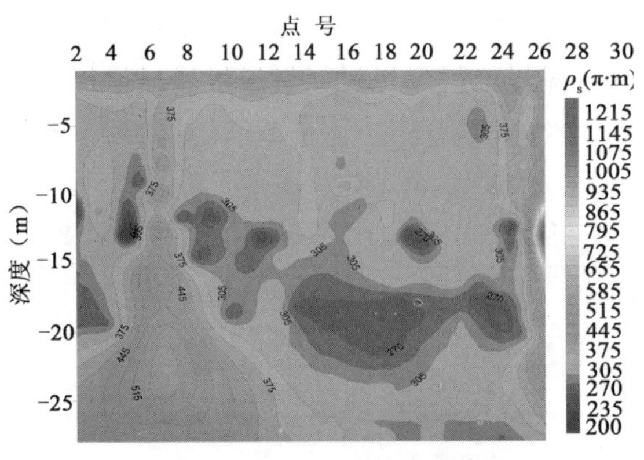

图 12-41　八字岭隧道视电阻率断面等值线

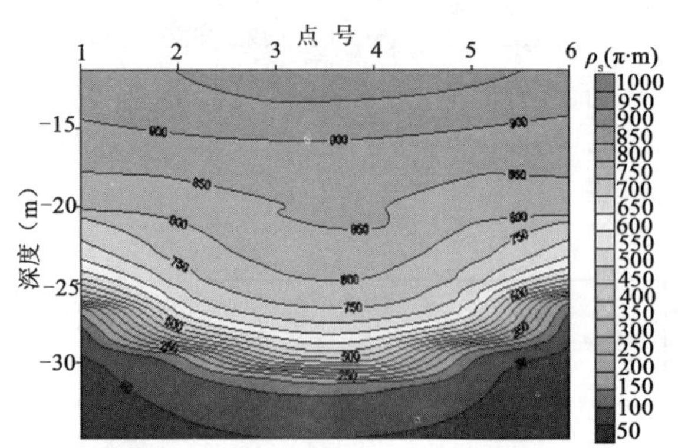

图 12-42　长卤子隧道视电阻率断面等值线

图中的电磁异常与开挖的含水体对应较好。

12.1.11　BEAM 预报隧道充水断层带

BEAM 在某隧道钻爆法施工现场探测空洞时，对隧道进行径向的放射状探测。其中，PFE 大于－5 空腔洞穴的位置没有异常显示；而 PFE 小于－5 的空腔和洞穴有明确的异常指示和反应(图 12-43)。这是因为 PFE 大于－5 的空腔、洞穴通常是体积较小或者距离隧道洞壁距离较远，PFE 小于－5 的空腔、洞穴通常是体积较大或者距离隧道洞壁较近。

BEAM 法采集的是激电效应二次场，它的现场排布装置不能探测形状体，而属体积效应探测法。因此，被激励体的体积越大，异常越明显，而与它的形状无关。

12.1.12　水平钻探预报圆梁山隧道岩溶

中铁隧道集团在渝（重庆）怀（化）铁路圆梁山隧道完成了 100m 超长钻孔试验，为隧道穿越岩溶发育段起到了重要的指导作用。

圆梁山隧道正洞 DK354＋879 溶洞段超前水平钻孔（图 12-44）探测结果为正洞突破 DK354＋879 溶洞段施工提供了可靠的依据。

YK112＋903～YK112＋909 左壁为溶洞，洞壁深入左壁 0.3～0.7m，上窄下宽，底部宽 6m，拱顶变为 2 个，溶洞为 1.0m×0.8m、0.7m×0.5m 小溶洞，拱顶向上约 4m，洞中见点状滴水（图 12-45）。

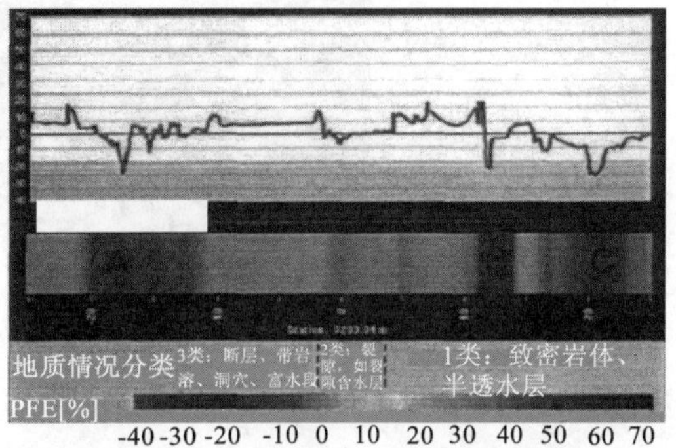

图 12-43　A、B、C 三段发现近于水平切入的充水断层带（Geohydraulik Date Corp，2004）

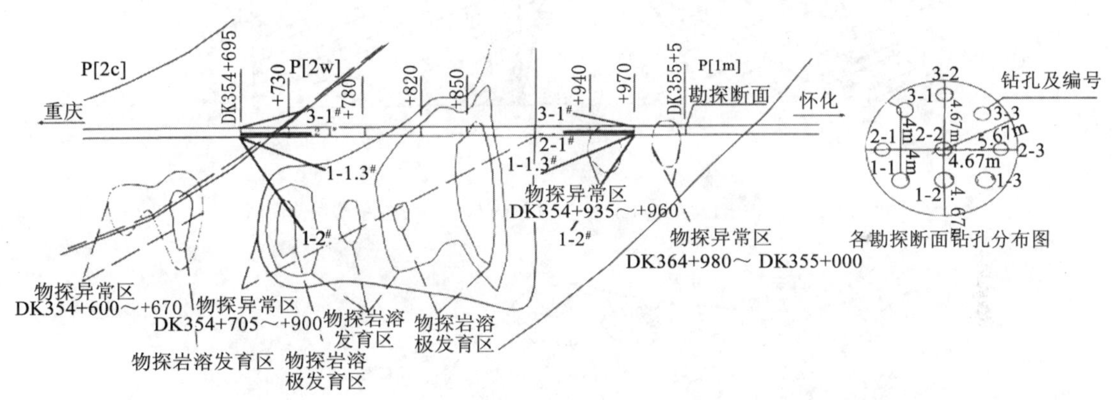

图 12-44　圆梁山隧道正洞 DK354＋879 溶洞段超前水平钻孔探测结果

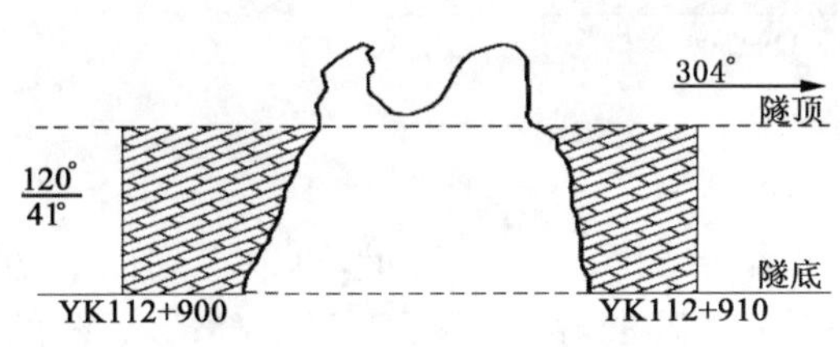

图 12-45　隧道出口右线 YK112＋903～YK112＋909 左壁溶洞剖面图

左壁 ZK112＋749.5～ZK112＋746 为一溶洞（图 12-46），下部宽约 3.5m，上部宽 2.5m，深入左壁 1～2m，洞高约 6m，洞中充填褐红色软塑的黏土及灰岩块石，可见点状滴水（图 12-47）。

12.1.13　综合地质预报

12.1.13.1　TSP＋GPR 预报隧道岩溶

1）齐岳山隧道出口地质预报

齐岳山出口段受红春槽谷汇水构造的影响，岩溶极为发育。隧道地质纵断面见图 12-48。

（1）TSP 地质预报

图 12-46 ZK112＋749.5～ZK112＋746 右壁溶洞剖面图

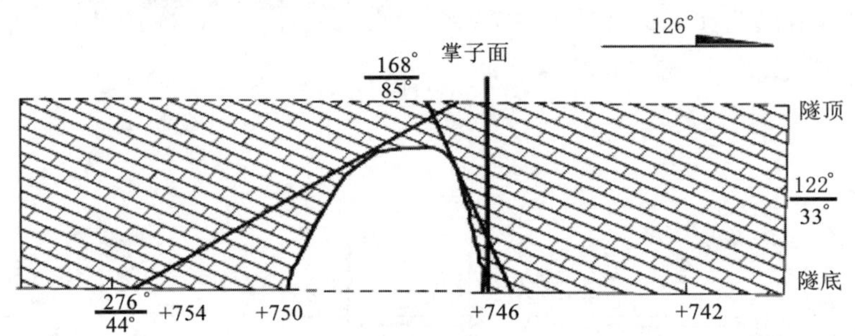

图 12-47 隧道出口右线 ZK112＋754～ZK112＋742 左壁溶洞剖面图

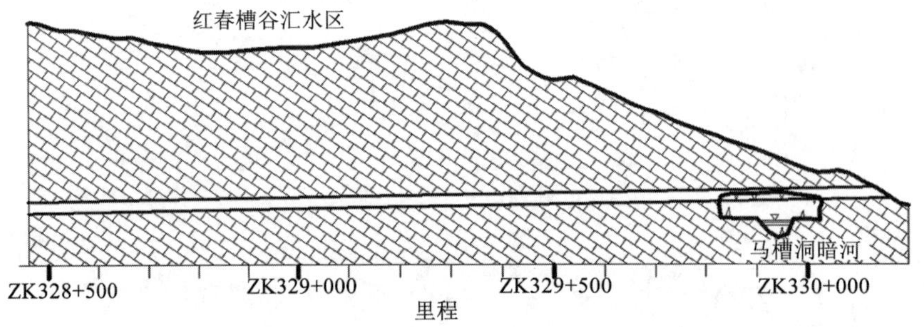

图 12-48 齐岳山隧道地质纵断面

TSP 地震波 P 波较强反射见图 12-49，TSP 预报结果如图 12-50 所示，可以得到以下结论。①纵横波速之比突然上升，泊松比明显增加，密度显著降低，杨氏模量明显下降；②强烈的负反射。

(2)GPR 预报

电磁类预报方法对水较为敏感，一般在雷达剖面上，水体或泥等有以下几个特点：①较强的负反射；②频率较低。根据这几个条件可以定性地判断溶洞充填物的性质。掌子面YK329＋641GPR 探测结果见图 12-51。

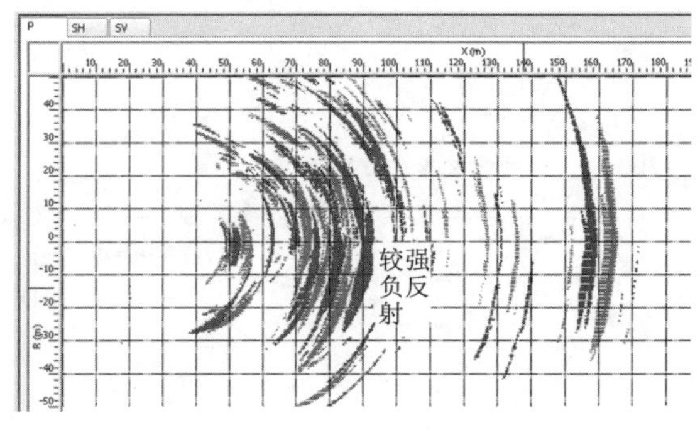

图 12-49 TSP 地震波 P 波较强反射

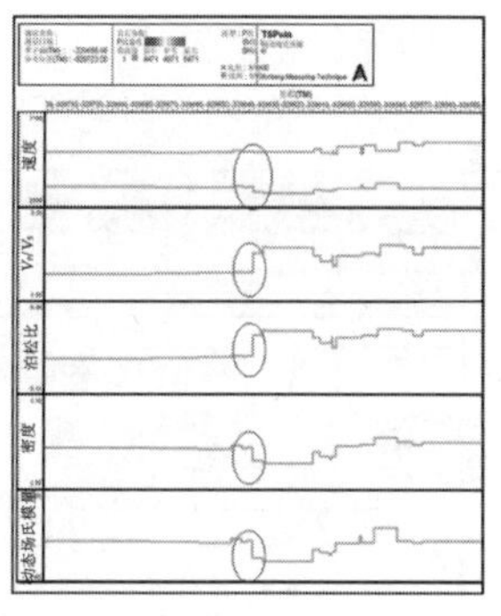

图 12-50 TSP 预报结果

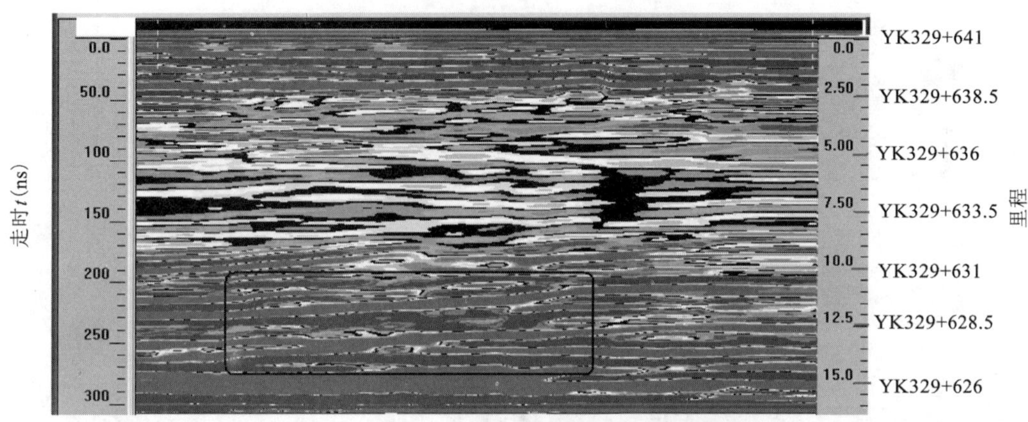

图 12-51 GPR 预报波谱结果分析

本次判断从 YK329＋631 进入溶洞，而且溶洞内的充填物含水量较大，推断为淤泥。图 12-52为齐岳山隧道出口左洞开挖发现的溶洞。

图 12-52 齐岳山隧道出口左洞发现的溶洞

2)马桑哨隧道地质预报(雷春英等，2012)

马桑哨隧道是沪昆客运贵州段的重点工程，里程 DK965＋230～DK970＋65，全长4.835km，区域围岩为泥灰岩夹泥岩，地下水类型为基岩裂隙水、岩溶水，水量中等至丰富；岩溶发育，可溶岩与非可溶岩接触带是突水、突泥的多发地段。

根据工程地质概况，地质预报方法为：地质分析＋TSP＋GPR 综合探测法。在遇到富水带时采用水平超前钻探完成对含水体的精确预报。

(1)TSP 预报

隧道掌子面 DK969＋834TSP 探测 2D 成果如图 12-53 所示。探测数据解译结果见表 12-3。

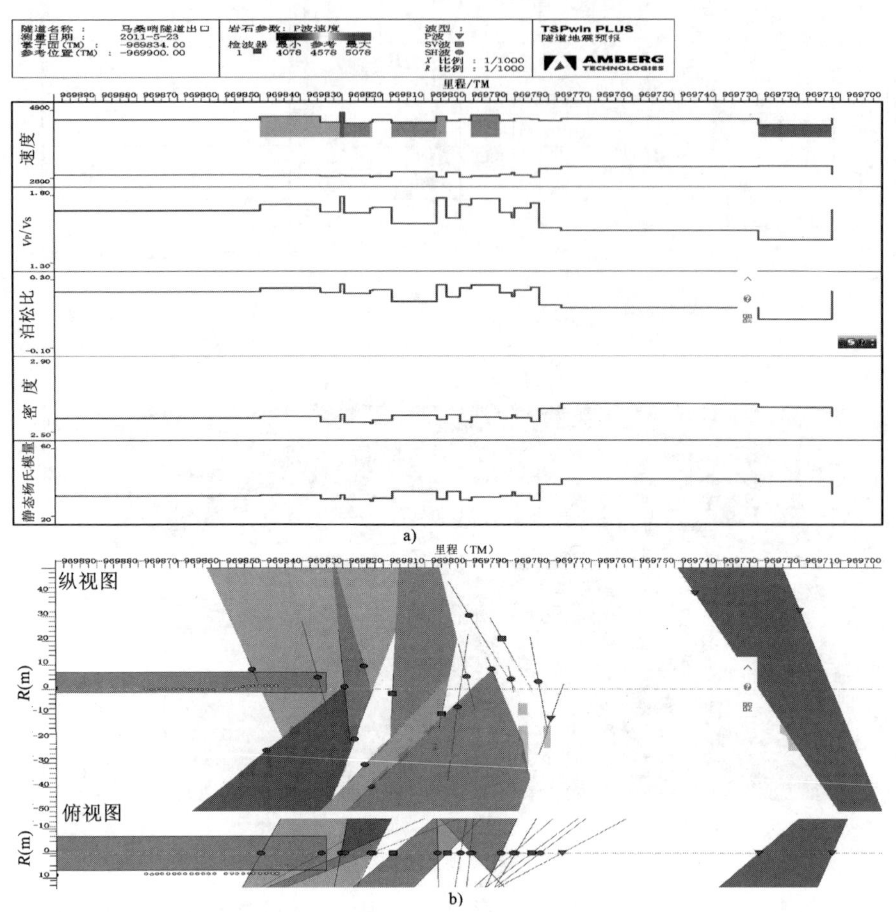

图 12-53　掌子面 DK969＋834TSP 探测 2D 成果

探测数据解译结果　　表 12-3

1	DK969＋834～DK969＋818	16	该段围岩岩体破碎，节理较发育，与掌子面围岩情况类似；整段溶蚀破碎较严重，在 DK969＋831～DK969＋822 段为软弱夹层，且在 DK969＋831 附近存在滴渗水
2	DK969＋818～DK969＋777	41	该段围岩整体较破碎，节理较发育，其中在 DK969＋807～DK969＋805 段、DK969＋801～DK969＋799 段和 DK969＋784～DK969＋782 段为溶蚀破碎带，岩体破碎；DK969＋818～DK969＋807 段为软弱夹层，且在DK969＋807 及 DK969＋802 附近存在线状出水或小股状水，推断在 DK969＋807 附近存在溶槽或溶蚀裂隙
3	DK969＋777～DK969＋714	63	该段围岩整体较完整，节理不发育，其中在 DK969＋730～DK969＋712 段为软弱夹层，在 DK969＋712 附近存在线状或小股状出水，推断在 DK969＋712 附近发育一溶槽或溶蚀裂隙

(2)GPR预报

地质雷达每次预报30m,重叠5m,采用美国SIR-20型,探测里程为DK969+834~DK969+804,地质雷达剖面图如图12-54所示,地质解释如图12-55所示。

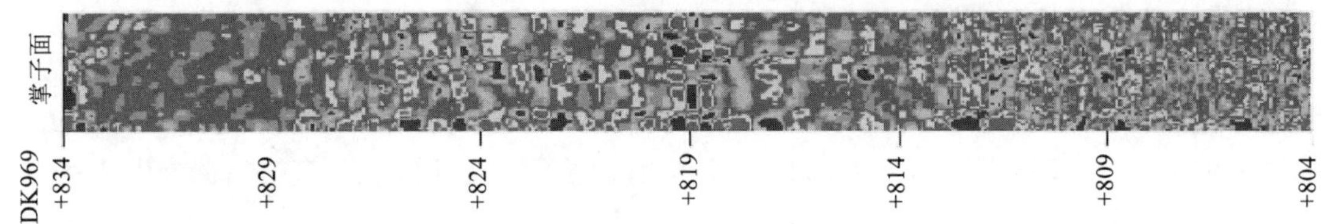

图12-54　地质雷达剖面图

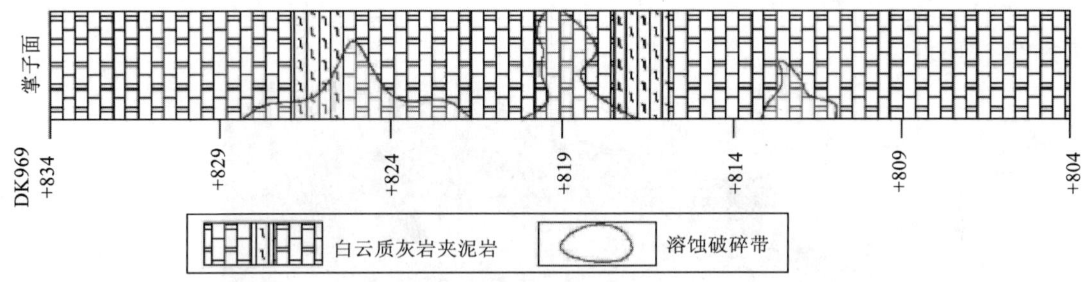

图12-55　地质解释

根据地质雷达推断,掌子面围岩整体较破碎,DK969+834~DK969+822段隧道轴线右侧DK969+820~DK969+817段和DK969+813~DK969+811段隧道轴线右侧均为溶蚀破碎带,岩体破碎,节理较发育,地下水整体不发育,偶有滴渗水。

(3)超前水平钻探

根据DK969+834掌子面地质编录和TSP、GPR预报资料,需进一步探明前方工程及水文地质情况,探明推测溶洞的位置、规模及充填情况,进行了超前水平钻探,设计钻孔4个,总进尺140m,见图12-56、表12-4。

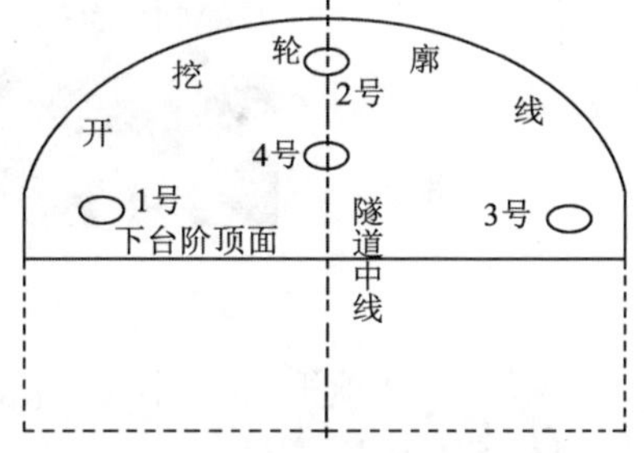

图12-56　超前水平钻布置示意图

超前水平钻孔布置参数　　表12-4

孔　号	参　数		
	水平偏角(°)	立角(°)	孔深(m)
ZK-1(取芯)	0	0	30
ZK-2(取芯)	0	0	30
ZK-3(取芯)	0	0	50
ZK-4(取芯)	0	0	30

通过钻探作业,初步查明了隧道出口掌子面前方DK969+834~DK969+770段地层及岩溶发育情况,根据钻孔揭露得出以下结论:DK969+834~DK969+795段掌子面中上部靠右

侧区域为充填的角砾土，其余地段为白云质灰岩夹泥岩，强风化为主，岩体整体较破碎，节理较发育，局部节理有泥质充填；DK969＋795～DK969＋773 段基本以白云质灰岩夹泥岩强风化为主，岩体整体较破碎，节理较发育，局部节理有泥质充填。

(4)开挖验证

实际开挖 DK969＋834～DK969＋804 后，发现掌子面围岩较破碎，为泥灰岩。节理发育，地下水不发育。DK969＋813～DK969＋804 段有较大的溶蚀裂隙，为泥质充填；在 DK969＋830～DK969＋822 段整个拱顶上方出现一个充填型溶洞，与预报结果基本一致，由于采取超前支护措施，未造成塌方事故。

12.1.13.2　TSP＋红外探水法预报金龙隧道围岩含水构造

金龙隧道属特长隧道，长 8694m，是全国第二长的公路；隧道岩溶发育，存在溶洞、暗河等地质灾害(图 12-57)。

图 12-57　金龙隧道

采用 TSP 预报、红外探水法和水文地质分析相结合的综合预报方法。

1)TSP 预报

TSP 预报结果如图 12-58 所示。

2)红外探水法预报

红外探水现场测试如图 12-59 所示，根据红外线场强值与距掌子面距离的关系曲线分析，表明在 ZK72＋210 处，掌子面左拱底前方温度场强曲线趋势变化不大，含水情况和目前围岩的含水情况基本相同，而右边墙中部、拱顶、右拱底以及左边墙中部曲线趋势急剧下降(图 12-60)，证明存在异常场，可以推测：掌子面前方 20m 范围内这些区域可能有含水构造存在。

12.1.13.3　CSAMT＋VSP 预报圆梁山隧道探测断层破碎带和岩溶洞穴

在渝怀铁路圆梁山隧道探测断层破碎带和岩溶洞穴(王光权等，2008)。

1)CSAMT 可控源音频大地电磁法勘探

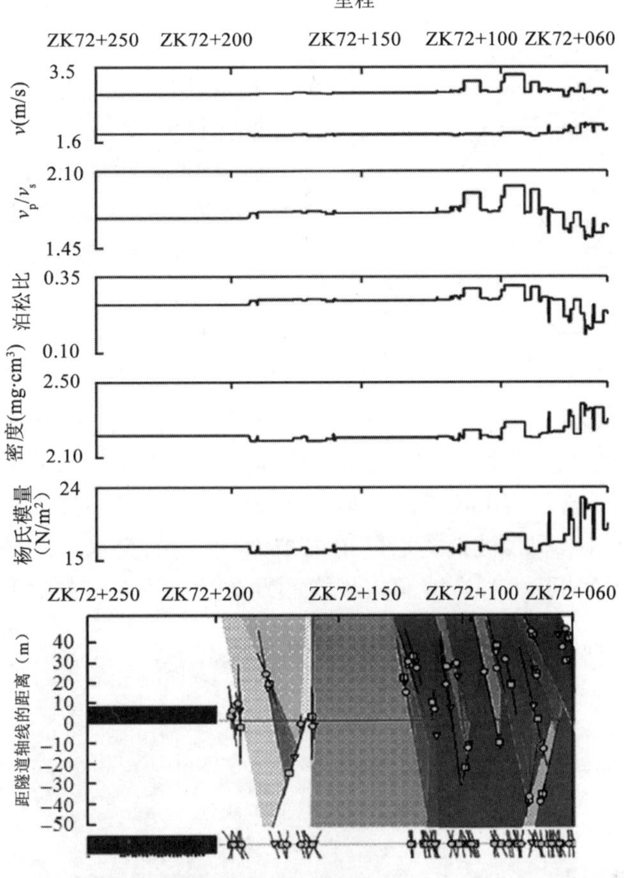

图 12-58 TSP 预报结果

图 12-59 红外探水现场测试

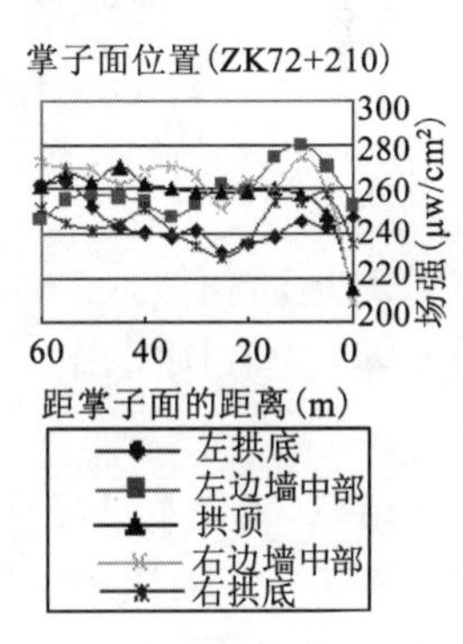

图 12-60 红外探水测试结果

根据电磁波的传播理论,可控源音频大地电磁法的发射点和接收测线应满足图 12-61 所示的关系,且同时应考虑供电电极的接地条件和测线与岩层产状的关系。一般来说,应通过改变供电极的位置和改善供电条件使接地电阻小于 10Ω·m,测线布置应与岩层走向小角度相交。

CSAMT 可控源音频大地电磁法勘探使用的仪器是加拿大凤凰公司生产的多功能大地电

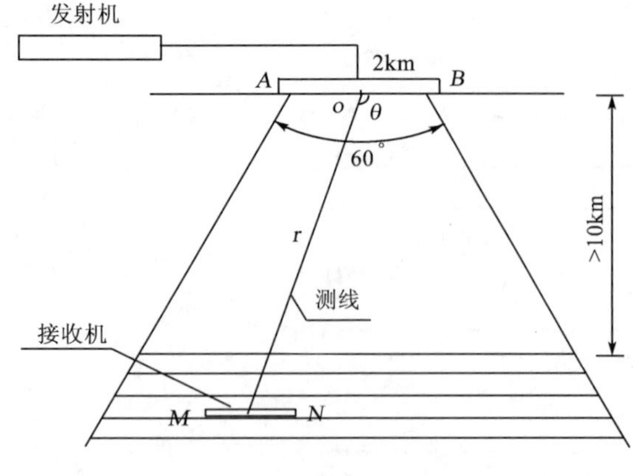

图 12-61　CSAMT 工作示意

磁仪(V5),采用标量法采集,工作频率范围为 8192～0.667Hz;测线沿隧道中线方向布置,点距 20m;发射点选在距测区 13～14km 的黑水坝,供电极距 2km。

通过数据处理,DK354＋100～DK355＋000 段的视电阻率断面见图 12-62,从图 12-62 中可以比较清楚地观察到断层破碎带和岩溶洞穴的异常区域。

图 12-63 是在渝怀铁路圆梁山隧道对 DK354＋879 溶洞在开挖前后分别进行 CSAMT 法勘探成果资料的对比,从开挖前后的视电阻率断面图对比来看,开挖后[图 12-63b)]异常位置 DK354＋710～DK354＋915 明显比开挖前[图 12-63a)]异常位置 DK354＋780～DK354＋915 向小号里程方向延伸 70m,分析其原因,认为是由于该岩溶洞穴被揭露后隧道内被大量突泥、突水填充使异常范围扩大所致。这个对比可以说明:CSAMT 法对岩溶洞穴规模的划分达到了半定量解释的精度。

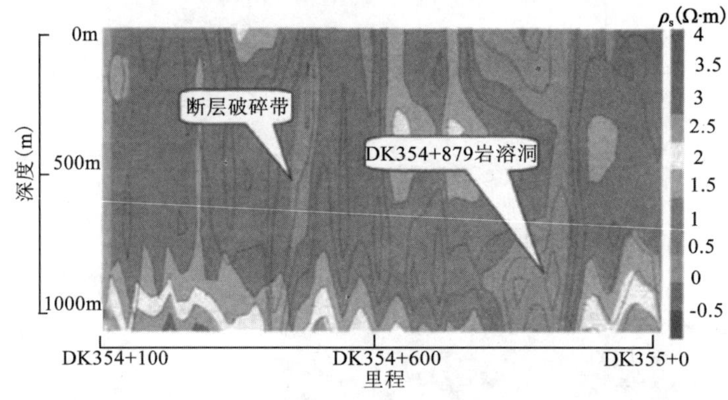

图 12-62　视电阻率断面图

2)VSP 地质预报

图 12-64 是在圆梁山隧道出口端平道开挖至 PDK355＋189.5 时进行预报的记录。采集方法是:

沿隧道壁(离隧底 1.5m)布置 12 个检波器(100Hz),间距为 4m。用爆炸作震源,炮点位置为 PDK355＋238、PDK355＋246、PDK355＋254。

纵坐标为记录长度(ms),横坐标为上为记录道号,下为偏移距(m)。通过反演和计算得出异常位置为:PDK355＋162～PDK355＋145 和 PDK355＋115。开挖揭示为:PDK355＋161.2～PDK355＋144 有高浓度的天然气和大量的石油,PDK355＋116 为一泥岩夹层。开挖结果证明了预报的准确性,也说明该方法是比较有效的,也是简便易行的。

12.1.13.4　TSP＋CSAMT 预报旧寨隧道含水层

1)工程概况

旧寨隧道位于新建铁路昆明至河口线玉溪至蒙自段,隧道起讫里程为:DK118＋465～

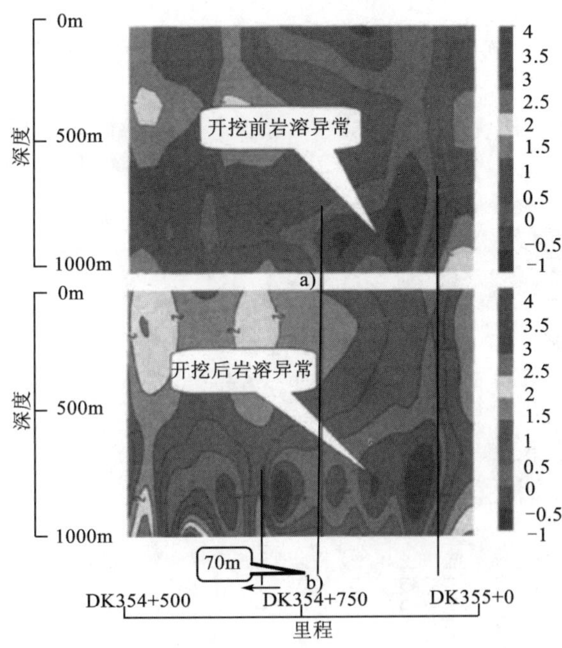

图 12-63　DK354＋879 岩溶开挖前（上图）后（下图）的视电阻率断面

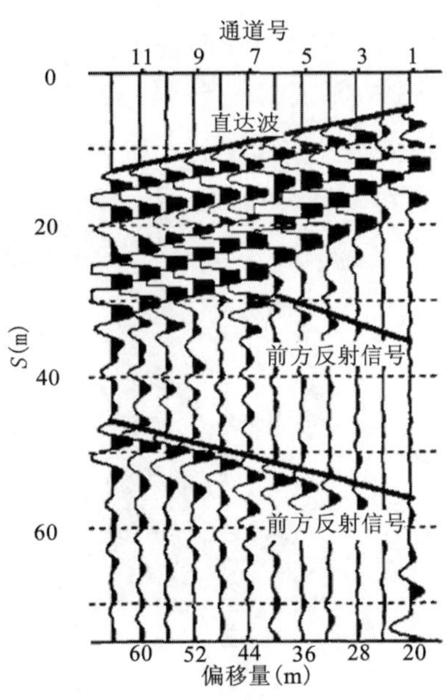

图 12-64　圆梁山隧道出口端平道开挖至 PDK355＋189.5 时进行预报的记录

DK122＋925（全长 4460m）。本次预报DK118＋515～DK118＋625 段隧道的工程地质条件为：低中山剥蚀地貌，上覆坡残积黏土，下伏泥岩、砂岩、砾岩夹褐煤。在施作 TSP 时，隧道掌子面破碎、渗水。

2）TSP 预报结果

本次预报时，掌子面里程为：DK118＋515，预报里程范围为 DK118＋515～DK118＋625 段，成果见图 12-65，预报结论如下。

（1）DK118＋515～DK118＋538 段围岩破碎、含水。

（2）DK118＋538～DK118＋542 段围岩极破碎、富水，提请施工时注意涌水及坍塌。

（3）DK118＋542～DK118＋560 段围岩破碎、含水。

（4）DK118＋560～DK118＋597 段围岩破碎程度和含水量随着里程的增加而逐渐变大，其中 DK118＋583～DK118＋597 段围岩极破碎并且富水，提请施工时注意涌水及坍塌。

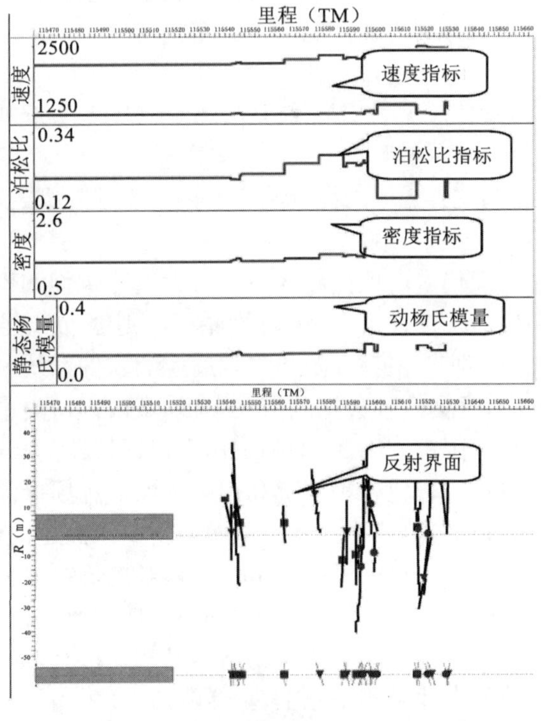

图 12-65　旧寨隧道 TSP 成果

(5)DK118+597～DK118+612 段围岩较破碎。

(6)DK118+612～DK118+625 段围岩极破碎、富水，提请施工时注意涌水及坍塌。

3)CSAMT 法对比验证

由于该隧道原来已经做过 CSAMT 法，通过对比可以发现本次探测结论与 CSAMT 成果图吻合情况很好。CSAMT 成果见图 12-66。

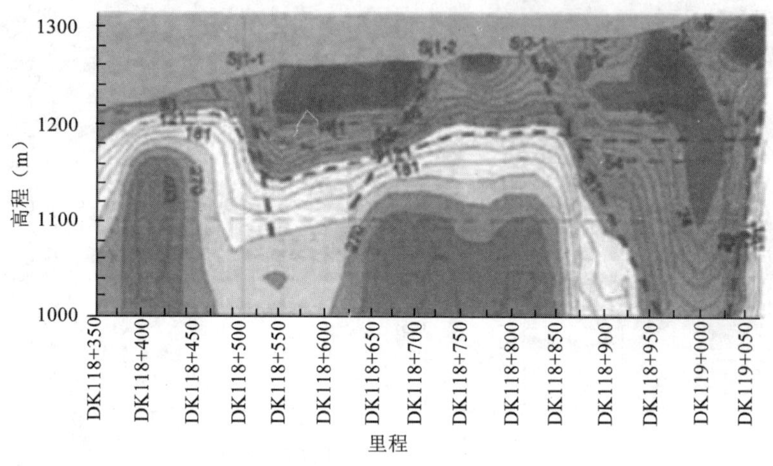

图 12-66　旧寨隧道 CSAMT 法成果

图 12-66 中，水平线代表隧道洞身所在埋深的位置，Wj1 和 Wj2 为推测的含水层及编号。从 CSAMT 法成果图可知，本次预报里程范围内前方为含水地层。

4)开挖验证情况

经过开挖，在 DK118+597～DK118+612 段围岩岩性发生变化，为泥岩，没有水。其余地段为砂岩，含水。与 TSP 法和 CSAMT 法反映的情况相吻合。

12.2　在城市地铁施工中的应用

现代城市地面和地下都有大量建筑物和构筑物，道路纵横交错，地上、地下管道、电缆和各种生命线工程密布，存在各种不规则振动和强干扰噪声，这就要求探测设备必须具有高信噪比、宽频带、主频高及与之相适应的软件系统；城市中环境污染问题突出，地面和地下水污染程度高，这会给各种探测带来干扰；城市人口集中，交通复杂，也会产生多种干扰，并给施工带来限制和困难。因此，探测工作中保证仪器的高品质和高信噪比，选择适应城市环境的震源，施工时尽量避免各种干扰和污染是保证各项探测工作顺利完成，获得好的探测结果的保证。

目前，地铁施工基本不做施工掌子面超前地质预报，但并不表明地铁施工不需要超前地质预报。由于目前国内大范围地铁开挖仍在地表下 20m 以上施工，且地铁隧道前期勘察资料相对山岭隧道而言较为详细。另外，地铁所选线路基本都在原有道路下方，地铁所穿越上方的既有市政设施及既有构筑物基本已知。再有，地铁主要建设在大型城市市域内，而我国大多城市都建设在冲洪积平原上，土体隧道居多，当然也有岩质隧道以及较为复杂的岩溶隧道。虽然，地铁隧道远比山岭隧道地质情况简单，但是地铁隧道修建于闹市区，对地层变形和既有设施的保护又远比山岭隧道难于控制。目前，地铁隧道对超前地质预报技术的需求是迫切的，技术要求更加精细，问题也是很多的。现阶段不做掌子面前方预报，主要受预报技术和仪器设备所限制。

12.2.1　工程特点

地铁隧道的主要特点就是埋深相对较小，地质情况相对简单，但变化较频繁，更注重对既有构筑物的保护。对盾构施工而言，更注重对大粒径（50cm 以上）卵砾石分布、详细位置的探测和预报；对砂性土体注重对空洞、水囊的探测；另外，地下水对工程施工的影响很大，是探测预报的重点。

12.2.2　预报方法

由于地铁施工埋深较小，目前的探测方法主要以地面方法为主，掌子面探测为辅。但是，地面探测受各种干扰影响较大，如震动、电磁干扰等。虽然，目前北京地铁针对地铁开工前要进行地面雷达法空洞扫描探测，测线间距 4m，探测深度基本在 6m 以上，而隧道实际开挖在 10m 以下。但是，目前的探测预报方法，对隧道施工帮助不大。就国内现有技术而言，地铁前方预报方法应以地面方法为主（20m 以上）、掌子面方法为辅，发展内外结合的空间探测系统。另外，利用较大震源的跨孔法探测也不失为一种好方法，该方法仍需要进一步的试验和研究。常采用的地面探测方法有 GPR 地质雷达、TEM 瞬变电磁法、浅层地震法、高密度电阻率法、综合参数跨孔法等；隧道掌子面预报方法有 USP 地震反射法、GPR 地质雷达、TEMT 瞬变电磁法、BEAM 法等。仍应结合具体地质条件和现场条件综合选用。

12.2.3　掌子面地质预报

12.2.3.1　北京地铁 4 号线新街口站南风道下导坑（叶英，2008）

该黏土层上部为砂卵砾层（透水），由于下层滞水导致黏土层上部经常有渗流水出现，距贯通还有 20m 左右。USEP21 现场布置及数据采集见图 12-67、图 12-68。

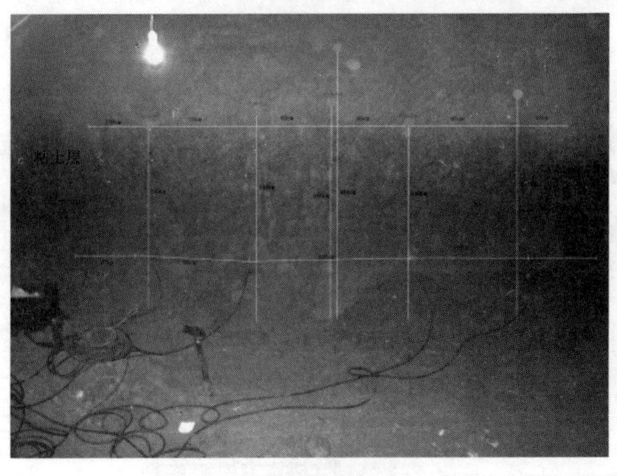

图 12-67　现场布置示意图

图 12-68　USEP21 现场数据采集

图 12-69 为现场测点 3 实际采集的原始数据，从图 12-69 中可知，地震反射波上下相对较为均匀，纵向地震波在 20m 后衰减很快，推测为已进入空腔（另一施工面），在较远处有弱的回

波信号。

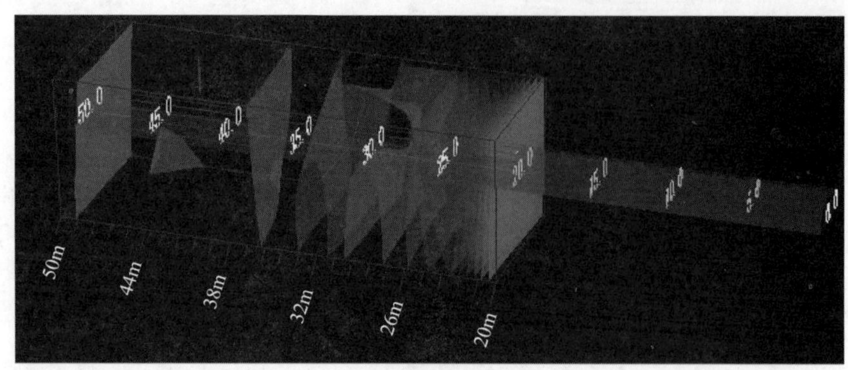

图 12-69　测点 3 原始数据等值面

图 12-70 是经球面扩散后再绕射叠加处理的三维空间等值面图，该图更加清楚地反映了掌子面前方的情况。

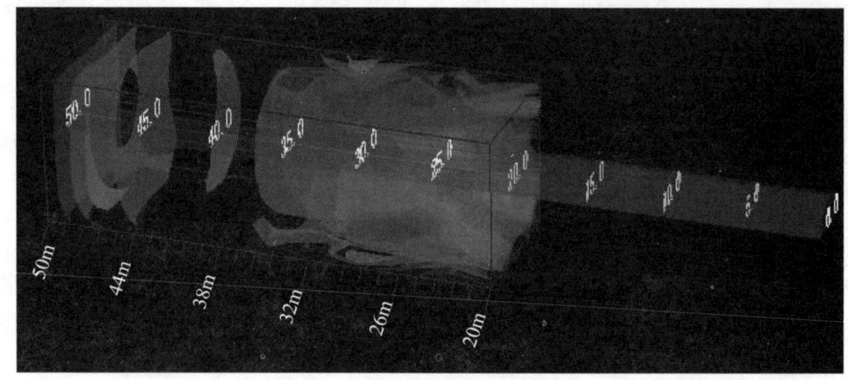

图 12-70　测点 3 球面扩散+绕射叠加等值面

图 12-71 为现场测点 2 实际采集的原始数据，由于激发点与接收点位置略有变化，地震反射波有所不同，但波形的主要规律没有大的变化，纵向地震波在 20m 后仍然很快衰减，在较远处有弱的回波信号。图 12-72、图 12-73 解释与上类同。

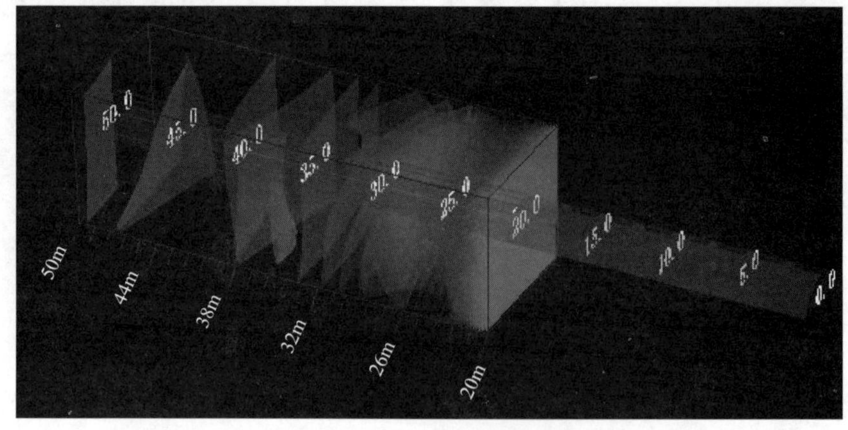

图 12-71　测点 2 原始数据等值面

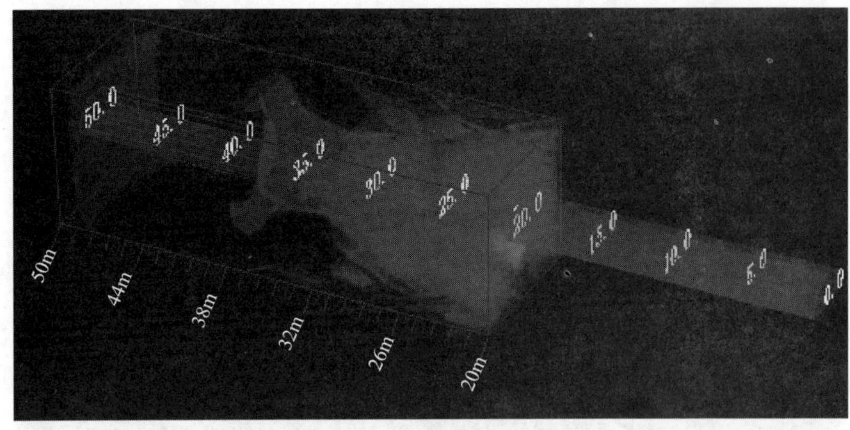

图 12-72　测点 2 绕射叠加等值面

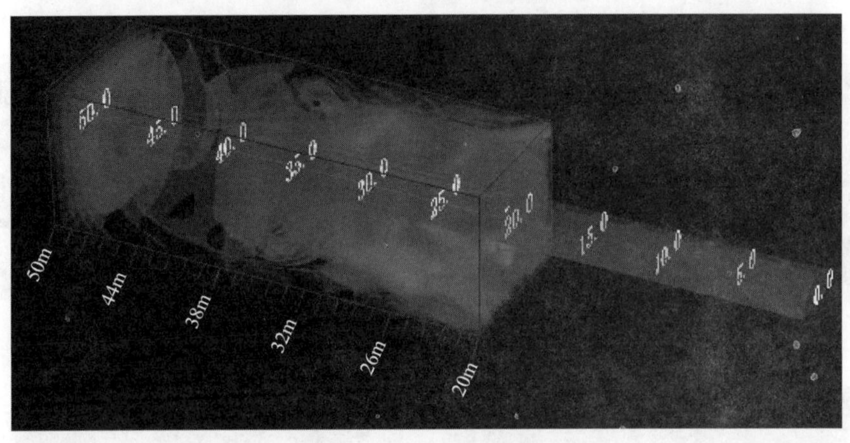

图 12-73　测点 2 球面扩散＋绕射叠加等值面

12.2.3.2　北京地铁 4 号线西单车站西南出入口(叶英,2008)

北京地铁 4 号线西单车站西南出入口现场出露主要为细砂层,细砂层致密、分布均匀,掌子面相对稳定。距贯通约 7m,开挖直径约 4m,上下台阶法人工开挖。USEP21 现场排布见图 12-74,4 个接收器布置在掌子面的下方,激发点在隧道掌子面上。

图 12-75 为测点 1 的原始数据等值面图,该图下部相对上部反射较强,说明下部较上部略微密实。在纵向超过 6m 后地震波很快衰减,说明掌子面很快贯通。图 12-76 绕射叠加后的等值面图在纵向效果更加明显,说明在细砂层中回波信号更弱。

图 12-74　现场布置

测点 2 实测波形见图 12-77,同样是下部反射较上部强,纵向有回波信号。在绕射叠加等值面图中,波形沿纵向衰减较快(图 12-78)。

测点 3 实测波形见图 12-79,同样是下部反射较上部强。在绕射叠加等值面图中,波形沿纵向衰减较快(图 12-80)。且波形在掌子面贯通处出现明显的反射曲面形状,说明波在传播到对面掌子面后沿洞壁回波的反射波形。图 12-81为测点 3 球面扩散+绕射叠加等值面图。

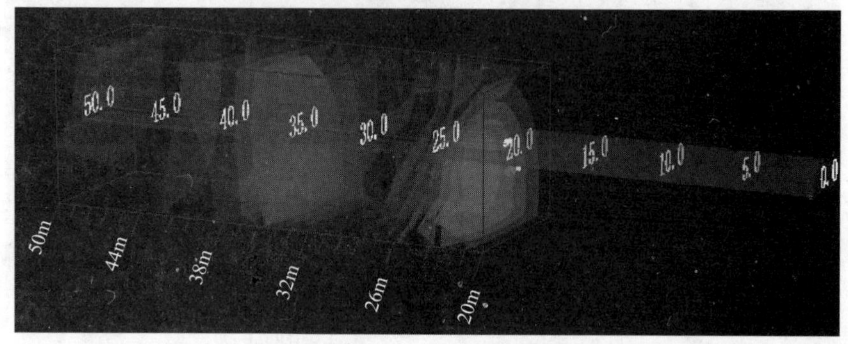

图 12-75 测点 1 原始数据等值面

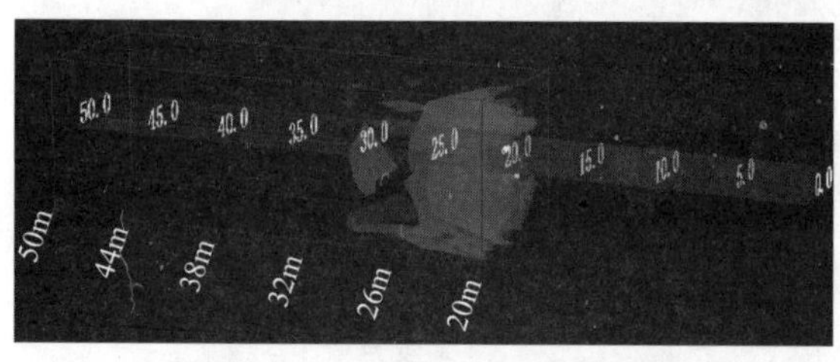

图 12-76 测点 1 绕射叠加等值面

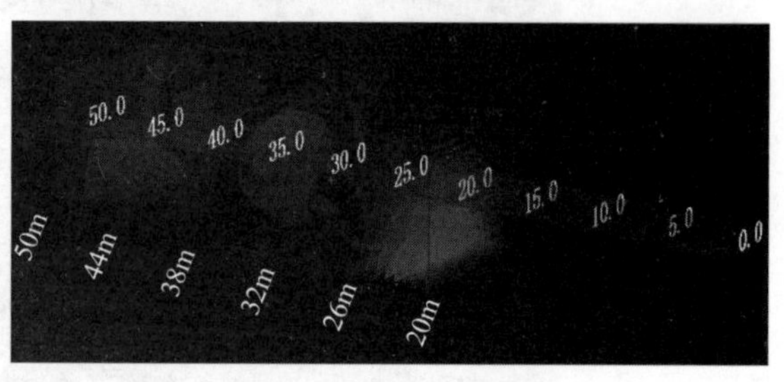

图 12-77 测点 2 原始数据等值面

图 12-78 测点 2 绕射叠加等值面

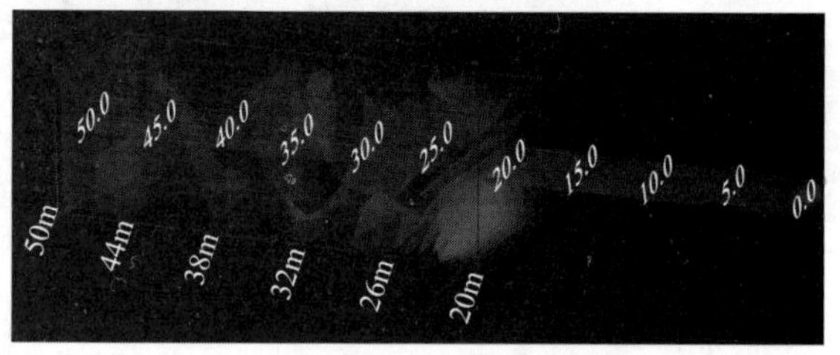

图 12-79 测点 3 原始数据等值面

测点 6 实测波形见图 12-82,图 12-82 中上下部反射相对均匀。在绕射叠加等值面图中,波形沿纵向衰减较快,但在纵向前方有另一反射面相对较强,见图 12-83、图 12-84。

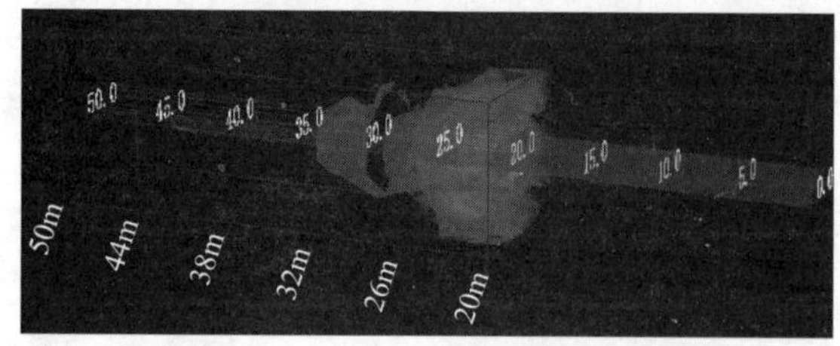

图 12-80 测点 3 绕射叠加等值面

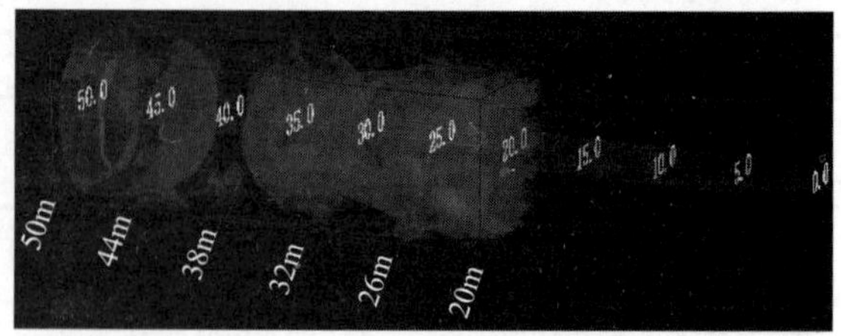

图 12-81 测点 3 球面扩散+绕射叠加等值面

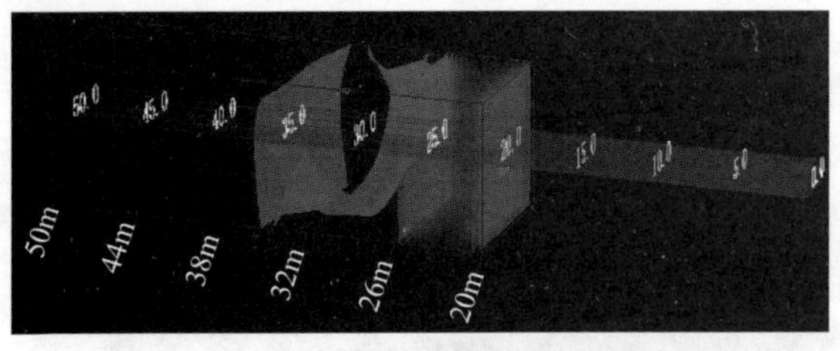

图 12-82　测点 6 原始数据等值面

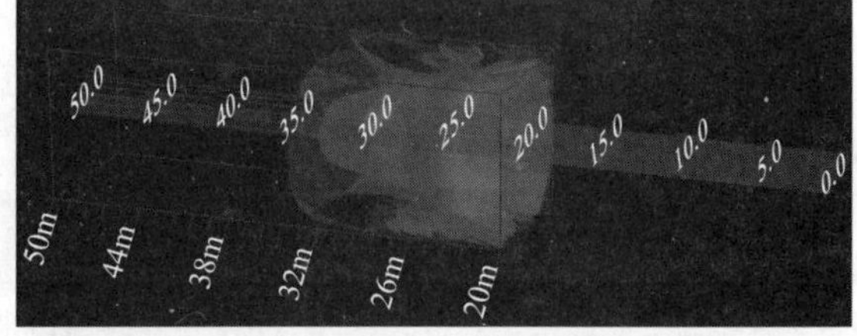

图 12-83　测点 6 绕射叠加等值面

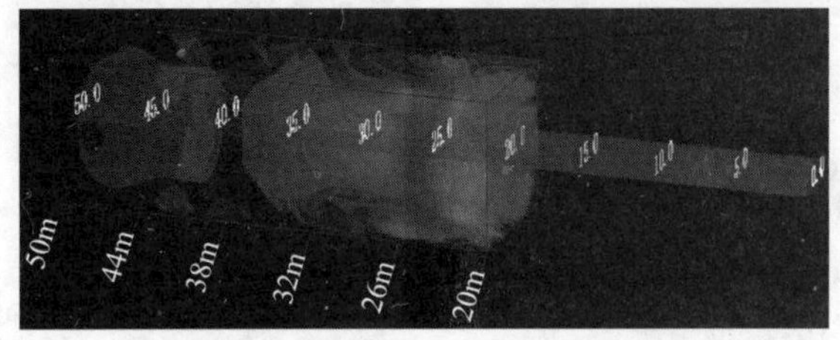

图 12-84　测点 6 球面扩散＋绕射叠加等值面

12.2.3.3　北京大兴线 4 标 B(2)竖井 ZK10＋030(叶英,2009)

1)ZK10＋030 掌子面地质描述

掌子面台阶法开挖,下台阶为粉土,含水量适中、自稳性好,纵波波速为 328m/s,拱顶为少量中砂。地勘断面见图 12-85。

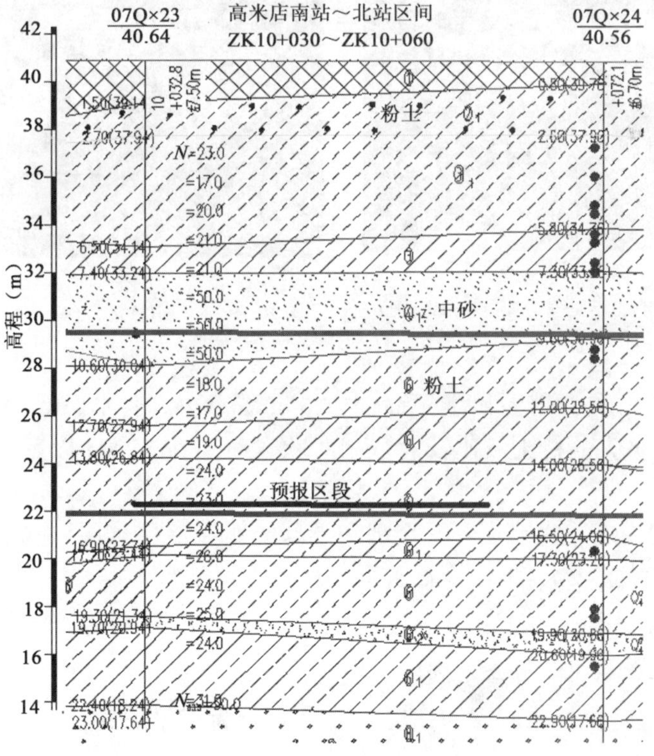

图 12-85　区间地勘纵断面

2)USEP21 超前预报

USEP21 的接收器和震源均布置在掌子面，震源采用锤击法，采用 3 个震源激发点进行偏移叠加。

数据处理采用球面扩散、平方根均衡、频谱分析、带通滤波、绕射叠加等处理，并进行三维空间图形展示。全波场见图 12-86，*Y* 方向波场见图 12-87、图 12-88，*Z* 方向波场见图 12-89。

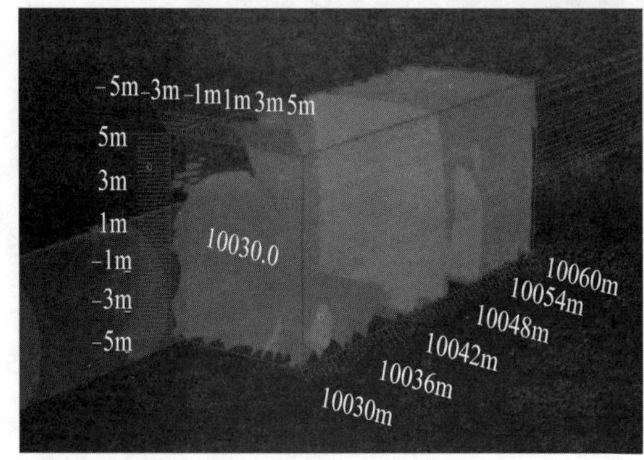

图 12-86　USEP21 绕射叠加等值面

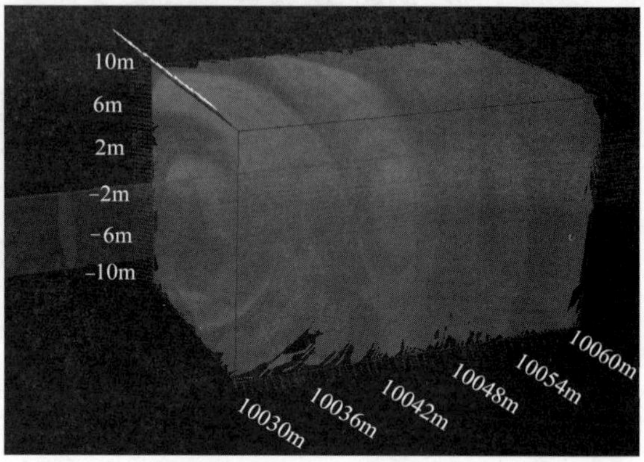

图 12-87　USEP21 *Y* 方向(上下分层，20m×20m 范围)绕射叠加等值面

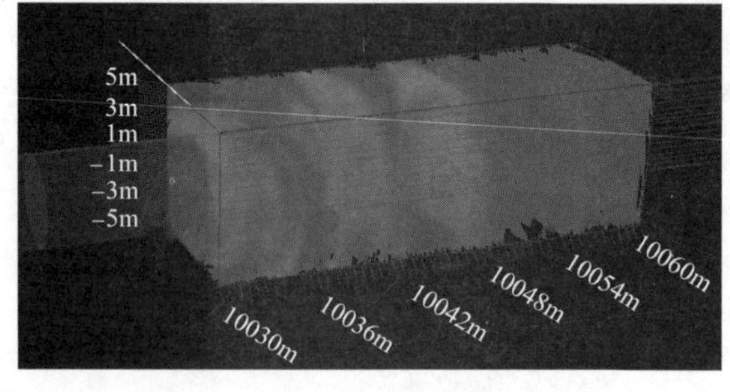

图 12-88　USEP21 *Y* 方向(上下分层，10m×10m 范围)绕射叠加等值面

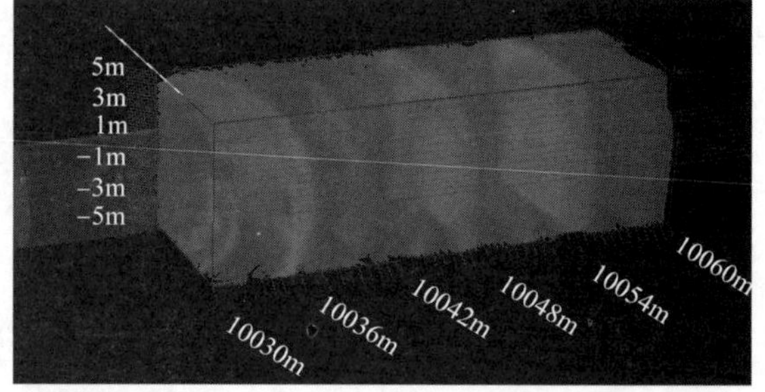

图 12-89　USEP21 Z 方向(上下分层，10m×10m 范围)绕射叠加等值面

结果分析：从全波场图中能看出掌子面前方 30m 范围内，土体强度 10050、10054 处含水量大(在土体中，含水量大的粉土波速较大)，相对软化。但在 10055 以后，整体粉土的含水量适中，强度提高。

从 *Y* 方向波场图中能看出隧道开挖上部和下部的明显地层分层(中砂和粉土)差别，但下部在 10050 附近横波波速较大，推测为含水量大。

12.2.3.4　北京地铁探地雷达掌子面前方地下水探查(2006)

北京地铁鸟巢段掌子面前方含水砂层的探查。含水砂层易导致开挖时的坍垮。由于雷达发射子波是负半周在前，故含水砂层的强反射波反向后为正半周在前。预报距离约 15m。预报结果经开挖证实。

图 12-90 中，椭圆圈定标示者为水的反映。

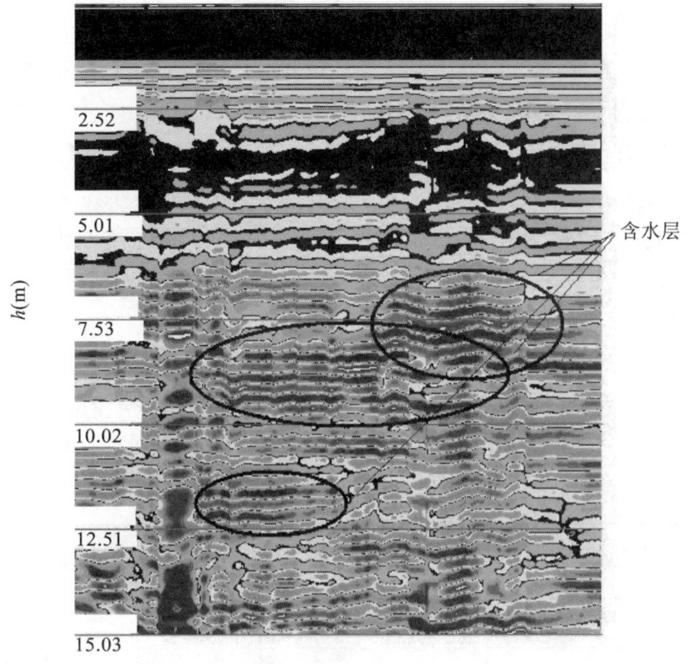

图 12-90　北京地铁鸟巢段掌子面前方含水砂层的雷达探查(入射波为负半周在前)

12.2.4　地面(洞外)空洞调查

常用的方法有地质雷达普查扫描和钻孔探查。

12.2.4.1　雷达探测北京鹰山 2 号铁路隧道洞口上方空洞

在北京门头沟鹰山 2 号铁路隧道洞口上方的山顶位置,使用 25MHz 非屏蔽天线在鹰山公园内,做隧道洞口探测试验。探测方向近似垂直于隧道的走向;目的为测试 25MHz 非屏蔽天线探测地下空洞的效果。后处理软件使用的是数据分析软件 Greswin2。

图 12-91 为实测得到的雷达图,图 12-91 中黑色矩形框表示隧道洞口的位置,延迟时间约为 190ns,估计埋深约 10m。

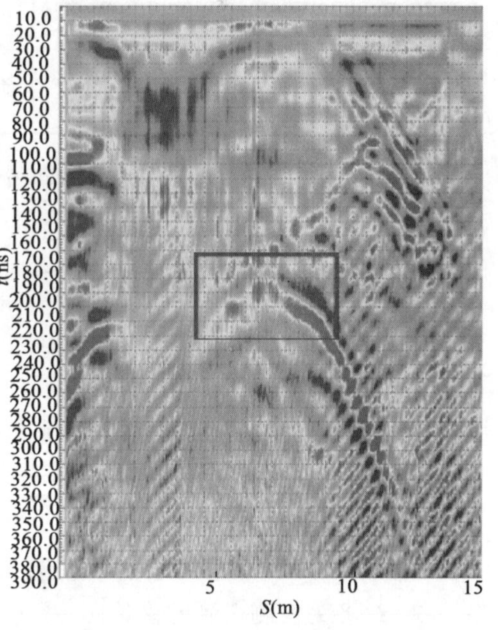

图 12-91　隧道洞口探测雷达图

12.2.4.2　钻孔探测广州市轨道交通 6 号线四标段如意坊站及站前折返线空洞

广州市轨道交通 6 号线四标段如意坊站及站前折返线土建工程,位于广州市荔湾区,广州铁路南站股道中间。工程包括全明挖车站及站前折返线隧道。车站长 111.6m. 宽 39.8m,深 33.57m,折返线设计里程：右线里程 YDK6＋494.672～YDK6＋831.859，右线长 337.187m；左线里程ZDK6＋769.128～ZDK6＋832.659，左线长 63.531m，配线长 37.976m，全长 436.7m。根据设计资料，本区段 YDK6＋527～YDK66＋540、YDK6＋600～YDK66＋700 段范围内存在孔穴。工程地质与水文地质较差，地下水丰富，隧道开挖时极易发生涌砂、塌顶。

根据地勘统计资料显示，地下洞穴洞顶埋深在 26～32m，正好在隧道的高程位置，对隧道的开挖影响极大。因地勘资料不够详细，地下洞穴空间分布不详，为了进一步探明地下空洞的具体位置、形状、走向及范围，以设计阶段地质勘查报告为原则，对存在地下空洞的地段利用钻孔进行超前补充详细勘察。在存在地下空洞地段的两孔间补勘，原两钻孔距离 20～30m 内补充 2 个钻孔，并在存在地下空洞的孔位周边 3～5m 半径加密补钻探。

根据设计的空洞统计表所示，地下空洞在 5.66～3.66 的，以半径 R＝5m 进行周边补探（补钻孔号为 033B、036B、042B）；地下空洞在 3.56 之内的，以半径 R＝3m 进行周边补探（补钻孔号为 007B、008B、030B、037B、043B），如表 12-5 所示。

如意坊站及站前折返线空洞统计　　表 12-5

黏孔孔号 MF3－RYF	洞顶埋深（m）	洞顶标高（m）	洞底埋深（m）	洞底标高（m）	洞高（m）	隧道与石洞顶的距离	充填情况	岩性	备注
007B	32.00	－25.15	32.40	－25.55	0.40	在隧道内	无	粉砂岩	石洞
008B	29.80	－22.37	30.50	－23.07	0.70	在隧道内	粉质黏土	粉砂岩	石洞
030B	30.00	－22.84	31.80	－24.64	1.80	在隧道内	无、漏水	粉砂岩	石洞
033B	27.80	－22.84	34.50	27.14	5.70	在隧道内	无	粉砂岩	石洞
036B	30.15	－22.88	35.15	－27.88	5.00	在隧道内	残积土淤泥	粉砂岩	石洞
037B	26.50	－19.25	26.80	－19.55	0.30	在隧道内	无、漏水	粉砂岩	石洞
042B	30.60	－23.29	35.40	－28.00	4.80	在隧道内	无	粉砂岩	石洞
043B	30.90	－23.51	32.10	－24.71	1.20	在隧道内	无、漏水	粉砂岩	石洞

在钻探作业过程中，如没有发现空洞存在，为避免含水层导入隧道内，采用最稠一级水泥砂浆进行封堵。

12.2.5　地下管线调查

地下管线作为地铁施工既有构筑物，是最常见的保护对象。由地铁施工引起地下管线渗漏，进而形成路面塌陷的事故屡见不鲜，地下管线有些有规划资料，有井室，通过调查和走访获知；有些老旧管线仍需要现场探测才能获取其准确的位置。还有些埋深较大，现有手段很难发现，下面介绍常见不同类型管线的雷达波谱（资料来源于北京博泰克机械有限公司）。

12.2.5.1　GPR 探测金属管线实例

使用 400MHz 天线在杭州凯旋路的马路边缘处探测金属自来水管，探测方向垂直于马路。图 12-92 为实测得到的雷达图，图 12-92 中矩形框表示自来水管的位置，管线顶部的埋深为 1.1m。经过实际开挖验证，该结果和实际情况吻合。

12.2.5.2　GPR 探测 PVC 管线实例

使用200MHz天线在深圳福滨小区测量PVC自来水管道。图12-93为实测得到的雷达图,方框表示PVC自来水管的位置,管线顶部的埋深约为0.75m。

使用MF天线阵雷达系统在北京百万庄大街探测一处PVC材料煤气管线,图12-94为实测得到的雷达图,其中,左部的圆圈标记出的是一污水管,中部的圆圈标记出的是一自来水管,右部的圆圈标记出PVC材料的煤气管,抛物线波形的两叶较短,但由于PVC管内是气体,因此反射较强烈,抛物线波形的黑白相间比较明显。

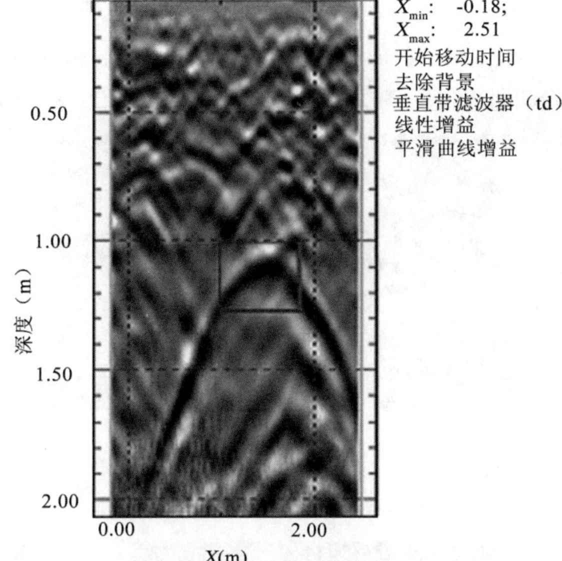

图12-92　金属自来水管探测雷达图

12.2.5.3　GPR 探测水泥管线实例

使用80MHz天线在首钢检测水泥管。图12-95为实测得到的雷达图,矩形框表示水泥管的位置,水泥管管顶深度为3.4m,外径600mm,位置如雷达图所示。

12.2.5.4　GPR 探测电缆实例

使用200MHz天线在深圳福滨小区探测电缆。图12-96为实测得到的雷达图,电缆及金属管的反映均很明显。

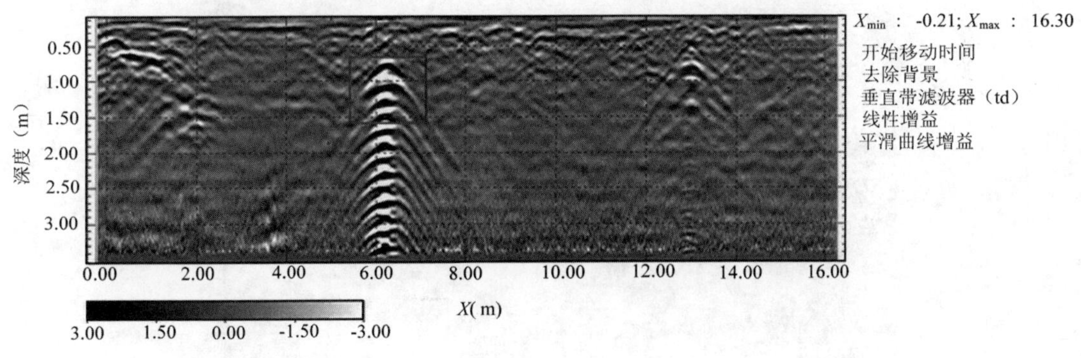

图12-93　PVC自来水管探测雷达图

12.2.5.5　GPR 探测铸铁管线实例

使用200MHz天线在北京污水处理厂门外的人行道上进行探测,其目的是找出一根铸铁自来水管。图12-97为实测得到的雷达图,矩形框表示铸铁管的位置,铸铁管的反应非常明显,深度在1.5m。

12.2.5.6　GPR 探测深部管线实例

使用 40MHz 半屏蔽天线在北京花园桥东侧马路边探测热力涵洞。图 12-98 为实测得到的雷达图,矩形框表示热力涵洞的位置,从图 12-98 中可以清晰地看到热力涵洞在 120ns 处的反映。

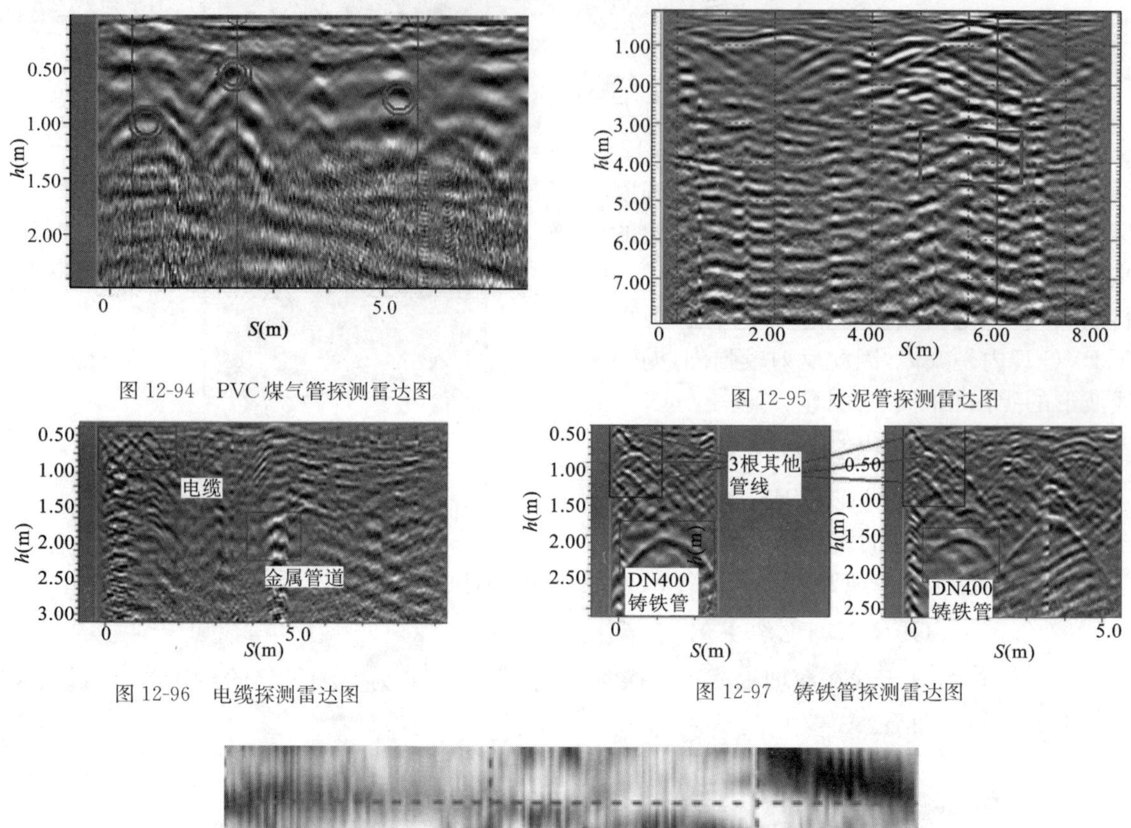

图 12-94　PVC 煤气管探测雷达图

图 12-95　水泥管探测雷达图

图 12-96　电缆探测雷达图

图 12-97　铸铁管探测雷达图

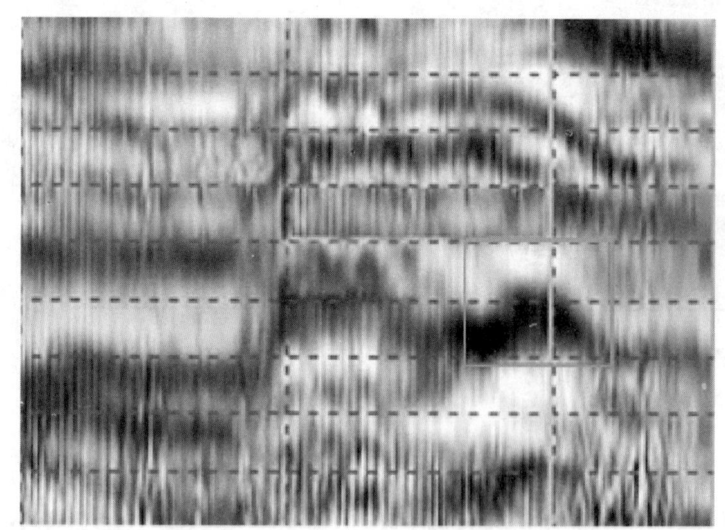

图 12-98　热力涵洞探测雷达图

12.2.5.7　GPR 探测地下复杂管线实例

探测情况:以下是使用 MF 天线阵雷达系统在北京市委党校院内进行管线探测的例子,该区域内管线纵横交错,且管线之间相距很近,探测难度很大。扫描方向垂直于管线走向,扫描

间隔为 2m；后处理软件使用立体结构综合分析软件 IDSGRED/IN/ROAD 和在 CAD2000 基础上二次开发出来的自动链接软件 IDSGEOMAP。图 12-99、图 12-100 为实测得到的雷达图。

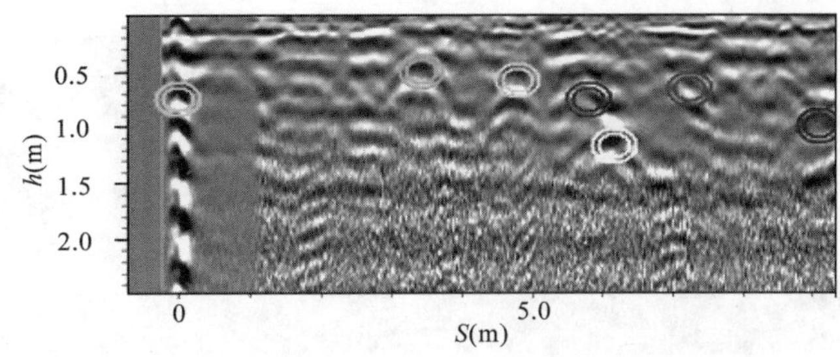

图 12-99　L 方向(横向)管线雷达图

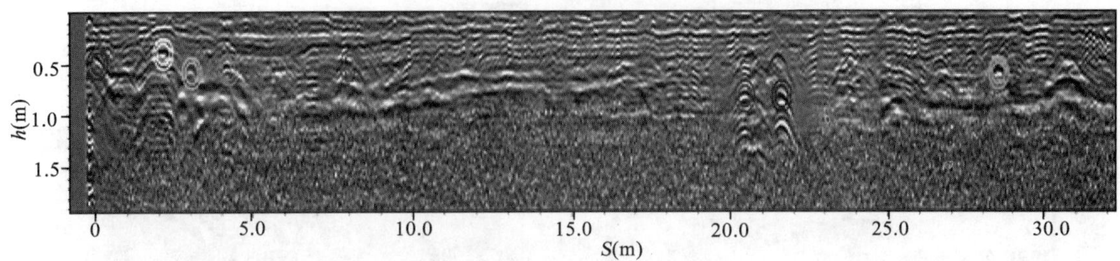

图 12-100　T 方向(纵向)管线雷达图

12.2.6　地面跨孔法调查广州地铁 2 号线北延段三元里围岩洞穴

广州地铁 2 号线北延段三元里工程(喻振华，2008)，根据层析成像探测资料解释或推断的土洞 44 个(图 12-101～图 12-103)，其中钻孔验证揭露 29 个，推测洞体高度为 0.4～7.93m，最

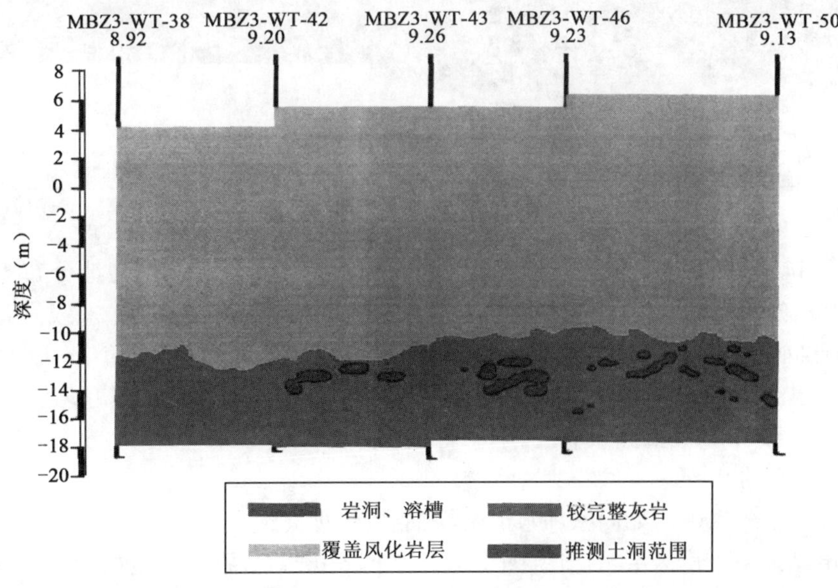

图 12-101　广州地铁 2 号线北延段三元里—远景区工程层析成像成果图(1)

大洞体高度为 7.93m(土洞编号 T21),与钻孔揭露最大土洞位置基本吻合。

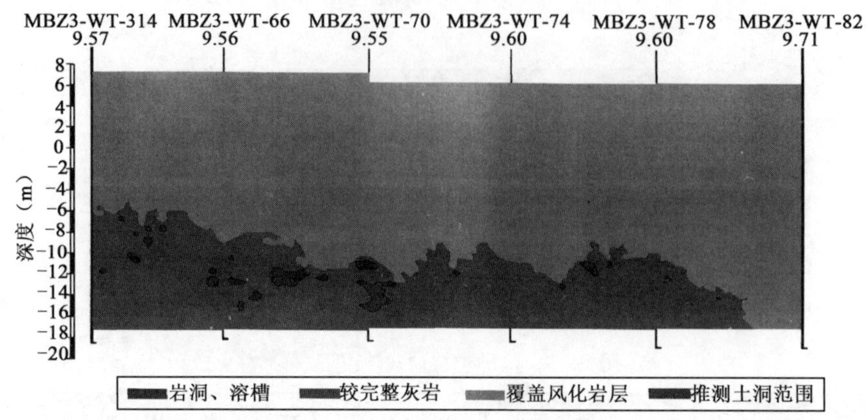

图 12-102　广州地铁 2 号线北延段三元里—远景区工程层析成像成果图(2)

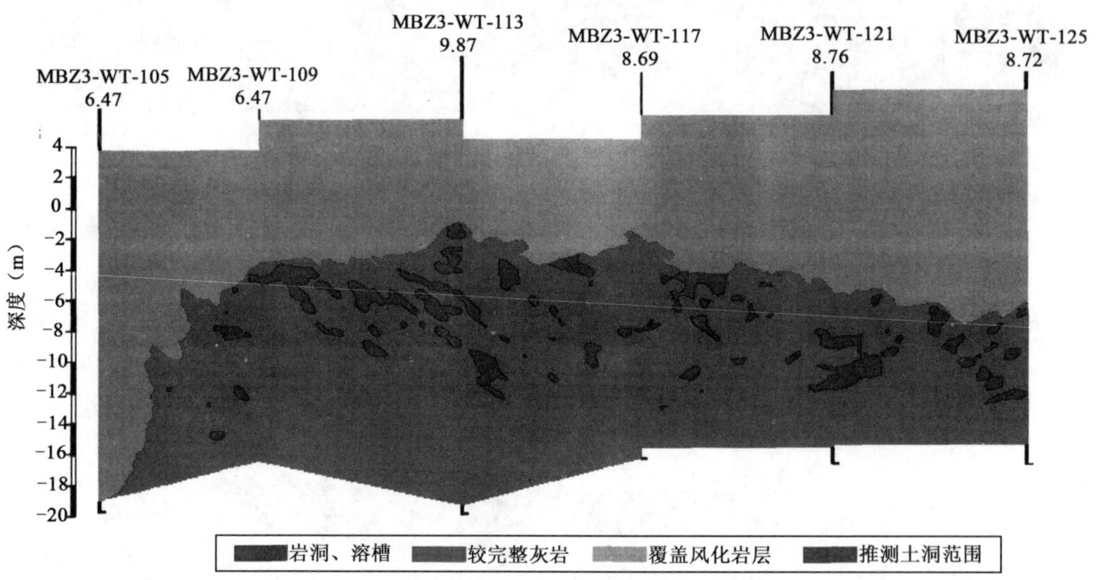

图 12-103　广州地铁 2 号线北延段三元里—远景区工程层析成像成果图(3)

土洞形状以锥形、碟状、漏斗状为主。水平上,44 个土洞总体上不均匀地分布于整个勘察沿线,分析认为其分布规律与其下岩体的岩溶发育和地下水活动有关,其中左线发育 14 个,右线发育 30 个;垂向上,土洞基本上发育在岩石层面附近凹陷处,埋藏深度随中～微风化岩面起伏变化而变化。土洞多充填物为流塑状～可塑状粉质黏土,部分土洞充填有岩石碎块及砂性土,勘察沿线共有 29 个钻孔揭露发育土洞,占总孔数 9.12%,其中全充填 26 个,半充填 1 个,无充填 2 个,充填率约 90%。

其他实例(喻振华,2008),如向家坝水电站坝轴线、右坝肩地震波层析成像(图 12-104);江苏溧阳抽水蓄能电站地下厂房区层析成像(图 12-105、图 12-106);五强溪水电站消力池修复灌浆处理地震波层析成像等项目(图 12-107)。在这些项目的勘察过程中,地震波层析成像技术发挥了关键作用,并取得了较好的效果。

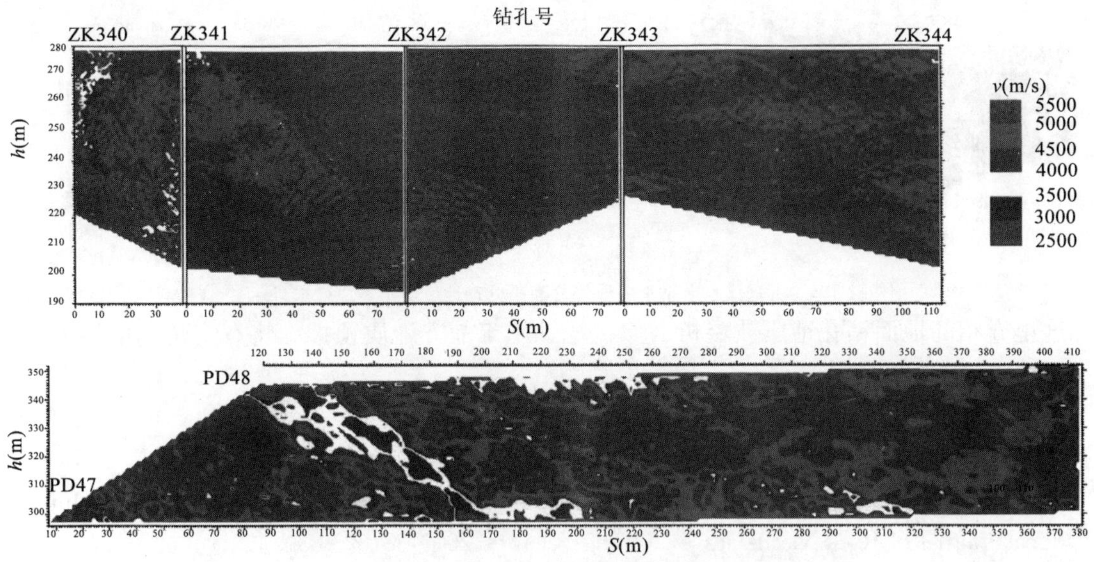

图 12-104 向家坝水电站坝轴线、右坝肩地震波层析成像

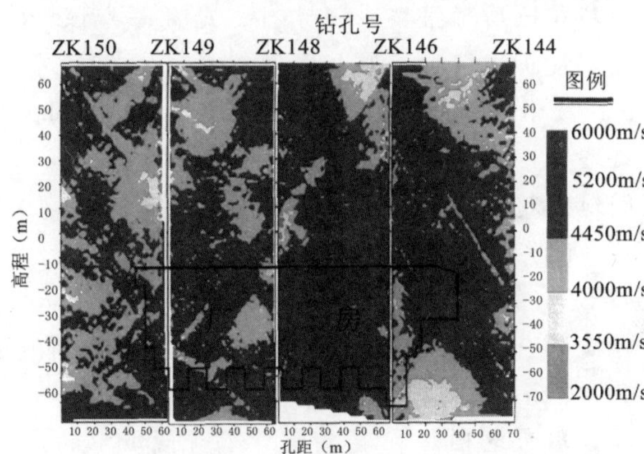

图 12-105 江苏溧阳抽水蓄能电站地下厂房区层析成像成果

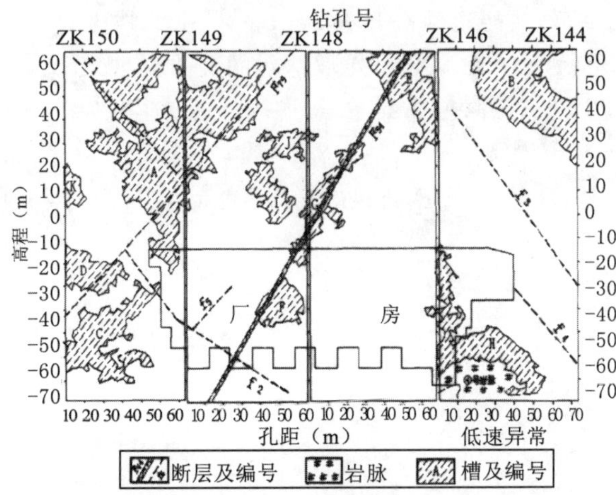

图 12-106 根据地震波层析成像绘制的结构面、岩脉发育(江苏溧阳抽水蓄能电站)

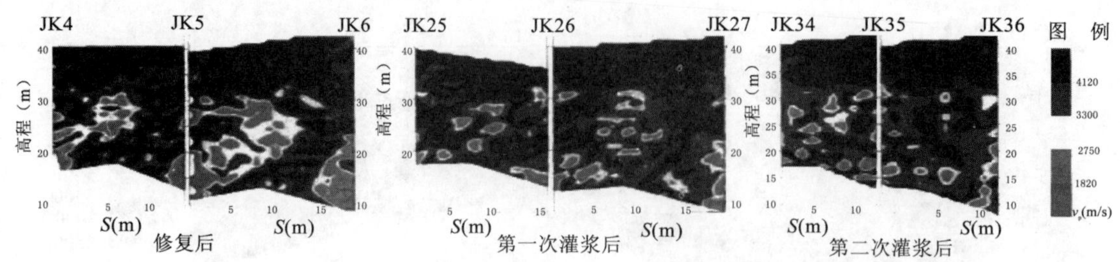

图 12-107　五强溪水电站消力池修复灌浆处理地震波层析成像成果示意

这里介绍的地面钻孔地震波层析成像在地铁施工前方地质预报中将有广泛的应用前景。

本章参考文献

[1] Y Ashida. Seismic imaging ahead of a tunnel face with three - component geophones [J]. International Journal of Rock Mechanics & Mining Sciences,2001,38:823-831.

[2] 叶英．地下工程施工超前地质预报系统研究[J]. 工程地球物理学报,2009,6(1):17-22.

[3] 叶英．隧道综合参数超前地质预报技术研究[J]. 地质与勘探,2009,45(4):468-473.

[4] 喻振华．工程井间地震波正演模拟及层析成像技术研究[D]. 长沙:中南大学,2008.

[5] 刘玉山,陈建平．TRT 技术在乌池坝隧道超前预报中的应用[J]. 铁道建筑,2008(9):59-61.

[6] 叶英．隧道施工空间地震超前地质预报系统．现代隧道技术[J]. 2009,46(5):55-61.

[7] 门小雄,吕东旭,侯萍．瞬变电磁法超前地质预报在晋城至济源高速公路天井关隧道施工中的应用[J]. 交通建设与管理,2006(10):70-73.

[8] 雷春英,尚亿军,李晓虎,等．综合超前地质预报技术在马桑哨隧道中的应用研究[J]. 工程地质学报,2012(6):1007-1012.

[9] 王亚琼,卢正伟,王军．瞬变电磁法在隧道地质超前预报中的应用研究[J]. 公路交通科技(应用技术版),2007(8).

[10] 王光权,牟元存,李正文．隧道综合地质预报技术[J]. 铁道建筑技术,20081(增).

[11] 曾克诚,王志刚．地铁隧道地质空洞处理探讨[J]. 世界轨道交通,2009 年(12):48-50.

[12] 薛建,曾昭发,王者江,等．探地雷达在城市地铁沿线空洞探测中的技术方法[J]. 物探与化探,2010,34(5):617-621.

[13] 李苍松,张锐,丁建芳,等．HSP 声波反射法充填溶洞边界探测[J]. 现代隧道技术,2005,42(3).